"医学分子细胞遗传基础"课程群

医学分子细胞遗传基础

"101计划"核心教材
基础医学领域

主　　编	乔　杰　高国全　左　伋
副 主 编	汤其群　倪菊华　白晓春

编　　委　（按姓名汉语拼音排序）

白晓春（南方医科大学）	刘　戟（四川大学）	杨翠兰（南方医科大学）
白　云（北京大学）	刘　婷（浙江大学）	杨　华（北京大学）
陈　军（北京大学）	罗海玻（四川大学）	杨　娟（西安交通大学）
杜晓娟（北京大学）	罗建沅（北京大学）	杨　玲（复旦大学）
段然慧（中南大学）	马利伟（北京大学）	杨　霞（中山大学）
冯嘉汶（北京大学）	孟列素（西安交通大学）	杨笑菡（北京大学）
高国全（中山大学）	倪菊华（北京大学）	杨　洋（北京大学）
顾鸣敏（上海交通大学）	潘星华（南方医科大学）	杨玉霞（北京大学）
韩丽敏（北京大学）	乔　杰（北京大学）	杨云龙（复旦大学）
何海伦（中南大学）	邵根泽（北京大学）	姚成果（中山大学）
侯　妮（西安交通大学）	时　艳（北京大学）	易　霞（北京大学）
黄　雷（上海交通大学）	宋书娟（北京大学）	俞文华（北京大学）
黄　昱（北京大学）	孙　军（华中科技大学）	袁　栎（南京医科大学）
贾竹青（北京大学）	汤其群（复旦大学）	张树冰（中南大学）
乐　珅（南京医科大学）	田　婵（北京大学）	张　页（北京大学）
李　兵（上海交通大学）	王海英（北京大学）	赵红珊（北京大学）
李传洲（华中科技大学）	王小竹（北京大学）	赵心亮（北京大学）
李冬民（西安交通大学）	韦日生（北京大学）	赵　颖（北京大学）
李　莉（北京大学）	文锦华（北京大学）	甄红英（北京大学）
李淑艳（北京大学）	吴聪颖（北京大学）	周士新（北京大学）
李　烁（北京大学）	吴　丹（北京大学）	卓　巍（浙江大学）
李　扬（北京大学）	熊　符（南方医科大学）	左　伋（复旦大学）
李正荣（南京医科大学）	徐　君（北京大学）	

编写秘书	刘新文（北京大学）　　　田　婵（北京大学）

北京大学医学出版社

YIXUE FENZI XIBAO YICHUAN JICHU

图书在版编目（CIP）数据

医学分子细胞遗传基础 / 乔杰，高国全，左伋主编.
北京 ：北京大学医学出版社，2024.7（2025.11重印）.
ISBN 978-7-5659-3196-3

Ⅰ．R394

中国国家版本馆CIP数据核字第2024LJ7079号

医学分子细胞遗传基础

主　　编：乔　杰　高国全　左　伋
出版发行：北京大学医学出版社
地　　址：（100191）北京市海淀区学院路 38 号　北京大学医学部院内
电　　话：发行部 010-82802230；图书邮购 010-82802495
网　　址：http://www.pumpress.com.cn
E-mail：booksale@bjmu.edu.cn
印　　刷：北京信彩瑞禾印刷厂
经　　销：新华书店
责任编辑：郭　颖　　　责任校对：靳新强　　　责任印制：李　啸
开　　本：889 mm×1194 mm　1/16　　印张：55.25　　字数：1590 千字
版　　次：2024 年 7 月第 1 版　2025 年 11 月第 2 次印刷
书　　号：ISBN 978-7-5659-3196-3
定　　价：199.00 元

版权所有，违者必究

（凡属质量问题请与本社发行部联系退换）

内容提要

本书将"生物化学与分子生物学""医学细胞生物学"和"医学遗传学"等医学传统课程学习内容进行整合，按照从分子到细胞、从结构到功能、从现象到本质、从正常到异常的逻辑进行编排，包含"生物大分子的结构与功能""细胞的结构与功能""物质代谢与调节""遗传信息与传递""细胞的社会性与细胞命运""遗传调控与遗传病基础"六个层层递进的知识模块。与传统的以学科为中心的教材相比，整合后的内容更符合学习认知规律。本教材适用于实施课程整合改革院校各相关专业基础医学课程的学习，也可作为国家卓越医生教育培养计划及"5+3"住院医师规范化培训教材使用。

序

基础医学是一门研究人体生命现象和疾病规律的科学，是连接生命科学与临床医学、预防医学的桥梁。回望历史，现代医学的产生和发展都基于基础医学的重大发现，基础医学可谓现代医学的基石。

进入20世纪以来，生命科学取得了突飞猛进的发展。随着DNA双螺旋结构的发现、分子生物学的诞生以及人类基因组计划的完成，基础医学需要采用生命科学在分子层面的研究成果来探索疾病的发生机制并应用到诊断、治疗和预防中来，可以说基础医学的内涵和研究手段发生了重大变革。然而，基础医学人才的培养却未能同步跟上，面临诸多挑战，例如生命科学基础薄弱、与临床需求脱节、缺乏跨学科意识、原创性不足等。

我们期望培养的基础医学人才是科研的领跑者而非跟随者；他们应能实现从无到有的突破，而不仅仅是从有到多的积累；他们不仅能站稳在学科的高原，还应具备攀登学科高峰的潜力；他们不仅需要具备科学精神和创新能力，还要富有人文情怀。

教育部推出的基础学科拔尖学生培养计划2.0和基础学科系列"101计划"正是为培养此类拔尖创新人才设计的中国方案。基础医学"101计划"围绕"拔尖、创新、卓越"，致力于加强基础医学与临床医学、预防医学、医学人文及理学、工学和信息学等学科的交叉融合，提出"基础医学＋X"跨学科融合课程体系。

基础医学"101计划"的核心教材是基于上述课程体系编撰的配套教材。这套教材的编写力求契合高标准人才培养目标，强调加强生命科学基础与临床的紧密结合，突出学科交叉。教材把原基础医学十三门以学科为基础的教材整合为医学分子细胞遗传基础、医学病原与免疫基础、人体形态与功能三个跨学科的教材群，并首次将理学、工学、信息学纳入基础医学专业学生的培养方案中，引发学生对重大医学问题及前沿科技的兴趣和创新志向。此外，这套教材还力争跳出传统医学教材的窠臼，努力把"教材"转变为学生自主学习的"学材"。

我期盼这套教材能受到大家的欢迎和喜爱，并在实践中不断修改完善，最后成为经典，为我国基础医学拔尖人才培养做出应有的贡献。

2024年7月

出版说明

基础医学作为连接基础研究与临床应用的桥梁，被视为医学发展的创新基石、医学变革的动力之源。基础医学史上的每一次重大发现都推动了医学发展的变革和突破。而从医学发展趋势和国家对人才培养的战略需求出发去探索，又要打破基础医学的边界，把它作为推动新趋势、新理论、新技术、新方法的形成和发展的强劲动力，打牢系统医学、转化医学、精准医学发展的根基。基础医学在医学创新中处于重要的枢纽地位，它向上承接临床、护理和预防的基本需求，并通过整合多学科理论、技术、方法来实现医学进一步的创新和发展。与此同时，医学模式一直伴随社会和科技的发展，不断演变和革新，从神道医学到"医学+X"、交叉医学模式的演变过程中，医生的职能也在发生着改变，从以治病为主逐渐变为全面的健康管理。此外，现代医学也正面临一系列挑战。受人口老龄化和人口迁移的影响，疾病谱正在发生显著变化。同时，互联网时代的信息爆炸和快速的知识更新，加上 ChatGPT 等人工智能技术的出现，正在改变学生获取知识和学习的方式。随着诊断和治疗技术的不断进步，人的寿命得以延长。在这一背景下，如何提升生存质量成为重要任务。与此同时，人们对医疗的期望值也不断提高，越来越多的人希望能够在生命的各个阶段获得全面的健康保障。

综上所述，当今社会发展和民众需求都对医学提出了更高的要求。医学的任务不再仅限于疾病诊疗，而是要综合疾病发生前的"预防"及疾病发生后的"治疗"和"康养"，为人们提供"生命全周期，健康全过程"的医疗服务。时代发展对医学专业人才培养提出了更高的要求。未来的基础医学人才不能再满足于记忆知识、理解知识，而是要更好地利用知识，甚至创造知识，主动探索前沿，推动学科交叉和学术创新。在沿袭上百年的医学课程体系中，由"学科"引领课程，诸如人体解剖学、生理学、组织胚胎学、病理生理学、病理解剖学和药理学等，学科割裂现象显著，课程之间界限分明。学生需要学习的课程门数多，学时长，并且由于不同课程由不同学科、学系管理，学生形成"科目"指导下的碎片化思维模式，比如解剖学以结构讲解为主，不甚关注功能，而生理学以功能阐述为主，不甚关注结构。学生通过一门课程的学习大概能窥探某一器官系统的某一方面，有如盲人摸象般单点看问题。具体到"某器官系统"的学习，学生需要从多门课程分别学习该器官系统相关的结构、功能、疾病或药物相关内容（图1），自己从思维上逐步"整合"，形成一体化认识。这种以学科为中心的课程体系显然已不能适应当今创新型医学人才培养的需求。

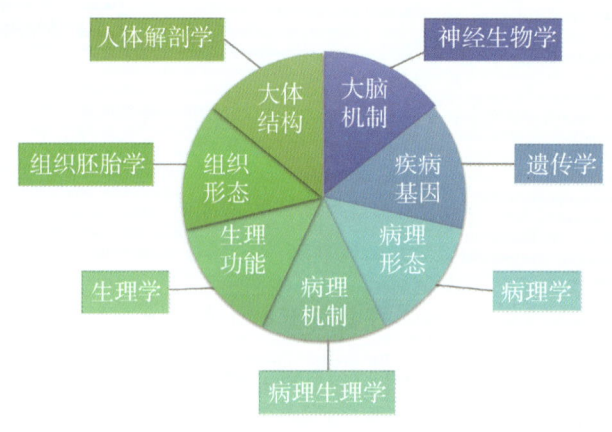

图 1　以学科为中心的课程模式

基于上述背景,基础医学拔尖人才培养课程体系打破了传统的以学科为主的模式,并依据各学科的特点进行整合与融合,构建了跨学科的融合课程体系。首次将理学、工学和信息学纳入其中,形成了五个融合课程群。"人体形态与功能"课程群将原先按照传统模式授课的生理学、神经生物学、人体解剖学、组织学与胚胎学、药理学、病理学和病理生理学 7 门课程,按照从结构到功能、从正常到异常的理念进行组织,形成总论、运动系统、神经系统、循环系统、呼吸系统、消化系统、内分泌系统、生殖系统和泌尿系统共 9 门核心融合课程。同样,从基因、分子和细胞水平将生物化学、细胞生物和医学遗传学整合为"医学分子细胞遗传基础"课程群;病原生物学与免疫学整合为"医学病原与免疫基础"课程群;并设立了与之相匹配的"基础医学核心实践与创新研究"课程群(图 2)。

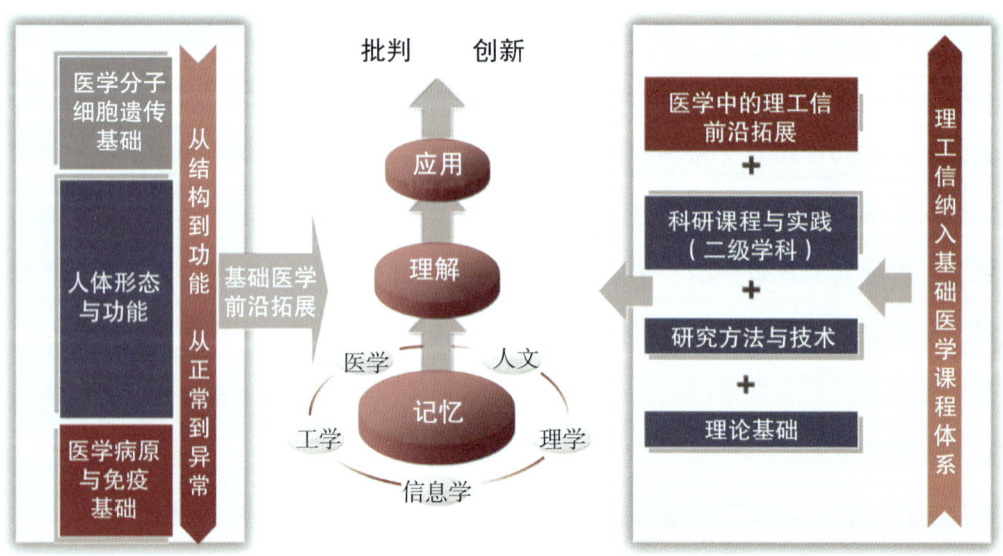

图 2　人体形态与功能、医学分子细胞遗传基础、医学病原与免疫基础、基础医学核心实践与创新研究及医学中的理工信五大课程群内容框架

"人体形态与功能""医学分子细胞遗传基础""医学病原与免疫基础"及"基础医学核心实践与创新研究"四大课程群构建了以学生为中心,以能力培养为导向,包括理论教学、实验教学、标本实习和基于问题学习(PBL)的小班讨论的多元课程模块,从知识、技能和素养多个层面提升学生的自主学习和终身学习能力(图3)。

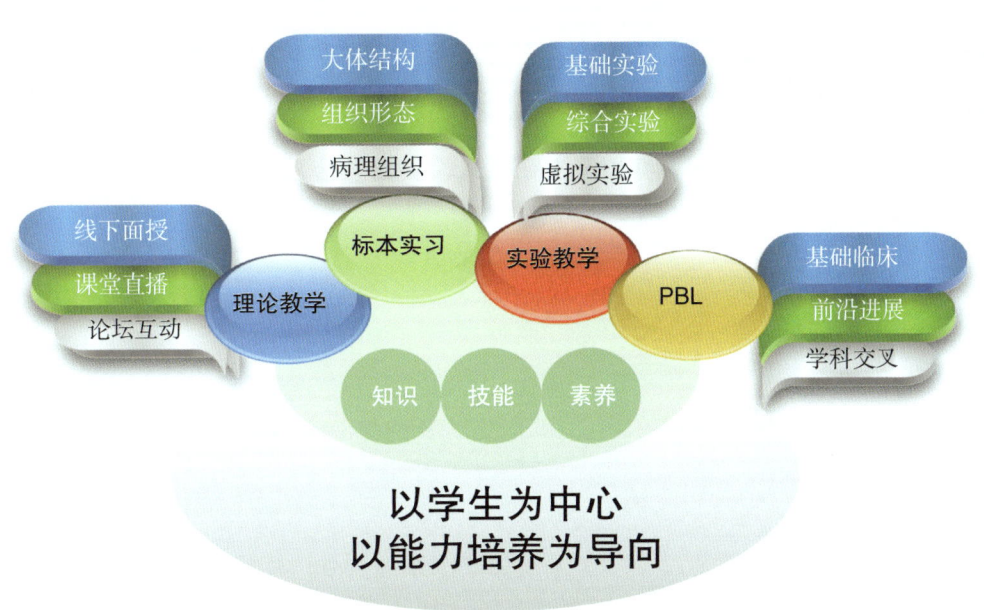

图3 以学生为中心、以能力培养为导向的多元课程模块

"医学中的理工信"课程群整合生物技术、生物统计、生物物理、生物信息和仪器分析等课程,包括基于理工信的人体系统仿真与功能检测及基于理工信的医学数据采集与分析等内容,将基础医学与理学、工学和信息学,从理论到应用,从实践到创新进行交叉融合。

由北京大学牵头,成立了以韩启德院士为编审委员会名誉主任委员,以乔杰院士为主任委员,北京大学、复旦大学、上海交通大学、华中科技大学、中山大学、四川大学、浙江大学、中南大学、南方医科大学、西安交通大学和南京医科大学11所获批教育部基础医学拔尖学生培养计划2.0基地的高校专家依据建设目标组建的编写团队,按照上述五个课程群编写出版了14部教材。

教材编写立足国际前沿,以培养未来能够引领我国医药卫生事业和高等医学教育事业发展的拔尖人才为目标,充分体现交叉融合。各章节的导学目标分为基本目标和发展目标,体现本科阶段人才培养目标,以及与下一培养阶段衔接所需达到的要求,兼具知识、技能、思维培养和价值观引领。正文前以案例引入,自然融入基础知识点,探索医学问题背后的基础科学原理,既体现了基础医学和疾病的关联，又能启发学生自主思考，提升学习兴趣，同时培养其转化医学思维和解决医学难题的能力。正文围绕基本概念、核心知识点和基础理论等展开，结构主线清晰，其中穿插"知识框"并以数字资源方式，融入前沿进展与学科发展趋势、先进技术和重大科研成果等，体现教材内容的先进性以及价值观引领和情感塑造。此外，在相关知识点处设置"小测试"模块，考查学生对知识点的理解和应用，启发思考，同时促进学生的自我评价。正文最后以简短的小结形式进行整体概括，高度凝练，升华理解，拔高思维水平。章节末尾的"整合思考题"结合疾病或研究等不同情境，考查学生综合分析和应用实践等高阶能力，同时在题目中融入前沿进展和价值引领等内容。

系列教材将依据课程群内容，着力于立德树人，突出融合，加强创新，打造一流的课程和教材。

主编简介

乔杰，教授，主任医师，博士研究生导师，中国工程院院士。现任中国科协副主席，北京大学常务副校长、医学部主任，国家妇产疾病临床医学研究中心主任、中华医学会副会长、中国女医师协会会长等。长期致力于妇产及生殖健康相关临床、基础研究与转化工作，担任《中华生殖与避孕杂志》主编等，主编我国首部生殖医学专业全国高等学校教材《生殖工程学》等医学教材和专著34部。以第一完成人先后荣获国家科学技术进步奖二等奖、全国创新争先奖、省部级一等奖、国家级教学成果奖一等奖等。

高国全，中山大学二级教授，逸仙杰出学者，博士研究生导师。曾任中山大学中山医学院副院长，现任《中山大学学报（医学版）》主编，中山大学精准医学中心副主任，中山大学中山医学院基础医学系主任、生物化学与分子生物学系主任，中国生物化学与分子生物学会教育专业分会主任委员，广东省生物化学与分子生物学会理事长。入选教育部"新世纪优秀人才支持计划"，"广东特支计划"领军人才，享受国务院政府特殊津贴。

从事教学科研工作38年。开展肿瘤与代谢性疾病的研究工作。以通讯作者在 *PNAS*，*STTT*，*Diabetes*，*J Biol Chem* 等国际期刊发表SCI论文100余篇。研究成果获高等学校（教育部）和广东省科学研究优秀成果自然科学奖二等奖、江苏省科技进步奖一等奖。主编系列国家级规划教材。获国家级教学成果奖二等奖、广东省教育教学成果奖一等奖和二等奖。荣获宝钢优秀教师奖和"广东省高等学校教学名师"称号。

左伋，复旦大学上海医学院细胞与遗传医学系教授，博士生导师，复旦大学基础医学院教学指导委员会主任委员，享受国务院政府特殊津贴。

从事高校教学研究工作近 40 年，主要致力于医学遗传学和医学细胞生物学的教学、教学研究和科学研究。主持国家级精品课程和国家级一流课程，有关教学研究成果获上海市教学成果奖一等奖 2 项、二等奖 2 项；所带领的团队获评国家级教学团队。科学研究方面主要聚焦分子伴侣的生物学及其与肿瘤和老年退行性疾病的关系的研究，先后承担国家自然科学基金项目多项。在国内外学术期刊发表研究论文 200 余篇（其中被 SCI 收录 60 余篇），获省部级科研成果奖 2 项；获宝钢优秀教师奖、复旦大学校长奖、上海市教学名师奖以及"上海市模范教师"称号。

前　言

医学模式从最早的神道医学开始，历经经验医学、生物医学、生物－心理－社会医学等阶段的发展，目前第六次科技革命为分子生物学、基因组学、合成生物学等带来了巨大变革，科学认知快速迭代，产业技术飞速发展，已进入涵盖"全面健康"概念的"医学+X"交叉发展模式，也给当今医学教育带来了前所未有的冲击和影响。

我国医学教育的改革，从第一代"以学科为基础的课程设置"起，经过第二代"以问题为基础的教学创新"，目前已进入第三代——"以卫生系统为基础的教育改革"，其主要特征是以学生为中心，以胜任力为导向，采用整合式课程，引导学生关注健康全周期和生命全过程。

整合式教育是中国医学教育国际化发展的必然趋势，这种教育教学模式强调器官系统的整合、基础与临床的整合以及医学与人文的结合等。为解决国家发展战略需求——自主培养新时代拔尖人才，顺应国际医学教育发展趋势，教育部于2023年启动了基础学科相关教育教学改革试点工作（系列"101计划"），率先在基础医学等专业进行探索与实践，其重要特征是构建器官系统整合课程体系。"医学分子细胞遗传基础"即为其中的一门整合课程，它将生物化学与分子生物学、医学细胞生物学和医学遗传学等以学科为中心的传统课程，按照从分子到细胞、从结构到功能、从现象到本质、从正常到异常的思路进行了深度融合，并引入一些前沿性进展，希望学生以整合性思维来学习生命的分子基础、细胞基础和遗传基础，同时为有兴趣深入探索的学生提供更多的学习素材。

在本科教育阶段，与课程相配套的教材是学生学习过程中的重要参考资料。我们组织了获批教育部基础医学拔尖学生培养计划2.0基地的11所高校，即北京大学、复旦大学、上海交通大学、华中科技大学、中山大学、四川大学、浙江大学、中南大学、南方医科大学、西安交通大学和南京医科大学热心参加教育教学改革且有丰富教学经验的骨干教师编写了这本教材。

本教材以培养学生自主学习能力为目的，坚持"三基"（基础知识、基础理论、基本技能）、"五性"（思想性、科学性、启发性、先进性、适用性）和"三特定"（特定目标、特定对象、特定限制）原则，以分子、细胞和遗传为主线，淡化学科，注重整合。

本教材主体内容分为6篇，共41章。第一篇"生物大分子的结构与功能"共3章，介绍蛋白质和核酸的结构与功能，以及生物催化剂——酶的特点和作用机制；第二篇"细胞的结构与功能"共7章，介绍细胞膜的结构与功能、细胞表面与细胞微环境、细胞质、细胞的内膜系统、囊泡运输、细胞骨架、细胞核；第三篇"物质代谢与调节"共6章，介绍各种物质在体内的代谢反应、生理意义及其调节机制；第四篇"遗传信息与传递"共6章，介绍人类基因组和染色体，DNA的合成、损伤与修复，RNA和蛋白质的合成以及基因表达调控；第五篇"细胞的社会性与细胞命运"共 7 章，介绍细胞外基质，细胞黏附、细胞连接与细胞极性，细胞信号转导，细胞增殖与调控，细胞分化，干细胞与医学以及细胞死亡；第六篇"遗传调控与遗传病基础"共 12 章，主要介绍遗传的细胞基础，遗传病的分子和生化基础，遗传病的诊断、治疗、预防与伦理等内容。为明确教学目标，激发学习兴趣、促进思考，关注学科发展前沿，教材各章除了正文部分，还包括导学目标、案例、小测试和整合思考题等模块。

当今医学已发展到分子医学和精准医学时代，即从分子水平理解人体的结构与功能，了解疾病的发生机制，对个体进行精准化的疾病诊断、治疗和预防。作为未来的医务工作者或医学科学家，掌握医学分子细胞遗传的基础知识，是构筑专业知识体系的必备条件，也是学习其他课程的重要基础。

与传统教材编写相比，整合教材的编写工作更具挑战性，书中难免有不足和疏漏之处，恳切期望读者和同行们不吝赐教，以期日后进一步改进完善。

乔 杰 高国全 左 伋
2024 年 2 月

目 录

绪论 ·········· 001
  第一节　细胞活动及遗传的发展简史 ·········· 001
  第二节　医学分子细胞遗传的研究内容和意义 ·········· 004
  第三节　医学分子细胞遗传学科之间及与其他学科的联系 ·········· 008

第一篇　生物大分子的结构与功能

第一章　蛋白质的结构与功能 ·········· 013
  第一节　蛋白质在生命活动中的重要性 ·········· 014
  第二节　蛋白质的分子组成 ·········· 016
  第三节　蛋白质的分子结构 ·········· 021
  第四节　蛋白质结构与功能的关系 ·········· 026
  第五节　蛋白质的理化性质 ·········· 030
  第六节　蛋白质分离与纯化常用技术 ·········· 033

第二章　核酸的结构与功能 ·········· 037
  第一节　核酸的化学组成和一级结构 ·········· 038
  第二节　DNA分子的空间结构 ·········· 043
  第三节　RNA的结构 ·········· 049
  第四节　核酸的理化性质 ·········· 054
  第五节　核酸的分离纯化与分析技术 ·········· 056

第三章　酶与酶促反应 ·········· 061
  第一节　概述 ·········· 062
  第二节　酶的分子结构 ·········· 063
  第三节　酶的作用机制 ·········· 067
  第四节　酶促反应动力学 ·········· 069
  第五节　酶活性的调节 ·········· 074
  第六节　酶在医学中的应用 ·········· 077

第二篇　细胞的结构与功能

第四章　细胞膜的结构与功能 ·········· 083
  第一节　细胞膜的结构 ·········· 084
  第二节　跨细胞膜的物质转运 ·········· 096
  第三节　细胞膜异常与疾病 ·········· 104

第五章　细胞表面与细胞微环境 ·········· 109
  第一节　细胞表面的结构 ·········· 109
  第二节　细胞表面与微环境的相互作用 ·········· 113

目 录

第三节	细胞表面与生物尺度律……	117
第四节	细胞表面损伤………………	118

第六章 细胞质 …………………… 123

第一节	细胞质的主要成分和功能 ……	124
第二节	蛋白酶体…………………	128
第三节	核糖体……………………	133
第四节	线粒体……………………	137
第五节	细胞质异常与疾病…………	141

第七章 细胞的内膜系统 ………… 143

第一节	内质网……………………	144
第二节	高尔基复合体……………	152
第三节	溶酶体……………………	155
第四节	过氧化物酶体……………	159
第五节	内膜系统异常与疾病………	160

第八章 囊泡运输 ………………… 163

第一节	概述………………………	164
第二节	胞吞作用…………………	167
第三节	胞内囊泡运输……………	170
第四节	胞吐作用…………………	173
第五节	囊泡运输异常与疾病………	174

第九章 细胞骨架 ………………… 177

第一节	微管的结构与功能…………	178
第二节	微丝的结构与功能…………	189
第三节	中间纤维的结构与功能……	200
第四节	细胞骨架异常与疾病………	205

第十章 细胞核 …………………… 209

第一节	概述………………………	210
第二节	核膜………………………	211
第三节	染色质……………………	217
第四节	核仁………………………	224
第五节	核纤层与核基质……………	227
第六节	细胞核异常与疾病…………	231

第三篇 物质代谢与调节

第十一章 糖代谢 ………………… 237

第一节	概述………………………	238
第二节	糖原的合成与分解…………	243
第三节	糖的分解代谢……………	252
第四节	糖异生……………………	271
第五节	血糖调节与糖代谢紊乱……	276

第十二章 脂质代谢 ……………… 283

第一节	概述………………………	284
第二节	甘油三酯的分解代谢………	287
第三节	甘油三酯的合成代谢………	298
第四节	磷脂代谢…………………	302
第五节	胆固醇代谢………………	306
第六节	血脂与血浆脂蛋白代谢……	311

第十三章 生物氧化 ……………… 318

第一节	概述………………………	319
第二节	线粒体氧化体系——呼吸链 ……	321
第三节	氧化磷酸化和 ATP 的生成 ……	329
第四节	影响氧化磷酸化的因素……	334

第五节　非线粒体氧化体系………… 340

第十四章　氨基酸代谢 ………… 345

第一节　蛋白质的营养价值………… 346
第二节　蛋白质的消化、吸收和腐败
　　　　……………………… 347
第三节　组织蛋白质的降解………… 350
第四节　氨基酸的一般代谢………… 353
第五节　氨的代谢…………………… 357
第六节　个别氨基酸代谢…………… 363

第十五章　核苷酸代谢 ………… 376

第一节　概述………………………… 377
第二节　核苷酸的合成代谢………… 378
第三节　核苷酸的分解代谢………… 388

第十六章　代谢的整合与调节 …… 393

第一节　代谢的特点………………… 394
第二节　代谢的相互联系…………… 395
第三节　代谢的调节………………… 398
第四节　体内重要组织和器官的代谢
　　　　特点……………………… 406

第四篇　遗传信息与传递

第十七章　人类基因组和染色体 … 413

第一节　人类基因组及基因组学…… 414
第二节　基因的结构与功能………… 418
第三节　基因组的传递……………… 420
第四节　人类染色体………………… 423

第十八章　DNA 的合成 ………… 429

第一节　DNA 复制的特点与参与分子
　　　　…………………………… 430
第二节　DNA 复制过程 …………… 438
第三节　逆转录作用………………… 444

第十九章　DNA 损伤与修复 …… 450

第一节　概述………………………… 450
第二节　DNA 损伤的诱因及损伤类型
　　　　…………………………… 451
第三节　DNA 损伤应答与 DNA 修复
　　　　…………………………… 456
第四节　DNA 修复与人类疾病 …… 468

第二十章　RNA 的合成 ………… 471

第一节　转录体系…………………… 472
第二节　转录过程…………………… 477
第三节　转录后的加工过程………… 479
第四节　RNA 复制 ………………… 490

第二十一章　蛋白质的合成 ……… 493

第一节　遗传信息的编码与解码…… 494
第二节　蛋白质合成体系…………… 498
第三节　蛋白质的合成过程………… 501
第四节　蛋白质翻译后的加工与靶向
　　　　运输…………………… 512
第五节　蛋白质合成与医学的关系… 518

第二十二章　基因表达调控 ……… 524

第一节　基因表达调控的基本概念及
　　　　特点…………………… 525
第二节　原核基因表达调控………… 528
第三节　真核基因表达调控………… 531

第五篇　细胞的社会性与细胞命运

第二十三章　细胞外基质 …………… 549
第一节　细胞外基质的主要成分…… 550
第二节　细胞对细胞外基质的影响… 555
第三节　细胞外基质对细胞生命活动的影响………………………… 562
第四节　细胞外基质与疾病………… 564

第二十四章　细胞黏附、细胞连接与细胞极性 ………… 568
第一节　细胞黏附…………………… 569
第二节　细胞连接…………………… 573
第三节　细胞极性…………………… 581

第二十五章　细胞信号转导 ……… 591
第一节　概述………………………… 592
第二节　细胞受体介导的细胞内信号转导……………………………… 595
第三节　细胞信号转导异常与疾病… 600

第二十六章　细胞增殖与调控 …… 603
第一节　有丝分裂和细胞周期概述………………………………… 604
第二节　细胞周期进展的分子基础………………………………… 608
第三节　细胞周期的调控…………… 611
第四节　细胞周期检查点…………… 614

第五节　细胞周期和检查点调控与肿瘤……………………………… 616
第六节　减数分裂和生殖细胞的发生……………………………… 617

第二十七章　细胞分化 …………… 621
第一节　概述………………………… 622
第二节　细胞分化的实质和影响因素………………………………… 624
第三节　细胞分化的调控…………… 627
第四节　体细胞核移植和细胞核的全能性……………………………… 630

第二十八章　干细胞与医学 ……… 634
第一节　干细胞生物学……………… 635
第二节　造血干细胞………………… 637
第三节　间充质干细胞……………… 640
第四节　胚胎干细胞………………… 641
第五节　诱导性多潜能干细胞……… 644
第六节　肿瘤干细胞………………… 647

第二十九章　细胞死亡 …………… 651
第一节　细胞凋亡…………………… 652
第二节　其他类型的调节性细胞死亡……………………………… 662
第三节　细胞死亡与疾病…………… 666

第六篇　遗传调控与遗传病基础

第三十章　染色体病 ……………… 671
- 第一节　人类染色体畸变…………… 672
- 第二节　常染色体病………………… 679
- 第三节　性染色体病………………… 683

第三十一章　遗传变异：个体突变与多态性 687
- 第一节　突变与多态性……………… 688
- 第二节　多态性在基因定位中的应用 … 693

第三十二章　单基因病 ……………… 699
- 第一节　单基因病的系谱分析……… 700
- 第二节　单基因病的遗传方式……… 702
- 第三节　影响单基因病遗传方式的因素 … 712

第三十三章　多基因病 ……………… 717
- 第一节　多基因遗传概述…………… 718
- 第二节　多基因病的阈值模型……… 721
- 第三节　多基因病的遗传特点和风险估计 … 724
- 第四节　多基因病的研究策略……… 727
- 第五节　多基因病案例分析………… 729

第三十四章　群体遗传学 …………… 733
- 第一节　群体的遗传结构…………… 734
- 第二节　群体的遗传平衡定律……… 735
- 第三节　影响遗传平衡的因素……… 737
- 第四节　遗传负荷…………………… 744

第三十五章　表观遗传 ……………… 746
- 第一节　表观遗传机制……………… 747
- 第二节　基因组印记………………… 754
- 第三节　X染色体失活……………… 758
- 第四节　表观遗传重编程…………… 760
- 第五节　表观遗传与衰老…………… 761
- 第六节　表观遗传与疾病…………… 762

第三十六章　线粒体遗传 …………… 766
- 第一节　人类线粒体基因组与基因突变 … 767
- 第二节　线粒体病及其遗传特点…… 768

第三十七章　分子病原理 …………… 772
- 第一节　分子病概述………………… 773
- 第二节　血红蛋白病………………… 774
- 第三节　突变对蛋白质功能的影响效应 … 776

第三十八章　遗传病的分子与生化基础 … 780
- 第一节　管家蛋白与特异性蛋白…… 781
- 第二节　遗传性酶病………………… 781
- 第三节　受体和转运蛋白缺陷病…… 788
- 第四节　结构蛋白缺陷病…………… 792
- 第五节　药物反应的遗传基础……… 793

第三十九章　遗传病诊断 …………… 799
- 第一节　遗传病的诊断流程………… 800
- 第二节　产前诊断…………………… 808

第四十章 遗传病的治疗 ………… 815

第一节 遗传病的治疗现状………… 816
第二节 遗传病的治疗策略………… 817
第三节 单基因病的基因治疗范例
……………………………… 829

第四十一章 遗传病的预防和伦理 … 833

第一节 遗传病的预防…………… 833
第二节 遗传咨询………………… 836
第三节 遗传服务的伦理原则……… 846

主要参考文献 …………………… 849

中英文专业词汇索引 …………… 851

绪　论

第一节　细胞活动及遗传的发展简史

一、细胞的发现和细胞学说的建立

早在 17 世纪，随着显微镜的发明和改进，科学家们开始探索微小的生命世界。1665 年，英国物理学家 R. Hooke 用自己设计并制造的显微镜，在植物软木组织切片中发现了一种蜂窝状的小室结构，并将这种结构命名为"细胞"（cell，意思是"小室"），这是人类首次发现细胞的存在。1675 年，Leeuwenhoek 用自制的高倍放大镜观察到了血细胞、池塘水滴中的原生动物，以及人类和其他哺乳动物的精子，这是人类第一次观察到完整的活细胞。1824 年，H. Dutrochet 在深入研究动植物组织后提出所有生物组织都是由"极小的球状细胞"所构成的理论。19 世纪德国工业的发展和化学染料的创新大大改善了显微镜的分辨率和切片染色技术，为细胞结构的详细研究提供了条件，细胞核和细胞质也在这一时期被发现。1831 年，英国植物学家 R. Brown 在兰科植物的表皮叶片中观察到了细胞核。1835 年，德国解剖学家和生理学家 G. Valentin 在结缔组织细胞核中发现了核仁。同年，法国生物学家 F. Dujardin 在低等动物根足虫和多孔虫的细胞内发现了透明的胶状物质，称之为"肉样质"，也就是如今所称的细胞质。1839 年，J. Purkinje 将神经细胞中的胶状物质称为原生质（protoplasm），后将其命名为胞质并沿用至今。

细胞学说的建立奠定了现代生物学的基础。1838 年，德国植物学家 M. J. Schleiden 提出：尽管植物的不同组织在结构上有较大差异，但都是由细胞构成的。1839 年，德国动物学家 T. Schwann 在其所发表的关于动物生命的细胞基础的综合性报告中也指出：动物和植物具有类似的结构，细胞是所有生物的基本结构单位。至此，细胞学说（cell theory）创立。1855 年，德国医生和病理学家 R. Virchow 补充提出：所有的细胞都是来自已有细胞的分裂。以上发现构成了细胞学说的三大核心内容，即所有生物都是由一个或多个细胞构成的，细胞是所有生物生命活动的基本功能单位，细胞只能通过分裂产生新的细胞。细胞学说的建立揭示了细胞的统一性和生物体结构的统一性，标志着生物学研究进入细胞水平，有力地推进了生命科学研究的发展，是生物体个体发育、系统发生和进化起源的基础概念。

二、生物体组成及遗传物质的发现

随着对细胞研究的深入，生物体的化学组成逐渐被发现。生物化学的初期阶段以研究各种生物体的化学成分为主，并对其进行分离、纯化、合成、结构测定及理化性质的研究，因此被称为

绪　论

静态生物化学或叙述生物化学阶段。18 世纪中叶，瑞典化学家 C. W. Scheele 对生物体（植物及动物）各种组织的化学组成进行了研究，分离得到甘油、柠檬酸、苹果酸、乳酸、尿酸、酒石酸等，奠定了现代生物化学的基础。这一时期，生物氧化作用的本质也得以阐明。1785 年，法国化学家 A. L. Lavoisier 率先提出了呼吸的本质，认为生物体呼吸过程的本质与燃烧过程一样，均需要消耗氧气，释放二氧化碳和水，同时产生热能，这是生物氧化及能量代谢研究的开端。1828 年，德国化学家 F. Wohler 从无机化合物氰化铵中成功合成了尿素这一有机分子，证明了有机物人工合成的可行性，突破了无机化合物和有机化合物之间的研究界限。自此至 20 世纪初期，研究者对脂质、糖类及氨基酸等各种生物体有机物的性质开始了较为系统的研究，生物体内的一些重要物质也相继被发现。1833 年，法国化学家 A. Payen 发现了淀粉酶（diastase），这是人类首次发现酶。1856 年，法国生理学家 C. Bernard 分离出了糖原，并发现了糖原异生作用。1862 年，德国生物化学家 H. Seyler 分离和结晶了血红蛋白等重要生物分子。1865 年，G. Mendel 发表的《植物杂交实验》揭示了生物遗传性状的分离和自由组合规律，从此"遗传学"学科诞生。1869 年，霍佩的学生瑞典生物学家 F. Miescher 率先从白细胞的细胞核中分离出一种被其称为"核素"（nuclein）的物质，也就是如今被称为核酸的遗传物质。1878 年，德国化学家 Kihne 率先将生物体内的催化物质命名为"酶"（enzyme）。1882 年，W. Flemming 发现了染色体。1897 年，德国化学家 E. Buchner 对不含细胞的酵母提取液进行发酵研究，最终证明发酵过程并不需要完整的活细胞存在，其本质是由酶素引起的催化过程，由此奠定了酶学的基础。虽然孟德尔遗传定律在 1865 年就已被提出，但是这项工作的重要价值直到 1900 年才被认识到。1901 年，内科医生 A. E. Garmod 描述了 4 个尿黑酸尿症家系，首次提出先天性代谢病概念，认为这些疾病的性状属于隐性遗传。1902 年，德国化学家 E. Fisher 提出了蛋白质的多肽理论，并成功合成了多肽以及糖和嘌呤的衍生物。1902 年，英国生理学家 E. H. Starling 分离得到分泌素（secretin），并首次提出激素（hormone）的概念。1903 年，W. Sutton 和 T. Boveri 证明了染色体是遗传物质的载体。同年，W. C. Farabee 指出短指（趾）为显性遗传性状。1908 年，G. H. Hardy 和 W. Weinberg 研究了人群中基因频率的变化，提出了遗传平衡定律，奠定了群体遗传学的基础。1909 年，H. Nilsson 研究了数量性状遗传，阐述了数量性状的遗传规律。1912 年，英国生物化学家 F. Hopkins 发现了维生素这一食物辅助因子。

20 世纪 20—50 年代，随着电子显微镜技术、层析技术、核素示踪技术等众多实验方法的进步，生物化学飞速发展，进入了动态生物化学阶段。动态生物化学主要对体内各种分子的代谢变化进行研究。在酶学方面，1926 年，美国科学家 J. B. Sumner 从刀豆种子中提取出脲酶并获得结晶，证明了脲酶的蛋白特性，并提出酶的本质是蛋白质。此后多位科学家连续结晶了几种水解蛋白质的酶，确立了酶是蛋白质这一概念。在生物体内主要物质的代谢方面，1932 年，H. A. Krebs 发现了尿素循环，并于 1937 年发现了三羧酸循环。20 世纪初，F. Knoop 提出了脂肪酸 β- 氧化学说。1940 年，德国科学家 G. Embden、O. F. Meyerhof 和波兰科学家 J. K. Parnas 阐明了糖酵解的作用途径。ATP 的氧化磷酸化理论也在这一时期被提出，1961 年，英国生物化学家 P. Mitchell 提出的化学渗透假说解释了氧化磷酸化作用。在动态生物化学阶段，多种人类必需氨基酸、必需脂肪酸、维生素被发现，多种激素也被分离和合成。虽然这一时期遗传学理论研究飞速发展，但是限于当时的技术水平，遗传物质的微观研究无法深入开展。

三、分子细胞生物学时期

20 世纪 50 年代以来，电镜技术、各种色谱技术、超速离心技术、电泳技术、X 射线衍射技术、放射性同位素示踪技术、基因工程技术等先进实验设备和方法的诞生，促使生命科学研究进入分子水平，细胞、生化和遗传学科边界逐渐模糊。

1. 蛋白质结构与生物合成　1948 年，美国化学家 Pauling 确认了氢键在蛋白质结构中和大分子相互作用中的重要性；还研究了镰状细胞贫血，提出了分子病的名称。1951 年，蛋白质分子中肽链的 α- 螺旋构象被提出。1953 年，英国生物化学家 F. Sanger 完善了胰岛素氨基酸序列的测定，开创了蛋白质序列分析的先河。之后核糖核酸酶等氨基酸的序列也相继被分析得出。1957 年，英国分子生物学家 J. Kendrew 测定了肌红蛋白的结构。1959 年，英国分子生物学家 F. Perutz 用 X 射线衍射技术，解析了血红蛋白的三维空间结构。中国科学家在 1965 年合成了结晶牛胰岛素，这是世界上第一个人工合成的具有生物活性的蛋白质，是生命科学发展的关键性一步。在这一时期，还发现了转运 RNA 和氨酰 -tRNA 合成酶以及它们在蛋白质合成中的作用，阐明了氨基酸参与蛋白质合成的活化机制；利用 X 射线衍射和冷冻电镜技术解析了烟草花叶病毒的结构等。

2. DNA 双螺旋结构和中心法则的提出　1944 年，由 O. T. Avery、M. McCarty 和 C. M. MacLeod 三位研究者进行的著名的肺炎球菌实验证明了 DNA 是细胞遗传信息的基本物质。1953 年，美国化学家、分子生物学家 J. Watson 和英国分子生物学家 F. Crick 提出了 DNA 的双螺旋模型，这是生物化学进入分子生物学时代的重要标志。1958 年，F. Crick 提出了遗传信息传递的"中心法则"，为分子生物学奠定了基础。同年，S. Brenner 提出"信使 RNA"的概念，并证实了其在指导合成蛋白质中的作用。1955 年，英国科学家 A. R. Todd 确定了核苷酸结构，合成了低分子的核苷酸。1961 年，F. Jacob 和 J. Monod 通过对大肠埃希菌乳糖代谢的研究，阐明了基因通过控制酶的生物合成调节细胞代谢的模式，提出"操纵子学说"。1967 年，美国生物化学家 W. Nirenberg 和 H. Khorana 破译了遗传密码。

3. 细胞遗传学的诞生　1952 年，徐道觉等建立了低渗片技术，蒋有兴和 A. Leven 使用秋水仙碱获得了更多中期细胞分裂象后，证实了人体细胞染色体数目为 46，标志着细胞遗传学的诞生。之后相继发现了 Down 综合征为 21- 三体、克兰费尔特（Klinefelter）综合征为 47,XXY 等染色体数目异常的遗传病。随着染色体显带技术的出现，由于染色体畸变引起的疾病被不断发现和报道。

4. 重组 DNA 技术的开发和应用　20 世纪 70 年代，DNA 连接酶、限制性核酸内切酶、逆转录酶以及各种载体的发现和应用，使得重组 DNA 技术取得了巨大突破。1972 年，P. Berg 成功地进行了 DNA 体外重组。基因组重组技术的建立标志着现代基因工程的诞生，同时也将生物化学带入了一个全新的发展时期，这不仅促进了对基因表达调控机制的研究，而且使人们主动改造生物体成为了可能。1997 年，世界上第一只通过成体细胞克隆技术创造的哺乳动物"多莉"诞生。另外，这些技术还改变了传统的疾病诊断方式，使遗传病诊断进入分子水平。1978 年，简悦威等应用液相 DNA 分子杂交成功地进行了镰状细胞贫血的基因诊断，标志着分子诊断的诞生。20 世纪 80 年代后，分子生物学和基因工程飞速发展。1980 年，F. Sanger 和 M. Gilbet 设计出测定 DNA 序列的方法，即如今的一代测序（Sanger 测序）。1982 年，T. Cesh 发现的核酶（ribozyme）是人们对生物催化剂认识的补充。1985 年，K. Mullis 发明了聚合酶链反应（PCR）技术，在体外实现了 DNA 分子的快速扩增，从而使某些疾病的 DNA 检测成为临床的常规工作。这些成果都为后续分子生物学的发展提供了理论依据和技术支持。

5. 基因组学及多组学研究　1990 年 HGP（人类基因组计划）开始实施，旨在描述人类基因组特征，包括物理图谱绘制、遗传图谱绘制、基因组 DNA 序列测定、转录图谱绘制和基因鉴定等方面的工作。2000 年 6 月 26 日，人类基因组序列工作框架图测序完成。2001 年 2 月，人类基因组草图公布。2003 年 4 月，覆盖人常染色体基因组 99% 的人类基因组图绘制完成，加上在此之前完成的人肠埃希菌、酵母、果蝇、拟南芥等模式生物的基因组测序，人类迎来了生命科学发展的崭新阶段——后基因组时代。人类基因组计划为人类遗传多样性的研究提供了基本数据，揭示了上万种人类单基因异常和上百种严重危害人类健康的多基因病的致病基因和疾病易感基因。

绪　论

2003年9月，"DNA元件百科全书"（the Encyclopedia of DNA Elements，ENCODE）计划正式启动，目的在于鉴定人类基因组中所有功能片段。

除了基因组学以外，蛋白质组学、代谢组学、转录物组学、糖组学等也正成为21世纪生命科学研究的重点。蛋白质组学关注细胞内所有蛋白质的表达、功能和相互作用，通过高通量技术分析蛋白质，揭示蛋白质在疾病、发育和细胞过程中的作用。代谢组学研究生物体内的所有代谢物和代谢途径，通过分析细胞和体液中的小分子代谢物，提供有关生物体状态和代谢活动的重要信息。转录物组学研究所有RNA分子，包括mRNA、非编码RNA等，以及它们在特定时间点和条件下的表达模式，帮助人们理解基因表达的调控机制和疾病中的基因变化。糖组学关注糖类和多糖在生物体中的结构和功能，尤其是糖类在细胞识别、信号传递和免疫反应等过程中的作用，有助于揭示糖类与疾病之间的关系。多种组学之间交叉互补，允许科学家从多个层面综合分析生物体，以提供生命过程的全貌。大规模的多组学数据分析和组学测序技术的开发则需要生物学、化学、计算机科学、数据分析等多个领域的学者共同参与，由此催生了"生物信息学（bioinformatics）"这一交叉学科。尽管分子细胞遗传学的发展异常迅速，但生命科学在后基因组时代仍然面临着巨大的挑战和机遇，需要跨学科合作以推动对生物体复杂性的深入理解。

6. 分子细胞遗传学的新进展　近年来，学科间的交叉汇聚越来越明显，涌现了许多新的科技创新成果。自2009年汤富酬教授提出单细胞测序技术后，单细胞测序出现了爆发式的发展和普及，该方法能获取单个细胞的基因表达信息，揭示不同细胞之间的功能差异和发育轨迹。新的表观遗传调控修饰和调控因子被发掘，包括DNA修饰、组蛋白修饰等，何川教授首次提出RNA修饰可逆且可以控制基因表达，帮助开辟了表观转录组学新领域。基因编辑技术可针对具体基因进行精确的靶向编辑。2013年张锋教授首次使用CRISPR/Cas9对哺乳动物细胞进行基因编辑，该技术在构建动物疾病模型，寻找疾病治疗的有效靶点，治疗感染性疾病、肿瘤疾病以及遗传性疾病中发挥了重要作用。除此之外，细胞治疗、类器官研究、超分辨率成像技术和冷冻电镜技术等也在不断发展。随着不同学科、技术的不断发展和相互融合，人类正步入一个新的时代，其中生命科学的研究不仅会更加深入和全面，也将极大地推动医学、生物技术和相关领域的革新与进步。

第二节　医学分子细胞遗传的研究内容和意义

医学分子细胞遗传的研究内容广泛，一方面是研究人类细胞形态结构与生命活动的规律；另一方面则是研究人类生命个体的物质结构、化学组成、化学变化、生物合成及其调节，以及这些细胞和分子物质组成、变化、调节与功能的关系，从分子水平阐明生物体的本质和规律，最终在二者的基础上探讨疾病发生、发展的细胞与分子机制，为增进健康、预防与治疗疾病奠定基础。目前其研究主要集中于以下几个方面。

一、细胞的结构和功能

以动态的观点研究整个细胞及其各亚细胞结构，包括质膜、胞质溶胶、内质网、高尔基复合体、溶酶体、胞内体、过氧化物酶体、蛋白酶体、核糖体、细胞骨架、线粒体以及细胞核与染色体等的结构与功能。整个细胞的结构和功能与细胞的生命活动和社会性联系紧密，因此还将研究细胞本身的基本生命活动（包括增殖、分化、衰老、凋亡、运动及信号转导、胞吞、胞吐和细胞内的运输等）的规律及其分子基础与调控；研究细胞与细胞之间以及细胞与其微环境（包括可溶性生物活性分子和不溶性细胞外基质）和整个机体之间的相互作用及其物质基础。

二、生物分子的结构和功能

组成生物个体的化学成分包括无机物、有机小分子和生物大分子。体内生物大分子的种类繁多，结构复杂，但其结构有一定的规律性，都是由基本结构单位按一定顺序和方式连接而形成的多聚体（polymer），分子量一般大于 10^4 kD。核酸、蛋白质、多糖、蛋白聚糖和复合脂质等是体内重要的生物大分子，它们都是由各自基本组成单位构成的多聚体，其重要特征之一是具有传递信息的功能，因此也称之为生物信息分子。

对生物大分子的研究，除了确定其一级结构（基本组成单位的种类、排列顺序和方式）外，更重要的是研究其空间结构与功能的关系。分子结构是功能的基础，而功能是结构的体现。生物大分子的功能还需通过分子之间的相互识别和相互作用而实现。例如，蛋白质与蛋白质的相互作用在细胞信号转导中起重要作用；蛋白质与蛋白质、蛋白质与核酸、核酸与核酸的相互作用在基因表达调控中发挥着决定性作用。由此可见，分子结构、分子识别和分子的相互作用是执行生物信息分子功能的基本要素，而这一领域的研究是当今的热点之一。

正常的物质代谢是正常生命过程的必要条件，若物质代谢发生紊乱，则可引起疾病。目前对生物体内的主要物质代谢途径已基本清楚，但仍有诸多问题有待探讨。例如，物质代谢中的绝大多数化学反应是由酶催化的，酶的结构和酶量的变化对物质代谢的调节起着重要作用。物质代谢有序性调节的分子机制尚需进一步阐明。此外，细胞信息传递参与多种物质代谢及与其相关的生长、增殖、分化等生命过程的调节。细胞信息传递的机制及网络也是生物化学研究的重要课题。

三、基因信息的传递及调控

基因信息传递涉及遗传、变异、生长、分化等诸多生命过程，也与包括遗传病在内的多种疾病的发生有关。因此，基因信息的研究在生命科学中的作用越发重要。关于基因信息的研究，不仅包括 DNA 的结构与功能，更重要的是对 DNA 复制、基因转录、蛋白质生物合成等信息传递过程的机制及基因表达的时空规律进行研究。

（一）基因表达

基因表达（gene expression）一般是指将所储存的遗传信息转变为由特定的氨基酸种类和序列构成的多肽链，再由多肽链构成蛋白质或酶分子，从而决定生物各种性状（表型）的过程。基因表达包括两个步骤。

1. 以 DNA 为模板转录合成 mRNA 转录（transcription）是在 RNA 聚合酶催化下，以 DNA 的 3′→5′ 单链（模板链 template strand，或称反义链 antisense strand）为模板，按照碱基互补配对原则（但 RNA 以"U"和 DNA 的"A"配对，其余配对形式与 DNA 复制时一致），以三磷酸核苷酸（NTP）为原料合成 RNA 的过程。转录的最终产物是 mRNA、tRNA 和 rRNA 等。

2. 将遗传信息翻译成多肽链中相应的氨基酸种类和序列 翻译（translation）是在细胞质内的核糖体上，以 mRNA 为模板指导蛋白质合成的过程。mRNA、tRNA 和核糖体在翻译中起着重要的作用，mRNA 携带遗传信息，作为合成蛋白质的模板；tRNA 转运活化的氨基酸和识别 mRNA 分子上的遗传密码；核糖体是蛋白质合成的场所，将各种特定的氨基酸分子连接成多肽链。

（二）基因表达的调控

绝大多数真核生物是多细胞的、复杂的有机体，为实现"预定"的有序的分化发育过程，需要基因表达的控制，其特点为：在特定时间和特定细胞中激活特定的基因。真核生物基因表达的调控是通过多阶段水平实现的，可以将复杂的调控机制简要地归为转录水平调控、转录后水平调控、翻译水平调控、翻译后水平调控和表观遗传学调控 5 个层次。

1. 转录水平调控　基因表达的转录水平调控可通过蛋白因子与旁侧或内含子序列中的调控序列相结合来进行，如顺式作用元件、反式作用因子、组蛋白修饰和染色质重构。

2. 转录后水平调控　真核细胞 mRNA 转录形成成熟的 mRNA 需要经过剪接、加帽、加尾等过程，影响其中任何一个环节都将调控基因的表达，如选择性剪接、RNA 编辑等。

3. 翻译水平调控　许多基因在蛋白质合成的水平上也受到调节，由于免去了改变 mRNA 转录水平所需的时间，翻译水平的调控对外界刺激的反应更为迅速，如翻译起始的调控、microRNA 的调控等。

4. 翻译后水平调控　有些蛋白质合成完成后需经过适当的加工修饰才有活性，因而翻译后修饰是蛋白质结构和功能调节的一种重要方式，大大增加了蛋白质的多样性和复杂性。常见的蛋白质翻译后修饰有磷酸化、糖基化、泛素化、类泛素化（SUMOylation）、乙酰化和甲基化等，并且各种修饰往往是协同发挥作用的。

5. 表观遗传学调控　一个基因的结构除了编码特定功能产物的 DNA 序列外，还包括对这个特定产物表达所需的邻接 DNA 序列。对某些遗传病的家系研究发现，虽然基因的编码部分结构完整，也未发生改变，但若其邻接 DNA 序列发生了改变，如常见的邻接序列某些区域单个碱基的替换可使此功能产物不能表达，也可能引发疾病。另外，在基因的核苷酸序列不发生突变的情况下，基因的修饰如 DNA 甲基化、组蛋白的乙酰化等也可能导致基因的活性发生改变，使基因决定的表型出现变化，且可传递至少数世代。这也是表观遗传学（epigenetics）所涉及的主要内容。

四、研究意义

（一）认识疾病的病因及发生机制

1. 心脑血管疾病　心脑血管疾病是现今对人类危害最严重的疾病之一，主要是由于胆固醇、低密度脂蛋白（LDL）及其受体、高密度脂蛋白（HDL）等分子的生成、转运及定位障碍导致血管内皮细胞、平滑肌细胞和细胞外基质的异常，以及血小板与内皮细胞的黏附异常。这些细胞水平的病变最后引起心肌细胞和脑组织的缺血或由于脑血管出血导致严重的疾病。这类疾病少数为单基因病，绝大多数为遗传和环境共同作用的结果，对代谢、遗传等方向的深入研究将对揭示其发生机制有重要意义。

2. 恶性肿瘤　恶性肿瘤的发病率逐年上升，是威胁人类健康的重要疾病，其发生机制涉及细胞、分子和遗传多个方面。肿瘤是一种体细胞遗传病，由细胞遗传物质的异常导致，包括基因突变、染色体异常和表观遗传异常。遗传物质异常可使癌基因激活和抑癌基因失活，进而导致重要调控分子异常，如细胞周期蛋白异常激活，最终引起细胞活动的异常，如细胞增殖、凋亡、分化、迁移等活动及调控紊乱，细胞发生恶性转化。

3. 遗传病　遗传病是指遗传因素是唯一或主要病因的疾病，是由基因及染色体的异常、缺失所导致的细胞结构和（或）生命活动的异常。遗传学研究在理解遗传病的发病机制、诊断、治疗、产前诊断等方面起着非常重要的作用。除了从遗传学角度进行分析以外，还要结合重要调控分子的改变、细胞结构与功能改变等，从多角度综合对发病机制进行研究，可以使遗传病的病因研究提升到新的高度。

4. 感染及传染病 感染多会引起炎症反应，涉及白细胞和内皮细胞的相互作用、巨噬细胞与死亡的炎症细胞的相互作用以及巨噬细胞和病原体细胞或其碎片之间的相互作用，有很多炎症分子如白介素-6（interleukin-6，IL-6）、肿瘤坏死因子-α（tumor necrosis factor-α，TNF-α）、C反应蛋白（C reactive protein，CRP）等参与其中。炎症不仅会造成致命的急性损伤，也与细胞的衰老和恶性转化等慢性过程相关。对炎症的细胞生物学研究以及分子生物学研究为研发抗炎药物提供了科学根据。

传染病是严重危害人类健康的疾病。各种病原体在感染宿主的过程中，先要识别宿主机体中的敏感细胞，并黏附于后者产生感染。因此防止病原体与敏感细胞的黏附是抗感染的重要策略之一。例如，艾滋病是一种由人类免疫缺陷病毒（human immune deficiency virus，HIV）感染、侵犯人体T淋巴细胞，进而引起的以全身性严重免疫缺陷为主要特征的获得性免疫缺陷综合征（acquired immunodeficiency syndrome，AIDS），这是一种致命性传染病。科学研究发现HIV感染T淋巴细胞时需要T淋巴细胞上的HIV受体CCR5，如果T淋巴细胞上不存在该受体，则不会被HIV感染，这为AIDS的治疗提供了重要的靶点。对病原体细胞与敏感细胞之间的识别与黏附过程的研究，以及对识别与黏附过程所涉及的关键分子靶点的研究，在感染性疾病的预防和治疗中发挥着重要作用。

（二）疾病诊断

现代科学的发展为疾病的诊断提供了新的手段。无论是经典的诊断方法还是新的诊断技术，都是以细胞生物学、分子生物学及遗传学等多方面的知识为基础的。

1. 病理学诊断 病理学诊断是通过细胞结构对疾病进行诊断，细胞化学染色和免疫组织化学染色等则是以细胞的结构和分子标志物为基础，对疾病相关的分子标志物在组织中的表达进行分析。

2. 血清学诊断 通过检测血清中一些肿瘤标志物的水平，对肿瘤进行早期筛查和复发监测，血清学检查的靶标是特定细胞的产物或标志物。血清生化检查也是遗传学诊断中的重要辅助手段，主要是对基因突变所影响的酶和蛋白质进行定量和定性分析，对单基因病和先天性代谢病进行诊断。

3. 遗传学诊断 遗传学诊断包含从细胞到分子水平的诊断。染色体核型分析、原位杂交、荧光原位杂交等既属于经典的遗传学方法，也属于广义的细胞生物学技术与方法，在临床诊断中应用广泛。基因诊断是利用分子生物学技术，检测DNA碱基序列或基因表达水平的变化，从而对疾病做出诊断。

4. 放射诊断 例如，正电子发射计算机断层显像（positron emission tomography，PET）根据肿瘤细胞的代谢（主要靠葡萄糖酵解）现象，为患者注射2-[F]-2-脱氧-D-葡萄糖（F-FDG）后，通过PET/CT检查可检测到一般CT影像不易发现的肿瘤病灶，在肿瘤的放射诊断中应用广泛。

（三）疾病治疗

分子细胞遗传学的知识、理论以及技术和方法正在越来越多地应用于疾病的治疗中。

1. 细胞治疗与细胞移植 近年细胞治疗与细胞移植发展迅速，通过细胞移植治疗疾病进行了多方面的尝试。例如，通过移植胰岛β细胞治疗糖尿病、通过脑细胞移植治疗老年性痴呆等。干细胞具有自我更新和多潜能分化的特性，为细胞移植开拓了广阔的前景。2009年，德国科学家在给一位患有艾滋病的急性白血病患者进行骨髓干细胞移植时，选取了HIV受体（CCR5）阴性供者的骨髓，在成功地治愈了该患者的白血病的同时，还治愈了其艾滋病。如今干细胞移植已在角膜移植、心肌梗死后的修复、骨损伤修复、急性肝衰竭以及糖尿病的治疗等方面取得了一定成效。

2. 肿瘤治疗（免疫和靶向） 理想的肿瘤细胞靶向治疗是以肿瘤细胞表面特异性抗原或受体为靶点，或者以控制肿瘤细胞生长的基因为靶点，通过与具有肿瘤细胞杀伤性的物质耦联，设计治疗药物。药物进入体内后通过识别表达特异性抗原或受体的肿瘤细胞发挥治疗作用，而不影响正常组织细胞。比如，已经有识别KRAS、表皮生长因子受体（EGFR）、EML4ALK等的靶向药物应用于临床。然而目前所用的肿瘤细胞表面抗原并非肿瘤细胞所特有，这些抗原在正常细胞中也存在，只是表达量不同，因而在实际应用中寻找肿瘤细胞表面特异性抗原和受体非常重要。

增强免疫效应细胞杀灭肿瘤细胞的免疫机制是肿瘤治疗的一个重要策略。目前临床应用的抗肿瘤细胞免疫治疗需要在体外对免疫细胞进行修饰，然后回输到患者体内，增强免疫细胞对肿瘤的特异性杀伤。比如嵌合抗原受体T细胞（CAR-T）治疗是将能识别某种肿瘤抗原的抗体的抗原结合部与胞内部分在体外耦联为嵌合蛋白，通过基因转导的方法转到患者的T细胞内，使T细胞表面表达嵌合抗原受体（CAR）。患者的T细胞被激活后，生成大量能杀伤肿瘤细胞的特异性CAR-T细胞。另外，由于淋巴细胞表面存在对T细胞起负性调节作用的检查点受体，该受体的激活会抑制T细胞的免疫应答，因此可以采取阻断该检查点受体的方法促进T细胞激活来进行肿瘤治疗，即免疫检查点阻断疗法（immune checkpoint blockade，ICB）。该方法目前在临床上已取得了一定的疗效，比如针对程序性细胞死亡受体（processed death-1，PD-1）及其配体PD-L1的抗体，有望成为肿瘤免疫治疗的新策略。

3. 基因治疗 通过导入正常的基因和（或）沉默（敲除/敲低）疾病相关的基因来治疗疾病，称为基因治疗。基因导入治疗最适用于单基因病，例如，囊性纤维化（cystic fibrosis）、肌营养不良（muscular dystrophy）以及由于某种酶基因缺失而导致代谢异常的疾病，通过导入患者缺失或有缺陷的正常基因，可以明显改善或治愈疾病。临床试验表明，导入抑癌基因*p53*，联合化疗或生物治疗，可使多数头颈部的鳞状细胞癌癌灶缩小。目前通过基因治疗在临床上取得确切疗效的疾病包括腺苷脱氨酶（ADA）缺乏引起的免疫缺陷病、血友病B、家族性高胆固醇血症和囊性纤维化等。目前基因治疗存在的问题主要是安全性和特异性导入靶细胞等。此外，试图通过细胞分子生物学技术来敲除/敲低癌基因的表达也是肿瘤基因治疗的研究热点。

第三节 医学分子细胞遗传学科之间及与其他学科的联系

一、医学分子细胞遗传学科之间的联系

医学细胞生物学、生物化学与分子生物学以及医学遗传学并不是孤立的学科，它们相互联系，从不同角度探索人类生命的生理功能及病理机制等。

医学细胞生物学是从医学角度研究人体细胞的形态结构与生命活动的规律，并探讨疾病发生、发展的细胞与分子机制，为增进健康、预防与诊疗疾病奠定基础。生物化学与分子生物学主要研究正常人体的生物化学以及疾病过程中的生物化学相关问题，与医学有着紧密的联系。医学遗传学是从医学角度来研究人类疾病与遗传的关系的学科。

基因转录成RNA分子，又翻译成蛋白质，最终在细胞内形成蛋白质相互作用网络、细胞信

号转导网络、代谢网络、药物-靶点网络、转录调控网络等。这些过程都涉及遗传学、分子生物学、细胞生物学等多个学科的知识。随着系统生物学（systems biology）和生命科学技术的迅速发展，系统医学（systems medicine）的概念应运而生。它从系统的观点出发，建立一个从分子、细胞到器官、生物整体的研究和应用体系。

二、医学分子细胞遗传与其他学科的联系

基础医学各学科主要是阐述人体正常的结构与功能，以及各种疾病状态下的结构与功能异常。临床医学各学科则研究疾病发生、发展规律及诊断、治疗等，而分子细胞遗传学为医学各学科从遗传物质、分子到细胞、生理活动的整合水平上研究正常或疾病状态时人体结构与功能乃至疾病预防、诊断与治疗提供了理论与技术，对推动医学各学科的发展做出了重要的贡献。例如，近年来对人们十分关注的心脑血管疾病、恶性肿瘤、代谢性疾病、免疫性疾病、神经系统疾病等重大疾病都进行了遗传、分子、细胞等多维度的研究，在疾病的病因、诊断、治疗和预防方面取得了长足的进步。疾病相关基因克隆、重大疾病发病机制研究、基因芯片与蛋白质芯片在诊断中的应用、基因治疗以及应用重组DNA技术生产蛋白质、多肽类药物等方面的深入研究，无不与分子细胞遗传学的理论和技术相关。

因此，学习和掌握分子细胞遗传学知识，既有助于理解人体微观层面的生命现象、过程及病理机制，也能为进一步学习基础医学和临床医学其他课程奠定坚实的基础。

（乔　杰）

第一篇 生物大分子的结构与功能

众所周知，生物体，包括人体，是由数以亿万计的分子量各不相同的物质组成的。据测定，人体的物质组成中，水占 55%～67%，蛋白质占 15%～18%，脂质占 10%～15%，无机盐占 3%～4%，糖类占 1%～2%。此外，还有核酸以及维生素、激素等。人们通常将蛋白质、核酸、糖类、脂质等统称为生物分子，而又将蛋白质和核酸称为生物大分子。几乎一切有生命的物体均含有这两类生物大分子，因此它们是生命的标志。

生物大分子通常都有一定的分子结构规律，即以一定的基本结构单位，按一定的排列顺序和连接方式形成多聚体。例如，蛋白质是以氨基酸为基本结构单位，通过肽键相连而成的多肽链结构；而核酸是以核苷酸为基本结构单位，通过 3′,5′-磷酸二酯键相连而成的多核苷酸结构。生物大分子的结构决定着其功能，即结构是功能的基础，而功能则是特定结构的体现。

本篇主要介绍蛋白质、核酸和酶的基本结构与功能。蛋白质是生命活动的物质基础，具有多种重要的生物学功能。核酸是遗传物质，决定着遗传信息的传递。酶是由活细胞产生的生物催化剂，催化体内各种物质代谢的进行，是生物体新陈代谢的基本保证。绝大部分酶的化学本质是蛋白质，少部分酶的化学本质是核酸，因而本篇也将介绍酶的结构特点、酶发挥催化作用及活性调节的规律。

生物大分子的结构与功能是生命科学的重要研究内容，也是当今科学研究的热点。学习本篇知识对理解多种生命过程的本质，包括生长、繁殖、运动、物质代谢等具有重要意义，也可为后续课程的学习打下基础。

学习本篇时，要重点掌握上述生物大分子的结构特点、重要功能、结构与功能的关系，以及基本理化性质及其在医学中的应用。同时注意将各章内容进行横向联系、比较，这样既便于记忆，也便于理解。

（倪菊华）

第一章　蛋白质的结构与功能

导学目标

通过本章内容的学习，学生应能够：

※ **基本目标**
1. 描述蛋白质的分子组成和结构特点。
2. 理解并举例说明蛋白质结构与功能的关系。
3. 分析氨基酸和蛋白质的结构特点与理化性质的关系。
4. 分析常用蛋白质分离纯化技术原理与蛋白质理化性质的关系。

※ **发展目标**
1. 举例说明蛋白质结构改变所导致的疾病，并解释/分析其发生的分子机制。
2. 根据蛋白质理化性质，设计从组织或细胞中分离纯化蛋白质的基本方案。

案 例

患者，女，73岁。1个月前无明显诱因出现言语障碍，表现为讲话时出现口吃，用词混乱，症状逐渐加重，以至不能言语，即使偶尔能发出声音，也无法与人正常交流。半个月前出现精神行为异常，表现为睡眠减少、严重幻觉、躁动、尿失禁等。1周前出现四肢僵硬并反复抽搐，精神症状进行性加重。入院后检查发现脑电图异常。取脑脊液送检中国疾病预防控制中心，报告显示14-3-3蛋白检测为阳性，临床诊断确诊为克-雅病。

克-雅病（Creutzfeldt-Jakob disease，CJD）又名亚急性海绵状脑病，是一种蛋白质构象病（protein conformational disease），与朊病毒蛋白异常折叠有关，具有传染性和致死性。

案例解析

问题：
1. 克-雅病的发病机制是什么？
2. 致病性朊病毒蛋白和正常朊病毒蛋白在结构上有何区别？
3. 除了克-雅病，还有哪些疾病属于蛋白质构象病？

蛋白质（protein）在自然界分布广、含量高、种类多，是生命活动的物质基础。从最简单的原核生物到人类，蛋白质都是其重要的组成物质；生物体内的所有组织、细胞以及细胞内各部分也都含有蛋白质。同时，蛋白质也是生物体内含量最丰富、细胞内种类最多的生物大分子。

蛋白质是由多个氨基酸通过肽键相连的生物大分子，其结构具有一定的层次性，包括一级结构、二级结构、三级结构和四级结构，其中二级以上结构统称为蛋白质的高级结构，又称为空间构象。蛋白质的一级结构是空间结构的基础，空间结构又是蛋白质行使其生物学功能的基础。

不同的蛋白质各有其特定的生物学功能。蛋白质作为各种组织细胞的基本组成成分，维持细胞的生长、更新和修复等生命活动。此外，蛋白质还具有许多特殊功能，例如催化功能（酶）、调节功能（多肽类激素）、收缩和运动功能（肌动蛋白和肌球蛋白）、运输和储存功能（清蛋白和血红蛋白）、保护和免疫功能（凝血酶原和免疫球蛋白）以及生长、发育、繁殖和遗传等。可以说，没有蛋白质就没有生命活动的存在。由于不同细胞在不同生理或病理状态下所表达的蛋白质种类不尽相同，因此从生物整体蛋白质水平研究生命活动的规律及重要生理病理现象，已成为21世纪生命科学的重点，并由此诞生了一门新的学科——蛋白质组学。

第一节　蛋白质在生命活动中的重要性

一、蛋白质在生命活动中的重要地位

（一）蛋白质是生命的物质基础

蛋白质的英文"protein"一词源自希腊语"prōteios"，意为"最重要的"。自然界的所有生物体内均含有蛋白质。蛋白质与核酸一样，同为生命的物质基础。例如，病毒中由蛋白质与核酸组成的核蛋白（nucleoprotein），没有细胞结构，但能感染宿主并在宿主细胞内繁殖、遗传，甚至致病，说明核蛋白是最简单的生命形式，也证明了蛋白质和核酸都是生命的物质基础。

生物体内的所有组织和细胞均含有蛋白质。蛋白质是动物体内除水分子外含量最丰富的生物分子。按重量计算，人体内蛋白质含量平均为17%～20%，某些组织内（如肌肉、皮肤和肝）蛋白质含量可达20%以上。按干重计算，蛋白质占人体固体成分的45%以上。蛋白质也是细胞内种类最多的生物分子。生物越高级，其体内蛋白质种类越繁多，哺乳动物细胞内蛋白质种类可达数万。

（二）蛋白质是生物体内的结构成分

机体蛋白质以单纯蛋白质（simple protein）和缀合（或结合）蛋白质（conjugated protein）（如糖蛋白、蛋白多糖、脂蛋白等）形式参与细胞内各种膜结构、细胞器和细胞骨架的组成，或分布于细胞质中。这类蛋白质属于结构蛋白质，是维持机体或组织生长、更新和修复必不可少的。还有些特殊的结构蛋白质起支持、固定或抗张力作用，赋予细胞或组织结构以强度、弹性及韧性。例如，肌腱和软骨的主要成分是胶原蛋白（collagen），具有抗张力作用；韧带含有弹性蛋白（elastin），具有双向抗拉强度；头发、指甲和皮肤主要由坚韧的不溶性角蛋白（keratin）组成。

二、蛋白质的多样化生物学功能

除了结构蛋白质，机体内还存在多种多样的功能蛋白质，它们大多以可溶性形式存在，在生物体内执行多种特殊的生理功能。

（一）有些蛋白质具有催化活性

酶作为生物催化剂，是生物体内几乎所有的物质代谢反应所必不可少的。绝大多数酶的化学本质是蛋白质（详见第三章"酶与酶促反应"相关内容）。如己糖激酶可催化腺苷三磷酸（ATP）的 γ-磷酸基转移至葡萄糖，使葡萄糖磷酸化而活化；乳酸脱氢酶可催化乳酸脱氢转变成丙酮酸；DNA 聚合酶和 RNA 聚合酶分别参与 DNA 和 RNA 的合成。除直接参与代谢反应的酶，体内还存在很多功能调节酶，如各种激酶，可催化调节分子的化学修饰反应，间接调节物质代谢和细胞功能。

（二）有些蛋白质具有调节功能

某些蛋白质或多肽是激素，具有调节功能。例如，调节糖代谢的胰岛素（insulin），与生长和生殖有关的促甲状腺素（thyrotropin）、促生长素（somatotropin）和各种促性腺激素（gonadotrophic hormone）等。另外，参与细胞信号转导的多种成分，如受体、G 蛋白（G protein）、钙调蛋白（calmodulin，CaM），以及各种信号转导分子绝大多数都是蛋白质。其他具有调节功能的蛋白质还包括参与 DNA 复制、转录和翻译的调节蛋白或因子，参与细胞增殖、分化、凋亡等的各种调节蛋白和细胞因子等。

（三）有些蛋白质具有转运功能

存在于血液或细胞膜、细胞内的某些蛋白质具有转运功能，它们可携带不同分子在循环系统中进行运输，或在细胞内不同区域、细胞与细胞间、细胞与组织液间、组织液与血液间进行物质转运。例如，血红蛋白可转运 O_2 和 CO_2；血浆清蛋白可运输游离脂肪酸、胆红素；各种离子通道蛋白可转运相应离子，在维持细胞内外离子平衡、神经传导过程中发挥重要作用。

（四）有些蛋白质具有保护或防御功能

凝血酶与纤维蛋白原参与血液凝固，防止失血。某些结构蛋白，如弹性蛋白支撑组织、维持弹性。最重要的防御蛋白是补体、抗体或免疫球蛋白以及细胞因子（见免疫学相关教材）。

（五）有些蛋白质具有储存功能

哺乳动物乳汁、动物蛋清和植物种子等所含的储存蛋白可以储存氨基酸等营养物质。例如，牛奶中的蛋白质约 80% 是酪蛋白（casein），酪蛋白含有磷酸根，可结合钙离子形成胶束，在哺乳动物胃内形成凝块，在消化过程中缓慢释放氨基酸，为机体提供丰富营养。有些蛋白质具有其他储存功能，如铁蛋白可以储存铁，肌红蛋白可以为肌肉细胞贮存氧。

（六）有些结构蛋白质兼具收缩或运动功能

有些结构蛋白质既可维持细胞形态，又赋予细胞、组织和器官以收缩能力。例如，骨骼肌收缩依靠肌动蛋白（actin）和肌球蛋白（myosin），这两种蛋白质也存在于非肌细胞中，发挥着细胞骨架作用。微管蛋白（tubulin）参与细胞微管构建，也与细胞迁移和运动有关。

（七）蛋白质的其他功能

自然界还存在一些具有特殊功能的蛋白质，如莫内甜蛋白（monellin）是一种植物蛋白，味甜，可作为甜味剂。又如南极水域中的某些鱼类，其血液中还有抗冻蛋白质（anti-freeze protein），可保护这些鱼类的血液不被冻凝，从而在低温下得以生存。还有些蛋白质具有很强的毒性，如蓖麻蛋白、白喉毒素、蛇毒、蝎毒等，可引起高等动物和人产生强烈的毒性反应。

三、蛋白质可氧化分解供能

蛋白质也可氧化分解供能，其水解产物氨基酸经脱氨基作用产生的 α- 酮酸可直接或间接进入三羧酸循环，进而彻底氧化供能。平均每克蛋白质在体内氧化分解可产生 17.19 kJ（4.1 kcal）能量，占成人每日消耗能量的 15%～20%（详见第十四章"氨基酸代谢"相关内容）。蛋白质供能可由糖和脂质代替，因此，供能是蛋白质的次要生理功能。

第二节　蛋白质的分子组成

一、蛋白质的基本元素

组成蛋白质的主要元素有碳（50%～55%）、氢（6%～8%）、氧（19%～24%）、氮（13%～19%）；某些蛋白质含硫（约 4%），还有些蛋白质含磷、碘、硒或金属元素，如铁、铜、锌、锰、钴、钼等。

各种蛋白质的含氮（nitrogen）量较为恒定，平均为 16%，动植物组织中含氮物又以蛋白质为主，因此只要测定生物样品中的含氮量，就可以推算出样品中的蛋白质大致含量，计算公式为：

蛋白质含量（g/100g）= 每克样品中含氮克数 ×6.25×100

框 1-1　凯氏定氮法

凯氏定氮法是测定化合物或混合物中总氮量的一种方法。在有催化剂的条件下，用浓硫酸硝化样品，将有机氮都转变成无机铵盐，然后在碱性条件下将铵盐转化为氨，随水蒸气蒸馏出来并为过量的硼酸液所吸收，再以标准盐酸滴定，就可计算出样品中的含氮量。由于蛋白质含氮量比较恒定，可通过测定其含氮量计算蛋白质含量，故此法是经典的蛋白质定量方法。

毒奶粉与大头娃娃

二、蛋白质的基本结构单位——氨基酸

蛋白质是高分子化合物，可受酸、碱或蛋白酶作用水解成其基本组成单位——氨基酸（amino acid）。

（一）氨基酸的结构特点

存在于自然界中的氨基酸有 300 余种，但组成蛋白质的氨基酸目前发现只有 22 种，其中以最早发现的 20 种最为常见，它们的化学结构式具有共同特点，即在连接羧基的 α- 碳原子上同时连接有一个氨基，故称为 α- 氨基酸，其结构通式如下（R 为氨基酸的侧链基团）：

$$\underset{R}{\underset{|}{H_2N-C_\alpha-H}} \quad 或写作 \quad \underset{R}{\underset{|}{H_3\overset{+}{N}-C_\alpha-H}}$$
COOH / COO⁻

由氨基酸结构通式可见，与 α- 碳原子相连的 4 个原子或基团各不相同（当 R 为 H 时除外），即氨基酸的 α- 碳原子是一个不对称碳原子，因此各氨基酸都存在 L 和 D 两种构型。组成蛋白质的氨基酸除甘氨酸外均为 L-α- 氨基酸。生物界中发现的 D- 型氨基酸大都存在于某些细菌产生的抗生素及个别植物的生物碱中。

框 1-2　组成蛋白质的其他氨基酸（Sec，Pyl，D-α- 氨基酸）

参与蛋白质生物合成的氨基酸一般有 20 种，通常是 L-α- 氨基酸。在某些细菌和古细菌中还发现了第 21 种氨基酸——硒代半胱氨酸（selenocysteine，Sec）、第 22 种氨基酸——吡咯赖氨酸（pyrrolysine，Pyl），以及 D-α- 氨基酸。Sec 在某些情况下可以参与蛋白质的生物合成。Pyl 在产甲烷菌的甲胺甲基转移酶中被发现，是目前已知的第 22 种参与蛋白质生物合成的氨基酸，与标准氨基酸不同的是，它由终止密码子 UAG 的有义编码形成。

（二）氨基酸的分类

组成蛋白质的常见 20 种氨基酸结构如表 1-1 所列。根据它们的 R 基团结构和理化性质的不同，可分为以下 5 类。

1. 非极性脂肪族氨基酸　包括甘氨酸、丙氨酸、缬氨酸、亮氨酸、异亮氨酸、脯氨酸和甲硫氨酸，共 7 种。这类氨基酸因具有非极性 R 基团而呈现疏水性。甲硫氨酸的 R 基团虽然含硫基，但其亲水性很低，因此将其归为此类氨基酸。

2. 极性中性氨基酸　包括丝氨酸、半胱氨酸、天冬酰胺、谷氨酰胺和苏氨酸，共 5 种，其特征是侧链带有羟基、巯基、酰胺基等极性基团，在生理条件下（约 pH 7.0）不带电荷。

3. 芳香族氨基酸　包括苯丙氨酸、酪氨酸和色氨酸，其结构特点是侧链基团含有芳香环。

4. 酸性氨基酸　包括谷氨酸和天冬氨酸，其 R 基团含有羧基，在生理条件下带负电荷。

5. 碱性氨基酸　包括赖氨酸、精氨酸和组氨酸，其 R 基团分别含氨基、胍基和咪唑基，在生理条件下带正电荷。

表 1-1　组成蛋白质的常见 20 种氨基酸

类别	结构式	中文名	英文名	三字母符号	单字母符号	等电点（pI）
非极性脂肪族氨基酸	H—CHCOO⁻ 　　| 　　⁺NH₃	甘氨酸	glycine	Gly	G	5.97
	CH₃—CHCOO⁻ 　　　| 　　　⁺NH₃	丙氨酸	alanine	Ala	A	6.00
	CH₃—CH—CHCOO⁻ 　　　|　　| 　　CH₃　⁺NH₃	缬氨酸	valine	Val	V	5.96

续表

类别	结构式	中文名	英文名	三字母符号	单字母符号	等电点（pI）
非极性脂肪族氨基酸	$CH_3-CH(CH_3)-CH_2-CH(^+NH_3)COO^-$	亮氨酸	leucine	Leu	L	5.98
	$CH_3-CH_2-CH(CH_3)-CH(^+NH_3)COO^-$	异亮氨酸	isoleucine	Ile	I	6.02
	(吡咯烷环)$-CH(^+NH_2)COO^-$	脯氨酸	proline	Pro	P	6.30
	$CH_3SCH_2CH_2-CH(^+NH_3)COO^-$	甲硫氨酸	methionine	Met	M	5.74
极性中性氨基酸	$HO-CH_2-CH(^+NH_3)COO^-$	丝氨酸	serine	Ser	S	5.68
	$HS-CH_2-CH(^+NH_3)COO^-$	半胱氨酸	cysteine	Cys	C	5.07
	$H_2N-CO-CH_2-CH(^+NH_3)COO^-$	天冬酰胺	asparagine	Asn	N	5.41
	$H_2N-CO-CH_2CH_2-CH(^+NH_3)COO^-$	谷氨酰胺	glutamine	Gln	Q	5.65
	$HO-CH(CH_3)-CH(^+NH_3)COO^-$	苏氨酸	threonine	Thr	T	5.60
芳香族氨基酸	$C_6H_5-CH_2-CH(^+NH_3)COO^-$	苯丙氨酸	phenylalanine	Phe	F	5.48
	(吲哚基)$-CH_2-CH(^+NH_3)COO^-$	色氨酸	tryptophan	Trp	W	5.89
	$HO-C_6H_4-CH_2-CH(^+NH_3)COO^-$	酪氨酸	tyrosine	Tyr	Y	5.66
酸性氨基酸	$HOOCCH_2-CH(^+NH_3)COO^-$	天冬氨酸	aspartic acid	Asp	D	2.97
	$HOOCCH_2CH_2-CH(^+NH_3)COO^-$	谷氨酸	glutamic acid	Glu	E	3.22

类别	结构式	中文名	英文名	三字母符号	单字母符号	等电点（pI）
碱性氨基酸	$\underset{NH_2CNHCH_2CH_2CH_2}{\overset{NH}{\|}}-\underset{\overset{+}{N}H_3}{\overset{\|}{C}}HCOO^-$	精氨酸	arginine	Arg	R	10.76
	$\underset{\underset{\underset{H}{C}}{\underset{\|}{N}}\underset{NH}{}}{HC=C-CH_2}-\underset{\overset{+}{N}H_3}{\overset{\|}{C}}HCOO^-$	组氨酸	histidine	His	H	7.59
	$NH_2CH_2CH_2CH_2CH_2-\underset{\overset{+}{N}H_3}{\overset{\|}{C}}HCOO^-$	赖氨酸	lysine	Lys	K	9.74

20 种氨基酸中，脯氨酸和半胱氨酸的结构较为特殊。脯氨酸的 α- 碳原子上连接的是亚氨基，因而属于亚氨基酸。亚氨基的氮原子在杂环中的自由度虽然受限，但仍能与另一氨基酸的羧基形成肽键。半胱氨酸的巯基失去质子的倾向较其他氨基酸为大，其极性最强。两个半胱氨酸通过脱氢后以二硫键相连，形成胱氨酸。二硫键既可存在于同一条多肽链内，也可以将两条多肽链相连，这对于蛋白质一级结构和高级结构的形成、空间结构的稳定以及表现其特定功能都有重要意义。

根据 R 基团结构和理化性质进行氨基酸分类并非唯一标准，氨基酸还有另外两种分类方法。其一，可根据氨基酸的营养价值，分为营养必需氨基酸和非必需氨基酸；其二，可根据分解产物分为生糖氨基酸、生酮氨基酸和生糖兼生酮氨基酸（详见第十四章"氨基酸代谢"相关内容）。

直接参与蛋白质合成的氨基酸虽然只有 20 余种，但蛋白质合成后某些氨基酸残基的侧链基团可发生化学修饰，如磷酸化、乙酰化、甲基化等，这样就显著增加了肽链中的氨基酸种类。已发现蛋白质中存在 100 多种修饰性氨基酸，这些修饰可改变蛋白质的溶解度、稳定性、亚细胞定位以及与细胞中其他蛋白质的相互作用等，从而使蛋白质的功能具有多样性。

氨基酸分类的记忆方法

小测试1-1：蛋白质分子中的二硫键是如何形成的？

三、氨基酸的理化性质

氨基酸的 α- 羧基、α- 氨基以及各种侧链基团可以进行多种化学反应，因而具有各种理化性质。氨基酸的理化性质是蛋白质分离纯化及结构与功能分析技术原理的基础。

（一）两性解离性质

所有氨基酸都既含有碱性氨基（或亚氨基），又含有酸性羧基，故既有碱的性质，可以接受 H^+，又有酸的性质，可以给出 H^+。因而，一个氨基酸分子内部的酸碱反应可使氨基酸同时带有正、负两种电荷，以这种形式存在的离子称为两性离子或兼性离子（zwitterion）（图 1-1）。在生理条件下，游离的氨基酸主要以两性离子的形式存在。

在溶液中，一种氨基酸主要以何种形式存在取决于溶液的 pH。对于 R 基团无解离性质的氨基酸（如甘氨酸、丙氨酸等）来说，在酸性溶液中，其 α- 羧基可接受质子，从而转变为不带电荷的羧基；相反，在碱性溶液中，其氨基则失去质子而成为不带电荷的基团。对于 R 基团也可解离的氨基酸（如天冬氨酸、赖氨酸等），R 基团是否解离可直接影响它们的带电荷状态。然而，不管是何种氨基酸，总存在使其净电荷为零的pH，此时的pH称为该氨基酸的等电点（isoelectric point，pI）。各种氨基酸所含氨基和羧基的数目不同，而且各种R基团的解离程度也不同，因此不同的氨基酸有其各自特定的pI（表1-1）。

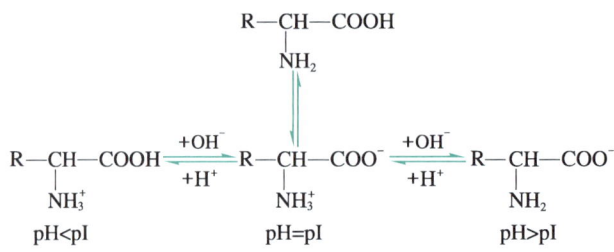

图1-1 氨基酸的解离过程

pI是氨基酸的特征性常数。当一种氨基酸溶液的pH等于其pI时，氨基酸解离成阴、阳离子的趋势和数目相等，所带净电荷为零，此时若处在电场中，则不会向两极移动。如果溶液的pH高于或低于pI，氨基酸则会向电场的正极或负极移动，据此可利用电泳技术对氨基酸或蛋白质进行分析与鉴定。

（二）紫外吸收性质

属于芳香族氨基酸的苯丙氨酸、色氨酸和酪氨酸的R基团含有苯环。苯环因具有共轭双键，从而使这三种氨基酸对近紫外波长（230～300 nm）范围内的光有强吸收，其中色氨酸的吸收峰值最高（图1-2）。由于大多数蛋白质均含有芳香族氨基酸，所以测定蛋白质溶液280 nm波长处的吸光度，可用于分析蛋白质含量。

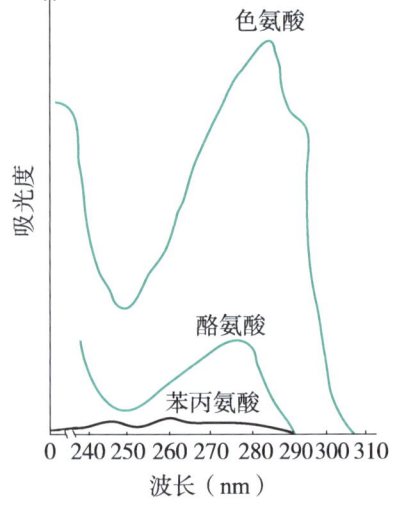

图1-2 芳香族氨基酸的紫外吸收

（三）茚三酮反应

氨基酸与水合茚三酮（ninhydrin）一起在水溶液中加热，可反应生成有颜色的产物，称为茚三酮反应。绝大多数氨基酸以及同时具有游离α-氨基和α-羧基的肽都能与茚三酮发生反应，并产生蓝紫色物质，只有脯氨酸和羟脯氨酸与茚三酮反应产生黄色物质。此反应十分灵敏，所生成的蓝紫色物质用分光光度计在570 nm波长下进行比色，就可测定样品中氨基酸的含量，也广泛适用于多肽与蛋白质的定性及定量分析。

此外，氨基酸还有许多重要性质，如与亚硝酸、甲醛、2,4-二硝基氟苯或丹磺酰氯等反应。这些反应对氨基酸的含量测定或蛋白质多肽链的末端分析都有重要价值。

四、氨基酸的成肽反应

两分子氨基酸可由一分子中的α-氨基与另一分子中的α-羧基脱水缩合成为最简单的肽，即二肽（dipeptide）。在这两个氨基酸之间形成的酰胺键（—CO—NH—）称为肽键（peptide bond）。二肽分子的两端仍有自由的氨基和羧基，故能同样以肽键与另一分子氨基酸缩合成为三肽，三肽可再与氨基酸缩合依次生成四肽、五肽等。一般来说，由20个以内的氨基酸连接而成的肽称为寡肽（oligopeptide），而由 20 个以上氨基酸连接而成的肽则称为多肽（polypeptide）。多肽链中的氨基酸分子因脱水缩合而使基团稍有残缺，称为氨基酸残基（residue）。蛋白质就是由许多氨基酸残基组成的多肽链，通常将分子量在 10 kD 以上的多肽链称为蛋白质，分子量在 10 kD 以下的则称为多肽。多肽链具有方向性，其中有游离 α- 氨基的一端称为氨基末端（amino-terminal），简称 N 端；有游离 α- 羧基的一端称为羧基末端（carboxyl-terminal），简称 C 端（图 1-3）。在书写某肽链时，通常 N- 端写在左边，C- 端写在右边。每条多肽链中氨基酸残基的顺序编号都从 N 端开始，肽的命名也是从 N 端指向 C 端。例如，从 N 端到 C 端依次由谷氨酸、半胱氨酸和甘氨酸缩合而成的三肽称为谷氨酰半胱氨酰甘氨酸，简称谷胱甘肽（glutathione，GSH）。生物体内能合成许多具有各种重要生物学活性的小分子肽，称为生物活性肽，如：抗氧化的谷胱甘肽、下丘脑分泌的促甲状腺素释放激素、腺垂体分泌的促肾上腺皮质激素等。近些年通过 DNA 重组技术，可在体外生成更多的药物重组多肽、重组肽类疫苗等。

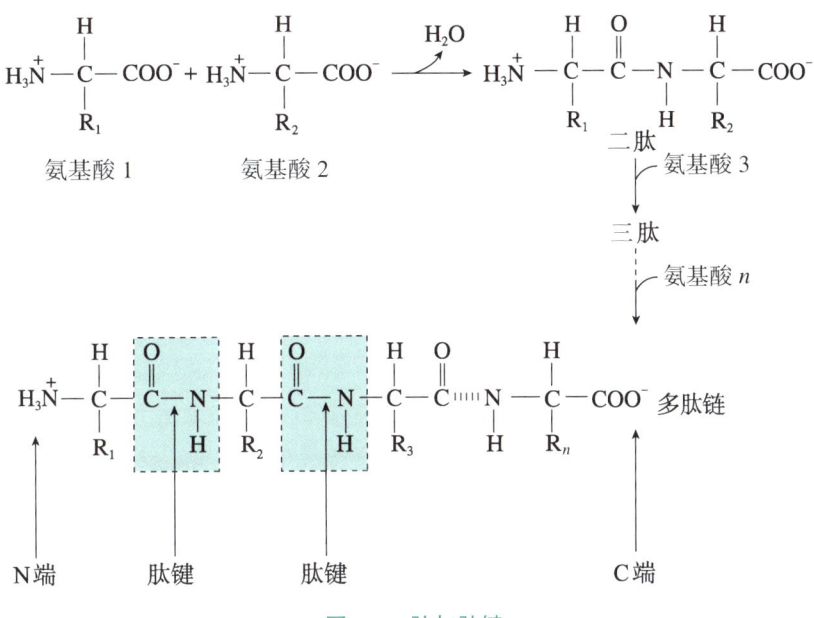

图 1-3　肽与肽键

第三节　蛋白质的分子结构

蛋白质的结构可分成 4 个层次，即一级、二级、三级和四级结构。蛋白质的一级结构又称为初级结构或基本结构，蛋白质的二级、三级、四级结构统称为空间结构、高级结构或空间构象。并非所有蛋白质都有四级结构，由一条肽链形成的蛋白质只有一级、二级和三级结构，由两条及以上肽链形成的蛋白质才具有四级结构。

一、蛋白质的一级结构

蛋白质的一级结构（primary structure）是指氨基酸在蛋白质多肽链中从 N 端至 C 端的排列顺序，其基本化学键是肽键。有些蛋白质的一级结构中尚含有二硫键，由两个半胱氨酸的巯基（—SH）脱氢生成。

英国科学家 F. Sanger 于 1953 年率先测定了牛胰岛素的一级结构。胰岛素是胰岛 β 细胞分泌的一种激素，分子量为 5733 Da，由 51 个氨基酸残基分别组成 A 链和 B 链，A 链有 21 个氨基酸残基，B 链有 30 个氨基酸残基，两条链通过两个链间的二硫键相连。另外在 A 链的第 6 位和第 11 位半胱氨酸残基间还形成了一个链内二硫键（图 1-4）。

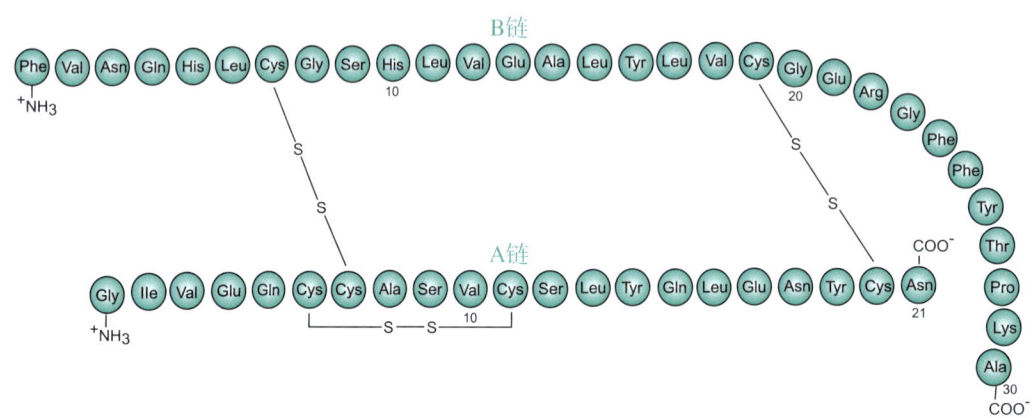

图 1-4　牛胰岛素的一级结构

框 1-3　F. Sanger 的贡献——1958 年和 1980 年两度获诺贝尔化学奖

关于蛋白质一级结构的研究，要记住这位科学家——F. Sanger（1918—2013）。F. Sanger 于 1953 年首次测定胰岛素氨基酸序列（首建蛋白质测序方法）。另外，他还建立了核酸测序技术。他也因此于 1958 年和 1980 年两度获诺贝尔化学奖，这在生化史上非常罕见。

蛋白质一级结构是其特异空间结构和生物学活性的基础。尽管各种蛋白质的基本结构都是多肽链，但所含氨基酸的数目、各种氨基酸的比例以及氨基酸的排列顺序不尽相同，由此形成了结构多样、功能各异的蛋白质。因此，研究蛋白质的一级结构，是在分子水平阐述蛋白质结构与其功能关系的基础。

二、蛋白质的二级结构

蛋白质的二级结构（secondary structure）是指蛋白质分子中某一段肽链的局部空间结构，即多肽链骨架中原子的局部空间排列，不涉及氨基酸残基侧链的构象。在所有已测定空间结构的蛋白质中均有二级结构的存在，主要包括 α 螺旋、β 折叠、β 转角和 Ω 环等形式。一个蛋白质分子可含有多种二级结构或多个同种二级结构，而且在蛋白质分子内部空间上相邻的两个及以上的二级结构还可协同完成特定的功能。

（一）形成蛋白质二级结构的结构基础

20 世纪 30 年代末，L. Pauling 和 R. B. Corey 应用 X 射线衍射技术研究氨基酸和寡肽的晶体结构，其目的是获得蛋白质构件单元的标准键长和键角，以推导肽的构象，最终提出了肽单元（peptide unit）的概念。

肽键的键长为 0.132 nm，短于相邻的 N-C$_\alpha$ 单键（0.149 nm），长于普通 C=N 双键（0.127 nm），故肽键在一定程度上具有双键性质，不能自由旋转。因此，与肽键相关的 4 个原子（即 C、O、N、H）与相邻的 2 个 C$_\alpha$ 处于同一刚性平面，构成一个肽单元（图 1-5）。多肽链中的 C$_\alpha$-N 和 C$_\alpha$-C 都是典型的单键，可以自由旋转，所以两个相邻的肽单元可以围绕 C$_\alpha$ 旋转。肽单元经过折叠、盘曲可形成有规律的空间排布形式，是形成蛋白质二级结构的基础。

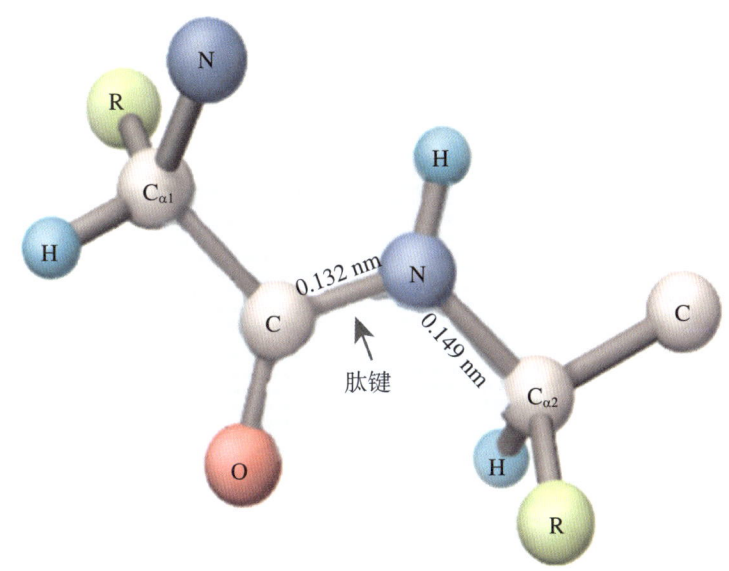

图 1-5　肽单元

（二）蛋白质二级结构的主要形式

1. α 螺旋　α 螺旋（α helix）是最常见的蛋白质二级结构，由 L. Pauling 和 R. B. Corey 于 1951 年最先提出。其结构特点是：①多肽链的主链围绕中心轴螺旋式上升，每 3.6 个氨基酸残基上升一圈，螺距为 0.54 nm。②第 1 个肽单元羰基上的氧与第 4 个肽单元亚氨基上的氢形成氢键，方向与螺旋的长轴平行。③螺旋的方向通常为右手螺旋。④氨基酸残基的侧链基团分布于螺旋外侧，其形状、大小及电荷均可影响 α 螺旋的形成（图 1-6）。碱性或酸性氨基酸集中的区域，由于同性电荷相斥，不利于 α 螺旋的形成；含较大侧链基团的氨基酸（如苯丙氨酸、色氨酸、异亮氨酸）集中的区域也阻碍 α 螺旋的形成；脯氨酸和羟脯氨酸存在时不能形成 α 螺旋。

2. β 折叠　1951 年 L. Pauling 还提出蛋白质二级结构的另一种形式——β 折叠（β sheet），其结构特点是：①肽链充分伸展，各肽单元折叠呈锯齿状，C$_\alpha$ 为锯齿转折点。②肽链的氨基酸残基侧链交错分布于 β 折叠

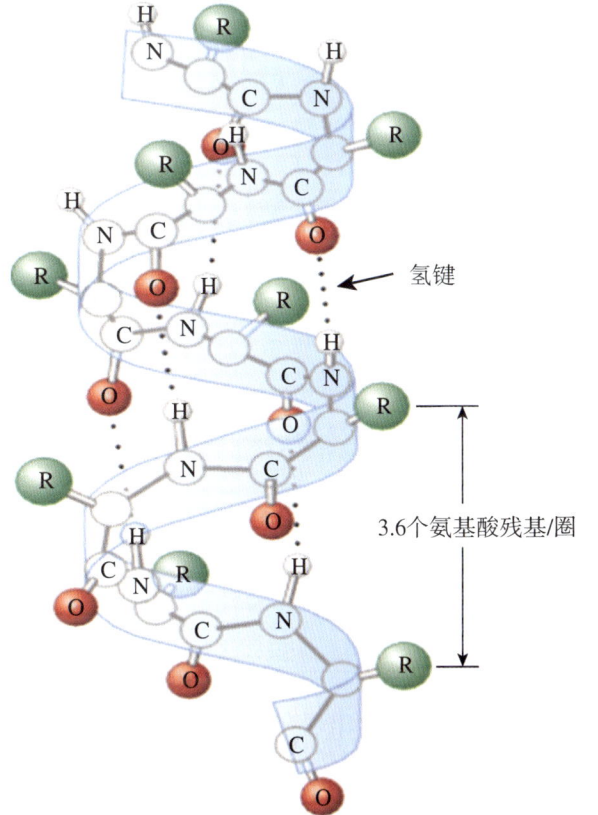

图 1-6　蛋白质二级结构的 α 螺旋

大自然中有趣的左手螺旋和右手螺旋

锯齿结构的上下。③β折叠可由一条肽链折返而成,也可由两条以上肽链顺向或逆向平行排列而成。④当两条肽链接近时,彼此的肽链相互形成氢键以使结构稳定,氢键的方向与折叠的长轴垂直(图1-7)。

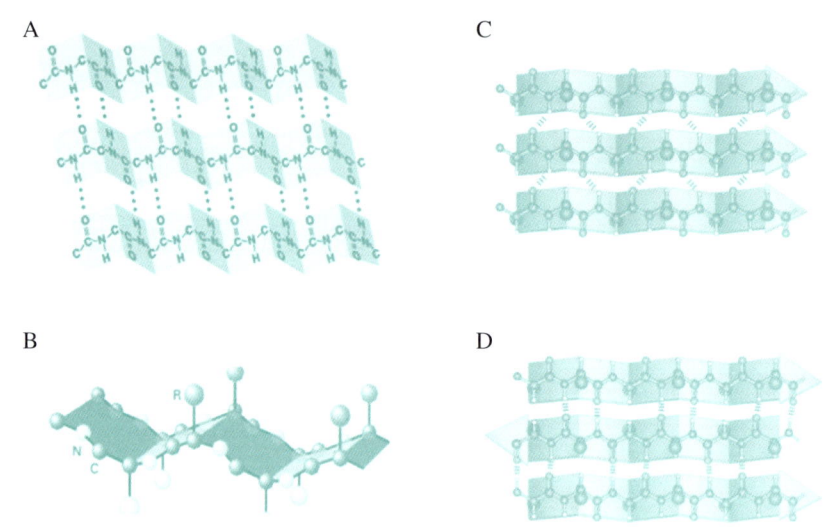

图1-7　蛋白质二级结构的β折叠
A. β折叠俯视图;B. β折叠侧视图;C. β折叠平行排列;D. β折叠反平行排列

3. β转角　球状蛋白质肽链的主链常常会出现180°回折,这种结构被称为β转角(β turn)。β转角由4个连续的氨基酸残基组成,其第1个残基的氧与第4个残基的氨基氢形成氢键。β转角主要有Ⅰ型和Ⅱ型两类,以Ⅰ型居多。Ⅰ型的第2个氨基酸残基常为脯氨酸,Ⅱ型的第3个氨基酸残基常为甘氨酸(图1-8)。β转角通常是蛋白质分子中α螺旋-α螺旋、β折叠-β折叠,或α螺旋-β折叠之间的连接部位。

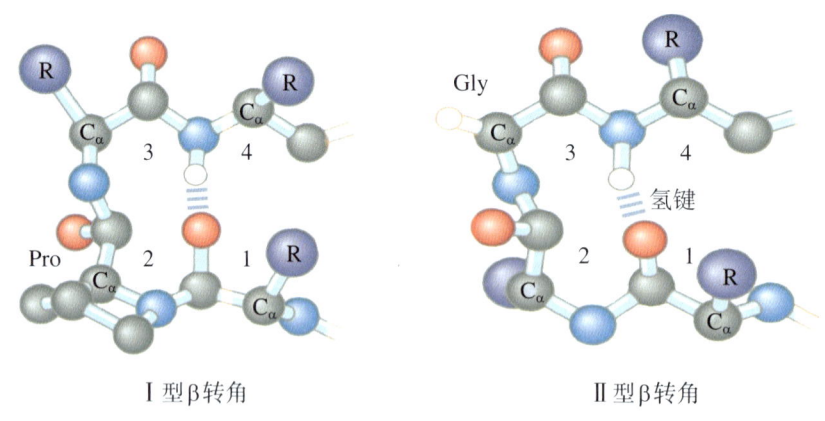

Ⅰ型β转角　　　Ⅱ型β转角

图1-8　蛋白质二级结构的β转角

4. Ω环　Ω环(Ω loop)存在于球状蛋白质中,因其形状类似希腊字母Ω而得名。这类蛋白质二级结构通常出现在蛋白质分子的表面,而且以带有亲水基团的氨基酸残基为主,在分子识别中可能起重要作用。

不同的蛋白质分子所包含的二级结构种类和数量各不相同,同一个蛋白质分子也通常包含2种以上的二级结构;蛋白质分子中各二级结构数量的多少由多肽链的氨基酸组成决定。

在许多蛋白质分子中，可发现 2 个或 2 个以上具有二级结构的肽段，在空间上相互接近，形成一个有序的二级结构组合，称为模体（motif），也称为蛋白质的超二级结构。有些模体的结构相对简单，如 α 螺旋组合（αα）、β 折叠组合（ββ）和 α 螺旋 -β 折叠组合（α/β）等。有些模体结构较为复杂，可含多个二级结构的组合，如 α 溶血素（α-hemolysin）上出现由多个 β 折叠形成的筒状结构（β barrel）。此外，锌指（zinc finger）、亮氨酸拉链（leucine zipper）和螺旋 - 环 - 螺旋（helix-loop-helix）等模体结构也较为常见。

三、蛋白质的三级结构

蛋白质分子在二级结构的基础上进一步盘曲、折叠而成的特定空间结构称为蛋白质的三级结构。三级结构是整条肽链中所有氨基酸残基的相对空间位置，它包含了主链和侧链的全部结构。

具有三级结构的蛋白质有以下特点：①肽链进一步盘曲、折叠后，其长度大大缩短，呈棒状、纤维状或球状。②蛋白质三级结构的稳定性主要靠侧链基团之间的次级键来维持，如氢键、离子键、疏水键等，其中以疏水键最为重要（图 1-9）。③多肽链折叠、盘曲形成的空间构象，其疏水基团多聚集在分子内部，而亲水基团则分布于分子表面。因此，具有三级结构的蛋白质通常为亲水性分子。④形成三级结构的多肽链分子，其表面或某些部位可形成具有特定生物学功能的区域，例如酶的活性中心、受体分子的配基结合部位等。因此，具有三级结构的某些蛋白质多肽链即可表现生物学活性。有的蛋白质只含有一条多肽链，对这类蛋白质分子来说，三级结构即为其分子结构的最高级形式。

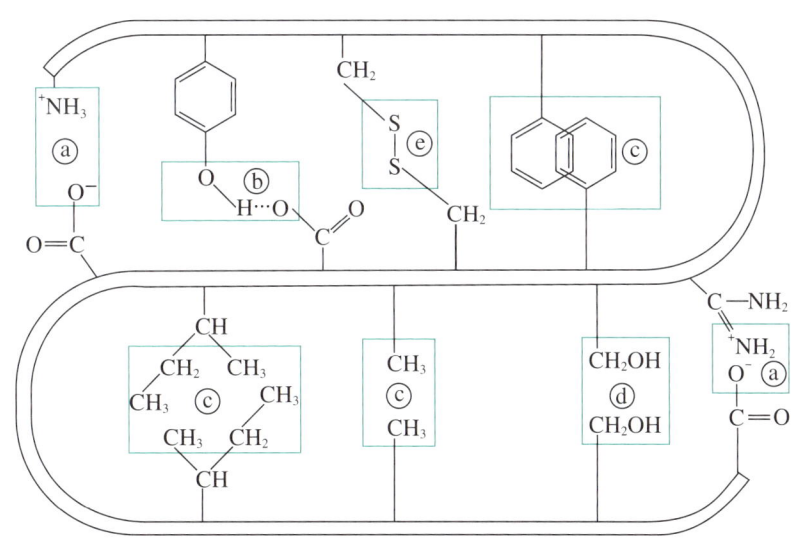

图 1-9　维持蛋白质三级结构的各种化学键
a. 离子键（盐键）；b. 氢键；c. 疏水键；d. 范德华力；e. 二硫键

小测试1-3：蛋白质分子中的模体和结构域有何区别？

在分子量较大的蛋白质多肽链中，常由数百个氨基酸残基折叠成 1 个或数个球形结构单位，各行使其功能，称为结构域（domain）。这些结构域甚至在肽链断裂（蛋白酶部分水解）后仍能维持独立的折叠。结构域与分子整体以共价键相连，一般难以分离，这是结构域与蛋白质亚基结构的区别。

四、蛋白质的四级结构

许多有生物活性的蛋白质由 2 条或 2 条以上多肽链构成，肽链与肽链之间通过次级键相连，形成一定的空间结构，称为蛋白质的四级结构（quaternary structure）。在蛋白质四级结构中，每一条具有独立三级结构的多肽链称为亚基（subunit）。单独解离的亚基一般无生物学活性，只有完整四级结构的蛋白质分子才具有生物学活性。一种蛋白质中，亚基的结构可以相同，也可以不同，如过氧化氢酶由 4 个相同的亚基组成，而成人血红蛋白是由 2 个 α 亚基与 2 个 β 亚基形成的四聚体。

蛋白质各级结构示意图见图 1-10。

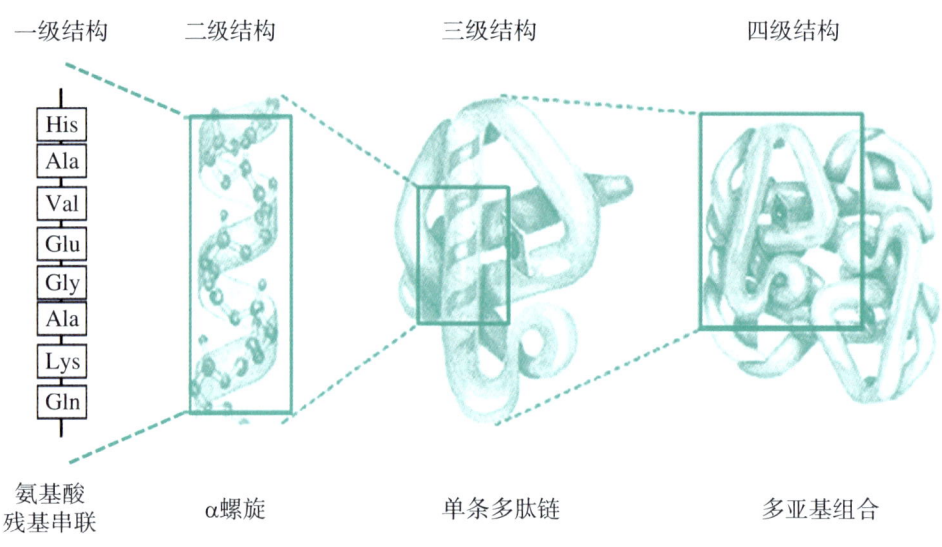

图 1-10　蛋白质各级结构示意图

小测试1-4：维持蛋白质各级结构的主要化学键分别有哪些？

按照分子形状或空间结构的不同，可将蛋白质分为纤维状蛋白质和球状蛋白质两大类。纤维状蛋白质的分子长轴与短轴的长度比大于 10，通常为结构蛋白质，如胶原蛋白、弹性蛋白、角蛋白等。球状蛋白质的形状接近球形，其分子长轴与短轴的长度比小于 10，通常为功能蛋白质，如酶、免疫球蛋白、基因表达调节蛋白等。

第四节　蛋白质结构与功能的关系

蛋白质种类繁多，其功能亦多种多样。每种蛋白质都执行着特异的生物学功能，而这些功能又都与其特异的一级结构和空间结构密切联系。蛋白质结构与功能的关系是生物化学的重要研究内容之一。

一、蛋白质一级结构是空间结构和功能的基础

（一）一级结构是空间构象的基础

20 世纪 60 年代，C. Anfinsen 以牛胰核糖核酸酶 A（RNase A）为对象，研究二硫键的还原

和重新氧化，发现其特定空间构象是以氨基酸序列为基础的。RNase A 是由 124 个氨基酸残基组成的单链多肽，分子中的 8 个半胱氨酸的巯基形成 4 个二硫键，并进一步折叠成具有一定空间构象的蛋白质。如果在 RNase A 溶液中加入适量变性剂（如尿素）和还原剂（如 β- 巯基乙醇），使原有的空间结构破坏，酶即变性而失去催化活性。若将变性剂和还原剂去除，酶又可恢复其天然催化活性，即复性（图 1-11）。8 个半胱氨酸的巯基随机形成二硫键可有 105 种方式，有活性的核糖核酸酶只是其中的一种。β- 巯基乙醇仅加速随机结合的二硫键打开、重排，重排后的二硫键位置选择天然酶的方式则是由肽链中氨基酸排列顺序决定的。牛胰 RNase A 的变性、复性及其酶活性变化充分说明，蛋白质一级结构决定空间构象，即一级结构是高级结构形成的基础；同时也证明，只有具有高级结构的蛋白质才能表现生物学功能。

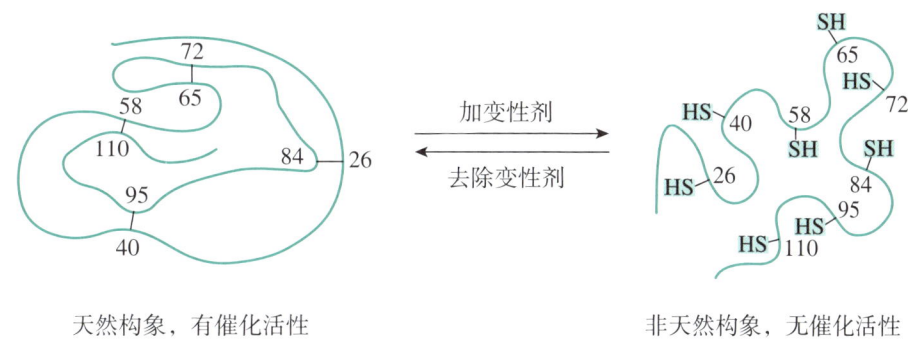

天然构象，有催化活性　　　　　　　　　　　　非天然构象，无催化活性

图 1-11　牛胰 RNase A 的变性与复性

（二）一级结构相似的蛋白质具有相似的高级结构与功能

通过比较不同蛋白质的一级结构，可用来预测蛋白质之间结构与功能的相似性。已有大量研究证明，一级结构相似的多肽或蛋白质，其空间构象及功能也相似。换言之，同源性较高的蛋白质可能具有相似的空间结构及功能。例如，不同哺乳类动物的胰岛素分子都是由 A 链和 B 链组成的，且二硫键的配对位置和空间结构也极为相似，一级结构中仅少量氨基酸有差异，因而它们都执行着相同的调节糖代谢等的生理功能（表 1-2）。

表 1-2　不同哺乳类动物胰岛素一级结构的比较

	A 链										B 链														
	3	4	8	9	10	12	13	14	15	18	1	2	3	4	9	10	13	14	16	20	21	22	27	28	29	30
人	V	E	T	S	I	S	L	Y	Q	N	F	V	N	Q	S	H	E	A	Y	G	E	R	T	P	K	T
猪	-	-	-	-	-	-	-	-	-	-	-	-	-	-	-	-	-	-	-	-	-	-	-	-	-	A
马	-	-	-	G	-	-	-	-	-	-	-	-	-	-	-	-	-	-	-	-	-	-	-	-	-	A
牛	-	-	A	-	V	-	-	-	-	-	-	-	-	-	-	-	-	-	-	-	-	-	-	-	-	A
羊	-	-	A	G	V	-	-	-	-	-	-	-	-	-	-	-	-	-	-	-	-	-	-	-	-	A
鸡	-	-	H	N	T	-	-	-	-	-	A	A	-	-	-	-	-	-	-	-	-	-	-	-	S	A
天竺鼠	-	D	A	G	T	*	R	H	-	S	-	-	S	R	-	N	-	T	S	Q	D	D	I	-	-	D

注："-" 为与人相同；* 为芳香族氨基酸；未列出的为相同序列。

（三）氨基酸序列与生物进化信息

通过比较一些广泛存在于生物界不同物种的蛋白质的一级结构，可以帮助了解物种间进化的关系。例如，通过比较氧化呼吸链中的细胞色素c（cytochrome c，Cyt c）的一级结构，可以发现物种越接近，其一级结构越相似，空间结构和功能也越相似。猕猴和人类很接近，两者的一级结构仅在第102位有差异，猕猴为精氨酸，人类为酪氨酸；人类和黑猩猩的Cyt c一级结构则完全相同；面包酵母与人类的物种进化关系较远，两者Cyt c一级结构有51个氨基酸残基存在差异。灰鲸是由陆地动物演化而来的哺乳类动物，它与猪、牛及羊等的Cyt c只有2个氨基酸残基的差异。

另外值得一提的是，在同一种属中，有些蛋白质的一级结构在不同个体也并非绝对固定不变的，而是有一定的多样性。例如，据估算，人类有20%~30%的蛋白质具有多态性（polymorphism），即在人类群体中的不同个体间，这些蛋白质存在着氨基酸序列的多样性，但几乎不影响蛋白质的功能。

（四）蛋白质一级结构异常可导致分子病

因DNA分子缺陷，导致细胞内RNA及蛋白质结构异常或缺陷，从而引起人体结构表型和（或）功能表型异常的疾病，称为分子病（molecular disease）。这些缺陷的蛋白质可能仅仅有1个氨基酸的异常。例如，镰状细胞贫血（sickle cell anemia）患者的血红蛋白（HbS）与正常血红蛋白（HbA）相比，仅在β链第6位存在一个氨基酸的差异。HbA的β链第6位为谷氨酸，而HbS的该位点突变为缬氨酸（图1-12）。HbS的携氧能力降低，分子间容易相互聚集形成纤维状大分子，红细胞则从正常的双凹盘状扭曲成镰刀状，容易发生溶血性贫血。通过镰状细胞贫血的发病机制可知，蛋白质的一级结构即氨基酸的排列顺序对其高级结构及功能起重要的决定作用。

N-Val・His・Leu・Thr・Pro・Glu・Glu …… C（146） HbA
N-Val・His・Leu・Thr・Pro・Val・Glu …… C（146） HbS

图1-12 镰状细胞贫血患者HbS的点突变

二、蛋白质空间结构与功能的关系

蛋白质的功能与其特定的构象密切相关。如果没有适当的空间结构形式，蛋白质就不能发挥生物学功能。一旦蛋白质构象发生改变，其功能活性也随之改变。下文以肌红蛋白和血红蛋白为例，阐述蛋白质空间结构与功能的关系。

（一）空间结构相似，功能相似

肌红蛋白（myoglobin，Mb）与血红蛋白都含有血红素辅基。以X射线衍射法分析Mb的三维结构，可见它是含有8个α螺旋的单链蛋白质，整条肽链盘曲折叠成紧密球状分子，氨基酸残基上的疏水侧链大多包在分子内部，富极性及电荷的侧链则位于分子表面，因而水溶性较好。Mb分子内部有1个袋形空穴，亚铁血红素含于其中，血红素上的Fe^{2+}能够与氧可逆结合。

血红蛋白（hemoglobin，Hb）由4个亚基组成。成年人红细胞中的Hb主要由2条α链和2条β链组成，α链含141个氨基酸残基，β链含146个氨基酸残基。胚胎期的Hb主要为$\alpha_2\varepsilon_2$，胎儿期为$\alpha_2\gamma_2$。Hb亚基间有许多氢键和离子键，使4个亚基紧密结合在一起形成亲水的球状蛋白质。各亚基的三级结构都与Mb极为相似，其内部各具有1个疏水口袋，可结合1个血红素并携带1分子氧，因此1分子Hb共可结合4分子氧（图1-13）。

第一章 蛋白质的结构与功能

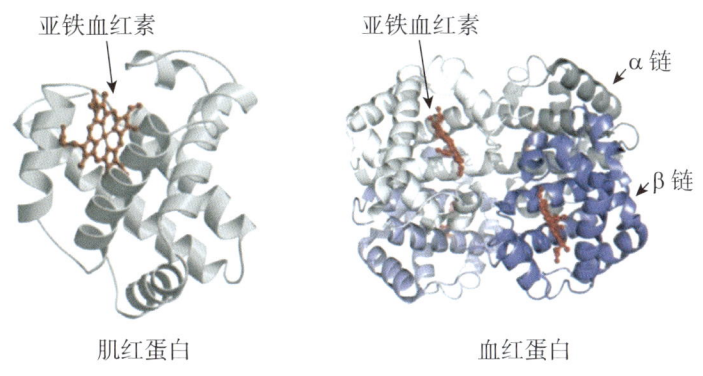

肌红蛋白　　　　　血红蛋白

图 1-13　Mb 和 Hb 三级结构相似

（二）血红蛋白亚基构象改变可影响亚基与氧结合

Hb 和 Mb 一样与 O_2 可逆结合，氧合 Hb 占总 Hb 的百分数（氧饱和度）随 O_2 浓度变化而变化。图 1-14 为 Hb 和 Mb 的氧解离曲线，前者为"S"状曲线，后者为直角双曲线。可见，Mb 易与 O_2 结合，而 Hb 与 O_2 的结合在氧分压低时较难。从 Hb 的"S"形氧解离曲线可知，Hb 中第 1 个亚基与 O_2 结合后，可促进第 2 及第 3 个亚基与 O_2 的结合，当前 3 个亚基与 O_2 结合后，又可大大促进第 4 个亚基与 O_2 的结合，这种效应被称为正协同效应（positive cooperativity）。协同效应是指 1 个亚基与其配体结合后，能影响此寡聚体中其他亚基与配体的结合能力，如果是促进作用则称为正协同效应，反之则为负协同效应。

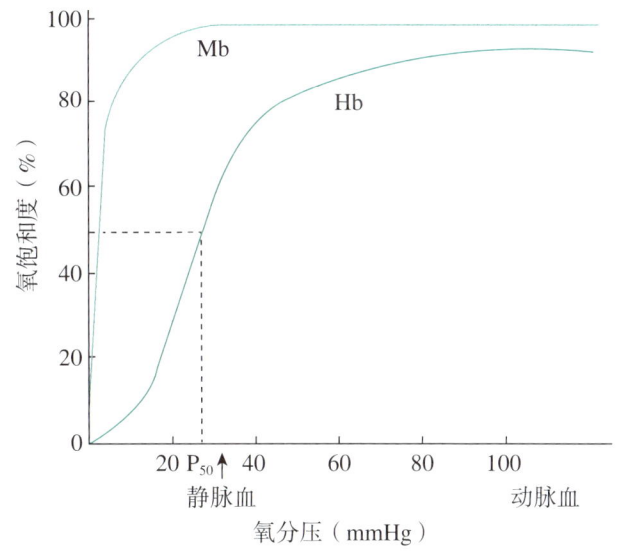

图 1-14　Hb 和 Mb 的氧解离曲线

M. Perutz 等利用 X 射线衍射技术分析 Hb 和氧合 Hb 晶体的三维结构，提出了解释 O_2 与 Hb 结合的正协同效应的机制。未结合 O_2 时，Hb 的 α_1/β_1 和 α_2/β_2 呈对角排列，处于一种紧凑状态，称为紧张态（tense state，T 态），此时 Hb 与 O_2 的亲和力小。随着 O_2 的结合，Hb 的 4 个亚基的羧基末端之间的离子键断裂，其二级、三级和四级结构也发生变化，α_1/β_1 与 α_2/β_2 的长轴形成 15°夹角，结构显得相对松弛，称为松弛态（relaxed state，R 态）（图 1-15）。Hb 的 T 态向 R 态转变是通过各亚基逐个结合 O_2 而完成的。Hb 的 1 个亚基与 O_2 结合后引起其他亚基构象变化的现象，称为别构效应（allosteric effect）。小分子 O_2 称为别构剂，Hb 则被称为别构蛋白。别构效应不仅发生在 Hb 与 O_2 之间，一些酶与别构剂的结合，配体与受体的结合也存在着别构效应，所以它具有普遍生物学意义。

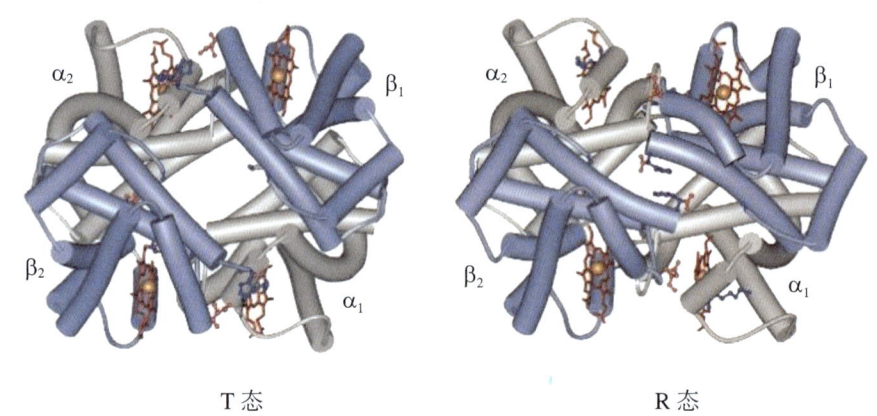

T 态　　　　　　　　　　　　R 态

图 1-15　血红蛋白与氧结合的别构效应

（三）蛋白质构象异常可导致构象病

除氨基酸的排列顺序会影响蛋白质的高级结构及功能外，多肽链的正确折叠对蛋白质正确构象的形成和功能发挥也至关重要。有时尽管蛋白质的一级结构不变，但蛋白质的折叠发生错误，使蛋白质的构象发生改变，也可影响蛋白质的功能，严重时可导致疾病发生。因蛋白质空间构象异常变化——相应蛋白质的有害折叠、折叠不能或错误折叠导致错误定位引起的疾病，称为蛋白质构象病（protein conformational disease），如人类克-雅病、疯牛病、老年痴呆、亨廷顿病等。

框 1-4　朊病毒蛋白致病机制

1985 年爆发于英国的疯牛病是一种神经退行性病变，具有传染性，其发生与朊病毒蛋白有关。正常朊病毒蛋白（PrPc）含多个 α 螺旋，水溶性强，对蛋白酶敏感。致病性朊病毒蛋白（PrPSc）二级结构含多个 β 折叠，水溶性差、对蛋白酶不敏感、可相互聚集，导致病变。美国科学家 S.B. Prusiner 因阐明朊病毒蛋白致病机制，并将朊病毒蛋白归类至已知传染源中而荣获 1997 年诺贝尔生理学或医学奖。

第五节　蛋白质的理化性质

蛋白质是由氨基酸组成的，因此其部分理化性质与氨基酸相似，如两性解离、呈色反应、紫外吸收等。蛋白质又是包含很多氨基酸残基的生物大分子，所以还具有一些不同于氨基酸的理化性质，如高分子性质、沉淀、变性等。认识蛋白质的理化性质，对于蛋白质的分离、纯化以及结构与功能的研究等都极为重要。

一、蛋白质的两性解离

蛋白质分子末端有可解离的 α-氨基和 α-羧基；蛋白质分子中氨基酸残基侧链也含有可解离的基团，如赖氨酸的 ε-氨基、精氨酸的胍基、组氨酸的咪唑基、谷氨酸的 γ-羧基和天冬氨酸的 β-羧基等。这些基团在一定 pH 条件下可以结合或释放 H^+，这就是蛋白质两性解离的基础。蛋白质在酸性溶液中可解离为阳离子，而在碱性溶液中则解离为阴离子。在某一 pH 条件下，蛋白质解离成阴阳离子的趋势相等，净电荷数为零，即成兼性离子，此时溶液的 pH 称为蛋白质的等电点（isoelectric point，pI）。当溶液的 pH 大于等电点时，该蛋白质带负电荷，反之则带正电荷（图 1-16）。

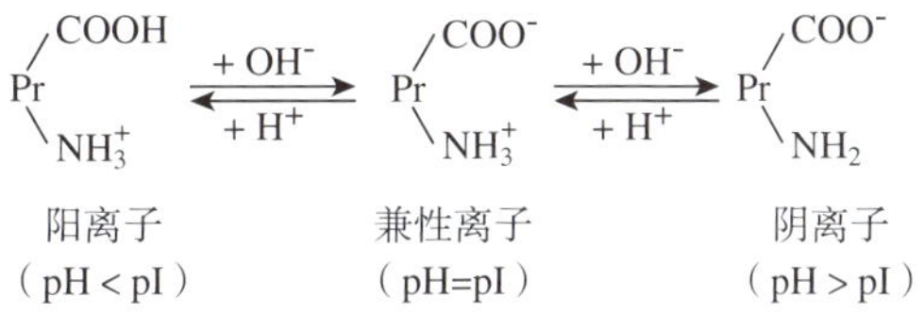

$$Pr\begin{matrix}COOH\\NH_3^+\end{matrix} \underset{+H^+}{\overset{+OH^-}{\rightleftharpoons}} Pr\begin{matrix}COO^-\\NH_3^+\end{matrix} \underset{+H^+}{\overset{+OH^-}{\rightleftharpoons}} Pr\begin{matrix}COO^-\\NH_2\end{matrix}$$

阳离子　　　　　兼性离子　　　　　阴离子
（pH < pI）　　　（pH = pI）　　　（pH > pI）

图 1-16　蛋白质的两性解离与等电点

不同蛋白质因其所含氨基酸种类和数量不同，等电点也不同。人体中大多数蛋白质的等电点在 5.0 左右，所以在组织和体液 pH 7.4 的环境中，这些蛋白质解离成阴离子。有些蛋白质含碱性氨基酸较多，其等电点偏于碱性，它们被称为碱性蛋白质，如鱼精蛋白、组蛋白等；也有些蛋白质含酸性氨基酸较多，其等电点偏于酸性，为酸性蛋白质，如丝蛋白和胃蛋白酶等。

利用蛋白质两性解离和等电点的性质，可通过电泳、离子交换层析、沉淀等方法对蛋白质进行分离、纯化及分子量测定。

二、蛋白质的紫外吸收

蛋白质分子中含有色氨酸和酪氨酸残基，而色氨酸和酪氨酸分子中含有共轭双键，在 280 nm 波长附近具有最大的光吸收峰，故蛋白质溶液在 280 nm 波长处具有光吸收特性，据此可对蛋白质进行定性或定量分析。

三、蛋白质的呈色反应

蛋白质分子中的肽键以及分子中氨基酸残基上的一些特殊基团可以与有关试剂作用产生颜色反应。这些反应可用于蛋白质的定性或定量分析。常用的蛋白质呈色反应有以下几种。

1. 茚三酮反应　在 pH 5～7 的溶液中，蛋白质分子中的 α-氨基与茚三酮反应可生成蓝紫色化合物，反应机制同氨基酸的茚三酮反应（详见本章第二节相关内容）。

2. 双缩脲反应　在碱性条件下，蛋白质分子内的肽键可与 Cu^{2+} 形成络合盐而呈现紫色或红色。

3. 酚试剂反应　在碱性条件下，蛋白质分子中的酪氨酸、色氨酸可与酚试剂反应生成蓝色化合物。

四、蛋白质的胶体性质

蛋白质是高分子化合物，分子量大者可达数千万，小的也在1万以上，其分子直径可达1～100 nm，在水溶液中形成胶体溶液，具有胶体溶液的各种性质。

蛋白质水溶液是一种比较稳定的亲水胶体。蛋白质形成亲水胶体有两个基本的稳定因素，即水化膜和表面电荷。由于蛋白质颗粒表面带有许多亲水的极性基团，因此可吸引水分子，在颗粒表面形成水化膜，从而阻止颗粒间的相互聚集，防止溶液中的蛋白质沉淀析出。此外，蛋白质分子可在一定 pH 条件下带电荷，同种电荷相互排斥，也能防止蛋白质分子相互聚集。若去除蛋白质表面的水化膜和电荷这两种稳定因素，蛋白质极易从溶液中析出（图1-17）。

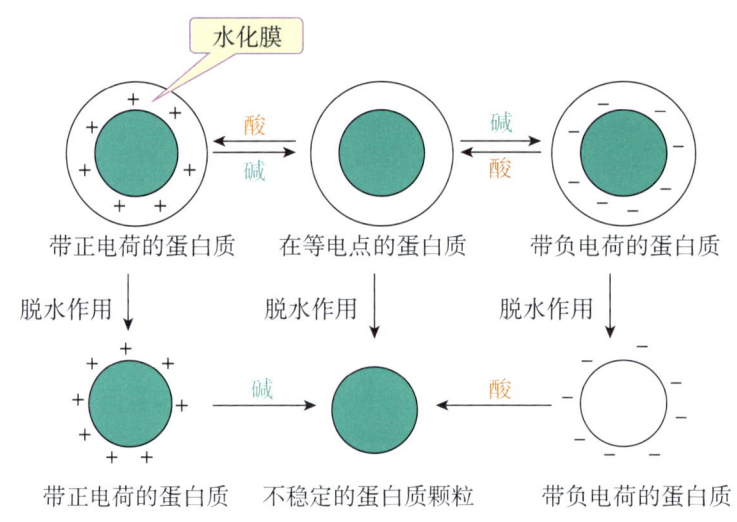

图1-17　蛋白质胶体颗粒的稳定因素

五、蛋白质的变性与复性

在某些理化因素作用下，蛋白质的空间构象被破坏，从而导致其理化性质的改变和生物学活性的丧失，这种现象称为蛋白质的变性（denaturation）。能使蛋白质变性的物理因素有加热、高压、振荡或搅拌、放射线照射及超声波等；化学因素有强酸、强碱、重金属离子和尿素、乙醇、丙酮等有机溶剂。

蛋白质变性的实质是各种理化因素破坏了维持和稳定蛋白质空间构象的各种次级键，使其原有的特定空间构象被改变或破坏。变性过程中，肽键并未断裂，氨基酸顺序没有改变，即变性并不引起一级结构的变化。大多数蛋白质变性时，其空间结构破坏严重，不能恢复，称为不可逆变性。有些蛋白质在变性后，若去除变性因素，仍可恢复或部分恢复其原有的构象和功能，称为复性（renaturation）。

蛋白质变性后，其溶解度降低，易发生沉淀；黏度增加，结晶能力丧失；容易被蛋白酶水解，所以蛋白质变性后较易消化。蛋白质变性后即失去原有的生物学活性，如酶失去其催化活性、激素失去其调节活性、细菌蛋白质失去其致病性等。

蛋白质的变性性质在临床被广泛应用，如用酒精、加热和紫外线进行消毒灭菌。此外，防止蛋白质变性也是有效保存蛋白质制剂的必要条件。当制备或保存酶、疫苗、免疫血清等蛋白质制剂时应选择适当条件，以防其变性而失去活性。

框 1-5　我国科学家吴宪首次提出蛋白质变性理论

蛋白质变性理论首次由我国科学家吴宪于1931年提出。吴宪教授是一位卓越的生物化学家和营养学家，是我国生物化学和营养学教学和研究的主要创始人。吴宪教授在临床生物化学、气体与电解质的平衡、蛋白质的变性、营养学、免疫化学、氨基酸代谢等领域都做出了突出的贡献。吴宪教授不仅在科学上追求真知，而且把发展中国科学事业视为自己的责任。

第六节　蛋白质分离与纯化常用技术

蛋白质种类繁多，且各自具有复杂的高级结构及重要的生物学功能。如果要研究某种蛋白质的结构和功能，通常需要将此蛋白质从混合物中分离出来。蛋白质属于生物大分子，具有胶体性质，且可以进行两性解离、沉淀和变性等，利用这些理化性质，采取透析、盐析、电泳、层析及超速离心等方法，可对混合物中的蛋白质进行特异分离。

一、透析与超滤法

蛋白质胶体颗粒较大，不能透过半透膜。半透膜的特点是只允许小分子通过，而大分子物质被截留。各种生物膜及人工制造的火棉胶、玻璃纸、塑料薄膜等可用来做成透析袋，将含有杂质的蛋白质溶液置于袋内，将袋放在水或缓冲液中。小分子杂质从袋中透出，大分子蛋白质则留于袋内，使蛋白质得以纯化，此过程称为透析（dialysis）。透析法常用于蛋白质样品的脱盐及去除其他小分子物质。

超滤法是利用超滤膜在一定压力下使较大分子蛋白质滞留，而较小分子物质和溶剂滤过，其原理与透析法类似。目前采用的微孔过滤就是利用超滤膜过滤原理，在短时间内进行大体积蛋白质样品的分离。

二、沉淀

蛋白质从溶液中析出的现象，称为沉淀（precipitation）。常用的沉淀蛋白质的方法有以下几种。

（一）盐析

在蛋白质溶液中加入大量中性盐，蛋白质胶体颗粒的水化膜被破坏，其所带电荷也被中和，蛋白质因其在溶液中稳定存在的这两种因素被去除而沉淀，此过程称为盐析（salting out）。盐析法沉淀蛋白质常用的中性盐有硫酸铵、硫酸钠和氯化钠等。盐析时将溶液的 pH 调至蛋白质的等电点时沉淀效果最佳。各种蛋白质分子大小、亲水程度不同，故盐析所需的盐浓度也不同。在人血清中加入硫酸铵达半饱和，球蛋白即可沉淀出；继续加硫酸铵达饱和，则清蛋白析出。采用盐析法分离蛋白质后，常需结合透析法进行脱盐处理。

（二）有机溶剂沉淀法

丙酮、乙醇等有机溶剂可使蛋白质沉淀，再将其溶解在小体积溶剂中即可获得浓缩的蛋白质溶液。为保持蛋白质结构和生物活性，需要在 0～4℃ 低温下进行沉淀，沉淀后立即去除有机溶剂，以免蛋白质发生变性。

（三）免疫沉淀法

蛋白质具有抗原性，将某种纯化蛋白质免疫动物可获得该蛋白质的特异抗体。利用特异抗体识别相应抗原并形成抗原-抗体复合物的性质，可从蛋白质混合溶液中分离获得抗原蛋白。这就是可用于特定蛋白质定性和定量分析的免疫沉淀法。

三、电泳

带电颗粒在电场中泳动的现象称为电泳（electrophoresis），这是目前分离蛋白质及其他带电颗粒的一项常用技术。带电颗粒在电场中泳动的速度主要取决于其所带电荷的性质、数目以及颗粒的大小和形状等因素。一般来说，在同一电场强度下，颗粒所带净电荷越多、分子量越小及分子越呈球状，则泳动速度越快，反之则慢。由于各种蛋白质的等电点不同、分子量不同，在同一 pH 缓冲液中所带电荷数不同，在电场中的泳动方向和速度也不相同，这样就可将蛋白质混合液中的各种蛋白质彼此分开。通常将蛋白质混合液置于固体支持物上进行电泳，支持物有多种，如滤纸、醋酸纤维素薄膜、聚丙烯酰胺凝胶和琼脂糖凝胶等。不同的支持物其电泳分辨率不同，如正常人血清蛋白质在醋酸纤维素薄膜上电泳可分为清蛋白、α_1-球蛋白、α_2-球蛋白、β-蛋白和 γ-球蛋白 5 种组分，而用聚丙烯酰胺凝胶电泳（polyacrylamide gel electrophoresis，PAGE）则可分出 30 多种组分。

四、层析

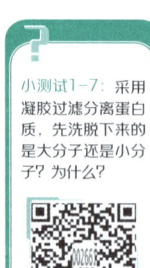

小测试1-7：采用凝胶过滤分离蛋白质，先洗脱下来的是大分子还是小分子？为什么？

层析（chromatography）是分离、纯化蛋白质的重要手段之一，其基本原理是将待分离的蛋白质溶液（流动相）流经一个固态物质（固定相），根据蛋白质颗粒的大小、电荷多少及亲和力等，使待分离的蛋白质组分在两相中反复分配，并以不同速度流经固定相而达到分离蛋白质的目的。层析种类很多，其中凝胶过滤、离子交换层析、亲和层析等较为常用。

凝胶过滤（gel filtration），又称分子筛层析，是一种利用葡聚糖凝胶（sephadex）分离大分子的方法。葡聚糖凝胶带有小孔，将其填装于层析柱并注满液体，然后将待分离的蛋白质溶液加于柱顶部，随流洗液往下渗漏。小分子蛋白质在流洗过程中可进入凝胶孔内，因而在层析柱中滞留时间较长；而大分子蛋白质不能进入凝胶孔，只能通过凝胶颗粒间隙下行，故滞留时间短，不同大小的蛋白质分子因而得以分离（图 1-18）。

离子交换层析（ion exchange chromatography）是利用蛋白质的两性解离和等电点性质对不同蛋白质进行分离纯化。当被分离的蛋白质溶液流经离子交换剂柱时，带有相反电荷的蛋白质可因离子交换而吸附于柱上，随后又可被带同样性质电荷的离子所置换而被洗脱。由于蛋白质的等电点不同，在某一 pH 值时所带电荷多少不同，与离子交换剂结合的紧密程度也不同，所以用一系列 pH 递增或递减的缓冲液洗脱或者提高洗脱液的离子强度，可降低蛋白质与离子交换剂的亲和力，从而将不同蛋白质逐步由柱上洗脱下来。

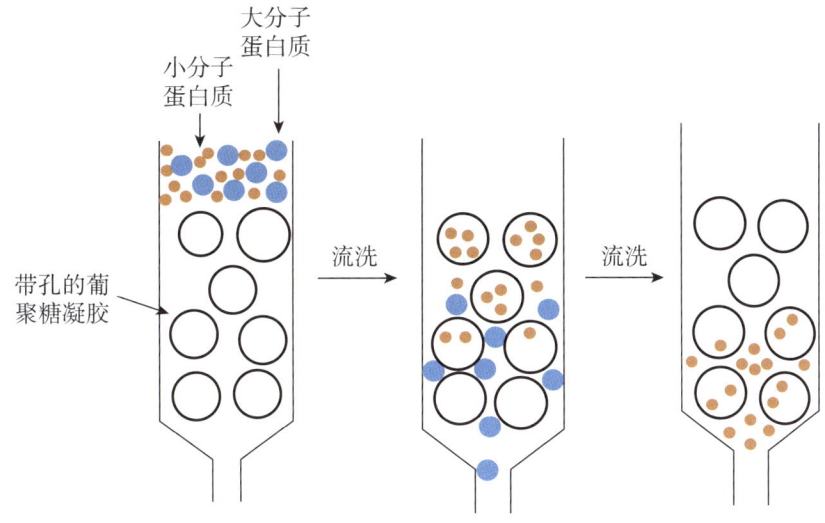

图 1-18 凝胶过滤分离蛋白质的原理示意图

五、超速离心

溶液中的蛋白质有分子扩散现象,同时还受重力作用,若重力大于扩散力,蛋白质颗粒即可沉降。一般情况下,溶液中的蛋白质颗粒因扩散力大于重力而不易沉降,但在强离心力场作用下则会沉降。不同蛋白质沉降所需的离心力不同,利用超速离心法可分离蛋白质并测定其分子量。

通常将转速 8 000 r/min 以下,离心力 10 000 g 以下称为低速离心;转速 10 000 ~ 25 000 r/min、离心力在 50 000 ~ 70 000 g 称为高速离心;转速 25 000 r/min 以上,离心力在 50 000 g 以上则称为超速离心(ultracentrifugation)。蛋白质在离心力场中的沉降行为用沉降系数(sedimentation coefficient,S)表示,使用 Svedberg 单位(1S = 10^{-13} 秒)。蛋白质的 S 值与其密度和形状相关。

小 结

蛋白质广泛存在于生物界,具有多种多样的生物学功能,是各种生命现象的物质基础。对于蛋白质分子组成及结构特点的认识,有助于理解蛋白质的多样化功能。蛋白质结构与功能关系密切,蛋白质一级结构或空间构象发生改变,都可能引起蛋白质的功能变化。蛋白质结构与功能的研究是生命科学研究的重要内容,也是认识很多疾病发生机制及探索疾病治疗靶标的重要基础。

蛋白质及氨基酸具有两性解离、紫外吸收、呈色反应等多种理化性质,目前常用的蛋白质分离与纯化技术正是基于这些理化性质而设计的。蛋白质的分离与纯化又是研究蛋白质结构与功能的重要环节,因此认识和理解这些理化性质,对于开展蛋白质的研究极为重要。

整合思考题

1. 蛋白质分子的磷酸化修饰主要发生在哪些氨基酸残基?其有何生物学意义?
2. 蛋白质变性后,为什么生物学活性会丧失?酒精可使蛋白质发生变性还是沉淀?

3. 蛋白质主要的分类方法有哪些？其分类依据各是什么？

4. 哪些疾病与蛋白质结构改变有关？其发病机制是什么？

5. 蛋白质结构与功能关系密切，这对于研究一种未知蛋白质的结构与功能有何启发？

6. 有一分子量为 400 kD 的蛋白质，采用 SDS-PAGE 分离可见 180 kD、160 kD 和 60 kD 三个条带，当电泳体系中存在 SDS 和 DTT 时也可见这三个条带，但其分子量分别是 160 kD、90 kD 和 60 kD。请判断这种蛋白质含有几个亚基？

（倪菊华）

第二章 核酸的结构与功能

导学目标

通过本章内容的学习,学生应能够:

※ **基本目标**
1. 描述核酸的分子组成和结构特点。
2. 理解核酸结构与功能的关系。
3. 举例说明核酸结构与功能的关系。
4. 分析核酸结构特点与理化性质的关系。

※ **发展目标**
1. 举例说明核酸结构改变所导致的疾病,并理解其发生的分子机制。
2. 根据核酸的理化性质,设计从组织或细胞中提取核酸的基本方案。

案 例

患者,女,27岁。18岁开始出现轻微的不自主运动。22岁时症状明显,表现为行动迟缓,有时会跌倒。头和口唇会出现不自主动作,讲话语音低沉,含糊不清,反应迟钝,进食会呛咳。25岁时双上肢不自主运动明显增加,表现为扭动、震颤。智力减退,面部表情呆板。磁共振成像(MRI)检查显示脑萎缩。患者父亲和哥哥均有类似症状,已去世,其他亲属(母亲、姐姐和妹妹)正常。取患者及其两个儿子的外周血做基因检测,发现 *HTT* 基因中 CAG 的重复次数分别为59、60、57次,明显高于正常人(26次)。患者丈夫、母亲及姐妹的 CAG 重复次数正常。该患者临床诊断为亨廷顿病。

案例解析

问题:
1. 亨廷顿病的发病机制是什么?
2. 从患者遗传谱系中推测亨廷顿病属于哪种遗传病?

核酸(nucleic acid)是天然产生的化合物,是生物体内最重要的生物大分子之一。核酸占细胞干重的5%~15%,分为两大类:核糖核酸(ribonucleic acid,RNA)和脱氧核糖核酸(deoxyribonucleic acid,DNA)。DNA 通常为双链结构,是生物体遗传特征的主要决定者。其携带的遗传信息可通过复制传递给子代 DNA 分子,也可通过转录与翻译指导特定蛋白质的生物合成。RNA 为单链结构,主要协助 DNA 遗传信息的表达。但20世纪80年代以来,陆续发现了许多新的具有特殊功能的 RNA,几乎涉及细胞功能的各个方面。因此,核酸对生长和发育、遗传和变异有重要意义。

第一节　核酸的化学组成和一级结构

核酸由 C、H、O、N、P 等元素组成，由于各种核酸分子中 P 的含量比较接近和恒定，为 9%～10%，因此可以通过测定 P 含量对核酸进行定量分析。核酸属于多聚核苷酸，在核酸酶作用下，可以降解为核苷酸。核苷酸可分为脱氧核糖核苷酸与核糖核苷酸两类，前者是组成 DNA 的基本结构单位，后者是组成 RNA 的基本结构单位。

一、核酸的基本结构单位

核酸的基本结构单位是核苷酸，核苷酸完全水解可生成碱基、戊糖和磷酸。脱氧核糖核苷酸与核糖核苷酸的化学结构基本相似，只是戊糖不同，前者为脱氧核糖，后者为核糖，这也是相应核苷酸名称的由来。

（一）碱基

核酸分子中的碱基（base）是含氮杂环化合物，分为嘌呤（purine）和嘧啶（pyrimidine）两类。DNA 和 RNA 所含的嘌呤碱主要是腺嘌呤（adenine，A）和鸟嘌呤（guanine，G）。组成 DNA 的嘧啶碱主要是胸腺嘧啶（thymine，T）和胞嘧啶（cytosine，C）。组成 RNA 的嘧啶碱通常是尿嘧啶（uracil，U）和胞嘧啶（图 2-1）。但有时 DNA 分子中也会存在少量的 U，tRNA 分子中也有少量的 T 和一些经过修饰的稀有碱基，如二氢尿嘧啶（dihydrouracil，DHU）、次黄嘌呤（hypoxanthine，I）等。

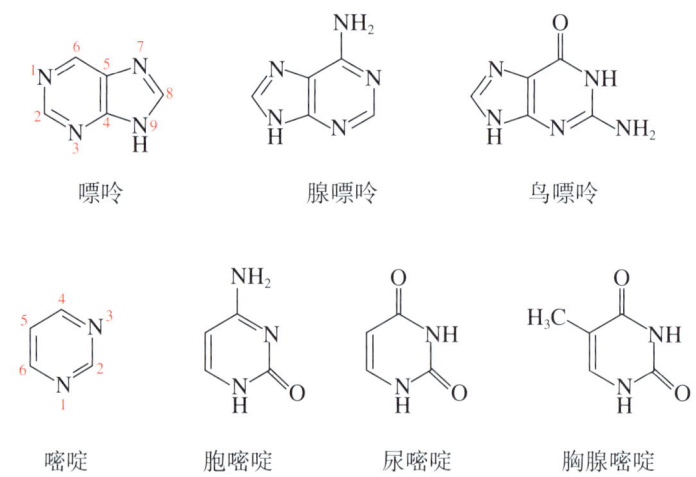

图 2-1　嘌呤碱和嘧啶碱结构式

生物体内还存在上百种修饰碱基，其中大多是 A/T/G/C/U 的修饰产物或者代谢物，例如 5-甲基胞嘧啶、N^6-甲基腺嘌呤、二氢尿嘧啶、次黄嘌呤、黄嘌呤、尿酸等。植物茶碱和咖啡因也都属于嘌呤碱基（图 2-2）。5-甲基胞嘧啶、N^6-甲基腺嘌呤参与基因的表达调控。

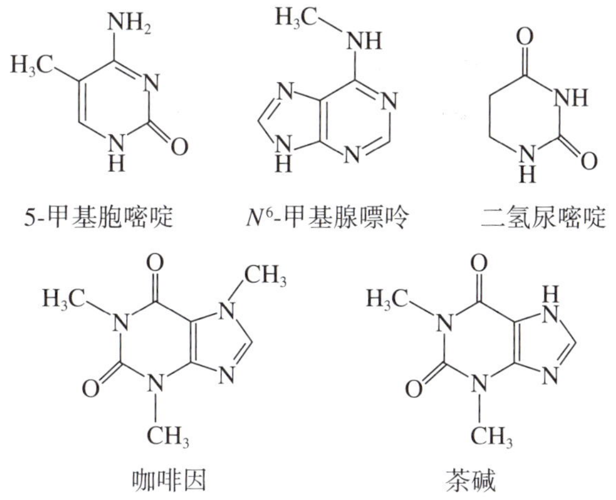

第二章 核酸的结构与功能

5-甲基胞嘧啶　　　N^6-甲基腺嘌呤　　　二氢尿嘧啶

咖啡因　　　　　茶碱

图 2-2　碱基的修饰

框 2-1　DNA 的修饰碱基——5-甲基胞嘧啶

5-甲基胞嘧啶（5-methylcytosine）是 DNA 碱基胞嘧啶（C）的一种甲基化形式。当胞嘧啶甲基化时，即使 DNA 序列未变，但甲基化基因的表达却发生改变，这属于表观遗传范畴。5-甲基胞嘧啶最终可形成核苷 5-甲基胞苷。在哺乳动物细胞中，基因 5' 端存在 CpG 簇，被称为 CpG 岛。脊椎动物中 70%～80% 的 CpG 岛的胞嘧啶被甲基化。5-甲基胞嘧啶与癌症相关，有些基因的 CpG 岛重叠基因启动子被甲基化，导致通常与肿瘤生长抑制相关的基因异常失活。而有些基因组中的重复序列，包括卫星 DNA、Alu 和长散在元件（LINE），在癌症中经常被发现低甲基化，导致这些正常沉默的基因被激活表达，这些基因的表达水平异常升高通常是肿瘤进展的重要标志。

碱基中的酮基和氨基可以根据所处环境的 pH 变化，产生酮-烯醇或氨基-亚氨基互变，但是在体内酮式和氨基式更稳定，因此是主要的存在形式，核酸碱基配对原则也是基于碱基酮式或氨基式基础上的（图 2-3）。碱基的互变异构存在为碱基之间和碱基与其他化学基团之间形成氢键提供了结构基础。组成碱基的杂环中存在共轭双键，具有紫外吸收特性，在 260 nm 处有较强的吸收峰。

（二）戊糖

核酸含有两种戊糖，分别为核糖（ribose）和脱氧核糖（deoxyribose），二者都是 β-呋喃型，区别在于 C-2' 连接的基团，连接—OH 时为核糖，只有—H 时为脱氧核糖（图 2-4）。核糖与脱氧核糖均为 5 碳糖，其五元糖环不是位于同一平面，而是成"褶皱"构象。糖环中的碳原子标号右上角加撇"'"，而碱基中的碳原子右上角不加撇"'"以示区别。

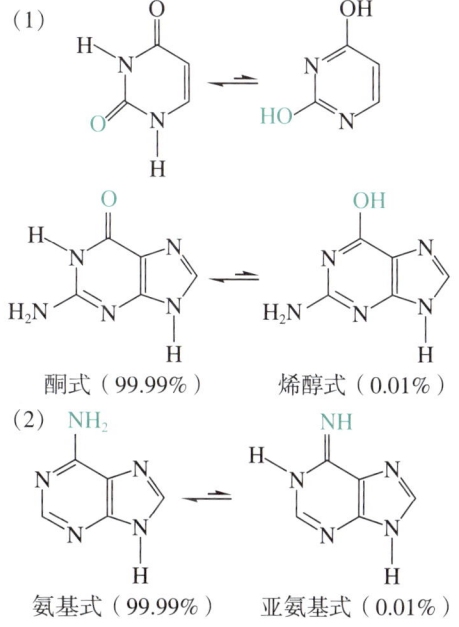

(1)

酮式（99.99%）　　烯醇式（0.01%）

(2)

氨基式（99.99%）　　亚氨基式（0.01%）

图 2-3　碱基的互变异构

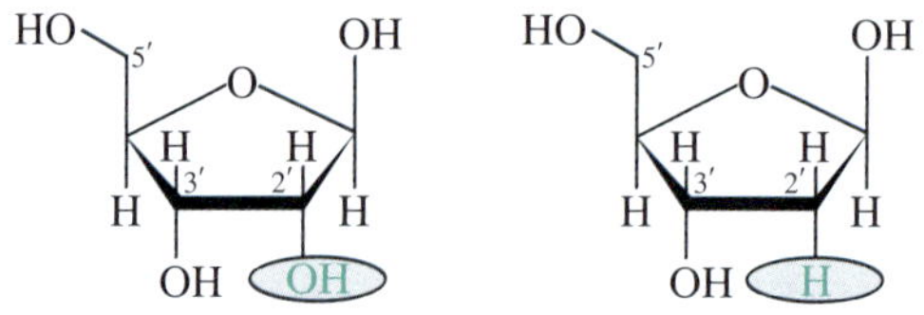

β-D-核糖　　β-D-脱氧核糖

图 2-4　核糖和脱氧核糖的化学结构式

（三）核苷

核苷（nucleoside）是由碱基与戊糖缩合产生的。戊糖分子 C-1′ 与嘌呤碱基 N-9/ 嘧啶碱基 N-1 之间形成 β-N- 糖苷键。根据核苷中所含戊糖的不同，将其分为两大类：核糖核苷与脱氧核糖核苷，前者主要包括腺苷（adenosine）、鸟苷（guanosine）、胞苷（cytidine）、尿苷（uridine），后者主要包括脱氧腺苷（deoxyadenosine）、脱氧鸟苷（deoxyguanosine）、脱氧胞苷（deoxycytidine）、脱氧胸苷（deoxythymidine）。核苷也有修饰形式，既可以是修饰碱基，也有核糖被修饰，或者核糖与碱基不是以 β-N- 糖苷键相连，如假尿苷是以 C-C 相连（图 2-5）。

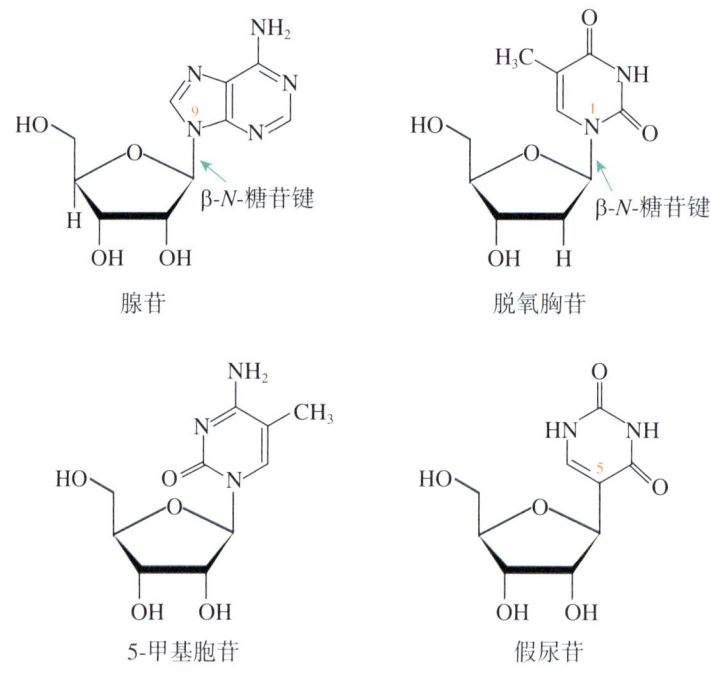

腺苷　　脱氧胸苷

5-甲基胞苷　　假尿苷

图 2-5　核苷和修饰核苷

（四）核苷酸

核苷酸（nucleotide）是核酸的基本组成单位，由核苷 C-5′ 的羟基（—OH）与磷酸基团缩合成酯键而形成。除 5′- 核苷酸外，生物体内还存在 2′- 核苷酸和 3′- 核苷酸，若没有特别指明是 2′- 或者 3′-，一般默认是 5′- 核苷酸。根据连接磷酸基团的数量，核糖核苷酸分为核苷一磷酸（nucleoside 5′-monophosphate，NMP）、核苷二磷酸（nucleoside 5′-diphosphate，NDP）和核苷三磷酸（nucleoside 5′-triphosphate，NTP），相应的脱氧核糖核苷酸则分别表示为 dNMP、dNDP 和 dNTP（图 2-6）。

第二章 核酸的结构与功能

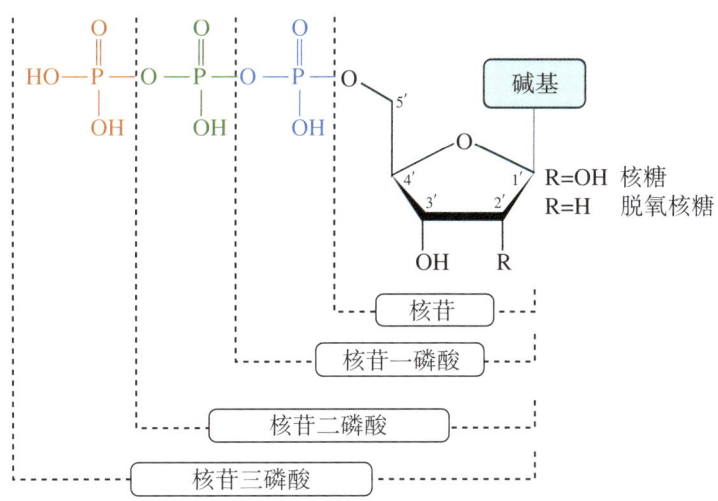

图 2-6 核苷酸的化学结构示意图

核苷酸有环化形式，主要有 3′,5′- 环腺苷酸（adenosine 3′,5′-cyclic monophosphate，cAMP）和 3′,5′- 环鸟苷酸（guanosine 3′,5′-cyclic monophosphate，cGMP），它们在细胞内可作为第二信使，参与信号转导过程。核苷酸还参与某些生物活性物质的组成，如尼克酰胺腺嘌呤二核苷酸（NAD^+）和黄素腺嘌呤二核苷酸（FAD），作为辅酶或辅基，参与生物氧化和物质代谢过程（图 2-7）。表 2-1 归纳了核酸分子中常见的碱基、核苷和核苷酸种类。

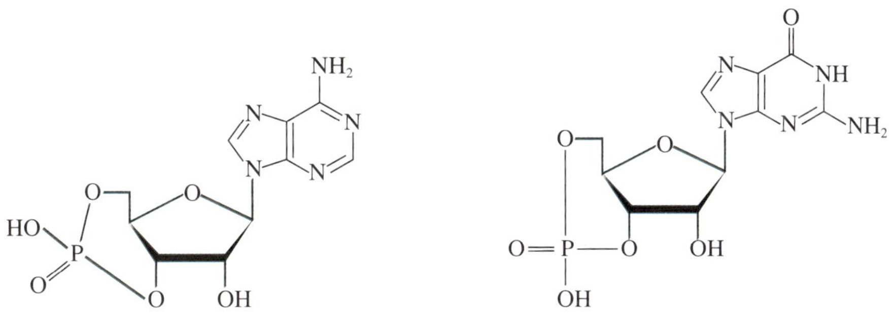

图 2-7 环化核苷酸 cAMP 和 cGMP 的结构式

表 2-1 核酸分子中常见的碱基、核苷和核苷酸种类

碱基	核苷	核苷酸	核酸
腺嘌呤（A）adenine	腺苷（AR）adenosine	腺苷一磷酸（AMP）adenosine monophosphate	RNA
	脱氧腺苷（AdR）deoxyadenosine	脱氧腺苷一磷酸（dAMP）deoxyadenosine monophosphate	DNA
鸟嘌呤（G）guanine	鸟苷（GR）guanosine	鸟苷一磷酸（GMP）guanosine monophosphate	RNA
	脱氧鸟苷（GdR）deoxyguanosine	脱氧鸟苷一磷酸（dGMP）deoxyguanosine monophosphate	DNA
胞嘧啶（C）cytosine	胞苷（CR）cytidine	胞苷一磷酸（CMP）cytidine monophosphate	RNA

续表

碱基	核苷	核苷酸	核酸
	脱氧胞苷（CdR） deoxycytidine	脱氧胞苷一磷酸（dCMP） deoxycytidine monophosphate	DNA
胸腺嘧啶（T） thymidine	脱氧胸苷（TdR） deoxythymidine	脱氧胸苷一磷酸（dTMP） deoxythymidine monophosphate	DNA
尿嘧啶（U） uracil	尿苷（UR） uridine	尿苷一磷酸（UMP） uridine monophosphate	RNA

二、核酸的一级结构

核酸的一级结构（primary structure）是指核糖核苷酸或脱氧核糖核苷酸的排列顺序。由于核苷酸之间的差异主要是碱基不同，因此碱基排列顺序即代表核苷酸的排列顺序。核苷酸分子之间的连接方式是由一个核苷酸第 3 位碳原子（C-3'）上的羟基与另一个核苷酸的第 5 位碳原子（C-5'）上的磷酸缩合形成 3',5'- 磷酸二酯键（3',5'-phosphodiester bond），所以核苷酸的连接具有严格的方向性，每条核苷酸链具有两个不同的末端，戊糖 C-5' 上带有游离磷酸基的称为 5' 末端，C-3' 上带有游离羟基的称为 3' 末端（图 2-8），多核苷酸链的方向以 5'→3' 或 3'→5' 表示，核苷酸借此方式连接构成无分支结构的线性大分子，即多聚核糖核苷酸（RNA）和多聚脱氧核糖核苷酸（DNA）。核酸分子中相同的戊糖及磷酸交替连接成分子骨架，而 4 种不同碱基则伸展于骨架一侧。原核生物的核区 DNA 和质粒 DNA、真核生物的叶绿体 DNA 和线粒体 DNA 属于环状 DNA，环状 DNA 没有游离的 5' 端和 3' 端。

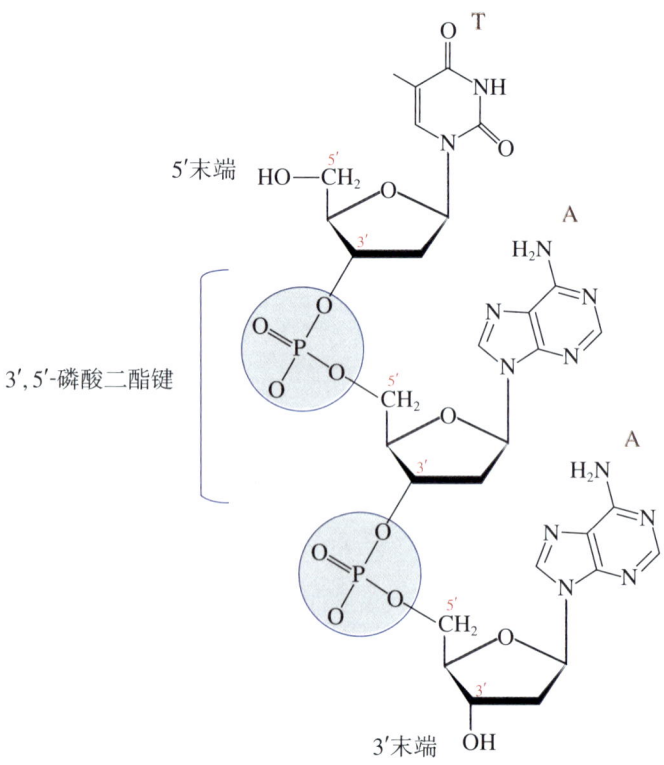

图 2-8　核苷酸之间以 3',5'- 磷酸二酯键相连

单链核酸分子的大小用核苷酸（nucleotide，nt）数目表示，双链核酸分子的大小用碱基对（base pair，bp 或 kilobase pair，kb）数目表示。一般而言，核苷酸数目≤50 个的聚合物被称为寡核苷酸，核苷酸数目＞50 个的聚合物则被称为多核苷酸。

核酸分子一级结构的书写方式有多种，如图 2-9 所示。书写时可以注明 5′末端和 3′末端，如未注明 5′末端和 3′末端，则默认左侧是 5′末端，右侧是 3′末端。

（1）5′P⌐A⌐C⌐G⌐T⌐A⌐T OH 3′

（2）5′ pA pC pG pT pA pT 3′

（3）5′ACGTAT 3′

图 2-9　核酸分子一级结构的书写方式

第二节　DNA 分子的空间结构

组成核酸的嘌呤和嘧啶碱基是芳香族分子，它们对核酸的结构、电子分布和光吸收具有重要的影响。DNA 分子中所有原子在三维空间排布的相对位置关系，称为 DNA 分子的空间结构（spatial structure）。DNA 分子的空间结构又分为二级结构和高级结构。

一、DNA 分子的二级结构

DNA 二级结构是双螺旋结构，有多种存在形式，与 DNA 所处的细胞环境有关。

（一）DNA 双螺旋结构的研究基础

DNA 双螺旋结构的提出是基于几个认知。一是在 20 世纪 40 年代，已证明 DNA 是遗传物质。二是在同一时期，E. Chargaff 提出了"夏格夫法则"：① DNA 的碱基组成通常因不同的种类而异；②从同一物种的不同组织中分离出来的 DNA 具有相同的碱基组成；③某一物种中 DNA 的碱基组成不会随着生物体的年龄、营养状态或环境的变化而变化；④在所有细胞 DNA 中，碱基之间存在数量关系，即 A=T，G=C，因此推断 A+G=T+C。三是在 20 世纪 50 年代发现核酸的嘌呤和嘧啶碱基存在互变异构体，这是碱基间形成氢键的基础。1951 年，R. Franklin 和 M. Wilkins 应用 X 射线衍射方法证明 DNA 分子呈螺旋状，沿其长轴有 2 个周期性出现的结构，一个长度是 3.4 Å，另一个长度是 34 Å。

J. Watson 和 F. Crick 依靠这些积累的 DNA 信息，最终于 1953 年提出 DNA 结构的双螺旋三维模型，即 Watson-Crick 结构。DNA 双螺旋结构的发现为揭示遗传物质的遗传、复制、修复、多样性以及物种的进化提供了重要的分子依据。对其结构的解析不仅提供了一个生命中心分子的模型，更标志着现代分子生物学的诞生。

DNA 发现的漫长之旅

（二）DNA 双螺旋的结构特点

DNA 双螺旋有多种形式，J. Watson 和 F. Crick 提出的双螺旋模型是 B 型双螺旋，主要的结

第一篇　生物大分子的结构与功能

构特点如图 2-10 所示。

1. DNA 是反向平行双链结构　DNA 分子由两条平行且方向相反的多聚脱氧核糖核苷酸链组成，一条链为 $5'\rightarrow 3'$ 走向，另一条链为 $3'\rightarrow 5'$ 走向，以一个共同轴为中心缠绕成右手螺旋结构。

2. 双链之间的碱基互补配对　在 DNA 双螺旋结构中，亲水的脱氧核糖基和磷酸基骨架位于双链的外侧，而碱基位于内侧，两条链的碱基之间以氢键相结合。碱基有固定的配对方式，即 A-T 配对，形成 2 个氢键；G-C 配对，形成 3 个氢键（图 2-11）。这种配对关系也称为碱基互补（base complementary），因而每个 DNA 分子中的两条链互为互补链。由于碱基配对时有偏移（一对碱基对外侧的 2 个糖苷键不是呈 180°的，而是有夹角），使得双链在旋转中，表面形成大沟（major groove）和小沟（minor groove）（图 2-12），它们是蛋白质识别 DNA 的碱基序列并发生相互作用的结构基础。

3. DNA 双螺旋具有特定的结构特征　DNA 双螺旋的直径约为 2.00 nm，由磷酸及脱氧核糖交替相连而成的亲水骨架位于螺旋的外侧，而疏水的碱基对则位于螺旋的内侧。各碱基平面与螺旋轴垂直，相邻碱基之间的堆积距离为 0.34 nm，并有一个 36°的旋转夹角，螺旋旋转一圈为 10.5 bp，螺距为 3.57 nm。

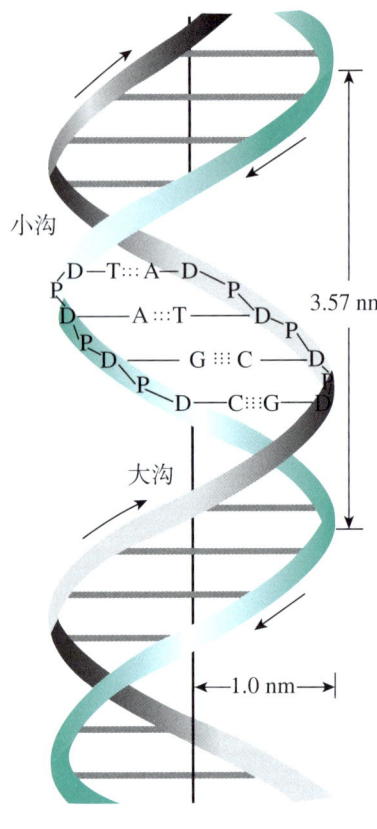

图 2-10　DNA 双螺旋模型

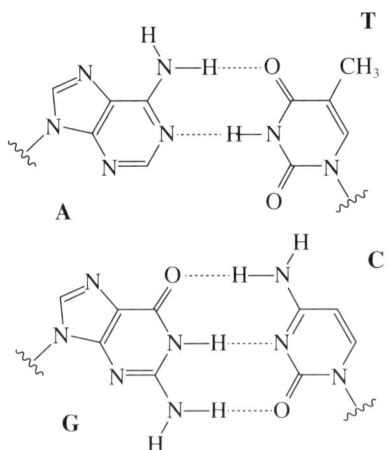

图 2-11　DNA 碱基间氢键的形成

4. 碱基堆积力和氢键维系 DNA 双螺旋结构的稳定　DNA 双螺旋结构的横向稳定性由两条链互补碱基间的氢键维系，纵向则靠碱基平面间的碱基堆积力（base stacking force）维持。碱基堆积力包括疏水作用和范德华力，对于双螺旋的稳定性较碱基之间的氢键更为重要。碱基具有一定的疏水性，在极性环境中，疏水基团会自发聚集在一起，即形成疏水作用；而当它们之间的距离足够近时，又可产生范德华力。在 DNA 双螺旋结构中，上下碱基对平面间的距离是 0.34 nm，已足够产生范德华力。

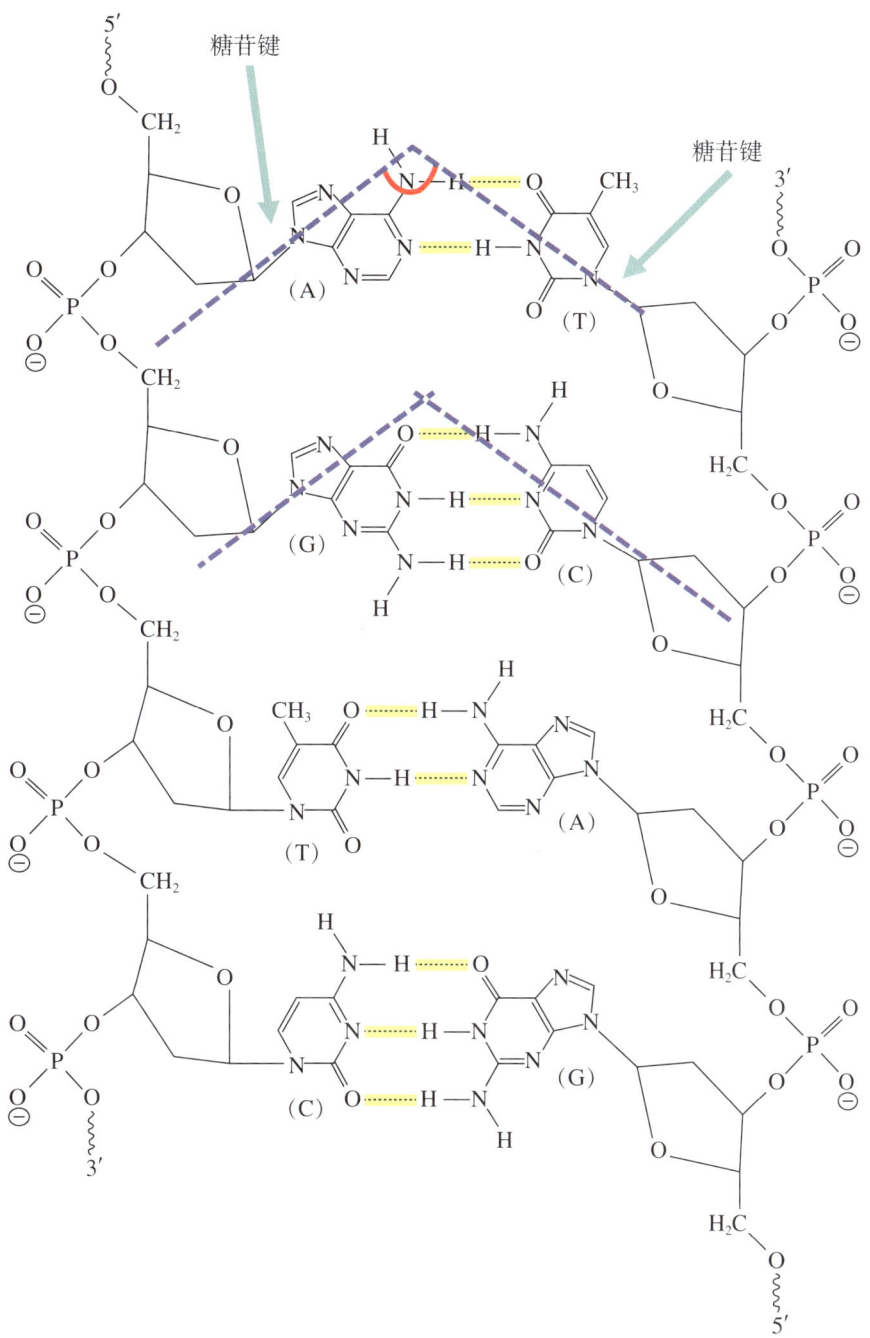

图 2-12 DNA 分子中大沟、小沟形成的原因

B 型双螺旋是生理条件下 DNA 分子最稳定的结构，因此是细胞内最主要的存在形式。但是，在一定条件下，DNA 双链构象会发生改变，出现 A 型、C 型、D 型、E 型和左手双螺旋结构——Z 型螺旋（图 2-13），其中 C 型、D 型、E 型与 B 型结构接近，可视为同一族。A 型螺旋形成与湿度降低、盐浓度升高、碱基组成和排列、超螺旋数量和方向等多个因素有关。在相对脱水环境中更容易形成 A 型螺旋。A 型螺旋仍然是右手双螺旋，但螺旋更宽，螺距变短。A 型 DNA 中的碱基对平面相对于 B 型 DNA 碱基对倾斜约 20°，因此 A 型 DNA 中的碱基对并不完全垂直于螺旋轴。这些结构变化使得大沟窄而深，小沟宽而浅。在 DNA 复制时，与 DNA 聚合酶结合的部分区域存在 A 型构象。此外，研究发现转录时 DNA-RNA 杂交链为 A 型，RNA 形成双螺旋的区域也是 A 型，这是由于 RNA 的核糖 C-2' 羟基形成空间位阻，不利于 B 型螺旋的形成。

Z型DNA最初是在体外人工合成的GC相间排列的六聚核苷酸链中发现的,其二级结构为左手螺旋,每个螺旋含12个碱基对,结构纤细,DNA主链为锯齿状。Z型DNA的大沟不明显,小沟窄而深。DNA序列中出现C和G交替排列或者有5-甲基胞嘧啶/5-甲基鸟嘌呤时,容易出现B型向Z型的转换。Z型DNA可能与基因的表达调控有关,因为Z型DNA通常出现在启动子区域,该区域的DNA在转录时易形成负超螺旋,可促进并稳定Z型双螺旋,这有利于专一结合Z型DNA结构的调节蛋白质与之结合,从而调节基因表达。表2-2总结了3种不同形式DNA双螺旋的结构特点。

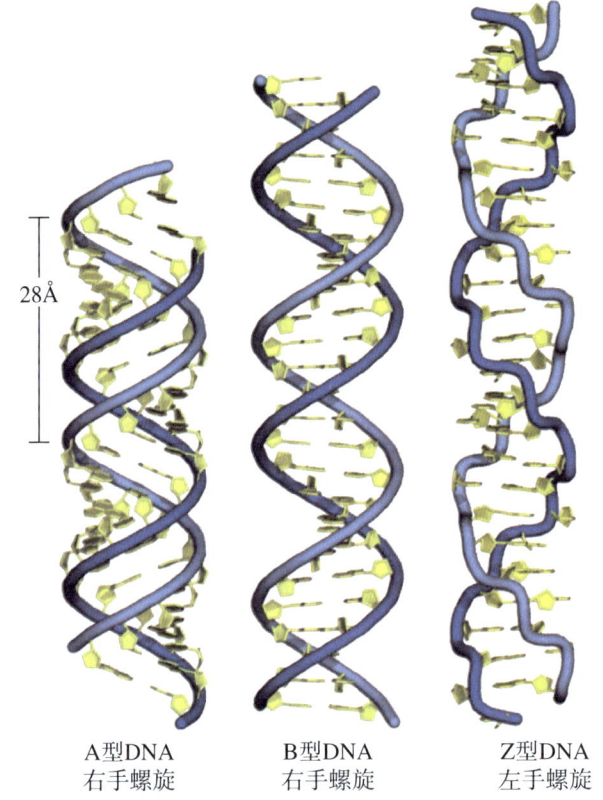

A型DNA 右手螺旋　　B型DNA 右手螺旋　　Z型DNA 左手螺旋

图 2-13　DNA 双螺旋存在多种形式

表 2-2　不同类型 DNA 双螺旋的结构特点

	A 型 DNA	B 型 DNA	Z 型 DNA
螺旋方向	右手螺旋	右手螺旋	左手螺旋
螺旋直径(nm)	约 2.6	约 2.0	约 1.8
每个螺旋内碱基对数目	11	10.5	12
螺距(nm)	2.86	3.57	4.44
大沟	窄深	宽深	平坦
小沟	宽浅	窄深	窄深

(三)DNA 的三链和四链结构

DNA双螺旋结构在一定条件下,可以再结合1条DNA链,构成三链DNA(图2-14)。第3条链结合在DNA大沟处。嘌呤碱基有再形成氢键的潜在位点,被称为胡斯坦位点(Hoogsteen position),鸟嘌呤N-6和O-6、腺嘌呤N-7和C-6上的NH_2能够与第3条DNA链上的碱基配对，称为胡斯坦碱基配对（Hoogsteen base pairing）。三链 DNA 在低 pH 环境中最稳定，因为 $C\equiv G\cdot C^+$ 三联体形成需要一个质子化的 C。三链结构容易出现在只含有嘧啶碱或者嘌呤碱的 DNA 序列，以及有回文重复的序列中。三链 DNA 组成中可以包含两条嘧啶链和一条嘌呤链，也可以包含两条嘌呤链和一条嘧啶链。在细胞中，三链结构经常出现在复制、转录和重组的起始位点或者调节位点，有可能阻止转录因子或者酶与相应区域 DNA 结合，从而影响这些过程的发生。

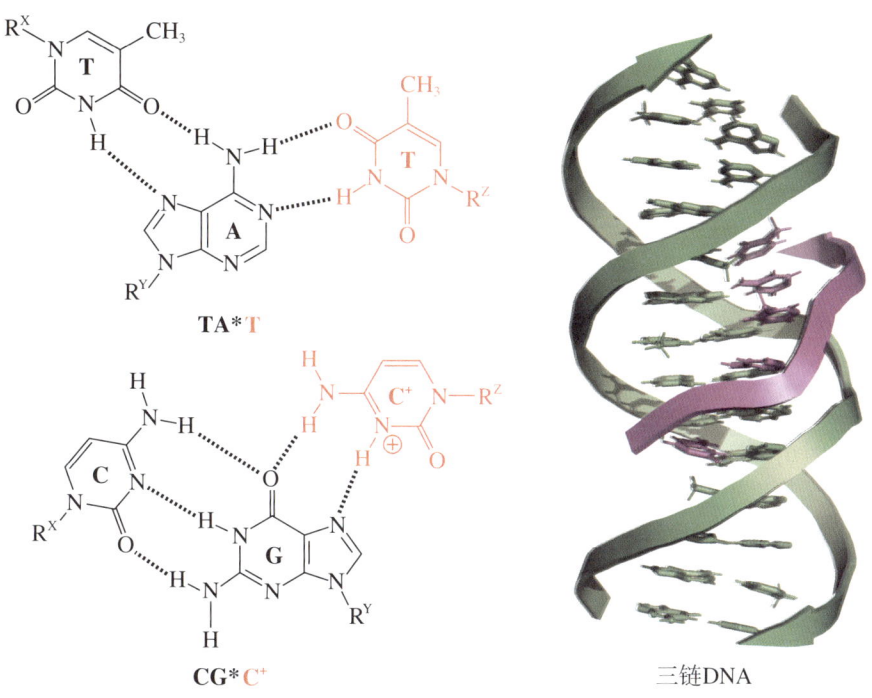

图 2-14　DNA 的三链结构和胡斯坦碱基配对

DNA 链还可以通过胡斯坦碱基配对形成四链结构，这种四链结构可以出现在 1 条 DNA 链内，也可以在 2 条 DNA 链或者 4 条 DNA 链间形成。能够形成四链的 DNA 序列要富含鸟嘌呤，因此常出现在染色体末端，如真核细胞的端粒区，以及转录调控区。4 个鸟嘌呤通过胡斯坦氢键构成正方形的平面结构，多个类似的平面结构上下累叠，构成 G 四链体（G quadruplex）（图 2-15）。人类端粒区包含许多重复的排序（GGTTAG），可以形成四链体。但是四链体具体的生物学意义还不是很清楚。

小测试2-2：请回忆一下DNA的B型双螺旋的结构特点。

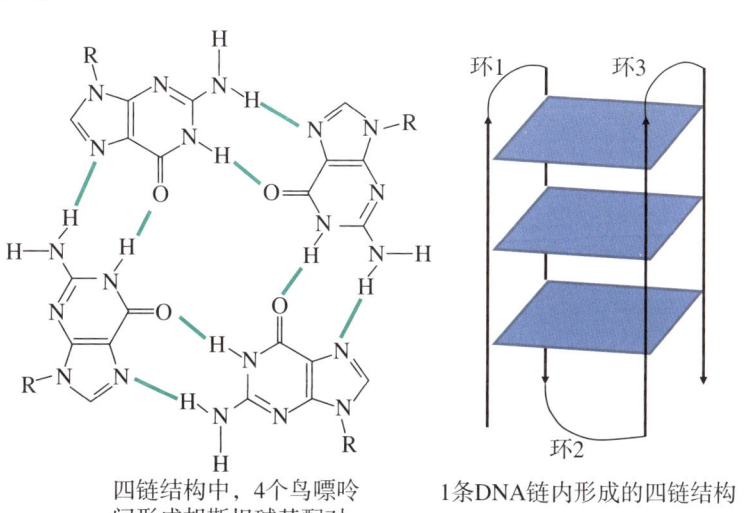

图 2-15　DNA 的四链结构

二、DNA 分子的高级结构

DNA 的高级结构是在双螺旋基础上，进一步卷曲形成的超螺旋。若盘旋方向与 DNA 双螺旋方向相同，为正超螺旋（positive supercoil），正超螺旋使双螺旋结构更紧密，双螺旋圈数增加；若盘旋方向与 DNA 双螺旋方向相反，则为负超螺旋（negative supercoil），负超螺旋可以减少双螺旋的圈数。自然界闭合双链 DNA 主要以负超螺旋形式存在，因为负超螺旋较为松散，很容易解链，因此有利于细胞进行 DNA 复制和转录，以及基因重组。

（一）原核生物 DNA 高级结构

大多数原核生物的 DNA 是共价闭合的环状双螺旋分子，进一步盘绕形成超螺旋。原核生物没有细胞核，超螺旋状态的基因组 DNA 和蛋白质构成拟核（nucleoid）结构。大肠埃希菌的 DNA 中，平均每 200 个碱基就有 1 个负超螺旋形成。超螺旋可以彼此相互独立存在，形成大小为 50～100 kb 的小环，被特定蛋白质固定在细胞内壁。

（二）真核生物 DNA 高级结构

真核生物基因组 DNA 存在于细胞核内，与组蛋白结合形成核小体（nucleosome）结构，在电镜下呈串珠状（见第十章图 10-6）。核小体是真核生物染色质的基本结构单元，每个核小体都由一段长约 146 bp 的 DNA 缠绕 8 个核心组蛋白 1.75 圈而成。组蛋白有 5 种：H1、H2A、H2B、H3 和 H4。构成核小体的核心组蛋白是 H2A、H2B、H3 和 H4 各两个，称为组蛋白八聚体。核小体之间相连接的 DNA 长度为 8～114 bp，这段 DNA 称为连接 DNA（linker DNA），组蛋白 H1 结合在连接 DNA 上。核小体宽度为 10 nm，这个阶段的染色质也被称为 10 nm 纤维，这是 DNA 第一次折叠，长度被压缩至 1/7～1/6。核小体进一步折叠卷曲，形成外径 30 nm、内径 10 nm 的中空状螺线管，即 30 nm 染色质纤维，30 nm 染色质纤维以 4 个核小体为结构单元，各单元之间通过相互扭曲折叠，形成一个左手双螺旋高级结构。这一过程使 DNA 的体积又压缩至 1/40。染色质纤维空管进一步卷曲折叠形成直径为 300 nm 的超螺线管，再进一步折叠、包装即为染色质和染色体（见第十章图 10-10）。

三、DNA 的功能

DNA 是遗传的物质基础，其功能是储存生命活动的全部遗传信息，决定着细胞和个体的基因型（genotype），是物种保持进化和世代繁衍的物质基础。DNA 在真核生物中以线性染色体形式存在，在原核生物中则以环状 DNA 形式存在。人类基因组中有大约 30 亿个 DNA 碱基对，排列成 46 条染色体。DNA 一方面以自身遗传信息序列为模板进行自我复制，将遗传信息保守地传递给后代，称为基因遗传；另一方面，DNA 将基因中的遗传信息通过转录过程传递给 RNA，再由 RNA 作为模板通过翻译指导合成各种蛋白质，称为基因表达（gene expression）。因此当 DNA 发生碱基突变、插入、缺失等变化后，有可能引起编码蛋白质的结构发生改变，从而引起疾病，如亨廷顿病、镰状红细胞贫血等。

在许多物种中，能够编码蛋白质的基因只占整个基因组序列的一小部分。例如，编码蛋白质的序列大约只占人类基因组的 1.5%，而非编码的重复序列超过人类 DNA 组成的 50%。大量存在的非编码 DNA 可能参与了基因表达调控。

第三节　RNA 的结构

与 DNA 不同，RNA 组分中含有较多稀有碱基，其分子量小，绝大多数为线性单链分子，但 RNA 分子内可形成局部双螺旋结构，或者茎-环（stem-loop）结构/发夹结构。茎-环结构是最普遍的 RNA 二级结构形式，二级结构进一步折叠形成三级结构。RNA 分为编码 RNA（coding RNA）和非编码 RNA（non-coding RNA）。编码 RNA 主要指 mRNA；非编码 RNA 种类繁多，如 tRNA、rRNA 等组成性非编码 RNA，还有众多调控性非编码 RNA，它们可在体内执行多种功能。

一、mRNA 的结构

信使 RNA（messenger RNA，mRNA）是蛋白质合成的直接模板。DNA 中的遗传信息经转录生成 mRNA，mRNA 作为模板指导蛋白质的合成。在细菌和古生菌中，一个单一的 mRNA 分子可以编码一种或几种多肽链。如果只编码一个多肽，mRNA 为单顺反子；如果编码两个或更多不同的多肽，则 mRNA 为多顺反子。大多数真核生物的 mRNA 是单顺反子。生物体内 mRNA 丰度最小，占 RNA 总量的 2%～5%，但种类最多，大小各不相同。原核细胞 mRNA 结构相对简单，不如真核细胞 mRNA 复杂。

一个新合成的 RNA 分子被称为初级转录本。细菌中的 mRNA 合成后一般不需要加工，细菌内其他 RNA 分子以及几乎所有的真核生物 RNA 分子在合成后要经过一定程度的加工。

（一）真核生物 mRNA 5′ 末端的帽子结构

5′ 帽子（cap）结构是指 5′ 末端的第 1 个核苷酸是甲基化鸟嘌呤核苷酸（图 2-16）。帽子结构中的核苷酸大多数为 7-甲基鸟苷（m7G），少量是 2,2,7-三甲基鸟苷（m3,2,2,7G）或 m2,2,7G。在第 2 和第 3 个核苷酸的核糖第 2 位羟基上有时也有甲基化。mRNA 的帽子结构可以与帽结合蛋白质（cap-binding protein，CBP）结合形成复合体，这种复合体有助于保护 mRNA 不被核酸酶降解，协助 mRNA 从细胞核向细胞质转运，以及在蛋白质生物合成中促进核糖体和翻译起始因子的结合，在翻译中起重要作用。5′ 帽子结构的添加是与转录过程同时进行的。原核生物 mRNA 5′ 末端无帽子结构。

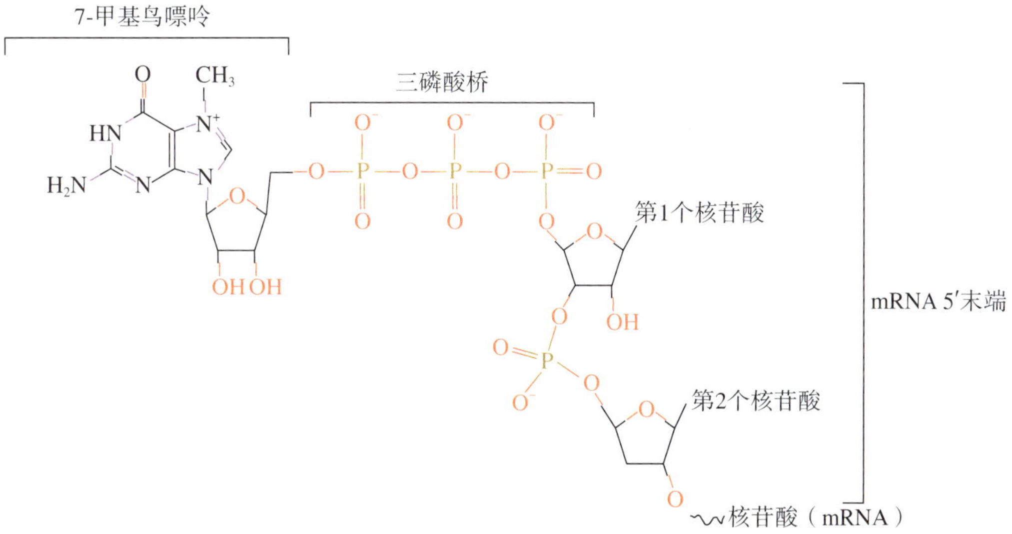

图 2-16　真核细胞 mRNA 的 5′ 帽子结构

（二）真核生物 mRNA 3' 末端的多聚腺苷酸尾

真核生物 mRNA 的 3' 末端是由 80～250 个腺苷酸连接而成的多聚腺苷酸结构，称为多聚腺苷酸尾 [polyadenylate tail，poly（A）tail]。这个结构是在 mRNA 转录完成后加入的，由 RNA 末端腺苷酸转移酶以无模板的方式催化生成。mRNA 的 poly（A）尾在细胞内与 poly（A）结合蛋白质 [poly（A）-binding protein，PABP] 结合，每 10～20 个腺苷酸结合 1 个 PABP 单体。目前认为，mRNA 3' 端的多聚 A 尾与 5' 端的帽结构共同负责 mRNA 从细胞核向细胞质的转运，维持 mRNA 的稳定性以及翻译起始的调控。

（三）真核生物 mRNA 初级转录物中的内含子和外显子结构

真核生物 mRNA 的初级转录物被称为不均一核 RNA（heterogeneous nuclear RNA，hnRNA），其结构中含有交替间隔的外显子（exon）和内含子（intron）。内含子是非编码序列，在 mRNA 成熟加工过程中会被剪切掉，而外显子是编码序列，会保留在成熟 mRNA 中，构成多肽链编码区。成熟 mRNA 序列中从起始密码子 AUG 开始到终止密码子之间的区域被称为开放阅读框（open reading frame，ORF），是可以被翻译为多肽链的序列。而成熟 mRNA 5' 端和 3' 端存在的非翻译区（untranslated region，UTR）则不会被翻译为蛋白质。真核生物 mRNA 5'-UTR 的长度在不同 mRNA 中差别很大，含有翻译起始信号。有些 mRNA 3'-UTR 中含有丰富的 AU 序列，而这些 mRNA 的寿命都很短，因此推测其与 mRNA 的不稳定性可能有关（图 2-17）。

图 2-17 真核生物成熟 mRNA 的结构

框 2-2　mRNA 中的碱基修饰

随着 mRNA 上的化学修饰不断被发现与鉴定，RNA 修饰日渐成为新的研究热点，并促成了一个新的研究领域——"表观转录组学"。m6A 是发生在腺嘌呤 N-6 位的甲基化修饰，它是真核生物 mRNA 中最丰富的转录后修饰。m6A 修饰大多发生在保守序列 RRACH（其中 R = A/G；H = A/U/C）中，并且富集在 3' 非翻译末端区域、长外显子区和近终止密码子区。它参与 RNA 代谢的各个阶段，包括 mRNA 的稳定、剪接、核输出、翻译和降解。m6A 异常与肿瘤、体内能量稳态调节和肥胖、神经退行性疾病等都有关。

二、tRNA 的结构

转运 RNA（transfer RNA，tRNA）属于组成性非编码 RNA，约占总 RNA 的 15%。tRNA 是单链小分子，由 74～95 个核苷酸组成，在蛋白质合成过程中按照 mRNA 上碱基序列将氨基酸运送到核糖体进行肽链的合成。细胞内 tRNA 种类很多，每种氨基酸至少有一种相应的 tRNA 与之结合，有些氨基酸可由几种相应的 tRNA 携带。

(一) tRNA 的碱基修饰

tRNA 含有较多的修饰碱基，包括二氢尿嘧啶（DHU）、假尿嘧啶核苷（ψ，pseudouridine）和甲基化的碱基等。一般的嘧啶核苷以杂环的 N-1 原子与戊糖的 C-1′ 原子连接形成糖苷键，而假尿嘧啶核苷则是杂环的 C-5 原子与戊糖的 C-1′ 原子相连。tRNA 的修饰碱基均是在转录后进行的修饰，碱基修饰在翻译保真性、tRNA 的稳定性和转运中具有重要作用。

(二) tRNA 的二级结构

tRNA 分子内的有些核苷酸可通过碱基互补配对形成局部双螺旋结构，有些不能配对的碱基序列则形成环状膨出。这样的结构被称为茎-环结构或发夹结构。由于这些茎-环或发夹结构的存在，tRNA 的二级结构呈现为三叶草形状。tRNA 的二级结构含有 4 个环和 1 个氨基酸臂，4 个环分别是 DHU 环（D loop）、反密码子环（anticodon loop）、可变环（variable loop）和 TψC 环（TψC loop）。TψC 环含有 7 个未配对碱基，核糖体与 tRNA 的结合依赖于对 TψC 环的识别。反密码子环由 7~9 个核苷酸组成，中间 3 个碱基构成反密码子（anticodon），按照碱基互补原则识别 mRNA 密码子。可变环的碱基数目在不同的 tRNA 分子中有变化，有时可用它来区分不同的 tRNA。所有 tRNA3′ 末端的三个核苷酸均为 CCA，后者是 tRNA 结合与转运氨基酸时生成氨酰 -tRNA 所必不可少的，活化的氨基酸连接于此 3′ 末端羟基上（图 2-18）。

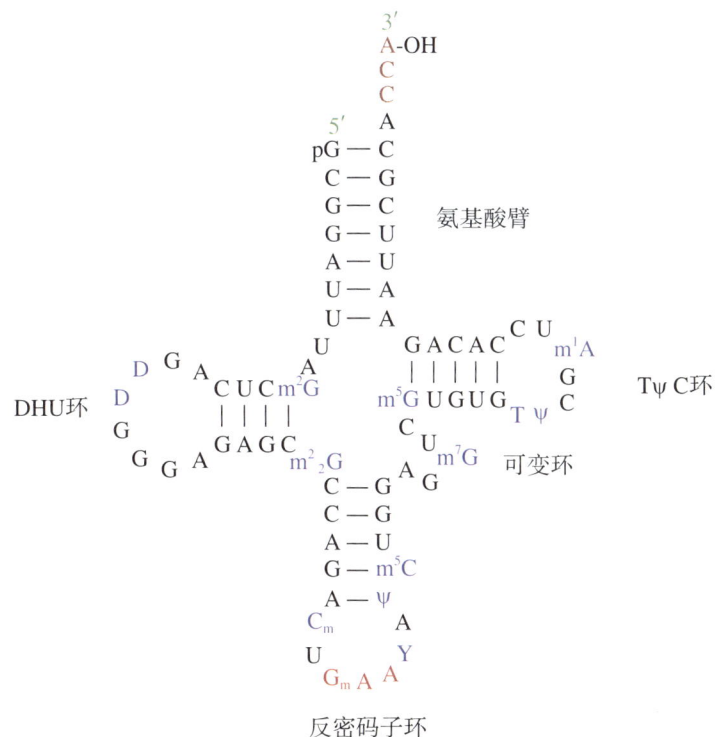

图 2-18 tRNA 的二级结构

(三) tRNA 的三级结构

三叶草结构通过螺旋的同轴堆叠成为倒置的三维 L 形结构，这是所有 tRNA 都有的相似三级结构，这样的结构使它们适合核糖体的 P 位点和 A 位点。参与三级结构的许多氢键并不是常见的 AU 和 GC 配对，氢键将 DHU 环和 TψC 环折叠在一起，构成 L 形的角，而 2 个重要的功能域

（反密码子环和氨基酸臂）被有效分开，位于 L 形两端（图 2-19）。tRNA 三级结构的维持力量主要是氢键和碱基堆积作用。

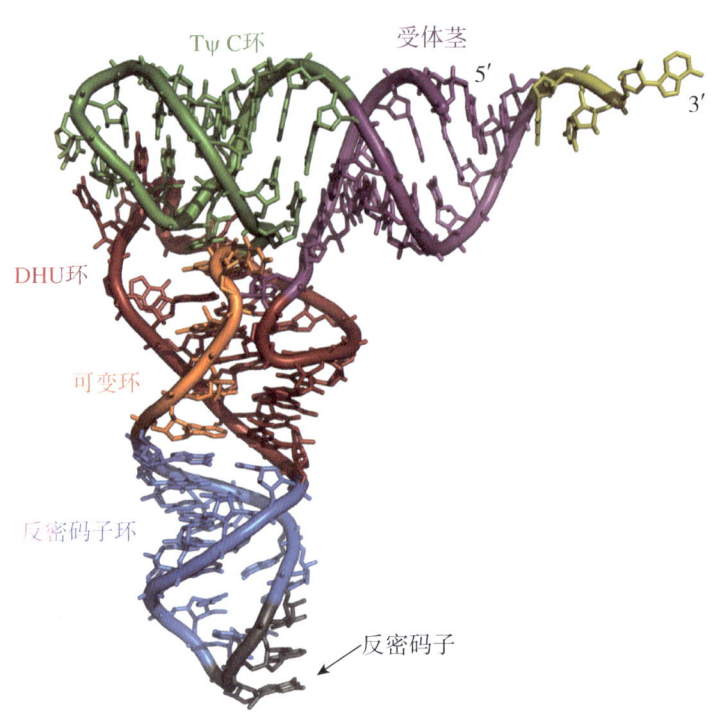

图 2-19　tRNA 的三级结构

三、rRNA 的结构

核糖体 RNA（ribosomal RNA，rRNA）是细胞内含量最丰富的 RNA，占细胞总 RNA 的 80% 以上。rRNA 也属于组成性非编码 RNA。它们与核糖体蛋白质共同构成核糖体（ribosome），作为蛋白质生物合成的场所。

按照沉降系数不同，可以将 rRNA 分为不同类型。原核细胞有 5S rRNA、16S rRNA 和 23S rRNA，真核细胞有 5S rRNA、5.8S rRNA、18S rRNA 和 28S rRNA。原核生物核糖体的沉降系数为 70S，由 50S 和 30S 两个大、小亚基组成。50S 大亚基含 5S rRNA 和 23S rRNA，30S 小亚基含 16S rRNA。真核细胞核糖体的沉降系数为 80S，也是由大、小两个亚基构成的。40S 小亚基含 18S rRNA 及 30 多种蛋白质，60S 大亚基含 3 种 rRNA（28S，5.8S，5S）以及大约 50 种蛋白质。

尽管不同种属的 rRNA 一级结构序列明显不同，但是 rRNA 分子中存在大量链内互补序列，它们通过互补配对，形成多个茎-环二级结构。更高级的结构目前尚未确定。

四、其他组成性非编码 RNA

除 tRNA 和 rRNA 外，真核细胞还有其他几种组成性非编码 RNA（constitutive non-coding RNA），这些 RNA 参与 RNA 剪接、修饰和蛋白质转运。

RNA 世界

（一）催化小 RNA

催化小 RNA 即核酶（ribozyme）。核酶是具有催化特定生化反应能力的 RNA 分子。核糖体中的 rRNA 也具有核酶活性。核酶还参与多种 RNA 的加工反应，包括 RNA 剪接、病毒复制和 tRNA 生物合成等。

（二）核仁小 RNA

核仁小 RNA（small nucleolar RNA，snoRNA）是一类主要指导其他 RNA（核糖体 RNA、tRNA 和小核 RNA）化学修饰的小 RNA 分子，参与甲基化修饰以及假尿苷化。核仁小 RNA 也与 rRNA 加工成熟有关。

（三）核小 RNA

核小 RNA（small nuclear RNA，snRNA）是真核细胞内参与 mRNA 的剪接加工过程的小 RNA 分子。snRNA 的平均长度约为 150 个核苷酸。snRNA 与特定的蛋白质结合，形成小核核糖核蛋白（snRNP）。最常见的人类 snRNA 为：U1 剪接体 RNA、U2 剪接体 RNA、U4 剪接体 RNA、U5 剪接体 RNA 和 U6 剪接体 RNA。这些 snRNA 被命名为 U，是因为其尿苷含量较高。

五、调控性非编码 RNA

哺乳动物和其他高等生物的大部分基因组 DNA 序列可以转录成丰富的功能性 RNA 转录物，特别是以发育和物种特异性调控方式表达的调控性非编码 RNA（regulatory non-coding RNA），包括非编码小 RNA、长非编码 RNA 和环形 RNA 等。

（一）非编码小 RNA

非编码小 RNA（small non-coding RNA，sncRNA）包括多种类型，如微 RNA（microRNA，miRNA）、干扰小 RNA（small interfering RNA，siRNA）和 PIWI 互作 RNA（PIWI-interacting RNA，piRNA）等。

miRNA 是一种小的单链非编码 RNA 分子（包含 21～24 个 nt），在植物、动物和一些病毒中都存在。miRNA 与 mRNA 分子内互补序列的碱基配对结合后，可以裂解 mRNA 链；或者缩短 poly（A）尾，使 mRNA 不稳定；或者使核糖体进行的蛋白质翻译效率降低，最终抑制基因表达。一个 miRNA 可能作用于数百个不同的 mRNA，而一个 mRNA 可能受到多个 miRNA 的调控。

siRNA 也被称为小干扰 RNA 或干扰短 RNA，是一类双链、非编码 RNA 分子，长度一般为 20～27 个 nt，通过在转录后降解 mRNA 来干扰特定基因的表达。利用此基因表达调控机制发展起来的 RNA 干扰（RNA interference，RNAi）技术是研究基因功能的有力工具。

miRNA 和 siRNA 调控基因表达的具体机制可参见第二十四章"细胞黏附、细胞连接与细胞极性"和第三十四章"群体遗传学"相关内容。

piRNA 是 2006 年发现的一类小分子非编码 RNA，因为它们可以与生殖细胞特异性 PIWI 家族蛋白质相互作用，故被称为 PIWI 互作 RNA（PIWI-interacting RNA），简称 piRNA。piRNA 来源于基因组中的 piRNA 簇（piRNA cluster）或转座子区域，由长的单链转录本切割产生。piRNA 与 microRNA（miRNA）大小不同（前者 26～31 个 nt，后者 21～24 个 nt），而且缺乏序列保守性。piRNA 与 PIWI 家族蛋白质结合形成的 piRNA 沉默复合物（piRNA-induced silencing complex，piRISC）可以调控转座子沉默和重复序列等遗传元件的活性，保证生殖细胞基因组的稳定性和完整性。

(二)长非编码RNA

长非编码RNA（long non-coding RNAs，lncRNA）是长度超过200个核苷酸，但不编码蛋白质的RNA。lncRNA具有许多mRNA的特征，包括5'帽、加工剪接和poly（A）尾，但没有或很少含有开放阅读框（ORF）。大多数（约78%）的lncRNA具有组织特异性，还具有发育阶段特异性和异质组织（如人类大脑皮质）中的细胞亚型特异性。lncRNA可以与DNA、RNA和蛋白质分子发生相互作用，在表观遗传、转录、转录后修饰、翻译及翻译后修饰等多个方面发挥功能。

(三)环形RNA

环形RNA（circular RNA，circRNA）是一种单链RNA，其3'端和5'端连接在一起，形成共价闭合的环形RNA，由前体RNA（pre-mRNA）通过反向剪接形成。由于circRNA没有5'端或3'端，能耐受核酸外切酶介导的降解，因此可能比细胞中的大多数线性RNA更稳定。circRNA来自于蛋白质编码基因，通常由1~5个外显子组成。circRNA中85%的外显子与编码蛋白质的外显子重叠，有的circRNA内也保留部分内含子，一般认为circRNA自身不编码蛋白质，但近年发现大约10%的circRNA具有蛋白质编码能力。目前发现circRNA的主要功能有：①作为海绵吸附调控miRNA，从而解除miRNA对基因表达的抑制；②调控转录和转录后以及可变剪接过程；③circRNA翻译产生功能性蛋白质。

第四节 核酸的理化性质

核酸组成中的核苷酸赋予了核酸许多相应的物理和化学特性，如紫外吸收特性、两性解离特性以及变性和复性等。而核酸作为生物大分子，也具有许多特有的性质，如胶体性质。

一、核酸的大分子性质

核酸含有大量磷酸基团，因而具有较强的酸性，在酸性条件下稳定，而在碱性条件下容易被降解。核酸溶于水，具有胶体性质，具有一定黏度，尤其是基因组DNA具有更高的黏性。在一定浓度的盐离子中，用有机溶剂乙醇或者异丙醇可以沉淀核酸，原因在于盐离子中和了磷酸基团的负电荷，而有机溶剂破坏了核酸大分子外的水化膜。利用这些理化性质可以进行核酸的分离和纯化。

二、核酸的紫外吸收特性

碱基杂环上的共轭双键使得核酸具有紫外吸收特性，最大吸收峰在260 nm处，利用此特性可以进行核酸的定性和定量测定。$A_{260}=1.0$时，相当于50 μg/mL的双链DNA、40 μg/mL RNA/单链DNA、20 μg/mL寡核苷酸。同时A_{260}/A_{280}比值可以判断核酸样品的纯度，提纯的DNA的比值为1.8，而RNA为2.0。

三、核酸的变性

核酸变性（nucleic acid denaturation）是指在一定条件下，双链区域的碱基对间的氢键和碱基堆积力受到破坏而发生的解链。核酸变性可发生在局部，也可以是整个核酸分子。核酸变性不涉及共价键的断裂。

（一）引起变性的因素

能破坏稳定双链结构的因素都可引起核酸变性，如加热、碱性 pH、低离子强度、有机溶剂（甲醇、乙醇、甲醛、异丙醇、尿素）等。常用的 DNA 变性方法是热变性和碱变性。加热增加了碱基的分子内能，破坏氢键和碱基堆积力。碱性条件下，容易发生碱基的互变异构，从酮式和氨基式向烯醇式或亚氨基式转变，打破了碱基配对的基础。

（二）变性后核酸理化性质的改变

核酸变性后，紫外吸收增强，此为增色效应（hyperchromic effect）。因为核酸紫外吸收受到碱基堆积力的影响，变性后碱基堆积力减弱，使每一个碱基的紫外吸收都能表现出来。此外，变性后核酸的黏度下降。

（三）DNA 热变性时的熔解曲线

DNA 热变性时，如果以温度为横坐标，以吸光度值 A_{260} 为纵坐标作图，绘制的曲线称为 DNA 的熔解曲线（melting curve）（图 2-20）。由图可见，随着温度升高，A_{260} 在最初阶段缓慢升高，中间阶段呈急剧上升，然后曲线趋于平直，达到饱和状态，表明 DNA 双链已完全解开。当 A_{260} 达到最大变化值一半时所对应的温度，被定义为 DNA 的解链温度或熔解温度（melting temperature，T_m），此时有 50% 的 DNA 解离为单链。DNA 的 T_m 值高低与 DNA 中 GC 含量、长度、所处环境的离子浓度有关。GC 含量越高、DNA 链越长、溶液离子浓度越高，则 T_m 值越高。

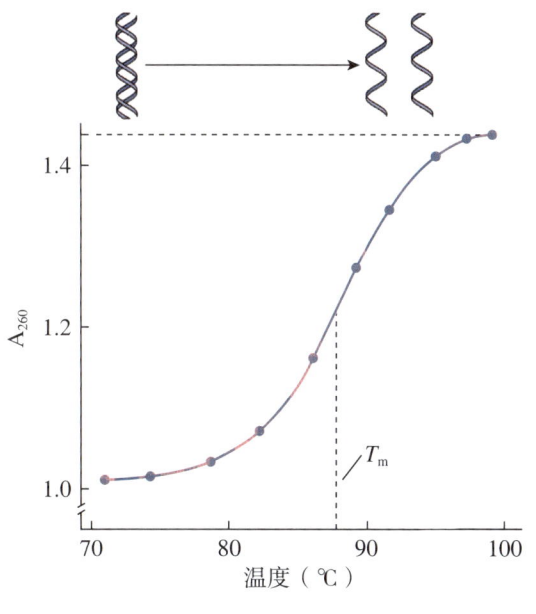

图 2-20　DNA 熔解曲线

四、核酸的复性和杂交

小测试2-6：试述双链DNA分子和单链RNA分子间可以进行杂交的生化机制

当变性因素去除后，变性时解开的核酸互补链可以全部或者部分恢复到天然的双螺旋状态，这一现象称为复性（renaturation）。双链核酸分子热变性后，若缓慢冷却，互补的2条核酸单链就可以发生复性，形成双链结构，这个过程称为退火（annealing）。但是双链核酸热变性后，若迅速冷却至4℃，2条解开的互补单链则不能发生复性。

在2条不同种类的DNA单链之间，或者2条RNA链之间、DNA单链和RNA链之间，只要2条链间的碱基能有不同程度的互补，就能发生复性，形成杂化双链，这种现象称为核酸分子杂交（nucleic acid hybridization）。核酸分子杂交原理被广泛应用于分子生物学和医学中，Southern印迹、Northern印迹和DNA芯片技术都是建立在核酸分子具有杂交特性的基础上。核酸分子杂交技术已应用于基因组中DNA片段的定位、鉴定核酸分子间序列相似性、检测样品中靶基因等多个方面。

第五节　核酸的分离纯化与分析技术

核酸的分离纯化是研究核酸结构与功能的基础。各种核酸提取方法均基于核酸的理化性质而建立，其中最重要的是在提取过程中应尽可能保持核酸的天然结构和生物活性，防止其变性。因此，在核酸提取过程中不仅要采取温和的条件，防止过酸、过碱、高温、剧烈震荡与搅拌等，还要防止核酸酶的水解作用。核酸序列的测定为人们认识并解读DNA与RNA序列提供了可能性，从而可以深入理解基因的功能和结构与物种进化的关系，也为疾病的诊断与治疗、生物工程及基因组学等领域的创新提供了有力工具。

一、核酸的分离纯化

核酸的分离纯化方法主要包括超速离心、溶液抽提、凝胶电泳、柱层析法和选择沉淀等。下面对常用的几种方法的原理进行简单介绍。

（一）超速离心

超速离心方法可通过超速离心机产生的巨大离心力场使核酸分子沉降，从而分离核酸并测定核酸的相对分子质量、密度和构象。超速离心可分为沉降速度超离心、沉降平衡超离心、密度梯度超离心、浮力密度超离心等类别，但总体可分为两大类，一类是通过核酸样品的沉降速度不同来分离，另一类是制备梯度密度溶液，通过超速离心使具有不同密度的核酸集中在相应的等密度区而分离，后者更为常用。制备密度梯度溶液常用蔗糖、甘油、氯化铯、硫酸铯等。但是超速离心的方法需要超速离心机这种特殊设备，目前已经有更为简便的方法用于核酸制备，因此这种方法已经较少应用了。

（二）酚抽提法（酚/氯仿法）

酚/氯仿法是一种经典的核酸纯化方法，适用于从细胞或组织中提取DNA和RNA，并且可以获得相对纯度较高的核酸样品。该方法的原理是利用酚酸化提取和氯仿洗涤的过程，将核酸分离出来。酚具有较强的亲水性，可以溶解细胞成分中的蛋白质、核酸酶和其他杂质。在样品中加入酚后经过搅拌混合，酚与细胞溶液中的核酸相互作用，使核酸分子溶解在酚相中。然后添加氯仿并混合，离心后形成两个相分离的层，上层为酚相（含有核酸），下层为氯仿相（含有蛋白质等）。离心后，上层酚相中的核酸可以被提取出来，再经过乙醇沉淀和洗涤等纯化步骤，最终获得纯净的核酸样品。

酚/氯仿法的适用性广泛，提取效率高，可以获得相对纯度较高的核酸样品，而且操作相对简单、快速，不需要复杂的设备和试剂，适合实验室常规操作。但也存在一些缺点，例如：样品处理量受限，一次只能处理较小的样品量；操作过程中有毒性和挥发性的酚和氯仿，需要注意安全问题；提取的核酸样品可能存在一定程度的上清物干扰。

（三）凝胶电泳

通过凝胶电泳分离核酸的原理是基于核酸在电场中的移动性差异。核酸分子具有磷酸基团，它可以在水溶液中释放出质子，表现出酸的性质。因此在一定的pH条件下，核酸可带有负电荷，在电场中会根据其大小和形状的不同以不同速度迁移，最终分离出目标核酸。常见的凝胶材料为琼脂糖凝胶和聚丙烯酰胺凝胶。

琼脂糖是从海产藻类中提取到的琼脂的主要成分，将琼脂糖与缓冲液一起加热溶解可以制备不同浓度的琼脂糖凝胶，凝胶的孔径与琼脂糖的浓度成反比。因此可以制备不同浓度的琼脂糖凝胶用以分离不同分子量大小的核酸，通常琼脂糖凝胶的浓度在0.3%～2%。聚丙烯酰胺凝胶是由丙烯酰胺与甲叉双丙烯酰胺交联形成的立体结构凝胶。该聚合反应需要过硫酸铵提供的自由基催化，也需要N，N，N′，N′-四甲基乙二胺使其稳定。凝胶浓度一般为5%～20%，也可以制备为梯度浓度凝胶用于核酸分离。以聚丙烯酰胺凝胶为载体的电泳具有很高的分辨率，常被用于DNA和RNA的测序。

凝胶电泳分离核酸是一种广泛应用于分子生物学研究的基础方法，可以实现核酸的分离、纯化和定性，从而为后续DNA或RNA的分析和研究提供基础，因此在生命科学研究、临床诊断、农业生物技术等领域均应用广泛。

（四）柱层析法

根据核酸的物理化学性质，可以通过不同的柱层析方法进行分离制备，例如分子筛层析、离子交换层析、吸附层析、亲和层析等。通过柱层析分离/纯化核酸是基于核酸与柱填料之间的亲和性差异，通过核酸与填料中的固定相之间的非共价相互作用，如离子交换、亲和性或大小排斥作用，实现核酸的分离和纯化。可以根据目标核酸的特性和需求选择不同类型的柱层析（如硅胶柱层析、离子交换柱层析、亲和性柱层析等）。因此柱层析分离/纯化核酸具有高度选择性和高纯度的优点，很多公司出品的核酸提取试剂盒就是基于柱层析的原理设计的。与常用的经典核酸提取方法——酚/氯仿法相比，柱层析方法更加标准化，操作更简便且无需使用有毒的化学品。

（五）常用的商业化核酸提取方法

在以上核酸分离与纯化的基础方法之上，商业公司也建立了多种不同的快速提取核酸的试剂盒，研究人员可以根据样品类型、研究目的、实验成本和实验室设备等因素选择合适的方法。

1. 硅胶膜/膜柱法 此方法的原理是利用核酸与硅胶膜（或硅胶填充的柱）之间的亲和力进行分离纯化。核酸在高盐浓度下与硅胶材料结合，而在低盐或无盐条件下则会从硅胶材料上解离。操作时，将样品混合后加载到含硅胶膜的柱上，杂质通过洗涤移除，之后通过纯化缓冲液将核酸洗脱。此方法高效、快速、自动化程度高，可处理大批量样品，适用于高通量实验。

2. 磁性珠法 其原理是利用包被有特定化学功能团的微小磁性珠来结合核酸。先将样品加工后与磁珠混合，使得核酸结合到磁珠表面，然后利用磁架或磁力将带有核酸的磁珠吸附并固定，再通过更换缓冲液使杂质被洗脱，最后利用洗脱液从磁珠上洗脱纯化的核酸。这种方法简便、快速、自动化程度高，也适用于高通量实验，但需要购入磁性设备。

3. **离心柱/板法** 此方法类似于硅胶膜法，利用核酸与离心柱中的固相材料特异结合和非特异结合的差异，使核酸在离心过程中被捕获。非结合材料在离心力作用下穿过柱，而核酸在洗脱步骤中从固相材料中释放出来。此方法操作简单，适用于小规模样品处理，纯度和质量较高。

4. **膜盒滤膜法** 此方法是使用特定孔径的滤膜，通过大小排阻机制分离核酸。核酸和缓冲液混合后过滤，核酸因不能穿过滤膜而被捕获，小分子杂质则穿过滤膜被洗脱，最终使用洗脱液将核酸从滤膜上洗脱。该方法步骤简单，成本低廉，适用于小规模样品处理。

5. **化学试剂盒** 通过专门的化学试剂使核酸与其他细胞组分如蛋白质、多糖等分离。常见的是通过经典的酚/氯仿提取方法建立专用的化学试剂盒，以配方试剂实现标准化的核酸提取。

商业化的核酸提取方法不同于传统的手工提取方法，具有较高的标准化程度、高通量处理能力和可操作性，适用于大规模样品处理和高纯度核酸纯化，因此在高通量测序、临床诊断、基因检测等领域得到了广泛应用。

二、核酸序列测定

在核酸测序方法建立之前，蛋白质测序就已获得巨大成功。1953 年，F. Sanger 完成了胰岛素测序工作，并于 1958 年荣获了诺贝尔化学奖。其后，P. R. Whitfeld 利用高碘酸盐的氧化作用逐一降解并鉴定末端核苷酸，从而建立了测定核酸序列的降解法。20 世纪 60 年代，R. W. Holley 采用与蛋白质测序法相似的策略，即将大分子切割成重叠小片段，然后用末端降解法测定小片段序列并进行拼接，但该方法的缺点是耗时过长。

1975 年，F. Sanger 发展出一种被称为"链终止法"的技术来测定 DNA 序列，该方法也被称作"双脱氧终止法"，亦称 Sanger 测序法。其检测原理是使用正常的脱氧核糖核苷酸（dNTPs）和缺少 3′ 羟基组的双脱氧核糖核苷酸（ddNTPs），选择性地中断 DNA 合成，从而确定 DNA 序列。在正常的 DNA 合成中，DNA 聚合酶将新的脱氧核苷酸加入到一个合成中的 DNA 链的 3′ 末端，并且需要该核苷酸的 3′ 羟基来形成与下一个核苷酸的磷酸二酯键。当 DNA 聚合酶遇到一个双脱氧核苷酸时，由于该核苷酸缺少 3′ 羟基，它被加入到合成中的 DNA 链末端后，将无法加入更多的核苷酸，导致 DNA 合成在此位点中断。Sanger 测序法在一个反应混合物中同时使用所有 4 种正常的 dNTPs 和较小量的标记了特定荧光标记的 4 种 ddNTPs。在合成过程中，每当一个 ddNTP 被随机插入合成中的 DNA 链时，就会产生一个特定长度的被终止的 DNA 链。因为每种 ddNTP 有其特定的荧光标记，所以当反应完成后，可以通过毛细管电泳或其他分离技术按大小将它们分开，然后根据每个片段末端的荧光标记确定其相应的双脱氧核苷酸，从而一步步地从已知的引物开始，建立整个 DNA 片段的正确序列。

（一）第一代测序技术

第一代测序技术始于 Sanger 测序法，在其基础上，1977 年 A. M. Maxam 与 F. Gilbert 提出化学测序法。该方法并不合成 DNA 链，而是使用特定化学试剂作用于 DNA 分子中的不同碱基，从而形成标记的碱基断裂。其过程如下：先将 DNA 末端标记，分为 4 个组；进而使用特定的化学试剂作用于相应的核苷酸，并断裂磷酸二酯键；通过聚丙烯酰胺凝胶电泳分离标记的 DNA 片段，并以放射自显影、荧光或其他检测技术来确定 DNA 序列。该方法无需引物，也无须进行 DNA 合成，操作简单。但与之相比，双脱氧终止法易于控制，可以直接读出核苷酸序列，因而应用更为普遍，各种自动测序仪也是基于该方法设计的。第一代测序技术为后续新一代测序技术的发展奠定了基础，铺平了现代基因组学和生物学研究的道路，也使人类基因组计划（Human Genome Project，HGP）得以提前完成。但第一代测序技术通量低、成本高、耗时较长，限制了测序的规模和速度，因此在完成 HGP 的时期，以高通量为特征的第二代测序技术也得到了充分的发展。

（二）第二代测序技术

第二代测序（next-generation sequencing，NGS）技术解决了第一代测序技术通量低、成本高、速度慢等问题。因其能提供大量基因组信息并进行深层次分析，也被称为深度测序技术。2005 年，推出了第一个商业化的、基于焦磷酸测序技术的 NGS。2006 年，推出了利用可逆终止物的测序仪。2007 年，推出了采用连接法测序的系统。之后各公司的设备不断改进，具有更高通量和更长的读长。

相比于第一代测序技术，NGS 技术能在短时间内生成大量的测序数据，使得全基因组测序成本大大降低。因此可以应用于基因组测序、转录物组学、表观遗传学研究等多个领域，从而推动生命科学研究与个性化医疗的快速发展。同时因为 NGS 产生的数据量巨大，需要高效的生物信息学工具进行处理和解读，也带来了数据分析和存储的挑战。

（三）第三代测序技术

2009 年前后，第三代测序技术开始兴起，又被称为长读长测序（long-read sequencing）或单分子测序（single-molecule sequencing），代表测序技术进入了新阶段。这些技术直接在单分子水平上进行测序，不需要 PCR 扩增，因此可以生成比第二代技术更长的读长，并且避免了 PCR 扩增带来的偏差。

第三代测序技术主要包括单分子测序技术与纳米孔测序技术。采用全内反射显微镜技术进行的单分子测序，操作简单，试剂消耗量少，能够快速完成大规模测序任务，但是其检测的荧光信号弱、错误率高、读序短，尚未完全摆脱第二代测序技术的一些操作。另一种单分子实时测序技术利用一种被称为零模式波导的纳米孔结构，在其底部固定一个 DNA 聚合酶。当单个 DNA 分子通过聚合酶合成新链时，在纳米孔的微小体积中，可以实时观察到荧光标记的脱氧核苷酸的掺入，记录下添加的碱基种类。由于不需要 PCR 扩增，这种技术可以产生几千到几万个碱基长的读长，但误差率较高。纳米孔测序技术使用蛋白质或人工合成的纳米孔，使单链 DNA 分子通过孔洞时，通过孔的电流变化实时读取碱基序列。每种碱基通过纳米孔时产生的电流信号模式是不同的，从而可以用来鉴定通过孔洞的碱基序列。该技术能够直接读取非常长的 DNA 片段，甚至直接测序整个染色体，能够在复杂的基因组结构、重复序列和表观遗传修饰的研究中，提供极其宝贵的信息。

第三代测序技术的长读长使得基因组学家能够建立起更为准确和连贯的基因组组装信息，尤其是在处理长重复序列、转座子、染色体重排等复杂基因组区域和结构变异区域时；该技术也能够在无需化学修饰的情况下直接检测 DNA 分子上的甲基化和其他表观遗传修饰，从而开启了新的基因表达调控层面的研究。对个体基因组的全面测序对于遗传疾病的诊断和个体化治疗具有重要意义，对微生物基因组的测序也有助于研究微生物多样性、基因功能以及微生物在人类健康和环境中的作用。因此第三代测序技术的发展提供了新的工具和视角，必将有效推动生命科学和医学科学研究的进步，具有重要的科学意义和应用价值。

小 结

核酸是体内的生物大分子之一，具有重要的生物学功能。它是遗传信息的储存者，也是遗传信息传递和表达的执行者。双链DNA的双螺旋排布结构很好地阐释了遗传信息储存和传递的分子机制。DNA序列发生变化后，有可能引起蛋白质结构和功能的改变。RNA分子种类繁多，赋予其多样的生物功能。RNA分子大多为单链，它不仅可以存储遗传信息（如病毒），也可以传递遗传信息（mRNA），参与蛋白质的合成（tRNA，rRNA），在基因表达调控中也发挥着重要作用。DNA分子所具有的变性、杂交特性为基因定位、基因比较和检测等应用基因工程实施提供了可能。核酸的分离纯化是研究核酸结构与功能的基础，测序技术可进一步揭示DNA与RNA的序列，由此提供了深入解读基因功能的可能性。

参考答案

整合思考题

1. 为何说DNA双螺旋结构确定后，就可以明确DNA是遗传物质？
2. 真核mRNA是单链分子，理论上容易被细胞内的核酸酶降解，请根据成熟mRNA的结构分析mRNA稳定的保护因素。
3. 电镜下可见真核细胞核内的染色质为串珠状结构，请分析这样的结构是如何形成的。
4. 请比较DNA和RNA在结构和功能方面的异同点。

（贾竹青　孟列素）

第三章 酶与酶促反应

导学目标

通过本章内容的学习，学生应能够：

※ **基本目标**
1. 描述酶的本质和特性。
2. 描述酶的结构特点以及结构与功能的关系。
3. 解释酶促反应的基本原理。
4. 分析影响酶活性和酶促反应速率的因素及机制。
5. 体会酶活性研究的理论和实践意义。

※ **发展目标**
1. 举例说明酶缺失或调控异常所导致的疾病，并理解其发生的分子机制。
2. 根据酶的性质，设计从组织或细胞中分离纯化酶蛋白的基本方案。

案例

患者，男，36岁。突发右肩部胀痛14 h，伴大汗淋漓，持续约2 h。自行服用"复方对乙酰氨基酚（散列通）"后，肩背部疼痛缓解。今晨，患者再次出现右肩部疼痛，且疼痛较前更为剧烈，无法忍受，遂至医院急诊科就诊。患者平素健康状况良好，偶尔检测血压在140/90 mmHg以上，有吸烟、饮酒史。查体并未见明显异常，心电图提示可能为急性下壁心肌梗死；进一步检测心肌酶谱，肌酸激酶MB型（CK-MB）、肌钙蛋白T（TnT）均升高；急诊冠脉造影显示冠脉前降支、回旋支、右冠状动脉均有狭窄。明确诊断为急性ST段抬高性下壁心肌梗死，予患者经皮冠状动脉腔内成形术（PTCA）治疗。术后，患者肩背部疼痛明显好转；3日后复查心肌酶谱，较之前明显降低。

急性心肌梗死多因缺氧、缺血等原因导致心肌细胞发生缺血性坏死。

问题：
1. 心肌酶谱检测为何可以用于急性心肌梗死的辅助诊断？
2. 还有哪些酶与疾病的发生密切相关？

案例解析

生命的本质特征是新陈代谢，生物体内的新陈代谢是由一系列复杂而有序的化学反应完成的。这些化学反应能在生物体温和的环境下顺利进行，得益于生物催化剂的催化。酶（enzyme）是体内最主要的生物催化剂。最初对酶的认识源于发酵，从1926年美国生物化学家 J. Sumner

首次结晶尿素酶，证明酶的化学本质是蛋白质，至今已有 150 多年的研究历史。根据酶学网站 BRENDA 的统计，目前被正式收录的酶有 7727 种。已有诸多科学家因在酶学研究中的重大发现而获得了诺贝尔奖。随着科学的发展，一些新的生物催化剂被发现，如核酶（ribozyme）和抗体酶（abzyme）等，极大地扩展了生物催化剂的概念。

与酶研究有关的诺贝尔奖

酶是由活细胞产生的、催化特定化学反应的蛋白质、RNA 或其复合物，是生物催化剂。能够高效、特异催化特定化学反应的 RNA 称为核酶，本章主要讲解化学本质为蛋白质的酶。化学本质为蛋白质的酶是调控机体生命活动所必需的，其缺失或调控异常是许多疾病的发病原因和治疗基础，在临床上可以作为诊断标志物和治疗靶标。此外，随着分子生物学的进展，酶也成为科学研究的重要工具，极大地促进了生命科学的发展。

第一节 概 述

酶在生物体内以多种形式存在，包括单体酶（monomeric enzyme）、寡聚酶（oligomeric enzyme）和多酶复合物（multienzyme complex）等。由一条多肽链组成的酶称为单体酶，如大多数水解酶。有些酶在进化过程中由于基因融合，多种催化功能相关的酶融合成一条多肽链，这类酶称为多功能酶（multifunctional enzyme），一个多功能酶可以有多个酶的活性中心，分别催化不同的化学反应，提高反应效率。如哺乳动物的脂肪酸合酶就是由 7 种具有不同催化功能的酶融合在一条多肽链中的多功能酶。由多个相同或不同的亚基组成的酶称为寡聚酶，如蛋白激酶 A 和乳酸脱氢酶等。生物体中催化不同化学反应，但功能相关、彼此嵌合在一起的酶，称为多酶复合物或多酶体系，如丙酮酸脱氢酶就是由 3 种酶和 5 种辅酶组成的多酶复合物。

一、酶的分类

为了研究和使用方便，1961 年，国际生物化学与分子生物学联合会（IUBMB）将所有酶按照催化的反应类型统一分成六大类。2018 年 8 月，又增加了一类转位酶，即共分为七大类，分别为：氧化 - 还原酶（EC 1）、移换酶（EC 2）、水解酶（EC 3）、裂合酶（EC 4）、异构酶（EC 5）、连接酶（EC 6）和转位酶（EC 7）。

二、酶的作用特点

酶作为生物催化剂，具有一般催化剂的共性，即只能加速化学反应的速度，缩短到达反应平衡的时间，但不改变反应的平衡常数；催化剂本身在反应前后无质和量的改变；催化机制是降低化学反应的活化能。酶的化学本质是蛋白质，因此还具有以下不同于一般催化剂的特点。

（一）高效性

酶的催化效率比非催化反应高 $10^8 \sim 10^{20}$ 倍，比一般催化剂高 $10^7 \sim 10^{13}$ 倍，其原因是酶可极大程度地降低反应的活化能。酶极高的催化效率是生物体内新陈代谢不断顺利进行的保证。

（二）特异性

一般催化剂可催化同一类型的多种化学反应，对底物无特殊要求。而酶则不同，它对所催化的底物有比较严格的选择性。一种酶只能作用于一种或一类化合物或一定的化学键，催化一定的化学反应产生一定的产物，这种酶对底物的选择性称为酶的特异性或专一性。酶的特异性也反映了物质代谢的复杂性。根据酶对底物的选择不同，酶的特异性可分为绝对特异性和相对特异性。

（三）可调节性

酶的活性受多种因素的调控，以适应机体对不断变化的内外环境和生命活动的需要。酶的可调节性主要表现在区域化分布、酶合成的诱导与阻遏、酶的降解、酶的变构与共价修饰等多个方面，受到激素和神经系统的统一调控。

（四）不稳定性

绝大多数酶的化学本质是蛋白质，所以一切能使蛋白质变性的理化因素（如强酸、强碱、重金属盐、高温、紫外线、X射线和剧烈震荡等）均能影响蛋白质类酶的活性，甚至可使酶失活。因此，酶促反应需要在常温、常压和接近中性的条件下进行，在保存酶和测定酶活性时也要特别注意酶的不稳定性。

第二节 酶的分子结构

一、酶的分子组成

生物体中的酶根据其分子组成不同可分为单纯酶（simple enzyme）和结合酶（conjugated enzyme）两大类。单纯酶的分子中仅含有蛋白质多肽链，没有非蛋白质成分，如脲酶、核糖核酸酶和淀粉酶等。结合酶分子中除了蛋白质外，还含有非蛋白质成分。其中蛋白质部分称为酶蛋白（apoenzyme），非蛋白质部分称为辅因子（cofactor）。酶蛋白与辅因子结合后称为全酶（holoenzyme）。只有全酶具有催化作用，酶蛋白和辅因子各自单独存在时，均无催化活性。一种酶蛋白只能与一种辅因子结合，而一种辅因子则可与不同的酶蛋白结合成多种不同的全酶，催化不同的反应。如 NAD^+ 与乳酸脱氢酶的酶蛋白结合成乳酸脱氢酶；而与细胞质中的 α-磷酸甘油脱氢酶的酶蛋白组成 α-磷酸甘油脱氢酶。前者催化乳酸脱氢反应，后者催化 α-磷酸甘油脱氢反应。这两种脱氢酶都以 NAD^+ 为辅酶，但催化不同的反应。由此可见，在酶促反应中，酶蛋白决定酶的特异性，而辅因子则决定反应的种类和性质。

辅因子主要包括有机小分子和金属离子两类。作为辅因子的有机小分子主要是B族维生素的衍生物或卟啉化合物，在酶促反应中起传递某些化学基团、电子或原子的作用。根据小分子有机化合物与酶蛋白结合的紧密程度可分为辅酶（coenzyme）或辅基（prosthetic group）。辅酶与酶蛋白结合疏松，可用透析或超滤等物理方法除去。辅基与酶蛋白结合紧密，不易用透析或超滤等物理方法除去，在反应中不能离开酶蛋白。但辅酶和辅基有时也没有严格的界限。小分子有机化合物组成的辅酶、辅基的种类及其在酶促反应中的作用见表3-1。

表 3-1　辅酶、辅基的种类及其在酶促反应中的作用

辅酶/辅基	缩写名	转移基团	所含维生素成分
焦磷酸硫胺素	TPP	醛基	维生素 B_1
黄素腺嘌呤二核苷酸	FAD	氢原子	维生素 B_2
黄素单核苷酸	FMN	氢原子	维生素 B_2
辅酶Ⅰ/辅酶Ⅱ	$NAD^+/NADP^+$	H^+，电子	烟酰胺
辅酶 A	CoA	酰基	泛酸
磷酸吡哆醛		氨基	维生素 B_6
辅酶 B_{12}		氢原子及烷基	维生素 B_{12}
生物素		CO_2	生物素
四氢叶酸	FH_4	一碳基团	叶酸
硫辛酸		酰基	硫辛酸
辅酶 Q	CoQ	氢原子	辅酶 Q

作为辅因子的金属离子主要有铜、镁、锌和锰。它们在酶促反应中主要通过以下方式影响酶活性：①维持酶分子的活性构象；②传递电子，参与酶催化的氧化还原反应；③在酶与底物之间起桥梁作用，连接酶与底物；④中和电荷，降低反应中的静电排斥。此外，有些酶与金属离子结合紧密，在纯化过程中也不分离，称为金属酶，如羧基肽酶含 Zn^{2+}、固氮酶含 Mo^{3+}。有些酶需加入金属离子才有酶活性，金属离子与酶蛋白结合不牢固，纯化过程中易丢失，称为金属活化酶，如各种激酶催化反应必须有 Mg^{2+} 的存在。

框 3-1　维生素的种类及生物学功能

维生素是人体内不能合成或合成量少，需由食物供给，用以维持正常生命活动的一类小分子有机化合物，是人体重要的营养物质之一，在调节物质代谢、生长发育和维持正常生理功能等方面发挥重要作用。

维生素	来源	生物学功能	缺乏症及中毒
脂溶性维生素	疏水性化合物，易溶于脂质和有机溶剂；在血液中与脂蛋白或特异性结合蛋白结合而运输，储存于肝，不易被排泄，不需每日供给		
维生素 A	动物性食物，如肝、肉类、蛋黄、乳制品、鱼肝油等	视黄醇、视黄醛和视黄酸是其活性形式。视黄醛参与视觉传导；视黄酸调节基因表达和细胞生长分化；维生素 A 具有清除活性氧和防止脂质过氧化作用；维生素 A 及其衍生物可抑制肿瘤生长	11-顺视黄醛缺乏会导致对弱光敏感性降低，严重时发生夜盲症；维生素 A 缺乏可导致干眼症 长期过量摄入可出现中毒表现
维生素 D	鱼油、蛋黄、肝	$1,25-(OH)_2-D_3$ 是其活性形式，通过与细胞内核受体结合，调节钙磷代谢相关基因表达，通过信号转导系统使钙通道开放，通过促进小肠对钙、磷吸收等方式调节钙磷代谢；调节多种组织细胞分化	缺乏可致儿童佝偻病，成人软骨病和骨质疏松 长期过量摄入可引起中毒
维生素 E	植物油、油性种子和麦芽等	体内最重要的脂溶性抗氧化剂；具有调节信号转导和基因表达的作用；可促进血红素的合成	不易缺乏。早产儿可因维生素 E 缺乏出现轻度溶血性贫血。人类尚未发现维生素 E 中毒症，但长期大量服用的副作用不能忽视

续表

维生素	来源	生物学功能	缺乏症及中毒
维生素K	包括维生素K_1和维生素K_2。维生素K_1主要存在于深绿色蔬菜和植物油中；维生素K_2由大肠埃希菌合成	凝血因子合成所需的辅酶；对骨代谢具有重要作用	不易缺乏
水溶性维生素	包括B族维生素和维生素C，在体内主要构成酶的辅因子，直接影响某些酶的活性，参与物质代谢。依赖食物供给，供给不足时可导致缺乏症，一般不发生中毒现象		
(1) B族维生素	包括维生素B_1、维生素B_2、维生素PP、维生素B_6、维生素B_{12}、泛酸、生物素、叶酸、硫辛酸，最丰富的来源是酵母、蔬菜和动物肝		
维生素B_1	豆类和种子外皮、胚芽、酵母和瘦肉	又名硫胺素，其活性形式为TPP。TPP是α-酮酸氧化脱羧酶多酶复合体的辅酶，参与线粒体内丙酮酸、α-酮戊二酸和支链氨基酸的$α_5$-酮酸的氧化脱羧反应，在体内能量代谢中发挥重要作用；也是胞质中磷酸戊糖途径中转酮醇酶的辅酶，参与转酮醇作用。在神经传导中也发挥一定作用	缺乏可因影响糖代谢导致神经组织功能不足，引起脚气病
维生素B_2	奶与奶制品、肝、蛋类和肉类	又名核黄素，FMN、FAD是其活性形式。FMN及FAD是体内氧化还原酶（如脂酰CoA脱氢酶、琥珀酸脱氢酶、黄嘌呤氧化酶等）的辅酶，参与呼吸链、脂肪酸和氨基酸的氧化以及三羧酸循环。FMN还作为辅酶参与维生素B_6转变为磷酸吡哆醛。FAD作为辅酶参与色氨酸转变为烟酸；作为谷胱甘肽还原酶辅酶，参与抗氧化防御系统；与细胞色素P450结合，参与药物代谢	缺乏可引起口角炎、唇炎、阴囊炎、眼睑炎、畏光等
维生素B_6	广泛分布于动植物食物中	其活化形式为磷酸吡哆醛和磷酸吡哆胺。磷酸吡哆醛是体内百余种酶的辅酶，参与氨基酸脱氨基及转氨基作用、鸟氨酸循环、血红素合成及糖原分解等，在代谢中发挥重要作用；可将类固醇激素-受体复合物从DNA中移除，终止类固醇激素的作用	尚未发现维生素B_6缺乏的典型病例 过量服用可引起中毒
维生素B_{12}	酵母及动物肝中含量丰富	甲钴胺素和5'-脱氧腺苷钴胺素是其活性形式。维生素B_{12}作为甲硫氨酸合成酶的辅酶，影响四氢叶酸的再生，影响一碳单位的代谢；5'-脱氧腺苷钴胺素是L-甲基丙二酰CoA变位酶的辅酶，可影响脂肪酸合成	正常膳食者很难发生缺乏症。缺乏可导致巨幼细胞贫血等
维生素PP	广泛存在	维生素PP包括烟酸和烟酰胺，其活性形式为NAD^+、$NADP^+$。二者是体内多种不需氧脱氢酶的辅酶，发挥递氢体的作用，参与多个代谢途径，例如糖无氧氧化、三羧酸循环、磷酸戊糖途径等	缺乏可致糙皮病 长期大量服用会引发毒性症状
泛酸	广泛存在于动植物组织中	CoA和酰基载体蛋白（ACP）是泛酸在体内的活性形式。它们构成酰基转移酶的辅酶，广泛参与糖、脂类、蛋白质代谢及肝的生物转化作用	泛酸缺乏症很少见。缺乏可引起胃肠功能障碍等疾病
生物素	肝、肾、酵母、蛋类、花生、牛乳和鱼类	体内多种羧化酶的辅基，例如丙酮酸羧化酶、乙酰CoA羧化酶等，参与CO_2的固定	很少出现生物素缺乏症。生物素缺乏可诱发机体不适，出现疲乏、食欲下降、皮炎等症状

维生素	来源	生物学功能	缺乏症及中毒
叶酸	酵母、肝、水果和绿叶蔬菜中含量丰富	FH₄是其活性形式,是一碳单位转移酶的辅酶,参与嘌呤、胸腺嘧啶核苷酸等多种物质的合成	一般不易发生叶酸缺乏症。叶酸缺乏可致巨幼细胞贫血
硫辛酸	广泛存在,酵母和肝中尤为丰富	可还原为二氢硫辛酸,作为硫辛酸乙酰转移酶的辅酶。有抗脂肪肝和降低血胆固醇的作用;因易于进行氧化还原反应,可保护巯基酶免受金属离子的损害	尚未发现硫辛酸缺乏症
(2)维生素C	广泛存在于新鲜蔬菜和水果中	是一些羟化酶的辅酶,是维持体内含铜羟化酶和 α-酮戊二酸-铁羟化酶活性必不可少的辅因子,参与苯丙氨酸代谢、儿茶酚胺合成等;作为抗氧化剂直接参与体内氧化还原反应;具有增强机体免疫力的作用	严重缺乏可引起坏血病

二、酶的分子结构

酶分子中有些基团与酶活性密切相关,称为酶的必需基团(essential group)。常见的必需基团有丝氨酸的羟基、组氨酸的咪唑基、半胱氨酸的巯基、谷氨酸和天冬氨酸侧链的羧基等。有些必需基团在一级结构上可能相距很远,但在空间位置上相互靠近,在酶分子表面形成具有特定三维结构的区域,或为裂缝,或为凹陷,能与底物特异结合,并催化底物转变为产物,该区域称为酶的活性中心(active center)或活性部位(active site)。其中能识别底物并与之结合形成酶-底物复合物的必需基团称为结合基团(binding group),决定酶的专一性。催化底物转变成产物的必需基团称为催化基团(catalytic group)。有些必需基团同时兼有这两种功能。对于全酶来讲,辅因子也是活性中心的组成成分。酶活性中心对维持酶的活性至关重要,活性中心被破坏,酶的催化活性也会丧失。除酶活性中心的必需基团外,还有一些活性中心外的必需基团,它们虽然不直接参与催化作用,但却是维系酶活性中心三维结构的骨架。有的还具有调节区,使酶活性可受某些因子的正、负调控。

三、同工酶

在同一种属、同一机体的不同组织,甚至在同一组织细胞的不同亚细胞器中,常常含有几种分子结构不同、理化性质迥异但却可催化相同化学反应的酶。这类催化相同的化学反应,而酶蛋白的分子结构、理化性质和免疫学性质不同的一组酶称为同工酶(isozyme 或 isoenzyme)。同工酶是生物进化过程中基因变异的产物,是由不同基因编码的多肽链或由同一基因转录生成的不同 mRNA 所翻译的不同多肽链组成的蛋白质。现已发现几百种同工酶,如乳酸脱氢酶、核糖核酸酶、胆碱酯酶、肌酸磷酸激酶等。大多数同工酶是由不同亚基组成的寡聚酶,亚基在种类、数量或比例上的不同,决定了同工酶在功能上的差异。如催化乳酸和丙酮酸可逆反应的乳酸脱氢酶(lactate dehydrogenase,LDH,辅酶为 NAD^+)就是由 H 型(心肌型)和(或)M 型(骨骼肌型)两型亚基以不同比例组成的四聚体,因此有 H4(LDH_1)、H3M(LDH_2)、H2M2(LDH_3)、HM3(LDH_4)及 M4(LDH_5)5 种同工酶,它们在不同组织中的含量和分布比例不同(表 3-2)。心肌中 LDH_1 和 LDH_2 较丰富,骨骼肌和肝中以 LDH_5 和 LDH_4 为主。尽管同工酶都能催化同一反应,但在催化功能上存在差异。心肌中 LDH_1 对 NAD^+ 亲和力大，易受丙酮酸抑制，故其作用主要是使乳酸脱氢生成丙酮酸，有利于心肌利用乳酸氧化供能；而骨骼肌中的 LDH_5 对 NAD^+ 的亲和力小，不易受丙酮酸的抑制，其作用主要是使丙酮酸还原成乳酸，有利于骨骼肌中糖无氧酵解产生乳酸。当急性心肌梗死时，心肌细胞缺血坏死，细胞内的乳酸脱氢酶释放入血，从血清同工酶电泳图谱中可发现 LDH_1 比例增加，有助于该病的诊断。因此，在临床上测定血清同工酶含量、分析同工酶谱有助于诊断疾病和估计预后。

表 3-2 乳酸脱氢酶同工酶的组成及组织分布

类型	组成	组织细胞定位
LDH_1	HHHH	心脏和红细胞
LDH_2	HHHM	心脏和红细胞
LDH_3	HHMM	脑和肾
LDH_4	HHMM	骨骼肌和肝
LDH_5	MMMM	骨骼肌和肝

第三节 酶的作用机制

酶催化的化学反应称为酶促反应，被酶催化的物质称为底物，反应生成的物质称为产物。酶的催化机制有多种学说，酶-底物复合物或中间产物学说是所有学说的核心。很多证据表明酶与底物相互作用形成酶-底物复合物（也称中间复合物或中间产物复合物），催化底物转变成产物并释放出酶。

$$E + S \rightleftharpoons ES \longrightarrow E + P$$

其中，E、S、ES 和 P 分别代表游离酶、底物、酶-底物复合物和反应产物。

一、诱导契合

酶分子的构象与底物的分子结构原来并不完全吻合，只有经过一个相互诱导的变化过程才能相互结合。当底物与酶接近时，两者相互诱导而变形，进而相互结合形成酶-底物复合物，此过程称为酶的诱导契合（induced-fit），是酶-底物复合物形成的重要机制（图 3-1）。诱导契合使具有相对特异性的酶与结构并不完全相同的底物分子结合，酶中的催化基团影响底物某些化学键的稳定性，催化底物转变成产物并释放出酶。

二、酶-底物复合物

酶与一般催化剂一样，都是通过降低反应的活化能来提高反应速度的，只不过酶的作用更强（图 3-2）。诱导契合机制使酶与底物发生弱键（氢键、离子键或范德华力）相互作用，并释放自由能，降低势能，稳定 ES。同时，产生的瞬时复合物可使底物处于不稳定的过渡态，极易受酶的催化攻击。酶-底物相互作用释放的能称为结合能。结合能是酶降低反应活化能的主要原因。

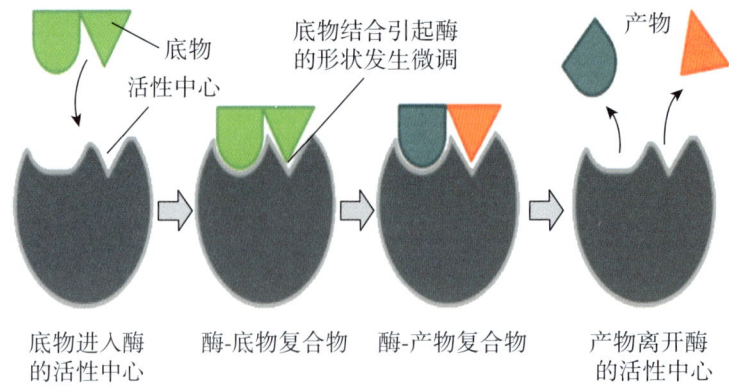

图 3-1 酶和底物诱导契合

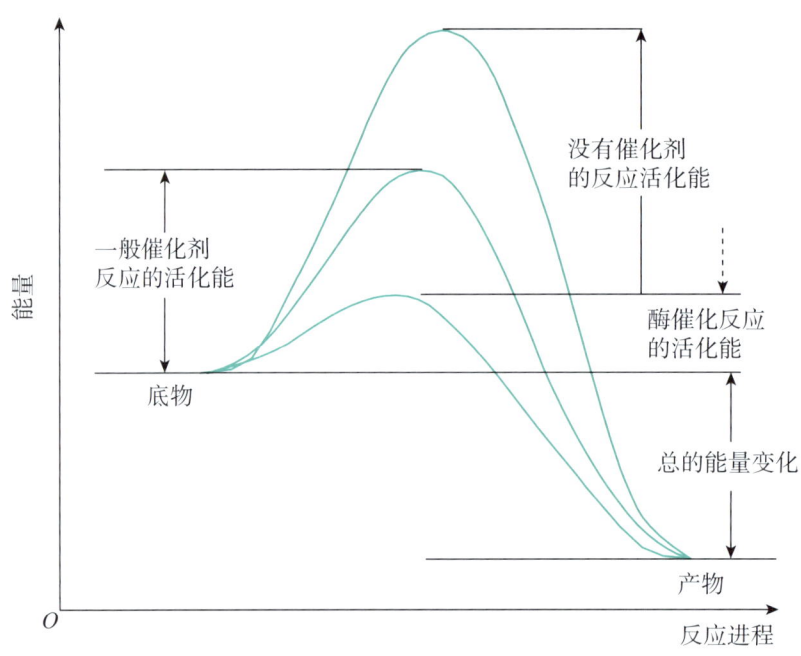

图 3-2 酶催化反应活化能的变化

三、邻近效应与定向排列

在酶促反应中，由于酶-底物复合物的形成，使底物被结合在酶活性中心的狭小空间里，随着局部浓度的迅速提高，反应速度将会大大加快。如果是多分子反应，几个底物分子都挤在酶活性中心，使各分子之间的距离缩短，彼此更加接近，这就是邻近效应。此外，活性中心还通过与底物的结合，使反应基团定向排列，从而加速酶促反应的进行。

四、表面效应

酶分子内部的疏水性氨基酸较丰富，常形成疏水"口袋"以容纳并结合底物，使酶与底物在疏水环境中进行反应，既可以排除水分子的干扰，又有利于彼此之间的直接接近，使酶的功能基团对底物的催化反应更为有效和强烈。

此外，酶对底物还行使多元催化作用，包括酸碱催化、亲核催化和亲电子催化等。各种催化机制并不是孤立存在的，一种酶的催化作用通常是多种催化机制综合作用的结果。

第四节　酶促反应动力学

酶催化特定化学反应的能力称为酶活性（enzymatic activity），表示酶活力的大小，可用单位时间内底物的消耗或产物的生成量表示。酶活性的高低可以通过酶促反应速率进行评价。影响酶促反应速率的因素包括酶浓度、底物浓度、温度、pH、激动剂和抑制剂等。酶促反应动力学就是研究各种因素对酶促反应速率的影响及其反应规律。

通常在其他影响因素恒定的情况下研究一种因素对酶促反应速率的影响。酶促反应动力学所研究的速率通常指反应开始时的速率，即初速率，以避免反应过程中底物消耗及产物增多对反应速率的影响。

一、底物浓度对酶促反应速率的影响

底物浓度是影响酶促反应速率最主要的因素。在其他影响因素不变的条件下，大多数酶的反应速率（V）对底物浓度（[S]）作图呈矩形双曲线（图 3-3）。

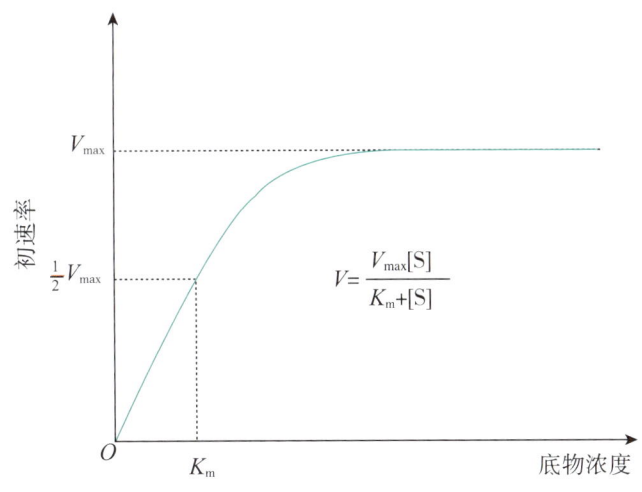

图 3-3　底物浓度对酶促反应速率的影响

如图 3-3 所示，当 [S] 很低时，V 与 [S] 呈正比，即呈直线关系；随着 [S] 的增大，V 增大的幅度趋缓；当 [S] 增大到一定程度时，V 不再随 [S] 的增大而增大，达到了最大值，称为最大反应速率（maximum velocity，V_{max}）。

1913 年，L. Michaelis 和 M. Menten 根据 V. Henri 和 C. A. Wurtz 在 1903 年提出的中间产物学说进行数学推导，得出单底物酶促反应中底物浓度（[S]）与反应速率（V）的关系——米-曼氏方程（下文简称米氏方程）：

$$V = \frac{V_{max}[S]}{K_m + [S]} \tag{3-1}$$

上式中，V_{max} 表示最大反应速率；[S] 表示底物浓度；K_m 表示米氏常数；V 表示反应速率。其中，V_{max} 和 K_m 是酶促反应的重要动力学参数：

（1）当 $V = 1/2 V_{max}$ 时，K_m = [S]，即 K_m 值是当酶促反应速率为最大速率一半时的底物浓度。

（2）K_m 值是酶的特征性常数，单位为 mmol/L。当 pH、温度、缓冲液的离子强度等因素不变时，K_m 值只与酶的性质、酶所催化的底物种类有关，与酶浓度无关。各种酶有各自的 K_m 值，不同酶（包括同工酶）的 K_m 值不同。

（3）K_m 值可以表示酶与底物的亲和力。K_m 值越大，酶与底物的亲和力越小；反之，K_m 值越小，则酶与底物的亲和力越大，表示不需要很高的底物浓度，便可达到最大反应速率。不仅不同酶的 K_m 值有较大差异，即使是同一种酶在不同反应条件（底物、温度、pH 和离子强度等）下，所测得的 K_m 也不同。例如，己糖激酶以葡萄糖为底物时的 K_m 为 0.05 mmol/L，以果糖为底物时的 K_m 为 1.5 mmol/L。因此，K_m 代表酶在特定条件下与底物的亲和力。

（4）由若干酶催化一个连续代谢过程时，如能确定各种酶催化反应底物的 K_m 值及相应的底物浓度，即可推断出其中 K_m 值最大的一步反应为该连续反应中的限速反应，该酶为限速酶（调节酶）。若一种酶能催化几个底物，其中 K_m 值最小的那个底物是酶的最适底物。

（5）当 [S] $\gg K_m$ 时，米氏方程分母中的 K_m 可忽略不计，此时 $V = V_{max}$，即反应速率达到最大速率 V_{max}。

（6）当 [S] $\ll K_m$ 时，米氏方程分母中的 [S] 可忽略不计，此时 V 与 [S] 呈正比。

（7）V_{max} 是酶完全被底物饱和时的反应速率，与酶浓度呈正比。

为准确求得 K_m 和 V_{max}，可将米氏方程进行双倒数变换，得到双倒数方程，也称为林-贝方程式（Lineweaver-Burk equation）：

$$\frac{1}{V} = \frac{K_{max}}{V_{max}} \cdot \frac{1}{[S]} + \frac{1}{V_{max}} \tag{3-2}$$

以 1/V 对 1/[S] 作图（林-贝作图法），可得一直线，如图 3-4 所示。从纵轴处的截距 1/V_{max} 及横轴上的截距 −1/K_m，可准确求得 K_m 值和 V_{max}。

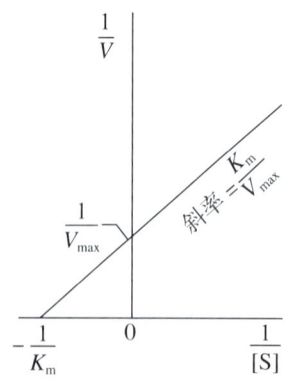

图 3-4 米氏方程的双倒数作图——林-贝作图法

二、酶浓度对酶促反应速率的影响

在酶促反应体系中,当底物的浓度足够大,即酶全部被底物饱和时,反应速率与酶浓度呈正比(图 3-5)。

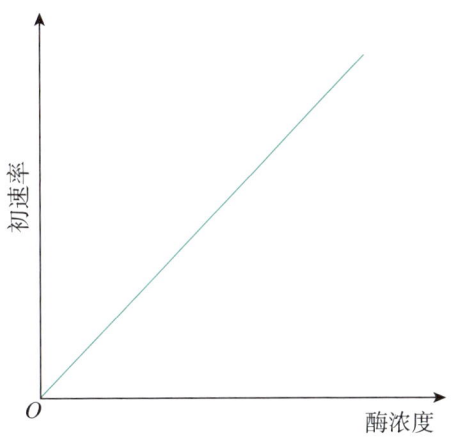

图 3-5　酶浓度对酶促反应速率的影响

三、pH 对酶促反应速率的影响

酶是蛋白质,其活性受到所处环境 pH 的影响。pH 会影响酶蛋白中可解离基团的解离状态,尤其是活性中心的一些必需基团的解离状态。此外,pH 也会影响酶的特异底物的解离状态、某些辅因子的解离状态以及酶活性中心的结构,进而影响酶的活性。酶分子中各必需基团通常在特定的解离状态时,才最容易结合底物使酶发挥最大活性。酶催化活性最高时反应体系的 pH 称为酶的最适 pH。人体内多数酶的最适 pH 在 6.5～8.0,近于中性。少数酶例外,如溶酶体酶的最适 pH 多为酸性,胃蛋白酶的最适 pH 为 1.6,碱性磷酸酶的最适 pH 为 8.9(图 3-6)。

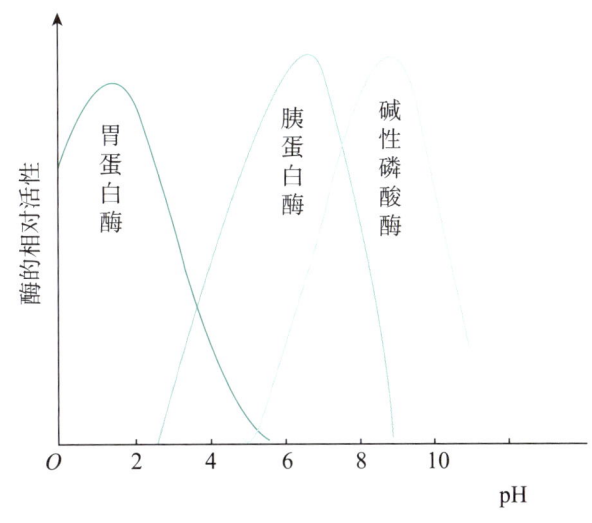

图 3-6　pH 对三种酶活性的影响

四、温度对酶促反应速率的影响

温度对酶促反应速率具有双重影响。一方面,按照化学反应规律,升高温度可以增加分子碰撞机会,提高酶促反应速率;另一方面,酶对温度的变化极其敏感,当达到一定温度后,随着温度的升高,酶促反应速率逐渐下降;一旦温度过高,酶蛋白会因变性而失活(图3-7)。酶促反应速率最大时的反应体系温度,称为酶的最适温度。生物体内多数酶的最适温度一般为37~40℃,仅有极少数酶能耐稍高的温度,大多数酶加热到60℃即变性失活,而80℃时的变性已不可逆。嗜热杆菌(Taq)DNA聚合酶则例外,其酶促反应的最适温度为72℃。因其特殊的最适温度,常作为工具酶用于基因工程研究方面。另外,酶活性随温度降低而降低,但低温一般不使酶变性。

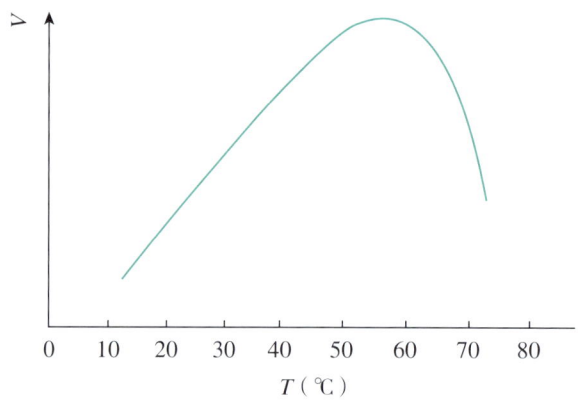

图 3-7　温度对酶促反应速率的影响

框 3-2　亚低温治疗的临床应用

亚低温治疗是一种物理治疗方法,是指采用主动温控设备和(或)简易方法降温,使机体核心温度降低到33~34℃,并维持72 h,然后缓慢复温,以保护缺氧情况下的心脑功能。目前,亚低温治疗方法被用于多种脑损伤疾病中,其神经保护作用已得到广泛证实。亚低温治疗在其他器官损伤时也具有一定的保护作用。

五、抑制剂对酶促反应速率的影响

凡能使酶的催化活性下降而不引起酶蛋白变性的物质称为酶的抑制剂。根据抑制剂与酶是否共价结合,可将酶的抑制作用分为不可逆性抑制与可逆性抑制两类。

(一)不可逆性抑制

抑制剂通过共价键与酶的活性中心上的必需基团结合,使酶失活,不能用简单的透析或稀释等方法将其除去,称为不可逆性抑制(irreversible inhibition)。该类抑制剂常与酶的必需基团共价结合,如有机磷农药和重金属中毒。有机磷化合物能够专一性地与胆碱酯酶活性中心丝氨酸残基上的—OH共价结合,使胆碱酯酶失活。胆碱酯酶的失活导致乙酰胆碱堆积,引起迷走神经高度持续兴奋的中毒状态,患者可出现恶心、呕吐、多汗、瞳孔缩小等一系列症状。有机磷农药中毒可采用胆碱酯酶复活剂解磷定,置换出失活的酶,从而达到治疗目的。

而重金属离子（Hg^{2+}、Ag^+、Pb^{2+} 等）以及砷化物（As^{3+}）等可与酶的半胱氨酸残基上的巯基（—SH）结合，使之失活。例如，含 As^{3+} 的化学毒气路易士气能够与巯基酶分子中的—SH 共价结合，从而抑制体内巯基酶的活性。二巯基丙醇富含—SH，与重金属离子及砷化物具有更高的亲和力，能使失活的巯基酶恢复活性。

东京地铁沙林毒气事件

（二）可逆性抑制

可逆性抑制（reversible inhibition）是酶与抑制剂非共价结合，可以采用透析、超滤等方法除去抑制剂而恢复酶的催化活性。根据抑制剂与酶蛋白结合的特点不同，该类型的抑制作用可分为竞争性抑制、非竞争性抑制以及反竞争性抑制三种类型。

1. 竞争性抑制（competitive inhibition） 竞争性抑制是最常见的可逆性抑制作用。抑制剂和底物结构相似，共同竞争酶的活性中心，从而影响酶与底物的正常结合。这种抑制作用称为竞争性抑制，抑制程度取决于底物及抑制剂的相对浓度及抑制剂与酶的相对亲和力。若增加底物的浓度，使底物占竞争优势，抑制作用可以降低甚至解除。其动力学特点是 V_{max} 不变，K_m 增加。如琥珀酸脱氢酶可催化琥珀酸的脱氢反应，与琥珀酸结构类似的丙二酸可与琥珀酸脱氢酶活性中心结合，但却不能发生脱氢反应，丙二酸为琥珀酸脱氢酶的竞争性抑制剂。

酶的竞争性抑制具有重要的临床实践意义。很多抗感染药物就是微生物中某种酶的竞争性抑制剂。例如，磺胺类药物是细菌二氢叶酸合酶的竞争性抑制剂。对磺胺类药物敏感的细菌不能直接利用环境中的叶酸，必须以对氨基苯甲酸等为底物，在菌体二氢叶酸合酶催化下合成二氢叶酸。二氢叶酸是四氢叶酸的前体，四氢叶酸是核酸合成过程中所需的一碳单位的必需载体。而磺胺类药物的化学结构与对氨基苯甲酸相似，因而能竞争二氢叶酸合酶的活性中心，抑制细菌内二氢叶酸的合成，从而达到抑菌目的。而人体可以直接利用食物来源的叶酸，故体内核酸合成不会受磺胺类药物的干扰。另外，一些抗肿瘤药物，如甲氨蝶呤、氟尿嘧啶、巯嘌呤等都是核酸合成的某些酶的竞争性抑制剂，分别通过抑制四氢叶酸、脱氧胸苷酸、嘌呤核苷酸的合成来发挥抗肿瘤作用。

小测试3-2：简述磺胺类药物的抗菌机制

2. 非竞争性抑制（non-competitive inhibition） 抑制剂与酶活性中心外的必需基团结合，不影响酶与底物的结合，酶与底物的结合也不影响酶与抑制剂的结合，两者与酶的结合不存在竞争关系，非竞争性抑制剂可与酶-底物复合物相结合，也可与游离酶结合，但形成酶-底物-抑制剂复合物时产物不能生成。这种抑制作用称为非竞争性抑制，抑制程度取决于抑制剂的浓度，不能用增加底物浓度来消除。其动力学特点是 V_{max} 降低，K_m 不变。

3. 反竞争性抑制（uncompetitive inhibition） 抑制剂只能与酶-底物复合物结合，而不能与游离的酶结合。当酶-底物复合物与抑制剂结合后，不能生成产物。这种抑制作用称为反竞争性抑制，抑制程度取决于抑制剂的浓度及底物的浓度。其动力学特点是 V_{max} 降低，K_m 值减小。

你知道"咖啡鈉"吗？

三类可逆性抑制剂存在时，底物与酶促反应速率的关系如图 3-8 和表 3-3 所示。

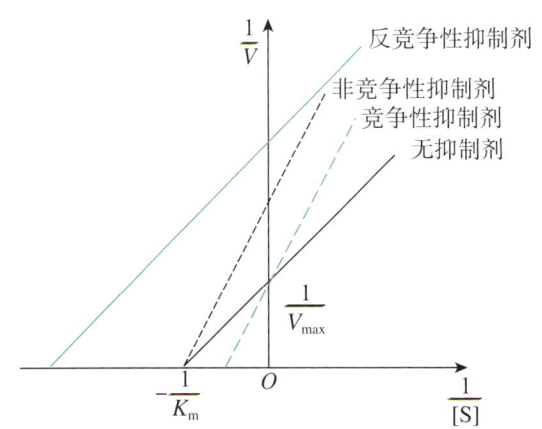

图 3-8 可逆性抑制剂对酶促反应动力学的影响

表 3-3　各种可逆性抑制作用的比较

	无抑制剂	竞争性抑制	非竞争性抑制	反竞争性抑制
表观 K_m	K_m	增大	不变	减小
最大速率	V_{max}	不变	降低	降低

框 3-3　甲醇中毒的生化基础

肝细胞中含有乙醇脱氢酶，可以代谢通过饮食进入机体的乙醇。饮用酒中的酒精（乙醇）由乙醇脱氢酶氧化生成乙醛，乙醛再由乙醛脱氢酶催化生成乙酸，最后生成二氧化碳和水。甲醇也可作为乙醇脱氢酶的底物，甲醇本身基本无毒，但在体内可被氧化成为甲醛和甲酸，引起以中枢神经系统、眼损害及代谢性酸中毒为主的全身性疾病。相比于甲醇，乙醇脱氢酶对乙醇的 K_m 值小，亲和力大。在相同条件下，乙醇脱氢酶优先氧化乙醇。因此，在误饮甲醇后，可饮少量优质白酒以解毒。

六、激活剂对酶促反应速率的影响

使酶由无活性变为有活性，或使酶的活性增加的物质被称为酶的激活剂。激活剂多为金属离子，如 Mg^{2+}、Mn^{2+} 等，少数为阴离子，如 Cl^-，有机化合物也可作为激活剂，如胆汁酸盐。

大多数金属离子是酶的必需激活剂，参与酶与底物或酶-底物复合物结合反应，对于酶促反应不可或缺。例如，在己糖激酶催化的反应中，Mg^{2+} 与底物 ATP 结合。有些酶在无激活剂时，仍有催化活性；激活剂通过与酶或酶-底物复合物结合，使其活性增加，这类激活剂被称为非必需激活剂，例如，Cl^- 是唾液淀粉酶的非必需激活剂。

第五节　酶活性的调节

酶活性的可调控性是其区别于一般催化剂的重要特征，也是生物体内物质代谢的重要调节方式。酶活性的调节包括别构调节、化学修饰调节、酶原的激活和酶量的调节。其中别构调节和化学修饰调节通过改变酶的结构，使已有酶的活性发生变化，从而调节代谢。这类调节方式效应快，故称为快速调节。另一种方式是通过改变酶的合成与降解速度改变酶的总活性，此方式产生的效应比较慢，故又称为慢速调节。

一、别构调节

细胞内一些代谢物小分子与酶活性中心以外的调控部位以非共价键结合，引起酶的空间构象发生改变，进而影响酶的催化活性。这种现象称为别构调节（allosteric regulation）（图 3-9）。通过构象改变而影响其活性的酶称为别构酶（allosteric enzyme）。别构酶常是由多亚基组成的寡聚体，各亚基之间以非共价键相连。能引起酶发生构象改变的代谢物分子称为别构效应剂

（allosteric effector），其中导致酶催化活性升高的物质称为别构激活剂，反之称为别构抑制剂。别构效应剂通常是代谢途径的终产物或中间产物，也可以是酶的底物。别构效应剂与酶结合的部位称为调节部位。有些酶的调节部位与催化部位在同一亚基，有的则分别存在于不同亚基，分别称为调节亚基和催化亚基。

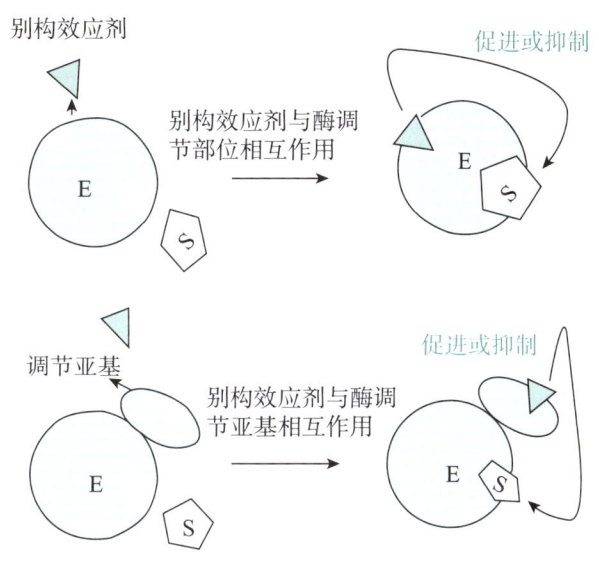

图 3-9　酶的别构调节

如果底物为别构效应剂，正协同效应的别构酶反应速率对底物浓度的关系呈"S"形曲线（图 3-10）。"S"形曲线表明，酶分子上一个功能位点的活性影响另一个功能位点的活性，显示协同效应的存在。底物一旦与酶结合，导致酶分子发生构象改变，就会大大提高酶对后续底物分子的亲和力。结果是底物浓度发生微小变化，导致酶促反应速率极大地改变。别构激活剂可以使曲线左移，别构抑制剂使曲线右移。

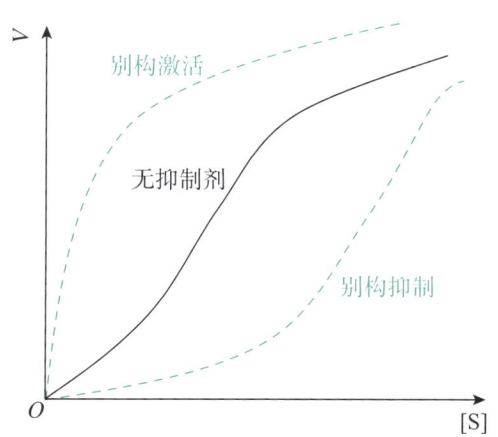

图 3-10　别构酶的底物浓度作用曲线

二、化学修饰调节

酶分子上的某些基团在其他酶的催化下发生共价修饰，从而引起酶活性发生改变，称为酶的化学修饰（chemical modification）调节。化学修饰为高等生物体内所特有，是激素发挥作用的基础。修饰方式多样，有磷酸化、酰基化、甲基化、腺苷化、糖基化等，其中磷酸化是酶的化学修饰调节的常见方式。酶分子中丝氨酸、苏氨酸及酪氨酸的羟基是磷酸化修饰的位点。酶蛋白在蛋白质激酶催化下，由 ATP 提供磷酸基及能量发生磷酸化，而由蛋白质磷酸酶催化磷酸基团的水解发生去磷酸（图 3-11），从而改变酶的活性。

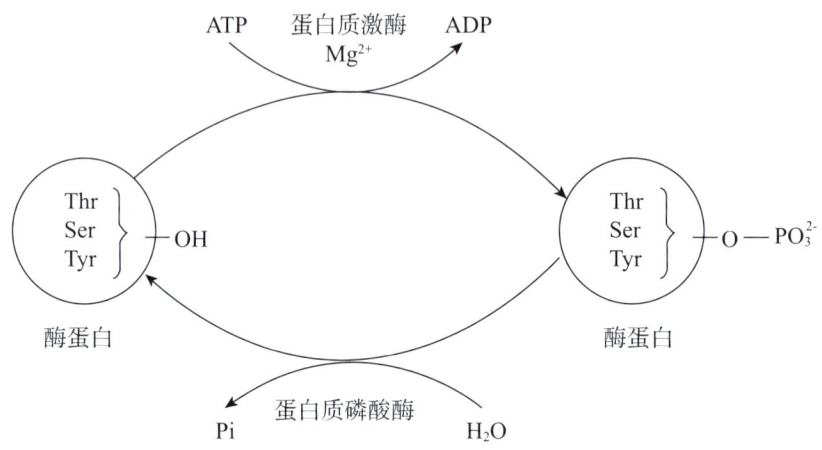

图 3-11　酶的磷酸化与去磷酸

如糖原合酶和糖原磷酸化酶共同调控糖原的合成与分解。二者的活性均受到磷酸化的调控，但效果不同，磷酸化酶磷酸化后有活性，而糖原合酶磷酸化后活性降低。这种精细调节，避免了由于分解、合成两个途径同时进行所造成的 ATP 浪费。

三、酶原激活

有些酶在细胞内合成或初分泌时，没有催化活性，这种无活性的酶的前体称为酶原（zymogen）。无活性的酶原在一定条件下水解一个或几个特定的肽键，致使构象发生改变，表现出活性，此过程称为酶原的激活。酶原的激活实际上是酶的活性中心形成或暴露的过程。例如胰蛋白酶原分泌至小肠后，由肠激酶特异切断肽链 N- 端 6 位赖氨酸残基与 7 位异亮氨酸残基之间的肽键，释放出一个 6 肽，改变分子构象，形成酶的活性中心，从而转变为有催化活性的胰蛋白酶（图 3-12），对肠道中的蛋白质进行消化水解。

酶原是酶的安全转运和储存的主要形式。消化系统中的几种蛋白酶及细胞内某些酶以酶原的形式分泌出来，避免了分泌细胞的自身消化，同时又便于酶原运输到特定部位发挥作用，以保证体内代谢过程的正常进行。急性胰腺炎就是因存在于胰腺中的胰蛋白酶原在某些因素的影响下被原地激活所致。血液中凝血酶也以酶原的形式存在，其在机体受到创伤时转变为凝血酶发挥作用，从而避免了血管内凝血。

四、酶量的调节

酶的合成与降解是酶活性的调节最根本性的方式，由于酶是蛋白质，其合成过程耗时、耗能，属于缓慢调节。酶的合成与降解受细胞内外环境的影响，酶的底物、产物、激素或药物均可影响酶的合成，很多代谢物也可诱导相应酶的基因表达。一般将加速酶合成的物质称为酶的诱导剂，将减少酶合成的物质称为酶的阻遏剂。细胞内的蛋白酶可选择性地降解酶，从而使该酶的含量降低甚至消失。代谢通路中的终产物常可阻遏相应酶的基因表达，使酶合成量减少甚至停止。

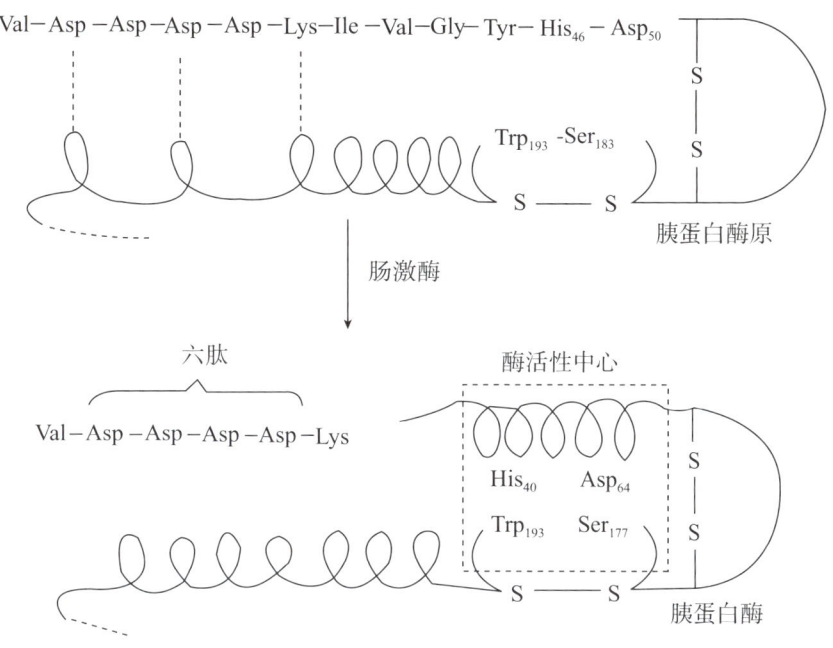

图 3-12　胰蛋白酶原的激活作用

第六节　酶在医学中的应用

酶与医学关系密切，酶的缺失或调控异常是许多疾病的发病原因，因此也是临床上疾病诊断和治疗的基础。

一、酶与疾病的发生

许多疾病都直接或间接地与酶失调有关。如急性胰腺炎是因为胰蛋白酶原在胰腺被异常激活导致胰腺被破坏；先天性乳糖酶缺乏的婴儿不能水解乳汁中的乳糖，从而引发胃肠道功能紊乱；苯丙氨酸羟化酶缺乏导致苯丙酮尿症；葡萄糖-6-磷酸脱氢酶缺乏导致"蚕豆病"等。

二、酶与疾病的诊断

酶的检测是临床上可靠、简便又快捷的诊断方法。当某些组织器官发生病变时，由于细胞的坏死或破损使细胞膜通透性增高，细胞内的酶就会进入体液，使体液中该酶的含量增高。因此通过测定血、尿等体液和分泌液中酶的活性，可以辅助诊断疾病，观察预后。如前列腺癌、肝炎、甲状旁腺功能亢进和红细胞病变会导致血清中酸性磷酸酶的活性升高；骨骼疾病、甲状旁腺功能减退或黄疸型肝炎患者的血清中碱性磷酸酶的活性升高；肝癌、急性肝炎或心肌梗死等患者血清中乳酸脱氢酶活性显著升高；急性肝炎、心肌梗死、急性肾炎和脑出血患者血清中葡萄糖异构酶活性极度升高；传染性肝炎、肝硬化、风湿、营养不良等患者血清中胆碱酯酶的活性下降。另外，许多遗传病是由于先天性缺乏某种有活性的酶，因此临床上从羊水或绒毛膜中检测是否有酶的缺陷或基因表达缺失，可以防患于未然。

三、酶与疾病的防治

酶在疾病的预防和治疗中应用广泛，且效果显著、副作用小。最早用于助消化，现已扩展到溶栓、消炎、抗凝、促凝、降压和抗癌等各个方面。如胰蛋白酶和糜蛋白酶能催化蛋白质分解，已用于外科扩创、化脓伤口净化及胸、腹腔浆膜粘连的治疗。纤溶酶、链激酶和尿激酶可以溶解血块，防止血栓的形成，在血栓性静脉炎、心肌梗死、肺梗死以及弥散性血管内凝血等治疗中广泛应用。

酶的抑制剂可作为疾病治疗的药物，例如磺胺类药物可竞争性抑制细菌中的二氢叶酸合成酶，使细菌的核酸代谢障碍而阻遏其生长、繁殖。氯霉素可以抑制细菌的肽酰转移酶活性而抑制其蛋白质的合成。肿瘤细胞有其独特的代谢方式，L-天冬酰胺是肿瘤细胞的必需氨基酸，若给予能水解L-天冬酰胺的左旋天冬酰胺酶，肿瘤细胞将会缺乏必需的营养素而停止生长或死亡。抑郁症是由于脑中兴奋性神经递质（如儿茶酚胺）与抑制性神经递质的不平衡所致，给予单胺氧化酶抑制剂，可减少儿茶酚胺类的代谢灭活，提高突触中的儿茶酚胺含量而抗抑郁。β-淀粉样蛋白在大脑中的过度累积是阿尔兹海默病典型的病理特征，最近研究发现，β-淀粉样蛋白裂解酶BACE1是阿尔兹海默病治疗药物的热门靶点。

此外，核酶被广泛应用于病毒感染性疾病的临床治疗中，以减少突变体的逃避，如艾滋病和肝炎。不仅仅是病毒感染性疾病，只要是 RNA 表达异常的疾病均可考虑用核酶"打靶"，如用抗 *bcl-2* mRNA 核酶治疗前列腺癌，已成为基因治疗非常有效的途径。抗体酶的设计和生产可用于临床疾病的治疗，目前该领域一个长远的目标是获得能够抗肿瘤和细菌的抗体酶，现在已经有动物实验用特异的抗体酶治疗小鼠的狼疮。

小 结

酶是生物催化剂，是生物体进行物质代谢、维持生命活动的必要条件。对于酶分子组成及结构特点的认识，有助于理解酶的作用模式、催化活性和功能调节。

结合酶中的酶蛋白决定酶促反应的特异性，辅因子参与酶的活性中心，决定酶促反应的类型和性质。酶的催化活性取决于酶的活性中心的形成。

酶促反应具有高效性、特异性、可调节性和不稳定性。影响酶促反应速率的因素有底物浓度、酶浓度、温度、pH、抑制剂和激活剂等。酶的活性调节是代谢调节的重要途径，也是酶学研究的重要内容。

整合思考题

1. 己糖激酶有几种同工酶？请从酶和底物的关系来阐述其组织定位的不同有何意义。
2. 阿斯巴甜是经世界卫生组织、粮农组织专家联席委员会认定的 A（1）级安全性食品添加剂，具有甜味纯正、高甜度低热值的特点，是高血压、心脏病、糖尿病患者最理想的甜味剂，但你知道哪些人不宜食用吗？为什么？

3．HIV-1 蛋白酶是病毒生长和细胞感染所必需的一种酶。抗艾滋病病毒药物沙奎那韦是 HIV-1 蛋白酶抑制剂。请根据 HIV-1 蛋白酶的催化作用，分析为什么沙奎那韦能成为有效的蛋白酶抑制剂。

参考答案

（王海英　袁　栎）

细胞的结构与功能

第二篇

细胞学说指出，细胞是生物体结构和功能的基本单位。细胞也是生命活动的基本单位，因此生物体的各种生命活动都是通过细胞的行为来实现的，它是生命的缩影。细胞不仅可体现生命的多样性和一致性，更体现了生命的复杂性。尽管人体细胞种类多样（达200余种），其存在形式和活动方式也各不相同，但它们的基本生命现象机制及其结构基础是相似的。

基于医学生知识结构的实际需要，本篇主要介绍以人体细胞为代表的真核细胞主要结构，包括细胞膜、细胞表面、细胞质及几种主要细胞器、内膜系统及囊泡运输、细胞骨架和细胞核的化学组成、结构特点、主要功能及其结构或功能异常与临床疾病的关联。细胞膜维持细胞内环境稳定，参与细胞物质运输、信号转导、能量转换、代谢调控和细胞识别等重要功能活动，临床上很多疾病的发病与细胞膜结构和功能异常有关；细胞表面是指细胞与外环境相接触的表面，在功能上，细胞表面是细胞质膜功能的扩展，它保护细胞，使细胞有一个相对稳定的内环境；细胞质通常是指质膜以内、细胞核以外的部分，其成分高度复杂而有序，本书相关章节主要介绍除内膜系统和细胞骨架之外的成分，这些成分相互关联，高度协调地进行细胞质内的各种生命活动；内膜系统是指细胞内在结构、功能和生物发生上有显著联系且执行不同功能的膜性细胞器与区室，主要包括内质网、高尔基复合体、溶酶体、过氧化物酶体等，内膜系统将细胞内的膜结构与功能进行空间与时间上的划分，把细胞质分隔成大量闭合性区室，有利于生化反应等细胞活动在互不干扰的内部环境中高效进行；区室化发达的真核细胞各种生命活动高度依赖各结构组分之间的互助协作，如构成内膜系统之间的物质运输就是由内膜系统和细胞膜等通过囊泡运输方式协同完成的；细胞骨架不仅在维持细胞形态、承受外力、保持细胞内部结构的有序性方面起重要作用，而且还参与许多重要的生命活动，如染色体分离、细胞物质运输等；细胞核作为细胞生命活动的指挥控制中心，通过核膜将细胞质物质和细胞核物质分别界定在相对独立的环境中，并通过调节核膜内外的物质运输和信息交流，实现对细胞功能的调控，并通过对遗传物质的高效整合，确保真核细胞能更精准地调控细胞的代谢、生长、增殖、分化等生命活动。

对细胞生命活动结构基础的研究是生命科学的基础，也是现代科学发展的重要动力。细胞不仅包含生物有机体的全部遗传密码及表达系统，而且包含生命代谢的核心结构，生命现象的奥秘必然都要通过研究细胞的结构和功能才能得到正确的解答。

通过本篇的学习，读者可对各种具体的细胞结构有一个非常详细的认识和理解，要求掌握细胞膜、细胞质、内膜系统、细胞骨架和细胞核的结构特点与主要功能，阐明结构与功能的相互关系，为学习其他篇章关于细胞的生命活动提供理论基础。另外，从细胞结构与功能的角度，了解疾病的发生机制，为后续其他医学基础课程如生理学、病理学等的学习奠定良好的基础。

（白晓春）

第四章 细胞膜的结构与功能

导学目标

通过本章内容的学习,学生应能够:

※ **基本目标**

1. 复述脂质分子结构和膜相变的基本概念。
2. 概括膜蛋白跨膜结构的特征。
3. 分析小分子跨细胞膜的主要转运方式及其原理,并能举例说明。
4. 概括和总结易化扩散和主动转运机制的不同特点。
5. 比较原发性和继发性主动转运原理的不同。
6. 分析并举例说明细胞膜功能异常与多种膜异常疾病的关系。

※ **发展目标**

1. 分析脂质分子结构特征,阐明脂质结构和理化性质与膜功能的关系。
2. 深入理解膜蛋白三维结构研究对阐明疾病的发病机制以及对新药研发的重要意义。
3. 运用所学知识解释同一物质(如葡萄糖)在不同细胞(如红细胞和小肠上皮细胞)存在不同转运方式的原因和机制。
4. 举例说明细胞膜功能异常导致的肿瘤,理解其发生过程中的分子机制。
5. 举例说明细胞膜功能异常导致的膜转运受体异常疾病和遗传性受体疾病,理解其发生过程中的分子机制。

案 例

患儿,男,2岁6个月,主因运动发育落后2年余就诊。患儿出生后即发现呼吸力弱,哭声弱,肌张力低下。生后鼻饲喂养3个月,逐渐过渡到经口喂养。生后5个月抬头,1岁会翻身,1岁半会坐,2岁会走。1岁会喊爸妈,智力发育同正常儿童。患儿右股四头肌活检提示多微小轴空病,基因检测 RyR1 复合杂合变异 c.658C > T,c.4715T > C。脊柱全长 X 线检查提示胸椎轻度侧弯。患儿有一同胞姐姐,生后有类似呼吸和喂养困难,肢体无力,曾给予呼吸机支持治疗,生后1个月死亡,基因检测提示相同 RyR1 复合杂合变异。

临床诊断:先天性肌病(多微小轴空病)。

问题:

1. 什么是多微小轴空病?
2. 为什么 RyR1 的编码基因突变能造成通道门控异常?

案例解析

第二篇 细胞的结构与功能

细胞是生命的基本结构和功能单位。位于细胞表面将细胞内容物和环境分开的薄膜称为细胞膜或外周膜。细胞内还有许多内膜系统，它们组成各具特色的亚细胞结构和细胞器。细胞的外周膜和内膜系统统称为生物膜（biomembrane）。

细胞膜维持细胞内环境稳定，参与细胞物质运输、信号转导、能量转换、代谢调控和细胞识别等重要功能活动，临床上很多疾病的发病与细胞膜的结构和功能异常有关。本章内容包含细胞膜结构、跨细胞膜的物质转运以及细胞膜与疾病。

第一节 细胞膜的结构

细胞膜主要由脂质、蛋白质和糖类组成。脂质（lipid）是细胞膜的主要组成部分，它们构成细胞膜的基本骨架，不同种类脂质分子在细胞膜中的分布和聚集方式决定了所形成质膜的结构和理化性质；蛋白质是膜的功能主体，细胞膜的能量转换、信号转导和物质运输等重要功能必须通过膜蛋白来执行和完成；糖类通过共价键与膜上的脂质和蛋白质结合成糖脂或糖蛋白。此外，细胞膜中还含有少量水分、无机盐和金属离子等。

一、膜脂的结构和理化性质

（一）膜脂的分子结构

生物膜脂质种类丰富，包含磷脂（phospholipid）、固醇和糖脂。其中磷脂是主要成分，包含甘油磷脂和鞘磷脂。

1. 磷脂的分子结构 磷脂由亲水头部和疏水尾部组成（图4-1）。磷脂酰胆碱分子头部包含甘油、磷酸盐、胆碱等，这些物质带有极性基团（如羟基或者氨基），因此，磷脂分子头部具有亲水性（hydrophilicity）。磷脂分子尾部由两条脂肪酸烃基链组成，长度为14～24个碳。烃基链疏水，因此磷脂分子尾部具有疏水性（hydrophobicity）。磷脂分子的双亲性特征决定了其在水中以聚集形式存在，即亲水性头部位于膜的外侧，疏水性尾部位于膜的内侧。不同磷脂分子的烃基链结构不同。甘油磷脂的两条脂肪酸烃基链，一条是饱和烃基链，不含双键结构，烃基链伸直；另一条是不饱和烃基链，含双键结构，烃基链在双键处弯曲。鞘磷脂的两条烃基链都是饱和烃基链，烃基链伸直。

饱和脂肪酸和不饱和脂肪酸烃基链的结构

不同甘油磷脂分子头部的电荷和羟基分布

（1）甘油磷脂的分子结构：甘油磷脂（glycerophosphatide，GPL）由甘油衍生而成，甘油是甘油磷脂的基本骨架。甘油骨架上第一位和第二位碳原子分别结合饱和脂肪酸链和不饱和脂肪酸链，形成磷脂的疏水尾部；第三位碳原子结合磷脂酰基团，形成磷脂的亲水头部（图4-2）。

根据头部磷脂酰基团氧原子结合的物质（—X），甘油磷脂还可以再分为不同的磷脂分子（图4-3）。磷脂酰基团氧原子结合氢（H），称为磷脂酸（phosphatidic acid，PA）；结合乙醇胺，称为磷脂酰乙醇胺（phosphatidylethanolamine，PE）；结合丝氨酸，称为磷脂酰丝氨酸（phosphatidylserine，PS）；结合胆碱，称为磷脂酰胆碱（phosphatidylcholine，PC）；结合肌醇，称为磷脂酰肌醇（phosphatidylinositol，PI）。

（2）鞘磷脂的分子结构：鞘磷脂（sphingomyelin，SM）由鞘氨醇衍生而成，鞘氨醇是鞘磷脂的基本骨架（图4-4）。鞘氨醇骨架上的氨基位置结合一条饱和脂肪酸链，它与相邻的饱和烃基链组成鞘磷脂的疏水尾部；在羟基位置结合磷脂酰基团，形成鞘磷脂的亲水头部。

根据鞘氨醇骨架上羟基氧原子结合的物质（—X），鞘磷脂还可以分为不同的鞘磷脂分子，羟基氧原子结合氢（H），称为神经酰胺；结合磷酸胆碱，称为鞘磷脂；结合糖，称为鞘糖脂。

（3）甘油磷脂和鞘磷脂的区别

1）分子骨架不同：甘油磷脂以甘油为骨架，鞘磷脂以鞘氨醇为骨架。

2）尾部的烃基链不同：甘油磷脂一条是饱和烃基链，另一条是双键位于中央的不饱和烃基链，尾部平均长度为 16～22 个碳；鞘磷脂两条都是饱和烃基链，其中一条是由双键连接的烃基链，尾部平均长度为 20～26 个碳。

3）头部氢键的数量不同：甘油磷脂头部只有氢键受体；而鞘磷脂既有氢键受体，又有氢键供体，可以形成多个氢键网络。

甘油磷脂和鞘磷脂分子结构的区别见图 4-5。

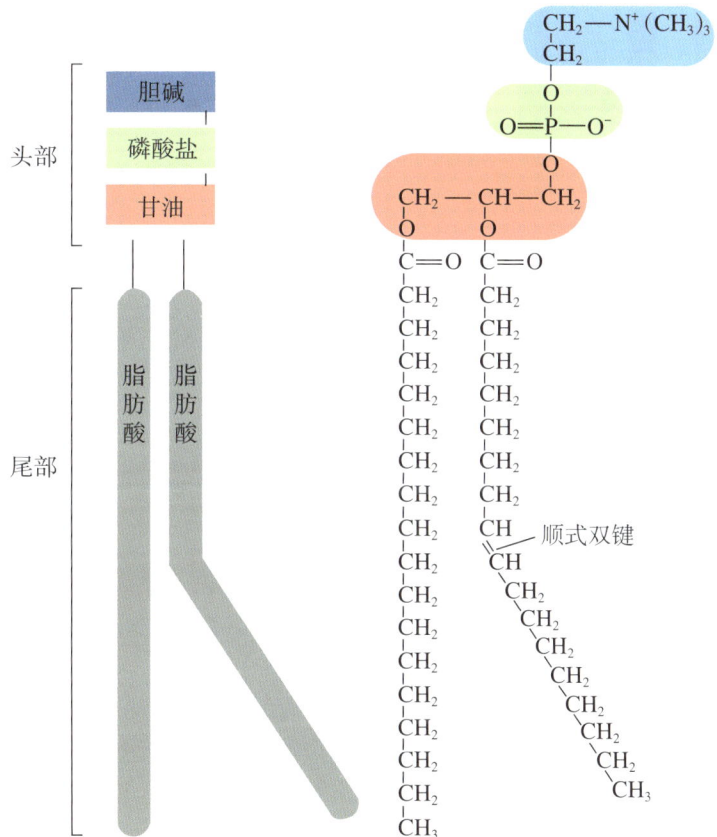

图 4-1　磷脂的分子结构

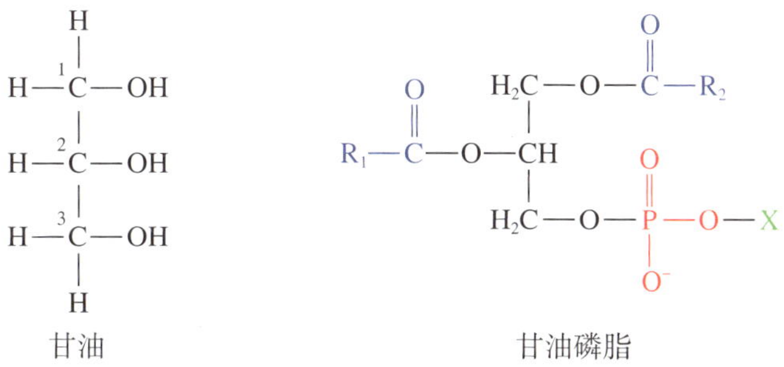

甘油　　　　　　　　　甘油磷脂

图 4-2　甘油磷脂的分子结构

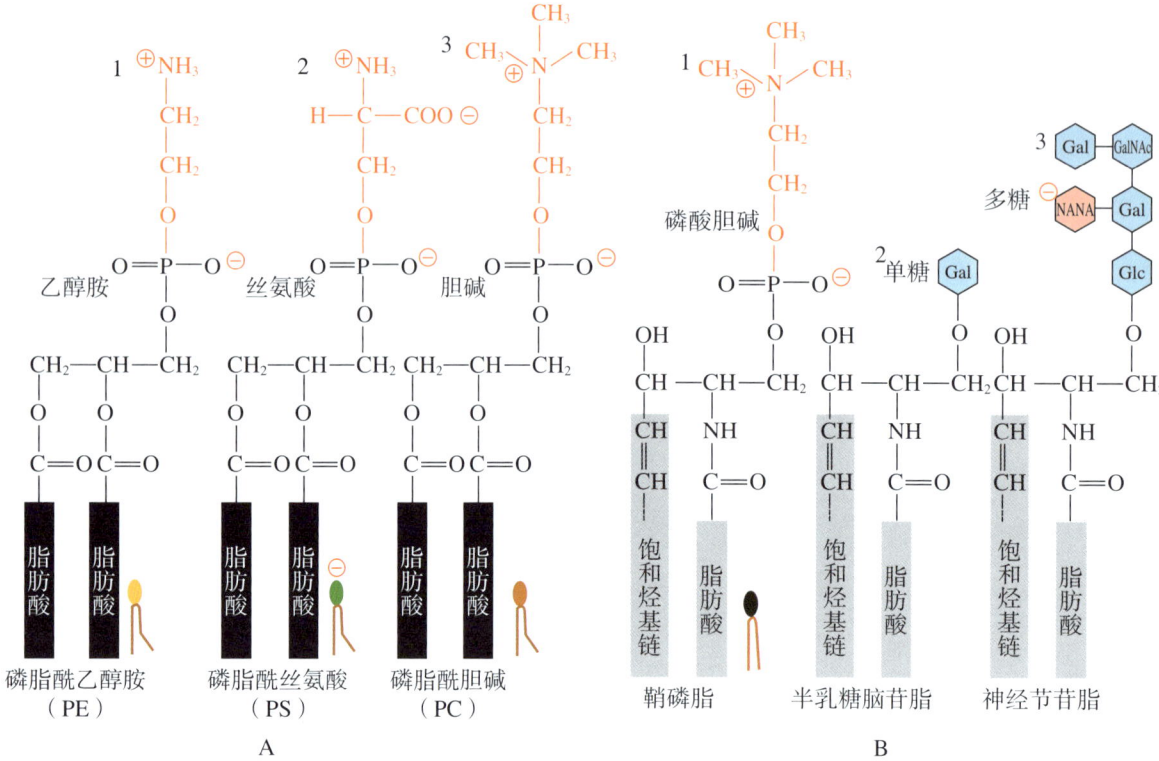

图 4-3 不同磷脂的分子结构

Gal. 半乳糖　Glc. 葡萄糖　GalNAc. 乙酰氨基半乳糖　NANA. 唾液酸，带负电荷

小测试4-1：为什么鞘磷脂聚集形成的膜结构稳定，而甘油磷脂聚集形成的膜结构不稳定？

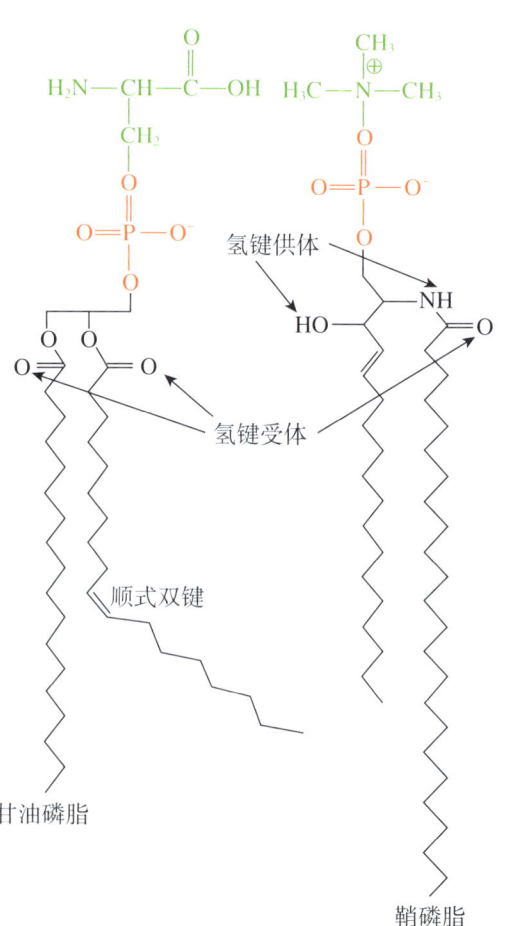

图 4-4 鞘氨醇和鞘脂的分子结构　　图 4-5 甘油磷脂和鞘磷脂分子结构的区别

2. 胆固醇的分子结构 胆固醇（cholesterol）由亲水头部、疏水尾部和位于分子中间的类固醇环状结构组成（图 4-6），其结构短小而且相对呈平面。头部只有一个羟基，尾部只有一条短的烃基链。这种结构有利于胆固醇与其他磷脂分子之间形成疏水相互作用。胆固醇尾部烃基链和磷脂尾部烃基链易发生疏水作用，因此，胆固醇分子能够插入到脂双层膜中。水分子是极性物质，没有疏水基团，所以水分子不能直接渗透脂双层膜。

水分子膜渗透实验

图 4-6 胆固醇的分子结构

（二）膜脂的功能

脂质排列成双分子层，构成细胞膜的结构骨架。胆固醇分子有调节膜流动性、加强膜稳定性的作用。膜脂都是两亲性分子，极性头部与水分子形成氢键或静电作用而溶于水，非极性尾部由于无法与水产生相互作用而疏水。在水环境中，脂质分子自发聚集，使亲水头部朝向外面，而疏水尾部埋在内侧。以脂质分子为主体的脂双层是生物膜的理想结构，脂双层内为疏水性的脂肪酸链，不允许水溶性、离子和大多数生物分子自由通过，保障了细胞内环境的稳定。脂双层具有自发形成封闭性腔室的倾向，形成广泛的连续膜网，在细胞内未发现有游离边界。当脂双层受损伤时，脂质分子会进行重新排布，使膜自动再封闭。脂双层的柔性赋予了其可变性，在细胞运动、分裂、融合及受精等活动中发挥作用。

不同的膜由各自特殊的脂质组成，如哺乳动物细胞膜上富含胆固醇和糖脂，线粒体膜上富含心磷脂，大肠埃希菌质膜则不含胆固醇，不同类型脂分子的特定结构赋予膜不同的特性。

二、膜蛋白的结构与功能

（一）膜蛋白在细胞膜上的多种位置关系

膜蛋白（membrane protein）通常是指细胞膜上的蛋白质，包括受体、通道、离子泵、转运载体、抗原和各种酶，是细胞膜功能的执行者。根据膜蛋白与脂双层不同的结合方式，可将膜蛋白分为 3 种类型：内在蛋白（intrinsic protein）或整合蛋白（integral protein）、外周蛋白（peripheral protein）和脂锚定蛋白（lipid anchored protein）。

1. 内在蛋白 内在蛋白又称穿膜蛋白（transmembrane protein），占膜蛋白总量的 70%～80%，它们镶嵌或者横跨在细胞膜上。

蛋白质的肽键是亲水的（hydrophilic），而细胞膜烃基链是疏水的（hydrophobic），因此，要求膜蛋白减少极性，增加疏水性，再通过疏水相互作用与膜上的疏水烃基链结合，以实现蛋白插膜。膜蛋白采用 α-螺旋（α-helix）或者 β-片层（β-sheet）的结构，将极性基团包在分子内，非极性基团暴露在分子外侧，通过非极性基团与磷脂烃基链的疏水作用进行插膜。

蛋白质 α-螺旋结构的插膜机制有两种：①对于单个 α-螺旋结构的蛋白插膜（图 4-7A、B），蛋白质的极性主链被包裹在螺旋内部，疏水侧链则暴露在螺旋外侧，疏水侧链通过疏水作用与膜烃基链结合。②对于多条 α-螺旋围成通道的蛋白插膜（图 4-7C），α-螺旋一侧是极性氨基酸，另一侧是非极性氨基酸，当几个 α-螺旋围成孔道时，极性基团位于孔道内侧，非极性基团位于孔道外侧，孔道外侧的非极性基团通过疏水相互作用与膜烃基链结合。

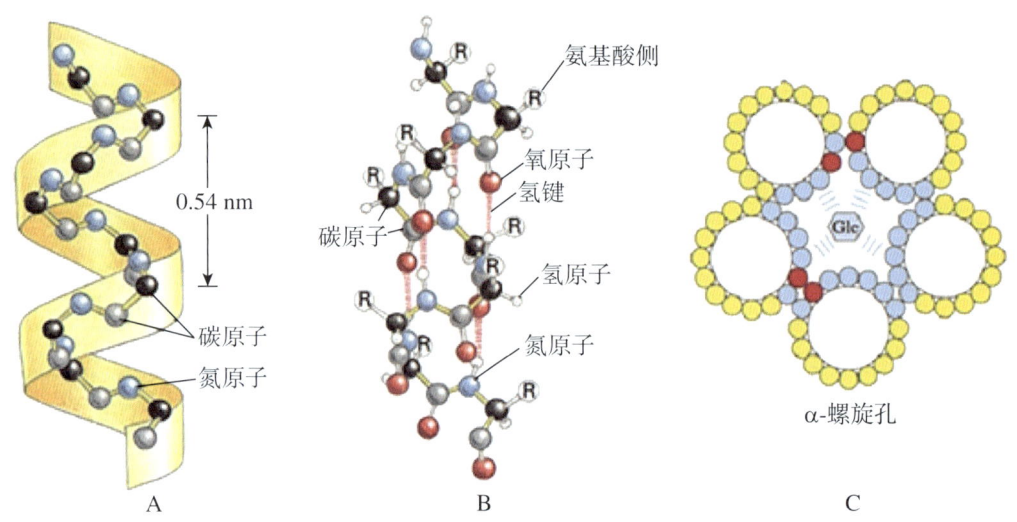

图 4-7　蛋白质 α-螺旋结构的插膜机制

A、B. 单个 α-螺旋结构，螺旋内侧是氨基酸极性基团，外侧是疏水性侧链；C. 几个 α-螺旋结构围成的孔道，孔道内侧是氨基酸极性基团（蓝色），外侧是氨基酸疏水性基团（黄色）

蛋白质 β-片层结构的插膜机制：β-片层一侧是极性基团，另一侧是非极性基团。当 β-片层围成折叠桶时，极性基团位于桶内，非极性基团位于桶外，桶外的非极性基团通过疏水相互作用与膜烃基链结合（图 4-8）。

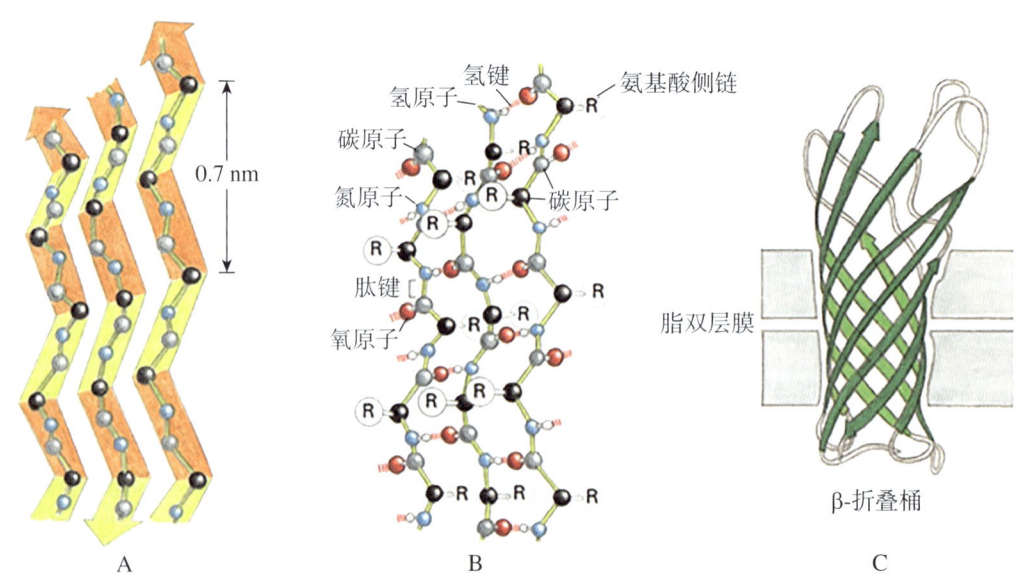

图 4-8　蛋白质 β-片层结构的插膜机制

A、B. 单个 β-片层结构，极性基团和非极性基团分别位于 β-片层两侧；C. β-片层围成折叠桶，极性基团位于桶内，非极性基团位于桶外

2. 外周蛋白 外周蛋白又称膜外在蛋白（extrinsic protein），占膜蛋白总量的20%～30%。外周蛋白不插入脂双层，与细胞膜结合较弱，在质膜的胞内侧和胞外侧均有分布。外周蛋白通过非共价键附着在穿膜蛋白的亲水区或脂类分子头部极性区，与质膜间接结合。由于穿膜蛋白多由几条多肽链组成，一部分穿越脂双层，另一部分驻留在外周，有时与外周蛋白难以互相区分。外周蛋白为水溶性蛋白，与膜的结合比较松散，使用一些温和的方法即可将它们从膜上分离下来，如改变溶液的 pH 值、离子浓度、干扰蛋白质间的相互作用。

3. 脂锚定蛋白 脂锚定蛋白可位于膜两侧，与周边蛋白质不同的是，脂锚定蛋白以共价键的方式与脂质分子结合。脂锚定蛋白与脂质分子结合的方式有两种：在质膜胞质一侧时，脂锚定蛋白与脂双层中的脂肪酸链或异戊二烯基形成共价键，在信号转导中起重要作用的 G 蛋白以这种方式锚定在质膜上；在质膜外表面时，脂锚定蛋白与脂双层外层中的磷脂酰肌醇分子形成共价键而结合，所以这种蛋白质又被称为糖基磷脂酰肌醇锚定蛋白（glycosylphosphatidylinositol linked protein，GPI）。

（二）膜蛋白的功能

膜蛋白与细胞膜相结合，决定细胞膜的不同特性和功能。膜蛋白中有些是运输蛋白，转运特定的分子或离子进出细胞；有些是与质膜结合的酶，催化相关的代谢反应；有些是受体，接受周边环境中的激素和其他化学信号；有些起连接作用，连接相邻细胞或胞外基质成分。外周蛋白会根据功能的需要募集到膜上或从膜上释放，与质膜保持一种动态关系。质膜内的外周蛋白通常发挥传递穿膜信号或酶促作用，质膜外表面的外周蛋白通常作为胞外基质的主要成分。与穿膜蛋白相比，脂锚定蛋白在膜上的运动性增大，侧向运动的范围广，有利于和胞外信号分子的结合及反应。

膜蛋白三维结构的稳定性至关重要，膜蛋白结构异常与多种疾病相关。

1. 心律失常与 RyR 结构异常 雷诺丁受体（ryanodine receptor，RyR）是细胞内钙释放通道，位于肌细胞内肌质网膜上。RyR 通道开放，肌质网中的 Ca^{2+} 释放到胞质，钙离子结合到肌钙蛋白上引起肌丝纤维收缩。

RyR 是兴奋-收缩耦联（excitation-contraction coupling）的关键蛋白，RyR 结构的异常导致兴奋-收缩耦联功能的异常，并最终导致 RyR 相关疾病的发生，如恶性高热、肌中央轴空病、心律失常、心肌病、心力衰竭等。

当心肌 RyR 通道关闭不严时，会引起钙离子异常释放，出现细胞内"钙漏"（intracellular Ca^{2+} leak），"钙漏"引起心律失常。

2. NTD 与 RyR 通道的稳定性 对 RyR 高分辨三维结构的研究表明，通道关闭不严与 N 末端结构域（N-terminal domains，NTD）结构异常有关。

RyR 是由 4 个亚单位组成的四聚体，亚单位围成的中央孔道就是 RyR 通道。NTD 是 RyR 非常重要的结构域，位于通道胞质面的外口，4 个 NTD 呈环状结构，就像一把链锁锁住 RyR 通道，稳定 RyR 通道的结构（图4-9A）。当通道关闭时，NTD 之间结构关系紧密；当通道开放时，NTD 之间的结构关系变为松弛。NTD 的构象随通道开和关构象的变化而变化，而且这种构象变化是可逆的。如果 NTD 某些重要氨基酸发生突变，在通道开和关构象变化过程中，NTD 构象的变化就变成不可逆，也就是说 NTD 的构象可以从关闭状态的构象变成开放状态的构象，但不能从开放状态的构象回到关闭状态的构象。因而 NTD 结构异常会造成 RyR 通道关闭不严，出现"钙漏"。

3. NTD 重要氨基酸突变与 NTD 结构的稳定性 NTD 的高分辨三维结构（图4-9B、C）显示，NTD 结构由 A/B/C 3 个亚结构域组成，亚结构域之间存在 A/C、B/C、A/B 等多个界面，每个界面之间通过有关氨基酸之间的盐桥作用相连接。图4-9C 显示 A/C 交界面的空间结构，位于

A 亚结构域的 R45、D61、E40 和位于 C 亚结构域的 R402、D447 通过氢键和离子键作用，连接 A/C 亚结构域。

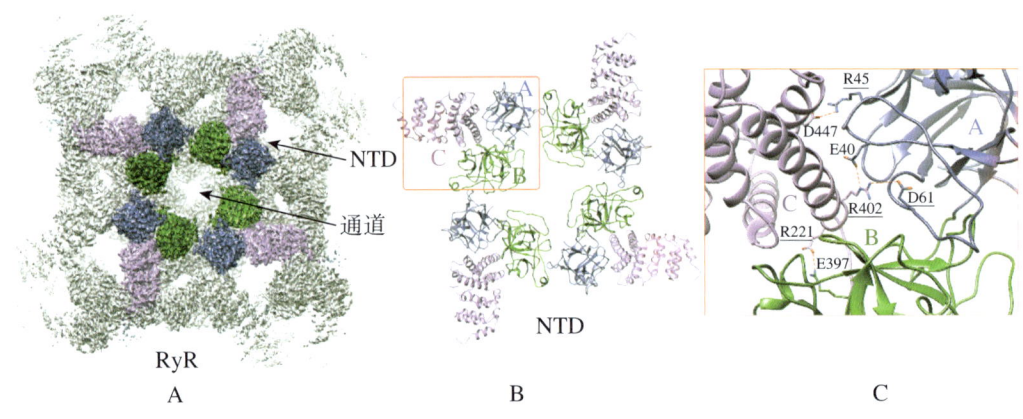

图 4-9　N 末端结构域（NTD）结构

A．4 个 NTD 位于通道外口；B．NTD 由 A/B/C 3 个亚结构域组成；C．3 个亚结构域之间的氢键和离子键

R45、R402、D61 是已知的疾病相关的重要突变体（mutant），如果发生突变，将造成氢键和离子键断开，降低亚结构域之间的连接作用，导致 NTD 整体结构不稳定。

通过蛋白质结构分析，可以帮助人们认识疾病的发病机制；同样，通过蛋白质结构分析，还可以根据突变体所在结构域的结构特点设计靶向药物，重建亚结构域之间的连接，使得 NTD 之间的构象能够从开放状态的构象回到关闭状态的构象，这样，通道就恢复到正常的关闭状态，不会出现"钙漏"，从而为疾病治疗提供新的方法。

三、膜糖组成与功能

（一）糖脂与糖蛋白

细胞膜中含有一定量的糖类，不同种属、不同类型的细胞，糖类占质膜重量的 2%~10%。膜糖中 93% 的糖以低聚糖或多聚糖的形式与膜蛋白共价结合形成糖蛋白，糖蛋白上的糖基化主要发生在天冬酰胺（N-连接）残基上，其次是丝氨酸和苏氨酸（O-连接）残基上，并且经常几个位点同时发生糖基化。

7% 的膜糖以低聚糖链的形式与膜脂共价结合形成糖脂。糖脂（glycolipid）分为甘油糖脂（sugar glyceride）和鞘糖脂（glycosphingolipid）。甘油糖脂的结构与甘油磷脂类似，疏水尾部的 2 条脂肪酸链，一条是饱和烃基链，另一条是不饱和烃基链，亲水头部结合糖分子。鞘糖脂结构与鞘磷脂类似，疏水尾部都是饱和烃基链，亲水头部结合糖分子。鞘糖脂亲水头部结合单糖，称为半乳糖脑苷脂（galactocerebroside）（图 4-3B-2），鞘糖脂亲水头部结合多糖，称为神经节苷脂（GM1 ganglioside）（图 4-3B-3）。

暴露于细胞表面的膜蛋白大部分都带有多个寡糖侧链，而每个糖脂分子只带 1 个寡糖侧链，质膜上的所有糖链都朝向细胞表面。在动物细胞膜中出现的单糖及其衍生物主要有 7 种，分别是 D-葡萄糖、D-半乳糖、D-甘露糖、L-岩藻糖、N-乙酰半乳糖胺、N-乙酰葡萄糖胺和唾液酸。由于寡糖链中单糖的数量、种类、排列顺序以及有无分支的不同，低聚糖和多聚糖链组合形式变化多端。唾液酸常出现于糖链末端，真核细胞表面的净负电荷主要由其形成。

(二)膜糖的功能

大多数细胞表面富含糖类的一层周缘区被称作细胞外被(cell coat)或糖萼(glycocalyx),厚度为 10~20 nm。细胞外被中的糖类主要是与糖蛋白或糖脂相连的低聚糖侧链。细胞分泌糖蛋白和蛋白聚糖后,其多糖侧链可能吸附于细胞表面,也包含在细胞外被中。由于这些吸附的大分子属于细胞外基质,故细胞膜的边缘和细胞外基质的界限难以明确区分。现在细胞外被一般指糖蛋白和糖脂延伸出的寡糖链部分,因此细胞外被实质上属于质膜的一部分,并非胞外物质或胞外结构。

细胞外被能够保护细胞抵御各种物理、化学性损伤,如呼吸道、消化道等上皮细胞的细胞外被有助于润滑、防止机械损伤,保护黏膜上皮不受消化酶的作用。糖链末端的带负电的唾液酸通过捕捉阳离子并吸引大量水分子,在细胞周围建立起水和电解质平衡的微环境。鞘糖脂普遍存在于动物细胞外表面,起信号识别的作用。糖脂和糖蛋白中低聚糖侧链的功能大多还不清楚,根据寡糖链的复杂性及其所处位置提示,它们参与细胞间以及细胞与周围环境之间的相互作用。

四、细胞膜的生物学特性

(一)细胞膜的流动性

膜的流动性(fluidity)是细胞膜的基本特性之一,主要表现为膜脂的流动性和膜蛋白的运动性。

1. 膜脂的流动性 细胞内外的水环境使得膜脂分子不能从脂双层中溢出,在温和的温度(37℃)下,膜脂分子能够在脂单层平面内水平运动,脂类以相对流动状态存在,但分子长轴基本平行,保持一定的方向排列,此时的膜可以看作二维流体。脂双层既有固体分子排列的有序性,又有液体的流动性,这种居于晶态和液态之间的液晶态(liquid-crystal state),是细胞膜极为重要的特性。

在生理条件下,膜大多呈液晶态。当温度下降到一定程度(< 25℃),到达某一点时,脂双层的性质会发生明显改变,从液晶态转变为晶状凝胶,此时磷脂分子的运动受到很大的限制;然而当温度上升至某一点时,脂双层又可以熔融为液晶态。所以,将这一临界温度称为膜的相变温度。温度变化导致膜状态改变的情况称为"相变"(phase transition)。

当脂质双层膜从凝胶态向液晶态转变时,将会出现以下后果:
1)烃基链构象发生改变,从全反式构象转变成歪扭式构象。
2)相邻烃基链间的距离增加:0.42 nm → 0.46 nm [DPPE(diC16:0PE)]。
3)脂双层膜的厚度变小:4.5 nm → 3.9 nm [DPPE(diC16:0PE)]。
4)相变造成脂质双层膜理化性质的改变,如形状、体积、密度、热容、反射、折射、散射及光谱、波谱、X射线衍射等均发生改变。相变造成脂质双层膜结构不稳定,膜的流动性增加,脂质分子可以在膜平面内进行扩散、旋转、摆动、伸缩、震荡、翻转等运动(图4-10)。

膜的流动性是膜功能活动的保证。如果膜处于一种刚性、有序的结构,则无法流动;而处于完全液态的膜不能提供机械支持,会使各种膜成分无序排列,无法组织成结构,膜的液晶态在两者之间达到完美的折中。有了膜的流动性,膜蛋白可以在膜的表面聚集形成特定的结构或功能单位,参与细胞连接的建立、信号转导等多种功能活动。膜组分的运动也与许多基本的生命活动相关,包括细胞的运动、生长分裂、物质转运、分泌和吞噬作用,如果膜是刚性、非液态结构,则这些生命活动都不可能发生。

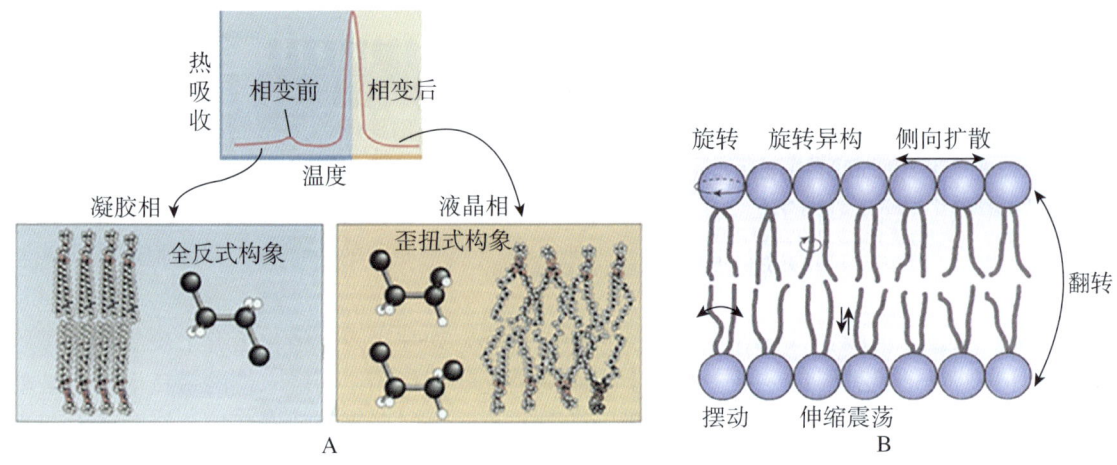

图 4-10 脂质双层膜相变（A）及相变后膜理化性质的改变（B）

2. 膜蛋白的运动性 膜蛋白分布在膜脂二维流体中，也有发生分子运动的特性。膜蛋白的主要运动方式有两种，侧向扩散（lateral diffusion）和旋转扩散（rotational diffusion），与膜脂分子的运动方式相似，但移动速度较慢。

（1）侧向扩散：膜蛋白在膜脂中处于自由漂浮状态，并且能在膜表面扩散。1970年，霍普金斯大学的 L. Frye 和 M. Edidin 通过细胞融合和间接免疫荧光法，证明膜抗原蛋白在脂双层二维平面中可以自由扩散。他们将体外培养的人成纤维细胞与小鼠成纤维细胞进行融合，观察融合前后细胞表面的抗原分布情况（图4-11）。用绿色荧光和红色荧光分别标记鼠和人成纤维细胞的特异性抗体，被标记的抗体分别与对应细胞的膜抗原相结合。当人-鼠杂交细胞刚形成时，人细胞一侧呈红色荧光，鼠细胞一侧呈绿色荧光，细胞膜抗原蛋白仅存在于各自的细胞膜部分。将杂交细胞在37℃环境继续培养40 min后，红色荧光与绿色荧光在杂交细胞膜上均匀分布，说明膜抗原蛋白在膜平面内发生自由扩散。但在低温条件下，膜抗原蛋白的运动基本停止。

目前常用光致漂白荧光恢复法（fluorescence recovery after photobleaching，FRAP）来测定膜蛋白的侧向扩散。这种方法是先用荧光物质标记细胞膜蛋白，再以一束激光照射细胞膜，使膜上的某一微区的膜蛋白被不可逆地漂白。停止激光照射后，由于膜蛋白的可流动性，漂白部位的荧光又可恢复，根据其恢复速度可以计算出膜蛋白的扩散速率。

（2）旋转扩散：膜蛋白围绕与膜平面相垂直的轴进行旋转运动，旋转扩散的速度比侧向扩散更加缓慢。不同膜蛋白的分子结构与所处的微环境不同，其旋转速率也有很大的差异。

并不是所有的膜蛋白都能流动，有些细胞只有 30%~90% 的膜蛋白处于运动状态。膜蛋白的运动还受许多其他因素的影响，膜蛋白间的相互作用、膜蛋白聚集成复合物、膜蛋白与细胞骨架成分连接或与膜脂相互作用等均会限制膜蛋白的流动。膜蛋白周围的膜脂相态对于膜蛋白的流动性影响很大，处于不流动的晶态脂质区的膜蛋白流动性较差，而处于液晶态脂质区的膜蛋白易于发生流动。

膜的流动性具有十分重要的生理意义，与生物膜各种功能的完成密切相关，若膜的流动性降低，细胞膜固化，会影响穿膜运输，使胞内酶失活，代谢终止，最终导致细胞死亡。

（二）细胞膜的不对称性

膜的不对称性（membrane asymmetry）是指膜的各种成分（膜脂、膜蛋白和膜糖）在膜上的分布有种类和数量上的差异，这与细胞膜的功能密切相关。

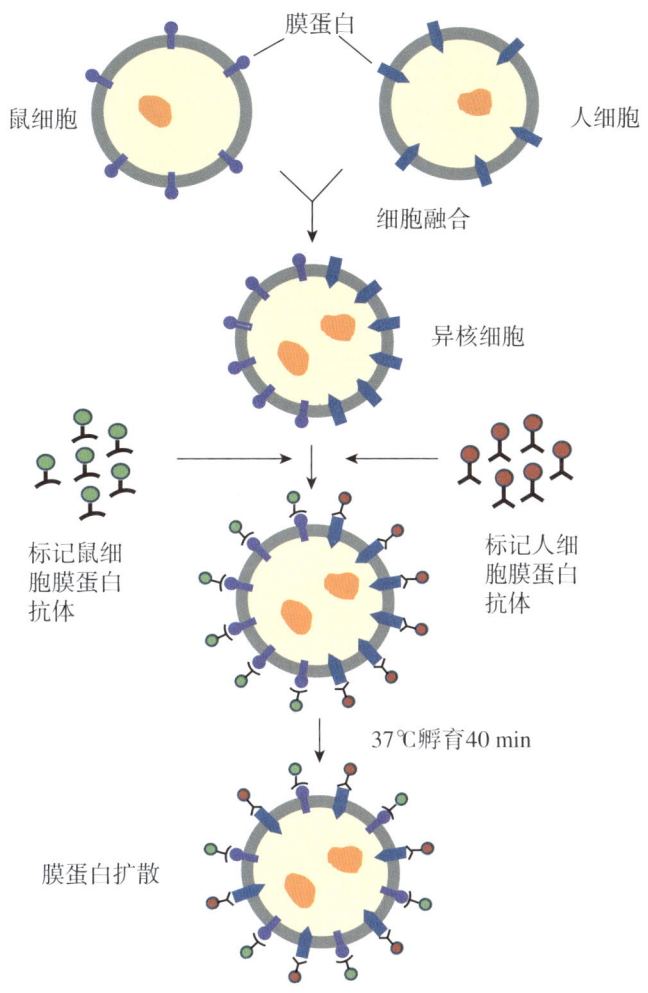

图 4-11　小鼠 - 人细胞融合过程中膜蛋白的侧向扩散示意图

1. 膜脂的不对称性　通过多项实验对各种膜脂双层化学组成的分析，发现膜脂在脂双层的内外两层中分布不同。例如，在人红细胞中，绝大部分的鞘磷脂和磷脂酰胆碱分布于脂双层外层，而在内层中，磷脂酰乙醇胺、磷脂酰丝氨酸和磷脂酰肌醇分布较多。这些磷脂在内外层都有分布，但在含量上存在较大差异。胆固醇在红细胞膜内外层中的含量大致相同。膜糖均位于脂双层的非胞质面。

不同膜性细胞器中脂类的组成和分布也不相同。一般质膜中富含鞘磷脂、磷脂酰胆碱和胆固醇等；核膜、内质网膜和线粒体外膜富含磷脂酰胆碱、磷脂酰乙醇胺、磷脂酰肌醇；线粒体内膜富含心磷脂。细胞器膜脂组分分布的差异使其具有不同的特性和功能。

2. 膜蛋白的不对称性　各种膜蛋白在质膜上的分布都有一定的位置，如酶和受体多分布在质膜的外侧面，而腺苷酸环化酶则位于质膜的内侧胞质面。用冷冻蚀刻技术观察细胞膜的两个剖面，可以清楚地看到膜蛋白在脂双层内外单层中的分布有明显差异。

由于穿膜蛋白穿越脂双层有一定的方向性，造成穿膜蛋白在膜上的分布也具有不对称性。例如红细胞膜上，带 3 蛋白肽链的 N 端在质膜内侧胞质面，而血型糖蛋白肽链的 N 端位于质膜外侧、C 端在质膜内侧胞质面。另外，穿膜蛋白的两头亲水端，它们的氨基酸种类、排列顺序、肽链长度以及活性位点的位置都不相同。

对于有极性的细胞，细胞之间的紧密连接导致质膜被分为游离面和基底外侧面两个功能区，这两个区域的脂类和蛋白质组成也有很大的差异。

小测试4-3：细胞膜的特性有哪些?

3. 膜糖的不对称性 膜糖的分布具有显著的不对称性，只分布在膜的非胞质面。糖基暴露于细胞表面，可能发挥受体的作用，与细胞识别、黏附和信号转导相关。细胞膜糖脂、糖蛋白的寡糖侧链只分布于质膜外表面（非胞质面），而在内膜系统，寡糖链分布于膜腔的内侧面（非胞质面）。

五、细胞膜的分子结构模型理论演进

（一）早期提出的片层结构模型和单位膜模型

1935年，H. Davson和J. Danielli发现细胞膜表面的张力显著低于脂-水界面的张力，脂滴表面如果吸附有蛋白质，将会降低其表面张力，因此他们认为，细胞膜的组成成分不是单纯的脂类，推测质膜中含有蛋白质，并提出"片层结构模型"（lamella structure model）。该模型认为，细胞膜由两层疏水烃基链彼此相对的磷脂分子构成，磷脂分子亲水端朝向膜的外表面，膜的内外侧表面覆盖着一层球形蛋白质分子，形成蛋白质-磷脂-蛋白质三层夹板式结构（图4-12A）。因为质膜对水有高通透性，H. Davson和J. Danielli对模型进行了修改，认为质膜上有由蛋白质分子围成的小孔。小孔穿过质膜，内表面有亲水基团，允许水分子通过。

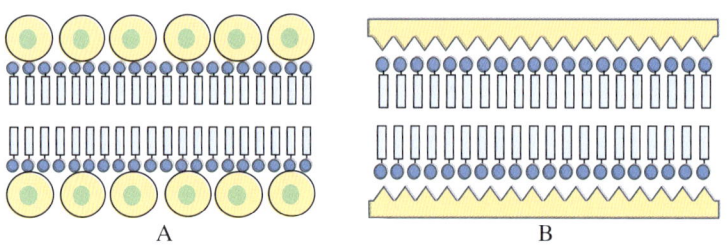

图4-12 片层结构模型（A）和单位膜结构模型（B）

20世纪50年代，J.D. Robertson使用电子显微镜观察各种生物细胞膜和内膜系统，发现所有生物膜在横切面上均表现为内外两层为电子密度高的暗线，中间夹一条电子密度低的明线，呈现"两暗一明"的三层式结构，这种三层式结构被称为单位膜。因此，他在片层结构模型的基础上提出了"单位膜模型"（unit membrane model）（图4-12B）。该模型仍然认为磷脂双分子层是构成细胞膜的主体，磷脂分子亲水端头部向外与附着的蛋白质分子构成暗线，疏水尾部向内构成明线。与片层结构模型不同的是，单位膜模型认为膜内外侧覆盖的蛋白质并非球形蛋白的形式，而是单条肽链以β片层形式的蛋白质，通过静电作用与磷脂极性端相结合。单位膜模型将膜的分子结构同电镜图像联系起来，提出了各种生物膜在形态结构上的共同特点，能对膜的某些属性做出解释，在超微结构中被普遍采用，其名称一直沿用至今。然而这个模型把膜作为一种静态的单一结构，无法描述膜的动态变化和一些重要的生理功能，也无法解释为何不同生物膜的厚度不同。

（二）被普遍接受的流动镶嵌模型

20世纪60年代以后，新技术的不断发明和应用加深了人们对质膜的认识。应用示踪法发现膜的形态结构在不断流动变化；应用冷冻蚀刻技术显示蛋白质存在于细胞膜中；应用红外光谱等技术证明膜蛋白主要以α螺旋的球形结构存在。这些事实进一步修正了单位膜模型，并促使一些新的模型理论被提出，其中受到广泛支持的是1972年由S.J. Singer和G. Nicolson提出的"流动镶嵌模型"（fluid mosaic model）。这一模型认为，脂双层是构成细胞膜的连贯主体，同时具有晶体分子排列的有序性和液体的流动性。膜蛋白以不同的形式与脂双层结合，有的嵌入脂双层，有的则附着在脂双层的表面。细胞膜是一种动态不对称的流动性结构，其组分可以运动或聚集以适应各种瞬时的相互作用。流动镶嵌模型较好地解释了生物膜的功能特点，强调了膜的流动性和不对称性，是目前被普遍接受的膜结构模型（图4-13）。

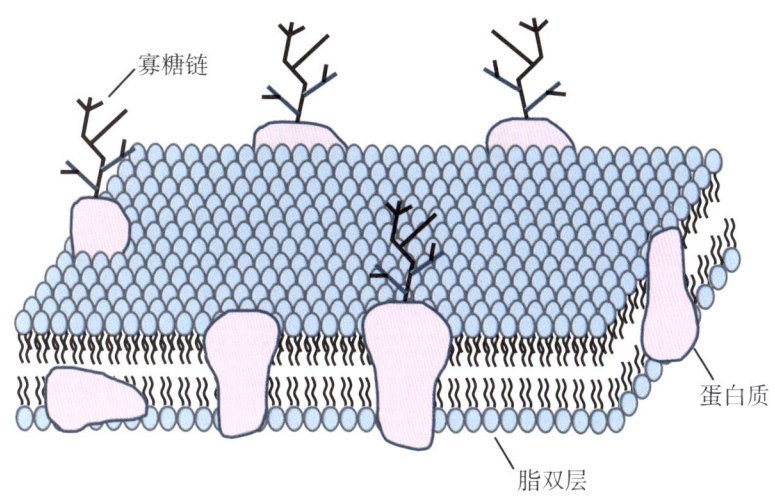

图4-13　细胞膜的流动镶嵌模型

（三）脂筏模型

脂双层近似一个二维流体，镶嵌有许多蛋白质，然而真实的细胞膜上，一些脂质分子可以形成相对稳定的凝胶状态或液态有序状态，脂双层并非一个完全均匀的二维流体。近来发现，膜脂双层内有特殊脂质和蛋白质形成的微区（microdomain），微区中富含胆固醇和鞘脂，其中聚集一些特定种类的膜蛋白。鞘磷脂的脂肪酸尾较长，因此这一区域比膜的其他部分厚，更有秩序且流动性较低，被称为脂筏（lipid rafts）。脂筏的周围则是富含不饱和脂肪酸磷脂的液态区，流动性较高。近年发现脂筏不仅存在于质膜上，也存在于高尔基复合体膜上（图4-14）。

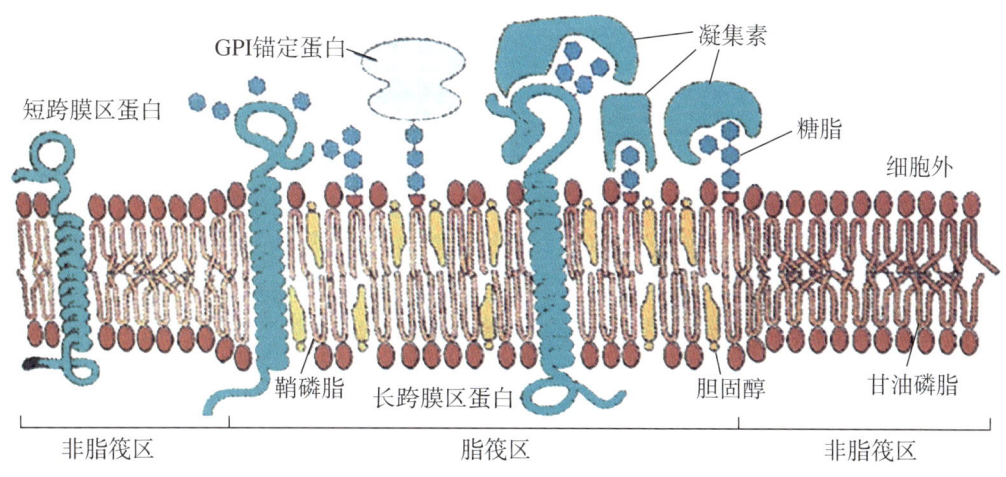

图4-14　脂筏模型

脂双层具有不同的脂筏结构。外层的微区主要含有鞘磷脂、胆固醇和GPI锚定蛋白，由于鞘磷脂含有长链饱和脂肪酸，流动性较差，而邻近的磷脂区脂肪酸多不饱和，所以出现相分离；内层的微区与外层不完全相同，有许多酰化的锚定蛋白，特别是信号转导蛋白。从结构及组分分析，脂筏在膜内形成一个有效的平台，利于许多蛋白质聚集在脂筏内相互作用，同时提供一个有利于蛋白质变构的环境，形成有效的构象。脂筏参与信号转导、受体介导的胞吞以及胆固醇代谢运输等。脂筏功能的紊乱可涉及多种疾病，如 HIV、肿瘤、动脉粥样硬化等。对脂筏结构和功能的研究有助于了解细胞膜的结构和功能，也可加深对许多重要的生命现象和病理机制的了解，给膜生物学带来更多的启示。

第二节　跨细胞膜的物质转运

细胞膜将细胞的内容物与细胞的周围环境分隔，使细胞有相对独立而稳定的内环境。细胞膜与物质转运、信息传递、能量转换、兴奋转导和免疫等功能关系密切，参与细胞的代谢、生长和分裂等过程。细胞通过细胞膜摄取生命活动所需的物质，排出代谢废物，维持细胞的正常新陈代谢。进出细胞的物质有很多种，如气体（O_2、CO_2）、营养物质（如葡萄糖和氨基酸）、大分子物质等。物质进出细胞膜的方式分为两种，即主动转运和被动转运。主动转运需要消耗能量，而被动转运不需要消耗能量。

一、被动转运

根据物理学原理，溶液中的一切分子都处于热运动之中。在温度恒定情况下，分子因运动而离开某一区域的量与此物质在该区域的浓度成正比。如果将同一物质、不同浓度的溶液毗邻放在一起，则高浓度区域的溶质分子会向低浓度区净移动，这种现象称为扩散（diffusion）。通常情况下，物质移动量与所观察平面两侧溶质分子的浓度差或者浓度梯度成正比。在电解质溶液中离子的移动不仅取决于起始浓度，也取决于所受的电场力。由于这种跨细胞膜的动力是浓度差和电位差，不需要供给其他形式的能量，因此也称为被动转运（passive transport）。细胞膜是细胞与外界环境进行选择性物质交换的重要屏障。单纯扩散和易化扩散是被动转运的两种基本方式。

（一）单纯扩散

单纯扩散（simple diffusion）是指物质从质膜的高浓度一侧通过脂质分子间隙向低浓度一侧进行的跨膜扩散。这是一种简单的物理过程，无需代谢耗能，也称简单扩散。经单纯扩散转运的物质都是脂溶性（非极性）物质或少数不带电荷的极性小分子（如 O_2、CO_2、N_2、类固醇激素、乙醇和水等）。单纯扩散转运的速率主要取决于被转运物在膜两侧的浓度差。对于离子来说，还要考虑膜两侧的电位梯度和膜对该物质的通透性（permeability），即膜对该物质通过的难易程度。由于脂质双分子层构成的细胞膜屏障，只有脂溶性高的物质才具有较高的通透性，在通透性一定的情况下，单纯扩散的速度与膜两侧物质浓度差的关系是线性的：浓度差越大，通透性越高（图 4-15）。

体液中存在的脂溶性物质并不多，比较肯定的是 O_2、CO_2 等气体分子，它们既溶于水，也溶于脂质，主要以单纯扩散的方式通过细胞膜。水是不带电荷的极性小分子，也能以单纯扩散的方式通过细胞膜，但是脂质双分子层对水的通透性很低，扩散速度很慢。水分子主要是在渗透力的作用下通过水通道进出细胞膜（见孔道转运）。人体的甾体类（类固醇）激素也是脂溶性的，理论上也可以单纯扩散方式通过细胞膜，但是由于其分子量较大，研究认为也需要通过特殊蛋白的协助，才能进入细胞。

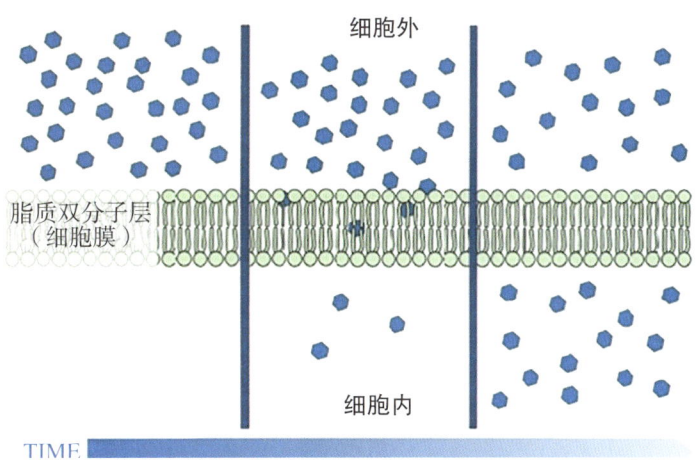

图 4-15 单纯扩散示意图

渗透（osmosis）是单纯扩散的一种特例，专指水分子的跨膜扩散。半透膜选择性通透水而不通透溶质，水将从低溶质浓度（渗透压低）的一侧向高溶质浓度（渗透压高）的一侧扩散。在渗透现象中，高浓度溶液所具有的吸引和保留水分子的能力称为渗透压（osmotic pressure）。溶质颗粒数越多，渗透压越高。渗透压的大小可以用 mmHg 表示，但通常以渗透浓度 mOsm/L 表示。1 mmol/L 葡萄糖的渗透浓度为 1 mOsm/L；1 mmol/L NaCl（Na^++Cl^-）的渗透浓度为 2 mOsm/L。水分子总是由渗透压低的区域向渗透压高的区域移动。渗透压等于血浆渗透压的溶液称为等渗溶液（iso-osmotic solution），红细胞在等渗溶液中保持正常形态；渗透压低于或高于血浆渗透压的溶液称为低渗溶液，其中的水分子受红细胞内高渗的吸引进入细胞，造成红细胞肿胀甚至破裂；渗透压高于血浆渗透压的溶液称为高渗溶液，此时红细胞内水分受溶液高渗的吸引扩散出细胞，造成红细胞皱缩（图 4-16）。

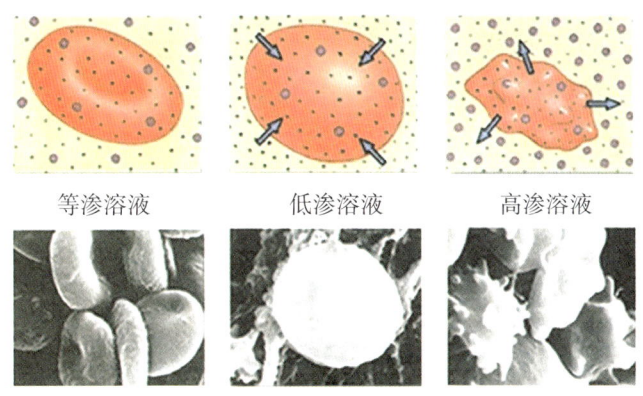

图 4-16 渗透现象，红细胞在不同渗透压溶液中的形态

（二）易化扩散

以液态脂质双分子层为骨架的细胞膜中镶嵌着各种特殊的蛋白质分子，许多非脂溶性的小分子物质或带电离子在膜蛋白的帮助（或介导）下，顺浓度梯度和（或）电位梯度进行的跨膜转运，这种转运方式称为易化扩散（facilitated diffusion）。易化扩散转运的动力与单纯扩散一样，来自于高浓度或高电势一侧溶液的势能，不需细胞额外供能。易化扩散分为经通道易化扩散和经载体易化扩散两种形式。

1. 经载体易化扩散　　载体（carrier）是介导各种水溶性小分子或离子跨膜转运的一类整合膜蛋白，也称转运体（transporter）。各种水溶性小分子物质或离子在载体蛋白介导下顺浓度梯度进行的跨膜转运，称为经载体易化扩散（facilitated diffusion via carrier）。载体具有一个或数个能与被转运物质结合的位点或结构域，可在膜的一侧与被转运物质选择性结合，引起自身变构，将被转运物质移向膜的另一侧。若该侧的被转运物质浓度较低，载体即与之分离并恢复原有构型，从而完成物质的跨膜转运，并为下一次结合和转运做好准备。许多细胞生存必需的营养物质（如葡萄糖和氨基酸等）不溶于脂质，但它们可在载体的帮助下，以易化扩散的方式进入细胞内（图4-17A）。例如肌肉活动可以调节含有葡萄糖转运体（GLUT4）的囊泡，通过出胞插入肌细胞膜，使细胞能转运更多的葡萄糖。葡萄糖的易化扩散还受体内激素的调节，例如有些糖尿病患者由于胰岛素分泌不足，导致血中葡萄糖不能进入细胞内，出现血糖升高。

经载体介导的易化扩散具有以下特点：

（1）高度的结构特异性：每种载体仅能识别和结合具有特定化学结构的底物，例如葡萄糖载体只转运右旋葡萄糖，不转运左旋葡萄糖。

（2）饱和现象：当被转运的物质浓度较低时，与物质结合的载体数量和转运速度随物质的浓度增加而增加，但当被转运的物质浓度增高到一定程度时，转运速度达到最大值，不再随被转运的物质浓度的增加而增大，这种现象称为载体转运的饱和现象（saturation）（图4-17B）。

（3）竞争性抑制：当两种结构相似的物质都能与同一载体结合时，这两种物质之间将出现竞争性抑制（competitive inhibition）。其中，浓度高的物质与载体结合占优势，浓度低的物质与载体结合受到抑制。

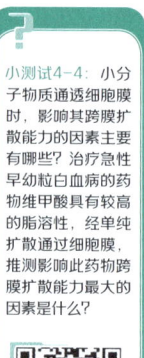

小测试4-4：小分子物质通透细胞膜时，影响其跨膜扩散能力的因素主要有哪些？治疗急性早幼粒白血病的药物维甲酸具有较高的脂溶性，经单纯扩散通过细胞膜，推测影响此药物跨膜扩散能力最大的因素是什么？

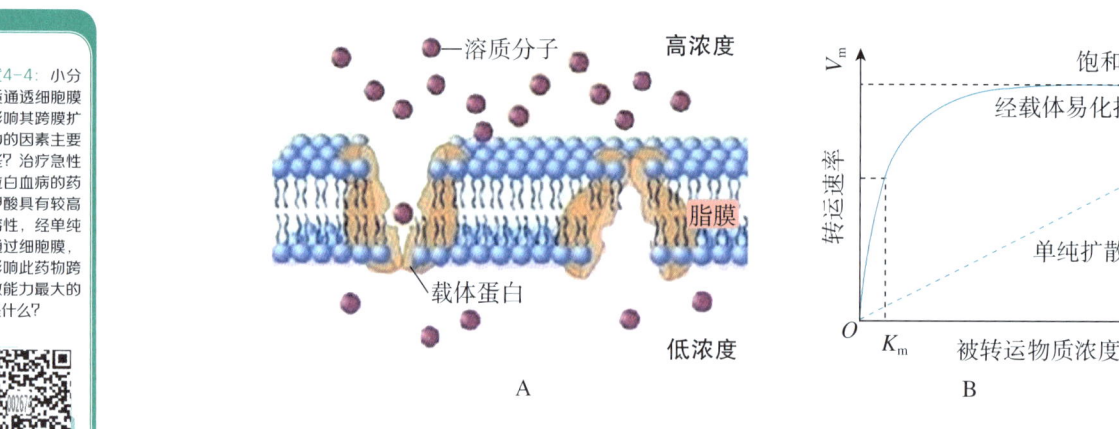

图4-17　经载体易化扩散方式及其饱和现象示意图
A．经载体易化扩散的过程；B．经载体易化扩散的饱和现象

2. 经通道易化扩散　　细胞膜对溶解在水中的离子（如Na^+、K^+、Ca^{2+}等）的通透性极差，但是在一定条件下，各种带电离子能在通道蛋白的介导下，以极高速度顺浓度梯度和（或）电位梯度进行跨膜转运，称为经通道易化扩散（facilitated diffusion via channel）。经通道转运的溶质几乎都是离子，因而这类通道也称为离子通道（ion channel）。离子通道贯穿脂质双分子层，通道壁的外侧面是蛋白质的疏水区域，与膜磷脂的疏水区域相邻，而通道的内侧壁则是亲水区域，因而离子能以水溶液的形式通过通道。离子通道的结构和功能状态可因细胞内外理化因素的影响而迅速改变：当其处于开放状态时，中间形成亲水性孔道（pore），离子可高速通过，转运速率高达每秒$10^6 \sim 10^8$个。多数离子通道的开放时间十分短暂，开放后很快进入失活或关闭状态。带电离子经通道进行跨膜移动时会形成跨膜离子电流。离子通道均无分解ATP的能力，跨膜转运都是被动的。

离子通道的种类很多，如Na^+通道、K^+通道、Ca^{2+}通道等，而各种离子通道还包含结构和功能不同的通道亚型，现已发现至少 3 种以上的 Ca^{2+} 通道和 7 种以上的 K^+ 通道等。

经通道介导的易化扩散具有以下重要的基本特征：

（1）高速度：离子通道的开放和关闭都很快，而且是全开或者全关。以每秒钟一个膜蛋白转运的离子或溶质分子最大量计算，Na^+ 通道：葡萄糖载体：Na^+-K^+-ATP 酶的转运比为 $1×10^7$: $1×10^4$: $5×10^2$。

（2）门控特性（图 4-18）：离子通道内部有一些可以移动的结构或者化学基团，在通道的开口处起到"闸门"作用。许多因素可以引起闸门运动，导致通道的开放或关闭，这一过程称为门控（gating）。经通道介导的易化扩散需要以通道的开放为前提，根据控制通道"闸门"的原理不同，离子通道可分为：①电压门控离子通道（voltage-gated ion channel）：此类通道受膜内外电位调控，如神经细胞轴突膜的电压门控钠通道，在动作电位去极化时开放。②化学门控离子通道（chemically-gated ion channel）：当特异的化学物质与膜上受体结合后，引起通道的开放和关闭，也称配体门控通道，兼有通道和受体功能。如骨骼肌的 N_2 型乙酰胆碱受体阳离子通道。③机械门控离子通道（mechanically-gated ion channel）：膜的机械变形刺激调控通道的开放，如耳蜗毛细胞的机械门控钾通道、血管平滑肌上的机械门控钙通道等。

此外，机体还存在始终保持开放的非门控通道，如神经纤维膜上的钾漏通道。

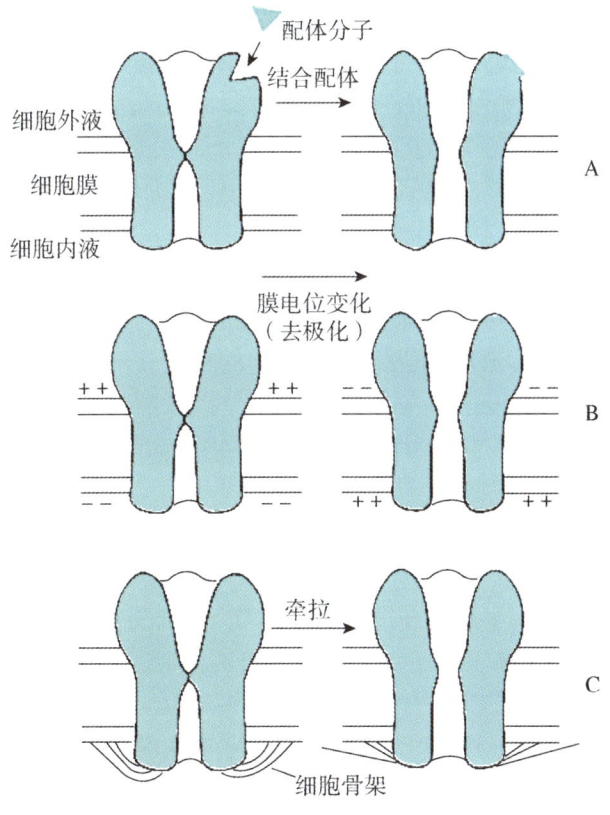

图 4-18　主要类型门控离子通道的示意图
A. 化学门控离子通道；B. 电压门控离子通道；C. 机械门控离子通道

（3）离子选择性：每种通道只对一种或几种离子有较高的通透能力，而对其他离子的通透性很小或者不通透，这种特性称为离子选择性（ion selectivity）。如钠通道主要选择通透 Na^+，钾通道主要选择通透 K^+，钙通道主要选择通透 Ca^{2+} 等。离子通道的选择性不如载体高，例如钾通道选择通透 K^+ 的同时也允许少量通过 Na^+，但其对 K^+ 的通透性比 Na^+ 大 1000 倍。通道对离子的选择性取决于孔道的口径、内壁的化学结构和带电状况等因素。

3. 孔道转运 细胞膜上还存在一类被称为孔道（pore）的膜蛋白。孔道是非门控通道，常年处于开放状态，例如水通道。细胞膜对水的通透性是很低的，但事实上，机体某些细胞（如红细胞）可以每秒通过百倍于自身容积的水分子。此外，肾小管、集合管、呼吸道以及肺泡等处的上皮细胞对水的转运能力也很强，因为这些细胞质膜中存在大量对水分子高度通透的水通道。组成水通道的蛋白称为水通道蛋白（aquaporin，AQP），允许水分子以单列形式高速通过。水分子的扩散动力来自跨膜渗透压梯度，即以渗透（osmosis）方式转运。细胞膜具有半透膜性质，只要膜两侧的溶液存在浓度差即渗透梯度，就会改变水的分布状态而影响水的平衡。水通道的密度受生理性调控，如抗利尿激素水平升高时，肾小管上皮细胞膜上的水通道数量增加。水通道表达异常可导致疾病的发生，如人类 *AQP2* 基因突变会引起遗传性肾性尿崩症；而 *AQP2* 基因过表达会导致水的重吸收过度，造成心脏的负荷过大，导致充血性心力衰竭。

水通道

二、主动转运

主动转运（active transport）是指某些物质在膜蛋白的帮助下，由细胞代谢提供能量而进行的逆浓度梯度和（或）电位梯度的跨膜转运。完成主动转运的膜蛋白本质上也属于载体。主动转运的结果是被转运物质在高浓度一侧浓度进一步升高，而在低浓度一侧浓度越来越低。例如，钠泵逆浓度梯度转运 Na^+ 和 K^+、小肠或者肾小管上皮细胞重吸收葡萄糖等。机体以主动转运方式实现了葡萄糖分子由低浓度向高浓度一侧的转运（细胞内葡萄糖的浓度超过肠道内腔或者肾小管液数倍以上），最终使葡萄糖全部被吸收。上述过程需要膜上的钠泵分解 ATP，为主动转运提供能量。根据膜蛋白是否直接消耗能量，主动转运又可分为原发性主动转运和继发性主动转运。

（一）原发性主动转运

细胞直接利用代谢产生的能量将物质逆浓度梯度和（或）电位梯度转运的过程，称为原发性主动转运（primary active transport）。原发性主动转运的物质通常是带电离子，因此介导此过程的膜蛋白或者载体也称为离子泵（ion pump）。钠 - 钾泵（也称钠泵）是目前研究最清楚的原发性主动转运。

框 4-1　Na^+-K^+-ATP 酶的发现

> 1997 年诺贝尔化学奖一半被授予丹麦科学家 J. C. Skou，另一半被授予美国科学家 P. D. Boyer 和英国科学家 J. E. Walker。三位科学家因共同阐述了 ATP 合成的基本酶学机制而获奖，其中 J. C. Skou 首次发现了一种转运离子的酶：Na^+-K^+-ATP 酶（也称钠 - 泵），他发现 Na^+-K^+-ATP 酶是细胞膜上的一种特殊蛋白质，可以分解 ATP 获得能量，并利用此能量驱使 Na^+ 和 K^+ 实现跨膜定向运转。人体产生的 ATP 中大约有 1/3 用于离子泵的工作。

1. 钠 - 钾泵 钠 - 钾泵（sodium-potassium pump），又称钠泵，是由一个跨膜的 α 亚单位（催化亚基）和 β 亚单位（糖蛋白）构成的二聚体蛋白，其中 α 亚单位在细胞膜的内侧，有与 Na^+ 和 ATP 的结合位点以及磷酸化位点，β 亚单位在细胞膜的外侧，有与 K^+ 的结合位点（图 4-19）。钠 - 钾泵具有 ATP 酶的活性，可分解 ATP 释放能量，用于 Na^+、K^+ 的主动转运，故钠 - 钾泵也称钠 - 钾 -ATP 酶（Na^+-K^+-ATPase）。钠 - 钾泵的蛋白质结构具有 E1 和 E2 两种构象：当 α 亚单位与 ATP 结合时呈现 E1 构象，此时 α 亚单位对 Na^+ 的亲和力较高，而对 K^+ 的亲和力低，使结合的 2 个 K^+ 被释放到细胞内，并与细胞内的 3 个 Na^+ 结合，同时 ATP 分解，α 亚单位被磷酸化，这时构象由 E1 转变为 E2，对 K^+ 的亲和力增加，使结合的 3 个 Na^+ 被释放到细胞外，并与胞外的 2 个 K^+ 结合，α 亚单位发生去磷酸化反应，与另一分子的 ATP 结合，构象由 E2 回到 E1，从而完成了钠泵的一个转运周期。因此，钠-钾泵是 Na^+-K^+ 依赖式的 ATP 酶，其对 Na^+、K^+ 的主动转运是由其磷酸化和去磷酸化循环驱动的，是一种消耗 ATP 的活动。钠-钾泵活动时，泵出胞内 Na^+ 和泵入胞外 K^+ 的过程是耦联在一起的，生理条件下，每分解一分子 ATP，可使 3 个 Na^+ 被泵出胞外，同时 2 个 K^+ 被泵入胞内（图 4-20）。

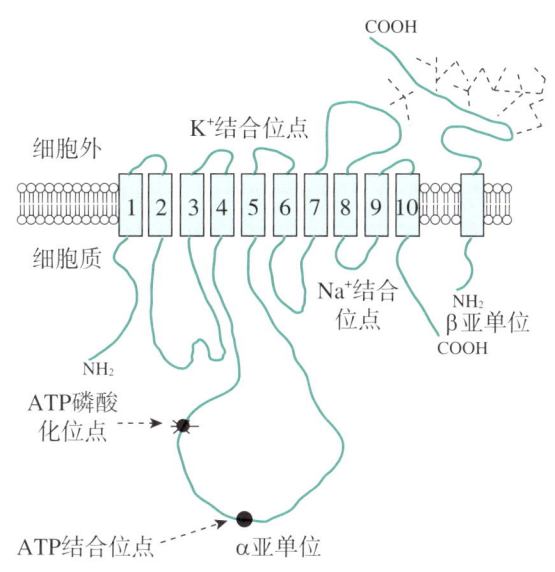

图 4-19 钠-钾泵的分子结构示意图

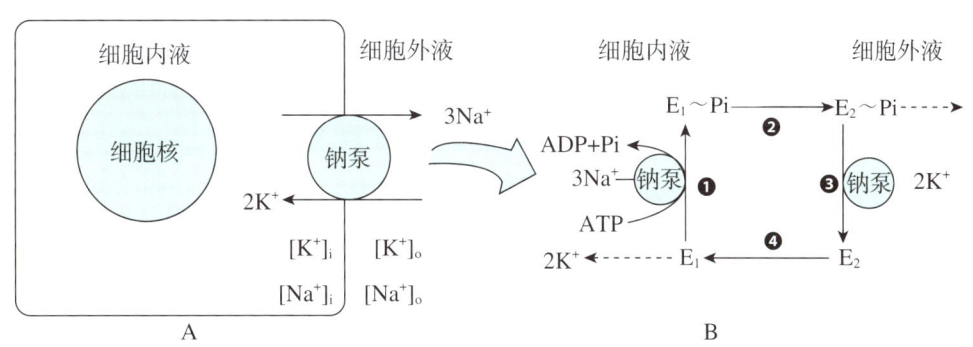

图 4-20 钠-钾泵及其主动转运中的周期性变化示意图

A. 钠-钾泵（钠泵）即 Na^+-K^+ 依赖式 ATP 酶，能够逆浓度梯度向细胞外转运 Na^+，向细胞内转运 K^+；
B. 经钠-钾泵（钠泵）的周期性活动，可向细胞外转运 3 个 Na^+，同时向细胞内转运 2 个 K^+（①~④过程见正文）
ADP. 腺苷二磷酸；ATP. 腺苷三磷酸；~ Pi. 磷酸化；E. Na^+-K^+ ATP 酶（钠-钾泵）

钠-钾泵广泛存在于机体各种细胞的细胞膜上，在维持细胞内外正常的 Na^+、K^+ 浓度差中起重要作用，在此过程中消耗的 ATP 能占人体代谢产能的 20% ~ 30%，如此巨大耗能的意义何在呢？钠-钾泵的生理意义在于：①钠-钾泵活动为胞内许多代谢反应提供必需的高 K^+ 环境；②钠-钾泵的活动可以不断将漏入细胞内的钠泵出去，维持胞内渗透压和细胞容积，从而防止由胞内高渗（细胞内 Na^+ 过多）引起的细胞肿胀；③钠-钾泵活动建立的势能贮备（即细胞内外的 Na^+、K^+ 浓度差），是细胞发生生物电活动的基础，这是钠-钾泵最重要的生理意义；④钠-钾泵的生电效应可使膜内电位的负值增大，是静息电位产生的基础；⑤钠-钾泵活动建立的 Na^+ 跨膜浓度梯度可为继发性主动转运提供势能贮备。钠-钾泵的阻断剂是哇巴因。除钠-钾泵外，体内还有质子泵、钙泵和碘泵（甲状腺细胞摄取碘的机制）等，均属于原发性主动转运。

2. 钙泵 钙泵（calcium pump）也称为 Ca^{2+}-ATP 酶。钙泵不仅分布于质膜，还分布于骨骼肌和心肌的肌质网和内质网膜中。钙泵参与肌细胞收缩、腺体分泌、神经递质释放等多种重要的生理过程。

3. 质子泵 人体有两种质子泵（proton pump）：一种是位于胃腺壁细胞和肾集合管闰细胞顶端膜的 H^+-K^+-ATP 酶，也称氢-钾泵。氢-钾泵的主要功能是逆浓度梯度将 H^+ 分泌到胃液和尿液中，同时摄入 K^+。临床上治疗消化道溃疡的药物奥美拉唑就是质子泵的抑制剂。另一种是 H^+-ATP 酶，也称氢泵，主要分布于细胞器膜中，将 H^+ 由胞质转运到溶酶体、内质网囊泡等细胞器内，维持胞质的中性环境和细胞器内的酸性环境。

（二）继发性主动转运

某些物质的主动转运不是直接来自 ATP 的分解，而是利用原发性主动转运所建立的离子（如 Na^+ 和 H^+）浓度梯度，在离子顺浓度梯度扩散的同时，实现该物质的逆浓度梯度和（或）电位梯度跨膜转运，这种间接利用 ATP 能量的主动转运过程称为继发性主动转运（second active transport），也称联合转运，可分为两种形式。

1. 同向转运 被转运的分子和离子都向同一个方向运动的继发性主动转运，称为同向转运（symport）。例如葡萄糖在小肠黏膜和近端肾小管上皮细胞的吸收，不是利用顺浓度差的易化扩散完成的，而是通过钠-葡萄糖同向转运体实现的：葡萄糖和 2 个 Na^+ 一起与转运体结合后才能顺着 Na^+ 的浓度差方向被转运。小肠上皮细胞中的 Na^+ 浓度始终低于肠腔液中 Na^+ 的浓度，这是因为小肠上皮细胞基侧膜上的钠泵会不断地将 Na^+ 泵出到细胞间隙（图 4-21A）。葡萄糖主动转运需要的能量不是直接来自 ATP 的分解，而是依赖细胞内外的 Na^+ 浓度差。另外，氨基酸在小肠和肾小管近端小管上皮细胞的转运、肾小管的 Na^+-K^+-$2Cl^-$ 同向转运体、Na^+-HCO_3^- 同向转运体、甲状腺上皮细胞的 Na^+-I^- 同向转运体以及单胺类递质在突触前膜的再摄取都是 Na^+ 依赖的同向转运。

2. 反向转运 被转运的分子和离子向相反方向运动的继发性主动转运称为反向转运（antiport）。其载体称为反向转运体（antiporter）或交换体（exchanger）。例如心肌细胞上的 Na^+-Ca^{2+} 交换体（图 4-21B）和肾小管上皮细胞顶端膜上的 Na^+-H^+ 交换体。

在绝大多数情况下，溶质跨质膜转运的动力来自钠-钾泵建立的 Na^+ 跨膜浓度梯度。

小测试4-5：葡萄糖的跨膜转运方式有哪些？请举例说明。

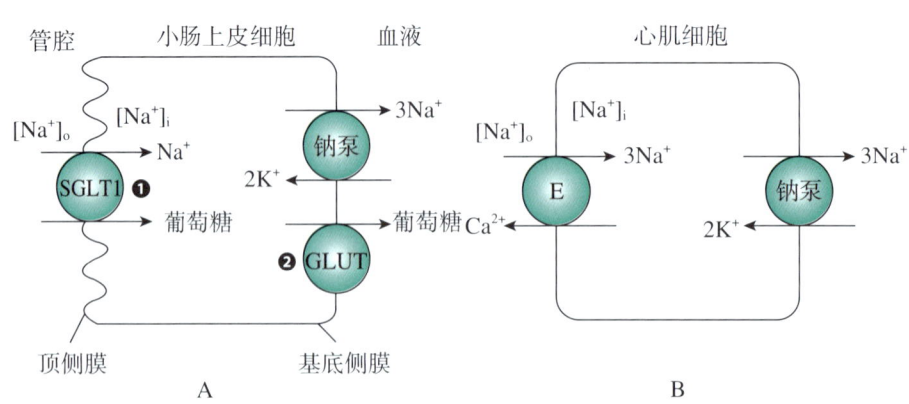

图 4-21 继发性主动转运示意图

A. 同向转运：小肠上皮细胞吸收葡萄糖的过程；B. 反向转运：心肌细胞的 Na^+-Ca^{2+} 交换体

三、膜泡运输

被动转运和主动转运只涉及小分子物质或离子，细胞膜对大分子颗粒或物质团块的转运，则需要通过更为复杂的膜结构和功能的改变，才能将物质转运出胞外（出胞）或转运进入胞内（入胞）。大分子和颗粒物质由膜包围形成囊泡，通过膜包裹、膜融合和膜离断等一系列过程完成转运，故称为膜泡运输（vesicular transport）。膜泡运输是一个主动过程，需要消耗能量。膜泡运输包括出胞（exocytosis）和入胞（endocytosis）两种形式。

胞吞是物质入胞的作用方式，是指细胞外大分子物质或物质团块通过质膜内陷，包裹胞外物质形成胞吞泡，并从质膜脱离进入细胞内的转运过程。根据胞吞物质的状态及特异性，胞吞分为吞噬（颗粒物质）、胞饮（液体和可溶性物质）及受体介导入胞（receptor-mediated endocytosis）三种。

受体介导入胞是细胞通过受体的选择性摄取胞外特定大分子物质的过程，膜上的特异性受体识别并结合目标物质后，质膜向内凹陷形成囊泡，囊泡脱离质膜，将目标物质运送进细胞内。这种作用能够特异性摄取胞外含量很低的成分而不需要摄入大量细胞外液，极大地提高了特殊大分子的摄入效率。

动物细胞通过受体介导入胞摄入细胞所需的大部分胆固醇。胆固醇在肝中合成并被包装成低密度脂蛋白（low density lipoprotein，LDL）在血液中运输。细胞进行 LDL 胞吞作用时，LDL 受体先向有被小窝集中，受体识别并结合 LDL 后有被小窝向内凹陷、缢缩形成有被小泡；进入细胞后有被小泡迅速脱去外被形成无被小泡；无被小泡与内体融合，LDL 与受体在内体酸性环境下解离；此时受体经转运囊泡重新返回质膜表面被重新利用，含 LDL 的内体与溶酶体融合后分解释放出游离胆固醇供细胞利用（图 4-22）。

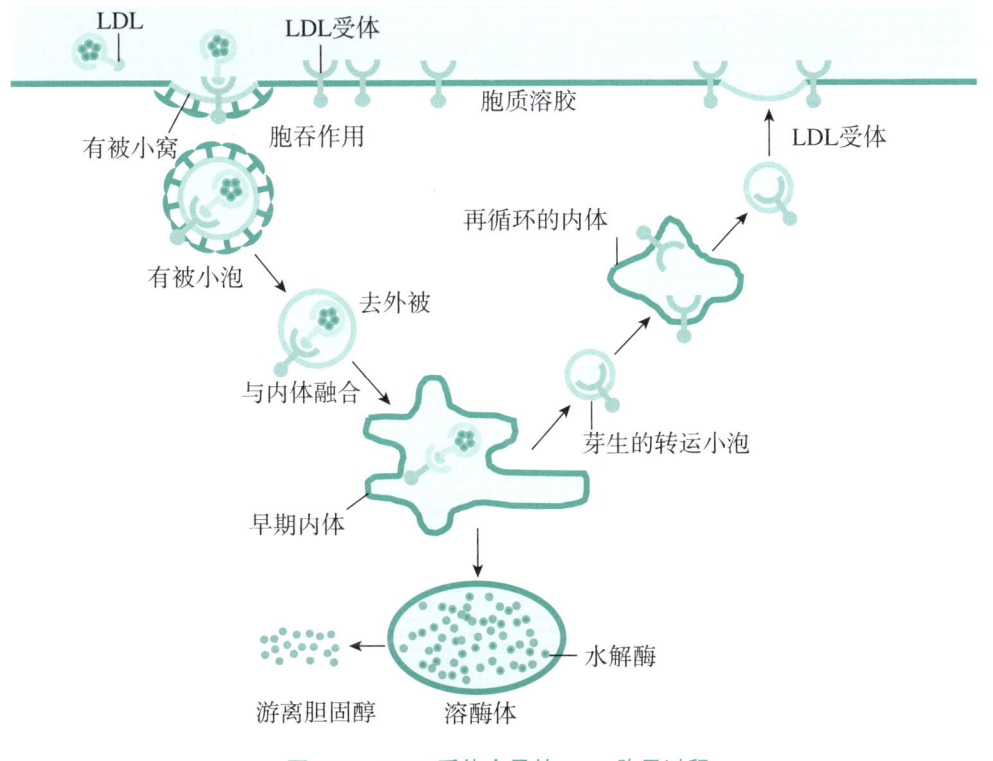

图 4-22　LDL 受体介导的 LDL 胞吞过程

胞吐是物质出胞的作用方式，是指细胞内大分子物质由膜泡转运至细胞膜，与质膜融合后释放出胞外的过程。胞吐作用根据方式的不同，分为连续性分泌和受调分泌两种。连续性分泌是指在粗面内质网合成的分泌蛋白，被转运至高尔基复合体，经修饰、浓缩、分选，形成分泌泡，再被运送至细胞膜，与质膜融合后分泌至细胞外的过程。受调分泌是指分泌蛋白合成后先在分泌囊泡中储存，当受到胞外信号的刺激时，分泌囊泡才与细胞膜融合，将分泌物释放到细胞外的过程。连续性分泌普遍存在于动物细胞中，受调分泌只存在于分泌激素、酶、神经递质的细胞内。

膜泡运输的其他方式及具体机制见第八章"囊泡运输"相关内容。

现将物质的跨细胞膜转运方式总结于表 4-1。

表 4-1 物质的跨细胞膜转运方式

	单纯扩散	易化扩散		主动转运	膜泡运输	
		经载体	经通道		胞吞	胞吐
分子大小	小分子	小分子	离子	小分子	大分子、团块	大分子、团块
物质性质	脂溶性	非脂溶性	非脂溶性	均可	均可	均可
浓度梯度	高→低	高→低	高→低	低→高	进入细胞	排出细胞
是否耗能	顺势 不耗能	顺势 不耗能	顺势 不耗能	逆势 耗能	耗能	耗能
蛋白帮助	不需要	需要 载体蛋白	需要 通道蛋白	需要 "泵"蛋白	细胞膜运动	细胞膜运动
举例	O_2、CO_2	葡萄糖、氨基酸	K^+、Na^+、Ca^{2+}	Na^+-K^+ 泵	吞噬吸收	释放分泌

第三节　细胞膜异常与疾病

细胞膜作为界膜，为细胞进行能量、物质和信息交换等生命活动提供相对稳定的细胞内环境。组织中细胞的功能异常呈现出多种多样的形式，其中细胞膜的功能异常与多种疾病的发生密切相关。

一、细胞膜转运系统的异常与疾病

由于编码转运蛋白基因突变或表达异常，导致其数量或结构异常，从而引发各种疾病。

（一）载体蛋白异常疾病

1. 肾性糖尿病（renal diabetes）　是指在血糖及滤液内糖浓度正常的情况下，由于 Na^+ 驱动葡萄糖载体蛋白功能缺陷，近端肾小管对葡萄糖的重吸收发生障碍，导致尿中排出过量葡萄糖的疾病，通常由遗传因素引起。

2. 胱氨酸尿症（cystinuria）　一种常染色体隐性遗传病（autosomal recessive hereditary disease），其发病机制为转运胱氨酸的载体蛋白功能缺陷，导致近端肾小管重吸收胱氨酸减少。同时，与胱氨酸共用同一转运体的赖氨酸、精氨酸和鸟氨酸也会出现重吸收障碍，造成这些氨基酸从尿中大量丢失。胱氨酸尿症患者血中的胱氨酸及其他三种氨基酸浓度不升高，但肾对这些氨基酸的清除率却明显增高，尤其是胱氨酸的清除率高于正常 30 倍以上。

（二）通道蛋白异常疾病

囊性纤维病（cystic fibrosis）是一种由单一基因突变所导致的多系统功能障碍疾病。由于细胞膜上的氯离子转运通道蛋白异常，造成向细胞外转运的氯离子减少，氯离子和水不能进入分泌的黏液中，引起外分泌腺的分泌液黏稠，容易阻塞支气管并诱发感染，导致呼吸道炎症。

二、细胞膜受体异常病与遗传性受体病

（一）遗传性膜受体缺乏或功能异常疾病

家族性高胆固醇血症是一种遗传性动脉硬化性疾病，由于患者肝表面特异性的低密度脂蛋白受体（LDLR）数目减少或缺乏，导致肝有效清除 LDL- 胆固醇的能力下降，引起血清中胆固醇的水平持续升高，胆固醇沉积在血管壁上，诱发动脉硬化。另一种常见的受体疾病是胰岛素抗性糖尿病（insulin-resistant diabetes mellitus），患者血中的胰岛素水平升高，血糖升高主要是由于细胞膜上的胰岛素受体的数量减少或亲和力降低。

> **框 4-2　胰岛素抵抗**
>
> 胰岛素抵抗是指各种原因使胰岛素促进葡萄糖摄取和利用的效率下降，机体代偿性地分泌过多胰岛素，产生高胰岛素血症，以维持血糖的稳定。胰岛素抵抗易导致代谢综合征和 2 型糖尿病。

（二）抗细胞膜受体的自身免疫病

在自身免疫病（autoimmune disease）中，有一类是患者产生抗自身特定膜受体的抗体，此抗体通过与膜受体结合而将其封闭，从而影响受体的正常功能而导致疾病。如重症肌无力（myasthenia gravis），是由于患者体内产生乙酰胆碱受体的抗体，此抗体损害神经 - 肌肉接头的突触后膜上的乙酰胆碱受体（AChR），使其数目减少，导致神经 - 肌肉接头传递障碍，因而是一种获得性的自身免疫病。

> **框 4-3　自身免疫病**
>
> 正常情况下，人体免疫系统对自身成分不会产生反应，称为自身免疫耐受。自身免疫病是机体自身免疫耐受机制失调或破坏，导致自身组织器官损伤或出现功能异常的免疫病理状态。

三、细胞膜骨架异常与遗传病

除经典的细胞骨架微管、微丝及中间丝外，细胞中还存在膜骨架系统。目前研究较为透彻的是红细胞膜内表面由周边蛋白构成的膜骨架。以血影蛋白纤维为基础的膜骨架系统,赋予红细胞强大的可逆形变能力,不仅能够维持红细胞的特殊结构,还能够抵御红细胞穿越毛细血管时的挤压力,维持红细胞的完整性,并能够通过控制膜蛋白的聚集和分布调节细胞对各种信号的反应与传导。

膜骨架周边蛋白的异常与遗传性溶血性贫血的发生相关,涉及引起多种血影蛋白或锚蛋白结构功能改变的基因突变。如遗传性球形红细胞增多症(hereditary spherocytosis,HS)是由于缺乏跨膜蛋白或锚定蛋白,导致双层膜与膜骨架的锚定减少,使膜凝聚力下降;遗传性椭圆形红细胞增多症(hereditary elliptocytosis,HE)是由于血影蛋白的四聚体组装异常或连接复合物异常,引起横向相互作用减少所致;遗传性卵圆形红细胞增多症(hereditary ovalocytosis)是由于带 3 基因突变导致细胞质结构域与膜骨架形成额外的联系,从而干扰了膜变形所必需的血影蛋白二维网络的结构重排,导致膜刚性增强。这些患者体内的红细胞由于膜骨架异常,无法正常行使其支持膜脂的功能,导致红细胞失去双凹盘状外形,细胞膜脆性增加,可逆形变能力降低,通过比自身直径小的脾微循环时易滞留破碎,被吞噬细胞吞噬后引发溶血性贫血。

四、细胞膜功能异常与肿瘤及衰老

(一)肿瘤细胞膜组分的改变

肿瘤发生过程中,肿瘤细胞无节制的生长特性及其所获得的侵袭能力与其细胞膜多种表型的改变密不可分。其中,肿瘤细胞膜糖蛋白和糖脂含量发生变化,与肿瘤的生长、转移和肿瘤微环境密切相关。

1. 细胞膜糖蛋白的改变

(1)细胞膜糖蛋白的丢失:肿瘤细胞表面的高分子量糖蛋白丢失,导致糖蛋白与细胞表面蛋白质距离增大,表面结构重新组合,引起糖基转移酶(glycosyltransferase)与基质接近,癌细胞可通过不依赖细胞的接触方式而进行顺式的糖基化作用,从而失去接触抑制现象。

(2)细胞膜糖蛋白的糖链分支改变:恶性肿瘤细胞膜最常见的变化是糖链中唾液酸、岩藻糖和 N-糖基化分支均明显增加。在转移癌细胞表面的唾液酸含量显著增加,掩盖膜表面抗原决定簇,为肿瘤细胞逃避免疫监视提供条件。

(3)细胞膜合成新的糖蛋白:恶性肿瘤细胞表面会有新的糖蛋白出现,如一种分子量为 100kD 的 gp100,具有胰岛素样受体的作用,有利于癌变细胞的生长。

2. 细胞膜糖脂的改变　糖脂存在于细胞膜上,不同细胞的糖脂种类不同,膜糖脂中以鞘糖脂最为重要,它是组成动物细胞膜的结构及完成其功能的主要成分。

(1)鞘糖脂合成障碍:由于单一或复合糖基转移酶活性下降,导致糖支链的合成能力降低,以致某些特殊糖脂消失。

(2)新糖脂合成:许多肿瘤细胞能合成自己独特的新糖脂,或将自身的糖脂转化为另一种糖脂。这种新糖脂可作为癌抗原,对肿瘤细胞有保护作用。

(3)糖脂反应异常:正常的细胞接触时,可促进细胞膜合成细胞型非特异性糖脂,具有密度依赖性生长抑制作用,而癌细胞失去了这种抑制作用,这是恶性肿瘤细胞无节制生长的重要原因之一。

(4)隐匿性糖脂的暴露:质膜糖脂具有隐匿性,肿瘤细胞可以使正常时处于隐匿性的鞘糖脂显现出来,从而更易于与外来的配体结合。

3. 细胞表面酶的改变　肿瘤细胞表面的糖基化酶的表达和活性发生改变,是恶性肿瘤发生的普遍性特征。糖基化是指在酶的作用下,蛋白质和脂类附加上糖类的过程。糖蛋白和糖脂的聚糖结构通过糖基化来完成。肿瘤相关的聚糖改变是由于携带特定聚糖结构的糖蛋白合成增加、核苷酸糖供体浓度的变化、糖基转移酶和糖苷酶的异常表达所致。肿瘤的糖生物学与肿瘤的发生和转移密切相关,如唾液酸化结构和 Tn 抗原等,在肿瘤的发生和发展中有重要意义。

4. **细胞膜受体的改变** 恶性肿瘤细胞的膜受体常有改变。例如,人肺腺癌细胞表面的表皮生长因子受体(epidermal growth factor receptor,EGFR)常发生突变,且高于正常细胞数倍;肿瘤细胞表面的纤粘连蛋白(fibronectin,FN)受体显著减少,使细胞黏着力降低;正常细胞膜的层粘连蛋白受体通常只分布在基底面,而晚期转移癌细胞表面的层粘连蛋白受体增加,且分布于整个细胞表面,有利于肿瘤细胞和层粘连蛋白结合、转移和浸润;肿瘤细胞表面凝集素受体含量增加,如肝癌细胞表面出现正常细胞没有的菜豆凝集素(PHA)受体。

小测试4-8:肿瘤细胞膜组分的主要改变有哪些?

5. **细胞膜抗原性的改变** 肿瘤细胞膜抗原性的改变主要表现在膜抗原的消失和异型抗原的产生。例如,红细胞、血管内皮、鳞状上皮和柱状上皮等细胞均携带 ABO 抗原,若这些细胞因为恶变导致肿瘤发生,原有的 ABO 抗原消失,还可能出现新的异型抗原。正常胃黏膜细胞表面只有单一的 O 型或 B 型抗原,而在胃癌细胞表面出现 A 型抗原,可能与某些糖基转移酶的活性改变有关。一些肿瘤细胞表面可出现特异性抗原,如肝癌患者血清中 AFP 水平升高,肠癌患者血清和肿瘤细胞膜上出现癌胚抗原(CEA)。

(二)肿瘤细胞表面结构与功能的改变

1. **细胞膜通透性改变** 肿瘤细胞的环腺苷酸(cyclic adenosine monophosphate,cAMP)水平一般低于正常细胞,导致恶性肿瘤细胞膜的通透性增加,不但为肿瘤细胞的快速生长提供了营养物质,也通过蛋白酶外漏,破坏周围组织而增强了肿瘤的浸润和转移能力。

2. **细胞膜黏合力降低** 肿瘤细胞的表面组分改变和细胞连接减少,使细胞失去原来正常细胞所具有的细胞间的黏着和接触抑制作用,导致肿瘤细胞彼此间的黏附和亲和力下降,通过以下几个机制实现:

(1)肿瘤细胞表面的特化结构(cell surface specialized structure)发生改变:紧密连接消失、细胞侧面的通透性改变、缝隙连接减少和细胞通讯中断,导致细胞间的调控作用减弱;与黏附作用相关的基因发生突变、缺失和重排等,比如 E-cadherin 和 CD44 等蛋白质的表达异常。

(2)肿瘤细胞表面电荷发生变化:由于肿瘤细胞表面的酸性黏多糖和蛋白质的侧链电荷等增加,特别是唾液酸的含量增加,使细胞表面呈现较高的负电荷性,导致肿瘤微环境发生改变,细胞的黏着力下降。

(3)纤粘连蛋白表达降低:纤粘连蛋白在细胞内合成后被分泌到细胞表面,在细胞和细胞外基质之间的黏着斑形成中起中介作用。肿瘤细胞合成纤粘连蛋白的能力降低,导致肿瘤细胞之间或癌细胞与起源组织之间的黏着力降低。

(4)纽带蛋白表达降低:纽带蛋白(vinculin)是参与黏着斑形成的多种蛋白之一,能固定微丝到细胞膜上,形成黏着斑。肿瘤细胞的纽带蛋白表达减少,一些肿瘤细胞中 *src* 基因产物 p60 增高会使纽带蛋白磷酸化,使其构象发生改变,锚定微丝束的能力降低,从而破坏黏着斑的形成,导致肿瘤细胞与细胞外基质的黏附能力下降。

3. **跨膜信号转导紊乱** 肿瘤发生时,细胞膜受体所介导的多种跨膜信号转导(transmembrane signal transduction)通路存在异常,包括表皮生长因子(epithelial growth factor,EGF)、血管内皮生长因子(vascular epithelial growth factor,VEGF)以及血小板衍生生长因子(platelet derived growth factor,PDGF)等介导的信号通路。其中,表皮生长因子受体基因突变导致 EGFR 介导的受体酪氨酸激酶(receptor tyrosine kinase)通路过度激活在肿瘤中极为常见。由于 EGFR 基因发生点突变,使得 EGFR 在多种恶性肿瘤(如神经胶质细胞瘤、乳腺癌、肺癌、卵巢癌、头颈部鳞

小测试4-9：肿瘤细胞表面结构与功能会发生哪些改变？

癌、宫颈癌、食管癌等）发生过度活化，特别是在非小细胞肺癌（non-small cell lung cancer）患者中，常检测到EGFR基因在第19和第21外显子发生点突变，成为临床进行靶向治疗的依据。

（三）细胞膜与衰老

细胞衰老后，细胞膜的磷脂含量降低，胆固醇与磷脂比值升高，细胞膜由液晶态转变为凝胶态或固态，膜脂的流动性降低，膜脂分子和膜蛋白分子的运动受限；衰老的细胞容易受机械刺激而出现裂隙，导致细胞膜的选择性通透功能受损和通透性增高。此外，细胞膜的蛋白数量、蛋白质在细胞膜内外的分布以及蛋白聚糖的组成及其唾液酸化的修饰等也发生相应改变，影响膜蛋白的正常结构和功能。

小 结

细胞膜主要由脂质、蛋白质和糖类组成。脂质是细胞膜的主要组成部分，构成膜的基本骨架。膜蛋白决定细胞膜的不同特性和功能，包含外周蛋白、内在蛋白和脂锚定蛋白，内在蛋白采用α-螺旋或者β-片层的结构方式进行插膜。只有了解膜蛋白的三维结构，才能了解膜蛋白结构与功能的关系，从而进一步理解膜蛋白三维结构研究对阐明疾病的发病机制及对新药研发的重要意义。

跨细胞膜的物质转运方式分为主动转运和被动转运。主动转运是逆浓度差转运物质的方式，需要消耗能量。被动转运则是物质顺浓度差或电位梯度从高浓度到低浓度的转运，不需要消耗能量。膜泡运输包括出胞和入胞两种形式，是大分子和颗粒物质进出细胞的方式，需要消耗能量。

细胞膜的结构和（或）功能异常与多种疾病的发生密切相关，如肿瘤、肾性糖尿病、胱氨酸尿症、自身免疫病等。

参考答案

整合思考题

1. 根据脂质分子结构、脂质分子聚集状态和膜相变以及脂筏所富含的重要膜蛋白等知识，解析脂筏为何具有特殊的膜结构和功能？
2. 根据所学知识分析：机体在低温、缺氧或者使用代谢抑制剂等时，会影响细胞的钠-钾泵活动，请问这时钠-钾泵活动会对细胞的电活动（如静息和动作电位）产生影响吗？如何影响？
3. 利用药理学手段（如河豚毒素TTX）阻滞钠通道后，细胞可能出现哪些变化？
4. 腹泻患者经常需要口服糖盐水（含葡萄糖和氯化钠）而非单纯生理盐水来防止脱水，原因是什么？
5. 根据所学知识分析：肿瘤发生过程中，细胞膜表面结构与功能可能出现哪些异常改变？这些异常改变对细胞的功能有哪些影响？

（韦日生　李　烁　甄红英　卓　巍）

第五章　细胞表面与细胞微环境

导学目标

通过本章内容的学习，学生应能够：

※ **基本目标**
1. 说明细胞表面的主要结构与组成分子在生命活动中所起的作用。
2. 分析细胞表面与微环境相互作用的主要方式及其生理与病理意义。
3. 解释细胞表面损伤与疾病的关系。

※ **发展目标**
1. 根据细胞表面与微环境的特征性变化，区分正常与病变过程，解释有关疾病的发病机制，推导其防治原则。
2. 运用生物尺度律，推导和归纳同种与异种个体间生理和药理参数的换算公式，并解释其原理。

案　例

男童5岁，步态不稳，行走时踮脚，常跌倒，并常便秘、尿床。体检见翼状肩，腓肠肌明显肥大，Gowers征阳性。化验见高肌酸激酶血症。询问家长后得知男童有一健康姐姐，但其母的弟弟约10余岁时瘫痪，后离世。家长迫切希望治愈此病。医生说先服用一些辅助治疗的药，能否治愈需进行基因检测才能判断。在发现患儿母亲也有腓肠肌肥大后，医生建议她到心血管和肿瘤科检查。

问题：

1. 男童所患疾病属于哪类遗传病？其突变基因是什么？病变涉及的组织器官与临床症状和体征有何关联？该病的分子和细胞发病机制是什么？化验检测的是何种生物标志物？

2. 医生对患儿母亲的建议有何依据？怎样解释女性发病与该遗传病类型的矛盾？有哪些辅助治疗药物和基因突变特异性疗法？

案例解析

第一节　细胞表面的结构

细胞表面（cell surface）泛指细胞与外环境相接触的表面，是细胞与外界传递和交换物质、

能以"刷脸"方式对细胞进行身份认证吗?

能量和信息的场所。细菌与植物细胞的细胞壁，以及各种生物的细胞表面特化结构，如鞭毛等都可看作细胞表面结构的组成部分。细胞表面是质膜在结构中功能上的扩展，它保护细胞，使细胞有一个相对稳定的内环境；负责细胞内外的物质和能量交换，进行细胞识别、通信和信号转导、参与细胞运动，以及维持细胞的各种形态，并且与免疫、癌变都有十分密切的关系。多细胞动物中细胞与细胞、细胞与细胞外基质按一定的排列形成组织，亦与细胞表面有关。完整的细胞表面由外向内包含3层结构：细胞外被（cell coat）、质膜和细胞皮质（cell cortex）。

一、细胞外被

细胞外被是质膜外表面的覆盖物，普遍存在于原核与真核细胞。细胞外被富含糖类，故又称糖萼（glycocalyx）（图 5-1）。糖萼的主要成分为糖缀合物（glycoconjugate），是由糖类与非糖分子通过糖苷键共价结合而成的分子，包括糖蛋白、蛋白聚糖、糖脂和糖 RNA。糖萼还包含与蛋白质非共价结合的聚糖，如存在于所有脊椎动物的透明质酸。糖蛋白和糖脂的糖链可通过共价键形成支链，所以排列方式多样。人类细胞的糖萼由 11 种单糖构成多种糖链，携带大量生物信息，并富含唾液酸、糖醛酸、硫酸化糖等带负电荷的基团。在紧密连接处，一般无细胞外被。消化道、呼吸道、生殖腺等上皮组织的细胞外被有助于润滑，防止机械损伤，同时又可保护上皮组织不受消化酶的作用和细菌的侵袭。

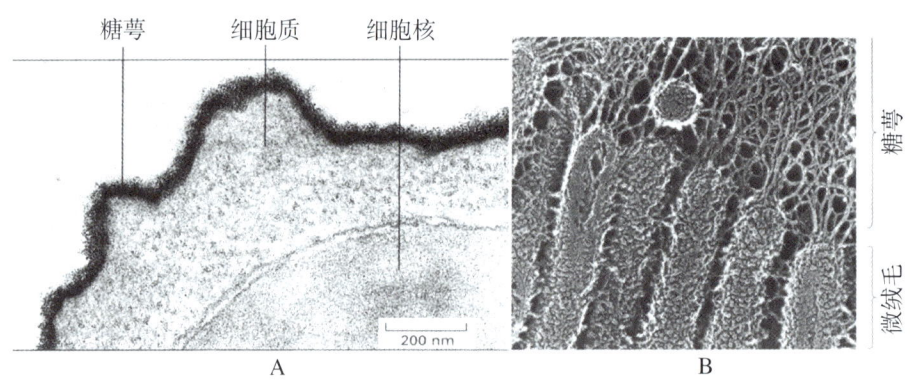

图 5-1 糖萼的电镜图像

A．钌红染色法显示的糖萼（引自 NIH 网站 Bookshelf 专栏：Alberts. et al. Molecular biology of the cell. New York：Garland Publishing. 4th ed.，2002. p612 见 https：//www.ncbi.nlm.nih.gov/books/NBK21054）；

B．深度蚀刻法显示的小肠上皮细胞微绒毛及其上的糖萼（引自 Lodish H. Molecular Cell Biology. 7th ed. New York：W.H. Freeman & Company，2012.）

框 5-1　细菌、真菌和植物的细胞外被与糖萼

这些生物的质膜外侧均有富含多糖的细胞壁及其附属结构，为广义细胞外被。但习惯上将细菌细胞壁作为独立概念，而将细胞壁外侧的附属结构特称为糖萼，包括荚膜（capsule）和黏液层（slime layer，见于无荚膜细菌）；亦有人将细菌生物被膜（biofilm）多糖称为糖萼。益生菌糖萼有保健作用，如酸奶菌株的糖萼既赋予了酸奶的黏稠口感，又提供了多方面的保健作用。致病菌糖萼可用来制备疫苗，如肺炎链球菌 23 价荚膜多糖疫苗。植物细胞外被是膳食纤维的来源。

细菌的糖萼在科学研究和生产实践中都有较多的应用：①用于菌种鉴定。②用作药物和生化试剂。如肠膜明串珠菌的糖萼可用于提取葡萄糖以制备生化试剂和"代血浆"，例如，我国学者在1958年从桃皮上分离的1226优良菌株就用于长期生产代血浆（右旋糖酐注射液）。③用作工业原料，如野油菜黄单胞菌的糖萼（黏液层）可用于提取一种用途极广的胞外多糖——黄原胶，已被用于石油开采中的钻井液添加剂以及印染和食品等工业中。④用于污水的生物处理，例如形成菌胶团的细菌，有助于污水中有害物质的吸附和沉降。

二、细胞皮质

（一）概念

细胞皮质是与质膜的胞质侧紧密结合的一层凝胶状物质，富含膜外周蛋白和组装成纤维网状的蛋白如F-actin，这些网状的蛋白质与跨膜糖蛋白的胞内区紧密结合，构成质膜的支架，因此被特称为"皮质细胞骨架"。细胞皮质的主要功能包括：①加固和保护质膜，并在膜出现局部破损时参与修复作用；②胞质溶胶（cytosol）中的蛋白质常被募集（recruit）到皮质，与活化的膜受体结合，参与信号转导，进而调控多条信号通路；③诱导细胞极性，维持细胞形态，参与细胞的变形和运动；④参与入胞和出胞作用，并可调控细胞表面重塑（remodeling），如凸起、凹陷、膜融合等；⑤皮质区亦可募集mRNA，有助于在局部高表达相关蛋白，参与细胞分裂和细胞凋亡等过程。

细胞皮质内还可出现与质膜紧密结合的内质网，称为内质网-质膜连接（ER-PM junctions），是调控内质网与胞质溶胶中Ca^{2+}浓度的重要装置，可响应膜电位变化，参与肌肉收缩、炎症及免疫反应等过程。非典型线粒体亦可紧连质膜，促进细胞释放ATP。

（二）皮质细胞骨架

皮质细胞骨架（cortical cytoskeleton）是由细胞皮质内的肌动蛋白、分隔蛋白、微管蛋白等成分组装成的纤维束与纤维网，可加固质膜，诱导细胞表面重塑，调控细胞的黏附、连接、极性、迁移、分裂和死亡等过程。主要类型如下。

1. 皮质肌动蛋白纤维 细胞皮质富含肌动蛋白纤维（F-actin）即微丝，并与血影蛋白（spectrin）和锚蛋白（ankyrin）超家族的微丝相关蛋白质（microfilament-associated proteins，MAPs）共同组装成纤维束与纤维网。荧光标记的鬼笔环肽可特异结合F-actin，显示细胞皮质。红细胞的F-actin与血影蛋白、锚蛋白、带3蛋白、血型糖蛋白等共同组装成红细胞膜骨架，使得红细胞呈现双凹盘状。

2. 皮质分隔蛋白纤维（septin fibers，SF） SF是由分隔蛋白（septins）组装成的第4种细胞骨架纤维，直径约5 nm。分隔蛋白为小GTP酶，人类有13个基因，编码产物可组装成异6或异8聚体，进而组装成束状、网状、环状SF。SF的功能是将质膜和细胞质分隔成不同区室与结构域，并引导细胞器的运动，调控质膜和细胞器膜的拓扑结构。分隔蛋白一方面通过其多碱性结构域与质膜内叶带负电的磷脂酰肌醇结合，另一方面与肌球蛋白Ⅱ结合，后者牵引F-actin滑动，调控质膜重塑，抵抗外力挤压与牵拉。环状SF围绕在细胞表面各种突起与凹陷的根部，调控其形态结构，并分隔其膜域。

3. 皮质微管 细胞皮质的不同区域可分别固定中心体微管的正极端，或非中心体微管的正、负极端。骨骼肌与心肌的皮质微管组装成与质膜平行的正交网格。凋亡细胞与皮肤角质形成细胞的皮质微管组装成茧状。

三、细胞表面的特化结构

细胞表面某些区域有特定的形态、分子组成与功能,此即细胞表面的特化结构,包括细胞连接(详见第二十四章)和下述相对独立的特化结构。

(一)以微丝为支架的特化结构

根据形态分类可主要分为凹陷型和凸起型两类。皮质内的 BAR 结构域蛋白(BAR domain protein)超家族感知和诱导细胞表面凹陷与凸起,并介导微丝装配:N-BAR、F-BAR 家族诱导凹陷;I-BAR(inverse-BAR)家族诱导凸起。①凹陷型结构:统称为膜内褶(invaginations),如骨骼肌与心肌细胞的 T 管。光感受器细胞上的受光膜盘则由膜内褶发育而成。②凸起型结构:有微绒毛(microvillus)、伪足(pseudopodia)、膜皱襞(membrane ruffles)等。微绒毛常见于上皮细胞,长约 1 μm,直径约 80 nm,可显著增加细胞表面积。内耳毛细胞上有 30～300 根粗大、刚硬的微绒毛,即听毛(stereocilia),长 5～10 μm,是听觉感受器。片状伪足(lamellipodia)参与细胞运动与吞噬。细胞线(cytoneme)是一种细长的通信丝状伪足(signaling philopodia)。膜皱襞内卷导致巨胞饮(macropinocytosis)。

(二)以微管为支架的特化结构

这类特化结构有原纤毛(primary cilium)、结纤毛(nodal cilium)、鞭毛(flagellum)、常规动纤毛(motile cilia)、感觉纤毛(sensory cilia)以及基于微管的纳米管与棘突等。原纤毛是具有"9×2+0"微管轴丝的静止纤毛,长约 5 μm,普遍存在于 G0 期细胞上,每个细胞只有一根,能感受化学信号与机械刺激。结纤毛存在于胚结细胞,可做顺时针旋转,引发胚胎发育的左右不对称性。常规动纤毛仅存在于呼吸道黏膜、室管膜、输卵管上皮和子宫内膜、输精管和曲细精管上皮,具有"9×2+2"微管轴丝,长度 5～10 μm,直径 0.25 μm,每个细胞有多根。嗅觉、视觉、听觉均与感觉纤毛有关。纤毛与鞭毛异常所致疾病统称为纤毛病(ciliopathies)。

框 5-2　由纤毛驱动的人源生物机器人(Anthrobot)

能否用人体细胞构建可在体内移动、并能完成特定诊断与治疗任务的微型生物机器人(biobot)?近期发表在 Advanced Science 上的一篇论文(https://doi.org/10.1002/advs.202303575)向实现这一梦想迈出了重要一步。2023 年 12 月 6 日《科技日报》(可在中国科技网上查阅:http://www.stdaily.com)以"医疗工具研发史上一个崭新的起点——人类细胞造出了微型生物机器人"为题,报道了上述研究。这项工作由 Tufts 大学的 Levin 团队主持,他们将来自正常人的支气管上皮细胞以分散的种子细胞形式,种植于细胞外基质提取物 Matrigel 中,经过类器官(organoid)培养过程,种子细胞增殖和分化成包含几百个细胞的球状体(spheroid);随后经低黏度培养液的诱导分化,支气管上皮细胞的纤毛从球状体内部翻转到外部,此时球状体可在纤毛的驱动下快速移动。作者将这种具有自主移动能力的球状体命名为 Anthrobot。预计由活细胞构建的生物机器人在标记和修复损伤组织、靶向递送特定药物、定点修复缺陷基因等多个方面都将大显身手。这些生物机器人可存活近 2 个月,并在完成任务后被机体吸收,与正常组织高度兼容。

（三）其他特化结构

陷窝（caveolae）是细胞表面直径 60～80 nm 的 "U" 形或 "Ω" 形凹陷，其结构分子为陷窝蛋白（caveolin）。网格蛋白包被小窝（clathrin-coated pits）是直径约 100 nm 的 "U" 形或 "Ω" 形凹陷。窗孔（fenestrae）是穿越胞体的小孔，由内皮细胞腔面与底面质膜融合而成。

第二节　细胞表面与微环境的相互作用

细胞的微环境（microenvironment）是指细胞表面所接触的其他细胞、细胞外基质与体液环境的总称。细胞既可受微环境影响，改变自身状态，又可通过其表面重塑微环境的理化与生物学特征。微环境中的理化因素如氧化还原状态、电场、pH 值、渗透压、作用力、温度、光子等，生物学因素如营养与代谢物、激素、神经递质、细胞因子（cytokines）、细胞黏附分子（cell adhesion molecules，CAMs）、纳米颗粒与囊泡、共生菌群等，均通过细胞表面被人体细胞感受与响应。

一、几类介导细胞表面与微环境相互作用的蛋白质

（一）细胞因子

细胞因子是指以内分泌或旁分泌的方式进入微环境并作用于膜受体的可溶性小蛋白质，其在微环境中通常具有浓度梯度，根据其效应可归属于生长因子、趋化因子、炎症因子、免疫因子、形态发生素等多种类型。细胞因子是一类特殊的信号分子，是由免疫细胞（如单核-巨噬细胞、T 细胞、B 细胞、NK 细胞等）和某些非免疫细胞（内皮细胞、上皮细胞、成纤维细胞等）分泌的一类具有广泛生物学活性的小分子蛋白质，它们通过与相应的受体结合而发挥对细胞行为（如免疫反应、血管生成、损伤修复等）的调节作用。在肿瘤微环境中，细胞因子与其相应配体特异性结合后可促进肿瘤的发生、发展及转移。

细胞因子根据主要功能的不同，主要分为以下几类。

(1) 白细胞介素（interleukin，IL）：由淋巴细胞、单核细胞或其他非单个核细胞产生的细胞因子，在细胞间相互作用、免疫调节、造血以及炎症过程中起重要调节作用，凡命名的白细胞介素的 cDNA 基因克隆和表达均已成功，目前已报道 IL-1～IL-37。

(2) 集落刺激因子（colony-stimulating factor，CSF）：根据不同细胞因子刺激造血干细胞或分化不同阶段的造血细胞在半固体培养基中形成不同的细胞集落，分别命名为 G（粒细胞）-CSF、M（巨噬细胞）-CSF、GM（粒细胞、巨噬细胞）-CSF、Multi（多重）-CSF（IL-3）、SCF、EPO 等。不同 CSF 不仅可刺激不同发育阶段的造血干细胞和祖细胞增殖的分化，还可促进成熟细胞的功能。

(3) 干扰素（interferon，IFN）：1957 年发现的细胞因子，最初发现某一种病毒感染的细胞能产生一种物质干扰另一种病毒的感染和复制，因此而得名。根据干扰素产生的来源和结构不同，可分为 IFN-α、IFN-β 和 IFN-γ，它们分别由白细胞、成纤维细胞和活化 T 细胞所产生。各种不同的 IFN 生物学活性基本相同，具有抗病毒、抗肿瘤和免疫调节等作用。

(4) 肿瘤坏死因子（tumor necrosis factor，TNF）：最初发现这种物质能造成肿瘤组织坏死而

得名。根据其产生来源和结构不同，可分为 TNF-α 和 TNF-β 两类，前者由单核-巨噬细胞产生，后者由活化 T 细胞产生，又名淋巴毒素（lymphotoxin，LT）。两类 TNF 基本的生物学活性相似，除了杀伤肿瘤细胞，还参与免疫调节、发热和炎症的发生。大剂量 TNF-α 可引起恶病质，因而 TNF-α 又名恶病质素（cachectin）。

(5) 转化生长因子-β 家族（transforming growth factor-β family，TGF-β family）：由多种细胞产生，主要包括 TGF-β1、TGF-β2、TGF-β3 以及骨形成蛋白（BMP）等。

(6) 趋化因子家族（chemokine family）：包括两个亚族：① C-X-C/α 亚族，主要趋化中性粒细胞，主要的成员有 IL-8、黑素瘤细胞生长刺激活性因子（GRO/MGSA）、血小板因子-4(PF-4)、血小板碱性蛋白、蛋白水解来源的产物 CTAP-Ⅲ 和 β-thromboglobulin、炎症蛋白 10（IP-10）、ENA-78；② C-C/β 亚族，主要趋化单核细胞，这个亚族的成员包括巨噬细胞炎症蛋白 1α（MIP-1α）、MIP-1β、RANTES、单核细胞趋化蛋白-1（MCP-1/MCAF）、MCP-2、MCP-3 和 I-309。

(7) 其他细胞因子：如表皮生长因子（EGF）、血小板衍生生长因子（PDGF）、成纤维细胞生长因子（FGF）、肝细胞生长因子（HGF）、胰岛素样生长因子-Ⅰ（IGF-Ⅰ）、IGF-Ⅱ、白血病抑制因子（LIF）、神经生长因子（NGF）、抑瘤素 M（OSM）、血小板衍生内皮细胞生长因子（PDECGF）、转化生长因子-α（TGF-α）、血管内皮细胞生长因子（VEGF）等。

（二）细胞黏附分子

细胞黏附（cell adhesion）是指相邻细胞彼此黏着，或细胞黏着于细胞外基质上的现象。细胞黏附分子（cell adhesion molecule，CAMs）是引起细胞黏附的细胞表面分子，可介导细胞之间或细胞与细胞外基质之间的亲和性作用，在细胞与其微环境之间实现作用力与信息的双向传递。CAMs 有跨膜糖蛋白、GPI-anchored 蛋白、氨基聚糖、糖脂等类型，在细胞的极化与分化、识别与通信、炎症与免疫应答等过程中发挥关键作用。

黏附分子根据其结构特点可分为整联蛋白家族、选择素家族、免疫球蛋白超家族、钙黏蛋白家族，此外还有一些尚未归类的黏附分子。

(1) 整联蛋白家族：整联蛋白家族都是由 α、β 两条链（或称亚单位）经非共价键连接组成的异源二聚体。至少有 14 种 α 亚单位和 8 种 β 亚单位，因而分子众多，以 β 亚单位为依据可将整联蛋白家族分为 8 个组。组织分布十分广泛，一种整联蛋白可分布于多种细胞，同一种细胞也往往有多种整联蛋白的表达。某些整联蛋白的表达有显著的细胞类型特异性。整联蛋白分子的表达水平可随细胞分化和生长状态发生改变。

(2) 免疫球蛋白超家族（IgSF）：在免疫系统以及神经系统和其他生物学系统中，许多参与抗原识别或细胞间相互作用的分子具有与 Ig 相似的结构特征，即具有 1 个或多个 IgV 样或 C 样结构域。这些种类繁多、分布广泛、识别功能多样的分子称为免疫球蛋白超家族。黏附分子中 IgSF 识别的配体多为 IgSF 分子和整联蛋白家族分子。

(3) 选择素家族：选择素为 Ⅰ 型膜分子，其胞膜外凝集素（CL）结构域可以结合某些糖类，是选择素结合配体的部位。选择素识别的是一些寡糖基团，主要是唾液酸化的路易斯寡糖或类似结构分子。选择素家族有 L-选择素（CD62L）、P-选择素（CD62P）和 E-选择素（CD62E）三个成员，主要表达于白细胞、内皮细胞和某些肿瘤细胞表面。

(4) 钙黏蛋白家族：钙黏蛋白是一类钙离子依赖的黏附分子家族。钙黏蛋白在维持实体组织的形成以及在生长发育过程中细胞选择性的相互聚集、重排方面有重要作用。钙黏蛋白为 Ⅰ 型膜分子。与免疫学关系密切的钙黏蛋白有 E-cadherin、N-cadherin 和 P-cadherin。

(5) 其他黏附分子：如外周淋巴结地址素（peripheral node addressin，PNAd）、皮肤淋巴细胞相关抗原（cutaneous lymphocyte-associated antigen，CLA）和 CD44 等。

（三）凝集素

凝集素（lectin）是广泛分布于各种病毒、细菌、真菌、植物、无脊椎动物和高等动物中的能结合糖的蛋白质。人们最早发现来自植物的某些蛋白质能凝集红细胞（含血型糖抗原），故名凝集素。常用于糖链检测的凝集素通常以其被提取的植物命名，如刀豆素 A（conconvalina A，ConA）、麦胚素（wheat germ agglutinin，WGA）、花生凝集素（peanut agglutinin，PNA）和大豆凝集素（soybean agglutinin，SBA）。凝集素与糖类的特异结合依赖于糖识别结构域（carbohydrate recognition domain，CRD）。凝集素肽链上可串联多个 CRD，或形成二聚体至多聚体，故此凝集素与糖链的结合呈多价性，并常产生交联，引起细胞凝集与黏附，或激活/抑制特定信号通路。

人体细胞表面与微环境中常见的凝集素家族可按与糖结合的特异性、分子结构、结合位点及其功能进行分类。一般可分为 C-型凝集素、S-型凝集素、I-型凝集素和正五聚蛋白等。C-型凝集素是 Ca^{2+} 依赖的凝集素；S-型凝集素是特异性识别 β-半乳糖苷键的凝集素；I-型凝集素是类似免疫球蛋白的凝集素；正五聚蛋白（pentraxins）是有 5 个亚基的凝集素。几乎所有细胞因子均有凝集素活性，可结合细胞表面和微环境中的糖链，这有助于形成浓度梯度，并调控其受体的活化。

病毒、细菌、真菌、寄生虫等病原体表达的凝集素可识别人体细胞的糖萼，引发感染；而病原体的糖链又与人体迥异，可作为病原体相关分子模式（pathogen-associated molecular patterns，PAMPs），被人体细胞的模式识别受体（pattern recognition receptors，PRRs）识别，激活固有免疫应答。多种 PRRs 如 Toll 样受体（Toll-like receptors，TLRs）具有凝集素活性。相反，细胞自身的糖萼是免疫豁免的标志，即携带自身相关分子模式（self-associated molecular patterns，SAMPs）。SAMPs 可被结合唾液酸的 I 型凝集素（siglecs）与半乳凝素（galectins）等免疫检查点（immune checkpoint）分子识别，抑制免疫活化；经典免疫检查点分子 PD-1 亦为凝集素，可识别 PD-L1 的 N-聚糖上的多乳糖胺链。但病毒与肿瘤细胞却可通过激活免疫检查点逃避免疫监视。

凝集素最大的特点是能识别糖蛋白和糖脂中，特别是位于微环境、细胞外被、内膜系统细胞器的各种糖缀合物上的糖链。凝集素在无脊椎动物血液中具有多种生物活性，可以选择凝集各种细胞，对肿瘤细胞有特异性凝集作用等，是免疫防御的重要体液因子之一。人们将凝集素与荧光素、酶、生物素、铁蛋白及胶体金等结合后，并不影响其生物活性，可用作光镜或电镜水平的荧光探针或组织化学探针，在探索细胞分化、增生和恶变的生物学演变过程，显示肿瘤相关抗原，以及对肿瘤的诊断评价等方面均有一定的价值。

二、细胞表面对微环境几大要素的调控

（一）氧化还原状态

细胞及其微环境氧化还原（简称氧还，redox）状态的调控是生物体生存的前提。人体细胞处于高度还原状态，各区室的氧化还原电位（redox potential）排序为：线粒体基质（-360 mV）＜细胞核（-300 mV）＜细胞质（-250 mV）＜内质网（-185 mV）＜细胞外液（-140 mV）；数值越低，表示还原力越强。提供还原力的物质在胞内主要为 NADPH 和还原型谷胱甘肽（GSH），在细胞外主要为半胱氨酸。维生素 C 与钒氧化物离子亦可提供部分还原力。细胞通过调控还原性物质的摄取与生成、转运与转化，维持细胞内外氧还电位梯度。微环境氧还电位降低引起膜蛋白二硫键解离，促进细胞增殖；反之，则促进分化。老化、凋亡与坏死细胞内外氧还电位差大幅下降。氧还状态与细胞昼夜节律（circadian rhythm）即生物钟高度耦联。

质膜上的 NADPH 氧化酶（NADPH oxidases，NOXs）是调控细胞表面与微环境氧还状态的枢纽。NOXs 胞内区可将 NADPH 氧化为 $NADP^+$，并提取和向质膜外泵出一个电子，将胞外 O_2 还原为超氧自由基 $O_2^{\cdot -}$，后者迅速转化为多种衍生物如 H_2O_2。自由基与 H_2O_2 等产物统称为活性氧类（reactive oxygen species，ROS）。细胞表面与微环境中的 ROS 既可防御病原微生物入侵，又可调控生理与病理过程。ROS 可氧化膜脂，并可修饰膜蛋白的巯基，促进二硫键形成。胞外 H_2O_2 浓度比胞内高上百倍，血浆 H_2O_2 浓度高达 5 μmol/L。胞外 H_2O_2 可经水通道（aquaporins）进入胞内，启动信号转导。胞外 H_2O_2 在 peroxidasin 催化下还可将 Br^- 氧化为 HOBr，后者引发基膜Ⅳ型胶原交联，保障上皮与内皮的完整性。粒细胞 NOXs 活化产生的 ROS 可激活蛋白质精氨酸脱氨酶 4（PAD4），将精氨酸残基转化为瓜氨酸（citrulline）残基，导致组蛋白正电荷减少，染色质拆散成 DNA 纤维网，胀破细胞，释放到胞外，成为 NETs（neutrophil extracellular traps）或 EETs（eosinophil extracellular traps），用以捕获、杀伤病原体，此过程称为网亡（NETosis）。检测瓜氨酸水平可用于诊断炎症与自身免疫病。

氧还状态的核心转录调控包括 NRF2 与 HIF 通路：① NRF2 即核转录因子红系 2 相关因子 2（nuclear factor，erythroid 2-related factor 2，即 NFE2L2），当其与胞质溶胶中的 KEAP1 结合时，活性被抑制；H_2O_2 等氧化剂或亲电物质可氧化或封闭 KEAP1 的巯基，导致 NRF2 释放入核，启动含抗氧化剂反应元件（antioxidant response elements，ARE）的多种基因转录，细胞得以抵御氧化应激。因此，适当浓度的 H_2O_2 有保护作用。② HIF 即缺氧诱导因子（hypoxia induced factor），氧分压下降及 ROS 等可阻止脯氨酰羟化酶（prolyl hydroxylase，PHD）对 HIF 的羟化所引发的 HIF 降解，HIF 入核启动多种抗缺氧基因的转录。NRF2 与 HIF 通路在增殖、分化及细胞病变过程中均有重要作用。

（二）生物电

生物体内的电子流与离子流构成生物电（bioelectricity）。电子流的驱动力为氧还反应与电压梯度；离子流的驱动力为离子泵与电化学梯度，后者由离子浓度与电压梯度共同决定。电压梯度表现为膜电位（membrane electrical potential），一般在 -100 ~ -10 mV 区间，负值表示质膜内侧电压低、负电荷多。干细胞与增殖细胞、癌细胞、迁移细胞、老化细胞的膜电位在 -50 ~ -10 mV 区间，即处于去极化状态；分化细胞则为超极化，在 -100 ~ -50 mV 区间。

DNA、RNA、蛋白质能否穿越质膜进入细胞内？

细胞表面对微环境 pH 值、渗透压、作用力的调控

微环境温度和光子与细胞的相互作用及其与昼夜节律的关系

细胞通过调控膜电位、电偶联（electrical coupling）及细胞旁通路（见第二十四章），构建微环境的生物电时空流动模式，调控细胞增殖、极化、昼夜节律、分泌、运动、老化、死亡等过程。膜电位与离子流的生成与调控依赖于 Na^+、K^+、Cl^-、H^+、Ca^{2+} 等多种离子的泵与通道。人类编码离子通道的基因多达 400 余种，多种通道异常均可引起生物电紊乱相关疾病，即通道病（channelopathies）。相邻细胞间的电偶联依赖于缝隙连接、胞间桥、细胞线等结构，可实现生物电的大范围整合。众多膜电位、电偶联、细胞旁通路的调控装置构成了生物电的逻辑电路，使得整个细胞表面具有芯片样信息处理能力，可自主学习与记忆，并调控表观遗传，在形态发生、器官重塑与再生、癌变等过程中发挥关键作用。某些毒素与药物虽非基因诱变剂，但可通过干扰膜电位或电偶联，导致发育缺陷或畸胎瘤。癌症发生是基因突变与微环境生物电异常共同作用的结果。携带强致癌性 *KRAS* 突变的细胞若处于正常生物电微环境中，其表型与正常细胞无异，据此可通过生物电调理防治癌症。

第三节　细胞表面与生物尺度律

所有能自主生存的生物都是由细胞构成的。在分类上属于不同纲或门的生物之间，同类细胞的大小和形态结构有显著差异；但同一纲或门内的不同生物，其同类细胞均高度相似。例如节肢动物的肝细胞远远小于哺乳动物的肝细胞；而在哺乳动物，鼩鼱和大象的肝细胞在大小、形态结构和功能等方面均高度相似。鼩鼱和大象巨大的形体差异不是由各脏器细胞的体积和功能差异造成的，而是由细胞数目的巨大差异造成的。既然细胞数目与哺乳动物不同物种的形体大小有直接关联，那么各物种的众多生命指标如生长速度、基础代谢率、预期寿命等，是否遵循某种按数值成比例放大的规律？答案是肯定的，人们将这类规律统称为尺度律（scaling law）或标度律。

一、尺度律与生物尺度律的数学表述

（一）尺度律的基本概念

尺度律是描述物体或事物的某项特征与其尺度大小之间定量关系的规律与经验公式，在物理、化学、生命科学与医学、人工智能、社会科学如经济学等领域均有广泛应用。尺度律满足以下普适方程：

$$Y = aW^b$$

上式中，Y 为某种指标或变量，W 为按某种计量单位（即尺度）如长度、体积、重量、数目等测得的数值，a 为异速系数，b 为异速指数。在测得一系列 W 值所对应的 Y 值之后，进行回归分析，若 logY 与 logW 可按线性回归方程拟合，则表明 Y 的变化符合尺度律；经回归分析还可求得 a 和 b。

（二）生物尺度律的通用公式

各种生命指标与活动特征若满足上述尺度律方程，即可称其为符合生物尺度律；此时上述方程中的 Y 表示某种生命指标，W 则是指某种生物计量单元（如生物分子、细胞器、细胞、器官、个体、种群等）的多少或大小，可用数目、体积、表面积、重量等多种参数测量。在生物系统，低层次的计量单元（如细胞）总是按重复出现的规律构建出高层次的单元（如器官），故此数目、体积、表面积、重量等参数彼此之间均满足尺度律，所以可统一用重量表征 W，这有利于实测，例如人的体重很易称准，但体表面积却很难精确测量。

将公式 $Y = aW^b$ 中的 W 规定为重量，即为生物尺度律的通用公式。根据此式可得出以下推论：当 b = 1 时，Y 与重量成正比，我们称之为等速尺度（isometric scaling）；若 b ≠ 1 则称之为异速尺度（allometric scaling）。在各种异速尺度中，b 有两种常见取值：若 b = 2/3 则表明 Y 与表面积成正比，此即表面积律（surface law）；若 b = 3/4 则表明 Y 与 4 维几何体的表面积成正比，此即 3/4 律。

二、关于细胞表面生命活动规律与生物尺度律的新认识

一切生物均需要通过细胞表面与外环境进行物质、能量和信息交换，因此旧观念认为与各种

生命指标直接关联的参数是细胞或生物体的表面积，而非体积或重量。据此长久以来人们普遍认为表面积律是生物尺度律的主要表现形式，例如认为基础代谢率（basal metabolic rate, BMR）和与此相关的药物代谢率均遵循表面积律。当人们根据小鼠实验数据推算人的给药剂量、或从成年人用药量推算婴幼儿用药量时，普遍按表面积律进行换算。近年来人们通过多方面的实验和大数据分析，推翻了上述观念，对生物尺度律有了更深入的新认识。

新进展表明，所有生物体包括植物、动物、乃至各种细胞（如细菌、真菌、原生动物、培养细胞等），其生长速度（growth rate, GR）的尺度律公式均为 $GR = aW^{3/4}$；恒温动物（endotherms）的 BMR 公式为 $BMR = aW^{3/4}$，此公式特称为 Kleiber's law。全身性用药的剂量换算亦遵循 3/4 律。可见 3/4 律而非表面积律才是生物尺度律的常见形式。

为何 3/4 律在生物系统中更常见？目前有两种学说可解释其形成机制，二者均认为生命活动发生于四维时空中，不能忽略时间维度。第一种学说认为细胞与生物体的生命活动遵循四维分形几何原理，其第四维度代表物质运输效率，是蕴含时间的参数，据此可推导出 3/4 律。人的血流系统、支气管和肺泡构成的气体交换系统均为四维分形几何系统。肺的气体交换量遵守 3/4 律。由于 BMR 受肺的气体交换和血液运输氧气效率的双重限制，故此 BMR 亦遵守 3/4 律。第二种学说认为细胞内外物质的有效交换表面是细胞的四维时空表面，而非三维实体表面，这正好符合 3/4 律的物理意义。

人们对表面积律的误解与对物质跨膜运输的认识不足有关。此前用人工脂双层生物膜进行的跨膜运输实验，与细胞表面的真实过程相去甚远，这主要与以下两大因素有关：第一，所有人体细胞表面均由糖萼构成一层带密集负电荷的亲水凝胶，能有效阻挡脂溶性物质接近脂双层。脂溶性高的药物需首先与细胞外的蛋白质结合，这些蛋白质再通过与糖萼的结合，将药物逐步传递到脂双层近侧，随后才能发生跨膜转运。人工脂双层模型没有糖萼，缺乏上述物质传输的时间维度。第二，旧观念认为多种小分子如药物可经简单扩散（即单纯扩散）进出细胞；而溶质在水中的扩散速度极快，其影响可忽略不计，故此简单扩散只与细胞表面积相关。但新进展显示，除了乙醇等少数能与水和有机溶剂完全互溶的物质以外，绝大多数小分子物质，无论脂溶性高低，均不能经简单扩散进出细胞，而是必须在溶质载体（solute carrier, SLC）蛋白或通道蛋白的辅助下，才能跨越脂双层。SLC 介导的跨膜运输属于易化扩散，遵循由米氏方程（Michaelis-Menten equation）规定的时间维度；经通道蛋白的跨膜运输过程受通道开放时间的限制，亦属具有时间维度的易化扩散。上述两大因素都表明真实的细胞内外物质交换是在细胞的四维时空表面进行的，满足 3/4 律的要求。

总之，揭示各种生命指标的尺度律，阐明其形成机制，在生命科学与医药卫生领域均有重要价值，并能促进生命科学与医学的数字化与智能化进程，以及人工智能与生物智能的融合发展。在医药领域，生物尺度律最直接的应用是给药剂量换算，有关方法详见本章整合思考题 5 解答。

第四节　细胞表面损伤

创伤、辐射、中毒、缺氧、氧化应激、感染、炎症、发热、高血压、高血脂、糖尿病、内分泌与免疫疾病、通道病、肿瘤等，可造成多种形式的细胞表面损伤，其中尤以质膜破损对细胞的危害最大。细胞表面有多种防御、感受、修复损伤的机制。

一、质膜损伤防御

外力、细胞运动产生的内源性力、渗透压失衡,均可导致质膜损伤,造成胞质成分泄漏、细胞外液成分涌入胞内,引发应激反应甚至细胞死亡。肌肉与血管内皮细胞反复受力,最易发生质膜损伤。质膜损伤的防御机制主要有以下几种。

1. 调控质膜储备,消解张力 陷窝(caveolae)可储备松弛的质膜;当质膜受到牵拉时,陷窝拆解,质膜伸展。陷窝蛋白缺陷导致肌营养不良(muscular dystrophy)等疾病。

2. 改变细胞体积,消解张力 细胞伸展时质膜张力增加,促进水分子出胞,细胞体积大幅缩小,质膜松弛;细胞回缩变圆时,水分子入胞,体积增大。水通道、多种溶质载体(solute carrier,SLC)超家族成员如SLC5A1(即sodium/glucose cotransporter 1,SGLT1)均可调控水分子进出。细胞形态与体积的调控可决定干细胞分化方向。水通道4表达下调与肌营养不良有关。

3. 通过贯穿细胞外被与细胞皮质的多分子网络稳定质膜 细胞表面糖蛋白与蛋白聚糖的胞外区糖链与凝集素形成多分子交联物,并与细胞外基质相连接;胞内区与皮质细胞骨架结合,形成包绕质膜内、外表面的多分子凝胶网络,既可稳定质膜,阻滞质膜损伤所致胞质成分渗漏,又可产生回弹力,抵消外力。上述多分子网络以抗肌萎缩蛋白糖蛋白复合体(dystrophin glycoprotein complex,DGC)为代表(图5-2)。DGC表达于肌肉、神经、血管内皮、肾等多种组织的细胞表面,由蛋白聚糖、层粘连蛋白、血影蛋白超家族成员抗肌萎缩蛋白(dystrophin)和抗肌萎缩蛋白相关蛋白质(utrophin)、F-actin等构成。骨骼肌与心肌的DGC可结合微管蛋白,将皮质微管固定成正交网格。DGC成员基因突变,或负责成员糖基化与转运的分子突变,均可引起肌营养不良症。Dystrophin基因即*DMD*,是人类最大的基因,其缺陷导致X连锁隐性进行性假肥大性肌营养不良(Duchenne muscular dystrophy,DMD)与贝克肌营养不良(Becker muscular dystrophy,BMD)。DGC还可稳定神经元与神经胶质细胞的质膜,保护突触;肾内DGC可增加质膜对高渗微环境的抵抗力。

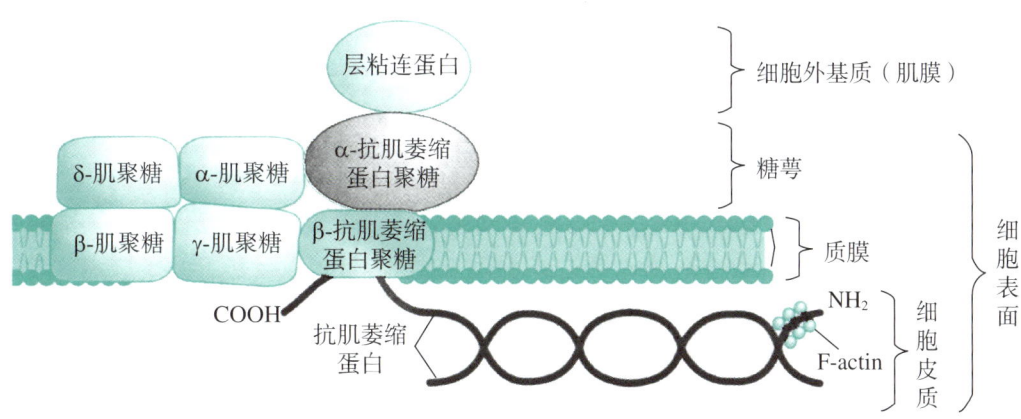

图5-2 肌细胞表面的DGC

4. 阻止质膜穿孔 GPI锚定蛋白DAF与CD59可阻止活化的补体组装膜攻击复合物(MAC)。造血干细胞GPI锚合成缺陷导致红细胞膜DAF与CD59缺失,引起阵发性夜间血红蛋白尿病(paroxysmal nocturnal hemoglobinuria)。BCL-2可阻止成孔蛋白GSDMD与MLKL活化所致质膜穿孔。BCL-2为癌基因产物,可抵抗GSDMD与MLKL活化引起的癌细胞死亡。

框 5-3 人质膜成孔蛋白 (pore-forming proteins, PFPs)

①补体 C9：活化后在质膜组装内径 11 nm 的 MAC。②穿孔蛋白 1（perforin 1）：由 CTL 与 NK 细胞释放到免疫突触内，在靶细胞膜组装内径 13～20 nm 的孔道，引发凋亡。③ MPEG1（perforin 2）：表达于免疫细胞和白介素活化的上皮、内皮与间质细胞，可在被其吞噬的细菌质膜上组装内径 10 nm 的溶菌孔道。④颗粒溶素（granulysin）：由 CTL 与 NK 细胞向受感染的靶细胞释放，可在靶细胞内寄生的病原体上组装内径 18 nm 的孔道，导致病原体微亡（microptosis）。⑤ Gasdermins（GSDMs）：有 GSDMA～E 和 pejvakin 共 6 个成员，其中 GSDMD 被切割活化后在质膜组装内径 18 nm 的孔道，引发细胞焦亡（pyroptosis）。⑥ MLKL（mixed-lineage kinase domain-like）蛋白活化后引发坏死性凋亡（necropotosis）。

二、质膜损伤修复

质膜损伤修复依赖于膜融合。细胞外液中的 Ca^{2+} 浓度比胞质溶胶高近万倍，质膜损伤导致 Ca^{2+} 急剧涌入，激活包被在囊泡表面的 dysferlin，后者与质膜内叶的磷脂酰丝氨酸（PS）结合，诱导囊泡与质膜融合，封闭质膜缺口。Dysferlin 缺陷可引起肢带肌营养不良（limb-girdle muscular dystrophy，LGMD）。溶酶体与质膜融合亦可修补质膜损伤。入胞作用则能清除受损质膜。

三、细胞表面损伤标志物

正常细胞表面有多种生物标志物，如分化簇（cluster of differentiation，CD）抗原等。细胞表面受损时，膜电位去极化，氧还稳态失衡，胞内成分外露，出现以损伤相关分子模式（damage-associated molecular patterns，DAMPs）为代表的损伤标志物，被 PRRs 识别，引发应激反应。

框 5-4 DAMPs 与 PRRs

损伤相关分子模式（DAMPs）亦称危险相关分子模式（danger-associated molecular patterns），是一类暴露于损伤细胞表面，或释放到微环境中的损伤标志物，可与 PRRs 结合，引发应激、炎症与固有免疫反应。PRRs 有 TOLL 样受体（TLRs）、NOD 样受体（NLRs）、RIG 样受体（RLRs）、C 型凝集素受体（CLRs）等。一些 PRRs 既能识别 DAMPs，又能识别 PAMPs。DAMPs 来源于细胞内部，或以前体及隐蔽形式存在于细胞表面；只有当细胞表面出现损伤，这些成分暴露或释放时，才能成为 DAMPs。常见 DAMPs 有 ATP、NAD、cGAMP、尿酸晶体、线粒体、热休克蛋白、F-actin、角蛋白纤维、S100 蛋白、钙网蛋白、组蛋白、HMGB1、DNA、RNA、多种糖胺聚糖与蛋白聚糖、深度糖化终末产物（advanced glycation end products，AGEs）、蛋白质或脂类的氧化与交联产物等。嗜酸与嗜碱性粒细胞富含半乳凝素 10，可形成 Charcot-Leyden 晶体，当其从死亡细胞释放后成为 DAMP，可在组织中存在数月之久，并持续活化 DC 与 Th2 细胞，诱导 2 型免疫，见于哮喘、寄生虫感染等疾病。

（一）质膜损伤标志物

质膜损伤标志物包括膜渗漏标志物与异常膜成分标志物两类，其中以 ATP 释放与 ATP 耗竭所产生的标志物最为重要。胞内 ATP 渗漏与释放到胞外即成为 DAMP。胞外 ATP 可加重细胞损伤，其中 Panx1-P2X7 复合体有关键作用。Panx1 为泛连蛋白 1（pannexin 1），在质膜上组装成 7 聚体通道，激活开放后导致 ATP 外流。P2X7 为胞外 ATP 受体与 Ca^{2+} 通道。Panx1-P2X7 复合体具有 ATP 诱导的 ATP 正反馈释放效应，即胞外 ATP 导致更多 ATP 释放和 Ca^{2+} 大量入胞，启动损伤应激。Panx1-P2X7 还可与炎症小体（inflammasome）组装成更大的复合体，引发质膜穿孔与细胞死亡。溶酶体与自噬溶酶体富含 ATP，质膜损伤时二者与质膜融合，亦可释放 ATP。微环境中的 ATP 是巨噬细胞与树突状细胞（DCs）的趋化因子，即 find-me 信号，一方面有助于清除损伤与死亡细胞，另一方面可激活免疫应答。除 ATP 外，质膜渗漏还导致多种胞内成分暴露于胞外，成为 DAMPs，如钙网蛋白、F-actin、角蛋白纤维等。死亡中的细胞释放的 ATP 与钙网蛋白等 DAMPs 可强烈激活免疫系统，这类细胞死亡模式称为免疫原性细胞死亡（immunogenic cell death，ICD）。

ATP 合成受阻、过度消耗、大量释放，均可产生 ATP 耗竭所致异常膜成分标志物如 PS 外露，其机制为：质膜上的 ATP 依赖性氨基磷脂翻转酶（flippase）因缺少 ATP，无法将质膜外叶的 PS 翻转到质膜内叶；而无需 ATP 的 Ca^{2+} 依赖性搅扰酶（scramblase）却不断将 PS 转运到质膜外叶。受损与死亡细胞表面外露的 PS 是 eat-me 信号，可诱导巨噬细胞将其吞噬。

（二）糖萼损伤标志物

病变细胞糖缀合物合成与转运异常，糖萼出现异常糖抗原；病变细胞、病毒和细菌等病原体均可表达与释放降解糖萼的酶类，并可释放多种凝集素，导致糖萼降解或异常交联。血中黏结蛋白聚糖-1（syndecan-1）和透明质酸升高可作为糖萼降解的标志物。含异常糖抗原或异常交联的糖萼则可成为 DAMPs。血管内皮细胞糖萼损伤可导致水肿（见第二十四章小测试 1 解答）。

（三）细胞皮质损伤标志物

胞质内 Ca^{2+} 浓度增高激活微丝切割蛋白，皮质细胞骨架解聚，质膜稳定性降低，出现圆泡膨出（blebbing）与凸起物溢断。圆泡（blebs）脱落、细胞表面芽状溢断、丝状伪足串珠状溢断均可大量释放囊泡，成为损伤标志物。囊泡常含一些非编码 RNA 分子，如微小 RNA（miRNAs），并含可翻译与不可翻译环状 RNAs（circular RNAs），具有潜在诊断价值。树突串珠化（dendritic beading）与断裂是脑卒中、外伤、偏头痛等所致神经元损伤的标志性特征。

能将癌细胞在其病灶中直接转变为原位抗癌疫苗吗？

小 结

细胞表面具有细胞外被（糖萼）、质膜、细胞皮质三层基本结构，并存在多种特化结构，是细胞与其微环境相互作用的场所，能感受与调控微环境中的氧还状态、生物电、渗透压、细胞因子等多种理化与生物因素。细胞表面与生物体的生长、代谢、疾病等过程密切相关，对生物尺度律有关键影响。细胞表面与微环境有多种生物标志物，是机体识别自己与异己、正常与病变的依据，其中糖链与凝集素有关键作用。正常细胞表达 SAMPs，病原体表达 PAMPs；当细胞表面受损时，则会产生和释放 DAMPs。SAMPs、PAMPs、DAMPs 均可被 PRRs 识别。细胞表面具有防御、感受、修复损伤的多种机制，其异常可导致疾病。

整合思考题

1. 微环境中的哪些因素既受细胞调控又能调控细胞的功能状态?其异常与哪些疾病有关?如何将相关原理用于疾病诊断、治疗和预防?

2. 高盐饮食如何导致渗透质与电解质紊乱?这在高血压、冠心病、代谢综合征、糖尿病的病理生理进程中有何关键作用?

3. 机体怎样区分自身细胞与病原体、正常细胞与病变细胞?这两类区分方式有何联系?有何医学意义?

4. 为何促进和抑制细胞释放 ATP 均可用于治疗疾病?

5. 医学生小李的课题是研究一种以细胞因子受体为靶标的抗癌新药,该药在小鼠模型上疗效显著。为进行临床试验,需确定人体用药量。小李推测细胞因子受体位于细胞表面,用药量应该与体表面积成正比。但鼠和人的体表面积又如何计算呢?检索文献后,小李发现自己的推测并不准确。小李用什么数据库和关键词找到了所需文献?用药量计算方式有哪些?其依据、适用范围和局限性是什么?

(张　页　姚成果)

第六章 细胞质

导学目标

通过本章内容的学习，学生应能够：

※ **基本目标**

1. 分析细胞质的主要成分和功能。
2. 描述泛素依赖的蛋白质降解途径的主要工作方式及其功能。
3. 分析泛素依赖的蛋白酶体降解途径对待降解蛋白的识别与标记方式。
4. 认识核糖体的结构和功能。
5. 认识线粒体的结构并理解其在各项生命活动中的重要意义。

※ **发展目标**

1. 举例说明蛋白质的泛素-蛋白酶体降解途径异常对细胞生命活动的影响。
2. 基于线粒体和核糖体的生物学功能理解其相关疾病的致病机制。

案例 6-1

研究生小张通过蛋白质电泳免疫印迹（Western blot）实验发现，细胞周期蛋白 B1（cyclin B1）的表达在有丝分裂后期显著下降，而当用蛋白酶体抑制剂 MG132 处理细胞 4h 后，cyclin B1 表达量下降的现象被抑制。

问题：
为什么经 MG132 处理后细胞内 cyclin B1 的蛋白含量不再降低？

案例解析

案例 6-2

鱼藤是一种早期被用于捕鱼的植物。鱼藤中含有鱼藤酮，这是一种细胞线粒体毒性杀虫剂，其产生的生化效应为抑制细胞内呼吸链，造成害虫全身细胞缺氧性呼吸衰竭而死。

问题：
鱼藤用于捕鱼的机制是什么？

案例解析

第一节 细胞质的主要成分和功能

在真核细胞中，细胞质（cytoplasm）是指质膜以内、细胞核以外的部分，其成分高度复杂而有序，包含多种有生物膜包裹的细胞器（organelles）、细胞骨架、其他亚细胞结构（subcellular structures）和胞质溶胶（cytosol）等，这些成分相互关联，高度协调地进行细胞内的各种生命活动。

一、细胞质与亚细胞结构

区室化（compartmentalization）是真核细胞的基本结构特征之一。真核细胞的进化以生物膜系统的分化为基础，总体上形成了3个相对独立的区域——细胞膜、细胞质与细胞核；细胞质进一步被膜相结构分隔为多种不同的封闭性膜限区室（membrane-bound compartments）和细胞器，包括紧密关联的内膜系统（见第七章"内膜系统"相关内容），以及具有半自主性的细胞器如线粒体和叶绿体。过氧化物酶体及其类似结构通常归属于内膜系统，但因其在生物发生和功能上与线粒体有密切关系，亦有人将其从内膜系统中分离出来，单列为一类。除上述膜限细胞器之外，细胞质内尚存在多种无膜细胞器或亚细胞结构，如核糖体、中心体、蛋白酶体、加工小体（processing body，P-body）等。在一定条件下，细胞质还可出现因相分离或蛋白质聚集而形成的颗粒、液滴或小体，如应激颗粒（stress granule）、炎症小体（inflammasome）、凋亡复合体（apoptosome）等，这些均属于亚细胞结构或超微结构。

细胞器分狭义和广义两个层次。狭义的细胞器只包括各种膜限区室即有界膜的结构；广义的细胞器泛指各种有明确形态特征、分子标志和功能的亚细胞结构，并进一步分为有膜和无膜细胞器两类，照此分类，细胞骨架、中心体、核仁和染色体等结构都属于细胞器。习惯上人们还将细胞核从细胞器的概念中单独列出，并将细胞核内的多种超微结构称为细胞器，即细胞质与细胞核内都有多种细胞器。

框 6-1 人类各种蛋白质的组织器官分布和亚细胞定位图谱

人类蛋白质图谱（Human Protein Atlas）是人类蛋白质组学领域一个非常重要的数据库（https://www.proteinatlas.org）。该数据库收集了用免疫组化、免疫荧光、电泳免疫印迹、质谱等方法显示的各种蛋白质分布与定位图谱，以及用常规测序和单细胞测序等技术显示的RNA表达谱。图谱涵盖了人体几乎所有组织器官，以及所有细胞中大多数蛋白质编码基因的转录水平和蛋白质表达状况。网站开设了17种人类癌症的RNA组和蛋白质组表达谱平台，收集了数以百万计的蛋白质免疫组化表达水平与患者生存率的关联数据。网站公布了多种人类细胞的蛋白质组免疫荧光亚细胞定位图谱，涉及各种常见细胞器。此外，还开设了多个蛋白质组专项平台，涉及细胞周期、代谢通路、血浆蛋白、免疫细胞、脑组织等多种主题。该数据库为生命科学研究和临床诊断提供了百科全书式的多方位帮助。

二、胞质溶胶

在真核细胞中，去除了有膜细胞器和细胞骨架的细胞质内含物被称为胞质溶胶。胞质溶胶的体积约占细胞总体积的一半以上（表6-1）。细胞合成的蛋白质有很大一部分位于胞质溶胶内。若按蛋白质重量测算，HeLa细胞胞质溶胶中的蛋白质占总蛋白质的质量百分比达59.4%。糖酵解途径的限速酶丙酮酸激酶M（pyruvate kinase M，PKM）是胞质溶胶的标志酶，该酶是存在于所有细胞的管家基因产物，在细胞周期的S期末和G2期高表达，促进细胞进入M期，为细胞增殖提供充足的ATP，并与增殖旺盛的细胞出现Warburg效应有关。

表 6-1 肝细胞的主要区室占整个细胞体积百分比

肝细胞内的主要区室	体积百分比（%）
胞质溶胶	54
线粒体	22
粗面内质网	9
滑面内质网和高尔基复合体	6
细胞核	6
过氧化物酶体	1
溶酶体	1
内体	1

胞质溶胶内还含有大量核酸，包括多种RNA，如mRNA、rRNA、tRNA、ncRNA、环状RNA等，以及染色体外DNA（extrachromosomal DNA，ecDNA）。ecDNA又称为附加体（episome），包括双链环状DNA和单链环状DNA两类，其中双链环状DNA多数为内源性，来自核基因组，常与肿瘤发生有关；单链环状DNA均为外源性DNA，可长久留存在人体细胞中，在一定条件下引起多种疾病。

胞质溶胶既包含可溶性成分，又包含多种无膜细胞器。胞质溶胶的一个特点是多种相并存，具有复杂的相分离过程。在活细胞的胞质溶胶内，蛋白质和RNA等大分子物质处于高度拥挤的状态（图6-1），易于发生相分离。体外制备胞质溶胶时，一般通过差速离心方法，先后去除细胞匀浆中的细胞核、线粒体、溶酶体、高尔基复合体和质膜等细胞器或细胞结构，获得存留在上清液中的主要成分。该过程中需要使用缓冲液处理细胞，这就造成胞质溶胶被大大稀释，影响相分离的观察。

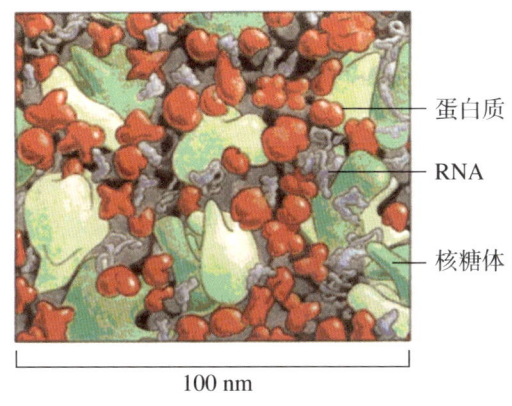

图 6-1 胞质溶胶内挤满了各种分子

如何分离细胞核、细胞器和胞质溶胶？

三、胞质相分离

胞质相分离（phase separation）是指胞质溶胶内一些特定的生物大分子，如蛋白质和核酸，在一定条件下，通过分子间相互作用聚集在一起，当浓度达到一定上限时，便以微小液滴（droplet）、固相或晶相的形态存在。其中，最常见的是生物大分子以微小液滴存在的液-液相分离（liquid-liquid phase separation，LLPS）。胞质 LLPS 是一种动态组织，使细胞能够在时空上划分特定的生物化学区域或执行特定的功能，使得液滴边界内区室化，同时允许生物分子进出区室进行重排或扩散。液-固相分离（liquid-solid phase separation，LSPS）、液-晶相分离（liquid-crystal phase separation，LCPS）分别指聚集体沉淀和结晶过程。

（一）常见的无膜细胞器

胞质相分离的颗粒被称为无膜细胞器，呈球状，有流动性，可以彼此融合，也被称为 granules，condensates，speckles，aggregates 等。在细胞内，常见的由相分离形成的无膜颗粒包括核仁、应激颗粒和 P-小体等。液相无膜颗粒需要分子伴侣和 ATP 才能维持稳定，若失去稳定条件，常自发转化为固相聚集体。

核仁是第一个被发现的胞质相分离产物。核仁是核糖体 rRNA 合成和加工的场所。核糖体生成对于细胞快速生长至关重要。核仁具有相分离液体性质，其形成经历了液-液相分离（LLPS）过程，属于典型的无膜细胞器。

应激颗粒（stress granule，SG）的组装很大程度上是由液-液相分离（LLPS）驱动的。SG 含有大量蛋白质以及由于应激导致不能继续翻译的 mRNA，可以帮助细胞抵御应激，并促进恢复。SG 的异常形成和 SG 分解受损可导致癌症、病毒感染和神经退行性疾病中的各种病理现象。

P-小体（mRNA processing bodies，P-bodies）在真核细胞中保守并表现出液滴的特性，通过 LLPS 产生。P 小体是细胞质核糖核蛋白颗粒，在转录后调节中发挥作用，参与 mRNA 的降解。

（二）胞质相分离的影响因素

细胞内特定的生物大分子能否发生相分离，是大分子本身的内因和外因相互作用的结果。内因由肽链或核酸结构决定，并受特定蛋白与 RNA 的调控；具有大范围相对疏水的无序结构域的蛋白质易发生 LLPS，这类蛋白称为固有无序蛋白（intrinsically disordered proteins，IDPs）；而具有高度重复的基序的蛋白质则易发生 LSPS 或 LCPS。外因由浓度、温度、pH 值、氧化还原状态、电解质或渗透浓度等理化因素决定。大多数情况下，当生物分子浓度高于饱和浓度时，相分离才会发生。然而，蛋白质的附加修饰可促进彼此之间的相互作用，从而诱导相分离。不同的无膜颗粒具有不同的生物学功能，但共同特点是可形成特定生物大分子局部高浓度区室，起到加速、分隔或阻滞生化反应，封储或降解生物大分子，调控信号转导等作用。

（三）相分离的生物学意义

相分离有利于实现细胞内部生物大分子的重排和扩散。例如，神经元中的突触后密度蛋白（postsynaptic density protein，PSD）可以通过相分离重塑蛋白质分布以形成长时程增强效应（long-term potentiation，LTP），从而构成学习和记忆的基础。由于神经元具有很大的表面积，蛋白质扩散的空间也很大，因此在空间上限制参与相同生化途径的分子是非常重要的。通过相分离机制使神经元能够局部浓缩蛋白质，而不必全局上调蛋白质合成。

相分离可以发挥转录调控作用。转录因子可以聚集成动态中心，招募染色质重塑因子和 RNA 聚合酶Ⅱ，这种转录促进作用可以被看作转录因子表达水平升高相分离的结果。相分离还可抑制转录。例如，异染色质蛋白 1α（heterochromatin protein 1α，HP1α）可驱动相分离，介导基因沉默。另外，研究人员还发现 DNA 中的增强子元件可与共激活蛋白一起聚集，发生相分离，从而形成超级增强子调节基因表达。

相分离可通过反应物聚集或改变微环境，调节体内生化反应的反应速率和生化活性。与周围溶液相比，相分离可以将某些分子浓度增加多达 2 个数量级。基于反应速率对反应物浓度的依赖性，可以推测相分离是细胞调节体内生化反应的重要机制。此外，LLPS 还可以通过调节液滴内外物质交换，充当过滤器来调节生化过程。

相分离可以感知和响应应激，发挥细胞保护作用，这似乎是细胞抵御有害条件的保守机制。相分离结构的形成使细胞能够暂时储存蛋白质和 RNA，迅速降低胞质中未折叠蛋白浓度。为了应对外界环境，酵母可以通过弱相互作用使成熟的功能性蛋白质发生相分离。当应激消退时，功能性蛋白质得以恢复，而不会出现广泛的错误折叠或降解。

四、细胞质的功能

细胞质内高效、有序地进行着各种复杂的生命活动。细胞质的功能与其包含的结构和成分密不可分。细胞质中封闭性膜限区室结构的存在使细胞内复杂的活动呈现功能的区域化：每种相对独立的区室中含有特定的蛋白质和酶类，有利于生化反应等细胞活动互不干扰地高效进行。但这些封闭区室的功能并不是孤立的，细胞质内各种细胞器和有形结构分布于胞质溶胶之中，各细胞器之间、细胞器与细胞骨架以及胞质溶胶之间相互依存，高度协调、有序地进行着各种生物活动。

细胞质是蛋白质合成和运输的场所。蛋白质的生物合成、糖基化等翻译后修饰、分拣、囊泡运输等生命活动在细胞质的不同膜限区室中按特定先后顺序有条不紊地进行。除线粒体和植物细胞叶绿体中能合成少量蛋白质外，绝大多数蛋白质均在胞质溶胶中的核糖体上开始合成。含有 N 端特定信号序列（signal sequence）的蛋白，如分泌蛋白，于合成起始后很快转移到内质网膜上，边翻译边移行到内质网腔，然后以膜泡运输方式由内质网转运至高尔基复合体，并进一步完成蛋白质的分选。其他蛋白质的合成在胞质溶胶中的游离核糖体中完成，并根据蛋白质自身所携带的信号，分别转运到线粒体、叶绿体、微体以及细胞核中。也有些蛋白质驻留在胞质溶胶中，构成自身的结构成分（见第七章"内膜系统"相关内容）。

细胞质是蛋白质降解的主要场所。真核细胞中蛋白质的降解主要在溶酶体和蛋白酶体中进行。细胞外来源的蛋白质、细胞内老化或有缺陷的细胞器中的蛋白质主要在溶酶体降解，这些类型的蛋白质常通过胞吞或自噬等途径到达溶酶体（见第七章"内膜系统"相关内容）。蛋白酶体是对蛋白质的数量和质量进行精细调控的场所。通常需要降解的蛋白质经多聚泛素化后被蛋白酶体识别并降解。

细胞质的功能还与骨架体系相关。由微丝、微管、中间纤维和相应的辅助性蛋白构成的细胞质骨架系统对细胞内各种细胞器和亚细胞结构空间上的有序分布起到重要的支持和组织作用。例如，在大多数细胞中，高尔基复合体位于靠近细胞核的位置，而内质网从细胞核延伸到整个细胞质。这些特征性分布取决于内质网和高尔基复合体与微管间的相互作用。当用药物解聚微管时，高尔基复合体就会分散到整个细胞中，内质网则会向细胞中心塌陷。除此之外，细胞质的骨架系统还参与细胞的运动、细胞质内的物质运输和信号传递等多种生命活动（见第九章"细胞骨架"相关内容）。

细胞质的功能与胞质溶胶环境密切相关。细胞与环境，细胞质与细胞核，以及细胞器之间的物质运输、能量交换、信息传递等都要通过胞质溶胶来完成。胞质溶胶承担的功能不是孤立而单一的，而是体现在细胞的多种生命活动过程中。

胞质溶胶是重要的生物化学反应场所，多种中间代谢过程，如糖酵解过程、磷酸戊糖途径、糖醛酸途径、糖原的合成与部分分解过程等都在胞质溶胶中进行。某些蛋白质的合成与脂肪酸的合成也在胞质溶胶中进行。

胞质溶胶是 mRNA 储存、翻译和降解的场所。mRNA 在细胞质中呈区域性分布，一些 mRNA 在翻译开始之前常被定向到其所编码的蛋白质发挥功能的位置。这种区域性分布有利于在细胞质中建立不对称性，在个体的发育阶段发挥关键作用。mRNA 的降解主要在胞质 P- 小体中完成。

胞质溶胶内的蛋白质和核酸等生物大分子，在特定条件下，可以通过相分离形成高浓度的无膜聚集颗粒，起到加速、分隔或阻滞生化反应，封储或降解生物大分子，调控信号转导等作用。

第二节　蛋白酶体

蛋白酶体是细胞内进行蛋白质降解的主要场所之一。蛋白酶体对蛋白质的降解是高效的且具有高度选择性，主要降解细胞内异常的蛋白质以及需要进行数量调控的短寿命的蛋白质，如变性的、折叠不正确的、含有氧化的或其他异常氨基酸的蛋白质以及调控细胞周期运行的关键分子等，从而对蛋白质的数量和质量进行精细调控。

多数情况下，蛋白质在蛋白酶体中的降解是依赖 ATP 并受泛素（ubiquitin，Ub）调节的过程。靶蛋白通过多聚泛素化被 26S 蛋白酶体识别并在蛋白酶体内降解的过程，称为泛素 - 蛋白酶体途径（ubiquitin-proteasome pathway，UPP）。

> **框 6-2　泛素 - 蛋白酶体途径介导蛋白质降解的发现及意义**
>
> 细胞内的蛋白质如何被选择性地降解？带着这一问题，以色列科学家 A. Ciechanover、A. Hershko 和美国科学家 I. Rose，在 20 世纪 70—80 年代的研究中发现了受到泛素分子调节的、需要消耗 ATP 的、对细胞内源性蛋白质进行降解的机制。自此之后，人们逐渐认识到泛素 - 蛋白酶体途径不仅是降解异常的或不需要的靶蛋白的重要机制，还是调节多种重要生命活动，如细胞周期、基因转录、DNA 修复、胚胎发生、细胞凋亡和新生蛋白质的质量控制等的关键机制。这一发现为肿瘤和神经退行性疾病等的发生机制及治疗策略提供了新启示。2004 年 10 月 6 日，瑞典皇家科学院授予这三位科学家诺贝尔化学奖。

一、蛋白酶体的结构

蛋白酶体（proteasome）是由多个亚单位组装成的蛋白酶复合体，呈中空、圆桶状。真核细胞的蛋白酶体位于细胞质和细胞核内，由 20S 蛋白酶体与不同种类的调节颗粒（regulatory particle，RP）（也称为蛋白酶体激活因子，proteasome activator，PA）组装而成，包含多种肽酶活性。其中 26S 蛋白酶体由 20S 核心颗粒（20S core particle，20S CP）和 19S 调节颗粒（regulatory particle，RP）组成，是结构及功能较为复杂的一类蛋白酶体，对其降解靶蛋白的分子机制研究的最为深入，也是本节介绍的重点。

26S 蛋白酶体的结构

真核细胞中蛋白酶体在密度梯度离心中的沉降系数为 26S，故又称为 26S 蛋白酶体。26S 蛋白酶体的分子量约 2.5 MDa，由 1 个 20S 核心颗粒和 1 个 19S 调节颗粒组成（图 6-2）。蛋白酶体的组装过程中，有时 1 个 20S 核心颗粒可以结合 2 个 19S 调节颗粒，形成沉降系数为 30S 的蛋白酶体。为了叙述方便，文献中常将 1 个 20S 核心颗粒结合了 1～2 个 19S 调节颗粒的蛋白酶体笼统地称为 26S 蛋白酶体。

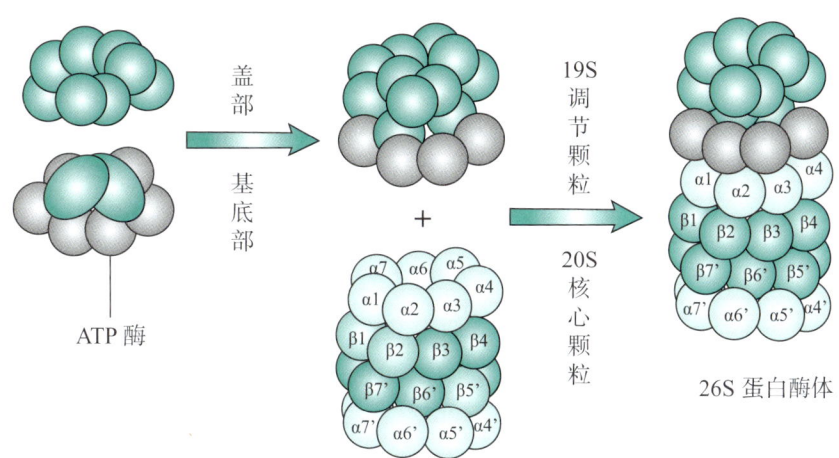

图 6-2　26S 蛋白酶体的模式图

1．20S 核心颗粒　26S 蛋白酶体的核心颗粒的沉降系数为 20S，被称为 20S 核心颗粒，是蛋白酶体的催化核心。20S 核心颗粒长 15 nm，宽 11 nm，由 4 个环堆砌而成，每个环有 7 个亚单位。中间两个内环由 β 亚单位组成，两个外环由 α 亚单位组成，分别位于两个内环的外侧。两个 β 内环围成直径约 5 nm 的中心腔（central cavity，CC），腔内侧含有蛋白质水解反应的催化活性位点。α 环围成直径约 1.3 nm 的外腔（antechamber，AC），控制蛋白质底物的进出，允许解折叠的多肽通过。中心腔通过一狭窄缢痕与外腔相连。

（1）β 亚单位：β 环中有 3 个活性位点（β5、β2、β1），分别具有糜蛋白酶样、胰蛋白酶样和肽 - 谷氨酰 - 肽水解活性，分别对蛋白质的疏水性、碱性和酸性氨基酸残基的羧基端进行水解。这 3 个活性位点以无活性前体形式存在，经过剪切后活性中心的苏氨酸残基暴露于 N 端才具有酶活性。

（2）α 亚单位：α 亚单位控制着被降解靶蛋白底物的进入和排出。α 环的 7 个亚单位均无催化活性，但它们能提供不同调节亚单位复合体的锚定位点。α3 亚单位与其他 α 亚单位的 N 端相互作用，使 α 环形成完全关闭状态，防止细胞内不应被降解的蛋白质进入蛋白酶体而被降解。α 亚单位含有核定位信号，可标定蛋白酶体进入核内。

2．19S 调节颗粒　19S 调节颗粒分子量为 700 kDa，又称为 PA700，位于 20S 核心颗粒的一端（26S）或两端（30S），通过对底物的识别、结合、去泛素化、解折叠和转位到核心颗粒等多个层次来调节蛋白酶体的功能。

19S 调节颗粒分为两部分：盖部和基底部（图 6-3）。基底部含有 6 个属于 AAA 家族的 ATP 酶亚单位（regulatory particle ATPase，Rpt）Rpt1～6 和 4 个非 ATP 酶亚单位（regulatory particle non-ATPase，Rpn）Rpn1，2，10，13。Rpn1、Rpn10 和 Rpn13 是泛素受体，识别泛素化的靶蛋白。Rpn10 连接盖部和基底部。

盖部位于基底部上面，由 Rpn 亚单位构成。盖部的主要功能是对即将进入催化腔的靶蛋白进行去泛素化。Rpn11 执行去泛素酶活性。

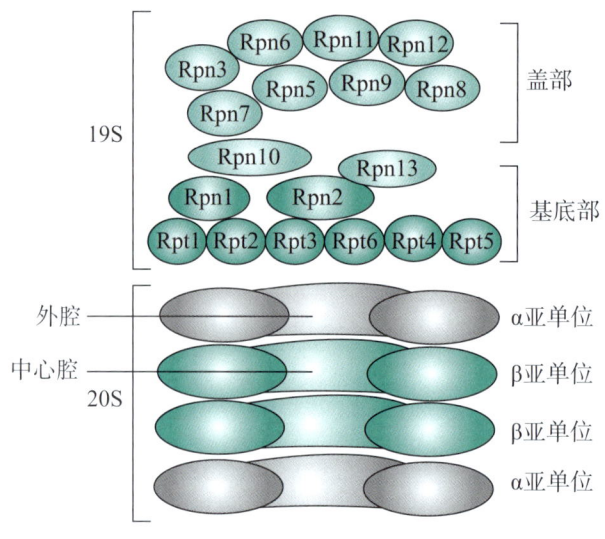

图 6-3　19S 调节颗粒的模式图

19S 调节颗粒和 20S 核心颗粒的结合以及 α 环口的打开都需要水解 ATP 提供能量。

19S 调节颗粒对 20S 蛋白酶体的活性至关重要。20S 蛋白酶体自身一般只能降解小肽，有时也能降解蛋白质，但必须先被激活。如无 19S 调节颗粒，则 20S 蛋白酶体不能降解泛素化的蛋白质。

二、泛素-蛋白酶体系统对靶蛋白的降解

（一）靶蛋白的选择

泛素-蛋白酶体系统对靶蛋白的降解具有高度选择性，被降解的蛋白质分子的氨基酸序列中包含有特征性的降解子（degrons）。

1986 年，Varshavsky 揭示了蛋白质的半衰期取决于其 N 端的氨基酸残基的种类和特性，即所谓的 N 端原则，具有这类性质的 N 端残基被称为"N 端降解子"（N-terminal degron）。随后几十年的研究中发现了很多被 E3 泛素连接酶识别的降解子，既有存在于蛋白质 N 端的降解子（N-degrons），又有存在于 C 端的降解子（C-degrons），不同的 E3 泛素连接酶识别不同的降解子。

泛素-蛋白酶体途径参与细胞周期的精细调控，一些周期蛋白中存在着可被 E3 泛素连接酶特异性识别的降解子。例如，M 期周期蛋白 cyclin B 的 N 端的氨基酸序列中含有破坏框（destruction box，D-box）Arg-X-X-Leu-Gly-X-Ile-Gly-Asp/Asn（X 可为任意氨基酸），可以被 E3 泛素连接酶 APC/C^{Cdc20} 识别。

另外，当蛋白质非正常折叠、发生变性、被氧化或发生其他非正常修饰时，疏水性氨基酸经常暴露在分子表面，作为降解子被 E3 泛素连接酶识别。

（二）蛋白质的泛素化

进入 26S 蛋白酶体进行降解的蛋白质通常需要进行多聚泛素化修饰。泛素是一种热稳定的蛋白质，由 76 个氨基酸残基组成，在真核细胞中高度保守。蛋白质发生泛素化修饰时，泛素羧基端的第 76 位甘氨酸（Gly76）与靶蛋白的赖氨酸残基（Lys，K）以 ε-异肽键（ε-isopeptide bond）共价连接。

小测试6-1：蛋白质分子的泛素化修饰是如何形成的？

1. 蛋白质泛素化的酶促反应过程 蛋白质的泛素化是一个依赖 ATP 的酶促反应过程，一般包括三个步骤，涉及泛素活化酶（Ub-activating enzymes，E1）、泛素偶联酶（Ub-conjugating enzymes，E2）及泛素连接酶（Ub-ligases，E3）三种。首先，E1 通过催化泛素 C 末端 Gly76 与 E1 的半胱氨酸残基的—SH 形成硫酯键（thiolester bond），激活泛素分子。然后，活化的泛素通过转酰基作用进一步转移到 E2 特异的半胱氨酸残基上，以硫酯键的形式形成 E2-泛素复合物。E2 负责提供与靶蛋白结合的泛素分子，但 E2 大多并不识别靶蛋白，而 E3 具有特异识别靶蛋白降解子的功能。最后，在 E3 的作用下，泛素分子从 E2 或 E2-E3 复合体转移到靶蛋白上，泛素与靶蛋白的赖氨酸残基间形成异肽键（图 6-4）。

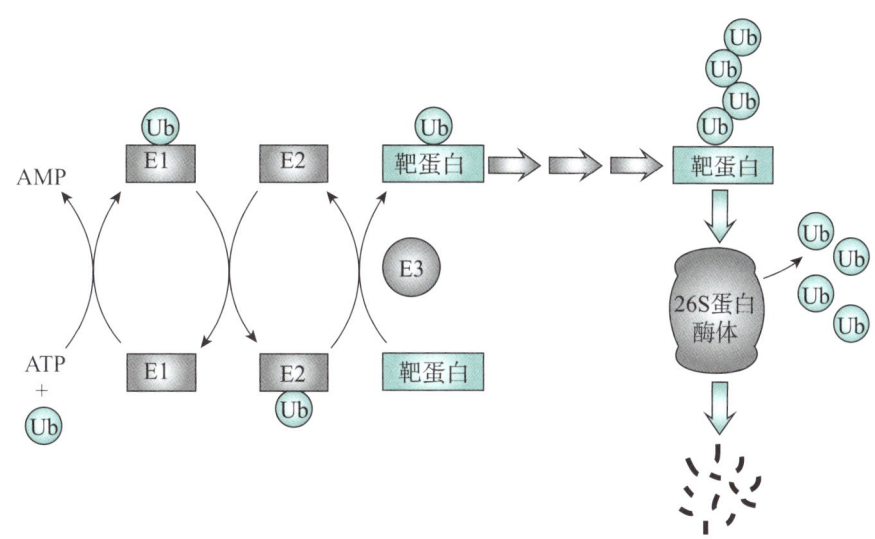

图 6-4　靶蛋白的泛素化修饰过程及降解

目前已知的 E1 有 2 种，E2 有 60 余种，E3 有数百种。E3 在靶蛋白的特异性选择中起关键作用。通常一个 E3 可识别多种靶蛋白，一个靶蛋白可以被多种 E3 识别。根据 E3 识别的底物和作用机制的不同将其分为三类。

1）具有 HECT 结构域（homologous to E6AP C-terminus domain）的 E3：此类蛋白质的 N 端有与泛素偶联酶 E2 结合的位点和特异识别靶蛋白的序列，C 末端具有半胱氨酸催化活性位点的结构域，即 HECT 结构域，与泛素形成硫酯键。其作用方式是先将活化的泛素从 E2 转移到 E3，然后再催化泛素连接到靶蛋白。哺乳类细胞中有 30 余种含 HECT 结构域的 E3，主要包括 E6-AP（E6 associated protein）、Smurf1 和 Smurf2 等。

2）具有环指结构域（ring-finger domain）的 E3：主要包括 Mdm2、Ubr1、Parkin 等单体和 SCF 复合体（Skp1-Cdc53/Cullin-F-box protein）、APC 复合体（anaphase-promoting complex）和 VBC（pVHL-Elongins B/C-Cullin2）等，它们作为骨架分子既包含与 E2 结合的环指结构域，又包含与靶蛋白结合的其他结构域，如 F-box、WD40 和 LRR（leucine rich repeat）等，从而使泛素分子有效地从 E2 转移到靶蛋白上。

3）具有 U-box 结构域（U-box domain）的 E3：此类蛋白质的 C 端包含一个大约 70 个氨基酸残基的保守性结构域，通过与 E2 相互作用，催化靶蛋白的泛素化修饰，主要负责泛素链的延伸。

2. 蛋白质的去泛素化 蛋白质的泛素化修饰是一个可逆过程，去泛素化酶（deubiquitinating enzymes，DUBs）可介导底物蛋白的去泛素化。DUBs 是一类蛋白酶，可将泛素第 76 位甘氨酸的肽键水解，将已发生泛素化的底物蛋白上的泛素水解下来，阻止蛋白质底物被降解，或参与泛素分子回收利用、泛素前体的加工和泛素链的编辑等过程，在基因表达调控、DNA 损伤修复和激

小测试6-2：哪类酶负责蛋白质泛素化修饰的逆向调控？

酶激活等各项生命活动中发挥重要作用。

3. 蛋白质的泛素化修饰类型 泛素分子修饰底物蛋白的类型有多种形式，包括单泛素化（monoubiquitylation）、多泛素化（multiubiquitylation）/多单泛素化（multimonoubiquitylation）和多聚泛素化（polyubiquitylation）等（图6-5）。单泛素化修饰是单个泛素分子共价结合到底物蛋白质的赖氨酸残基上；若该反应在同一底物的多个赖氨酸残基上发生，即为多单泛素化；多聚泛素化修饰是底物蛋白质的1个赖氨酸残基结合了多个泛素分子构成的泛素链。一个泛素分子有7个赖氨酸残基（K6，K11，K27，K29，K33，K48和K63），当一个泛素分子连接到靶蛋白上时，下一个泛素分子的Gly76可以连接到前一个泛素分子的赖氨酸残基上，形成多个泛素分子串联的多聚泛素链。根据发生修饰的K位置的不同，可分别命名为Kn形式的泛素化修饰。不同类型的泛素化修饰形成的构象不同，在细胞生理功能的调节中发挥着不同的作用。K48和K63是目前研究较多的多聚泛素链类型，其中K48多聚泛素链是丰度最高的多聚泛素链，主要功能是介导靶蛋白进入26S蛋白酶体途径的降解。K63多聚泛素链与DNA损伤修复、靶向到溶酶体的囊泡运输和免疫应答等有关。

小测试6-3：发生了泛素化修饰的蛋白质的命运都是被蛋白酶体降解吗？

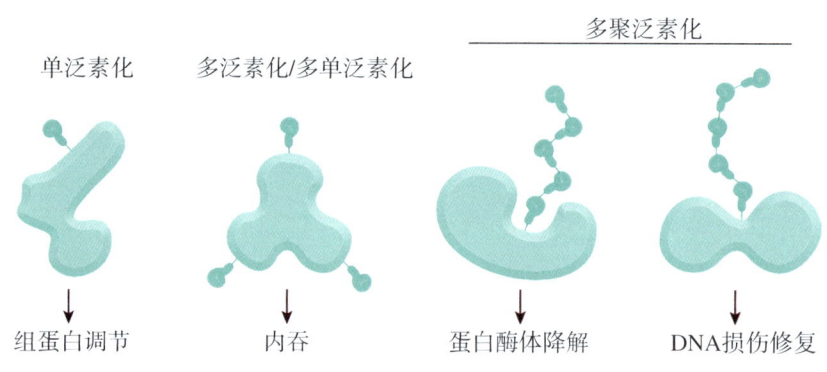

图6-5 靶蛋白的泛素化修饰类型

（三）多聚泛素化靶蛋白的降解

泛素-蛋白酶体系统对靶蛋白的降解是一个高度精细复杂的过程，需要多步骤协同进行。首先，底物的一个最重要的特征就是被标记上泛素化标签。26S蛋白酶体主要识别多聚泛素化的蛋白质，目前已知K48和K11类型的多聚泛素链能介导靶蛋白的蛋白酶体降解。其次，26S蛋白酶体的泛素受体亚基识别并结合底物蛋白质的泛素化标签。不同的底物蛋白质被不同的泛素受体（19S调节颗粒基底部组分Rpn1、Rpn10和Rpn13）识别，并招募到26S蛋白酶体上。在此过程中，ATP酶水解释放能量，19S调节颗粒发生构象变化，将底物蛋白质转移至去泛素化酶Rpn11附近，Rpn11切割底物与第1个泛素之间的异肽键，释放多聚泛素链。去除泛素分子的底物蛋白质进一步去折叠，伴随20S核心颗粒α环口的开放转移至20S核心颗粒内部，在中心腔内降解，生成短肽。通常，在蛋白酶体内生成的肽产物是不稳定的，绝大部分被下游的蛋白酶和氨基肽酶水解，形成自由氨基酸，重新用于细胞内蛋白质的合成。

三、泛素-蛋白酶体系统的生物学功能

泛素-蛋白酶体系统是真核细胞内蛋白质降解的重要途径之一。靶蛋白的泛素化修饰过程中，

E3 泛素连接酶在靶蛋白的特异性选择中起关键作用。目前，已经在哺乳动物的组织中发现了 800 余种 E3 泛素连接酶，其靶蛋白的种类广泛，涉及细胞周期调节因子、转录因子、细胞骨架调节因子、细胞内的信号转导分子以及细胞表面受体等，因此泛素-蛋白酶体系统参与了细胞周期调控、基因转录调控、DNA 损伤修复、细胞凋亡、胚胎发生等几乎所有的细胞生命活动。下面以泛素-蛋白酶体系统对细胞周期的调控为代表进行讲述。

调控细胞周期运行的两个关键的 E3 泛素连接酶是 SCF（Skp-cullin-F-box protein）和 APC/C（anaphase promoting complex，or cyclosome），它们能介导周期蛋白和其他细胞周期调控因子的泛素化和蛋白酶体途径的降解。

SCF 是一个多亚基的蛋白酶复合物，复合物中的 F-box 蛋白能够识别不同的周期蛋白，在 G1、S 和 G2 期多个时相发挥作用。SCF 还可对晚 G1 期的细胞周期依赖性激酶的抑制蛋白 CKI，如 p27Kip1 等，进行泛素化降解，调控 S-Cdks 的活化和 DNA 复制。在细胞周期的整个过程中，SCF 活性不变，SCF 对底物泛素化的调控在于底物分子的磷酸化状态，它只能识别特异的磷酸化的蛋白质，使其泛素化并降解。

泛素-蛋白酶体途径与家族性帕金森病

APC/C 也是一个大的蛋白质复合物，在细胞有丝分裂的中期向后期的转换以及细胞结束有丝分裂期的过程中发挥重要作用。与 SCF 不同，APC/C 在间期表达，但只在 M 期活化。APC/C 的活化受到纺锤体组装检查点（spindle-assembly checkpoint，SAC）的调控。只有当纺锤体组装正确、染色体动粒与纺锤体微管建立正确连接时，APC/C^{Cdc20} 才被激活。APC/C^{Cdc20} 的活化使靶蛋白 securin 发生多聚泛素化，到蛋白酶体降解。分离酶抑制蛋白（securin）可抑制分离酶（separase）对维持姐妹染色单体连接的黏连蛋白（cohesin）的水解。随着分离酶抑制蛋白的降解，分离酶对黏连蛋白进行剪切，使得姐妹染色单体得以分开，有丝分裂由中期进入后期。除此之外，有丝分裂晚期和早 G1 期，APC/C 的活性受到 Cdh1 分子的调节。APC/C^{Cdh1} 的活化可对 S 期和 M 期周期蛋白进行降解，促使细胞结束有丝分裂。

非泛素依赖的蛋白酶体降解途径

细胞周期运行过程中如果这些 E3 泛素连接酶的活性异常，会直接导致细胞周期紊乱，影响基因组稳定性，最终导致肿瘤的发生。

细胞中的蛋白质处于不断合成与降解的动态平衡过程中。在细胞的生命过程中，由于基因突变、转录翻译和蛋白质加工出错、氧化应激等因素，机体内会产生大量错误折叠的蛋白质、衰老蛋白和氧化蛋白等，如果泛素-蛋白酶体系统运转失常，会导致这些蛋白质在体内大量堆积，蛋白质稳态失衡，造成干细胞耗竭和机体衰老，诱发肿瘤和神经退行性疾病等多种疾病。

小测试6-4：20S 蛋白酶体降解的蛋白质都必须发生泛素化修饰吗？

第三节 核 糖 体

核糖体（ribosome）又称核蛋白体或者核糖核蛋白体，是一种普遍保守的核糖核蛋白复合物，在细胞内主要负责解码信使 RNA（message RNA，mRNA）转录物中存在的遗传信息并合成多肽链。在动物细胞内，核糖体主要分布于细胞质和线粒体。植物细胞的叶绿体中也存在核糖体。原核细胞的核糖体为理解蛋白质合成的普遍机制提供了一个框架。然而，真核生物的核糖体比细菌中的核糖体大得多，并且其活性在许多关键方面有着根本的不同。

原核与真核细胞核糖体的比较

一、核糖体的组成

核糖体是无膜包被的不规则颗粒，嗜碱性较强，体积较小，直径为 25～30 nm，游离在细胞质中或者附着在内质网表面。核糖体是围绕一个普遍保守的结构核心形成的，在所有物种中都由两个亚基组成，分别称为核糖体大亚基（large ribosomal subunit，LSU）和核糖体小亚基（small ribosomal subunit，SSU），主要由核糖体蛋白质（ribosomal protein，RP）和核糖体RNA（ribosomal RNA，rRNA）组成，其中蛋白质占40%～50%，RNA占50%～60%。尽管核糖体的功能中心高度保守，但原核细胞和真核细胞中核糖体组分的分子量和数量仍有较大差异。

（一）核糖体蛋白

不同物种之间的核糖体蛋白数量相当恒定。在细菌中，核糖体包含大约55种核糖体蛋白。但由于真核细胞转录组复杂性增加并且对翻译的时空调节需求更高，核糖体蛋白的数量增加至大约80种，从而满足不同细胞中更为复杂的翻译需求。SSU结构表明，大多数额外的真核特异性蛋白和rRNA延伸片段覆盖了SSU颗粒的背面，形成了彼此之间以及与保守的核糖体蛋白和rRNA相互作用的网络，同时有利于真核核糖体特异性调节因子的结合，促进mRNA翻译起始。

核糖体蛋白由核糖体蛋白基因（ribosomal protein gene，RPG）编码。植物和真菌中的大多数核糖体蛋白由多个基因编码，而原生生物和动物基因组多为重复RPG编码。RPG数量的变化与基因组大小无关，但与生物体基因重复的整体倾向有关。

（二）rRNA

核糖体rRNA由核仁转录而来，占细胞中RNA总量的80%以上。由于rRNA的磷酸基所带的负电荷量多于蛋白质所带的正电荷量，因而核糖体呈现出很强的负电性，可与阳离子和碱性染料相结合。含核糖体多的细胞，其细胞质可被碱性染料如甲苯胺蓝染色。

真核生物有4种rRNA，即18S、5.8S、28S和5S。其中，除了5S rRNA外，其余3种rRNA都是在核仁内合成的，这3种rRNA的基因形成一个转录单位，在核仁组织区呈串联重复排列，初始转录产物为45S pre-rRNA。与其他3种rRNA不同，5S RNA定位于非核仁组织染色体上，例如人类的5S rRNA定位于1号染色体，呈串联重复排列，在核仁外合成。

原核细胞和真核细胞核糖体之间的主要区别在于真核细胞SSU中存在5个扩展片段（extension segments，ES），包括ES3^S、ES6^S、ES7^S、ES9^{S}和ES12^{S}以及和5个可变区（variable regions，VR），包括h6、h16、h17、h33和h41；LSU上存在16个扩展片段（ES3^L、ES4^L、ES5^L、ES7^L、ES9^L、ES10^L、ES12^L、ES15^L、ES19^L、ES20^L、ES24^L、ES26^L、ES27^L、ES31^L、ES39^{L}和ES41^L）和2个VR（H16-18、H38）。

二、核糖体的结构

（一）核糖体由两个亚基构成

以沉降系数区分，原核生物70S核糖体通常由30S SSU和50S LSU组成；真核细胞胞质的80S核糖体由40S SSU和60S LSU组成。在原核细胞中，30S小亚基包含1.5 kb的16S rRNA，而真核生物等效RNA（40S SSU中的18S rRNA）超过1.9 kb。细菌50S LSU包括约2.9 kb的23S rRNA和120 bp的5S rRNA，而真核生物60S LSU包括三种不同的rRNA：3.55～5.00 kb的25～28S rRNA、3.55～5.00 kb的5.8S rRNA和一个120 bp的5S rRNA。

构成核糖体的两个亚基结合在一起，两者凹陷部位彼此对应形成蛋白质翻译时mRNA通过的隧道，而新合成的肽链由垂直于该隧道的通道穿出，从而避免新生肽链的水解（图6-6）。

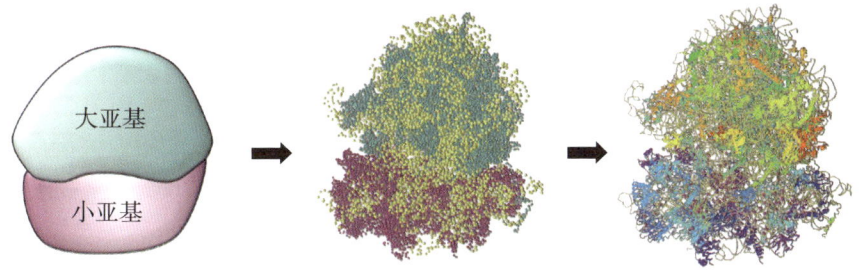

图 6-6　人类 80S 核糖体结构图

（二）真核细胞核糖体上的功能位点

核糖体是蛋白质合成和初步加工的主要场所，大小亚基相互配合，同时又各有分工。科学家用冷冻电镜等多种生物学技术发现大亚基为肽基转移酶中心，小亚基为解码中心，并进一步解析了核糖体与蛋白质合成相关的功能位点（图 6-7），包括：①小亚基上 mRNA 的结合位点；② A 位点（aminoacyl-tRNA，氨酰基位点）：新掺入的氨酰 -tRNA 的结合位点；③ P 位点（peptidyl-tRNA，肽酰基位点）：延伸中的肽酰 -tRNA 的结合位点；④ E 位点（exit site）：肽酰基转移后与即将释放的 tRNA 的结合位点；⑤移位酶结合位点：肽酰 -tRNA 从 A 位点转移到 P 位点有关的转移酶（原核细胞为 EF-G，真核细胞为 eEF2）的结合位点；⑥肽酰转移酶的催化位点：催化氨基酸间形成肽键，催化酶为 rRNA；⑦肽链出口位点；⑧与蛋白质合成有关的其他起始因子、延伸因子和终止因子的结合位点等。

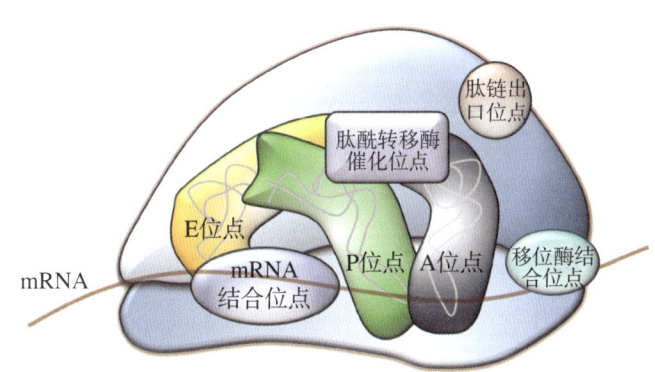

图 6-7　核糖体中主要活性部位示意图

框 6-3　冷冻电镜

冷冻电镜是解析核糖体结构的重要技术手段之一。冷冻电镜长期以来一直是直接可视化大型生物分子组装体（包括病毒和核糖体）的宝贵工具。2012 年，随着直接电子探测器（在成像过程中保留原子分辨率信息的高灵敏度和快速相机）的发展，冷冻电镜的分辨率难题开始被逐步解决。除了改进的探测器之外，冷冻电镜领域在样品制备方法、显微镜技术和生成 3D 结构的图像处理算法方面也取得了改进。2017 年诺贝尔化学奖被授予 J. Dubochet、J. Frank 和 R. Henderson，以表彰他们"开发了冷冻电子显微镜，用于溶液中生物分子的高分辨率结构测定"。目前冷冻电镜技术处于持续发展期，但工作效率和制备方案仍需进一步调整。

核糖体相关研究的其他方法

（三）真核细胞核糖体的组装

真核细胞核糖体亚基的组装和可用性与营养、应激和细胞周期密切相关。SSU 和 LSU 的组装需要大约 200 个非核糖体因子，包括蛋白质、蛋白质复合物和小核仁核糖核蛋白。

核糖体生物合成始于核仁，通过 Pol Ⅰ 转录 47S pre-rRNA。47S pre-rRNA 被剪切为 45S pre-rRNA，随后经加工产生 18S、5.8S 和 28S rRNA。5S rRNA 由 Pol Ⅲ 独立转录。核糖体蛋白基因由 Pol Ⅱ 转录，其 mRNA 在细胞质中翻译。核糖体的组装是一个复杂的过程，涉及多个步骤和不同的机制，rRNA 转录后修饰和加工有利于核糖体亚基的子结构域的形成。最终修饰加工后的 47S pre-rRNA、5S rRNA 和 80 多种核糖体蛋白形成 90S 复合物，然后对其进行加工形成 40S 和 60S 亚基前体。未成熟的亚基被独立地转运到细胞质，在那里经历最终的成熟步骤，形成有功能的 40S 和 60S 亚基。mTOR 信号转导和转录因子 MYC 在内的多种机制可在不同层面上调节核糖体的生物发生。

核糖体这种组装方式有利于防止有功能的核糖体在核中出现，有效地避免了 mRNA 前体在核内提前翻译的可能性，从而有利于蛋白质翻译过程的精准调控。

三、核糖体的功能

（一）核糖体是蛋白质合成的场所

核糖体是真核细胞和原核细胞中普遍存在的蛋白质合成场所。核糖体一旦形成，核糖体就会将 mRNA 翻译成蛋白质。通常情况下，单个 mRNA 可以与多个核糖体结合形成多聚核糖体（图 6-8）。mRNA 翻译过程可分为三个基本步骤：起始、延伸和终止。

简单来说，在帽依赖性启动中，真核起始因子（eukaryotic initiation factor，eIF）与 mRNA 帽结合并招募 43S 预起始复合物。然后，该复合物以 5′ 到 3′ 方向扫描 mRNA，直到遇到起始密码子（AUG）。60S 亚基随后被招募形成 80S 单体，该单体进行翻译延伸。核糖体与带电荷的 tRNA 一起解码连续密码子并催化肽键形成。当核糖体遇到终止密码子时，就终止翻译。在特殊情况下，终止密码子通读可以转录本和细胞类型特异性的方式发生，导致更长的多肽链的形成。

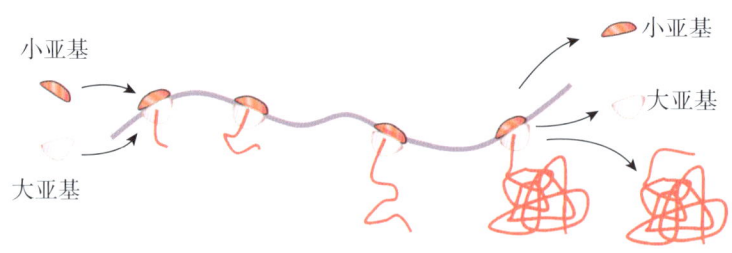

图 6-8 多聚核糖体模式图

（二）核糖体的异质性

核糖体一直以来被认为是统一的分子机器，但来自多种生物体的证据表明，组成核糖体的 rRNA 和蛋白质可能有所不同，提示核糖体的功能异质性和专门化。20 世纪 50 年代，克里克（F. Crick）首次提出特化核糖体理论，并进一步将特化核糖体定义为"翻译特定 mRNA 库或通过与核糖体相关因子的独特相互作用促进翻译调节的核糖体"。核糖体成分的组织特异性表达以及核糖体基因突变的表型分析表明，胚胎发生、精子发生、卵子发生、身体模式和神经发生等关键发育过程中普遍存在核糖体异质性和潜在的特化，这些证据进一步提示核糖体异质性的存在。

目前，产生核糖体异质性的六种关键方法已经被表征，包括：①RP 旁系同源物的取代；②RP 的差异化学计量；③额外的蛋白质成分；④RP 的翻译后修饰；⑤rRNA 变异；⑥rRNA 修饰。所有这些成分变化都有可能形成功能特化的核糖体。

核糖体群体的组成差异或许可以提供一种调节 mRNA 翻译的机制，即通过定制不同的核糖体组来翻译特定的 mRNA 组。

第四节 线 粒 体

线粒体（mitochondria）是人类细胞中除细胞核外唯一包含 DNA 的细胞器，具有半自主性，由双层膜构成，普遍存在于除哺乳动物成熟红细胞以外的所有真核细胞中。线粒体被称为"细胞的动力工厂"，是细胞进行能量代谢、产生 ATP 的主要场所。在机体内，线粒体还执行多种功能，例如调节细胞凋亡和胞内钙离子。

一、线粒体的结构

（一）线粒体的基本特点

线粒体是细胞线状、粒状或杆状的细胞器，直径一般为 0.5～1.0 μm，长度为 1.5～3.0 μm，存在于大多数细胞中。但在不同的细胞或者不同的生理状态下，线粒体的大小、数量、形态和排列分布存在较大的差异。总体而言，线粒体一般会聚集在生理功能旺盛、需能较多的细胞或区域。

根据目前的理论，线粒体从自由生活的细菌进化而来，并通过内共生参与真核细胞的起源。该理论认为，原始的厌氧真核细胞吞噬原始线粒体，经过漫长的自然选择，彼此建立起互利互惠的关系。与细菌祖先一样，线粒体由

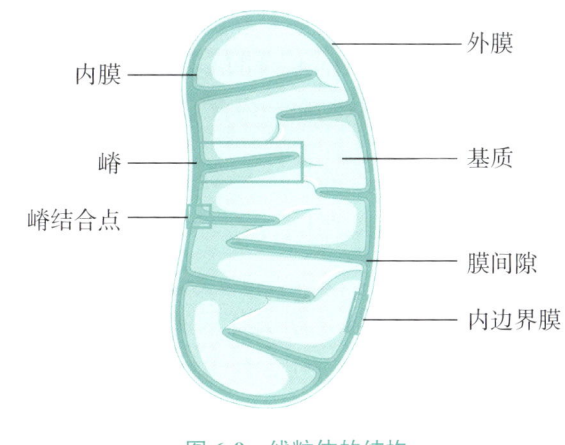

图 6-9 线粒体的结构

两个独立且功能不同的外膜（outer membrane，OM）和内膜（inner membrane，IM）组成，内膜和外膜将线粒体分为两个空间，即基质（matrix）及膜间隙（intermembrane space）（图 6-9）。

（二）线粒体外膜和内膜

线粒体内膜和外膜在脂质组成、跨膜蛋白的特征和作用、渗透性和形状方面存在显著差异。

外膜较光滑，厚度为 5～7 nm，蛋白质和脂质含量相等，脂质成分与真核细胞细胞膜更相似，发挥细胞器界膜的作用。主要作用为线粒体脂质的合成，参与线粒体的分裂、融合及细胞凋亡等。

内膜平均厚度为 4.5 nm，特点是蛋白质/脂质比值较高，心磷脂含量高达 20%，缺乏固醇，

小测试6-6：嵴是什么？有什么生物学意义？

与细菌膜相似。内膜在基质中内陷形成高度堆积的结构，称为嵴（cristae）。嵴的排列方式有片状和管状两种，片状主要存在于高等动物细胞中，而管状在原生动物和植物中较为常见。内膜的这种特殊结构大大增加了其表面积，为氧化磷酸化相关酶提供了丰富的附着点。除了参与氧化代谢外，线粒体嵴还可以响应各种刺激发生动态重组，如能量需求的变化或者凋亡信号等。嵴的形成和维持是一个复杂的过程，且依赖于多种蛋白质，其中线粒体接触位点与嵴组织系统（mitochondrial contact site and cristae organizing system，MICOS），融合蛋白OPA1与嵴结构的形成和稳定广泛相关，特别是在嵴连接处。

内膜内表面附着有许多突出于内腔的颗粒，称为基粒，基粒具有ATP酶活性，能催化ADP磷酸化生成ATP。内膜中不内陷于基质中而是与外膜平行的部分称为内边界膜（inner boundary membrane）。嵴和内边界膜通过狭窄的管状结构或缝隙连接，称为嵴结合点（cristae junctions）（图6-9）。

此外，内膜和外膜的选择通透性也有较大的差异。外膜上有多种转运蛋白，可形成较大的水相通道，使外膜出现直径2～3 nm的小孔，允许小分子肽、离子等物质通过。而内膜的通透性很小，其特征是α-螺旋转运蛋白，例如蛋白质转位酶以及代谢物和离子的其他载体，只允许分子量小于150 Da的物质通过，且只有水、氧气（O_2）和二氧化碳（CO_2）可以自由通过内膜。

（三）线粒体膜间隙

线粒体膜间隙的宽度为6～8 nm。但内外膜紧密接触的部位不存在膜间隙，称为转位接触点（translocation contact site），是细胞质基质中合成的蛋白质进入线粒体的部位。在呼吸作用较为活跃时，膜间隙会充满无定形液体，为呼吸作用提供可溶性酶类、底物和辅助因子。

（四）线粒体基质

线粒体基质包含催化三羧酸循环、脂肪酸和丙酮酸氧化的酶类，标志酶为苹果酸脱氢酶。基质中具有一套完整的转录和翻译体系，包括线粒体DNA（mitochondria DNA，mtDNA）、线粒体核糖体、tRNA、rRNA、DNA聚合酶、氨基酸活化酶等。此外，基质中还含有纤维丝和电子密度很大的致密颗粒状物质，内含Ca^{2+}、Mg^{2+}、Zn^{2+}等离子。

二、线粒体的组成

线粒体的主要化学成分是蛋白质和脂质，其中蛋白质占线粒体干重的65%～70%，脂质占25%～30%。此外，还含有少量的辅酶等小分子及核酸。

（一）线粒体DNA

作为一种半自主性细胞器，线粒体含有自身的遗传物质mtDNA，并且保持了细菌DNA的典型特征。人的mtDNA是一个含16 569个碱基对（bp）的环状双链分子，不含内含子，并且是多顺反子。除了被称为置换环或D环的非编码区之外，尽管有些基因部分重叠，但每个基因都与下一个基因相邻。mtDNA不与组蛋白结合，而被线粒体转录因子A（TFAM）蛋白包裹形成类核结构，存在于线粒体的基质内或依附于线粒体内膜。此外，与核DNA相反，mtDNA在细胞中以许多拷贝存在，在100～10 000个拷贝之间，与特定组织的能量需求成正比。线粒体DNA遗传密码与核DNA编码色氨酸和甲硫氨酸的密码子不同，并且只有两个终止密码子。在进化过程中，大多数线粒体基因丢失或转移到核DNA中。

mtDNA仅包含37个基因，主要编码线粒体的tRNA、rRNA和一些线粒体的蛋白质，包括：11个编码信使核糖核酸mRNA，13个翻译为蛋白质，2个编码线粒体核糖体RNA（rRNA，12S

线粒体DNA（mitochondria DNA，mtDNA）

和 16S），剩余 22 个编码 tRNA。

在动物中，mtDNA 遗传几乎完全是母系的，而许多物种的父系 mtDNA 在受精后立即被主动破坏。

（二）线粒体蛋白质

线粒体中的蛋白质分为可溶性蛋白质和不可溶性蛋白质两种。其中，线粒体基质的酶和膜的外周蛋白主要为可溶性蛋白质；膜结构蛋白或膜镶嵌蛋白多为不可溶性蛋白质。蛋白质组学研究表明线粒体内含有 1000 余种不同的蛋白质。尽管线粒体在基质中携带完整的遗传系统，但只有大约 10% 的线粒体蛋白质是由线粒体基因组编码的，且大多数线粒体编码的蛋白质在线粒体核糖体上合成，例如电子传递链中的细胞色素氧化酶（COX），经线粒体核糖体合成后插入内膜。

绝大多数线粒体蛋白质由核基因编码并在胞质核糖体上合成。前体蛋白携带靶向信号，将前体引导至线粒体表面的受体，然后易位到线粒体中。线粒体外膜和内膜之间的紧密接触的转位接触点是前体蛋白进入线粒体的主要途径。

线粒体中的大多数蛋白质都是酶，目前认为线粒体中含有 120 余种酶系，是细胞中含酶种类最多的细胞器。其中氧化还原酶约占 37%，连接酶占 10%，水解酶占 9% 以下。各种酶的分布与线粒体不同结构的功能相关。

框 6-4 线粒体中各种酶的定位

部位	酶的名称
外膜	单胺氧化酶、NADH-细胞色素 c 还原酶、犬尿氨酸羧化酶、脂肪酸辅酶 A 连接酶
内膜	细胞色素氧化酶等呼吸链酶系、琥珀酸脱氢酶、ATP 合酶、丙酮酸氧化酶、NADH 脱氢酶、肉毒碱脂肪酸酰基转移酶、β-羟丁酸脱氢酶、β-羟丙酸脱氢酶
膜间隙	腺苷酸激酶、核苷二磷酸激酶
基质	苹果酸脱氢酶、谷氨酸脱氢酶、脂肪酸氧化酶系、柠檬酸循环酶系、蛋白质和核酸合成酶

（三）线粒体的脂质

线粒体也能够自行合成一些脂质，但同时依赖于主要在内质网中形成的脂质的转移和组装。脂质的持续供应和交换是维持线粒体膜完整性和整体细胞功能所必需的。在线粒体膜上，脂质不均匀分布在线粒体膜的脂质双层上，其中 90% 是磷脂，包括磷脂酰胆碱（卵磷脂）、磷脂酰乙醇胺（脑磷脂）、心磷脂和少量肌醇及胆固醇等。具体来讲，线粒体中脂质的分布有以下特征：

（1）与其他亚细胞部分相比，磷脂与蛋白质以及甾醇与蛋白质的比率较低。
（2）磷脂酰乙醇胺和磷脂酰胆碱是主要的磷脂，约占总磷脂的 80%。
（3）线粒体具有较高的心磷脂含量，占 10%~15%。
（4）甾醇和鞘脂的含量很低。

在不同的哺乳动物细胞和组织中，线粒体脂质组成基本相同。但也存在一些例外情况，例如来自心脏、大脑、肾、肾上腺皮质和脾的线粒体还含有总磷脂 5%~30% 范围内的磷脂酰胆碱-磷脂酰乙醇胺缩醛磷脂。

三、线粒体的功能

线粒体是复杂的细胞器，不断经历融合、裂变、嵴重塑等过程，使线粒体适应外界的环境变化。这些过程不仅调节其形态，而且调节其功能。线粒体的功能主要包括以下几点。

（一）能量供应

线粒体是能量代谢的中心，对于真核生物的能量产生至关重要。线粒体氧化磷酸化依赖于线粒体呼吸链，通过消耗营养物质为细胞活动提供源源不断的 ATP。线粒体呼吸链由四种酶复合物组成，包括烟酰胺腺嘌呤二核苷酸-泛醌还原酶（NADH-CoQ 还原酶）（复合物Ⅰ，CⅠ）、琥珀酸-泛醌氧化还原酶（复合物Ⅱ，CⅡ）、泛醌-细胞色素 c 氧化还原酶（COX，复合物Ⅲ，CⅢ）和细胞色素 c 氧化酶（复合物Ⅳ，CⅣ），以及两种移动电子载体——泛醌（CoQ）和细胞色素 c（Cyt c）。线粒体酶复合物还通过特定的相互作用组装成呼吸链超级复合物（见第十三章"生物氧化"相关内容）。

线粒体还可通过生物发生和融合过程，形成新的线粒体并与邻近的细胞器相连，以提高其 ATP 合成、代谢物共享和 Ca^{2+} 处理的能力，从而适应不断变化的代谢需求。相反，当线粒体过多和（或）功能失调时，会发生裂变和线粒体清除（线粒体自噬）过程，以重建代谢稳态并维持线粒体健康。

（二）细胞凋亡

细胞凋亡是胚胎发育和许多生理功能所必需的，线粒体在细胞凋亡的过程中发挥调节作用。当细胞经历 DNA 损伤、氧化应激、免疫反应以及缺乏某些生长因子、激素和细胞因子时，可能会通过细胞色素 c 的释放和凋亡体的形成导致线粒体凋亡，或者引起单个线粒体的自噬，甚至导致存活下来的线粒体功能障碍。另外，其他线粒体蛋白可以通过替代机制决定细胞凋亡，例如凋亡诱导因子 1（AIF1）在应激条件下可以被组织蛋白酶或其他蛋白酶切割，释放到线粒体外，最终导致细胞凋亡。

（三）应激反应

线粒体是通过氧感应、钙平衡、pH 调节、代谢、凋亡、炎症和免疫来调节稳态的重要介质。当细胞应激时，线粒体会通过减少细胞代谢、改变膜的刚性和通透性、释放保护分子、增加线粒体裂变和自噬、表观遗传变化等途径维持细胞内稳态。此外，某些线粒体蛋白质和 mtDNA 也会释放到细胞外，触发免疫反应。

（四）钙稳态

钙在细胞中主要用作信号分子。内质网和线粒体等细胞器能够隔离和释放钙，调节细胞钙离子浓度。同时，钙信号转导在线粒体功能中发挥作用。目前认为，线粒体基质中的钙可调节各种酶的活性，例如丙酮酸脱氢酶、异柠檬酸脱氢酶和 2-酮戊二酸脱氢酶，从而调节线粒体呼吸，并诱导线粒体通透性转换孔开放。

（五）其他功能

血红素是一种含铁卟啉，在许多生物过程中至关重要。血红素也被纳入电子传递链的一些亚基中，并且是细胞呼吸所必需的。该化合物在线粒体和细胞质中合成，在线粒体基质酶中的亚铁螯合酶催化作用下，将亚铁插入原卟啉Ⅸ的四吡咯大环中合成。

铁硫（Fe-S）簇是具有多种生物学功能的辅基，在一些酶中，如糖基酶、解旋酶、引物酶和呼吸链酶，需要掺入 Fe-S 中心才能发挥其活性。在酵母中，Fe-S 簇的合成仅在线粒体中进行，但 Fe-S 簇也可以通过线粒体内膜中的特定 ABC 转运蛋白从线粒体中输出；真核线粒体中铁硫簇组装酶（ISCU）是 Fe-S 簇合成的关键酶。

第五节　细胞质异常与疾病

细胞质中蛋白酶体、核糖体和线粒体分别是蛋白质降解、蛋白质合成以及能量代谢的主要承担者，其功能异常与多种疾病紧密相关。本节将介绍蛋白酶体、核糖体、线粒体相关的疾病。

一、蛋白酶体与疾病

蛋白酶体降解大量细胞蛋白质，并通过这种方式控制许多细胞过程。蛋白酶体功能障碍与多种疾病有关。无法降解异常、错误折叠、突变或受损的蛋白质会导致其积累，对细胞产生毒害作用。例如，细胞降解易聚集蛋白质的能力随着年龄的增长而下降，导致异常构象蛋白质以不溶性聚集体的形式积累，这是神经退行性疾病的标志。在癌症中，基因突变引起的蛋白质表达水平的变化和（或）蛋白质复合物亚基表达的化学计量失衡可能会导致错误折叠或过量产生的蛋白质的积累，因此癌细胞通常拥有高水平的蛋白酶体。目前，抑制蛋白酶体组装已经被认为是一种有前途的抗癌策略。

二、核糖体与疾病

核糖体是一种将 mRNA 翻译成蛋白质的多亚基复合物，在细胞增殖、分化、凋亡、发育和转化中发挥重要作用。人类核糖体相关基因的突变导致人类核糖体疾病，包括 Diamond Blackfan 贫血（DBA）、X 连锁角化不良和 Treacher Collins 综合征等。DBA 是一种骨髓疾病，由几个不同核糖体蛋白基因突变引起，患者表现出骨髓衰竭、发育畸形和肿瘤易感性增高等一系列身体异常。Treacher Collins 综合征与颅面异常相关。X 连锁角化不良常伴血细胞减少、指甲营养不良和皮肤色素沉着过度。

此外，核糖体生物合成发生功能障碍可以触发 *p53* 激活，从而导致细胞周期停滞和细胞凋亡。核糖体生物合成特定步骤的破坏也会导致小头畸形、癫痫发作和听力损失。最近研究还发现了 rRNA 修饰与癌症之间的联系，从而提出了肿瘤核糖体理论。这些核糖体可以在癌症期间特化，通过翻译调节导致核糖体蛋白水平增加，从而驱动高水平的翻译和不受控制的细胞分裂。

三、线粒体与疾病

线粒体参与细胞生命的各个方面，功能失调的线粒体无法为心脏、大脑和肌肉等高能量需求的组织提供所需的能量，从而导致包括癌症和转移性疾病、神经退行性疾病、糖尿病、慢性疲劳和线粒体脑肌病、乳酸酸中毒以及罕见疾病（如 Freidrich's 共济失调）等多种疾病的发生。

大量癌症相关研究表明，线粒体直接参与癌细胞死亡抵抗（抑制凋亡）、增殖失控（增加有氧糖酵解提供增殖所需的生物合成前体）、侵袭和转移（增加 ROS，降低 pH 并激活转移蛋白酶）、解除细胞能量控制（减少氧化磷酸化和有氧糖酵解增加）、基因组不稳定性（与线粒体功能相关的 mtDNA 突变和核突变增加）和肿瘤促进炎症（线粒体碎片和线粒体蛋白释放到细胞外基质引发炎症）等多个过程。

在神经元中，线粒体调节 Ca^{2+} 通量的能力对于控制神经递质释放、神经发生和神经元可塑性至关重要。此外，线粒体还提供大量的 ATP 以及 TCA 中间体，为合成 γ-氨基丁酸（GABA）和谷氨酸神经递质提供原料。因此，氧化代谢受损可能会改变神经递质水平。线粒体介导的脂质合成对于神经元功能也至关重要，因为硫辛酸合酶的缺陷会导致严重的新生儿癫痫。

胰腺细胞中线粒体功能失调与 2 型糖尿病密切相关。功能异常的线粒体可引起过度的 ROS 积累，导致胰岛素抵抗，线粒体可塑性降低也可导致循环葡萄糖和脂质浓度异常。

人类线粒体疾病

小 结

真核细胞中细胞质是指质膜内、细胞核之外的结构空间，是细胞内进行多种中间代谢和生命活动的重要场所。细胞质是一个高度复杂的体系，为了高效进行各种生化反应和生命活动的调控，真核细胞进化过程中形成了各种膜性细胞器和无膜细胞器。各细胞器之间、细胞器与细胞骨架以及胞质溶胶之间相互依存、高度协调，有序地进行着多种复杂的生命活动。细胞质内蛋白酶体是蛋白质降解的重要场所，26S 蛋白酶体通过识别多聚泛素化链对细胞内的蛋白质进行质量和数量调控。由于泛素 - 蛋白酶体系统降解的蛋白质种类广泛，泛素 - 蛋白酶体系统几乎参与了细胞内所有生命活动的调控。核糖体是蛋白质翻译的主要场所，其生物合成始于核仁，并以共转录或转录后的方式完成组装。线粒体是一种半自主性细胞器，是细胞能量代谢的主要场所，同时也与细胞凋亡、应激反应、钙稳态等过程紧密相关。蛋白酶体、核糖体及线粒体是细胞质中多种生理过程的参与者，其功能异常可能会导致神经退行性疾病、癌症等多种疾病。对于细胞质的正常组分和结构功能的认识，是理解细胞个体生命活动的基础。

整合思考题

1. 细胞质中哪些细胞器参与蛋白质分子的降解？各有什么特点？
2. 蛋白质分子的泛素化修饰发生在哪个氨基酸残基？有何生物学意义？
3. 核糖体的结构是如何与其功能相适应的？
4. 为什么说线粒体是一个半自主性细胞器？

参考答案

（李 莉 杨 娟）

第七章　细胞的内膜系统

导学目标

通过本章内容的学习，学生应能够：

※ **基本目标**
1. 理解内膜系统的概念。
2. 分析内膜系统的主要细胞器，如内质网、高尔基复合体、内体、溶酶体、过氧化物酶体的结构特点、分子组成和主要功能。
3. 解释可溶性蛋白与跨膜蛋白的合成、加工和转运。

※ **发展目标**
1. 举例说明内质网和高尔基复合体在生物大分子合成、加工、分拣和运输中的作用。
2. 举例说明内质网、高尔基复合体、溶酶体异常所致疾病的发生机制。

案　例

患者，女，61岁，因前额、胸部、背部出现棕褐色斑块及瘙痒就诊。斑块大小不一，大者直径超过 1 cm。检查发现为稍高于皮面的扁平丘疹，呈棕褐色，伴有干屑脱落。临床诊断为脂溢性角化病（seborrheic keratosis，SK）。

脂溢性角化病，俗称老年斑（senile plague），是在老年人群中常见的一种皮肤良性增生性病变，无传染性。若患处被衣物摩擦刺激或者影响形象，也可根据患者意愿进行切除。

问题：
1. 老年斑表现为棕褐色的细胞生物学机制是什么？
2. 还有哪些疾病的发病机制同老年斑呈现棕褐色的机制类似？

L7-1a
案例解析

细胞的内膜系统（endomembrane system）是位于细胞内的膜性结构，它将细胞内部各个部分区室化，形成在结构、功能和生物发生上有显著联系且执行不同功能的膜限细胞器与区室（membrane-bound organelles and compartments），主要包括内质网、核膜、高尔基复合体、内体、溶酶体、过氧化物酶体、自噬体、囊泡（vesicles）、液泡（vacuoles）、脂滴（lipid droplets）等。线粒体有独立起源，不属于内膜系统细胞器。内膜系统各区室之间，内膜系统与质膜、线粒体膜之间，通过膜流通（membrane trafficking）交换膜成分及其内容物，实现了整个生物膜系统的代谢更新、重塑与信息传递。在各种膜限细胞器与区室中，核膜、线粒体、自噬体均由双层生物膜包裹而成，每层生物膜又由脂双层（lipid bilayer）构成；脂滴的界膜由一层以磷脂为主的脂单层构成；其余细胞器与区室的界膜均由一层生物膜构成。

膜限细胞器与区室既可通过囊泡运输（见第八章"囊泡运输"相关内容）实现膜流通，又可通过在各区室间形成膜接触区（membrane contact sites，MCSs），实现膜成分与内容物的可控交换。区室膜外表面的栓连蛋白（tethering proteins）将两个区室连接到一起，形成膜接触区。

内膜系统的出现有以下重要意义：①增加膜表面积，为各种依赖于生物膜的生命活动提供充足的场所和储备空间。②将细胞的结构与功能进行空间与时间上的划分，把细胞质分隔成大量闭合性区室，致使每种相对独立的区室含有特定的转运蛋白和酶类，有利于生化反应等细胞活动在互不干扰的内部环境中高效进行；不同区室按特定先后顺序交换膜成分与内容物，在时间上构成工厂流水线样的有序加工更替过程。③通过核膜包裹保护核基因组，并使得基因表达调控更加有序、高效。

第一节　内　质　网

内质网（endoplasmic reticulum，ER）由单层生物膜构成界膜，存在于除成熟红细胞外的所有哺乳动物细胞内。ER膜与外层核膜连续，ER腔与核周间隙连通。ER分为外表面附着核糖体的粗面内质网（rough endoplasmic reticulum，RER）和无核糖体附着的滑面内质网（smooth endoplasmic reticulum，SER）。

一、内质网的形态结构和组成

（一）内质网的形态结构

ER膜总量丰富，超过一般动物细胞总膜量的50%。ER有小管（tubules）和扁囊（cisternae）两种形态，小管为SER，扁囊多为RER，小管与扁囊互相通连（图7-1）；小管常通连成三维网状，管腔直径为30～60 nm；扁囊常多层堆叠，囊腔宽为20～30 nm。RER膜外侧有大量核糖体附着，当蛋白质合成旺盛时，核糖体常以多聚体形式附着。RER的含量与细胞分化和功能状态有关，分泌活动旺盛的细胞，如分泌消化酶的胰腺外分泌细胞、分泌抗体的浆细胞等，RER特别丰富，呈多层平行的板层状；低分化细胞如各种前体细胞、胚胎细胞的RER不发达；分化高、生长慢的肿瘤细胞RER较发达；分化低、生长快的肿瘤细胞RER含量较少。SER在多数细胞中含量不高，但在特定细胞类型中十分丰富，如汗腺细胞、胃壁细胞、睾丸间质细胞等。在肌细胞中，SER特化为肌质网（sarcoplasmic reticulum，也称肌浆网）。

（二）内质网的分子组成

ER膜由膜脂、膜蛋白、糖类组成，磷脂为ER膜脂的主要成分。ER腔内含高浓度Ca^{2+}，若ER膜上的钙通道开放，Ca^{2+}释放到细胞质可作为第二信使发挥作用（见第二十五章"细胞信号转导"相关内容）。ER膜的分子标志为钙连蛋白（calnexin），ER腔的分子标志为钙网蛋白（calreticulin）和热休克蛋白HSP90B1；这些蛋白均为分子伴侣（molecular chaperone），并均为ER驻留蛋白（resident proteins）；上述蛋白还具有凝集素（lectin）活性，可特异识别糖基。ER驻留蛋白的共同特征是其肽链C端携带KDEL基序（KDEL motif），即Lys-Asp-Glu-Leu-COOH，可使这类蛋白质驻留在ER。针对上述分子标志或KDEL基序的抗体可用于显示ER的亚细胞结构，便于观察。位于 ER 膜上的葡萄糖 -6- 磷酸酶（glucose-6-phosphatase）是 ER 的标志酶，其催化活性部位位于 ER 腔面，该酶对血糖调控具有关键作用。SER 膜上的标志酶是一类单加氧酶，即细胞色素 P450 家族（cytochrome P450 family，CYP family），参与羟化等代谢反应。

采用超声或钙沉淀等方法可使 ER 碎裂并融合成大量囊泡，称为微粒体（microsome），其直径约为 100 nm，含 ER 的各种成分。来自 RER 的微粒体附有核糖体，为粗面微粒体。无核糖体者为滑面微粒体，既可由 SER、质膜、高尔基复合体、内体等细胞器破碎后再融合而来，也可直接来自细胞的各种囊泡。通过密度梯度离心，可将密度大的粗面微粒体与密度小的滑面微粒体分开。

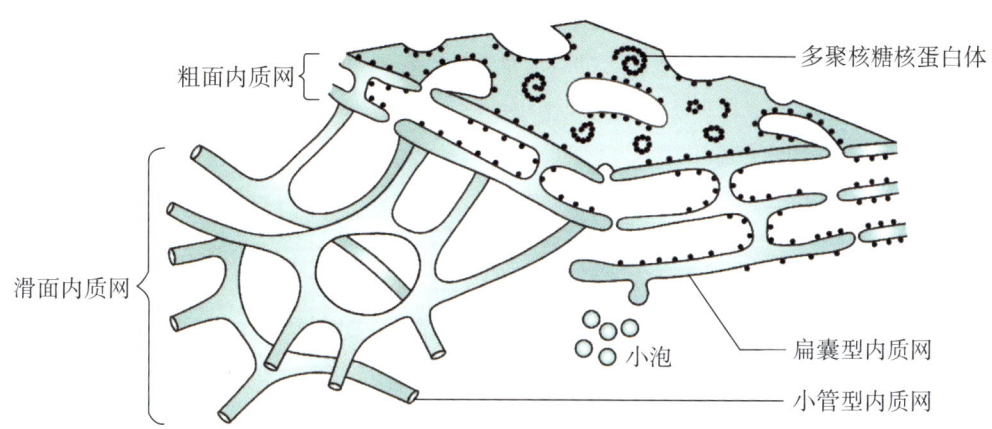

图 7-1　内质网的基本形态示意图

框 7-1　微粒体在药物研发中的应用

小分子药物等各种生物异源分子（xenobiotics）在体内主要的代谢部位是肝和肾。肝细胞的 ER 是药物代谢及生物转化的重要场所。肝细胞破碎后提取的肝微粒体能够保留膜蛋白与分泌蛋白合成、某些类型的糖基化修饰、脂类和类固醇等物质的合成与代谢、生物异源分子代谢等 ER 的基本功能。肝微粒体膜上有多种负责药物跨膜运输的蛋白质如溶质载体（solute carrier，SLC）超家族成员，并富含药物代谢相关酶类如细胞色素 P450 家族单加氧酶，可向脂溶性化合物添加亲水性基团，改变药物的生物学活性和体内分布，以利于将其排出体外。通过微粒体可以在体外方便地模拟肝的部分重要功能，进行药物代谢研究和高通量药物筛选。

二、内质网的功能

RER 与 SER 可互相转化，二者的共有功能为：①合成与组装生物膜，为各种膜性结构提供物质保障。磷脂、糖脂、胆固醇的部分合成途径发生在 RER 和 SER（图 7-2）中。新合成的膜脂分子通过囊泡运输和载体蛋白（如磷脂交换蛋白）转运等方式抵达目标部位（图 7-3）。②存储与调控 Ca^{2+}，参与信号转导与酶活性调控。③参与糖原与葡萄糖代谢：糖原可被降解为葡萄糖 -1- 磷酸，然后转化为葡萄糖 -6- 磷酸，再被 ER 膜上的溶质载体蛋白转运至 ER 腔；ER 膜上的标志酶葡萄糖 -6- 磷酸酶可将 ER 腔中的葡萄糖 -6- 磷酸水解为葡萄糖，再经 ER 膜上的葡萄糖转运体输送到细胞质，为糖代谢提供原料。④参与氧化还原状态调控：ER 腔内的 6- 磷酸葡萄糖在己糖-6-磷酸脱氢酶催化下将 NADP 还原为 NADPH，为 ER 提供高还原力环境，防止蛋白质异常折叠与二硫键氧化，并为生化反应提供动力。⑤参与 ER 应激和自噬、凋亡、坏死的调控等。

RER 与 SER 也各有其特有功能，RER 的特有功能主要是参与膜蛋白、分泌蛋白、内膜系统区室驻留蛋白的合成；SER 的特有功能则是参与多种脂质分子的代谢、自噬体生成以及脂滴的生成。以下着重讲述 RER 与 SER 的特有功能。

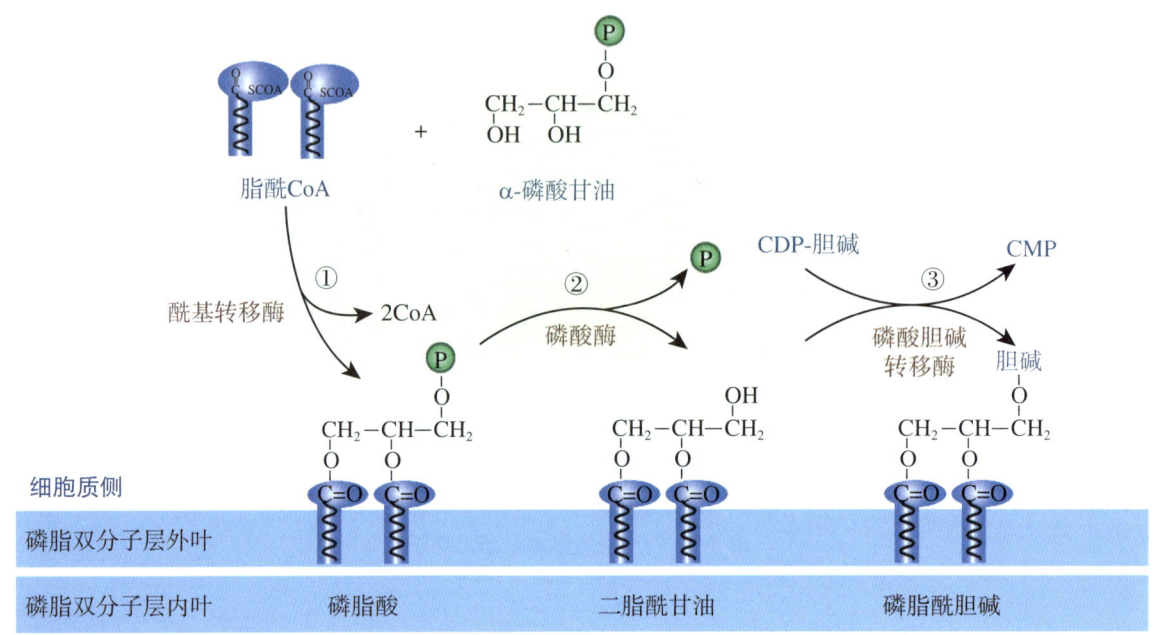

图 7-2　内质网的磷脂酰胆碱合成过程

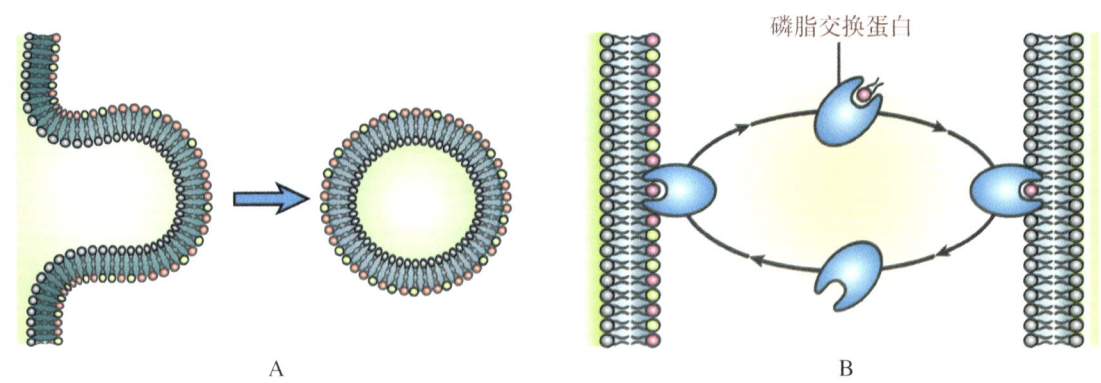

图 7-3　膜脂分子通过囊泡运输（A）和载体蛋白转运（B）方式运输

（一）粗面内质网的功能

1. 参与蛋白质的合成　RER 参与合成的蛋白质主要有跨膜蛋白、分泌蛋白（包括酶类、部分激素与细胞因子、抗体、细胞外基质蛋白等）以及内膜系统区室的驻留蛋白（如溶酶体酶等）。跨膜蛋白在 RER 膜上合成；分泌蛋白和驻留蛋白既可按跨膜蛋白的形式在 RER 合成，也可在合成时以可溶性蛋白的形式进入 RER 腔内。

（1）信号肽指导核糖体附着于内质网膜

1）信号肽（signal peptide）：在 RER 合成的可溶性蛋白和部分跨膜蛋白，其多肽链的合成起始阶段需要在胞质溶胶中的核糖体上合成一段位于肽链 N 端、由 15～30 个氨基酸残基组成的信号肽，也称为内质网信号序列（ER signal sequence），该序列 N 端含有一至数个带正电荷的氨基酸，之后为 7～12 个疏水性氨基酸核心区，随后是信号肽酶（signal peptidase）识别基序 Ala-X-Ala。信号肽的作用是引导核糖体结合于 RER 膜，成为附着核糖体，并使新生肽链进入 RER 腔。信号肽随后被 RER 的信号肽酶切除，因此成熟蛋白质不含信号肽。

框 7-2　信号肽假说

1971 年细胞生物学家 G. Blobel 提出信号假说（signal hypothesis），认为粗面内质网合成的蛋白质需要首先在核糖体上翻译出一段 N 端信号肽，引导新生多肽链通过内质网上的通道转位到内质网腔。该假说首次揭示了蛋白质在细胞内合成与定向运输依赖于肽链内部的指导信号，这项研究突破使得 G. Blobel 于 1999 年获得诺贝尔生理学或医学奖。

G. Blobel 提出信号假说

2）信号识别颗粒（signal recognition particle，SRP）：SRP 是位于胞质溶胶的 RNA-蛋白质复合体，由一条 300 bp 的 SRP RNA 和 6 条多肽链组成。当核糖体在胞质溶胶中合成含信号肽的新生多肽链后，SRP 一方面与信号肽结合，另一方面与核糖体大亚基上接受氨酰-tRNA 的 A 位结合，阻止氨酰-tRNA 进位，导致翻译过程暂停。SRP 既能识别信号肽，也能识别膜蛋白肽链内部的疏水性跨膜区序列，可以将携带这两类 ER 靶向序列的肽段定位到 RER 上。

3）信号识别颗粒受体（SRP receptor，SRPR）：为 RER 的跨膜蛋白，由 α、β 两个亚基组成。SRPR 捕获胞质溶胶中的 SRP-核糖体复合体，使核糖体结合于贯穿 RER 膜的、具有孔道的转位子。SRP 和 SRPR 均可结合 GTP 并具有 GTP 酶活性；当 SRP-核糖体复合体与 SRPR 结合并附着在转位子上后，SRP 和 SRPR 的 GTP 酶活性激活，GTP 水解为 GDP，SRP 脱离核糖体并与 SRPR 分离，核糖体的 A 位空出来，使先前暂停的多肽链合成又在转位子上重新开始（图 7-4）。

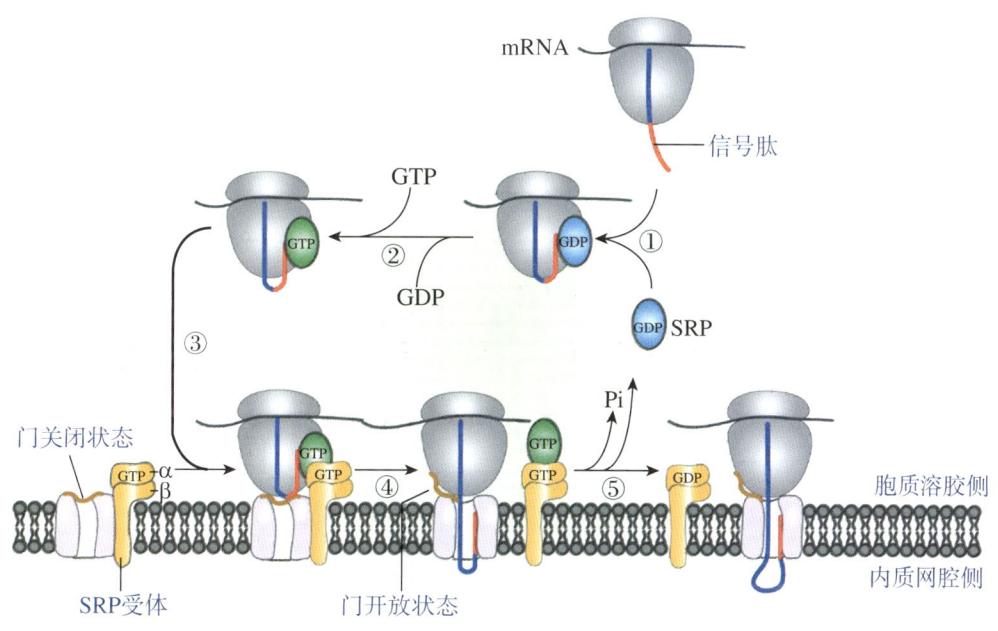

图 7-4　粗面内质网多肽链合成的起始过程示意图

① SRP 与核糖体以及新合成多肽链的信号肽相结合；② GTP 重新与 SRP 结合；③ SRP 引导核糖体和新生多肽链与粗面内质网膜上的 SRP 受体（SRPR）及转位子结合；④ 位于粗面内质网膜上的转位子孔道打开；⑤ GTP 降解为 GDP，转位子、SRP、SRPR 彼此分离，核糖体上新生多肽链翻译继续，并通过翻译共转位进入内质网腔

4）转位子（translocon）：转位子由膜蛋白 Sec61 复合体构成，其作用是使新生多肽链穿过其中央孔进入 RER 腔。RER 在合成蛋白质时，多肽链从大亚基的中央管输出并直接进入转位子的孔道，转移到 RER 腔内，这种翻译和转位同时发生的过程称为翻译共转位（cotranslational translocation）。

（2）内质网合成的蛋白质存在不同类型：RER 上合成的蛋白质主要有两类，一类为进入到 RER 腔内的可溶性蛋白，另一类为跨膜蛋白。可溶性蛋白的合成过程较简单，其特点是新生多肽链含 N 端信号肽，并以袢环形式穿过 RER 膜；当信号肽被切除后，肽链的新 N 端进入 RER 腔内；当 C 端合成完毕后，多肽链全部进入 RER 腔，成为可溶性蛋白。

跨膜蛋白根据其拓扑结构与合成方式的不同，可分为多种类型。以下重点讲述跨膜蛋白在 RER 的合成过程。

（3）跨膜蛋白在内质网的合成：跨膜蛋白分为单次和多次跨膜蛋白两类，其 ER 靶向序列决定了膜蛋白的拓扑结构，故又称为拓扑生成序列，包括肽链 N 端信号肽、肽链内部的 ER 靶向序列，后者即膜蛋白的 α 螺旋跨膜区（transmembrane domain，TMD），由 15～25 个疏水性氨基酸残基组成；跨膜区后部没有信号肽酶识别基序，不能被切割，故而滞留在膜上，又被称为锚定序列。根据拓扑结构差异，将跨膜蛋白主要分为 Ⅰ、Ⅱ、Ⅲ 型。Ⅰ 型有信号肽前体，肽链 N 端在 RER 腔内；Ⅱ 型无 N 端信号肽，肽链 C 端在 RER 腔内；Ⅲ 型无 N 端信号肽，肽链 N 端在 RER 腔内。

1）Ⅰ型单次跨膜蛋白：其肽链前体既含 N 端信号肽，又含跨膜区序列。新生肽链进入 RER 腔后，信号肽被切除，在腔内暴露出肽链新 N 端；当肽链跨膜区合成完毕后，转位子侧面开口，跨膜区锚定到 RER 膜；此时核糖体脱离转位子，在胞质溶胶中继续合成肽链至 C 端，形成 N 端位于腔内、C 端位于胞质溶胶的单次跨膜蛋白（图 7-5）。Ⅰ 型膜蛋白跨膜区的作用是"锚定释放"，即将多肽链锚定到 RER 膜，并释放 RER 上的核糖体。这类膜蛋白多为膜受体和细胞黏附分子，通常有很大的 N 端结构域（氨基酸含量至少 > 50 个），从 RER 运输到质膜上后，N 端将成为胞外区。Ⅰ 型跨膜蛋白在细胞识别与通信中有重要作用。

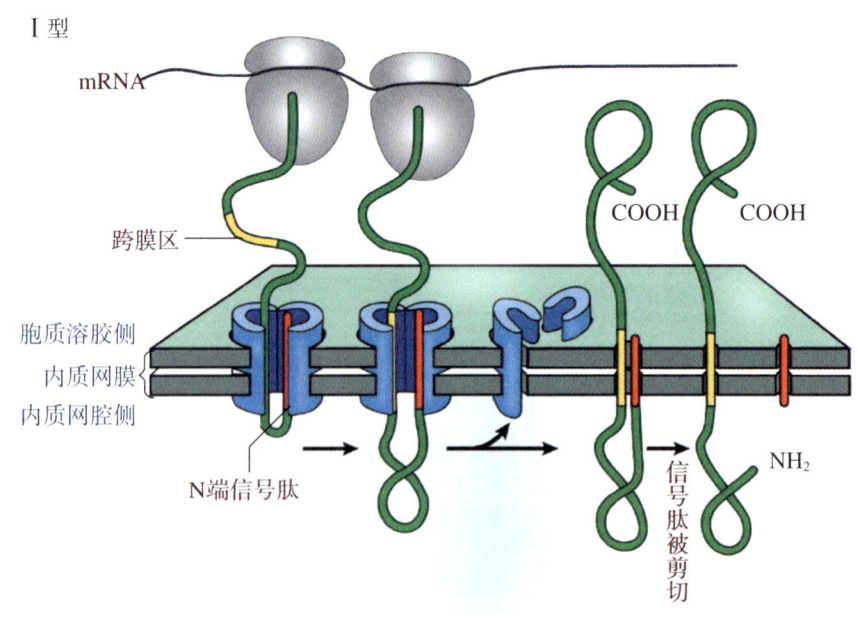

图 7-5　Ⅰ型单次跨膜蛋白的合成过程示意图（部分核糖体省略未示）

2）Ⅱ型单次跨膜蛋白：该型蛋白无 N 端信号肽前体，只有一段肽链内部的跨膜区，且跨膜区前端带正电荷，作用类似于信号肽（可称其为内信号肽），可被 SRP 识别，引导核糖体与转位子结合，并使跨膜区按照与信号肽相似的方式插入 RER 膜，即 N 端位于胞质、跨膜区后的肽段以袢环形式进入 RER 腔内。与信号肽不同，跨膜区后没有信号肽酶识别基序，不能被切断。肽链袢环随合成的进行不断扩大，至 C 端合成完毕后袢环开放进入腔内，跨膜区整合到 RER 膜上，形成 C 端位于腔面的 Ⅱ 型膜蛋白。Ⅱ 型膜蛋白 C 端结构域较大（氨基酸含量至少 > 50 个），其跨膜区的作用是"插入合成"，并不会导致核糖体从 RER 上释放。

3）Ⅲ 型单次跨膜蛋白：该型蛋白无 N 端信号肽前体，也不能经转位子插入 RER 膜，而需通过其他转位复合体插入。其特点是跨膜区距离 N 端 < 50 个氨基酸，以短小的 N 端插入 RER 腔，C 端暴露于胞质溶胶。

4）多次跨膜蛋白：根据新生肽链第一次插入 RER 的方式与单次跨膜蛋白的相似情况，也可分为三型：Ⅰ 型有 N 端信号肽前体，完成插入任务后被切除，随后翻译出多个跨膜区，并且各跨膜区交替按"锚定释放 - 插入合成"的方式产生多次跨膜的肽链；Ⅱ 型无信号肽，其第一个跨膜区插入 RER 的方式类似于信号肽，但不被切除（图 7-6）；Ⅲ 型的第一个跨膜区需要转位子之外其他蛋白质的辅助才能插入 RER。

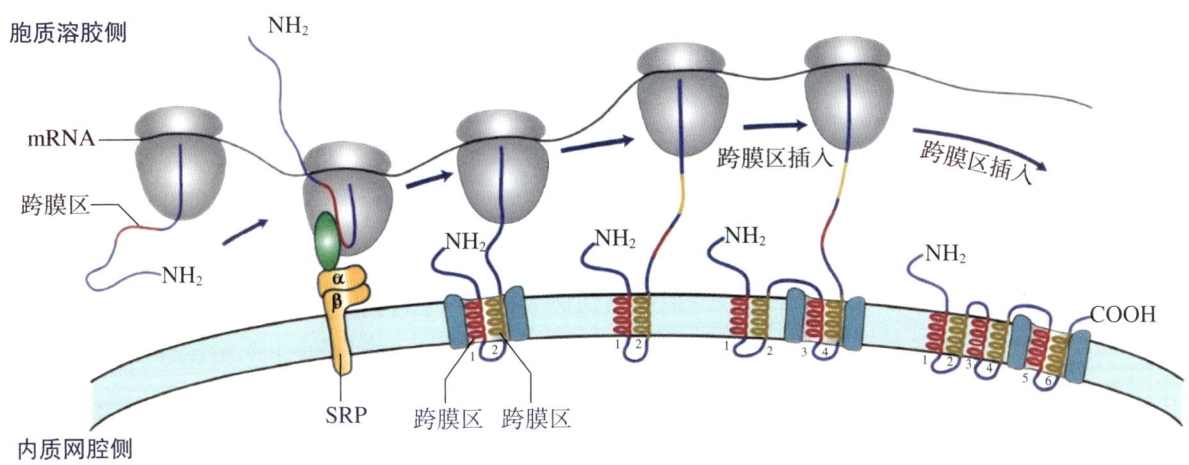

图 7-6　Ⅱ 型多次跨膜蛋白的合成过程示意图

2. 参与蛋白质的糖基化修饰　RER 上合成的可溶性蛋白和跨膜蛋白需要进行糖基化修饰，最常见的是 N- 糖基化，即天冬酰胺残基（Asn）的氨基氮与糖链的共价结合，其糖链称为 N- 寡糖（或 N- 聚糖，N-glycan）。蛋白质 N- 糖基化起始于 RER，新生成的 N- 寡糖含 2 个 N- 乙酰氨基葡萄糖（GlcNAc）、9 个甘露糖（Man）、3 个葡萄糖（Glc）；随后在 RER 加工，去除 Glc 和部分 Man，再转运至高尔基复合体进一步加工修饰。糖蛋白的 O- 糖基化是指肽链上的丝氨酸、苏氨酸或羟赖氨酸残基上的羟基与糖基形成糖苷键的反应，主要发生在高尔基复合体。

N- 寡糖始于 RER 膜的胞质溶胶侧。在 RER 膜上含多萜醇（dolichol）磷酸酯，通过焦磷酸键与暴露在胞质溶胶侧的单糖和 N- 寡糖前体相连；随后经翻转酶协助将 N- 寡糖前体翻转到 RER 腔面；进一步添加糖基后，成为寡糖基转移酶（oligosaccharyltransferase，OST）的底物。OST 复合体位于 RER 膜上，核糖体结合蛋白 Ⅰ 和 Ⅱ（ribophorins Ⅰ 和 Ⅱ）是其两个亚基；OST 还通过与转位子结合，形成更大的复合体，识别从转位子输入 RER 腔内的新生多肽链上的 N- 糖基化基序 Asn-X-Ser/Thr，将 N- 寡糖转移到 Asn 上（图 7-7）。N- 寡糖为 ER 中的多种凝集素类分子伴侣如钙连蛋白和钙网蛋白提供识别位点，有助于肽链的正确折叠。折叠正确的蛋白质其 N- 寡糖被修剪缩短，成为进一步向高尔基复合体运输的标志；而错误折叠的蛋白质其 N- 寡糖按不同方式修剪，被一类凝集素识别并经一种 E3 泛素连接酶 HMG-CoA reductase degradation 1（HRD1）泛素化,进入胞质溶胶被蛋白酶体降解,此过程称为内质网相关降解(ER-associated degradation,ERAD)。

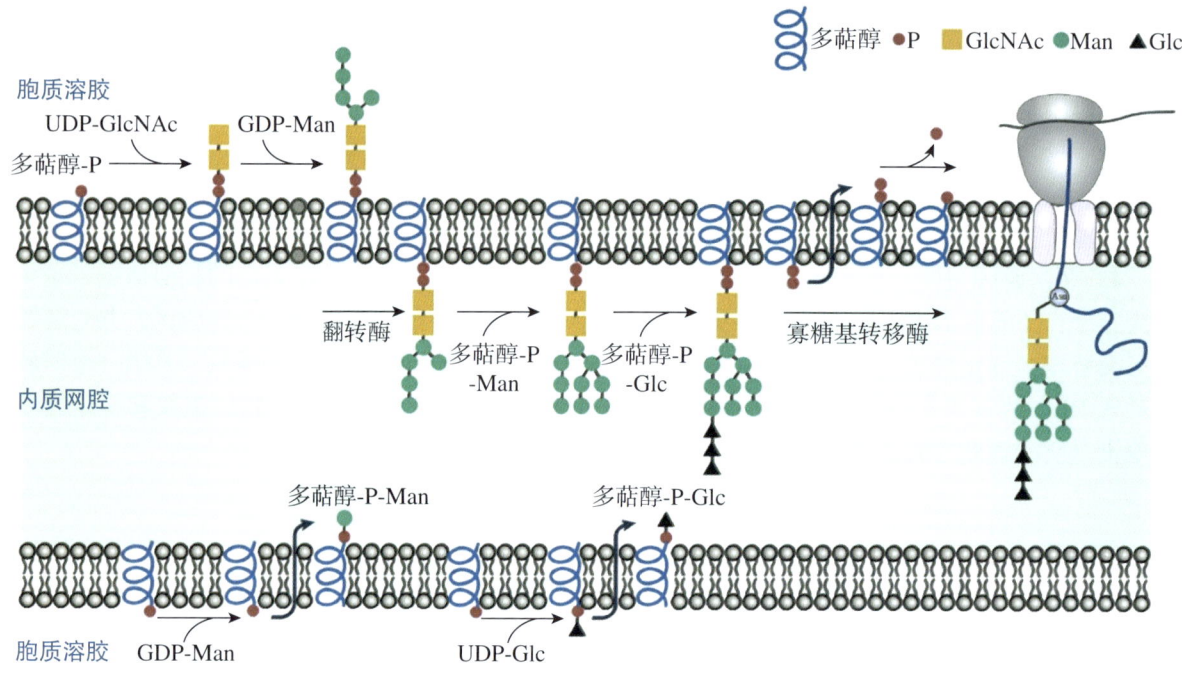

图 7-7　粗面内质网参与蛋白质多肽链的 N- 糖基化修饰示意图

3. 负责新生多肽链的折叠与质量控制　RER 合成的膜蛋白与可溶性蛋白需经折叠、生成二硫键发挥作用,其中多种蛋白质还需要由亚基组装成复合体,其组装地点既可为 RER,也可为高尔基复合体等。分子伴侣蛋白在蛋白质折叠、二硫键生成、亚基组装和质量控制过程中起着关键作用。

框 7-3　分子伴侣

分子伴侣是细胞中能够识别并结合部分折叠或不稳定多肽的一类蛋白质,其作用是辅助蛋白质分子的折叠、转运或亚基组装,保护蛋白质免受高温、低温、高渗、氧化等有害理化因素的干扰,防止蛋白质因折叠异常而发生变性和聚集。RER 中的分子伴侣主要有以下几种。

(1) 内膜系统凝集素:在 ER 中有钙连蛋白、钙网蛋白、OS9 等多种,可特异识别糖蛋白上处于不同加工修饰阶段的 N- 寡糖。钙连蛋白和钙网蛋白能识别末端带有一个葡萄糖基的 N- 寡糖,辅助其所在多肽链的正确折叠。

(2) 热休克蛋白(heat shock proteins,HSPs):在 ER 中有 HSP90B1、重链结合蛋白(heavy-chain binding protein,BiP,又名 GRP78)等。BiP 属于 HSP70 家族成员,可与新合成的 IgG 重链结合。HSPs 亦具有凝集素样作用。热休克蛋白通过识别蛋白质暴露的疏水片段或异常糖基化位点,与未正确折叠或未组装好的蛋白质结合,并通过水解 ATP 促进它们重新折叠和组装。

(3) 蛋白质二硫异构酶(protein disulfide isomerases,PDIs):新生多肽链在尚未折叠完毕时,二硫键常自发连接在错误位置上,妨碍正确折叠的进行。内质网腔内的 PDI 可切断二硫键,帮助新生多肽链重新在正确位置形成二硫键,加速蛋白质的正确折叠。

4. 参与蛋白质的胞内运输 由附着型核糖体合成的各类外输型蛋白质，经过在 RER 中生产、折叠和修饰，被内质网膜包裹，以出芽的方式形成囊泡转运。大多数蛋白质以小泡形式进入高尔基复合体进一步加工，随后被排出胞外或输送至细胞膜上。这一运输过程可与其他运输形式耦联。以 MHC Ⅰ 类分子的抗原呈递为例，MHC Ⅰ 类分子为 RER 合成的膜蛋白，与抗原呈递相关转运体 1 和 2（transporters associated with antigen processing-1 and -2，TAP1 and TAP2）在 RER 膜上形成复合体。胞质溶胶中的蛋白质经蛋白酶体部分降解后产生抗原肽，被 TAP1-2 异二聚体转运至 RER 腔，并装载到 MHC Ⅰ 上。膜蛋白或胞外蛋白可经胞吞作用逆向运输到 RER，又经 ERAD 途径降解为抗原肽，再被 TAP1-2 转运至 RER 腔装载到 MHC Ⅰ 上。装载了抗原的 MHC Ⅰ 进入高尔基复合体，进一步加工分拣，转运到细胞表面实现抗原呈递。

小测试7-1：什么是signal peptide？请简述其主要作用机制。

（二）滑面内质网的功能

1. 参与脂质合成与转运 脂质合成及不饱和脂肪酸、胆固醇、类固醇的代谢是 SER 的重要功能。小肠上皮细胞是经肠道吸收脂肪的重要场所，胞内 SER 发达。经脂酶分解生成的长链脂肪酸和甘油单酯，通过上皮细胞微绒毛上的载体转运到胞质中，经 SER 重新合成甘油三酯，并生成脂滴。甘油三酯、磷脂、胆固醇、载脂蛋白 B 在 SER 组装成乳糜微粒，经高尔基复合体加工后分泌入淋巴液和血液循环。小肠吸收的短、中链脂肪酸与甘油经门静脉入肝，被肝细胞摄取后，在 SER 重新合成甘油三酯，储存于脂滴中。余者与磷脂、胆固醇、载脂蛋白组装成脂蛋白颗粒释放到血液中。

SER 还参与脂滴的生成。脂滴（lipid droplets）是存在于所有真核细胞中的重要细胞器，除了作为能量储备与代谢载体以外，还可与所有膜限区室形成接触区，向所接触的生物膜输入或吸收多种脂溶性分子，参与信号转导。脂滴由单层膜脂形成界膜，其上有多种脂滴特有的膜蛋白，负责脂滴的代谢、物质运输及与其他细胞器的相互作用。脂滴内容物主要为中性脂肪和胆固醇酯，二者最初在 SER 上合成，并在 SER 的脂双层中间累积，随后在 SER 特定膜蛋白的诱导下，向胞质溶胶侧膨出，此时其界膜由 SER 脂双层的外层膜脂构成；最后从 SER 脱落即成为脂滴。

除此之外，SER 也是多种脂质的代谢场所。不饱和脂肪酸在 SER 膜上一系列酶系的催化下发生环氧化、羟化、过氧化、脱氢、环化、成酮等反应，生成前列腺素、血栓素、白三烯等多种血管活性物质与炎症介质。SER 膜上含有合成胆固醇的关键酶系和使胆固醇转化为类固醇激素的酶系。产生类固醇激素的肾上腺皮质细胞、睾丸间质细胞和黄体细胞等 SER 含量丰富。

2. 参与细胞解毒作用 许多由肠道吸收的外源性毒物或药物以及机体代谢产生的内源性毒物，不能直接从体内排出，需由肝细胞中的 SER 通过氧化、还原、水解和结合等生物转化过程，使其成为易溶于水的物质排出，即解毒作用（detoxification）。SER 上有混合功能氧化酶系统，包含 NADPH-细胞色素 P450 还原酶、细胞色素 P450 家族、NADPH，其中细胞色素 P450 家族最为重要，可通过羟化使毒物和药物失活并溶解于水，易于被排泄，从而发挥其解毒作用。SER 上的葡萄糖醛酸基转移酶可使类固醇、巴比妥类等多种含羟基的药物与葡萄糖醛酸结合成为易于排出的水溶性物质。

3. 参与钙的储存和释放 RER 与 SER 均可通过膜上的钙泵（Ca^{2+}-ATP 酶）参与 Ca^{2+} 储存和 Ca^{2+} 浓度的调节。在一些特殊的细胞内，SER 形成特化结构，参与细胞的重要生理过程。如在骨骼肌与心肌中，SER 特化为肌质网（sarcoplasmic reticulum），通过摄取和释放 Ca^{2+}，参与肌肉收缩。肌质网的小管纵行在肌节和肌原纤维间，并在肌小节末端膨大互相吻合形成终池。两侧的终池中间有细胞膜内陷形成的横小管，与终池组成三联体（triad）。三联体与肌质网共同形成传导动作电位的导管系统。肌质网膜上有 3 种钙泵：SERCA1～3（即 ATP2A1～3），能将 Ca^{2+} 集中到肌质网，以调节肌质中 Ca^{2+} 的浓度。肌膜的动作电位传导到肌质网时，使钙通道开放，Ca^{2+} 释放后与肌钙蛋白结合，引起肌丝滑动，肌肉收缩。

4. 其他功能 在肝细胞中，SER 还与胆汁分泌有关。胆汁的主要成分为胆汁酸盐和胆红素。游离胆红素不溶于水，在肝细胞内，经 SER 上的葡萄糖醛酸基转移酶的催化，转变为水溶性的结合胆红素，从而随胆汁排出细胞并进入毛细胆管。在胃壁腺上皮细胞中，SER 可生成 HCl。SER 还参与某些细胞器如自噬体（autophagosome）的形成。自噬体是由双层生物膜构成的隔离膜（isolation membrane）包裹物质或细胞器后生成的。SER 参与隔离膜的包裹与闭合。

（三）内质网应激

在各种应激因素刺激下，ER 稳态丧失，错误折叠和未折叠蛋白在 ER 腔内聚集，腔内 Ca^{2+} 稳态和氧化还原稳态亦出现异常，这就是内质网应激（ER stress）。ER 应激可激活未折叠蛋白反应（unfolded protein response，UPR），致使分子伴侣 GRP78 释放被其封闭的 3 种关键蛋白 PERK、ATF6、IRE1，启动促进 ER 增生的基因转录，并上调 ER 分子伴侣的表达，加速蛋白质折叠，同时促进错误折叠和未折叠蛋白通过 ERAD 途径降解。这是一种重要的细胞自我保护机制。若内质网应激不能得到缓解，则可诱导细胞过度自噬、细胞死亡、衰老及肿瘤发生。

第二节 高尔基复合体

高尔基复合体（Golgi complex）又称高尔基器，是膜流通的枢纽，主要负责膜成分及其内容物的加工、分拣、包装和定向运输，并通过其与细胞骨架的相互作用，调控细胞周期与极性等多种过程。

一、高尔基复合体的形态结构

（一）高尔基复合体的主体结构

高尔基复合体的主体部分是周边膨大的扁囊堆（图 7-8），由 4～8 层互不通连的扁囊堆叠而成，称为高尔基堆（Golgi stack）；扁囊腔宽为 15～20 nm，间距为 20～30 nm。

细胞类型及细胞状态对高尔基堆的形态及数量有很大影响。高尔基堆在功能旺盛的细胞表现为体积大、数量多，最多可达上百个；在未分化细胞和衰老细胞则体积小、数量少。在 G1/G0 和 S 期的人体细胞，多个高尔基堆在侧面以小管网连通成网带状，分布于邻近中心体的一侧，合称高尔基带（Golgi ribbon）；在 G2 期高尔基带断裂成若干高尔基堆；在 M 期高尔基堆拆解成囊泡，随后在胞质分裂末期的两个子细胞中又重新组装成高尔基带。在应激细胞中，高尔基带碎片化，变为多个散在分布的高尔基微堆（Golgi mini-stacks）。

高尔基复合体具有极性，根据其区室的生成与成熟顺序，分为顺面和反面。顺面也称为形成面或未成熟面，面向细胞核；反面也称为成熟面或分泌面，面向质膜。随着最外侧的反面扁囊因不断出芽而耗尽，其下方的各层扁囊向上移行；而在最下方的顺面扁囊则成为模板，诱导新的顺面扁囊生成。在高尔基堆的顺面与反面均有由分支小管组成的网状结构，分别称为顺面高尔基网（cis-Golgi network，CGN）和反面高尔基网（trans-Golgi network，TGN）。其余扁囊称为中间高尔基扁囊（middle-Golgi stack）。

（二）高尔基复合体的外围结构

在 ER 与 CGN 之间有内质网 - 高尔基中间区室（ER-Golgi intermediate compartment，ERGIC），是内质网至高尔基复合体的中转站。细胞的正向囊泡运输与膜流通按下述顺序进行：ER → ERGIC → CGN/ 顺面高尔基扁囊 → 中间高尔基扁囊 → 反面高尔基扁囊 /TGN → 目的地。

高尔基复合体还可形成微小的（1 ~ 2 μm）、具有高尔基复合体标志和微管组织中心（microtubule-organizing center，MTOC）活性的高尔基前哨（Golgi outposts），大量分布于骨骼肌的细胞皮质和神经细胞树突分支等处，参与微管的生发。

在高尔基堆顺面和侧面有大量小囊泡，直径为 40 ~ 80 nm。小囊泡往返于各层高尔基扁囊之间、高尔基堆和 ERGIC 之间，以及内体 - 溶酶体之间，故又称为运输小泡。高尔基堆反面边缘常见大囊泡，直径为 100 ~ 500 nm，由扁囊末端膨大出芽形成；大囊泡对内容物有富集、浓缩的作用，故又称为浓缩泡或分泌泡。

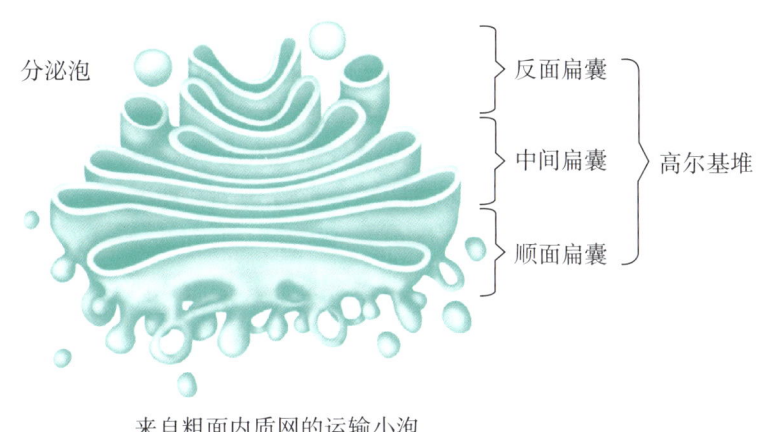

图 7-8　高尔基复合体的形态结构示意图

二、高尔基复合体的分子组成

高尔基复合体的膜脂组成介于 ER 和质膜之间。从 ER、高尔基复合体到质膜，糖鞘脂、鞘磷脂和胆固醇的含量依次递增，而磷脂酰胆碱的含量依次递减。高尔基复合体中糖缀合物的含量从顺面到反面呈梯度上升。高尔基复合体膜上富含糖基转移酶等酶类，腔内富含 Ga^{2+} 和 Mn^{2+}。高尔基复合体的通用分子标志是 golgins 蛋白家族，属于栓连蛋白，其跨膜区外有细长纤维伸向胞质溶胶，可像触手一样捕获囊泡，促进囊泡与高尔基复合体融合。GORASP1（Golgi reassembly stacking protein 1，即 GRASP65）和 GORASP2（GRASP55）是扁囊堆叠形成蛋白，属栓连蛋白，亦可用作通用标志，其作用类似于细胞连接蛋白，可在各层扁囊间产生黏附力。若要对高尔基复合体的各个部分进行区分，可用 golgin A2（即 GM130）作为顺面高尔基标志；α- 甘露糖苷酶 II（α-mannosidase II，MAN2A1）作为中间高尔基标志；多种唾液酸基转移酶（sialyltransferases）作为反面高尔基标志；LMAN1（即 ERGIC-53）作为 ERGIC 标志。

三、高尔基复合体的功能

高尔基复合体对于膜蛋白、分泌蛋白、溶酶体蛋白、细胞外基质大分子等物质的修饰、加工、分类与包装具有重要作用,可确保这些分子的正确组装并发送到细胞内外特定部位。高尔基复合体是糖链合成加工的工厂。

(一)糖链的加工修饰

高尔基复合体在糖蛋白、糖脂、蛋白聚糖的糖基化修饰过程中有关键作用:①帮助蛋白质正确折叠,并组装成复合体;②糖链作为蛋白质分拣信号,被凝集素引导装载到运输囊泡中,送达目的地后再被凝集素识别,帮助其正确表达与定位;③糖链保护蛋白质和脂质不易被蛋白酶和脂酶降解;④跨膜糖蛋白、糖基磷脂酰肌醇锚定蛋白(glycosylphosphatidylinositol-anchored proteins,GPI-AP)、蛋白聚糖、凝集素、糖鞘脂、胆固醇等在高尔基复合体内互相亲和或排斥,形成多种膜微域或脂筏,调控生物膜的靶向运输和功能;⑤促使细胞表面形成糖萼,参与细胞识别并可保护质膜;⑥正确修饰的蛋白聚糖等物质可确保细胞外基质结构与功能的完整性;⑦参与多种信号转导过程,如糖蛋白激素和膜受体的加工成熟和转运,调控免疫反应,调控细胞增殖、极性与分化等。

1. N-寡糖和GPI锚糖链的加工修饰 糖蛋白上N-寡糖和GPI锚糖链的合成始于ER,加工成熟则需要在高尔基复合体中进行。内质网输出的糖蛋白N-寡糖的末端均为甘露糖(Man),可被位于内质网膜上的甘露糖结合凝集素LMAN1(即ERGIC-53)富集,出芽形成囊泡运送到ERGIC与顺面高尔基。进入高尔基复合体的糖蛋白需经α-甘露糖苷酶Ⅰ&Ⅱ去除N-寡糖上的部分甘露糖,并经多种糖基转移酶的作用,添加GlcNAc、半乳糖(Gal)、唾液酸(sialic acid,SA)、岩藻糖(Fuc)等。经高尔基复合体加工成熟的分泌蛋白与质膜蛋白的N-寡糖末端一般均含唾液酸。

GPI锚定蛋白是广泛分布于各类细胞的、可结合于糖基磷脂酰肌醇(GPI)的一类蛋白质。通过结合GPI定位于细胞膜的外侧。GPI是一类由甘露糖、葡萄糖胺、磷酸乙醇胺和肌醇磷脂组成的复杂糖脂。GPI锚糖链的核心结构含3个甘露糖,在内质网合成后需要在高尔基复合体添加侧链糖基。

2. O-寡糖、蛋白聚糖和糖脂的合成与加工修饰 O-连接糖基化是糖基与肽链中氨基酸侧链羟基生成O-连接糖苷键的糖基化方式,常见于黏蛋白、糖原蛋白等蛋白质的糖基化修饰。其主要是在高尔基复合体中完成的。与N-糖基化不同,其结合的氨基酸残基包括丝氨酸、苏氨酸、酪氨酸以及胶原纤维中的羟赖氨酸与羟脯氨酸。O-寡糖中第一个糖基通常是N-乙酰半乳糖胺,在一系列酶的作用下逐个添加糖基,一般糖链长度较N-寡糖短。

除了糖蛋白,高尔基复合体还协助各类糖缀合物的合成及加工。此过程伴随这些分子间相互作用,以及高尔基复合体内凝集素与糖链的结合,从而形成膜微域或脂筏,有助于相关分子的分拣、共定位和建立细胞极性。

(二)前体蛋白的水解

RER合成的蛋白质很多是前体蛋白,须经转化酶(convertase)切割才能产生活性。转化酶为内切肽酶或外切肽酶,可切除前体蛋白上多余的肽段与末端氨基酸,并生成肽类活性物质。多种蛋白以亚基形式在高尔基复合体经过糖基化修饰和转化酶切割后,装配成完整的复合体,经囊泡包装送达其目的地。

高尔基复合体中的转化酶proprotein convertase subtilisin/kexin(PCSK)家族有多个成员,在前体蛋白加工过程中发挥多种重要功能。例如,在胰岛素的加工过程中,PCSK1和PCSK2随胰岛素前体被高尔基复合体一起包装进入分泌颗粒后,被其中的弱酸和高Ca^{2+}环境激活,切除C肽,生成有活性的胰岛素。PCSK3可切割多种细胞因子前体,使之转化为成熟因子,包括PDGF、VEGF-C、TGFβ等,进而促进炎症和纤维化。

（三）蛋白质分选和囊泡运输

分泌（secretion）是重要的生物过程，泛指细胞向微环境排出内容物与膜成分，主要包括：①经质膜通道或载体蛋白排出小分子、离子和水等物质。②在分泌酶（secretase，又名卸离酶 sheddase）的作用下，质膜上的蛋白质、糖类、脂类被切割并脱落到细胞外。③通过胞吐作用或细胞表面出芽脱落，排出多种生物分子。高尔基复合体在细胞分泌过程中发挥重要作用。一方面协助大量分泌型蛋白的加工，另一方面通过囊泡运输参与胞吐作用（exocytosis）和溶酶体的形成。

高尔基复合体是蛋白质分选和囊泡运输的枢纽。通过对蛋白质的修饰、加工，为其添加分选信号，进而形成不同去向的运输小泡。这些小泡可以输送到细胞膜、释放到细胞外、转运到溶酶体以及暂时性地存储于细胞质中（见第八章"囊泡运输"相关内容）。

（四）其他功能

高尔基复合体参与 Ca^{2+}、Mn^{2+} 稳态调节。细胞的多种活动依赖于 Ca^{2+}，但胞质 Ca^{2+} 浓度过高对细胞有毒性。类似于内质网，高尔基复合体上的钙泵可收集浓缩 Ca^{2+}，再通过胞吐过程排出胞外，维持 Ca^{2+} 稳态。乳汁中婴儿发育所必需的超高 Ca^{2+} 浓度依赖于高尔基复合体的 Ca^{2+} 分泌。高尔基复合体中还有较高的 Mn^{2+} 浓度。Mn^{2+} 是糖基转移酶活性必需的辅因子。Mn^{2+} 还是核酸固有免疫系统中的关键调控因子，高尔基复合体 Mn^{2+} 泵通过调控 Mn^{2+} 浓度调节免疫应答。

小测试7-2：高尔基复合体主要有哪些重要功能？

高尔基复合体状态是细胞周期 G2 期和 M 期的重要检查点。若高尔基带不能拆解成高尔基堆，则 Src/Aurora-A 通路不能活化，细胞阻断在 G2 期。在 M 期，高尔基堆也会拆解，释放的 GOLGIN A2（GM130）等蛋白质参与纺锤体组装。高尔基复合体还能与中心体形成联合体，成为细胞极性的生成中心。

与内质网类似，高尔基复合体的 TGN 可以向自噬体提供膜，装配成隔离膜，进而形成自噬体。病毒感染等多种因素可引起高尔基应激（Golgi stress），促进高尔基复合体增生；应激不能缓解则可造成细胞死亡。

第三节 溶酶体

溶酶体（lysosome）是富含多种酸性水解酶的膜性结构细胞器，是内膜系统的另一重要结构组分。溶酶体是由一层单位膜包裹的球形结构，大小差异较大，直径为 50～800 nm。溶酶体普遍存在于各类细胞中，但不同细胞中的数量差异巨大，主要负责对各类物质的消化分解，从而发挥营养、防御、结构更新等多种作用。

一、溶酶体的类型

溶酶体的发生和演变处于动态变化中，具有高度异质性。基于形成和发育的状态，可分为内体（endosome，又称胞内体）和溶酶体（lysosome）两类。内体是 ER-高尔基复合体和质膜之间膜流通的中转站，也是溶酶体发生的中介者，多为有不规则突起的管囊，腔内 pH 为 5.0～6.0。溶酶体一般呈球形或椭球形，腔内 pH 为 4.5～5.0，含多种酸性水解酶。内体与溶酶体均由单层生物膜包裹，并处于不断演变与膜循环过程中，统称为内体-溶酶体系统（endolysosomal system）。内体可细分为早期内体（early endosome，EE）、再循环内体（recycling endosome，RE）、晚期内体（late endosomes，LE）、多泡体（multivesicular body，MVB）等类型。其中MVB含大量腔内囊泡（intraluminal vesicle，ILV），是特化的LE。

内体-溶酶体系统还可依据不同的生理状态划分为以下类型：初级溶酶体（primary lysosome）是指形态为圆形或椭圆形，无可见未消化底物的早期溶酶体，与LE属于同一类区室，其中的酶常常处于非活性状态。次级溶酶体（secondary lysosome）含尚未被消化溶解的可见物质，这些物质可能来自胞吞过程或自噬过程。吞噬与自噬溶酶体消化到一定程度后会出芽回收溶酶体酶，再生出新溶酶体；而剩余的难消化物质则浓缩为残余体（residual body）。常见残余体有脂褐素、髓样结构及含铁小体等，可随个体年龄增长在细胞内不断累积。

残余体的类型

二、溶酶体的分子组成

溶酶体膜具有以下共性特征：①含质子泵：可水解ATP，将H^+泵入溶酶体腔内，产生酸性环境，促进酶的水解反应。②具有多种溶质载体蛋白与通道蛋白：可将溶酶体的消化产物转运至胞质溶胶中循环使用，并可维持溶酶体的渗透压平衡。③膜的腔面有高度糖基化修饰：溶酶体膜上的糖蛋白和糖脂的寡糖链位于膜的腔面，可隔离溶酶体酶，避免自我消化。溶酶体相关膜蛋白1（lysosome-associated membrane protein 1，LAMP1）是含18条N-寡糖链的高度糖基化蛋白，是其他膜蛋白和膜脂的保护伞，LAMP1常被用作溶酶体和LE的分子标志。

溶酶体的重要共性特征是均含有丰富的酸性水解酶。溶酶体酶种类达60余种，其N-寡糖链上具有6-磷酸甘露糖（mannose-6-phosphate，M6P）标志。溶酶体酶可分为磷酸酶（如酸性磷酸酶）、核酸与核苷酶（如核糖核酸酶）、蛋白酶、脂酶及硫酸酯酶等。多种组织蛋白酶（cathepsins）定位于溶酶体，可作为溶酶体的标志酶，如内切肽酶cathepsin D（即lysosomal aspartyl peptidase）等。组织蛋白酶多具有转化酶的作用，参与多种前体蛋白如激素与生长因子的切割成熟，并参与细胞凋亡和坏死过程。

内体的分子组成与溶酶体类似。由于有中转站作用，内体膜和内容物的来源有ER、高尔基复合体、质膜、细胞外液、溶酶体等，表现为混合性与过渡性，缺少独特标志。内体膜含质子泵（proton pump），但功效不如溶酶体，故其腔内pH高于溶酶体。内体与高尔基复合体共享多种转化酶，可对蛋白质前体进行切割活化。

Christian de Duve发现溶酶体

三、溶酶体的生物发生和膜流通

小测试7-3：溶酶体酶的合成与分选过程是怎样的？

溶酶体的生物发生需要溶酶体酶的生产、加工及转运，还需要在内质网、ERGIC、高尔基复合体、内体、溶酶体、质膜之间持续地进行膜流通。上述细胞器腔内存在依次递增的氧还电位和Ca^{2+}浓度，以及依次递减的pH值。以上三种梯度使得各种蛋白质在其合适的区室折叠修饰、组装或解离复合物，并被适时活化的酶加工处理（图7-9）。

以溶酶体酶的生产、加工及转运为例，溶酶体酶在pH 7.4的RER合成高甘露糖型N-寡糖后，进入pH略低于7.0的ERGIC分拣；其中被误运至ERGIC的ER驻留蛋白同样含高甘露糖型N-寡糖，但会通过其C端KDEL基序与KDEL受体结合，被遣返ER，并因ER的高pH而与KDEL受体解离，滞留在ER；无KDEL基序、不被遣返的溶酶体酶进入CGN添加M6P标志，并运至pH 6.5～6.7的TGN内与M6P受体结合，经分拣包装，进入pH 6.0的EE/LE内，其低pH值致使溶酶体酶与M6P受体解离；M6P受体返回TGN；EE成熟后变为LE，其中的溶酶体酶经过分拣，进入pH 4.5～5.0的溶酶体，酶活性被激活。

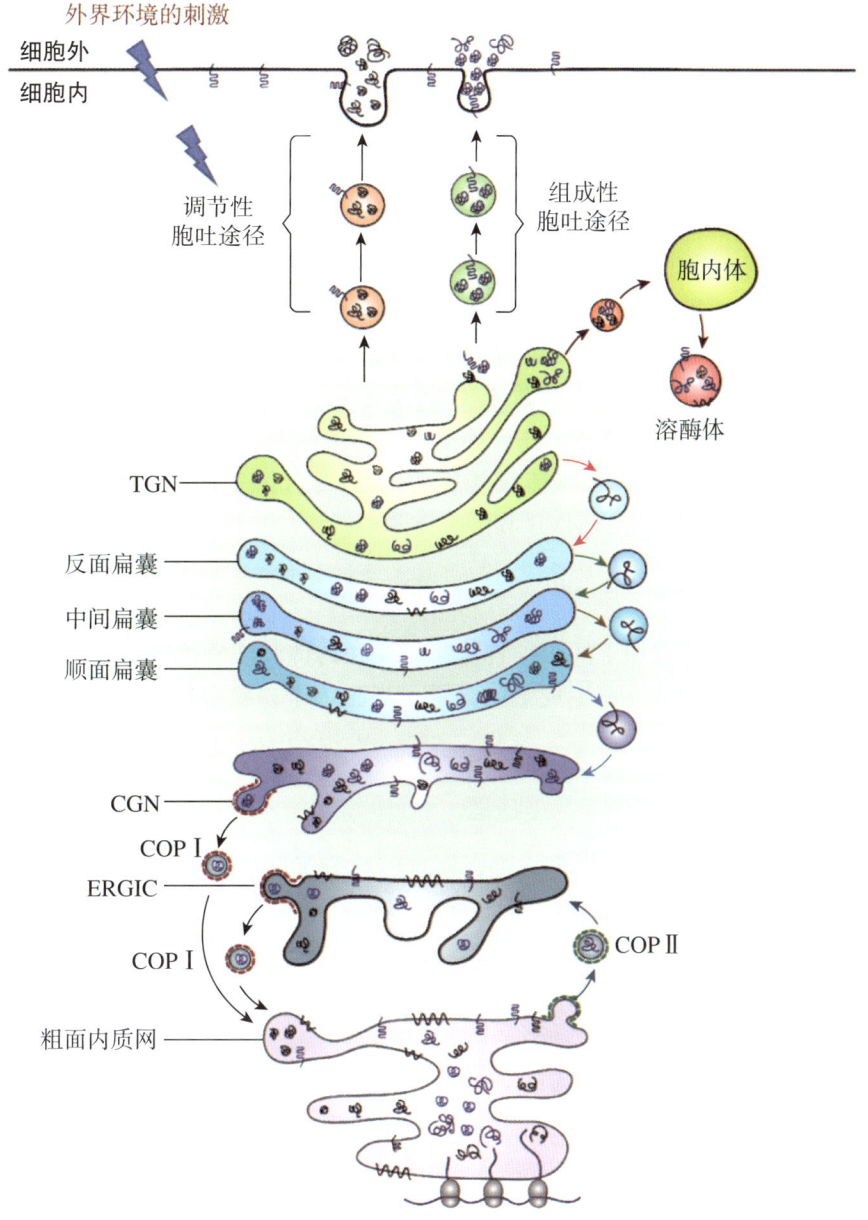

图 7-9 内膜系统部分细胞器的膜流通过程示意图

Rab 家族小 GTP 酶是膜流通与再循环的核心标志系统。Rab 有 64 个成员，不同成员特异定位于各种膜限区室的胞质溶胶侧，提供各区室的标记；Rab-GDP 与 Rab-GTP 的转换可以识别各标记，确保出芽与膜融合的精确性，并能介导区室沿微管移动和定位。例如，胞吞泡与 EE 有 Rab5 标志，Rab5 可诱导二者融合。LE、自噬体、溶酶体上均有 Rab7 标志，Rab7 可介导这些区室间的膜流通。在高尔基复合体产生的多种囊泡中，有两类囊泡分别与携带 Rab5 或 Rab7 标志的区室融合。

转录因子 EB（transcription factor EB，TFEB）是调控溶酶体生物发生的主导性因子。饥饿和溶酶体应激抑制 mTORC1，导致 TFEB 去磷酸化并入核，启动基因转录，翻译各种溶酶体蛋白，促进溶酶体发生和自噬。

溶酶体酶在高尔基复合体内的合成加工

四、溶酶体的功能

溶酶体的功能强大且多样,但几乎所有功能均建立在其消化分解作用的基础上。

(一)维持细胞表面的持续更新

细胞表面经常接触外源的 ROS、有毒物质、作用力冲击等,导致膜蛋白、膜脂、糖链容易变性、裂解或交联。细胞通过内体-溶酶体系统介导的质膜循环,不断更新细胞表面的各种成分,将受损生物分子送入溶酶体降解,将完好的分子回收,与 ER-高尔基复合体新生成的分子混合,返回细胞表面。此过程常表现为受体再循环(receptor recycling),即配体作用在质膜受体上,引起膜受体及其相关分子的聚集与交联,在启动信号转导的同时,诱导受体介导的胞吞作用;胞吞囊泡与 EE 融合,受体与配体分离;受体恢复基态,经 EE 分拣后进入 RE,并随胞吐作用重新返回质膜;配体则从 EE 依次进入 LE/MVB 和溶酶体降解。

(二)调控各类前体蛋白的活性

经 ER-高尔基复合体合成加工的多种转化酶需要在内体与溶酶体的低 pH 环境内才能充分活化,切割与激活多种前体蛋白,产生成熟的激素、细胞因子、膜蛋白等,再经分拣与胞吐作用,抵达各自的目的地。

(三)参与抗原加工、呈递与免疫应答

抗原分子通常为蛋白质、糖蛋白和多糖,若这些大分子在溶酶体中完全水解,则不会产生免疫原性;若在内体-溶酶体中轻度水解,则会产生多肽、糖肽、寡糖,并加载到内体膜上的 MHC Ⅱ类分子上,转运到细胞表面实现抗原呈递。

(四)分泌溶酶体内容物,影响微环境状态

内体与溶酶体含多种酶类、H^+、ATP 等成分,在膜流通过程中会不断释放到细胞外,从多方面影响微环境,调控细胞运动、分化、应激与炎症反应等。溶酶体酶释放可产生自溶作用,见于卵巢黄体萎缩和受精过程等。

(五)吸收与消化营养物质、病原体和毒素

胞吞作用与吞噬溶酶体的消化,可为细胞提供营养物质,并能杀伤入侵的病原体、灭活多种毒素。中性粒细胞和单核-巨噬细胞的溶酶体特化为嗜天青颗粒,具有强大的杀伤病原体能力。

(六)参与自噬过程

自噬溶酶体可清除损伤和老化的细胞器、变性蛋白聚团(aggresomes)等,确保细胞器和生物大分子的代谢更新(如肝细胞线粒体的半衰期是 5~6 天、核糖体是 5 天、过氧化物酶体是 1~2 天)。自噬还可在饥饿时为细胞提供能量,也是信号转导和细胞通信的重要调控平台。

(七)影响细胞死亡

在炎症、感染、创伤、缺氧、氧化应激等条件下,溶酶体膜通透性增加,其腔内的多种组织蛋白酶泄漏到胞质,水解活化凋亡与坏死通路中的多种关键前体蛋白,引发溶酶体依赖性细胞死亡,常表现为坏死性凋亡(necroptosis)。在过强的自噬过程中,溶酶体还可大量消化线粒体等重要细胞器,引起自噬性细胞死亡(见第二十九章"细胞死亡"相关内容)。

第四节 过氧化物酶体

过氧化物酶体（peroxisome，PO）也是由单层生物膜包裹的细胞器，含多种与过氧化物生成和消除有关的酶。过氧素（peroxins，Pex）蛋白家族成员对于 PO 的生物发生、结构与功能有关键作用。

一、过氧化物酶体的形态特征与分子组成

PO 呈球形或椭球形，内含细颗粒状物质。在不同生物体或不同细胞内，PO 的大小、数量、内容物有较大差异。哺乳动物的肝、肾中 PO 的数量多且典型。肝细胞内 PO 的直径为 0.1～1.0 μm。每个大鼠肝细胞含有 70～100 个 PO。

PO 的基质中含有 40 多种酶，分为两类：①氧化酶：约占酶总量的 60%，包括 L-氨基酸氧化酶与 D-氨基酸氧化酶等，其特征是在催化 O_2 氧化底物时生成过氧化氢（H_2O_2）。②过氧化氢酶（catalase）：约占酶总量的 40%，可将 H_2O_2 还原成水。过氧化氢酶可利用 H_2O_2 将 3,3'-二氨基联苯胺（DAB）氧化为棕色沉淀，在光镜和电镜下显示过氧化物酶体。

二、过氧化物酶体的生物发生

PO 的生物发生有两种途径：其一是由原来的 PO 出芽与分裂形成，并与线粒体共享相同的分裂装置组分；其二是从头发生，即含 Pex3 和 Pex14 的线粒体外膜出芽生成 PO 前体囊泡，与来自 ER 的含 Pex16 的囊泡融合，生成新 PO。以上特点表明 PO 与线粒体和 ER 密切相关，提示 PO 可能起源于需氧原核生物在厌氧真核细胞中的内共生。PO 内的蛋白质在胞质溶胶中的核糖体上翻译，其共性是携带 PO 靶向信号（peroxisomal targeting signal，PTS），可被 PO 膜上的 Pex 复合体识别并转位进入 PO 基质。PTS 包括肽链 C 端的 PTS1 和 N 端的 PTS2，其中 C 端 PTS1 为 SKL（Ser-Lys-Leu）三肽序列。

核受体超家族的过氧化物酶体增殖剂活化的受体（peroxisome proliferator-activated receptors，PPARs）是调控脂类代谢、促进 PO 增殖的主导性因子，因发现一些药物能刺激 PO 体积增大、数目增多而得名，包括 PPARα、PPARγ、PPARδ 三个成员。PPARγ 辅活化因子 1（PPARγ coactivator 1，PGC1）对活化 PPARs 通路有关键作用，还可调控糖代谢，促进线粒体增殖。多种脂类、天然产物、药物是 PPARs 或 PGC1 的激动剂，可活化 PGC1-PPARs 通路，促进脂类代谢和 PO 功能。

三、过氧化物酶体的功能

（一）参与脂质分子代谢

PO 参与脂肪酸的 α 氧化与 β 氧化。α 氧化是 PO 特有的反应，可降解支链脂肪酸如植烷酸等有毒物质。极长链脂肪酸的 β 氧化在 PO 中进行，较短链脂肪酸的 β 氧化则发生在线粒体。PO

常与线粒体通过栓连蛋白建立接触区，共同促进脂肪酸β氧化供能。PO还参与鞘脂类、醚脂类、异戊二烯类、胆固醇、胆酸等多种脂类、类固醇和亲脂性分子的代谢。PO膜上的ABCD1～4是ABC转运体超家族D亚族成员，负责向PO输入脂肪酸、酰基辅酶A等，其中ABCD3是PO的分子标志。

（二）维护氧化还原稳态

小测试7-4：过氧化物酶体具有哪些特点与功能？

PO可维持NADH/NAD^+平衡，并利用过氧化氢酶清除细胞内过量H_2O_2。正常情况下PO具有抑制ROS、抗老化等作用。PO常作为线粒体伴侣，将易产生ROS的脂类进行预加工，为线粒体输送"清洁燃料"，防止线粒体ROS过载和还原力耗竭。

（三）解毒、抗炎与抗感染

PO可对有毒的脂类、酚、醇类、亚硝酸盐等进行氧化分解，上述反应主要在肝、肾细胞中进行。PO能够清除并抑制多种炎症介质的产生。PO可通过多种机制抑制病毒与细菌感染，包括促进吞噬与自噬、增强免疫细胞活性等。

第五节　内膜系统异常与疾病

内膜系统是真核细胞最为重要的结构体系，其异常可直接引起细胞生命活动的紊乱及病理改变，与多种人类疾病密切相关。根据其涉及的细胞器分类简述如下。

一、内质网与疾病

ER应激是一个重要的细胞生理现象，与心血管疾病、神经系统疾病、糖尿病等代谢性疾病及炎症相关疾病有密切关系。ER应激是慢性代谢性疾病的重要标志，也是连接免疫系统与代谢过程的桥梁。ER被视为"代谢感受器"，在营养过剩状态下，ER是触发代谢性疾病的重要因素。ER应激反应是细胞的一种自我保护性机制，适度反应的ER应激有助于保护细胞抵抗应激，维持生存；过强和持久的ER应激可引起细胞功能障碍，甚至发生细胞凋亡，导致疾病的发生发展。

（一）ER应激和2型糖尿病

产生和调节胰岛素分泌的胰岛β细胞具有发达的ER，是对ER应激最敏感的细胞之一。胰岛素抵抗和胰岛β细胞功能下降是2型糖尿病（diabetes mellitus type 2，T2DM）发病的两个关键因素。

胰岛素抵抗（insulin resistance，IR）是指胰岛素靶组织对胰岛素的敏感性降低，是T2DM的重要特征之一。ER应激可使肝细胞的胰岛素受体和胰岛素受体底物-1（insulin receptor substrate-1，IRS-1）的酪氨酸磷酸化显著减弱，导致对胰岛素不敏感。在胰岛素抵抗状态下，细胞内代谢紊乱和炎症应激破坏ER稳态，出现错误折叠蛋白，ER产生大量分子伴侣以维持自身稳态。若稳态不能恢复，持续存在的应激可通过IRE1和JNK依赖的蛋白激酶级联途径促进IRS-1的丝氨酸磷酸化，从而加重胰岛素抵抗。

ER应激可通过以下途径诱导胰岛β细胞凋亡：① ER应激诱导活化的转录因子CHOP（即DNA damage inducible transcript 3，也称为CCAAT/增强子结合蛋白同源蛋白或C/EBP同源蛋白)的活化。ER 应激诱导的 IRE1、PERK 和 ATF6 上调 CHOP 表达。② JNK（c-Jun 氨基末端激酶）活化。ER 应激诱导的 IRE1 激活肿瘤坏死因子受体相关因子 2（tumor necrosis factor receptor associated factor 2，TRAF2），激活 JNK，诱导细胞凋亡。

（二）ER 应激与心血管疾病

心血管疾病是威胁人类健康的最常见疾病。ER 应激是引发心血管疾病的众多机制之一。

高同型半胱氨酸通过 IRE1 信号诱导血管内皮细胞凋亡；临床研究发现高同型半胱氨酸血症是动脉粥样硬化发生的独立危险因素，患者出现动脉内膜增厚和平滑肌内纤维斑块形成，并导致血栓形成以及梗死。高同型半胱氨酸引起未折叠蛋白反应，诱发 ER 应激，可以通过激活 IRE1-JNK 和 ATF4/6-CHOP 信号途径诱导细胞凋亡，从而引起代谢性心血管疾病发展。

可通过干预 ER 应激防治心血管疾病。例如普伐他汀可降低主动脉缩窄小鼠心脏 ER 应激信号分子的表达，减少心肌细胞凋亡，从而对压力负荷心脏起保护作用。

二、溶酶体与疾病

溶酶体异常与多种疾病有关。代谢综合征等疾病通过抑制 TFEB，下调溶酶体生物发生，抑制细胞代谢更新和免疫应答，加速老化与器官病变。遗传性溶酶体病是因基因缺陷造成溶酶体缺乏特定水解酶或溶酶体生物发生异常和溶酶体膜异常所致的遗传病；若底物不能降解而积蓄在溶酶体内，则统称为溶酶体贮积症（lysosomal storage diseases）（详见第三十八章"遗传病的分子与生化基础"相关内容）。

（一）溶酶体贮积症

溶酶体贮积症有 50 余种，多为常染色体隐性遗传病，新生儿患病率超过 1/5000。以下选择较为典型的 3 类常染色体隐性溶酶体贮积症进行简要介绍：①泰-萨病（Tay-Sachs disease）：又名神经节苷脂贮积症、家族性黑矇性痴呆，可导致进行性神经退行性变。正常状态下，氨基己糖苷酶 A 可将 GM2 神经节苷脂糖链末端的 N-乙酰氨基半乳糖剪切，降解糖脂。患者出现该酶的基因突变，不能降解 GM2 神经节苷脂，导致 GM2 神经节苷脂在溶酶体内贮积，患儿常在 2~6 岁死亡。②Ⅱ型糖原贮积病（glycogen storage disease type Ⅱ）：是由突变导致 α-1,4-葡萄糖苷酶缺陷，造成糖原堆积在溶酶体和胞质中，使心肌、骨骼肌等脏器损害。患儿一般在 2 岁内死亡。③黏多糖贮积病（mucopolysaccharidosis，MPS）：患者溶酶体内缺乏黏多糖降解酶，不能分解黏蛋白上的氨基聚糖，使其贮积在溶酶体内。患者表现为骨骼发育异常，智力低下，内脏功能受损。

（二）溶酶体与类风湿关节炎

类风湿关节炎是自身免疫性疾病，表现为关节软骨侵蚀，被认为是由于细胞内溶酶体膜脆性增加，溶酶体酶局部释放所致。溶酶体酶中的胶原酶能侵蚀软骨，导致关节的局部损伤。软骨被消化后的代谢产物，如硫酸软骨素片段又能导致激肽的产生，激肽可参与关节的炎症反应。临床上应用肾上腺皮质激素治疗此病。肾上腺皮质激素一方面具有免疫抑制作用，另一方面能够稳定溶酶体膜。

三、过氧化物酶体与疾病

PO 的多种酶类与转运蛋白的基因突变均可导致遗传病,常表现为脂类代谢异常、神经系统发育和功能障碍。代谢综合征、糖尿病、冠心病、老化、多种神经退行性病变均与 PO 功能下调有关;PGC1-PPARs 通路的活化可增强 PO 与线粒体功能,从而降低血脂,增强胰岛素敏感性,抑制炎症,对上述疾病均有治疗价值。但某些降脂药在特定个体条件下过度刺激 PPARs,可能产生肝毒性。PGC1 对各细胞器和代谢途径的调控更均衡,因此 PGC1 激动剂更安全。

小 结

内膜系统是真核细胞内部由生物膜包裹并互相关联的细胞器与区室的统称,各区室间通过囊泡运输或膜接触区实现膜成分与内容物的流通。各个膜限细胞器与区室具有特定的生物标志物。内膜系统的主要细胞器内质网、高尔基复合体、内体、溶酶体在时空上有序排列,其功能活动使得膜蛋白、分泌蛋白、驻留蛋白的合成、加工、分拣、递送、降解按严格可控的程序进行,其间伴随脂类、糖类等生物分子及区室腔内成分的转运与代谢。过氧化物酶体相对独立,是脂质分子代谢的地点之一。

内膜系统是真核细胞内最重要的功能结构体系之一,其功能活动对于营养代谢、信号转导、细胞增殖、细胞死亡等过程均有重要作用,是理解多种疾病发病机制的重要基础。

整合思考题

1. 内膜系统包含哪些组分?内膜系统的出现对于真核细胞有什么重要意义?
2. 分泌活动旺盛的细胞中,粗面内质网比滑面内质网要丰富得多,这是为什么?
3. 真核细胞内的"消化工厂"是指什么细胞器?怎样理解其名称的含义?
4. 硅肺又称肺硅沉着症,对呼吸系统有较大损伤。能否结合溶酶体的特点和功能分析其发病机制?
5. 胶原蛋白是结缔组织的重要组分,其合成始于内质网,在高尔基复合体进行修饰,最后在细胞外组装成胶原纤维。你知道其中的分子机制吗?这对于你理解内膜系统是一个统一的整体有何启发?

参考答案

(时 艳 杨云龙)

第八章 囊泡运输

导学目标

通过本章内容的学习，学生应能够：

※ **基本目标**
1. 分析与说明囊泡的概念和类型。
2. 解释囊泡运输的过程。
3. 分析不同类型囊泡运输过程的特点与其运输功能的关系。

※ **发展目标**
1. 举例说明囊泡运输异常所导致的疾病及分子机制。
2. 联系胞外体的发生过程，讨论其在疾病诊断中的应用。

案 例

男，55 岁。1 个月前出现多饮、多食、多尿、乏力、体重下降等症状。就诊检查显示空腹血糖 8.1 mmol/L，餐后 2 h 血糖 12 mmol/L，临床诊断为 2 型糖尿病。

问题：
1. 哪些关键膜蛋白的囊泡运输异常与糖尿病有关？其机制是什么？
2. 胰岛素在细胞内的运输与释放机制是什么？其异常与糖尿病有何联系？
3. 除了糖尿病，还有哪些疾病与囊泡运输异常相关？

案例解析

在区室化发达的真核细胞中，各种生命活动高度依赖细胞内部各结构组分之间的互助协作来完成。构成内膜系统的各区室之间的物质运输就是由内质网、高尔基复合体、溶酶体和细胞膜等通过囊泡方式协同完成的。另外，细胞存活、生长和功能运行所必需的蛋白质、脂质和多糖等大分子和颗粒物质也需要利用囊泡运输送达目的地。囊泡运输（vesicle transport）是指由细胞膜内陷形成的内吞泡，或者从内膜系统某个细胞器（包括内体）的膜表面出芽形成的囊泡在马达蛋白分子的介导下沿微管或微丝转运，并通过 SNARE 蛋白介导与靶细胞器或细胞膜锚定和融合的过程。囊泡运输是真核细胞内最重要的运输系统。例如控制血糖的胰岛素，正是借助囊泡精确传送并最终释放到血液中。囊泡运输系统任何环节如囊泡装载生成、转运、识别与融合等过程发生障碍，都会造成细胞功能异常，引发疾病，如糖尿病、神经退行性疾病、囊性纤维化、肿瘤等。

第一节 概 述

一、囊泡的概念、类型和结构

囊泡（vesicle，又称小泡）是由单层生物膜包裹而成的球形小泡，由细胞质膜或细胞内膜外凸或内凹包围形成，可通过出芽与膜融合等过程，介导其内容物和膜上成分在细胞内外，或细胞内部各个膜性区室间进行转运和交换。囊泡分为无被囊泡和有被囊泡两类。根据包裹囊泡的包被蛋白种类不同，可将有被囊泡分为三种类型。

（一）网格蛋白包被囊泡

网格蛋白包被囊泡又称网格蛋白有被小泡，通常由 2 种方式产生：一种是细胞内吞作用（如受体介导的内吞）形成的网格蛋白有被小泡，其介导了细胞外来物质的胞内转运；另一种是由高尔基复合体的反式网络（TGN）产生的网格蛋白有被小泡，它介导从高尔基复合体向溶酶体、胞内体及质膜外的物质运输及转运。

该类囊泡由网格蛋白（clathrin）包裹形成。网格蛋白的发现最早要追溯到对细胞内吞形成的囊泡的观察，在电子显微镜下可观察到这些囊泡的表面有一层形似蜂窝状的纤维丝状覆盖物，和网格非常相似，因此命名为网格蛋白，其直径通常为 50～100 nm。网格蛋白外被的结构单元为网格蛋白三联体（clathrin triskelion），该蛋白是由 3 条重链和 3 条轻链组成三腿复合物（triskelion），重链分子量为 180 kD，轻链分子量为 35 kD；每条重链与一条轻链结合，形成三联体的一条臂，因此网格蛋白又被称为三条臂蛋白。几十个网格蛋白三联体通过 3 条臂的平行结合，形成了由五边形和六边形组成的"足球"状空心笼（图 8-1）。

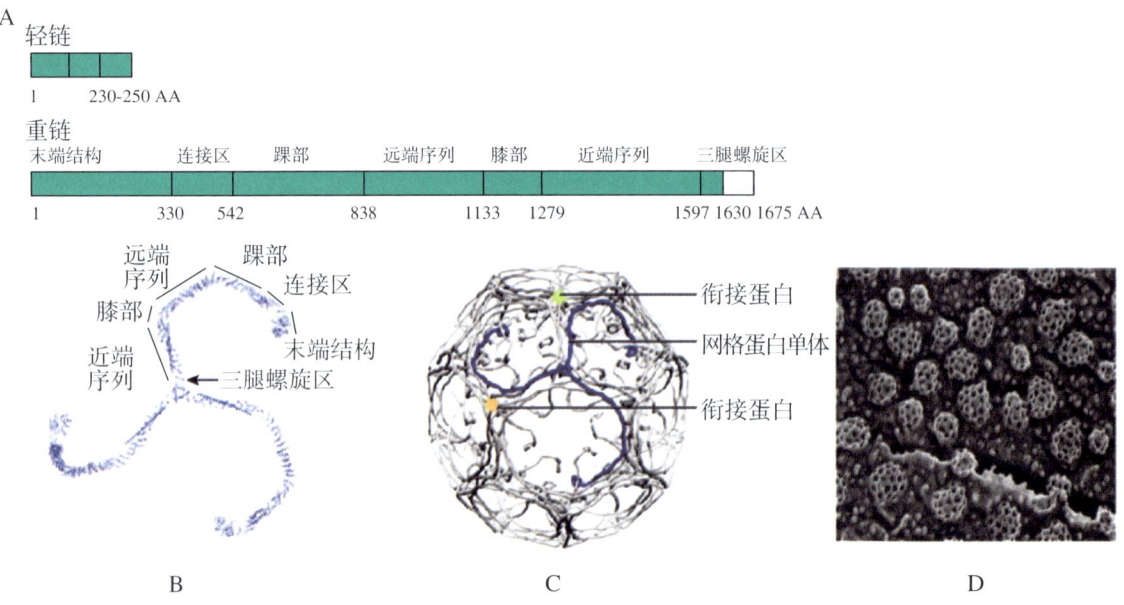

图 8-1 网格蛋白结构
A．网格蛋白结构域；B．网格蛋白单体；C．网格蛋白聚合空间结构；D．电镜下的网格蛋白囊泡

另外，网格蛋白与囊泡膜之间约 20 nm 的间隙中填充着大量的衔接蛋白（adpatin），其作用是参与包被的形成并起连接作用。细胞内目前已被鉴定出至少 4 种不同的衔接蛋白，它们选择性地通过与不同受体 - 转运分子复合体的结合，形成不同的转运囊泡，行使不同的物质转运。

除网格蛋白和衔接蛋白外，在细胞内吞网格蛋白有被小泡和高尔基复合体 TGN 网格蛋白有被小泡形成中，还有一种被称为缢断蛋白（dynamin）的结构可缠绕在内凹（细胞内吞）或芽生（高尔基复合体 TGN）囊膜的颈部，通过结合并水解 GTP，产生的能量掐断网格蛋白有被小泡。一旦网格蛋白有被小泡芽生形成，便会脱去网格蛋白衣被，转化为无被小泡，开始其定向转运。

（二）COP Ⅱ 包被囊泡

COP Ⅱ 包被囊泡又称 COP Ⅱ 有被小泡，产生于粗面内质网，主要介导从内质网到高尔基复合体的物质转运。该有被小泡因覆盖的是衣被蛋白Ⅱ（coatomer protein Ⅱ，COP Ⅱ）而得名。通过对酵母细胞突变体的研究发现，COP Ⅱ 含 Sar1、Sec23、Sec24、Sec13 和 Sec31 五种蛋白质。其中 Sar1 是 GTP 酶，可通过与 GTP 或 GDP 的结合来调节囊泡衣被的装配与解聚。Sar1 与 GDP 结合处于非活性状态，而与 GTP 结合则活化，并导致其与内质网膜结合，进而引发 Sec23/Sec24 复合体与 Sar1 结合形成 COP Ⅱ 的核心组分，Sec13/Sec31 通过 WD-40 重复序列（WD-40 repeats）结构域相互作用，形成二聚体与 Sar1/Sec23/Sec24 复合体相互作用，覆盖在外围，然后出芽及断裂，最终形成 COP Ⅱ 有被小泡（图 8-2）。

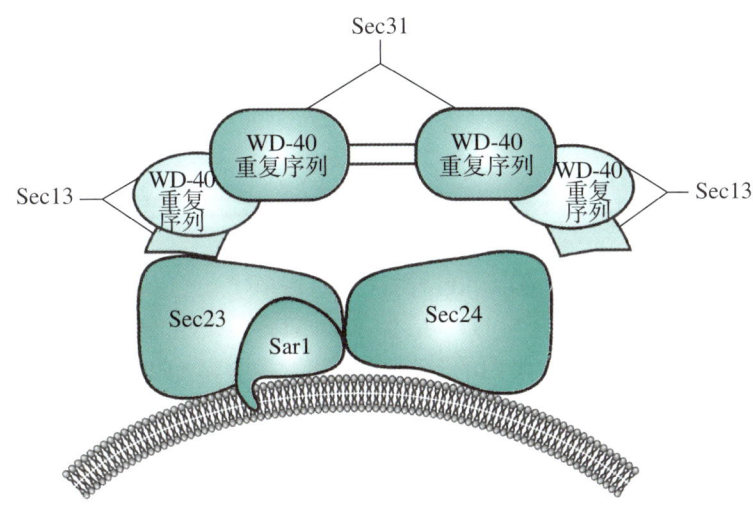

图 8-2　COP Ⅱ 的结构模式图

COP Ⅱ 有被小泡的物质转运具有选择性，其主要机制：COP Ⅱ 蛋白识别并结合内质网膜上跨膜蛋白受体胞质端的信号序列，而内质网膜的跨膜蛋白受体的网腔端则与内质网腔中的可溶性蛋白结合。

（三）COP Ⅰ 包被囊泡

COP Ⅰ 包被囊泡又称 COP Ⅰ 有被小泡，主要产生于高尔基复合体，该类囊泡由包被蛋白复合体Ⅰ（coat protein complex Ⅰ，COP Ⅰ）包裹形成，属于非网格蛋白有被小泡。其主要作用是负责内质网逃逸蛋白的捕捉、回收转运以及高尔基复合体膜内蛋白的逆向转运（retrograde transport）。COP Ⅰ 是由衣被蛋白（coatomer）和小 GTP 酶 ADP 核糖基化因子 1（ADP-ribosylation factor 1，ARF1）组成的多亚基复合体（图 8-3）。衣被蛋白是由 α-、β-、β'-、γ-、δ-、ε-、ζ-COP 七种亚基组成的七聚体复合物。ARF1 类似于 Sar1 蛋白，也是一种小分子 GTP 酶，都属于 ARF 小 GTP 酶家族。ARF 家族具有相似的结构，其 N 端都具有一个两亲性的螺旋结构和一个与 GTP 结合的结构域。当其与 GTP 结合时，ARF 蛋白的结构发生变化而活化，引起两亲性螺旋结构暴露，暴露的两亲性螺旋结构与膜结合，进而与其他特异性效应蛋白结合，引发下游反应过程。ARF1 与 GTP 结合活化的过程是由鸟嘌呤核苷酸交换因子（guanine nucleotide exchange factor，GEF）催化的，而其与 GDP 结合失活的过程是由 GTP 酶激活蛋白，如 ADP 核糖基化因子 GTP 酶激活蛋白（ADP-ribosylation factor 1 GTPase-activating protein，ARFGAP1）催化完成的。ARF1 在 COP Ⅰ包被蛋白复合物的组装与去组装过程中均具有重要作用。此外，ARF1 还参与了网格蛋白包被囊泡的组装等过程。

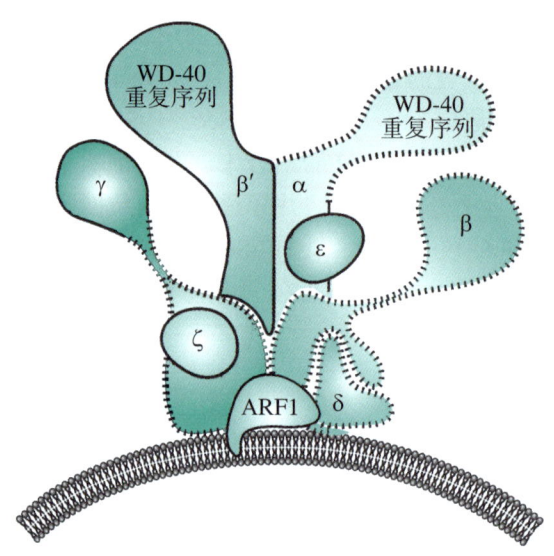

图 8-3　COP Ⅰ的结构模式图

COP Ⅰ有被小泡的形成大致分为以下过程：① GTP-ARF 复合物的形成：即细胞质中游离的非活化状态的 ARF 与 GDP 解离，并与 GTP 结合；② GTP-ARF 复合物识别高尔基复合体膜上的 ARF 受体，并与之结合；③ COP Ⅰ蛋白的其他亚基聚合，并与 ARF 和高尔基复合体囊膜表面其他相关蛋白质结合，诱导转运囊泡的芽生。

二、囊泡运输的概念、类型及基本过程

（一）囊泡运输的概念和类型

囊泡运输（vesicle transport，vesicle trafficking）是以囊泡为载体，转运囊泡内容物和囊泡膜成分的运输方式，其特点是被运输的物质不是在通道蛋白或载体蛋白的辅助下穿过脂双层，而是需要借助囊泡的形成、转运、识别与膜融合来完成物质运输。经囊泡运输的物质包括 Ca^{2+}、ATP、神经递质等通信分子，以及蛋白质、核酸、颗粒物质等。膜受体、通道蛋白、载体蛋白、细胞黏附分子等膜蛋白的表达与调控均依赖于囊泡运输。

质膜参与的囊泡运输过程涉及囊泡或其运载物质的出胞和入胞以及质膜成分的表达上调与下调过程，统称为吞吐作用（cytosis），并可进一步分为胞吞作用（endocytosis）、胞吐作用（exocytosis）、穿胞吞吐作用（transcytosis）三类。囊泡运输及其介导的过程主要包括以下类型。

1. 胞吞作用　是细胞表面发生内陷或凸起，将细胞外液及其中的成分包围成囊泡，脱离质

膜进入细胞内的转运过程，分为吞噬和胞饮两种类型。

2. 胞吐作用 细胞内某些物质由膜包裹成囊泡，囊泡膜与质膜融合，将内容物排至细胞外；也可由细胞表面凸起出芽或缢断形成囊泡，释放到细胞外液。这是将细胞分泌的激素、酶类及未被消化的残渣等物质运出细胞的重要方式。

3. 穿胞吞吐作用 是指胞外成分经胞吞作用从细胞的一侧进入，再通过囊泡传送和胞吐作用从细胞的另一侧输出的运输过程，多发生在上皮细胞中，如小肠绒毛上皮细胞对营养物质吸收的过程。

4. 胞内囊泡运输（intracellular vesicle trafficking） 即在细胞内部各膜性区室间进行的单向或双向囊泡运输，是促进细胞器生成和维持细胞器稳定的重要运输方式。

5. 胞间囊泡运输（intercellular vesicle trafficking） 即细胞之间通过释放和接收囊泡实现的物质运输；其中一个细胞释放的囊泡可通过微环境作用于邻近细胞，也可通过血液循环长距离作用于远处的细胞。

小测试8-1：囊泡运输及其介导的过程包括哪些类型？

（二）囊泡运输的基本过程

所有类型的囊泡运输均具有基本相同的运输过程。步骤如下（图8-4）：①囊泡生成：供体膜包裹着被分选的蛋白质出芽或内陷生成囊泡。②囊泡转运：囊泡通过自由扩散、胞外循环系统转运，或借助胞内微丝、微管系统向受体膜移动。③囊泡识别：囊泡识别受体膜的特定部位并与之结合。④囊泡融合：囊泡与受体膜融合并释放其盛载的物质。在这个运输过程中，囊泡出芽与融合的过程反复发生，直至待转运的蛋白质到达目的地或被运输至细胞外。另外，为了保证细胞器的动态平衡，还需要物质从受体至供体的反向运输。无论正向运输还是反向运输，都受到细胞的严密调控，以保证细胞器结构与功能的稳定，从而维持细胞的稳定。

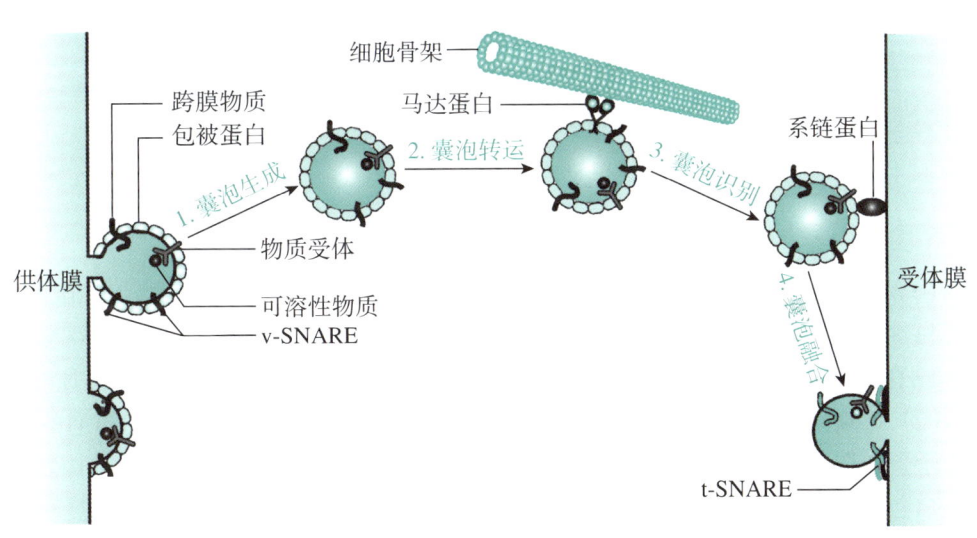

图8-4 囊泡运输的基本过程

第二节 胞吞作用

胞吞作用是调节细胞物质运输和质膜更新的重要过程，对于维持细胞与外界环境的协调具有重要作用。胞吞是耗能过程，质膜包裹物质后内陷，由缢断蛋白（dynamin）水解GTP收缩囊泡蒂部，使之与质膜脱离，成为胞吞囊泡。缢断蛋白是一个分子量为 100 kD 的小 GTP 酶蛋白，通常与胞内的微管结合，在内吞囊泡脱离细胞膜时，通过水解 GTP 引起颈部缢缩，最终使小泡脱离质膜。根据胞吞囊泡成熟过程中是否依赖缢断蛋白可分为：缢断蛋白依赖的胞吞作用、缢断蛋白参与的胞吞作用、缢断蛋白非依赖的胞吞作用（图 8-5）。

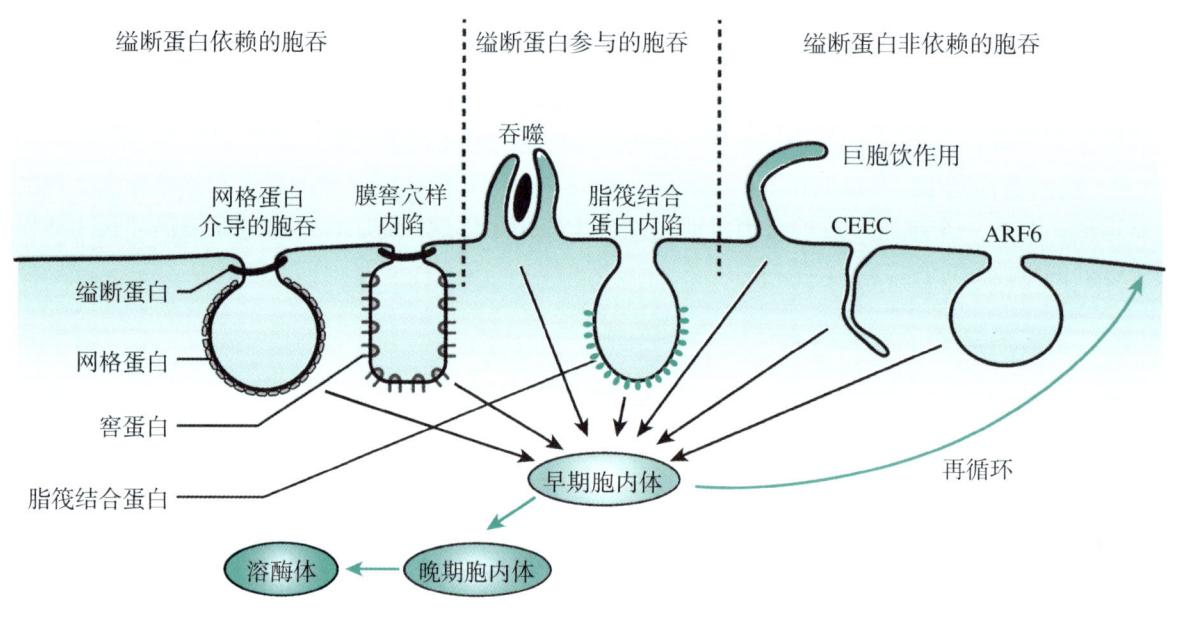

图 8-5　胞吞作用的类型

一、缢断蛋白依赖或参与的胞吞作用

（一）网格蛋白介导的胞吞作用

网格蛋白介导的胞吞作用是指细胞利用网格蛋白包被的胞吞囊泡将物质摄入细胞的一种胞吞作用。在真核细胞中，常见于回收突触囊泡、内吞营养物质、抗体和生长因子等过程。当胞外成分与膜受体结合后，衔接子蛋白（adaptor protein，AP）复合体与膜受体胞内段及质膜上的磷脂酰肌醇（PIP2）二磷酸结合，引起质膜内陷，称为小窝（pit），这个小窝决定了囊泡的形成位置。此时，衔接子蛋白招募网格蛋白到质膜并发生聚合，进一步稳定已经形成的弯曲结构。

网格蛋白包被囊泡生成依赖于缢断蛋白，该蛋白被募集至囊泡颈部，辅助囊泡颈部收窄，通过水解 GTP 提供能量，将囊泡与质膜分离，形成成熟的网格蛋白包被囊泡。此后网格蛋白包被开始去组装，在 HSC70 等的作用下，从笼状结构拆散为单个三联体。去包被的胞吞囊泡和早期胞内体（endosome）融合，将物质输送到内膜系统中。

网格蛋白介导的胞吞作用通常是由配体与膜受体的结合引发的，因而被认为是一种受体介导的特异性胞吞作用。例如，网格蛋白介导的胆固醇摄取就是一个由受体介导的特异性胞吞作用（详见第四章"细胞膜的结构与功能"相关内容）。

（二）陷窝介导的胞吞作用

陷窝（caveolae）是以陷窝蛋白为包被的细胞表面凹陷，富含胆固醇、鞘脂和蛋白质的去垢剂不溶性膜结构。电镜下，陷窝结构呈瓶颈样的凹陷，直径 50～80 nm，在哺乳动物脂肪和肌肉细胞中，陷窝结构可占据 40% 的细胞膜表面积。在非网格蛋白依赖的胞吞途径中，目前发现只有陷窝介导的胞吞作用需要缢断蛋白参与。例如，病毒 SV40、类固醇和鞘糖脂等物质可以被内吞进入陷窝结构中，陷窝中包裹着内吞物受到缢断蛋白、Src 激酶、蛋白激酶 C 和肌动蛋白等的共同作用，从质膜上脱落并转运至胞内。细胞通过陷窝途径输入细胞的物质包括白蛋白、鞘糖脂、病毒等。

（三）吞噬作用

缢断蛋白参与的胞吞作用包括吞噬作用、脂筏结合蛋白依赖的胞吞作用。在这一类型的胞吞作用中，缢断蛋白虽然涉及其中，但其缺失并不会导致这些胞吞作用的完全消失。吞噬作用（phagocytosis）是细胞摄取和消化大颗粒物质的方式，常发生于巨噬细胞和中性粒细胞中。在该过程中，通过细胞表面受体识别颗粒物质，质膜伸出突起，包围大颗粒物质，形成吞噬体。

（四）脂筏结合蛋白依赖的胞吞作用

脂筏结合蛋白（flotillin）依赖的胞吞作用的例子包括：① flotillin-2 参与的蛋白多糖内吞过程；② flotillin-1 参与的 GPI 锚定蛋白和霍乱毒素 B 的摄入活动。

二、缢断蛋白非依赖的胞吞作用

缢断蛋白非依赖的胞吞作用中，其特点是普遍有小 GTP 酶的参与，如 Rho 蛋白家族成员 CDC42 和 Arf 蛋白家族成员 ARF6 等。

（一）巨胞饮

巨胞饮（macropinocytosis）是微丝依赖的胞吞作用，主要介导大分子和某些病毒形成大内吞囊泡而进入细胞。巨胞饮基于富含肌动蛋白（actin）的质膜向外延伸，形成伪足、圆形膜皱褶和大泡等直径 0.2～10μm 的细胞膜突起，不经过受体与配体的特异性识别，可将细胞外液及其中的大分子包裹成胞饮泡进入细胞，达到物质运输的目的。

（二）ARF6 依赖的胞吞作用

ARF6（ADP ribosylation factor 6）依赖的胞吞作用，主要介导 I 型主要组织相容性复合体（major histocompatibility complex class I，MHC I）和 $β_1$- 整合素（$β_1$-integrin）向细胞内运输。ARF6、flotillin-1、Rab11、Rab22 和 PI3K 等共同参与此内吞途径的调节。

（三）GEEC 参与的胞吞作用

GEEC（GPI-enriched endocytic compartments）参与的胞吞作用是细胞内化 GPI 锚定蛋白、细菌毒素及胞外液体等的重要途径。该运输过程依赖于小 GTP 酶 Cdc42 的调节，参与这一途径主要的调节因子还包括 flotillin-1、Rab5、PI3K 和早期内吞体抗原 -1（early endosomal antigen-1，EEA1）等。在 GEEC 型细胞内吞过程中，可形成一个酸性的管状囊腔结构，进而转至内吞体中进入细胞。

第三节　胞内囊泡运输

胞内囊泡运输是细胞内膜系统各个部分之间进行物质传递的主要方式。囊泡表面的标志蛋白可被靶膜上的受体特异识别，介导该过程的蛋白质主要为可溶性 N-乙基马来酰亚胺敏感因子结合蛋白受体（SNARE，soluble N-ethylmaleimide-sensitive factor attachment protein receptor）家族和 Ras 相关 GTP 结合蛋白（Ras-related GTP-binding protein，Rab）超家族分子。其中，SNARE 是一种小分子膜蛋白，在囊泡识别与结合过程中具有重要作用。SNARE 蛋白含有一个由 60～70 个氨基酸残基组成的保守结构域，即 SNARE 结构域。SNARE 蛋白的 C 端具有与 SNARE 结构域结合的单次跨膜结构域，其 N 端具有与 SNARE 结构域结合的折叠域。SNARE 介导囊泡的特异性停泊与融合：位于囊泡上的被称为 v-SNARE（vesicle SNARE），位于靶膜上的被称为 t-SNARE（target SNARE）。

一、内质网向高尔基复合体的囊泡运输

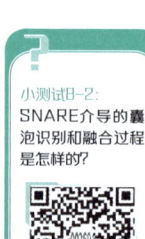

小测试8-2：SNARE介导的囊泡识别和融合过程是怎样的？

内质网新合成的蛋白由 COP Ⅱ 包被囊泡运送到高尔基复合体加工。在 COP Ⅱ 包被囊泡与靶膜融合的过程中，SNARE 蛋白保证了识别与融合的特异性，并介导了囊泡与靶细胞膜的融合。位于囊泡膜上的 v-SNARE 和位于靶膜上的 t-SNARE 都具有一个螺旋结构域，能够相互缠绕形成反式 SNAREs 复合体（trans-SNAREs complexes），并通过这个结构使囊泡膜与靶膜相互靠近。随着囊泡膜和靶膜距离的不断减小，最终囊泡膜与靶膜发生融合。此时，原来位于囊泡膜上的 v-SNARE 在高尔基复合体膜上 SNAP25 的作用下，定位到了靶膜上，这就使得 v-SNARE 和 t-SNARE 均定位于靶膜上，此时形成的 SNARE 复合物被称为顺式 SNAREs（cis-SNAREs）复合体。SNAER 蛋白的聚合从远离膜的氨基末端开始，以闭合拉链形式向靠近膜的羧基端发展。通过 synaptobrevin 与 syntaxin 的连接区和跨膜域传递内向力，使囊泡膜与靶膜相互靠近，并最终实现囊泡的特异性停泊与融合，此即囊泡融合的"拉链"模型。融合后的 SNAREs 复合体迅速解离，并继续完成新的囊泡转运过程（图 8-6）。

框 8-1　COP Ⅱ 包被囊泡的生成过程

蛋白质和脂质在内质网中合成之后，内质网膜上的 COP Ⅱ 立即开始装配。定位于内质网的鸟嘌呤核苷酸交换因子 Sec12 将小 GTP 酶 Sar1 由非活化的 Sar1-GDP 活化为 Sar1-GTP，并暴露出其 N 端疏水区，锚定在内质网膜上，进而通过与 Sec23 直接结合将 Sec23/24 异源二聚体募集至内质网，形成 Sar1-Sec23/24 复合物；复合物中的 Sec24 识别与捕获待转运的蛋白，形成预出芽复合物（pre-budding complex）。Sec13/31 与预出芽复合物结合并诱导其成束，促使内质网膜变形出芽，最终形成包裹着待转运蛋白的 COP Ⅱ 包被囊泡。

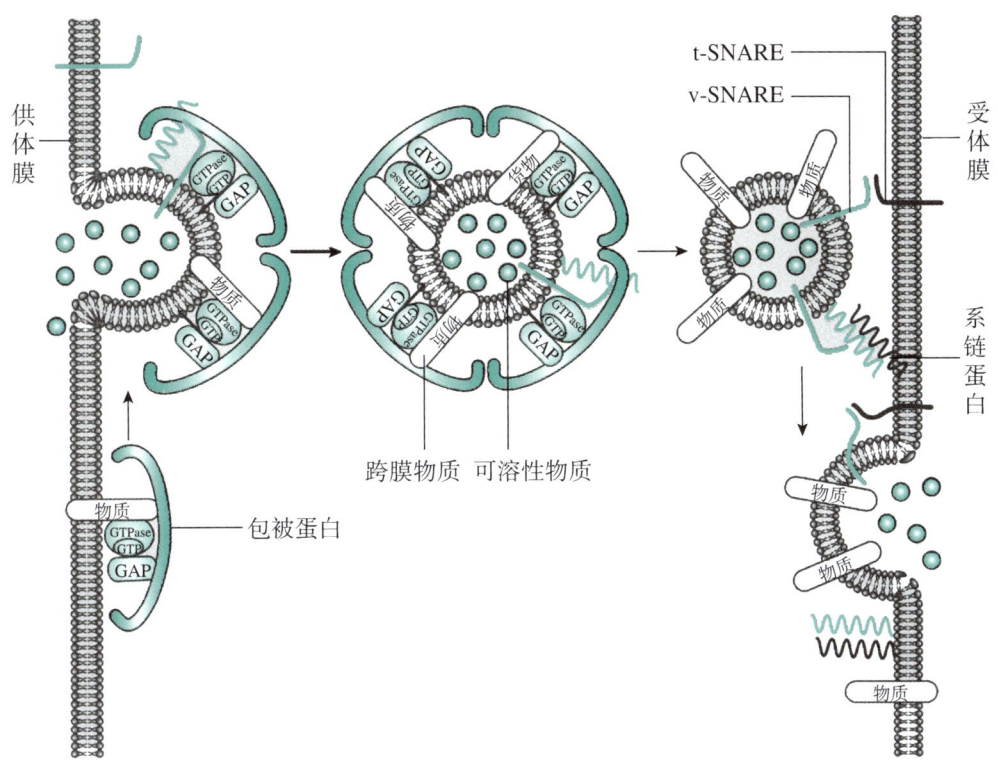

图 8-6 SNARE 介导的膜融合过程

二、高尔基复合体向内质网的反向囊泡运输

囊泡运输系统通过两种途径确保内质网驻留蛋白留在内质网内：一是驻留蛋白被运输囊泡排斥在外，如有些驻留蛋白参与形成大的复合物，因而不能被包裹在出芽形成的运输囊泡中而驻留在内质网内；二是通过回收途径使逃逸的驻留蛋白返回至内质网内，此即高尔基复合体向内质网的反向囊泡运输，该过程主要是由 COP Ⅰ 包被囊泡介导的（图 8-7）。

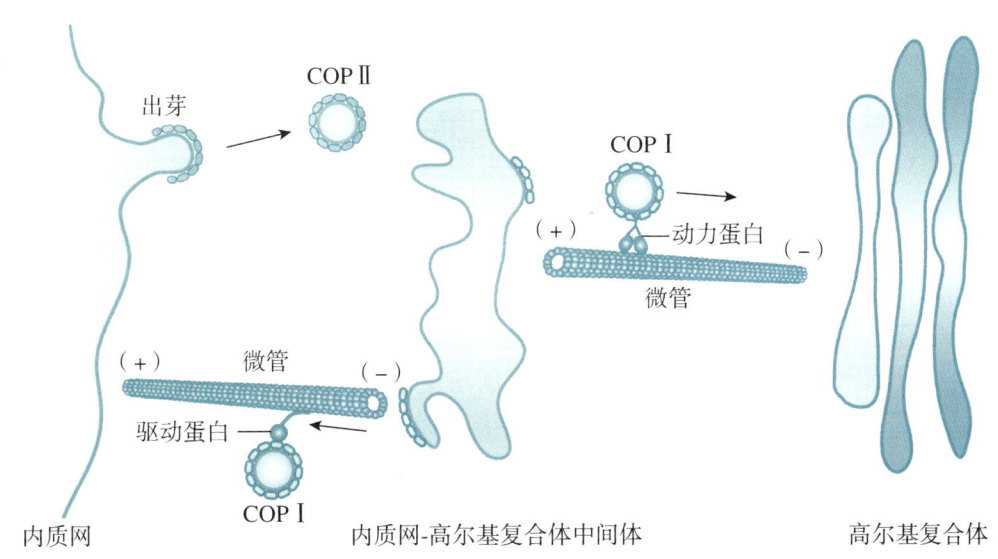

图 8-7 内质网与高尔基复合体间的囊泡运输过程

COP Ⅰ包被囊泡上含有 KDEL 受体，可识别从内质网逃逸到高尔基复合体内的 C 端含有 KDEL 序列的内质网驻留蛋白，在高尔基复合体 pH 值为 6.4 的情况下结合，而在内质网 pH 值为 7.2 的情况下解离。从高尔基复合体出芽脱落的 COP Ⅰ包被囊泡与微管结合，借助微管系统快速由高尔基复合体返回内质网。在这个转运过程中，需要小 GTP 酶水解 GTP 提供能量。COP Ⅰ囊泡的标志蛋白能被内质网膜上的受体特异识别，其中涉及识别过程的两类关键性蛋白质是 SNARE 和小 G 蛋白 Rab。其中 SNARE 介导运输囊泡特异性停泊和融合，其过程与 COP Ⅱ包被囊泡的膜融合过程类似，而 Rab 蛋白可使运输囊泡与靶膜接近。SNARE 和小 G 蛋白 Rab 介导 COP Ⅰ包被囊泡与内质网融合，驻留蛋白返回内质网。

三、高尔基复合体向膜性区室的囊泡运输

解读 2013 年诺贝尔奖：囊泡运输的调控机制

高尔基复合体是细胞外分泌途径中蛋白质运输的重要中转细胞器。从内质网输出的蛋白质以囊泡的形式转运至高尔基复合体后，经过加工修饰，再从高尔基复合体运输至质膜、胞内体、溶酶体，或者返回到内质网中。另外，高尔基复合体也是外分泌途径和细胞内吞途径的交汇处。被细胞内吞的蛋白质到达胞内体后，可以经由高尔基复合体返回细胞膜或返回至内质网中。从高尔基复合体输出的囊泡有多种，除返回内质网的 COP Ⅰ包被囊泡以外，还有网格蛋白包被囊泡等。在衔接蛋白的介导下，网格蛋白与识别目标蛋白的运货受体（cargo receptor）结合，在高尔基反面膜囊表面特异性汇集形成网格蛋白包被，包裹待运输的目标蛋白；在缢断蛋白的作用下，出芽形成网格蛋白包被囊泡。

四、胞内其他膜性区室的囊泡运输

这类囊泡运输涉及线粒体、过氧化物酶体、溶酶体、胞内体等膜性区室。胞内体是囊泡运输的重要中转枢纽，通过囊泡融合，既可接收来自内吞途径的胞外蛋白与质膜蛋白，也可接收从高尔基复合体运往溶酶体和质膜的蛋白。上述各种来源的可溶性蛋白与膜蛋白在胞内体经过分拣和部分加工后，又以出芽形式产生新的囊泡，并被分发到各自的目的地。以上过程受 Rab 超家族的精细调控。以下简要介绍两种代表性的胞内其他膜性区室的囊泡运输过程。

（一）胞内体相关的囊泡运输

胞内体是细胞内一个重要的蛋白质运输枢纽。在内吞途径中，主要接受细胞膜的蛋白质输入，识别分类后，运输至溶酶体和高尔基复合体或运回细胞膜。胞内体同时也是蛋白质从高尔基复合体运往溶酶体和细胞膜的中转站。大量的小 GTP 酶、衔接蛋白和网格蛋白包被囊泡等参与了物质从高尔基复合体到胞内体的转运调控，以及从胞内体到细胞膜之间的运输。高尔基复合体和胞内体之间具有动态的蛋白质和脂质物质交换，二者膜表面均有很多共同的衔接子蛋白和包被蛋白。高尔基复合体到胞内体的蛋白质运输具有类似的酪氨酸和亮氨酸信号序列，很多运往细胞膜的蛋白质可通过胞内体到达细胞膜。胞内体到高尔基复合体和胞内体到溶酶体的运输途径分别受到逆转运复合体和 ESCRT 两个蛋白质复合物的精确调控。

（二）溶酶体相关的囊泡运输

大部分从高尔基复合体运输到胞内体的蛋白质，其最终目的地是溶酶体。水溶性的水解酶在高尔基复合体腔内通常会被加上一个向溶酶体转运的定位信号——甘露糖 -6- 磷酸（mannose

6-phosphate，M6P）。M6P 可被跨膜蛋白 M6P 受体特异性识别并结合。M6P 受体在高尔基复合体和胞内体之间循环，将 M6P 标记的溶酶体蛋白运输至胞内体，最后到达形成溶酶体。

第四节 胞吐作用

一、胞吐作用的概念和类型

胞吐作用的主要功能是实现细胞分泌并促进质膜的更新与修复。胞吐囊泡主要有三类发生部位，分别来自高尔基复合体、胞内体、质膜。以下主要介绍自高尔基复合体发生的胞吐作用。在高尔基复合体反面膜囊，目的地不同的运货蛋白被识别、分离和集中到不同的膜微区，然后被装载进不同的囊泡，运输至质膜或细胞外。对于转运蛋白、通道蛋白、受体蛋白和其他定位于细胞膜的功能性膜蛋白等，会被运输至细胞膜并插入细胞膜上。对于可溶性蛋白如胰岛素和神经递质等，会被分泌至胞外。

在极性细胞中，运输至顶边和底侧边细胞膜的蛋白质具有不同的分选信号。高尔基复合体膜富含胆固醇和鞘脂，这些饱和脂质分子紧密规则地结合在一起形成脂筏（lipid raft）。脂筏和一般流质的膜层分子在结构上差别很大，囊泡出芽时对膜弯曲度的产生具有一定的影响。蛋白质经糖基磷脂酰肌醇和棕榈酰（palmitoylation）修饰后可以与高尔基复合体膜上的脂筏结合，一起被运输至细胞膜顶侧。另外，糖基化的蛋白质也可通过凝集素而增强与脂筏的亲和力，进而被运输至细胞膜顶侧。运往底侧边细胞膜的蛋白质，其信号一般暴露在细胞质一侧，可以被衔接子或者包被蛋白识别。在非极性细胞中，高尔基复合体至细胞膜的运输也是由类似的信号介导的。

从高尔基复合体到质膜的囊泡运输主要有两条途径：组成型胞吐途径（constitutive exocytosis pathway）和调节型胞吐途径（regulated exocytosis pathway）。

（一）组成型胞吐途径

组成型胞吐又名连续性分泌或固有分泌（constitutive secretion）。在这种胞吐途径中，在高尔基复合体反面膜囊装配好的囊泡，会持续不断地从高尔基复合体运送到质膜，并立即进行膜融合，将分泌小泡中的物质释放到细胞外，此过程不需要任何信号的触发。

（二）调节型胞吐途径

调节型胞吐又名受调分泌（regulated secretion）。在调节型胞吐途径中，在高尔基复合体反面膜囊装配好的囊泡，会以分泌小泡的形式暂存于靠近质膜的区域，当受到特定信号刺激时，含特定分泌物的囊泡会迅速与质膜融合，将分泌小泡中的物质释放到细胞外。

二、胞外体（外泌体）

胞外体（exosome）是一种经过胞吐作用产生的胞间运输囊泡，直径 40～100 nm，有单层膜包裹，膜上含多种受体和标志分子，内容物含蛋白质、核酸、代谢产物等。胞外体来自多泡体（multivesicular bodies，MVB）与质膜融合时释放的腔内囊泡（intraluminal vesicles，ILVs）。从质膜和高尔基复合体生成的囊泡与早期胞内体或分拣胞内体融合，向其输送膜成分和内容物，触发胞内体膜多处内陷，生成大量ILVs，从而转变为MVB。胞外体既含有细胞自身合成的物质，也含有从微环境摄取的物质，可作为细胞间通信的媒介，向受体细胞传递信号。胞外体抵达靶细胞后，通过膜融合与巨胞饮等途径进入靶细胞内，影响靶细胞的活动（图8-8）。

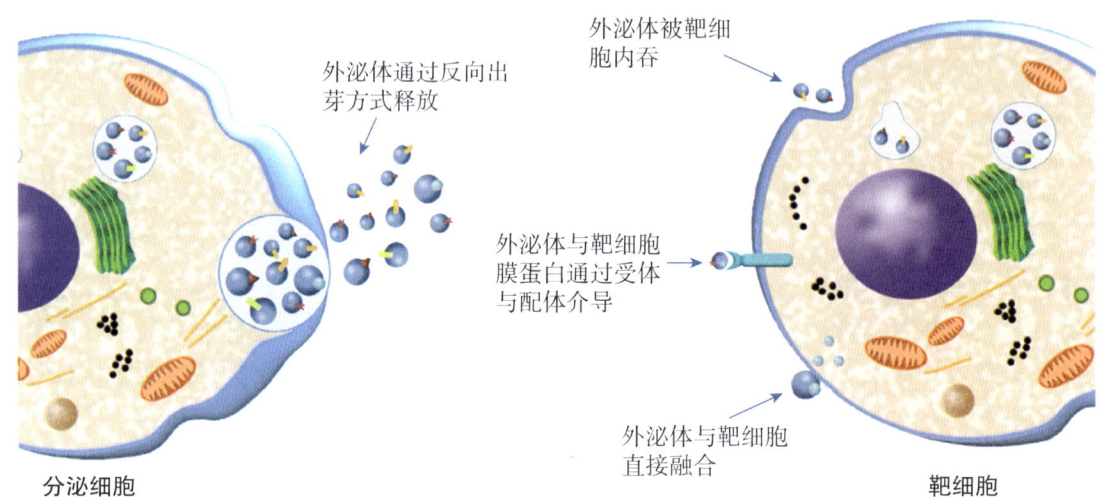

图8-8 外泌体的释放和作用方式

小测试8-4：分泌蛋白在细胞内合成与分泌的过程是怎样的？

此外，胞外体还参与组织器官的形态发生与细胞分化。干细胞分泌的胞外体具有抑制细胞凋亡、促进细胞增殖、调节免疫反应、诱导血管生成、促进组织再生等作用。抗原呈递细胞大量释放至胞外体，调控免疫应答。胞外体参与多种疾病过程。例如，肿瘤细胞分泌的胞外体可促进肿瘤的生长、诱导肿瘤微环境中的内皮细胞生成血管。胞外体膜上的分子标志和其包裹的mRNA、miRNA、lncRNA、环状RNA、环状DNA等，可作为疾病诊断的灵敏标志物。通过检测疾病相关胞外体并调控其释放，可为疾病诊疗提供新的手段。

第五节 囊泡运输异常与疾病

一、囊泡运输与细胞信号转导

囊泡运输在不同细胞类型的细胞信号转导调控过程中均有非常重要的作用。通过胞吞和胞吐作用，细胞可以实现蛋白质类信号分子在细胞间的传递。例如，胞吞作用可以实现对信号转导的下调，最典型的例子之一就是表皮生长因子（EGF）及其受体的胞吞作用。当EGF与其受体结合后，受体会发生二聚化，引起受体胞质结构域酪氨酸残基的自磷酸化而被活化，开启下游的信号级联反应，刺激上皮细胞等的增殖。当EGF受体及EGF在胞吞作用下被吞入细胞内降解后，会导致EGF介导的信号通路活性下调。胞吞作用也可以激活细胞的信号转导活性，一个典型例子为Notch信号通路的激活。该通路的激活除了需要Delta/Serrate/Lag2配体与Notch受体的结合，还依赖于这些受体和Notch的胞吞作用。Delta/Serrate/Lag2配体与Notch受体的结合会导致Notch暴露出其胞外的S2切割位点而被裂解，胞外部分和配体均会被细胞通过胞吞作用内吞，随后产生 Notch 受体胞内活性片段，进入细胞核调控相应靶基因的表达。

此外，不同的信号通路转导也参与调控了囊泡运输的过程。例如，在胰岛素调控血糖的过程中，胰岛素分子通过与胰岛素受体的结合，可以激活 PI3K/AKT 信号通路的信号转导，这一通路激活了细胞中含有葡萄糖转运蛋白 GLUT4 的胞内囊泡，使其通过胞吐作用的方式转运到细胞膜表面，最终将胞外的葡萄糖分子运输至胞内。

二、囊泡运输与胞内蛋白质的运输

经囊泡运输的蛋白质不仅被运输至细胞膜，也被运输到胞内各种细胞器，参与各种胞内细胞器的功能维持和调控。例如，通过囊泡运输，高尔基复合体可以将各种蛋白酶、脂肪酶、淀粉酶和核酸酶运输到内体，最终形成溶酶体。线粒体中的衰老蛋白可以通过线粒体膜囊泡出芽，转运至溶酶体进行消化降解。此外，在过氧化物酶体的生成过程中，有一些蛋白质需要由线粒体运输提供。因此，线粒体还通过囊泡运输的途径，转运过氧化物酶体在生成过程中所需的蛋白质，以促进过氧化物酶体的成熟。如果线粒体囊泡转运途径受损，过氧化物酶体将不能生成。

三、囊泡运输障碍与疾病

囊泡运输参与了细胞分泌型蛋白的分泌、细胞器的生成和动态平衡以及细胞信号转导等多种生命活动，通过各种调控物质运输的机制保证细胞内膜系统和细胞功能的稳定。囊泡运输系统任何环节如囊泡装载生成过程、囊泡运输过程、囊泡识别与融合过程等发生的障碍，都会造成细胞状态的不稳定和功能障碍，甚至引起疾病的发生。此外，细菌、病毒等病原体也可以利用囊泡运输系统入侵细胞，造成细胞的损伤。以下简要介绍部分囊泡运输障碍相关的疾病示例。

（一）蛋白质折叠障碍与疾病

新生的蛋白质在内质网中合成并正确修饰折叠后，可被 COP Ⅱ 包被囊泡识别并转运至高尔基复合体。如果由于基因突变等原因导致蛋白质无法正确折叠，蛋白质就会在内质网中滞留并迅速被降解。例如，囊性纤维化跨膜传导调节因子（cystic fibrosis transmembrane conductance regulator，CFTR）基因的突变就会导致 CFTR 蛋白无法在内质网中正确折叠而被迅速降解，引起囊性纤维化疾病。该疾病是一种外分泌腺隐性遗传病，主要表现为胰腺外分泌功能不良和汗液电解质异常，损伤消化系统和呼吸系统等。

（二）COP Ⅱ 基因突变与疾病

COP Ⅱ 包被蛋白复合物中的一个重要亚基 *Sec23* 基因如果发生突变，会使 Sec23 无法有效地招募 COP Ⅱ 包被蛋白复合物中的 Sec13/Sec31 亚基，导致囊泡运输障碍。这一障碍最终可引起颅-豆纹动脉-骨缝发育不全（cranio-lenticulo-sutural dysplasia）等疾病的形成。颅面缝间增生是一种常染色体隐性遗传病，主要临床表现为囟门闭合晚、面部扭曲和骨骼发育缺陷等。

（三）Rab 蛋白与 2 型糖尿病

葡萄糖是维持细胞代谢和生命活动的重要原料，而葡萄糖是一种极性分子，不能以自由扩散的方式通过细胞膜脂质双层结构的疏水区，需要通过葡萄糖运输体 GLUT4 转运进入细胞内部。通常情况下，GLUT4 并不持续出现在细胞膜表面，而是以囊泡储存的形式位于细胞内细胞膜的附近。当收到胰岛素信号刺激后，装载有葡萄糖运输体 GLUT4 的囊泡与细胞膜融合，完成葡萄糖的转运过程。这一过程由 Rab8、Rabl0 和 Rabl4 及其 GAP 共同调控，当这种调控的胞吐作用受到破坏时，可引起 2 型糖尿病。

（四）胞外体与肾脏相关疾病

肾癌患者尿中的胞外体蛋白质成分在数量和种类上与健康人群存在很大差异，肾基膜病和 IgA 肾病患者的尿中胞外体的免疫球蛋白与正常人群有较大差异。急性肾损伤患者尿液中胞外体含有活化转录因子，而后者并不存在于健康人群和慢性肾病患者的尿液胞外体中。研究这些胞外体中的特异性蛋白质，将有助于肾损伤、IgA 肾病以及肾癌等的诊断。此外，胞外体还可作为一种非细胞运载载体，将外源性 RNA、蛋白质或小分子药物导入胞外体，以达到治疗疾病的目的。

小 结

囊泡运输既是高度有序并受到精确调控的物质定向运输过程，也是对运输物质进行严格的质量检查和筛选分拣的过程。囊泡运输将细胞膜与内膜系统有机地联合成一个整体，是细胞膜及内膜系统不同结构的膜相互转换与更新的基础。囊泡运输在细胞众多功能活动中（如信号转导、营养摄取、细胞分泌、神经兴奋、免疫应答）都发挥了重要作用。理解囊泡运输的类型和过程，有助于从动态的角度把握生物分子的运输与调控机制。囊泡运输与许多疾病的发生、发展密切相关。认识和理解囊泡运输的过程和机制，对于研发疾病的诊疗新技术具有重要意义。

参考答案

整合思考题

1. 细胞将如何处理错误运输至高尔基复合体的内质网驻留蛋白？
2. 细胞胞吞作用包括哪些主要类型？
3. 囊泡运输涉及的主要包被蛋白类型有哪些？分别参与了哪些运输过程？

（徐 君 白晓春）

第九章　细胞骨架

导学目标

通过本章内容的学习，学生应能够：

※ **基本目标**
1. 描述细胞骨架的组成和结构。
2. 描述细胞骨架的聚合和解聚的动态过程。
3. 解释细胞骨架在细胞特化结构中的作用。
4. 分析细胞骨架结构与功能的关系。

※ **发展目标**
1. 分析细胞骨架功能紊乱与疾病的关系。
2. 举例说明作用于细胞骨架的药物的作用及原理。

案 例

一位患者因为出现颅内高压的症状来就诊，表现为喷射性呕吐，血压高，昏迷。头部CT检查发现颅内占位性改变，疑似肿瘤，但临床检查未发现患者其他部位有肿瘤。为抢救患者生命，防止出现脑疝，手术切除了颅内肿瘤，缓解了颅内高压引起的危症。

问题：
1. 如何判断肿瘤是原发于颅内，还是由其他脏器转移而来？
2. 通过什么实验判断肿瘤的组织来源？为此需要检测哪些蛋白质的表达？如何检测？

案例解析

真核细胞的外部形态和内部结构可因周围环境的变化而不断调整，这些高度动态的变化过程显示细胞中存在骨架样物质，以维持细胞内部的结构和支撑细胞的形态。20世纪50年代之前，由于采用锇酸或高锰酸钾低温（0～4℃）固定细胞的方法制作电镜样品，致使大部分细胞骨架被破坏，未能观察到完善的细胞骨架。直到1963年，采用戊二醛常温固定的方法，才观察到真核细胞内广泛存在一个三维纤维网络结构系统。现在应用活细胞成像结合图像处理技术，也可观察到细胞质内存在一些纤维样结构，它们的长度和分布会随着其组装和解聚而不断改变，纤维表面常常附着一些细胞器或颗粒状物质随之定向移动。这种纤维状结构通常被称为细胞骨架（cytoskeleton），被认为是广义的一种细胞器。

细胞骨架的概念一直在不断发展，狭义的细胞骨架主要指存在于细胞质内的蛋白质纤维网架系统，主要包括微管（microtubule，MT）、微丝（microfilament，MF）和中间纤维（intermediate filament，IF）三种结构组分，它们分别由相应的蛋白质亚基组装形成，也称细胞质骨架（图9-1）。随着对细胞骨架研究的深入，发现细胞核内也存在着蛋白质网架结构，称为细胞的核骨架（nuclear skeleton）。核骨架与染色质的复制、RNA加工以及细胞核、染色体的构建有关。除此之外，在细胞膜及细胞外基质中也存在纤维蛋白组成的网络。因此，广义的细胞骨架概念，包括细胞质骨架、细胞核骨架、细胞膜以及细胞外基质中的纤维状蛋白成分。细胞骨架不仅在维持细胞形态、承受外力、保持细胞内部结构的有序性方面起重要作用，而且还参与许多重要的生命活动，如在细胞分裂中细胞骨架牵引染色体分离，在细胞物质运输中，各类小泡和细胞器可沿着细胞骨架定向转运；在肌肉细胞中，细胞骨架及其结合蛋白组成动力系统；在白细胞的迁移、精子的游动、神经细胞轴突和树突的伸展等方面都与细胞骨架有关。本章重点介绍细胞质骨架的结构和功能。

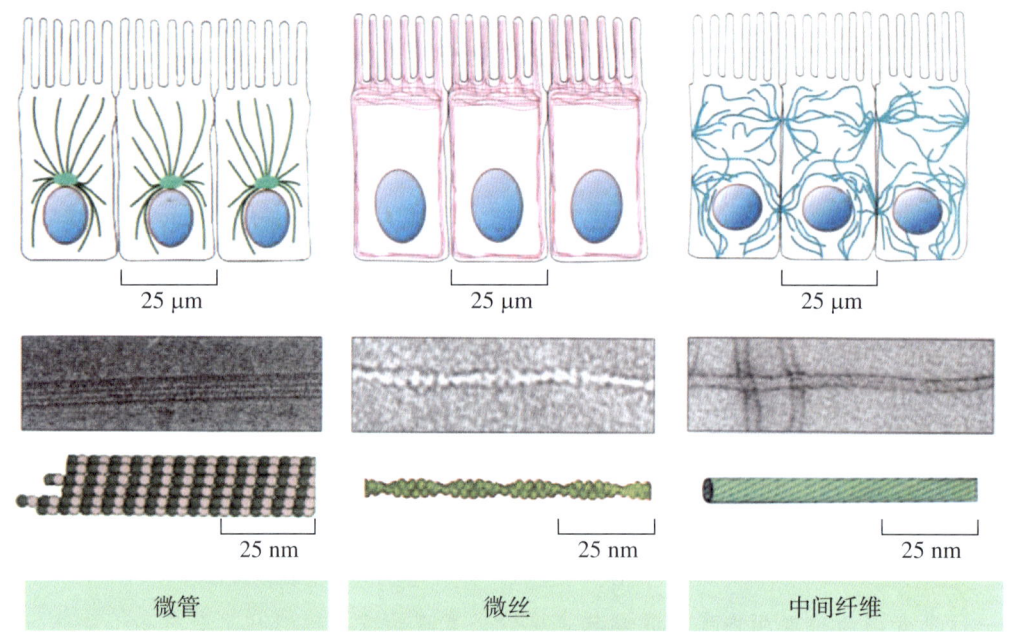

图 9-1　细胞骨架各类蛋白纤维分布及形态比较

第一节　微管的结构与功能

微管（microtuble，MT）最早于 1963 年被 Slautlerback 和 Porter 在动物和植物细胞中发现并命名。相比较另外两种细胞骨架而言，微管较长且较为坚硬。细胞内微管形成的网架结构是一种"动态结构"，即微管在细胞内能很快组装，也能快速去组装，进行微管分布的调整与重建。但也有一些微管与其他蛋白组装成相对"永久性"的细胞表面特化结构，如纤毛、鞭毛、基体和中心体等。

一、微管的概念、结构和组成成分

（一）微管的基本概念

成熟的微管是由微管蛋白和微管结合蛋白组成的中空圆柱状结构。在不同的细胞中，微管具有相似的结构特性，对低温、高压和秋水仙碱等药物敏感。微管主要存在于细胞质中，从中心体发出，向细胞质中延伸，呈网状或束状结构。为完成细胞分裂及其他生理功能，微管通过组装和去组装表现为动态结构特征。微管具有重要的生物学功能，如维持细胞形态结构、参与细胞运动、细胞内物质运输、信号转导、细胞分裂以及参与形成纺锤体、中心粒等结构。

（二）微管的结构和组成成分

微管主体是由微管蛋白组成的不分支的中空小管。在电子显微镜下，可见微管的内径约 14 nm，外径约 25 nm，横断面上可见 13 个微管蛋白（图 9-2）。微管的长度在不同细胞中变化很大，大多数细胞的微管长度为几个微米，在中枢神经系统的某些运动神经元轴突中微管长达几厘米，穿过整个轴突支撑其结构。可见微管的长度与细胞的种类、其所在部位以及微管组装程度有关。

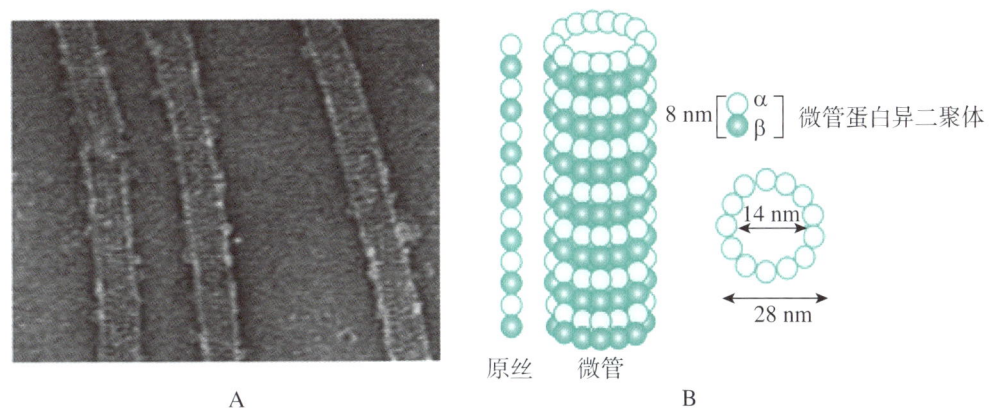

图 9-2　微管结构电镜图（A）和示意图（B）

微管的形成依赖于微管蛋白（tubulin）的有序组装。微管蛋白为一类呈球形的酸性蛋白，大致可分为 α、β、γ、δ、ε、ζ 和 η 等不同的微管蛋白亚家族，它们在细胞内具有不同的定位和功能。已发现人体基因组中有 23 个基因和至少 48 个假基因与微管蛋白的编码有关。此外，在细菌中也发现了结构和功能与微管蛋白类似的蛋白质。通常情况下，微管由 α、β 微管蛋白组装而成，二者占微管总蛋白含量的 80%～95%，α 微管蛋白含有 450 个氨基酸残基，β 微管蛋白含有 455 个氨基酸残基，两种微管蛋白的分子单体均为近球形，直径约 5 nm，两者以非共价键结合且首尾相接形成具有极性的微管蛋白异二聚体，是细胞质中游离微管蛋白存在的主要形式，也是微管组装的基本单位。α、β 微管蛋白首尾相接至一定长度可以看作一根原纤维，13 根原纤维侧向相连并围拢形成微管。原纤维这种 α、β 微管蛋白异二聚体头尾相接的规律排列构成了微管的极性，亦即微管两端暴露的分子不同。微管的两端都可以添加新的异二聚体，其中暴露 β 微管蛋白的一端，添加异二聚体的速度较快，称为正极或正（+）端；暴露 α 微管蛋白的一端，添加异二聚体的速度较慢，称为负极或负（-）端。微管极性走向与细胞器的分布定位、物质运输方向、信号转导等微管的功能密切相关。

微管蛋白的结构在生物进化中保持高度稳定，可能是最保守的蛋白质之一。α 微管蛋白和 β 微管蛋白上各有一个 GTP 结合位点，GTP 的结合促进微管蛋白组装形成微管。除 GTP 结合位点外，微管蛋白上还有二价阳离子（Mg^{2+}、Ca^{2+}）结合位点以及一些药物的结合位点，如秋水仙碱（colchicine）、长春碱（vinblastine）和紫杉醇（taxol）的结合位点。

细胞中 γ 微管蛋白含量不足微管蛋白总量的 1%，可参与真核细胞中心体内 γ 微管蛋白环状复合物（γ-tubulin ring complex，γTuRC）的形成，在微管组装成核、纺锤体形成等方面发挥重要作用。δ、ε、ζ、η 微管蛋白亦参与中心体的结构与功能。

二、微管的相关蛋白

（一）微管结合蛋白

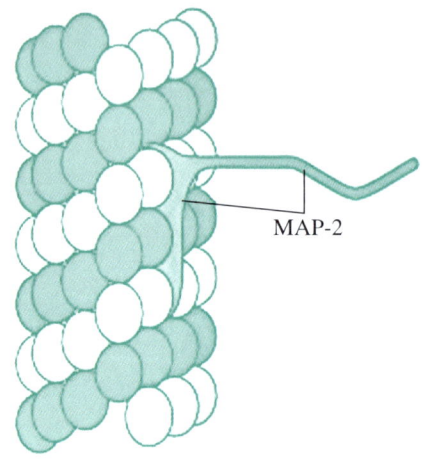

图 9-3　微管与微管结合蛋白 MAP-2

正常情况下，细胞内的成熟微管除了含有微管蛋白外，还有一些微管结合蛋白（microtubule-associated protein，MAP），这是一类以相对恒定的比例结合在微管表面的辅助蛋白。微管结合蛋白不是构成微管的基本构件，而是在微管蛋白组装成微管后，结合在微管表面，决定不同类型微管的独特属性，起到辅助微管组装、维持微管稳定、介导微管与其他微管或细胞器相连接等作用。一般认为，微管结合蛋白有两个功能区域：一个是碱性微管结合区，即结合到微管表面的区域，可明显加速微管的成核作用；另一个是酸性的突出区域，以横桥的方式从微管蛋白表面突出，能与其他微管或中间纤维相连接，形成交联桥，使微管成束排列。突出区域的长度决定微管在成束时的间距大小（图 9-3）。

微管结合蛋白主要包括 MAP-1、MAP-2、tau 蛋白和 MAP-4，前三种微管结合蛋白主要存在于神经细胞中。MAP-4 广泛存在于各种细胞中，起稳定微管的作用，在进化上具有保守性。不同的 MAP 在细胞中有不同的分布区域、执行不同功能。各种 MAP 的活性主要通过蛋白激酶和磷酸酶催化控制，即分别在特定氨基酸上添加或去除磷酸基团，如 tau 蛋白存在于神经细胞轴突中，可以增加微管的起始点，促进二聚体聚合成多聚体。一旦 tau 蛋白被磷酸化则不能与微管蛋白结合，从而抑制促进微管组装的能力。MAP-1 存在于神经细胞轴突和树突中，常在微管间形成横桥，可以控制微管延长但不能使微管成束。MAP-1 有三种不同亚型，有的参与轴突的再生和生长；有的具有 ATP 酶活性，与轴突中逆向的物质运输有关。MAP-2 主要存在于神经细胞的胞体和树突中，能在微管之间或者微管与中间纤维之间形成横桥使微管成束，MAP-2 的磷酸化作用能抑制微管装配。MAP-2 和 tau 通常结合在微管侧面，起着封闭微管表面的作用。因此，微管结合蛋白是维持微管结构和功能的重要成分，具有促进微管的成核、调节微管装配的作用；可以增加微管的稳定性和强度，参与沿微管转运囊泡及颗粒物质、传递信息等细胞活动。

新发现的微管结合蛋白

（二）微管马达蛋白

真核细胞内很多生物大分子甚至细胞器的合成部位与行使功能部位往往不同，因此必然存在严密的物质转运和分选机制。而在细胞内，微管从中心体发出，向胞质外周辐射延伸，为细胞内物质运输提供了轨道，细胞内的运输小泡、色素颗粒、分泌颗粒等物质沿着微管提供的运输轨道进行定向运输，并且许多细胞器和囊泡在细胞质或神经细胞的轴突内也沿微管定向移动。如果破坏了微管，物质运输就会被抑制。微管参与物质运输是通过与微管相互作用的马达蛋白（motor protein）来完成的。马达蛋白是一类介导细胞内物质沿细胞骨架运输的蛋白质，目前已发现有几十种马达蛋白，可分为三大家族：驱动蛋白（kinesin）、动力蛋白（dynein）和肌球蛋白（myosin）家族。其中，驱动蛋白和动力蛋白是以微管作为运行轨道，它们能将储存在 ATP 内的化学能转化为机械能，沿微管运输物质。而肌球蛋白则以肌动蛋白纤维作为运行轨道。

1. 驱动蛋白（kinesin）　最早于 1985 年由 R.D.Vale 等从鱿鱼的轴质中分离获得，是长约 80 nm 的杆状结构，能沿微管移动，结构上与 II 型肌球蛋白相似。目前根据驱动蛋白结构进化的信息和功能特征，其成员被分成 14 个驱动蛋白家族和 1 个暂未分组的 "orphan kinesin"。各家族成员都具有一个保守的马达结构域，驱动蛋白的行为与其马达结构域在多肽链中的位置有关，大部分驱动蛋白马达结构域在肽链的 N 端，它们运载物质沿微管由负极向正极运动；而马达结构域在 C 末端的驱动蛋白由微管正极向负极运动，马达结构域在中部的驱动蛋白则不移动。马达结构域不论是定位在驱动蛋白的 N 末端还是 C 末端，它们的结构都是相似的，连接驱动蛋白头部和尾部的多肽链序列决定了驱动蛋白在微管上移动的方向。

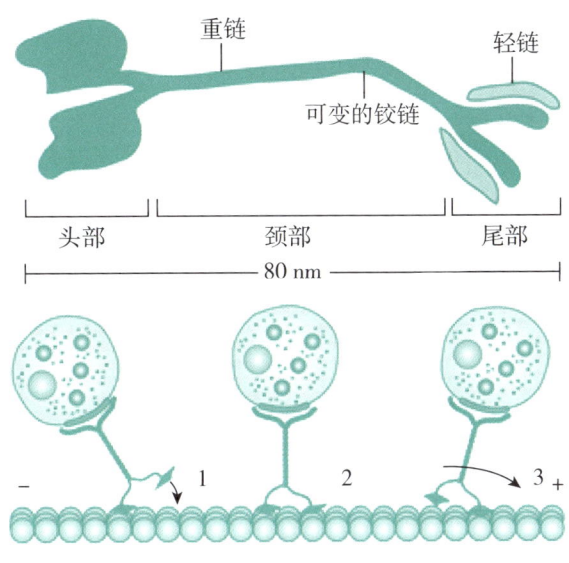

图 9-4　驱动蛋白的结构示意图

驱动蛋白有两个球状 ATP 结合头部和一个尾部，头部与微管以特定方式结合，尾部负责运载物质。驱动蛋白每一个头部包括大约 340 个残基，通过水解 ATP 释放能量使两个头部交替与微管结合、解离，从而使驱动蛋白沿微管移动（图 9-4）。驱动蛋白沿微管的运动具有两个重要特征：首先，单个具有两个头部的驱动蛋白分子能够以 0.5 μm/s 的速度沿微管运动很长的距离；其次，驱动蛋白的运动并不连续，每一"步"移动 8 nm，这正是微管中相邻二聚体之间的间距。

单个驱动蛋白的尾部并不直接与物质相连，需要一种被称为驱动结合蛋白（kinectin）的物质辅助。此外，驱动蛋白介导的运输物质还受到多种驱动蛋白相关蛋白（kinesin-related protein，KRP）的调控。

2．动力蛋白（dynein）　动力蛋白的起源与肌球蛋白和驱动蛋白完全不同。动力蛋白属于 ATP 酶的 AAA（ATPases associated with diverse cellular activities）家族成员，由约 380 kD 的巨大的重链和多种小肽段构成（图 9-5）。动力蛋白 N 端的 1800 个残基构成的尾部与其他附属链以及运载的组分相结合；C 端的 2350 个残基由 6 个 AAA 模块形成环状结构，构成了动力蛋白的两个球状的头部。第 1 到第 4 模块与 ATP 结合，第 4 和第 5 个 AAA 模块之间，动力蛋白的重链形成一个棒状的环，此环的末端有一个 ATP 敏感的微管结合位点。与微管相互作用产生运动时只有第 1 模块水解 ATP。动力蛋白是目前已知马达蛋白中分子最大、移动速度最快的成员。

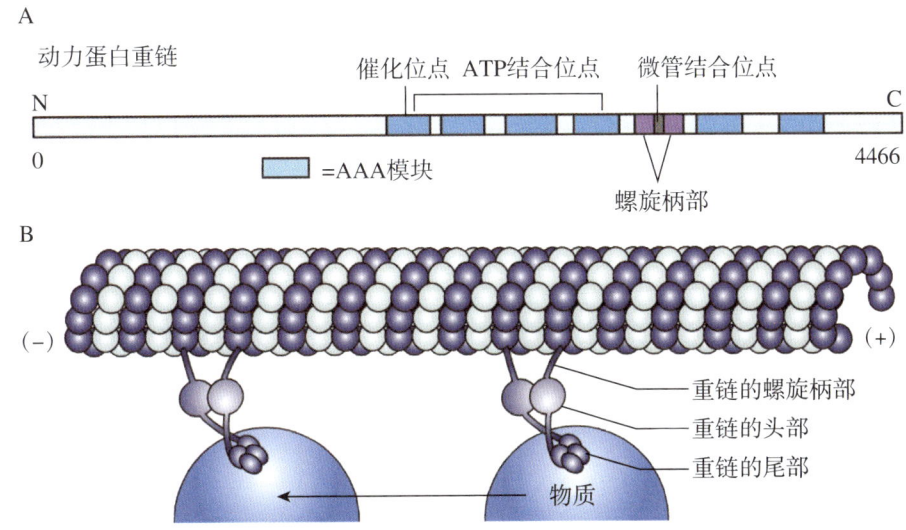

图 9-5　动力蛋白结构和运输作用示意图

A．动力蛋白重链结构示意图；B．动力蛋白与微管和物质结合示意图

框 9-1 驱动蛋白的分离

微管和微丝共同在物质运输中发挥作用

1982 年，R.Allen 等利用显微摄影术发现乌贼的神经细胞轴突中线粒体等细胞器可沿着胞质中的细丝移动，后来通过电镜制样证实这些细丝是微管，但是当时已知的唯一一种马达蛋白——动力蛋白仅存在于纤毛和鞭毛中，那么到底是哪种微管结合蛋白参与了细胞器的运输呢？直到 1985 年，R.D.Vale 团队从乌贼神经轴突和视叶中分离出一类新的分子马达——驱动蛋白，该蛋白能够利用 ATP 水解所释放的能量驱动自身及所携带的物质分子（包括细胞中的细胞器）沿微管细丝正极做定向运动。

动力蛋白超家族由胞质动力蛋白和轴丝动力蛋白两组蛋白质组成，前者以微管为轨道参与胞内物质运输，目前只有 2 个家族成员；后者参与鞭毛或纤毛的运动，也称为纤毛或鞭毛动力蛋白，目前已知有 13 个家族成员。纤毛微管二联管的 A 管上有内外两组动力蛋白臂，提供运动所需的能量。外侧二联管之间通过动力蛋白产生相对滑动，使得轴线中的一半微管向一个方向运动，另一半向相反方向运动，进而引起鞭毛和纤毛的弯曲。研究表明，外侧动力蛋白臂加速二联管的滑动，而内侧动力蛋白臂负责将滑动的力转变为弯曲（图 9-6）。

小测试9-1：男性不育患者，反复出现呼吸道感染，是什么基因缺陷引起的？

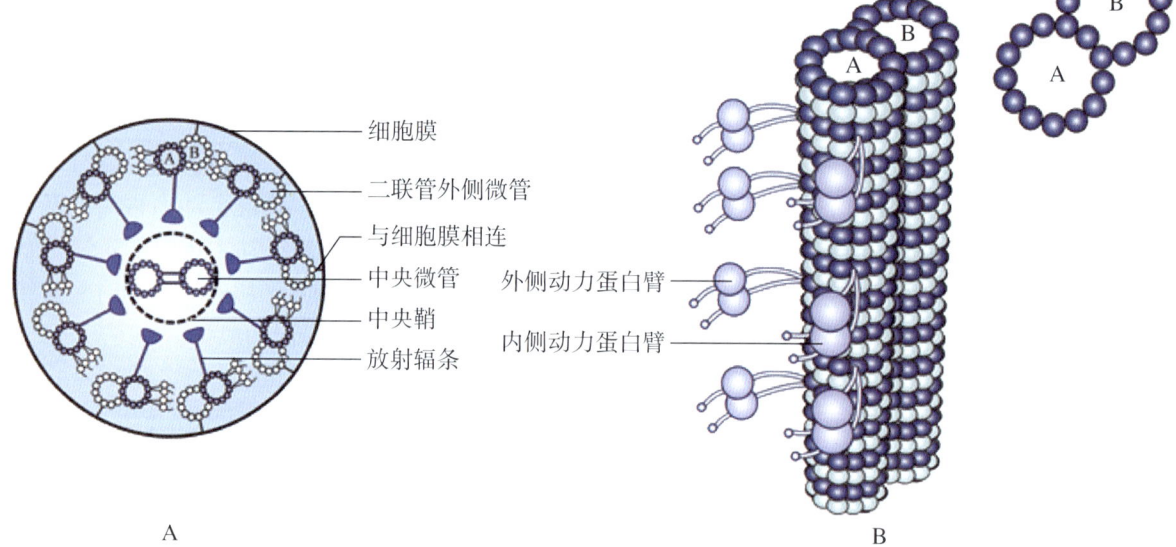

图 9-6 动力蛋白在纤毛中的作用示意图
A. 纤毛杆部横截面的微管结构示意图；B. 纤毛微管二联管的动力蛋白示意图

三、微管的组装与调节

（一）微管的体外组装与调节

由于细胞内部结构及组分非常复杂，关于微管组装的成功试验最早是由 R.Weisenberg 研究团队在体外的试管内进行的。在 37℃ 和 pH 6.0 的环境下，加入适当浓度的 α 和 β 微管蛋白、GTP

和 Mg^{2+}，可在体外模拟单个微管的组装过程。单个微管组装过程包括成核期（nucleation phase）、生长期（growth phase）和平衡期（equilibrium phase）。先由 α 微管蛋白和 β 微管蛋白形成异二聚体，再由异二聚体形成较短的原纤维（成核期）；随着异二聚体更多地结合于原纤维的两端和侧面，逐渐形成片状带；片状带加宽至 13 根原纤维时，合拢形成一段圆筒状微管；新的异二聚体不断添加至微管两端，使微管延长（生长期）（图 9-7）。虽然大部分细胞的微管含有 13 根原纤维，但是微管在体外组装时，似乎缺乏控制微管横断面上微管亚基数目的机制，有的才有 11 个或更少，也有些呈现 15 个亚基。

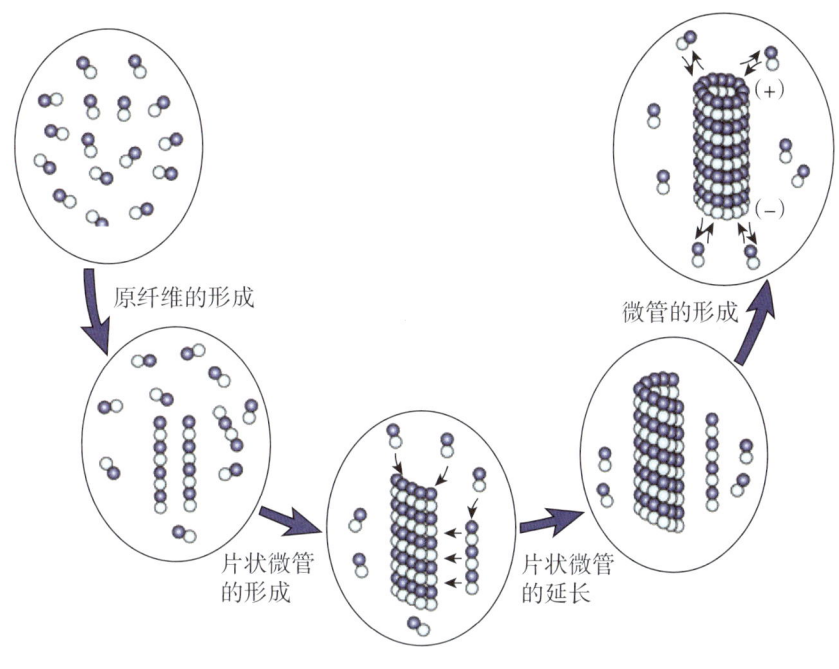

图 9-7　微管的体外组装示意图

在体外，微管组装受多种因素的影响，包括 GTP 水解为 GDP 的速度、游离微管蛋白的浓度和温度。α 和 β 微管蛋白均含 GTP 结合位点，其中 α 微管蛋白结合的 GTP 通常不会被水解，因此，α 微管蛋白上的 GTP 结合位点称为不可交换位点（nonexchangeable site，N-site）；β 微管蛋白结合的 GTP 可以被水解，故其 GTP 结合位点被称为可交换位点（exchangeable site，E-site）。结合 GTP 的 αβ 微管蛋白异二聚体（GTP-异二聚体）与微管两端结合的亲和力较高，随后 E-site 结合的 GTP 被水解为 GDP；GDP-异二聚体与微管两端的亲和力较低，容易脱落。GTP 水解为 GDP 的速度越慢或游离微管蛋白的浓度越高，越有利于微管的延长。GTP-异二聚体在微管两端的添加速度不同，正极（+）端速度快，负极（-）端速度慢。当 GTP-异二聚体的浓度较高时，GTP-异二聚体的添加速度大于 GDP-异二聚体的脱落速度，微管生长较快，在微管末端会形成一种被称为 GTP 帽（GTP cap）的结构，可防止微管解聚。随着 GTP-异二聚体浓度的降低，GTP 帽变小，微管生长变缓；当 GTP-异二聚体的添加速度小于 GDP-异二聚体的脱落速度时，微管解聚而缩短。在一定条件下，正极端添加 GTP-异二聚体使微管延长，负极端脱落 GDP-异二聚体使微管缩短；当 GTP-异二聚体的添加速度与 GDP-异二聚体的脱落速度相等时，微管长度相对保持不变，呈现微管的"踏车"现象（treadmilling），即处于微管组装的平衡期。

（二）微管的体内组装与调节

1. 微管组织中心是微管装配的起始点　在活细胞内，由于游离的微管蛋白不能自发聚合，微管的组装需借助微管组织中心的存在。微管组织中心（microtubule organizing center，MTOC）是微管的组装起始点，主要作用是帮助细胞内微管组装过程中的成核（nucleation），它控制着微管发生的数量、位置和方向。在动物细胞中，MTOC 主要位于中心体、鞭毛和纤毛的基体等细胞器，以及上皮细胞游离面和高尔基复合体的反面网状结构等部位。中心体作为 MTOC，启动微管的组装起始于其周围物质中的 γ-微管蛋白及其结合蛋白形成的环状复合物（γ-TuRC）（图 9-8A）。在细胞内，大量游离状态的 α 或 β 微管蛋白常与磷蛋白结合，导致异二聚体浓度远低于起始聚合的临界浓度。因此，细胞内的成核作用高度依赖 γ 微管蛋白环状复合物，γ-TuRC 起着提供微管生长起点的作用，微管组装时，γ-TuRC 可形成一个含有 10～13 个 γ 微管蛋白分子的环形结构，与微管具有相同的直径，异二聚体中的 α 微管蛋白与 γ 微管蛋白相结合，β 微管蛋白端向外，即微管的负极端埋在中心体内部，正极端向外。γ-TuRC 像帽子一样戴在微管的负极端使负极端稳定，微管的正极端向外延长（图 9-8B、C）。因此，MTOC 是微管负极端的固着区域，可阻止负极端微管解聚。

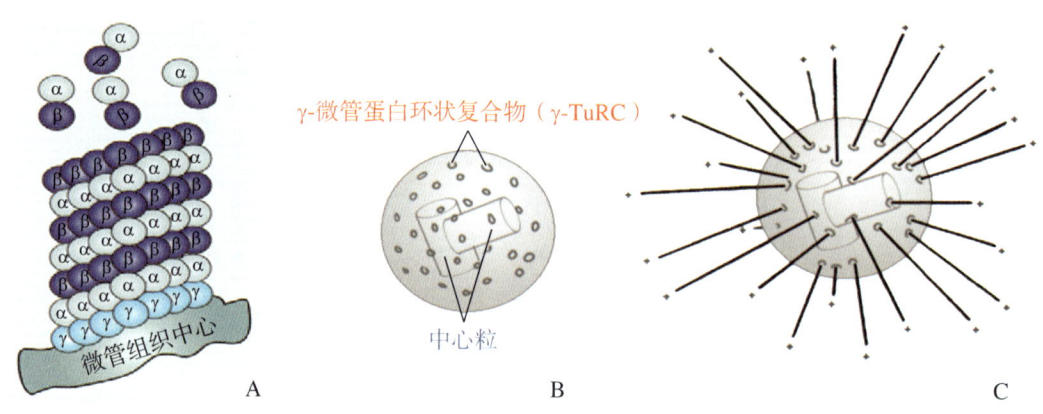

图 9-8　微管组织中心与微管的生成

A. 微管组织中心示意图；B. 中心体的无定形蛋白基质中含有 γ-微管蛋白环状复合物，它是微管生长的起始部位；C. 中心体及聚合成的微管，正极端游离于细胞质中，负极端被包围在中心体中

在细胞内，微管呈现动态不稳定性，即微管的延长与缩短共存，并可发生"灾变"和"修复"现象。微管以大约每秒 1000 个二聚体的速度从末端掉下来，微管每秒缩短超过 0.5μm，这种微管迅速缩短的现象称为灾变（catastrophe）（图 9-9）。这种迅速缩短的微管在某一时刻又稳定伸长的现象称为修复（rescue）。微管组装的这种动态不稳定性有助于实现细胞有丝分裂过程中纺锤体结构的周期性组装与解聚。

2. 影响微管装配的因素　细胞内造成微管不稳定的因素很多，包括微管蛋白浓度、温度、pH 值、压力、离子强度、酸碱度、细胞周期时相、应激条件等的影响。在体外，当微管蛋白异二聚体超过临界浓度时，在有 Mg^{2+} 存在而无 Ca^{2+} 存在、适当的 pH（pH 6～9）和温度（37℃）的缓冲液中，异二聚体即聚合成微管，聚合过程所需能量由 GTP 提供，GTP 是调节体外微管组装的主要因素。

体内的微管组装主要受到微管组织中心的调控，微管蛋白浓度和 GTP 的存在也是影响体内微管组装的重要因素。例如，细胞进入分裂期前，即开始大量合成微管蛋白，为纺锤体的组装做准备。在纺锤体形成过程中，单根微管可延长亦可缩短，但从微管的总量上看，微管的总长在不断增加，并装配形成纺锤体。延长中的微管的游离端与某些微管相关蛋白或细胞结构结合，可阻止微管的组装或去组装，使微管处于相对稳定状态。

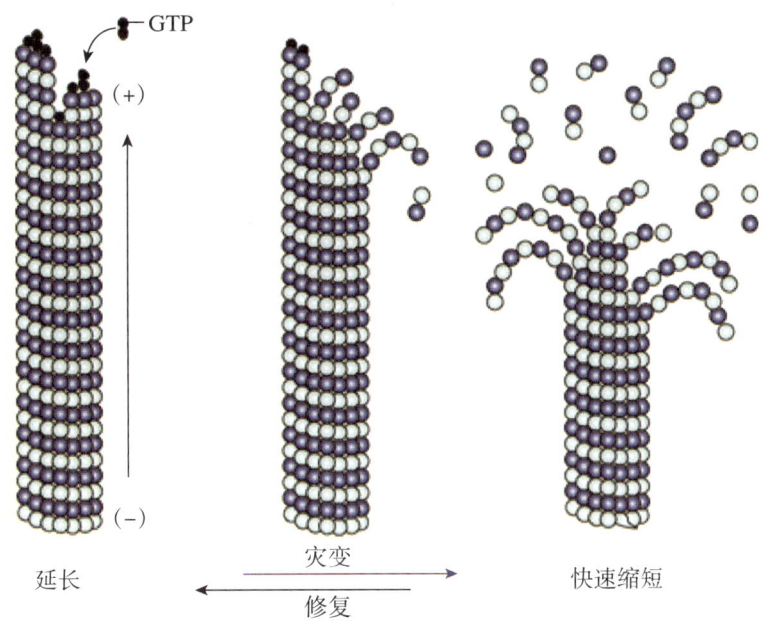

图 9-9 微管的灾变与修复示意图

另外，一些特异性的药物也可以影响细胞内微管的组装与去组装，一类是抑制微管组装的药物，如秋水仙碱、长春新碱等药物，秋水仙碱能结合游离的微管蛋白，使其稳定、无法聚合形成微管，从而引起微管的解聚，甚至消失；长春新碱可与微管蛋白异二聚体结合，抑制微管的组装。而药物诺考达唑（nocodazole）可以与微管中的 β-tubulin 结合，抑制相关的二硫键的形成，从而抑制微管的动态变化。另一类药物如紫杉醇能与微管紧密结合，防止微管蛋白亚基的解聚，促进微管的装配和保持微管稳定。虽然这些药物的作用机制不同，但都使微管丧失动态组装的特性。细胞有丝分裂过程中，纺锤体微管需要不断地聚合与解聚，从而完成纺锤体的组装以及染色单体的分离。这些药物都可以抑制纺锤体的装配和功能的正常行使，也就抑制了细胞的有丝分裂，因此被开发为抗肿瘤的化疗药物。此外，由于这些药物能特异性地与 α 或 β 微管蛋白结合，还常常作为研究微管的工具。

四、细胞内微管的存在形式

（一）单管微管

单管形式的微管是由 13 根原纤维形成的中空管状结构。以单管形式存在的微管随着细胞周期发生动态性的形态改变。在间期时，细胞核外的中心体作为微管组织中心发出微管，呈放射状向细胞质的各个方向延伸，形成垂柳样的结构，止于细胞质膜或延伸至细胞伪足；在细胞进入分裂期时，由中心体发出的微管与染色体结合，形成纺锤体微管，或者不与染色体结合，而是形成极间微管，两类微管均参与染色体向两极的运动，完成染色体分离过程（图 9-10）。

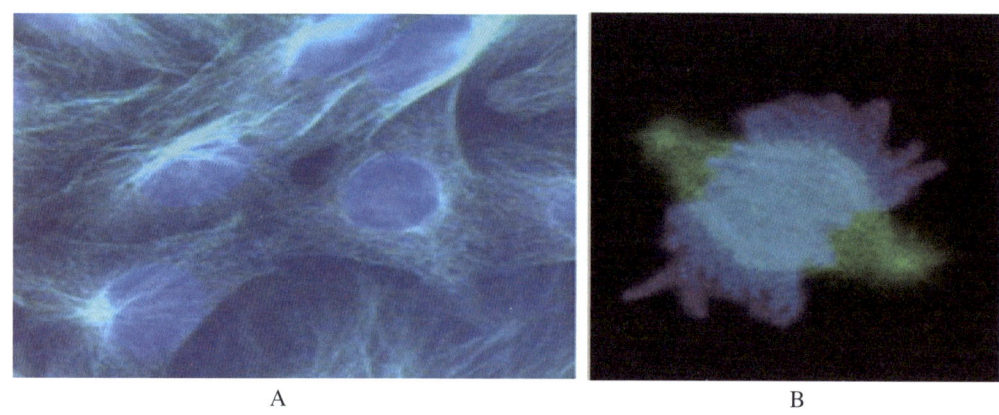

图 9-10　微管在细胞间期（A）和分裂期（B）的形态

（二）二联管和三联管

以二联管形式存在的微管主要构成真核细胞表面纤毛（cilium）和鞭毛（flagellum）杆部的轴丝结构，是由 A、B 两组微管相连接形成的并列管状结构，A 组微管由 13 根原纤维构成，B 组微管与 A 组微管共用 3 根微管蛋白原丝，再由 10 根原纤维围成管状结构，因此，二联管微管的横切面为"13+10"根原丝结构。以三联管形式存在的微管主要构成真核细胞表面纤毛和鞭毛的基体和中心粒，是由三组微管并列排列形成的稳固的微管结构，三联管微管的横切面为"13+10+10"根原丝结构（图 9-11）。

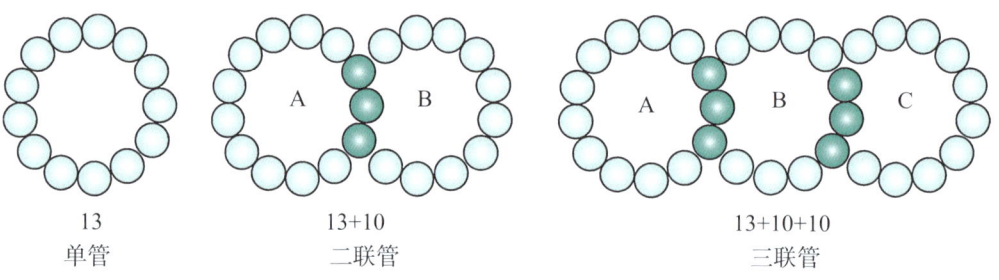

图 9-11　微管的单管、二联管和三联管横截面示意图

1. 细胞表面特化结构中的微管　纤毛和鞭毛是以微管为支架的细胞表面特化结构，由基体和杆部组成。基体（basal body）位于纤毛和鞭毛的根部，具有 MTOC 活性，是介导纤毛和鞭毛杆状部形成的微管组织中心。由 9 组三联管斜向围成一圈，中央没有微管，其微管结构呈"9×3+0"式排列。纤毛和鞭毛的杆部内部为"9×2+2"式的轴丝结构，即由 9 个 AB 二联管和一对中央微管构成，外被质膜，顶部各微管相互融合呈尖状。微管连接蛋白负责连接两个相邻二联管，使其具备高度韧性。中央微管由细丝相连，外包有中央鞘（图 9-12）。

2. 中心粒与中心体

（1）中心体（centrosome）的组成：中心体是真核细胞中一个重要的微管组织中心，主要由相互垂直的一对中心粒和无定形的中心粒周围物质构成，无膜包被，介导微管的体内成核，在细胞周期中以半保留形式进行复制，参与细胞分裂。

（2）中心粒（centriole）的结构：中心粒是位于中心体内的两个中空短柱状结构，长度 0.16～5.6 μm，直径 0.16～0.26 μm，常呈"L"形，成对存在且互相垂直。中心粒中 9 组三联管斜向围成一圈，微管结构呈"9×3+0"式排列，中央无微管，包含 α、β、δ、ε 微管蛋白以及

ninenin 和 centrolin 等多种蛋白，具有募集中心粒周围基质的作用（图 9-13）。

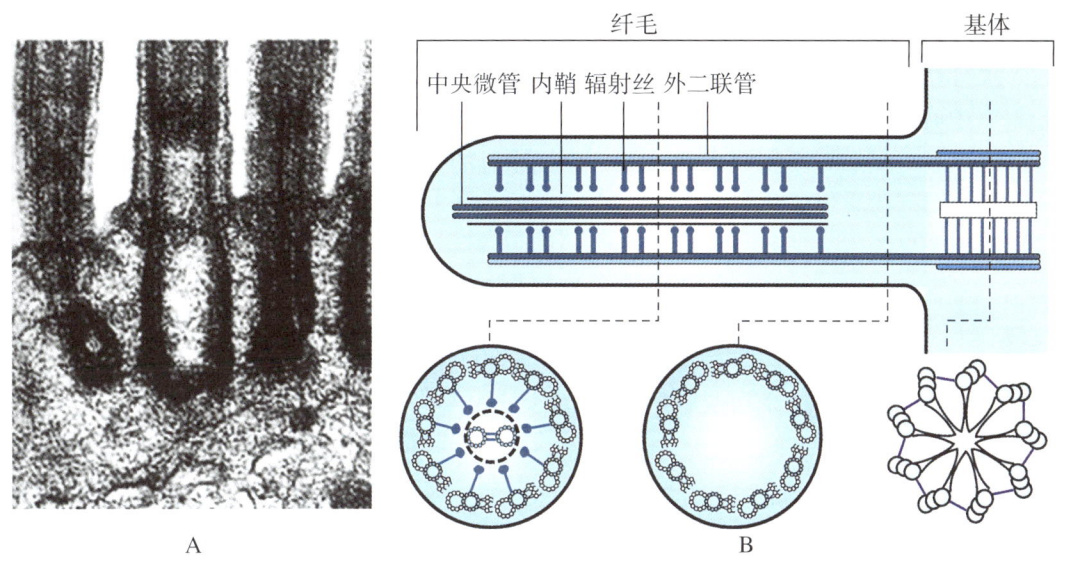

图 9-12　纤毛和鞭毛的基体、轴丝结构电镜图（A）和示意图（B）

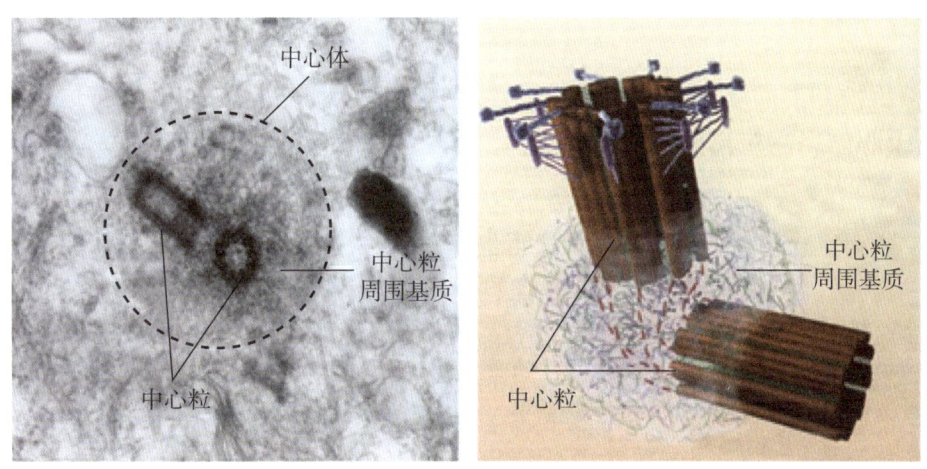

图 9-13　中心体及中心粒结构电镜图（A）和示意图（B）

（3）中心粒周围物质（pericentriolar material，PCM）：在中心粒的周围是一团透明的、不定形的物质，为中心粒周围物质，也称为中心体周围基质。PCM 含有中心体特异性蛋白质，是决定中心体的 MTOC 活性最关键的部分。PCM 主要由 γ 微管蛋白环状复合物（γ-TuRC）和很多含有 α 超螺旋结构的基质蛋白（如中心粒周围蛋白 pericentrin/kendrin、GMAP210、C-NAP1 等）组成，通过相分离与相变、蛋白磷酸化、蛋白相互作用以及蛋白稳定性等多种方式调控微管的体内成核化和组装过程。目前认为，γ-TuRC 是一个由 14 个 γ- 微管蛋白形成的开放式核环，可作为微管组装的起始平台，利于游离微管蛋白异二聚体的添加。由于 γ-TuRC 中的两个微管蛋白在微管形成中可能发生叠加，故常常仅观察到 13 个微管蛋白。随着微管蛋白异二聚体的不断添加或脱落，中心体微管的正极端呈现高度不稳定性，会不断地发生延长或缩短，延长的微管结合特定的微管结合蛋白，便可稳定并建立起有序的微管结构，参与特定的生物学功能。微管蛋白的乙酰化、去酪氨酸化、泛素化、棕榈酰化等多种因素参与调控中心体微管的稳定性与动态组装。

（4）中心体复制：中心体含有多种蛋白质，如中心粒蛋白（centrin）、γ- 微管蛋白、中心粒周围蛋白（pericentrin）等，其中 centrin 在中心粒的复制和分离等过程中发挥重要作用。γ- 微管蛋白是微管成核必需因子，并且它可能直接与 α- 和 β- 微管蛋白异二聚体相互作用，为新的中心粒组装提供起始核心。pericentrin 是 MTOC 活性的必需成分。

中心体在细胞周期中通过半保留复制，参与有丝分裂（图 9-14）。在 G1 期细胞，中心体内包含由上一次有丝分裂生成的子、母两个互相垂直的中心粒。在细胞周期进入 S 期时，相互垂直的子、母两个中心粒转成互相平行，成为两个母中心粒（M^{old}，M^{new}），每个母中心粒以 PCM 中的 centrin 为起点进行复制，新复制出的子中心粒与原有的母中心粒垂直，形成两对互相垂直的中心粒，分别与其周围物质形成两个中心体。

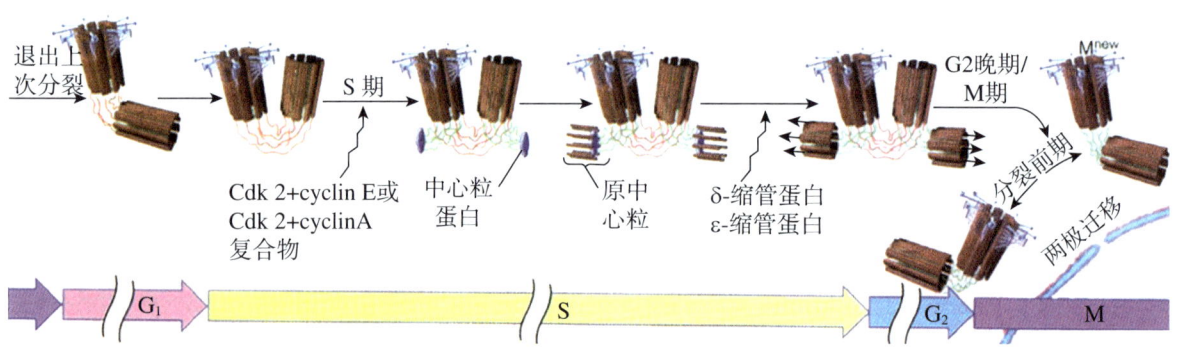

图 9-14　有丝分裂过程中心体复制过程模式图

框 9-2　中心体异常与肿瘤发生

中心体在细胞周期中发生复制和分离。在 DNA 复制时，中心体同时进行复制，复制后的中心体向细胞两极移动，形成纺锤体的两极。中心体发出微管，包括：动粒微管与染色体相连，极间微管连接两极，及星体微管与细胞膜相连。其中，纺锤体中的微管马达蛋白是驱动染色体分离的动力。当中心体的复制或分离发生异常时，在有丝分裂时直接引起染色体分离紊乱，导致非整倍染色体发生，这是肿瘤发生和进展的重要原因。在肿瘤细胞中，常常会发现中心体数目和功能异常。

五、微管的功能

（一）构成细胞内的支架，维持细胞形态和细胞内细胞器的分布和定位

微管虽然本身不能收缩，但具有一定的抗压和抗弯曲的强度，这种特性为细胞提供了机械支持力。例如当低温处理血小板时，维持血小板的圆盘形结构的环形微管消失，血小板的形状变成不规则的球形，恢复加热时，血小板的环形微管重新出现，血小板又恢复其圆盘形结构，可见环形微管对维持血小板的形状起重要作用。

另外，微管为细胞器在细胞质内的定位提供支撑和引导作用。如细胞核常位于细胞中央，细胞核膜与内质网膜相延续；高尔基复合体顺面朝向内质网，反面高尔基网络朝向细胞的分泌面；线粒体沿微管运送，在耗能多的部位分布密集。微管的极性与细胞器的有序分布密切相关。

（二）参与物质运输

微管参与物质运输是通过马达蛋白中的动力蛋白和驱动蛋白来完成的。动力蛋白和驱动蛋白分别以球状头部与微管结合，尾部结合所运输的物质，其中驱动蛋白通常沿微管由负极端向正极端移动，而动力蛋白则介导物质沿微管由正极端向负极端运输。二者共同参与细胞内蛋白质、mRNA、色素颗粒、线粒体、溶酶体、囊泡等多种物质的定向运输和运动（图9-15）。

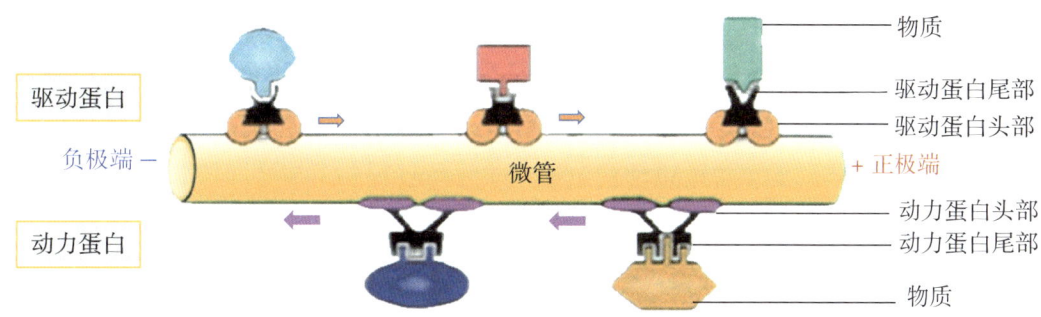

图 9-15　沿微管运输物质的马达蛋白

（三）参与细胞有丝分裂

微管参与有丝分裂主要表现在2个方面：首先，在有丝分裂前期，复制后的中心体分离形成细胞分裂的两极。其次，由中心体发出的微管成束排列形成纺锤体，纺锤体发出的微管，一部分与姐妹染色单体两侧的动粒连接，在有丝分裂后期牵引姊妹染色单体彼此分离并向两极移动。因此，微管蛋白形成的纺锤丝具有介导染色体运动的作用。

（四）参与细胞信号转导

研究表明，微管与MAPK、Hedgehog、JNK、Wnt、ERK及PKA蛋白激酶等多种信号转导通路相关。微管可依靠其独特的结构特点传递外界信号，通过自身长度、数量、分布、刚性、极性以及动态聚合与解聚等方面的改变参与细胞的极化、微管的方向性维持和不稳定动力学行为、微管组织中心的位置确定等多种生物学过程。

（五）参与鞭毛和纤毛的运动

通过参与细胞表面特化结构鞭毛和纤毛的形成，并通过动力蛋白调节精子的鞭毛和呼吸道上皮细胞的纤毛运动。

（六）微管的其他功能

微管还可与微丝一起参与细胞吞噬、细胞融合等过程。

第二节　微丝的结构与功能

微丝（microfilament，MF）是普遍存在于真核细胞中由肌动蛋白组成的纤维状细丝，又称肌动蛋白纤维（actin filament）。与微管相比，微丝更细、更短，但总长度远超微管，在细胞质中可与其他蛋白质结合形成束状、网状或分支状等多种形式，参与细胞形态维持以及细胞变形运动等功能。微丝同微管一样也是动态结构，处在不断地组装与去组装的过程中，在细胞迁移、分裂等运动中发挥作用。同时，微丝也可与其他蛋白质结合形成稳定结构，如在肌肉细胞中，微丝参与形成肌原纤维，完成收缩与舒张运动。组成微丝的单体肌动蛋白在细胞中数量庞大，在肌细胞中，肌动蛋白占细胞蛋白总量的10%；在其他非肌细胞中，肌动蛋白也占蛋白总量的1%～5%。

一、微丝的概念、结构和组成成分

（一）微丝的基本概念

微丝又称为肌动蛋白丝，是由肌动蛋白通过头尾相接组装形成的双股螺旋状纤维，并可在微丝结合蛋白的辅助下进一步形成分支状、束状和网状结构，参与形成微绒毛等细胞表面特化结构，与肌球蛋白共同构成应力纤维、细胞皮质、胞质分裂缢缩环和伪足等重要结构的支撑与变形运动基础，在细胞形态维持、细胞迁移、肌肉收缩、胞质分裂等过程中发挥重要作用，同时参与物质运输。

（二）微丝的结构和组成成分

图 9-16　肌动蛋白的存在形式
A．肌动蛋白单体；B．纤维状肌动蛋白

微丝呈双股螺旋状纤维结构，在电镜下观察微丝直径为 5～8 nm。组成微丝的基本成分是肌动蛋白（actin），微丝的形成有赖于肌动蛋白的有序组装。

肌动蛋白是组成微丝的基本结构，是由一条多肽链构成的具有极性的保守蛋白。肌动蛋白存在单体和多聚体两种形式，其中单体肌动蛋白呈球形或哑铃状，称为球状肌动蛋白（globular actin，G-actin）；多聚体肌动蛋白呈纤维状，称为纤维状肌动蛋白（fibrous actin，F-actin）。肌动蛋白分为 α、β、γ 三种亚型。不同亚型的肌动蛋白氨基酸顺序差异不大，但功能各异。α-肌动蛋白主要存在于肌肉组织中，参与肌肉收缩；β-肌动蛋白和 γ-肌动蛋白在各种细胞内广泛表达，稳定性较高，主要参与微丝的构成。肌动蛋白单体具有 ATP 的结合位点，常通过头尾相接形成纤维状结构（图 9-16）。

二、微丝的相关蛋白

（一）微丝结合蛋白

细胞内的微丝与多种结合蛋白形成复杂的三维网络结构，有些高度稳定，如小肠上皮细胞的微绒毛中的微丝束。有些是暂时性的结构，如胞质分裂缢缩环。目前已从各种细胞内分离到100多种不同的微丝结合蛋白，根据作用方式不同可分为以下几种类型。

（1）肌动蛋白单体结合蛋白：常与游离态球状肌动蛋白结合，使 G-肌动蛋白不能顺利参与微丝的组装，抑制微丝的聚合。

（2）微丝末端加帽蛋白：附在停止组装的微丝末端的蛋白复合物，形似加帽，从而阻止微丝末端的 ATP 水解引起不稳定的解聚。

（3）微丝切割蛋白：在细胞吞噬及迁移过程中，靠近细胞膜下方区域的微丝需要快速地解聚，在高浓度 Ca^{2+} 的辅助下，微丝切割蛋白可将微丝切为小片段。

（4）微丝交联-成束蛋白：包括成束蛋白、丝束蛋白、绒毛蛋白等，可将相邻的微丝交联成束状或连接成网状，还可介导微丝与质膜的连接。

（5）成核蛋白：当细胞收到外部组装信号时，与微丝成核相关的蛋白复合物 Arp2/3 活化，启动微丝成核作用。

（6）侧面结合蛋白：结合于微丝侧面，稳定微丝并调节微丝与肌球蛋白的相互作用。

（7）衔接子蛋白：包括 Wiskott-Aldrich 综合征蛋白（Wiskott-Aldrich syndrome protein，WASP）和血管舒张剂刺激磷蛋白（vasodilator stimulated phosphoprotein，VASP）等，可以调节质膜区微丝的聚合过程。

（二）微丝马达蛋白

微丝马达蛋白为肌球蛋白（myosin），肌球蛋白通过与肌动蛋白纤维结合，调节微丝的功能。肌球蛋白与微丝结合后将化学能转变成机械能，引起肌肉与应力纤维收缩、细胞内物质定向运动及细胞迁移等生命活动。

1. 肌球蛋白的类型和结构　肌球蛋白根据其重链编码基因的同源性命名，人类共有 40 个基因，编码产物包括 1 组常规肌球蛋白（即肌球蛋白Ⅱ）和 11 组非常规肌球蛋白（分为Ⅰ、Ⅲ、Ⅴ等型）。肌球蛋白Ⅱ又分为肌肉肌球蛋白Ⅱ（muscle myosin Ⅱ，MⅡ）和非肌肉肌球蛋白Ⅱ（non-muscle myosin Ⅱ，NMⅡ）两类，后者表达于所有细胞。人类有 3 个非肌肉肌球蛋白Ⅱ基因，分别编码 NMⅡA、NMⅡB、NMⅡC 三种蛋白。

肌球蛋白Ⅱ由 2 条重链和 4 条轻链组成，重链有头部、颈部和尾部结构，每条重链的颈部被 2 条轻链缠绕；2 条重链的尾部互相缠绕，形成带有两个头部的完整肌球蛋白Ⅱ分子。两个或多个肌球蛋白Ⅱ的尾部还可以彼此相互连接（图 9-17）。肌球蛋白Ⅱ的头部含有肌动蛋白结合位点和 ATP 酶活性，与微丝侧面结合后水解 ATP 并向微丝正极端移动，引起微丝滑动或以热的形式释放能量。

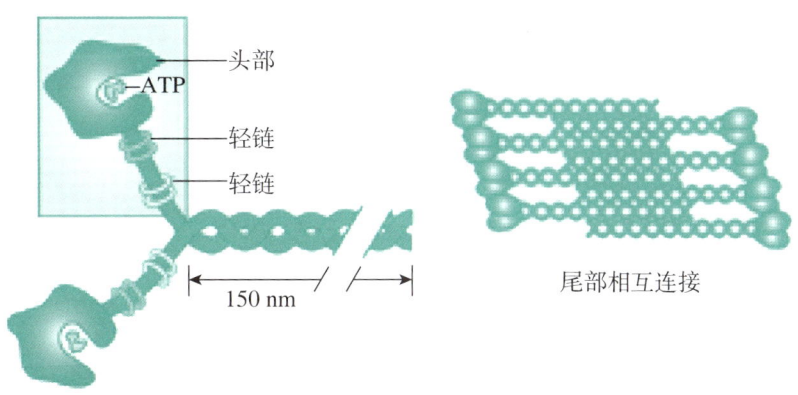

图 9-17　肌球蛋白的结构示意图

2. 肌球蛋白Ⅱ与肌动蛋白的结合　以应力纤维为例，肌球蛋白Ⅱ的尾部相互连接，其头部与微丝的侧面结合。肌球蛋白Ⅱ的轻链被肌球蛋白轻链激酶（myosin light-chain kinase，MLK）磷酸化后，使其重链颈部产生构象改变并水解 ATP，在应力纤维的微丝束上产生张力（图 9-18）。

生长因子对应力纤维的调节

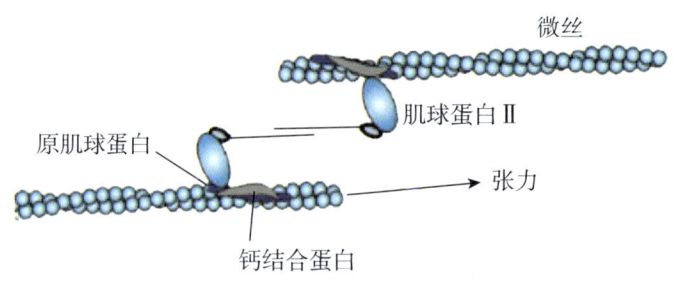

图 9-18　肌球蛋白Ⅱ在应力纤维中与肌动蛋白的结合

3. 肌球蛋白Ⅰ参与微丝及细胞膜的连接　肌球蛋白Ⅰ为单头分子，其头部与微丝纤维的侧面结合，尾部与细胞膜相连，起到连接微丝与细胞膜的作用（图 9-19）。

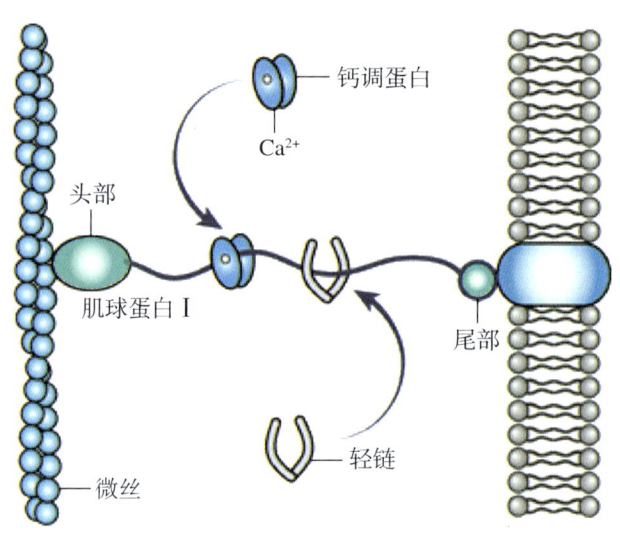

图 9-19　肌球蛋白Ⅰ参与微丝与细胞膜的连接

4. 肌球蛋白Ⅴα参与微丝上的物质运输　肌球蛋白Ⅴα为双头分子，其头部与微丝结合，尾部与运输的物质结合，在微丝上进行物质运输（图 9-20）。

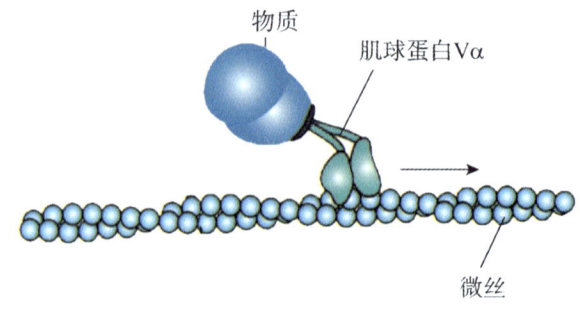

图 9-20　肌球蛋白Ⅴα与微丝和物质的结合

三、微丝的组装与调节

（一）微丝的体外组装与调节

微丝的组装是由 G- 肌动蛋白装配成 F- 肌动蛋白的过程。具有极性的 G- 肌动蛋白分子通过头尾相接而组装的双股螺旋状 F- 肌动蛋白纤维，同样具有极性。微丝的组装过程包括成核期（nucleation phase）、生长期（growth phase）和平衡期（equilibrium phase）。如图 9-21 所示：①成核期：由 3 或 4 个 G- 肌动蛋白缓慢聚合为寡聚体，形成稳定的核心结构，此为微丝组装的限速环节；②生长期：G- 肌动蛋白单体以不同的速度添加至核心结构两端，从而进入生长期，其中生长速度快的一端定义为正极（+）端，生长速度慢的一端定义为负极（-）端，生长期正极端的生长速度常为负极端的 10 倍；③平衡期：当 G- 肌动蛋白添加至微丝上的速度与从微丝上解离的速度相等时，微丝长度基本保持不变，即为平衡期。

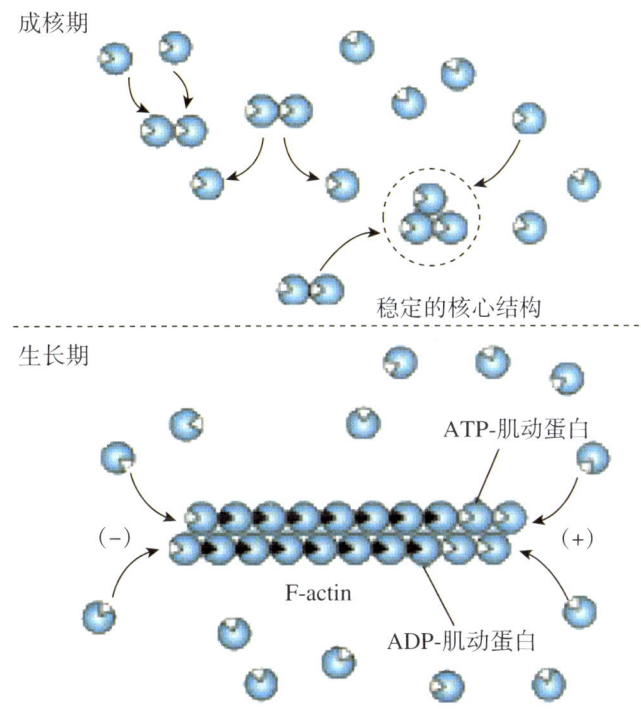

图 9-21　微丝在体外的组装过程

微丝的组装呈现高度动态不稳定性。ATP 是影响微丝组装动态不稳定性的重要因素。ATP 与 G- 肌动蛋白结合为 ATP-G- 肌动蛋白，增加 G- 肌动蛋白与微丝末端的亲和力，有利于微丝聚合；结合在微丝末端的 G- 肌动蛋白构象改变，又可水解 ATP 为 ADP+Pi，使 ATP-G- 肌动蛋白变为 ADP-G- 肌动蛋白，后者对纤维末端的亲和力降低，倾向于微丝解聚。解离的 ADP-G- 肌动蛋白又通过 ADP 被 ATP 置换，重新形成 ATP- 肌动蛋白。

微丝的体外组装也存在"踏车"（tread milling）现象。当 ATP-G- 肌动蛋白浓度较高时，会快速聚合于纤维两端，形成一连串 ATP-G- 肌动蛋白，称为"ATP 帽"（ATP cap）（图 9-22），ATP 帽可增强微丝的稳定性；随着微丝的延长，ATP-G- 肌动蛋白浓度降低，添加至微丝末端的速度下降，负极端 ATP 帽逐渐缩小，ATP-G- 肌动蛋白不断变为 ADP-G- 肌动蛋白，ADP-G- 肌动蛋白从 F- 肌动蛋白的负极端脱落；当达到某一临界浓度时，微丝正极端添加 ATP-G- 肌动蛋白的速度与负极端解离 ADP-G- 肌动蛋白的速度相等，微丝长度相对保持不变，即表现为微丝组装的"踏车"现象（图 9-23）。

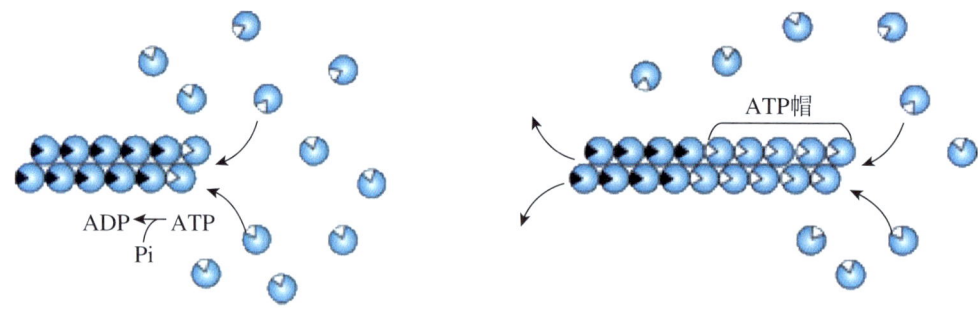

图 9-22　肌动蛋白纤维组装过程中形成的"ATP 帽"示意图

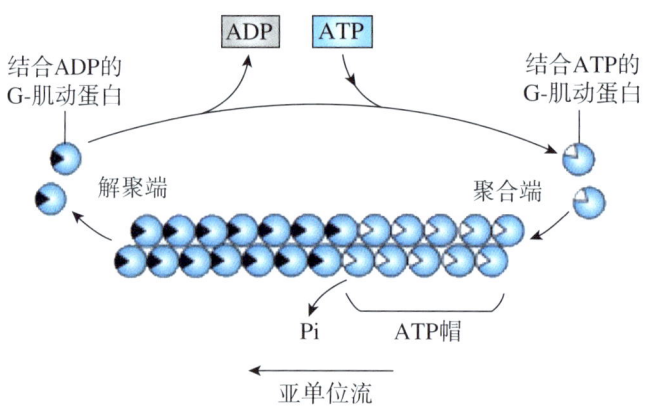

图 9-23　微丝组装过程的"踏车"现象

（二）微丝的体内组装与调节

微丝的体内组装非常复杂，受到多种微丝结合蛋白的调控。同微管一样，微丝在体内装配时也有成核作用，只是肌动蛋白纤维的成核作用发生在质膜下的一层由微丝和各种微丝结合蛋白组成的网状结构处，称为细胞皮层或细胞皮质。这种结构具有高度动态变化，微丝结合蛋白通过结合 G- 肌动蛋白或 F- 肌动蛋白调节微丝的动态聚合与解聚。

1. 各种微丝结合蛋白对微丝体内组装的调节（图 9-24）

（1）肌动蛋白单体结合蛋白与 G- 肌动蛋白结合影响微丝的聚合。例如，抑丝蛋白（profilin）与 G- 肌动蛋白的结合能力较强，由于 G- 肌动蛋白结合到微丝上需要头尾相接，而肌动蛋白单体结合蛋白结合了 G- 肌动蛋白，因此阻止 G- 肌动蛋白添加至微丝末端；而肌动蛋白解聚因子 / 切丝蛋白（actin depolymerizing factor，ADF/cofilin）几乎存在于所有的真核细胞中，通过与 ADP-G- 肌动蛋白的结合抑制核苷酸置换，促进 ADP-G- 肌动蛋白从微丝负极端解离。

（2）微丝末端加帽蛋白可以结合于微丝正极端或负极端，阻止 G- 肌动蛋白的添加与解离，调控微丝的组装过程。例如，凝溶胶蛋白（gelsolin）可结合于微丝末端，阻止 G- 肌动蛋白的添加或解离，调控微丝长度，并具有一定的微丝成核活性；在体内组装的微丝末端由于结合加帽蛋白而不会出现"踏车"现象。

（3）微丝切割蛋白在 Ca^{2+} 浓度合适时，可将微丝切成小的片段，切割微丝产生的游离 G- 肌动蛋白可被进一步降解，或者 3～4 个 G- 肌动蛋白重新聚集成核，产生新的微丝结构，故微丝切割蛋白同时具有切割微丝和促进微丝成核功能。例如，片段化蛋白 / 切割蛋白（fragmin/

severin）和肌动蛋白解聚因子/切丝蛋白（ADF/cofilin）可将微丝切割成小片段。凝溶胶蛋白（gelsolin）也可有效地切割微丝，并结合在切割产物的末端形成帽子结构，阻碍 ATP-G- 肌动蛋白的添加，并促进微丝成核。

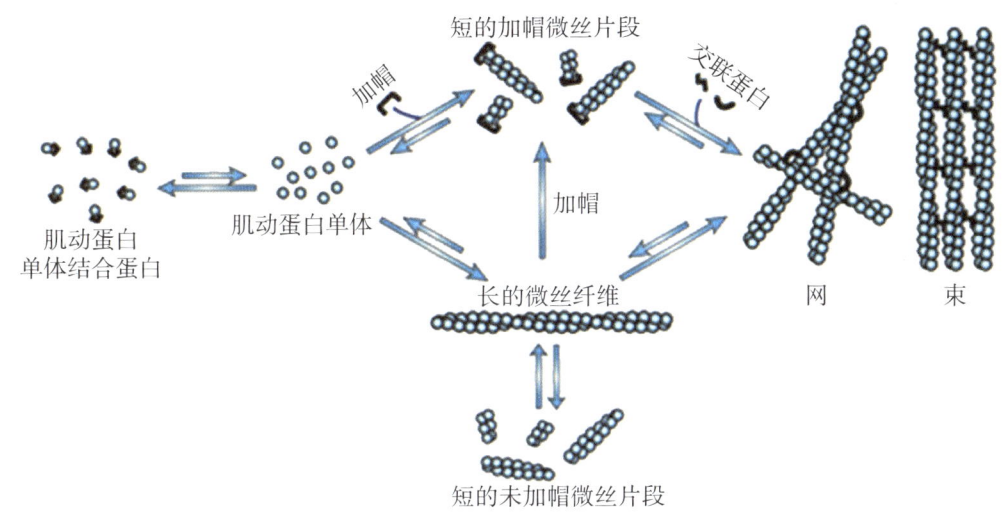

图 9-24 微丝结合蛋白模型图

（4）微丝交联-成束蛋白具有至少两个肌动蛋白结合位点，在微丝之间起到稳定、交联、成束的作用，介导微丝与质膜的连接。例如，绒毛蛋白（vilin）能够交联微丝，促进微丝成束，稳定微绒毛中的微丝；α 辅肌动蛋白（α-actinin）能够结合肌动蛋白，使微丝交联成束，并介导微丝与质膜的连接；踝蛋白（talin）、黏着斑纽蛋白（vinculin）和细丝蛋白（filamin）也可介导微丝与质膜的连接。

（5）侧面结合蛋白结合于微丝侧面，稳定微丝，并调节微丝与肌球蛋白的相互作用。例如，原肌球蛋白（tropomyosin）的两条平行多肽链形成 α 螺旋，排列于微丝的螺旋沟内，调节肌动蛋白与肌球蛋白间的相互作用。

（6）衔接子蛋白包括 Wiskott-Aldrich 综合征蛋白和血管舒张剂刺激磷蛋白等，可以调节质膜区微丝的聚合过程。

2. 影响微丝装配的因素 除 ATP 外，还有多种因素影响微丝的体外组装。例如，反应体系中加入不同浓度的 Mg^{2+}、Na^+、K^+ 等离子时，可以调控 G- 肌动蛋白与 F- 肌动蛋白间的转换，离子浓度较高时常可诱导 G- 肌动蛋白装配为 F- 肌动蛋白。

与体外装配不同的是，细胞内的微丝装配除了受 G- 肌动蛋白浓度、ATP、Ca^{2+}、Mg^{2+}、Na^+、K^+ 离子浓度等多种因素影响之外，众多微丝结合蛋白是微丝装配的主要调控因素。

另外，肌动蛋白结构也受某些药物的影响，主要有细胞松弛素 B（cytochalasin B）和鬼笔环肽（phalloidin），它们能与肌动蛋白特异性结合，从而影响肌动蛋白的聚合或解聚。细胞松弛素 B 是一种真菌的代谢产物，与微丝结合后可切断微丝，并结合在微丝末端阻止肌动蛋白的聚合，但对微丝的解聚没有明显的作用。用细胞松弛素 B 处理细胞可以破坏微丝的网络结构，阻止细胞的运动，包括细胞移动和细胞吞噬等活动；动物细胞分裂末期的胞质分裂依赖肌动蛋白形成的收缩环，细胞松弛素 B 使胞质分裂受阻，可形成双核细胞。细胞松弛素 B 对微管不起作用，也不抑制肌肉收缩，因肌纤维中的微丝结构稳定，不发生聚合与解聚的动态平衡。鬼笔环肽是一种由毒蕈（amanita phalloides）产生的双环杆肽，与微丝表面有强亲和力，但不与游离肌动蛋白单体结合，只结合聚合的微丝，对微丝的解聚有抑制作用，使微丝保持稳定状态。因此，用荧光标记的鬼笔环肽染色细胞，可清晰显示微丝在细胞中的分布。

血小板被激活后的微丝动态变化

四、微丝在细胞内的存在形式

微丝包括分布在细胞膜内侧的皮质层、应力纤维和小肠微绒毛的轴心，肌肉中的肌原纤维，精子顶端的刺突，迁移细胞的伪足，神经元的轴突生长锥和胞质分裂收缩环等结构中。其中，肌肉、微绒毛轴心等部位的微丝比较稳定，而其他部位的微丝多不稳定，并且随着细胞周期和生理功能需要等发生动态变化。以下介绍几种常见的微丝存在形式。

（一）微绒毛

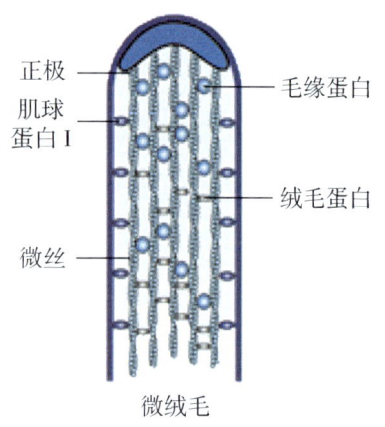

图 9-25 微绒毛结构示意图

微绒毛（microvillus）是存在于小肠上皮细胞表面的指状突起，有 20～50 根微丝沿着微绒毛长轴平行排列，上达微绒毛顶端，下至根部的终末网。多种微丝结合蛋白通过对微丝结构的调整，赋予微绒毛结构的刚性。例如，毛缘蛋白（fimbrin）和绒毛蛋白（vilin）将微丝连接成束；血影蛋白（spectrin）将相邻微丝束相连，并固定于终末网的中间纤维；肌球蛋白Ⅰ（myosin Ⅰ）和钙调蛋白（calmodulin）则将微丝束侧面与微绒毛膜相连接（图 9-25）。

（二）应力纤维

应力纤维（stress fiber）（图 9-26）是由微丝与肌球蛋白Ⅱ相互作用形成的具有收缩功能的束状结构，常与细胞长轴平行且贯穿细胞全长，有助于细胞与细胞、细胞与细胞外基质间的连接，在维持细胞形态、细胞迁移、细胞分化等过程中发挥重要作用。

（三）细胞皮质

细胞皮质（cell cortex）是质膜下由微丝网等成分形成的一种凝胶层，其中肌动蛋白纤维平行于质膜排列，通过某些点与膜互相结合（图 9-26）。这层纤维网络为细胞膜提供一定的强度和韧性，抵抗细胞内外压力，维持细胞形态，对细胞的空间体积起支撑作用。细胞的多种运动，如胞质环流、阿米巴运动、变皱膜运动及吞噬都与肌动蛋白的溶胶与凝胶状态及其互相转化有关。

（四）伪足与黏着斑

伪足（pseudopodium）（图 9-26）包括丝状伪足和片状伪足。细胞在移动时，微丝组装推动伪足向前伸出，并在伪足与细胞外基质接触的多个区域形成黏着斑（focal adhesion），应力纤维附着在黏着斑上，黏着斑的组装与去组装促进细胞移动。

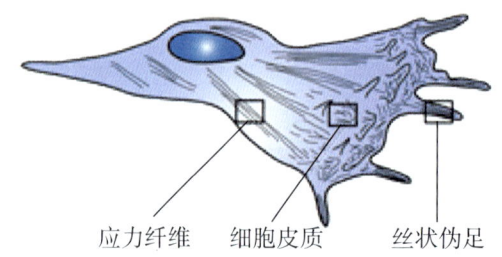

图 9-26 应力纤维、细胞皮质及细胞丝状伪足示意图

黏着斑通过质膜上的整联蛋白（integrin）与细胞外基质相连接，在质膜内侧黏着斑与微丝相连。黏着斑中连接微丝与质膜的蛋白主要包括：α-辅肌动蛋白、黏着斑纽蛋白（vinculin）、踝蛋白（talin）和桩蛋白（paxillin）等（图9-27）。其中黏着斑纽蛋白参与微丝与整合素的结合，并通过α辅肌动蛋白（α-actinin）与踝蛋白的中介，横向连接微丝成束。

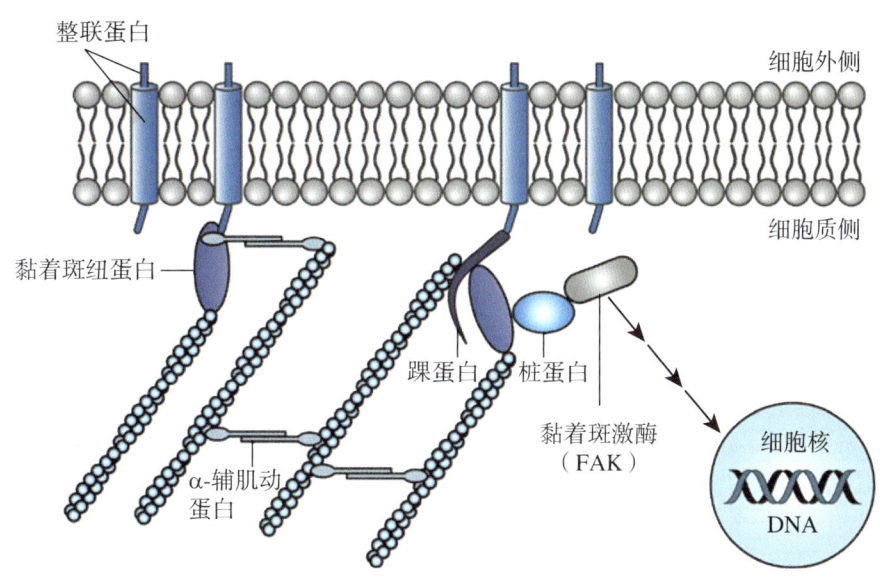

图 9-27　微丝与黏着斑

框 9-3　微丝参与整合素介导的信号转导

踝蛋白（talin）和黏着斑纽蛋白（vinculin）是黏着斑的重要组成成分，也是微丝的重要调节因子，talin和vinculin一方面与细胞膜上的整合素胞内区结合，另一方面与微丝骨架结合。当talin发生伸展时，与vinculin结合，使黏着斑结构稳定，并增强与微丝的结合。来自于黏着斑的张力激活黏着斑激酶（focal adhesion kinase，FAK），介导其下游的信号通路，促进细胞迁移，并引起基因转录发生改变，促进细胞存活与增殖。游离的FAK在细胞质中处于无活性状态，只有当与黏着斑复合体结合时才会被激活。

（五）胞质分裂环

有丝分裂末期，两个即将分开的子细胞之间产生一个收缩环，即胞质分裂环（cytokinesis ring）（图9-28）。随着收缩环的收缩，两个子细胞分离。胞质分裂后，收缩环立即消失，在很短的时间内，微丝迅速装配与去装配以完成胞质分裂功能。收缩环由大量平行排列的微丝组成，由分裂末期胞质中的肌动蛋白装配而成。收缩环是非肌肉细胞中具有收缩功能的微丝束的典型代表，其收缩机制通过肌动蛋白和肌球蛋白的相对滑动完成。

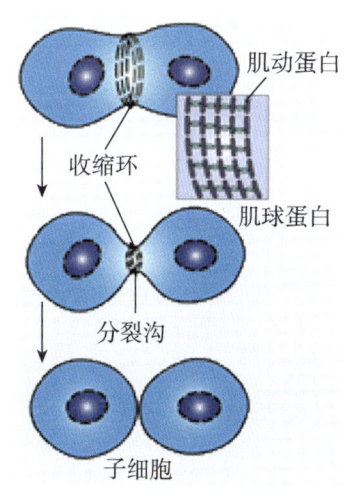

图 9-28　胞质分裂环（收缩环）形成示意图

五、微丝的功能

（一）维持细胞形态和特化结构

细胞中的微丝多呈束状或网状分布，表现出较强的张力，参与维持细胞形态。分布在细胞膜下方，微丝与微丝结合蛋白形成的细胞皮质（细胞皮层）为细胞膜提供了强度和韧性，维持细胞形态。微丝参与形成的小肠上皮细胞的特化结构微绒毛，有助于小肠对于营养物质的吸收。此外，微丝还可形成相对稳定的结构——应力纤维，参与细胞形态改变，在胚胎发育、器官形成等过程中发挥作用。

（二）参与细胞运动

细胞皮质还具有动态性，如细胞在接收到外部迁移信号后不断向前伸出伪足，运动前缘细胞膜下方微丝重新组装，使细胞表面形成丝状伪足、片状伪足突起，推动细胞前行。细胞爬行过程大致包括：①细胞前端质膜下方微丝成核、延长，促使细胞前端突出形成伪足；②在多种微丝相关蛋白的辅助下，伪足与基质黏着，形成新黏着斑；③微丝动态组装，主体向前移动，并在肌球蛋白Ⅱ的牵引下，细胞后部收缩前移，细胞伸出的伪足形态不一，有的呈丝状，有的呈片状。这一过程较为复杂，机制尚不十分清楚，涉及肌动蛋白解聚、胞质溶胶向前流动、后面的黏着斑解聚和细胞尾部收缩等过程，使细胞向前移动，可能与 Rho 蛋白等相关的细胞信号转导通路相关。

（三）参与胞质分裂

在真核细胞有丝分裂末期，大量方向不同的微丝平行排列于即将分离的子细胞中间，形成收缩环（contractile ring）。胞质分裂即靠微丝组成的收缩环来完成，在肌球蛋白Ⅱ的参与下，不同极性的微丝之间产生相对滑行，通过肌动蛋白与肌球蛋白分子的相互作用产生收缩动力，在细胞质中央形成分裂沟，最终使细胞一分为二（图 9-29）。

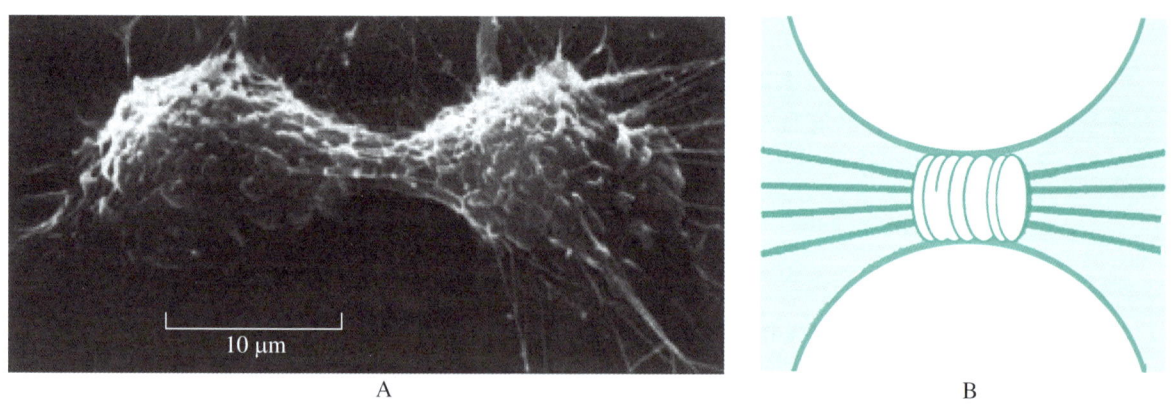

图 9-29　细胞胞质分裂中的收缩环结构电镜图（A）和模式图（B）

（四）参与物质运输

肌球蛋白（myosin）在细胞皮质等富含微丝的部位，作为马达蛋白的家族成员，以微丝作为轨道参与物质运输，介导物质沿微丝向其正极端的运输，与微管上的物质运输相互协调，有助于细胞内物质在不同区域的有效运输，但长距离转运物质是以微管运输为主。肌球蛋白在细胞内介导物质运输时，肌球蛋白头部结构域与微丝结合，在 ATP 参与下将运输小泡沿微丝的负极端向正极端移动。

(五)参与肌肉收缩

肌细胞内的肌原纤维是由一连串相同的收缩单位即肌小节组成的。肌肉收缩作为微丝在肌肉细胞中的一种重要功能体现,有赖于以肌动蛋白为主要成分的细肌丝与以肌球蛋白Ⅱ为主要成分的粗肌丝之间的相互滑动。每个肌球蛋白分子有 2 条重链和 4 条轻链分子,外形似豆芽状,分为头部和杆部,头部具有 ATP 酶活性。肌丝滑行的过程分为五个步骤:①结合:即粗肌丝(肌球蛋白)的横桥头部与细肌丝(肌动蛋白)结合,很快 ATP 就与肌球蛋白结合,致使这一过程非常短暂;②释放:结合 ATP 后,肌球蛋白头部构象改变,使肌球蛋白头部对细肌丝的亲和力下降,横桥与细肌丝分离;③直立:ATP 水解成 ADP 和 Pi,由于头部的 ATP 水解引发一个大的构象变化,头部呈直立改变,使头部沿肌动蛋白丝移动约 5 nm,产物 ADP 和 Pi 仍紧密结合在头部;④产力:肌球蛋白头部微弱地结合到细肌丝上的一个新的结合位点,释放出无机磷(Pi),使肌球蛋白头部与肌动蛋白紧密结合,并产生机械力,使肌球蛋白头部释放出 ADP,恢复原始构象;⑤再结合:在周期末,肌球蛋白头部又与肌动蛋白丝结合,开始下一循环周期,但此时肌球蛋白头部结合到肌动蛋白丝上新的结合位点,并朝向细肌丝正极端"行走"了一段距离,导致肌肉收缩(图 9-30)。

> 肌细胞的收缩可分5步

结合
↓
释放
↓
直立
↓
产力
↓
再结合

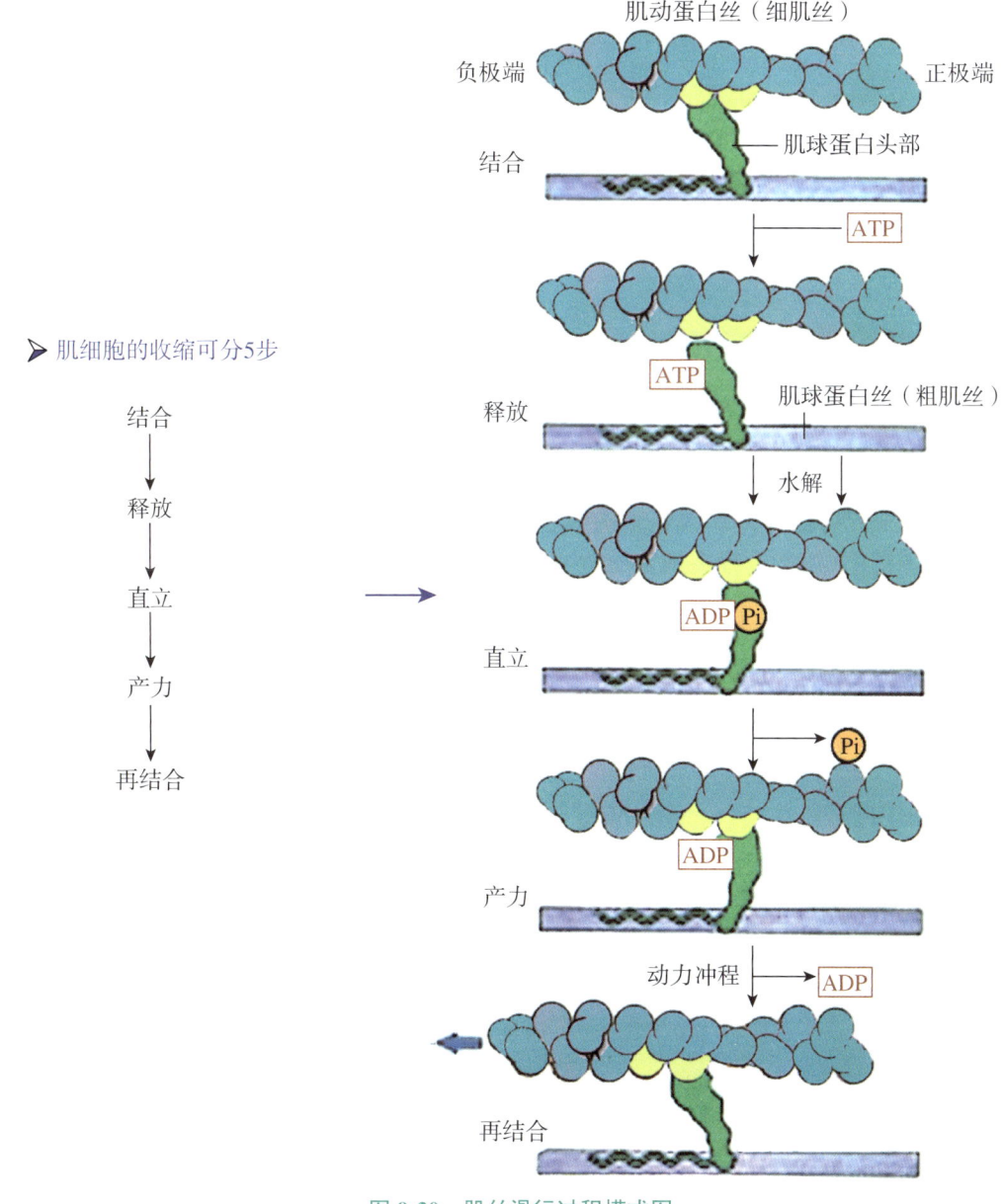

图 9-30 肌丝滑行过程模式图

（六）微丝的其他功能

1. 辅助受精、参与凝血、肿瘤转移等过程　受精过程中，位于精子顶突中的微丝束能够通过不断的组装延长，穿透透明带，辅助受精；黏着斑形成后，微丝参与黏着斑激酶（FAK）介导的信号转导；在血小板的凝血过程中，凝溶胶蛋白被激活，促进微丝增多、聚合、形成网状结构，并伸出棘突，参与凝血过程。此外，微丝还在肿瘤转移、血管新生、蛋白合成、细胞吞噬等多种生物学过程中发挥作用。

2. 参与细胞内信号传递　微丝主要参与 Rho 蛋白家族有关的信号转导。Rho 蛋白家族成员包括 Cdc42、Rac 和 Rho。激活 Cdc42 可触发细胞内肌动蛋白的聚合和成束，形成丝状伪足和微棘；活化 Rac 可启动肌动蛋白在细胞的外周聚合形成片状伪足和褶皱；激活 Rho 后既可启动肌动蛋白Ⅱ与肌球蛋白纤维成束形成应力纤维，又可促进细胞黏着斑的形成。

第三节　中间纤维的结构与功能

中间纤维（intermediate filament，IF）又称为中间丝、中等纤维。中间纤维直径约为 10 nm，最初是在平滑肌细胞内发现的绳索状结构，由于直径介于肌细胞的粗肌丝和细肌丝之间，故名中间丝。中间纤维广泛存在于多数真核细胞中，其结构稳定、坚韧，用高盐溶液或非离子去垢剂处理时，细胞中大部分骨架成分都被破坏，只有中间纤维保留下来。

一、中间纤维的概念、结构和组成成分

（一）中间纤维的基本概念

中间纤维是三类细胞骨架纤维中结构最复杂、最稳定、分布最广泛的一种，在细胞对抗外来机械张力中起作用。中间纤维在细胞质中通常是围绕细胞核组装，并延展到细胞边缘与质膜上的细胞连接如桥粒、半桥粒等相连，形成布满细胞质的网络。通过细胞连接，中间纤维将相邻细胞连成一体。中间纤维还与核纤层、核骨架共同构成贯穿于细胞核内外的网架体系，参与细胞构建、分化、信号转导等多种生命活动。

（二）中间纤维的结构和组成成分

中间纤维由中间纤维蛋白（intermediate filament protein）组成，该蛋白是由 N 端头部、杆状部和 C 端尾部三部分构成的长杆状蛋白。其头部为一个高度可变的非螺旋球形区域，可进一步分为同源区、可变区和末端区；杆状部包含 4 个高度保守的 α 螺旋区（coil 1A、1B、2A 和 2B），各区间被 3 个保守的间隔区（L1、L12 和 L2）隔开；杆状区是中间纤维蛋白单体分子聚合成中间纤维的结构基础，是各种中间纤维蛋白的保守区。中间纤维蛋白装配时靠 α 螺旋区配对形成二聚体。尾部为高度可变的非螺旋球形区域。具有高度可变性的头部和尾部赋予中间纤维蛋白的多样性（图 9-31）。

根据中间纤维蛋白的氨基酸顺序、基因结构、组装特点和组织特异性等特征，可将中间纤维分为 6 种主要类型（表 9-1）。其中角蛋白分两型，Ⅰ型酸性角蛋白（acidic keratin）和Ⅱ型中性/碱性角蛋白（neural/ basic keratin），都在上皮细胞表达。Ⅲ型中间纤维蛋白是包括多种类型蛋白的

非上皮细胞型蛋白，这些纤维蛋白在各自的细胞内形成同源多聚体，如波形蛋白（vimentin）在来自中胚层的细胞中表达；结蛋白（desmin）表达于成熟的肌内细胞，是一种肌肉细胞特有的中间纤维蛋白；外周蛋白（peripherin）在外周神经系统神经元中表达；胶质纤维酸性蛋白（glial fibrillary acidic protein）在中枢神经系统星形胶质细胞中表达。Ⅳ型中间纤维蛋白的代表是神经丝蛋白（neurofilament protein），主要分布在脊椎动物神经元轴突中。Ⅴ型中间纤维蛋白为核纤层蛋白（lamin），存在于几乎所有细胞的细胞核中，组成内核膜下的核纤层。Ⅵ型中间纤维为巢蛋白（nestin），主要分布于神经干细胞与前体细胞，通过促进干细胞增殖和抗凋亡作用，影响神经脊细胞的迁移模式和方向。中间纤维蛋白种类繁多，不同组织细胞表达不同类型的中间纤维蛋白，为各种细胞提供独特的骨架网络结构。中间纤维蛋白的这种特性通常被作为区别细胞类型的标识，用于细胞的组织来源鉴定，如判断转移性肿瘤的原发部位。

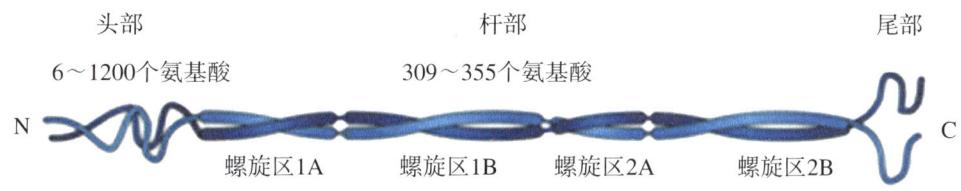

图 9-31　中间纤维蛋白基本结构示意图

表 9-1　中间纤维蛋白的分类、分布及功能

类型	名称	分布	功能
Ⅰ	酸性角蛋白（acidic keratin）	上皮细胞及衍生物	Ⅰ型与Ⅱ型 1∶1 混合形成异二聚体，再形成中间纤维，与桥粒和半桥粒相连，传递作用力，维持细胞形态结构，固定细胞核与细胞器，为体表形成坚韧遮盖物
Ⅱ	中性/碱性角蛋白（neural/basic keratin）		
Ⅲ	波形蛋白（vimentin）	间质和中胚层的起源细胞，干细胞与前体细胞，间质细胞	固定细胞核与细胞器、肌纤维，维持细胞特定形态结构，传递作用力
	结蛋白（desmin）	成熟肌肉细胞	
	外周蛋白（peripherin）	外周神经元	
	胶质纤维酸性蛋白（glial fibrillary acidic protein，GFAP）	神经胶质细胞	
	联丝蛋白（synemin）	肌细胞	
Ⅳ	神经丝蛋白-L/M/H（neurofilament protein-L/M/H）	神经元胞体、轴突、树突	控制轴突的直径以及电信号沿轴突的传导速度
Ⅴ	核纤层蛋白 A/B/C（nuclear lamin A/B/C）	各型细胞的核膜核纤层	核纤层的主要成分，参与构成细胞核骨架
Ⅵ	巢蛋白（nestin）	神经干细胞与前体细胞	促进干细胞增殖，抗凋亡，影响神经嵴细胞的迁移模式和方向

二、中间纤维结合蛋白

中间纤维性质比较稳定，与微管、微丝高度动态的结构不同，中间纤维不需要大量的结合蛋

白辅助其组装与去组装，但仍然存在一些能与中间纤维相结合，辅助其功能的蛋白质，被称为中间纤维结合蛋白（intermediate filament associated protein，IFAP）。其结构和功能与中间纤维密切相关，但它们本身不属于中间纤维结构成分，只作为中间纤维结构的调节者，介导中间纤维之间或中间纤维与质膜等其他细胞结构的交联并形成特定的网络结构，参与表观遗传和信号转导。目前已发现 15 种 IFAP，分别与特定的中间纤维结合。

（1）核纤层蛋白 B 受体（lamin B receptor）：位于各型细胞的内核膜上，具有交联核纤层蛋白与核膜的作用。

（2）斑素蛋白（plakin）：起到连接微丝和微管的作用。

（3）锚蛋白（ankyrin）：与波形蛋白和细胞膜连接。

（4）大疱性类天疱疮抗原 1（bullous pemphigoid antigen 1，BPAG1）：分布于复层上皮和神经元细胞，剪接异构体 BPAG1n 介导神经中间纤维与微丝的交联；BPAG1e 连接中间纤维与半桥粒。

（5）网蛋白（plectin）：与 MAP1、MAP2 及血影蛋白交联，使中间纤维蛋白彼此交联，并使质膜、微管和微丝相连。

（6）核膜蛋白（emerin）：分布于内核膜，起着稳定核膜、促进细胞分裂、染色质分离等过程。

（7）桥粒钙黏素家族：分布于桥粒，交联中间纤维与致密斑。

（8）丝聚蛋白（filaggrin）：分布于角质化上皮，交联角蛋白，辅助角蛋白纤维聚集于皮肤的角质层。

三、中间纤维的组装与调节

（一）中间纤维的体外组装与调节

中间纤维的体外组装不需要结合蛋白和核苷酸的辅助，也不依赖于蛋白浓度和反应温度。组装过程大致分为 4 步（图 9-32）：① 2 个中间纤维蛋白单体（monomer）通过 α 螺旋杆状区的相互缠绕，以平行对齐的方式形成超螺旋二聚体（dimer）；② 2 个超螺旋二聚体以反向平行形式组装成四聚体（tetramer），它是可稳定存在于溶液中的最小装配单元，两端对称，无极性；③ 由 8 个四聚体首尾相连聚集成长约 60 nm 的等长纤维段（unit-length filaments，ULF）；④ 数个 ULF 侧向相互作用，最终形成 1 根横截面为 32 聚体、长度不等、直径为 10 nm 的中间纤维。ULF 是中间纤维延长与拆卸的最短结构单位。组装成功的中间纤维呈绳索状，无极性。

（二）中间纤维的体内组装与调节

细胞内绝大部分中间纤维蛋白都组装成中间纤维，没有游离的单体，而是存在少量可溶性四聚体库，用于中间纤维的重新组构。与微丝和微管相比，中间纤维较稳定，但也会适应外界环境的变化而呈现组装与去组装的动态变化。中间纤维的组装与去组装过程受到中间纤维蛋白的磷酸化 / 去磷酸化、糖基化 / 去糖基化、乙酰化 / 去乙酰化等翻译后修饰的动态调控。目前认为磷酸化或乙酰化有助于中间纤维的去组装，而去磷酸化或去乙酰化可促进中间纤维的组装。例如，vimentin 的多个位点可在 PKA、CDK1、Rho、CamK Ⅱ 等激酶的作用下发生磷酸化修饰，从而促进中间纤维的解聚。中间纤维的体内组装还受到中间纤维结合蛋白的调节。

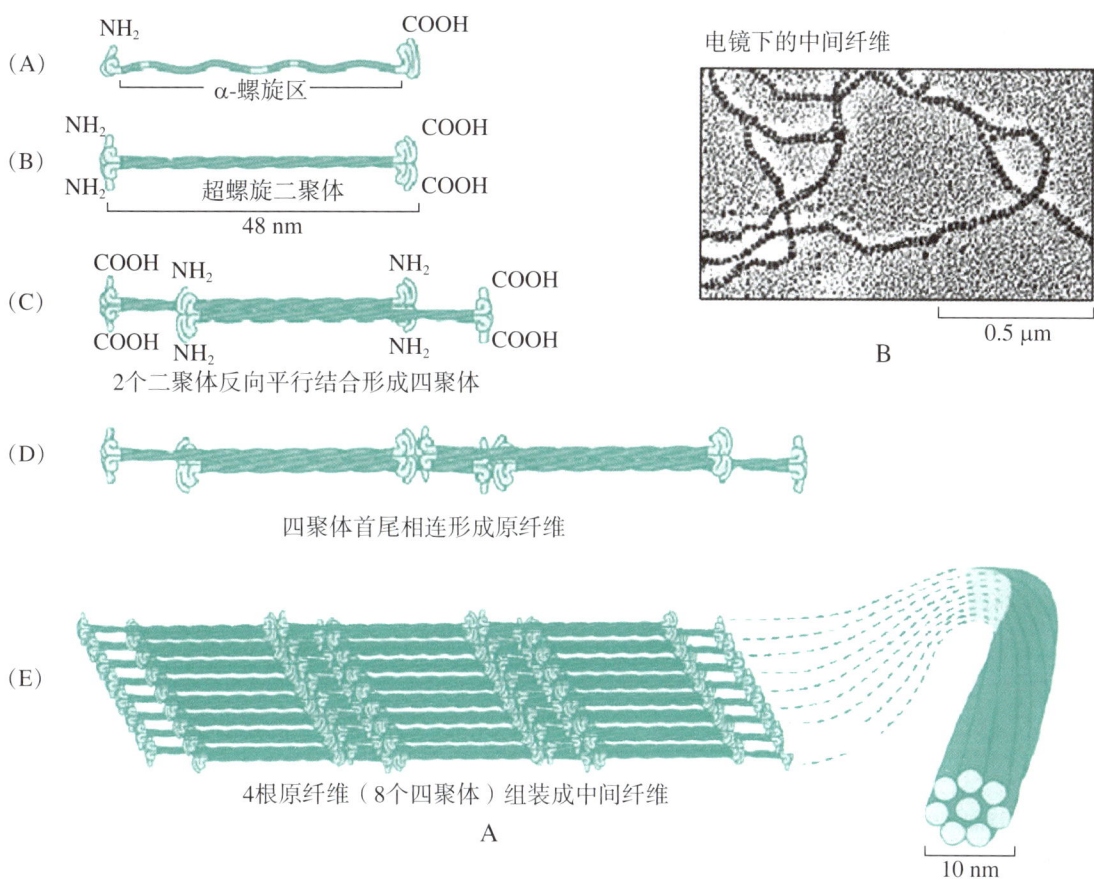

图 9-32 中间纤维的组装示意图（A）和电镜结构图（B）

四、中间纤维的功能

（一）中间纤维参与细胞抗挤压和拉伸

细胞内的中间纤维稳定性高，对高盐、秋水仙碱、细胞松弛素等处理均不敏感，具有很强的抗拉抻和抗剪切能力。这种特性使得细胞能够应对外界的压力和张力，防止过度挤压或拉伸造成损伤。

（二）中间纤维的支撑和稳定作用

中间纤维在细胞内广泛分布，向外通过细胞连接与质膜和细胞外基质相连接，向内与外核膜相连，并通过内核膜的核纤层与核基质相连接，稳定核的结构；中间纤维在胞质中与微管和微丝相互联系，构成细胞完整的支撑网架系统，并有助于维持内质网和高尔基复合体等细胞器的定位与细胞形态的完整性。在有丝分裂期，中间纤维还有助于纺锤体和姊妹染色单体的空间定向分布。

（三）中间纤维与细胞连接

中间纤维将细胞内的所有桥粒与半桥粒连成整体，加固细胞连接。上皮或表皮细胞内的中间纤维可从核膜延伸至桥粒或半桥粒的胞质斑处，从而参与细胞核的定位，并传递作用力，调控基因转录。桥粒广泛存在于皮肤、子宫、口腔、消化道等处的各种上皮细胞之间和心肌细胞闰盘中，作用力通过中间纤维传递到整片上皮或心肌组织，极大地增强了组织器官的韧性；半桥粒则存在于各种基膜处的上皮细胞，可增强细胞与基膜间的连接，消解剪切力和机械张力，防止上皮从下方组织剥离（图 9-33）。

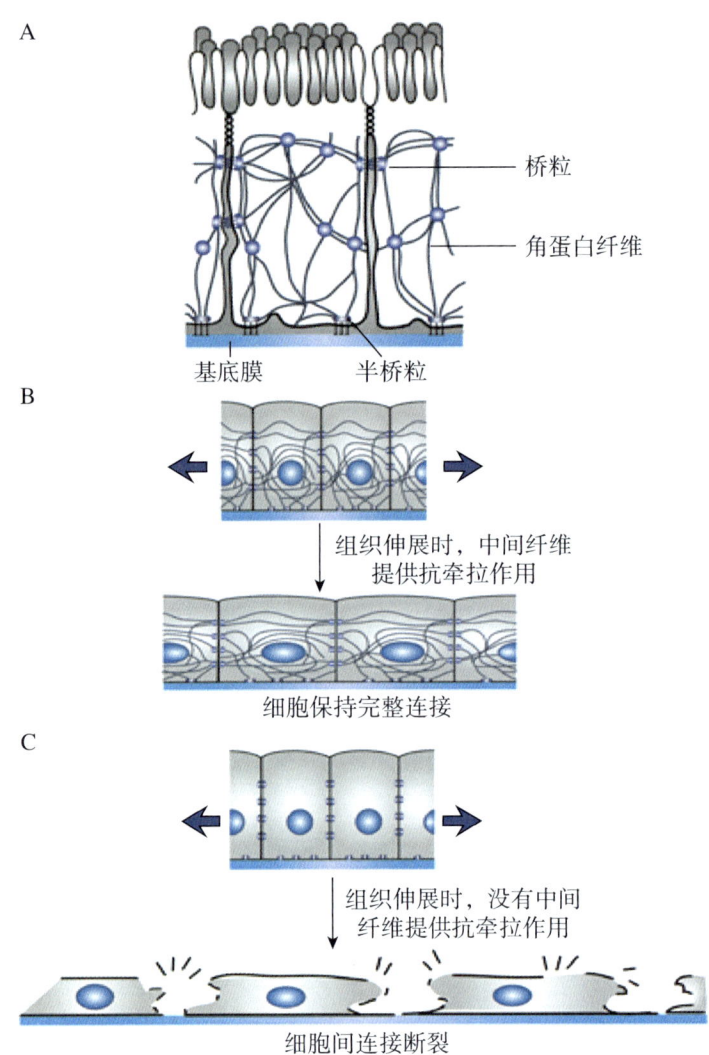

图 9-33　中间纤维在上皮组织抗牵拉中的作用示意图

（四）中间纤维与物质运输

Ⅳ类中间纤维蛋白神经丝（neurofilament，NF）是轴突骨架（axoskeleton）的主要成分，可参与调控轴突直径的大小。神经丝向周围伸出多个无规则状的侧臂，进而形成一种"多聚体刷子"结构，有助于维持轴突神经丝的纤维间距。另外，当侧臂上存在的多个 KSP（Lys-Ser-Pro）重复磷序发生磷酸化修饰时，纤维间距扩大，轴突直径增大，有利于轴突的物质运输和电信号传递。此外，在非神经元细胞中，中间纤维可通过与微管、微丝及其马达蛋白等的相互作用，参与 mRNA 等物质的胞内运输以及细胞器定位。

（五）中间纤维与细胞分化

中间纤维参与细胞的分化过程。在胚胎发育的不同阶段，细胞内表达不同类型的中间纤维蛋白。在神经胚发育过程中，细胞内的巢蛋白、波形蛋白和神经丝蛋白等依次表达。目前，部分中间纤维蛋白（如巢蛋白）已被用于干细胞类型的鉴定及分化研究。

（六）中间纤维在有丝分裂中的作用

在有丝分裂期，核纤层蛋白的磷酸化是核膜崩解的重要前提，如果该过程发生障碍，将导致已经复制的染色体不能分离。细胞质中的中间纤维在分裂期也发生磷酸化和部分解聚，导致分裂细胞变圆。

（七）中间纤维的其他功能

（1）胞质中的中间纤维通过与核纤层、核骨架、质膜及细胞外基质相互关联，参与细胞内外的信号转导、调控基因转录和 DNA 复制等过程。

（2）中间纤维与微丝相互协调，参与某些细胞表面的突起形成，如神经元生长锥的形成等。

（3）中间纤维与细胞凋亡相关。除巢蛋白没有 caspase 酶切位点、有抗凋亡作用以外，其余中间纤维蛋白均有 caspase 酶切位点，因此中间纤维裂解是凋亡的关键分子事件，并与凋亡小体形成有关。

（4）中间纤维与细胞应激相关。当细胞受到氧化、缺氧等外界应激时，部分中间纤维蛋白的表达上调或发生糖基化、去磷酸化等修饰，有助于提高细胞骨架网架系统对外界刺激的抵抗能力。

第四节　细胞骨架异常与疾病

一、细胞骨架与细胞运动

（一）微管与细胞运动

对于单细胞生物而言，纤毛或鞭毛是其主要的运动装置，可以推动细胞在液体介质中向一定方向运动，实现吞噬或对环境变化的应答。一些高等动物细胞也通过纤毛或鞭毛进行运动，如精子靠鞭毛摆动行进，呼吸道上皮细胞靠纤毛的规律摆动向气管外转运痰液，每根纤毛都以猛烈抽打的方式来运动，就像蝶泳姿势那样。鞭毛通常比纤毛长，少见抽打运动，靠沿长度方向螺旋摆动来推动细胞在液体中穿行，类似波浪线形的规律传播波。纤毛和鞭毛的运动是一种简单的弯曲运动，启动发生在其基部，这里的动力蛋白会先被活化。其机制可用微管滑动模型解释：①动力蛋白头部与相邻二联管的 B 管接触，引起与动力蛋白结合的 ATP 水解并释放 ADP 和磷酸，从而改变动力蛋白头部构象，导致其头部朝向相邻微管的正极滑动，相邻二联管之间产生弯曲力；②新的 ATP 结合，引起动力蛋白头部与相邻微管脱离接触；③新的 ATP 水解释放的能量使动力蛋白头部的角度复原；④带有水解产物的动力蛋白头部与相邻微管的另一个位点结合，重复下一个运动循环。在纤毛或鞭毛的运动过程中，其内侧的动力蛋白臂主要与轴丝弯曲波形的大小和形态有关，而外侧的动力蛋白臂与拍打的力量与频率有关。

（二）微丝与细胞运动

在非肌细胞中，微丝参与细胞的多种运动形式，如变形运动、胞质环流、胞吞和胞吐作用等。通常微丝可以两种不同的方式产生运动：一种是通过肌动蛋白和微丝结合蛋白之间的滑动机制,如微丝与肌球蛋白丝相互滑动;另一种是通过微丝束的快速聚合和解聚实现细胞变形和移动。许多动物细胞如单核细胞、成纤维细胞、巨噬细胞、癌细胞等,多采用变形运动方式进行位移,其过程可分为三步:①细胞通过肌动蛋白的聚合在其前端细胞表面伸出突起,即伪足。例如成纤维细胞在爬行过程中,其前端规律性地伸出片状伪足;发育中的神经细胞生长锥可在前缘或者表面其他区域伸出纤细而坚挺的丝状伪足,有的长达 50μm。两种伪足的形成和回缩速度都很快,属于试探性的可移动结构。肌动蛋白丝在细胞前缘的聚集由微丝结合蛋白介导,有助于肌动蛋白在质膜下成核组装。②伪足通过黏着斑附着在爬行基质的表面,质膜上的整联蛋白与胞外基质中的分子或相邻细胞表面的分子结合,并在爬行细胞膜的内表面仅仅抓住肌动蛋白丝,帮助伪足细胞爬行的同时为其提供内部锚着点。③细胞其余部分通过锚着点上的牵引力将自己往前拉。

二、细胞骨架与疾病

(一)细胞骨架与呼吸系统疾病

上呼吸道表面覆盖有纤毛上皮细胞,每个细胞顶部有上百根纤毛通过摆动清理进入呼吸道的尘埃、异物、痰液和病原体。纤毛是以微管为主体的特化结构,单根纤毛在动力蛋白臂、放射辐条和连接蛋白等的共同作用下,发生弯曲运动;胞质的连续性有助于多根纤毛发生协同性弯曲运动,表现为波浪式的纤毛摆动。当纤毛微管二联管 A 管动力蛋白臂的 ATP 酶活性功能缺陷或丧失时,引起微管 AB 管间的相对滑动发生障碍;而连接蛋白表达异常时将无法实现纤毛的弯曲运动;在黏膜炎症等病理状态下,当纤毛的协同运动发生障碍时,导致呼吸道黏液纤毛清理功能异常,呼吸道异物排出障碍,导致慢性气管炎、肺炎以及哮喘等多种呼吸系统疾病的发生和发展。原发性纤毛失动综合征(primary ciliary dyskinesia syndrome)是由参与纤毛运动的多种基因突变引起的一组综合征的统称,表现为纤毛、鞭毛运动障碍。例如,Kartagener 综合征患者主要是由于微管动力蛋白臂缺陷,导致纤毛运动异常,表现为反复出现呼吸道感染,常见鼻窦炎、支气管炎、内脏转位三联征。

(二)细胞骨架与神经系统疾病

神经元的细胞骨架成分丰富,物质的轴突运输对神经元的生长发育和功能具有重要的调节作用。正常情况下,神经元轴突中驱动蛋白负责将胞体生成的神经激素、酶、囊泡、功能调节物、活性离子等物质顺向运输至突触端,以神经递质等形式释放;而动力蛋白则负责将突触端摄入的物质逆向运输至胞体,从而实现细胞内的物质循环。当神经元细胞骨架蛋白的表达或修饰状态发生异常时,正常的骨架结构遭到破坏,物质轴突运输受到影响,导致多种神经系统疾病发生。如 Huntingtin 蛋白磷酸化可启动由驱动蛋白介导的顺向轴突运输;而 Huntingtin 蛋白去磷酸化时,驱动蛋白从微管和囊泡表面脱落,启动由动力蛋白介导的逆向轴突运输。若 Huntingtin 蛋白发生突变,则导致神经元内的囊泡转运发生紊乱,胞体和轴突之间的物质循环遭到破坏,引发亨廷顿舞蹈病。动力蛋白激活蛋白的突变与肌萎缩性脊髓侧索硬化的发病相关。动力蛋白重链的错义点突变也会使轴突内囊泡的逆向转运受损,导致小鼠运动神经元的退化。阿尔茨海默病患者神经元中的骨架系统紊乱,tau 蛋白和神经丝蛋白异常磷酸化,形成特征性的神经纤维缠结。目前 tau 蛋白已成为阿尔茨海默病等神经系统退行性病变的临床诊疗靶点。从细胞骨架角度研究生长锥的形成、神经元的发育和分化等过程,有助于进一步探索神经退行性变、脊髓损伤修复、神经系统发育异常等相关疾病的发病机制。

(三) 中间纤维与遗传性疾病

中间纤维蛋白和中间纤维结合蛋白的表达异常与多种遗传性疾病的发生相关。角蛋白和网蛋白参与桥粒和半桥粒的形成，在稳定上皮细胞结构中发挥关键作用。当角蛋白或网蛋白发生不同位点的基因突变或表达缺失时，桥粒和半桥粒结构异常，上皮细胞中完整的支撑网架系统遭到破坏，抵抗外界机械损伤的能力下降，导致不同程度的遗传性皮肤疾病的发生。例如，角蛋白 $K5$、$K14$ 的突变可导致上皮基底细胞结构异常，出现水疱症状，与人类单纯性大疱性表皮松解症密切相关；$K10$ 的显性突变可引起皮肤过度角化，与先天性大疱性鱼鳞样红皮病相关；$K17$ 的突变可引起先天性甲肥厚 II 型和多发性脂囊瘤；$K18$ 的突变与慢性肝炎、隐源性肝硬化相关。核纤层蛋白 A 的基因突变或 Emerin 蛋白的表达异常与 X 连锁隐性遗传病 Emery-Dreifuss 型肌营养不良症的发生相关。此外，监测孕妇羊水中胶质原纤维酸性蛋白、神经丝蛋白的存在，有助于对胎儿中枢神经系统发育畸形的早期筛查。

(四) 细胞骨架与肿瘤

与正常细胞相比，肿瘤细胞增殖频繁，细胞周期失控，多数肿瘤细胞中的骨架系统遭到破坏。如肿瘤细胞中微管数量减少，分布异常，微管稳定性下降，不能聚集成束等；有些肿瘤细胞微丝数量减少，长度变短，分布混乱，出现肌动蛋白凝聚小体。此外，乳腺癌、肺癌和卵巢癌等肿瘤细胞中的中心体常发生数目增多或消失、错位、中心粒短柱状结构紊乱、中心粒周围基质过量等异常变化，多种中心体蛋白呈现高表达或异常磷酸化。中心体异常在肿瘤发生中的作用机制一直是肿瘤研究的热点。

中间纤维具有高度的组织分布特异性。在不同类型细胞或同一类型细胞的不同部位，中间纤维类型有可能不同。大多数肿瘤细胞，即使已发生转移也会保留起源组织的中间纤维蛋白表达类型。因此，可以通过对中间纤维类型的鉴定来判断肿瘤细胞的性质、组织来源以及转移情况。例如，神经胶质瘤以胶质原纤维酸性蛋白为特征；肌肉肉瘤则以结蛋白为特征。目前已建立人类主要肿瘤类群的中间纤维目录，也已获取多种具有高度特异性的中间纤维的单克隆抗体，这些有助于肿瘤的临床诊断和分类鉴别。

对于细胞骨架的结构、功能、协调性及其与细胞凋亡、应激、衰老及自噬等相关性的研究，将有助于人们从细胞骨架角度更加深入地探究相关临床疾病的发生机制。

三、细胞骨架与药物应用

(一) 作用在微丝上的药物

多种特异性药物可通过不同机制影响微丝的动态组装过程，利用这些药物有助于人们研究微丝的功能。例如，从伞形毒菌中分离出来的鬼笔环肽结合到 F-肌动蛋白亚单位界面之间并且封闭相邻的亚单位，可起到稳定微丝的作用。可利用异硫氰酸荧光素或罗丹明等荧光物质标记的鬼笔环肽与固定和透膜处理后的细胞孵育，在荧光显微镜下观察细胞内的微丝。细胞松弛素可以通过封闭 F-肌动蛋白的正极端而使肌动蛋白纤维解聚。鹅膏蕈碱（amanitine）结合于 G-肌动蛋白，阻止 G-肌动蛋白聚合到纤维末端上而抑制微丝组装。这些药物作用于活细胞，会导致肌动蛋白细胞骨架消失，细胞运动和细胞动力学受到抑制。

（二）作用在微管上的药物

有几种植物碱和合成的化学物质通过与微管蛋白二聚体结合发挥治疗肿瘤的作用。其中长春新碱可促进微管解聚，而紫杉醇可结合到 β- 微管蛋白上，增强微管的稳定性。由于长春新碱和紫杉醇能够干扰分裂中期纺锤体的形成而阻止细胞分裂，均可用于治疗恶性肿瘤。多种百合科植物含秋水仙碱，后者可抑制微管组装，抑制纺锤体功能，导致食物中毒，但也可作为抗肿瘤化疗药物，有效抑制肿瘤生长，并可以用于将培养细胞同步化到 M 期。秋水仙碱还可用于治疗痛风症状。合成化合物诺考达唑通过结合游离的微管蛋白二聚体，降低微管蛋白二聚体结合到微管末端的亲和力，进而抑制微管聚合，可将细胞周期阻断于 M 期，多用于诱导细胞同步化。

小 结

细胞骨架是维持真核细胞生命活动的基本结构，通常所说的细胞骨架是指细胞质骨架，主要由微丝、微管、中间纤维构成。细胞骨架的主要功能是维持细胞形态；参与有丝分裂的主要过程，包括核膜崩解、纺锤体形成、染色体分离以及胞质分裂；参与物质运输和细胞运动；介导信号转导等。因此细胞骨架的功能紊乱往往可导致疾病的发生，通过干扰细胞骨架的动态变化进而阻断细胞分裂是目前治疗肿瘤的重要策略之一。

参考答案

整合思考题

1. 在细胞内的物质运输中，微管和微丝是如何相互协调完成物质运输的？
2. 中间纤维中的核纤层在有丝分裂中如何发挥作用？
3. 细胞骨架功能紊乱与哪些疾病相关？
4. 哪些抗肿瘤药物是作用于细胞骨架的？
5. 利用内质网的特异性抗体标记细胞内的内质网，在荧光显微镜下显示，间期细胞胞质中内质网分布较均匀有序，而有丝分裂期的细胞中这种有序分布消失。

请回答：(1) 推测细胞不同周期阶段的内质网分布变化与细胞内什么结构有关？如何实验证明？
(2) 细胞的这种组织方式有什么生理意义？

（杜晓娟　杨翠兰）

第十章 细胞核

导学目标

通过本章内容的学习，学生应能够：

※ 基本目标
1. 复述细胞核的基本结构与形态特征。
2. 概括核被膜的结构特征及功能。
3. 描述核孔复合体的基本结构，总结物质通过核孔复合体双向转运的特点和过程。
4. 解释染色质的化学组成，说明染色质组装的过程；区分染色质的两种类型。
5. 描述核仁的结构并理解各组分与核仁功能的关系。
6. 陈述核纤层的基本组成，分别理解核纤层、核基质的结构和功能。

※ 发展目标
1. 举例说明细胞核的重要结构分子改变所导致的疾病，并理解其发生的分子机制。
2. 核定位序列对于亲核蛋白入核至关重要，设计一个实验以证实核定位序列的功能。

案 例

儿科病房里，医生正接待一位特殊患者——小明，7岁的男孩。他和其他孩子有些不同：皮肤粗糙，头发稀疏、灰白，身材也比同龄孩子矮小。经过一系列的检查和诊断，小明被确诊患有Hutchinson-Gilford早老综合征（Hutchinson-Gilford progeria syndrome，HGPS）。医生告诉小明父母：HGPS属罕见遗传病，在世界范围内，平均每400万～800万个新生儿中仅有1人患有此疾。患者在出生时基本上是正常的，但随后会发生进行性衰老样退行性病变，衰老加速，如不幸，在十几岁时就会死于通常与极端衰老（extreme ageing）有关的症状，包括动脉粥样硬化和心力衰竭等。小明父母听后感到十分震惊和沮丧，问医生应该怎么办。医生解释道：HGPS的病因尚不明确，但研究表明可能与基因突变有关。目前没有根治的方法，小明需要接受对症治疗来缓解症状，并尽可能延长他的寿命。面对这个结果，父母犹遭晴天霹雳，然而他们并没有放弃。他们积极配合医生的治疗和建议，同时，也通过社交媒体和其他渠道寻找更多的信息和支持。

案例解析

问题：
1. HGPS的遗传学基础是什么？
2. HGPS的基因缺陷如何影响细胞的功能？

第一节 概 述

细胞核的进化意义

细胞核（nucleus）的出现是生物进化历程中一次质的飞跃，也是真核细胞结构完善的主要标志。除哺乳动物的成熟红细胞和高等植物韧皮部成熟的筛管等极少数例外，所有真核细胞都含有细胞核。

一般而言，细胞核是真核细胞中最大、最重要的细胞器。细胞核通过核膜将细胞质物质和细胞核物质分别界定在相对独立的环境中。遗传物质被包裹在细胞核内，一方面保证了细胞遗传的稳定性；另一方面使遗传物质的转录和翻译过程在不同的时空中进行，形成了功能的区域化。而且，细胞核可以通过调节核膜内外的物质运输和信息交流，实现对细胞功能的调控。这些遗传物质事件的高效且井然有序的整合，确保了真核细胞能更精准地调控细胞的代谢、生长、增殖、分化等生命活动。因此，细胞核是细胞生命活动的指挥控制中心。通常，真核细胞一旦失去细胞核，便会导致死亡。

细胞核大小与形态是细胞的重要特征。细胞核的大小约为细胞总体积的10%，高等动物细胞核的直径通常在 5～10 μm。因为细胞核与细胞质的体积存在一定比例，故常用核质比（nuclear-cytoplasmic ratio）来表示细胞核的相对大小，即：核质比 = $V_n/(V_c - V_n)$（V_c 为细胞体积，V_n 为细胞核体积）。细胞的核质比是一个重要的细胞形态学指标，核质比小表示核相对较小，核质比大则表示核相对较大。核质比往往因生物种类、细胞类型、发育阶段、功能状态不同而有所差异：发育早期的胚胎干细胞和低分化的肿瘤细胞的核质比较大；分化成熟与衰老的细胞的核质比则较小。而对于某一特定细胞而言，核质比通常较恒定，其数值的改变可作为细胞病变的指标。

绝大多数真核生物细胞只有一个细胞核，但也有双核细胞，例如肝细胞和软骨细胞等。另外还存在多核细胞，细胞核数目有时达百余个，如破骨细胞。细胞核通常位于细胞的中央。有些细胞，如在含有分泌颗粒的腺细胞中，核的位置多偏于细胞的一侧，而脂肪细胞，由于脂滴较多，核常被挤至边缘。

细胞核的形状常随细胞的类型、形态和生理状态的不同而有差别，一般为圆形或椭圆形；肌细胞核呈杆状，并随着肌细胞伸长与收缩，细胞核的形态也呈现伸缩改变；嗜酸性粒细胞的核多数为两叶形，中性粒细胞的核多数为多叶形。一些异常的细胞，如肿瘤细胞中，其核也不规则，称为畸形核或异形核。

细胞核的大小和形态伴随细胞的生长、增殖过程呈现周期性的变化。在细胞分裂期，核膜裂解，无明显的核形态；只有在间期的细胞中，才能看到完整、典型的细胞核，称之为间期核。间期细胞核的基本结构包括：由双层膜构成的核被膜、双层膜间的核周间隙、穿过双层核膜的核孔、紧靠内核膜的核纤层、染色质、核仁和核基质（亦称核骨架）（图10-1）。

第十章 细 胞 核

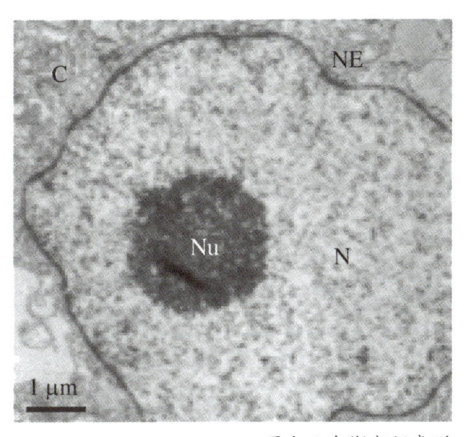
A．HEK293T细胞核电镜图

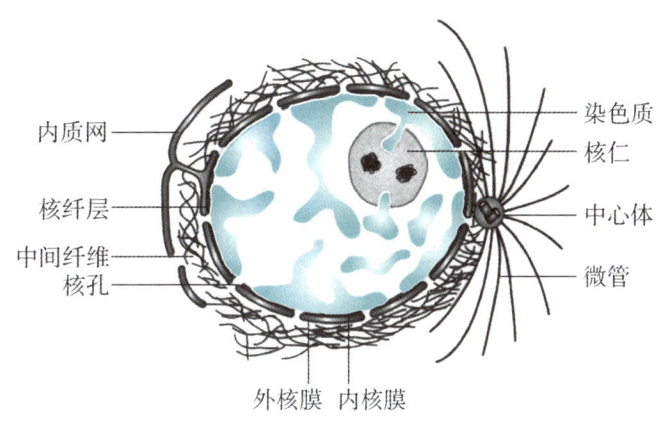
B．细胞核基本结构示意图

图 10-1　细胞核截面图
图 A 中，C．细胞质；N．细胞核；NE．核被膜；Nu．核仁

第二节　核　　膜

核膜（nuclear membrane）又称核被膜（nuclear envelope），为真核细胞内膜系统的一部分，位于细胞核的最外层，是细胞核与细胞质之间的界膜。核膜厚约 7.5 nm，在普通光学显微镜下难以分辨，在相差显微镜下，由于细胞核与细胞质的折光率不同，可以看出核膜的界限。只有在电子显微镜下才能看清核膜的细微结构，主要包括外核膜、内核膜、核周间隙及核孔复合体等结构（图 10-2）。广义的核膜还包括位于内核膜下方的核纤层，但核纤层与核基质共同构成了细胞核的网架结构体系，本章将对核纤层与核基质进行专门阐述。

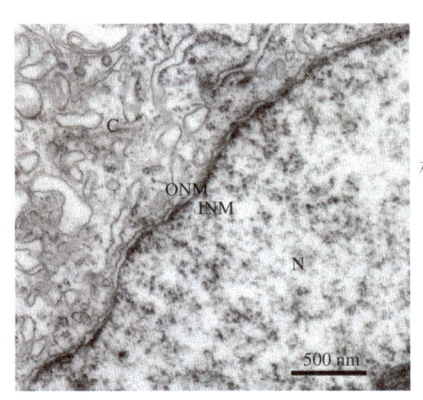
A．HEK293T细胞核膜电镜图

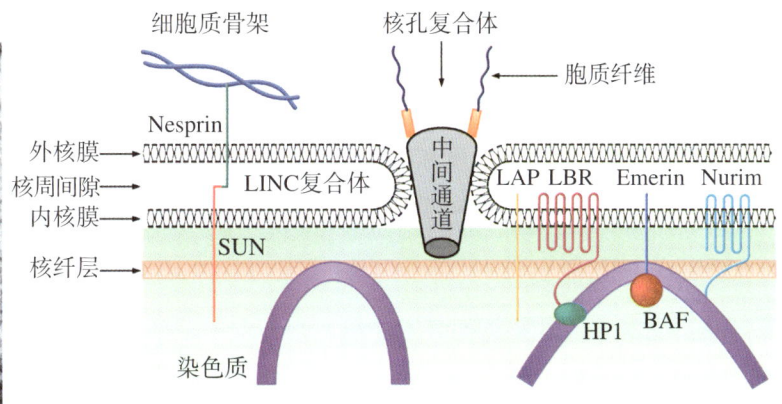
B．细胞核膜结构示意图

图 10-2　核膜截面图
图 A 中，C．细胞质；N．细胞核；ONM．外核膜；INM．内核膜

211

一、核膜的组成与结构

核膜由内、外两层平行的单位膜组成，主要化学成分是蛋白质和脂类。核膜某些组分与内质网极为相似，但各自在含量上有所差异。这些结构成分的相似性和差异性，说明核膜与内质网关系密切，但作为内膜系统的不同部分，又具有各自的结构特点。

（一）外核膜

外核膜（outer nuclear membrane）是面向胞质的一层膜，在形态和生化特性上与粗面内质网膜十分相近，并与粗面内质网相连续，外核膜胞质面也有核糖体附着。基于这种结构上的联系，外核膜可以被看作粗面内质网的一个特化区域。有人推论，外核膜上的蛋白质绝大多数与粗面内质网膜上的相同。但研究证明，外核膜上也存在不同于内质网膜上的特定蛋白质，它们大多是血影重复蛋白（spectrin repeat protein）中的成员，如 Nesprins 等，这些蛋白的 C 端都具有 KASH 结构域。另外，外核膜胞质面可见中间纤维、微管构成的细胞骨架网络，这些结构的存在与细胞核的形态维持和在细胞内的定位有关。

（二）内核膜

内核膜（inner nuclear membrane）与外核膜平行排列，面向核质，其表面光滑，无核糖体附着，核质面附着一层结构致密的纤维蛋白网络并对核膜起支撑作用的核纤层（nuclear lamina）。内核膜上有 70 余种内在蛋白和非跨膜的结合蛋白，主要包括核纤层蛋白 B 受体（lamin B receptor, LBR）、LAP（lamin associated polypeptide）、Emerin、SUN 等，它们可以与核纤层蛋白结合，也可以直接结合染色质。其中位于内核膜的 SUN 结构域蛋白含有 SUN 结构域，SUN 结构域蛋白在内核膜上形成三聚体，在两个相邻的 SUN 结构域之间形成 KASH 结构域的结合区域，以使外核膜蛋白（如血影重复蛋白）的 KASH 结构域的 C 端与 SUN 结构域在核周间隙中结合。这种由外核膜 KASH 结构域蛋白与内核膜 SUN 结构域蛋白相互作用构成的内外核膜之间的结构联系，被称为 LINC（linker of nucleoskeleton and cytoskeleton）复合体。LINC 复合体可将细胞核骨架与细胞质骨架相联系，在核定位、核迁移以及在传导机械力的过程中发挥关键性作用。

（三）核周间隙

在外核膜和内核膜之间存在着宽 20～40 nm 的腔隙，称为核周间隙（perinuclear cisterna, or perinuclear space），其宽度常随细胞种类、细胞功能状态的不同而改变。核周间隙与粗面内质网腔相通，内含有多种蛋白质和酶类。因内、外核膜在生化性质及功能上呈现较大的差异，所以，核周间隙成为内、外核膜之间的缓冲区。

（四）核孔复合体

内、外核膜互相平行但并不连续，常常在一定部位融合形成环状开口，直径为 80～120 nm，称为核孔（nuclear pore）。目前，所有已知的真核细胞，其间期核膜上普遍存在核孔。核孔的数目与结构随细胞种类和生理或病理状态的改变具有动态变化和高度可塑性。分化程度较低、代谢旺盛的细胞，核孔数目多；高度分化、代谢不活跃的细胞，核孔数目少。一个典型的哺乳动物细胞核膜上有 3000～4000 个核孔，相当于 10～20 个/μm^2。另外，核孔在核膜上可平均分布、成簇分布或者平行排列。

核孔是细胞核与细胞质之间的直接通道，不与核周间隙相通。然而，核孔并非一个简单的孔洞，而是由多种蛋白质以特定方式排列形成的复合结构，称为核孔复合体（nuclear pore complex,

NPC)（图10-3A）。核孔复合体所在区域的核膜区，通常被称为孔膜区（pore membrane domain）。迄今对核孔复合体的结构描述提出了不同的学说，其中捕鱼笼式（fish-trap）核孔复合体模型（图10-3B）具有一定的代表性。该模型认为核孔复合体的基本结构包括以下部分：①胞质环（cytoplasmic ring）：位于核孔胞质面一侧的整个边缘，从环上向胞质伸出8条呈对称分布的短纤维。②核质环（nucleoplasmic ring）：位于核孔核质面一侧的整个边缘，从环上向核质伸出8条呈对称分布的长纤维，并在纤维的末端形成一个直径为60 nm的小环；核质环与小环通过长纤维相连，构成"捕鱼笼"状结构，即核篮（nuclear basket）。③辐（spoke）：是围绕核孔内壁的结构，呈八重辐射对称分布，将胞质环、核质环和中央栓连接成一个整体，其中的一些跨膜成分为NPC固定到核膜上所必需，还有一些结构插入到核膜间隙中。辐的结构较复杂，包括连有胞质环和核质环、起支撑作用的柱状亚单位、起锚定核孔复合体作用的腔内亚单位、由颗粒状结构环绕形成的环状亚单位3个结构域。④中央栓（central plug）：位于核孔复合体的中心，是呈颗粒状或棒状的蛋白质，又称中央颗粒，富含苯丙氨酸-甘氨酸（phe-gly-rich，FG）的核孔蛋白，在核质交换中发挥一定的作用。目前关于中央栓结构是否只是正在转运的物质还是核孔复合体的固有组分还存在争议。从上述捕鱼笼式结构模型来看，核孔复合体相对于垂直于核膜通过核孔中心的轴呈辐射状的八重对称，而相对于平行于核膜的平面则是不对称的结构，这与核膜两侧功能的不对称性是一致的。

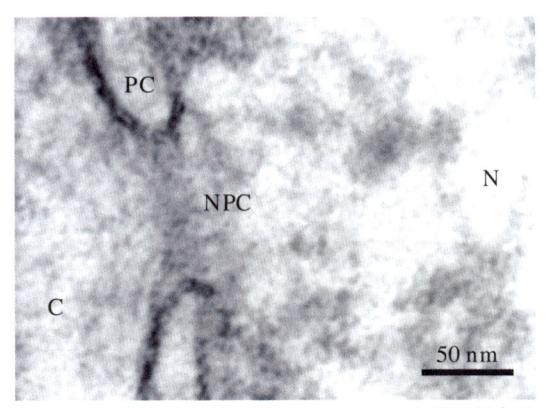

图由王自彬老师惠赠

A. HEK293T细胞核孔复合体电镜图

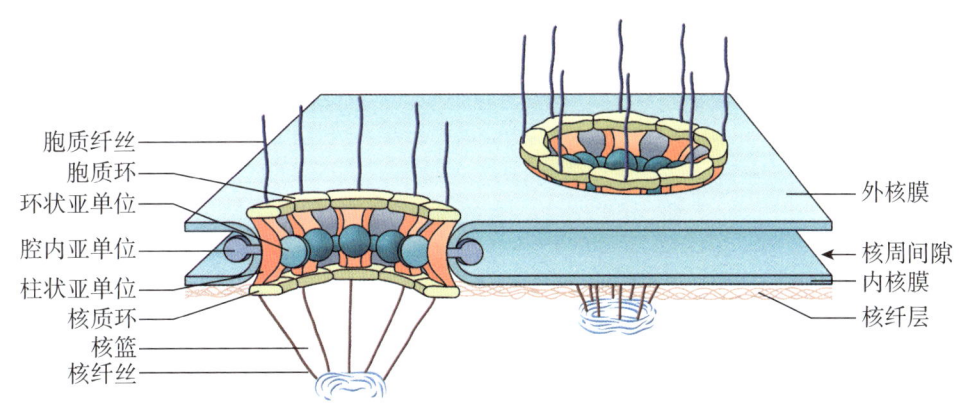

B. 核孔复合体结构模式图

图10-3 核孔复合体图

图A中，C. 细胞质；N. 细胞核；NPC. 核孔复合体；PC. 核周间隙

核孔蛋白及核孔复合体的装配

小测试10-1：何为LINC复合体？

二、核膜的功能

核膜作为细胞核与细胞质之间的界膜,将细胞分成核与质两大结构区,实现了功能的区域化;然而,核膜并不是完全封闭的,核膜通过调节核膜内外物质的运输,实现对细胞功能的调控。

(一)核质功能区域化的隔离屏障

在真核细胞中,核膜将细胞核物质与细胞质物质限定在各自特定的区域,一方面,为遗传物质建立了稳定的活动环境,细胞核为遗传物质的贮存、复制和转录的中心,而蛋白质的合成则主要在细胞质中进行;另一方面,由于真核生物的基因结构复杂,RNA转录后需要经过复杂的加工,所以核膜的出现保证了RNA转录后先进行加工、修饰,成熟后才能转运至细胞质中,以指导和参与蛋白质的合成。因此,遗传物质的转录和翻译具有严格的区域性与阶段性,遗传信息借此被完整、准确地传递并得以高效地表达,其调控更为精确,有助于细胞适应外界环境的变化。

(二)通过核孔复合体的物质运输

真核细胞的正常生命活动需要核质和胞质之间的物质运输,而核质之间主要通过核孔复合体进行频繁的物质交换。核孔复合体可以看作一种特殊的具有双功能性、双向性跨膜运输复合体:双功能性表现在它有被动扩散和主动运输两种运输方式;双向性表现在它既介导核输入又介导核输出。核孔复合体作为被动扩散的亲水通道,其有效直径为 9~10 nm,有的可达 12.5 nm。实验表明,水分子和某些离子,以及一些小分子物质,如单糖、双糖、氨基酸、核苷和核苷酸等,可以被动运输,穿梭于核质之间。但对于绝大多数大分子物质的核质交换,则主要是通过核孔复合体的主动运输完成的,并且此过程具有高度的选择性和双向性,主要表现在以下3个方面:①对运输颗粒大小的限制。主动运输的功能直径比被动运输大,为 10~20 nm,甚至可达 26 nm,表明核孔复合体的有效直径大小是可调节的;②核孔复合体的主动运输是一个信号识别与载体介导的过程,需消耗ATP能量;③核孔复合体既能把复制、转录所需的各种酶及多种核蛋白经其运进细胞核,同时又能把细胞核内成熟的RNA及核糖体亚基经其运送至细胞质。有些蛋白质或RNA分子甚至可两次或多次穿越核孔复合体,如核糖体蛋白、snRNA。

1. 亲核蛋白的核输入 亲核蛋白(karyophilic protein)是指在细胞质中游离核糖体上合成后,需要或能够经核孔复合体转入细胞核发挥作用的一类蛋白质。大多数亲核蛋白通常在一个细胞周期中一次性被转运到细胞核内,并且一直停留在核内行使功能,常见的有核纤层蛋白、组蛋白等;也有一些亲核蛋白需要穿梭于核质之间进行功能活动,如核输入蛋白(importin)。

研究发现,许多亲核蛋白质具有一段特殊的氨基酸序列,可以介导蛋白质通过核孔进入细胞核内。这段可使在胞质合成的蛋白质定向进入细胞核的序列被命名为核定位序列(nuclear localization sequence,NLS)。经典NLS为 4~8 个带正电荷的氨基酸,如 Lys、Arg。第一个被确定的NLS是猴肾病毒SV40的T抗原(分子量为92 kD),这个NLS由7个连续的氨基酸残基构成,即PKKKRKV;NLS也可以分成两段存在于亲核蛋白的氨基酸序列中,两段各含 2~4 个带正电荷的氨基酸,中间间隔10个左右其他氨基酸残基,如 <u>KRPAATKKAGQAKKKK</u>(下划线为核心序列)。还有一些亲核蛋白含有非经典NLS(non-classical NLS),为富含Pro-Tyr的序列(PY-NLS),如核糖体蛋白、CREB、人免疫缺陷病毒(HIV)的Rev和Tat蛋白、人T细胞白血病病毒1(HTLV-1)蛋白、Cyclin B1、Smad3、TRF和SRY蛋白等。不同的NLS之间尚未发现共有的特征序列,与指导蛋白质跨膜运输的信号肽不同,NLS序列可存在于亲核蛋白的不同部位,并且在指导亲核蛋白完成核输入后并不被切除。这个特点有利于细胞分裂完成后,亲核蛋白在子细胞中能够重新输入细胞核。

核定位信号的发现与进一步证实

然而，NLS 只是蛋白质核输入的必要条件。亲核蛋白的入核转运还需要一些细胞质蛋白因子的协助。目前比较明确的因子有 importin-α、importin-β、Ran（一种 GTP 结合蛋白）和 NTF2（nuclear transport factor 2）等。在它们的共同参与下，亲核蛋白的入核转运可分为 6 个步骤（图 10-4）：①在细胞质中，importin-α 识别带有 NLS 的亲核蛋白形成二聚体后，再与 importin-β 形成亲核蛋白/importin-α/β 转运复合物；②在 importin-β 的介导下，转运复合物与核孔复合体的胞质纤维结合；③importin-β 又能与核孔复合体的核孔蛋白相结合，使得转运复合物能够通过核孔复合体，从胞质面转移到核质面；④在核质面，RanGTP 与 importin-β 结合，并促进亲核蛋白/importin-α/β 复合物解离，亲核蛋白释放，从而实现入核转运；⑤核内的 importin-β RanGTP 一起通过核孔复合体运回胞质面，在胞质中 RanGTP 水解为 RanGDP，释放 importin-β，Ran-GDP 返回核内，再转换成 Ran-GTP 状态；⑥importin-α 的 C 端具有出核受体蛋白 CAS（cellular apoptosis susceptibility gene）的结合结构域，因此，核内的 importin-α 与 RanGTP 和 CAS 结合，形成 importin-α/RanGTP/CAS 出核复合物，该复合物中的 CAS 与核孔复合体相互作用，穿过核孔复合体回到胞质，在胞质中，RanGTP 水解为 RanGDP，释放出的 importin-α 进入下一个循环。另外，一些具有 PY-NLS 核定位信号的蛋白，如 Hn RNP 和 ribosomal protein S2 等，它们仅依赖 importin-β 的蛋白质入核转运，即直接被 importin-β 或其同系物所识别，然后进入细胞核。

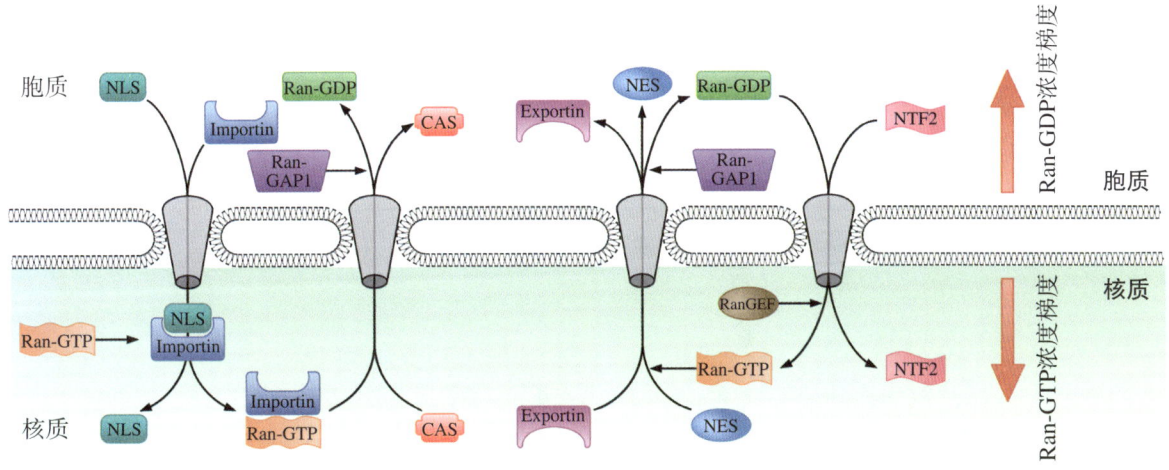

图 10-4　核膜内、外物质经核孔复合体转运的过程示意图

2. RNA 及核糖体亚基的核输出　核孔复合体除了能将亲核蛋白输入核内以外，还能将新组装的核糖体大小亚基、经转录加工后的 RNA 等大分子物质输出至细胞质。大分子物质出核也需要特殊的转运信号，称为核输出信号（nuclear export signal，NES）。第一个 NES 是在 HIV 的 Rev 蛋白中发现的。NES 的保守序列为 $HX_{2-3}HX_{2-3}HXH$，其中 H 代表一个疏水残基，包括 Val（V）、Ile（I）、Phe（F）和 Leu（L），X 代表任何氨基酸，但更倾向于带电荷、极性的小分子量氨基酸。NES 作为核内物质输出细胞核的信号，帮助核内的某些分子迅速通过核孔复合体进入细胞质。NES 具有多样性，可通过 NES 分析软件对 NES 进行预测。另外，有些蛋白质需往返于核质和胞质之间，这些穿梭蛋白既有 NLS，又有 NES。

同样，核孔复合体除了有亲核蛋白输入信号的受体外，还有识别 RNA 等大分子的核输出受体，即输出蛋白（exportin）。输出蛋白可识别并结合含有核输出信号的 RNA 或与 RNA 结合的蛋白质，再将它们从细胞核经核孔复合体输出到细胞质。然而，出核的机制与入核不同：在核内，exportin 与 RanGTP 结合后才能识别并结合具有 NES 的相应底物，形成 exportin-NES-RanGTP 三聚体；三聚体通过与 FG 重复核孔蛋白的相互作用穿过 NPC，进入细胞质；在胞质中，RanGTP

真核细胞中 RNA 的出核转运

水解形成 Ran-GDP，导致三聚体解聚，从而将底物释放到细胞质内（图 10-4）。另外，一些不具有 NES 的蛋白质或 RNP，则需要通过含有 NES 的蛋白质与 exportin 结合，形成出核复合物。

3. 核-质之间的物质运输是不对称的　尽管许多转运因子本身能在核质和胞质之间来回穿梭，然而通过核孔复合体进行的核-质之间的物质运输是高度不对称的。现在普遍认为，Ran-GTP 酶在决定转运不对称性中起着主导作用。Ran 是分子量为 25 kD 的 Ras 样 GTP 酶，通过水解 GTP 为核质转运过程提供能量。Ran 以 Ran-GDP 和 Ran-GTP 两种状态存在，Ran-GTP 大多数存在于细胞核中，而 Ran-GDP 大多数存在于细胞质中（图 10-5）。Ran 水解 GTP 很慢，Ran-GDP 与 Ran-GTP 的转换受两种蛋白质的调节：①存在于核内的 RanGEF（Ran GTP exchange factor）：促进游离 GTP 置换 Ran-GDP 上结合的 GDP；②存在于细胞质内的 RanGAP1（Ran GTPase activating protein1）：RanGAP1 与 Ran-GTP 结合后可增加 Ran 的 GTP 酶活性，使 Ran-GTP 水解为 Ran-GDP。Ran-GDP 通过与核转运因子 NTF2 结合转运至核内。正是这种 Ran-GTP/Ran-GDP 浓度梯度的不对称性决定了物质运输的方向性。此外，这种转运的不对称性还与核孔复合体周边结构的不对称性有关，即胞质纤维、核质纤维及核篮组成蛋白的差异。

核孔复合体的其他功能

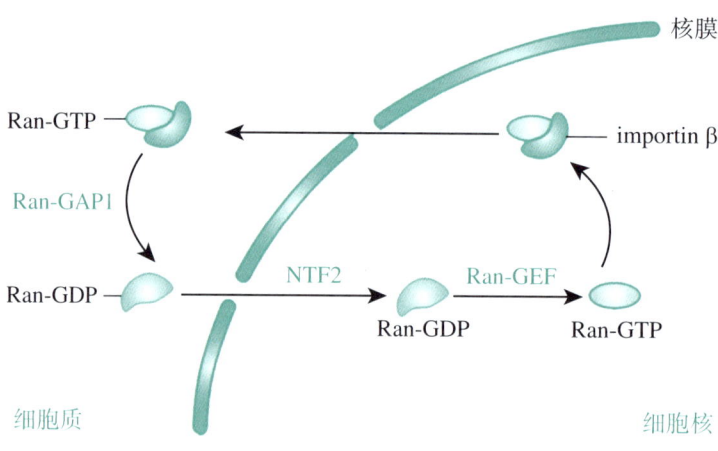

图 10-5　Ran-GTP 和 Ran-GDP 在细胞核-质转运中的作用模式图

框 10-1　核质转运调控

细胞可通过多种方式调节核质转运。首先，可通过改变核孔数量进行调控。在大鼠肝中，每平方微米核膜的面积上分布有 15～20 个核孔，每个细胞核上约有 4000 个核孔，而转录静止期的禽类红细胞的细胞核上则很少有核孔。其次，跨核运输通常受底物蛋白核定位信号附近序列磷酸化的调控。NLS 旁侧氨基酸磷酸化可导致蛋白入核障碍。另外，核定位信号依赖性蛋白入核的过程中，NLS 的遮盖（masking）与暴露（unmasking）在调节蛋白质核质转运过程中起重要作用。一个经典实例是 NF-κB 的抑制因子 IκB 对转录因子 NF-κB 的核质转运调控。转录因子 NF-κB 是由 p50 和 p65 亚基组成的异源二聚体，在细胞质中 IκB 与 NF-κB 结合而掩盖其 NLS，导致 NF-κB-IκB 复合物定位在细胞质中，如果 IκB 被降解，NF-κB 的 NLS 暴露，则 NF-κB 可进入细胞核进行基因转录调控。

（三）在基因转录调控中扮演重要角色

核膜不仅参与间期细胞核形态及空间结构的维持，对保证正常的染色质空间排布也至关重要，而这种空间排布与细胞基因转录的调控密切相关。电镜下，内核膜下方存在不连续的异染色质区域，这是由于结合了异染色质的异染色质蛋白1（heterochromatin protein 1，HP1），再与内核膜蛋白LBR结合，从而将异染色质募集到核膜下方。

在基因转录调控中，许多基因活化伴随着由细胞核的周边向核内部迁移。然而，核的周边区域并非只与基因沉默有关，如在核孔复合体下方富含常染色质，基因转录活跃，这可能是由于跨核膜运输的物质参与的调节，或是核膜结构成分本身直接参与的调节。

小测试10-2：你还学过哪些熟悉的类似核定位信号的导肽？它们之间的主要区别是什么？

（四）参与生物大分子的合成

外核膜通常被看作内质网膜的特化区域，胞质侧表面附着核糖体，所以核膜有一定的蛋白质合成功能。通过免疫电镜技术已证实：抗体的形成首先出现在核膜的外层。另外，核周间隙中分布有多种结构蛋白和酶类，也能合成少量膜蛋白、脂质等。有报道称核膜还可以合成糖类。

第三节 染 色 质

染色质（chromatin）是指间期细胞核内由DNA和蛋白质构成的能被碱性染料强烈着色的复合物。电镜下，染色质呈细丝状，形态不规则，弥散在细胞核内，是间期细胞遗传物质存在的形式。细胞进入分裂期，染色质高度螺旋、折叠而缩短变粗，最终凝集形成条状的染色体（chromosome），以保证遗传物质DNA能够被准确地分配到两个子代细胞中。因此，染色质和染色体的区别在于包装程度不同，它们是同一物质在细胞周期不同功能阶段中所处的两种结构状态。

一、染色质的组成成分

染色质主要由DNA、组蛋白、非组蛋白及少量RNA组成。DNA和组蛋白是染色质的稳定成分，两者含量之比接近1:1；非组蛋白与RNA的含量常随细胞生理状态的不同而改变。

（一）DNA

真核细胞中，每条未复制的染色体都含有一条线性的DNA分子。一个真核生物储存于单倍染色体组中的遗传信息总和称为该生物的基因组（genome）。以人类基因组为例，真核细胞基因组按照其拷贝数和编码特征可分为以下几种。

1. 单一序列（unique sequence） 一般在基因组中只有一个拷贝（单一基因），具有蛋白编码功能，即能以三联体密码方式进行编码mRNA的基因。编码DNA在基因组中所占比例随物种而异，在人类基因组中，该比例为1%～1.5%。

2. 中度重复序列（middle repetitive sequence） 基因组中拷贝数在10^1～10^5之间，重复单元由几百到几千个碱基对（bp）组成。这些序列又可以分为两类：①有编码功能的串联重复序列，如编码rRNA、tRNA、snRNA、组蛋白和核糖体蛋白等。它们在基因组中一般有20～300个拷贝，在人类基因组中约占0.3%；②无编码功能的重复序列，在基因组中占有很大一部分。它们散在分布于整个基因组中，构成基因内和基因间的间隔序列，在基因调控中起重要作用，涉及DNA复制、RNA转录及转录后加工等方面。

3. 高度重复序列（highly repetitive sequence） 无编码功能，基因组中至少有10^5拷贝，其序列长度较短，一般为几个至几十个bp，约占脊椎动物总DNA的10%。主要分布在染色体的端粒、着丝粒区。它们有些散在分布，另一些则串联重复，主要是构成结构基因的间隔，维系染色体结构，还可能与减数分裂过程中同源染色体联会有关。

（二）组蛋白

组蛋白（histone）是构成真核细胞染色质的基本结构蛋白质，富含带正电荷的 Arg、Lys 等碱性氨基酸，等电点一般在 pH 10.0 以上，属于碱性蛋白质，可与带负电荷的 DNA 紧密结合，一般不需特定的核苷酸序列。用聚丙烯酰胺凝胶电泳可将组蛋白分离成 5 种，即 H1、H2A、H2B、H3 和 H4（表 10-1）。几乎所有真核细胞都含有这 5 种组蛋白，而且含量丰富。然而，它们在染色质的分布与功能上存在差异，可分为核小体组蛋白和 H1 组蛋白。

表 10-1 组蛋白的分类及作用

种类	赖氨酸/精氨酸	酸性氨基酸比例	碱性氨基酸/酸性氨基酸	氨基酸残基数	分子量（kD）	存在部位及结构作用
H1	29.0	5%	6.0	215	23 000	存在于连接线上，锁定核小体及参与高一层次的包装
H2A	1.22	15%	1.3	129	14 500	存在于核心颗粒，形成核小体
H2B	2.66	13%	1.7	125	13 774	存在于核心颗粒，形成核小体
H3	0.77	13%	1.8	135	15 324	存在于核心颗粒，形成核小体
H4	0.79	10%	2.5	102	11 822	存在于核心颗粒，形成核小体

核小体组蛋白（nucleosomal histone）包括 H2A、H2B、H3、H4 四种，分子量较小，一般由 102～135 个氨基酸残基组成。这类组蛋白之间通过 C 端的疏水氨基酸（如 Val、Ile）互相结合形成聚合体，而 N 端带正电荷的氨基酸则向四面伸出，与 DNA 结合，从而帮助 DNA 卷曲形成核小体。核小体组蛋白无种属及组织特异性，在进化上十分保守，其中 H3 和 H4 是所有已知蛋白质中最为保守的，如小牛胸腺和豌豆的 H4 组蛋白只有两个氨基酸残基不同，海星与小牛胸腺的 H4 组蛋白只有一个氨基酸不同。这一特点表明 H3 和 H4 的功能几乎涉及它们所有的氨基酸，任何位置上氨基酸残基的改变都将对细胞产生影响。研究表明，H3 和 H4 在染色质的高度凝集过程中发挥重要作用。

H1 组蛋白分子量较大，由 215 个氨基酸残基组成，进化上不如核小体组蛋白保守，有一定的种属特异性和组织特异性。在哺乳类细胞中，H1 约有 6 种密切相关的亚型，氨基酸顺序稍有不同。H1 组蛋白在构成核小体时起连接作用（也称连接组蛋白，linker histone），并赋予染色质以极性，与染色质结构的构建有关。

（三）非组蛋白

非组蛋白（non-histone）主要是指细胞核中除组蛋白以外能与特异 DNA 序列相结合的蛋白质，为一类带负电荷的酸性蛋白质，富含 Asp、Glu 等酸性氨基酸。细胞中非组蛋白的数量远少于组蛋白（每个真核细胞中只有 10 000 个分子左右，约占细胞总蛋白的 1/50 000），但其种类多、功能广泛，用双向凝胶电泳可得到 500 多种不同组分，分子量一般在 15 000～100 000 kD。其中包括染色体骨架蛋白、基因表达调控蛋白及参与核酸代谢和染色质化学修饰的相关酶类。

非组蛋白的组分中常含有启动 DNA 复制的相关蛋白，如 DNA 聚合酶、DNA 结合蛋白和引物酶等，它们以复合物的形式结合在 DNA 分子的特定序列上，启动和推进 DNA 分子的复制。有些非组蛋白是转录活动的调控因子，当细胞处于功能活跃状态时，这些非组蛋白通过与组蛋白的识别与结合，可选择性地解除组蛋白对特异 DNA 的结合和抑制，促使相关基因的选择性表达。

非组蛋白还可以组成染色体支架,参与染色质高级结构的构建。

非组蛋白在不同组织细胞中的数量和种类都不相同,具有种属和组织特异性,代谢周转快,在整个细胞周期都能合成,其含量常随细胞的类型及病理生理状态的不同而变化,一般而言,功能活跃细胞的染色质中非组蛋白的含量较不活跃细胞中的高。

二、染色质组装

对于人类而言,每个体细胞所含 DNA 约 6×10^9 bp,总长达 2 m,然而,细胞核的直径只有 5～8 μm,显然,细胞核一定具有一个可对其 DNA 分子进行有序折叠或组装的机制,以确保 DNA 分子在细胞核内保存。20 世纪 70 年代以前,染色质一直被认为是由组蛋白包裹在 DNA 外面形成的纤维状结构。直到 1974 年,R.D.Kornberg 等人根据染色质的酶切和电镜观察,发现了核小体是染色质组装的基本结构单位,从而更新了人们对染色质结构的传统认识。现已知道,染色体是染色质在核小体结构的基础上,经过逐步有序的盘折、压缩并最终组装形成的。

(一)染色质的前期组装

1. 核小体——染色质的基本结构单位 组成染色质的基本结构单位是核小体(nucleosome)。每个核小体单位包括约 200 bp 的 DNA 超螺旋、8 个组蛋白分子组成的八聚体及 1 分子 H1 组蛋白。实验表明,核小体具有自装配的性质,组蛋白与 DNA 之间的相互作用主要是结构性的,一般不依赖核苷酸的特异序列。

组蛋白八聚体构成核小体的盘状核心颗粒,由 4 个异二聚体组成。首先,两个 H3·H4 异二聚体相互结合形成四聚体,在 CAF(chromatin assembly factor 1)介导下与新合成的 DNA 结合;接着,两个 H2A·H2B 异二聚体在 NAP1 和 NAP2(nucleosome assembly protein)介导下加入,分别位于四聚体两侧;进一步,H4 组蛋白被乙酰化修饰后,形成一个核心颗粒,其表面 146 bp 的 DNA 分子以左手螺旋方式盘绕 1.75 圈;最后,核小体的成熟需要 ATP 来创建一个规则的间距以及组蛋白的去乙酰化,而在两个相邻的核小体核心颗粒之间以连接 DNA 分子相连,称为连接 DNA,其典型长度约 60 bp,不同物种变化值为 0～80 bp,其上 20 bp 的 DNA 分子结合一分子 H1 组蛋白,H1 组蛋白锁定核小体 DNA 的进出端,不仅起稳定核小体的作用,还介导核小体之间彼此连接,形成直径约 10 nm 的核小体"串珠"状纤维(图 10-6),这是染色质组装的一级结构。

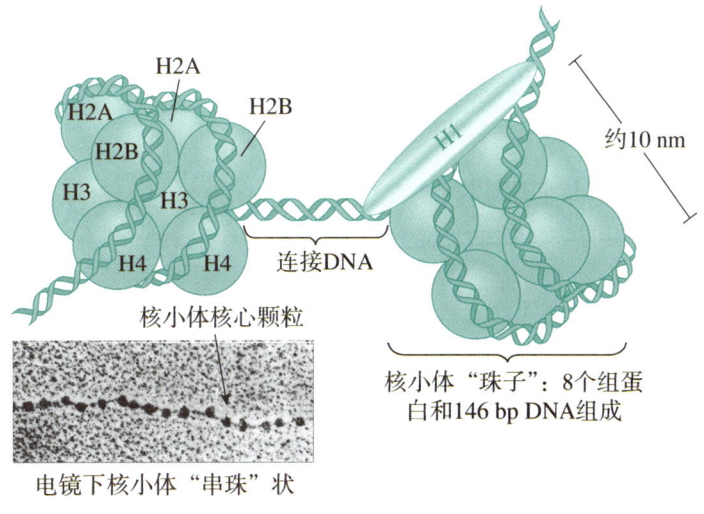

图 10-6 核小体结构图解

2. 核小体螺旋形成螺线管 在 H1 组蛋白的作用下，直径 10 nm 的核小体串珠结构进一步螺旋盘绕，每 6 个核小体螺旋一周，形成外径 25～30 nm、螺距 12 nm 的中空螺线管（solenoid），H1 组蛋白位于其内部，在螺线管的形成和稳定方面发挥重要作用。螺线管为染色质组装的二级结构（图 10-7）。电镜下，大多数染色质以 30 nm 染色质纤维形式存在。

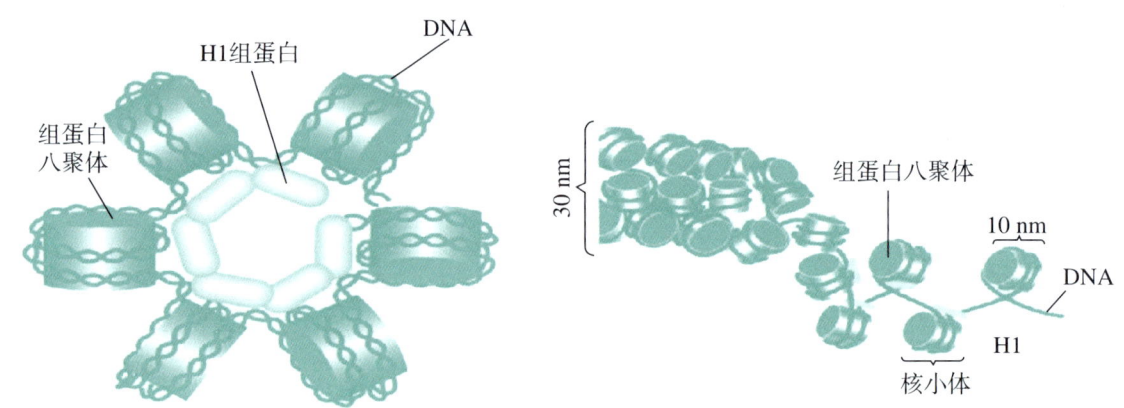

图 10-7 螺线管结构图解

框 10-2 染色质纤维的活性调节

染色质纤维将 DNA 分子压缩了约 40 倍之多，这样一个压缩的结构极大地阻碍了细胞核的主要功能或活动，如核小体组蛋白与 DNA 结合可抑制 DNA 的复制与 RNA 转录。为了解决这类问题，细胞内可以通过调节组蛋白的修饰来影响组蛋白与 DNA 双链的亲和性，从而改变染色质的疏松或凝集状态，或通过影响其他转录因子与结构基因启动子的亲和性来发挥基因调控作用。组蛋白修饰是一种重要的表观遗传修饰，大多数细胞中都有部分组蛋白的某些碱性氨基酸侧链被乙酰化、磷酸化和甲基化等，这些修饰更为灵活地影响染色质的结构与功能，通过多种修饰方式的组合发挥其调控功能。另外，还有一种染色质修饰酶能利用 ATP 水解时释放的能量来破坏核小体中的组蛋白-DNA 接触，从而进一步影响细胞核的活动。

（二）染色质进一步组装的两种模型

染色质组装的前期过程，即从裸露 DNA 组装成直径 30 nm 的螺线管已有直接的实验证据，研究者们已基本取得一致的看法。然而，染色质如何进一步组装成更高级的结构，直至最终成为染色体的过程则存在不同观点，目前主要有以下两种结构模型受到广泛关注。

1. 多级螺旋模型（multiple coiling model） A. L. Bak 等从人胎儿离体培养的分裂期细胞分离出染色体，经温和处理后，在电镜下可观察到直径 0.4 μm、长 11～60 μm 的染色线，这是由螺线管进一步螺旋盘绕形成的圆筒状结构，称为超螺线管（supersolenoid），超螺线管是染色质组装的三级结构。这种超螺线管进一步螺旋、折叠，形成长 2～10 μm 的染色单体，即染色质组装的四级结构。根据多级螺旋模型，DNA 分子在经核小体、螺线管、超螺线管到染色单体四级组装后，其长度被压缩为原来的 1/8400（图 10-8）。

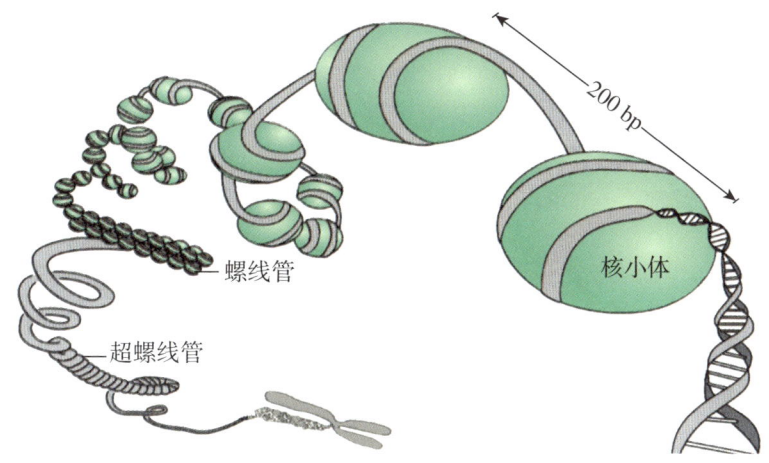

图 10-8　染色质组装的多级螺旋模型

2. 骨架-放射环结构模型（scaffold-radial loop structure model）

U. K. Laemmli 等人通过化学方法去除分裂细胞中期染色体上的组蛋白及大部分非组蛋白后，电镜下可观察到由非组蛋白密集的纤维网构成的染色体骨架（chromosomal scaffold），两条染色单体的骨架在着丝粒区相连，从骨架伸展出许多直径 30 nm 的染色质纤维构成的侧环，并发现一些由侧环组成的"菊花样"结构（图 10-9）；进一步处理后，则可见 30 nm 的纤维解螺旋，形成 10 nm 的纤维。此外，实验观察发现，两栖类卵母细胞的灯刷染色体和昆虫的多线染色体都含有一系列的袢环结构域（loop domain），提示袢环结构可能是染色体高级结构的普遍特征。基于这些发现，提出了染色质组装的骨架-放射环模型。

图 10-9　染色质纤维的放射状排列示意图

该模型认为，螺线管以后的高级结构的核心是由非组蛋白构成的染色体骨架。直径 30 nm 的螺线管一端与染色体骨架某一点结合，另一端向周围呈环状迂回后又返回到与其相邻近的点，形成一个个袢环围绕在骨架的周围；每个 DNA 袢环长度约 21 μm，包含 315 个核小体；每 18 个 DNA 袢环以染色体骨架为轴心呈放射状平面排列，结合在核基质上形成微带（miniband）；微带是染色体高级结构的单位，约 10^6 个微带再沿骨架纵轴纵向排列构建成染色单体（图 10-10）。

上述两种关于染色体高级结构的组织模型，多级螺旋模型强调螺旋化，解释了间期染色质的构建过程；放射环模型着重环化与折叠，同时也说明了染色质中非组蛋白的作用。而且，袢环结构可能是保证 DNA 分子多点复制特性的高效性和准确性的结构基础，也是 DNA 分子中基因活动的区域性和相对独立性的结构基础。

三、染色质的类型

间期核中染色质由于其折叠压缩程度的不同，在形态特征、活性状态和染色性能上呈现出差异，由此将染色质分为常染色质（euchromatin）和异染色质（heterochromatin）两大类（图 10-11）。

（一）常染色质

常染色质是指间期核内螺旋化程度低，相对处于伸展状态，用碱性染料染色时着色浅、分散度较大的染色质纤维丝。DNA 的实际长度为染色质纤维长度的 1000～2000 倍。构成常染色质的 DNA 主要是单一 DNA 序列和中度重复 DNA 序列（如 tRNA 基因和组蛋白基因）。常染色质具有转录活性，细胞功能越活跃，常染色质的比例越大，但并非常染色质中的所有基因都具有转录活性，处于常染色质状态只是基因转录的必要条件。常染色质大部分位于间期核的中央，一部分介于异染色质之间，可聚集于核孔复合体周围，也可以袢环的形式伸入核仁内；细胞分裂期，常染色质分布于染色体的臂部。在 DNA 复制期间，常染色质多在 S 期的早、中期复制。

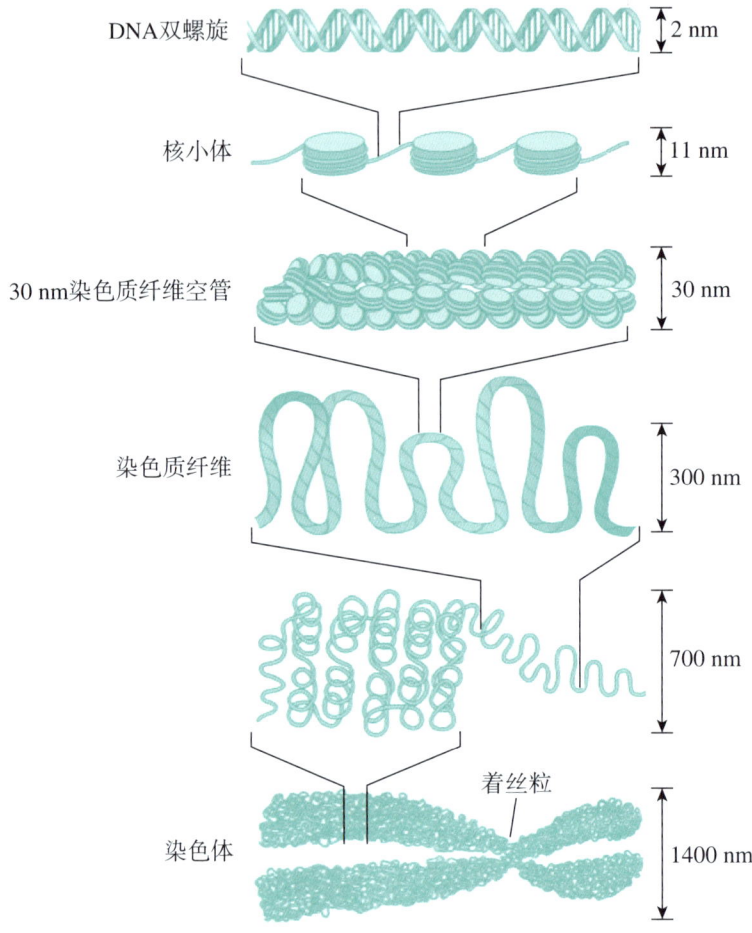

图 10-10　染色质组装的放射环模型

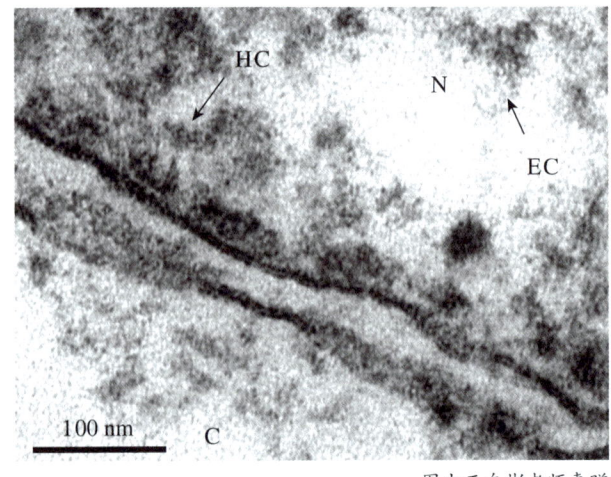

图由王自彬老师惠赠

图 10-11　HEK293T 细胞核中常染色质和异染色质分布电镜图
C. 细胞质；N. 细胞核；EC. 常染色质；HC. 异染色质

（二）异染色质

异染色质是指间期核中螺旋化程度高，处于凝缩状态，用碱性染料染色时着色较深的染色质纤维丝，常分布在核的周边或靠近核纤层的内侧，部分围绕在核仁的周围，是转录不活跃或者无转录活性的染色质，特化或者分化程度越高的细胞，异染色质的比例越大。异染色质又分组成型异染色质（constitutive heterochromatin）和兼性异染色质（facultative heterochromatin）两类。

组成型异染色质又称"结构异染色质"，是指在各种类型的细胞中，除复制期外的整个细胞周期中都呈凝缩状态的异染色质，为异染色质的主要类型。在间期，细胞核中的组成型异染色质聚集形成多个染色中心（chromocenter），在哺乳类细胞中，这些染色中心随着细胞类型和发育阶段不同而变化；在分裂中期染色体上，组成型异染色质多定位于染色体的着丝粒区、端粒区、次缢痕及染色体臂的某些节段。组成型异染色质由相对简单、高度重复的 DNA 序列构成；具有显著的遗传惰性，不转录也不编码蛋白质；在复制行为上与常染色质相比表现为晚复制、早凝集；在功能上，其参与染色质高级结构的形成，导致染色质区间性，作为核 DNA 的转座元件，引起遗传变异。

兼性异染色质是指在某些细胞类型或一定发育阶段，原来的常染色质凝缩、丧失基因转录活性，变为异染色质。兼性异染色质的总量随不同细胞类型而变化，一般胚胎细胞中含量少，而高度分化的细胞中含量较多，这说明随着细胞分化，较多的基因渐次以聚缩状态关闭，从而再也不能接近基因活化蛋白。例如，人类男性细胞的单个 X 染色体呈常染色质状态；而女性体细胞含两条 X 染色体，在卵母细胞和胚胎发育早期，两条 X 染色体在间期细胞核中均为常染色质，但在胚胎发育第 16～18 天，细胞将随机保持其中一条具有转录活性，呈常染色质状态，而另一条则失去转录活性，成为异染色质。在上皮细胞核中，这种失活的 X 染色体呈异固缩状态，形成直径约 1 μm 的浓染小体，紧贴核膜内缘，称为性染色质或巴氏小体（Barr body）；在多形核白细胞的核内，此 X 染色体形成特殊的"鼓槌"结构。因此，X 染色质检查可用于对性别和性染色质异常的鉴定。兼性异染色质的这一特性说明染色质的紧密折叠压缩可能是关闭基因活性的一种途径。

框 10-3　常染色质与异染色质之间的转变

染色质的这两种类型并非一直固定不变，而是随着发育时期、细胞周期的变化而相互转化。如在雌性小鼠的发育过程中，胚胎发育的早期是来自父方的 X 染色体失活，到囊胚期以后，原先失活的 X 染色体重新被激活，再之后，来自父方的 X 染色体与来自母方的 X 染色体二者之间随机失活。虽然 X 染色体失活的调节过程不是十分清楚，但常染色质与异染色质间的转变常需伴随 DNA 和组蛋白的表观遗传修饰，如前面提到的组蛋白乙酰化修饰。实际上，染色质的乙酰化状态是一种动态过程，细胞内既有组蛋白乙酰化酶催化组蛋白乙酰化，也存在组蛋白去乙酰化酶可催化组蛋白去乙酰化。据推算，H2B、H3、H4 可能具有 30 余种不同的乙酰化方式，而每种乙酰化方式都可通过改变核小体的结构或表面，直接或间接影响染色质活性。研究发现，雄性哺乳动物中呈常染色质状态的 X 染色体上的 H4 组蛋白发生乙酰化修饰，具有表达活性；而雌性中呈异染色质状态的 X 染色体上的 H4 组蛋白不发生乙酰化，不表达。此外，DNA 甲基化在常染色质与异染色质间的转变过程中也发挥着重要的调节作用。

小测试10-3：常染色质和异染色质的区别有哪些？

第四节 核 仁

核仁（nucleolus）是真核细胞间期核中最明显的结构。光镜下，核仁为单一或多个球形无膜结构，具较强的折光性。核仁的大小、形状和数目随生物的种类、细胞形状和生理状态而异。在同一有机体的不同组织细胞中，核仁的大小和数目都有很大的变化，在蛋白质合成旺盛的细胞中核仁较大，如分泌细胞、卵母细胞；而在蛋白质合成较少的细胞，如肌肉细胞和休眠的细胞中，其核仁很小。核仁的位置一般不固定，生长代谢旺盛的细胞，核仁常位于细胞核的边缘，以便核内、外物质的运输，这种现象称为核仁边集（nucleolar margination）。另外，核仁还是一个高度动态的结构，随细胞周期性有规律地消失和重建。

一、核仁的组成

核仁的主要化学成分为蛋白质、rRNA 和 rDNA。这三种成分的含量依细胞类型和生理状态而变化。其中，蛋白质包括染色质蛋白，为组蛋白和非组蛋白；其次为核糖体蛋白，还存在多种酶系，如碱性磷酸酶、多种 ATP 酶等。核仁中的核酸主要是 rRNA 基因及其转录产物，几乎不含脂类物质。核仁中的 RNA 与蛋白质通常组成核糖核蛋白颗粒（ribonucleoprotein particle，RNP）。

二、核仁的结构

电镜下，核仁为无被膜包裹的纤维网架结构，由颗粒和纤维状物质构成，在不同细胞中呈现紧密或疏松状态，其结构分为四部分：纤维中心（fibrillar center，FC）、致密纤维组分（dense fibrillar component，DFC）、颗粒组分（granular component，GC）和核仁基质（nucleolus matrix，NM）（图 10-12）。

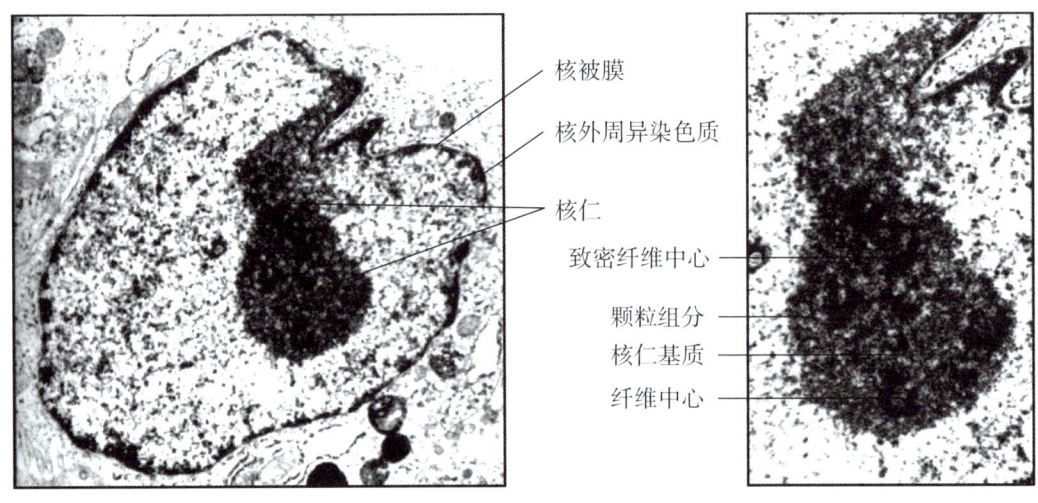

图 10-12 细胞核仁的电镜照片

（一）纤维中心

电镜下，FC 是被致密纤维组分不同程度包围的一个或几个浅染的低电子密度区域，是 rRNA 基因 rDNA 的存在部位（5S rRNA 基因除外）。rDNA 为串联重复序列，是从染色体上伸出的 DNA 袢环，可连续进行转录，产生 rRNA 前体（pre-rRNA）的序列，经剪切加工形成 18S、5.8S 和 28S rRNA。人类共有 5 对染色体含 rRNA 基因簇，位于 13、14、15、21、22 号染色体的短臂末端与随体之间的次缢痕部位，该染色质区域称为核仁组织区（nucleolus organizing region, NOR）。一般认为，FC 代表染色体 NOR 在间期核的副本。然而，由于核仁活性的变化，FC 的数目可能多于染色体 NOR 的数目。研究表明，FC 中的染色质不含组蛋白，也不形成核小体结构，但存在嗜银蛋白，其可能参与核仁中染色质结构的调节。

（二）致密纤维组分

DFC 是核仁内电子密度最高的区域，含紧密排列的直径 5～10 nm 的原纤维，电镜切片上呈环形或半月形包绕在纤维中心周围，含有新转录的 pre-rRNA 和 rRNA 加工蛋白，包括一些特异性的 RNA 结合蛋白，如核仁素（nucleolin）、核仁纤维蛋白（fibrillarin）和核仁组织区的嗜银蛋白，这些蛋白参与 pre-rRNA 的剪切加工。

（三）颗粒组分

GC 是 rRNA 基因转录产物进一步加工、成熟的区域，电镜下呈电子密度较大、直径 15～20 nm 的颗粒，为处于不同加工及成熟阶段的核糖体大、小亚基的前体，主要由 RNP 构成，可被蛋白酶和 RNase 消化。代谢活跃细胞的核仁中，颗粒组分是核仁的主要结构。间期核仁的大小差异主要由颗粒组分的差异造成。

（四）核仁基质

电镜下，NM 电子密度低，含无定形的蛋白质性液态物质，是 FC、DFC 和 GC 三种结构的存在环境。

简言之，rRNA 基因位于 FC，转录发生在 FC 与 DFC 交界处，pre-rRNA 转录后，在 DFC 与核糖体蛋白结合进行 pre-rRNA 的剪切和加工，GC 区也发生部分加工，并负责将 rRNA 与核糖体蛋白组装形成核糖体亚基，因此 GC 是核糖体亚基产生和储存的区域。

三、核仁的功能

核仁是 rRNA 合成、加工和核糖体亚基装配的重要场所。真核生物中，除 5S rRNA 在核仁外合成，其余 rRNA 都在核仁内合成和加工；成熟的 rRNA 与多种相关的蛋白质在核仁中进一步装配成核糖体亚基，最后转运至细胞质参与蛋白质的合成。除此之外，核仁还涉及一些特殊的 mRNA（如 N-Myc、MyoD 的转录本）的输出与降解。

（一）rRNA 转录、加工与成熟

在核仁内，先进行 rRNA 转录，随后开始加工，剪切是加工的主要方式。不同生物 rRNA 原始转录本和最终被剪切成的成熟 rRNA 分子在大小上是不同的。原核生物 E.Coli 的原始转录本仅为 30S 左右，真核生物有较大的原始转录本，如哺乳动物原始转录本为 45S。真核细胞核仁中串联重复排列的 rRNA 基因在 RNA 聚合酶 I 作用下进行转录，而每个 rRNA 基因都产生同样的原

始 rRNA 转录本。人的 45S rRNA 原始转录本最终被切割成 18S、5.8S 和 28S 的成熟 rRNA。45S rRNA 前体的加工涉及复杂过程，可从核仁中分离出许多沉降系数不同的 rRNA 中间产物。在培养的 HeLa 细胞中，用同位素脉冲标记 rRNA 前体后，观测核仁中各种 rRNA 分子的变化发现，45S rRNA 原始转录本约在几分钟内被合成，并很快在约 10 个位点被甲基化；甲基化后的 45S rRNA 首先被剪切为 41S rRNA 中间产物，后者再被剪切成 20S rRNA 和 32S rRNA；20S rRNA 很快被剪切为 18S rRNA；32S rRNA 被切割成 5.8S rRNA 和 28S rRNA。由于 5.8S rRNA 和 28S rRNA 之间具有较长的互补氢键配对，因而只有在变性后才释放出 5.8S rRNA。丢失的部分主要发生在非甲基化和 GC 含量较多的区域。

rRNA 的加工过程需要多种小核仁 RNA（small nucleolar RNA，snoRNA）的参与。snoRNA 通过互补序列识别 rRNA 前体并与蛋白质结合形成小核仁 RNP 颗粒，参与真核生物 rRNA 前体的甲基化和剪切加工。真核生物核糖体的 rRNA 除了 18S、5.8S 和 28S rRNA 以外，还有 5S rRNA。5S rRNA 基因并不定位于核仁，人类大约有 2000 个 5S rRNA 基因，串联成簇，位于 1 号染色体长臂，其转录由 RNA 聚合酶 Ⅲ 催化。5S rRNA 的基因转录本在成熟过程中加工甚少，转录后被转运到核仁参与核糖核蛋白体大亚基的装配。

（二）核糖体亚基的组装

核仁是装配核糖体大、小亚基的场所。核糖体大小亚基是在 rRNA 剪切加工的同时形成的。核糖体小亚基蛋白结合在 45S rRNA 的 5′端，形成 80S 前核糖体 RNP（pre-ribosomal ribonucleoprotein）颗粒；当 18S rRNA 被剪切下来后，18S rRNA 与结合在其上的小亚基蛋白一起形成核糖体小亚基（40S）前体，进入颗粒组分区；核糖体大亚基蛋白先结合到 32S rRNA 上，后者经过剪切加工形成 5.8S 和 28S rRNA，连同核糖体大亚基蛋白以及 5S rRNA 形成核糖体大亚基（60S）前体。核糖体小亚基形成较早，大亚基形成较晚，两个亚基分别通过核孔复合体进入细胞质中，当 mRNA 成熟后，大、小亚基组装成有功能的核糖体进行蛋白质翻译（图 10-13）。

核仁周期

小测试10-4：如何避免mRNA前体（hnRNA）提前在核内进行翻译？

框 10-4　核仁结构的动态调控

核仁结构的动力学与 rRNA 转录和核糖体生物发生密切相关。真核细胞中，核仁组装的起始与 RNA 聚合酶 Ⅰ（Pol Ⅰ）介导的 rRNA 转录激活相一致。rRNA 的表达可能作为一种触发核仁蛋白募集的"种子"，核仁蛋白的核仁定位序列含有大量带正电荷的氨基酸，易与带负电荷的 rRNA 结合，而核仁其他一些成分可被核仁主动招募。在 rRNA 缺失的情况下，核仁蛋白可能形成不同于正常核仁结构的高度可变的蛋白聚集物，这表明 rRNA 转录在核仁组装中发挥着不可或缺的作用。蛋白质可以在核仁内动态积累，并在核质和核仁之间结构性穿梭。Pol Ⅰ 介导的 rRNA 转录的中断可使核仁蛋白的穿梭和定位异常，进一步导致核糖体亚基输出和蛋白质合成缺陷。rRNA 的转录元件除 Pol Ⅰ 核心亚基外，还包含多个重要的转录辅助因子，如转录起始因子（TIF-IA）、上游结合因子（UBF）。因此，不同的上游调控因子对 Pol Ⅰ 及其辅助因子活性的调控在核仁动力学和核仁蛋白的分布中起着至关重要的作用。

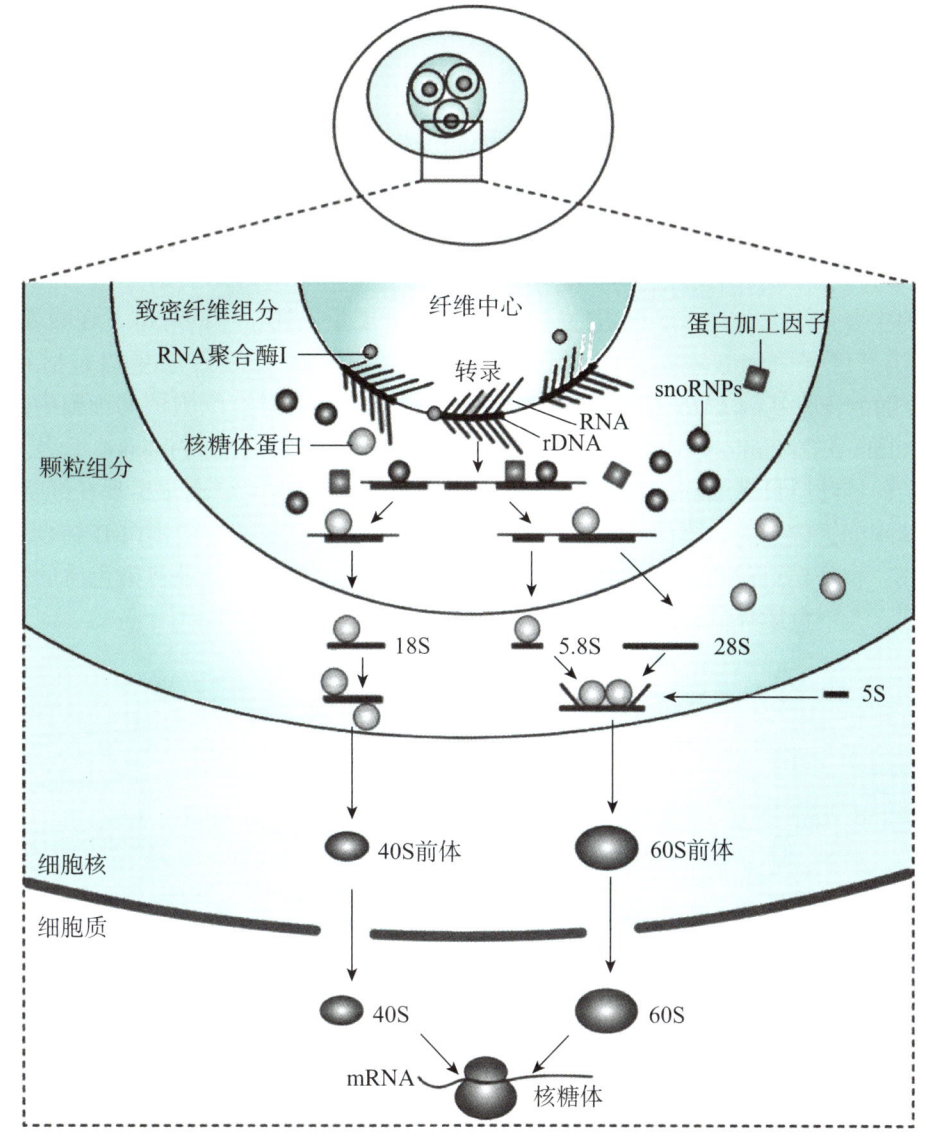

图 10-13 核仁的结构与功能模式图

第五节 核纤层与核基质

核纤层是位于间期细胞内核膜与染色质之间，紧贴内核膜，由纤维蛋白相互交织形成的网络片层结构。真核细胞的间期核内还存在一个以纤维蛋白成分为主的网架结构，称为核基质（nuclear matrix），因其形态与细胞骨架相似，并与细胞骨架存在一定的联系，所以又称为核骨架（nuclear skeleton）。狭义的核骨架就是指核基质，即细胞核去除了核被膜、核纤层、染色质和核仁以外的网架结构体系；广义的核骨架包括核基质与核仁基质、核纤层与核孔复合体的复合物和染色体骨架。核纤层与核基质共同构成细胞核内的网架结构系统，并与细胞质的中间纤维在结构上相互联系，形成一个贯穿于细胞核与细胞质的骨架体系。

一、核纤层

核纤层在所有真核细胞中普遍存在，其厚度随细胞种类不同而有差异，通常厚 10～20 nm，在有些细胞中可达 30～100 nm。

（一）核纤层蛋白

核纤层的主要化学成分是核纤层蛋白（lamin）。核纤层蛋白属于中间纤维，在哺乳类细胞中，主要由 A 型核纤层蛋白和 B 型核纤层蛋白共同组成。其中，B 型核纤层蛋白包括 lamin B1 和 lamin B2，分别由管家基因 *LMNB1* 和 *LMNB2* 编码，存在于所有具有细胞核的细胞中。A 型核纤层蛋白分为 lamin A 和 lamin C，是由同一个奢侈基因 *LMNA* 转录的不同 mRNA 编码。胚胎干细胞和早期胚胎的核纤层只含 lamin B，细胞核具有较大弹性；lamin A/C 通常出现在细胞分化之后，可增加细胞核刚度。位于内核膜的核纤层结合蛋白如 LBR，通过与核纤层蛋白 B 结合，将核纤层固定在内核膜；核纤层可以直接或通过染色质上的核纤层结合蛋白间接地将染色质的特定部位固定在核纤层上，为染色质提供核膜附着点（图 10-14）。

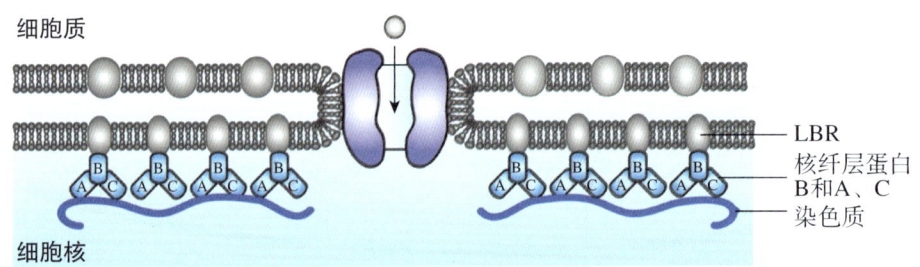

图 10-14　核纤层结构示意图

框 10-5　核纤层相关蛋白质

核纤层蛋白与其他蛋白质存在结构与功能上的相互关系，这些蛋白质主要包括一些核被膜内膜蛋白（如 LAP、Emerin、MAN1、SUN）、细胞骨架结合蛋白（如 Nesprin）、核基质与染色质结合蛋白（如 barrier to autointegration factor，BAF）、核孔复合体蛋白。其中，LAP2、Man-1 和 Emerin 都拥有 LEM 结构域（约 40 个氨基酸组成的较保守结构域），它们通过 LEM 不仅可与核纤层蛋白结合，同时也可与 BAF 蛋白相结合。通过这种结合，不仅帮助核纤层蛋白聚合物锚定在核膜上，还能使染色质与内核膜相互作用。Nesprin 属于血影重复蛋白家族成员，具有 KASH 结构域，当 Nesprin 定位于外核膜后，其胞质结构域可以招募马达蛋白，C 端的 KASH 结构域与内核膜蛋白 SUN 形成 LINC 复合体，进而核纤层通过与 LINC 复合体 SUN 蛋白结合从而发挥介导细胞核骨架与细胞质骨架相互作用的功能。

（二）核纤层的功能

核纤层作为支撑细胞核的结构，在 DNA 复制、修复、转录过程中起到重要的调节作用；另外，核纤层是一种高度动态的结构，经历解聚和重新聚合的规律性变化，这种变化与核膜、染色质等周期性变化的活动密切相关。

1. 核纤层起到结构支撑作用 间期细胞核中的核纤层具有较强的刚性，核纤层外通过lamin B与内核膜上LBR结合，内与核基质相连，共同构成弹性的网架结构，维持核孔的位置和核膜的形态，使得核膜起到细胞质与细胞核之间的隔离与信息交换功能。而在近染色质一侧，lamin A和lamin C与染色质上的特异位点相结合，为其提供附着点，从而保证真核细胞间期染色质结构具有高度的有序性。

2. 核纤层参与DNA复制和基因表达 核纤层参与DNA复制与修复。首先，研究发现体外重建的细胞核体系中，由于缺少核纤层导致DNA不能复制，表明核纤层在染色质DNA复制过程中发挥作用。其次，核纤层功能异常患者细胞中的基因组不稳定，DNA修复反应滞后，端粒变短。进一步发现，lamin A是双链DNA断裂修复所必需的。

核纤层调节基因表达。在人的成纤维细胞中，与核纤层相连的染色质区域大多位于异染色质区，这些染色质上存在能特异结合核纤层的结构域（lamina associated domain，LAD）。LAD富含GAGA序列，可以结合转录抑制因子，从而沉默该区域的基因转录。因此，分布于核周边区域核纤层附近的基因，通常不转录或者转录活性低，而具有转录活性的基因常位于核的内部区域。

3. 核纤层与细胞分裂 核纤层与核膜崩解和重建密切相关。在细胞有丝分裂前期，核膜崩解，核膜崩解的前提是核纤层蛋白磷酸化。磷酸化的Lamin A/C失去与染色质的联系，解聚为单体，弥散到细胞质中，核膜也随之崩解成核膜小泡；由于Lamin B通过受体与核膜紧密连接，所以磷酸化的Lamin B仍然结合在核膜小泡上。分裂末期，核纤层蛋白去磷酸化在染色质周围又重新装配，导致核膜重建。

核纤层与染色质的凝集和染色体的去凝聚也息息相关。细胞间期，染色质与核纤层紧密结合，因此不能螺旋化成染色体。分裂前期，随着核纤层蛋白的解聚，染色质与核纤层蛋白的连接丧失，染色质逐渐凝集成染色体。而在分裂末期，染色体需要附着在新形成的核纤层上才能解聚为染色质（图10-15）。

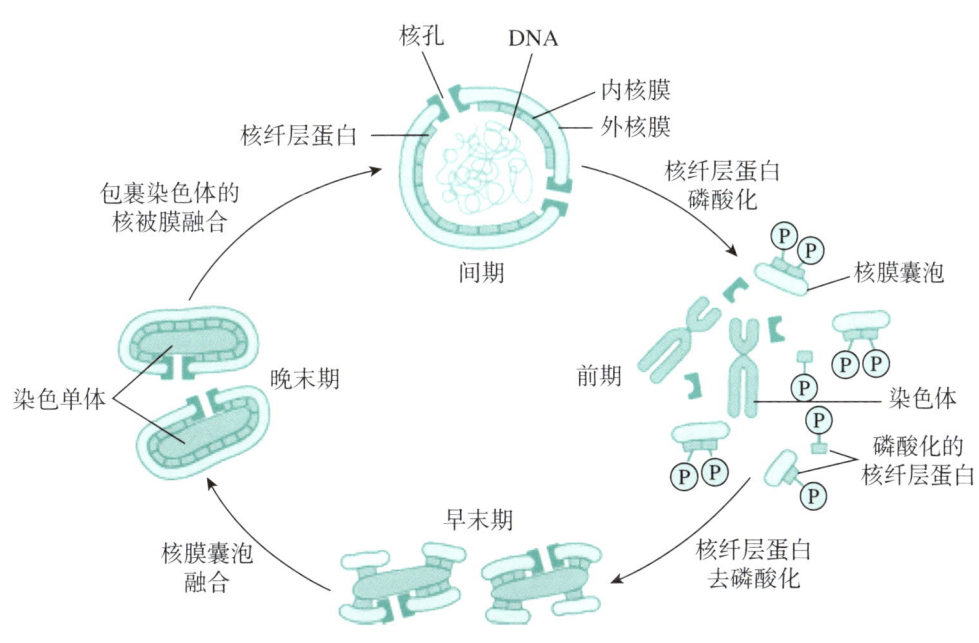

图10-15 核纤层在细胞分裂过程中的周期性变化

二、核基质

在实验室将分离纯化的大鼠肝细胞核用核酸酶消化，再用高盐溶液及非离子洗涤剂处理，去除膜脂、可溶性蛋白及染色质后，在电镜下可观察到核基质是由直径 3～30 nm 不等的纤维蛋白构成的三维网架结构（图 10-16），该网架与细胞核的外形及大小一致，其中纤维单体的直径为 3～4 nm，较粗的纤维是单体纤维的聚合体。核基质也是一种动态结构，可随细胞生理状态、细胞核功能状态的不同而发生可逆的变化。

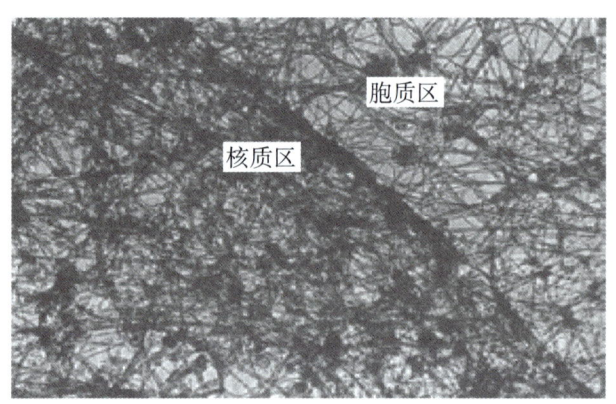

图 10-16 核基质的电镜照片

（一）核基质的成分

核基质的主要成分是蛋白质，其含量达 90% 以上。但组成核基质的蛋白质成分较为复杂，在不同类型细胞、不同生理状态的细胞及同一细胞整个细胞周期进程中均有明显差异。双向凝胶电泳显示，核基质蛋白多达 200 余种，以非组蛋白为主，可分为两大类：一类是核基质蛋白（nuclear matrix protein，NMP），存在于各种类型细胞中，呈纤维颗粒状分布在核基质的网架上，多数为纤维蛋白，也含有硫蛋白。主要包括：①DNA 拓扑异构酶Ⅱ，为间期细胞核骨架和分裂期染色体骨架的重要成分之一；②核内肌动蛋白，不仅存在于核基质组分中，很可能在 RNA 合成过程中起重要作用；③附着区结合蛋白（attachment region binding protein），能够特异性地与 DNA 上的核基质结合序列（matrix-attached region，MAR）结合。另一类是核基质结合蛋白（nuclear matrix associated protein，NMAP），包括与信号转导有关的蛋白、抑癌基因产物、与 DNA 复制和基因转录有关的酶类等，如蛋白酶 C、钙调蛋白、Rb 蛋白等，这类蛋白质与细胞类型、分化程度、生理及病理状态有关。NMP 与 NMAP 相互结合，使核基质能够在细胞内行使复杂多样的生物学功能。

核基质还含有少量的 RNA 和 DNA。其中，RNA 常与蛋白质形成 RNP，其对保持核基质空间结构的完整性起着重要作用；核基质 DNA 占核 DNA 总量的 1%～2%，一般认为这些 DNA 不是核基质的结构成分，只是一种功能性的结合。

（二）核基质的主要功能

核基质密布于整个核空间，在 DNA 复制、基因转录与加工、染色体空间构建、细胞分化等细胞活动中发挥着重要作用。

1. 核基质与 DNA 复制 大量的研究表明，核基质是 DNA 复制的基本位点和空间支架。

DNA 袢环以 MAR 特异结合到核基质上，从而使 DNA 复制可在核基质上进行。而 DNA 复制所需要的酶，如 DNA 聚合酶 α、DNA 引物酶和 DNA 拓扑异构酶Ⅱ和因子，会与 DNA 袢环一起共同锚定到核基质上，形成 DNA 复制体（DNA replisome），从而进行 DNA 复制。DNA 聚合酶通过与核基质的特异位点结合而被激活。MAR 序列富含 AT，含有 DNA 拓扑异构酶Ⅱ的作用位点，DNA 袢环通过 MAR 序列与 DNA 拓扑异构酶Ⅱ的结合而锚定到核基质上，从而可调控 DNA 的复制。而且，新合成的 DNA 也是先结合到核基质上，随着复制的进行而逐渐移向 DNA 环。有人推测 DNA 复制从链的起始到终止，整个过程都是在核基质上进行的。

2. **核基质与基因转录和加工** RNA 聚合酶在核基质上也有特殊的结合位点，有证据表明，正在转录的基因需要结合在核基质上，而且只有具有转录活性的基因才能选择性地与核基质结合，无转录活性的基因不与核基质结合。进一步的实验显示，在基因转录过程中，新合成的转录本与核基质紧密结合，因此核基质是细胞中 DNA 转录的位点。近年的研究发现，具有转录活性的基因两端存在有 MAR 序列，可增加基因的转录活性。核基质还可能是细胞核内 hnRNA 的加工场所。

3. **核基质与病毒复制** 核内病毒的复制也与核基质相关。先是发现单纯疱疹病毒的核衣壳在核基质上装配。也有报道显示，腺病毒的 DNA、mRNA 及蛋白质有结合于核基质的现象。作为外源基因的病毒 DNA，其基因表达过程与高等真核细胞自身基因表达有相似的规律，其 DNA 复制、RNA 转录及加工均须依赖核基质。

4. **核基质与染色体的构建** 染色体的层级构建首先是由核小体和 DNA 缠绕形成外径为 30 nm 的螺旋结构，再进一步折叠形成袢环样结构，这种袢环结合在核基质上构建形成染色体。研究表明，DNA 放射环能通过其两端的 MAR 序列锚定在核基质上，核基质中的非组蛋白为染色质提供锚定位点。由此推断，核基质可能对间期核内 DNA 的空间构象起着维系和支架作用，参与 DNA 超螺旋化的稳定过程。

5. **核基质与细胞分化相关** 细胞分化过程中，如果核基质结构和功能发生改变，基因选择性转录活性也会发生相应变化，继而引导细胞分化。因此，核基质作为一种动态结构，与细胞分化关系密切。在某些肿瘤细胞中，出现了一些新的核基质蛋白成分或发生了核基质蛋白的改变。

第六节 细胞核异常与疾病

细胞核是真核细胞遗传与代谢活动的控制中心，其结构和功能的异常或受损，会影响细胞生长、增殖、分化等生命活动，进而与多种疾病的发生和发展密切相关。

一、核-质转运异常与疾病

核膜内外的物质运输，对细胞核调控细胞功能及生命活动至关重要。核-质转运异常会干扰底物在细胞内的正确定位，从而诱发相应的疾病。

肌萎缩侧索硬化症（amyotrophic lateral sclerosis，ALS）是一种以中枢神经系统内的运动神经元逐渐丧失为特征的致命性疾病，俗称"渐冻人"。目前已证实多个基因与 ALS 的发病相关。其中，*C9ORF72* 基因突变是 ALS 最主要的致病机制，约占家族遗传性 ALS 人群的 25%。研究表明，*C9ORF72* 基因突变影响了细胞核与细胞质之间物质的正常转运，如在 ALS 患者的皮质神经元中，细胞核 RNA 明显多于正常神经元；患者神经元中特定的入核蛋白滞留在细胞质。而核-

质物质运输异常很可能与 C9ORF72 基因突变引起核孔复合体组分或结构异常相关，如 C9ORF72 基因突变转录生成的异常 RNA 能结合 RanGAP 蛋白、干扰其功能，RanGAP 是核质运输过程中的关键蛋白，在 Ran-GTP 水解形成 Ran-GDP 过程中发挥作用。另外，在家族遗传性 ALS 患者中，存在 4% ~ 5% FUS 基因突变，该基因突变干扰了 FUS 核定位信号，从而引发核转运异常，导致 FUS 蛋白错误定位于细胞质，这也是 ALS 重要的发病机制之一。与之相类似的，雄激素受体（androgen receptor，AR）或者 AR 上核定位信号突变导致 AR 不能正常入核，其亚细胞定位明显与前列腺癌以及雄激素不敏感症相关。

二、细胞核异常与衰老

衰老细胞最显著的特征是增殖缓慢，周期延长。细胞核结构与功能的异常是导致细胞衰老的直接因素。在人类早老征患者的表皮细胞中，发现核纤层增厚的现象，表明细胞衰老与核纤层结构异常有关。研究发现典型的 Hutchinson-Gilford 早衰征发生的主要病因：编码核纤层蛋白 Lamin A 的基因（*LMNA*）发生突变，产生了一个中间缺失 50 个氨基酸的前 Lamin A。其 C 端依然含有 CaaX 基序，虽然可进行法尼基化和甲基化的修饰，但缺失的氨基酸含内切蛋白酶的识别位点，最终形成永久性法尼基化和甲基化修饰的核纤层蛋白，称为早老素。早老素的积累引起细胞核纤层的损伤，从而影响基因组的稳定性。基因组的不稳定是细胞衰老的重要分子机制之一。虽然正常衰老细胞中也含有早老素，但其含量较低。另外，核纤层相关蛋白 *BAF* 基因突变也会引起非典型早衰征（Nestor-Guillermo progeria syndrome，NGPS）。

框 10-6　核纤层蛋白的成熟

核纤层蛋白与细胞质中间纤维蛋白具有共同的结构特点，由头部域（N 端）、中心杆状域和尾部域（C 端）组成。除 Lamin C 外，所有 Lamin 在 C 端均有一个 CaaX 基序，这个基序翻译后经多步修饰，如法尼基化、甲基化，最终形成成熟的核纤层蛋白。以 Lamin A 为例，其 C 端含有 CaaX 基序，称为前体 Lamin A（pre-Lamin A）。Lamin A 在翻译后，C 端基序作为异戊二烯化的信号，导致一个法尼基附着在其半胱氨酸残基上，接着是通过内切蛋白酶切除 aaX 残基，从而诱导蛋白 C 端发生半胱氨酸甲基化。C 端半胱氨酸残基的异戊二烯化及甲基化对于核纤层蛋白在内核膜上的定位是必需的。在内核膜上，pre-Lamin A 还需通过内切蛋白酶从 C 端去除最后 15 个氨基酸（含新加上的异戊二烯基团），产生成熟的 Lamin A。

近些年人们愈发认识到细胞衰老与 DNA 损伤累积和缺乏有效的 DNA 修复密切相关。如 Werner 综合征和 Bloom 综合征等早衰疾病是由于 DNA 解旋酶的基因发生突变，引起 DNA 复制和修复容易出错，从而导致核基因组不稳定。与基因组其他位置相比，端粒对衰老伴随的 DNA 损伤累积更加敏感。体细胞多次复制积累的 DNA 损伤会使端粒功能发生紊乱，累积到一定程度时会诱发端粒缩短或结构异常，细胞周期检查点发送 DNA 损伤信号，使细胞周期被阻滞在 G1 期，导致细胞衰老。此外，端粒缩短被认为是细胞衰老的重要标志之一，而且端粒损伤还会影响包括 *LMNA* 在内的多种 mRNA 的选择性剪接，从而刺激早老素的表达。

蛋白质合成的下调是生理性衰老过程中的一种适应性反应，它对长寿有积极的促进作用。而 rRNA 的表达是翻译速率的主要决定因素之一，可通过表观遗传修饰调控 rRNA 的表达。早前研究发现，在大鼠和人类肝细胞中，rDNA 位点的高甲基化与人和大鼠肝细胞的衰老呈正相关。最近的研究表明，rRNA 表达增加和核仁体积增大是 Hutchinson-Gilford 早衰综合征患者的成纤维细胞过早衰老的标志。以上发现表明，衰老细胞表现出 rDNA 高甲基化和增强的 rRNA 转录。因此，rDNA 甲基化引起其转录能力降低与 rRNA 转录水平升高之间的冲突，可能引起 rDNA 损伤和核仁缺陷的积累，启动核仁应激，最终导致细胞程序化衰老。

三、细胞核异常与肿瘤

就单一细胞而言，细胞核异常是肿瘤细胞与正常细胞相区别最显著的特点，这也与肿瘤细胞增殖、生长旺盛，代谢活跃的生理特征相一致。

与正常细胞相比，肿瘤细胞核的形态结构异常：细胞核较大，核质比增高，而且肿瘤细胞分化程度越低，核质比越大；细胞核拉长，边缘呈分叶、凹陷、出芽、弯月等不规则畸形；核膜增厚，形成小泡、皱褶，核孔数目增多；核内染色质增多，呈粗颗粒或团块状，且分布不均匀；核仁增大、数目较多且深染。

染色质的表观遗传修饰与肿瘤发生发展的关系十分密切：DNA 甲基化异常，如特定基因高甲基化，可导致基因表达功能缺失，从而诱导细胞癌变；组蛋白乙酰化酶和去乙酰化酶可与多种抑癌基因或原癌基因表达产物相互作用，参与癌症的进程。

核仁 rRNA 过表达已被证明与肿瘤细胞的恶性行为相关，核仁颗粒标记蛋白（marker protein nucleophosmin，NPM）过表达与实体肿瘤的预后恶化相关。一些核仁蛋白，如 NS（nucleostemin）和 Sirt7（Sirtuin 7），也通过独立于核糖体生物发生的分子机制表现出致癌特性。核仁应激条件下，多种信号，如 NF-κB 和 HIF-1α，在肿瘤的发生和进展中起着核心作用，提示核仁可能构成肿瘤侵袭性的致癌枢纽。

肿瘤细胞中的核基质蛋白及相关蛋白异常表达，导致锚定在核基质上的多种核内蛋白定位紊乱，引起基因表达失控；许多癌基因可结合于肿瘤细胞核基质上，或者核基质可能存在某些致癌物作用的位点。

小 结

细胞核是真核细胞内至关重要的亚细胞器，细胞核的出现是生命进化历程中一次质的飞跃，也是真核生物和原核生物的主要区别。间期细胞核的基本结构包括内外核膜、核周间隙、核孔复合体、染色质、核仁、核纤层及核基质。细胞核在细胞的生命活动中具有重要作用。一方面，细胞核是遗传信息储存、复制和转录的主要场所，其既保证了细胞遗传的稳定性，又形成了功能的区域化；另一方面，细胞核可以通过核孔复合体调节核膜内、外的物质运输和信息交流，实现对细胞功能的调控。因此，对细胞核的结构和功能的认识有助于深入探究细胞的生物学特性和相关疾病的发生机制，为未来的医学研究和新药开发提供理论基础。

整合思考题

1. 蛋白质的功能与蛋白质的定位有重要关联。细胞中一些蛋白质可以接受来自细胞内外不同的信号，从而在细胞质与细胞核之间相互转运和穿梭，以实现其不同的生物学功能，应

对复杂的环境。如果有一个蛋白质分子,在细胞静息状态下定位于细胞质;而在某些特定情况下如DNA损伤或细胞因子诱导下,发生了核转位。请根据核孔复合体、蛋白质出核和入核的转运知识或理论,尝试解释这种现象背后的细胞生物学机制。

2. 如果说细胞核是真核细胞遗传与代谢活动的控制中心,那么这个中心最重要的成员之一便是DNA。对人类体细胞而言,其DNA总长度达2 m,而细胞核的直径只有5~8 μm。如此小的细胞核如何确保完成众多的细胞生命活动?

3. 核纤层与核基质共同构成细胞核内的网架结构系统,它们之间的相互关系如何?

(李 扬 李正荣)

第三篇 物质代谢与调节

生物体的基本特征是新陈代谢，活细胞内的生命活动大多发生于代谢层面。机体一刻不停地与外环境进行物质交换，摄入营养物质并排出废物，以维持体内环境的相对稳定，从而延续生命。因此，代谢是生命体与非生命体最本质的区别。代谢包括从消化吸收到排泄的全过程，营养物质在体内代谢一般分为消化吸收阶段、中间代谢阶段、排泄阶段三个步骤。机体进行物质代谢同时伴随能量的释放、转移、利用和储存。

本篇将首先聚焦人体主要三大营养代谢物质：糖代谢、脂质代谢、氨基酸代谢的具体代谢过程，以及相同氧化去路——生物氧化，探讨在活细胞中发生的常见生化反应，通过这些反应，机体能够获取、储存、转移和释放能量，能量的获取、转化与运用是所有生命体的根本属性。接着，将介绍生命体重要的非营养物质——核苷酸的合成与分解代谢。核苷酸主要参与构成核酸，许多单核苷酸也具有多种重要的生物学功能。最后，探讨物质代谢转换和调节，真正解开人体通过调节代谢过程适应内外环境之谜。细胞化学的独特之处在于其极其敏锐的调控机制，能够对外部与内部环境的变化做出精确反应。机体是一个复杂的系统，存在于这一系统中的生物分子相互关联、互相依赖。近年来，人们已经意识到生物学的整体复杂性，以及基因与环境因素之间的复杂交互作用，而对这些交互作用的理解已经不能单单从基因组学、转录物组学和蛋白质组学水平去揭示。若物质代谢发生紊乱，将会在分子或细胞层面上发生变化，最终引起疾病。

在学习本篇时，要带着导学目标和案例分析去学习单个物质的代谢通路以及不同物质代谢的相互调节。根据组织细胞的代谢特点，思考具体某种细胞如何通过关键代谢酶来实现对代谢通路的精确调控，以达到与生理功能相适应的代谢方向与速率，从而维持生命的动态平衡；在应激或疾病状态下，关键酶的功能缺失如何直接调控代谢通路，一条代谢通路的改变又是如何间接影响其他代谢通路，从而导致检测指标的异常以及临床症状的出现。学习本篇，不仅能更好地认识生命体的代谢过程及规律，也能更好地认识物质代谢有序性调节的分子机制，还能为深入探讨当今代谢性疾病谱特点、寻找新的防治措施打下基础。

第十一章　糖　代　谢

导学目标

通过本章内容的学习，学生应能够：

※ **基本目标**
1. 复述糖的生理功能、消化吸收过程、糖代谢概况。
2. 描述糖酵解、糖异生、三羧酸循环、磷酸戊糖途径、糖原的合成与分解的关键步骤和关键酶。
3. 描述糖酵解、糖异生、三羧酸循环、磷酸戊糖途径、糖原的合成与分解的特点及生理意义。
4. 总结糖代谢调节的规律和生理意义。
5. 通过分析血糖的来源与去路深化对血糖调节途径的理解。

※ **发展目标**
1. 举例说明糖代谢紊乱所导致的疾病，分析原因和临床表现。
2. 利用糖代谢的知识分析限糖饮食的利与弊。

案　例

患者，女，50岁，3周前开始出现多尿、烦渴、多饮，无尿路感染症状。为进一步诊治而入院。自行步入病房，神清语利，自述平时身体健康，所以多年未到医院看病。本人是图书管理员，离异，独居在一个公寓内。不爱运动，很少锻炼。有20年吸烟史，平常20支/日，偶少量饮啤酒。查体合作，体检提示体重超重，其余未见异常。母亲和祖母都患糖尿病。化验检查发现：空腹血糖 8 mmol/L（正常参考值：3.9 ~ 6.1mmol/L），餐后2小时血糖 14.1 mmol/L（正常参考值 < 7.8 mmol/L）。空腹血脂：胆固醇 6.8 mmol/L（正常参考值 < 5.5 mmol/L）。尿液检查：葡萄糖（++），酮体（-），蛋白（-）。

糖尿病是以持续性高血糖和糖尿为主要症状，特别是空腹血糖和糖耐量受损为主的代谢性疾病。随着消费水平提升和人口老龄化，我国糖尿病患者数量大幅攀升。根据2020年我国学者发表于 BMJ 杂志的一项流行病学调查结果显示，我国成人糖尿病患病率为12.8%，糖尿病前期比例高达35.2%，糖尿病患者总人数达到1.298亿。我国糖尿病防治任重道远。

问题：
1. 血糖的来源和去路有哪些？机体如何维持血糖稳定？

案例解析

2. 糖尿病的发病机制是什么？
3. 血糖升高和血脂升高之间有关系吗？糖代谢与其他物质代谢存在何种联系？

第一节 概 述

一、糖的分类和结构

糖（carbohydrate）是自然界存在的一大类有机化合物，其化学本质是多羟基醛或多羟基酮及其衍生物或多聚物，元素组成有碳、氢、氧三种，由于早期发现糖中所含的氢和氧的比例为 2∶1，与水相同，故又称其为碳水化合物。但目前发现有些糖的氢氧比例并不是 2∶1，如鼠李糖（$C_6H_{12}O_5$），所以糖和碳水化合物的概念并不完全等同。糖在动植物体内分布广泛，其中以植物体内含量最多，如纤维素、木质素等，占其干重的 85%～95%。这种分布和丰度使得它成为机体主要的能量来源。

框 11-1 "carbohydrate" "saccharide" 和 "sugar" 的区别

这三个英文单词都有糖的意思，"carbohydrates" 在多数英文教材中指糖类的总称，而 "saccharide" 这个词源于拉丁语 "*saccharum*"（甘蔗属），意为 "sugar"，现在多用于 mono-saccharide, di-saccharide, tri-saccharide, poly-saccharide 等复合词中代表糖。sugar 则是从梵语 sharkara（砂糖）一词演变而来，现代英语中指的是具有甜味的单糖和简单的寡糖。

（一）糖的分类

糖可以根据活性基团、碳原子的数目、手性构型和组成形式等特征进行分类。常见的糖类活性基团包括醛基（—CHO）、酮基（—C=O）等，可以把糖分为醛糖和酮糖，如葡萄糖就是典型的醛糖，果糖就是典型的酮糖（图 11-1）。糖也可以根据其骨架中碳原子的数量进行分类，三个碳原子的糖称为丙糖，四个碳原子的糖称为丁糖，五个碳原子的糖称为戊糖，六个碳原子的糖称为己糖等。由于存在不对称的手性碳原子，糖分子通常是手性的，并具有旋光性，以最简单的三碳糖甘油醛空间结构为模型，人为地将糖分成 D 型-糖和 L 型-糖（图 11-2）。糖还可以根据其组成形式分为单糖、双糖、寡糖和多糖。例如，葡萄糖、果糖、半乳糖等都是单糖，蔗糖是典型的双糖，而淀粉、糖原、透明质酸则是常见的多糖。

（二）糖的结构

天然的葡萄糖，无论是游离的或是结合的，均属 D 构型。在溶液中，D-葡萄糖的 C-5 羟基上的氢可以自发地与 C-1 醛基发生加成反应，形成稳定的环式半缩醛结构（图 11-3）。C-1 上的醛基变成羟基，这个羟基部分呈现原来醛基的还原性，称为半缩醛羟基。它参与糖的大多数反应，决定了糖的主要化学性质。糖最重要的生物化学反应就是形成糖苷，这也是半缩醛羟基的特性反应。

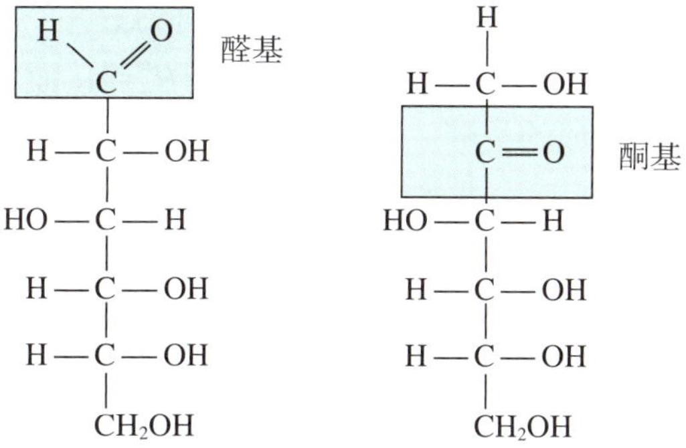

醛糖——葡萄糖　　酮糖——果糖

图 11-1　醛糖、酮糖示意图

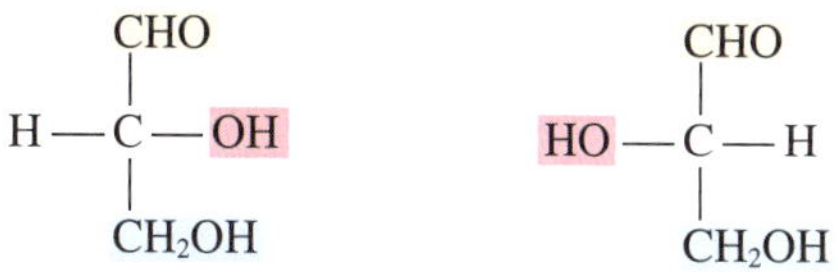

D-甘油醛　　L-甘油醛

图 11-2　D 型糖和 L 型糖

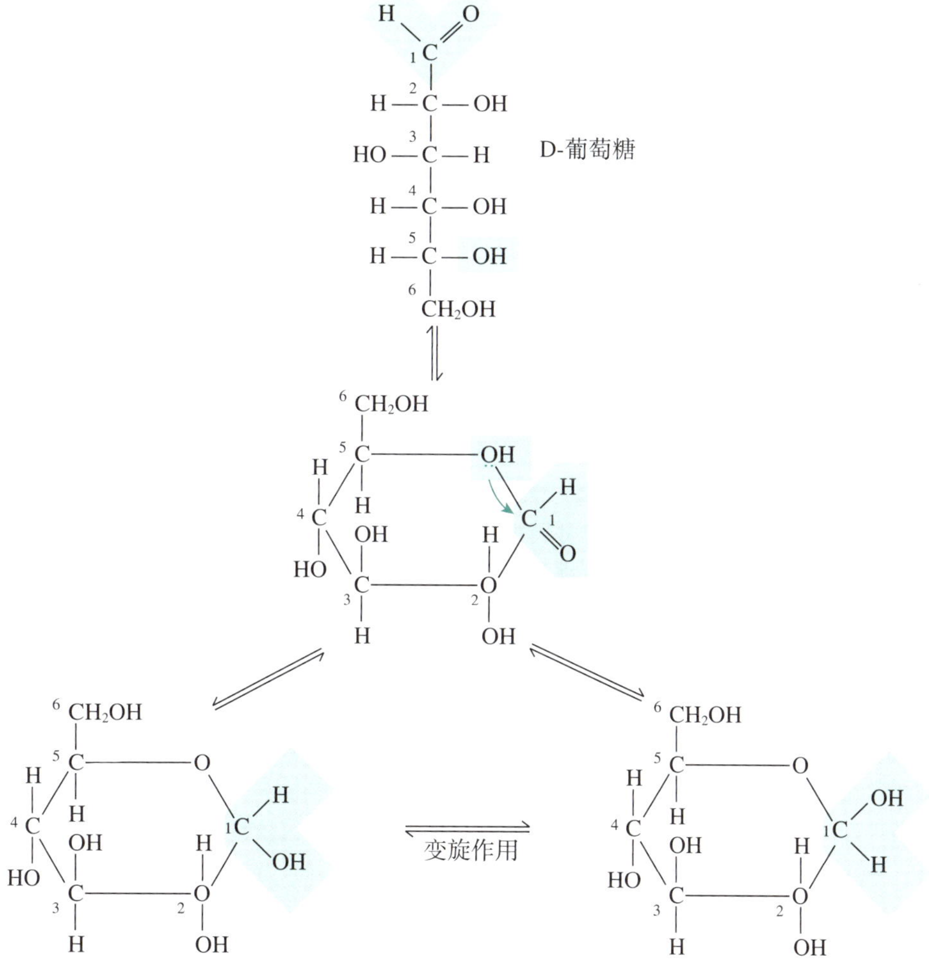

α-D-吡喃葡萄糖　　β-D-吡喃葡萄糖

图 11-3　葡萄糖在水溶液中形成环状结构

单糖可以通过脱水缩合反应连接成双糖、寡糖或多糖。单糖之间的脱水缩合一般发生在半缩醛羟基（—OH）和另一个羟基之间，形成一个糖苷键（O—C—O）。例如，葡萄糖和果糖可以通过脱水缩合，形成蔗糖。葡萄糖和葡萄糖可以通过脱水缩合，形成麦芽糖。葡萄糖和半乳糖可以通过脱水缩合，形成乳糖。单糖也可以自身发生脱水缩合，形成环状结构，如葡萄糖可以形成吡喃葡萄糖（图 11-3）。多个单糖可以通过连续的脱水缩合，形成长链或支链的多糖，如直链淀粉

(amylose)是葡萄糖分子之间通过α-1,4-糖苷键连接而成的长链，支链淀粉（amylopectin）还含有α-1,6-糖苷键连接而成的支链，糖原是葡萄糖分子以α-1,4-糖苷键或α-1,6-糖苷键连接而成的长链，而纤维素则是葡萄糖分子通过β-1,4-糖苷键连接而成的长链。

进入体内的多糖、寡糖一般可以分解产生单糖（mono-saccharides）、双糖（di-saccharides），这些糖的分解产物中以葡萄糖（glucose）占大多数。葡萄糖是体内最重要的糖类物质，食物中的淀粉和双糖水解后大多以葡萄糖形式被吸收，而其他吸收进入机体的单糖和双糖可以在肝内转变成葡萄糖。进入机体的葡萄糖不仅是哺乳动物的主要代谢燃料，同时也是合成其他糖类物质的前体，如：用于储存的糖原的原料葡萄糖；用于合成核酸的核糖和脱氧核糖；合成牛奶中乳糖的半乳糖；以及糖脂、糖蛋白、蛋白多糖的糖基。葡萄糖可转变成多种非糖物质，某些非糖物质亦可转变为葡萄糖。因此在机体的糖代谢中，葡萄糖的代谢居主要地位。本章主要介绍葡萄糖在体内的代谢。

二、糖的生理功能

（一）提供能量并作为储备能源

糖类物质是人类食物的主要成分，为机体提供能量是其最主要的生理功能。正常生理情况下，人体所需能量的50%～70%来自于糖。在某些组织细胞（如成熟红细胞）中，葡萄糖是唯一的供能物质。1 mol 葡萄糖完全氧化为 CO_2 和 H_2O 时可释放 2840 kJ（679 kcal）的能量，其中约40%转化为ATP，供机体生理活动所需，并可作为细胞、生物体的储备能源，如合成植物中的淀粉、动物细胞中的糖原等。

（二）转变成其他非糖含碳物质

糖是机体重要的碳源，其中间产物可转变成其他非糖含碳物质，构成生物有机体中的各种有机物质的碳架都是直接或间接地由糖类物质转化而来的，所以糖是生物体合成其他化合物的基本原料。如营养非必需氨基酸、脂质和核苷等，它们在体内具有重要的生理功能。

（三）构成组织细胞的重要结构成分及活性物质

多糖是细胞、生物体的一种结构物质，如纤维素是构成植物细胞壁的主要成分，几丁质和肽聚糖是构成微生物细胞壁的主要成分。还有些多糖作为动物细胞外的间质中的构造分子。体内重要的生物大分子如核酸、糖蛋白、蛋白聚糖和糖脂等均含有糖。核糖或脱氧核糖是DNA和RNA的组成成分，参与遗传信息的贮存与传递；糖蛋白的功能多样，寡糖链不但能影响蛋白质部分的构象、聚合及降解，还参与糖蛋白的相互识别和结合等；蛋白聚糖主要作为结构成分，分布于软骨、结缔组织、角膜等基质内，也参与构成关节的滑液、眼玻璃体的胶状物，分别起润滑作用和透光作用；糖脂是细胞膜的组分。除此之外，糖还参与构成体内某些重要的生物活性物质，如激素、酶、免疫球蛋白、血型物质和血浆蛋白等。

（四）参与细胞的通信与识别

有些糖类分子附着在细胞膜上的蛋白质或脂质分子上，通常被称为糖基化或糖基团，形成不同的糖蛋白或糖脂复合物。这些糖类生物分子可以用于细胞间的信号传递、细胞黏附和细胞识别等功能。它们还可以用于细胞的免疫识别，帮助免疫系统识别和清除体内的病原体。因此，细胞膜外侧的糖类分子对维持细胞的正常生理功能和机体的免疫防御具有重要作用。

三、糖的消化吸收

（一）糖的消化

人体摄入的糖类物质主要有植物淀粉、动物糖原、蔗糖、麦芽糖、乳糖和葡萄糖等，其中主要是淀粉及纤维素。这两种多糖都由葡萄糖聚合而成，但葡萄糖单体间的连接键不同，淀粉分子中的葡萄糖通过 α-1,4- 糖苷键及 α-1,6- 糖苷键相连，纤维素分子中的葡萄糖通过 β-1,4- 糖苷键相连。多糖必须经过消化道中各种酶的作用，水解成葡萄糖、半乳糖、果糖等单糖后才能被吸收入体内，这个水解过程称为消化。人体内无 β-1,4- 糖苷酶，无法消化食物中的纤维素，但后者有促进肠蠕动等作用，常被称为膳食纤维，为人类健康所必需。

抗性淀粉

淀粉的消化从口腔开始，唾液中含有 α 淀粉酶（α-amylase），催化淀粉分子中的 α-1,4- 糖苷键水解，将淀粉部分水解为麦芽糖、麦芽三糖及含分支的异麦芽糖和 α- 极限糊精。这些部分水解物随食糜进入胃，与胃酸混合导致唾液淀粉酶失去活性，因而在胃中基本无进一步消化。淀粉消化主要在小肠内进行，在肠腔中有胰腺分泌的 α- 胰淀粉酶，小肠黏膜上皮细胞刷状缘含有 α- 极限糊精酶、异麦芽糖酶、α- 葡萄糖苷酶及各种二糖酶（乳糖酶、蔗糖酶和麦芽糖酶），这些酶能使相应的糖水解为葡萄糖、果糖和半乳糖等单糖。有些成人缺乏乳糖酶，在食用大量含乳糖的食物如牛奶后，由于得不到乳糖酶的有效酶解进而阻碍吸收，其中的乳糖会在肠道中由细菌分解变成乳酸，这会破坏肠道的碱性环境，刺激肠道分泌大量的碱性消化液来中和乳酸，导致腹胀、腹泻等症状，这种症状称为乳糖不耐症。

（二）糖的吸收

消化后的单糖主要在小肠被吸收进入血，由于单糖为极性亲水分子，无法穿透疏水的细胞膜，因此需要转运蛋白的协助进入细胞内。单糖尤其是葡萄糖的跨质膜运输（包括肠道单糖的吸收入血和组织细胞对血中葡萄糖的摄取）是葡萄糖在体内代谢的限速步骤。根据功能不同，可将转运蛋白分为主动转运型的 Na^+ 依赖型葡萄糖转运蛋白（sodium-dependent glucose transporter，SGLT）和易化扩散型葡萄糖转运蛋白（glucose transporter，GLUT）。SGLT 主要存在于小肠黏膜和肾小管上皮细胞，以主动转运方式逆浓度梯度转运葡萄糖（图 11-4），葡萄糖和半乳糖在小肠的吸收依赖 SGLT。该家族包括 SGLT1、SGLT2、SGLT3 和 SGLT4 四个成员，其中 SGLT1 和 SGLT2 是最主要的两种类型。SGLT1 主要分布于小肠上皮细胞、肾小管上皮细胞表面，其功能是将葡萄糖从肠道吸收到血液中。SGLT2 则主要分布在肾近曲小管上皮细胞膜上，其功能是将肾小管中的葡萄糖重吸收回血液中。

而易化扩散的 GLUT 在人体中已发现有 14 种，分别在不同的组织细胞中发挥转运葡萄糖的作用，且不同组织中的 GLUT 分布不同，生物功能不同，决定了各组织葡萄糖代谢有差异。现在对其功能研究较多的有 GLUT1 ～ GLUT5（表 11-1）。GLUT1 是细胞基本的葡萄糖转运蛋白，广泛分布于全身各组织中，尤以红细胞和血脑屏障处的上皮细胞中含量丰富。GLUT2 主要分布于肝细胞和胰岛 β 细胞中，因其与葡萄糖亲和力较低，故而肝细胞能在餐后血液葡萄糖浓度较高时摄取过量葡萄糖，同时调节胰岛素分泌。GLUT3 在大脑内含量最多，主要分布于神经元上，尤其是轴突与树突上，对葡萄糖具有较高的亲和力和转运速率，这种动力学特点使得神经元能够尽可能多地获取并利用通过血脑屏障的葡萄糖。而 GLUT4 主要分布于脂肪及肌组织中，胰岛素调控的 GLUT4 膜转运对于机体血糖平衡的维持至关重要，GLUT4 转运障碍是机体产生胰岛素抵抗或患有 2 型糖尿病的主要表现之一。此外，耐力训练可增加肌组织细胞膜上 GLUT4 的数量。GLUT5 主要分布于小肠，为转运果糖进入细胞的重要载体。糖尿病患者要严格控制主食摄入量，尤其是葡萄糖的摄入量，同时注意控制动物性脂肪的摄入，多进食蔬菜和豆制品，以防止血糖浓度过度升高。

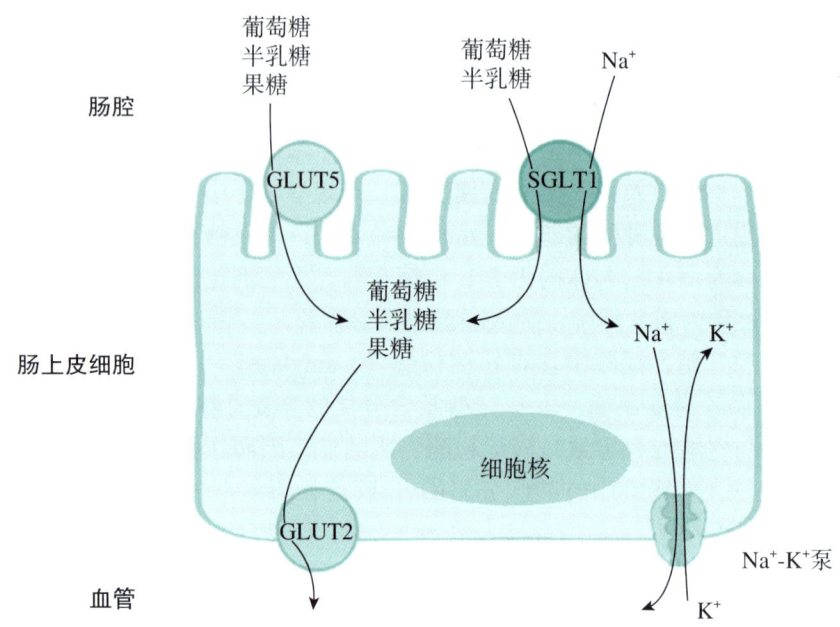

图 11-4　小肠中葡萄糖主动吸收示意图

表 11-1　葡萄糖转运体的功能和分布

名称	作用	K_m	组织分布
GLUT1	促进葡萄糖运输	1 mmol/L	大多数组织
GLUT2	促进葡萄糖运输	约 20 mmol/L	肝、肾、胰腺 β 细胞
GLUT3	促进葡萄糖运输	约 1 mmol/L	脑、胎盘、骨骼肌
GLUT4	促进葡萄糖运输，胰岛素依赖	5 mmol/L	骨骼肌／心肌脂肪细胞
GLUT5	促进果糖运输	5 mmol/L（果糖）	小肠

血糖反应（glycemic response，GR），血糖指数（glycemic index，GI）和血糖负荷（glycemic load，GL）

肠道中吸收的单糖（主要是葡萄糖）经门静脉入肝，肝细胞不仅能将摄取的其他单糖（如甘露糖、果糖和半乳糖）转变为葡萄糖进一步加以利用，还能够在餐后血液葡萄糖浓度较高时摄取过量葡萄糖用于合成糖原。

四、糖代谢概况

血中的葡萄糖在上述葡萄糖转运蛋白的帮助下被组织细胞摄取，这些葡萄糖在体内发生一系列复杂的化学变化，引起这些化学变化的反应构成了糖代谢途径。在不同类型的细胞中，糖的代谢途径有所不同；在不同的生理条件下，葡萄糖在同一类型细胞内代谢的途径也不同。供氧充足时葡萄糖进行有氧氧化，缺氧时进行无氧氧化。体内血糖充足时，肝、肌肉等组织可以将葡萄糖合成糖原进行储存，反之则进行糖原分解。此外，葡萄糖还可通过磷酸戊糖途径为细胞提供核糖和还原当量。有些非糖物质如乳酸、丙酮酸、生糖氨基酸等能经糖异生转变成葡萄糖或糖原。糖代谢的概况见图 11-5。

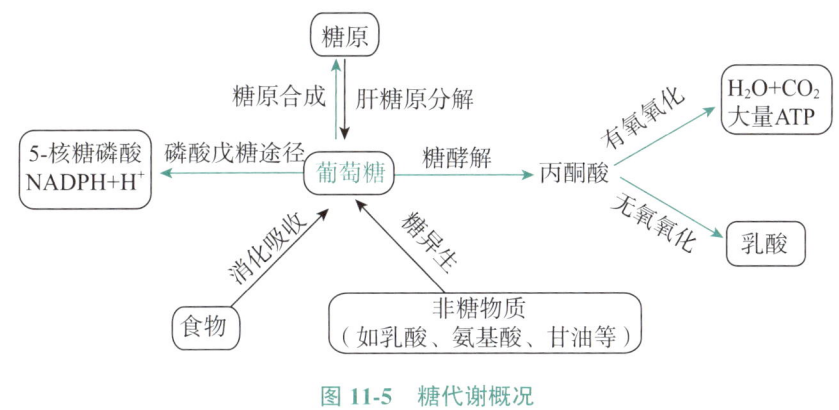

图 11-5　糖代谢概况

第二节　糖原的合成与分解

一、糖原的结构和功能

（一）糖原的结构

糖原（glycogen）是动物（包括人类）体内糖的储存形式，在人体中，糖原主要由肝和肌肉（主要为骨骼肌）的细胞产生与储存，当机体需要葡萄糖时，它可以被迅速动用以供急需。糖原是具有高度分支的不均一分子，其结构与植物支链淀粉结构相似，是由 α-1,4- 糖苷键（直链）与 α-1,6- 糖苷键（分支处）连接形成的大分子葡萄糖聚合物（图 11-6）。这种分支结构不仅增加了糖原的水溶性，有利于贮存，也增加了非还原端数目，糖原合成及分解均是从非还原端开始的，因而增加了糖原合成与分解时的作用位点。糖原以不溶性颗粒的状态贮存于细胞质中，糖原颗粒上结合有参与糖原代谢的酶。

糖原的结构及非还原末端

（二）糖原的功能

如上所述，餐后经消化吸收进入门静脉的葡萄糖浓度较高，肝细胞能够摄取过量葡萄糖用于合成糖原作为储备。糖原主要储存在肝、肌肉组织中，肝糖原约占肝重的 5%，总量约 100 g；肌糖原占肌肉重量的 1%～2%，总量约为 300 g；肾糖原含量极少（主要参与肾的酸碱平衡调节）。人体糖原总量约为 400 g，如仅靠糖原供能，只能消耗 8～12 h。糖原的存在保证了机体最需要能量供应的器官（脑和肌肉）紧张活动时对能量的需要，同时也保证了不间断地供给以维持恒定水平的血糖。糖原的生物学意义在于它能够贮存能量并且非常容易被动员（即参与供能）。当机体细胞中能量充足时，细胞即合成糖原将能量贮存起来；而当能量供应不足时，贮存的糖原则会降解为葡萄糖为机体提供 ATP。肝糖原的主要作用是维持空腹血糖浓度的恒定，供全身利用；而肌糖原的分解则提供肌肉本身收缩所需的能量。

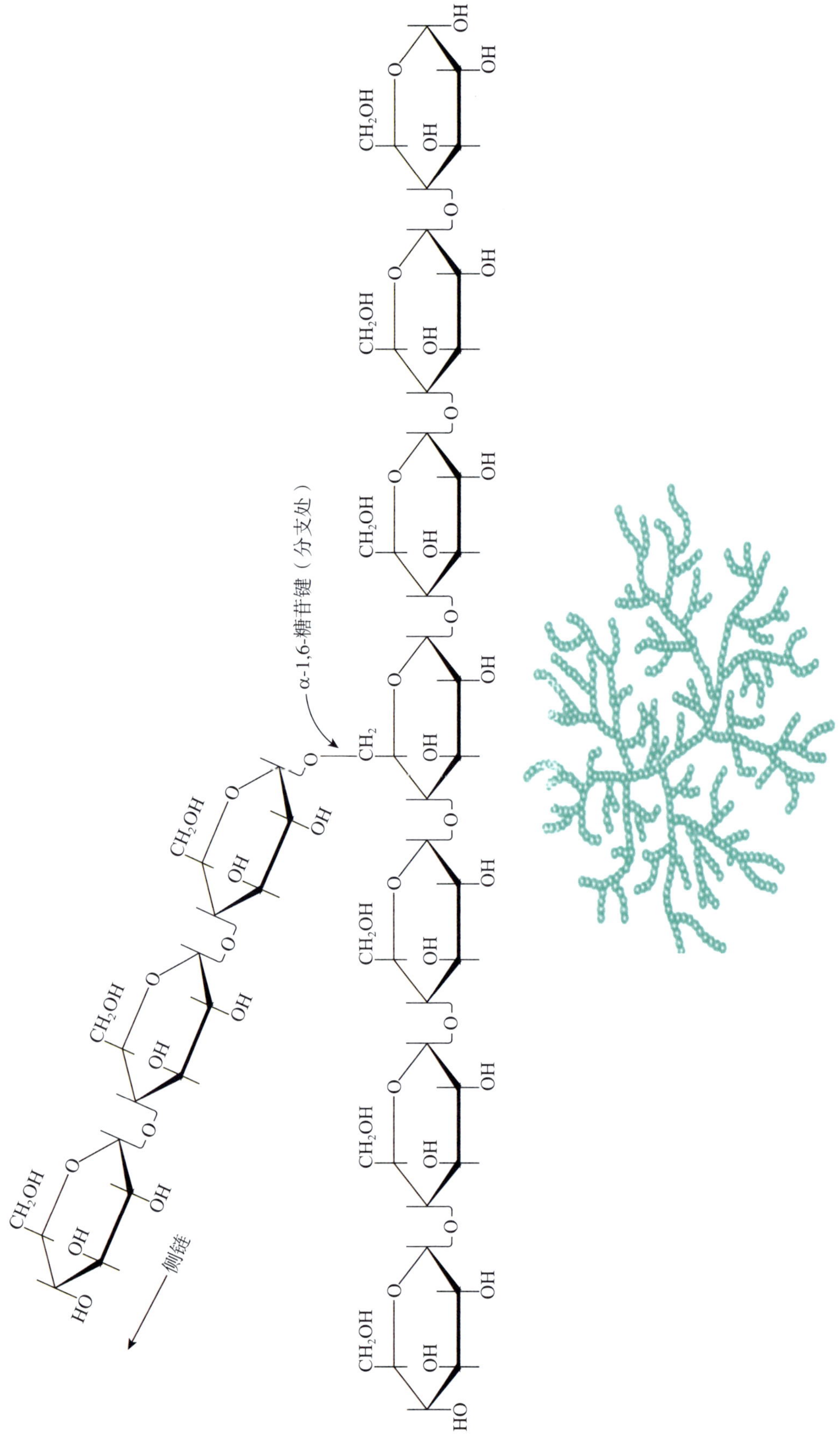

图 11-6 糖原的结构

二、糖原合成

肝、肌肉组织和肾都能合成糖原,但肾内合成的很少,主要合成场所是肝和肌肉组织。糖原合成(glycogenesis)过程的化学本质是催化葡萄糖分子之间生成 α-1,4-糖苷键(直链)和 α-1,6-糖苷键(分支处),两个葡萄糖分子之间无法直接形成糖苷键,需要先将葡萄糖分子活化才能用于糖苷键的合成,这种活性葡萄糖就是尿苷二磷酸葡萄糖(UDPG)。因此糖原合成过程首先是经过三步反应获得 UDPG,然后再将其用于与已有糖链间形成糖苷键,包括以下 4 步反应。

(一)葡萄糖的活化

1. 葡萄糖磷酸化 葡萄糖磷酸化反应是多种糖代谢途径中常见的第一步反应。该反应由己糖激酶(hexokinase,HK)催化,将 ATP 的磷酸基团转移给葡萄糖,Mg^{2+} 作为激活剂,生成葡萄糖-6-磷酸(glucose-6-phosphate,G-6-P),反应一般不可逆。哺乳动物体内已发现 4 种己糖激酶同工酶,分别称为 Ⅰ~Ⅳ 型。肝细胞中存在的是 Ⅳ 型,也称为葡萄糖激酶(glucokinase,GK)。它对葡萄糖的亲和力很低,K_m 值为 10 mmol/L,这使得它在葡萄糖浓度较高时才能够催化葡萄糖分子的活化。GK 的另一个特点是受激素调控。这些特点使葡萄糖激酶在降低血糖、维持血糖水平中起重要的生理作用。其他己糖激酶的 K_m 值约为 0.1 mmol/L,特异性不强,除葡萄糖外还可催化果糖和半乳糖的磷酸化。

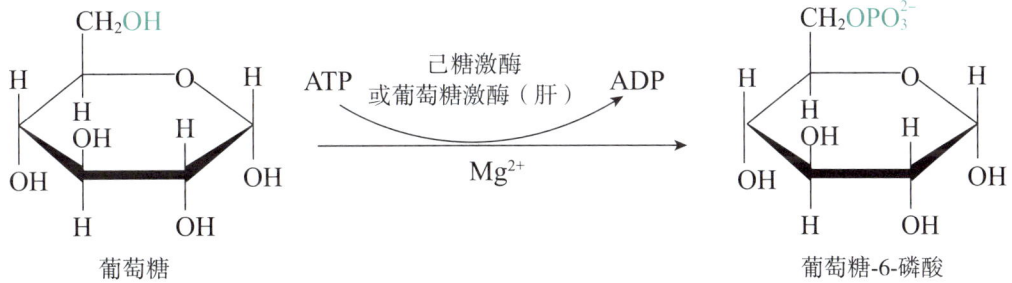

> **框 11-2 磷酸基团转移在代谢中的化学意义**
>
> 糖原合成是进入代谢篇后第一个被详细介绍的代谢途径,葡萄糖分子需要经过活化才能用于糖原合成,其活化过程包括葡萄糖的磷酸化、磷酸基团分子内转移以及 UDP 化,最终得到葡萄糖活性供体 UDPG。第一步的葡萄糖磷酸化反应,不仅存在于糖原合成,还出现在糖氧化(包括有氧和无氧氧化)、磷酸戊糖途径等葡萄糖分解代谢途径的起始阶段(图 11-7)。磷酸基团转移还可以出现在代谢途径的不同阶段,除了发挥激活代谢中间产物的作用外,还在能量转移中发挥重要作用,如糖酵解和三羧酸循环中底物水平的磷酸化,就是将高能磷酸基团从代谢中间物转移给 ADP 或 GDP,将能量以 ATP 或 GTP 的形式贮存下来。

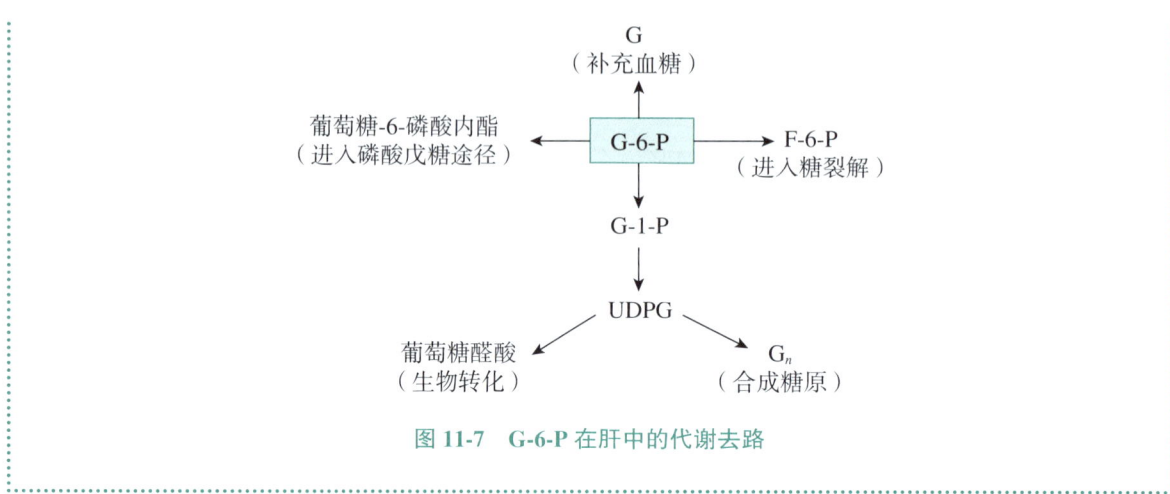

图 11-7　G-6-P 在肝中的代谢去路

从化学反应角度分析磷酸基团转移在代谢中的意义，为保证代谢过程顺利进行，经常需要给代谢中间物加上一个容易脱掉的离去基团而使其激活，使随后的反应变得容易进行。无机正磷酸（H_3PO_4，在中性溶液中主要以 $H_2PO_4^-$ 和 HPO_4^{2-} 的混合物存在，缩写为 Pi）和无机焦磷酸（两个正磷酸脱水形成 $P_2O_7^{4-}$，缩写为 *PP*i）在生物化学中经常用作离去基团，它们可以通过与代谢中间物形成磷酸酯或酸酐的方式使其被激活进入后续反应。磷酸基团取代不容易离去的羟基（如下所示，葡萄糖磷酸化成葡萄糖 -6- 磷酸），大大降低了后续亲核取代反应发生的难度。这也使得磷酸基团（—PO_3^{2-}）成为众多代谢途径中亲核取代反应中最常见的离去基团，参与磷酸化和去磷酸化等反应。

2. 葡萄糖 -1- 磷酸（glucose-1-phosphate，G-1-P）的生成　葡萄糖 -6- 磷酸经磷酸葡萄糖变位酶催化将 6 位上的磷酸基团转移到 1 位，生成 G-1-P，为下一步在 1 位上连接 UDP 做准备。

3. 尿苷二磷酸葡萄糖（uridine diphosphate glucose，UDPG）的生成　此反应在 UDPG 焦磷酸化酶的催化下进行，反应是可逆的，但由于细胞内焦磷酸化酶分布广，活性强，极易将焦磷酸分解为 2 分子磷酸，使反应主要向右进行。这一过程消耗的 UTP 可由 ATP 和 UDP 通过转磷酸基团生成，故糖原生成是耗能过程。糖原分子上每增加 1 分子葡萄糖，需消耗 2 分子 ATP。UDPG 可看成"活性葡萄糖"，在体内作为葡萄糖供体。

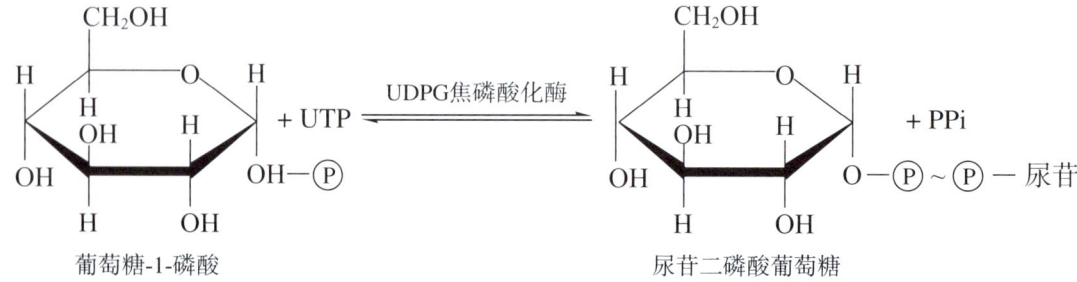

（二）糖链的生成

糖原合酶（glycogen synthase）无法启动糖原分子的从头合成，即催化游离葡萄糖和 UDPG 的葡萄糖基之间脱水缩合形成糖苷键。它只能催化 UDPG 的葡萄糖基转移到已有的较小糖原分子非还原端，形成 α-1,4- 糖苷键，使糖原增加一个葡萄糖单位（图 11-8）。这些小糖原分子被称为糖原引物。上述反应反复进行，可使糖链不断延长。

第一个糖原引物分子从哪里来？

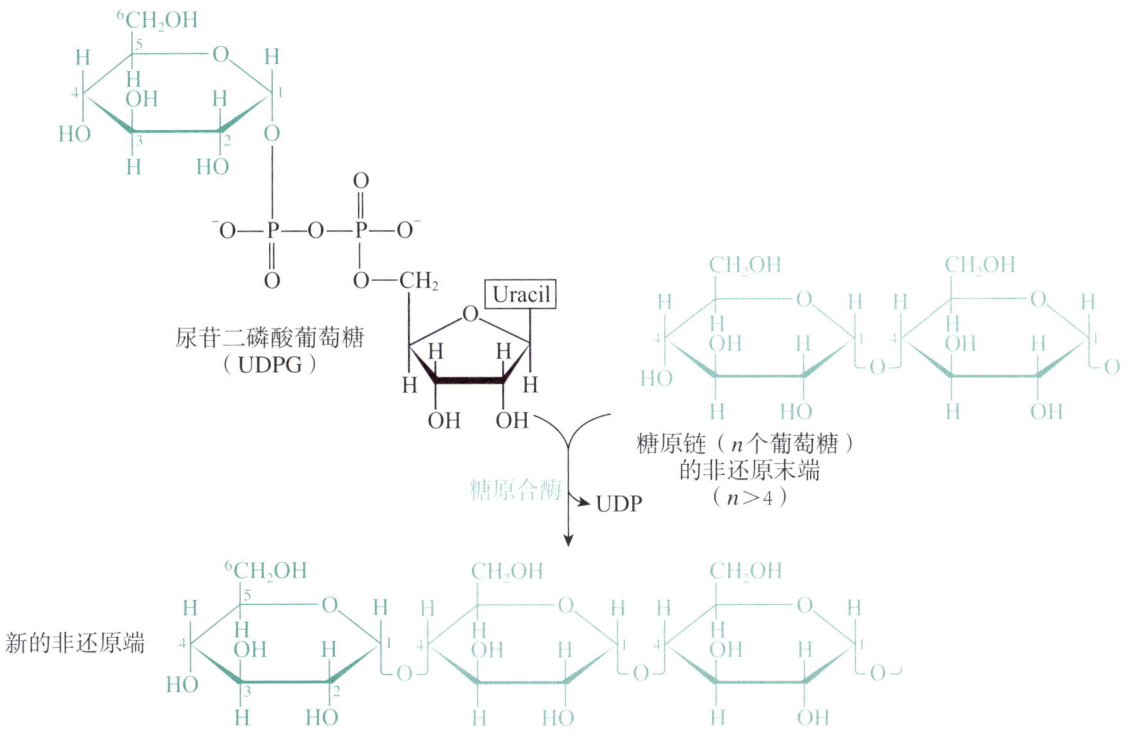

图 11-8　糖原合酶的作用下合成糖原

（三）糖链的分支

糖原合酶只能催化糖链的延长，不能形成分支。当糖链长度达到 12～18 个葡萄糖基时，由分支酶催化，将 6～7 个葡萄糖基转移至邻近的糖链上，以 α-1,6- 糖苷键相连接，从而形成糖原分子的分支。分支酶的作用见图 11-9。分支的形成不仅可增加糖原的水溶性，更重要的是增加了非还原端数目，以便糖原分解时磷酸化酶能迅速发挥作用。

（四）糖原合成的能量消耗

糖原合成的关键酶是糖原合酶。从葡萄糖合成糖原是一个耗能过程。葡萄糖磷酸化时消耗 1 分子 ATP，焦磷酸水解成 2 分子磷酸时又损失 1 个磷酸酐键，共消耗 2 分子 ATP。

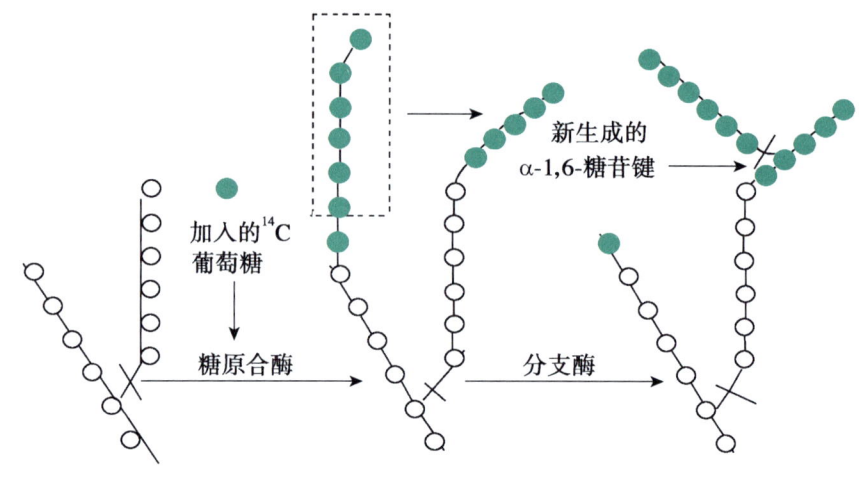

图 11-9 分支酶的作用

○⟋○ 为 α-1,6- 糖苷键；○—○ 为 α-1,4- 糖苷键

三、糖原分解

磷酸解和水解

（一）糖原分解为葡萄糖 −1− 磷酸

糖原分解（glycogenolysis）习惯上指肝糖原分解为葡萄糖。肝糖原分解的第一步从糖链的非还原端开始，在糖原磷酸化酶（glycogen phosphorylase）的作用下，从糖原分子上磷酸解下 1 个葡萄糖基，生成葡萄糖 -1- 磷酸。糖原磷酸化酶是糖原分解的关键酶。

$$\text{糖原}(G_n) + H_3PO_4 \xrightarrow{\text{糖原磷酸化酶}} \text{糖原}(G_{n-1}) + \text{葡萄糖 -1- 磷酸}$$

糖原磷酸化酶只能作用于 α-1,4- 糖苷键，对 α-1,6- 糖苷键无作用。当糖链上的葡萄糖基逐个水解至距离分支点约 4 个葡萄糖基时，由葡聚糖转移酶将 3 个葡萄糖基转移至邻近糖链的末端，仍以 α-1,4- 糖苷键连接。剩下 1 个以 α-1,6- 糖苷键与糖链形成分支的葡萄糖基被 α-1,6- 葡萄糖苷酶水解成游离葡萄糖。除去分支后，糖原磷酸化酶即可继续发挥作用。目前认为葡聚糖转移酶和 α-1,6- 葡萄糖苷酶是同一种酶的两种活性，合称脱支酶。脱支酶的作用见图 11-10。

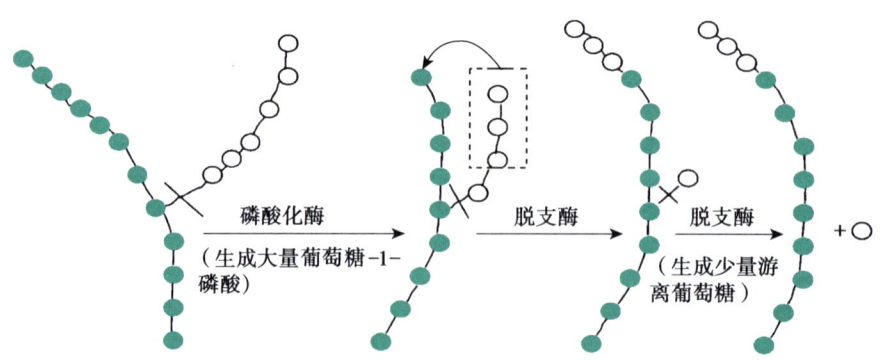

图 11-10 脱支酶的作用

○⟋○ 为 α-1,6- 糖苷键；○—○ 为 α-1,4- 糖苷键

（二）葡萄糖 -1- 磷酸转变成葡萄糖 -6- 磷酸

经磷酸化酶磷酸解生成的葡萄糖 -1- 磷酸接着在磷酸葡萄糖变位酶的催化下转变为葡萄糖 -6- 磷酸。

（三）葡萄糖 -6- 磷酸转变为葡萄糖

在葡萄糖 -6- 磷酸酶催化下，葡萄糖 -6- 磷酸加水，脱磷酸，转变为葡萄糖。葡萄糖 -6- 磷酸酶仅存在于肝中，因此肝糖原能直接分解成葡萄糖以补充血糖。而肌肉中缺乏葡萄糖 -6- 磷酸酶，肌糖原分解生成的葡萄糖 -6- 磷酸不能直接分解补充血糖，只能通过酵解生成乳酸在肌肉细胞内被利用。糖原分解与糖原合成是由不同的酶催化的两个方向相反而又保持相互联系的反应途径。

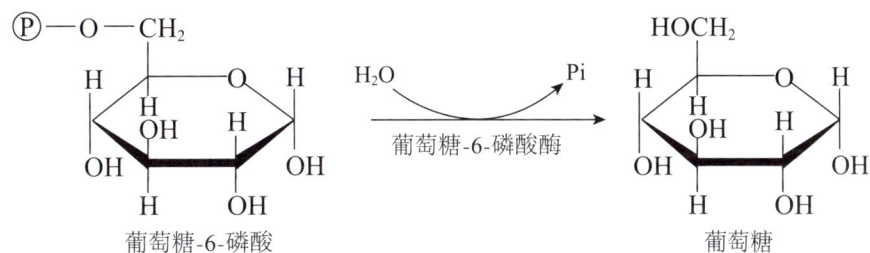

糖原合成及分解代谢途径可归纳为图 11-11。

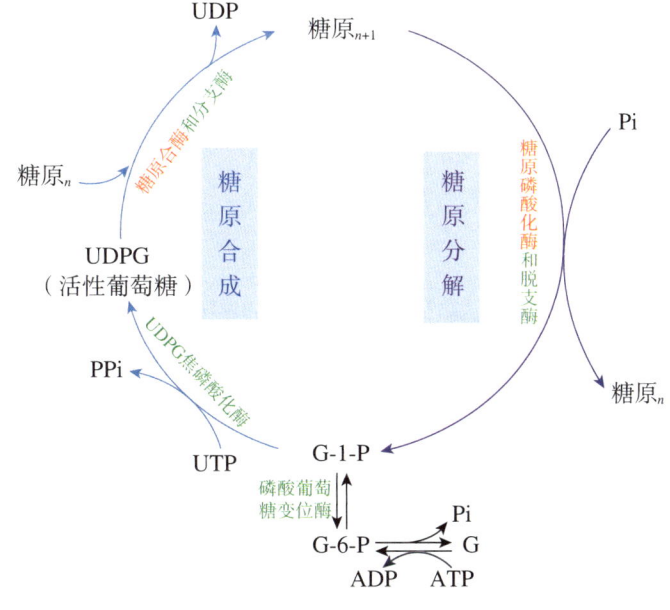

图 11-11 糖原的合成与分解

四、糖原合成与分解的调节

糖原的合成与分解不是简单的可逆反应，而是分别通过两条途径进行。为保障代谢高效、有序进行，这种方向相反的两条代谢途径在体内会受到复杂调控机制的精细协调调节。糖原合成与分解的生理性调节主要靠两种激素——胰岛素和胰高血糖素。前者抑制糖原分解，促进糖原合成；后者则通过诱导生成第二信使——环腺苷酸cAMP，促进糖原分解。肾上腺素也可通过cAMP促进糖原分解（详见第二十五章"细胞信号转导"相关内容），但可能仅在应激状态下发挥作用。同一种激素对相反方向的代谢途径发挥不同的调节作用，不同激素在发挥作用时还表现出组织选择性，肝主要受胰高血糖素的调节，而肌肉主要受肾上腺素的调节。调节的关键点分别是糖原合成和分解过程的关键酶：糖原合酶和糖原磷酸化酶，通过对其活性调控而影响整条途径的代谢速率。这两个酶的活性均受到共价修饰和别构调节两种快速调节方式的影响，以前者为主。

（一）共价修饰调节

糖原合酶和糖原磷酸化酶的共价修饰均受激素的调节。机体通过激素介导的蛋白激酶A（PKA）使两种酶都磷酸化，但活性表现不同，即磷酸化的糖原合酶处于无活性状态，而磷酸化的糖原磷酸化酶处于活性状态，使得糖原合成和分解的速率相互协调，以适应机体的需要。比如饥饿时，血糖含量下降，可使胰高血糖素和肾上腺素分泌增加，激活腺苷酸环化酶（adenylate cyclase，AC），使ATP转变为cAMP，cAMP再激活蛋白激酶A。蛋白激酶A可催化有活性的糖原合酶a磷酸化后失活为糖原合酶b，使糖原合成减少，减少因糖原合成消耗的血糖；同时通过磷酸化激活磷酸化酶b激酶，再催化无活性的糖原磷酸化酶b磷酸化后转变为有活性的糖原磷酸化酶a，促进糖原分解，使血糖浓度上升，从而维持血糖浓度恒定。此外，蛋白激酶A还催化磷蛋白磷酸酶抑制剂（胞内的一种蛋白质）磷酸化后转变为其活性形式，活化后的抑制剂与磷蛋白磷酸酶结合后，可抑制其酶活性，减少糖原合酶及糖原磷酸化酶的去磷酸化，进一步促进糖原分解和抑制糖原合成。糖原合成与分解的共价修饰归纳如图11-12所示。

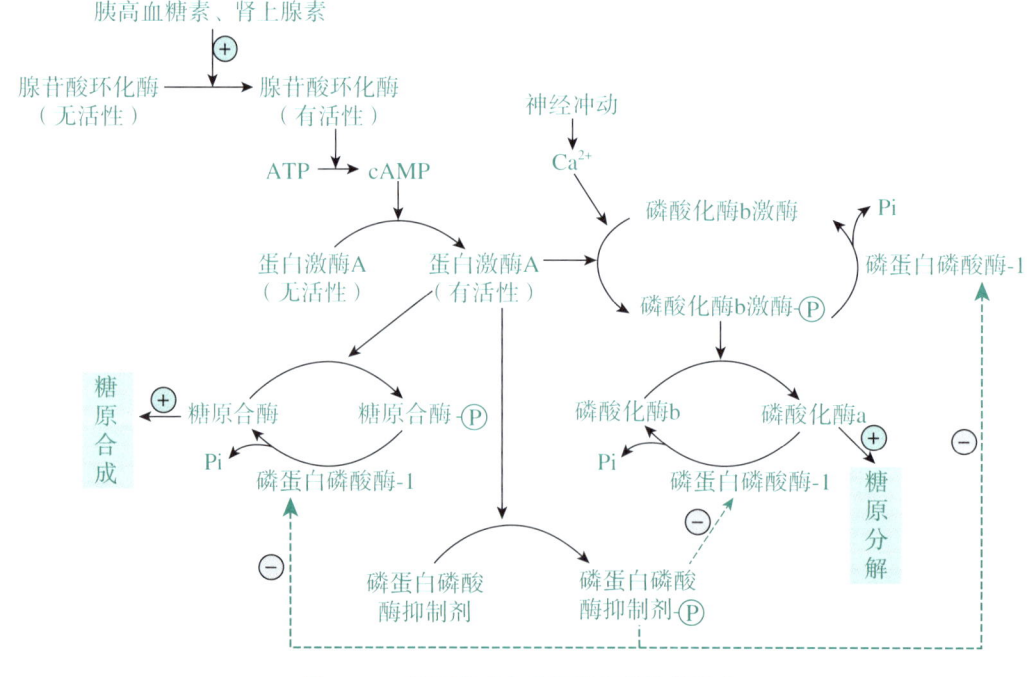

图11-12 糖原合成与分解的共价修饰调节
+：表示激活；-：表示抑制

(二)别构调节

产物葡萄糖、ATP 是糖原磷酸化酶的别构抑制剂,阻碍糖原磷酸化酶的活性。而 AMP 则是糖原磷酸化酶的别构激活剂,当体内 AMP 水平升高时,糖原磷酸化酶的活性被激活,从而加速糖原的分解,以满足机体对能量的动态需求。葡萄糖 -6- 磷酸和 ATP 是糖原合酶的别构激活剂,使无活性的糖原合酶 b 别构为有活性的糖原合酶 a,糖原合成增加。

(三)肝糖原与肌糖原代谢调节的区别

肝糖原和肌糖原是两种不同的多糖,肝糖原主要存在于肝中,肝糖原的代谢对于维持血糖水平非常重要。肌糖原主要存在于肌肉组织中,主要用于提供能量,肌肉组织不能直接释放葡萄糖到血液中(图 11-13)。肝中的糖原分解主要受到糖原磷酸化酶和糖原合酶的调节。这些酶可以调节肝糖原的分解,产生葡萄糖,以维持血糖水平。肌糖原分解主要受到糖原磷酸化酶的调节,分解的产物供肌肉组织自身利用。肝糖原的分解受到多种调节因子的影响,包括胰岛素和胰高血糖素等激素。肌糖原的分解主要受到运动和肌肉活动的调节,每次神经元刺激肌肉收缩时,细胞膜 [Ca^{2+}] 都会短暂升高,并通过钙调蛋白亚基激活磷酸化酶激酶。因为磷酸化酶 b 激酶 δ 亚基就是钙调蛋白,Ca^{2+} 与其结合,即可激活磷酸化酶 b 激酶,促进磷酸化酶 b 磷酸化为磷酸化酶 a,加速糖原分解,使肌肉获得收缩所需要的能量。

总体而言,肝糖原和肌糖原在机体中有不同的生理作用和代谢调节方式,以适应不同组织的能量需求和血糖调节功能。

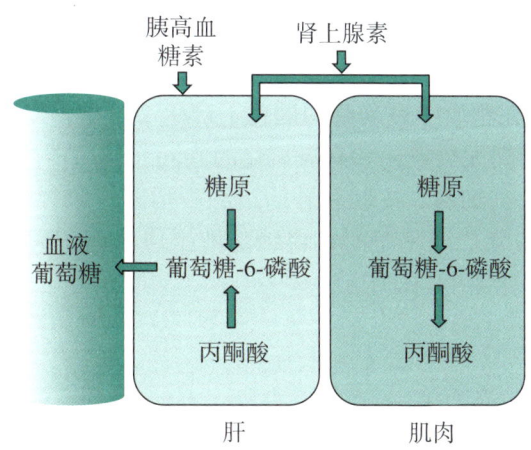

图 11-13　肝糖原和肌糖原在代谢调节方面的差异

五、糖原贮积病

糖原贮积病(glycogen storage disease,GSD),也被称为糖原累积症,是一组罕见的遗传性代谢障碍疾病,主要由于体内糖原合成或分解相关酶类缺陷而导致糖原在肝、肌肉和其他组织中异常积聚,影响这些组织的正常功能。

糖原合成和分解代谢所必需的酶至少有 8 种,这些酶的缺乏均可导致糖原贮积病。但因其所缺陷的酶种类不同,受累的器官部位不同,糖原的结构也有差异,造成的具体症状和对机体的损害程度会有所不同。例如,肝型糖原贮积病(GSD I,von Gierke 病)是由于葡萄糖 -6- 磷酸酶缺陷导致肝中的糖原过度积聚。患者通常表现为低血糖、肝大、生长迟缓和高乳酸血症。糖原贮积病都是基因缺陷导致的,目前尚没有有效的治疗方法,理论上可以通过基因编辑等技术进行治疗,但实际操作仍有很长一段路要走。对于症状不是很严重的 GSD,可以通过特殊饮食得以缓解,但通常需要终身关注和管理。此外,遗传咨询对于家族中有糖原贮积病的人群尤为重要。

第三节 糖的分解代谢

经消化吸收通过门静脉进入肝的葡萄糖,可以部分用于合成肝糖原储存备用,除了合成糖原外,转运进入细胞内的葡萄糖又是如何被分解利用的呢?根据其反应条件和反应途径的不同,可以将体内糖的分解代谢方式分为 4 种:①在氧供应不足时进行糖的无氧氧化,提供部分急需的能量,同时也是少数组织细胞如红细胞等生理情况下的供能途径;②在有氧时进行糖的有氧氧化,是供能的主要途径,1 mol 葡萄糖经有氧氧化生成二氧化碳和水,并生成 32 mol 或 30 mol ATP;③通过磷酸戊糖途径,提供有重要生理功能的磷酸核糖和 NADPH+H$^+$;④糖醛酸途径,主要在肝内进行,提供尿苷二磷酸葡萄糖醛酸(uridine diphosphate glucuronic acid,UDPGA),它是蛋白多糖的重要成分和生物转化中最重要的结合剂。

一、糖无氧氧化

葡萄糖或糖原在无氧或缺氧情况下分解生成乳酸和 ATP 的过程,称为糖的无氧氧化(anaerobic oxidation)。糖的无氧氧化分为糖酵解和乳酸生成两个阶段。第一阶段是糖酵解(glycolysis),1 分子葡萄糖在胞质一系列酶的催化下产生 2 分子丙酮酸,并生成 2 分子 ATP 和 2 分子 NADH。糖酵解是葡萄糖无氧氧化和有氧氧化的共同起始途径。全身各组织细胞内均可进行糖酵解,尤其以肌肉组织、红细胞、皮肤和肿瘤组织中活跃。第二阶段为丙酮酸还原生成乳酸,即在人体组织不能利用氧或氧供应不足时,将糖酵解生成的丙酮酸进一步在胞质中还原生成乳酸。糖的无氧氧化反应过程如图 11-14 所示。

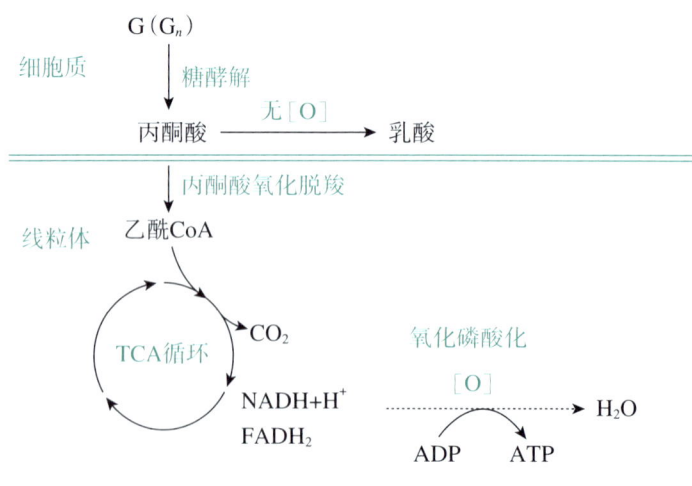

图 11-14 糖的无氧氧化反应过程

框 11-3　glycolysis 和糖酵解

　　Glycolysis 由两部分词根构成，glyco 来源于希腊文的"glykys"，意思是甜或糖，lysis 是断裂的意思，组合在一起从字面上看是糖断裂的意思。其英文定义为：a molecule of glucose is degraded in a series of enzyme-catalyzed reactions to yield two molecules of the three-carbon compound pyruvate（摘自 Lehninger "Principles of Biochemistry" 8th edition.）。翻译过来就是 glycolysis 是一分子葡萄糖经一系列酶促反应分解生成两分子丙酮酸的过程。这与中文教科书上的定义是一致的。无论从词源还是从定义上来看，glycolysis 都没有无氧的含义。此外，glycolysis 是糖无氧氧化和有氧氧化的共同途径，其产物丙酮酸在有氧条件下进入线粒体氧化脱羧生成乙酰辅酶A，再经三羧酸循环和呼吸链彻底氧化成 CO_2 和 H_2O；无氧条件下丙酮酸接受 glycolysis 中生成的 NADH 上的 H 被还原为乳酸（图 11-15）。糖的无氧氧化和有氧氧化共有一个跟氧无关的阶段—glycolysis。

　　中文"糖酵解"一词中的"酵"字本义是酒母，原指含有大量能将糖类发酵成酒精的人工酵母培养液，这与后来认识到的乙醇发酵有关。乙醇发酵是指在厌氧条件下，微生物通过 glycolysis 将葡萄糖转化为丙酮酸，丙酮酸进一步脱羧形成乙醛，乙醛最终被还原成乙醇的过程（图 11-15）。因此糖酵解如果从字面上来理解应该是糖的无氧氧化，即 glycolysis 过程加上无氧条件下丙酮酸的后续转变。既然 glycolysis 是一个跟氧无关的代谢过程，把它跟中文的糖酵解对应起来就不太合适。加之 glycolysis 是糖无氧氧化和有氧氧化的共同途径，如果把 glycolysis 称为糖酵解途径也容易引起歧义，所以似乎把 glycolysis 翻译成糖裂解更为合理，但这与很多中文教材中的译法都不同，尚需业内达成共识。

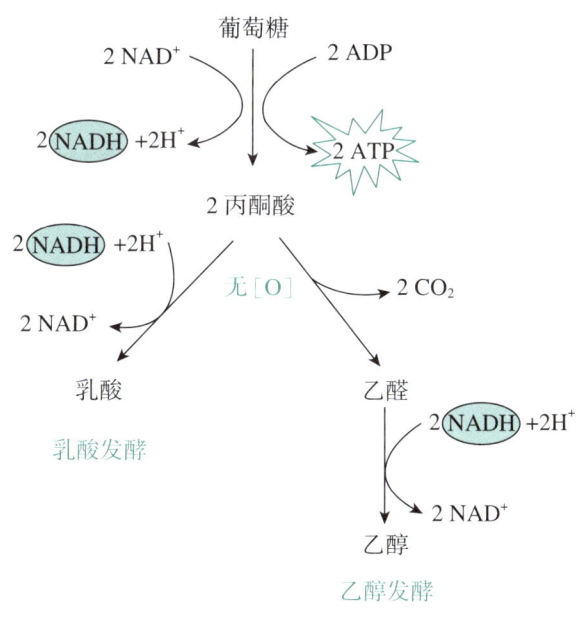

图 11-15　乳酸、乙醇发酵

（一）葡萄糖分解为丙酮酸（糖酵解）

六碳的葡萄糖分解为两分子三碳丙酮酸的过程共分为 10 步。

第一阶段：准备阶段

准备阶段也是耗能阶段，1 分子葡萄糖分解为 2 分子 3- 磷酸甘油醛，此阶段包括 5 步反应。

1. 葡萄糖磷酸化生成葡萄糖-6-磷酸（glucose-6-phosphate，G-6-P）

这步反应与糖原合成的第一步反应相同，进入细胞的葡萄糖在己糖激酶（肝内为葡萄糖激酶）的催化下转变成 G-6-P，由 ATP 提供磷酸基和能量，并有 Mg^{2+} 参与反应。这一步是不可逆反应。但如果裂解从糖原开始，糖原中的葡萄糖基经糖原磷酸化酶催化，可以直接生成 G-1-P，再由磷酸葡萄糖变位酶催化转变为 G-6-P，此过程不需要消耗 ATP。

2. 果糖-6-磷酸（fructose-6-phosphate，F-6-P）的生成 这是由磷酸己糖异构酶（phosphohexoisomerase）催化的醛糖（葡萄糖）与酮糖（果糖）的异构反应，反应是可逆的，需 Mg^{2+} 参加。

葡萄糖-6-磷酸 ⇌(磷酸己糖异构酶 / Mg^{2+}) 果糖-6-磷酸

3. 果糖-6-磷酸磷酸化生成果糖-1,6-二磷酸（1,6-fructose-bisphosphate，F-1,6-BP 或 FBP）
这是糖酵解途径中第二次磷酸化反应，由关键酶磷酸果糖激酶-1（phosphofructokinase-1，PFK-1）催化，同样需要 ATP 和 Mg^{2+} 参加，生成果糖-1,6-二磷酸。该反应也是不可逆的。

果糖-6-磷酸 →(ATP → ADP, 磷酸果糖激酶-1 / Mg^{2+}) 果糖-1,6-二磷酸

此外，体内还有磷酸果糖激酶-2（PFK-2），催化果糖-6-磷酸的 2 号位碳原子 C-2 磷酸化，生成果糖-2,6-二磷酸，虽然它不是糖酵解途径的中间产物，但在糖酵解的调控中发挥重要作用（详见糖无氧氧化的调节）。

4. 果糖-1,6-二磷酸裂解为 2 分子磷酸丙糖 两端加上磷酸基团的果糖在醛缩酶催化下中间的 C-C 键发生断裂，1 分子果糖-1,6-二磷酸裂解为 1 分子 3-磷酸甘油醛和 1 分子磷酸二羟丙酮，反应是可逆的。

羰基在代谢过程 C-C 键的形成和断裂中的重要作用

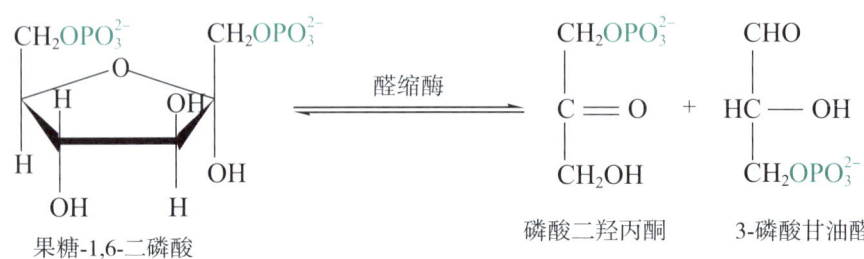

果糖-1,6-二磷酸 ⇌(醛缩酶) 磷酸二羟丙酮 + 3-磷酸甘油醛

5. 磷酸丙糖的同分异构化　3-磷酸甘油醛与磷酸二羟丙酮是同分异构体,在磷酸丙糖异构酶的催化下可相互转变。当 3-磷酸甘油醛在下一步反应中被消耗时,促使这个可逆的磷酸丙糖异构反应向生成 3-磷酸甘油醛的方向进行,相当于 1 分子果糖 -1,6- 二磷酸裂解为 2 分子的 3- 磷酸甘油醛。其他己糖如果糖、半乳糖和甘露糖等也可以转变成 3- 磷酸甘油醛。

上述 5 步反应为糖酵解途径中的耗能阶段。在此阶段中,1 分子葡萄糖生成 2 分子磷酸丙糖,但 C-C 键断裂并没有产生可以供细胞利用的能量,反而消耗了 2 个 ATP。那么接下来 3- 磷酸甘油醛是如何转变成糖酵解的终产物丙酮酸并同时将能量储存下来的呢?仔细观察 3- 磷酸甘油醛和丙酮酸的化学结构差别(图 11-16),可以发现,3- 磷酸甘油醛接下来经历的反应需要使得 C-1 位上的醛基转变成羧基,C-2 位上的羟基变为羰基,C-3 位上需要脱掉磷酸基及与磷酸基形成酯键的羟基氧。下面将讲述这些化学结构的改变是通过哪些化学反应实现的。

图 11-16　3- 磷酸甘油醛和丙酮酸化学结构的比较

第二阶段:产能阶段。

6. 3- 磷酸甘油醛氧化为 1,3- 二磷酸甘油酸　在 3- 磷酸甘油醛脱氢酶(glyceraldehyde-3-phosphate dehydrogenase,GAPDH)催化下,3- 磷酸甘油醛 C-1 位的醛基氧化脱氢为羧基(如上分析的 3- 磷酸甘油醛与丙酮酸之间的化学结构差异,在这一步通过氧化完成了 C-1 位醛基向羧基的转变),新生成的羧基随即与无机磷酸形成酰基磷酸键,是一个混合酸酐,具有高的水解势能,因此生成的 1,3- 二磷酸甘油酸是一个高能分子。同时 NAD^+ 作为辅酶接受氢和电子生成 $NADH+H^+$,这是糖酵解中唯一的一次脱氢反应。此步反应可逆。

酸酐和高能磷酸化合物

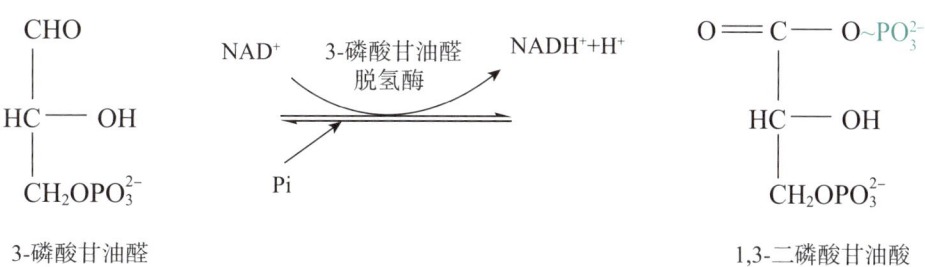

7. 1,3-二磷酸甘油酸转变成 3-磷酸甘油酸　1,3-二磷酸甘油酸在磷酸甘油酸激酶（phosphoglycerate kinase）和 Mg^{2+} 存在时，其混合酸酐上的磷酸基转移至 ADP 生成 ATP，并生成 3-磷酸甘油酸，至此 1 位醛基通过上一步的氧化和这一步的磷酸基团转移完成了向羧基的转变，3-磷酸甘油酸距离丙酮酸还差 C-2 位上羟基到羰基的转变以及 C-3 位上脱磷酸基及脱羟基变成甲基，这两个位置的化学转变是否像 C-1 位那样各自独立完成呢？

值得注意的是，这步 1,3-二磷酸甘油酸的磷酸基团转移生成了糖酵解过程中的第一个 ATP。由于底物分子内能量重新分布，产生高能键（混合酸酐键），这种高能磷酸化合物的底物直接将能量转移给 ADP 生成 ATP 的过程，称为底物水平磷酸化（substrate level phosphorylation）。这是体内产生 ATP 的次要方式，不需要氧。

8. 3-磷酸甘油酸转变为 2-磷酸甘油酸　为完成上述 C-2、C-3 位的转变，3 磷酸甘油酸首先在磷酸甘油酸变位酶（phosphoglycerate mutase）的催化下，附着在变位酶 His 残基上的磷酸基转移到 3-磷酸甘油酸 C-2 的羟基上，形成中间产物 2,3-二磷酸甘油酯（2,3-BPG）。然后，2,3-BPG 的 C-3 处的磷酸基转移到相同的 His 残基上，生成 2-磷酸甘油酸，该反应中 Mg^{2+} 是必需的离子。这步的磷酸基团转移使得 C-3 位上只剩下了羟基，与丙酮酸 C-3 位的甲基相比，只需要一步脱羟基的反应。

9. 2-磷酸甘油酸转变为磷酸烯醇式丙酮酸　烯醇化酶（enolase）催化 2-磷酸甘油酸脱水生成磷酸烯醇式丙酮酸（phosphoenolpyruvate，PEP）。这步反应不仅巧妙地以脱水的方式将 3 位上的羟基脱掉（这种以脱水的方式脱去羟基在代谢转变中很常见），而且造成分子内部的能量重新分布，形成高能磷酸化合物——磷酸烯醇式丙酮酸。磷酸烯醇式丙酮酸与烯醇式丙酮酸之间仅仅相差一个磷酸基团，因为丙酮酸包含有酮式和烯醇式两种同分异构体，也就是说距离丙酮酸只差一步磷酸基团的转移反应。

$$\text{2-磷酸甘油酸} \xrightarrow{\text{烯醇化酶}} \text{磷酸烯醇式丙酮酸} + H_2O$$

磷酸烯醇式丙酮酸 ⟶ 丙酮酸（烯醇式）⟶ 丙酮酸（酮式）

10. 丙酮酸的生成 在丙酮酸激酶（pyruvate kinase, PK）的催化下，磷酸烯醇式丙酮酸水解，将能量转移到 ADP 上，生成烯醇式丙酮酸和 ATP。烯醇式丙酮酸迅速非酶促转变成酮式丙酮酸。反应需要 K^+ 和二价阳离子（Mg^{2+} 或 Mn^{2+}）参与，生理条件下该反应不可逆，丙酮酸激酶为催化这一反应的关键酶。这是糖酵解中第二次底物水平磷酸化生成 ATP。至此，糖酵解第二阶段——3-磷酸甘油醛向丙酮酸的结构转变过程完成，同时将能量以 ATP 的形式保存下来。

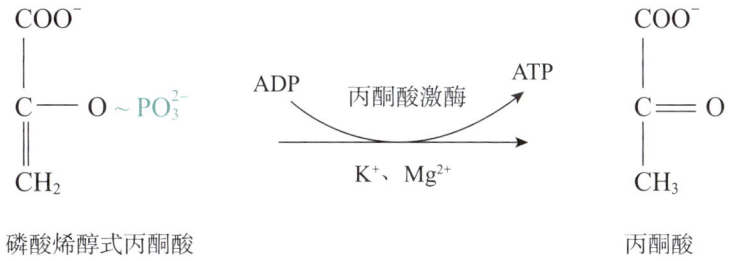

小测试11-1：糖酵解中间产物都带有磷酸基团，请尝试从糖转运、磷酸基团转移与能量转移的关系，以及酶与底物结合等方面分析其生物学意义。

糖酵解的前 5 步反应有两次活化反应，共消耗 2 分子 ATP，其特点是耗能和碳链断裂；后 5 步反应特点是产能，2 分子 3-磷酸甘油醛转变为 2 分子丙酮酸，通过底物水平磷酸化，共生成 4 分子 ATP。因此，经过糖酵解的 10 步反应，消耗 1 分子葡萄糖，净生成 2 分子 ATP。

（二）丙酮酸还原为乳酸

糖酵解过程生成的丙酮酸接下来有两条代谢去路（哺乳动物），一条是在有氧条件下经有氧氧化彻底分解成 CO_2 和 H_2O，另外一条是在无氧条件下乳酸脱氢酶（lactate dehydrogenase, LDH）催化丙酮酸还原为乳酸，供氢体 $NADH+H^+$ 来自第 6 步 3-磷酸甘油醛脱下的氢，这步反应可逆。由于无氧条件下 NADH 无法进入线粒体呼吸链进行氧化，而体内的 NAD^+ 水平有限，需要一步还原反应使 NADH 被氧化成 NAD^+，才能使糖酵解过程不致因缺乏 NAD^+ 而停滞。故无氧氧化过程中虽然有氧化还原反应，但不需要氧。糖无氧氧化的全部反应见图 11-17。

糖无氧氧化的特点：

（1）糖无氧氧化的起始物是葡萄糖或糖原，终产物是乳酸和少量 ATP，每分子葡萄糖经过糖酵解净生成 2 分子 ATP，见表 11-2。若从糖原开始，每个葡萄糖净生成 3 分子 ATP。

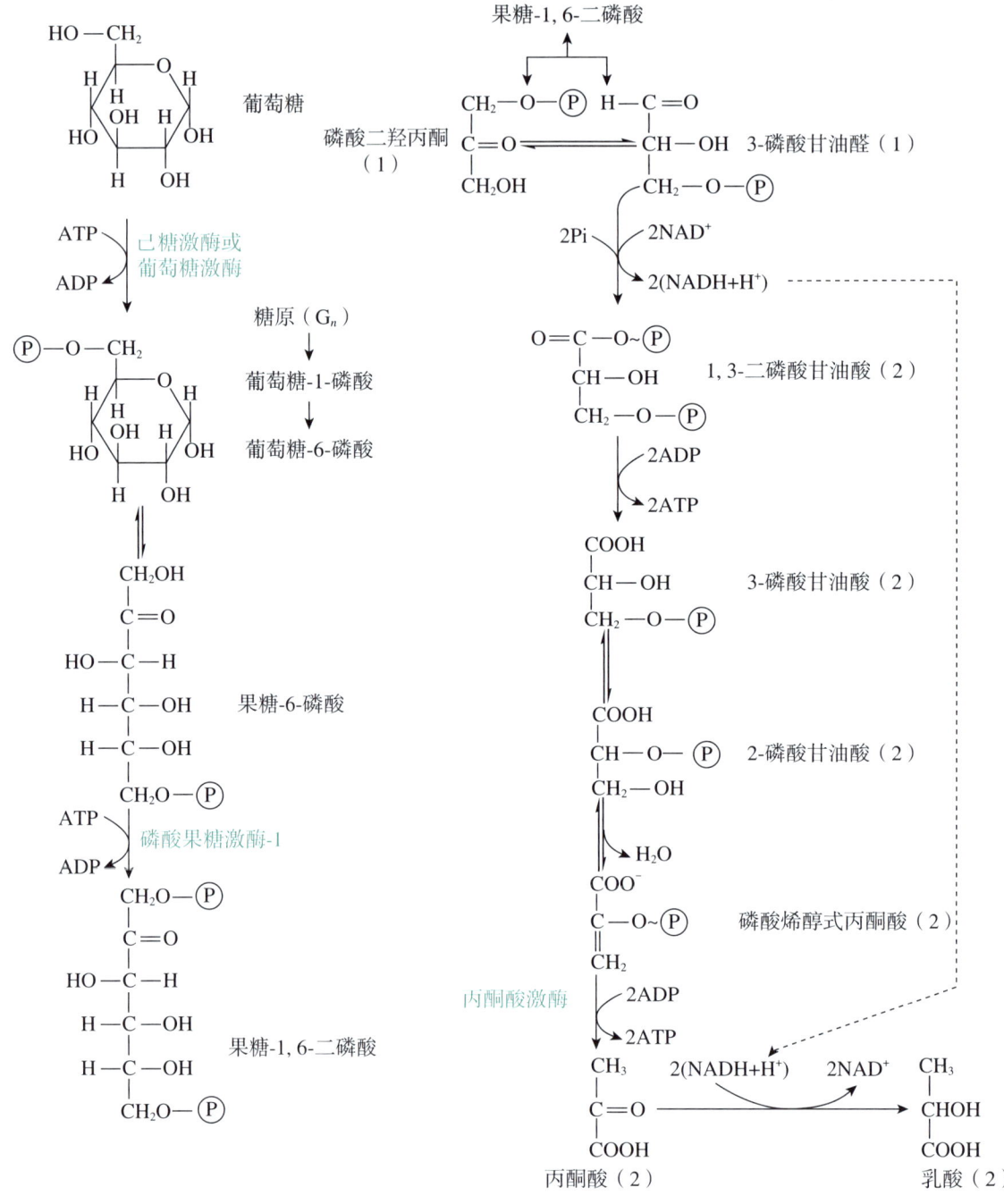

图 11-17 糖的无氧氧化

表 11-2 糖酵解过程中 ATP 的生成

反应	生成 ATP 数
葡萄糖 ⟶ 葡萄糖-6-磷酸	−1
果糖-6-磷酸 ⟶ 果糖-1,6-二磷酸	−1
2×1,3-二磷酸甘油酸 ⟶ 2×3-磷酸甘油酸	2×1
2×磷酸烯醇式丙酮酸 ⟶ 2×烯醇式丙酮酸	2×1
净生成	2

(2) 反应在细胞质中进行。

(3) 在糖酵解途径中，除了己糖激酶、磷酸果糖激酶 -1 和丙酮酸激酶催化的反应不可逆外，其余反应均可逆。这 3 个酶均是糖酵解途径的关键酶，其中磷酸果糖激酶 -1 的 K_m 值最大，催化效率最低，是催化糖酵解过程中的限速反应。

葡萄糖以外的己糖经转变为磷酸化衍生物也可以进入糖酵解过程。果糖存在于水果中，也可由蔗糖水解而来。在肌肉和肾中，果糖在己糖激酶催化下，同样需 Mg^{2+} 激活，消耗 ATP，生成果糖 -6- 磷酸，进入糖酵解过程。但在肝中，果糖在肝的果糖激酶催化下，在 C-1 上磷酸化，反应也需要 Mg^{2+} 参与，生成果糖 -1- 磷酸，随后在果糖 -1- 磷酸醛缩酶的催化下，裂解为磷酸二羟丙酮和甘油醛。甘油醛再在甘油醛激酶催化下（也需要 ATP 和 Mg^{2+} 参与），生成 3- 磷酸甘油醛，进入糖酵解过程。

（三）糖无氧氧化的调节

代谢途径中的关键酶在细胞内起着控制代谢通路的阀门作用。酶活性受别构效应剂和激素的调节，根据生理功能的需要而随时改变，影响整个代谢途径的速度与方向。

1. 磷酸果糖激酶 -1 该酶是一个四聚体，活性受多种别构效应剂调节。ATP 和柠檬酸等是该酶的别构抑制剂，而 AMP、ADP、果糖 -1,6- 二磷酸和果糖 -2,6- 二磷酸等则是别构激活剂。果糖 -1,6- 二磷酸是该酶的反应产物，是少见的产物性正反馈调节剂，有利于糖的分解。果糖 -2,6- 二磷酸是磷酸果糖激酶 -1 最强的别构激活剂，它的合成与分解见图 11-18。研究发现，磷酸果糖激酶 -2 是既具有激酶活性，又具有其对应磷酸酶活性的双功能酶。此酶可在胰高血糖素作用下，通过 cAMP- 蛋白激酶 A 系统磷酸化，磷酸化后的磷酸果糖激酶 -2 活性降低，而其对应的磷酸酶活性升高。磷蛋白磷酸酶将其脱磷酸后，酶活性变化则相反（详细调节机制参见第二十五章"细胞信号转导"相关内容）。

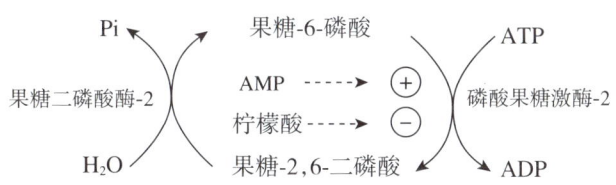

图 11-18　果糖 -2,6- 二磷酸的合成与分解

2. 丙酮酸激酶 该酶是第二个重要的调节点。果糖 -1,6- 二磷酸是其别构激活剂，而 ATP、丙氨酸、乙酰 CoA 和长链脂肪酸是其别构抑制剂。胰高血糖素还可通过 cAMP 抑制此酶活性，胰高血糖素激活 G 蛋白，进而激活腺苷酸环化酶以产生 cAMP，从而激活 cAMP 依赖的蛋白激酶，将丙酮酸激酶磷酸化而使之受抑制。

3. 己糖激酶 该酶有 4 种同工酶，在脂肪、脑和肌肉组织中的己糖激酶与底物亲和力比其他同工酶高，其活性受葡萄糖 -6- 磷酸的负反馈调节。肝内为葡萄糖激酶，对底物的亲和力低，而且分子上无结合葡萄糖 -6- 磷酸的别构位点，故其活性不受葡萄糖 -6- 磷酸浓度的调节。即便葡萄糖 -6- 磷酸浓度很高时，肝细胞内的葡萄糖激酶也不会被其抑制，从而保证在高血糖时肝细胞内葡萄糖 -6- 磷酸水平升高的状态下，肝细胞仍然能够使葡萄糖磷酸化为葡萄糖 -6- 磷酸，进而合成糖原贮存或合成其他非糖物质，从而降低血糖浓度，具有重要的生理意义。胰岛素可诱导葡萄糖激酶基因的转录，促进酶的合成，故在肝细胞损伤或糖尿病时影响葡萄糖激酶合成，导致其活性降低，抑制葡萄糖磷酸化，进而影响糖的氧化分解与糖原合成，可使血糖浓度升高。

（四）糖无氧氧化的特点及生理意义

1. 迅速提供能量 正常生理情况下，人体主要靠有氧氧化供能。但当氧供应不足，如剧烈运动、心肺疾患、呼吸受阻时，需靠无氧氧化提供一部分急需的能量，这对肌肉收缩极为重要。如机体缺氧时间较长，可造成酵解产物乳酸堆积，可能引起代谢性酸中毒。

2. 红细胞供能的主要方式 成熟红细胞由于没有线粒体，不能通过三羧酸循环和电子传递链的有氧氧化过程产生能量，故以无氧氧化为其唯一供能途径。2,3-二磷酸甘油酸（2,3-BPG）可以促进血红蛋白对氧的释放，对于调节红细胞的携氧功能具有重要意义。

3. 某些组织生理、病理情况下的供能途径 少数组织即使在氧供应充足的情况下，仍然主要进行无氧氧化，如视网膜、肾髓质和皮肤等。神经、肿瘤细胞中无氧氧化活跃。特别是肿瘤细胞即使在氧气充足的条件下，仍优先选择通过糖酵解而不是三羧酸循环获取能量。这种癌细胞在有氧状态下的糖酵解方式也被称为"Warburg效应"。

二、糖的有氧氧化

葡萄糖或糖原在有氧的条件下，彻底氧化成二氧化碳和水并产生 ATP 的过程称为有氧氧化（aerobic oxidation）。有氧氧化是糖氧化分解供能的主要方式，绝大多数细胞都通过这一反应获得能量。

（一）糖有氧氧化的反应过程

有氧氧化可分为 3 个阶段，见图 11-19。第一阶段，葡萄糖或糖原分解为丙酮酸，即糖酵解。与无氧氧化的糖酵解阶段不同之处仅是 3-磷酸甘油醛脱氢产生的 $NADH+H^+$ 在有氧条件下不再用于丙酮酸还原生成乳酸，而是经呼吸链氧化生成水并放出能量。第二阶段，丙酮酸氧化脱羧生成乙酰 CoA。第三阶段，三羧酸循环及氧化磷酸化生成二氧化碳和水，并放出能量。氧化磷酸化将在第十三章中详述，下面主要介绍丙酮酸的氧化脱羧和三羧酸循环。

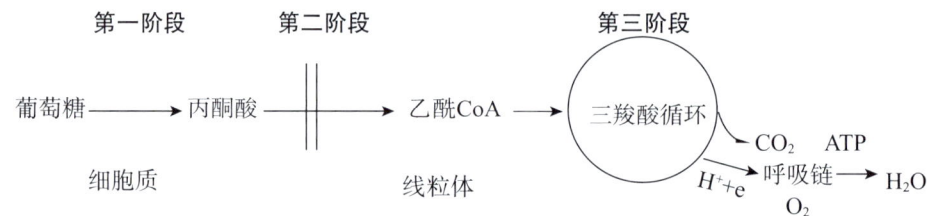

图 11-19 糖有氧氧化的 3 个阶段

1. 丙酮酸氧化脱羧生成乙酰 CoA

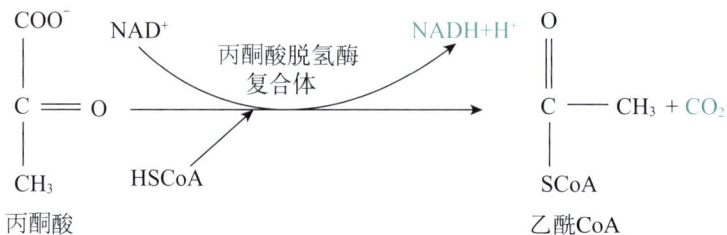

此反应由丙酮酸脱氢酶复合体（pyruvate dehydrogenase complex）催化。在真核细胞中，该复合体由丙酮酸脱氢酶（pyruvate dehydrogenase，PDH，E1）、二氢硫辛酰胺转乙酰酶（dihydrolipoamide transacetylase，DLT，E2）和二氢硫辛酰胺脱氢酶（dihydrolipoamide dehydrogenase，DLDH，E3）3种酶按一定比例组合而成，还有5种辅助因子参与复合体的组成，它们是TPP、硫辛酸、FAD、CoASH和NAD^+，此外还需要Mg^{2+}参与，具体见表11-3。反应过程如图11-20所示。

表 11-3　丙酮酸脱氢酶复合体的组成

酶	辅酶（所含维生素）
丙酮酸脱氢酶	TPP（维生素 B_1）
二氢硫辛酰胺转乙酰酶	硫辛酸、HSCoA（泛酸）
二氢硫辛酰胺脱氢酶	FAD（维生素 B_2）、NAD^+（维生素 PP）

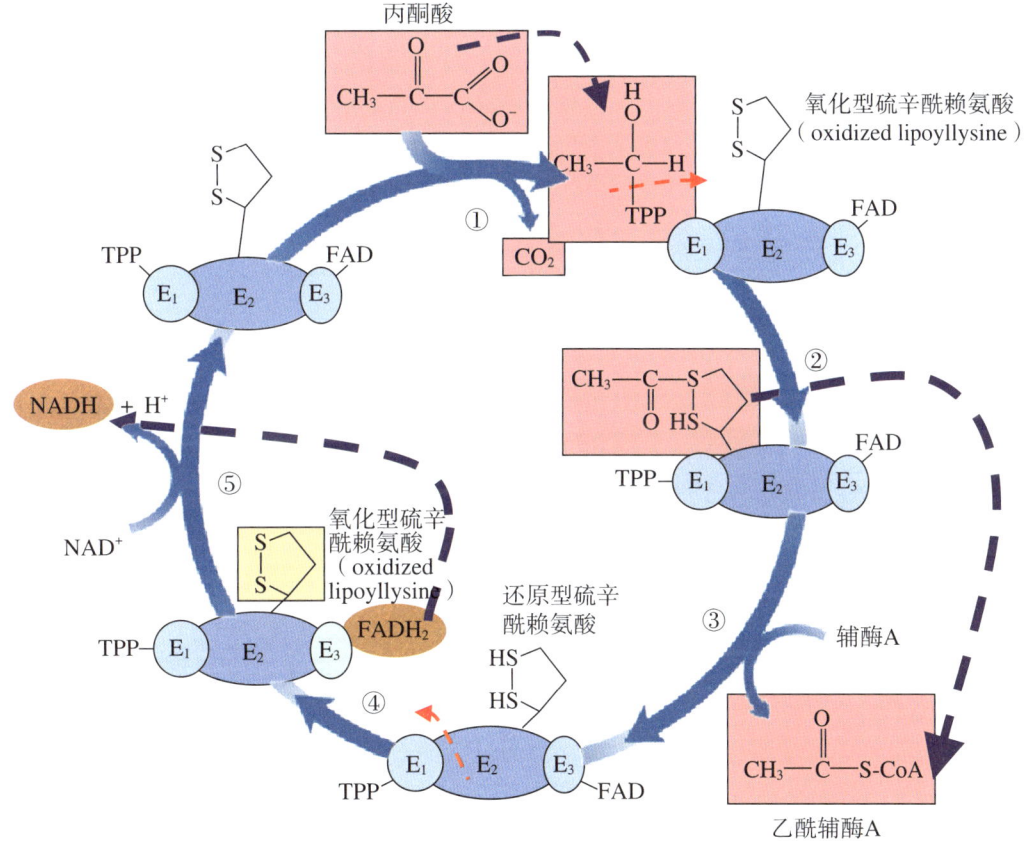

图 11-20　丙酮酸脱氢酶复合体的催化过程

2. 三羧酸循环　乙酰CoA经三羧酸循环彻底氧化。

从乙酰CoA与草酰乙酸缩合生成含有3个羧基的柠檬酸开始，经过一系列反应，最终仍生成草酰乙酸而形成循环，故称为三羧酸循环（tricarboxylic acid cycle，TAC，或TCA循环）或柠檬酸循环（citric acid cycle）。由于最早由Krebs提出，故此循环又被称为Krebs循环。

三羧酸循环本质上是草酰乙酸先与一个乙酰基缩合，然后再以氧化脱羧和脱氢的方式脱掉一个乙酰基团、重新生成草酰乙酸的过程。这些反应都是在线粒体中进行的，包括8步酶促反应。

（1）柠檬酸的生成：由柠檬酸合酶（citrate synthase）催化乙酰CoA与草酰乙酸缩合成柠檬酸（反应式中红框标记的是所加入乙酰基的位置），此反应不可逆，柠檬酸合酶为关键酶。在此反应中乙酰 CoA 上的甲基 C 与草酰乙酸的酰基 C 连接为柠檬酰 CoA，后者迅速水解释放出柠檬酸和 CoASH，该反应的自由能变化 $\Delta G^{\circ\prime} = -31.5 \text{ kJ} \cdot \text{mol}^{-1}$，说明反应正向进行，如此大的自由能落差对循环的进行很重要，因为在生理条件下，草酰乙酸浓度虽然很低，但柠檬酰 CoA 的不可逆水解可推动反应向柠檬酸合成方向进行。

（2）异柠檬酸的生成：柠檬酸与异柠檬酸是同分异构体。在顺乌头酸酶的催化下，柠檬酸（反应式中红框标记的是加入乙酰基的位置）先脱水生成顺乌头酸，后者再水化成异柠檬酸，反应结果使 C-3 上的羟基转移到 C-2 上，此反应可逆。氟乙酰 CoA 是乙酰 CoA 的类似物，在柠檬酸合酶的作用下也可与草酰乙酸反应，生成氟柠檬酸，顺乌头酸酶只识别柠檬酸，对氟柠檬酸没有作用，会致使 TCA 中断，利用这一特性可制造杀虫剂或灭鼠药。

（3）异柠檬酸氧化脱羧：在异柠檬酸脱氢酶（isocitrate dehydrogenase）催化下，异柠檬酸氧化脱羧转变为 α-酮戊二酸，脱下的氢由 NAD^+ 接受生成 $NADH+H^+$。此反应不可逆，异柠檬酸脱氢酶是关键酶，催化三羧酸循环中的限速步骤。通过与上一步反应中红框标记的乙酰基的位置比较可知，脱掉的羧基并不是新加进来的乙酰基团。

（4）α-酮戊二酸氧化脱羧：在 α-酮戊二酸脱氢酶复合体（α-ketoglutarate dehydrogenase

complex）的催化下，α-酮戊二酸氧化脱羧生成高能分子琥珀酰 CoA、CO_2 和 $NADH+H^+$。α-酮戊二酸脱氢酶复合体的反应过程和催化机制与丙酮酸脱氢酶复合体反应类似，也由 3 个酶组成，有 5 步反应，所需辅因子相同。该酶复合体为关键酶，催化的反应不可逆，这是 TCA 循环反应中的第二次氧化脱羧。

用 ^{14}C 标记乙酰 CoA 发现，刚掺入柠檬酸的乙酰基构成了循环末端草酰乙酸的骨架，而循环开始的草酰乙酸的 2 个 C 原子则在循环中经 2 次脱羧生成 2 分子 CO_2，这是体内 CO_2 的主要来源。

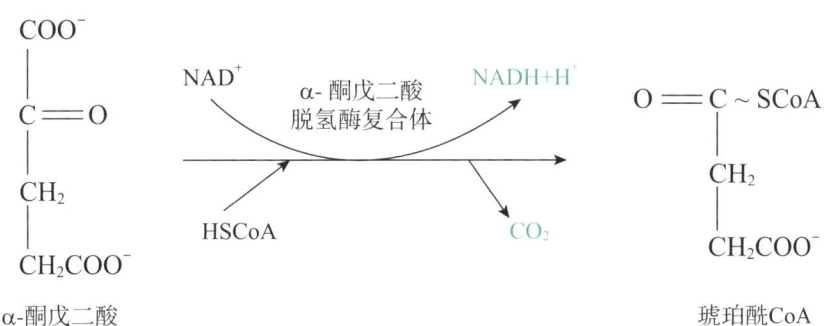

小测试 11-2：请总结已经学过的糖代谢中的脱羧反应及其化学反应特点。

（5）琥珀酰 CoA 转变为琥珀酸：在此反应中，琥珀酰 CoA 的硫酯键断开，释放出的能量用于合成 GTP 的磷酸酐键，催化此反应的酶是琥珀酰 CoA 合成酶（succinyl-CoA synthetase），又称为琥珀酸硫激酶，此反应是可逆的。这是三羧酸循环中唯一经底物水平磷酸化生成的高能化合物，生成的 GTP 水解将能量转给 ADP 生成 ATP。

至此，经过 2 次氧化脱羧和高能硫酯键键能转移反应，使得乙酰辅酶 A 与草酰乙酸缩合生成的六碳化合物柠檬酸转变成琥珀酸，琥珀酸的结构与草酰乙酸类似，都属于四碳二羧酸，差别在于琥珀酸中间的一个亚甲基在草酰乙酸变成了羰基（图 11-21），那么亚甲基是如何转变成羰基的呢？或者说，如何使氧取代亚甲基上的氢呢？事实上，三羧酸循环接下来的步骤就是沿这个逻辑线索进行的。

小测试 11-3：请比较已经学过的三个底物水平磷酸化反应的异同。

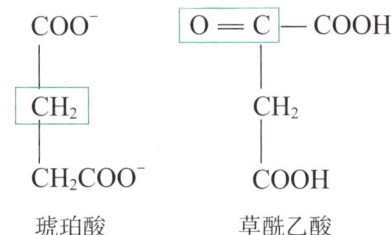

图 11-21　琥珀酸和草酰乙酸的化学结构比较

（6）琥珀酸脱氢生成延胡索酸：为了使氧取代氢，首先要脱氢。由琥珀酸脱氢酶（succinate dehydrogenase）催化，脱下的氢由 FAD 接受生成 $FADH_2$。该酶结合在线粒体内膜上，是三羧酸循环中唯一与内膜结合的酶。其辅酶是 FAD，还含有铁硫中心，来自琥珀酸的电子通过 FAD 和铁硫中心，经电子传递链被氧化，只能生成 1.5 分子 ATP（详见第十三章"生物氧化"相关内容）。丙二酸与琥珀酸脱氢酶的底物琥珀酸结构相似，是此酶的竞争性抑制剂。

$$\text{琥珀酸} \xrightarrow[\text{琥珀酸脱氢酶}]{FAD \quad FADH_2} \text{延胡索酸}$$

（7）延胡索酸水合形成苹果酸：延胡索酸酶（fumarase）催化延胡索酸可逆地转变为 L-苹果酸。它只能催化具有反式双键的延胡索酸发生反应，对于顺丁烯二酸（马来酸）则无催化作用，因而是具有立体异构特异性的酶。至此可以发现，经过上一步脱氢和这一步加水之后，已经成功地在亚甲基上加上了一个羟基，接下来再变成羰基就非常简单了。

$$\text{延胡索酸} \xrightleftharpoons[\text{延胡索酸酶}]{+H_2O} \text{L-苹果酸}$$

（8）草酰乙酸的再生：苹果酸在苹果酸脱氢酶（malate dehydrogenase）的催化下生成草酰乙酸，脱下的氢由 NAD^+ 接受生成 $NADH+H^+$。经过上面三步脱氢、加水、再脱氢反应，使得琥珀酸中的亚甲基成功地转变成羰基。在细胞内草酰乙酸不断地被用于柠檬酸的合成，故这一可逆反应向生成草酰乙酸的方向进行。再生的草酰乙酸可再一次进入三羧酸循环。

小测试11-4：请总结糖无氧及有氧氧化中所有脱氢反应及其特点。

$$\text{L-苹果酸} \xrightarrow[\text{苹果酸脱氢酶}]{NAD^+ \quad NADH+H^+} \text{草酰乙酸}$$

简单地从化学反应的角度总结一下三羧酸循环：乙酰辅酶 A 与草酰乙酸缩合形成含 3 个羧基的六碳化合物后，紧接着两步氧化脱羧变成含高能硫酯键的四碳化合物——琥珀酰辅酶 A，经底物水平的磷酸化将高能硫酯键转变为 ATP 储存，生成的琥珀酸再经历脱氢、加水再脱氢，使得亚甲基转变为羰基，最终完成草酰乙酸的再生过程，三羧酸循环总反应过程可归纳如图 11-22 所示。

三羧酸循环过程的特点可总结如下：

（1）三羧酸循环一周，1 分子乙酰 CoA 通过脱氢，经呼吸链传递，与氧生成水，并放出能量（见第十三章"生物氧化"相关内容），通过脱羧，生成 2 分子 CO_2。

（2）整个三羧酸循环不可逆，在线粒体中进行。三个关键酶或调节酶，即柠檬酸合酶、异柠檬酸脱氢酶和 α-酮戊二酸脱氢酶复合体催化三步不可逆反应，其中异柠檬酸脱氢酶催化三羧酸循环中的限速步骤。

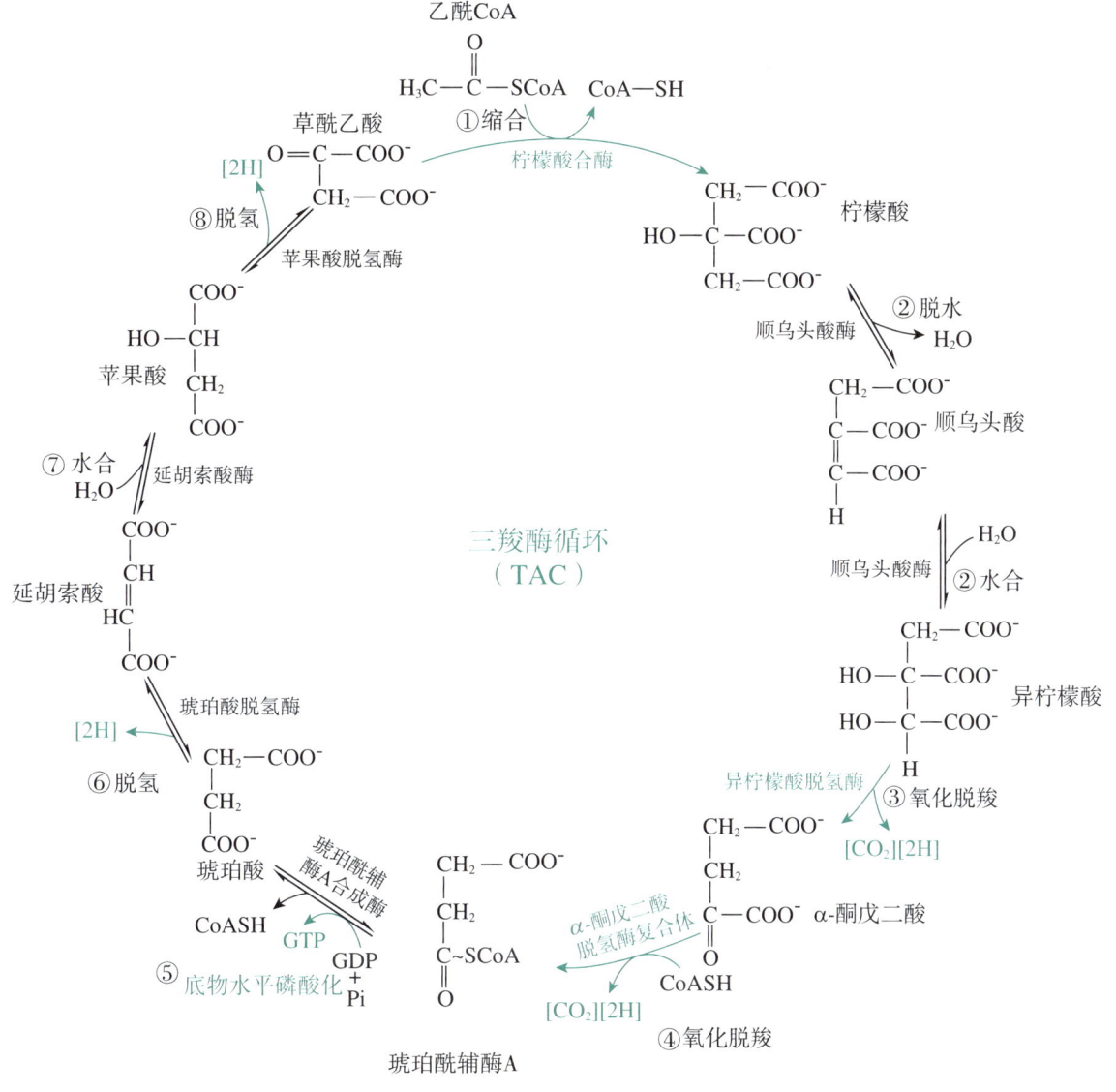

图 11-22 三羧酸循环

（3）三羧酸循环中有 4 次脱氢反应，其中 3 次以 NAD^+ 为受氢体，生成的每分子 $NADH+H^+$ 经呼吸链氧化产生 2.5 分子 ATP，1 次以 FAD 为受氢体，生成的 $FADH_2$ 经呼吸链可生成 1.5 分子 ATP，加上底物水平磷酸化生成的一个高能磷酸化合物（GTP），1 分子乙酰 CoA 经三羧酸循环氧化产生 10 分子（3×2.5 + 1×1.5 + 1=10）ATP。

（4）三羧酸循环的中间产物必须不断更新和补充。从理论上讲，三羧酸循环中间产物可以循环使用而无量的变化，保持一种动态平衡，这些中间产物随时都有参与其他代谢反应而被消耗的可能性，也随时都有从其他代谢反应生成的可能性。

在一般情况下，草酰乙酸主要来自糖代谢的中间产物丙酮酸的羧化反应，其次可通过苹果酸脱氢或天冬氨酸转氨基生成。临床上常见的糖代谢异常影响脂肪和蛋白质分解代谢的机制就在于丙酮酸来源减少，丙酮酸羧化而来的草酰乙酸也相应减少，使得三羧酸循环无法正常运转，导致脂肪和蛋白质分解代谢产生的乙酰 CoA 也不能进入三羧酸循环彻底氧化。

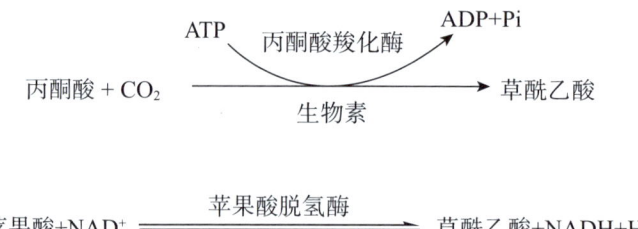

$$苹果酸 + NAD^+ \xrightleftharpoons{苹果酸脱氢酶} 草酰乙酸 + NADH + H^+$$

（二）糖有氧氧化的调节

糖有氧氧化是机体获得能量的主要方式，机体对能量的需求量变动很大，因此有氧氧化的速度和方向必须受到严格的调控。在有氧氧化的几个阶段中，糖酵解途径的调节前文已述，这里主要叙述丙酮酸脱氢酶复合体的调节和三羧酸循环的调节。

1. 丙酮酸脱氢酶复合体的调节 通过别构调节和共价修饰两种方式进行快速调节。丙酮酸脱氢酶复合体的反应产物乙酰 CoA、NADH+H$^+$、ATP 及长链脂肪酸是其别构抑制剂，而 CoASH、NAD$^+$、ADP 是其别构激活剂。另外，胰岛素和 Ca^{2+} 通过共价修饰促进丙酮酸脱氢酶的去磷酸化，使酶转变为活性形式，加速丙酮酸氧化（图 11-23）。

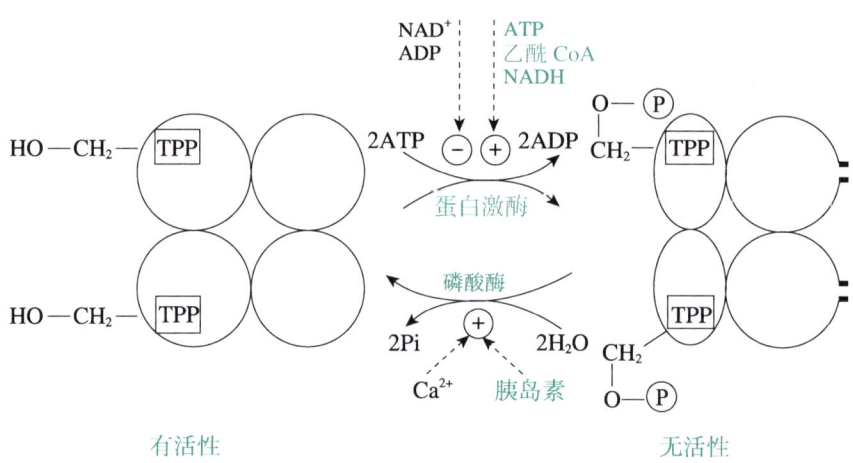

图 11-23　丙酮酸脱氢酶复合体的调节
⊕ 表示激活；⊖ 表示抑制

2. 三羧酸循环的调节 三羧酸循环的速率受多种因素的调控。关键酶催化的反应产物如柠檬酸、NADH+H$^+$、ATP、琥珀酰 CoA 或脂肪分解产物长链脂肪酰 CoA 是其别构抑制剂，反之，其底物如 ADP 和 Ca^{2+} 是别构激活剂。另外，氧化磷酸化的速率对三羧酸循环的运转也起着非常重要的作用。三羧酸循环 4 次脱氢产生的 NADH+H$^+$ 或 FADH$_2$ 经氧化磷酸化生成 H$_2$O 和 ATP，才能使脱氢反应继续进行。三羧酸循环的调控见图 11-24。

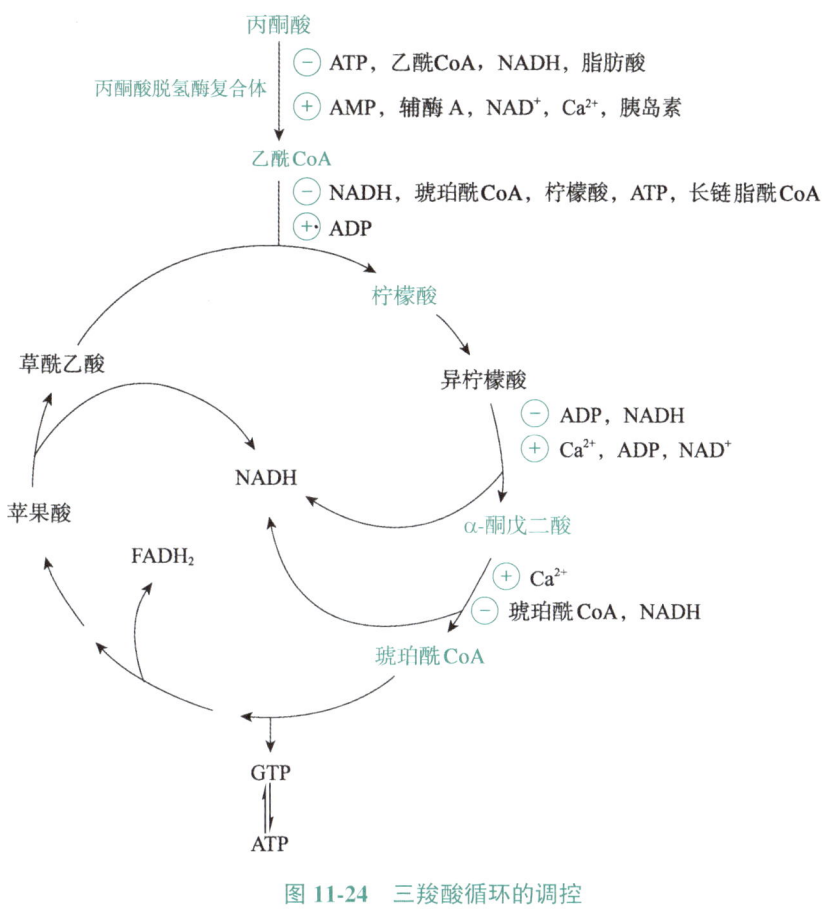

图 11-24　三羧酸循环的调控
⊕表示激活；⊖表示抑制

3. 糖有氧氧化和糖酵解之间存在互相制约的调节　法国科学家巴斯德（Pasteur）发现酵母菌在无氧时可进行生醇发酵，而将其转移至有氧环境，生醇发酵即被抑制，导致糖消耗大幅降低，这种有氧氧化抑制生醇发酵，即抑制糖消耗的现象被称为巴斯德效应（Pasteur effect）。此效应也存在于人体组织中，即在供氧充足的条件下，组织细胞中糖有氧氧化对糖酵解有抑制作用。

与此相反，在少数糖酵解进行较旺盛的组织及细胞中，如视网膜、肾髓质、粒细胞、癌细胞等，不论有氧与否，都有很强的糖酵解作用，这种糖酵解抑制糖有氧氧化的作用被称为反巴斯德效应或 Crabtree 效应。

（三）糖有氧氧化的生理意义

1. 糖有氧氧化是体内供能的主要途径　1 分子葡萄糖经有氧氧化，在裂解成 2 分子磷酸丙糖之前 1 次脱氢以 NAD^+ 为受氢体，裂解为磷酸丙糖后有 5 次脱氢，其中 4 次以 NAD^+ 为氢受体，1 次以 FAD 为氢受体，再加上第一阶段的糖酵解和第三阶段的三羧酸循环以及 3 次底物水平磷酸化，换算得到糖的有氧氧化净生成 32 或 30 分子 ATP（表 11-4）。

表 11-4　葡萄糖有氧氧化生成的 ATP

反应	辅酶	生成 ATP 数
第一阶段		
葡萄糖 → 葡萄糖 -6- 磷酸		−1
果糖 -6- 磷酸 → 果糖 -1,6- 二磷酸		−1
2×3- 磷酸甘油醛 → 2×1,3- 二磷酸甘油酸	NAD$^+$	2×2.5（或 2×1.5）[①]
2×1,3- 二磷酸甘油酸 → 2×3- 磷酸甘油酸		2×1
2× 磷酸烯醇式丙酮酸 → 2× 烯醇式丙酮酸		2×1
第二阶段		
2× 丙酮酸 → 2× 乙酰 CoA	NAD$^+$	2×2.5
第三阶段		
2× 异柠檬酸 → 2×α- 酮戊二酸	NAD$^+$	2×2.5
2×α- 酮戊二酸 → 2× 琥珀酰 CoA	NAD$^+$	2×2.5
2× 琥珀酰 CoA → 2× 琥珀酸		2×1
2× 琥珀酸 → 2× 延胡索酸	FAD	2×1.5
2× 苹果酸 → 2× 草酰乙酸	NAD$^+$	2×2.5
总计		32（30）

①在细胞质中糖酵解产生的 NADH + H$^+$，如果经苹果酸 - 天冬氨酸穿梭作用进入线粒体氧化，1 分子 NADH + H$^+$ 产生 2.5 个 ATP，若经 3- 磷酸甘油穿梭作用，则产生 1.5 个 ATP（参见第十三章"生物氧化"相关内容）。

2. 三羧酸循环是糖、脂肪、氨基酸分解代谢的共同途径　三大营养物质糖、脂肪和蛋白质在代谢过程中均可转变成乙酰 CoA 或三羧酸循环的中间产物如草酰乙酸、α- 酮戊二酸等，最后经三羧酸循环和氧化磷酸化，彻底氧化为 CO_2 和 H_2O，并生成大量 ATP。

3. 三羧酸循环是糖、脂肪和氨基酸代谢联系的枢纽　糖分解代谢产生的丙酮酸、草酰乙酸等均可通过转氨反应（见第十四章"氨基酸代谢"相关内容），分别转变成丙氨酸和天冬氨酸；同样，这些氨基酸也可脱氨基转变成相应的 α- 酮酸。脂肪分解产生甘油和脂肪酸，前者在甘油磷酸激酶的催化下，生成 α- 磷酸甘油，脱氢氧化为磷酸二羟丙酮，后者可降解为乙酰 CoA，进而进入三羧酸循环彻底氧化，故三羧酸循环是糖、脂肪、氨基酸代谢联系的枢纽。

4. 三羧酸循环提供生物合成的前体　三羧酸循环中的某些成分可用于合成其他物质，例如琥珀酰 CoA 可用于血红素的合成，草酰乙酸通过糖异生转变为葡萄糖，乙酰 CoA 可用于合成脂肪酸和胆固醇。

三、磷酸戊糖途径

细胞内绝大部分葡萄糖的分解代谢是通过有氧氧化生成 ATP 而供能的，这是葡萄糖分解代谢的主要途径。磷酸戊糖途径（pentose phosphate pathway）或称葡萄糖酸磷酸支路（phosphogluconate shunt）是另一个重要途径。葡萄糖经此途径生成的磷酸核糖和 NADPH +H$^+$ 有重要意义。

（一）磷酸戊糖途径的反应过程

磷酸戊糖途径在细胞质中进行，反应过程被人为地分为两个阶段。第一阶段是脱氢氧化反应生成磷酸戊糖和 NADPH + H$^+$；第二阶段则是一系列的基团转移反应，最终生成果糖 -6- 磷酸和 3- 磷酸甘油醛。

1. 磷酸戊糖和 NADPH + H$^+$ 的生成　1 分子葡萄糖 -6- 磷酸在葡萄糖 -6- 磷酸脱氢酶（glucose 6 phosphate dehydrogenase，G6PD）和 6- 磷酸葡萄糖酸脱氢酶的作用下，经过 2 次脱氢、1 次脱羧，生成核酮糖-5-磷酸及 2 分子 $NADPH+H^+$ 和 1 分子 CO_2。核酮糖-5-磷酸在异构酶的作用下转变为核糖-5-磷酸，也可在差向异构酶的作用下转变为木酮糖-5-磷酸。葡萄糖-6-磷酸脱氢酶是磷酸戊糖途径的关键酶。

本途径的速率由 $NADPH+H^+/NADP^+$ 含量的比值调控，比值大，则反馈抑制此途径。$NADPH+H^+$ 对葡萄糖-6-磷酸脱氢酶有强烈的抑制作用，故磷酸戊糖途径的速率取决于对 $NADPH+H^+$ 的需求。

2. 基团转移反应 第一阶段生成的核糖-5-磷酸是合成核苷酸的原料，部分磷酸核糖通过一系列基团转移反应，进行酮基和醛基的转换，产生含 3 碳、4 碳、5 碳、6 碳及 7 碳的多种糖的中间产物，最终都转变为果糖-6-磷酸和 3-磷酸甘油醛。二者可转变为葡萄糖-6-磷酸继续进行磷酸戊糖途径代谢，也可以进入糖的有氧氧化或糖酵解继续氧化分解（图 11-25）。

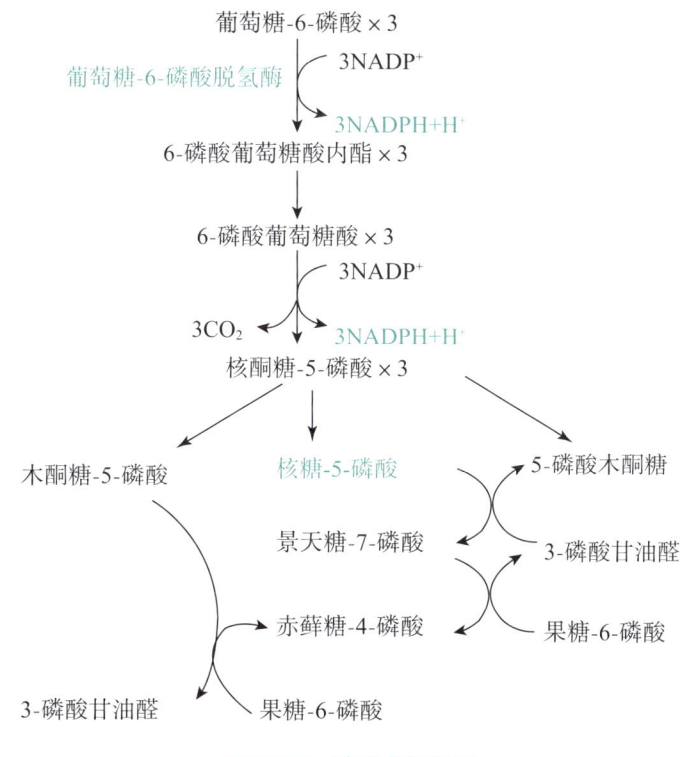

图 11-25　磷酸戊糖途径

(二)磷酸戊糖途径的生理意义

1. 为核酸的生物合成提供核糖 核糖是核酸的基本组成成分,体内的核糖主要通过磷酸戊糖途径获得。葡萄糖既可经葡萄糖-6-磷酸脱氢,脱羧氧化反应生成磷酸核糖,又可通过糖酵解途径的中间产物 3-磷酸甘油醛和果糖-6-磷酸经过前述的基团转移反应而生成磷酸核糖。肌肉组织中缺乏葡萄糖-6-磷酸脱氢酶,磷酸核糖靠基团转移反应生成。

2. 提供 NADPH+H⁺ 作为供氢体参与多种代谢反应 NADPH+H⁺ 与 NADH+H⁺ 不同,它携带的氢不是通过呼吸链氧化同时释放能量生成 ATP,而是作为供氢体参与多种代谢反应。

(1) 作为供氢体参与胆固醇、脂肪酸、皮质激素和性激素等的生物合成,因此脂质合成旺盛的组织中磷酸戊糖途径较为活跃。

(2) NADPH+H⁺ 参与体内的羟化反应,有些羟化反应与生物合成有关,如从鲨烯合成胆固醇,从胆固醇合成胆汁酸、类固醇激素等。有些羟化反应则与生物转化有关,参与药物、毒素和某些激素等的体内代谢转化。

(3) NADPH+H⁺ 用于维持谷胱甘肽(glutathione,GSH)的还原状态。作为谷胱甘肽还原酶的辅酶,NADPH+H⁺ 对维持细胞中还原型谷胱甘肽的(G—SH)的正常含量起重要作用。2 分子 G—SH 可以脱氢氧化成为 G—S—S—G,而后者可在谷胱甘肽还原酶的作用下,被 NADPH+H⁺ 重新还原为 G—SH。

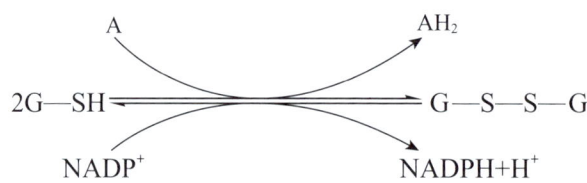

还原型谷胱甘肽是体内重要的抗氧化剂,NADPH+H⁺ 对维持细胞中还原型 GSH 的正常含量、保护含巯基的蛋白质或酶免受氧化剂的损害起重要作用。红细胞中还原型谷胱甘肽的作用尤为重要,它可以保护红细胞膜蛋白的完整性,能防止与此有关的溶血性贫血。如遗传性葡萄糖-6-磷酸脱氢酶缺乏症的患者体内磷酸戊糖途径不能正常进行,NADPH+H⁺ 缺乏,使 G—SH 合成减少,红细胞尤其是较衰老的红细胞易破裂而溶血。新鲜蚕豆是很强的氧化剂,葡萄糖-6-磷酸脱氢酶缺乏症患者常在食用新鲜蚕豆后发病,故称为蚕豆病(favism)。

四、糖醛酸途径

糖醛酸途径(glucuronate pathway)也是葡萄糖分解代谢的另一种途径,主要在肝中进行,但仅占很小部分。葡萄糖经葡萄糖醛酸转变为木酮糖-5-磷酸后与磷酸戊糖途径相衔接。从葡萄糖-6-磷酸开始,先生成尿苷二磷酸葡萄糖(UDPG),经 UDPG 脱氢酶(辅酶为 NAD⁺)催化氧化为尿苷二磷酸葡萄糖醛酸(uridine diphosphate glucuronic acid,UDPGA),再在酶的作用下生成葡萄糖醛酸,后者代谢生成木酮糖-5-磷酸进入磷酸戊糖途径代谢(图 11-26)。在大鼠等非灵长类动物体内,葡萄糖醛酸还可还原为 L-古洛糖酸,再进一步合成维生素 C。灵长类动物和豚鼠体内缺乏此完整酶系(古洛糖酸内酯氧化酶),故不能合成维生素 C,必须由食物供给。

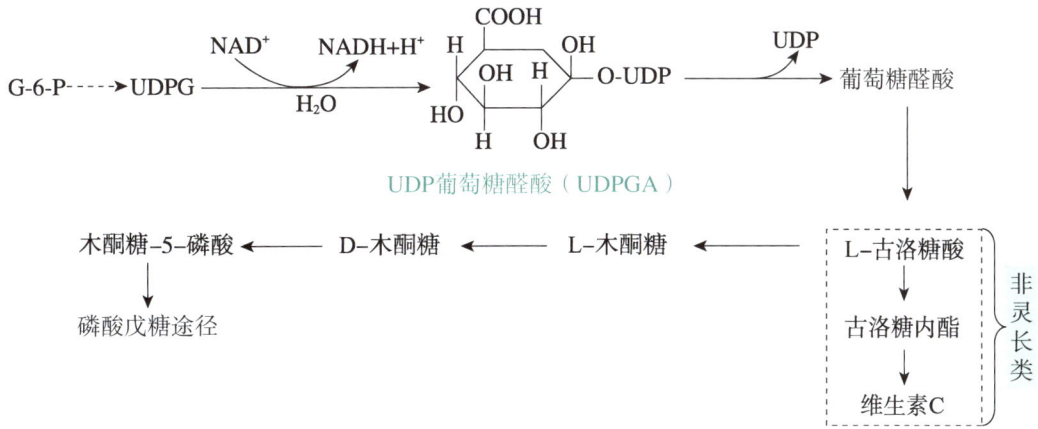

图 11-26 糖醛酸途径

对人类而言，糖醛酸途径的主要生理意义是生成活化的尿苷二磷酸葡萄糖醛酸（UDPGA）。它是硫酸软骨素、透明质酸、肝素等蛋白聚糖的重要组分。在这些蛋白聚糖的生物合成过程中，UDPGA 为葡萄糖醛酸的供体。UDPGA 还是生物转化中（见第十九章"DNA 损伤与修复"相关内容）最重要的结合剂，在葡萄糖醛酸基转移酶的作用下，葡萄糖醛酸可与许多代谢产物（胆红素、类固醇等）、药物和毒物等结合，增加极性，促进其排泄。糖醛酸途径生成的 $NADH+H^+$ 是红细胞内高铁血红蛋白还原系统中还原剂的重要来源。

第四节 糖 异 生

体内糖原的储备有限，正常成人每小时可由肝释放出葡萄糖 210 mg/kg 体重，如果不补充，8～12 h 肝糖原即被耗尽，实际上即使禁食 24 h，血糖仍保持在正常范围，长期饥饿也只是略有下降。这时除了周围组织减少对葡萄糖的利用外，主要依赖肝细胞将氨基酸、乳酸等转变成葡萄糖，不断补充血糖。这种由非糖物质（乳酸、甘油、生糖氨基酸等）转变为葡萄糖或糖原的过程，称为糖异生（gluconeogenesis）。糖异生进行的主要场所是肝，而肾在正常情况下的糖异生能力只有肝的 1/10。长期饥饿时，肾糖异生的能力会大大增强，可占全身糖异生量的 40% 左右。

一、糖异生途径

由丙酮酸生成葡萄糖的具体反应过程称为糖异生途径。糖异生途径与糖酵解的多数反应是共有的可逆反应，但糖异生途径不完全是糖酵解的逆反应。糖酵解途径中有 3 个不可逆反应（分别由己糖激酶、磷酸果糖激酶 -1 和丙酮酸激酶催化），在糖异生途径中必须有另外的反应代替。

1. 丙酮酸转变为磷酸烯醇式丙酮酸　糖酵解途径中，丙酮酸激酶催化磷酸烯醇式丙酮酸生成丙酮酸。在糖异生途径中，其逆过程由 2 个反应组成：

上述两步反应共消耗 2 个 ATP。

第一步丙酮酸生成草酰乙酸的反应由丙酮酸羧化酶催化，其辅酶为生物素，需消耗 ATP。该反应在线粒体内进行，故细胞质中的丙酮酸必须进入线粒体，才能羧化成草酰乙酸。

催化第二步反应的磷酸烯醇式丙酮酸羧激酶在线粒体和细胞质中都存在，因此草酰乙酸既可在线粒体中直接转变为磷酸烯醇式丙酮酸再进入细胞质，也可出线粒体进入细胞质再转变为磷酸烯醇式丙酮酸。但草酰乙酸不能直接透过线粒体膜，需经下述两种方式转入细胞质：一种是在线粒体苹果酸脱氢酶催化下还原成苹果酸，然后通过线粒体膜进入细胞质，在胞质苹果酸脱氢酶催化下脱氢氧化为草酰乙酸，再进入糖异生反应途径；另一种方式是经谷草转氨酶的作用，生成天冬氨酸后再逸出线粒体进入细胞质，在细胞质中谷草转氨酶的作用下，天冬氨酸再转变成草酰乙酸（图 11-27）。

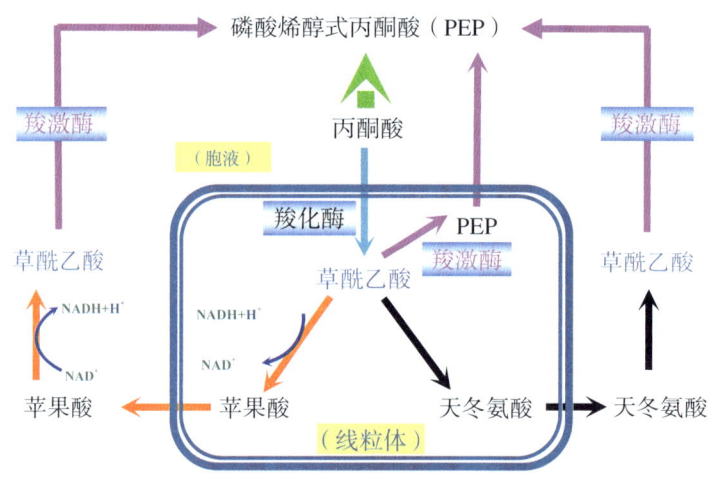

图 11-27　草酰乙酸进入细胞质的方式

2. 果糖-1,6-二磷酸转变为果糖-6-磷酸　此反应由果糖-1,6-二磷酸酶催化，使果糖-1,6-二磷酸转变为果糖-6-磷酸，从而跨过了糖酵解中由果糖-6-磷酸激酶-1 催化的第二个不可逆反应。

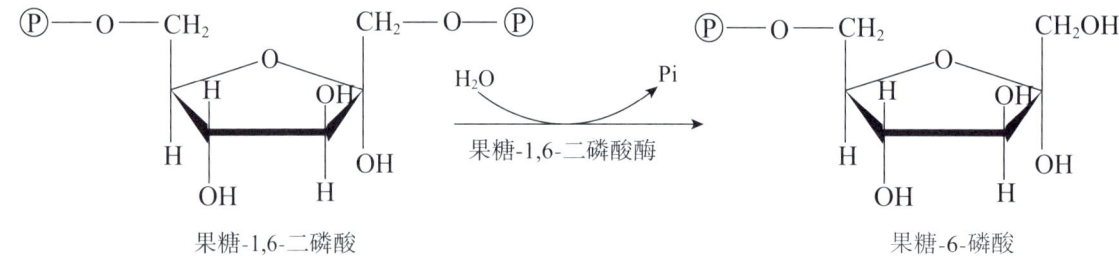

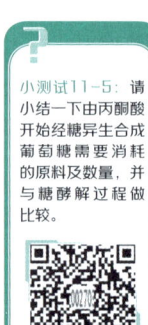

小测试11-5：请小结一下由丙酮酸开始经糖异生合成葡萄糖需要消耗的原料及数量，并与糖酵解过程做比较。

3. 葡萄糖-6-磷酸水解为葡萄糖　此步反应与糖原分解的最后一步相同，在肝（肾）中存在的葡萄糖-6-磷酸酶催化下，葡萄糖-6-磷酸水解为葡萄糖。糖异生途径可归纳如图 11-28 所示。

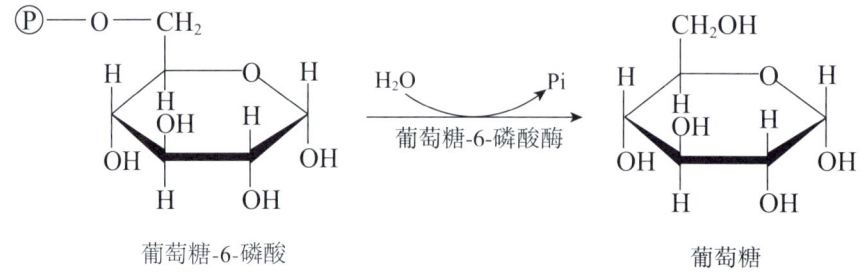

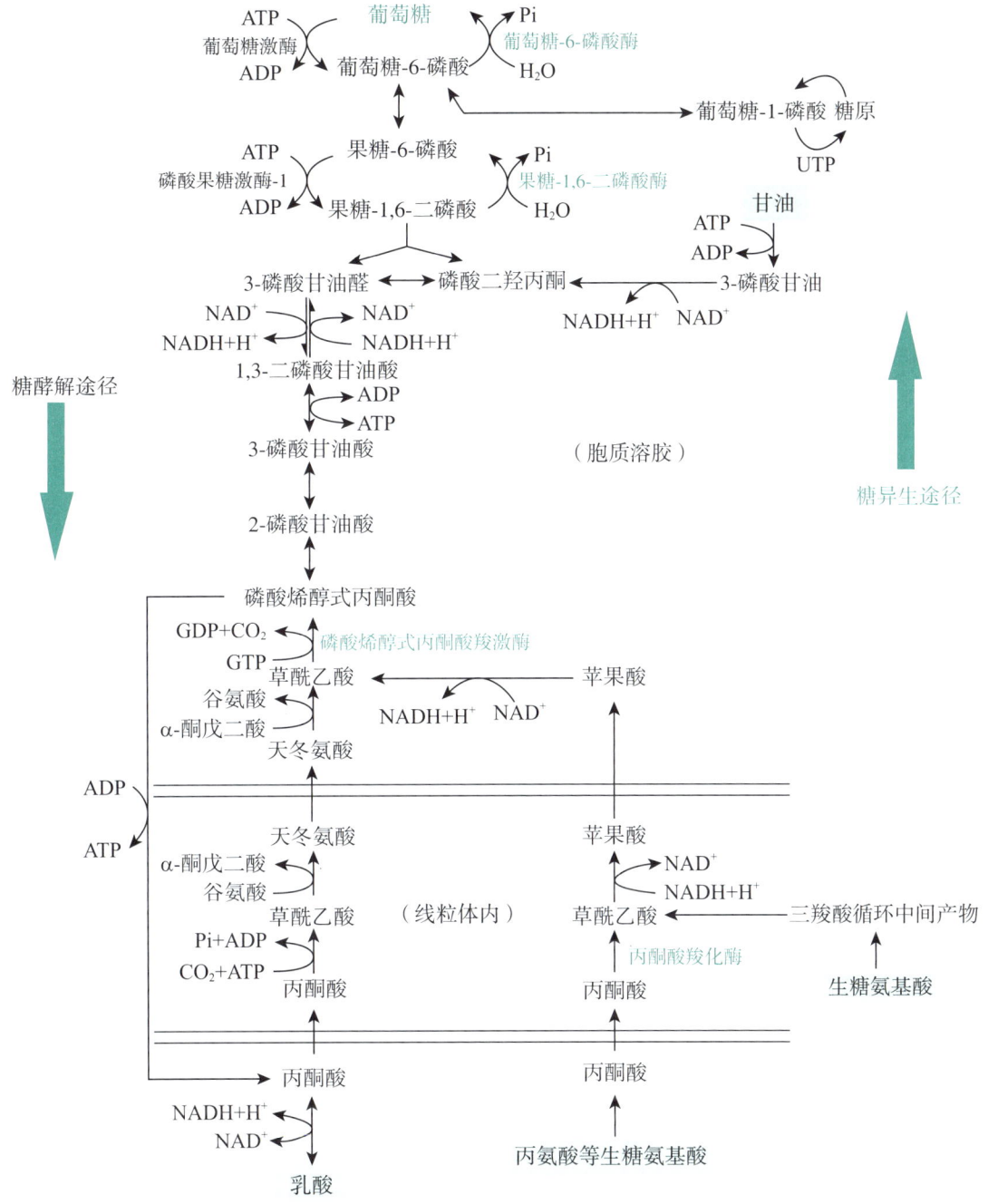

图 11-28　糖异生途径

除了丙酮酸，乳酸、甘油及生糖氨基酸也可以由不同方式进入糖异生途径。乳酸可脱氢生成丙酮酸；甘油先磷酸化为 3- 磷酸甘油，再脱氢生成磷酸二羟丙酮；丙氨酸等生糖氨基酸通过联合脱氨基作用的逆行反应（见第十四章"氨基酸代谢"相关内容）转变成丙酮酸或草酰乙酸。三者通过上述转变进入糖异生转变为糖，糖异生是体内维持血糖浓度的最重要途径。

二、糖异生的调节

糖异生的 4 个关键酶，即丙酮酸羧化酶、磷酸烯醇式丙酮酸羧激酶、果糖 -1,6- 二磷酸酶及葡萄糖 -6- 磷酸酶，受到多种别构效应剂及激素的调节。这 4 个关键酶可与糖酵解过程相应的关键酶组合，催化一对相反方向反应的进行。这种由不同的酶催化一对相反方向的反应同时进行所形成的循环被称为底物循环（substrate cycle）。在细胞内催化相反反应的两个酶活性一般不会完全相等，使代谢反应主要向一个方向进行。当两个方向的酶活性相等时，就会无谓地消耗ATP、释放热能，形成代谢通路的无效循环（futile cycle）。

糖酵解与糖异生是方向相反的两条代谢途径，二者存在着密切的相互协调关系。欲使丙酮酸进行有效的糖异生，就必须抑制糖酵解途径，以防止葡萄糖重新分解成丙酮酸，反之亦然。这种协调关系主要依赖于对两条途径中的两个底物循环进行调节。

第一个底物循环在果糖-6-磷酸与果糖-1,6-二磷酸之间。

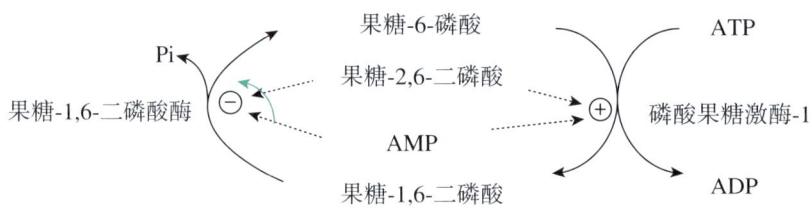

果糖-6-磷酸1位磷酸化与果糖-1,6-二磷酸脱磷酸构成一个底物循环。如不加调节，净结果是消耗了ATP而又不能推进代谢。实际上在细胞内催化这对相反方向反应的酶活性常呈相反的变化。别构效应剂可以直接变构调节糖酵解和糖异生中的关键酶活性，例如果糖-2,6-二磷酸和AMP在别构激活磷酸果糖激酶-1的同时，还能够别构抑制果糖-1,6-二磷酸酶的活性，使反应向糖酵解方向进行，同时抑制糖异生。

此外，机体还能够通过对别构剂的调控间接协调糖代谢的方向，例如果糖-2,6-二磷酸的水平依赖于磷酸果糖激酶-2的活性，胰高血糖素可以通过cAMP和依赖cAMP的蛋白激酶PKA，使磷酸果糖激酶-2磷酸化而失活，导致肝细胞内果糖-2,6-二磷酸水平降低，通过变构作用促进糖异生而抑制糖的分解。而胰岛素的作用与胰高血糖素正好相反。目前认为果糖-2,6-二磷酸的水平是肝内调节糖酵解或糖异生反应方向的主要信号。进食后，胰高血糖素/胰岛素比例降低，果糖-2,6-二磷酸水平升高，糖异生被抑制，糖的分解加强，生成的乙酰CoA可以作为脂肪酸合成的原料。饥饿时胰高血糖素分泌增加，果糖-2,6-二磷酸水平降低，从糖的分解转向糖异生。维持底物循环虽然要损失一些ATP，但却可使代谢调节更为灵敏、精细。

第二个底物循环在磷酸烯醇式丙酮酸和丙酮酸之间。

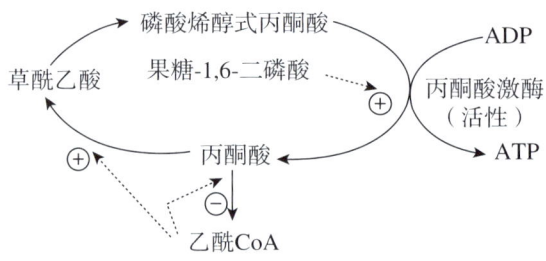

糖酵解时磷酸烯醇式丙酮酸转变为丙酮酸并产生能量，糖异生时丙酮酸消耗能量生成磷酸烯醇式丙酮酸，由此构成了又一个底物循环。与果糖-6-磷酸和果糖1,6-二磷酸之间底物循环的直接调节方式类似，果糖-1,6-二磷酸除了变构激活磷酸果糖激酶-1之外，同时还能够变构激活丙酮酸激酶，从而将两个底物循环协调联系起来。同样激素也能够间接调控变构剂的水平，如上所述胰高血糖素可抑制果糖-2,6-二磷酸的合成，使得其对磷酸果糖激酶-1的变构激活作用减弱，引起果糖-1,6-二磷酸生成减少，最终导致其对丙酮酸激酶的变构激活作用减弱，使得糖酵解减少。胰高血糖素还可以通过 cAMP-蛋白激酶系统使丙酮酸激酶磷酸化而失去活性，于是糖异生加强而糖酵解被抑制。此外，肝内丙酮酸激酶可被丙氨酸抑制，这种抑制作用有利于饥饿时丙氨酸异生成糖。

糖异生途径中的关键酶丙酮酸羧化酶必须有乙酰 CoA 存在才有活性，而乙酰 CoA 对糖有氧氧化的关键酶丙酮酸脱氢酶却有反馈抑制作用。例如，饥饿时大量脂酰 CoA 在线粒体内进行 β 氧化，生成大量乙酰 CoA。这样既抑制了丙酮酸脱氢酶，阻止丙酮酸继续氧化，又激活了丙酮酸羧化酶，使其转变为草酰乙酸，从而加速糖异生。

除了上述酶蛋白水平的调控机制外，胰高血糖素还可通过 cAMP 快速诱导磷酸烯醇式丙酮酸羧激酶基因的表达，增加酶的合成。相反，胰岛素可显著降低磷酸烯醇式丙酮酸羧激酶的 mRNA 水平，同时抑制腺苷酸环化酶（AC）的活性，使 cAMP 水平下降，抑制糖异生作用。

三、糖异生的生理意义

（一）维持血糖浓度恒定

空腹或饥饿时，肝糖原分解产生的葡萄糖仅能维持 8～12 h，此后，机体基本依靠糖异生作用来维持血糖浓度恒定，这是糖异生最主要的生理功能。饥饿时，肌肉产生的乳酸量较少，糖异生的原料主要为生糖氨基酸（每天生成 90～120 g 葡萄糖）和甘油（每天约生成 20 g 葡萄糖），经糖异生转变为葡萄糖，维持血糖水平，保证脑等重要组织器官的能量供应。正常成人的脑组织不能直接利用脂肪酸，主要靠葡萄糖供给能量。红细胞无线粒体，完全通过糖无氧氧化获得能量。骨髓、神经等组织由于代谢活跃，经常进行糖酵解，故即使在饥饿状况下，机体也需要消耗一定量的糖，以维持生命活动。

（二）利用乳酸补充肝糖原

当肌肉在缺氧或剧烈运动时，肌糖原经无氧氧化产生大量乳酸，但由于肌肉组织内无葡萄糖-6-磷酸酶，不能进行糖异生作用，所以乳酸经细胞膜弥散入血液后再入肝，在肝内异生为葡萄糖。葡萄糖释放入血液后又可被肌肉摄取，这就构成了一个循环，称为乳酸循环（lactic acid cycle），也称为 Cori 循环（Cori cycle）（图 11-29）。乳酸循环的形成是由肝和肌肉组织中酶的特点所致。乳酸循环的生理意义是防止和改善乳酸堆积引起的酸中毒及促进乳酸再利用。乳酸循环是耗能的过程。糖异生是肝补充或恢复肝糖原储备的重要途径，这在饥饿后进食更为重要。长期以来人们认为，进食后肝糖原储备丰富是肝直接利用葡萄糖合成糖原的结果。但放射性核素标记等实验结果表明，摄入的葡萄糖先分解为丙酮酸、乳酸等三碳化合物，后者再异生为糖进而合成糖原。生成糖原的这条途径被称为三碳途径或者间接途径，而葡萄糖经 UDPG 合成糖原的过程称为直接途径。

（三）调节酸碱平衡

长期禁食后，肾糖异生作用会增强，这可能是饥饿造成的代谢性酸中毒所致。体液 pH 降低后，可促进肾小管中磷酸烯醇式丙酮酸羧激酶的合成，从而使糖异生作用增强。另外，当肾中 α-酮戊二酸因异生成糖而减少时，可促进谷氨酰胺脱氨生成谷氨酸以及谷氨酸脱氨反应，肾小管细胞将 NH_3 分泌入管腔，与原尿中的 H^+ 结合，降低原尿中 H^+ 浓度，有利于排氢、保钠，可防止乳酸堆积引起的代谢性酸中毒，这些均对维持机体酸碱平衡有一定意义。

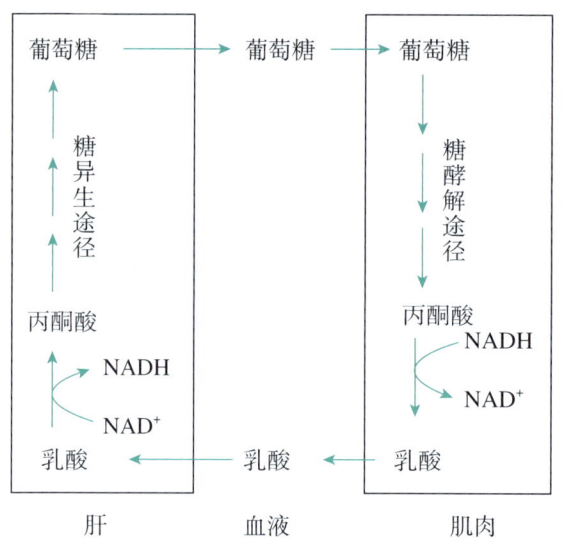

图 11-29　乳酸循环

第五节　血糖调节与糖代谢紊乱

血糖（blood sugar）指血液中的葡萄糖。血糖是糖的运输形式，可供各组织器官利用。正常人空腹时血糖浓度较为稳定。临床测定的血糖值因所用方法而异，临床常用的葡萄糖氧化酶法测得正常人空腹血糖浓度为 3.9～6.1 mmol/L。血糖浓度保持相对恒定具有重要的生理意义，特别是对于脑和红细胞，它们在生理条件下主要依靠血糖供能。如果血糖过低，会出现脑功能障碍，甚至出现低血糖昏迷。血液中葡萄糖的实际浓度是由其来源和去路两方面的动态平衡所决定的。

一、血糖的来源与去路

（一）血糖的来源

血糖的来源主要包括：①食物中的糖经消化吸收进入血中，这是血糖的主要来源；②肝糖原分解，这是空腹时血糖的直接来源；③糖异生作用；④其他的单糖，如果糖、半乳糖等单糖也可转变为葡萄糖，以补充血糖。

（二）血糖的去路

血糖的去路主要包括：①葡萄糖在各组织中氧化分解供能，这是血糖的主要去路；②葡萄糖在肝、肌肉等组织中合成糖原；③转变为非糖物质，如脂肪、非必需氨基酸、多种有机酸等；④转变为其他糖类及衍生物，如核糖、脱氧核糖、唾液酸、氨基糖等；⑤当血糖浓度过高，超过肾糖阈（8.89～10.08 mmol/L）时，葡萄糖即由尿中排出，出现糖尿。现将血糖的来源和去路总结于图 11-30。

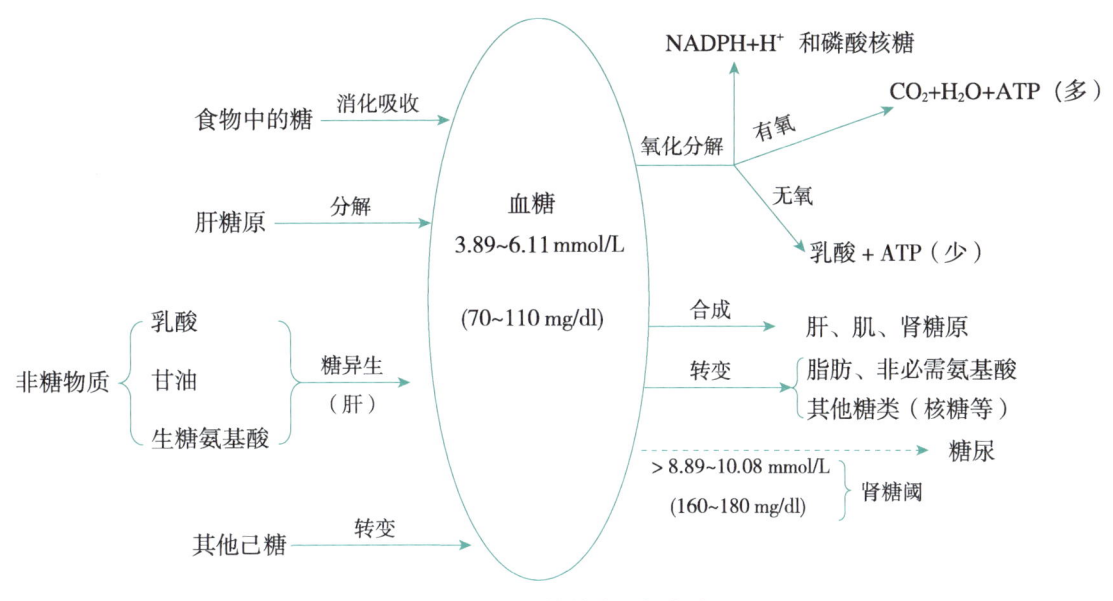

图 11-30　血糖的来源与去路

二、血糖浓度的调节

正常情况下，血糖浓度的相对恒定依赖于血糖来源与去路的平衡，这种平衡需要体内多种因素的协同调节，包括肝、肌肉等组织器官以及激素和神经对血糖浓度的调节。

（一）激素水平的调节

多种激素在血糖浓度调节中发挥不同的作用。其中降低血糖的激素有胰岛素，升高血糖的激素有肾上腺素、胰高血糖素、糖皮质激素和生长激素等。这两类激素的作用相互对抗、相互制约，它们通过调节糖原合成与分解、糖氧化分解、糖异生等途径关键酶的活性或含量来调节血糖浓度。各种激素对血糖水平的调节机制详见表 11-5。

表 11-5　激素对血糖浓度的影响

激素	作用机制
降血糖激素	
胰岛素	1. 促进肌肉、脂肪细胞摄取葡萄糖 2. 诱导糖酵解的 3 个关键酶合成，通过激活丙酮酸脱氢酶复合体来促进糖的氧化分解 3. 通过增强磷酸二酯酶活性，降低 cAMP 水平，从而使糖原合成活性增加，磷酸化酶活性下降，加速糖原合成，抑制糖原分解 4. 通过抑制糖异生作用的磷酸烯醇式丙酮酸羧激酶合成及促进氨基酸进入肌组织合成蛋白质，减少糖异生的原料以抑制糖异生 5. 减少脂肪动员，促进糖转变为脂肪
胰岛素样生长因子	在结构上与胰岛素相似，具有类似于胰岛素的代谢作用和促生长作用
升血糖激素	
胰高血糖素	1. 通过细胞膜受体激活依赖 cAMP 的蛋白质激酶 A，从而抑制糖原合酶和激活磷酸化酶，使糖原合成下降，促进肝糖原分解 2. 通过减少磷酸果糖激酶 -1 的别构激活剂 F-2,6-BP 的合成量来抑制糖酵解 3. 通过促进磷酸烯醇式丙酮酸羧激酶合成和使 F-2,6-BP 的合成量减少来减轻对果糖 -1,6- 二磷酸酶的抑制作用以促进糖异生 4. 加速脂肪动员，进而促进糖异生

续表

激素	作用机制
肾上腺素	1. 通过细胞膜受体激活依赖 cAMP 的蛋白质激酶 A，促进肝糖原分解、肌糖原酵解 2. 促进糖异生
糖皮质激素	1. 抑制肝外组织摄取和利用葡萄糖 2. 促进蛋白质和脂肪分解为糖异生原料，促进糖异生（只有糖皮质激素存在时，其他促进脂肪动员的激素才能发挥最大的效果）
生长激素	1. 早期有胰岛素样作用 2. 晚期有抗胰岛素作用

（二）组织器官水平的调节

肝是调节血糖浓度最重要的器官。肝以肝糖原的形式贮存葡萄糖，进食后肝内糖原合成增加，肝贮存糖原的量可达肝重的 4%～5%，总量可达 70 g。在空腹状态下，肝可将贮存的糖原分解为葡萄糖以补充血糖。另外，肝还可通过糖异生作用维持禁食状态下血糖浓度的相对恒定。

肌肉对血糖的摄取和利用对血糖浓度有一定的调节作用。肌肉摄取的葡萄糖除了进入分解代谢外，还可用于合成肌糖原。进食期间有大量葡萄糖自肠道吸收，此时肌糖原合成和糖氧化作用都加强。肌糖原占肌肉重量的 1%～2%，此值虽低于肝糖原，但其总量可达 120～140 g，因此肌肉也是贮存糖原的重要组织。但由于肌肉缺乏糖原分解所需的葡萄糖-6-磷酸酶，所以肌糖原不能分解为葡萄糖直接补充血糖。但当机体剧烈运动时，肌糖原分解产生大量乳酸，可通过乳酸循环在肝中将乳酸异生为葡萄糖或肝糖原。

除肝和肌肉外，肾也可通过增加或减少葡萄糖的排出量及糖异生作用对血糖浓度产生影响。

（三）系统水平的调节

神经系统对血糖浓度的调节属于整体调节，通过对各种促激素或激素分泌的调节进而影响代谢中酶的活性而发挥调节作用。如情绪激动时，交感神经兴奋，可使肾上腺素分泌增加，促进肝糖原分解、肌糖原酵解和糖异生作用，使血糖浓度升高；当处于静息状态时，迷走神经兴奋，胰岛素分泌增加，使血糖水平降低。

上述几方面调节作用并非孤立进行，而是相互协同又相互制约，共同维持血糖浓度的相对恒定。

三、耐糖现象

由于正常人体对糖代谢有着精细的调节机制，因而在一次性进食大量葡萄糖之后，血糖水平不会出现大的波动和持续升高。人体对摄入的葡萄糖具有很大耐受力的现象被称为葡萄糖耐量或耐糖现象。葡萄糖耐量试验（glucose tolerance test，GTT）是检查人体对血糖的调节功能及诊断糖尿病的一项重要检查。

正常人耐糖曲线的特征是：空腹血糖浓度正常，口服葡萄糖后 0.5～1 h 达高峰，峰值不超过 8.88 mmol/L，此后血糖浓度迅速降低，在 2 h 内恢复到正常水平。

糖尿病患者的耐糖曲线表现为：空腹血糖浓度较正常为高，进食糖后血糖迅速升高，并可超过肾糖阈。2 h 血糖浓度不能恢复到空腹血糖水平。原发性肾上腺功能不全（primary adrenal insufficiency）（又称艾迪生病，Addison's disease）患者的耐糖曲线表现为：空腹血糖浓度低于正

口服葡萄糖耐量试验（OGTT）方法

常值，进食糖后血糖浓度升高不明显，短时间内即恢复至原有水平（图 11-31）。

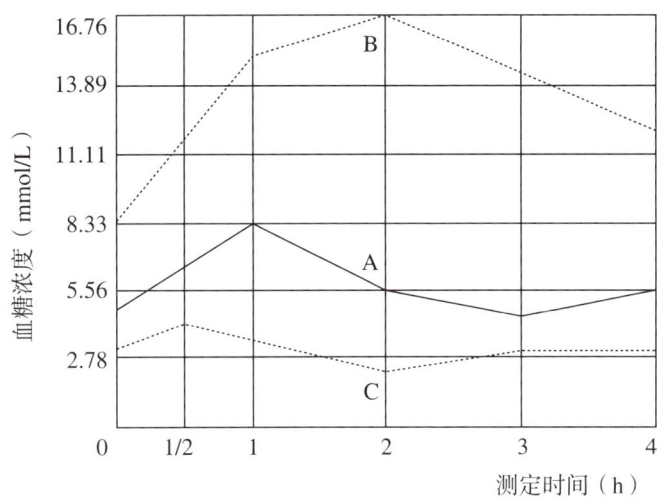

图 11-31　耐糖曲线
A：正常人；B：糖尿病患者；C：肾上腺皮质功能不全患者

研究发现，生物体内的多种因素和机制可以影响耐糖现象的发生，其中包括信号转导途径、激素水平、营养成分、细胞累积、血液循环特性等。此外，微生物也可能与耐糖现象有关。耐糖现象对治疗糖尿病和相关疾病具有重要意义，可以减少患者对胰岛素的依赖，减少有害副作用。

四、糖代谢紊乱

神经系统疾患，内分泌失调，肝、肾功能障碍及某些酶的遗传缺陷等，均可影响血糖浓度的调节或引起糖代谢障碍，导致低血糖、高血糖或糖尿病等代谢异常。

（一）低血糖

非糖尿病者空腹血糖低于 2.80 mmol/L（50 mg/dl）称为低血糖（hypoglycemia）。引起低血糖的病因有：①胰性因素：胰岛 β 细胞器质性病变，如 β 细胞肿瘤可导致胰岛素分泌过多，胰岛 α 细胞功能低下等；②内分泌异常：垂体功能低下、肾上腺皮质功能减退，导致糖皮质激素分泌不足等；③肝性因素：肝癌、糖原贮积病；④饥饿或因病长时间不能进食，治疗疾病时过量使用胰岛素或持续的剧烈体力活动等均可引起低血糖；⑤消化道疾病（胃癌等），消化吸收功能受影响。

脑组织对低血糖极为敏感，因为脑细胞所需要的能量主要来自葡萄糖的氧化。低血糖时可出现头晕、心悸、出冷汗等虚脱症状。如果血糖持续下降至低于 2.53 mmol/L（45 mg/dl），可出现昏迷，称为低血糖休克。如不能及时给患者静脉滴注葡萄糖，可导致死亡。

（二）高血糖及糖尿病

空腹血糖浓度持续超过 7.22 mmol/L（130 mg/dl）时称为高血糖（hyperglycemia）。当血糖浓度超过肾小管的重吸收能力（肾糖阈）时，葡萄糖从尿中排出，出现糖尿。正常人偶尔也可出现高血糖和糖尿，如进食大量糖或情绪激动时交感神经兴奋，引起肾上腺素分泌增加等，均可导致一过性高血糖，甚至糖尿，分别称为饮食性糖尿和情感性糖尿，大多数情况下属于正常生理现象，一般无需特殊干预；临床静脉滴注葡萄糖速度过快也可使血糖迅速升高并出现糖尿。以上的高血糖和糖尿都是暂时的，且空腹血糖浓度正常。病理性高血糖及糖尿多见于下列两种情况：

1. **肾性糖尿**　由于肾疾患导致肾小管重吸收葡萄糖能力下降，即使血糖浓度不高，也因肾糖阈下降出现尿糖，称为肾性糖尿，如慢性肾炎、肾病综合征等。妊娠期妇女有时也会有暂时性肾糖阈降低，出现肾性糖尿，但血糖浓度与糖耐量曲线正常。

2. **糖尿病**　以持续性高血糖和糖尿为主要症状，特别是空腹血糖和糖耐量曲线异常的疾病主要是糖尿病（diabetes mellitus）。糖尿病是因胰岛素相对或绝对缺乏，或胰岛素分子结构异常（称为变异胰岛素），或胰岛素受体数目减少，或胰岛素受体基因突变，或胰岛素受体与胰岛素的亲和力降低而致病的。临床上糖尿病分为胰岛素依赖型（1型）和非胰岛素依赖型（2型）两型，它们的病因和发病机制不同。我国糖尿病患者以成人多发的2型糖尿病为主，胰岛细胞功能缺陷和胰岛素抵抗是其基本特征。一般认为2型糖尿病具有更强的遗传性。

糖化血红蛋白（GHB）可作为临床诊治糖尿病的参考。红细胞的寿命约为120天，因此检测GHB的相对数量可反映近期血糖控制的平均水平，这比实时检测葡萄糖氧化酶活性的血糖绝对定量方法更为稳定、准确。目前国外已将GHB纳入糖尿病的诊断指标，超过6.5%～7.0%即可确诊；国内尚未将其用作诊断指标，而仅是评价疗效的重要参考，糖尿病的治疗目标是将GHB控制在7.0%以下。

框 11-4　糖尿病与代谢综合征

代谢综合征是一组以肥胖、高血糖（糖尿病或糖调节受损）、血脂异常[指高甘油三酯血症和（或）低HDL-C血症]以及高血压等聚集发病，严重影响机体健康的临床症候群，是一组在代谢上相互关联的危险因素的组合，这些因素直接促进了动脉粥样硬化性心血管疾病的发生，也增加了发生2型糖尿病的风险。目前研究结果显示，代谢综合征患者是发生心脑血管疾病的高危人群，与非代谢综合征者相比，其罹患心血管疾病和2型糖尿病的风险均显著增加。

（三）糖尿病并发症

糖尿病常伴有多种并发症，如足病（足部坏疽）、肾病（肾衰竭、尿毒症）、眼病（视物模糊、失明）、脑病（脑血管病变）、心脏病、皮肤病、性病等，这些并发症是导致糖尿病患者死亡的主要因素，这些并发症的严重程度与血糖水平升高的程度直接相关。现阶段引起糖尿病并发症的生化机制仍不太清楚，目前认为血中持续的高糖刺激能够使细胞生成晚期糖化终产物（advanced glycation end products，AGEs），同时发生氧化应激、慢性炎症反应、内质网应激、微循环障碍等。如在高血糖环境下，红细胞通过GLUT1摄取血中的葡萄糖，先使血红蛋白的氨基与葡萄糖发生不依赖酶的糖化作用（glycation），生成糖化血红蛋白（glycated hemoglobin，GHB），此过程与酶催化的糖基化反应（glycosylation）不同。GHB可进一步反应生成AGEs，如羧甲基赖氨酸、甲基乙二醛等，AGEs的过度积累可引起细胞膜、细胞内蛋白质和胶原纤维的交联，对肾、视网膜、心血管等造成损伤，导致其结构和功能的改变。AGEs还能被其受体（AGER）识别，激活多条信号通路，产生活性氧而诱发氧化应激，引起细胞内脂质过氧化、蛋白质氧化和DNA损伤，从而丧失其正常的生理功能。氧化应激又可进一步促进AGEs的形成及交联，两者交互作用，共同参与糖尿病并发症的发生与发展。

此外，在高血糖状态下，炎症因子的释放会增加，引起炎症反应。炎症反应参与了心血管疾病、神经病变和肾脏病变等并发症的发展。慢性高血糖会导致内质网应激，使得内质网失去平衡，从而引起蛋白质折叠和失活。内质网应激与胰岛素抵抗和胰岛 β 细胞的损伤有关。高血糖还会导致毛细血管内皮细胞的功能受损，引发微循环障碍，进而对多个器官产生负面影响，尤其是眼睛、肾和神经系统。高糖环境还会干扰血液中凝血和纤溶系统的平衡，增加血栓形成的风险，这对于糖尿病患者发展心血管疾病具有重要影响。

这些生化机制相互交织，形成了糖尿病并发症的发展网络。它们对于心血管疾病、神经病变、视网膜病变、肾病等并发症的发生和发展起到了关键作用。管理糖尿病的关键在于控制血糖水平，同时也要关注其他危险因素，以减缓或预防并发症的发展。

小 结

糖是自然界一类重要的含碳化合物，也是细胞和组织结构的重要组成成分。食物中可被消化的糖经消化作用，最终被水解成葡萄糖，在小肠被吸收后经门静脉入血。小肠黏膜细胞对葡萄糖的摄入是一个依赖特定转运蛋白、主动耗能的过程。进入细胞内的葡萄糖的主要生物学功能是在机体代谢中提供能量和碳源，与此功能相匹配的是糖在体内的分解代谢途径远多于合成代谢。代谢途径选择与细胞类型及生理病理状态有关。在氧供应充足时，葡萄糖进行有氧氧化彻底氧化成 CO_2 和 H_2O，并释放大量能量。在缺氧时，则进行无氧氧化生成乳酸及少量能量。此外，葡萄糖的分解代谢还包括磷酸戊糖途径、糖醛酸途径等，这些分解代谢途径的主要功能是为合成代谢、生物转化等生理过程提供原料。除了分解代谢，葡萄糖也可在肝和肌肉组织中用于合成糖原，肝糖原用以维持血糖浓度恒定，供全身利用，而肌糖原主要为肌肉收缩提供能量。有些非糖物质如甘油、乳酸、丙氨酸等还可经糖异生途径转变为葡萄糖或糖原。

糖的无氧氧化是指机体不利用氧将葡萄糖分解为乳酸的过程，在细胞质中进行，分为两个阶段：葡萄糖分解为丙酮酸，称为糖酵解；丙酮酸还原生成乳酸。其中，糖酵解是糖分解的必经之路，其流量受关键酶磷酸果糖激酶-1（尤为重要）、丙酮酸激酶和己糖激酶所调节。糖的无氧氧化可为机体快速供能，1 分子葡萄糖通过底物水平磷酸化净生成 2 分子 ATP。

糖的有氧氧化是指机体利用氧将葡萄糖彻底氧化为 CO_2 和 H_2O 的过程，在细胞质和线粒体中进行，分为三个阶段：糖酵解、丙酮酸氧化脱羧生成乙酰 CoA、三羧酸循环。其中，三羧酸循环主要通过偶联氧化磷酸化生成大量 ATP，而经底物水平磷酸化生成的 ATP 则很少。糖的有氧氧化是主要产能途径，1 分子葡萄糖经有氧氧化可净生成 30 或 32 分子 ATP，关键酶是磷酸果糖激酶-1、丙酮酸激酶、己糖激酶、丙酮酸脱氢酶复合体、柠檬酸合酶、异柠檬酸脱氢酶和 α-酮戊二酸脱氢酶复合体。糖的有氧氧化主要受能量供需平衡所调节。

磷酸戊糖途径在细胞质中进行，不产能而产生磷酸核糖和 $NADPH + H^+$。关键酶是葡萄糖-6-磷酸脱氢酶，主要受 $NADPH + H^+$ 供需平衡所调节。

肝糖原和肌糖原是体内糖的储存形式。肝糖原在饥饿时补充血糖，肌糖原通过无氧氧化为肌收缩供能。糖原合成与分解的关键酶分别为糖原合酶和糖原磷酸化酶，两者的酶活性调节彼此相反，主要受磷酸化与去磷酸化的修饰调节。

糖异生是指非糖物质在肝和肾转变为葡萄糖或糖原的过程，主要作为饥饿时的血糖补给。关键酶是丙酮酸羧化酶、磷酸烯醇式丙酮酸羧激酶、果糖二磷酸酶-1 和葡萄糖-6-磷酸酶。糖异生和糖酵解的反向调节主要针对两个底物循环。

血糖指血液中的葡萄糖，血糖的含量是反映体内糖代谢状况的一项重要指标。血糖浓度的相对恒定是血糖来源和去路相对平衡的结果。血糖水平受肝、肌肉、肾等器官以及神经、激素的调节。胰岛素可降低血糖水平，而胰高血糖素、肾上腺素、糖皮质激素、生长激素等有升高血糖的作用。人体糖代谢发生障碍时，可引起血糖水平异常。常见的临床症状为低血糖、高血糖及糖尿。糖尿病是最常见的糖代谢紊乱疾病。

整合思考题

1. 血糖的来源与去路主要有哪些？人体主要通过哪些机制维持血糖水平的相对恒定？
2. 葡萄糖在体内的主要代谢途径有哪些？各途径的主要生理意义是什么？
3. 机体是如何调节糖原的生成与分解使其满足生理需要的？
4. 把用 ^{14}C 标记第1、2和3位碳原子的葡萄糖加到厌氧酵母菌的培养基中，最后产生的乙醇和 CO_2 分子中哪个部位有 ^{14}C 标记？为什么？
5. 假如细胞内缺乏磷酸果糖激酶 -1，葡萄糖可以通过哪种途径转变为丙酮酸？写出反应顺序和总反应式。
6. 给正在收缩的蛙腿注射一种可阻止 NAD^+ 与脱氢酶结合的药物，蛙腿收缩立即停止，这是为什么？

参考答案

（俞文华　何海伦）

第十二章 脂质代谢

导学目标

通过本章内容的学习,学生应能够:

※ **基本目标**
1. 描述必需脂肪酸的种类和特点,血浆脂蛋白的种类、组成和主要功能。
2. 描述脂肪动员、脂肪酸 β- 氧化及胆固醇合成的关键步骤和关键酶。
3. 总结酮体生成和利用的特点及生理意义。
4. 总结脂质代谢调节的规律和生理意义。
5. 举例说明脂质在人体中的重要功能。
6. 联系胆固醇的结构特点说明胆固醇的转化产物及其重要性。
7. 分析糖代谢与脂质代谢之间的联系,以及二者互相转变的路径。

※ **发展目标**
1. 举例说明脂质代谢紊乱所导致的疾病,并理解其发生的分子机制。
2. 根据脂质代谢相关知识,为高胆固醇血症患者设计合理的膳食方案。

案 例

男性患者,48 岁。IT 从业人员,不爱运动,既往体检有高血压史。最近出现头晕、心慌气短、乏力、胸闷,到医院就诊。经影像学检查,发现椎 - 基底动脉狭窄。实验室检查:甘油三酯 3.2 mmol/L(正常参考值 < 1.7 mmol/L);胆固醇 6.9 mmol/L(正常参考值 < 5.5 mmol/L);空腹血糖 6.0 mmol/L(正常参考值:3.9 ~ 6.1 mmol/L)。诊断:高胆固醇血症,椎 - 基底动脉供血不足,心肌缺血。治疗:采取综合治疗措施,改变不良生活方式,他汀类药物降血脂等。

问题:
1. 什么是高胆固醇血症?
2. 调节胆固醇生物合成的主要影响因素有哪些?
3. 他汀类药物降血脂的生化机制是什么?

案例解析

脂质(lipids)是一类不溶于水而易溶于有机溶剂,并能为机体利用的有机化合物,包括脂肪(甘油三酯)和类脂(胆固醇、胆固醇酯、磷脂、糖脂)。甘油三酯的功能主要是储能、供能、保温、保护机体和脏器。类脂作为机体结构成分,参与细胞信号转导和细胞代谢。机体生长发育所

脂质代谢学习方法推荐

必需，但不能在体内合成，必须由食物供给的脂肪酸是必需脂肪酸，包括亚油酸、α-亚麻酸、花生四烯酸。此外还有一些多不饱和脂肪酸的重要衍生物，包括前列腺素、血栓素及白三烯等，参与细胞代谢活动，与炎症、免疫、过敏及心血管疾病等病理过程相关。

第一节　概　述

一、脂质的概念与组成

体内的脂质（lipid）分为脂肪（fat）和类脂（lipoid）两大类，它们的共同特征是不溶于水，而易溶于乙醚、氯仿、苯等脂溶性溶剂。脂质不仅参与机体的物质和能量代谢，而且广泛地参与机体代谢的调节。脂质代谢与机体许多疾病的发生和发展密切相关，因此成为基础医学和临床医学广泛关注的重要内容之一。

脂肪即甘油三酯（triglyceride），又称三酰甘油（triacylglycerol，TG），是由1分子甘油和3分子脂肪酸（fatty acid）酯化而成的化合物（图12-1）。类脂主要包括磷脂（phospholipid，PL）、糖脂（glycolipid）、胆固醇（cholesterol）及胆固醇酯（cholesterol ester）等。因此，脂质是脂肪、类脂及其衍生物的总称。

$$H_3C-(CH_2)_n-\overset{O}{\underset{\|}{C}}-O-\underset{\underset{H_2C-O-\overset{O}{\underset{\|}{C}}-(CH_2)_k-CH_3}{|}}{\overset{H_2C-O-\overset{O}{\underset{\|}{C}}-(CH_2)_m-CH_3}{|}}{CH}$$

图 12-1　甘油三酯的结构

脂肪和类脂在体内的分布差异很大。脂肪主要分布于脂肪组织，以皮下、肠系膜、大网膜及肾周围等处最多。脂肪组织称为脂库，脂肪则称为储存脂。成年男性的脂肪含量占体重的10%~20%，女性脂肪占比稍高于男性。人体内脂肪含量因受营养状况和机体活动的影响而有较大变动，故又被称为可变脂。类脂主要存在于生物膜上，约占体重的5%，分布于机体各组织中，以神经组织中含量最多。因类脂在体内的含量不受营养状况及机体活动的影响，故称为固定脂或基本脂。

二、脂质的生理功能

（一）储能和供能

作为脂质的主体成分，脂肪是机体储能和供能的重要物质。1 g脂肪在体内完全氧化时释放出的能量约为38 kJ（9 kcal），比1 g糖（17 kJ，即4 kcal）或蛋白质所放出的能量多1倍以上。脂肪是疏水性物质，在体内储存时几乎不结合水，能以较小的空间储存更多的能量，因而脂肪是体内主要的储能形式。正常生理活动所需能量的 20%～30% 由脂肪氧化产生；空腹时 50% 以上的能源由脂肪氧化供给；若绝食 1～3 天，人体所需能量的 85% 来自脂肪，因此，脂肪是空腹或禁食时体内能量的主要来源。

此外，皮下脂肪层不易导热，可减少体内热量散失，故脂肪可起到保温作用；内脏周围的脂肪层能减少脏器间的摩擦，缓冲外界机械撞击，以保护内脏；脂溶性维生素难溶于水，脂肪可作为其溶剂，在肠道内促进脂溶性维生素的吸收。

（二）生物膜的基本结构成分

类脂的主要功能是构成生物膜成分，如细胞质膜、核膜、线粒体膜及神经髓鞘等。类脂中的磷脂和胆固醇，是所有生物膜的重要组成成分，对于维持膜的正常结构和功能起着重要作用。磷脂分子具有亲水头部和疏水尾部，在水溶液中可聚集成磷脂双分子层，是生物膜的基础结构。磷脂中的不饱和脂肪酸有利于维持膜的流动性，而胆固醇及饱和脂肪酸使膜的流动性下降。膜中的磷脂和胆固醇含量稍有变化，都将导致膜的物理性质改变，影响膜的功能。

磷脂、糖脂和胆固醇均为两性分子，具有亲水的"头"和亲脂的"尾"，在水溶液中容易形成微团或双分子层。人体内这些脂质的含量相当恒定，不随肥胖和饥饿而变化。

（三）参与物质代谢调节

某些脂质衍生物可在体内转变成特殊的信息分子，参与组织细胞间的信息传递。如花生四烯酸在体内可衍变生成前列腺素、血栓素和白三烯等，这些衍生物分别参与多种细胞的代谢调控。又如，胆固醇可转化生成类固醇激素及维生素 D_3，参与机体代谢或功能调节。细胞膜上的磷脂酰肌醇 4,5-二磷酸（phosphatidylinositol 4,5-bisphosphate，PIP_2）可分解为甘油二酯和肌醇三磷酸（inositol triphosphate，IP_3），两者均为第二信使，参与细胞信息传递。

小测试12-1：你能举1～2个例子说明脂质的重要生理功能吗？

（四）其他生物学功能

脂质可促进脂溶性维生素消化、吸收和运转；动物皮下脂肪有保温、防止机械损伤等保护功能；某些糖脂参与细胞识别和组织免疫；磷脂可促进胆汁中的胆固醇溶解，某些特殊的磷脂酰胆碱还是覆盖于肺泡壁的表面活性物质和血小板活性因子，胆固醇在体内可转变成胆汁酸，协助脂质的消化吸收。

三、脂质的消化与吸收

（一）胆汁酸盐协助脂消化酶消化脂质

食物中的脂质以甘油三酯为主，还有少量的磷脂、胆固醇和胆固醇酯等。

脂质的消化主要在小肠上段，该处有胆汁和胰液的流入。脂质不溶于水，不能与消化酶充分接触。肝细胞分泌的胆汁中含有胆汁酸盐，有较强的乳化作用，可明显地降低脂-水界面（lipid-water interface）的表面张力，将甘油三酯及胆固醇酯等乳化成细小的微团（micelles），从而增加脂质与消化酶的接触面积，有利于脂肪和类脂的消化吸收。消化脂质的酶主要来自胰液，胰液中含有胰脂酶（pancreatic lipase）、磷脂酶 A_2（phospholipase A_2）、胆固醇酯酶（cholesterol esterase）和辅脂肪酶（colipase）等消化酶。胰脂酶能够特异地水解甘油三酯的第 1、3 位酯键，生成 2-甘油单酯及 2 分子脂肪酸；辅脂肪酶本身不具有脂酶的活性，但可以将胰脂酶锚定在乳化微团的脂-水界面，使胰脂酶与甘油三酯充分接触，是胰脂酶消化甘油三酯必不可少的辅因子；磷脂酶

A_2 可特异水解磷脂的第 2 位酯键,生成溶血磷脂(lysophospholipid)和脂肪酸;胆固醇酯酶水解胆固醇酯生成胆固醇和脂肪酸。

脂肪和类脂的消化产物包括甘油单酯、脂肪酸、胆固醇及溶血磷脂等。这些消化产物可被胆汁酸盐乳化成更小的混合微团,易被肠黏膜细胞吸收。

(二)脂质消化产物大部分在肠黏膜细胞内重合成甘油三酯

脂质及其消化产物的吸收部位主要在十二指肠下段和空肠上段。脂质消化产物的吸收包括两种情况:①含短链(2～4C)脂肪酸及中链(6～10C)脂肪酸的甘油三酯,经胆汁酸盐乳化后即可被直接吸收,然后在肠黏膜细胞内水解为脂肪酸和甘油,经门静脉进入血循环。②含长链(12～26C)脂肪酸的甘油三酯在肠道分解为长链脂肪酸和甘油单酯后,再被吸收入肠黏膜细胞,然后在肠黏膜细胞的滑面内质网上,由脂酰 CoA 转移酶催化,重新合成甘油三酯(甘油单酯合成途径)。后者再与粗面内质网上合成的载脂蛋白、磷脂和胆固醇等共同组装成乳糜微粒(chylomicron,CM),经淋巴系统进入血液循环(图 12-2)。

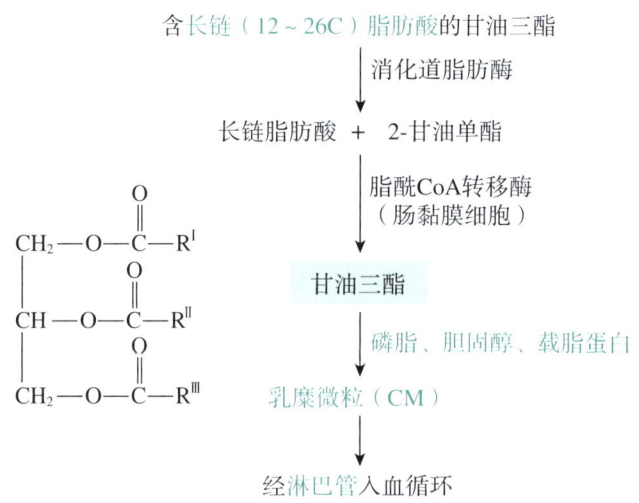

图 12-2　甘油三酯的重合成(甘油单酯合成途径)

框 12-1　脂质消化吸收在维持机体脂质平衡中的重要作用

小肠是介于机体内、外脂质间的选择性屏障,脂质通过该屏障过多会导致其在体内堆积。如果体内饱和脂肪酸、胆固醇过多,对某些代谢性疾病如肥胖、高脂血症、动脉粥样硬化和 2 型糖尿病等的发生具有重要的促进作用。小肠对脂质的消化、吸收能力有较大的可塑性,例如脂质本身可通过刺激小肠增强其脂质消化吸收能力。这在一方面能促进食物摄入增多时对脂质的消化吸收,保障体内物质和能量的供应;另一方面还能增强机体对食物匮乏环境的适应能力。研究调控小肠脂质消化吸收能力的分子机制,对于预防体脂过多、治疗代谢相关疾病及开发新药物有着重要的意义。

四、脂质在体内的多种代谢途径

脂肪和类脂的生物学功能不同，代谢途径也不同。脂肪（甘油三酯）是机体主要的储能物质，在氧化分解时为机体活动提供大量的能量，因而，甘油三酯的分解代谢是本章学习的重点（图 12-3）。要重点对比甘油三酯合成和分解代谢的不同之处，关注脂代谢和糖代谢之间的联系。

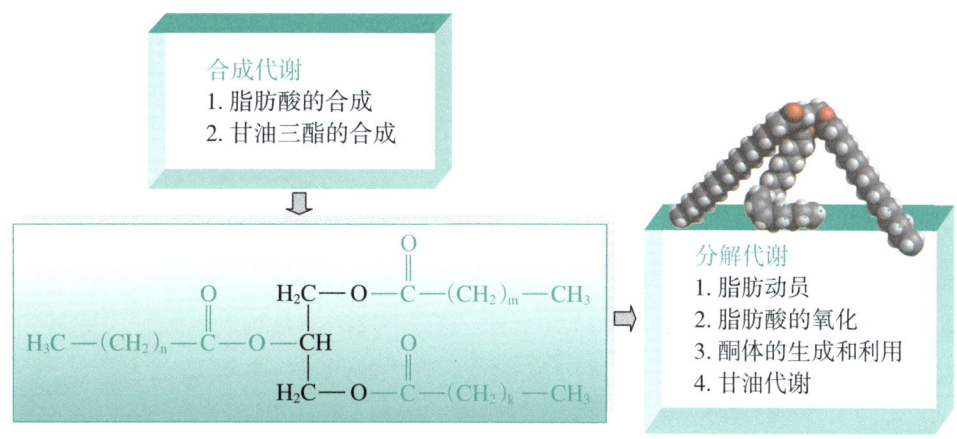

图 12-3 甘油三酯代谢内容总览

第二节 甘油三酯的分解代谢

甘油三酯（triglyceride）是机体的主要脂质（占体重的 10%～20%），其分解与合成是脂代谢的主要内容。各组织中甘油三酯都不断更新，其中脂肪组织和肝内更新率较高，其次是肠黏膜和肌肉组织，皮肤和神经组织中甘油三酯更新率最低。甘油三酯氧化分解能产生大量 ATP，是体内重要的供能物质。

一、脂肪酸的结构和分类

对于不同结构和不同来源的甘油三酯，其物理性质、代谢及生理功能的区别是由其所含脂肪酸的不同而决定的。脂肪酸（fatty acid）是含有羧基的有机烃类化合物，机体内天然存在的脂肪酸多是含有偶数碳原子且仅含有一个羧基的直链脂肪酸，结构通式为 $CH_3(CH_2)_nCOOH$，高等动植物脂肪酸碳链长度一般为 14～24C，为偶数碳（表 12-1）。

表 12-1 常见脂肪酸的名称和结构缩写

名称	结构缩写	ω 族
月桂酸（lauric acid）	12：0	
豆蔻酸（myristic acid）	14：0	
软脂酸（棕榈酸）（palmitic acid）	16：0	
硬脂酸（stearic acid）	18：0	
花生酸（arachidic acid）	20：0	
棕榈油酸（palmitoleic acid）	16：1 Δ^{9c}	ω-7
油酸（oleic acid）	18：1 Δ^{9c}	ω-9
亚油酸（linoleic acid，ALA）（必需）	18：2 $\Delta^{9c,12c}$	ω-6
α-亚麻酸（α-linolenic acid）（必需）	18：3 $\Delta^{9c,12c,15c}$	ω-3
γ-亚麻酸（γ-α-linolenic acid）	18：3 $\Delta^{6c,9c,12c}$	ω-6
花生四烯酸（arachidonic acid）（必需）	20：4 $\Delta^{5c,8c,11c,14c}$	ω-6
二十碳五烯酸（eicosapentaenoic acid，EPA）	20：5 $\Delta^{5c,8c,11c,14c,17c}$	ω-3
二十二碳五烯酸（docosapentaenoic acid，DPA）	22：5 $\Delta^{7c,10c,13c,16c,19c}$	ω-3
二十二碳六烯酸（docosahexaenoic acid，DHA）（脑黄金）	22：6 $\Delta^{4c,7c,10c,13c,16c,19c}$	ω-3

（冒号前数字表示碳原子数，冒号后数字表示双键个数，Δ表示双键，上标数字表示双键的位置，c 表示顺式）

（一）脂肪酸的分类

脂肪酸主要有以下两种分类方法。

1. 根据脂肪酸所含碳原子数量分类 分为短链（2～6C）、中链（6～12C）及长链（12～26C）脂肪酸。

2. 根据有无双键分类 不含双键的脂肪酸为饱和脂肪酸（saturated fatty acid），机体内以 16 碳的软脂酸（palmitic acid）和 18 碳的硬脂酸（stearic acid）最为常见；不饱和脂肪酸（unsaturated fatty acid）含一个或以上双键，其中含一个双键的脂肪酸称为单不饱和脂肪酸（monounsaturated fatty acid），含两个及以上双键的脂肪酸称为多不饱和脂肪酸（polyunsaturated fatty acid）。不饱和脂肪酸中，根据双键的构型分为顺式脂肪酸（*cis*-fatty acid）和反式脂肪酸（*trans*-fatty acid），天然不饱和脂肪酸的双键多为顺式，该形式有利于维持膜的流动性；顺式脂肪酸经氢化或高温加热可以产生反式脂肪酸。研究显示，反式脂肪酸具有升高血清总胆固醇和低密度脂蛋白胆固醇，降低高密度脂蛋白胆固醇，诱发动脉粥样硬化的危险，因此应该大力提倡减少摄入或忌食反式脂肪酸。

框 12-2　认识反式脂肪酸

反式脂肪酸（*trans*-fatty acid）是一种具有反式构型的不饱和脂肪酸，广泛存在于人们的日常生活中。人类食用的反式脂肪主要来自经过部分氢化的植物油。由于能增添食品酥脆口感、易于长期保存等优点，此类脂肪被大量运用于市售包装食品、餐厅的煎炸食品中。反式脂肪酸摄入过多，是心血管疾病、糖尿病等代谢相关疾病的重要危险因素。WHO 倡议于 2023 年之前在全球食品供应中停用反式脂肪酸。

脂肪酸的定义及性质

脂肪酸是甘油三酯的重要组成成分。根据有无碳-碳双键，脂肪酸可分为不饱和脂肪酸和饱和脂肪酸。不饱和脂肪酸由于含有碳-碳双键会出现不同的空间异构体。若双键上2个碳原子结合的2个氢原子在碳链的同侧，则称为含顺式双键的脂肪酸，脂肪酸分子的空间构象呈"L"形；若氢原子分别位于碳链的两侧，则称为含反式双键的脂肪酸，脂肪酸分子的空间构象为线形（图12-4），与饱和脂肪酸相似。若脂肪酸分子包含1个或多个独立的反式双键（即非共轭双键），则称为反式脂肪酸。

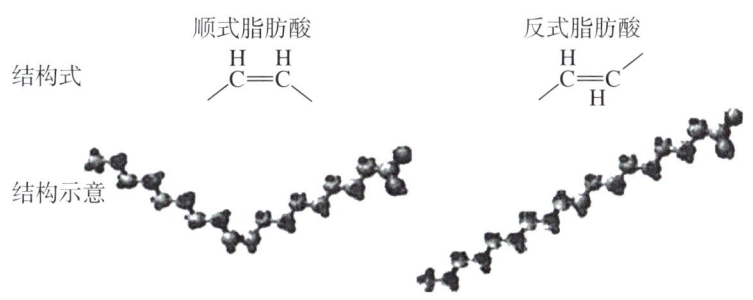

图 12-4　顺式脂肪酸和反式脂肪酸的结构

反式脂肪酸与顺式脂肪酸不仅在空间构象上有很大不同（图12-5），其物理性质、化学性质以及生物活性也有很大差异。对于反式脂肪酸，大空间位阻的基团位于碳链的异侧，基团间的空间位阻相对较小，分子构象更加稳定，熔、沸点也略高一些，常温下常以固态形式存在。如反油酸（反-9-十八烯酸）的熔点为44℃，比油酸（顺-9-十八烯酸）的熔点高28℃。同时反式双键的存在还能增加脂酰链的旋转灵活度，降低双键发生卤化、水合、氢化等亲电反应的能力，提高脂肪酸抗氧化能力。由于机体内的酶具有空间特异性，顺式与反式脂肪酸的代谢及生理功能也有很大不同。

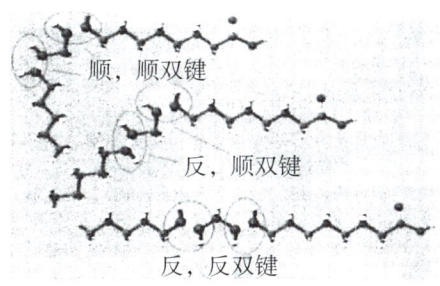

图 12-5　反式双键对空间构象的影响

值得注意的是，人们曾将含有反式双键的脂肪酸都称为反式脂肪酸。随着认识的深入，发现有一类含有共轭双键（顺式与反式双键间无—CH_2—）的脂肪酸，它们虽具有反式双键，但其理化性质却与反式脂肪酸有很多不同。共轭脂肪酸比非共轭脂肪酸更易氧化。有研究表明，共轭亚油酸还具有抑制脂肪沉积、抗癌、提高免疫力等特殊作用。美国食品与药品监督管理局将此类脂肪酸排除在反式脂肪酸的定义之外。

反式脂肪酸的代谢及生理作用

反式脂肪酸可被人体代谢吸收。氢化油脂在人体内的消化率为80%～90%。经重氢标记的三油酸甘油酯与三反油酸甘油酯被结合进入乳糜微粒的效果相同,证明油脂的胰脂酶水解、与小肠黏膜细胞的结合力不受反油酸中反式双键的影响。然而,反式脂肪酸在体内的代谢及生理功能与顺式脂肪酸有很大不同。它没有必需脂肪酸的活性,只有其中的一小部分能转化为长链的多不饱和脂肪酸,过量食用将加剧必需脂肪酸的缺乏。反式脂肪酸也可结合进入膜磷脂,从而改变细胞膜的流动性和渗透性,这与反式脂肪酸的刚性结构和高熔点有关。这一改变将进一步影响体内酶的活性。很多证据表明,反式脂肪酸在代谢过程及功能方面与饱和脂肪酸十分相似。大量摄入反式脂肪酸被认为在冠心病的发生和幼儿发育过程中对机体有不良影响。

(二)脂肪酸的命名

脂肪酸系统命名法根据脂肪酸的碳链长度命名,并标示碳链所含双键的位置和数目。脂肪酸中碳原子的位置有多种不同的标示方法:第一种是 Δ 编码体系,从脂肪酸的羧基碳(计为1)开始计算碳原子的顺序;第二种是把邻近羧基碳的碳原子标记为 α 碳原子,向甲基碳方向顺序标记为 β 和 γ 碳原子等;第三种是 ω 编码体系,把甲基碳原子标记为 ω-1 碳原子,向羧基碳方向顺序标记为 ω-2 和 ω-3 碳原子等(图 12-6)。

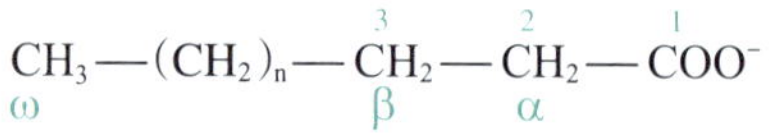

$$CH_3-(CH_2)_n-\underset{\beta}{\overset{3}{CH_2}}-\underset{\alpha}{\overset{2}{CH_2}}-\overset{1}{COO^-}$$
$$\omega$$

图 12-6 脂肪酸中碳原子的标示方法

Δ 编码体系从羧基碳原子起计双键位置,ω 编码体系从甲基碳起计双键位置。如 $Δ^9$ 顺表示从羧基碳原子开始计数,在第 9 位和第 10 位碳原子之间有一个顺式双键;ω-3 双键表示从甲基碳原子起,第 3 位和第 4 位碳原子之间含有双键(图 12-7)。以亚油酸的命名为例,依据 Δ 编码体系,其表示为 18:2 $Δ^{9,12}$;依据 ω 编码体系,亚油酸归属为 ω-6 脂肪酸。在人体内,相同 ω 族的不饱和脂肪酸可以相互转化,不同 ω 族的不饱和脂肪酸不能相互转化,即 ω-3 和 ω-6 族不饱和脂肪酸不能互相转化,也不能从 ω-7 和 ω-9 族不饱和脂肪酸转化生成。

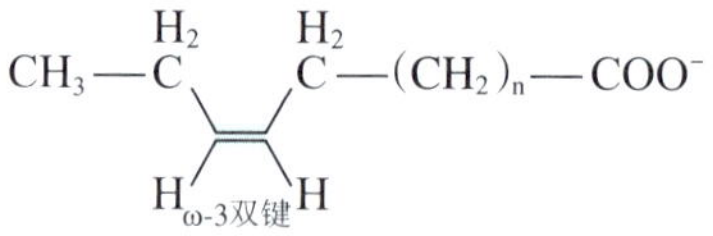

$$CH_3-\overset{H_2}{C}\overset{H_2}{C}-(CH_2)_n-COO^-$$

图 12-7 ω-3 顺式脂肪酸的结构式

(三)脂肪酸的来源

机体内脂肪酸的来源有两条途径:一是自身合成(多数脂肪酸在人体内能合成),二是从食物中摄取。根据来源的不同,可以将脂肪酸分为必需脂肪酸(essential fatty acid)和非必需脂肪酸(non-essential fatty acid)。其中非必需脂肪酸既可以从膳食摄入,也可以自身合成;而不能由机体自身合成,只能从膳食中获得的脂肪酸则称为必需脂肪酸(essential fatty acid)。人体缺乏 $Δ^9$ 及以上去饱和酶,不能合成亚油酸(18:2,$Δ^{9,12}$)、α-亚麻酸(18:3,$Δ^{9,12,15}$),必须从含有 $Δ^9$ 及以上去饱和酶的植物食物中获得,为必需脂肪酸。花生四烯酸(20:4,$Δ^{5,8,11,14}$)虽能在人体以亚油酸为原料合成,但需消耗必需脂肪酸,一般也归为必需脂肪酸。

花生四烯酸作为前体可以合成前列腺素、血栓素、白三烯等具有重要生物活性的衍生物,广泛参与、调节机体和细胞的代谢活动，且与炎症、免疫、过敏、血栓的形成和溶解等重要病理生理过程相关。

框 12-3 ω-3 脂肪酸与健康

ω-3 脂肪酸是一类带有 3～6 个不饱和键的脂肪酸的总称，因其第一个不饱和键位于甲基一端的第 3 个碳原子上而得名。20 世纪 70 年代，科学家发现生活在格陵兰岛的爱斯基摩人很少患心血管疾病，这与他们经常食用富含 ω-3 脂肪酸的鱼类有关，人们由此开始对 ω-3 脂肪酸进行深入研究。ω-3 脂肪酸有很多种，其中最为重要的是二十碳五烯酸（EPA）和二十二碳六烯酸（DHA）。ω-3 脂肪酸具有抗炎症、抗血栓形成、降低血脂、舒张血管等功能，对胎儿及婴儿的生长发育极其重要，特别是对于脑部和视力的发育。78% 的 ω-3 脂肪酸取自海产品，13% 则来源于亚麻籽。在植物亚麻中含有 α-亚麻酸（α-linolenic acid, ALA），它是一种在人体内可部分转化为 DHA 和 EPA 的 ω-3 脂肪酸。人体每日至少要摄入 ω-3 脂肪酸 2.2～4.4 g。

小测试 12-2：什么是必需脂肪酸？哪些脂肪酸是人体的必需脂肪酸？

二、脂肪动员

脂肪动员（fat mobilization）指储存在白色脂肪细胞内的甘油三酯在脂肪酶作用下，逐步水解为游离脂肪酸和甘油，并释放入血以供其他组织细胞氧化利用的过程，这是甘油三酯分解代谢的第一步。脂肪动员由多种酶和蛋白质参与，其中脂肪在脂肪细胞内分解的第一步主要由脂肪组织甘油三酯脂肪酶（adipose triglyceride lipase, ATGL）催化，生成甘油二酯和脂肪酸。第二步主要由甘油二酯脂肪酶（diglyceride lipase）催化，生成甘油单酯和脂肪酸。最后，在甘油单酯脂肪酶（monoacylglycerol lipase, MGL）的催化下，生成甘油和脂肪酸（图 12-8）。

图 12-8　甘油三酯水解为游离脂肪酸和甘油

催化上述反应的脂肪酶中，甘油二酯脂肪酶是脂肪动员的关键酶，因受多种激素的调节，故又称为激素敏感性脂肪酶（hormone sensitive lipase, HSL）。胰岛素和前列腺素等可使 HSL 活性降低，抑制脂肪动员，故被称为抗脂解激素（anti-lipolytic hormone）。而甲状腺激素、肾上腺素、去甲肾上腺素、胰高血糖素及促肾上腺皮质激素等与胰岛素作用相反，能直接激活脂肪组织中的 HSL，促进脂肪动员，所以这些激素被称为脂解激素（lipotropic hormone）。

脂肪动员由多种内外刺激通过激素激发。当禁食、饥饿或交感神经兴奋时，肾上腺素、胰高血糖素等分泌增加，脂解作用加强；进食后胰岛素分泌增加，脂解作用降低。糖尿病患者因胰岛素合成或分泌不足，引起脂肪分解增加，可出现消瘦。通过激素对各种物质代谢的不同影响，机体物质代谢协调进行，适应机体的状况和需求。

三、甘油的分解代谢

脂肪动员产生的甘油扩散入血，运送到富含甘油激酶的肝、肾、肠等组织中被摄取利用。甘油在细胞内经甘油激酶催化生成 3- 磷酸甘油（即 α- 磷酸甘油），然后脱氢生成磷酸二羟丙酮，循糖代谢途径继续氧化分解产生 CO_2 和 H_2O 并释放能量，少量甘油也可经糖异生途径转变为葡萄糖或糖原。甘油分解代谢的反应如下（图 12-9）。

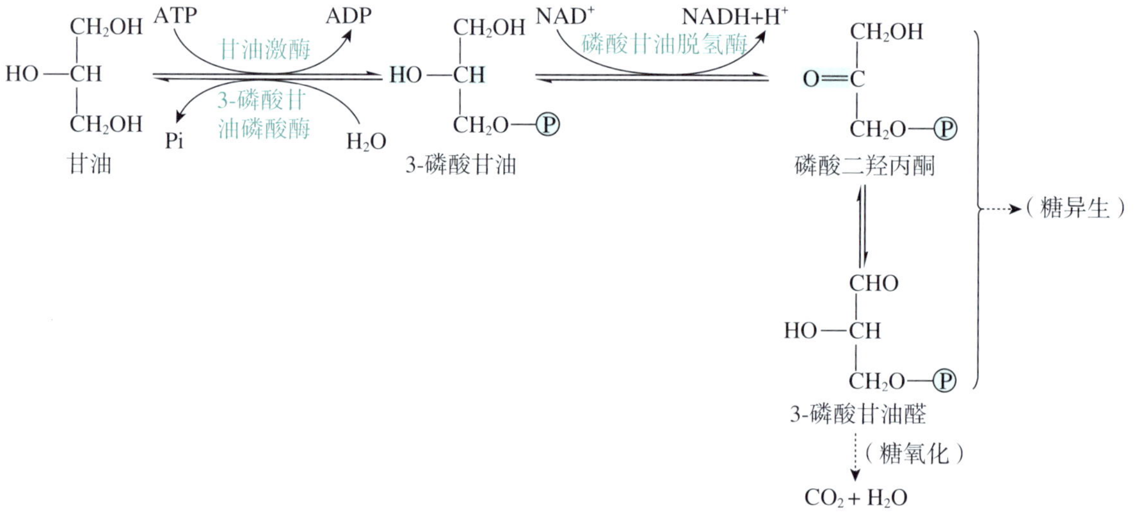

图 12-9 甘油分解代谢的反应步骤

脂肪动员产生的甘油是以 3- 磷酸甘油的形式被利用的。甘油激酶主要存在于肝、肾和小肠黏膜细胞，其中肝的甘油激酶活性最高，脂肪动员产生的甘油主要被肝摄取利用，而脂肪细胞和骨骼肌等组织因甘油激酶活性很低，对甘油的摄取利用很有限。

四、脂肪酸的氧化分解

脂肪酸是体内氧化供能的主要物质之一，除脑细胞和成熟红细胞外，大多数组织都能利用脂肪酸氧化供能，但以肝、心肌和骨骼肌最为活跃。线粒体是脂肪酸氧化的主要部位。在供氧充足时，脂肪酸氧化历经 4 个阶段，即脂肪酸活化为脂酰 CoA、转移至线粒体、脂肪酸 β 氧化（β oxidation）产生乙酰 CoA 和乙酰 CoA 进入三羧酸循环彻底氧化，该过程释放大量 ATP。

框 12-4 β 氧化学说的提出

1904 年，德国化学家 Knoop 设计了一个实验来研究体内脂肪酸的氧化。他利用苯环不能被机体氧化分解的性质，以苯环标记脂肪酸的 ω- 甲基（合成苯脂酸），再用带标记的脂肪酸饲喂犬并检测其尿中的代谢产物。他发现，当饲以奇数碳的苯脂酸时，尿中排出的代谢产物为马尿酸（苯甲酸与甘氨酸的结合产物）；当饲以偶数碳的苯脂酸时，尿中排出的均为苯乙尿酸（苯乙酸与甘氨酸的结合产物）。这一现象提示奇数碳的苯脂酸在体内氧化分解为苯甲酸，偶数碳的苯脂酸氧化分解为苯乙酸。据此 Knoop 提出，脂肪酸在体内的氧化分解是从脂肪酸羧基端的 β- 碳原子开始，每次氧化脂肪酸断裂脱去 2 个碳原子，烃链的

β- 碳原子被氧化成为羧基，此即"β氧化学说"。后来该学说得到了酶学和同位素示踪技术的证明，到 20 世纪 50 年代，β 氧化中各步的酶促反应已基本被阐明。

（一）脂肪酸活化为脂酰 CoA

脂肪酸进行氧化前必须被活化。脂肪酸的活化是指在 ATP、CoA-SH、Mg^{2+} 存在下，脂肪酸经脂酰 CoA 合成酶（acyl CoA synthetase）催化，转变为脂酰 CoA 的过程（图 12-10）。该反应在细胞质中进行。

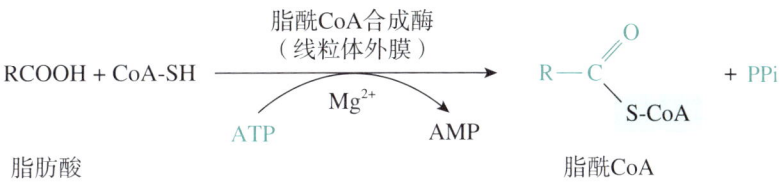

图 12-10　脂肪酸活化为脂酰 CoA

活化生成的脂酰 CoA 不仅含高能硫酯键，而且水溶性增加，从而提高了脂肪酸的代谢活性。由于 AMP 需经 2 次磷酸化后才能补充 ATP，因此活化 1 分子脂肪酸，实际上消耗了 2 个高能磷酸键。

（二）脂酰 CoA 进入线粒体

催化脂肪酸氧化的酶系存在于线粒体基质中，活化的脂酰 CoA 必须进入线粒体才能被氧化分解。长链脂酰 CoA 不能直接穿过线粒体内膜，需要肉碱（carnitine，即 L-β- 羟 -γ- 三甲氨基丁酸）来协助其转运。位于线粒体外膜的肉碱脂酰转移酶 Ⅰ（carnitine acyltransferase Ⅰ）催化长链脂酰 CoA 与肉碱合成脂酰肉碱（acylcarnitine），脂酰肉碱借助线粒体内膜上的载体肉碱 - 脂酰肉碱转位酶（carnitine-acylcarnitine translocase）转运到线粒体基质，位于线粒体内膜内侧的肉碱脂酰转移酶 Ⅱ 催化其重新转变为脂酰 CoA，同时释放出肉碱。肉碱可借助肉碱 - 脂酰肉碱转位酶的转运重回内膜外侧，如此就完成了脂酰 CoA 的转移（图 12-11）。

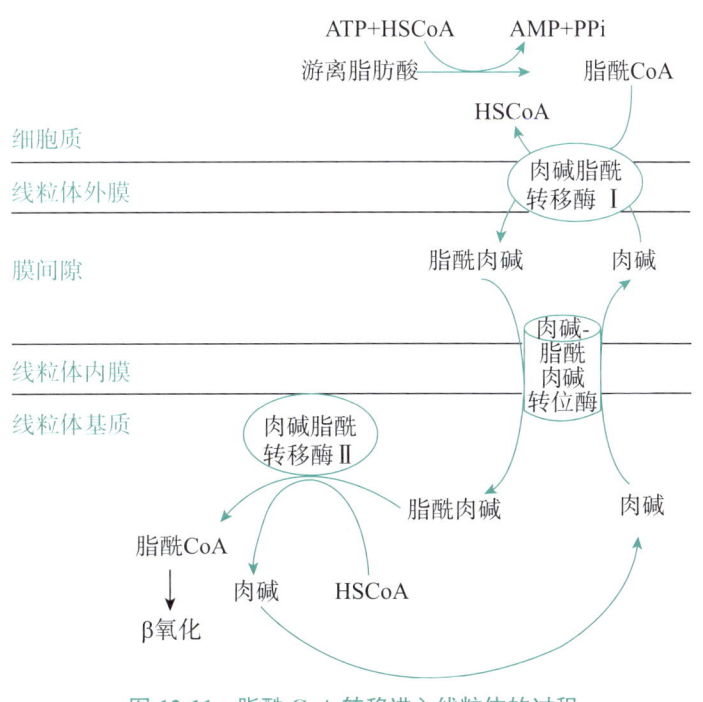

图 12-11　脂酰 CoA 转移进入线粒体的过程

左旋肉碱是否适合用于减肥？

脂酰 CoA 转移进入线粒体是脂肪酸氧化的限速步骤，其中肉碱脂酰转移酶 I 是脂肪酸分解代谢的关键酶，受脂肪酸合成中间产物——丙二酸单酰 CoA 的抑制。当饥饿、高脂低糖膳食、糖尿病、糖供应不足或不能被有效利用时，需要脂肪酸供能，肉碱脂酰转移酶 I 的活性增加，长链脂肪酸加快进入线粒体，脂肪酸的 β 氧化增强。相反，饱食后脂肪酸合成加强，丙二酸单酰 CoA 含量增加，肉碱脂酰转移酶 I 的活性受到抑制，脂肪酸的 β 氧化减少。

（三）饱和脂肪酸经多次 β 氧化转变为乙酰 CoA

当脂酰 CoA 进入线粒体基质后，在脂肪酸 β 氧化酶系的有序催化下进行氧化分解，由于体内脂肪酸的组成和结构各不相同，其氧化分解过程也各有差异。含有偶数碳原子的饱和脂肪酸的主要氧化方式是 α-β 碳原子间的裂解和 β 碳原子的氧化（图 12-12）。

$$CH_3-(CH_2)_n-\underset{\beta}{\overset{3}{CH_2}}\overset{2}{\underset{\alpha}{\vdots}}\overset{1}{CH_2}-COOH$$
$$\downarrow$$
$$CH_3-(CH_2)_{n-2}-CH_2-CH_2-COOH$$

图 12-12　饱和脂肪酸的 β 氧化

饱和脂肪酸 β 氧化过程包括脱氢、加水、再脱氢和硫解 4 个连续的酶促反应，具体步骤如下（图 12-13）。

1. 脱氢生成烯脂酰 CoA　脂酰 CoA 在脂酰 CoA 脱氢酶（acyl CoA dehydrogenase）的催化下，在 α- 和 β- 碳原子上各脱去 1 个氢原子，生成反 Δ^2 烯脂酰 CoA。脱下的 2 个氢原子由该酶的辅基 FAD 接受生成 $FADH_2$。

2. 加水生成羟脂酰 CoA　反 Δ^2 烯脂酰 CoA 在烯脂酰 CoA 水化酶（enoyl CoA hydratase）的催化下，加 1 分子 H_2O 生成 L（+）-β- 羟脂酰 CoA。

3. 再脱氢生成 β- 酮脂酰 CoA　L（+）-β- 羟脂酰 CoA 在 L-β- 羟脂酰 CoA 脱氢酶（L-3-hydroxyacyl CoA dehydrogenase）的催化下，脱去 2 个氢原子，由该酶的辅酶 NAD^+ 接受生成 $NADH+H^+$，同时生成 β- 酮脂酰 CoA。

4. 硫解产生乙酰 CoA　β- 酮脂酰 CoA 在 β- 酮脂酰 CoA 硫解酶（thiolase）的催化下，加 1 分子 CoASH，使其碳链中 α- 和 β- 碳原子之间的结合键断裂，生成 1 分子乙酰 CoA 和 1 分子比原来少 2 个碳原子的脂酰 CoA。

以上 4 步反应均是可逆反应，但全过程趋向分解代谢。

小测试12-3：脂肪酸 β 氧化过程与三羧酸循环有何相似之处？

经过上述 4 步反应，1 分子脂酰 CoA 分解生成 1 分子乙酰 CoA 和 1 分子比原来少了 2 个碳原子的脂酰 CoA。后者重复上述的反应，使含偶数碳原子的脂酰 CoA 最终全部转化成乙酰 CoA（图 12-13）。可见，β 氧化的终产物是乙酰 CoA。以含 16- 碳的软脂酰 CoA（palmitoyl CoA）的 β 氧化为例，其氧化的总反应式如下：

$$CH_3(CH_2)_{14}CO\sim SCoA + 7CoA\text{-}SH + 7FAD + 7NAD^+ + 7H_2O$$
$$\rightarrow 8CH_3CO\sim SCoA + 7FADH_2 + 7NADH+H^+$$

（四）乙酰 CoA 进入三羧酸循环彻底氧化

脂肪酸 β 氧化过程产生的乙酰 CoA，与其他代谢途径（包括糖代谢及氨基酸分解代谢）产生的乙酰 CoA 一样，经三羧酸循环被彻底氧化，生成 CO_2 和 H_2O，并释放能量。

脂肪酸氧化分解释放的能量除一部分以热能形式散发外，其余均用于合成 ATP。脂肪酸每经过一次β氧化，产生1分子乙酰CoA、1分子FADH₂及1分子NADH + H⁺。在氧化磷酸化过程中，每1分子NADH + H⁺产生2.5分子ATP，每1分子FADH₂产生1.5分子ATP；另外，每1分子乙酰CoA经三羧酸循环彻底氧化时，可产生10分子ATP。现以软脂酸为例，计算ATP的生成量。软脂酸氧化的总反应式如上。

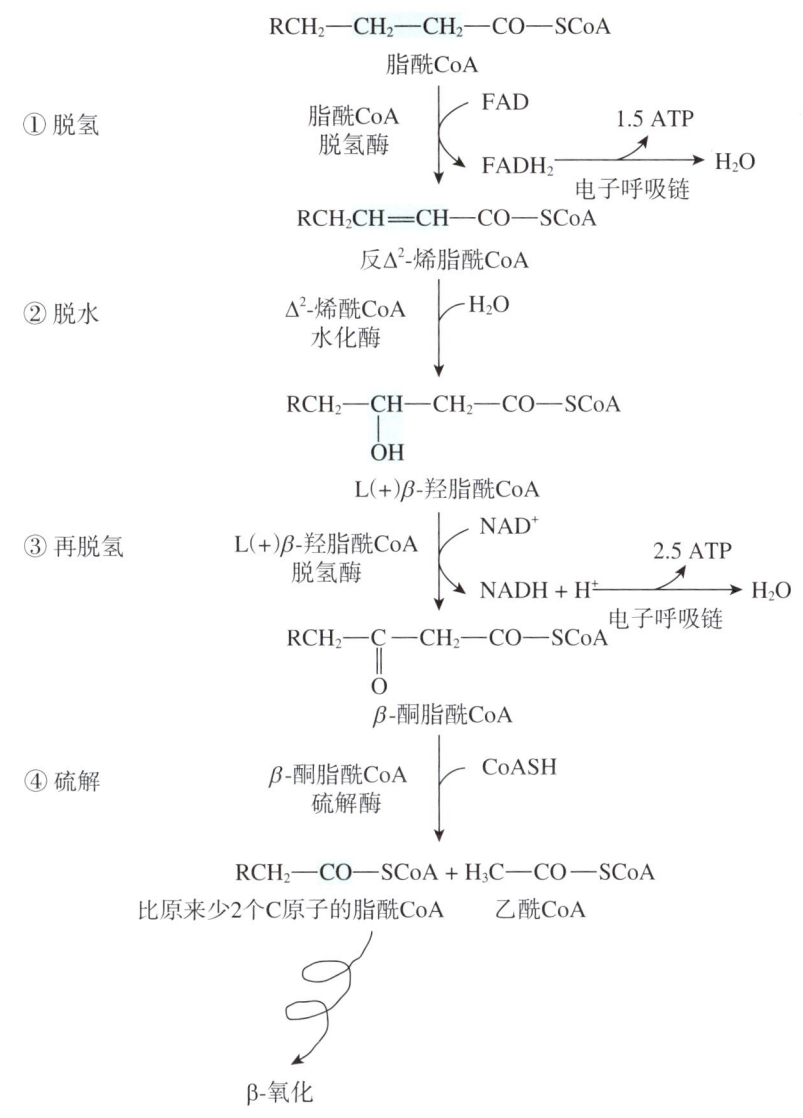

图12-13　脂肪酸β氧化4步连续反应

软脂酸是含有16个碳原子的饱和脂肪酸，需经7次β氧化，产生8分子乙酰CoA、7分子FADH₂及7分子NADH + H⁺。共计产生 7×1.5ATP + 7×2.5ATP + 8×10ATP = 108ATP，减去脂肪酸活化时消耗的2分子ATP，一分子软脂酸彻底氧化净生成106分子ATP。由此可见，脂肪酸是体内重要的能源物质。

值得注意的是，以上介绍的是饱和脂肪酸的氧化过程。人体和食物中还含有大量的不饱和脂肪酸。在线粒体内不饱和脂肪酸的氧化与饱和脂肪酸的氧化基本相同，也可循β氧化进行。但由于天然不饱和脂肪酸的双键均为顺式构型，而脂肪酸β氧化酶系只能氧化反式不饱和脂肪酸，因此，需要特异性烯脂酰CoA顺反异构酶（cis-trans isomerase）将顺式烯脂酰CoA转变成反式构型的烯脂酰CoA。其余氧化过程与β氧化过程相同。由于不饱和脂肪酸的还原程度较饱和脂肪酸低，彻底氧化成CO₂和H₂O时产生的ATP比相同碳原子数的饱和脂肪酸少。

小测试12-4：1分子硬脂酸（18碳）彻底氧化能生成多少ATP？

人体含有的极少数奇数碳原子的脂肪酸，经活化、转移及多次 β 氧化生成多个分子的乙酰 CoA 后，最终生成含奇数碳的丙酰 CoA。丙酰 CoA 经羧化转变成琥珀酰 CoA，沿三羧酸循环途径生成草酰乙酸，再循糖异生过程转变为丙酮酸。其在体内可被彻底氧化，亦可转变成糖。

五、酮体的生成和利用

酮体（ketone body）是脂肪酸在肝线粒体内不完全氧化的中间产物，包括乙酰乙酸（acetoacetate）、β- 羟丁酸（β-hydroxybutyrate）和丙酮（acetone）三种有机化合物，其中以 β- 羟丁酸含量最多，约占总量的 70%，乙酰乙酸约占 30%，丙酮含量极微。在心肌、骨骼肌等肝外组织，脂肪酸经 β 氧化生成的乙酰 CoA，能够彻底氧化成 CO_2 和 H_2O。而肝细胞因含有活性较强的合成酮体的酶系，β 氧化生成的乙酰 CoA 除了彻底氧化成 CO_2 和 H_2O 外，还可以转变成酮体。

（一）酮体在肝细胞线粒体内合成

脂肪酸经 β 氧化生成的乙酰 CoA 是合成酮体的原料，合成部位是肝细胞线粒体，其合成过程分 3 步进行（图 12-14）。

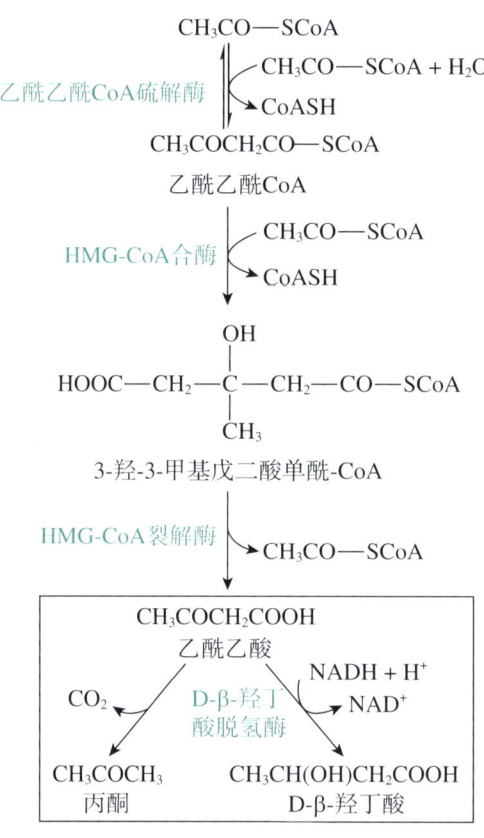

图 12-14　酮体的合成过程

（1）2 分子乙酰 CoA 在乙酰乙酰 CoA 硫解酶的催化下，缩合成 1 分子乙酰乙酰 CoA，并释放 1 分子 CoASH。

（2）乙酰乙酰 CoA 再与 1 分子乙酰 CoA 缩合生成 3- 羟 -3- 甲基戊二酸单酰 CoA（3-hydroxy-3-methylglutaryl CoA，HMG-CoA），并释放 1 分子 CoASH。催化这一反应的酶为 HMG-CoA 合酶（HMG-CoA synthase），该酶为酮体合成的关键酶。

（3）HMG-CoA 在 HMG-CoA 裂解酶的作用下，裂解生成 1 分子乙酰乙酸和 1 分子乙酰 CoA。乙酰乙酸再经 β-羟丁酸脱氢酶的催化，由 NADH + H⁺ 供氢还原生成 β-羟丁酸，少量乙酰乙酸自动脱羧生成丙酮。

肝能生成酮体，但缺乏氧化、利用酮体的酶系，故生成的酮体不能在肝中氧化，必须透过细胞膜进入血液循环，运往肝外组织被氧化利用。

（二）酮体在肝外组织氧化利用

肝外许多组织，特别是心肌、骨骼肌、脑和肾等组织，都具有活性很强的利用酮体的酶，使酮体分解氧化。酮体的氧化分解反应如图 12-15 所示。

（1）乙酰乙酸可在乙酰乙酸硫激酶或琥珀酰 CoA 转硫酶的催化下，活化为乙酰乙酰 CoA。

（2）乙酰乙酰 CoA 在乙酰乙酰 CoA 硫解酶作用下，分解为 2 分子乙酰 CoA，后者进入三羧酸循环被彻底氧化。

（3）β-羟丁酸在 β-羟丁酸脱氢酶的催化下，生成乙酰乙酸，再沿上述途径进行氧化。丙酮不能按上述方式氧化，可随尿液排出。因丙酮易挥发，当血中浓度过高时，丙酮还可随呼吸排出体外，这时患者呼出的气体中带有烂苹果气味。

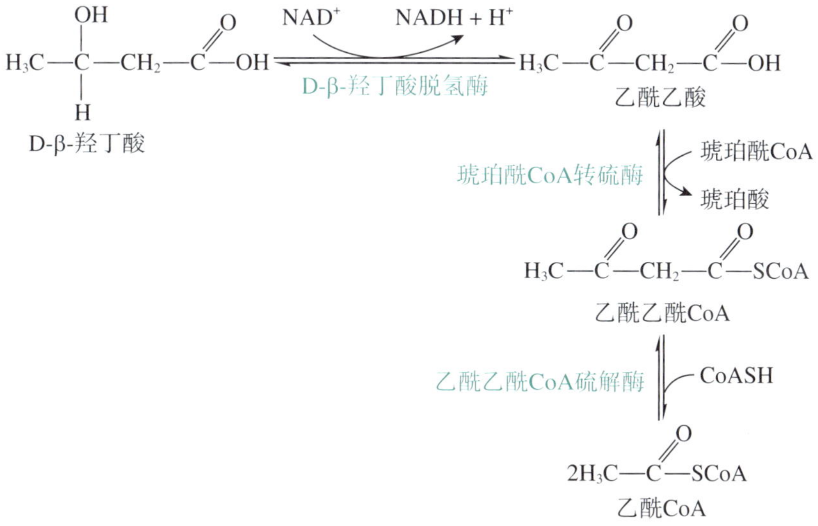

图 12-15 酮体的氧化分解

综上，酮体是肝中脂肪酸氧化时特有的中间代谢物，其代谢特点可总结为"肝内生成，肝外利用"。

（三）酮体是肌肉及脑组织的重要能源

酮体是肝输出脂肪酸类能源物质的一种形式。酮体分子小，易溶于水，能够通过血脑屏障和肌肉等组织的毛细血管壁。在生理情况下，脑组织主要依靠血糖供能，它不能直接摄取脂肪酸，但可以利用酮体。在糖供应不足或糖利用障碍时，酮体可以代替葡萄糖成为脑组织和肌肉组织的重要能源。

正常人血中酮体含量很少，为 0.03 ~ 0.5 mmol/L（0.3 ~ 5 mg/dl）。但在长期饥饿、高脂低糖膳食及罹患糖尿病时，脂肪动员加强，酮体生成增多。尤其是未控制糖尿病的患者，血中酮体含量可高出正常情况的数十倍。血中酮体异常升高称为酮血症（ketonemia）。当酮体水平高过肾重吸收能力时，尿中就会出现酮体，称为酮尿症（ketonuria）。由于酮体中占极大部分的乙酰乙酸

和 β- 羟丁酸都是有机酸，其堆积会导致酸中毒，称为酮症酸中毒（ketoacidosis）。临床上将酮血症、酮尿症及酮症酸中毒合称为酮症（ketosis）。

框 12-5　糖尿病酮症酸中毒

糖尿病酮症酸中毒是一种比较常见的急性并发症，最常见于 1 型糖尿病患者，但部分 2 型糖尿病患者在各种应激情况下也可出现。常表现为血糖异常升高，尿中出现酮体，多食、多饮、多尿及体重减轻等"三多一少"症状，口中呼气有"烂苹果味"，并出现全身倦怠、无力，甚至昏迷。动脉血气分析检查显示代谢性酸中毒的特征。在胰岛素被发现之前，1 型糖尿病患者常过早地因为酮症酸中毒而丧命，在胰岛素问世之后，1 型糖尿病的死亡率已大大降低，但如遇有严重应激情况或治疗不当等情况时，仍能直接威胁患者的生命，因此治疗时需用足胰岛素，必要时纠正水、电解质紊乱及酸碱平衡。

小测试12-5：什么是酮体？酮体产生有什么生理意义？

第三节　甘油三酯的合成代谢

体内几乎所有组织都能合成甘油三酯，但小肠黏膜细胞、肝细胞、脂肪细胞的内质网是合成甘油三酯的主要场所，其中以肝的合成能力最强。甘油三酯合成需要脂酰 CoA、3- 磷酸甘油作为原料。

一、脂肪酸的合成过程

（一）乙酰 CoA 的转运

合成脂肪酸的乙酰 CoA 主要来自糖的氧化分解。细胞内的乙酰 CoA 全部在线粒体内生成，而合成脂肪酸的酶系存在于细胞质中，因此线粒体内合成的乙酰 CoA 必须进入细胞质才能用于脂肪酸的合成。乙酰 CoA 不能自由通过线粒体内膜，需通过柠檬酸 - 丙酮酸循环（citrate-pyruvate cycle），将线粒体内生成的乙酰 CoA 转移到细胞质。在此循环中，线粒体内的乙酰 CoA 先与草酰乙酸缩合生成柠檬酸，后者即可通过线粒体内膜上特异载体的转运进入细胞质；然后在柠檬酸裂解酶的作用下，柠檬酸裂解生成草酰乙酸和乙酰 CoA。乙酰 CoA 用于脂肪酸的合成，而草酰乙酸还原生成苹果酸或转变为丙酮酸后转运入线粒体循环使用（图 12-16）。

脂肪酸合成的原料除乙酰 CoA 外，还需 ATP、NADPH + H^+、HCO_3^-（CO_2）、Mn^{2+} 和生物素等。NADPH + H^+ 作为反应的供氢体，主要来自磷酸戊糖途径。

（二）乙酰 CoA 在脂肪酸合成酶系的催化下合成脂肪酸

1. 乙酰 CoA 羧化成丙二酸单酰 CoA　在细胞质中，以乙酰 CoA 为原料合成脂肪酸的过程并不是 β 氧化的逆过程，而是以丙二酸单酰 CoA 为基础的一个连续反应。脂肪酸合成的第一步反应是由乙酰 CoA 羧化成丙二酸单酰 CoA，该反应由乙酰 CoA 羧化酶（acetyl CoA carboxylase）催化，由碳酸氢盐提供 CO_2，由 ATP 提供能量，其反应式为如下：

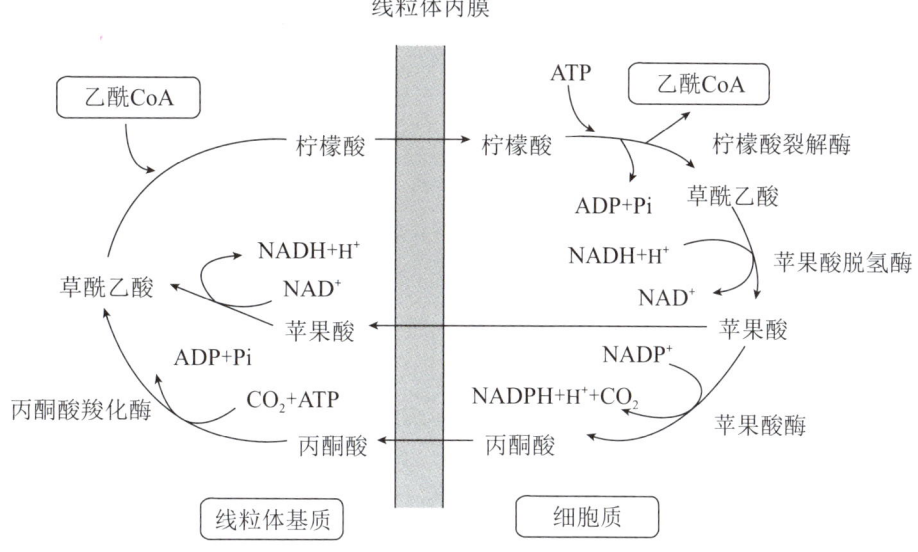

图 12-16　柠檬酸 - 丙酮酸循环

$$CH_3-CO\sim SCoA + HCO_3^- + ATP \xrightarrow[\text{生物素}]{\text{乙酰CoA羧化酶}} HOOC-CH_2-CO\sim SCoA + ADP + Pi$$

乙酰 CoA 羧化酶是脂肪酸合成的关键酶，该酶存在于细胞质中，辅基为生物素，Mn^{2+} 为激活剂。此酶活性受膳食成分和体内代谢物的调节和影响，高糖膳食可促进酶蛋白的合成，柠檬酸与异柠檬酸是该酶的变构激活剂，而长链脂酰 CoA 为变构抑制剂。

2. 1 分子乙酰 CoA 与 7 分子丙二酸单酰 CoA 合成软脂酸　从乙酰 CoA 和丙二酸单酰 CoA 合成长链脂肪酸，经历一个重复加成反应过程，每次延长 2 个碳原子，此过程由脂肪酸合酶 (fatty acid synthase，FASN) 催化，$NADPH + H^+$ 供氢。合成含 16 碳的软脂酸需连续重复 7 次加成反应，总反应式如下：

$$CH_3CO\sim SCoA + 7HOOC-CH_2-CO\sim SCoA \xrightarrow[14NADPH+H^+ \quad 14NADP^+]{\text{脂肪酸合酶}}$$

$$CH_3-(CH_2)_{14}-COOH + 7CO_2 + 8CoASH + 6H_2O$$

哺乳动物的脂肪酸合酶属多功能酶，是由两个完全相同的多肽链（亚基）首尾相连组成的二聚体，每个亚基含 1 个酰基载体蛋白 (acyl carrier protein，ACP) 结构域和 7 种酶蛋白（乙酰基转移酶、丙二酸单酰转移酶、β- 酮脂酰合成酶、β- 酮脂酰还原酶、烯脂酰脱水酶、烯脂酰还原酶、硫酯酶）结构域。ACP 结构域是脂肪酸合成过程中脂酰基的载体，可与脂酰基相连；7 种酶蛋白结构域分别催化不同的反应。

1 分子乙酰 CoA 和 1 分子丙二酸单酰 CoA 在脂肪酸合酶的催化下，经缩合、加氢、脱水、再加氢四步反应合成丁酰 ACP，这是软脂酸合成的第一次循环。随后，丁酰 ACP 再与丙二酸单酰 CoA 用同样的方式重复缩合、加氢、脱水和再加氢四步反应，使脂肪酸碳链延长。每进行一次循环反应可将碳链延长 2 个碳原子，直至延长到 16 碳时，硫酯酶催化软脂酰基从酶分子上硫解下来，生成软脂酸（图 12-17）。

脂肪酸合酶催化的反应只能合成软脂酸。人体可在肝细胞的线粒体和内质网内，以软脂酸为母体，通过碳链的延长、缩短以及去饱和作用生成不同碳链长度的饱和脂肪酸和不饱和脂肪酸，脂肪酸是合成甘油三酯的原料之一，在体内合成的脂肪酸经活化后转变成脂酰 CoA，即可参与合成甘油三酯。

图 12-17 软脂酸的合成过程

二、3-磷酸甘油的生成

1. 细胞内甘油再利用 甘油三酯分解产生的甘油，在甘油激酶催化下活化形成 3-磷酸甘油。甘油激酶主要存在于肝、肾等组织中，脂肪组织中缺乏甘油激酶活性而不能直接利用甘油合成 3-磷酸甘油。

2. 葡萄糖分解途径 葡萄糖经糖酵解途径分解产生的磷酸二羟丙酮，在 3-磷酸甘油脱氢酶催化下，还原生成 3-磷酸甘油。该途径是 3-磷酸甘油的主要来源。

三、甘油三酯的两条合成途径

小肠黏膜细胞、肝细胞、脂肪细胞的内质网是合成甘油三酯的主要场所，其中以肝的合成能力最强。如前所述，外源性甘油三酯被消化吸收时，在小肠黏膜细胞中通过甘油单酯途径再合成甘油三酯，在脂酰 CoA 转移酶催化下，由 ATP 供能，将脂酰 CoA 的脂酰基与 2- 甘油单酯羟基酯化合成甘油三酯，继而以乳糜微粒的形式进行运输。

内源性甘油三酯是由肝和脂肪组织以甘油二酯途径合成的，合成原料为 3- 磷酸甘油和脂肪酸，主要来自糖代谢。合成过程如下（图 12-18）：首先，在脂酰 CoA 转移酶催化下，1 分子 3- 磷酸甘油与 2 分子脂酰 CoA 合成磷脂酸；然后，磷脂酸经磷脂酸磷酸酶水解生成甘油二酯；最后，由脂酰 CoA 转移酶催化，甘油二酯再与 1 分子脂酰 CoA 作用，生成甘油三酯。甘油三酯的三个脂酰基可来自同一脂肪酸，也可来自不同的脂肪酸，可以是饱和脂肪酸，也可以是不饱和脂肪酸，其中 β 位的脂肪酸多为不饱和脂肪酸。

小测试12-7：常吃甜食为什么容易发胖？

图 12-18 肝和脂肪组织合成内源性甘油三酯的过程（甘油二酯途径）

第四节　磷脂代谢

一、磷脂的种类和结构

磷脂（phospholipid，PL）是含有磷酸的脂质的总称，机体中主要有两大类磷脂：一类是以甘油为骨架的甘油磷脂（glycerophosphatide），另一类是以鞘氨醇（sphingosine）为骨架的鞘磷脂（sphingomyelin）。甘油磷脂是体内含量最多、分布最广的磷脂，鞘磷脂主要分布在脑和神经髓鞘中。本节主要介绍甘油磷脂的代谢。甘油磷脂由 1 分子甘油、2 分子脂肪酸、1 分子磷酸和 1 分子取代基团组成，其基本结构见图 12-19。

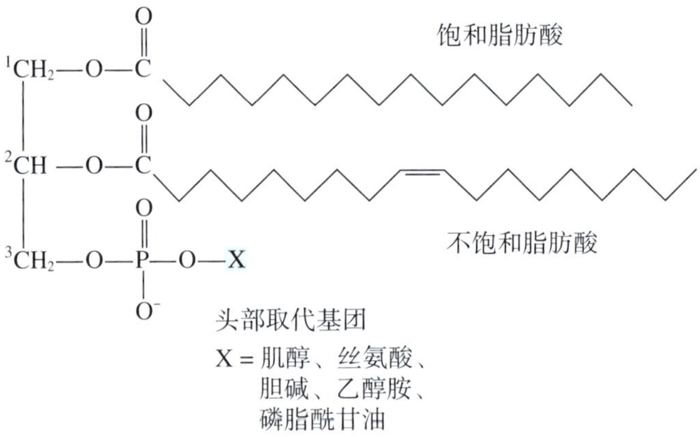

图 12-19　甘油磷脂的基本结构通式

甘油磷脂以甘油为骨架，在甘油的 1 位和 2 位羟基上各结合 1 分子脂肪酸。通常 1 位是饱和脂肪酸，2 位是不饱和脂肪酸即花生四烯酸，3 位羟基上结合 1 分子磷酸。根据与磷酸羟基相连的取代基团 X 的不同，常见的甘油磷脂可分为磷脂酰胆碱（phosphatidylcholine，PC，俗称卵磷脂）、磷脂酰乙醇胺（phosphatidylethanolamine，PE，俗称脑磷脂）、磷脂酰丝氨酸（phosphatidyl serine，PS）、磷脂酰肌醇（phosphatidyl inositol，PI）、磷脂酰甘油（phosphatidyl glycerol，PG）和二磷脂酰甘油（diphosphatidyl glycerol，俗称心磷脂）等。常见甘油磷脂的结构如图 12-20 所示。

在甘油磷脂中，以磷脂酰胆碱和磷脂酰乙醇胺最重要，含量最多，约占磷脂总量的 75%。磷脂酸是最简单的甘油磷脂。

二、甘油磷脂的两条合成途径

甘油磷脂以甘油、脂肪酸、磷酸等为基本原料通过两条途径合成。人体各组织细胞的内质网均有合成甘油磷脂的酶系，故各组织细胞都能合成甘油磷脂，但以肝、肾及肠等组织最为活跃。合成甘油磷脂的原料主要有饱和脂肪酸、多不饱和脂肪酸、胆碱、丝氨酸、肌醇、磷酸盐等，此外，还需要 ATP 和胞苷三磷酸（cytidine triphosphate，CTP）参与。

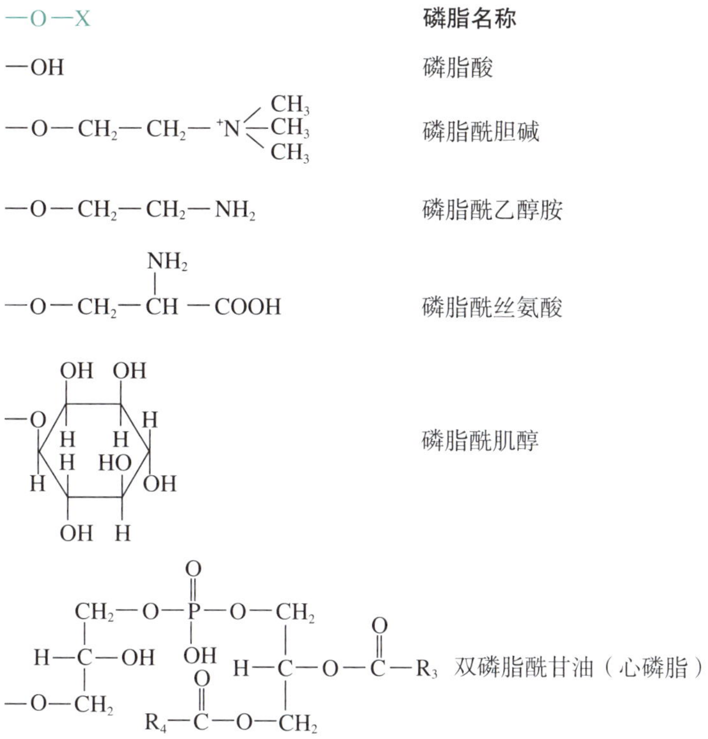

—O—X	磷脂名称
—OH	磷脂酸
—O—CH₂—CH₂—⁺N(CH₃)₃	磷脂酰胆碱
—O—CH₂—CH₂—NH₂	磷脂酰乙醇胺
—O—CH₂—CH(NH₂)—COOH	磷脂酰丝氨酸
肌醇环	磷脂酰肌醇
双甘油磷酸结构	双磷脂酰甘油（心磷脂）

图 12-20　常见甘油磷脂的极性头部结构

甘油、脂肪酸主要由葡萄糖代谢转化而来，但所需的一部分必需脂肪酸必须从植物油中摄取。胆碱可由食物供给，亦可由丝氨酸和甲硫氨酸在体内合成。丝氨酸脱羧生成乙醇胺。乙醇胺从 S-腺苷甲硫氨酸获得 3 个甲基即可合成胆碱。CTP 在甘油磷脂合成中不仅用于供能，而且为合成 CDP-乙醇胺和 CDP-胆碱等活性中间产物所必需。

（一）磷脂酰胆碱和磷脂酰乙醇胺主要通过甘油二酯途径合成

甘油二酯是合成磷脂酰胆碱和磷脂酰乙醇胺的重要中间物，其合成与甘油三酯相似，即葡萄糖→ 3-磷酸甘油→磷脂酸→甘油二酯（图 12-18）。磷脂酰胆碱和磷脂酰乙醇胺的合成过程需要 CDP 的活化。

（1）胆碱和乙醇胺分别活化成 CDP-胆碱和 CDP-乙醇胺（图 12-21）。

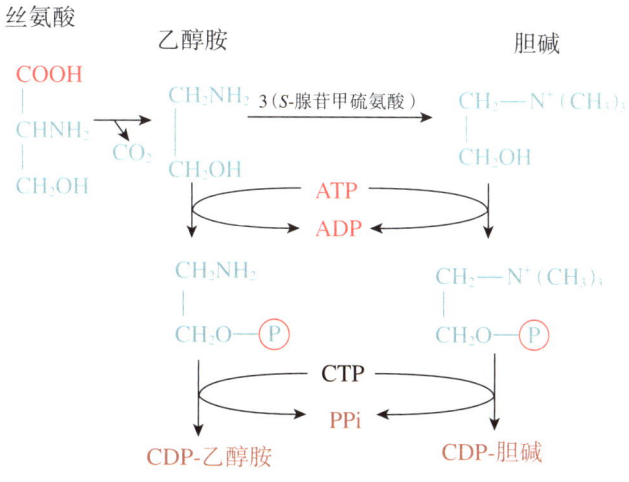

图 12-21　胆碱和乙醇胺的活化

（2）CDP-乙醇胺和CDP-胆碱分别与甘油二酯作用生成磷脂酰乙醇胺和磷脂酰胆碱（图12-22）。此外，磷脂酰乙醇胺也可甲基化生成磷脂酰胆碱。合成过程中所需要的甲基由S-腺苷甲硫氨酸供给。

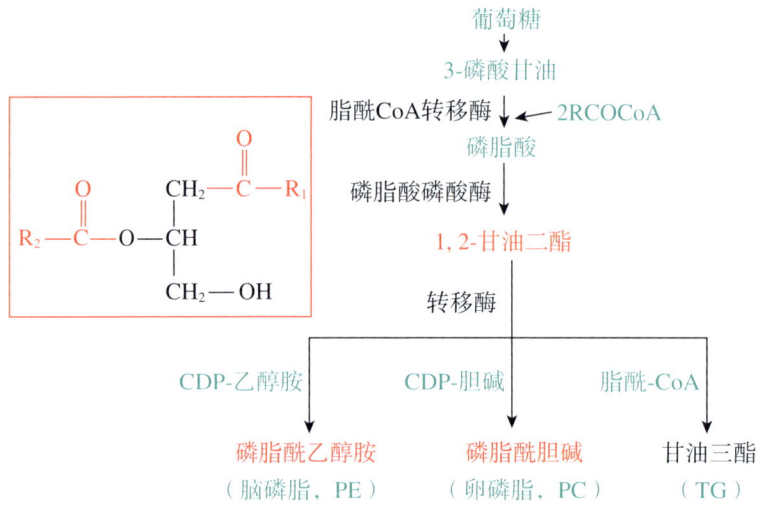

图 12-22　甘油磷脂的甘油二酯合成途径

（二）磷脂酰肌醇和心磷脂通过 CDP- 甘油二酯途径合成

在心肌和骨骼肌内，由葡萄糖生成的磷脂酸在胞苷酰转移酶的催化下，由 CTP 提供能量，活化为 CDP- 甘油二酯。然后在相应合成酶的作用下，CDP- 甘油二酯分别与肌醇、磷脂酰甘油缩合生成磷脂酰肌醇和心磷脂（图 12-23）。

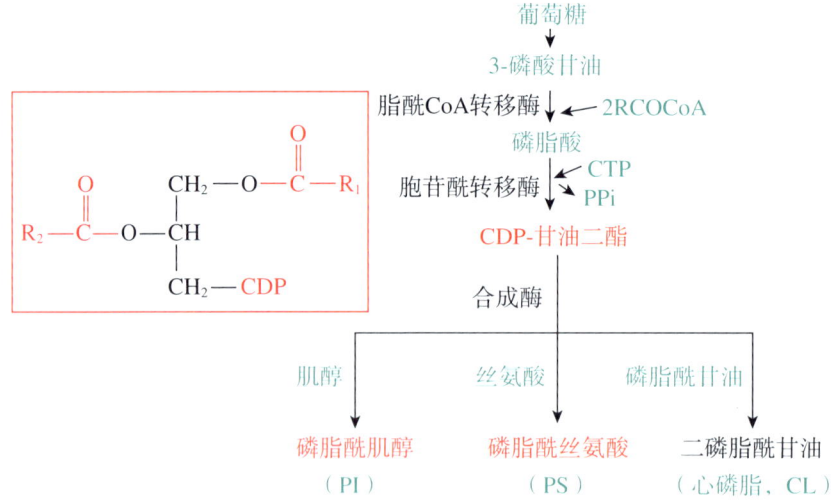

图 12-23　甘油磷脂的 CDP- 甘油二酯合成途径

三、甘油磷脂的分解代谢

甘油磷脂的分解代谢由多种磷脂酶（phospholipase）催化。根据磷脂酶作用的部位不同，分

为磷脂酶 A_1、A_2、B、C 及 D 等（图 12-24）。各种磷脂酶作用于甘油磷脂分子中的不同酯键，将磷脂水解生成甘油、脂肪酸、磷酸和各种含氮化合物如胆碱、乙醇胺、丝氨酸等。

磷脂酶 A_1 在自然界分布广泛（包括蛇毒及某些微生物），存在于细胞的溶酶体。它能催化甘油磷脂的第 1 位酯键断裂，产物为脂肪酸和溶血磷脂（lysophospholipid）。溶血磷脂是各种甘油磷脂水解脱去一个脂酰基后的产物，是一类具有较强表面活性的物质，能使红细胞及其他细胞膜破裂，引起溶血或细胞坏死。例如，蛇毒中含有磷脂酶 A_1，其水解产物为溶血磷脂 2，故被毒蛇咬伤后会出现溶血症状。

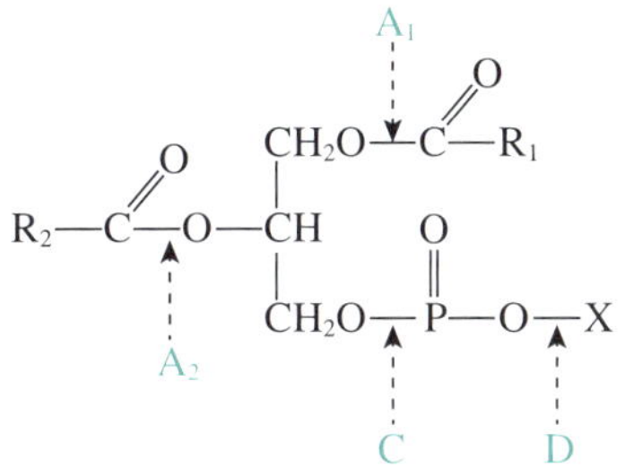

图 12-24　磷脂酶水解甘油磷脂时的作用部位

四、急性胰腺炎与甘油磷脂代谢异常

急性胰腺炎的发生与胰腺磷脂酶 A_2 对胰腺细胞的损伤密切相关。生理情况下，磷脂酶 A_2 以酶原形式存在于胰腺中，进入肠道后，可被胆汁酸盐、胰蛋白酶及 Ca^{2+} 激活，消化水解来自食物的磷脂（甘油 2 位脂肪酸水解），产生的溶血磷脂 1 可由肠黏膜细胞的溶血磷脂酶水解，失去溶解细胞膜的作用。发生急性胰腺炎时，大量磷脂酶 A_2 酶原在胰腺内被激活，致使胰腺细胞坏死。

框 12-6　脂肪肝与甘油磷脂代谢异常

甘油磷脂合成不足是导致脂肪肝的重要原因。正常人肝中脂质含量占肝重量的 3%～5%，其中甘油三酯约占 1/2，若肝中脂质含量超过 10%，且主要是甘油三酯堆积，即称为脂肪肝。若合成磷脂的原料不足（如胆碱缺乏或合成不足），会使肝中磷脂合成减少，导致极低密度脂蛋白合成障碍，使肝细胞内合成的甘油三酯运出困难，同时甘油二酯因磷脂酰胆碱合成减少，转而生成甘油三酯，致使肝细胞内甘油三酯合成增加，从而引起甘油三酯在肝细胞内堆积，造成脂肪肝。此外，高脂、高糖饮食或大量饮酒，致使体内甘油三酯来源过多；肝功能障碍影响低密度脂蛋白合成与释放均可使肝内甘油三酯堆积形成脂肪肝，长期脂肪肝可导致肝硬化。因此，磷脂及其与磷脂合成有关的辅助因子（叶酸、维生素 B_{12}、CTP 等）在临床上常用于防治脂肪肝。

第五节 胆固醇代谢

胆固醇（cholesterol）是人体重要的脂质物质之一，因其最早是由动物胆石中分离出来的具有环戊烷多氢菲烃核及羟基的固醇类化合物，故被称为胆固醇。胆固醇是机体多种重要生理活性物质的前体，高胆固醇血症与心、脑血管疾病和动脉粥样硬化的发病密切相关。

一、胆固醇的结构

胆固醇是一个以环戊烷多氢菲为骨架的 27 碳有机化合物，其化学结构及分子中碳原子的编号如图 12-25 所示。体内约 70% 胆固醇的羟基与长链脂肪酸酯化形成胆固醇酯（cholesterol ester, CE）。胆固醇具有两种存在形式：游离胆固醇（free cholesterol）和酯化胆固醇（即胆固醇酯），前者是胆固醇的代谢形式，后者则是胆固醇的储存和运输形式。胆固醇与植物固醇等的主要区别在于侧链长短的不同，有时在固醇核骨架上也可有一定的差别。以下给出见于许多植物的豆固醇和见于某些真菌的麦角固醇的结构以资比较（图 12-25）。

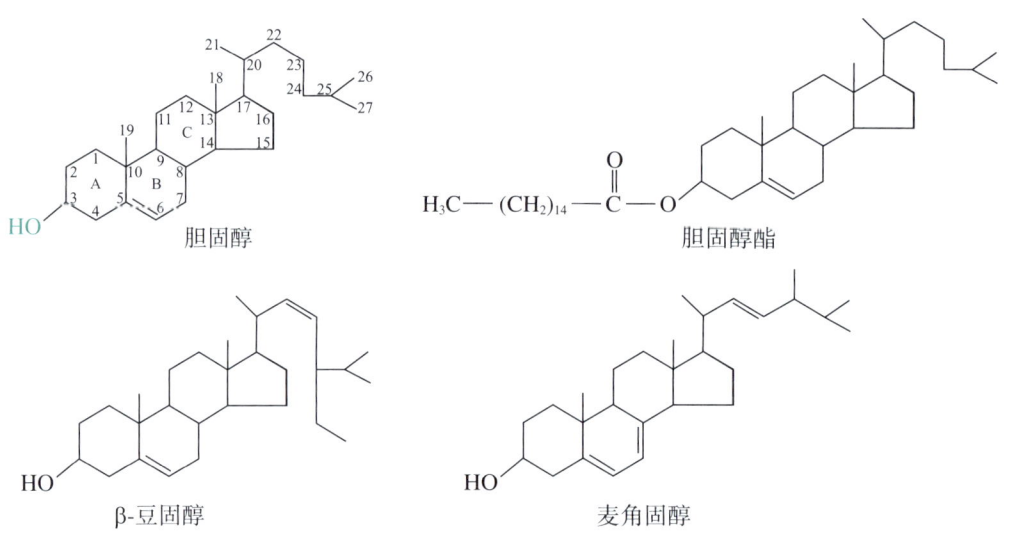

图 12-25 胆固醇、胆固醇酯与植物固醇的结构

二、人体胆固醇的来源

胆固醇广泛存在于全身各组织中，其中脑及神经组织中最多，占脑组织总质量的 2% 左右，其总量占全身胆固醇总量的 1/4。此外，肝、肾、肠等内脏以及皮肤、脂肪组织中亦含较多胆固醇。

人体胆固醇有两种来源：一是从食物中摄取，称为外源性胆固醇，膳食中的胆固醇来自动物性食物，如内脏、奶油、蛋黄及肉类等。植物性食物不含胆固醇；二是体内合成，称为内源性胆固醇，一般情况下内源性合成是机体胆固醇最主要的来源，约占机体内胆固醇总量的 2/3。

三、胆固醇的合成

（一）肝是体内胆固醇合成的主要场所

除成年动物脑组织及成熟红细胞外，其他各组织均可合成胆固醇，每天合成的总量为 1～1.5 g。肝是合成胆固醇的主要场所，合成量占总量的 70%～80%，其次为小肠，可占总量的 10%。胆固醇合成酶系存在于细胞质及光面内质网膜上，故胆固醇的合成主要在细胞质及内质网中进行。

（二）乙酰 CoA 和 NADPH 是合成胆固醇的基本原料

合成胆固醇除需要乙酰 CoA 外，还需要 ATP 供能和 NADPH+H^+ 供氢。乙酰 CoA 是葡萄糖、氨基酸及脂肪酸在线粒体内的分解代谢产物，而合成胆固醇的酶系分布在细胞质及内质网上，因此乙酰 CoA 需通过柠檬酸-丙酮酸循环，将线粒体内生成的乙酰 CoA 转移到细胞质，用于胆固醇的合成。

每合成 1 分子胆固醇需 18 分子乙酰 CoA、36 分子 ATP 及 16 分子 NADPH+H^+。乙酰 CoA 和 ATP 大多来自线粒体中葡萄糖的有氧氧化，NADPH+H^+ 主要来自细胞质中葡萄糖的磷酸戊糖途径，因此葡萄糖是胆固醇合成原料的主要来源。

（三）胆固醇的合成可分三个阶段

（1）在胞质中，首先在硫解酶的催化下，2 分子乙酰 CoA 缩合成 1 分子乙酰乙酰 CoA；然后由 HMG-CoA 合酶催化，乙酰乙酰 CoA 再与 1 分子乙酰 CoA 缩合生成羟基甲基戊二酸单酰 CoA（HMG-CoA），后者经 HMG-CoA 还原酶（HMG-CoA reductase）的催化，生成甲羟戊酸（mevalonic acid，MVA）（图 12-26）。

在此过程中，HMG-CoA 的生成与肝内酮体生成的前几步相同，只是合成的部位不同。HMG-CoA 是合成胆固醇及酮体的重要中间产物，在线粒体中 HMG-CoA 裂解生成酮体，而在细胞质中 HMG-CoA 还原生成 MVA。HMG-CoA 还原酶是合成胆固醇的关键酶。

（2）MVA 先经磷酸化，再脱羧、脱羟基，从而成为活泼的 5 碳焦磷酸化合物，然后 3 分子 5 碳焦磷酸化合物缩合成 15 碳焦磷酸法尼酯；2 分子 15 碳焦磷酸法尼酯再缩合，还原生成 30 碳的多烯烃化合物——鲨烯。

（3）鲨烯通过载体蛋白的携带从细胞质进入内质网，在多种酶的催化下环化成 30 碳羊毛固醇。最后，再经氧化、脱羧和还原等反应，脱去 3 分子 CO_2，转变成 27 碳胆固醇。

胆固醇的合成过程如图 12-26 所示。

小测试12-8：
HMG-CoA涉及哪些脂质代谢过程？

（四）多种因素通过影响 HMG-CoA 还原酶活性调节胆固醇合成

HMG-CoA 还原酶是合成胆固醇的关键酶，各种因素（食物胆固醇、饥饿与饱食、激素等）对胆固醇合成的调节，主要通过影响 HMG-CoA 还原酶的活性来实现。

1. 胆固醇反馈抑制肝胆固醇合成　体内胆固醇浓度的升高可反馈抑制肝 HMG-CoA 还原酶的活性和该酶在肝的合成，导致胆固醇合成减少。

2. 胰岛素诱导、胰高血糖素及糖皮质激素抑制 HMG-CoA 还原酶活性　胰岛素能诱导肝 HMG-CoA 还原酶合成，促进胆固醇合成，使血浆胆固醇升高。胰高血糖素和糖皮质激素则能抑制 HMG-CoA 还原酶活性，减少胆固醇的合成。甲状腺素虽能促进 HMG-CoA 还原酶合成，但同时又能促进胆固醇在肝中转变成胆汁酸和促进胆固醇的排出，且后者作用更强，因此，甲状腺功能亢进的患者，血清胆固醇含量反而会下降。

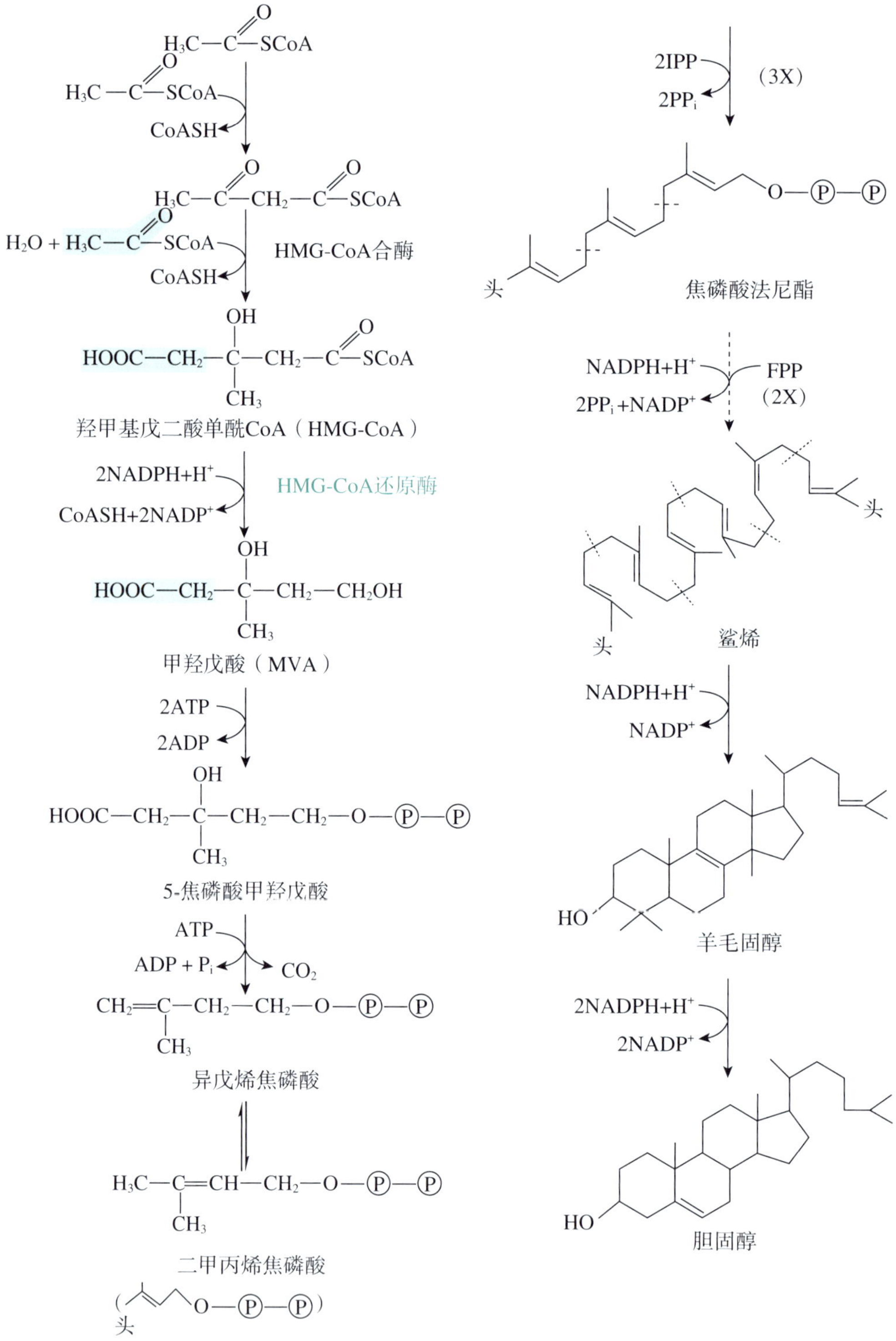

图 12-26 胆固醇的合成过程

3. 餐食状态影响肝胆固醇合成 饥饿与禁食可抑制肝合成胆固醇。摄取高糖、高饱和脂肪膳食后，可导致胆固醇的合成增加，这是因为饱和脂肪酸能诱导肝 HMG-CoA 还原酶的合成。若食入无脂肪膳食，肝中 HMG-CoA 还原酶的合成和胆固醇的合成均下降。

4. 他汀类药物能降低胆固醇的合成 他汀类药物是 HMG-CoA 还原酶的竞争性抑制剂，进入血液后能抑制该酶活性，使胆固醇合成减少，有效降低血浆胆固醇。

四、细胞内和血浆中胆固醇的酯化

胆固醇酯化是胆固醇吸收转运的重要步骤,在细胞内和血浆中的游离胆固醇都可以被酯化成胆固醇酯,但不同部位催化胆固醇酯化的酶及其反应过程不同(图12-27)。

1. 细胞内胆固醇的酯化 在脂酰CoA:胆固醇脂酰转移酶(acyl CoA-cholesterol acyltransferase,ACAT)的催化下,组织细胞内的游离胆固醇接受脂酰CoA的脂酰基形成胆固醇酯。

2. 血浆内胆固醇的酯化 在磷脂酰胆碱(卵磷脂):胆固醇脂酰转移酶(lecithin-cholesterol acyltransferase,LCAT)的催化下,血浆中的游离胆固醇接受卵磷脂第2位碳原子上的脂酰基,生成胆固醇酯和溶血卵磷脂。血浆胆固醇中70%~80%是胆固醇酯,均由LCAT催化生成。

LCAT是在肝合成后分泌入血才发挥作用的,当肝功能受损时,可使LCAT活性降低,从而引起血浆胆固醇酯含量下降。

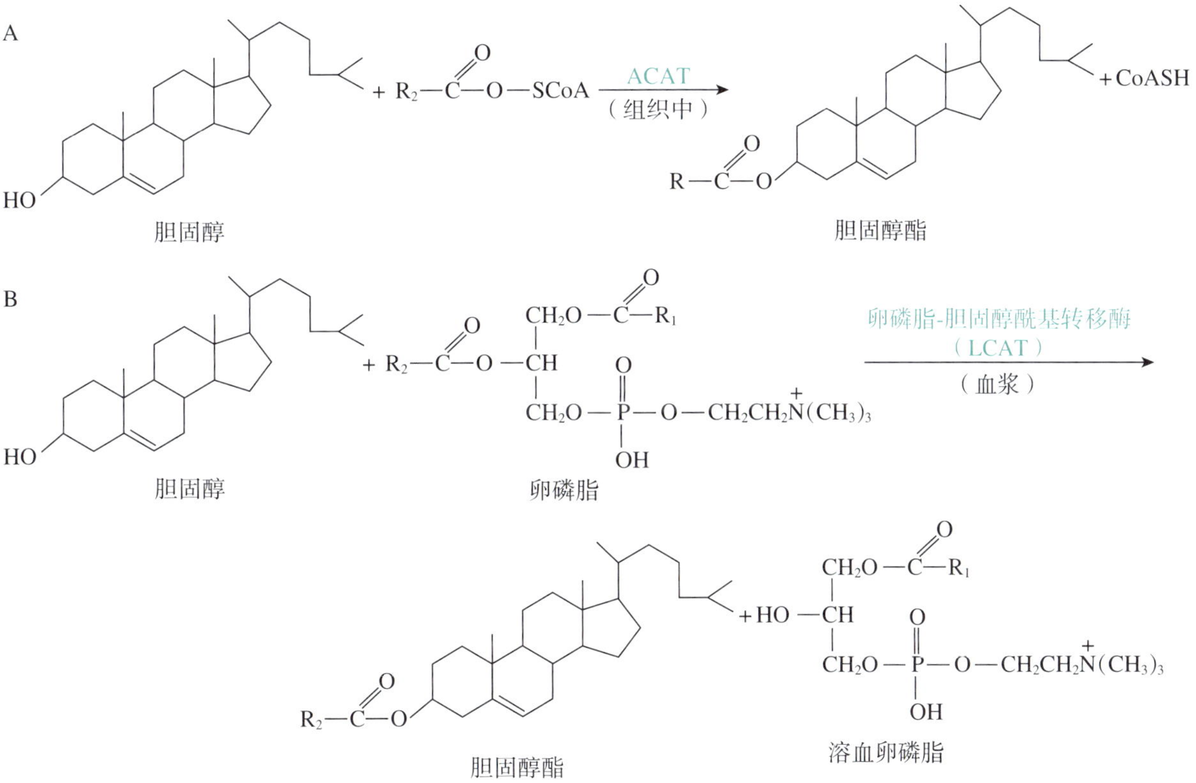

图12-27 组织细胞内(A)和血浆中(B)胆固醇的酯化反应

五、胆固醇的转化和排泄

无论是外源性摄入还是内源性合成的胆固醇,在体内均不能被彻底氧化分解,它们只能以胆固醇原型或转化产物的形式排出体外。胆固醇的转化产物不仅是其主要的排泄形式,更为重要的是它们还具有重要的生理功能。胆固醇的转化产物包括胆汁酸、类固醇激素和维生素D_3。

1. 转变为胆汁酸 在肝中转变为胆汁酸(bile acid)是胆固醇在体内的主要代谢去路,是肝清除体内胆固醇的主要方式。正常人每天合成的胆固醇约40%在肝中转变为胆汁酸,随胆汁排入肠道。胆汁酸既含有亲水基团，又含有疏水基团，在促进脂质的乳化、消化和吸收中均发挥重要作用。

2. 转变为类固醇激素 人体所有的类固醇激素均由胆固醇转化产生。胆固醇是肾上腺皮质、睾丸、卵巢等内分泌腺合成和分泌类固醇激素的原料，是 5 种主要的类固醇激素（糖皮质激素、盐皮质激素、孕激素、雄激素和雌激素）的前体。

类固醇激素依其合成部位可分为肾上腺皮质激素和性激素。肾上腺皮质激素是由肾上腺皮质合成的，主要包括醛固酮、皮质醇、皮质酮及雄激素等。合成时，先合成类固醇激素的共同前体孕烯醇酮，该过程发生在线粒体中，在肾上腺皮质铁氧还原蛋白和肾上腺皮质铁氧还原蛋白还原酶的作用下，胆固醇转化为二羟胆固醇，该化合物在二羟胆固醇碳链酶的作用下，转化为孕烯醇酮。孕烯醇酮进一步转化为各种类固醇类激素。性激素主要由性腺合成，包括睾酮、雌激素和孕酮等。主要类固醇激素的结构特征见图 12-28。

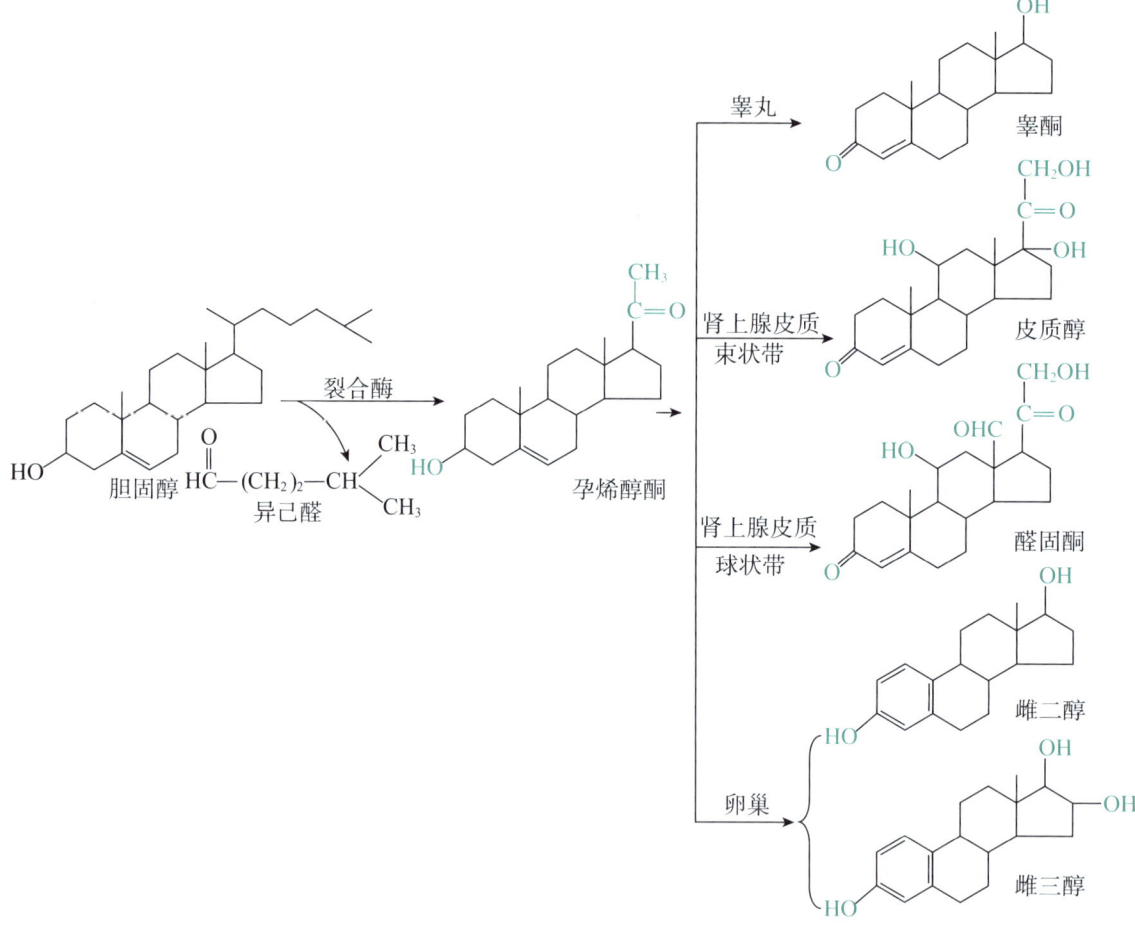

图 12-28 主要类固醇激素的结构

类固醇激素对机体具有重要的作用，肾上腺皮质激素对糖、脂肪、蛋白质及水和电解质代谢均具有调节作用。性激素的主要作用在于促进性器官的发育、生殖细胞的形成和第二性征的出现。

3. 转变为维生素 D_3 皮肤中的胆固醇可被氧化为 7- 脱氢胆固醇，后者经紫外线照射后转变成维生素 D_3。维生素 D_3 在肝和肾内经羟化反应活化生成 $1,25\text{-}(OH)_2D_3$，调节钙磷代谢。

第六节 血脂与血浆脂蛋白代谢

一、血脂

血脂是血浆中脂质的总称，主要包括总胆固醇（total cholesterol，TC）、甘油三酯（triglyceride，TG）、磷脂（phospholipid，PL）、糖脂（glycolipid）及游离脂肪酸等，其中总胆固醇包括游离胆固醇（free cholesterol，FC）和胆固醇酯（cholesterol ester，CE）。血脂的来源有两个：食物中的脂质经消化吸收进入血液（外源性）；体内合成的脂质及脂库中甘油三酯动员释放的脂质（内源性）。血脂的去路主要包括4个方面：氧化分解；构成生物膜；进入脂质库储存；转变为其他物质。

血脂含量仅占全身总脂的极少部分，并受膳食、年龄、职业以及代谢状况的影响，波动范围较大。空腹时血脂含量相对恒定，其水平可反映全身脂质代谢状态。

二、血浆脂蛋白

脂质难溶于水，在血浆中不是以自由状态存在，而是以脂蛋白（lipoprotein）的形式在血浆中运输。血浆脂蛋白是由脂质和蛋白质组成的复合物，主要由胆固醇、甘油三酯、磷脂和蛋白质等组成。成熟的血浆脂蛋白大致为球形颗粒，甘油三酯和胆固醇酯构成疏水性的核心，具有两性性质的蛋白质、磷脂及游离胆固醇覆盖于脂蛋白的表面，其亲水基团朝外，形成亲水性的外壳（图 12-29）。这种结构使脂蛋白能够溶于血浆，运送到全身组织进行代谢，血脂代谢可以认为是脂蛋白代谢。

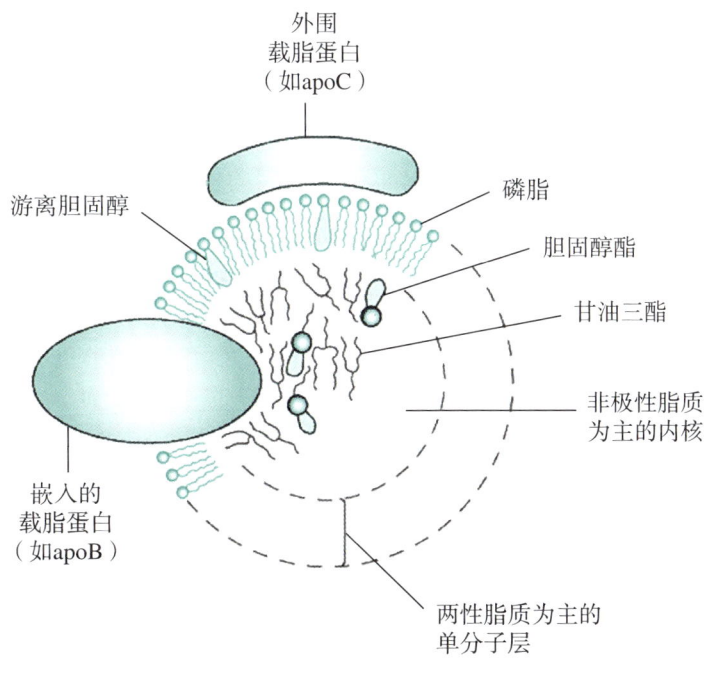

图 12-29　血浆脂蛋白的结构模式图

(一)利用超速离心法和电泳法对血浆脂蛋白进行分类

1. 超速离心法 超速离心法也称密度分类法。不同的血浆脂蛋白,其蛋白质和脂质所占的比例不同,因而密度不同,在一定密度的介质中进行超速离心时,漂浮速率不同,从而得以分离。该法可将血浆脂蛋白分为四大类:乳糜微粒(chylomicron,CM)、极低密度脂蛋白(very low density lipoprotein,VLDL)、低密度脂蛋白(low density lipoprotein,LDL)和高密度脂蛋白(high density lipoprotein,HDL)。这4类脂蛋白的密度依次增加,而颗粒直径则依次变小。

2. 电泳法 各种血浆脂蛋白的蛋白质组成有差异,使其表面所带电荷量不尽相同;加之不同的脂蛋白颗粒大小不同,因而在电场中,其迁移率不同。据此,采用电泳法可将血浆脂蛋白分为乳糜微粒、β脂蛋白(β-lipoprotein)、前β脂蛋白(pre-β-lipoprotein)和α脂蛋白(α-lipoprotein)4种,分别相当于超速离心法中分离出的CM、VLDL、LDL和HDL(图12-30)。

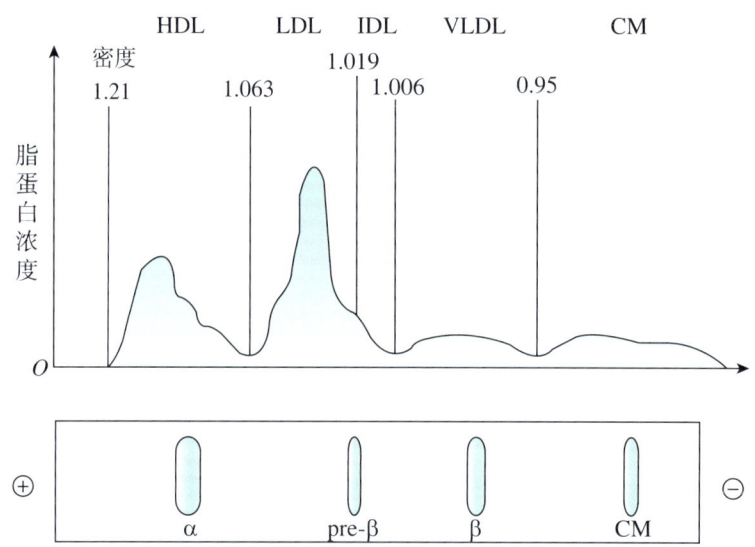

图 12-30 超速离心法和电泳法分离血浆脂蛋白示意图
(IDL:intermediate density lipoprotein,中密度脂蛋白)

(二)脂蛋白中的蛋白质部分称为载脂蛋白

载脂蛋白(apolipoprotein,Apo)以多种形式和不同的比例存在于各类脂蛋白中,对于脂蛋白的结构、功能和代谢均具有重要的作用。

人血浆载脂蛋白主要在肝内合成,小肠黏膜也可合成少数几种。人血浆载脂蛋白的种类很多,已发现有20多种,分为ApoA、ApoB、ApoC、ApoD及ApoE五类,其中某些载脂蛋白由于氨基酸组成的差异,又可分为若干亚类。如ApoA又分为ApoA Ⅰ、ApoA Ⅱ、ApoA Ⅳ;ApoB分为$ApoB_{100}$及$ApoB_{48}$;ApoC分为ApoC Ⅰ、ApoC Ⅱ、ApoC Ⅲ。

载脂蛋白的功能可概括为三个方面:①结构功能:载脂蛋白构成并稳定脂蛋白的结构,有助于脂质的溶解和转运。②调节功能:载脂蛋白可激活或抑制某些与脂蛋白代谢有关的酶类,调节脂蛋白代谢。如ApoA Ⅰ和ApoC Ⅰ能激活卵磷脂胆固醇脂酰转移酶,促进胆固醇的酯化;ApoC Ⅲ可抑制脂蛋白脂肪酶活性,从而抑制CM和VLDL中甘油三酯的水解。③受体识别功能:载脂蛋白以配体形式与细胞表面相应受体识别并结合,参与脂蛋白代谢。例如ApoE和$ApoB_{100}$可以识别LDL受体并与之结合,促进LDL代谢。

（三）不同血浆脂蛋白组成和性质不同

各类血浆脂蛋白都含有蛋白质、甘油三酯、磷脂、胆固醇和胆固醇酯。但不同脂蛋白的组成比例不同。如 CM 的颗粒最大，含甘油三酯最多，达 80%～95%，蛋白质最少，占 0.5%～2%，密度最小。VLDL 是血液中第二种富含甘油三酯的脂蛋白，占 50%～70%，而磷脂、胆固醇及蛋白质含量均比 CM 多。LDL 含胆固醇最多，可达 40%～42%。HDL 含蛋白质最多，约 50%，甘油三酯含量最少，颗粒最小，密度最大。血浆脂蛋白的组成和生理功能见表 12-2。

表 12-2 血浆脂蛋白的组成及生理功能

分类	密度	颗粒直径（nm）	S_f	电泳位置	蛋白质（%）	总脂（%）	甘油三酯（%）	磷脂（%）	胆固醇酯（%）	胆固醇（%）	合成部位	功能
CM	<0.95	90～1000	>400	原点	1～2	98～99	88	8	3	1	小肠黏膜细胞	转运外源性甘油三酯
VLDL β-脂蛋白	0.95～1.006	30～90	20～400	β-球蛋白	7～10	90～93	56	20	15	8	肝细胞	转运内源性甘油三酯
IDL 前β-脂蛋白	1.006～1.019	25～35	—	β-球蛋白	11	89	38	23	30	8	VLDL 转变	LDL 前体
LDL 前β-脂蛋白	1.019～1.063	20～25	2～20	α_2-球蛋白	21	79	13	28	48	10	血浆	转运内源性胆固醇
HDL α-脂蛋白	1.063～1.210	7.5～20	沉降	α_1-球蛋白	33～57	43～67	13～16	43～46	29～31	6～10	肝、肠、血浆	逆向转运胆固醇

三、血浆脂蛋白的功能和代谢途径

（一）CM 是运输外源性甘油三酯和胆固醇的脂蛋白

CM 由小肠黏膜细胞合成。食物中的脂质经消化吸收后再在肠黏膜细胞中重新合成甘油三酯，连同合成与吸收的磷脂、胆固醇、ApoA Ⅰ、ApoA Ⅳ、ApoA Ⅱ 和 $ApoB_{48}$ 等形成含大量甘油三酯的新生 CM。新生 CM 经淋巴管进入血液，从 HDL 获得 ApoC 和 ApoE，同时将其所含的部分 ApoA Ⅰ、ApoA Ⅱ、ApoA Ⅳ 转给 HDL，形成成熟的 CM。

成熟 CM 中的 ApoC Ⅱ 能激活肌肉、心、脂肪、肝等组织毛细血管内皮细胞表面的脂蛋白脂肪酶（LPL），在 LPL 催化下，CM 中的 TG 被水解成脂肪酸和甘油，进而被这些组织摄取利用。在 LPL 反复催化下，CM 颗粒逐步脱去脂肪变小，最后转变为残余颗粒，被肝细胞 ApoE 受体识别、摄取及利用（图 12-31）。

正常人 CM 在血液中代谢迅速，半衰期为 5～15 min，空腹 12～14 h 后血浆中不含 CM。当摄入大量脂肪后，CM 大量增加，使血浆暂时变得混浊，但数小时后澄清，此现象称为脂肪的廓清作用。

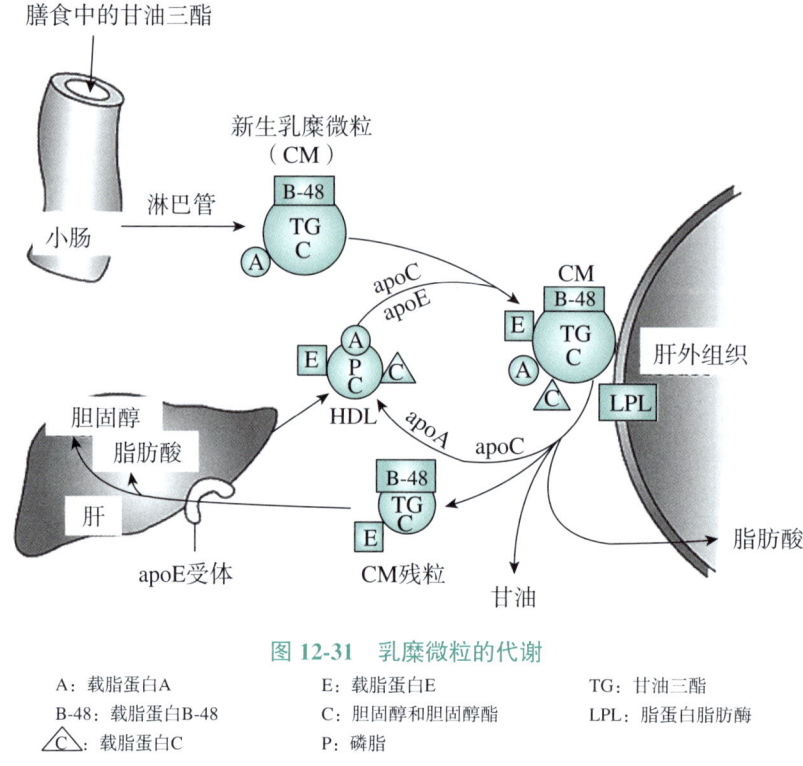

图 12-31 乳糜微粒的代谢

A：载脂蛋白A　　　　　　E：载脂蛋白E　　　　　　TG：甘油三酯
B-48：载脂蛋白B-48　　　 C：胆固醇和胆固醇酯　　　LPL：脂蛋白脂肪酶
C：载脂蛋白C　　　　　　P：磷脂

（二）VLDL 是运输内源性甘油三酯的脂蛋白

VLDL 主要由肝合成。肝细胞可利用糖合成甘油三酯，也可利用食物及脂肪动员产生的脂肪酸合成甘油三酯（内源性脂肪），与 ApoB$_{100}$、ApoE 及磷脂、胆固醇等形成 VLDL。VLDL 分泌入血后，在 LPL 的反复作用下，VLDL 中的甘油三酯逐步水解，释放出的游离脂肪酸被一些组织吸收利用。VLDL 颗粒逐渐变小，密度逐渐增加，转变为中密度脂蛋白（intermediate density lipoprotein，IDL）。

IDL 可通过其表面的 ApoB$_{100}$、ApoE 直接被肝细胞相应受体摄取、代谢。未被肝细胞摄取的 IDL（约占 50%）可转变成 LDL（图 12-32）。

（三）LDL 是运输内源性胆固醇的脂蛋白

血浆中的 LDL 由 VLDL 在血浆中转变而来，其主要功能是将肝细胞合成的胆固醇转运到肝外组织，故血浆中 LDL 增高者易发生动脉粥样硬化。正常人空腹时血浆中的胆固醇主要存在于 LDL 中，其中 2/3 以胆固醇酯的形式存在。肝外组织细胞表面有 LDL 受体，它能特异识别 LDL，使得 LDL 中的 ApoB$_{100}$ 水解为氨基酸，胆固醇酯被胆固醇酯酶水解为游离胆固醇及脂肪酸，即：LDL →与受体结合→内吞→溶酶体水解→游离胆固醇。LDL 代谢过程见图 12-32。

（四）HDL 的主要功能是参与胆固醇的逆向转运

HDL 主要在肝合成，其次是小肠黏膜细胞。HDL 的主要功能是将胆固醇从肝外组织转运至肝，称为胆固醇的逆向转运。

在肝和小肠合成的 HDL 属未成形 HDL，分泌入血后与 CM 及 VLDL 交换载脂蛋白，形成含磷脂、游离胆固醇和 ApoA、C、E 的圆盘状的新生 HDL。新生 HDL 表面的 ApoA I 可激活血浆中的卵磷脂胆固醇脂酰转移酶（LCAT），促使游离胆固醇酯化转变为胆固醇酯。胆固醇酯又转入 HDL 核心，新生 HDL 在 LCAT 的反复作用下，HDL 内核胆固醇酯逐渐增多，至此新生 HDL 转变为成熟的 HDL。经肝细胞摄取，其中的胆固醇酯大部分在胆固醇酯转移蛋白（cholesterol ester transfer protein，CETP）的介导下，转变成胆汁酸或直接从胆汁排出体外。HDL 的代谢过程见图 12-33。

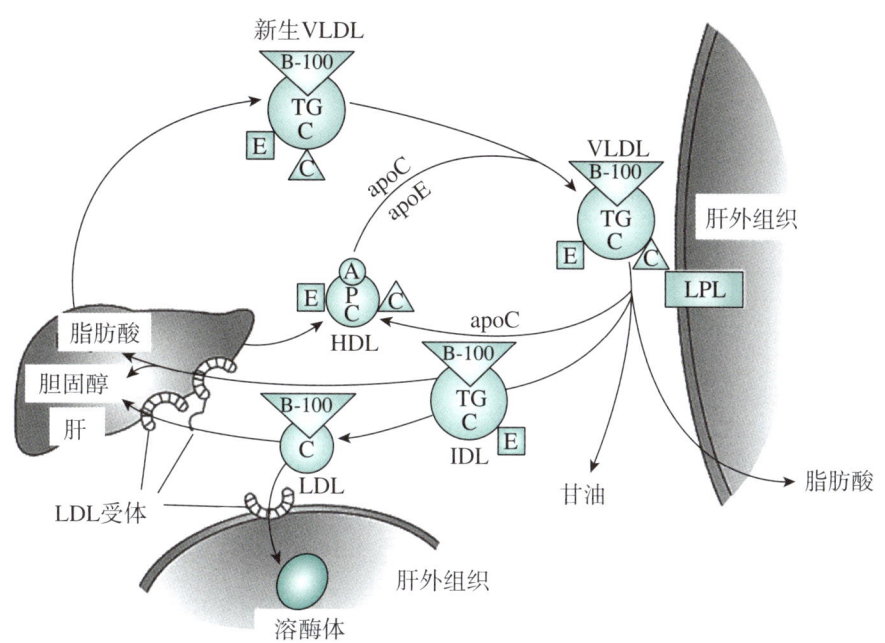

图 12-32　内源性 VLDL 及 LDL 代谢

A：载脂蛋白A　　　　　　E：载脂蛋白E　　　　　　TG：甘油三酯
B-100：载脂蛋白B-100　　　C：胆固醇和胆固醇酯　　　LPL：脂蛋白脂肪酶
C：载脂蛋白C　　　　　　P：磷脂

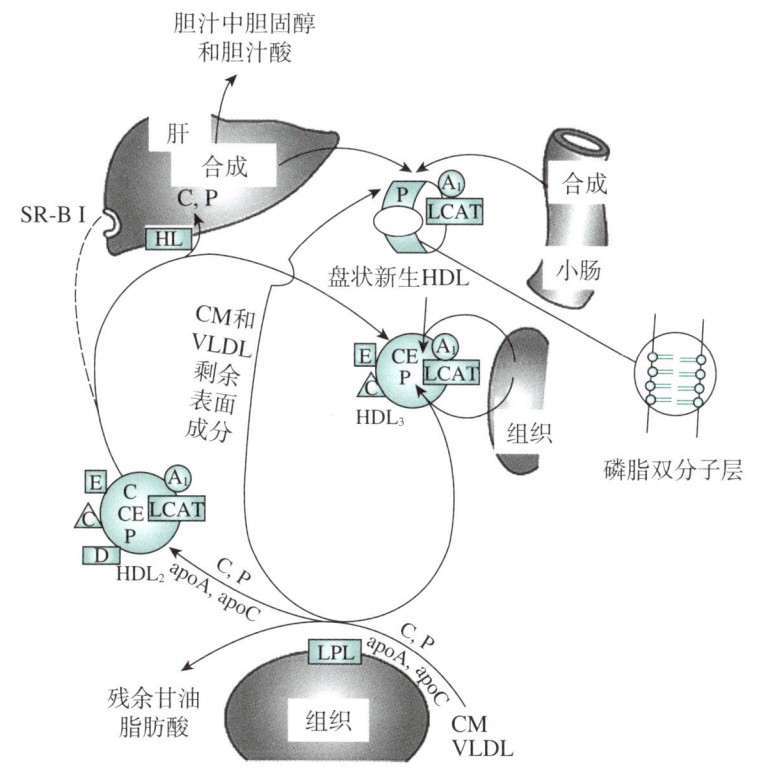

图 12-33　HDL 的代谢

A_1：载脂蛋白A_1　　　　C：胆固醇　　　　　　　　HL：肝脂肪酶
D：载脂蛋白D　　　　　　CE：胆固醇酯　　　　　　　LPL：脂蛋白脂肪酶
C：载脂蛋白C　　　　　　P：磷脂
E：载脂蛋白E　　　　　　LCAT：卵磷脂胆固醇脂酰转移酶

由此可见，HDL 可将胆固醇从肝外组织转运到肝进行代谢，可促进组织细胞内胆固醇的清除，防止游离胆固醇在动脉壁及其他组织积聚，抑制动脉粥样硬化的发生发展，故 HDL 具有抗动脉粥样硬化作用。

表 12-3　血浆脂蛋白的代谢特点和途径

脂蛋白的种类	代谢特点	代谢途径
乳糜微粒（CM）	由小肠黏膜上皮细胞合成，主要成分是甘油三酯	运输外源性甘油三酯到肝和肝外组织被利用
极低密度脂蛋白（VLDL）	主要由肝细胞合成，主要成分是甘油三酯	向肝外组织运输内源性甘油三酯
低密度脂蛋白（LDL）	由 VLDL 在血浆中转变生成，主要成分是胆固醇	将肝内合成的胆固醇向肝外组织运输
高密度脂蛋白（HDL）	主要由肝细胞合成，主要成分是磷脂与胆固醇	向肝外组织运输磷脂和将肝外组织的胆固醇逆向转运回肝内

四、血浆脂蛋白代谢紊乱和血脂异常

血脂异常（dyslipidemia）由血浆脂蛋白代谢紊乱导致，包括高胆固醇血症、高甘油三酯血症、混合型高脂血症和低高密度脂蛋白胆固醇（HDL-C）血症等。由于血浆中 HDL-C 降低也属于血脂异常，因此以"脂蛋白异常血症（dyslipoproteinemia）"替代既往常说的"高脂血症"更为全面和准确。相应地，将降脂药称为"调脂药物"也更为合理。

血浆脂蛋白代谢紊乱导致脂蛋白异常血症，血浆脂质水平异常升高，超过正常范围上限称为高脂血症（hyperlipidemia）。在目前临床实践中，高脂血症指血浆胆固醇或（和）甘油三酯超过正常范围上限，一般以成人空腹 12～14 h 血浆甘油三酯超过 2.26 mmol/L（200 mg/dl），胆固醇超过 6.21 mmol/L（240 mg/dl），儿童胆固醇超过 4.14 mmol/L（160 mg/dl）为高脂血症诊断标准。

表 12-4　脂蛋白异常血症分型

分型	血浆脂蛋白变化	血脂变化
Ⅰ	乳糜微粒升高	甘油三酯↑↑↑，胆固醇↑
Ⅱa	低密度脂蛋白升高	胆固醇↑↑
Ⅱb	低密度及极低密度脂蛋白同时升高	胆固醇↑↑，甘油三酯↑↑
Ⅲ	中间密度脂蛋白升高（电泳出现宽 β 带）	胆固醇↑↑，甘油三酯↑↑
Ⅳ	极低密度脂蛋白升高	甘油三酯↑↑
Ⅴ	极低密度脂蛋白及乳糜微粒同时升高	甘油三酯↑↑↑，胆固醇↑

血脂异常时脂质在血管壁上沉积并形成斑块，称为动脉粥样硬化。斑块破裂时，局部形成血栓、诱发血管痉挛，可完全或部分堵塞血管，导致局部血流变慢甚至中断，引发心血管事件。病变发生在供应心脏的冠状动脉，即为冠心病，可表现为心绞痛、心肌梗死甚至猝死；病变发生在脑血管，可表现为短暂脑缺血发作、脑卒中。血脂异常还可导致脂肪肝、周围血管病、老年痴呆等。

框 12-7　成人血脂水平分层标准

分层	TC [mmoL/L(mg/dl)]	LDL-C [mmoL/L(mg/dl)]	HDL-C [mmoL/L(mg/dl)]	非-HDL-C [mmoL/L(mg/dl)]	TG [mmoL/L(mg/dl)]
理想水平		＜2.6（100）		＜3.4（130）	
合适水平	＜5.2（200）	＜3.4（130）		＜4.1（160）	＜1.7（150）
边缘升高	≥5.2（200）且 ＜6.2（240）	≥3.4（130）且 ＜4.1（160）		≥4.1（160）且 ＜4.9（190）	≥1.7（150）且 ＜2.3（200）
升高	≥6.2（240）	≥4.1（160）		≥4.9（190）	≥2.3（200）
降低			＜1.0（40）		

TC：总胆固醇；LDL-C：低密度脂蛋白胆固醇；HDL-C：高密度脂蛋白胆固醇；非-HDL-C：非高密度脂蛋白胆固醇；TG：甘油三酯。摘自《中国成人血脂异常防治指南（2016年修订版）》，中国循环杂志，2016,31（10）：937

有关胆固醇代谢调控方面的诺贝尔奖获得者

小　结

　　脂质是种类繁多、结构复杂的一类大分子物质，具有多种复杂的生物学功能。脂质不易溶于水的基本特征，决定了其在生命体内的特殊性和重要性。脂质不仅参与机体的物质和能量代谢，而且广泛地参与机体代谢的调节。脂肪（甘油三酯）是机体重要的供能和储能物质，脂肪组织是机体的内分泌器官；类脂（胆固醇及其酯、磷脂及糖脂等）是生物膜的重要组分，参与细胞识别和信号传递，还是多种生物活性物质的前体。多不饱和脂肪酸及其衍生物具有重要的生理功能。脂质以血浆脂蛋白的形式运送到全身组织进行代谢。血浆脂蛋白在脂质转运和代谢过程中发挥了重要的生理功能，其代谢紊乱可导致血脂异常，与多种心血管相关疾病的发生和发展密切相关。近年来，随着分子生物学技术的进展，脂质及其代谢研究再次成为生命科学和医药学研究的前沿领域。

整合思考题

1. 乙酰辅酶A在脂质代谢中有何重要功能？
2. 甘油磷脂合成过程中的前体物质是如何活化的？还有哪些代谢过程需要对代谢物进行活化？这些代谢物如何进行活化？
3. 有研究发现，看恐怖片有助于减肥，其生化机制是什么？
4. 用超速离心法能将血浆脂蛋白分为哪些类型？为何人们称HDL是"好"的脂蛋白，而LDL是"坏"的脂蛋白？
5. 临床上高甘油三酯血症的患者，是否需要限制淀粉类食物的摄入？为什么？
6. 酮症、脂肪肝和动脉粥样硬化的产生与哪些脂质代谢紊乱有关？

参考答案

（马利伟）

第十三章 生物氧化

导学目标

通过本章内容的学习，学生应能够：

※ 基本目标

1. 描述生物氧化的概念、特点、反应类型和催化氧化还原反应的酶类。
2. 描述线粒体呼吸链的概念、组成和种类，理解其排列顺序和电子传递方向。
3. 理解氧化磷酸化的偶联部位、偶联机制和 ATP 合酶催化生成 ATP 的机制。
4. 说明 ATP 在能量代谢中的核心作用。
5. 分析线粒体内膜对氧化磷酸化相关代谢物的转运。
6. 描述细胞质中的 NADH 进入线粒体呼吸链的两种穿梭机制。
7. 举例说明影响氧化磷酸化的因素。
8. 描述非线粒体氧化体系，举例说明 ROS 的种类及其清除体系。

※ 发展目标

1. 根据底物的 P/O 比值，解析氧化磷酸化的偶联部位。
2. 理解 ATP 生成机制，分析 1 分子葡萄糖彻底氧化分解可生成 ATP 的分子数。
3. 根据呼吸链的组成和电子传递顺序，分析不同影响因素下其功能的变化。
4. 分析一氧化碳中毒的分子机制。
5. 分析新生儿硬肿症的分子机制。

案 例

案例解析

患者，女，12 岁，使用燃气热水器洗澡时被家人发现晕倒在地，当时患者意识不清，呼之不应，无肢体抽搐，无恶心、呕吐，患者呈昏迷状，急送至当地医院后又出现四肢抽搐、二便失禁，给予吸氧、导尿、气管切开等对症处理。诊断：一氧化碳中毒（重度）。患者苏醒后为进一步治疗转入上级医院。体检：患者双侧瞳孔 4.0 mm，对光反射消失，体温 36.5℃，脉搏 110 次 / 分，血压 110/62 mmHg，血氧饱和度 100%。入院后给予每日高压氧，防治脑水肿，营养支持等疗法。

问题：
1. 一氧化碳中毒的分子机制是什么？
2. 线粒体呼吸链的组成和电子传递顺序是什么？
3. 还有哪些因素可导致氧化磷酸化功能发生障碍？

第一节 概述

一、生物氧化的概念

生物氧化（biological oxidation）是化学物质在生物体内的氧化过程，主要包括脱氢、失电子、加氧等反应类型。化学物质在细胞的细胞质、线粒体、微粒体等内均可进行生物氧化，但其氧化过程和产物各不相同。糖、脂质和蛋白质等营养物质在线粒体内进行的生物氧化，其终产物是 CO_2 和 H_2O，并伴随大量 ATP 的生成，是机体产生 ATP 的主要途径。而在微粒体和过氧化物酶体中发生的生物氧化主要是对底物（多为非营养物质）进行氧化修饰和转化等，与机体内代谢物、药物及毒物的清除、排泄有关，不生成 ATP。

二、生物氧化的特点

糖、脂质和蛋白质等营养物质在体内外均能氧化产生 CO_2 和 H_2O，并释放相等的能量，但二者进行的方式却大不相同。体外燃烧是有机物中的碳和氢与空气中的氧直接化合生成 CO_2 和 H_2O，并骤然以光和热的形式散发出大量能量。而生物氧化则有如下特点：①反应条件温和：在体温及近中性的 pH 环境中通过酶的催化进行；②反应过程温和：有机物分子发生连续的酶促反应逐步进行，逐步释放能量，不会引起体温骤然升高；③能量转化效率高：有相当一部分释放出的能量转变成 ATP 的形式储存起来，供机体生理、生化活动所需；还有一部分能量以热能的形式散发出来以维持体温。

三、生物氧化的反应类型

生物氧化的反应类型主要有脱氢、失电子、加氧等。由于体内不存在游离的电子（e^-）或氢原子（H），因此生物氧化反应中脱下的 e^- 或 H 必须由另一种物质所接受。在这种反应中，失去 e^- 或 H 的物质被称为供电子体或供氢体，在反应中被氧化；而接受 e^- 或 H 的物质被称为受电子体或受氢体，在反应中被还原。

还原当量（reducing equivalent）代表还原能力，即 1 个 e^- 或 H、氢化物离子（hydride ion）中的 1 个等价电子。还原当量由辅酶或辅因子携带和传递。机体代谢途径产生的 $NADH+H^+$、$FADH_2$ 等都是还原当量，是具有还原性的电子载体，以辅因子的方式传递氢。

（一）脱氢反应

脱氢反应（dehydrogenation reaction）是从底物分子中脱去 2 个 H，由受氢体接受 H。因一个 H 原子由一个质子（H^+）和一个 e^- 组成，因此，脱氢反应也包括失电子反应（图 13-1）。底物脱氢而被氧化，受氢体接受氢而被还原。

脱氢反应的另一种类型是"加水脱氢"。有些底物不能直接脱 H，先与水结合，然后脱去两个 H，结果是底物分子上加了一个 O 原子。酶催化的醛氧化成酸的反应即属此类（图 13-2）。

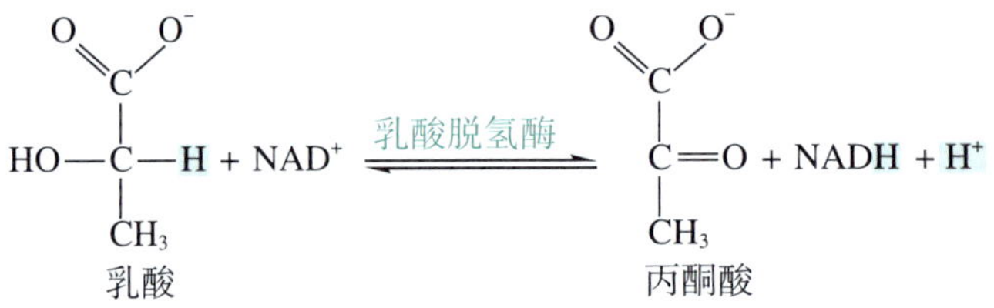

图 13-1　乳酸脱氢被氧化成丙酮酸

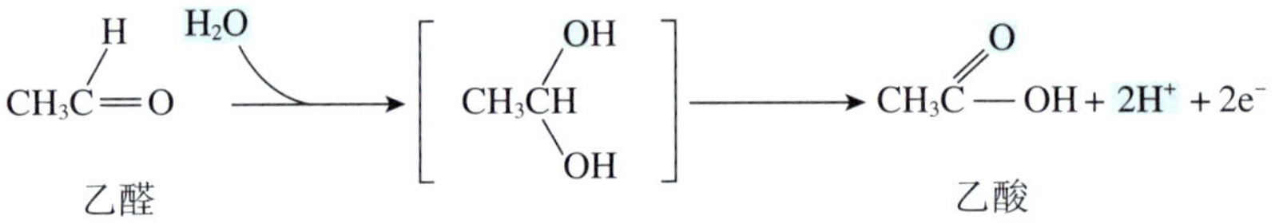

图 13-2　乙醛加水脱氢被氧化成乙酸

（二）失电子反应

从底物分子上脱去 e^-，使其氧化，脱去的 e^- 由受电子体接受而被还原（图 13-3）。

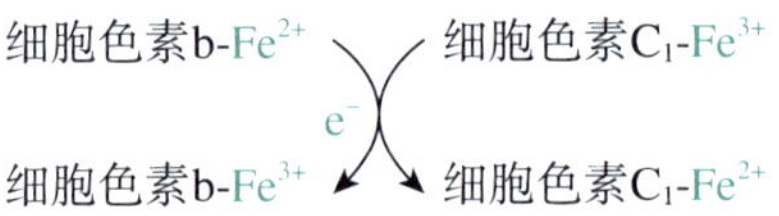

图 13-3　还原型细胞色素 b 失电子转变成氧化型细胞色素 b

（三）加氧反应

在底物分子中直接加入氧原子或氧分子（图 13-4），而使其氧化。

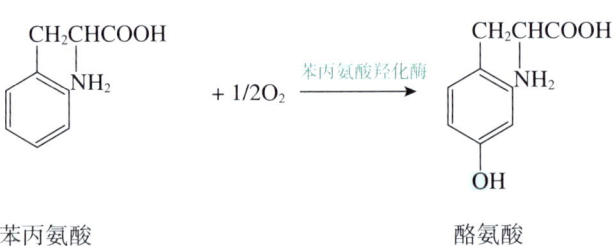

图 13-4　苯丙氨酸加氧被氧化成酪氨酸

四、催化生物氧化反应的酶类

催化生物氧化反应的酶类统称为氧化还原酶（oxidoreductase），有如下类型。

（一）不需氧脱氢酶类

不需氧脱氢酶（anaerobic dehydrogenase）催化底物脱 H，但不以 O_2 为直接受氢体。这类酶催化的反应并不将 H（$H^+ + e^-$）直接传递给 O_2，而是使 H 活化并传递给辅酶或辅基，生成还原型辅酶或辅基，这些还原型产物再进行 H 或 e^- 的传递。依据辅因子的不同可分为两类：一是以 NAD^+、$NADP^+$ 为辅酶，如乳酸脱氢酶、异柠檬酸脱氢酶等；二是以 FAD、FMN 为辅基，如琥珀酸脱氢酶、脂酰 CoA 脱氢酶等。辅酶或辅基接受代谢物脱下的 H 和 e^-，再通过呼吸链传递，最终结合 O_2，生成 H_2O 及 ATP。

（二）氧化酶类

氧化酶类催化底物脱 H（氧化），并直接以氧（O_2）为受氢体，生成 H_2O 或 H_2O_2。有些氧化酶含辅因子铜或铁，如细胞色素氧化酶、酪氨酸酶等。还有些氧化酶以 FAD 或 FMN 为辅基，称为黄素蛋白（flavoprotein）或黄素酶（flavoenzyme），又称需氧脱氢酶（aerobic dehydrogenase），如黄嘌呤氧化酶、氨基酸氧化酶等，催化反应产物是 H_2O_2 而非 H_2O（图 13-5）。

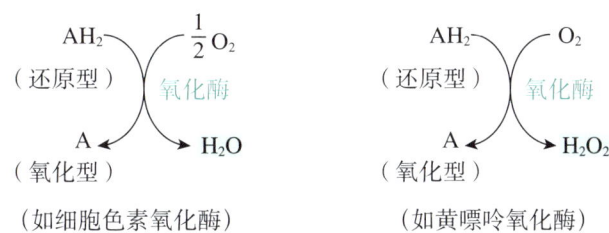

图 13-5 氧化酶类催化的反应

小测试13-3：请举例说明催化生物氧化反应的酶类有哪些。

（三）其他酶类

除上述酶类外，体内还有单加氧酶、双加氧酶、过氧化氢酶、过氧化物酶、超氧化物歧化酶（SOD）等参与生物氧化反应，它们主要存在于细胞微粒体、线粒体、过氧化物酶体等亚细胞结构中。

第二节 线粒体氧化体系——呼吸链

线粒体氧化体系是糖、脂类和蛋白质等营养物质进行生物氧化的主要场所，其主要功能是为机体提供能量。线粒体内的生物氧化依赖于线粒体内膜上一系列的酶和辅酶。营养物质在氧化分解过程中脱下来的 H（$H^+ + e^-$）经过线粒体内膜上这些酶和辅酶的传递，最终与 O_2 结合生成 H_2O，同时释放能量用于合成 ATP。这些酶和辅酶按一定顺序排列在线粒体内膜上，组成递氢体或递电子体，称为电子传递链（electron transfer chain）。由于此过程与细胞摄取氧的呼吸过程相关，故又称为呼吸链（respiratory chain）。

一、线粒体呼吸链中的递氢体和递电子体

能够传递 H 的酶或辅酶称为递氢体，能够传递 e^- 的酶或辅酶称为递电子体。由于递 H（$H^+ + e^-$）的过程中也同时传递电子，因此递氢体同时又是递电子体。呼吸链中的递氢体和递电子体主要有如下几种。

（一）烟酰胺腺嘌呤核苷酸

烟酰胺腺嘌呤二核苷酸（nicotinamide adenine dinucleotide，NAD^+，又称辅酶Ⅰ）（图 13-6）通过烟酰胺环传递 H^++e。烟酰胺环中的五价氮能可逆地接受 2H 中的双电子成为三价氮，为双电子传递体；同时烟酰胺环还能接受一个 H^+，故 NAD^+ 又为递氢体。NAD^+ 只能接受 2 个电子和 1 个 H^+，尚有 1 个 H^+ 游离在介质中，因此将还原型的 NAD^+ 写成 $NADH + H^+$（简写成 NADH）（图 13-7）。NAD^+ 是许多脱氢酶的辅酶，在其中发挥传递 H 和 e 的作用。

小测试13-4：请列举几种以NAD^+为辅酶的脱氢酶。

图 13-6　$NAD(P)^+$ 的结构式

小测试13-5：请列举几种以$NADP^+$为辅酶的脱氢酶。

还有一些脱氢酶，其辅酶是烟酰胺腺嘌呤二核苷酸磷酸（nicotinamide adenine dinucleotide phosphate，$NADP^+$，又称辅酶Ⅱ），是由 NAD^+ 中核糖的 2 位羟基被磷酸化而生成的（图 13-6）。这类脱氢酶催化底物脱 H 时，$NADP^+$ 接受 H 被还原成 NADPH（图 13-7），后者可在吡啶核苷酸转氢酶（pyridine nucleotide transhydrogenase）的催化下，将还原当量转移给 NAD^+，再进入呼吸链。但更普遍的情况是 NADPH 为体内的合成代谢或羟化反应提供 H。

NAD^+与机体衰老的关系

图 13-7　$NAD(P)^+$ 的加氢和 $NAD(P)H$ 的脱氢反应

（二）黄素核苷酸

黄素单核苷酸（flavin mononucleotide，FMN）和黄素腺嘌呤二核苷酸（flavin adenine dinucleotide，FAD）均是黄素蛋白（flavoprotein）的辅基，两者均含有核黄素（维生素 B_2）。维生素 B_2 中的异咯嗪环可接受 1 个 H^++e 形成不稳定的 FMNH·和 FADH·，再接受 1 个 H^++e 转变为还原型的 $FMNH_2$ 和 $FADH_2$；反之，$FMNH_2$、$FADH_2$ 氧化时也逐步脱去 e 和 H^+ 转变为 FMN 和 FAD。因此，FMN 和 FAD 既是递氢体又是递电子体（图 13-8）。FAD 是某些脱氢酶的辅酶，如琥珀酸脱氢酶，在其中发挥传递氢和电子的作用。

图 13-8 FMN/FAD 的结构及其加氢反应和 FMNH$_2$/FADH$_2$ 的脱氢反应

（三）泛醌

泛醌（ubiquinone，UQ，Q）是一种脂溶性醌类有机化合物，又称辅酶 Q（coenzyme Q，CoQ）。其侧链中异戊二烯的数目因物种而异，人体内的 Q 含 10 个异戊二烯聚合的侧链，用 Q$_{10}$ 表示。Q 中的苯醌结构能接受 1 个 H$^+$+e 还原成半醌（QH·），再接受 1 个 H$^+$+e 还原为二氢泛醌（QH$_2$）；反之，QH$_2$ 也可逐步失去 H$^+$+e 被氧化为 Q。因此，Q 是一种双氢/双电子载体（图 13-9）。多聚异戊二烯侧链使 Q 的脂溶性很强，使其成为在线粒体内膜中可自由扩散的移动电子载体，也是呼吸链中唯一的非蛋白质电子载体。

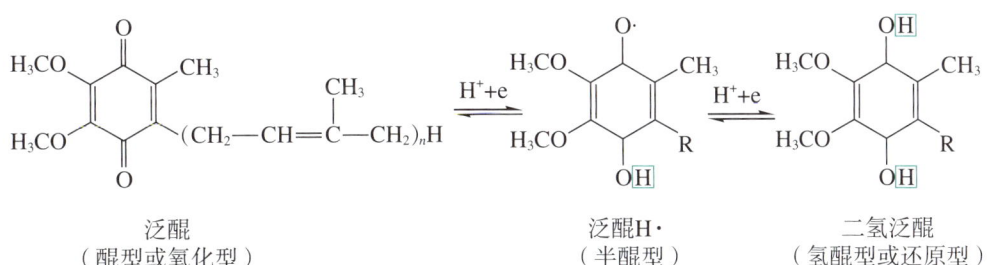

CoQ$_{10}$ 的缺乏与疾病和衰老的关系

图 13-9 泛醌的加氢和二氢泛醌的脱氢反应

（四）铁硫蛋白

铁硫蛋白（iron-sulfur protein，Fe-S protein）因含有铁硫中心（iron-sulfur center，Fe-S center）而得名。Fe-S 中心是铁离子与无机硫（S）原子及铁硫蛋白中半胱氨酸残基（Cys）的 SH 结合而成，主要形成 3 种不同的 Fe-S 中心：①单个铁离子与 4 个 Cys 残基的 SH 相连；②2 个铁离子与 2 个 S 原子组成 Fe$_2$S$_2$ 中心，每个铁离子再各与 2 个 Cys 残基的 SH 结合；③4 个铁离子与 4 个 S 原子组成 Fe$_4$S$_4$ 中心，每个铁离子再各与 1 个 Cys 残基的 SH 结合（图 13-10）。Fe-S 中心通过 Fe^{3+}+e$^-$ ⟷ Fe^{2+} 的可逆反应，每次传递 1 个电子，因此铁硫蛋白是单电子传递体。

图 13-10 铁硫中心的结构

（五）细胞色素蛋白

细胞色素（cytochrome，Cyt）是一类含血红素（heme，又称为铁卟啉）辅基的蛋白质。根据吸收光谱的不同特征，可将细胞色素分为 Cyt a、Cyt b 和 Cyt c 三大类及不同的亚类，其所含的血红素辅基分别称为血红素 a、血红素 b 和血红素 c（图 13-11）。血红素 a 的卟啉环侧链中，1 个 CH_3 被甲酰基取代，1 个乙烯基连接聚异戊二烯长链；血红素 b 和血红素 c 的结构与血红蛋白中的血红素相同，都是铁原卟啉Ⅸ。血红素 a 和血红素 b 都通过非共价键与 Cyt a 和 Cyt b 蛋白质结合，而血红素 c 则是与 Cyt c 蛋白质中 2 个 Cys 残基的—SH 以硫醚键共价结合。血红素中的 Fe 离子通过 $Fe^{3+}+e \rightleftharpoons Fe^{2+}$ 互变传递电子，因此细胞色素蛋白是单电子传递体。

Cyt c 在细胞凋亡中的作用

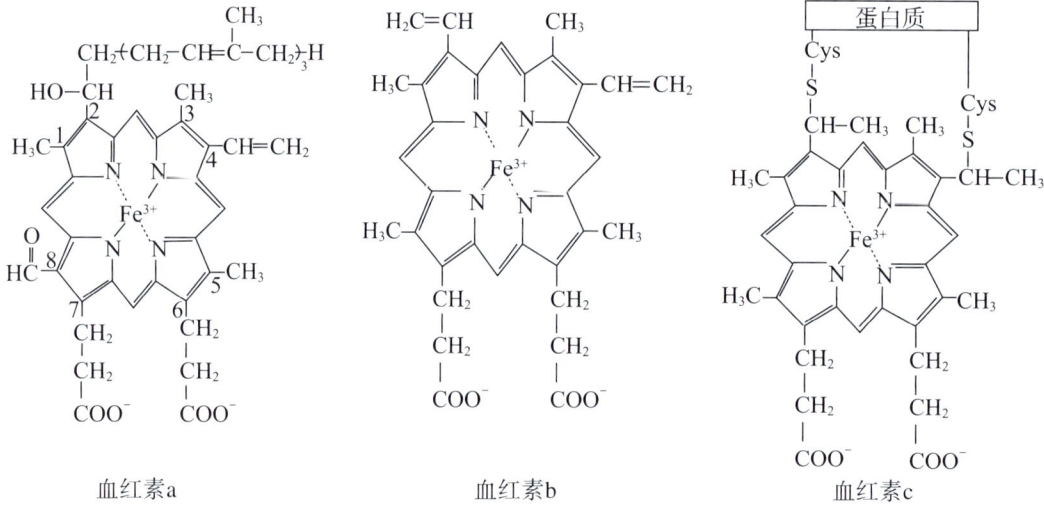

图 13-11 细胞色素中 3 种血红素辅基的结构

二、线粒体呼吸链的 4 种复合体和 2 种可移动组分

呼吸链中的各种递氢体和递电子体绝大多数紧密地镶嵌在线粒体内膜中，组成 4 种蛋白质复合体（complex），分别称为复合体Ⅰ、Ⅱ、Ⅲ和Ⅳ。每个复合体都由多种酶、辅酶或辅基、金属离子组成（表 13-1）。有些复合体是跨膜蛋白质，在传递 e 的同时伴随着 H^+ 的跨膜转运。

表 13-1　人线粒体呼吸链复合体

复合体	酶名称	分子量（kD）	多肽链数	辅基	含结合位点
复合体 Ⅰ	NADH-泛醌还原酶	850	42	FMN，Fe-S	NADH（基质侧） CoQ（脂质核心）
复合体 Ⅱ	琥珀酸-泛醌还原酶	140	4	FAD，Fe-S	琥珀酸（基质侧） CoQ（脂质核心）
复合体 Ⅲ	泛醌-细胞色素 c 还原酶	250	11	血红素 b_L，b_H，c_1，Fe-S	Cyt c（膜间隙侧）
复合体 Ⅳ	细胞色素 c 氧化酶	162	13	血红素 a，血红素 a_3，Cu_A，Cu_B	Cyt c（膜间隙侧）

注：CoQ 因其侧链的疏水特性而能在线粒体内膜中自由扩散，Cyt c 作为可溶性蛋白质在复合体 Ⅲ 和 Ⅳ 之间自由移动，故泛醌和细胞色素 c 不包含在上述 4 种复合体中。

（一）复合体 Ⅰ

复合体 Ⅰ（complex Ⅰ）又称 NADH-泛醌还原酶（NADH-ubiquinone reductase）或 NADH 脱氢酶，是一个主要由黄素蛋白、铁硫蛋白等组成的跨线粒体内膜的蛋白质复合体，呈"L"形。其长臂的一端伸入线粒体基质中，包括黄素蛋白（含 FMN 和 Fe-S 辅基）、铁硫蛋白，可结合基质中的 NADH；嵌于内膜的短臂含 Fe-S 辅基（图 13-12）。

复合体 Ⅰ 传递电子的过程：代谢物脱 H 氧化过程中在基质中产生的 NADH 在复合体 Ⅰ 的催化下脱 H，黄素蛋白的辅基 FMN 接受脱下的 $2H^+ + 2e$ 生成 $FMNH_2$，再经一系列的 Fe-S 蛋白将电子传递给内膜中的 Q，使其还原成 QH_2（图 13-12）。因此，复合体 Ⅰ 电子传递过程为：NADH → FMN → Fe-S → Q。由于 Q 可在线粒体内膜中自由移动，在各复合体间穿梭传递 H，因此在电子传递和质子移动中发挥核心作用，也由此成为呼吸链中的一种可移动组分。

复合体 Ⅰ 具有质子泵功能：在传递电子的过程中，能将 4 个 H^+ 从线粒体的基质侧（负电侧，negative side，N 侧）泵到膜间隙侧（正电侧，positive side，P 侧），泵出质子所需的能量来自电子传递过程。

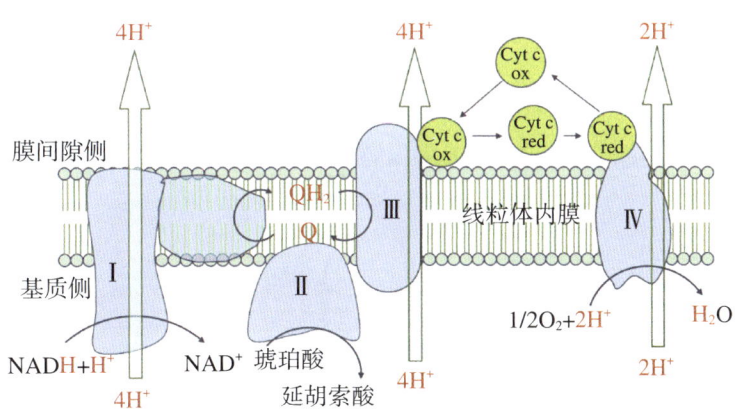

图 13-12　人线粒体呼吸链的组成示意图

（二）复合体 Ⅱ

复合体 Ⅱ（complex Ⅱ）又称琥珀酸-泛醌还原酶（succinate-Q reductase），即三羧酸循环中的琥珀酸脱氢酶。人复合体 Ⅱ 锚定于线粒体内膜内侧上，伸入基质中的亚基含有结合底物琥珀酸的位点，以及 FAD 和 Fe-S 辅基（图 13-12）。

复合体Ⅱ传递电子的过程：琥珀酸在复合体Ⅱ的催化下脱 H，使 FAD 还原为 $FADH_2$，再经 Fe-S 蛋白将电子传递给 Q，即：琥珀酸→ FAD → Fe-S → Q。此过程释放的自由能较小，不足以将 H^+ 泵出线粒体内膜，因此复合体Ⅱ没有质子泵功能。以 FAD 为辅基的其他一些脱氢酶，如脂酰 CoA 脱氢酶、α-磷酸甘油脱氢酶等，催化相应底物脱 H 后也经 FAD 传递给 Q，进入呼吸链。

（三）复合体Ⅲ

复合体Ⅲ（complex Ⅲ）又称泛醌-细胞色素 c 还原酶（ubiquinone cytochrome c reductase）。人复合体Ⅲ是由两种 Cyt b（b_{562}，b_{566}）、Cyt c_1 和铁硫蛋白等组成的跨膜二聚体。

复合体Ⅲ传递电子的过程：因为 Q 是双电子载体，而复合体Ⅲ中参与电子传递的其他组分都是单电子载体，所以复合体Ⅲ将 QH_2 中的电子传递给 Cyt c 的过程是通过"Q 循环"（Q cycle）实现的。简而言之，复合体Ⅲ有 2 个 Q 结合位点，分别位于基质侧（Q_N 位点）和膜间隙侧（Q_P 位点）。QH_2 结合在 Q_P 位点，将 2e 分别经 Fe-S 传递给 Cyt c_1 和经 Cyt b（b_{562}，b_{566}）传递给结合在 Q_N 位点上的 Q。此过程重复一次后，Q_P 位点的 2 分子 QH_2 将 2e 经 Cyt c_1 传递给 2 分子 Cyt c，并释放 Q 到内膜中；而 Q_N 位点的 Q 接受 2e 和基质中的 $2H^+$ 被还原为 QH_2。因此，每 2 分子 QH_2 经 Q 循环生成 1 分子 QH_2 和 1 分子 Q，将 2e 经 Cyt c_1 传递给 2 分子 Cyt c，即：QH_2 →（Cyt b_{566} → Cyt b_{562}）→ Fe-S → Cyt c_1 → Cyt c。复合体Ⅲ也具有质子泵功能，每传递 2 个 e，可将 4 个 H^+ 泵到膜间隙中（图 13-13）。

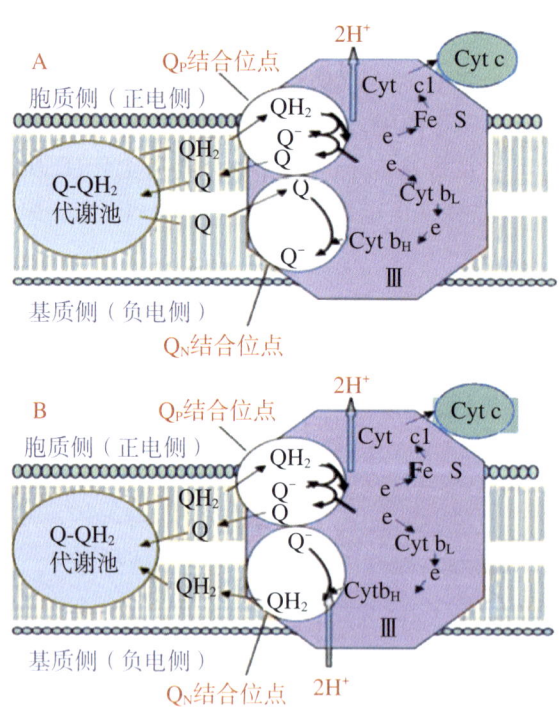

图 13-13　复合体Ⅲ的电子传递通过"Q 循环"实现

Cyt c 是呼吸链中唯一的水溶性蛋白质，与线粒体内膜的外表面疏松结合，不包含在复合体Ⅲ中，是呼吸链中第二种可移动组分。Cyt c 再将电子传递到复合体Ⅳ。

(四）复合体Ⅳ

复合体Ⅳ（complex Ⅳ）又称细胞色素 c 氧化酶（cytochrome c oxidase），是电子传递链的出口。人复合体Ⅳ包含 13 个亚基，其中亚基Ⅰ~Ⅲ构成复合体Ⅳ的核心结构，含 Fe、Cu 离子结合位点。亚基Ⅱ的 2 个 Cys 的巯基结合 2 个 Cu 离子，形成一个双核中心，称为 Cu_A 中心，其结构类似于 Fe_2S_2。亚基Ⅰ含 Cyt a 和 a_3，以及另一个 Cu 离子，称为 Cu_B，Cu_B 与 Cyt a_3 中的 Fe 离子形成第二个双核中心，即 Cyt a_3-Cu_B（Fe-Cu）中心。亚基Ⅱ的 Cu_A 中心与亚基Ⅰ的 Cyt a 中的 Fe 离子极为接近，电子可从 Cu_A 中心传递到 Cyt a。

复合体Ⅳ传递电子的过程：还原型 Cyt c 的电子经 Cu_A 中心传递到 Cyt a，再经 Cyt a_3-Cu_B 中心传递给 O_2，即：还原型 Cyt c → Cu_A → Cyt a → Cyt a_3-Cu_B → O_2。需要依次传递 4 个电子，并从线粒体基质中获得 4 个 H^+，最终将 1 分子 O_2 还原为 2 分子 H_2O。复合体Ⅳ也具有质子泵功能，每传递 2 个 e，可将 $2H^+$ 泵至膜间隙中（图 13-14）。

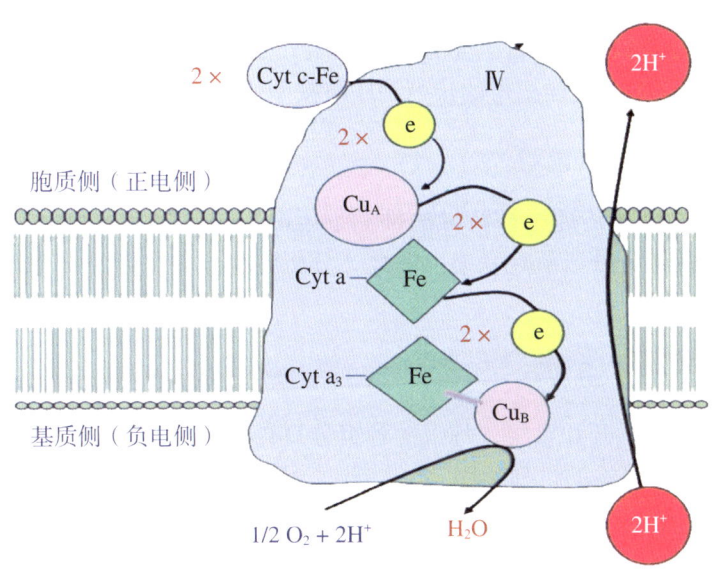

图 13-14 复合体Ⅳ的电子传递过程

三、呼吸链中各组分的排列顺序

在呼吸链中，各种递电子体是按一定顺序排列的，呼吸链各组分的排列顺序是由下列实验确定的。

（一）根据呼吸链各组分的标准氧化还原电位确定

标准氧化还原电位是指参与氧化还原反应的组分对电子的亲和力大小。电位低的组分对电子的亲和力弱，倾向于给出电子，而电位高的组分对电子的亲和力强，易得到电子。因此，呼吸链中的电子流动应从电位低的组分向电位高的组分传递，据此可以推测呼吸链中各组分的排列顺序（表 13-2）。

表 13-2　呼吸链中各种氧化还原对的标准氧化还原电位

氧化还原反应	E'^o (V)	氧化还原反应	E'^o (V)
$2H^+ + 2e \rightarrow 2H$	−0.41	Cyt c_1 (Fe^{3+}) + e → Cyt c_1 (Fe^{2+})	0.22
$NAD^+ + 2H^+ + 2e \rightarrow NADH + H^+$	−0.32	Cyt c (Fe^{3+}) + e → Cyt c (Fe^{2+})	0.25
$FMN + 2H^+ + 2e \rightarrow FMNH_2$	−0.22	Cyt a (Fe^{3+}) + e → Cyt a (Fe^{2+})	0.29
$FAD + 2H^+ + 2e \rightarrow FADH_2$	−0.22	Cyt a_3 (Fe^{3+}) + e → Cyt a_3 (Fe^{2+})	0.35
$UQ + 2H^+ + 2e \rightarrow UQH_2$	0.06	$1/2 O_2 + 2H^+ + 2e \rightarrow H_2O$	0.82
Cyt b (Fe^{3+}) + e → Cyt b (Fe^{2+})	0.077		

注：E'^o 表示在 pH = 7.0，25 ℃，1 mol/L 反应物浓度测得的标准氧化还原电位。

（二）根据呼吸链各组分特有的吸收光谱测定

呼吸链不少组分具有特殊的吸收光谱，而且在得失电子后光谱会发生改变。利用这种特性，将离体的完整线粒体置于无氧（电子受体）、有过量底物（电子供体）存在的还原状态下，然后缓慢给氧，观察各组分被氧化的顺序。最接近氧的组分，首先供出电子被氧化，其次被氧化的为倒数第二个组分，依此类推，这样获得的排列顺序与按照标准氧化还原电位得到的顺序完全一致。

（三）呼吸链抑制剂阻断试验

呼吸链某些组分的电子传递可被特异的抑制剂阻断，导致阻断部位之前的组分处于还原状态，而阻断部位之后的组分处于氧化状态。因此，分析各组分氧化还原状态的特征吸收光谱就可以推断出各组分的排列顺序。

（四）呼吸链拆开和重组实验

在体外将呼吸链进行拆开和重组，呼吸链各组分只有按一定组合及顺序排列才能完成电子传递过程，进一步证实了呼吸链的排列顺序。

四、线粒体内的两条主要呼吸链

复合体 I 是 NADH 脱氢酶，基质中的 NADH 经复合体 I 开始传递电子。复合体 II 是三羧酸循环中的琥珀酸脱氢酶，通过结合底物琥珀酸将其脱 H 氧化，产生的 $FADH_2$ 经复合体 II 开始传递电子。但复合体 II 不是复合体 I 的下游，复合体 I 的电子不传递给复合体 II，而是复合体 I 和复合体 II 分别获取各自的 H，然后各自向 Q 传递。因此，4 个复合体、Q 和 Cyt c 组成了两条电子传递链，一条称为 NADH 呼吸链，另一条称为 $FADH_2$ 呼吸链。

（一）NADH 呼吸链

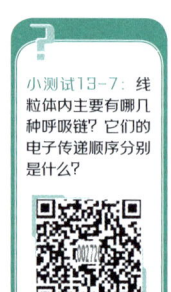

小测试13-7：线粒体内主要有哪几种呼吸链？它们的电子传递顺序分别是什么？

以 NADH 为 H 和电子的供体，经复合体 I 开始，最终传递电子到 O_2 生成 H_2O。因为生物氧化过程中大多数脱氢酶都是以 NAD^+ 为辅酶，因此 NADH 呼吸链是体内最主要的一条呼吸链。其电子传递顺序是：

$$NADH + H^+ \rightarrow 复合体\ I \rightarrow Q \rightarrow 复合体\ III \rightarrow Cyt\ c \rightarrow 复合体\ IV \rightarrow O_2$$

（二）FADH₂ 呼吸链

以 FADH₂ 为 H 和电子的供体，经复合体Ⅱ开始，最终传递电子到 O_2 生成 H_2O。生物氧化过程中有少数脱氢酶以 FAD^+ 为辅酶，因此是次要的一条呼吸链。因最早发现于琥珀酸脱 H 参与的电子传递过程中，故又被称为琥珀酸氧化呼吸链。其电子传递顺序是：

琥珀酸→复合体Ⅱ→Q→复合体Ⅲ→Cyt c→复合体Ⅳ→O_2

线粒体呼吸链存在超级复合体（supercomplex）结构和巨型复合体（megacomplex）结构

第三节 氧化磷酸化和 ATP 的生成

细胞内生成 ATP 的方式有两种，一种是底物水平磷酸化，另一种是氧化磷酸化。氧化磷酸化又称为电子传递水平磷酸化，代谢物 NADH 和 FADH₂ 氧化脱 H，脱下的 $H^+ + e^-$ 通过呼吸链传递给 O_2 生成 H_2O，同时伴随着能量的逐步释放，用于驱动 ADP 磷酸化生成 ATP，即 NADH 和 FADH₂ 的氧化过程与 ADP 的磷酸化过程相偶联，因此称为氧化磷酸化（oxidative phosphorylation）。人体内 90% 的 ATP 是由这种方式生成的，是维持生命活动所需能量的主要来源。

一、氧化磷酸化偶联部位

将呼吸链中能够产生足够能量使 ADP 磷酸化的部位称为氧化与磷酸化偶联的部位，即能够生成 ATP 的部位。根据下述实验方法及数据可以大致确定偶联部位。

（一）P/O 比值

氧化磷酸化的过程既要消耗氧气，又要消耗磷酸。P/O 比值（phosphate/oxygen ratio）是指氧化磷酸化过程中，每消耗 1/2 mol O_2（1 mol 氧原子）所消耗的磷酸的摩尔数（或 ADP 摩尔数），即所能生成 ATP 的摩尔数（或一对电子通过呼吸链传递给 O_2 所能生成 ATP 的分子数）。

通过测定几种物质氧化时的 P/O 比值，可以大致推测出偶联部位。β-羟丁酸的氧化是通过 NADH 呼吸链，测得 P/O 比值接近 2.5；而琥珀酸氧化是通过 FADH₂ 呼吸链，测得 P/O 比值接近 1.5，因此提示在 NADH 和 Q 之间（复合体Ⅰ）存在 1 个偶联部位。抗坏血酸直接经 Cyt c 进入呼吸链，P/O 比值接近 1，因此推测 Cyt c 和 O_2 之间（复合体Ⅳ）也存在 1 个偶联部位。而从琥珀酸和抗坏血酸氧化时 P/O 比值的差异可以推测出在 Q 和 Cyt c 之间（复合体Ⅲ）存在另一个偶联部位。因此，复合体Ⅰ、Ⅲ、Ⅳ可能是氧化磷酸化的偶联部位。经实验证实，一对电子经 NADH 呼吸链传递，P/O 比值约为 2.5，生成 2.5 分子 ATP；而经 FADH₂ 呼吸链传递，P/O 比值约为 1.5，生成 1.5 分子 ATP。

（二）自由能变化

在氧化还原反应或电子传递反应中，自由能变化（ΔG）和电位变化（ΔE）之间的关系如下：

$$\Delta G = -nF\Delta E$$

n 为传递电子数；F 为法拉第常数（$F = 96.5$ kJ/mol·V）。

生成 1 mol ATP 约需 30.5 kJ 的能量，根据以上公式计算电子传递链有 3 处较大的自由能变化，分别位于 NADH→Q、Q→Cyt c 和 Cyt aa₃→O_2，释放的自由能分别是 69.5 kJ/mol、36.7 kJ/mol、

102.3 kJ/mol,能够满足生成 ATP 所需的能量。因此,这 3 个部位就是氧化磷酸化偶联的部位。电子传递链的其他部位释放出的能量不足以合成 1 个 ATP,故以热能形式散发。

二、氧化磷酸化偶联机制的化学渗透假说

关于氧化磷酸化偶联的机制主要有 3 种假说,即化学偶联假说、构象偶联假说和化学渗透假说,目前被普遍接受的是 1961 年由英国科学家 P. Mitchell 提出的化学渗透假说(chemiosmotic hypothesis)。其基本要点是:①呼吸链的复合体 Ⅰ、Ⅲ 和 Ⅳ 具有质子泵功能,在传递电子的同时,可分别将 4 个、4 个和 2 个 H^+ 从线粒体基质转运至膜间隙中;②由于 H^+ 不能自由穿过线粒体内膜返回基质,从而形成跨线粒体内膜的质子电化学梯度(H^+ 浓度梯度 ΔpH 和跨膜电位差 $\Delta\psi$),以此储存电子传递释放的能量;③H^+ 的电化学梯度转变为 H^+ 驱动力,促使 H^+ 从膜间隙侧经 ATP 合酶的质子通道顺浓度梯度回流到基质,用于驱动 ADP 与 Pi 反应生成 ATP(图 13-15)。化学渗透假说得到了广泛的实验支持,P. Mitchell 也因此获得了 1978 年的诺贝尔化学奖。

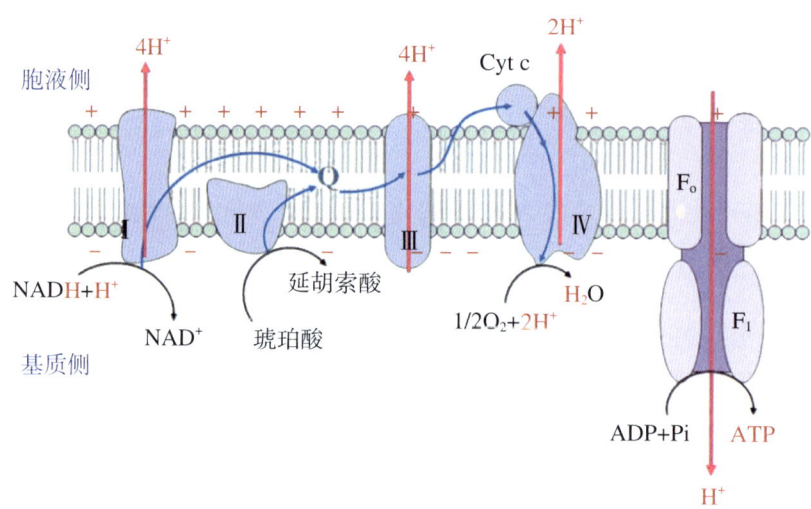

图 13-15 化学渗透假说示意图和 ATP 的生成

三、ATP 合酶和 ATP 的合成

(一)ATP 合酶的组成和功能

ATP 合酶(ATP synthase)又称复合体 Ⅴ,位于线粒体内膜基质面(图 13-16),是由多蛋白组成的蘑菇样结构,主要由亲水的 F_1 部分(F_1 代表第一个被鉴定的与氧化磷酸化相关的因子)和疏水的 F_o 部分(F_o 表示寡霉素敏感,oligomycin-sensitive)组成。F_1 为线粒体基质侧的蘑菇头样突起,其功能是催化合成 ATP;F_o 的大部分结构嵌入线粒体内膜中,组成离子通道,用于 H^+ 的回流。

F_1 部分主要由 $\alpha_3\beta_3\gamma\delta\varepsilon$ 亚基复合体和寡霉素敏感蛋白(oligomycin sensitive conferring protein,OSCP,易与寡霉素结合而失去活性)组成,3 个 α 和 3 个 β 亚基相间排列,形成 αβ 功能单元,并围绕 γ 亚基形成六聚体。F_o 嵌在线粒体内膜中,由疏水的 a、b_2、$c_{9\text{-}12}$ 亚基组成,形成跨内膜

的质子通道。ATP 合酶由 F_o 和 F_1 组装成可旋转的发动机样结构,其中 F_o 中的 a、b_2 和 F_1 中的 $\alpha_3\beta_3$、δ 亚基组成稳定的"定子"部分,F_1 中的 γ 和 ε 亚基以及 F_o 中的 c 亚基环组成"转子"部分。当 H^+ 顺浓度梯度回流到基质时,释放出的能量驱动"转子"部分围绕"定子"部分进行旋转,因此,跨内膜的质子电化学梯度是 ATP 合酶转动的驱动力。

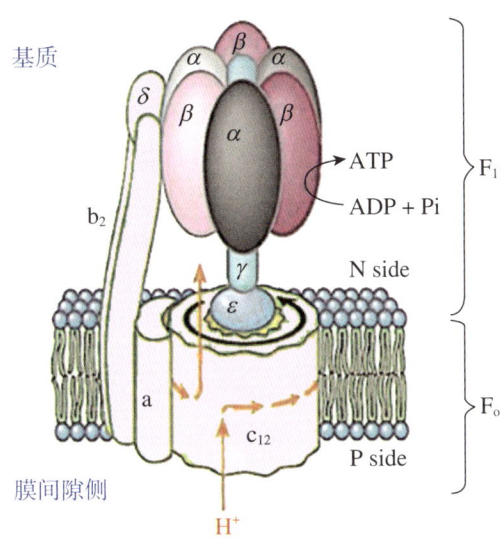

图 13-16　ATP 合酶的结构

(二) ATP 合酶的工作机制

1974 年 P. Boyer 提出了 ATP 合成的结合-变构机制 (binding-change mechanism)。其基本要点是:① ATP 合酶的 β 亚基有 3 种构象:第一种是开放型 (O) 构象,无催化活性,与 ATP 的亲和力低,这种构象可释放合成的 ATP;第二种是疏松型 (L) 构象,无活性,可与 ADP 和 Pi 疏松结合;第三种是紧密型 (T) 构象,有催化 ATP 合成的活性,但与产物 ATP 结合紧密,不能释放。② γ 亚基转动时,依次接触 3 组 $\alpha\beta$ 单元中的 β 亚基,导致 3 个 β 亚基的构象发生周期性循环变化,ADP 和 Pi 结合于 L 型的 β 亚基,H^+ 回流释放能量驱动"转子"部分发生转动,使该 β 亚基变构为 T 型,用于合成 ATP;再次转动使该 β 亚基变构为 O 型,释放出 ATP。③ H^+ 回流能量驱动"转子"部分发生转动,导致 3 个 β 亚基在 L、T、O 三种构象间发生周期性反复变构,使 ATP 合酶不断结合 ADP 和 Pi 用来合成 ATP 并释放 (图 13-17)。

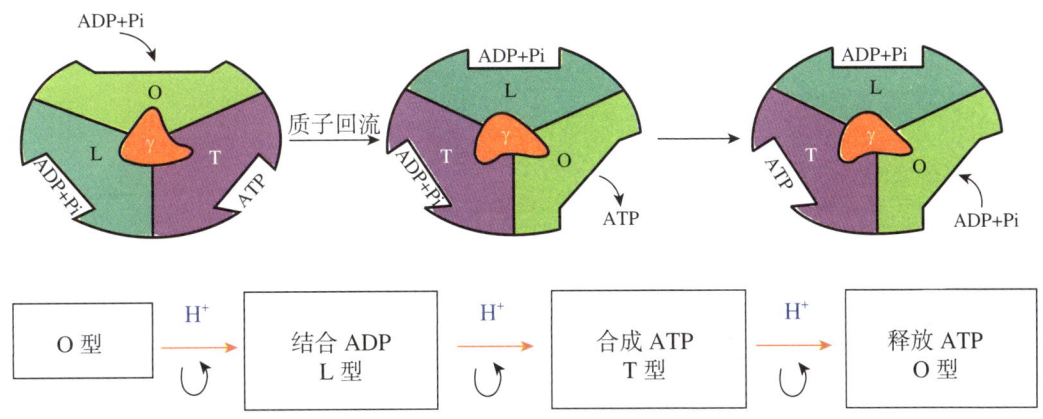

图 13-17　ATP 合酶的工作机制

ATP合酶转子循环一周可合成3分子ATP。实验表明，合成1分子ATP需要4个H^+，其中3个H^+通过ATP合酶回流入基质，另1个H^+用于转运ADP、Pi和ATP。1分子NADH经呼吸链传递泵出10个H^+，生成2.5分子ATP；1分子$FADH_2$经呼吸链传递泵出6个H^+，生成1.5分子ATP。

框13-1　ATP合酶的发现和工作机制的阐明

1974年P. Boyer提出了ATP合酶合成ATP的结合-变构机制（binding-change mechanism）。1994年J. Walker用X-射线晶体学方法测定了ATP合酶的结构，证实了P. Boyer提出的ATP合酶工作机制。1957年J. Skou发现Na^+/K^+-ATP酶可以分解ATP获得能量，并利用此能量进行Na^+、K^+的主动转运，又称为钠-钾泵。鉴于以上研究发现，三人共享了1997年的诺贝尔化学奖。

四、ATP在能量代谢中的核心作用

生物体不能直接利用营养物质的化学能，需要使之转变为机体可以利用的能量形式，如ATP的化学能。ATP属于高能磷酸化合物，即水解时能释放出较大自由能的含有磷酸基团的化合物，通常其释放的标准自由能大于25 kJ/mol，并将水解时释能较多的磷酸酯键称为高能磷酸键，用"~P"符号表示。除ATP外，生物体内还有其他一些含高能磷酸键、高能硫酯键的化合物（表13-3）。

表13-3　一些重要高能化合物水解释放的标准自由能

化合物	$\Delta G^{\circ\prime}$	
	kJ/mol	kcal/mol
磷酸烯醇式丙酮酸	−61.9	−14.8
氨基甲酰磷酸	−51.4	−12.3
1,3-二磷酸甘油酸	−49.3	−11.8
肌酸磷酸	−43.1	−10.3
ATP → ADP+Pi	−30.5	−7.3
乙酰辅酶A	−31.5	−7.5
ADP → AMP+Pi	−32.8	−7.8
焦磷酸	−19.2	−4.6
葡萄糖-1-磷酸	−20.9	−5.0

（一）ATP是机体生命活动的主要供能物质

ATP是体内最重要的高能磷酸化合物，是细胞可以直接利用的能量形式。营养物质分解代谢产生的能量大约有40%储存在ATP分子中。在标准状态下，ATP水解释放的自由能为30.5 kJ/mol。但在生理条件下，受反应物浓度、pH、离子强度、2价金属离子等因素的影响，细胞内ATP水解释放的自由能可达到 52.3 kJ/mol。因此，ATP 最重要的生理意义是通过其水解释放大量的自由能，供给肌肉收缩、生物合成、物质转运、信息传递等各种生命活动所需。

（二）ATP 是能量转移和核苷酸相互转变的核心

细胞内存在腺苷酸激酶（adenylate kinase，AK），可催化 ATP、ADP、AMP 之间的互变。当体内 ATP 消耗过多时（如骨骼肌剧烈收缩），ADP 累积，在 AK 的催化下 ADP 转变成 ATP。当 ATP 的需求降低时，AMP 又可从 ATP 获得～P 生成 ADP。

糖原、磷脂、蛋白质的合成分别需 UTP、CTP、GTP 提供能量，但它们一般不能从物质氧化过程中直接生成，而是在核苷二磷酸激酶的催化下，从 ATP 获得～P，生成相应的核苷三磷酸。反应如下：

$$ATP+UDP \rightarrow ADP+UTP$$
$$ATP+CDP \rightarrow ADP+CTP$$
$$ATP+GDP \rightarrow ADP+GTP$$

生物体内能量的生成、转移和利用都以 ATP 为中心。ATP 一经生成，数分钟之内即被利用，不在细胞内储存，而是不断进行 ATP/ADP 的循环，转变过程中伴随着自由能的释放和获得。因此，ATP 不是能量的储存形式，而是能量传递分子，是生物体能量转换的中心和"能量货币"。

（三）ATP 通过转移自身基团提供能量

体内很多酶促反应由 ATP 通过共价键与底物或蛋白质等相连，将 ATP 分子中的 Pi、PPi 或 AMP 基团转移到底物或蛋白质分子上形成中间产物，使其获得更多的自由能，经过化学转变后再将这些基团水解并形成终产物。ATP 通过这种方式参与酶促反应并提供能量，而不仅仅是单纯的水解反应。如 ATP 给葡萄糖提供磷酸基团和能量，生成的葡萄糖-6-磷酸容易进入糖酵解或其他代谢途径。

（四）磷酸肌酸是肌肉和脑组织中能量的储存形式

磷酸肌酸（creatine phosphate，CP）是骨骼肌、心肌和脑组织中能量的储存形式。ATP 充足时，在肌酸激酶（creatine kinase，CK）的催化下，ATP 的～P 转移给肌酸生成 CP。当体内急需 ATP 时（例如骨骼肌剧烈收缩），CP 又可将～P 转移给 ADP 生成 ATP，补充 ATP 的不足（图 13-18）。

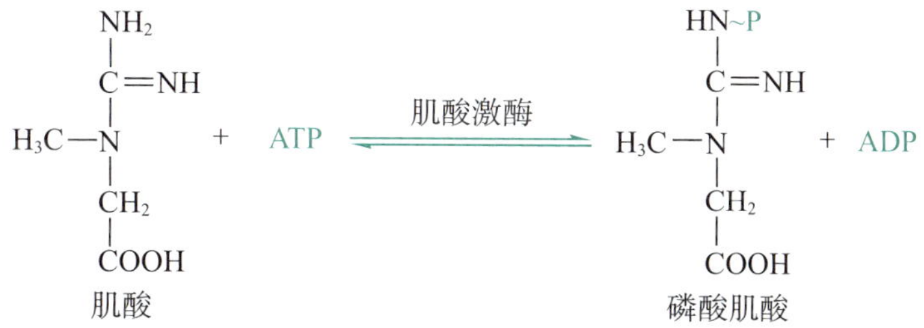

图 13-18　磷酸肌酸是储存能量的高能化合物

综上，ATP 在体内能量的生成、转移、储存和利用过程中处于中心地位（图 13-19）。

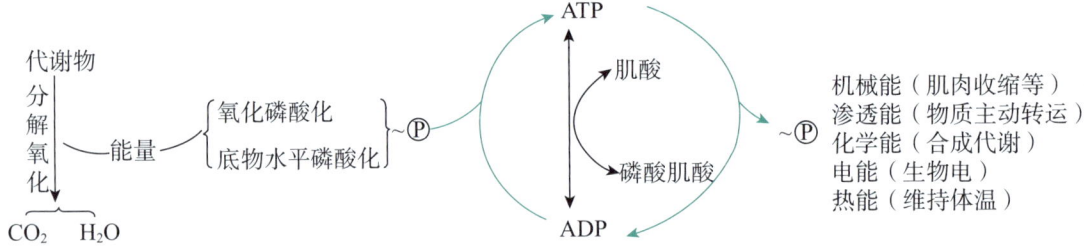

图 13-19 ATP 的生成、储存和利用

第四节 影响氧化磷酸化的因素

体内 ATP 的生成量主要取决于氧化磷酸化的速率。机体根据自身能量需求，通过调节氧化磷酸化的速率来调节 ATP 的生成。因此，能够影响从呼吸链入口到呼吸链出口以及 ATP 合酶功能的所有因素，都能够影响氧化磷酸化进而影响 ATP 的生成。

一、细胞内 ATP/ADP 的比值对氧化磷酸化速率的调节

氧化磷酸化的速率主要受机体对能量需求的调节。ATP 的合成与电子传递紧密偶联。在完整的线粒体中，只有当 ADP 和 Pi 都充足时，电子传递速率和氧化磷酸化速率才会提高。缺少 ADP 就缺乏磷酸的受体，就不能进行磷酸化作用生成 ATP。当细胞需要能量时，ATP 分解为 ADP 和 Pi，细胞内 ATP 浓度降低，ADP 浓度升高，ATP/ADP 的比值减小，氧化磷酸化的速率就会加快；反之，若 ATP 充足，ATP/ADP 的比值增大，氧化磷酸化的速率就会减慢。这种 ADP 作为关键物质对氧化磷酸化速率的调节作用称为呼吸控制（respiratory control）。

另外，ATP 和 ADP 的相对浓度也同时调节糖酵解、三羧酸循环途径的速率，从而适应氧化磷酸化对 NADH 和 $FADH_2$ 的需求。ATP 浓度较高时，ATP 通过别构调节的方式抑制糖酵解和三羧酸循环关键酶的活性，降低 NADH 和 $FADH_2$ 的产生，从而降低氧化磷酸化的速率。而 ADP 的作用正相反。ADP 对氧化磷酸化速率的调节作用可使 ATP 的生成速率适应生理需要，合理利用并节约能量。

二、氧化磷酸化抑制剂对氧化磷酸化过程的阻断

氧化磷酸化为机体提供生命活动所需的 ATP，抑制氧化磷酸化会对机体造成严重后果。氧化磷酸化抑制剂主要有三类。

（一）呼吸链抑制剂阻断电子传递过程

此类抑制剂可在特异部位分别阻断呼吸链中不同环节的电子传递，从而抑制 ATP 的合成。例如，鱼藤酮（rotenone）、粉蝶霉素 A（piericidin A）和异戊巴比妥（amobarbital）等可与复合体Ⅰ中的 Fe-S 蛋白结合，阻断电子从 NADH 向 Q 的传递。萎锈灵（carboxin）是复合体Ⅱ的抑制剂。抗霉素 A（antimycin A）、二巯基丙醇（dimercaptopropanol，BAL）是复合体Ⅲ的抑制剂，阻断电子从 Cyt b 到 Cyt c_1 的传递。CN^-、叠氮化合物（N_3^-）能与复合体Ⅳ中氧化型的 Cyt a_3 紧

密结合，阻断电子从 Cyt a 到 Cu_B-Cyt a_3 的传递。CO 与还原型的 Cyt a_3 结合，阻断电子传递给 O_2。在许多室内的火灾事故中，由于装饰材料中含有 N 和 C，遇到火灾高温后可形成 HCN，产生 CN^-，加上燃烧不完全产生的 CO，会抑制呼吸链的电子传递，导致人员迅速死亡。呼吸链抑制剂阻断电子传递的作用环节见图 13-20。

（二）解偶联剂阻断 ADP 的磷酸化过程

解偶联剂（uncoupler）不影响呼吸链的电子传递，只抑制由 ADP 生成 ATP 的磷酸化过程，使氧化与磷酸化脱节，P/O 比值降低甚至为零。2,4-二硝基苯酚（dinitrophenol，DNP）是最常见的解偶联剂，它是脂溶性物质，可在线粒体内膜中自由移动。当其在膜间隙时结合 H^+，进入基质侧时释出 H^+，使 H^+ 不经过 ATP 合酶的质子通道回流到基质中，从而破坏了内膜两侧的 H^+ 电化学梯度，使其储存的能量以热能的形式释放，而不能用于合成 ATP，导致氧化和磷酸化解偶联。这类试剂导致电子传递失去正常控制，造成过度消耗氧和营养物，使得能量得不到储存（图 13-20）。当罹患上呼吸道感染或某些传染性疾病时，由于病毒或细菌也会产生解偶联剂，使呼吸链释放的能量较多地以热能的形式散发，导致体温升高。

氧化磷酸化的解偶联作用也发生于人（尤其是新生儿）、哺乳动物及冬眠动物的棕色脂肪组织（brown adipose tissue）中，其线粒体内膜上富含解偶联蛋白 1（uncoupling protein 1，UCP1）。UCP1 是由 2 个亚基组成的二聚体，在线粒体内膜上形成质子通道，膜间隙中的 H^+ 可经此通道返回基质，而不经 ATP 合酶回流，使氧化磷酸化解偶联不生成 ATP，H^+ 梯度储存的能量以热能形式释放，因此棕色脂肪组织是产热御寒组织。新生儿可通过这种机制产热，维持体温。新生儿硬肿症是因缺乏棕色脂肪组织，不能维持正常体温而使皮下脂肪凝固所致。UCP1 可被游离脂肪酸激活，而游离脂肪酸又受到去甲肾上腺素（norepinephrine）与 cAMP 的调节。当体温下降时，激素释放，促进脂肪动员分解为游离脂肪酸，进而激活 UCP1，从而启动 UCP1 控制的氧化磷酸化解偶联产热途径来维持体温。

框 13-2 新生儿硬肿症

新生儿硬肿症为新生儿由于寒冷损伤、感染或早产引起的一种综合征，其中以寒冷损伤为最多见，又称寒冷损伤综合征。以皮下脂肪硬化和水肿为特征。多发生在寒冷季节，多见于重症感染、窒息、早产及低出生体重儿。严重低体温、硬肿症者可继发肺出血、休克及多脏器功能衰竭而致死。新生儿体表面积相对较大，皮肤薄嫩，血管丰富，容易散热。棕色脂肪组织是产热御寒组织，新生儿可通过这种机制产热，维持体温，它的代谢是新生儿在寒冷环境中急需产热时的主要能量来源。如小儿周围环境温度过低，散热过多，棕色脂肪容易耗尽，体温即会下降。新生儿严重感染时体温也会不升。这些情况下皮下脂肪都容易凝固而变硬，同时低温时周围毛细血管扩张，渗透性增加，易发生水肿，结果产生硬肿。复温是低体温患儿治疗的关键，原则是逐步复温，循序渐进；补充足够的热量等支持疗法也有利于体温恢复，并视患儿具体症状合理用药。

（三）ATP 合酶抑制剂

ATP 合酶抑制剂对电子传递及 ADP 磷酸化生成 ATP 均有抑制作用。例如寡霉素（oligomycin）和二环己基碳二亚胺（dicyclohexyl carbodiimide，DCCD）均可结合在 ATP 合酶的 F_0，阻断 H^+ 从 F_0 质子半通道回流，抑制 ATP 合酶的活性。由于线粒体内膜两侧 H^+ 电化学梯度增高能够影响呼吸链的质子泵功能，因此也会抑制电子的传递过程。

各种抑制剂对氧化磷酸化过程的抑制部位见图13-20。

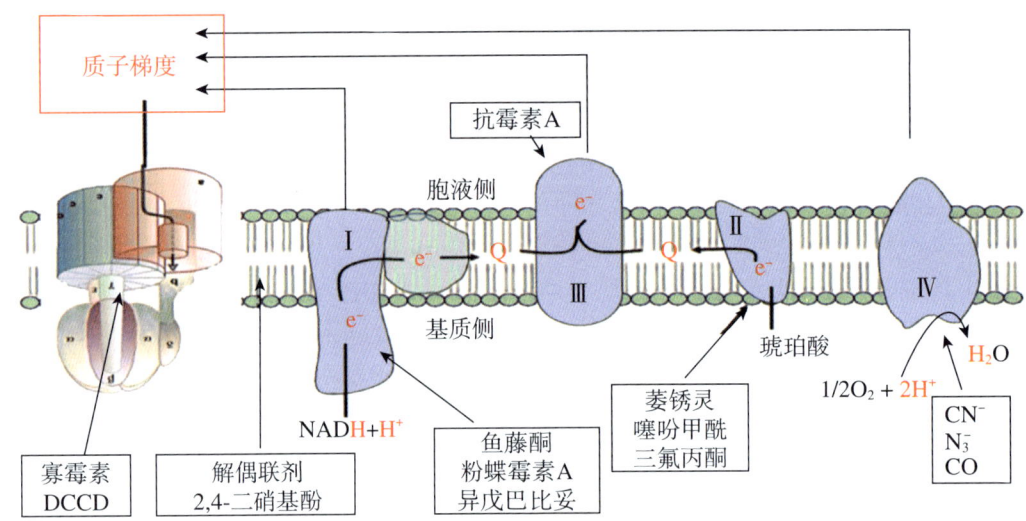

图 13-20　各种抑制剂对电子传递链的影响

三、甲状腺激素对氧化磷酸化的影响

甲状腺激素（thyroid hormone）可激活和上调许多组织细胞膜上的 Na^+-K^+-ATP 酶，使 ATP 加速分解为 ADP 和 Pi，ADP 浓度升高可促进氧化磷酸化的速率。由于 ATP 的合成和分解速度均增加，另外甲状腺素（T_3）还可使解偶联蛋白基因表达增加，导致耗氧和产热均增加，所以甲状腺功能亢进患者的基础代谢率增高。

四、线粒体 DNA 突变对氧化磷酸化功能的影响

线粒体的功能蛋白质主要由细胞核的基因编码，少部分由线粒体 DNA（mitochondrial DNA，mtDNA）编码。人的 mtDNA 编码 13 种参与氧化磷酸化的蛋白质亚基，包括复合体Ⅰ中的 7 个亚基，复合体Ⅲ中的 Cyt b，复合体Ⅳ中的 3 个亚基，以及 ATP 合酶的 2 个亚基。

mtDNA 突变率高，比细胞核 DNA 高 10 倍以上，原因是：mtDNA 为裸露环状双链结构，没有组蛋白保护；线粒体内没有完善的 DNA 损伤修复系统；mtDNA 聚合酶 γ 的校对功能较弱；线粒体基质是活性氧类（ROS）产生的主要部位，mtDNA 易受 ROS 的攻击而发生突变，是引起 mtDNA 突变的主要原因。另外，mtDNA 不含内含子，且常有部分区域重叠，因此各种位点突变都可能影响线粒体的功能。因为 mtDNA 编码 13 种呼吸链蛋白质亚基，所以 mtDNA 突变可直接影响电子传递过程或 ADP 的磷酸化，使 ATP 生成减少而致能量代谢紊乱，引起疾病。耗能较多的组织和器官更易发生由 mtDNA 突变造成的功能障碍，如骨骼肌、脑等。随着年龄增长，mtDNA 的突变积累与聋哑、盲、阿尔茨海默病、肌无力、糖尿病、帕金森病等疾病的发生相关。

遗传性 mtDNA 疾病以母系遗传居多，因每个卵细胞中有数十万个 mtDNA 分子，而每个精子中只有几百个 mtDNA 分子，受精卵的 mtDNA 主要来自卵细胞，因此卵细胞 mtDNA 突变引发疾病的概率更高。

框 13-3　线粒体 DNA 突变与疾病

线粒体 DNA 突变类型主要包括点突变，例如取代、缺失、插入；或 mtDNA 的大规模重排，例如缺失、反转、复制。线粒体 DNA 突变的来源主要有母系遗传缺陷和后天积累。典型的线粒体 DNA 遗传疾病有：MIDD（线粒体遗传性糖尿病伴耳聋）、MELAS（线粒体肌病，脑病，乳酸血症，卒中样症状）、MILS（母系遗传的 Leigh 综合征）、MERRF（肌阵挛性癫痫伴肌肉破碎红纤维综合征）、LHON（Leber 氏遗传性视神经病变）、Pearson 综合征（贫血，胰腺外分泌功能不全，乳酸血症）等。MELAS 和 MERRF 都有肌肉功能障碍、认知能力下降、共济失调、癫痫症、心肌病和耳聋等特征。糖尿病也是 MELAS 的常见特征。MILS 主要涉及中枢神经系统，包括反应迟缓、视力和听觉损害。

五、线粒体内膜对氧化磷酸化相关代谢物的转运

线粒体基质与细胞质之间有线粒体内、外膜相隔，外膜对物质的通透性较高、选择性较低，而内膜上却有很多特异的转运蛋白，对各种物质进行选择性转运，以保证生物氧化和物质代谢过程能够顺利进行（表 13-4）。

表 13-4　线粒体内膜上的转运蛋白及其对相应代谢物的转运

转运蛋白	进入线粒体	出线粒体
ATP-ADP 转位酶	ADP^{3-}	ATP^{4-}
磷酸盐转运蛋白	$H_2PO_4^- + H^+$	—
二羧酸转运蛋白	HPO_4^{2-}	苹果酸
α- 酮戊二酸转运蛋白	苹果酸	α- 酮戊二酸
谷氨酸 - 天冬氨酸转运蛋白	谷氨酸	天冬氨酸
单羧酸转运蛋白	丙酮酸	OH^-
三羧酸转运蛋白	苹果酸	三羧酸
碱性氨基酸转运蛋白	鸟氨酸	瓜氨酸
肉碱脂酰转移酶	脂酰肉碱	肉碱

（一）细胞质中生成的 NADH 通过穿梭机制进入线粒体氧化

在细胞质中经糖酵解等生成的 NADH 不能自由透过线粒体内膜，需要通过特定的转运机制才能进入线粒体呼吸链进行氧化。这种转运机制主要有 α- 磷酸甘油穿梭和苹果酸 - 天冬氨酸穿梭。

1. α- 磷酸甘油穿梭　α- 磷酸甘油穿梭（glycerol α-phosphate shuttle）主要存在于脑和骨骼肌中。在脑和骨骼肌细胞的细胞质中产生的 $NADH+H^+$ 在 α- 磷酸甘油脱氢酶的催化下，将 2H 传递给磷酸二羟丙酮，使其还原成 α- 磷酸甘油，后者通过线粒体外膜到达内膜的膜间隙侧，再经位于其上的 α- 磷酸甘油脱氢酶同工酶（辅基为 FAD）的催化，脱去 2H 氧化为磷酸二羟丙酮，FAD 接受 2H 还原为 $FADH_2$。磷酸二羟丙酮可穿出线粒体至细胞质中继续进行穿梭作用，而

FADH$_2$ 则进入 FADH$_2$ 氧化呼吸链。因此，1 分子细胞质中的 NADH 经此穿梭方式进入线粒体内膜转变为 FADH$_2$，生成 1.5 分子 ATP（图 13-21）。

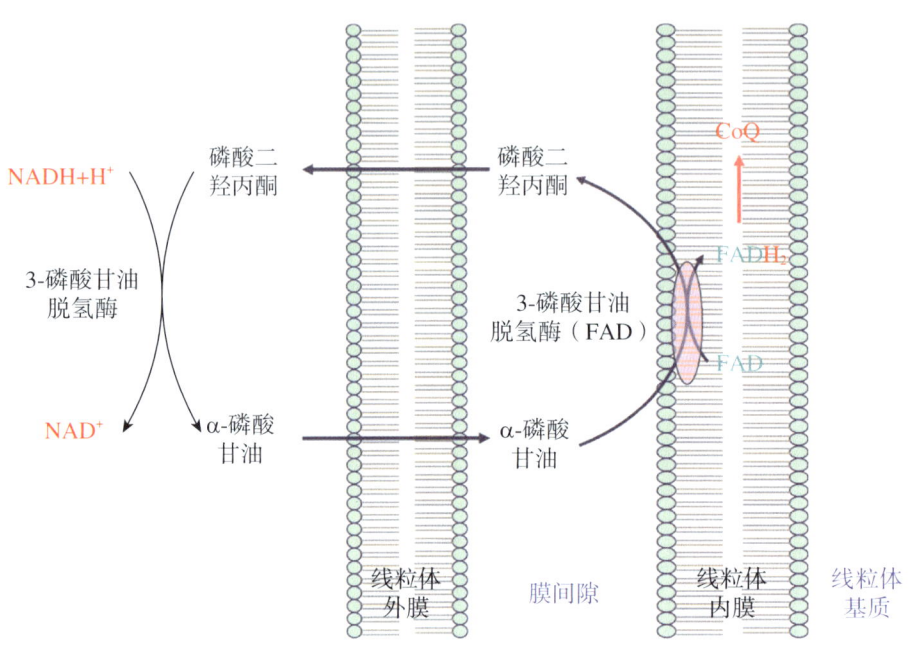

图 13-21　α-磷酸甘油穿梭

2. 苹果酸-天冬氨酸穿梭　苹果酸-天冬氨酸穿梭（malic acid-aspartate shuttle）主要存在于肝、肾和心肌细胞中。细胞质中的 NADH+H$^+$ 在苹果酸脱氢酶的催化下将 2H 传递给草酰乙酸，使其还原为苹果酸；后者通过线粒体内膜上的苹果酸-α-酮戊二酸转运蛋白进入线粒体基质后，又在基质内苹果酸脱氢酶的催化下重新生成草酰乙酸和 NADH+H$^+$。新生成的草酰乙酸在谷草转氨酶的催化下与谷氨酸进行转氨基反应，生成天冬氨酸和 α-酮戊二酸，然后分别经线粒体内膜上的天冬氨酸-谷氨酸转运蛋白和苹果酸-α-酮戊二酸转运蛋白转运至细胞质，再经转氨基作用生成草酰乙酸和谷氨酸，继续进行穿梭。NADH+H$^+$ 则进入 NADH 氧化呼吸链。因此，1 分子 NADH 经此穿梭方式最终生成 2.5 分子 ATP（图 13-22）。

（二）腺苷酸转运蛋白转运 ADP 和 ATP 进出线粒体

呼吸链产生的 H$^+$ 电化学梯度主要用于驱动 ATP 的合成，此外也驱动内膜上的转运蛋白转运氧化磷酸化的相关代谢物，包括腺苷酸转运蛋白、磷酸盐转运蛋白等。

腺苷酸转运蛋白（adenine nucleotide transporter）又称 ATP-ADP 转位酶（ATP-ADP translocase），是由两个亚基组成的二聚体，含有一个腺苷酸结合位点，催化线粒体基质中生成的 ATP^{4-} 转运到膜间隙，同时将膜间隙的 ADP^{3-} 转运至基质中（在细胞 pH 下，ATP 和 ADP 均呈解离状态），使经过线粒体内膜的 ATP^{4-} 的移出和 ADP^{3-} 的进入紧密偶联，维持线粒体内外腺苷酸水平基本平衡。每分子 ATP^{4-} 和 ADP^{3-} 反向转运时，实际向膜间隙净转移 1 个负电荷。此时，跨膜 H$^+$ 电化学梯度的能量也驱动膜间隙侧的 H$^+$ 和 H$_2$PO$_4^-$ 经磷酸盐转运蛋白（phosphate transporter）同向转运到基质中，相当于每分子 ATP 在基质中生成并转运到细胞质时需多消耗 1 个 H$^+$ 转入基质中。因此，在基质中生成 1 分子 ATP 并转运到细胞质共需 4 个 H$^+$ 回流进入基质中（图 13-23）。

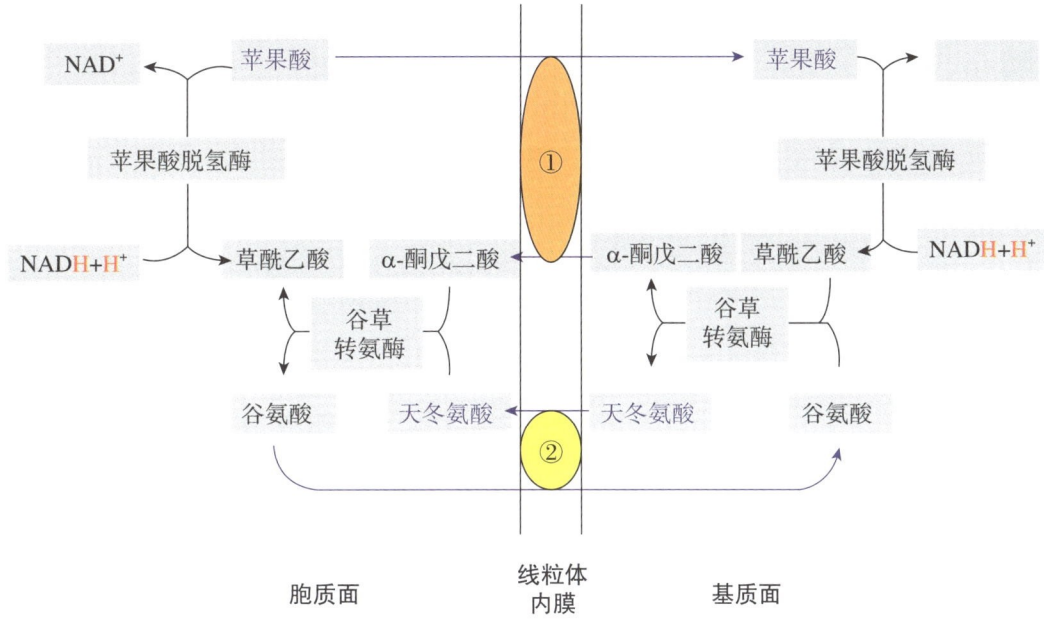

图 13-22 苹果酸 - 天冬氨酸穿梭

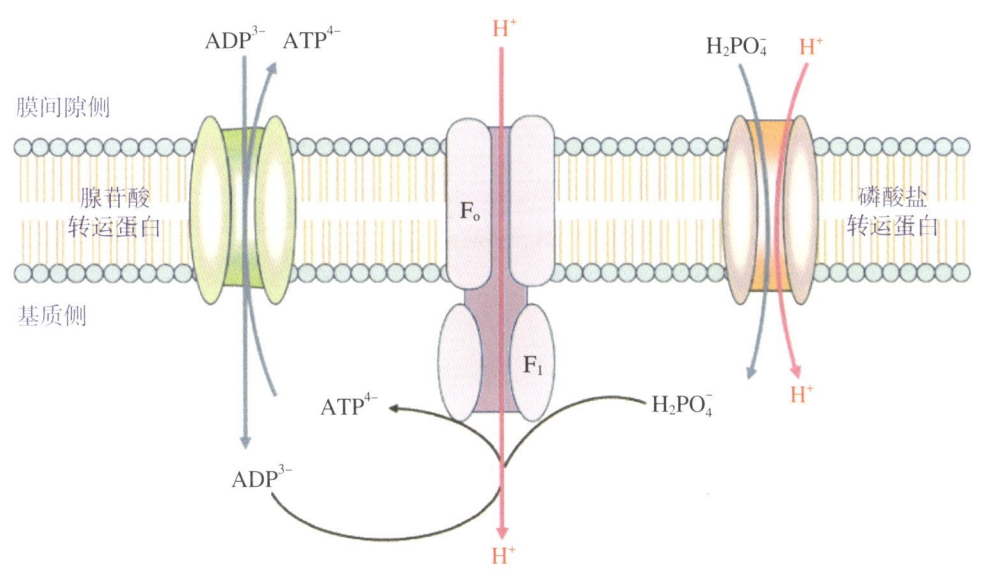

图 13-23 ATP、ADP、Pi 的转运

（三）在肌组织中通过磷酸肌酸穿梭转运 ATP 出线粒体

在心肌、骨骼肌等耗能多的组织中，在线粒体基质生成的 ATP 还可通过磷酸肌酸穿梭机制转移至细胞质。ATP 先经 ATP-ADP 转位酶转运到膜间隙；在膜间隙中的肌酸激酶同工酶（creatine kinase，CK）催化下，ATP 的 ~P 转移给肌酸，生成的磷酸肌酸经线粒体外膜的孔蛋白进入细胞质中，再由相应的肌酸激酶同工酶催化，将 ~P 转移给 ADP，生成 ATP（图 13-24）。

综上，线粒体内膜对氧化磷酸化相关代谢物的选择性协调转运，对于氧化磷酸化的正常运转至关重要。

小测试13-9：细胞质中的NADH可通过哪些机制进入线粒体氧化？分别可生成多少ATP？

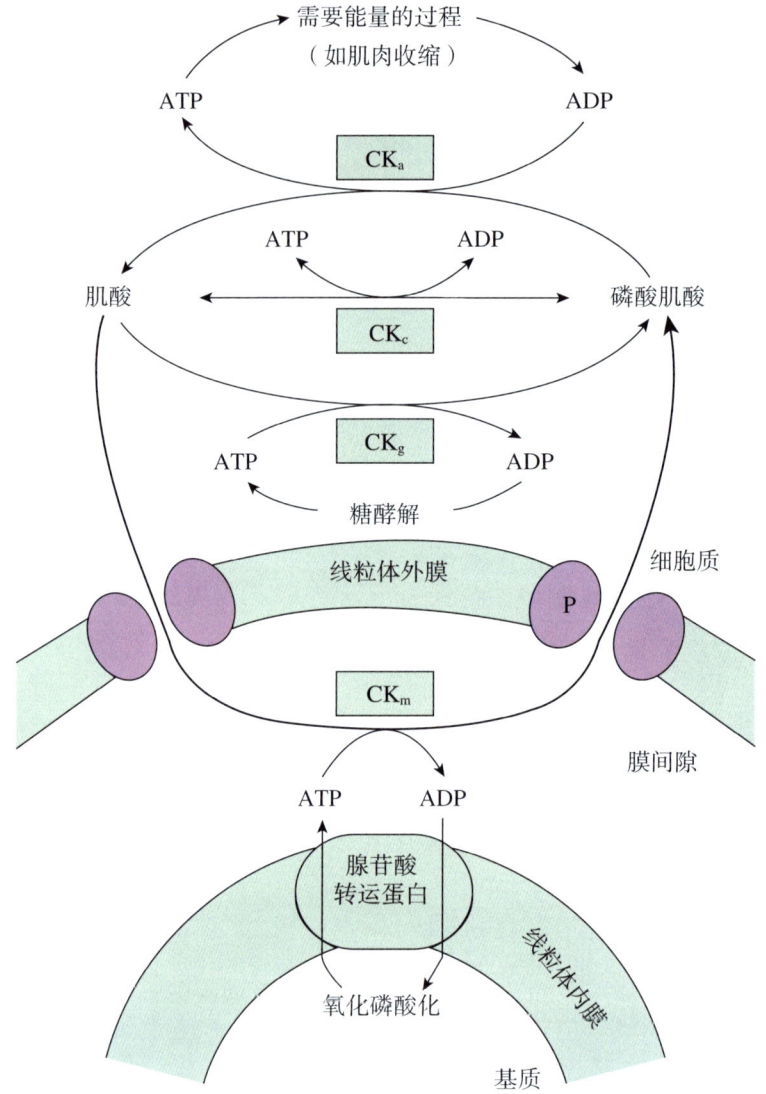

图 13-24　心肌和骨骼肌的磷酸肌酸穿梭

第五节　非线粒体氧化体系

除了线粒体氧化体系外，细胞内的微粒体、过氧化物酶体以及其他部位也是生物氧化的重要场所，这些线粒体以外的氧化体系统称为非线粒体氧化体系。这些体系参与呼吸链以外的氧化作用，对底物进行氧化修饰和转化等，与机体内代谢物、药物及毒物的生物转化和清除有关，不伴有 ATP 的生成（氧化不偶联磷酸化）。

一、微粒体氧化体系

微粒体（microsome）中存在加氧酶（oxygenase），催化氧直接转移并结合到底物分子上。根据向底物分子中加入氧原子数目的不同，又分为单加氧酶（monooxygenase）和双加氧酶（dioxygenase）。

(一)细胞色素 P450 单加氧酶

细胞色素 P450 单加氧酶(cytochrome P450 monooxygenase)催化 O_2 中的一个 O 原子加到底物分子上使之羟化;而另一个 O 原子则从 $NADPH+H^+$ 中获得 H 被还原成 H_2O。由于生成的产物带有羟基,所以又称为羟化酶(hydroxylase),又由于此酶催化 O_2 的两个 O 原子发挥两种不同的功能,故又称为混合功能氧化酶(mixed function oxidase)。此酶参与类固醇激素、胆汁酸、胆色素的生成,维生素 D_3 的羟化及药物、毒物的生物转化。

此酶含细胞色素 P450(Cyt P450),属于 Cyt b 类,通过血红素中的 Fe 离子进行单电子传递。Cyt P450 在生物体内广泛分布,哺乳动物 Cyt P450 分属 10 个基因家族,人 Cyt P450 有几百种同工酶,识别各自特异的底物。

单加氧酶催化的反应过程如下:

$$RH+O_2+NADPH+H^+ \rightarrow ROH+NADP^++H_2O$$

$NADPH+H^+$ 将电子交给黄素蛋白的辅基 FAD 生成 $FADH_2$,$FADH_2$ 再将电子传递给以 Fe-S 为辅基的铁氧还蛋白;与底物结合的氧化型 $P450 \cdot Fe^{3+}$ 接受铁氧还蛋白的一个 e 后转变为还原型 $RH \cdot P450 \cdot Fe^{2+}$ 复合物;后者再与 O_2 结合后形成 $RH \cdot P450 \cdot Fe^{2+} \cdot O_2$;$Fe^{2+}$ 将电子交给 O_2 形成 $RH \cdot P450 \cdot Fe^{3+} \cdot O_2^-$;再接受铁氧还蛋白的第二个 e,形成 $RH \cdot P450 \cdot Fe^{3+} \cdot O_2^{2-}$,使氧活化。此时一个氧使底物 RH 羟化为 ROH,另一个氧与来自 NADPH 的质子结合生成 H_2O(图 13-25)。

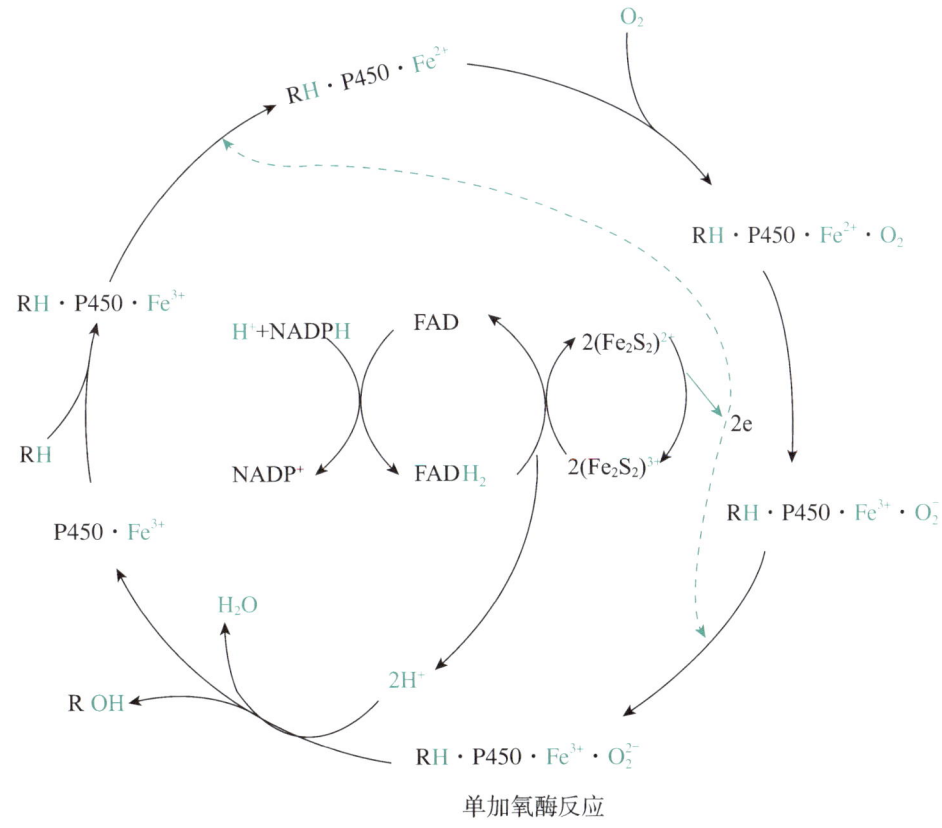

图 13-25 微粒体细胞色素 P450 单加氧酶催化机制

(二)双加氧酶

双加氧酶又称氧转移酶(oxygen transferase),这类酶含铁离子,催化 O_2 直接加到底物分子上，如色氨酸双加氧酶（tryptophan dioxygenase）、β-胡萝卜素双加氧酶，催化2个O原子加到底物带双键的碳原子上，基本反应如下：

$$A+O_2 \rightarrow AO_2$$

二、活性氧及其清除体系

（一）活性氧

生物氧化过程中，O_2必须接受4个电子才能完全还原，产生2个O^{2-}，再与4个H^+结合生成水。如果电子供给不足，会使O_2发生不完全还原。如果O_2得到1个电子就形成超氧阴离子（superoxide anion，O_2^-）；超氧阴离子再得到1个电子可部分还原生成过氧化氢（hydrogen peroxide，H_2O_2）；H_2O_2再得到1个电子进一步还原生成羟基自由基（hydroxyl free radical，·OH）。O_2^-、H_2O_2、·OH这些未被完全还原的含氧分子，其氧化能力远大于O_2，统称为活性氧类（reactive oxygen species，ROS）。其中O_2^-和·OH是自由基，H_2O_2不是自由基，但可以转变成·OH。活性氧生成的反应式如下：

$$O_2 \xrightarrow{e} O_2^- \xrightarrow{e+2H^+} H_2O_2 \xrightarrow[H_2O]{e+H^+} \cdot OH \xrightarrow{e+H^+} H_2O$$

细胞内90%~95%的ROS在线粒体呼吸链产生。呼吸链在传递电子的过程中，少量从呼吸链漏出的电子可直接传递给O_2，产生不完全还原的氧，即ROS，因此，ROS也可看作呼吸链的"副产物"。正常情况下，细胞摄取的O_2中有1%~2%可在呼吸链生成ROS，主要在复合体Ⅰ（20%）和复合体Ⅲ（80%）中生成，少量在复合体Ⅳ中生成。除呼吸链外，细胞质中的黄嘌呤氧化酶、氨基酸氧化酶、胺氧化酶、抗坏血酸氧化酶、微粒体中的Cyt P450氧化还原酶、过氧化物酶体中的多种氧化酶等催化的反应，也可产生ROS。另外，细菌感染、组织缺氧等病理情况，辐射、服用药物、吸入烟雾等外源因素也可导致细胞产生ROS。

ROS对细胞的功能有广泛的影响。如在粒细胞和吞噬细胞中产生的H_2O_2用于杀死吞噬的细菌；甲状腺细胞中产生的H_2O_2可使$2I^-$氧化为I_2，进而使酪氨酸碘化生成甲状腺激素；少量的ROS在维持干细胞的自我更新能力和正常分化功能中起重要作用；少量的ROS也能够促进细胞增殖等。

但对大多数组织来说，ROS的大量累积会对细胞产生毒性作用。ROS反应性极强，·OH是其中最强的氧化剂，也是最活跃的诱变剂。ROS可以氧化DNA，使DNA产生突变甚至断裂；也可氧化酶和蛋白质的巯基，使之丧失活性；还可氧化生物膜磷脂分子中的高不饱和脂肪酸生成脂质过氧化物，造成生物膜损伤，如红细胞膜损伤就会发生溶血，线粒体膜损伤则使能量代谢受阻。脂质过氧化物与蛋白质结合成复合物进入溶酶体后不易被酶分解或排出，形成一种棕色的被称为脂褐素（lipofuscin）的色素颗粒，后者沉积在皮肤表面形成老年斑，这与组织的老化有关。尽管O_2是维持生命所必需的，但机体长时间在纯氧中呼吸，可引起呼吸紊乱乃至死亡，这种毒性并非来自O_2本身，而是与生物氧化过程中产生大量ROS有关。为防止ROS累积对细胞和机体造成损伤，机体发展出多种抗氧化体系可及时清除ROS。

ROS的多重作用

（二）抗氧化体系清除ROS

体内存在的各种抗氧化酶、小分子抗氧化剂等，构成了机体对抗ROS副作用的防御体系。

1. 超氧化物歧化酶 超氧化物歧化酶（superoxide dismutase，SOD）催化 1 分子 O_2^- 还原成 H_2O_2，另 1 分子 O_2^- 则氧化成 O_2，2 个相同的底物在此酶的催化下产生了 2 个不同的产物，故名歧化。反应式如下：

$$2\cdot O_2^- + 2H^+ \rightarrow H_2O_2 + O_2$$

SOD 是人体防御内、外环境中 O_2^- 损伤的重要酶，广泛存在于各组织中。哺乳动物细胞有 3 种 SOD 同工酶，在细胞质中的 SOD，其活性中心含 Cu^{2+}/Zn^{2+}，称为 Cu/Zn-SOD；线粒体中的 SOD 活性中心含 Mn^{2+}，称为 Mn-SOD。SOD 活性下降或含量减少，会引起 O_2^- 累积，损伤组织细胞。SOD 活性降低是许多肿瘤细胞的特征，SOD 对某些肿瘤的生长有抑制作用；SOD 可减少动物因缺血造成的心肌梗死的范围和程度。Cu/Zn-SOD 基因缺陷使 O_2^- 不能及时清除而损伤神经元，可引起肌萎缩性侧索硬化症等疾病。

2. 过氧化氢酶 SOD 催化 O_2^- 生成的 H_2O_2 可在过氧化氢酶的进一步催化下生成 H_2O 和 O_2。过氧化氢酶（catalase）主要存在于过氧化物酶体、细胞质和微粒体中，含有 4 个血红素辅基，催化 1 分子 H_2O_2 作为电子供体，另 1 分子 H_2O_2 作为电子受体的反应，生成 H_2O 和 O_2。反应式如下：

$$2H_2O_2 \rightarrow 2H_2O + O_2$$

3. 过氧化物酶 过氧化物酶类（peroxidase）催化 H_2O_2 还原生成 H_2O，同时释放出氧原子直接氧化酚类及胺类等有毒物质，因此它对机体有双重保护作用。过氧化物酶的辅基是血红素，与酶蛋白结合不紧密。

$$RH_2 + H_2O_2 \rightarrow R + 2H_2O$$

或者 $R + H_2O_2 \rightarrow RO + H_2O$

在红细胞和某些组织的过氧化物酶体、细胞质和线粒体中，还存在一种含硒代半胱氨酸残基的谷胱甘肽过氧化物酶（glutathione peroxidase，GPx），也是体内防止 ROS 损伤不可缺少的酶。GPx 利用还原型的谷胱甘肽将 H_2O_2 还原为 H_2O，将其他过氧化物（ROOH）还原为醇，同时产生氧化型的谷胱甘肽，起到保护膜脂质和血红蛋白免受过氧化物氧化的作用（图 13-26）。

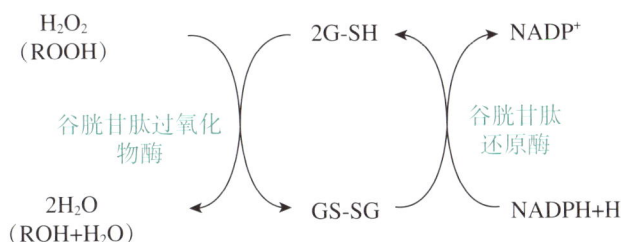

图 13-26 谷胱甘肽过氧化物酶作用机制

氧化型的谷胱甘肽在谷胱甘肽还原酶的催化下，由 $NADPH^+ + H^+$ 提供 2 个 H，又转变为还原型的谷胱甘肽。其自身也发挥抗氧化的作用，抵抗 ROS 对蛋白质中巯基的氧化。

除了抗氧化酶系对 ROS 的清除作用外，体内还有许多小分子抗氧化剂，如维生素 E、维生素 C、β-胡萝卜素、不饱和脂肪酸等，都有清除自由基的作用，它们与抗氧化酶类共同组成人体的抗氧化体系。

小 结

糖、脂类、蛋白质等营养物质在线粒体内进行氧化分解的过程中，经三羧酸循环氧化脱氢产生还原当量 NADH 和 FADH$_2$，其中的电子和质子分别通过 NADH 和 FADH$_2$ 这 2 条呼吸链上一系列的递氢体和递电子体传递给 O$_2$，最终生成 H$_2$O 和 CO$_2$。在传递电子的过程中同时形成跨线粒体内膜的质子电化学梯度，用以储存释放出的能量，并通过氧化和磷酸化相偶联的方式驱动 ATP 合酶生成大量的 ATP。因此，通过线粒体的氧化体系，营养物质中的一大部分化学能转变成可供机体利用的能量形式，即 ATP，满足机体各种生命活动所需。因此，氧化磷酸化过程中任一环节发生障碍，都会对机体正常的生命活动产生影响，轻则导致机体功能障碍和病理改变，重则造成致命的后果。

整合思考题

1. 有哪些方法可确定呼吸链中各组分的排列顺序？
2. 氧化和磷酸化偶联的部位有哪些？有哪些方法可确定氧化和磷酸化偶联的部位？氧化和磷酸化偶联的机制是什么？
3. 影响氧化磷酸化的因素有哪些？其作用机制是什么？
4. 解偶联剂如何调控能量代谢？解偶联剂有助于减肥吗？
5. 线粒体 DNA 有何特点？其与线粒体疾病发生有何关系？
6. ROS 有哪些作用？补充抗氧化剂对机体有益吗？能抗衰老吗？
7. 在离体肝线粒体悬浮液中加入底物琥珀酸、ADP 和 Pi，供给 O$_2$，分别加入①萎锈灵；②抗霉素 A；③叠氮化物，此时肝线粒体中 NAD$^+$、NADH- 泛醌还原酶、FAD$^+$、琥珀酸 - 泛醌还原酶、Cyt b、Cyt c、Cyt aa$_3$ 的氧化还原状态如何变化？

参考答案

（陈　军　李冬民）

第十四章 氨基酸代谢

导学目标

通过本章内容的学习，学生应能够：

※ **基本目标**

1. 描述必需氨基酸的概念及种类。复述氨基酸代谢库的概念，梳理氨基酸的来源和去路。
2. 列举氨基酸脱氨基的几种方式，分析不同方式的生理意义。
3. 总结氨的来源和去路及转运方式，描述尿素循环的基本过程和生理意义。
4. 描述氨基酸脱羧基作用的几种产物和生理功能。
5. 描述和说明一碳单位的概念、种类、载体和功能。
6. 描述和说明含硫氨基酸、芳香族氨基酸在体内的代谢转变和生理功能。

※ **发展目标**

1. 从氮平衡的角度，分析不同人群体内蛋白质代谢的状况。
2. 结合其他代谢途径，综合分析特定氨基酸在体内的代谢转变过程和意义。
3. 以氨的代谢和能量代谢的知识为基础，理解肝性脑病发病的氨中毒学说。
4. 结合氨基酸代谢规律和特点，分析个别氨基酸代谢异常引起的遗传性疾病发病机制。

案 例

患儿，女，8岁，因头痛、恶心、呕吐、精神烦躁、嗜睡，被当地医院诊治为"病毒性脑炎"，治疗无好转并伴意识障碍加重，后转入本院。患儿患病前无脑外伤。患儿发病前晚与父母在自助餐厅吃了较多的虾、牛肉等高蛋白食物。

体格检查：体温36.8℃，心率100次/分，呼吸17次/分。双肺呼吸音正常，腹部质地软，移动性浊音阴性。精神反应差，嗜睡，瞳孔等大等圆，对光反射迟钝。

实验室检查：血常规、肾功能、电解质正常。谷丙转氨酶（ALT）150.4 U/L（参考值7～30 U/L），谷草转氨酶（AST）76.8 U/L（参考值14～44 U/L），血氨470 μmol/L（参考值18～72μmol/L）；头颅CT和脑脊液生化分析未见异常；血浆氨基酸分析提示血浆谷氨酰胺、丙氨酸增高，瓜氨酸含量降低；尿有机酸筛查提示尿乳清酸和尿嘧啶含量显著增高，新一代基因测序+Sanger测序验证：鸟氨酸氨甲酰基转移酶（ornithine carbamyl transferase，OCT）基因第8外显子发生自发杂合突变（c.865A＞T），临床初步诊断为鸟氨酸氨基甲酰转移酶缺乏症。

治疗：经限制蛋白质摄入，药物降氨治疗后（精氨酸、乳果糖、苯甲酸钠等），精神反应有所好转。

案例解析

问题：
1. 体内氨的主要来源和去路有哪些？并解释案例中患儿血氨升高的原因。
2. 血中谷氨酰胺、丙氨酸升高的原因有哪些？瓜氨酸降低的原因有哪些？
3. 血氨升高导致昏迷的生化机制是什么？
4. ALT 和 AST 催化的反应和辅酶是什么？其血清值增高有何临床意义？

蛋白质维持组织细胞的生长、更新和修复，这是蛋白质最重要的生理功能。体内含有多种具特殊功能的蛋白质，如酶、蛋白质类激素、受体、抗体、转运蛋白等，分别执行催化、调节、免疫、转运等多种功能。骨骼肌的收缩、血液的凝固等也由蛋白质完成。体内蛋白质可以彻底氧化分解为水、二氧化碳，释放出能量，占成人每日消耗能量的 15%～20%。蛋白质供能可由糖和脂肪代替，因此，供能是蛋白质的次要生理功能。

氨基酸不仅是蛋白质的基本组成单位，还是机体许多重要生物活性物质的前体或来源。氨基酸在代谢过程中还可产生胺类、神经递质、黑色素、嘌呤与嘧啶等重要含氮化合物。蛋白质和氨基酸的这些功能不能被糖或脂肪代替。

体内蛋白质代谢处于不断合成与分解的动态平衡。氨基酸代谢也包括合成代谢与分解代谢。本章主要叙述蛋白质和氨基酸的分解代谢。蛋白质的合成代谢即翻译过程。

第一节　蛋白质的营养价值

体内蛋白质的更新与氨基酸的分解均需食物蛋白质的补充，所以，在讨论氨基酸代谢之前，需要了解蛋白质的营养价值及蛋白质的消化与吸收。

一、氮平衡

体内蛋白质代谢状态的评估可根据氮平衡（nitrogen balance）试验来评价。氮平衡是指机体每日氮的摄入量和排出量之间的关系。食物中的含氮物质绝大部分是蛋白质。蛋白质平均含氮量约为 16%，可通过测定食物含氮量计算该食物所含蛋白质的量。蛋白质在体内分解代谢产生的含氮物质主要由尿、便排出。测定尿与便中的含氮量（排出氮）及摄入食物的含氮量（摄入氮），即测定氮平衡可以反映人体蛋白质的代谢概况。氮平衡存在 3 种情况，即氮的总平衡、氮的正平衡及氮的负平衡。

1. **氮的总平衡**　摄入氮 = 排出氮，反映体内蛋白质的合成与分解代谢处于动态的平衡，即氮的"收支"平衡。常见于正常成年人。

2. **氮的正平衡**　摄入氮 > 排出氮，反映体内蛋白质合成大于分解，常见于儿童、孕妇及恢复期患者。

3. **氮的负平衡**　摄入氮 < 排出氮，反映体内蛋白质的合成小于分解，说明蛋白质摄入量不足或过量降解，常见于饥饿、严重烧伤、慢性消耗性疾病或者恶性疾病患者。

根据氮平衡试验计算，在不进食蛋白质时，一位体重 60 kg 的成人每日排出约 4 g 氮，相当于最低分解约 25 g 蛋白质。鉴于食物蛋白质与人体蛋白质组成的差异，食物蛋白质不能全部被吸收利用，所以健康成年人每日蛋白质最低需要量为 30～50 g。为了长期保持氮的总平衡，中国营养学会推荐成年人每日的蛋白质摄入量约为 80 g。生长期儿童、孕妇、哺乳期妇女及不同阶段的患者应根据具体状况适当补充。

二、蛋白质的营养价值

不仅膳食蛋白质的量需要被关注和重视，膳食蛋白质的质也必须受到重视。由于各种蛋白质所含的氨基酸的种类和数量不同，因此它们的质也不同。

（一）必需氨基酸

人体内有 9 种氨基酸不能自身合成或合成不足，必须由食物供应，在营养学上称其为必需氨基酸（essential amino acid），包括赖氨酸、色氨酸、缬氨酸、亮氨酸、异亮氨酸、苏氨酸、甲硫氨酸、苯丙氨酸和组氨酸。其余 11 种氨基酸在体内可以合成，不依赖于食物供应，在营养学上称为非必需氨基酸（non-essential amino acid）。人体虽然能自身合成精氨酸，但合成量不多，长期缺乏可致氮的负平衡。因此，也可将精氨酸视为半必需氨基酸。

（二）蛋白质的营养价值

蛋白质的营养价值（nutrition value）是指食物蛋白质在体内的利用率。其高低主要取决于食物蛋白质中必需氨基酸的种类和含量。一般来说，营养价值高的蛋白质含有必需氨基酸的种类多且含量高，反之则营养价值低。动物性蛋白质所含必需氨基酸的种类和含量与人体需求相近，故其营养价值高。营养价值较低的几种蛋白质混合食用，所含的必需氨基酸互相补充，提高了营养价值，称为食物蛋白质的互补作用。例如，谷类蛋白质含赖氨酸较少而含色氨酸较多，豆类蛋白质含赖氨酸较多而含色氨酸较少，两者混合食用则能提高营养价值。临床上，为了保证体内对氨基酸的需求，患者可接受混合氨基酸输液，以防止病情恶化。

小测试14-1：如何评价某种富含蛋白质类食物的营养价值？

第二节 蛋白质的消化、吸收和腐败

食物蛋白质的消化、吸收是体内氨基酸的主要来源。食物蛋白质的消化作用始于胃，主要在小肠完成，在多种蛋白质水解酶的催化下水解为氨基酸或寡肽而被吸收利用。另外，食物蛋白质具有高度种属特异性，其消化过程可消除食物蛋白质的抗原性，避免出现过敏或毒性反应。

一、蛋白质的消化和吸收

（一）蛋白质在胃中的消化

食物蛋白质进入胃后，在胃蛋白酶（pepsin）的作用下水解生成多肽和少量氨基酸。胃蛋白酶由前体即胃黏膜主细胞分泌的胃蛋白酶原（pepsinogen）经胃酸作用后而激活，也可经胃蛋白酶水解而激活，称为自催化作用（autocatalysis）。胃蛋白酶的最适 pH 为 1.5～2.5，酸性胃液环境可使蛋白质变性为无规卷曲，更易于与蛋白酶相互作用。胃蛋白酶对肽键作用的专一性较差，主要水解芳香族氨基酸、甲硫氨酸或亮氨酸等残基组成的肽键。胎儿或婴儿期分泌的胃蛋白酶亚型还具有凝乳作用，可使乳汁中的酪蛋白（casein）与 Ca^{2+} 形成乳凝块，在胃中停留时间延长，有利于消化。

（二）蛋白质在小肠中的消化

食物在胃中停留时间较短，所以蛋白质在胃液作用下消化很不完全。在小肠中，胰腺和肠黏膜细胞分泌的多种蛋白质水解酶和肽酶的共同作用能更完全地将蛋白质水解为氨基酸和寡肽。

胰液中的蛋白质水解酶分为内肽酶和外肽酶两类，内肽酶包括胰蛋白酶（trypsin）、胰凝乳蛋白酶（chymotrypsin）和弹性蛋白酶（elastase），可水解多肽链内部的肽键，并对不同氨基酸组成的肽键具有专一性。胰蛋白酶对碱性氨基酸（精氨酸、赖氨酸）残基组成的肽键起作用，胰凝乳蛋白酶则对芳香族氨基酸（苯丙氨酸、酪氨酸、色氨酸）残基组成的肽键起作用，弹性蛋白酶则对脂肪族氨基酸（缬氨酸、亮氨酸、丝氨酸、丙氨酸等）残基相关肽键起作用。外肽酶有羧肽酶 A（carboxypeptidase A）及羧肽酶 B（carboxypeptidase B），它们自肽链的 C 末端逐步水解肽键，对不同氨基酸残基组成的肽键也具有一定的专一性。前者主要对除脯氨酸、精氨酸和赖氨酸以外的氨基酸残基组成的末端肽键发挥作用；后者水解由碱性氨基酸残基组成的末端肽键（图 14-1）。外肽酶自肽链的两端水解蛋白质，每个肽键断裂释放 1 分子氨基酸；内肽酶则自肽链内部水解肽键，生成较小的多肽，为外肽酶提供更多的作用点。

小肠液中还有由小肠黏膜细胞分泌的蛋白质水解酶，包括肠激酶（enterokinase）、氨肽酶（aminopeptidase）及二肽酶（dipeptidase）。氨肽酶属于外肽酶，是从肽链 N 末端逐步水解肽键生成二肽，主要水解除脯氨酸以外的氨基酸组成的氨基末端肽键；二肽酶水解二肽生成氨基酸。

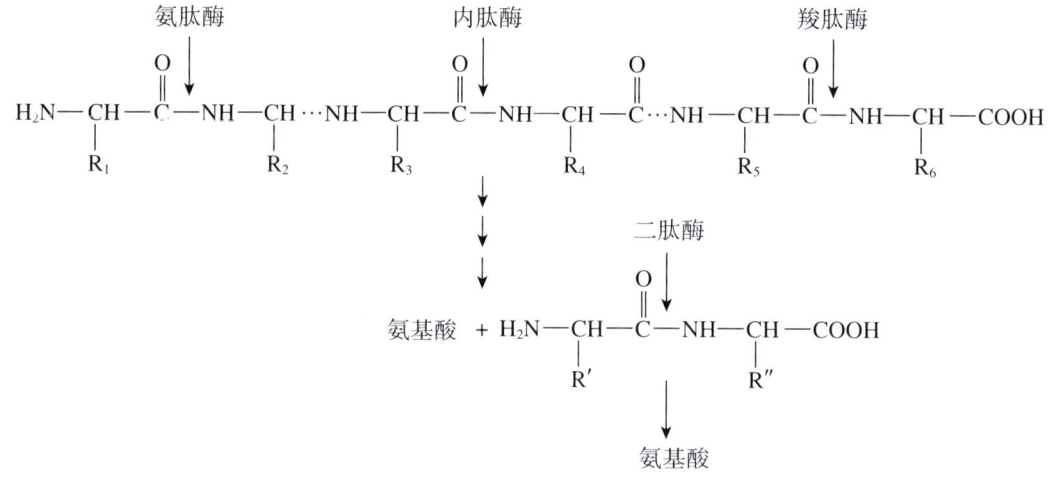

图 14-1 蛋白质水解酶作用部位示意图

胰液中各种蛋白质水解酶都以酶原形式存在，同时胰液中存在着胰蛋白酶抑制剂，可以保护胰腺组织免遭破坏。酶原分泌到肠腔后的激活过程是从肠激酶开始的，肠激酶属于一种蛋白质水解酶，由小肠黏膜细胞分泌进入肠道被胆汁激活，激活的肠激酶可特异地作用于胰蛋白酶原并从其氨基末端切除 1 分子六肽，从而激活胰蛋白酶，然后胰蛋白酶又迅速激活胰凝乳蛋白酶、弹性蛋白酶和羧肽酶。胰蛋白酶的自身激活作用较弱（图 14-2）。

蛋白质在上述胃液和胰液分泌的各种蛋白酶的协同作用下，被水解成氨基酸及寡肽。寡肽的水解主要在小肠黏膜细胞内进行，在小肠黏膜细胞分泌的寡肽酶包括氨肽酶和二肽酶等的作用下，最终水解为氨基酸。所以，蛋白质的主要消化产物是氨基酸及一些寡肽。

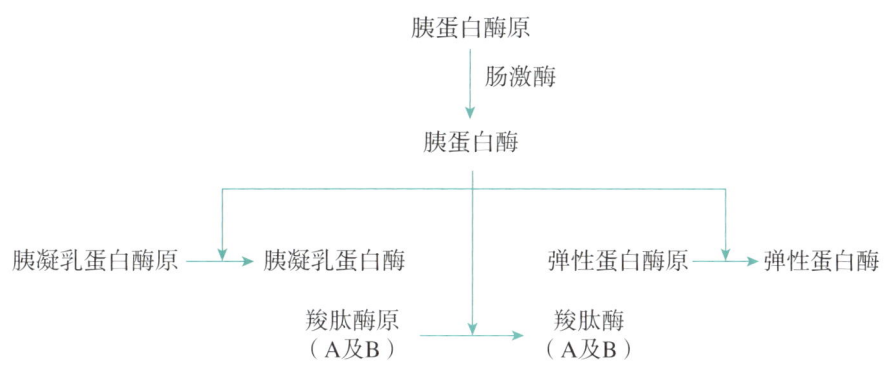

图 14-2 胰液中蛋白质水解酶的激活过程

（三）蛋白质消化产物的吸收

蛋白质消化产物氨基酸和寡肽的吸收部位主要在小肠，吸收过程是一个耗能的钠依赖性主动转运过程。小肠黏膜细胞膜上至少存在 7 种转运蛋白，它们分别负责中性氨基酸、酸性氨基酸、碱性氨基酸、亚氨基酸、β-氨基酸、二肽及三肽的转运和吸收。同一种转运蛋白转运的氨基酸在结构上有一定相似性，当某些氨基酸共用同一转运载体时，它们在吸收过程中会彼此竞争。二肽和三肽在进入小肠黏膜细胞的刷状缘边界时，被水解成氨基酸。但仍有某些寡肽可以少量通过黏膜细胞进入体内，发生免疫应答产生抗体，这是食物过敏反应的基础。

转运蛋白与氨基酸或寡肽、Na^+ 形成三联体，将氨基酸和 Na^+ 转运入细胞。同时，细胞内的 Na^+ 则借钠泵排出细胞外，并消耗 ATP。吸收 1 mol 氨基酸需要消耗 1 mol ATP。消化道中 Na^+ 的浓度比细胞内的浓度高，胞内外 Na^+ 梯度形成的势能支持这种转运，伴随氨基酸转运进入胞内的 Na^+ 经 Na^+-K^+-ATP 酶（即钠泵）泵出细胞，ATP 分解释放的能量维持了细胞内、外 Na^+ 浓度梯度，有利于氨基酸的吸收。而这种氨基酸的主动转运过程除小肠黏膜细胞外，也存在于肾小管和肌细胞的细胞膜上。

二、蛋白质的腐败作用

食物蛋白质大约有 95% 被消化吸收。肠道细菌对未消化的蛋白质及未吸收的氨基酸进行的分解作用，称为腐败作用（putrefaction）。腐败作用以无氧氧化为主，少量产物具有营养价值，如维生素 K 和脂肪酸，大多数产物对人体有害，包括胺类（amine）、氨（ammonia）、酚类（phenol）、吲哚（indole）及硫化氢等。这些化合物主要随粪便排出体外，但也有少量被吸收经门静脉进入肝，大多在肝经生物转化增强极性、降低毒性而排出体外。

（一）腐败作用产生的胺类物质

肠道细菌产生的蛋白水解酶将蛋白质质水解为氨基酸，再经脱羧基作用，产生胺类。组氨酸、赖氨酸、色氨酸、酪氨酸及苯丙氨酸通过脱羧基作用分别生成组胺、尸胺、色胺、酪胺和苯乙胺。这些胺类物质大多具有毒性，它们可经肝的生物转化作用解毒而排出体外。酪胺和苯乙胺若不能经肝的生物转化作用排出体外，进入脑内可分别羟化为 β-羟酪胺（章胺，octopamine）和苯乙醇胺（图 14-3），两者的结构与儿茶酚胺类似，称为假神经递质。假神经递质可竞争性地干扰正常神经递质儿茶酚胺的功能，这是解释肝性脑病发生的学说之一。

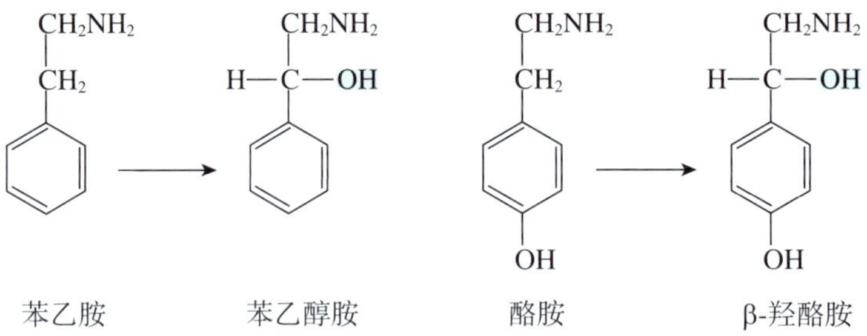

图 14-3　苯乙胺和酪胺分别羟化为苯乙醇胺和 β- 羟酪胺

（二）腐败作用产生的氨

肠道中的氨有两个来源，一是未被吸收的氨基酸在肠道细菌作用下，经脱氨基作用产生；二是血液中的尿素渗入肠道，受肠道细菌尿素酶的水解作用而生成。氨被吸收进入血液，在肝中合成尿素。肝衰竭时尿素合成障碍，使血氨升高，也会导致肝性脑病，这是解释肝性脑病的另一个学说。降低肠道的 pH，可减少氨的吸收。

（三）腐败作用产生的其他有害物质

除了胺类和氨，腐败作用还可以产生其他有害物质，包括苯酚、吲哚、甲基吲哚、硫化氢等（图 14-4）。正常情况下，这些有害物质大多随粪便排出，只有小部分被吸收，经肝生物转化作用增强极性、降低毒性而排出体外。

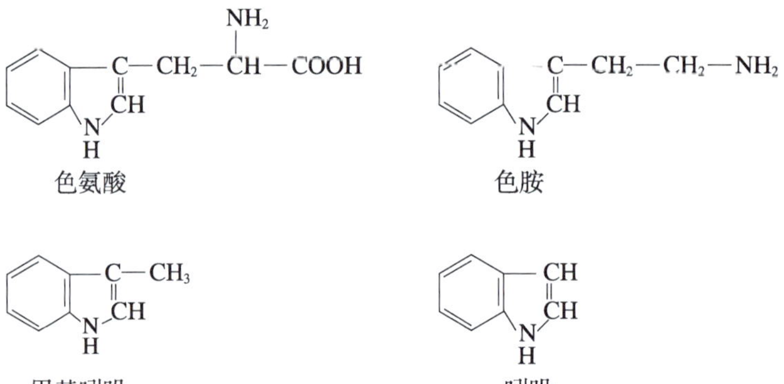

图 14-4　色氨酸经腐败作用后的产物

第三节　组织蛋白质的降解

一、组织蛋白质的降解

机体除了从食物获取氨基酸外，体内可合成一定数量的非必需氨基酸。另外，体内蛋白质也处于不断分解和合成的动态平衡。因此，体内氨基酸的来源主要有外源食物供应、内源性非必需氨基酸合成及组织蛋白质降解 3 种，其中以食物供应最为重要。

(一)组织蛋白质的更新

正常成年动物组织蛋白质的降解和合成速度相等,这种状态称为体内蛋白质的动态平衡。成年人每天总蛋白质的 1%~2% 被降解为氨基酸,其中有 70%~80% 又被重新利用合成新的蛋白质。组织蛋白质的降解速度因种类不同而差异甚大,短则数分钟,长则数周。蛋白质的降解速率通常用半衰期(half-life,$t_{1/2}$)表示,即蛋白质降解或衰减至原浓度一半所需要的时间。长寿命蛋白质半衰期长,例如,结缔组织中一些蛋白质的 $t_{1/2}$ 可达 180 天以上,血红蛋白的 $t_{1/2}$ 为 110 天,眼晶体蛋白质则更长。短寿命蛋白质半衰期短,如人血浆蛋白质的 $t_{1/2}$ 约 10 天,肝中大部分蛋白质的 $t_{1/2}$ 为 1~8 天,而许多代谢调节酶的 $t_{1/2}$ 均很短,在 0.5~2 h。

蛋白质的降解可以实现组织结构蛋白质的更新;还可以调控功能蛋白质的表达水平,从而影响基因表达、代谢过程等。此外,体内蛋白质的降解也是体内氨基酸代谢库的来源之一,可提供糖异生的原料或继续参与氨基酸或蛋白质的代谢合成。

(二)组织蛋白质的两条降解途径

体内蛋白质的降解(degradation)也是由一系列蛋白酶(protease)和肽酶(peptidase)催化完成的。真核细胞中主要存在两条蛋白质降解途径,即 ATP 非依赖的溶酶体降解途径和 ATP 依赖的泛素-蛋白酶体降解途径。

1. ATP 非依赖的溶酶体途径 溶酶体含有多种蛋白酶,称为组织蛋白水解酶,这些蛋白质水解酶对所降解的蛋白质选择性较差,主要降解细胞外来源的蛋白质、膜蛋白和胞内长寿命蛋白质;细胞外的蛋白质可通过胞吞(endocytosis)作用被细胞摄取并进入溶酶体,经蛋白酶作用降解为氨基酸,降解过程不消耗 ATP,为 ATP 非依赖的蛋白质降解途径。

2. ATP 依赖的泛素-蛋白酶体途径 该体系依赖 ATP 和泛素(ubiquitin),在蛋白酶体(proteasome)内进行,称为泛素-蛋白酶体系统(ubiquitin-proteasome system,UPS),主要降解错误折叠、未折叠的结构异常蛋白质和短寿命蛋白质。降解过程中,靶蛋白质首先与一分子泛素共价结合,继而连接上多个泛素分子形成多聚泛素链,称为泛素化(ubiquitination)。这种泛素化修饰是靶蛋白质"死亡"的标记,会引导靶蛋白质在蛋白酶体内发生 ATP 依赖的降解过程。

泛素是由 76 个氨基酸残基组成的小分子肽(8.5 kD),因广泛存在于真核细胞中而得名,结构高度保守。酵母与人的泛素分子比较,只有 3 个氨基酸残基不同。在蛋白酶体降解蛋白质的过程中,泛素对蛋白质的标记起关键作用。待降解靶蛋白质的泛素化修饰通过三步反应完成,最终泛素 C 端甘氨酸和靶蛋白赖氨酸残基的氨基形成异肽键(isopeptide bond)共价连接,反应需要 ATP 参加。催化泛素化修饰三步反应的相应酶是泛素激活酶(E_1)、泛素结合酶(E_2)和泛素蛋白连接酶(E_3),其反应过程参见图 14-5。

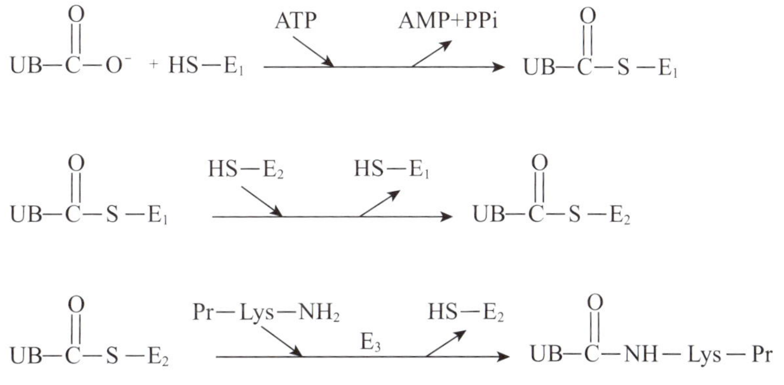

$$UB-\overset{O}{\underset{\|}{C}}-O^- + HS-E_1 \xrightarrow{ATP \quad AMP+PPi} UB-\overset{O}{\underset{\|}{C}}-S-E_1$$

$$UB-\overset{O}{\underset{\|}{C}}-S-E_1 \xrightarrow{HS-E_2 \quad HS-E_1} UB-\overset{O}{\underset{\|}{C}}-S-E_2$$

$$UB-\overset{O}{\underset{\|}{C}}-S-E_2 \xrightarrow{Pr-Lys-NH_2 \quad HS-E_2}{E_3} UB-\overset{O}{\underset{\|}{C}}-NH-Lys-Pr$$

UB. 泛素;E_1. 泛素激活酶;E_2. 泛素结合酶;E_3. 泛素蛋白连接酶;Pr-Lys-NH_2. 被降解的蛋白质

图 14-5 蛋白质降解的泛素化过程

靶蛋白质泛素化修饰后的降解是在蛋白酶体内进行的。蛋白酶体的结构和功能详见第六章第二节。

泛素介导的蛋白酶体降解有非选择性和选择性两种方式。选择性降解蛋白质（如肝、骨骼肌）对饥饿时能量代谢的调节具有重要作用。泛素化途径参与多种细胞过程，包括细胞周期、转录、DNA 修复、凋亡等。其缺陷与许多疾病或病理状态相关，如病毒感染、神经退行性疾病、肿瘤等。

框 14-1 泛素 - 蛋白酶体体系的发现及其意义

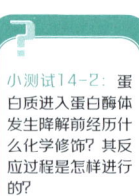

小测试14-2：蛋白质进入蛋白酶体发生降解前经历什么化学修饰？其反应过程是怎样进行的？

细胞内蛋白质稳态的维持对于多种细胞内生理过程至关重要。蛋白质维持稳态机制若出现障碍，会导致错误折叠蛋白的堆积或聚集，与肿瘤发生、神经退行性疾病等都密切相关。以色列科学家 A. Ciechanover、A. Hershko 和美国科学家 I. Rose 在 20 世纪 70—80 年代系统研究了蛋白质降解机制，因发现维持蛋白质稳态的机制即泛素 - 蛋白酶体体系（ubiquitin-proteasome system，UPS）内进行的泛素依赖的蛋白质降解过程，而获得 2004 年诺贝尔化学奖。

他们发现靶蛋白质进行多聚泛素化修饰作为"死亡标记"，是蛋白酶体识别靶蛋白质并进一步启动降解的关键，而这种翻译后泛素化修饰机制是由泛素激活酶（E_1）、泛素结合酶（E_2）和泛素蛋白连接酶（E_3）共同完成的，他们证明了这一过程是在真核细胞内发生的耗能、主动调节过程。目前发现，一个典型的哺乳类细胞大约含 30 000 个蛋白酶体，人类基因组中预测存在 2 种 E_1、约 40 种 E_2 和约 600 种 E_3。

泛素依赖的蛋白质降解途径的发现具有重要意义，它不仅维持细胞内包括线粒体、内质网等的蛋白质稳态，还参与调控细胞周期、DNA 复制、基因组稳定性等，与肿瘤、神经退行性病变等疾病密切相关。泛素化机制的深入研究将为细胞周期转换的调控、肿瘤及神经退行性病变等相关疾病的发生机制及治疗策略带来新的视角。

二、氨基酸代谢库

在体内，外源性氨基酸（食物蛋白质消化吸收）和内源性氨基酸（体内合成及组织蛋白质降解）不分彼此，汇合为一个氨基酸代谢库（amino acid metabolic pool），分布于包括血液在内的各种组织和细胞内，共同参与代谢。体内所有组织都自氨基酸代谢库摄取氨基酸以满足其需要。由于氨基酸不能自由通过细胞膜，所以在体内并非均匀分布。以单位质量计算，肝内游离氨基酸浓度最高，其次是肾，肌肉最少。可见肝、肾内氨基酸代谢非常活跃。哺乳动物（包括人）体内绝大多数氨基酸分解代谢在肝中进行。但肌肉占人体质量的 40%，如果以器官所含氨基酸总量计算，骨骼肌中所含氨基酸总量最多，占总代谢库的 50% 以上，肝约占 10%，肾占 4%，血浆占 1% ~ 6%。血浆氨基酸是体内各组织之间氨基酸转运的主要形式，正常人血浆氨基酸浓度并不高，但其更新迅速（平均 $t_{1/2}$ 约为 15 min），表明组织器官不断地向血浆释放和摄取氨基酸。骨骼肌和肝在维持血浆氨基酸浓度的相对稳定中发挥重要作用。

代谢库中的氨基酸可进入以下代谢途径：①在细胞内合成蛋白质/多肽，这是体内氨基酸的最主要代谢去路。正常成人体内约有 75% 的氨基酸用于合成蛋白质。②某些氨基酸参与特定含氮化合物的合成，如血红素、肌酸、嘌呤和嘧啶、某些神经递质等。③通过转氨基或脱氨基作用生成相应的 α- 酮酸及氨，α- 酮酸可以转变成糖类或酮体，也可再合成非必需氨基酸，亦可进入三羧酸循环氧化为水及 CO_2 并供应能量。每克氨基酸完全氧化生成 4 kcal（16.736 kJ）的能量，成年人所需能量平均15%来自氨基酸。④一些氨基酸可经脱羧基作用产生CO_2及胺类，如组胺、5-羟色胺等。⑤参与结合、甲基化及酰胺化等反应。各种氨基酸具有共同的结构，有共同的代谢途径。但不同氨基酸存在结构差异，又各有其特殊的代谢方式。体内氨基酸的代谢概况参见图14-6。

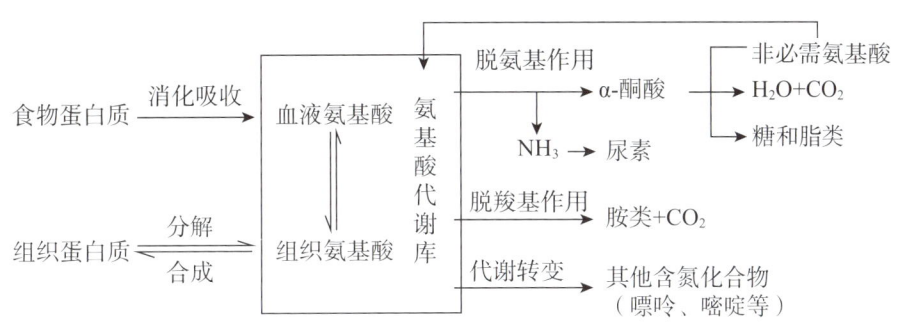

图14-6　体内氨基酸代谢概况

第四节　氨基酸的一般代谢

一、氨基酸的脱氨基作用

氨基酸的脱氨基作用是氨基酸分解代谢的主要反应之一，可通过多种方式脱去氨基酸的氨基，如转氨基、氧化脱氨基及非氧化脱氨基等。除了少数氨基酸可被直接氧化脱氨基外，多数氨基酸需要通过转氨基和L-谷氨酸氧化脱氨基联合反应，即联合脱氨基作用，实现脱氨基代谢，联合脱氨基是体内氨基酸主要的脱氨基途径。

（一）转氨基作用

1. 转氨基作用和转氨酶　转氨基作用（transamination）是在转氨酶的催化下，可逆地把一个氨基酸的氨基转移给另一个α-酮酸，α-氨基酸（氨基供体）脱去氨基转变为相应的α-酮酸，而α-酮酸（氨基受体）则接受氨基转变为相应的氨基酸。

转氨酶（transaminase）亦称氨基转移酶（aminotransferase），广泛存在于各种组织中，以肝、心肌内含量最丰富。转氨基作用完全可逆。转氨基作用既是氨基酸的分解代谢过程，亦是体内非必需氨基酸合成的重要途径。此外，除α-氨基外，氨基酸侧链的其他氨基，如鸟氨酸的δ-氨基也可通过转氨基作用脱氨。

除了赖氨酸、苏氨酸、脯氨酸及羟脯氨酸外，体内绝大多数L-氨基酸都可在转氨酶催化下进行转氨基作用。目前发现体内至少存在10余种转氨酶。能参加转氨基作用的氨基酸很多，但作为氨基受体的α-酮酸主要是丙酮酸、α-酮戊二酸及草酰乙酸3种。例如丙氨酸转氨酶

(alanine transaminase，ALT) 亦称谷丙转氨酶 (glutamate-pyruvate transaminase，GPT)，天冬氨酸转氨酶 (aspartate transaminase，AST) 亦称谷草转氨酶 (glutamate-oxaloacetate transaminase，GOT)。这两种转氨酶在体内广泛存在，但各组织中的含量和活性有差异（表14-1）。

表 14-1　正常成人各组织中 AST 及 ALT 的活性（单位/g 湿组织）

组织	AST	ALT	组织	AST	ALT
心肌	156 000	7100	胰腺	28 000	2000
肝	142 000	44 000	脾	14 000	1200
骨骼肌	99 000	4800	肺	10 000	700
肾	91 000	19 000	血清	20	16

$$谷氨酸+丙酮酸 \xrightleftharpoons{谷丙转氨酶} \alpha\text{-酮戊二酸}+丙氨酸$$

$$谷氨酸+草酰乙酸 \xrightleftharpoons{谷草转氨酶} \alpha\text{-酮戊二酸}+天冬氨酸$$

这两个酶促反应对联合脱氨基及尿素合成具有特殊的意义。肝组织中 ALT 活性最高，心肌组织中 AST 活性最高。通常，血清中这两种酶的活性很低。当细胞损伤或膜通透性增加时，酶释放入血，使血清中转氨酶活性明显升高。急性肝炎患者血清中 AST 和 ALT 活性显著升高；心肌梗死患者血清中 AST 明显升高，临床上可作为疾病辅助诊断和预后评估的指标之一。

2. 转氨酶辅酶及转氨基反应机制　所有转氨酶催化反应时都是以维生素 B_6 的磷酸酯即磷酸吡哆醛（pyridoxal phosphate）或磷酸吡哆胺作为辅酶。在转氨酶的催化下，通过磷酸吡哆醛和磷酸吡哆胺的相互转变，起到传递氨基的作用。磷酸吡哆醛参与氨基酸 α、β、γ- 碳上的各种反应，α- 碳上的反应包括外消旋作用、脱羧基和转氨基反应。

转氨酶是通过位于其活性中心的赖氨酸残基的 ε- 氨基和磷酸吡哆醛的醛基结合发挥作用的。转氨基反应进行时，底物氨基酸替代转氨酶分子中的赖氨酸残基与磷酸吡哆醛生成新的 Schiff 碱。新生成的 Schiff 碱经分子内重排加上水解作用，生成磷酸吡哆胺及相应的 α- 酮酸（图 14-7）。磷酸吡哆胺以相同的方式将氨基传递给另一种 α- 酮酸生成相应的氨基酸，同时磷酸吡哆胺又转变为磷酸吡哆醛。简言之，在转氨酶催化的转氨基反应中，磷酸吡哆醛与磷酸吡哆胺的相互转变起着传递氨基的作用。

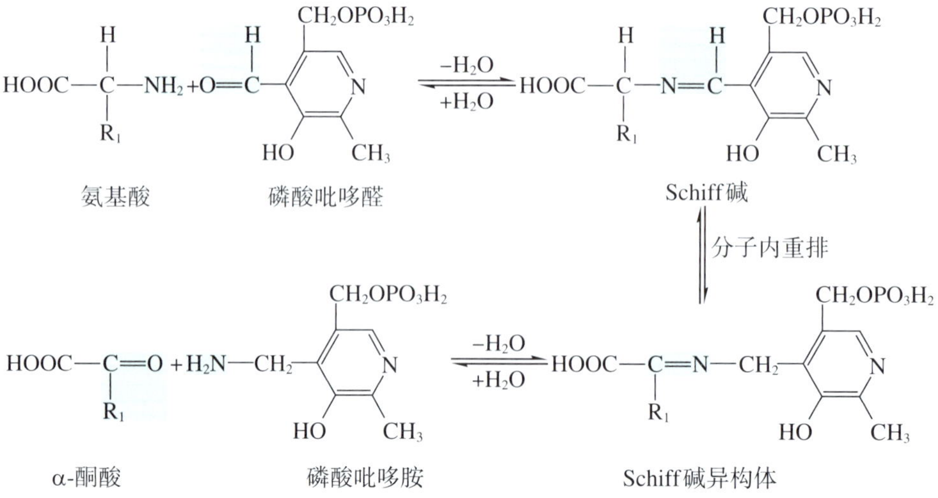

图 14-7　转氨基反应机制示意图

(二)氧化脱氨基作用

转氨基作用使许多氨基酸的氨基被转移给 α-酮戊二酸,生成 L-谷氨酸。哺乳类动物的大多数组织如肝、肾和脑中广泛存在 L-谷氨酸脱氢酶(L-glutamate dehydrogenase),此酶活性较强,既可以 NAD^+ 也可以 $NADP^+$ 为辅酶,是一种不需氧的脱氢酶,催化 L-谷氨酸氧化脱氨基生成 α-酮戊二酸。因此,L-谷氨酸是哺乳动物体内唯一能以高速率进行氧化脱氨基反应的氨基酸。L-谷氨酸脱氢酶(330 kD)是一种别构酶,由 6 个相同亚基(496 个氨基酸残基组成)聚合而成,ADP、GDP 是其别构激活剂,ATP、GTP 是其别构抑制剂。体内能量不足时,ADP、GDP 激活谷氨酸脱氢酶,谷氨酸氧化脱氨基生成的 α-酮戊二酸可分解供能。

L-谷氨酸脱氢酶催化 L-谷氨酸氧化脱氨基时以 NAD^+ 为辅酶,生成 α-酮戊二酸和氨,氨再通过合成尿素而解毒,主要发生在动物肝、肾等组织;以 $NADP^+$ 为辅酶时,L-谷氨酸脱氢酶催化 α-酮戊二酸合成谷氨酸,这一反应也存在于细菌和植物中。L-谷氨酸脱氢酶催化的谷氨酸氧化脱氨基反应如下:

上述反应可逆,因生成的氨在体内迅速被处理,所以该反应趋向于脱氨基作用。由于 L-谷氨酸脱氢酶分布广、活性强,尤其和转氨酶协同作用,几乎可催化所有氨基酸的脱氨基作用。

(三)联合脱氨基作用

转氨酶催化的氨基酸转氨基反应生成谷氨酸,谷氨酸接着在 L-谷氨酸脱氢酶催化下氧化脱氨基生成 α-酮戊二酸,并释放氨,该连续反应称为联合脱氨基作用(transdeamination)(图 14-8)。联合脱氨基是体内氨基酸的主要脱氨基方式,主要在肝、肾等组织中进行。联合脱氨基反应全程可逆,所以这一过程也是体内非必需氨基酸的主要合成途径。

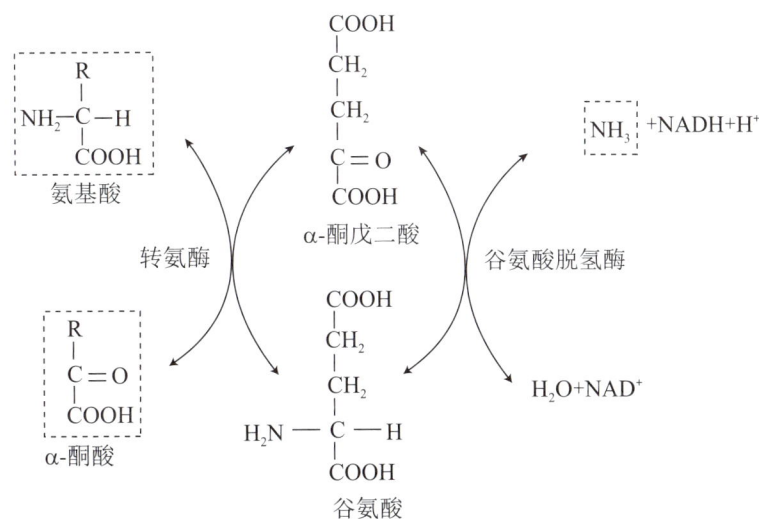

图 14-8 氨基酸的联合脱氨基反应

二、α-酮酸的代谢

(一) α-酮酸的氧化分解

α-酮酸可在体内转换为草酰乙酸（4-碳）、丙酮酸（3-碳）及乙酰CoA（2-碳），经三羧酸循环和氧化磷酸化彻底氧化生成CO_2、H_2O和ATP。因此，尽管氧化供能并非氨基酸的主要功能，但氨基酸可作为一种能源物质在特定状态下被调动用于供能。

(二) α-酮酸的转变

α-酮酸还可转变成糖类或脂质。实验证明，分别用各种氨基酸饲养人工糖尿病模型犬时，大多数氨基酸可增加尿中葡萄糖的排泄量，有的增加尿中酮体的排泄量，也有些氨基酸可使葡萄糖和酮体的排泄量均增加。据此，体内氨基酸可分为三大类，即生糖氨基酸（glucogenic amino acid）、生酮氨基酸（ketogenic amino acid）及生酮兼生糖氨基酸（ketogenic and glucogenic amino acid）（表14-2）。各种氨基酸脱氨基产生的α-酮酸碳骨架虽然经历不同的分解代谢途径，但最后都生成糖酵解途径或三羧酸循环中有限的几个中间代谢物。有些氨基酸转变成3-碳的丙酮酸，如丙氨酸、苏氨酸、甘氨酸、丝氨酸和半胱氨酸。有些氨基酸可以转变成4-碳、5-碳的三羧酸循环中间物，如精氨酸、组氨酸、脯氨酸、谷氨酰胺和谷氨酸可以形成α-酮戊二酸；异亮氨酸、甲硫氨酸和缬氨酸可以形成琥珀酰CoA；苯丙氨酸和酪氨酸可以形成延胡索酸；天冬酰胺和天冬氨酸可以形成草酰乙酸。这些氨基酸脱氨基产生的α-酮酸碳骨架可以沿糖异生途径转变为葡萄糖。有些氨基酸可生成2-碳的乙酰CoA或乙酰乙酰CoA，如亮氨酸、赖氨酸、苯丙氨酸、色氨酸和酪氨酸可产生乙酰乙酰CoA，而异亮氨酸和苏氨酸可不经过丙酮酸直接生成乙酰CoA，两者都可合成酮体（参见第十六章图16-2）。

表14-2 氨基酸生糖及生酮性质的分类

类别	氨基酸
生糖氨基酸	甘氨酸、丝氨酸、缬氨酸、精氨酸、半胱氨酸、脯氨酸、羟脯氨酸、丙氨酸、组氨酸、谷氨酸、谷氨酰胺、天冬氨酸、天冬酰胺、甲硫氨酸
生酮氨基酸	亮氨酸、赖氨酸
生糖兼生酮氨基酸	异亮氨酸、苯丙氨酸、酪氨酸、苏氨酸、色氨酸

(三) 合成非必需氨基酸

除体内蛋白质的降解，内源性氨基酸的另一个来源是α-酮酸通过转氨基作用或联合脱氨基作用合成非必需氨基酸。几乎所有的非必需氨基酸均可利用各种来源的α-酮酸经转氨基作用生成。α-酮酸既可来自氨基酸的脱氨基反应，也可来自糖代谢和三羧酸循环的中间产物。

1. α-酮戊二酸氨基化生成谷氨酸 以$NADP^+$为辅酶的谷氨酸脱氢酶催化α-酮戊二酸与游离氨反应，NADPH提供还原当量，生成谷氨酸、水和氧化型$NADP^+$。

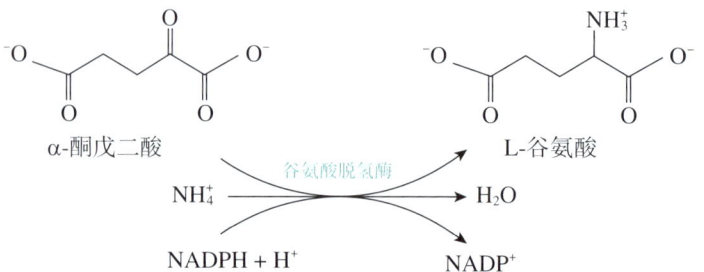

2. α-酮酸通过转氨基反应生成其他营养非必需氨基酸　在转氨酶的催化下，谷氨酸可进行转氨基反应，将α-氨基转移给其他α-酮酸，生成丙氨酸、天冬氨酸或其他氨基酸，因此，以NADPH为辅酶的谷氨酸脱氢酶催化的反应是体内氨基酸合成的核心反应。

3. 谷氨酰胺和天冬酰胺的合成　分别在谷氨酰胺合成酶（glutamine synthetase）和天冬酰胺合成酶（asparagine synthetase）的催化下，谷氨酸和天冬氨酸各自获得氨基，生成谷氨酰胺和天冬酰胺，反应都需要ATP供能。谷氨酰胺合成酶催化谷氨酸利用游离NH_3合成谷氨酰胺。哺乳动物天冬酰胺合成酶催化天冬氨酸从谷氨酰胺获得氨基，生成天冬酰胺。细菌天冬酰胺合成酶可以利用游离NH_3与天冬氨酸合成天冬酰胺。反应式如下：

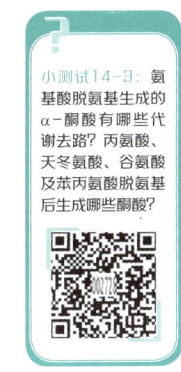

小测试14-3：氨基酸脱氨基生成的α-酮酸有哪些代谢去路？丙氨酸、天冬氨酸、谷氨酸及苯丙氨酸脱氨基后生成哪些酮酸？

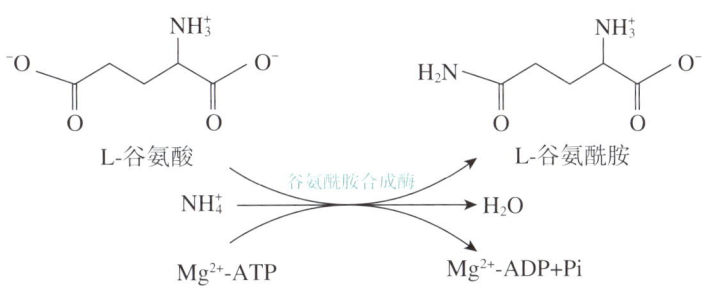

第五节　氨的代谢

体内代谢产生的氨和消化道吸收的氨进入血液，形成血氨；正常人体内血氨浓度很低（18～72 μmol/L）。氨具有神经毒性，脑组织对氨毒性非常敏感。体内氨主要在肝合成尿素而解毒。严重肝病患者尿素合成功能降低，血氨增高，可引起脑功能紊乱。

一、氨的来源

（一）氨基酸和胺类物质分解产生的氨

体内氨的主要来源是氨基酸的脱氨基作用（见本章第四节相关内容）。其次，胺类分解也可以产生氨，其反应如下：

$$RCH_2NH_2 \xrightarrow{\text{胺氧化酶}} RCHO + NH_3$$

（二）肠道细菌代谢产生的氨

肠道产氨有两种来源，一是未被消化吸收的蛋白质和氨基酸在肠道细菌的作用下脱氨基产生氨；二是血液中的尿素渗入肠道，经细菌尿素酶或脲酶水解产生氨。肠道产氨量较多，每日约有4 g进入体内。

在碱性环境中，NH_4^+偏向于转变为NH_3，NH_3比NH_4^+易于穿过细胞膜而被吸收，临床上对高血氨患者采用弱酸性透析液做结肠透析，而禁用碱性肥皂水灌肠，以减少对氨的吸收。

（三）肾小管谷氨酰胺分解产生的氨

肾内氨基酸的联合脱氨基作用以及谷氨酰胺在谷氨酰胺酶催化下水解均可产生 NH_3。肾小管细胞在排 H^+ 的同时分泌氨，在肾小管腔中，氨主要与 H^+ 结合成 NH_4^+，以铵盐形式随尿液排出体外，这可以发挥调节机体酸碱平衡的重要作用。酸性尿有利于肾小管细胞中的氨以 NH_4^+ 形式扩散并排出，但碱性条件下氨易于转变为 NH_3 形式，被吸收入血，成为血氨的另一个来源。因此，碱性尿可妨碍肾小管细胞分泌 NH_3，临床上对肝硬化伴腹水的患者，不宜使用碱性利尿药，以防血氨升高。

二、氨的转运

氨具有毒性，机体各组织产生的氨以无毒的形式经血液转运至肝合成尿素而最终解毒，或运至肾以铵盐形式随尿排出。丙氨酸和谷氨酰胺是血液转运氨的两种无毒形式。

（一）葡萄糖 – 丙氨酸循环

骨骼肌中的氨基酸经转氨基作用，将 α- 氨基转给丙酮酸生成丙氨酸，丙氨酸经血液运至肝。在肝中，丙氨酸通过联合脱氨基作用转变为丙酮酸，并释放氨，用于合成尿素；丙酮酸可经糖异生途径生成葡萄糖，后者由血液输送至骨骼肌，沿糖酵解途径转变为丙酮酸，后者再接受氨基而生成丙氨酸。丙氨酸和葡萄糖周而复始地转变，实现骨骼肌和肝之间氨的转运，即构成葡萄糖 - 丙氨酸循环（glucose-alanine cycle）（图 14-9）。该循环不仅将肌肉中的氨以无毒的丙氨酸形式运输至肝，也为肝提供了糖异生的原料——丙酮酸，后者转变为葡萄糖，又为肌肉提供了可利用的能源物质。

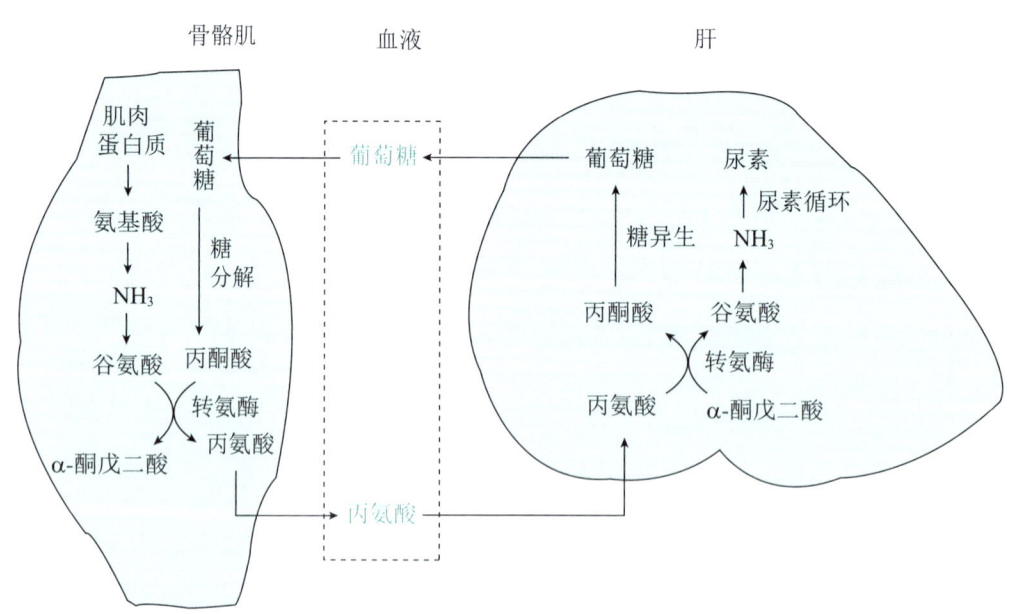

图 14-9 葡萄糖 - 丙氨酸循环

（二）谷氨酰胺的合成和分解

谷氨酰胺是另一种运输氨的无毒形式，它主要从脑、肌肉等组织中将氨运至肝和肾。在脑和肌组织中，氨和谷氨酸在谷氨酰胺合成酶的催化下生成谷氨酰胺，由血液运至肝或肾，在肝中经谷氨酰胺酶（glutaminase）水解生成谷氨酸和NH_3，NH_3在肝细胞内合成尿素；在肾小管上皮细胞中，谷氨酰胺同样被谷氨酰胺酶分解为谷氨酸和NH_3，随后NH_3被分泌至肾小管腔中，最终随尿排出。谷氨酰胺的合成和分解由不同的酶催化，反应不可逆，合成需ATP供能。其中谷氨酰胺合成酶分布于脑、心及肌肉等组织中，谷氨酰胺酶主要分布于肾、肝及小肠等组织中。

谷氨酰胺既是氨的解毒产物，也是氨的储存及运输形式。谷氨酰胺对维持组织中氨的浓度起着重要作用。谷氨酸是合成谷氨酰胺的前体，也是合成γ-氨基丁酸（γ-aminobutyric acid, GABA）的前体；氨在脑内生成后，立即被转变成谷氨酰胺，所以脑内氨增高不仅消耗了大量谷氨酸，导致神经递质紊乱，同时为了补充谷氨酸，又会消耗α-酮戊二酸，影响能量代谢。临床上对氨中毒的患者可口服或静脉补充谷氨酸盐，降低氨的毒性。

天冬酰胺酶制剂用于治疗急性淋巴细胞白血病

三、尿素的合成

正常情况下，体内氨主要在肝合成尿素而解毒，只有少部分氨在肾以铵盐形式随尿排出。正常成人尿素占排氮总量的80%~90%，可见肝在氨的解毒中的重要意义。

（一）合成尿素的器官

氨的主要去路是合成尿素，而肝是合成尿素的器官，其实验和临床依据有：①犬被切除肝后，其血液及尿中尿素的含量明显降低，若给这类犬输入或喂食氨基酸，则血氨水平显著增高；②临床上发现急性重型肝炎患者的血及尿中几乎都无尿素，而氨基酸含量增多。因此，动物实验及临床观察都证明，肝是合成尿素的器官。

（二）尿素合成假说的提出

合成尿素的代谢途径为尿素循环（urea cycle），这是H. Krebs和H. Henseleit根据实验于1932年提出的尿素合成假说，也称为Krebs-Henseleit循环，因循环反应第一个成员是鸟氨酸，故又称为鸟氨酸循环（ornithine cycle）。鸟氨酸循环的核心反应包括：①鸟氨酸与氨、CO_2结合生成瓜氨酸；②瓜氨酸再接受一分子氨生成精氨酸；③精氨酸水解产生尿素，再成为鸟氨酸，接着鸟氨酸可参与下一轮循环。在此循环中，鸟氨酸类似于柠檬酸循环中的草酰乙酸。总反应是通过鸟氨酸循环，2分子氨与1分子CO_2结合生成1分子尿素及1分子水。其后，采用同位素标记的$^{15}NH_4Cl$或含^{15}N的氨基酸喂食犬，发现随尿排出的尿素含有^{15}N，但鸟氨酸中不含有^{15}N；用含^{14}C标记的$NaH^{14}CO_3$喂食犬，随尿排出的尿素也含有^{14}C，进一步证明尿素是由氨、CO_2合成的。尿素是中性、无毒、水溶性强的物质，由血液运输至肾，随尿排出。

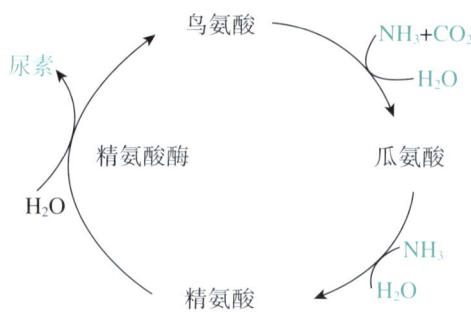

图 14-10　鸟氨酸循环

框 14-2　Krebs——两个循环学说的发现者

早在 1773 年，Rouelle 就从尿中分离了尿素。1828 年，Wohler 将无机物质氰酸氨（NH_4OCN）与硫酸铵经人工孵育合成了尿素。1932 年，Krebs 及其同事 Henseleit 将大鼠肝切片在体外有氧条件下与铵盐保温，发现铵盐含量减少，而尿素含量增加；在肝切片中分别加入鸟氨酸、瓜氨酸和精氨酸时可加速尿素的合成，且这三种氨基酸含量并不减少，于是他们提出了尿素生成的机制——鸟氨酸循环，也称 Krebs-Henseleit 循环。这是生物化学研究史上揭示的第一个物质代谢循环过程。后来，Krebs 开始研究鸽子的飞翔肌与二羧酸及三羧酸的氧化代谢关系，并于 1937 年提出了著名的三羧酸循环（柠檬酸循环）代谢机制。Krebs 一生发现了两个物质代谢循环途径，为生物化学的发展做出了重大贡献，并因其卓著的研究成果，于 1953 年获得诺贝尔生理学或医学奖，并被英国皇家授予勋爵。

（三）鸟氨酸循环的反应过程

1. 氨甲酰磷酸的合成　在 Mg^{2+}、ATP 及 N-乙酰谷氨酸（N-acetyl glutamic acid，AGA）存在时，氨与 CO_2 在氨甲酰磷酸合成酶 I（carbamoyl phosphate synthetase I，CPS-I）的催化下，生成氨甲酰磷酸。

$$NH_4^+ + HCO_3^- + 2ATP \xrightarrow[\text{AGA, Mg}^{2+}]{\text{CPS-I}} H_2N-\overset{\overset{O}{\|}}{C}-O-PO_3^{2-} + 2ADP + Pi$$

反应在肝细胞线粒体内进行，反应不可逆，消耗 2 分子 ATP。CPS-I 是一种别构酶，AGA 是其别构激活剂，CPS-I 和 AGA 都存在于肝线粒体中，正常状况下，CPS-I 的活性与 AGA 的浓度成正比。CPS-I 与底物亲和力大（K_m = 250 μmol/L），故能维持血氨于极低的水平。线粒体中的 CPS-I 与细胞质中的 CPS-II 不同，后者参与嘧啶核苷酸的代谢。氨甲酰磷酸是高能化合物，性质活泼，在酶的催化下易与鸟氨酸反应生成瓜氨酸。

2. 瓜氨酸的合成　鸟氨酸氨甲酰基转移酶（ornithine carbamoyl transferase，OCT）催化氨基甲酰磷酸和鸟氨酸（ornithine）缩合生成瓜氨酸（citrulline），即氨甲酰磷酸的氨甲酰基转移给鸟氨酸，生成瓜氨酸。

[结构式：鸟氨酸 + 氨甲酰磷酸 —OCT→ 瓜氨酸 + H_3PO_4]

该反应不可逆，OCT 存在于肝细胞的线粒体中，通常与 CPS-I 结合成酶复合体。

3. 精氨酸的合成　由瓜氨酸转变成精氨酸的反应分两步进行。首先，瓜氨酸在线粒体合成后，即被转运到细胞质中，在精氨酸代琥珀酸合成酶（argininosuccinate synthetase）的催化下，由 ATP 供能，与天冬氨酸缩合生成精氨酸代琥珀酸；随后，精氨酸代琥珀酸在精氨酸代琥珀酸（裂解）酶（argininosuccinase, argininosuccinate lyase）的催化下裂解，生成精氨酸和延胡索酸。产物精氨酸分子中保留了来自游离氨和天冬氨酸的氮。

[结构式：瓜氨酸 + 天冬氨酸 —精氨酸代琥珀酸合成酶, Mg^{2+}, ATP → AMP + PP_i— 精氨酸代琥珀酸]

[结构式：精氨酸 + 延胡索酸 ←精氨酸代琥珀酸酶—]

在上述反应过程中，天冬氨酸起着直接供给氨基的作用，提供了尿素分子中的第二个 N 原子。天冬氨酸又可由草酰乙酸与谷氨酸经转氨基作用生成，而谷氨酸的氨基又来自体内其他氨基酸。精氨酸代琥珀酸裂解产生的延胡索酸可经线粒体三羧酸循环的中间步骤转变成草酰乙酸，后者与谷氨酸进行转氨基反应，生成天冬氨酸，此过程被称为三羧酸循环的天冬氨酸 - 精氨酸代琥珀酸穿梭（aspartate-argininosuccinate shuttle）。由此，通过天冬氨酸-精氨酸代琥珀酸穿梭，将鸟氨酸循环与三羧酸循环相互联系起来。

4. 精氨酸水解生成尿素 在胞质中，精氨酸酶（arginase）催化精氨酸水解，生成尿素和鸟氨酸。鸟氨酸通过线粒体内膜转运蛋白转运，进入线粒体参与瓜氨酸的合成，进行新一轮的鸟氨酸循环。

生成的尿素作为代谢终产物随尿排出体外。尿素合成的过程、定位以及参与的中间代谢物等如图14-11所示。

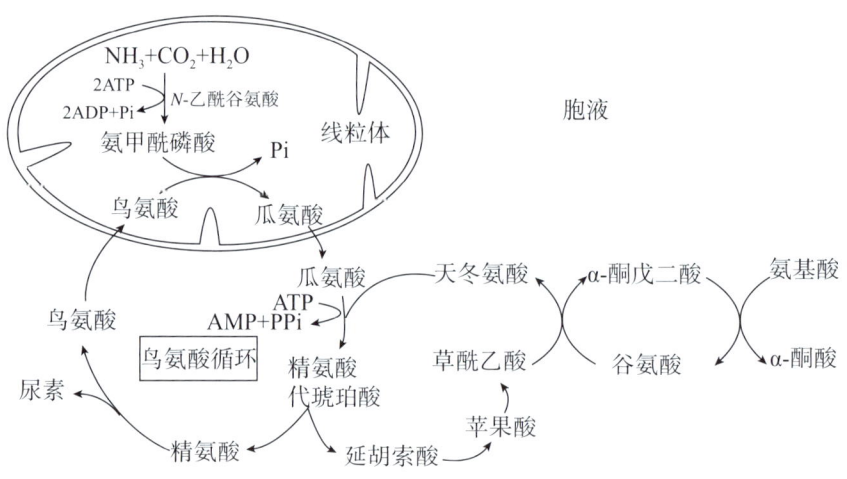

图14-11 尿素合成的过程及重要中间代谢物

综合上述反应，尿素合成的总反应为：

$$NH_4^+ + CO_2 + 3ATP + 天冬氨酸 + H_2O \rightarrow 尿素 + 2ADP + 2Pi + AMP + PPi + 延胡索酸$$

氨除了在肝内合成尿素外，还可与谷氨酸反应生成谷氨酰胺，运至肾并在肾小管上皮细胞中经谷氨酰胺酶水解生成氨和谷氨酸，前者以铵盐形式由尿排出，后者被重吸收利用；此外，氨还可通过还原性加氨的方式固定在α-酮戊二酸上生成谷氨酸，谷氨酸的氨基又可以通过转氨基作用，转移给其他α-酮酸，生成相应的氨基酸，从而合成某些非必需氨基酸。

（四）尿素合成的调节

1. 高蛋白质膳食促进尿素合成 摄入高蛋白质膳食时，蛋白质分解增多，尿素合成增加，尿素氮占排出氮的90%；反之，低蛋白质膳食时，尿素合成减少，尿素氮占排出氮的60%或更低。极度饥饿时，骨骼肌蛋白质分解为氨基酸供能，此时肝中尿素合成相关酶的活性也增高，以解氨毒。

2. CPS-I 是鸟氨酸循环启动的限速酶　氨甲酰磷酸的生成是调节尿素合成的限速步骤。如前所述，AGA 是 CPS-I 的别构激活剂，它由乙酰辅酶 A 和谷氨酸通过 N- 乙酰谷氨酸合酶（N-acetyl glutamate synthase）催化生成。精氨酸是 AGA 合酶的激活剂，因此肝中精氨酸浓度增高可促进 AGA 合成，导致尿素合成加速。在肝线粒体中，CPS-I 与谷氨酸脱氢酶偶联，有利于谷氨酸的氧化脱氨基反应，同时 α- 酮戊二酸氧化分解产生的 ATP 又可被利用合成氨甲酰磷酸。

3. 精氨酸代琥珀酸合成酶是鸟氨酸循环启动后的限速酶　参与尿素合成的酶系中，精氨酸代琥珀酸合成酶的活性最低，是尿素合成启动后的限速酶，也是尿素合成的重要调节酶。

4. 其他代谢途径影响尿素合成　尿素合成的原料来自氨、CO_2 和天冬氨酸提供的氨基，理论上讲，每经过一次合成过程，鸟氨酸循环的中间产物并不会被尿素合成消耗。实际上，这些中间产物和其他代谢存在广泛联系，相互转化。因此，体内其他物质代谢的状况可影响鸟氨酸循环中间代谢物的水平，而后者又会影响尿素合成的速率。

（五）血氨升高和氨中毒

正常生理情况下，血氨浓度处于较低的水平，血氨的来源与去路保持动态平衡，氨在肝中合成尿素是维持这种平衡的关键。因此，当肝功能严重损伤导致尿素合成障碍时，血氨水平增高，患者常会发展为肝性脑病，严重患者会出现嗜睡甚至昏迷，以及脑水肿、颅内高压。其机制除了与肝功能损伤引起的相关功能障碍有关外，氨的神经毒作用也是原因之一。氨的神经毒假说认为，氨在脑组织中与 α- 酮戊二酸结合生成谷氨酸，氨再与谷氨酸进一步结合生成谷氨酰胺，从而大量消耗 α- 酮戊二酸和谷氨酸，脑细胞中的 α- 酮戊二酸减少，导致三羧酸循环减弱，使脑中 ATP 生成减少，引起脑功能障碍；此外，谷氨酰胺合成增多，导致渗透压增加，引起脑水肿和昏迷；同时，谷氨酸的消耗导致谷氨酸和其衍生物 γ- 氨基丁酸皆减少，进一步加重脑对氨的敏感性。

尿素循环障碍

除了肝功能损伤外，尿素合成酶的遗传性缺陷也可导致血氨升高或尿素循环障碍。

第六节　个别氨基酸代谢

一、氨基酸的脱羧基作用

有些氨基酸可直接通过脱羧基作用（decarboxylation）生成相应的胺类；有些氨基酸先经过羟化等反应后再脱羧基生成胺类物质。催化脱羧基反应的酶是氨基酸脱羧酶（decarboxylase），其辅酶是磷酸吡哆醛。体内胺类含量虽然不高，但具有重要的生理功能。体内广泛存在胺氧化酶（amine oxidase），催化胺氧化成为醛，再进一步氧化成羧酸，羧酸再氧化为 CO_2 和 H_2O，或随尿排出，从而避免胺类物质在体内的蓄积。胺氧化酶属于黄素蛋白，在肝中活性最强。下面列举几种氨基酸脱羧基产生的重要胺类物质。

（一）γ- 氨基丁酸

L- 谷氨酸脱羧酶催化谷氨酸脱羧基生成 CO_2 和 γ- 氨基丁酸（γ-aminobutyric acid，GABA）。

该酶在脑、肾组织中的活性很高，所以脑中 GABA 含量较多。GABA 是抑制性神经递质，对中枢神经有抑制作用。

$$\text{L-谷氨酸} \xrightarrow[\text{-CO}_2]{\text{L-谷氨酸脱羧酶}} \gamma\text{-氨基丁酸}$$

（二）牛磺酸

半胱氨酸先氧化成磺酸丙氨酸，在磺酸丙氨酸脱羧酶催化下脱羧基生成牛磺酸（taurine），牛磺酸是结合胆汁酸的组成成分。此外，活性硫酸根（见本节"三、含硫氨基酸的代谢"）转移也可产生牛磺酸。

$$\text{L-半胱氨酸} \xrightarrow{3[O]} \text{磺酸丙氨酸} \xrightarrow[\text{-CO}_2]{\text{磺酸丙氨酸脱羧酶}} \text{牛磺酸}$$

（三）组胺

组氨酸在组氨酸脱羧酶催化下生成组胺（histamine）。组胺广泛分布于脑、脊髓、肌肉等全身各组织，皮肤、肺、胃和小肠中含量最高，储存于肥大细胞、血液嗜碱性细胞中。组胺是一种强烈的血管舒张剂，其释放能增加毛细血管的通透性，刺激平滑肌收缩运动，引起支气管痉挛导致哮喘，参与过敏反应、创伤性休克或炎症病变等；组胺还能促进胃黏膜细胞分泌胃蛋白酶原及胃酸。

$$\text{L-组氨酸} \xrightarrow[\text{-CO}_2]{\text{组氨酸脱羧酶}} \text{组胺}$$

（四）5-羟色胺

色氨酸先在色氨酸羟化酶的催化下生成 5-羟色氨酸，再经脱羧酶催化生成 5-羟色胺（5-hydroxytryptamine，5-HT）。5-HT 广泛分布于神经组织、胃肠嗜铬细胞和肥大细胞、血小板及乳腺细胞中。脑内的 5-HT 是一种抑制性神经递质，直接影响神经传导；在外周组织，5-HT 可刺激平滑肌收缩，具有强烈的收缩血管作用。

5-HT 通过结合位于细胞膜上的 5-HT 受体而介导细胞内效应。5-HT 受体大多属于 7 次跨膜蛋白家族，为 G 蛋白偶联受体，有多种功能不同的亚类。5-HT 转运蛋白对可卡因和抗抑郁药敏感。5-HT 经单胺氧化酶作用生成 5-羟色醛，进一步氧化转变为 5-羟吲哚乙酸。类癌患者尿中 5-羟吲哚乙酸排出量明显增多。

（五）多胺

多胺（polyamine）是一类含有多个氨基的化合物的总称，合成的调节酶是鸟氨酸脱羧酶（ornithine decarboxylase）。体内某些氨基酸的脱羧基作用可产生多胺类物质。如鸟氨酸脱羧基生成腐胺（putrescine），再转变成亚精胺（spermidine）和精胺（spermine）（图 14-12）。亚精胺和精胺是调节细胞生长的重要物质，凡生长旺盛的组织，如胚胎、再生肝、肿瘤组织等，均具有活性较高的鸟氨酸脱羧酶，多胺含量也较高。多胺促进细胞增殖的机制可能与其稳定细胞结构、与核酸分子结合并促进核酸与蛋白质的合成有关。在体内多胺大部分与乙酰基结合，随尿排出，小部分氧化成 CO_2 和 NH_3。测定肿瘤患者血或尿中多胺含量可作为辅助诊断或病情监测的指标之一。

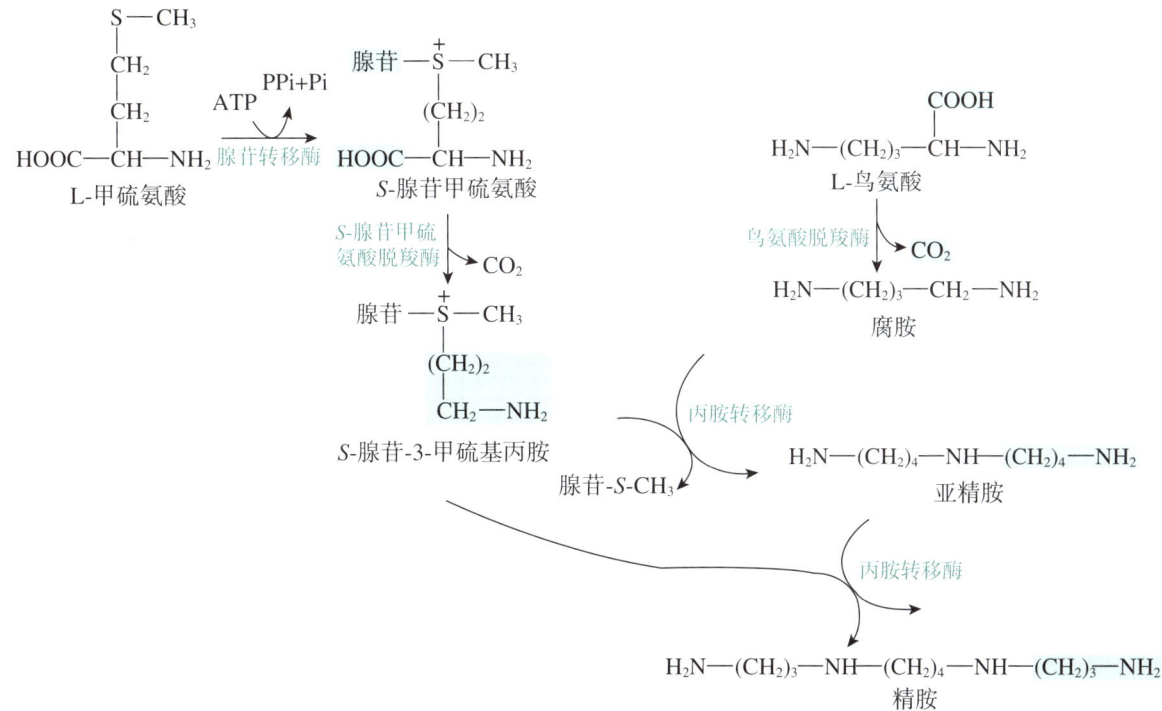

图 14-12　多胺的生成

二、一碳单位的代谢

某些氨基酸在分解代谢过程中产生含有一个碳原子的基团，称为一碳单位（one-carbon unit）。体内的一碳单位有甲基（—CH_3，methyl）、亚甲基（—CH_2—，methylene）、次甲基（—CH=，methenyl）、甲酰基（—CHO，formyl）及亚氨甲基（—CH=NH，formimino）等。需注意，CO_2、CO 和羧基不属于一碳单位。

（一）一碳单位的载体

一碳单位不能游离存在，其载体是四氢叶酸（tetrahydrofolic acid，FH_4，THFA），一碳单位与载体结合才能被转运及参与代谢。哺乳类动物体内，叶酸经二氢叶酸还原酶（dihydrofolate reductase）催化，经两步还原反应而生成四氢叶酸（图 14-13）。

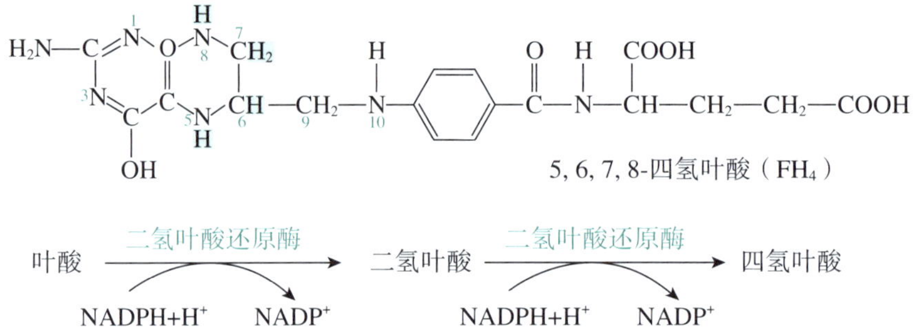

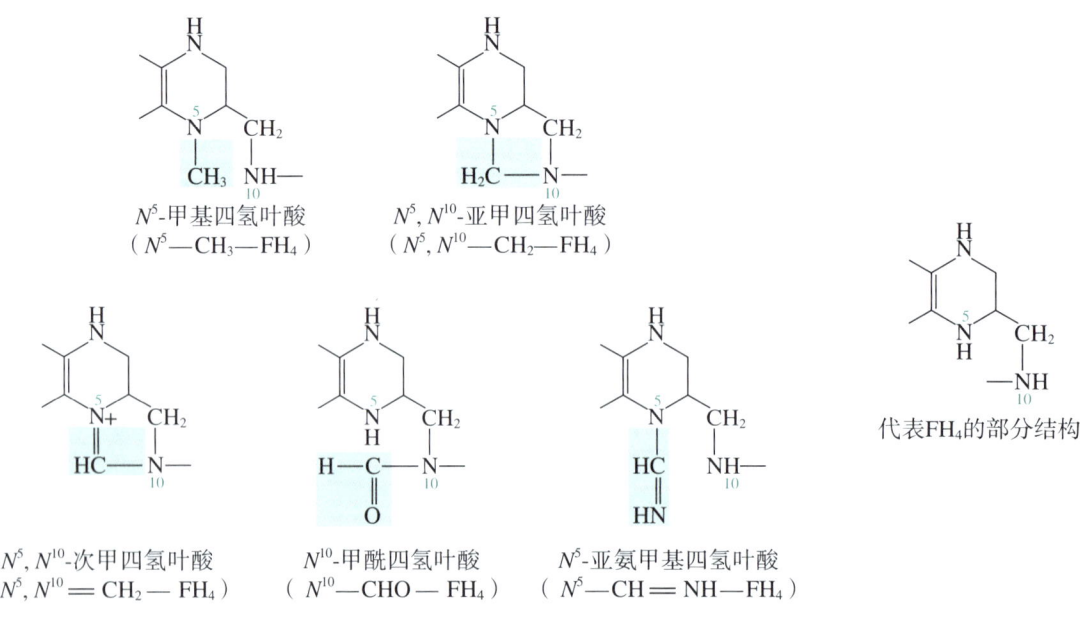

图 14-13　四氢叶酸的结构及其生成

一碳单位通常结合在 FH_4 分子的 N-5、N-10 位上。FH_4 携带一碳单位的形式如下（图 14-14）：

图 14-14　一碳单位的结构示意图

第十四章 氨基酸代谢

（二）一碳单位的来源

一碳单位主要来源于**丝氨酸**（Ser）、**甘氨酸**（Gly）、**组氨酸**（His）和**色氨酸**（Trp）的分解代谢。其中丝氨酸是一碳单位的主要来源。4种氨基酸生成一碳单位的反应如下（图14-15）。

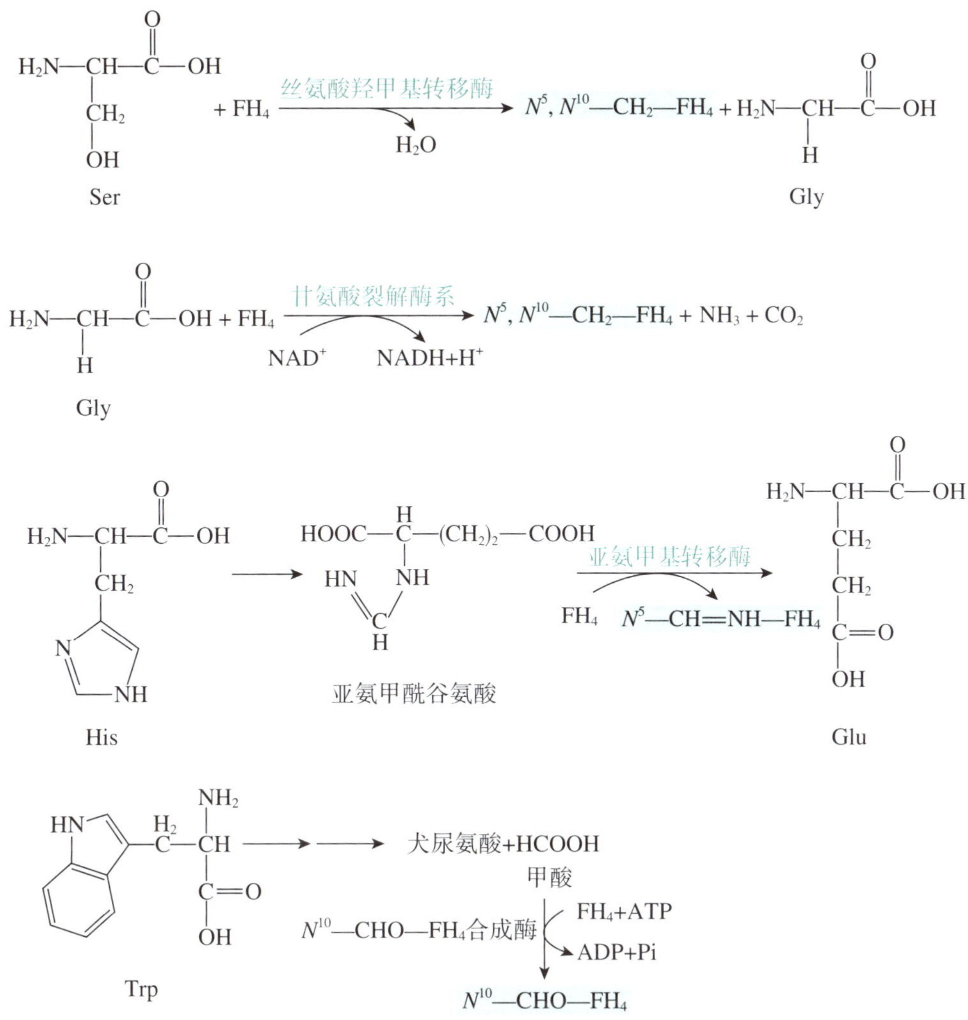

图14-15 一碳单位的来源

（三）一碳单位的相互转变

在适当条件下，各种形式的一碳单位可以通过氧化还原反应而相互转变。但在这些转化反应中，N^5-甲基四氢叶酸的生成是不可逆的（图14-16）。

（四）一碳单位的主要功能

一碳单位的主要生理功能是为嘌呤及嘧啶合成提供原料，在核酸的生物合成中具有重要作用。例如，N^{10}—CHO—FH_4提供嘌呤合成时C-2与C-8的来源，N^5,N^{10}—CH_2—FH_4提供脱氧胸苷酸（dTMP）合成时甲基的来源。一碳单位是联系氨基酸代谢和核酸代谢的重要中间物质。磺胺类药物的作用机制就是通过干扰细菌二氢叶酸合成，抑制细菌生长；某些抗恶性肿瘤药如甲氨蝶呤（methotrexate，MTX）等，是叶酸类似物，竞争性抑制二氢叶酸还原酶活性，从而抑制四氢叶酸合成，发挥其药理作用。另外，一碳单位代谢障碍或四氢叶酸合成不足时，可导致巨幼细胞贫血等疾病。

小测试14-4：简述一碳单位的概念、种类、载体、来源及功能。

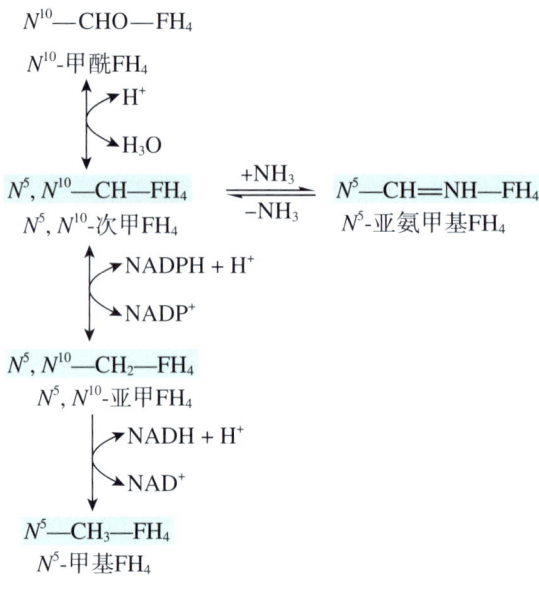

图 14-16　一碳单位的相互转变

三、含硫氨基酸的代谢

体内含硫氨基酸包括甲硫氨酸（Met）、半胱氨酸（Cys）和胱氨酸。这三种氨基酸的代谢相互联系，甲硫氨酸可转变为半胱氨酸和胱氨酸，半胱氨酸和胱氨酸也可以互变，但后两者不能转变为甲硫氨酸，因此甲硫氨酸是必需氨基酸。

（一）甲硫氨酸的代谢

1. 甲硫氨酸与转甲基反应　甲硫氨酸是含有 S-甲基的必需氨基酸，其在腺苷转移酶（adenosyl transferase）的催化下与 ATP 反应，生成 S-腺苷甲硫氨酸（S-adenosyl methionine, SAM）。SAM 中的硫原子带有正电荷，使邻位甲基变得异常活跃，因此 SAM 中的甲基称为活性甲基，SAM 称为活性甲硫氨酸。

在甲基转移酶（methyl transferase）的催化下，SAM 中的甲基可转移至其他物质，使其甲基化（methylation）转换为含有甲基的重要生理活性物质。如肾上腺素、肌酸、肉碱及磷脂酰胆碱等。据统计，体内有 50 余种物质需要 SAM 提供甲基，生成相应的甲基化合物。甲基化具有广泛的生理意义（包括 DNA 与 RNA 的甲基化），而 SAM 则是体内最重要的甲基直接供体（表 14-3）。

表 14-3　由 SAM 参加的一些转甲基作用

甲基接受体	甲基化产物	甲基接受体	甲基化产物
去甲肾上腺素	肾上腺素	DNA	甲基化 DNA
胍乙酸	肌酸	RNA	甲基化 RNA
磷脂酰乙醇胺	磷脂酰胆碱	蛋白质	甲基化蛋白质
γ-氨基丁酸	肉碱	烟酰胺	N-甲基烟酰胺

2. 甲硫氨酸循环　甲硫氨酸在体内最主要的分解代谢途径就是生成 SAM，将其中的活性

甲基转移给底物，参与底物的甲基化修饰。同时生成 S-腺苷同型半胱氨酸；进一步释放腺苷生成同型半胱氨酸。同型半胱氨酸在甲硫氨酸合酶（又称为 N^5—NH_3—FH_4 转甲基酶）的催化下，接受 N^5—CH_3—FH_4 提供的甲基，重新生成甲硫氨酸，形成一个循环反应，称为甲硫氨酸循环（methionine cycle）或甲硫氨酸补救合成途径（methionine salvage pathway）（图 14-17）。这个循环的生理意义是由 N^5—CH_3—FH_4 提供甲基实现甲硫氨酸的合成，因此，N^5—CH_3—FH_4 可看作体内甲基的间接供体。

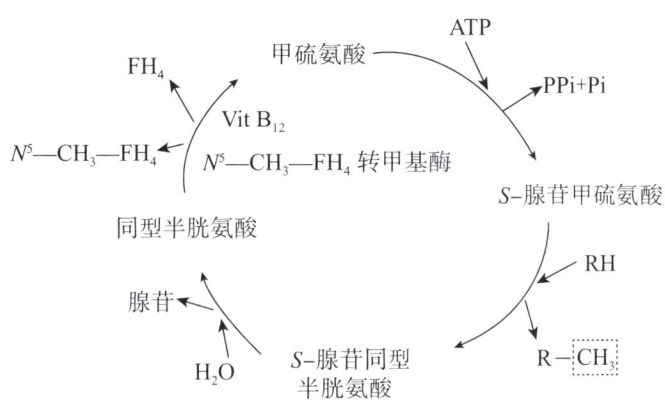

图 14-17　甲硫氨酸循环

虽然通过甲硫氨酸循环可以生成甲硫氨酸，但体内不能合成同型半胱氨酸，它只能由甲硫氨酸转变而来，所以甲硫氨酸不能在体内合成，属于必需氨基酸。

由 N^5—CH_3—FH_4 提供甲基使同型半胱氨酸转变成甲硫氨酸的反应，是目前已知体内能利用 N^5—CH_3—FH_4 的唯一反应。催化该反应的 N^5—CH_3—FH_4 转甲基酶（甲硫氨酸合酶）的辅酶是维生素 B_{12}，它参与甲基的转移。维生素 B_{12} 缺乏时，阻碍了 N^5—CH_3—FH_4 的甲基转移，导致甲硫氨酸的生成和四氢叶酸的再生均受到影响，游离的四氢叶酸含量减少，其他一碳单位合成和转运障碍，导致核酸合成受到抑制，影响细胞分裂和成熟。因此，维生素 B_{12} 不足可引起巨幼细胞贫血，其症状包括贫血和神经精神改变等症状。这种贫血并不常见，仅发生于肠道维生素吸收障碍的人和严格的素食主义者（植物中不含维生素 B_{12}）。人体维生素 B_{12} 需要量很少，而且维生素 B_{12} 可以在肝贮存 3～5 年，因此，巨幼细胞贫血进展缓慢。在甲硫氨酸缺乏时，同型半胱氨酸可以甲基化生成甲硫氨酸。甲硫氨酸充足时，同型半胱氨酸可在胱硫醚 β-合酶（cystathionine β-synthase）（磷酸吡哆醛为辅酶）的催化下，与丝氨酸缩合生成胱硫醚，继而生成半胱氨酸和 α-酮丁酸（α-ketobutyric），而 α-酮丁酸在氧化脱羧酶作用下生成丙酰 CoA，再经羧化转变成琥珀酰 CoA，通过三羧酸循环及糖异生途径可异生为葡萄糖，所以甲硫氨酸是生糖氨基酸。

目前认为，同型半胱氨酸与心血管疾病密切相关，可能是动脉粥样硬化发病的独立危险因子，血浆同型半胱氨酸水平与冠状动脉疾病的严重程度成正相关；胱硫醚 β-合酶隐性遗传缺陷可导致同型半胱氨酸、同型胱氨酸和甲硫氨酸积累，发生同型半胱氨酸尿症，其特点是患者血清同型半胱氨酸水平增高，常伴有心血管疾病，通常死于心肌梗死、脑卒中或肺栓塞。近年来研究证明，同型半胱氨酸血症与神经管发育缺陷有关。叶酸、维生素 B_{12} 和维生素 B_6 参与同型半胱氨酸的代谢，适当补充这些物质，可降低相关疾病的发生风险或可能减缓疾病进展。

同型半胱氨酸的代谢及其与疾病的联系

3. 肌酸的合成　肌酸（creatine）和磷酸肌酸（creatine phosphate）是能量储存、利用的重要化合物。肌酸以甘氨酸为骨架，由精氨酸提供脒基、SAM 提供甲基而合成（图 14-18）。肝是合成肌酸的主要器官。在肌酸激酶（creatine kinase，CK）的催化下，肌酸转变成磷酸肌酸，并储存能量。磷酸肌酸在心肌、骨骼肌及脑中含量丰富。

肌酸激酶由 M 亚基（肌型）与 B 亚基（脑型）两种亚基组成，有 3 种同工酶：MM 型、MB 型及 BB 型。它们在体内各组织的分布不同，MM 型主要分布于骨骼肌，MB 型主要分布于心肌，BB 型主要分布于脑。心肌梗死时，血中 MB 型肌酸激酶活性增高，可作为辅助诊断的指标之一。

肌酸和磷酸肌酸代谢的终产物是肌酐（creatinine）。肌酐主要在肌肉中通过磷酸肌酸的非酶促反应生成。肌酐随尿排出，正常成人每日尿中肌酐的排出量恒定。肾严重病变时，肌酐排泄受阻，血肌酐浓度升高，因此血肌酐的测定可用于评估肾功能。肌酸、磷酸肌酸和肌酐的代谢概况见图 14-18。

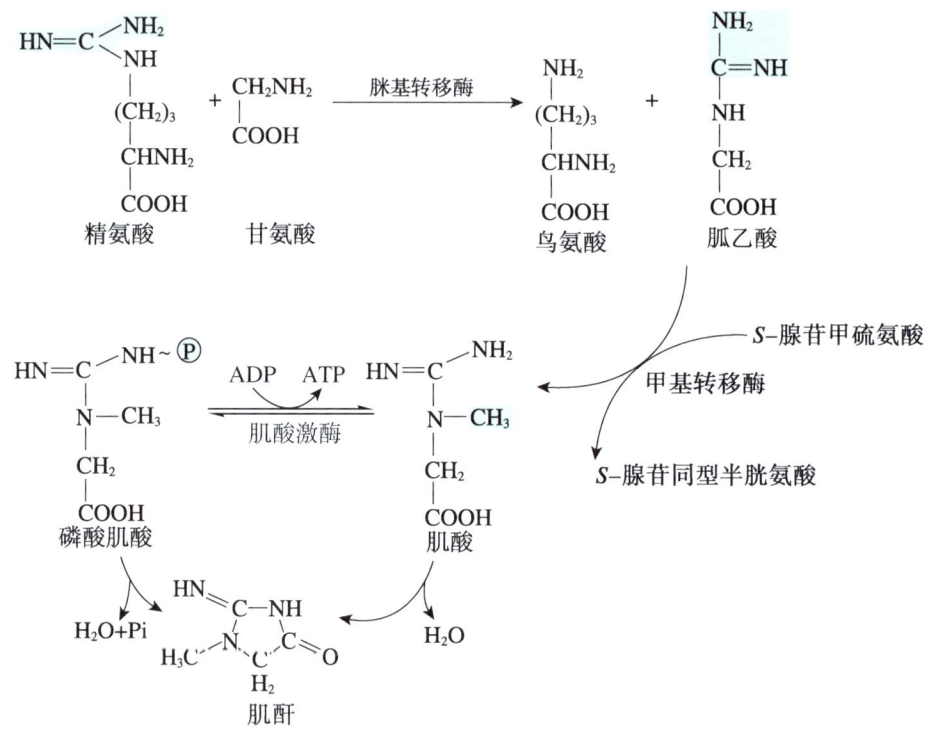

图 14-18　肌酸和肌酐的生物合成

（二）半胱氨酸的代谢

1. 半胱氨酸与胱氨酸的互变　半胱氨酸含有巯基（—SH），两个半胱氨酸通过二硫键（—S—S—）相连形成胱氨酸（cystine），二者可以相互转变。

通常体内自由的胱氨酸极少，更多见的是位于蛋白质分子中不同位置的两个半胱氨酸残基间形成二硫键，每个残基即为"半"胱氨酸（hemicystine），对维持蛋白质的空间构象和功能具有重要作用。体内许多重要酶的活性均与其分子中半胱氨酸残基上的巯基直接有关，故这类酶被称为巯基酶。有些毒物，如芥子气、重金属盐等产生毒性作用的原理就是与酶分子中的巯基结合而抑制酶活性。二巯基丙醇可将被结合的巯基还原，使其恢复原型而解毒。体内还原型谷胱甘肽能保护酶分子上的巯基，防止其被氧化而失去活性，从而构成了维持体内酶功能的保护屏障之一。

2. 活性硫酸根的生成　含硫氨基酸氧化分解均可产生硫酸根，半胱氨酸是体内硫酸根的主要来源。半胱氨酸可直接脱去巯基和氨基，生成丙酮酸、NH_3 和 H_2S，后者再经氧化而生成 H_2SO_4。半胱氨酸中的巯基也可先氧化成亚磺基，然后再生成硫酸。体内硫酸根一部分以无机盐形式随尿排出，另一部分则经 ATP 活化成活性硫酸根，即 3′- 磷酸腺苷 -5′- 磷酸硫酸（3′-phosphoadenosine-5′-phosphosulfate，PAPS）。

PAPS 化学性质活泼，可使某些物质形成硫酸酯。例如，类固醇激素可在肝内形成硫酸酯而被灭活；一些外源性酚类化合物也可在肝内经转化作用形成硫酸酯而排出体外。此外，PAPS 还参与硫酸角质素及硫酸软骨素等分子中硫酸化氨基糖的合成。上述反应总称为转硫酸基作用，由硫酸转移酶催化。PAPS 还可转换为牛磺胆酸。

PAPS的结构

3. 谷胱甘肽的合成　前已述及，谷胱甘肽（glutathione）是由谷氨酸的 γ- 羧基与半胱氨酸、甘氨酸残基组成的三肽。谷胱甘肽具有重要的生理功能，包括抗氧化保护作用以及参与肝的生物转化作用等。

四、芳香族氨基酸的代谢

芳香族氨基酸包括苯丙氨酸（Phe）、酪氨酸（Tyr）和色氨酸（Trp）。三种氨基酸均为生糖兼生酮氨基酸。苯丙氨酸和色氨酸为营养必需氨基酸。

（一）苯丙氨酸和酪氨酸的代谢

1. 苯丙氨酸羟化生成酪氨酸　正常情况下，苯丙氨酸的主要代谢途径是经羟化作用生成酪氨酸。反应由苯丙氨酸羟化酶（phenylalanine hydroxylase）催化，苯丙氨酸羟化酶主要存在于肝等组织中，为单加氧酶，辅酶是四氢生物蝶呤，还需 NADPH 参与，反应不可逆，因而酪氨酸不能转变为苯丙氨酸。

2. 儿茶酚胺的生成 酪氨酸进一步代谢可合成某些神经递质和激素。酪氨酸经酪氨酸羟化酶作用，生成 3,4- 二羟苯丙氨酸（多巴）（3,4-dihydroxyphenylanine，DOPA）。与苯丙氨酸羟化酶相似，此酶也是以四氢生物蝶呤为辅酶的单加氧酶。多巴在多巴脱羧酶作用下转变为多巴胺（dopamine）。多巴胺是一种神经递质，帕金森病（Parkinson disease）患者多巴胺生成减少。在肾上腺髓质中，多巴胺侧链的 β 碳原子再被羟化，生成去甲肾上腺素（norepinephrine），后者经 N- 甲基转移酶催化，由 S- 腺苷甲硫氨酸提供甲基，生成肾上腺素（epinephrine）（图 14-19）。多巴胺、去甲肾上腺素、肾上腺素统称为儿茶酚胺（catecholamine），即含邻苯二酚的胺类。酪氨酸羟化酶是儿茶酚胺合成的限速酶，受终产物的反馈调节。

3. 黑色素的生成 在黑色素细胞中，酪氨酸酶（tyrosinase）催化酪氨酸羟化生成多巴，后者经氧化、脱羧等反应转变为吲哚醌。黑色素即吲哚醌的聚合物。如果人体缺乏酪氨酸酶，会导致黑色素合成障碍，皮肤、毛发等呈白色，称为白化病（albinism）。白化病患者对阳光敏感，易患皮肤癌。

4. 苯丙氨酸和酪氨酸的分解代谢 除上述代谢途径外，酪氨酸还可在酪氨酸转氨酶的催化下，生成对羟苯丙酮酸，后者经尿黑酸等中间产物进一步转变成延胡索酸和乙酰乙酸，二者分别参与糖和脂肪酸代谢。因此，苯丙氨酸和酪氨酸是生酮兼生糖氨基酸。当体内尿黑酸分解代谢的酶（如尿黑酸氧化酶）先天缺陷时，尿黑酸分解受阻，可出现尿黑酸尿症。

5. 苯丙氨酸羟化酶缺陷导致苯丙酮尿症 正常情况下，游离的苯丙氨酸代谢的主要途径是生成酪氨酸。苯丙氨酸羟化酶先天缺陷导致体内的苯丙氨酸蓄积，转而经转氨基作用生成苯丙酮酸，进一步转变成苯乙酸等。此时，尿中出现大量苯丙酮酸等代谢产物，称为苯丙酮尿症（phenylketonuria，PKU）。苯丙酮酸具有神经毒性，患儿可出现智力发育障碍。PKU 的治疗原则是早期发现，并适当控制苯丙氨酸摄入量。

另外，酪氨酸在甲状腺细胞中，还是甲状腺激素 T_4 和 T_3 的合成前体。苯丙氨酸和酪氨酸的代谢过程见图 14-19。

（二）色氨酸的代谢

色氨酸除羟化及脱羧基生成 5- 羟色胺外，还可进行分解代谢。在肝中，色氨酸由色氨酸加氧酶（tryptophan oxygenase）催化生成甲酰犬尿氨酸。色氨酸加氧酶是一个铁卟啉金属蛋白质，在肝可被肾上腺皮质激素和色氨酸诱导生成，可被烟酸衍生物包括 NADPH 反馈抑制。甲酰犬尿氨酸水解脱去甲酰基，生成犬尿氨酸，该反应由犬尿氨酸甲酰酶催化。接着经羟化生成 3-L- 羟基犬尿氨酸，进一步由犬尿氨酸酶催化生成羟氨苯甲酸，这个酶需要磷酸吡哆醛作为辅酶，因此，当维生素 B_6 缺乏时，3-L- 羟基犬尿氨酸脱氨生成黄尿酸。因此在色氨酸负荷试验时排出黄尿酸，可诊断为维生素 B_6 缺乏。色氨酸分解还可产生甲酸，后者可参与一碳单位代谢。另外，色氨酸分解可产生丙酮酸与乙酰乙酰辅酶 A，所以色氨酸是一种生酮兼生糖氨基酸。此外，色氨酸还可转变为烟酸，这是体内合成维生素的特例，但其合成量甚少，不能满足机体的需要。

五、支链氨基酸的代谢

支链氨基酸包括缬氨酸（Val）、亮氨酸（Leu）和异亮氨酸（Ile），它们都是营养必需氨基酸。三种氨基酸的分解代谢主要在骨骼肌中进行，缬氨酸分解产生琥珀酰 CoA；亮氨酸产生乙酰 CoA 及乙酰乙酰 CoA；异亮氨酸产生乙酰 CoA 及琥珀酰 CoA（图 14-20）。因此，这三种氨基酸分别是生糖氨基酸、生酮氨基酸及生酮兼生糖氨基酸。

第十四章 氨基酸代谢

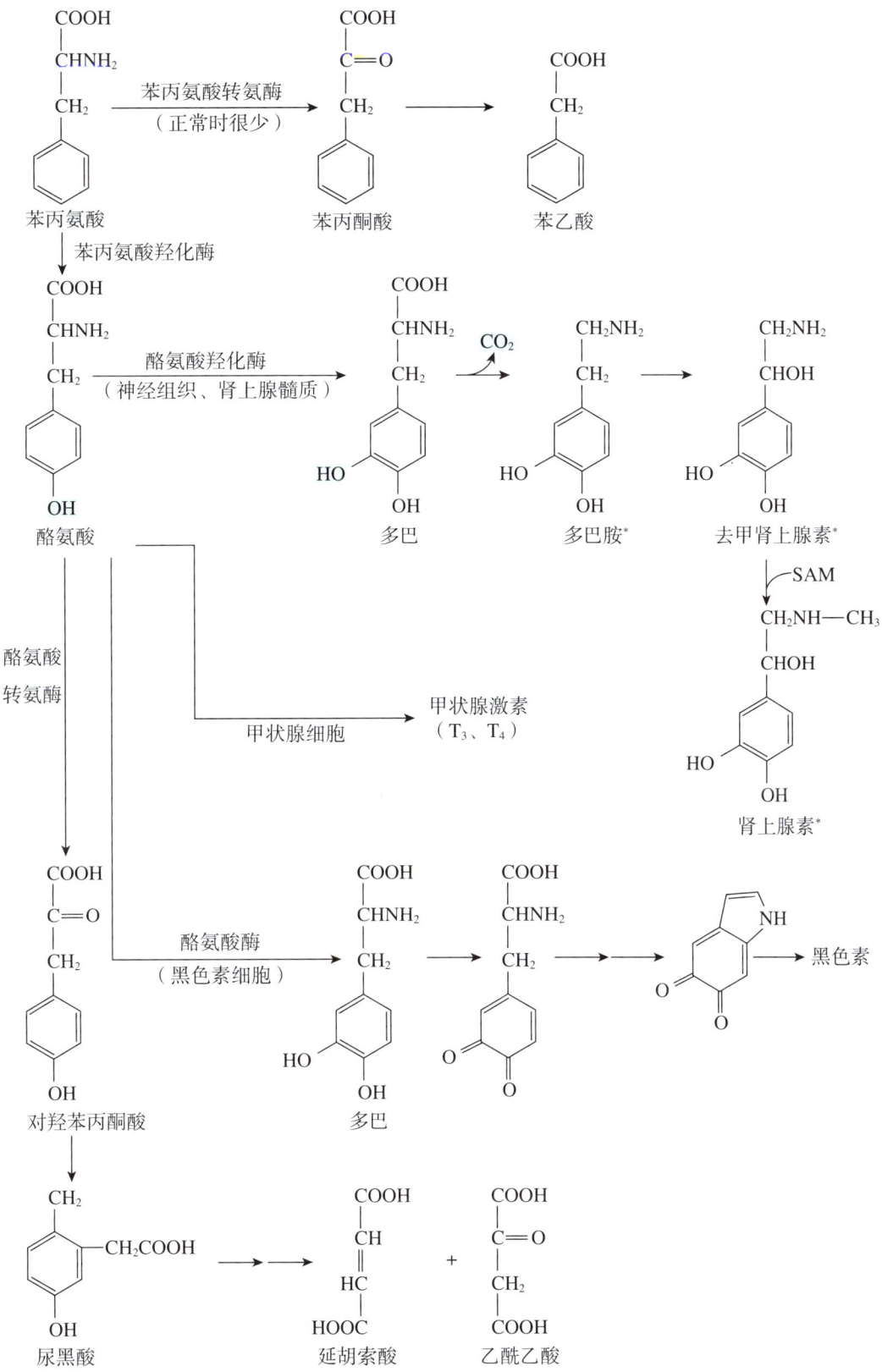

图 14-19 苯丙氨酸和酪氨酸的代谢
* 多巴胺、去甲肾上腺素和肾上腺素属于儿茶酚胺

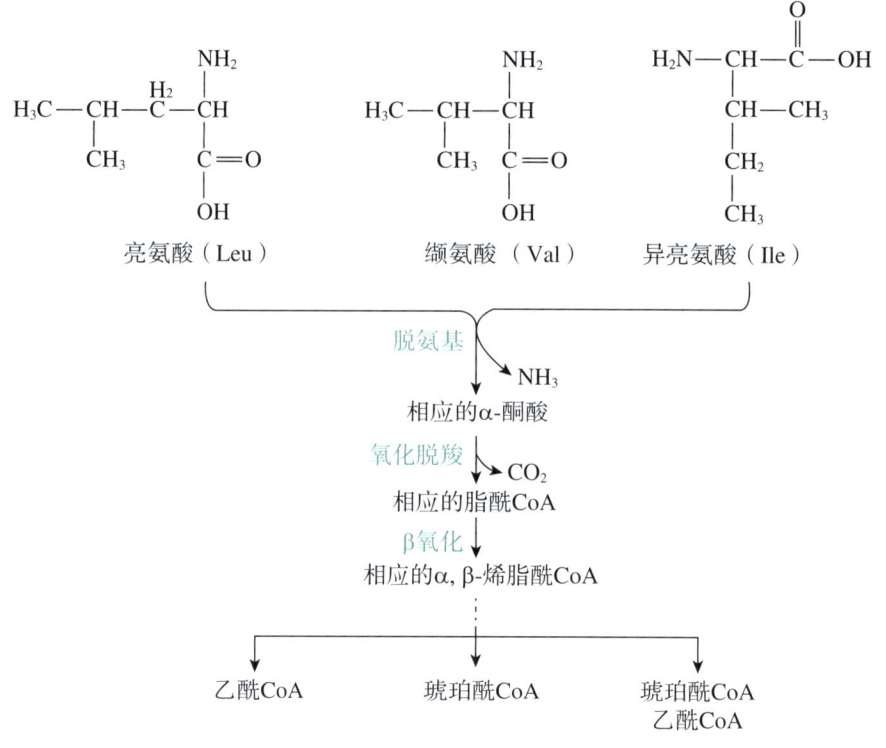

图 14-20 支链氨基酸的代谢

总之，各种氨基酸除了作为蛋白质合成的原料，还可以转变为多种重要的含氮生理活性物质（表 14-4）。值得注意的是，一氧化氮（NO）的细胞信号转导功能近年来颇受关注，体内的 NO 是由精氨酸经一氧化氮合酶（nitric oxide synthase，NOS）催化生成的。

表 14-4 氨基酸衍生的重要含氮化合物

氨基酸	衍生的含氮化合物	生理功能
天冬氨酸、谷氨酰胺、甘氨酸	嘌呤碱	含氮碱基、核酸合成
天冬氨酸	嘧啶碱	含氮碱基、核酸合成
甘氨酸	卟啉化合物	血红素、细胞色素
甘氨酸、精氨酸、甲硫氨酸	肌酸、磷酸肌酸	能量储存
色氨酸	5-羟色胺、烟酸	神经递质、维生素
苯丙氨酸、酪氨酸	儿茶酚胺、甲状腺激素、黑色素	神经递质、激素、皮肤色素
谷氨酸	γ-氨基丁酸	神经递质
组氨酸	组胺	血管舒张剂、促胃蛋白酶及胃酸分泌
甲硫氨酸、鸟氨酸	亚精胺、精胺	促进细胞生长和增殖
精氨酸	一氧化氮	细胞信号转导分子

框 14-3 源于精氨酸的小分子——一氧化氮的发现与诺贝尔生理学或医学奖

100 多年前，炸药的成分——硝酸甘油作为特效药物可用于缓解心脏病患者的心绞痛症状，但当时的科研水平还难窥其药理作用的奥秘。1986 年，美国科学家 R. F. Furchgott，

L. J. Ignarro 和 F. Murad 等破译了其作用的机制。原来硝酸甘油在体内通过产生一氧化氮（nitric oxide，NO）而发挥作用。1998年，这三位美国科学家"因发现一氧化氮在心血管系统中起信号分子作用"而共同获得诺贝尔生理学或医学奖。NO 是在内皮细胞内由一氧化氮合酶催化精氨酸脱胍基而生成的。NO 可自由透过细胞膜进入平滑肌细胞内，激活鸟苷酸环化酶，使胞内 cGMP 水平升高，通过信号转导产生舒张血管作用，从而降低血压、改善血流，因此能有效降低心、脑血管疾病的风险。NO 除具有舒张血管功能外，研究还发现巨噬细胞也能合成 NO，在神经调节、免疫反应等方面发挥重要作用。NO 作为一种信号分子，能够舒张血管，从而改善血液循环，这一研究还促使了药物伟哥（Viagra）的研发。

小 结

体内氨基酸具有重要的生理功能，除了作为合成蛋白质的原料外，还可以转变为核苷酸、某些激素、神经递质等含氮化合物。体内氨基酸的主要来源有食物蛋白质的消化吸收、组织蛋白质的降解和体内合成。人体必需氨基酸有9种，其种类和数量决定了蛋白质的营养价值。食物蛋白质消化吸收的主要场所是小肠。未消化吸收的蛋白质和氨基酸在大肠下段细菌的作用下发生腐败作用。组织蛋白质不断更新，其降解途径主要有溶酶体途径和蛋白酶体途径。外源性和内源性氨基酸共同构成氨基酸代谢库，参与体内的代谢。

氨基酸的分解代谢包括一般代谢和个别代谢。联合脱氨基作用是体内氨基酸脱氨基的主要方式，包括转氨基作用和 L- 谷氨酸氧化脱氨基作用。脱氨基产生的 α- 酮酸可彻底氧化分解提供能量，还可转变为糖、脂质以及再合成为非必需氨基酸。脱氨基作用产生的有毒的氨经葡萄糖 - 丙氨酸循环、谷氨酰胺等无毒形式运至肝，经鸟氨酸循环合成尿素，排出体外。当肝功能严重受损时，会发生血氨升高、肝性脑病。

某些氨基酸的脱羧基作用产生的胺类物质具有重要的生理功能，如 γ- 氨基丁酸、组胺、5- 羟色胺、多胺等。某些氨基酸的分解代谢会产生一碳单位，为嘌呤和嘧啶核苷酸的合成提供原料，是联系氨基酸与核酸代谢的枢纽。含硫氨基酸代谢可提供活性甲基、活性硫酸根、牛磺酸等。芳香族氨基酸代谢会产生重要的神经递质、激素及黑色素。苯丙酮尿症和白化病等与苯丙氨酸或酪氨酸代谢异常有关。

整合思考题

1. 从氨基酸的来源和去路角度思考氨基酸代谢库的意义。
2. 谷氨酸在体内如何转变成尿素、CO_2 和水？
3. 天冬氨酸在体内能否转变成葡萄糖？其主要代谢途径是什么？
4. 为什么对高血氨症患者禁用碱性肥皂水灌肠，且不宜用碱性利尿剂？
5. 鸟氨酸循环、葡萄糖 - 丙氨酸循环、甲硫氨酸循环各有何生理意义？
6. 请从酶和辅酶的角度分析巨幼细胞贫血的生化机制有哪些。
7. 血氨升高导致患者昏迷的可能生化机制有哪些？
8. 苯丙酮尿症与白化病发生的病因或生化基础各是什么？

参考答案

（李淑艳　孙　军）

第十五章 核苷酸代谢

导学目标

通过本章内容的学习，学生应能够：

※ **基本目标**
1. 描述核苷酸的生理功能。
2. 描述核苷酸的消化与吸收。
3. 描述嘌呤核苷酸合成代谢的两条途径。
4. 描述嘧啶核苷酸合成代谢的两条途径。
5. 举例说明核苷酸分解代谢的产物。
6. 举例说明嘌呤核苷酸从头合成的调节因素。
7. 分析嘌呤核苷酸合成代谢与嘧啶核苷酸合成代谢的区别。

※ **发展目标**
1. 举例说明核苷酸抗代谢药物作用的分子机制及临床意义。
2. 根据嘌呤核苷酸体内分解代谢的特点，理解痛风症治疗的分子机制。

案 例

患者，男，57岁，家住海滨城市。2年前开始偶尔有关节疼痛，服止痛药后好转，故没有在意。1个月前关节疼痛加剧，服止痛药后无明显好转，前来就诊。查体：体温37.3℃，左足第1跖趾关节肿胀严重，皮肤发红、发热，局部皮肤有脱屑和瘙痒现象，白细胞 $11.2\times10^9/L$ [正常参考值 $(4\sim10)\times10^9/L$]，红细胞沉降率20 mm/h（参考值 $0\sim15$ mm/h），血尿酸510 μmol/L（正常参考值 $140\sim420$ μmol/L）。临床诊断确诊为高尿酸血症和痛风急性发作。

问题：
1. 尿酸是如何产生和排泄的？
2. 痛风产生的原因是什么？痛风的发病机制是什么？
3. 临床上抗痛风药物的种类有哪些？其发挥作用的分子机制是什么？

案例解析

第十五章 核苷酸代谢

第一节 概述

核酸的基本组成单位是核苷酸。核苷酸在体内发挥着重要的功能（表 15-1）：①作为核酸合成的基本单位；② ATP、GTP 等作为生命过程及代谢过程中的能量供体；③核苷酸衍生物是许多生物合成反应的活性中间产物，如 UDPG、CDP-DAG 等；④腺苷酸和腺苷参与形成某些重要的辅酶与辅助因子，如 NADH、FAD、SAM 等；⑤作为信号分子调节基因表达和细胞功能，如 cAMP、cGMP；⑥ ATP 也可以作为磷酸基团供体参与底物磷酸化。

表 15-1 核苷酸的主要功能

核苷酸的主要功能	参与物质
核酸合成的原料	NTP、dNTP
参与能量代谢	ATP、GTP、UTP、CTP 等
参与代谢调节	cAMP、cGMP
参与组成活性中间代谢物	UDPG、CDP-胆碱、CDP-乙醇胺等
辅酶组成成分	NAD^+、$NADP^+$、FAD、FMN 和 CoASH 等

食物中核酸多以核蛋白的形式存在，经胃酸作用可分解成蛋白质和核酸。食物中的核酸主要在小肠中进行消化。存在于小肠液中的各种水解酶，催化核酸逐级水解（图 15-1）。作用于 DNA 的称为脱氧核糖核酸酶（deoxyribonuclease，DNase），作用于 RNA 的称为核糖核酸酶（ribonuclease，RNase）。根据酶对底物的作用方式将核酸酶分为核酸外切酶和核酸内切酶。前者根据其作用方向性，又可以分为 5′→3′核酸外切酶和 3′→5′核酸外切酶。核酸内切酶只可以在核酸分子内部切开磷酸二酯键。

人体消化液中的核酸酶降解食物中的核酸，产生核苷酸。但食物中的核苷酸极少被人体利用，人体所需的核苷酸主要来自机体自身合成。各种核苷酸及其水解产物被吸收后，其戊糖和磷酸可以再次被机体所利用，而嘌呤和嘧啶碱则降解为代谢终产物后排出体外。

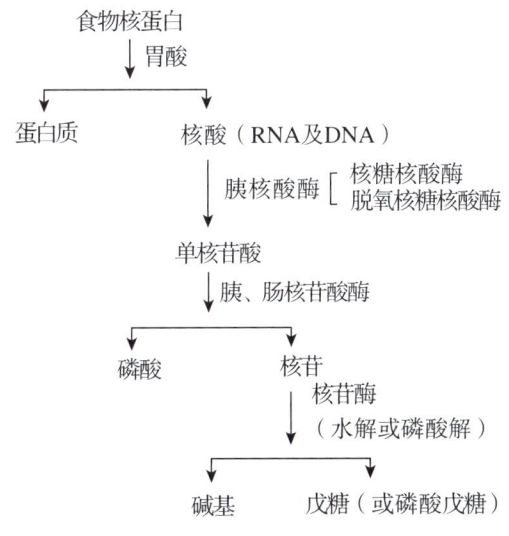

图 15-1 核酸的消化与水解

第二节 核苷酸的合成代谢

体内核苷酸的合成代谢有从头合成和补救合成两条途径。从头合成途径（de novo synthesis pathway）是指以简单化合物（如磷酸核糖、氨基酸、一碳单位及CO_2等）为原料，经过一系列酶促反应合成核苷酸的过程。补救合成途径（salvage pathway）是指利用细胞已有的碱基或核苷为前体，经过简单的反应合成核苷酸的过程。体内核苷酸的合成以从头合成为主，并不是所有细胞都具有从头合成嘌呤核苷酸的能力。进行核苷酸从头合成的主要器官是肝，其次是小肠黏膜及胸腺，在脑和骨髓中只能进行嘌呤核苷酸的补救合成。

一、嘌呤核苷酸在体内的合成

（一）嘌呤核苷酸的从头合成

1. 从头合成途径的原料 嘌呤核苷酸从头合成的原料包括 5- 磷酸核糖、一碳单位、谷氨酰胺、甘氨酸、天冬氨酸和CO_2。通过放射性核素标记实验，确定了嘌呤环的各元素来源：天冬氨酸提供嘌呤环上第 1 位氮原子，第 2 位与第 8 位碳原子由一碳单位提供，谷氨酰胺提供第 3 位与第 9 位氮原子，甘氨酸提供第 4、5 位碳原子与第 7 位氮原子，二氧化碳提供第 6 位碳原子（图 15-2）。5- 磷酸核糖则来自磷酸戊糖途径，当活化为 5- 磷酸核糖 -1- 焦磷酸（phosphoribosyl pyrophosphate，PRPP）后，可以接受碱基形成核苷酸。

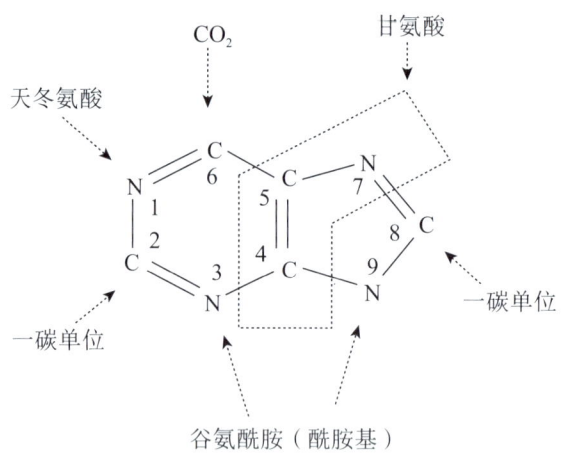

图 15-2 嘌呤碱合成的元素来源

2. 从头合成途径的过程 嘌呤核苷酸的从头合成过程在细胞质中进行，可分为两个阶段：第一阶段合成次黄嘌呤核苷酸（inosine monophosphate，IMP）；第二阶段以 IMP 作为共同前体，再分别转变成腺嘌呤核苷酸（adenosine monophosphate，AMP）与鸟嘌呤核苷酸（guanosine monophosphate，GMP）。在这个过程中由 ATP 提供所需能量。

（1）IMP 的合成：此步骤经历 11 步酶促反应完成（图 15-3）。

1）由 5- 磷酸核糖（来自磷酸戊糖途径）催化合成磷酸核糖焦磷酸（PRPP），该步反应的催化酶是 PRPP 合成酶。PRPP 合成酶是一种别构酶，其别构抑制剂是 AMP、IMP 和 GMP，而核糖-5-磷酸是别构激活剂。作为活性的核糖供体，PRPP 参与各种核苷酸的合成，此步反应是核苷酸合成代谢的关键步骤。

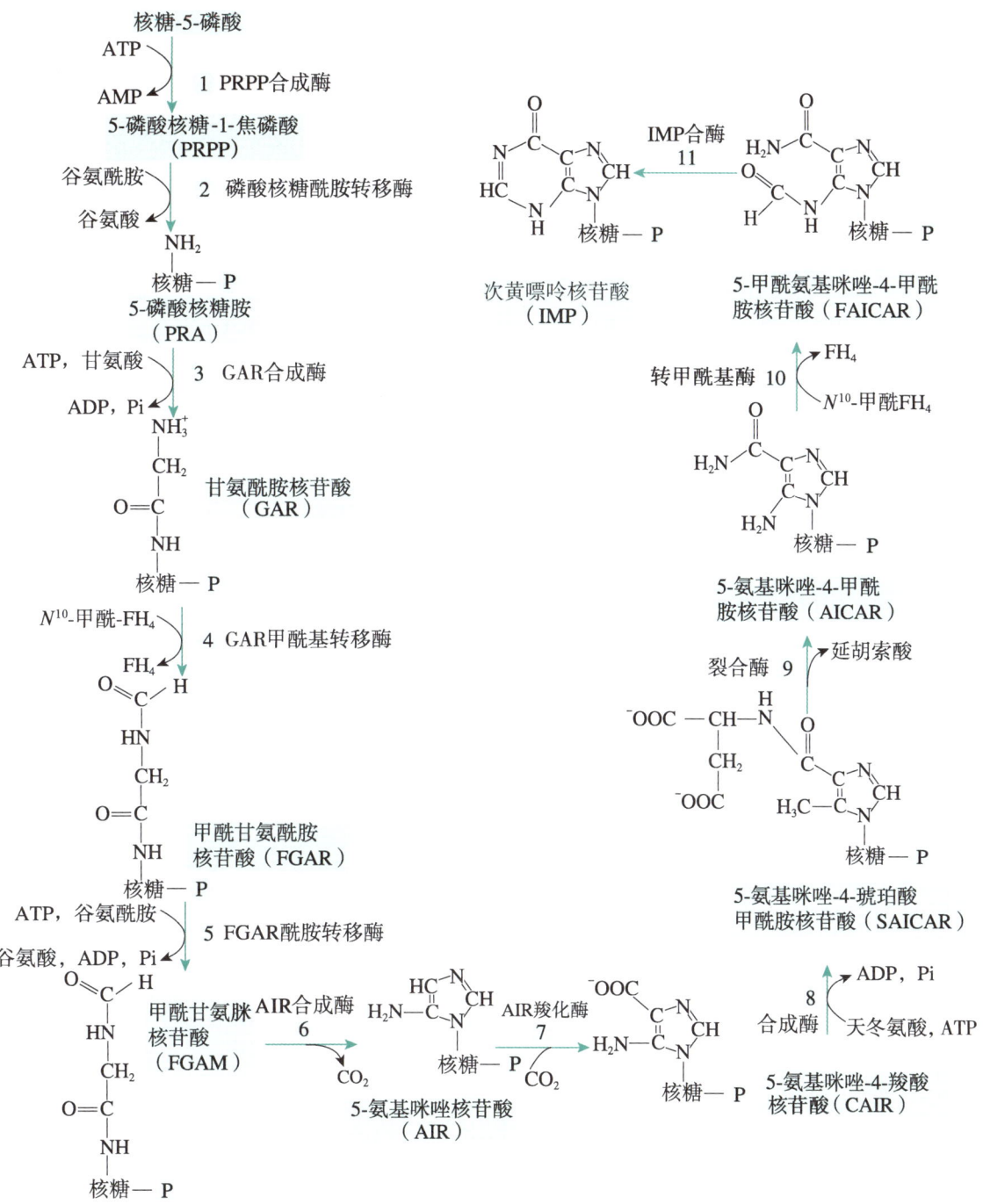

图 15-3　由核糖-5-磷酸从头合成 IMP

2）由 PRPP 酰胺转移酶催化，将谷氨酰胺的氨基转移给 PRPP，形成 5-磷酸核糖胺（PRA）。PRPP 酰胺转移酶也是一种变构酶，在嘌呤核苷酸的从头合成中起重要调节作用。

3）在 ATP 供能的情况下，甘氨酰胺核苷酸（GAR）由 PRA 和甘氨酸缩合生成。

4）GAR 在 N^5,N^{10}-甲炔四氢叶酸供给甲酰基的情况下发生甲酰化，生成甲酰甘氨酰胺核苷酸（FGAR）。

5）FGAR 生成甲酰甘氨脒核苷酸（FGAM），此步骤由谷氨酰胺提供酰胺氮，消耗 1 分子 ATP。

6）FGAM 在 AIR 合成酶的催化下脱水环化形成 5-氨基咪唑核苷酸（AIR），此反应需消耗 ATP。

经过以上 6 步反应，嘌呤环中的咪唑环部分合成完毕。

7）CO_2 在 AIR 羧化酶催化下连接到咪唑环上，生成 5-氨基咪唑-4-羧酸核苷酸（CAIR）。

8）、9）天冬氨酸与 CAIR 经两步反应转变为 5-氨基咪唑-4-甲酰胺核苷酸（AICAR），此过程需要 ATP 供能。

10）、11）N^{10}-甲酰四氢叶酸提供第 2 个一碳单位，AICAR 经反应生成 IMP。上述系列酶促反应如图 15-3 所示。

（2）AMP 和 GMP 的生成：以 IMP 作为共同前体，再分别合成 AMP 和 GMP。

AMP 和 GMP 的合成过程如图 15-4 所示，IMP 的 C_6 上的氧被天冬氨酸提供的氨基所取代，生成 AMP，此反应由 GTP 供能（①和②）；或者③ IMP 先经氧化形成黄嘌呤核苷酸（XMP），④ 再由谷氨酰胺提供氨基，取代 XMP 的 C_2 上的氧生成 GMP。在 AMP 和 GMP 生成过程中，AMP 和 GMP 不能直接转换，但两者之间存在交叉调节作用，这对维持 ATP 与 GTP 浓度的平衡意义重大。

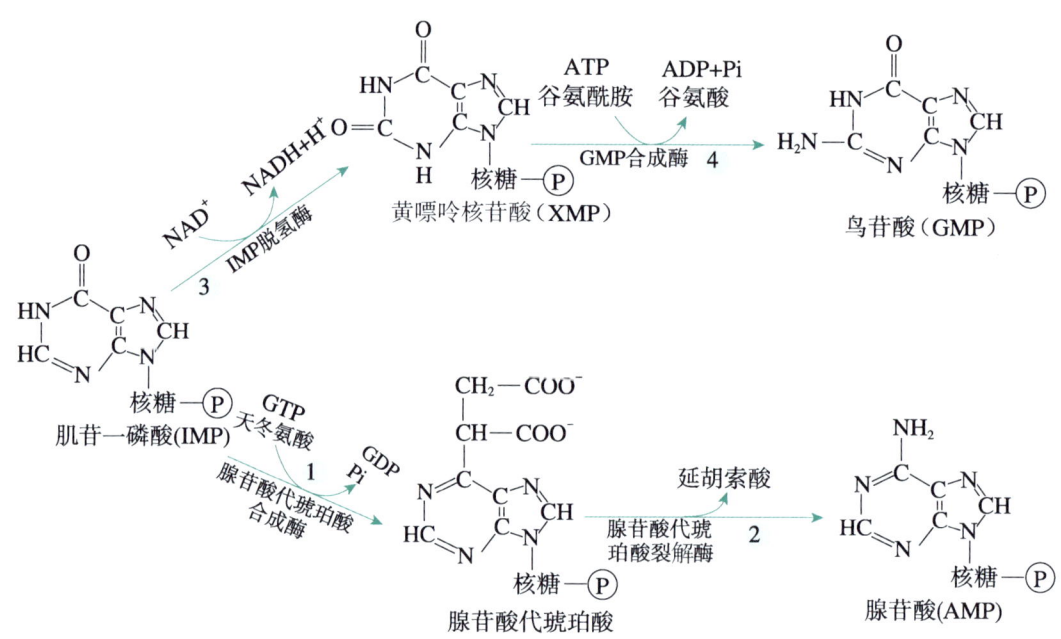

图 15-4　AMP 与 GMP 的生成

AMP 和 GMP 再经过两步磷酸化反应，分别转变为 ATP 和 GTP。具体过程如下：特异性鸟苷酸激酶催化 ATP 磷酰基转移至 GMP，生成 GDP，在非特异性核苷二磷酸激酶（nucleoside diphosphate kinase）的催化下，GDP 消耗 1 分子 ATP 生成 GTP。2 分子 ADP 可以在特异性腺苷酸激酶的催化下生成 ATP（图 15-5）。体内 ADP 向 ATP 的转化主要是通过氧化磷酸化的过程产生，也可以通过糖酵解和三羧酸循环过程中的底物水平磷酸化生成。

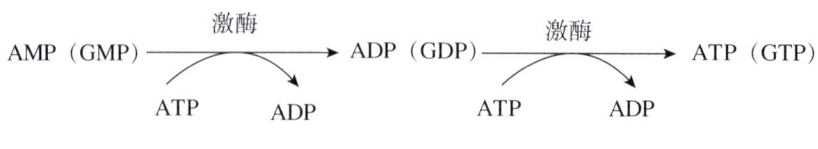

图 15-5　ATP 与 GTP 的生成

3. 从头合成的调节　反馈抑制调节是体内嘌呤核苷酸从头合成的主要调节方式（图 15-6）。通过反馈抑制实现对 AMP 及 GMP 合成速度的精确调节，满足合成核酸所需嘌呤核苷酸需求的同时，减少了前体分子及能量的多余消耗。在此调节过程中，PRPP 合成酶、磷酸核糖酰胺转移酶、腺苷酸代琥珀酸合成酶、IMP 脱氢酶和 GMP 合成酶都可以被调节。

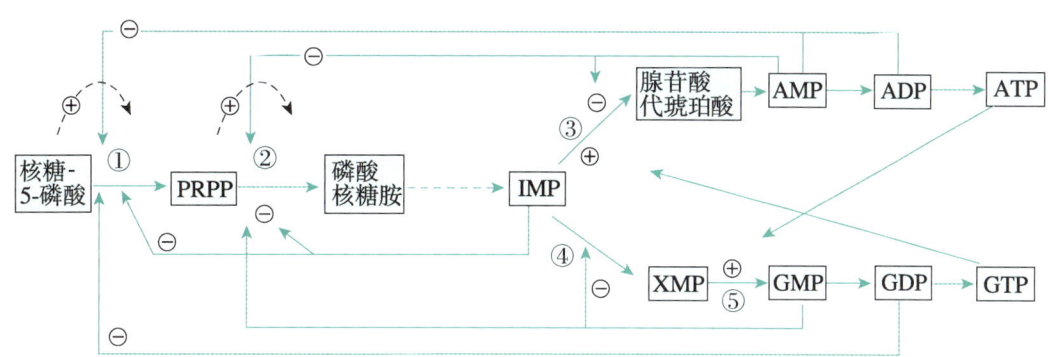

① PRPP 合成酶；② 磷酸核糖酰胺转移酶；③ 腺苷酸代琥珀酸合成酶；④ IMP 脱氢酶；⑤ GMP 合成酶
⊖ 表示负反馈调节；⊕ 表示正反馈调节
图 15-6　嘌呤核苷酸从头合成的调节

PRPP 合成酶是嘌呤核苷酸从头合成的关键酶，其活性主要受别构方式调节，IMP、GMP 与 AMP 是其别构抑制剂，而核糖–磷酸是其别构激活剂。PRPP 还是合成嘌呤核苷酸与嘧啶核苷酸的前体物质，因此 PRPP 合成酶同时受多条代谢途径产物的调节。PRPP 酰胺转移酶也是嘌呤核苷酸从头合成的关键酶，可受 IMP、AMP 以及 GMP 等的反馈抑制，而 PRPP 是其别构激活剂。AMP 抑制腺苷酸代琥珀酸合成酶的活性，可以阻止 IMP 向腺苷酸代琥珀酸的转化。IMP 脱氢酶的活性可以被 GMP 抑制，进而调节 IMP 向 XMP 的转化。

在 IMP 转变为 AMP 与 GMP 的过程中，过量 AMP 可抑制 IMP 向 AMP 的转变，而不影响 CMP 的合成。同样，过量的 GMP 也独立地反馈抑制 GMP 的生成。另外，IMP 转变成 GMP 时需要 ATP，而 IMP 转变成 AMP 时需要 GTP。因此，GTP 可以促进 AMP 的生成，ATP 可以促进 GMP 的生成。通过这种交叉调节作用，腺嘌呤核苷酸和鸟嘌呤核苷酸的合成得以保持平衡。

（二）嘌呤核苷酸的补救合成

对于哺乳类动物而言，并不是所有的组织细胞都存在嘌呤核苷酸的从头合成途径，因此需要直接利用已有的嘌呤碱或嘌呤核苷进行补救合成。补救合成这一途径比较简单，且氨基酸和能量等的消耗也比从头合成途径少得多。体内存在两种类型的补救反应：一种是依赖 PRPP 的嘌呤磷酸核糖化，另一种是由激酶直接催化嘌呤核苷的磷酸化。依赖 PRPP 的补救合成由 PRPP 提供磷酸核糖，在腺嘌呤磷酸核糖转移酶（adenine phosphoribosyl transferase，APRT）或次黄嘌呤-鸟嘌呤磷酸核糖转移酶（hypoxanthine-guanine phosphoribosyl transferase，HGPRT）的催化下，使得嘌呤碱磷酸核糖基化，从而合成 AMP、IMP 和 GMP。

$$腺嘌呤 + PRPP \xrightarrow{APRT} AMP + PPi$$
$$次黄嘌呤 + PRPP \xrightarrow{HGPRT} IMP + PPi$$
$$鸟嘌呤 + PRPP \xrightarrow{HGPRT} GMP + PPi$$

该种补救合成途径中的 APRT 和 HGPRT 也受到相应产物 AMP、GMP 和 IMP 的反馈抑制。由激酶直接催化的嘌呤核苷磷酸化补救生成中，在特异性腺苷酸激酶的催化下，将腺嘌呤核苷生成 AMP, 其他核苷也可经磷酸化生成相应的核苷酸。

$$腺嘌呤核苷 + ATP \xrightarrow{腺苷酸激酶} AMP + ADP$$

嘌呤核苷酸补救合成的生理意义,不仅在于利用已有的嘌呤或嘌呤核苷合成嘌呤核苷酸,从而节省从头合成时所消耗的能量和原料;更重要的是像脑、骨髓这些缺乏从头合成嘌呤核苷酸的酶体系的组织,可以通过嘌呤核苷酸的补救合成途径获得嘌呤核苷酸,因此补救合成途径对这些组织具有非常重要的意义。嘌呤核苷酸补救合成受阻可诱发一些疾病,如 Lesch-Nyhan 综合征(或称自毁容貌征)患者先天性缺乏 HGPRT,可导致鸟嘌呤和次黄嘌呤回收障碍,产生过量尿酸,引起神经系统损伤等症状。

小测试15-2: 嘌呤核苷酸补救合成的生理意义是什么?

(三)脱氧核糖核苷酸的合成

脱氧核苷酸(dNTP)是 DNA 合成的原料(见第十八章"DNA 的合成"相关内容),细胞分裂增殖时需要大量的 dNTP。脱氧核糖核苷酸的合成都是在二磷酸核苷(NDP)的水平上直接还原而成的,即 NDP 脱下核糖 C-2 羟基上的氧而直接生成相应的 dNDP(图 15-7),然后经磷酸化后形成相应的 dNTP。具体过程是 NDP(ADP, GDP, UDP, CDP)在核糖核苷酸还原酶(ribonucleotide reductase,RR)的催化下转变为 dNDP(dADP, dGDP, dUDP, dCDP)。然后,由激酶催化 dNDP 的磷酸化反应,进一步生成 dNTP(dATP, dGTP, dUTP, dCTP)。

图 15-7 核糖核苷二磷酸还原生成脱氧核糖核苷二磷酸

二、嘧啶核苷酸在体内的合成

与嘌呤核苷酸一样,嘧啶核苷酸的合成也有从头合成与补救合成两条途径。但二者的从头合成途径有所区别。嘌呤核苷酸的从头合成过程中,嘌呤环是在磷酸核糖分子上逐步合成的,而不是先合成嘌呤碱基,再与磷酸核糖结合,这是嘌呤核苷酸从头合成的重要特点;而嘧啶核苷酸的从头合成则是先进行嘧啶环的合成,然后再完成磷酸核糖部分的转移,生成嘧啶核苷酸。另外,嘧啶合成路径不进行分支,经过一系列反应直接生成尿苷三磷酸(UTP),尿苷三磷酸是胞苷三磷酸(CTP)合成的前体。

(一)嘧啶核苷酸的从头合成

1. 从头合成途径的原料 嘧啶核苷酸从头合成的原料是 5-磷酸核糖、谷氨酰胺、天冬氨酸和 CO_2,嘧啶碱合成的各种元素来源如图 15-8 所示。

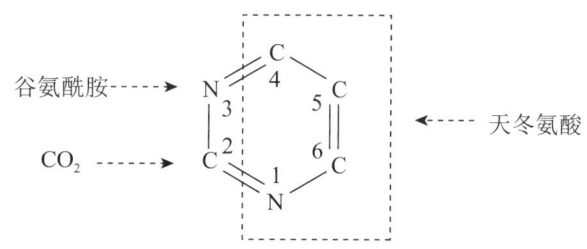

图 15-8　嘧啶碱合成的元素来源

2. 从头合成途径的过程　嘧啶核苷酸从头合成途径是先合成嘧啶环，再与磷酸核糖相连。嘧啶核苷酸合成的共同前体是 UMP。具体过程可分为三个阶段。

（1）尿嘧啶核苷酸的合成：该过程主要在肝细胞的细胞质中进行，共有 9 步反应（图 15-9）。

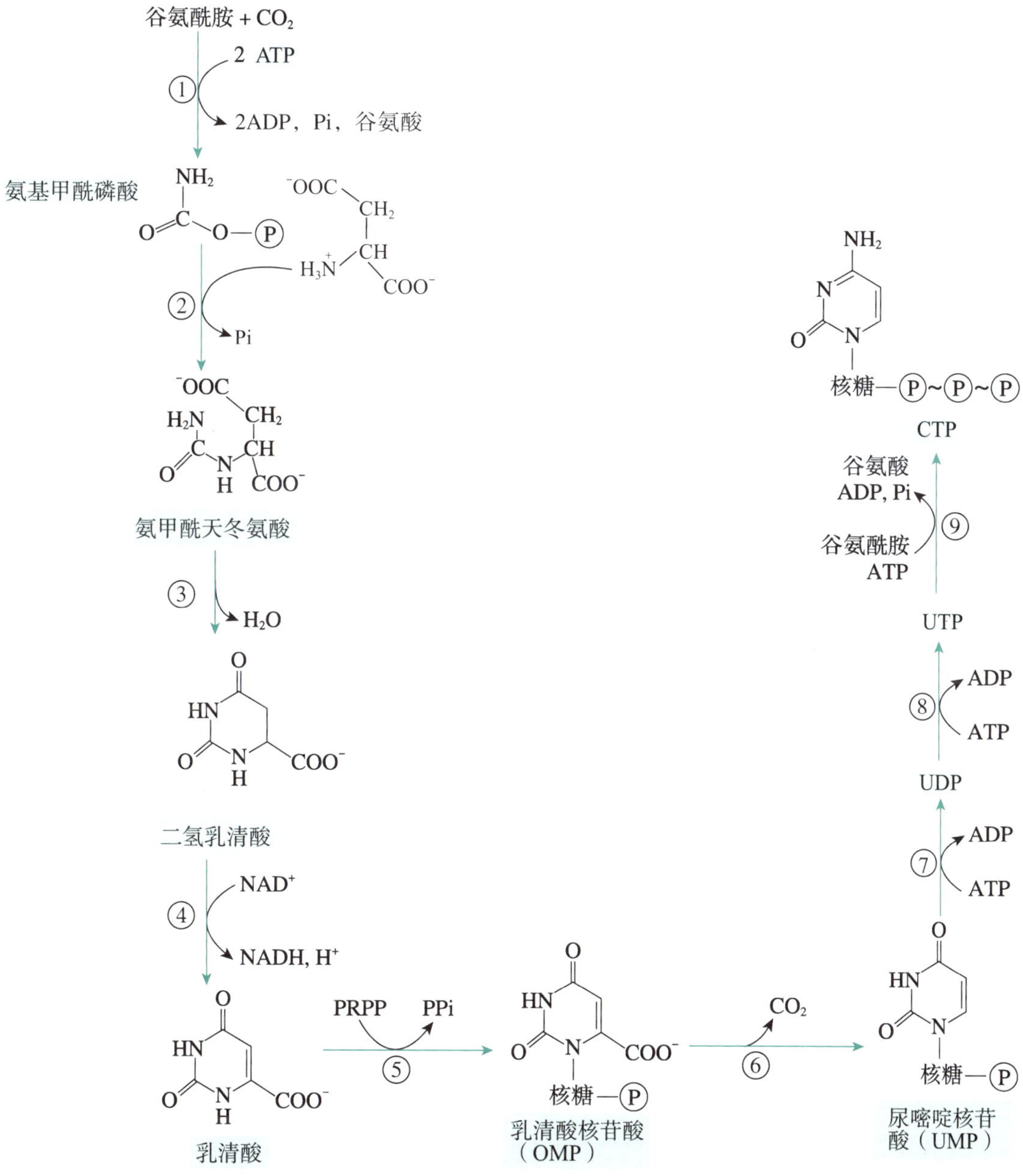

图 15-9　嘧啶核苷酸的合成

①氨基甲酰磷酸合成酶Ⅱ；②天冬氨酸氨基甲酰转移酶；③二氢乳清酸酶；④二氢乳清酸脱氢酶；⑤乳清酸磷酸核糖转移酶；⑥乳清酸核苷酸脱羧酶；⑦尿嘧啶核苷酸激酶；⑧核苷二磷酸激酶；⑨CTP 合成酶

1）谷氨酰胺提供氨源，谷氨酰胺与 CO_2 在氨基甲酰磷酸合成酶Ⅱ（CPS-Ⅱ）的催化下生成氨基甲酰磷酸。氨基甲酰磷酸合成酶有 CPS-Ⅰ 和 CPS-Ⅱ 两种同工酶，二者有着不同的性质和功用。在肝细胞细胞质中的 CPS-Ⅱ 催化生成的氨基甲酰磷酸，主要参与嘧啶核苷酸的合成。而线粒体中的 CPS-Ⅰ 催化生成的氨基甲酰磷酸，主要用于合成尿素。CPS-Ⅱ 受产物的反馈抑制调节，CPS-Ⅰ 不受反馈抑制调节影响（见第十四章"氨基酸代谢"相关内容）。

2）在天冬氨酸氨基甲酰转移酶（aspartate transcarbarnoylase）的催化下，氨基甲酰磷酸被转移到天冬氨酸的氨基上，生成氨甲酰天冬氨酸。

3）在二氢乳清酸酶的催化下，氨甲酰天冬氨酸脱水，产生具有嘧啶环的二氢乳清酸。

4）二氢乳清酸经二氢乳清酸脱氢酶催化，脱氢生成乳清酸（orotic acid）。

5）由乳清酸磷酸核糖转移酶催化，乳清酸与 PRPP 缩合生成乳清酸核苷酸。

6）乳清酸核苷酸脱去羧基最终形成 UMP。

7）、8）由 ATP 提供 2 个磷酸基团形成 UTP。

9）在谷氨酰胺提供氨基，ATP 提供能量，CTP 合成酶的催化下，UTP 生成 CTP。

（2）CTP 的生成：机体在尿苷三磷酸水平上进行 CTP 的合成，即由 UMP 通过激酶的连续催化，生成 UTP，在 CTP 合成酶催化下，UTP 从谷氨酰胺接受氨基，转变生成 CTP。CTP 的生成共消耗 3 分子 ATP。

（3）脱氧胸腺嘧啶核苷酸（dTMP）的生成：dTMP 是 DNA 特有的组分，由 dUMP 经甲基化生成。体内 dUMP 主要由 dCMP 脱氨基生成，也可由 dUDP 去磷酸生成。在胸苷酸合成酶（thymidylate synthetase）催化下，dUMP 发生甲基化，此过程的甲基供体是 N^5,N^{10}-亚甲基四氢叶酸，反应过程如下（图 15-10）。

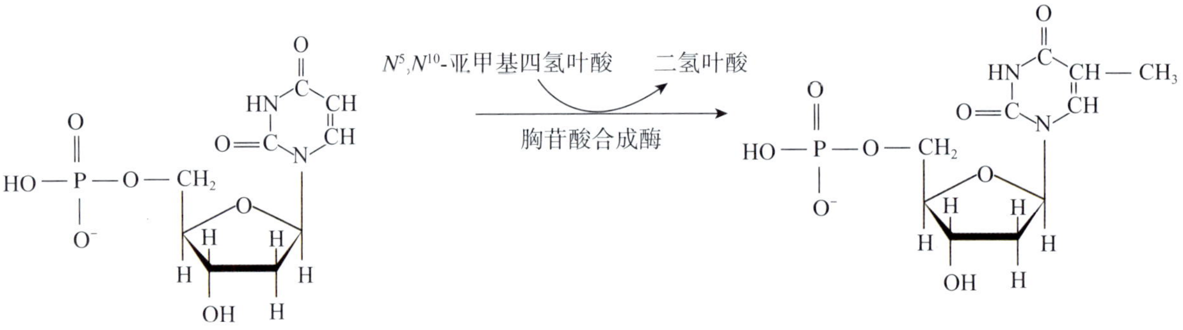

图 15-10 脱氧胸腺嘧啶核苷酸的生成

用于 DNA 合成的 4 种脱氧核苷酸原料 dNTP，可由 dTMP 及其他 dNDP 经激酶催化磷酸化反应生成。

3. 从头合成的调节 嘧啶核苷酸的从头合成也受到反馈调节。原核生物和真核生物中由于酶系不同，嘧啶核苷酸的从头合成途径所受调控也有所区别。在细菌等原核生物中，天冬氨酸氨基甲酰转移酶是关键酶，CTP 是其变构抑制剂，ATP 则是它的变构激活剂；乳清酸脱羧酶可以受 UMP 的反馈抑制。在人及其他哺乳类动物的真核细胞中，两组多功能酶催化嘧啶核苷酸的从头合成，第一组多功能酶是 CPS-Ⅱ、天冬氨酸氨基甲酰转移酶和二氢乳清酸酶，这三个酶位于同一条多肽链上；第二组多功能酶是乳清酸脱氢酶和乳清酸脱羧酶，可以催化 UMP 的生成，它们也位于同一条多肽链上。此过程中 CPS-Ⅱ 是关键酶，其可受到从头合成产物 UMP 和 CTP 的反馈抑制，而 PRPP 可提高此酶的活性。嘧啶核苷酸从头合成的调节部位见图 15-11。

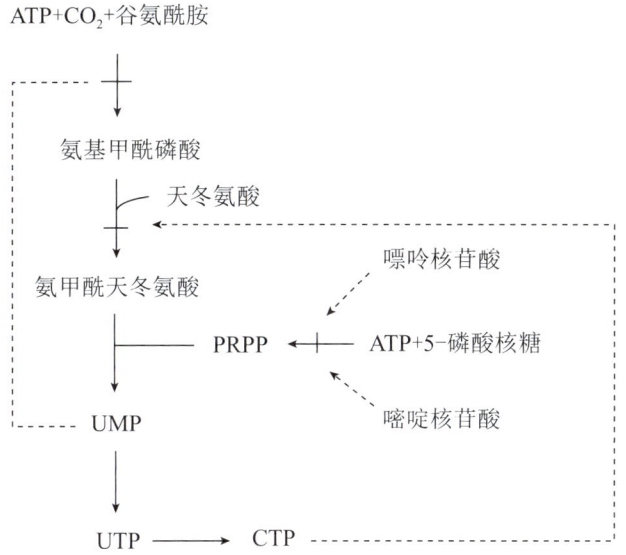

实线表示代谢过程；虚线表示反馈调节过程；⊢：表示调控位置

图 15-11　嘧啶核苷酸从头合成的调节

此外，PRPP 合成酶是嘌呤与嘧啶两类核苷酸合成过程中共同需要的酶，它可同时接受嘌呤核苷酸及嘧啶核苷酸的反馈抑制。嘧啶与嘌呤的合成产物也可相互调控合成过程，使二者的合成速度均衡。

上述反馈调节的作用机制也被临床应用于治疗乳清酸尿症。正常人体内乳清酸由乳清酸磷酸核糖转移酶催化形成乳清酸核苷酸（OMP），继而由乳清酸核苷酸脱羧酶催化转变为 UMP。乳清酸尿症是由于乳清酸磷酸核糖转移酶和乳清酸核苷酸脱羧酶的活性降低，造成乳清酸转变成 UMP 受阻，进而导致体内乳清酸堆积，尿中乳清酸排泄量增多。临床上根据嘧啶核苷酸从头合成的反馈调节机制，应用酵母提取液中的 UMP 和 CTP 混合物作为药物治疗乳清酸尿症，使患者尿中乳清酸的排泄量明显降低。

小测试15-4：乳清酸尿症的发病机制是什么？

（二）嘧啶核苷酸的补救合成

哺乳动物细胞嘧啶核苷酸补救合成与嘌呤核苷酸补救合成相类似（图 15-12），在嘧啶磷酸核糖转移酶的催化下，乳清酸、尿嘧啶及胸腺嘧啶转变为相应的嘧啶核苷酸。另外，嘧啶碱基与核糖 -1- 磷酸在核苷磷酸化酶催化下形成嘧啶核苷，然后在特异性激酶的作用下将嘧啶核苷转变为对应的嘧啶核苷酸。例如，胞苷与尿苷在胞苷/尿苷激酶催化下转变成相应的 CMP 与 UMP，胸苷在胸苷激酶（thymidine kinase）催化的磷酸化反应下转变为 dTMP。脱氧胞苷激酶（deoxycytidine kinase）不仅催化脱氧胞苷的磷酸化反应，同时也催化脱氧鸟苷与脱氧腺苷的磷酸化反应。

正常肝细胞中脱氧胸苷激酶的活性很低，再生肝中活性升高，恶性肝肿瘤患者体内该酶的活性也明显升高，因此脱氧胸苷激酶可作为肿瘤标志物用于评估肿瘤的恶性程度。

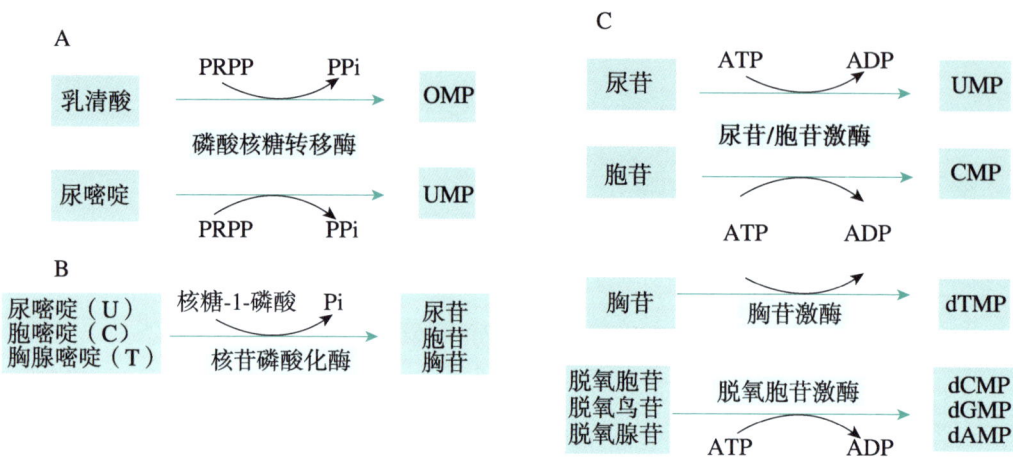

图 15-12　嘧啶核苷酸的补救合成

三、核苷酸抗代谢物具有重要的临床应用价值

依据酶竞争性抑制的作用原理，常用抗代谢物作为临床肿瘤治疗的药物。抗代谢物是指分子结构上类似代谢物的药物，如嘌呤、嘧啶、叶酸和某些氨基酸的结构类似物。其发挥抗肿瘤作用的机制是这些药物通过竞争性抑制或"以假乱真"等方式干扰或阻断体内核苷酸的正常合成代谢，使癌变细胞中核酸和蛋白质的生物合成被快速抑制，从而达到抑制核酸、蛋白质合成以及肿瘤细胞增殖的目的，这类物质总称为抗代谢物。抗代谢物可使癌变细胞中核酸和蛋白质的生物合成被迅速抑制，由此控制肿瘤的发展。按化学结构进行分类，抗代谢物可分为两大类：一类是嘌呤、嘧啶、核苷类似物，其通过转变为异常核苷酸进而干扰核酸的生物合成；另一类是谷氨酰胺、叶酸等类似物，可直接阻断谷氨酰胺、一碳单位在核苷酸合成中的作用。

（一）嘌呤类似物

嘌呤类似物有 6-巯基嘌呤（6-mercaptopurine，6-MP）、硫鸟嘌呤（6-巯基鸟嘌呤）、8-氮杂鸟嘌呤等，其中在临床中最为常用的是 6-巯基嘌呤（图 15-13）。6-MP 的结构与次黄嘌呤相似（以巯基替代 C_6 上的羟基），在体内通过竞争性抑制干扰嘌呤核苷酸的合成。其干扰方式有两种：① 6-MP 经磷酸核糖基化转变成 6-巯基嘌呤核苷酸，其结构与 IMP 相似，通过竞争性抑制 PRPP 酰胺转移酶的活性，干扰 IMP、GMP 和 AMP 的合成，从而影响嘌呤核苷酸的从头合成；② 6-MP 直接竞争性抑制嘌呤补救合成中 HGPRT 的活性，阻断 IMP 和 GMP 的补救合成。

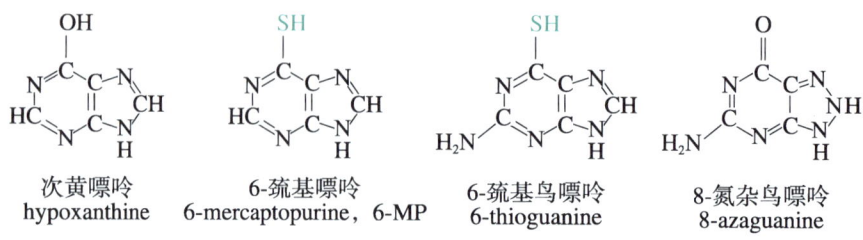

图 15-13　次黄嘌呤类似物

（二）嘧啶类似物

目前临床应用最广泛的抗嘧啶类似物是 5-氟尿嘧啶（5-fluorouracil，5-FU），是胸苷酸合成酶抑制剂，其结构与胸腺嘧啶相似（以 F 代替 C_5 上的甲基）。5-FU 本身并无生物活性，但其可以作为乳清酸磷酸核糖转移酶的假底物，被催化成为 dUMP 的类似物——脱氧氟尿嘧啶核苷一磷酸（5FdUMP）。5FdUMP 与 dUMP 结构相似，可以与胸苷酸合成酶形成共价复合物，进而抑制胸苷酸合成酶的活性，阻断 dUMP 转化为 dTMP，干扰 DNA 的合成。另外，FUTP 可以 FUMP 的形式掺入到 RNA 分子中，破坏 RNA 的结构与功能，从而干扰蛋白质的合成。

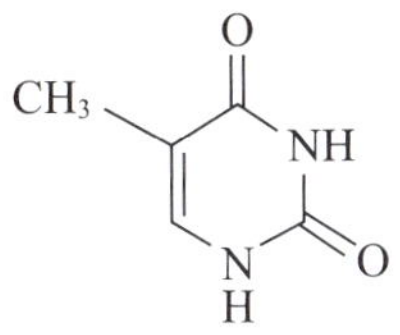

胸腺嘧啶 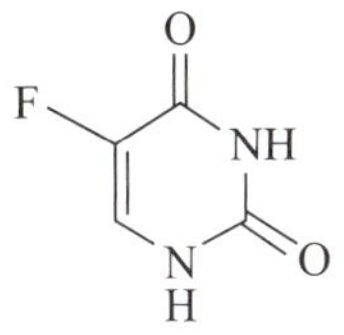　　　　　5-FU

（三）叶酸类似物

叶酸的类似物有氨蝶呤（aminopterin，APT）、甲氨蝶呤（methotrexate，MTX）等，此种类似物主要干扰一碳单位的代谢——通过竞争性抑制二氢叶酸还原酶的活性，使叶酸不能还原为二氢叶酸及四氢叶酸。一碳单位的代谢受到干扰后，嘌呤核苷酸的合成受到抑制。另外，一碳单位为胸苷酸的合成提供甲基，叶酸类似物可阻断 dUMP 生成 dTMP，影响 DNA 的生物合成。APT 与 MTX 广泛应用于临床多种肿瘤的治疗。

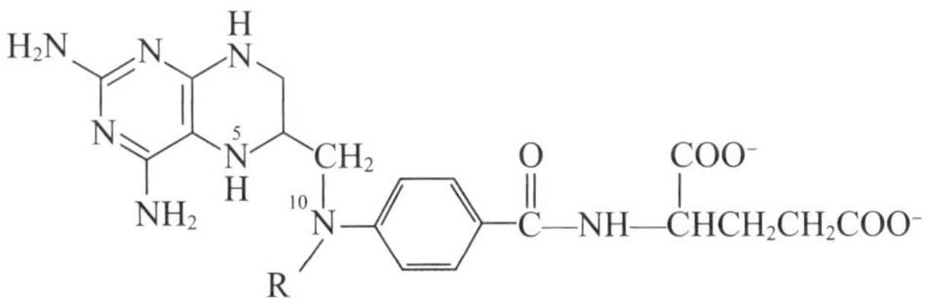

氨蝶呤：R = H；甲氨蝶呤：R = CH_3

（四）谷氨酰胺类似物

作为氮的供体，谷氨酰胺参与嘌呤核苷酸生物合成过程中提供酰胺氮的反应。谷氨酰胺类似物有氮杂丝氨酸（azaserine）和 6-重氮-5-氧正亮氨酸（diazonorleucine）等。该类氨基酸类似物与谷氨酰胺结构相似，以竞争性抑制的方式参与谷氨酰胺反应的过程，干扰嘌呤及嘧啶核苷酸的从头合成，从而抑制核苷酸的合成。

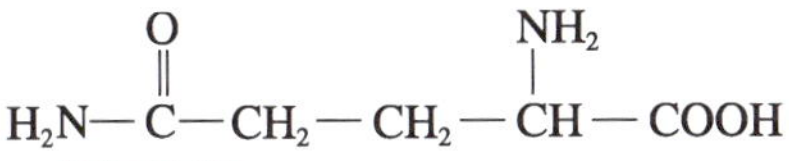

谷氨酰胺

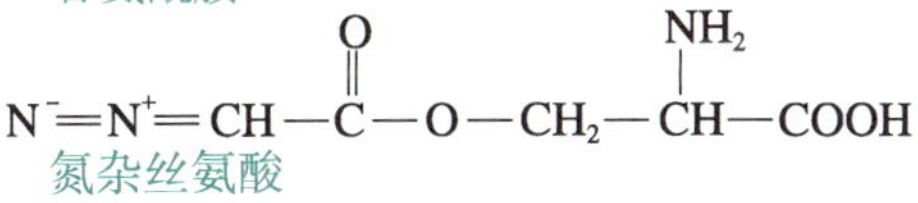

氮杂丝氨酸

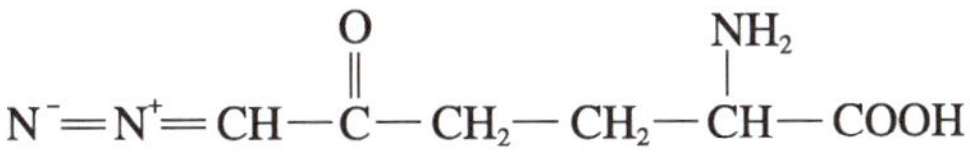

6-重氮-5-氧正亮氨酸

（五）核苷类似物

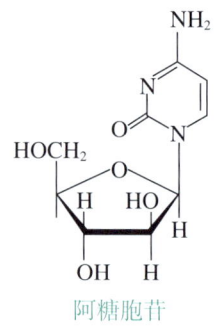

阿糖胞苷

阿糖胞苷（cytarabine）是核苷类似物，其改变了核糖的结构，也是重要的抗癌药物。阿糖胞苷能抑制 CDP 还原成 dCDP，影响 DNA 的合成。

核苷酸抗代谢物虽然能够有效抑制肿瘤细胞的增殖，但其缺乏对肿瘤细胞的特异性，对增殖和代谢旺盛的某些正常组织和细胞也具有杀伤性，因而毒副作用较大。

各种抗代谢物的作用机制示例见表 15-2。

表 15-2　各种抗代谢物的作用机制示例

抗代谢物		作用机制
嘌呤类似物	6-MP	6-MP 的结构与次黄嘌呤相似，在体内通过竞争性抑制干扰嘌呤核苷酸的从头合成和补救合成
嘧啶类似物	5-FU	5-FU 抑制胸苷酸合酶的活性，阻断 TMP 的合成，干扰 DNA 的合成；破坏 RNA 的结构与功能，从而干扰蛋白质的合成
叶酸类似物	氨蝶呤及 MTX	通过竞争性抑制二氢叶酸还原酶的活性干扰一碳单位的代谢；可阻断 dUMP 生成 dTMP，影响 DNA 的生物合成
氨基酸类似物	氮杂丝氨酸 6-重氮-5-氧正亮氨酸	与谷氨酰胺结构相似，干扰嘌呤及嘧啶核苷酸的从头合成，从而抑制核苷酸的合成
核苷类似物	阿糖胞苷	抑制 CDP 还原成 dCDP，影响 DNA 的合成

第三节　核苷酸的分解代谢

体内核苷酸的分解代谢与食物中核苷酸的消化过程基本相似，核苷酸在细胞中一系列核苷酸酶的作用下逐级分解生成嘌呤碱基与嘧啶碱基、核糖及 1-磷酸核糖。嘌呤碱基氧化为尿酸（uric acid），嘧啶碱基生成 β-丙氨酸、β-氨基异丁酸、NH_3 和 CO_2。

一、嘌呤核苷酸的分解代谢

（一）嘌呤核苷酸的分解代谢过程

人体内嘌呤核苷酸主要在肝、肾及小肠进行分解。嘌呤碱最终分解生成尿酸（uric acid），共分五步完成。

（1）AMP、GMP、IMP 在 5′-核苷酸酶（5′-nucleotidase）催化下脱磷酸，分别生成腺苷、鸟苷和次黄苷（肌苷）（图 15-14，反应①）。

（2）腺苷等糖苷键的磷解反应由嘌呤核苷磷酸化酶（purine nucleoside phosphorylase，PNP）催化，释放出核糖-1-磷酸与嘌呤碱（腺嘌呤、鸟嘌呤、次黄嘌呤）（图 15-14，反应②）。上述反应生成的核糖-1-磷酸在磷酸核糖变位酶（phosphoribomutase）的作用下异构为核糖-5-磷酸，可再合成 PRPP，用于核苷酸的从头合成与补救合成。

（3）在腺苷脱氨酶（adenosine deaminase，ADA）的催化下，腺苷发生脱氨反应，生成次黄苷（肌苷）（图 15-14，反应③）。

(4）在鸟嘌呤脱氨酶（guanine deaminase）的催化下，鸟嘌呤脱氨生成黄嘌呤（xanthine）（图 15-14，反应④）。

（5）在黄嘌呤氧化酶（xanthine oxidase）的催化下，次黄嘌呤氧化成黄嘌呤，并进一步氧化成尿酸（图 15-14，反应⑤）。

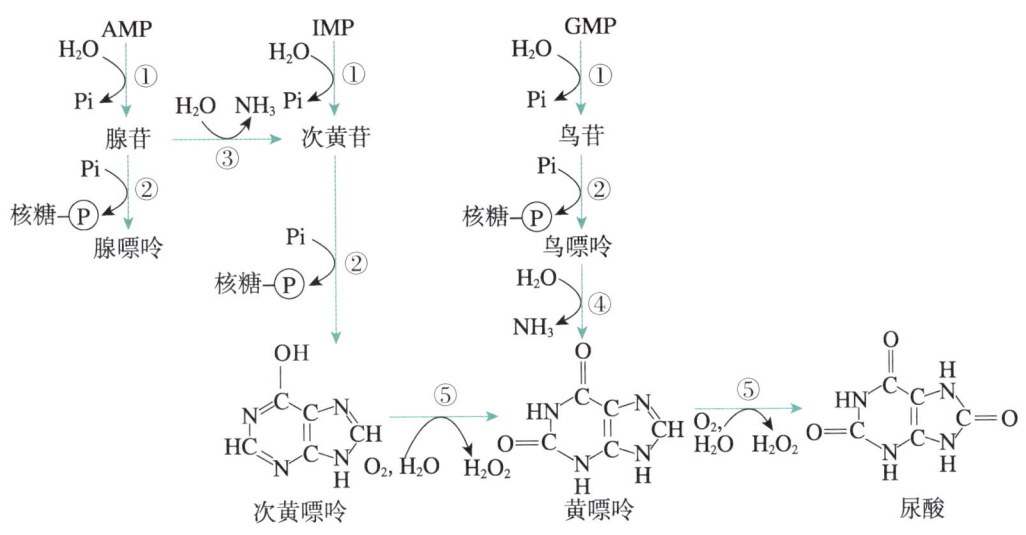

图 15-14　嘌呤核苷酸的分解代谢
① 5′- 核苷酸酶；②嘌呤核苷磷酸化酶；③腺苷脱氨酶；④鸟嘌呤脱氨酶；⑤黄嘌呤氧化酶

（二）嘌呤代谢障碍疾病

尿酸是人体嘌呤碱代谢的终产物，经肾随尿液排出体外。正常人血清中尿酸含量为 119～357 μmol/L，男性略高于女性。血清中尿酸含量在男性超过 416 μmol/L、在女性超过 357 μmol/L 时即可诊断为高尿酸血症（hyperuricemia）。

1. 痛风（gout）　痛风患者血中尿酸含量升高。由于尿酸水溶性较差，高尿酸血症患者体内的尿酸盐可析出晶体，以尿酸盐结晶的形式沉积在关节、软骨、软组织及肾等处，从而引发关节炎、尿路结石及肾脏疾病。根据发病原因可分为原发性痛风和继发性痛风。原发性痛风的发生可能与嘌呤核苷酸补救合成和从头合成途径中一些酶的缺失有关；继发性痛风则多因进食高嘌呤饮食、体内核酸大量分解（如白血病、恶性肿瘤等）或肾疾病导致尿酸排泄障碍等所致。

HGPRT 不完全缺乏是形成痛风的主要原因之一。HGPRT 不完全缺乏导致 GMP 与 IMP 补救合成减少，并伴随 PRPP 浓度的明显升高，后者会提高嘌呤核苷酸的从头合成速率，最终表现为嘌呤核苷酸过度生成（图 15-15）。嘌呤核苷酸过度生成导致其降解生成的尿酸量也相应增加，从而引发痛风。

临床上广泛应用促进尿酸排泄（如丙磺舒、苯溴马隆等）或抑制尿酸生成的药物（别嘌呤醇）治疗痛风。别嘌呤醇是一种次黄嘌呤的类似物（图 15-16），经黄嘌呤氧化酶催化发生羟基化反应生成别嘌呤二醇，后者可抑制黄嘌呤氧化酶的活性，使得次黄嘌呤不能氧化成黄嘌呤和继续氧化生成尿酸，减少尿酸的生成。此外，别嘌呤醇与 PRPP 进行磷酸核糖化反应生成的别嘌呤醇核苷酸，与 IMP 结构相似，可反馈抑制嘌呤核苷酸的从头合成，致使嘌呤核苷酸合成减少，从而间接控制或降低尿酸的产生量。

2. Lesch-Nyhan 综合征　Lesch-Nyhan 综合征是指由于 HGPRT 完全缺乏，引起以强迫性自毁行为为典型临床特征的一种疾病。该病患儿临床表现为智力发育缺陷，有自毁行为和攻击性，同时伴有高尿酸血症，引发肾结石、痛风等症状。

痛风的临床表现及可能的病因

Lesch-Nyhan 综合征的发生机制

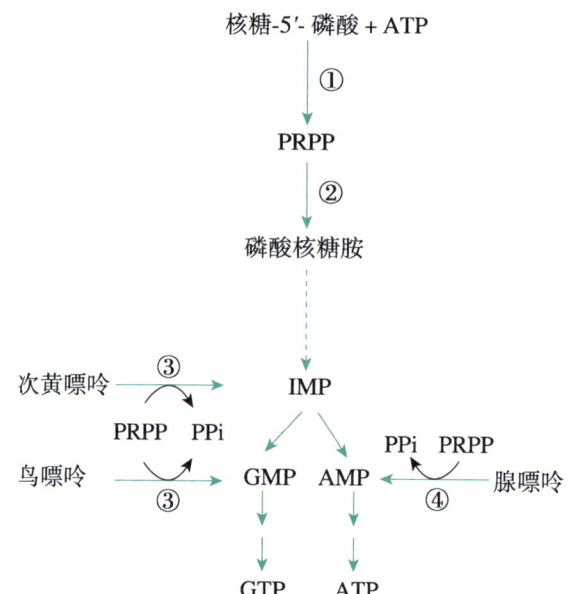

图 15-15 痛风发病的生化基础
① PRPP 合成酶；② PRPP 酰胺转移酶；③次黄嘌呤 - 鸟嘌呤磷酸糖转移酶（HGPRT）；
④腺嘌呤磷酸核糖转移酶（APRT）

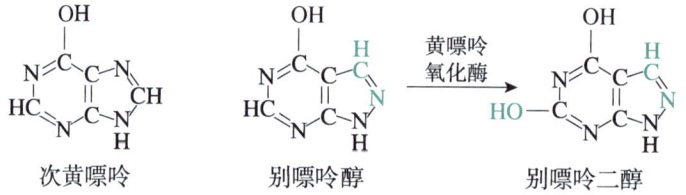

图 15-16 别嘌呤醇的作用机制

二、嘧啶核苷酸的分解代谢

嘧啶核苷酸在核苷酸酶及核苷磷酸化酶的作用下，胞嘧啶最终分解生成 NH_3、CO_2 和 β- 丙氨酸，胸腺嘧啶最终分解生成 NH_3、CO_2 和 β- 氨基异丁酸。该过程共分 4 步完成（图 15-17）。

（1）嘧啶核苷酸（CMP、UMP、dTMP）在核苷酸酶的作用下除去磷酸生成嘧啶核苷（图 15-17，反应①）。

（2）嘧啶核苷磷酸糖苷键的磷酸解反应由核苷磷酸化酶催化，释放磷酸核糖与嘧啶碱基（图 15-17，反应②）。

（3）胞嘧啶脱氨基转变成尿嘧啶，然后还原成为二氢尿嘧啶，水解开环后分解成为 β- 丙氨酸、CO_2、NH_3。

（4）胸腺嘧啶降解成为 β- 氨基异丁酸、CO_2、NH_3。

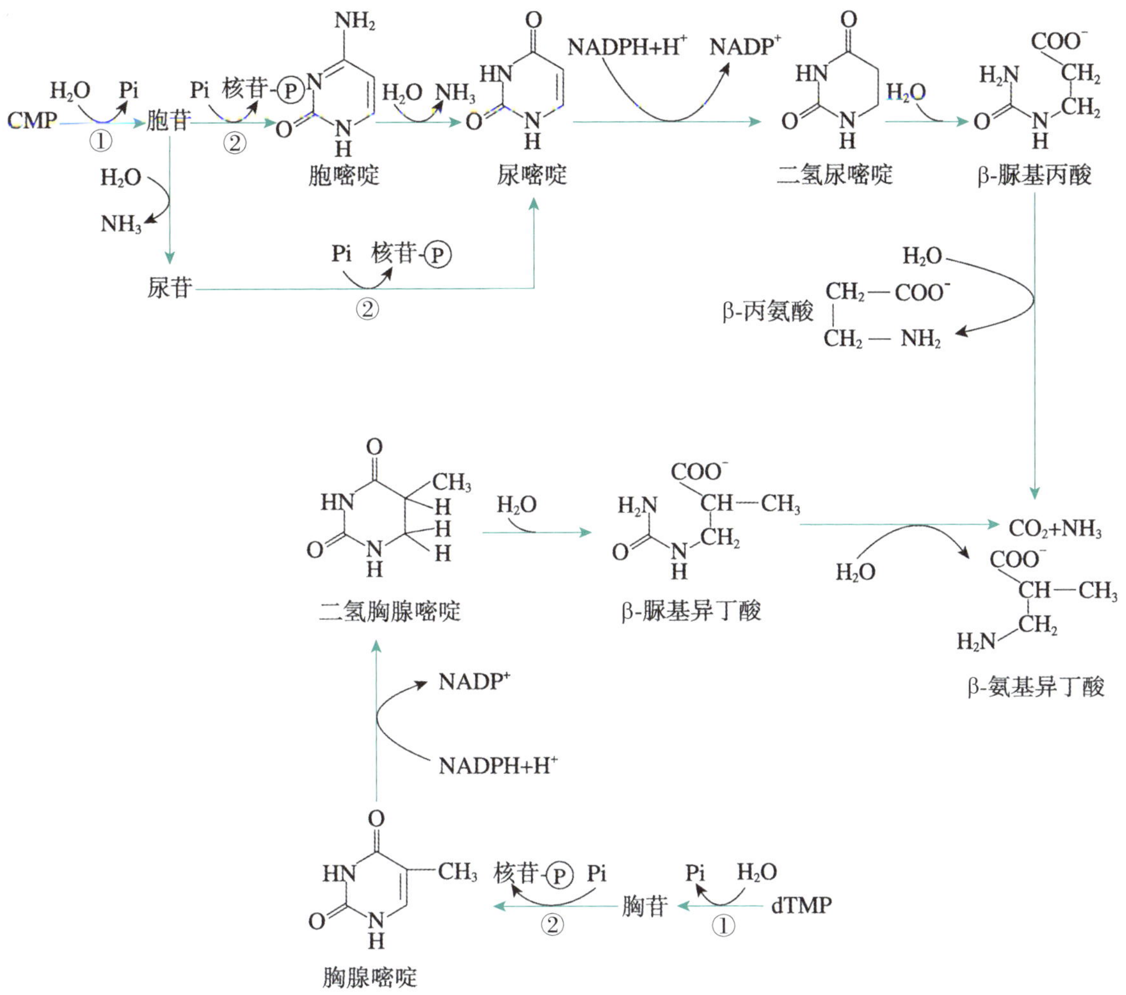

图 15-17　嘧啶核苷酸的分解代谢
① 5′- 核苷酸酶；② 核苷磷酸化酶

体内 β- 氨基异丁酸经转氨基反应转变为甲基丙二酸半醛，形成琥珀酰 CoA 后参与三羧酸循环而彻底氧化，而生成的 NH_3 可以在肝合成尿素。

小　结

核苷酸是组成核酸的基本结构单位，其不是营养必需物质，主要通过细胞自身合成。核苷酸合成有从头合成与补救合成两条途径。嘌呤核苷酸的从头合成是先合成 IMP，然后进一步合成 AMP 和 GMP。嘧啶核苷酸的从头合成是先合成嘧啶环，然后由 PRPP 提供磷酸核糖生成嘧啶核苷酸。从头合成过程受到精确的反馈调节。补救合成是已有的嘌呤、嘧啶或嘌呤、嘧啶核苷的重新利用，具有重要生理意义。

核苷酸的抗代谢物通过干扰或阻断核苷酸的合成，从而阻止核酸与蛋白质的合成，在抗肿瘤治疗中发挥重要作用。嘌呤核苷酸分解代谢的终产物是尿酸，嘧啶核苷酸的终产物是 CO_2、NH_3 及 β- 氨基酸。痛风是一种由于嘌呤代谢异常导致尿酸生成过多引起的疾病，临床上常用别嘌呤醇治疗痛风。

> **整合思考题**
>
> 1. 嘌呤核苷酸从头合成过程中哪些酶受到变构调节？它们的变构剂分别是什么？
> 2. 核苷酸抗代谢物的种类及其调控肿瘤细胞增殖的机制是什么？
> 3. 痛风发生的生化机制以及别嘌呤醇的治疗机制是什么？

（杨　洋　孟列素）

第十六章　代谢的整合与调节

导学目标

通过本章内容的学习，学生应能够：

※ **基本目标**

1. 描述人体内代谢的特点。
2. 分析代谢的动态平衡、整体性、物质代谢与能量代谢的统一。
3. 举例说明体内糖、脂质和氨基酸代谢途径之间的相互联系。
4. 描述重要代谢途径的细胞内定位、关键酶和关键反应。
5. 总结细胞水平、激素水平和整体水平的代谢调节及其意义。
6. 分析短期饥饿和长期饥饿时机体物质代谢的变化和特点。
7. 举例说明组织间的代谢联系及肝在物质代谢中的重要作用。
8. 分析肝外组织的代谢特点。

※ **发展目标**

1. 举例说明代谢调节障碍所导致的疾病，并理解其发生的分子机制。
2. 根据物质代谢理论知识，为肥胖人士设计科学的减肥方案。

案　例

2020 年 5 月 22 日中午 12 点左右，某在建隧道发生垮塌，致 3 人失联。事发后，当地政府以及相关部门及时展开救援。经过 176 小时的紧张救援，5 月 29 日晚 8 时许，失联的 3 名工人被成功救出。经医生检查，3 名工人生命体征平稳，暂无生命危险，但都出现了不同程度的口臭，其中一人出现了酸中毒症状。按照医务人员建议，为 3 名被困工人提供了葡萄糖，为其补充能量，并及时送至医院，进入 ICU 接受治疗。经了解，隧洞垮塌点离 3 人所处位置有一段距离，因此洞内有一定的生存空间，3 人靠洞内的积水生存了下来。

问题：
1. 这些遇险人员在饥饿 1 天、3 天和 7 天时，其代谢变化各有何特点？
2. 这些遇险人员体内代谢发生变化的机制是什么？
3. 这些遇险人员获救后，应注意纠正何种代谢失衡？

案例解析

代谢（metabolism）是新陈代谢的简称，指机体活细胞内的全部化学变化，其反应多是酶促反应。新陈代谢是生物体的基本特征和生命活动的物质基础。每一个生物体在生命过程中不停地与外环境进行物质交换，通过消化、吸收摄入营养物质（如糖、脂质和蛋白质），经过体内的代谢反应，满足自身对原料和能量的需求，再将代谢废物排出体外，从而实现个体的生存和发展。

在体内进行的各种代谢过程，一方面将营养物质通过分解代谢为生命活动提供能量，另一方面，机体通过合成代谢储存能量和生成自身所需的结构成分。虽然物质代谢有多条代谢途径，每条代谢途径又有一系列酶促反应步骤，但不同的代谢途径通过代谢枢纽性物质相互联系，有些代谢途径会共享某些酶促反应步骤，如分解代谢有共同的中间代谢产物和代谢途径，所以，各种代谢途径相互联系、相互协调和相互制约，形成整体的网状结构，即代谢具有整体性的特点。

为适应不断变化的内、外环境，机体通过直接或间接调节关键酶的含量和活性，进而调节各种物质的代谢方向、流量和代谢速率，从而使体内物质的代谢有条不紊地进行，即代谢具有可调节性的特点。体内的各种物质代谢途径之间相互联系，通过细胞水平、激素水平和整体水平对各个代谢途径进行协调，以维持内环境的动态平衡，确保机体的正常功能。

由于机体不同组织、器官的细胞中形成了特定的酶谱，即有不同的酶系种类和含量，因此各组织、器官除具有一般的基本代谢外，还有着各自不同的代谢特点，以适应相应的功能需要。其中肝是物质代谢的核心器官。

关于代谢的整合与调节的学习方法推荐

第一节 代谢的特点

一、代谢的整体性

机体在生命活动过程中与环境之间不断进行着物质交换。进入体内的营养物质包括糖、脂质、蛋白质、维生素、无机盐、水以及 O_2。这些物质经过中间代谢为机体生存提供能量和原料。体内各物质代谢相互联系。虽然各类物质代谢十分复杂，但它们不是各自为政，而是同步进行、彼此联系、相互转变，或彼此依存，构成网络和统一整体。例如，糖、脂质、氨基酸等物质在体内氧化分解释放的能量保证了蛋白质等生物大分子合成时的能量需要，氧化分解产生的 NADPH 为合成代谢提供所需的还原当量，而各种酶蛋白的合成又是催化糖、脂质、氨基酸等物质各种代谢反应所必需。

二、代谢的动态平衡

体内各种物质的代谢总是处于一种动态的平衡之中。在正常生理状态下，体内糖、脂质、蛋白质等物质面临多条代谢途径，或合成或分解，有获取则随之被转变（消耗），有消耗则适时获得补充，使其中间代谢物不会出现堆积或匮乏的现象。如血糖浓度虽然一直维持恒定的水平，但其成分每分钟都在不断更新。体内其他物质也均如此处于动态平衡之中。我国著名的生物化学家刘思职院士曾将代谢的动态平衡高度哲理性地概括为："生者化，化又生，生化即化生；新必陈，陈乃谢，新陈恒代谢。"

三、代谢的可调节性

物质代谢受到多层次的精细调节。正常情况下，机体各种物质代谢适应内外环境改变，有条不紊地进行，是由于存在着细胞水平、激素水平和整体水平多层次的调节机制，从而保证了机体的整体性和内环境的相对稳定。

四、各种代谢物的各自共同代谢库

人体主要营养物质如糖、脂质、蛋白质，无论是从食物中摄入的，还是体内组织细胞自身合成的，在进行中间代谢时，根据机体的生理需求，不分彼此，同样进入各种代谢途径进行代谢，组成共同的代谢库（metabolic pool）。例如，来自食物中消化吸收的葡萄糖或体内代谢产生的葡萄糖，均以血糖代谢库的形式混为一体，根据机体的能量或物质合成的需求，均可以被各种组织细胞摄取，或进行有氧氧化，或进行无氧氧化，或合成糖原，或转化为其他糖及糖衍生物，其机会均等。

五、存在两用代谢途径

机体内合成代谢和分解代谢的途径一般并不相同，以便于调节。但机体存在着既可用于代谢物分解又可用于合成的代谢途径，称为两用代谢途径（amphibolic pathway），发挥枢纽作用和连通合成与分解代谢的核心桥梁作用。最具代表性的例子就是三羧酸循环，糖、脂肪酸、氨基酸完全氧化分解必须经历三羧酸循环；同时，三羧酸循环中的一些中间代谢物也是合成许多其他重要生物分子的前体。

六、代谢的组织器官特异性

人体各组织、器官高度分化，功能各异，具有各自的代谢特点。这是由于不同组织和器官的结构、组成不同，尤其是这些组织、器官的细胞表达的酶谱存在差异，即不同的酶系种类和含量，使各组织、器官除了具有一般的代谢外，还具有特点鲜明的代谢。如，肝含有丰富的、可代谢多种物质的酶类，所以是人体各类物质代谢的枢纽，而脂肪组织则主要是储存和动用脂肪。

第二节 代谢的相互联系

一、物质代谢与能量代谢相互关联

机体的各种生命活动如生长、发育、繁殖、运动，包括各种生命物质的合成等均需要能量。

人体能量的来源是营养物质,但糖、脂质、蛋白质中的化学能不能直接用于各种生命活动,机体需氧化分解营养物质,释放出化学能,并将其大部分储存在可供各种生命活动直接利用的 ATP 中。ATP 作为机体可直接利用的能量载体,将产能的营养物质分解代谢与耗能的物质合成代谢联系在一起,将代谢与其他生命活动联系在一起。

糖、脂质及蛋白质是人体的主要能量物质,均可在体内氧化分解供能,释放的能量以 ATP 形式储存。三大营养物质的氧化分解大致可分成三个阶段:第一阶段是分解成单体,即多糖(如淀粉、糖原)分解成葡萄糖;脂肪分解成甘油及脂肪酸;蛋白质降解为氨基酸。第二阶段是转变为乙酰 CoA,这个分解代谢阶段各不相同,但都有共同的中间代谢物——乙酰 CoA。第三阶段是乙酰 CoA 进入三羧酸循环,并经呼吸链和氧化磷酸化彻底氧化分解,最终生成 CO_2、水和 ATP(图 16-1)。因而,乙酰 CoA 是三大营养物质氧化分解的共同中间代谢物,三羧酸循环和氧化磷酸化是三大营养物质分解产能的共同代谢途径。这样大大节约了酶的种类和数量。

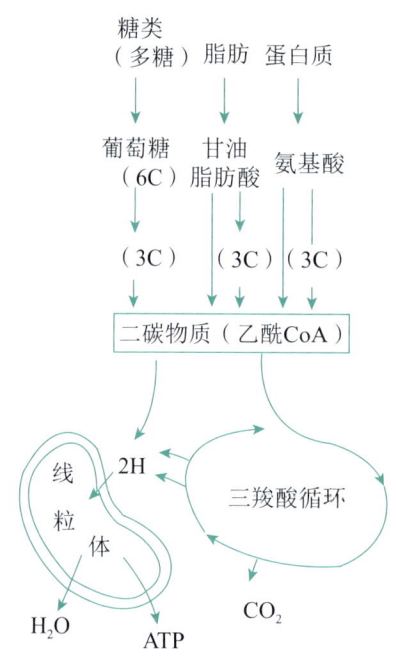

图 16-1 糖、脂质和蛋白质的共同代谢途径

正因为糖、脂质和蛋白质的氧化分解代谢有共同的代谢途径,所以当某一种供能物质的代谢占优势时,常能减少其他供能物质的分解。如脂肪酸代谢旺盛时,其生成的 ATP 增多(ATP/ADP 比值增高),可别构抑制糖酵解的关键酶——磷酸果糖激酶 -1,从而抑制糖的分解代谢。相反地,若供能物质供应不足,体内能量匮乏,ADP 积存增多,则可别构激活磷酸果糖激酶 -1,以加速体内糖的分解代谢。

从能量供应角度看,三大营养物质可以互相替代、互相补充,但也互相制约。一般情况下,体内供能物质以糖类及脂肪为主,以尽量节约蛋白质。这一方面是因为动物及人摄取的食物中以糖类最多,占总热量的 50%～70%;脂肪摄入量虽然不是最多,占总热量的 10%～40%,但它是机体储能的主要形式,可达体重的 20% 或更多(肥胖者可达 30%～40%);另一方面是因为体内固有的蛋白质多为组成细胞的重要结构成分,通常蛋白质在体内并无明显多余储存;若膳食中以蛋白质为主要供能物质也不适宜,因为其在体内分解时会产生含氮类代谢废物,加重肾的排泄负担。此外,脂肪大量代谢时,又必须有适量糖代谢的配合,以补充三羧酸循环的中间成员,用以代谢乙酰 CoA。

二、糖、脂质和蛋白质的相互联系

体内糖、脂质、蛋白质和核酸等的代谢不是彼此孤立的,而是通过共同的中间代谢物、三羧酸循环等彼此联系、相互转变。三羧酸循环不仅是糖、脂质和氨基酸分解代谢的最终共同途径,其间的许多中间产物还可以分别转化成糖、脂质和氨基酸,因此三羧酸循环也是联系糖、脂质和氨基酸代谢的纽带。通过一些枢纽性中间产物,可以联系及沟通几条不同的代谢途径。例如,如果摄入的糖量超过体内能量消耗所需,其生成的柠檬酸增多,则别构激活乙酰 CoA 羧化酶,使由糖代谢分解而来的大量乙酰 CoA 羧化成丙二酸单酰 CoA,进而合成脂肪储存起来。因而,食用不含油脂的高糖膳食同样可以使人肥胖。而且糖代谢的一些中间产物还可以经氨基化生成某些非必需氨基酸,以补充和节约蛋白质的消耗。例如丙酮酸可氨基化成丙氨酸、α-酮戊二酸可氨基化成谷氨酸等(图 16-2)。

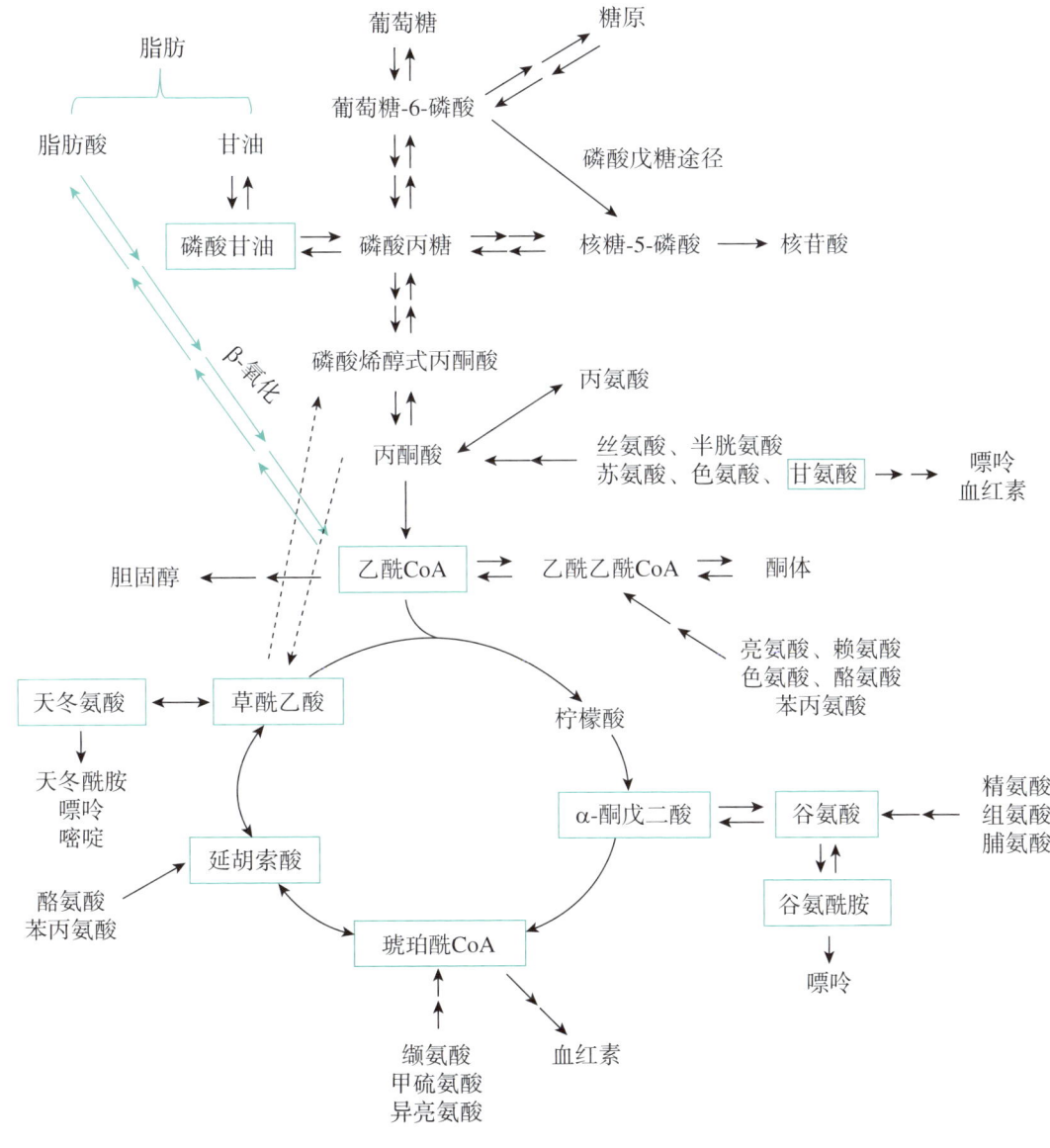

图 16-2 糖、脂质、氨基酸代谢的相互联系

（一）糖代谢与脂质代谢的相互联系

当葡萄糖的摄入量超过体内需求时，除合成糖原储存在肝及肌组织外，葡萄糖氧化分解过程中生成的柠檬酸及最终产生的 ATP 增多，可别构激活乙酰 CoA 羧化酶，使葡萄糖分解产生的乙酰 CoA 羧化成丙二酸单酰 CoA，进而合成脂肪酸及脂肪，脂肪储存于脂肪组织中。因此，摄取不含脂肪的高糖膳食过多，也能使人血浆甘油三酯升高，并导致肥胖。但是，脂肪分解产生的脂肪酸不能在体内转变为葡萄糖，因为脂肪酸分解生成的乙酰 CoA 在动物体内不能转变为丙酮酸。尽管脂肪分解产生的甘油可以在肝、肾、肠等组织甘油激酶的作用下转变成磷酸甘油，进而转变成糖，但与脂肪中大量脂肪酸分解生成的乙酰 CoA 相比，其量极少。此外，脂肪酸氧化分解代谢能否顺利进行及其强度，还依赖于糖代谢状况。当饥饿、糖供给不足或糖代谢障碍时，尽管脂肪可以大量动员，并在肝经 β- 氧化生成大量酮体，但由于糖代谢不能满足相应的需要，草酰乙酸生成相对或绝对不足，导致大量酮体不能进入三羧酸循环氧化，在血中蓄积，进而造成高酮血症。

（二）糖代谢与氨基酸代谢的相互联系

组成人体蛋白质的 20 种氨基酸中，除生酮氨基酸（亮氨酸、赖氨酸）外，都可通过脱氨作用，生成相应的 α- 酮酸。这些 α- 酮酸可转变成某些能进入糖异生途径的中间代谢物，循糖异生途径转变为葡萄糖。如丙氨酸经脱氨基作用生成的丙酮酸，可异生为葡萄糖；精氨酸、组氨酸、脯氨酸可先转变成谷氨酸，进一步脱氨生成 α- 酮戊二酸，再经草酰乙酸、磷酸烯醇式丙酮酸异生为葡萄糖（图 16-2）。葡萄糖代谢的一些中间代谢物，如丙酮酸、α- 酮戊二酸、草酰乙酸等也可氨基化成某些非必需氨基酸。但苏氨酸、甲硫氨酸、赖氨酸、亮氨酸、异亮氨酸、缬氨酸、苯丙氨酸、组氨酸及色氨酸这 9 种氨基酸不能由糖代谢中间物转变而来。总之，20 种氨基酸除亮氨酸及赖氨酸外均可转变为糖，而糖代谢中间代谢物仅能在体内转变成 11 种非必需氨基酸。

（三）氨基酸代谢与脂质代谢的相互联系

体内的氨基酸，无论是生糖氨基酸、生酮氨基酸（亮氨酸、赖氨酸）还是生酮兼生糖氨基酸（异亮氨酸、苯丙氨酸、色氨酸、酪氨酸、苏氨酸），均能分解生成乙酰 CoA，经还原缩合反应可合成脂肪酸，进而合成脂肪。氨基酸分解产生的乙酰 CoA 也可用于合成胆固醇。氨基酸还可作为合成磷脂的原料，如丝氨酸脱羧可变为胆胺，胆胺经甲基化可变为胆碱。丝氨酸、胆胺及胆碱分别是合成丝氨酸磷脂、脑磷脂及卵磷脂的原料。所以，氨基酸能转变为多种脂质。但脂肪酸、胆固醇等脂质不能转变为氨基酸，仅脂肪中的甘油可转变为某些非必需氨基酸，但量很少。

（四）核苷酸代谢与氨基酸代谢、糖代谢的相互联系

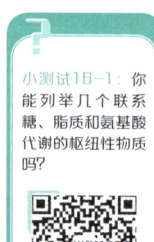

小测试16-1：你能列举几个联系糖、脂质和氨基酸代谢的枢纽性物质吗？

嘌呤碱从头合成需要甘氨酸、天冬氨酸、谷氨酰胺和一碳单位为原料；嘧啶碱从头合成需要天冬氨酸、谷氨酰胺和一碳单位为原料。一碳单位是一些氨基酸在分解过程中产生的。这些氨基酸可直接作为核苷酸合成的原料，也可转化成核苷酸合成的原料。核苷酸中的另一成分磷酸戊糖是葡萄糖经磷酸戊糖途径分解的重要产物。所以，葡萄糖和一些氨基酸可在体内转化为核酸分子的组成成分。

第三节　代谢的调节

体内进行的代谢复杂繁多，但并非杂乱无章，而是有着多层次的严密调节，以适应生理状态

的不断变化，这是生物进化过程中逐步形成的一种适应能力。总体来说，机体内各类物质代谢相互联系、相互制约、协同调节，构成一个统一的整体。如果调节失控，将会导致疾病。进化程度越高的生物，其代谢调节的机制越复杂。机体内对代谢存在3个层次的调节，分别是细胞水平、激素水平以及整体水平。这三级水平的调节保证了体内各物质代谢的有序进行，相互协调，使生物体在适应外环境变化的过程中能够维持内环境的动态平衡。

一、代谢调节的基础

代谢由一系列酶催化，酶的活性决定着代谢过程的方向和速度。因此，细胞水平的调节实质上就是酶的调节。酶的调节包括酶活性的调节和酶含量的调节。酶活性的调节属于快速调节，通过改变酶的分子结构改变酶的活性，可分为别构调节和化学修饰调节两种形式。酶含量的调节属于缓慢调节，通过改变酶蛋白的合成与降解速度来实现。

（一）酶在细胞内的区隔分布

真核细胞的膜结构将细胞分为许多区域，参与同一代谢途径的相关酶类常组成酶体系，相对独立地分布于细胞特定亚细胞结构中或特定区域，称为酶的区隔分布。例如，糖酵解酶系、糖原合成及分解酶系、脂肪酸合成酶系均存在于细胞质中，而三羧酸循环酶系则分布于线粒体中，核酸合成酶系绝大部分集中于细胞核内（表16-1）。由于酶的区隔化分布，使不同物质代谢途径分别在特定的亚细胞结构或特定区域中进行，既避免了不同代谢途径之间的干扰，又可使底物在局部富集，利于代谢化学反应，也便于底物或产物调节酶的活性。

表 16-1　主要代谢途径（多酶体系）在细胞内的区隔分布

主要代谢途径（多酶体系）	亚细胞分布	主要代谢途径（多酶体系）	亚细胞分布
糖酵解	细胞质	氧化磷酸化	线粒体
磷酸戊糖途径	细胞质	蛋白质合成	细胞质、内质网
糖原分解、合成	细胞质	生物转化	内质网
糖异生	细胞质、线粒体	DNA 合成	细胞核
脂肪酸合成	细胞质	RNA 合成	细胞核
脂肪分解	细胞质	血红素合成	细胞质、线粒体
脂肪酸 β- 氧化	线粒体	胆固醇合成	细胞质、内质网
三羧酸循环	线粒体	尿素生成	细胞质、线粒体

（二）关键酶

细胞水平的调节是生物最基本的调节方式。主要通过改变关键酶的分子结构或含量来影响酶的活性，从而对物质代谢进行调节。关键酶催化反应具有下述特点：在整条代谢途径中催化的反应速度最慢，又称限速酶；催化单向反应或非平衡反应；常受到多种效应物的调节，因此这些酶不但可影响整条代谢途径的总速度，甚至可决定代谢途径所进行的方向。表16-2列出了一些重要代谢途径的关键酶。

表 16-2 一些重要代谢途径的关键酶

代谢途径	关键酶
糖原分解	糖原磷酸化酶
糖原合成	糖原合酶
糖酵解	己糖激酶、磷酸果糖激酶-1、丙酮酸激酶
丙酮酸氧化脱羧	丙酮酸脱氢酶复合体
三羧酸循环	异柠檬酸脱氢酶、α-酮戊二酸脱氢酶复合体、柠檬酸合酶
糖异生	丙酮酸羧化酶、磷酸烯醇式丙酮酸羧激酶、果糖二磷酸酶-1、葡萄糖-6-磷酸酶
脂肪酸分解	肉碱脂酰转移酶 I
脂肪酸合成	乙酰 CoA 羧化酶
胆固醇合成	HMG-CoA 还原酶

酶活性的调节（别构调节和化学修饰调节）只要改变现有酶的分子结构，即可以影响酶活性，属于快速调节。酶含量的调节通过改变酶蛋白的合成和（或）降解速率来实现，属于缓慢调节。

（三）酶的别构调节

别构调节（allosteric regulation）指某些小分子物质（代谢物）与酶的调节亚基或调节部位发生非共价键结合，引起酶分子构象变化，从而改变酶的催化活性的调节方式。被别构调节方式调节的酶称为别构酶（allosteric enzyme）。使酶发生别构效应的小分子物质称为别构剂，别构剂多为代谢物。多数别构酶由多亚基组成，其中有的亚基为调节亚基，有的亚基为催化亚基，但也有的别构酶的调节部位与催化部位位于同一条多肽链上，分为不同结构域，有的专司调节，有的专司催化。在代谢途径中，别构酶通常是该代谢途径的关键酶。许多关键酶的别构剂常是酶的底物、催化反应的终产物或相关代谢途径的代谢物。代谢途径终产物常可抑制催化该代谢途径的关键酶活性，即反馈抑制（feedback inhibition）。反馈调节可以保证细胞内代谢物的协调和平衡，使其不至于过多或过少，避免不必要的浪费。例如，ATP 可抑制糖分解代谢的关键酶，使 ATP 不致生成过多。又如，HMG-CoA 还原酶是胆固醇合成途径的关键酶，其终产物胆固醇可别构调节该酶的活性，调节胆固醇的生成量。别构调节是生物界普遍存在的代谢调节方式，其效应为别构激活或别构抑制。表 16-3 是一些代谢途径的别构酶及其效应剂。

表 16-3 部分代谢途径中的别构酶及其效应剂

代谢途径	别构酶	别构激活剂	别构抑制剂
糖酵解	磷酸果糖激酶-1	F-2,6-BP、AMP、ADP	柠檬酸、ATP
	丙酮酸激酶	F-1,6-BP、ADP、AMP	ATP、丙氨酸
	己糖激酶		G-6-P
丙酮酸氧化脱羧	丙酮酸脱氢酶复合体	AMP、CoA、NAD⁺、ADP	ATP、乙酰 CoA、NADH
三羧酸循环	柠檬酸合酶	乙酰 CoA、草酰乙酸、ADP	柠檬酸、NADH、ATP
	α-酮戊二酸脱氢酶复合体		琥珀酰 CoA、NADH
	异柠檬酸脱氢酶	ADP、AMP	ATP
糖原分解	糖原磷酸化酶（肌）	AMP	ATP、G-6-P
	糖原磷酸化酶（肝）		葡萄糖、F-1,6-BP、F-1-P
糖异生	丙酮酸羧化酶	乙酰 CoA	AMP

续表

代谢途径	别构酶	别构激活剂	别构抑制剂
脂肪酸合成	乙酰 CoA 羧化酶	乙酰 CoA、柠檬酸、异柠檬酸	软脂酰 CoA、长链脂肪酰 CoA
氨基酸代谢	谷氨酸脱氢酶	ADP、GDP	ATP、GTP
嘌呤合成	PRPP 酰胺转移酶	PRPP	IMP、AMP、GMP
嘧啶合成	氨基甲酰磷酸合成酶Ⅱ		UMP

别构调节通过改变关键酶的构象影响酶活性,从而调节相应代谢的方向和速率,使某种物质的代谢与相应的代谢需求相协调,与相关物质的代谢相协调。

(四)酶的化学修饰调节

酶的化学修饰(chemical modification)调节指酶蛋白分子中的某些氨基酸侧链基团在另一种酶的催化下发生可逆的共价修饰,从而改变酶活性的过程。酶的化学修饰有多种形式,主要有磷酸化与去磷酸化、乙酰化与去乙酰化、甲基化与去甲基化及腺苷化与去腺苷化互变等,其中磷酸化与去磷酸化是最常见的化学修饰方式,很多代谢关键酶活性受到磷酸化与去磷酸化修饰的调节(表16-4)。例如,催化糖原分解的磷酸化酶,在磷酸化后(a型)具有活性,而脱去磷酸基后(b型)则失去活性。相反地,催化糖原合成的糖原合酶,在磷酸化后(D型)失去活性,而脱去磷酸基后(I型)则恢复活性。这样,糖原的分解与合成得以相互协调。上述磷酸化酶及糖原合酶的磷酸化及去磷酸化反应是不可逆的,分别由相应的蛋白质激酶(protein kinase)及蛋白质磷酸酶(protein phosphatase)催化(图16-3)。

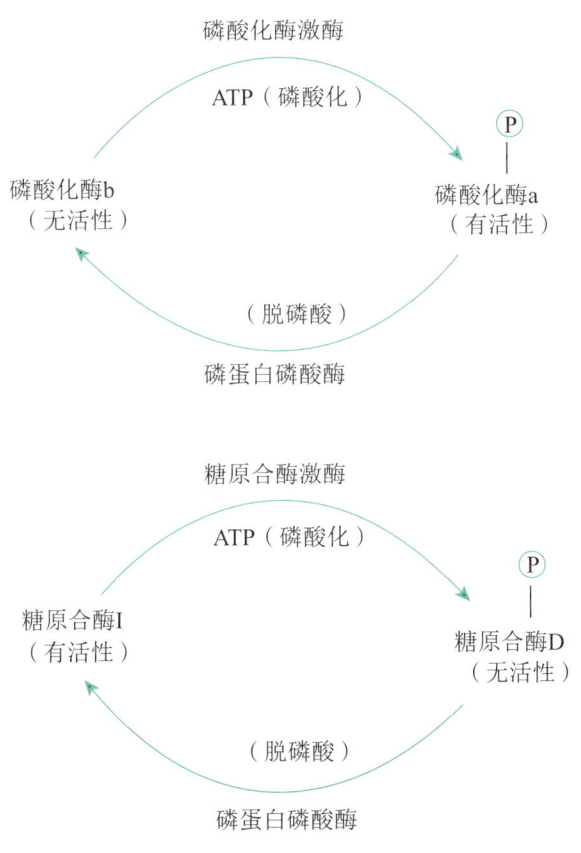

图 16-3　磷酸化酶及糖原合酶的化学修饰

小测试16-2：酶的化学修饰方式有哪些？

小测试16-3：酶的别构调节与化学修饰调节方式有何不同？

表 16-4　磷酸化/去磷酸化修饰对酶活性的调节

酶	化学修饰类型	酶活性改变
糖原磷酸化酶	磷酸化/去磷酸化	激活/抑制
磷酸化酶 b 激酶	磷酸化/去磷酸化	激活/抑制
糖原合酶	磷酸化/去磷酸化	抑制/激活
丙酮酸脱氢酶	磷酸化/去磷酸化	抑制/激活
磷酸果糖激酶	磷酸化/去磷酸化	抑制/激活
HMG-CoA 还原酶	磷酸化/去磷酸化	抑制/激活
HMG-CoA 还原酶激酶	磷酸化/去磷酸化	激活/抑制
乙酰 CoA 羧化酶	磷酸化/去磷酸化	抑制/激活
激素敏感性脂肪酶	磷酸化/去磷酸化	激活/抑制

酶的化学修饰调节具有级联放大效应。催化化学修饰的酶自身通常受到别构调节和化学修饰调节，并与激素调节相偶联，形成激素、信号转导分子和关键酶组成的级联反应。该级联酶促反应具有级联放大效应，只需少量激素调节即可产生迅速而显著的生理效应，以适应机体的需要。

别构调节与化学修饰调节相辅相成。对于某一具体的酶而言，可同时接受这两种方式的调节。

（五）酶含量的调节

通过酶蛋白的合成与降解进行酶含量的调节是最根本性的调节。但由于酶是蛋白质，其合成过程耗时、耗能，属于缓慢调节，不如酶化学修饰和别构调节快速。酶的合成与降解常受到细胞内外环境的影响，很多代谢物也可诱导相应酶的基因表达而使酶蛋白合成增多。如尿素循环中的酶，可受食入蛋白质的增多而诱导合成增加；细胞内有的蛋白水解酶可选择性地使某些酶降解，从而使该酶的含量降低甚至消失。代谢途径中的一些终产物，可阻遏相应酶的基因表达，而使酶合成量减少甚至停止。如 HMG-CoA 还原酶是胆固醇合成过程的关键酶，胆固醇可阻遏其基因表达，使该酶合成减少。

酶的底物、产物、激素或药物均可影响酶的合成。一般将加速酶合成的物质称为酶的诱导剂（inducer），减少酶合成的物质称为酶的阻遏剂（repressor）。某些药物可以促进肝细胞中单加氧酶或其他一些药物代谢酶的诱导合成，从而加速药物失活，这是引起药物耐药的原因之一。

（六）同工酶

小测试16-4：细胞中酶的调节方式有哪些？有何特点？

同工酶（isoenzyme 或 isozyme）是指催化相同的化学反应，但其分子结构、理化性质、免疫学性质和动力学性质等均不同的一类酶。在同样的反应条件下，同工酶催化的反应速度大不相同，它们受别构调节的性质也常不同。例如，己糖激酶共有 4 种同工酶，脑中含 I 型己糖激酶，其 K_m 值较低（< 0.1 mmol/L），有利于在低葡萄糖浓度时利用葡萄糖，且受产物葡萄糖-6-磷酸的反馈抑制（别构抑制），使脑中葡萄糖的利用受控制；而肝中含 IV 型己糖激酶，又称葡萄糖激酶，其 K_m 值较大（约 10 mmol/L）。当摄取高糖膳食时，大量葡萄糖从肠道吸收并经门静脉入肝，此时葡萄糖激酶才启动活性，且不受产物葡萄糖-6-磷酸的反馈抑制，表明其利用葡萄糖是相对无限的，能将摄入的葡萄糖源源不断地合成肝糖原储存。

另外，同工酶还决定代谢的方向。例如乳酸脱氢酶（LDH）有 5 种同工酶，其中分布在心肌中的主要类型 LDH_1 对乳酸的亲和力大，催化乳酸转变为丙酮酸，进一步氧化分解提供能量，有利于心肌获取乳酸作为能源物质。而骨骼肌中主要含有的 LDH_5 对丙酮酸的亲和力大，主要催化丙酮酸转变为乳酸的酵解反应，有利于骨骼肌在无氧条件下通过糖酵解快速获取能量。

二、代谢调节的激素调节

激素对代谢有多方面调节作用，激素通过与靶细胞受体特异结合，将激素信号转化为细胞内一系列化学反应，最终表现出激素的生物效应。激素的作用由受体介导。激素受体是靶细胞中与激素（配体）特异结合的蛋白质类物质，常是糖蛋白或脂蛋白。受体和配体相互作用具有高度专一性，所以只有表达相应受体的组织细胞才是该激素的靶细胞。例如，垂体促肾上腺皮质激素（ACTH）可作用于肾上腺皮质，性激素可作用于性器官等。根据激素作用受体在细胞内定位的不同，激素可分为膜受体激素和胞内受体激素。膜受体激素的受体分布在细胞膜，这类激素是水溶性分子。胞内受体激素的受体在细胞内，这类激素多是脂溶性物质。

膜受体激素包括胰岛素、胰高血糖素、肾上腺素等儿茶酚胺类激素。这些亲水的激素难以越过由脂质双层构成的细胞膜，常通过与膜受体结合将信号传入细胞内，然后通过第二信使将信号逐级放大，产生各种代谢效应。

胞内受体激素包括类固醇激素（如糖皮质激素）、甲状腺激素、活性维生素 D、视黄酸等。这些激素为脂溶性激素，可通过细胞膜进入细胞内，与胞内受体结合后进入细胞核。激素与受体结合后会引起受体构象变化，形成的激素 - 受体复合物，与 DNA 上特定核苷酸序列即激素反应元件结合，以调节该元件所辖特定基因的表达。受激素调节的基因产物（酶或其他蛋白质）量发生改变，从而产生代谢调节效应。

三、代谢调节的整体调节

机体内各细胞、组织、器官之间的代谢不是各自孤立的，而是相互联系、相互制约，构成一个统一的整体，以维持整体的生命活动。在神经系统主导下，通过调节激素的释放来整合不同组织器官的各种代谢，使机体适应饱食、空腹、饥饿以及应激等状态，力求在动态中维持相对的代谢稳态。

代谢的根本意义在于维持组织更新及提供生命活动的能源。机体储存的能源物质是有限的，其中蛋白质主要是结构和功能性物质，不宜大量消耗用以供能；糖原的储备量有限，约 400 g，几乎只够维持一天的能量所需；只有脂肪才是最主要的能源储备物质。值得注意的是，脂肪的氧化分解必须同时伴随糖的氧化分解，以补充用以代谢乙酰 CoA 的三羧酸循环中的中间成员。另外，脑是体内主要的耗能器官之一，主要依赖葡萄糖氧化供能，每天约需消耗葡萄糖 120 g。因此，维持血糖浓度的恒定至关重要。

（一）饱食状态下的机体代谢

通常情况下，人体摄入的膳食为混合膳食，经消化吸收后的主要营养物质以葡萄糖、氨基酸和乳糜微粒（CM）形式进入血液，体内胰岛素水平中度升高。饱食状态下机体主要分解葡萄糖，为机体各组织器官供能。未被分解的葡萄糖，部分在胰岛素作用下，在肝合成肝糖原、在骨骼肌合成肌糖原贮存；部分在肝内转换为乙酰 CoA，合成甘油三酯，以极低密度脂蛋白（VLDL）的形式输送至脂肪等组织。当吸收的葡萄糖超过机体糖原贮存能力时，主要在肝大量转化成甘油三酯，由 VLDL 运输至脂肪组织贮存。吸收的甘油三酯部分经肝转换成内源性甘油三酯，大部分输送到脂肪组织、骨骼肌等转换、储存或利用。

人体摄入高糖膳食后，特别是总热量的摄入又较高时，体内胰岛素水平明显升高，胰高血糖素降低。在胰岛素作用下，小肠吸收的葡萄糖，部分在骨骼肌合成肌糖原、在肝合成肝糖原和甘油三酯，后者被输送至脂肪等组织储存；大部分葡萄糖直接被输送到脂肪组织、骨骼肌、脑等组织转换成甘油三酯等非糖物质储存或利用。

进食高蛋白膳食后，体内胰岛素水平中度升高，胰高血糖素水平升高。在两者协同作用下，肝糖原分解补充血糖、供应脑组织等。由小肠吸收的氨基酸主要在肝通过丙酮酸异生为葡萄糖，供应脑组织及其他肝外组织；部分氨基酸转化为乙酰 CoA，合成甘油三酯，供应脂肪组织等肝外组织；还有部分氨基酸被直接输送到骨骼肌。

进食高脂膳食后，体内胰岛素水平降低，胰高血糖素水平升高。在胰高血糖素作用下，肝糖原分解补充血糖、供给脑组织等。肌组织氨基酸分解，转化为丙氨酸，输送至肝异生为葡萄糖，供应血糖及肝外组织。由小肠吸收的甘油三酯主要输送到脂肪、肌组织等。脂肪组织在接受吸收的甘油三酯同时，也将部分脂肪分解成脂肪酸，输送到其他组织。肝氧化脂肪酸，产生酮体，供应脑等肝外组织。

（二）空腹时机体的代谢

空腹通常指禁食至少 8 h，无任何热量摄入。此时体内胰岛素水平降低，胰高血糖素升高。事实上，在胰高血糖素作用下，餐后 6～8 h 肝糖原即开始分解补充血糖，主要供给脑，兼顾其他组织需要。餐后 12～18 h，尽管肝糖原分解仍可持续进行，但由于肝糖原即将耗尽，能用于分解的糖原已经很少，所以肝糖原分解释放的葡萄糖占血糖水平的比例下降，主要靠糖异生补充血糖。同时，脂肪动员中度增加，释放脂肪酸供应肝、肌等组织利用。肝氧化脂肪酸，进而生成酮体，脑、肌组织等利用酮体供能比例增加。骨骼肌在接受脂肪组织输出的脂肪酸的同时，部分蛋白质分解为氨基酸，补充肝糖异生的原料。

（三）饥饿时机体的代谢

禁食 1 天时（饥饿之初），由于肝糖原的耗竭，血糖水平下降，诱发胰高血糖素水平升高，而胰岛素的分泌被抑制。胰岛素水平下降可减缓肌肉摄取葡萄糖，使肌肉减少对血糖的利用，转而以脂肪酸氧化供能为主。胰高血糖素水平升高则可加速脂肪动员，促进肝的糖异生作用，即主要以肌肉蛋白质降解产物氨基酸及脂肪分解所生成的甘油异生为葡萄糖，以维持血糖浓度。除脑组织细胞和红细胞仍主要利用糖异生产生的葡萄糖外，其他大多数组织细胞减少对葡萄糖的摄取利用，转而利用脂肪酸和酮体。

禁食 3 天后，由于脂肪的大量动用，血中游离脂肪酸浓度升高，由肝将大量脂肪酸转变为酮体。酮体可透过血脑屏障，为脑补充能源物质。随着禁食时间的延长，酮体逐渐成为供应脑、心、肾及肌肉的主要能源物质。如脑中 1/3 的能量供应可由酮体提供，但仍有相当一部分依赖于血糖。

长期饥饿时（如禁食 7 天后），脑中利用葡萄糖的比例进一步减少，其余均由酮体供能。此时肝的糖异生作用减弱，这是由于机体对重要结构蛋白质降解的保护性抑制，以维持体内的基本生理功能；而肾的糖异生作用则有一定程度的加强。血糖浓度维持在较低水平。从一定意义上讲，机体生命维持的时间，主要决定于体内脂肪储存量的多少（图 16-4）。

物质代谢调节的障碍可表现为疾病，如糖尿病、肥胖症的发生发展均与代谢调节的异常有关。

第十六章 代谢的整合与调节

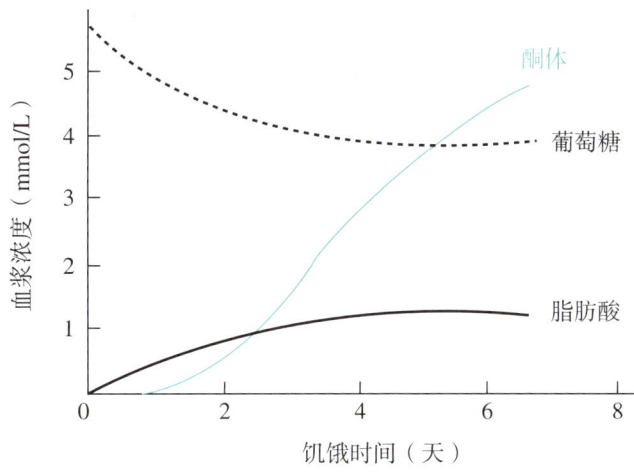

图 16-4　长期饥饿时血浆葡萄糖、脂肪酸和酮体浓度的变化

框 16-1　2 型糖尿病患者的代谢失调

90% 的糖尿病属于 2 型糖尿病，发病较晚。糖尿病患者组织细胞摄取、利用糖的能力降低，血糖水平增高，大量葡萄糖由尿排出。因糖利用受阻，组织蛋白质大量分解产生氨基酸，进而通过糖异生转化成糖。另外，由于胰岛素缺乏或胰岛素耐受，对磷酸烯醇式丙酮酸羧激酶的抑制减弱，进一步增强了糖异生作用。同时，脂肪被大量动员用于分解供能，血中游离脂肪酸水平升高，脂肪酸在肝中大量转变成酮体，血中酮体含量增高。糖尿病代谢失调与短期饥饿的代谢情况相似。更有甚者，由于细胞内糖代谢障碍，使柠檬酸循环中间产物补充不足，导致三羧酸循环受阻，严重影响整体能量代谢，破坏了能量稳态。

框 16-2　应激时的代谢变化及其调节机制

应激（stress）是人体受到创伤、严寒、缺氧、中毒、烧伤、严重感染等刺激，或处于恐慌、强烈情绪激动时等做出的一系列反应。人处在急性应激状态时交感神经系统兴奋，肾上腺髓质与皮质激素分泌增多。血浆肾上腺素、糖皮质激素、胰高血糖素增高，胰岛素分泌减少，引起基础代谢率升高，血糖升高，脂肪动员增强，血浆脂肪酸浓度升高，肌蛋白质分解加强，肝在加强糖异生的同时糖原合成也增加。在感染或某些疾病状态下，体重减轻还与白细胞释放某些细胞因子（cytokine）有关。白介素-1（interleukin-1，IL-1）可刺激骨骼肌蛋白质分解，肿瘤坏死因子（tumor necrosis factor，TNF）促进脂肪组织脂解。

慢性应激状态刺激肾上腺皮质分泌促肾上腺皮质激素释放因子、促肾上腺皮质激素（ACTH）、可的松及其他糖皮质激素的程度比急性应激状态下的刺激更明显，可促进脂肪组织脂解和骨骼肌组织蛋白质分解，引起消瘦、乏力等现象。

第四节 体内重要组织和器官的代谢特点

由于机体不同组织、器官的细胞中形成了特定的酶谱,即不同的酶系种类和含量,各组织、器官除具有一般的基本代谢外,还有着各自不同的代谢特点,以适应相应的功能需要。同时,体内各器官的代谢也是相互联系的,将机体构成统一整体,其中肝是调节和联系全身器官代谢的枢纽。如肌肉中糖酵解生成的乳酸,需经血液运送至肝以异生成葡萄糖,进而合成肝糖原,肝糖原分解生成的葡萄糖则经血液运送至肌肉,以补充肌糖原,此为乳酸循环。脂肪组织中缺乏甘油激酶,不能利用游离甘油分子合成甘油三酯,只能利用磷酸二羟丙酮接受脂酰 CoA,经还原和脱磷酸生成甘油三酯。与脂肪组织不同,肝既可利用游离甘油分子磷酸化生成的甘油 -3- 磷酸,也可以磷酸二羟丙酮作为合成甘油三酯的原料。肠黏膜细胞则主要将肠道吸收的甘油单酯或甘油二酯加入脂酰 CoA,合成甘油三酯。各器官在能量代谢上也有其主要方式和特点。人体主要器官间的代谢联系见图 16-5。

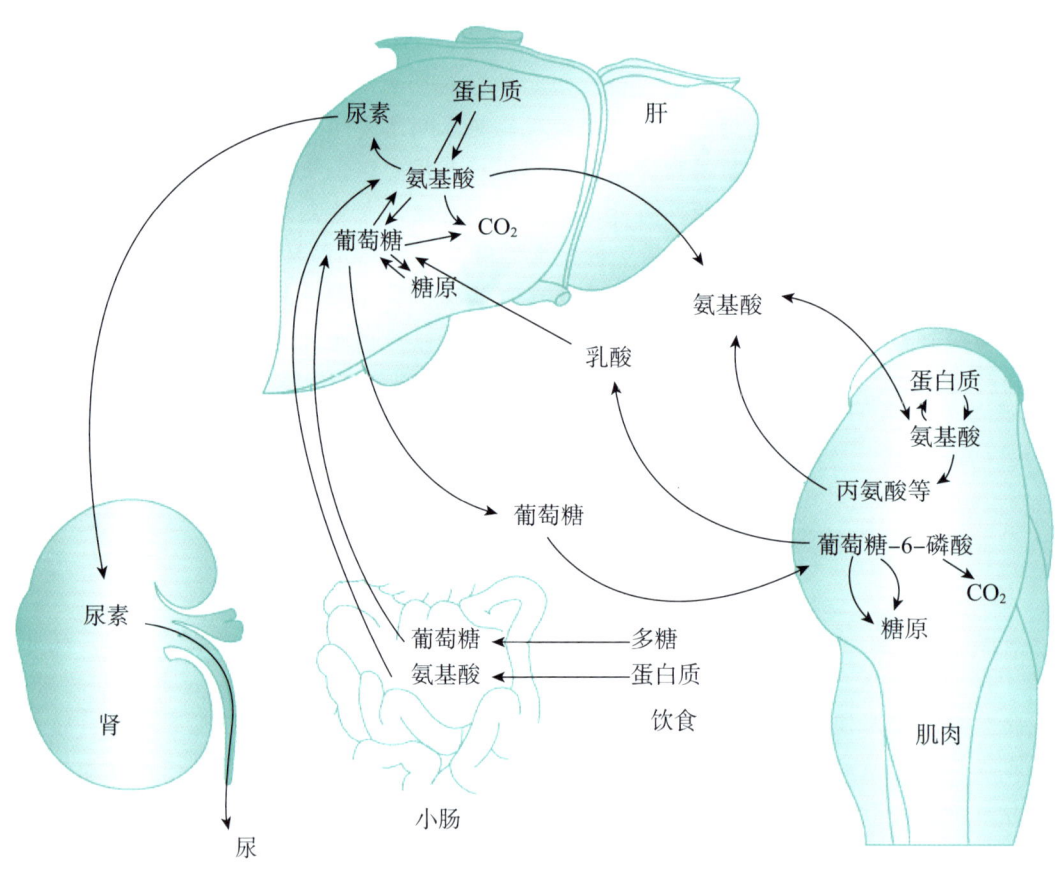

图 16-5 人体主要器官间的代谢联系

一、肝的代谢特点

作为人体代谢的中心和枢纽,肝不仅具有肝动脉和门静脉双重血供,有着丰富的血窦,还有肝静脉和胆道两个输出系统。这些结构决定了从肠道吸收进入体内的营养物质,几乎都经过肝的处理和中转；各器官所需营养物质大多也通过肝的加工或转变，有的代谢终产物还需通过肝进行解毒和排出。所以，肝是物质代谢的中心器官。

（一）肝是代谢的中枢器官

各组织、器官的代谢并非孤立进行，而是与其他组织、器官代谢密切联系，形成统一的整体。其中，肝是调节和联系全身组织、器官代谢网络的"中枢器官"。如，消化、吸收的糖类大部分经肝转运至外周组织，并通过糖异生作用储存为肝糖原，通过肝糖原分解提供血糖，供全身组织、器官利用。又如，糖在骨骼肌通过糖酵解生成丙酮酸，丙酮酸或还原成乳酸，或氨基化为丙氨酸，以乳酸或丙氨酸形式经血循环运至肝，在肝经糖异生作用转变为葡萄糖，供骨骼肌（及其他组织）利用，这就是乳酸循环和葡萄糖-丙氨酸循环。如果没有肝，不仅这些肝外器官（尤其是脑）无法源源不断获得糖的供应，而且其代谢生成的不完全代谢产物（如乳酸）也不可能被重新利用，而是经肾排出，造成能源的极大浪费。

当体内能量匮乏时，优先动员和分解脂肪组织中的脂肪，脂肪分解代谢所生成的甘油在肝通过糖异生途径转变成葡萄糖；大量的脂肪酸在肝进行氧化分解的同时生成酮体，供肝外组织利用。在饥饿状态下，酮体是脑可利用的唯一能源物质。再如，骨骼肌和各组织中蛋白质分解生成的氨基酸，经脱氨基生成的 NH_3 必须以丙氨酸或谷氨酰胺形式，经血液循环运送到肝中合成尿素，以解氨毒，与此同时，在肝内，丙氨酸和谷氨酸的碳链骨架被异生为葡萄糖。总之，肝是调节和联系各器官间物质代谢的枢纽。

（二）肝的代谢状态与营养供给状态

肝是体内代谢的中枢器官，为适应营养加工和分配的功能需要，肝的代谢有如下特点：①营养成分和数量受膳食、进食时间及环境影响，波动较大。②糖、脂质、氨基酸等相关代谢酶合成和分解的转换速率（rate of turnover）快，活性变化在 5~10 倍，致使其代谢可变性极强。③自我供给的能量物质种类随供给状态而调整。例如，高蛋白膳食后肝细胞氧化分解氨基酸自我供能，并利用氨基酸异生葡萄糖；高糖膳食后增加糖代谢和脂肪合成。④肝细胞葡萄糖转运蛋白 GLUT2 使葡萄糖能迅速从血液转运进肝细胞，葡萄糖在肝细胞内的浓度基本与血糖浓度相同。因为葡萄糖激酶 K_m 很高（10 mmol/L），且不被产物抑制，所以当血糖浓度升高时，葡萄糖激酶催化葡萄糖磷酸化，肝细胞进行糖原合成和葡萄糖分解；当血糖浓度降低时，肝细胞停止葡萄糖酵解及糖原合成。⑤肝将消化吸收的氨基酸进行氧化分解，或合成脂质储存，合成蛋白质进行自我更新，以及合成血浆蛋白质及其他含氮化合物，同时输送氨基酸给外周组织。⑥脂肪酸是肝氧化分解供能的基本物质，分解过剩的乙酰 CoA 合成酮体，供给心肌（30%）和脑（60%~70%），或合成胆固醇、磷脂，还可合成大部分血浆脂蛋白。

框 16-3 过量饮酒对肝和健康的危害

过量饮酒能干扰肝的代谢。酗酒时，摄入的乙醇分别经醇脱氢酶（alcohol dehydrogenase，ADH）、醛脱氢酶（均以 NAD^+ 为辅酶）催化脱氢反应，生成大量乙酰 CoA、NADH 和 ATP。这些产物抑制磷酸果糖激酶-1 和丙酮酸脱氢酶，从而抑制糖代谢。还原型 NADH 不仅可抑制肝脂肪酸氧化，促进丙酮酸转变成乳酸，而且还能抑制肝利用乳酸异生为葡萄糖。脂肪酸 β-氧化、柠檬酸循环也会因大量 NADH 和 ATP 生成而受阻，干扰整体代谢。此时，脂肪酸用于合成甘油三酯和极低密度脂蛋白（VLDL），因此长期嗜酒可能引发脂肪肝和血中 VLDL 升高。

二、脑的代谢特点

脑内没有糖原，主要利用葡萄糖供能且耗氧量大，有氧氧化利用葡萄糖和酮体。脑组织代谢有几大特点：①葡萄糖是脑主要的供能物质，主要由血糖供应，正常情况下，神经元只利用葡萄糖供能，星形胶质细胞可氧化脂肪酸供能；②通过有氧氧化（糖酵解及三羧酸循环）和氧化磷酸化生成 ATP；③耗氧量恒定，占全身耗氧量的 20%～25%，每天消耗葡萄糖约 100 g；④脑组织具有很高的己糖激酶活性，即使在血糖水平较低时也能有效利用葡萄糖。长期饥饿导致血糖供应不足时，脑主要利用由肝生成的酮体供能。饥饿时利用酮体和糖异生的葡萄糖（30 g/d）供能。饥饿 3～4 天时，脑每天耗用约 50 g 酮体。饥饿 2 周后，脑每天消耗的酮体可达 100 g。因此，脑对缺氧和低血糖很敏感。

血液与脑组织之间可迅速进行氨基酸交换，但氨基酸在脑内富集量有限。脑中游离氨基酸大约 75% 为天冬氨酸、谷氨酸、谷氨酰胺、N-乙酰天冬氨酸和 γ-氨基丁酸，以谷氨酸含量最多。脑通过特异的氨基酸及其代谢调节机制，维持脑内特有游离氨基酸含量谱。

脑中氨基酸的脱氨基作用主要由腺苷脱氨酶催化。氨基酸的氨基经氨基转换作用生成谷氨酸、天冬氨酸，再转移生成腺苷酸，最后由 ADA 催化脱去氨基，生成氨。

三、心肌的代谢特点

心肌细胞富含肌红蛋白、细胞色素及线粒体，前者能储氧，以保证心肌有节律、持续舒缩运动所需氧的供应；后两者利于利用氧进行有氧氧化，所以心肌分解代谢以有氧氧化为主。心肌可利用多种能源物质，有氧分解脂肪酸、酮体和乳酸供能。心肌与骨骼肌的最大区别是有持续节律的舒缩，始终进行有氧代谢；线粒体极度丰富，几乎占心肌细胞体积的一半。心肌细胞含有多种硫激酶（thiokinase），可催化不同长度碳链脂肪酸转变成脂酰 CoA，所以心肌能源物质以游离脂肪酸为主。心肌细胞含有丰富的酮体利用酶，也能彻底氧化脂肪酸分解的中间产物——酮体供能。正是由于心肌细胞优先利用脂肪酸，使其分解产生大量乙酰 CoA，因此前强烈抑制酵解途径的调节酶——磷酸果糖激酶-1，继而抑制葡萄糖酵解。心肌细胞既富含细胞色素及线粒体，也富含乳酸脱氢酶，以 LDH_1 为主，与乳酸亲和力强，有利于乳酸氧化供能。所以，心肌主要通过有氧氧化脂肪酸、酮体和乳酸获得能量，极少进行糖酵解。心肌从血液摄取各种营养物有一定域值限制，血液营养物水平超过域值越高，摄取越多。因此，心肌在饱食状态下不排斥利用葡萄糖，餐后数小时或饥饿时利用脂肪酸和酮体，运动中或运动后则利用乳酸。

四、骨骼肌的代谢特点

骨骼肌以肌糖原和脂肪酸为主要能量物质，代谢适应收缩活动需求。骨骼肌有慢收缩肌（红肌）和快收缩肌（白肌）两种，适应不同活动，产生、消耗 ATP 方式不同。前者富含线粒体，具有较强的氧化磷酸化能力，适合通过氧化磷酸化获能，耐疲劳；后者线粒体较少，主要靠酵解供能，易疲劳，但收缩力强、收缩快。肌细胞以脂肪酸、酮体或葡萄糖为能源，通过有氧或无氧氧化分解获得 ATP，依运动强度而定。骨骼肌在静止状态从脂肪组织获得脂肪酸，从肝摄取酮体氧化供能。中等强度运动消耗脂肪酸、酮体和葡萄糖。急速、剧烈运动动用肌糖原分解的葡萄糖-6-磷酸经无氧氧化产生乳酸供能。骨骼肌氧化分解与氧化磷酸化偶联不完全，会产热。因为缺乏葡萄糖-6-磷酸酶，肌糖原不能直接生成葡萄糖供应血糖。

骨骼肌收缩所需能量的直接来源是ATP，但其ATP含量有限，不足以维持持续、剧烈的收缩活动。短暂的骨骼肌收缩活动后，储存于肌内的高能物质——磷酸肌酸在肌酸激酶催化下开始分解，将能量和～P转移给ADP，生成ATP。骨骼肌有一定糖原储备，静息状态下肌组织获取能量通常以有氧氧化肌糖原、脂肪酸、酮体为主；剧烈运动时糖无氧酵解供能大大增加。肌糖原分解不能直接补充血糖，乳酸循环是整合糖异生与肌肉糖酵解途径的重要机制。

框16-4 运动锻炼时的代谢变化及其调节

无氧运动（anaerobic exercise）时，由于骨骼肌血液供应受影响，骨骼肌以储存的磷酸肌酸和肌糖原为能源，通过无氧氧化供能。有氧运动（aerobic exercise）还需脂肪动员及糖异生补充营养能源。儿茶酚胺协调调节运动锻炼代谢。运动时，在神经系统主导下，血浆胰岛素水平降低，胰高血糖素水平起初不变，随着运动时间延长有升高趋势。最重要的是肾上腺素、去甲肾上腺素升高10～20倍，通过特异信号途径促进糖原分解、糖酵解、脂肪动员及肝糖异生作用；但血浆葡萄糖、脂肪酸及酮体仅中度增加。在静止的骨骼肌，其葡萄糖摄取依赖胰岛素的调节，运动时，葡萄糖的摄取依赖肌收缩运动而非胰岛素，因此运动可降低血糖。

五、脂肪组织的代谢特点

机体从膳食摄取的能量物质主要是脂肪和糖。生理情况下，餐后吸收的脂肪和糖除部分氧化供能外，其余部分主要以脂肪形式储存于脂肪组织，供饥饿时利用。膳食脂肪以乳糜微粒形式运输至脂肪组织，在脂蛋白脂肪酶作用下被水解摄取，用于合成脂肪细胞内的脂肪储存。膳食糖主要运输至肝转化成脂肪，以VLDL形式运输至脂肪组织，同样在脂蛋白脂肪酶（LPL）作用下被水解摄取，合成脂肪储存于脂肪细胞。脂肪细胞也能将糖转化为脂肪储存。一些氨基酸也能转化为脂肪。

饥饿时抗脂解激素胰岛素水平降低、脂解激素胰高血糖素等分泌增强，激活激素敏感性脂肪酶，将储存于脂肪组织的能量以脂肪酸和甘油的形式释放入血，经血液循环运输至机体其他组织，作为能源利用。肝还能将脂肪酸分解为酮体，经血液运输至肝外组织利用。所以，饥饿时血中游离脂肪酸水平升高，酮体水平也随之升高。

六、肾的代谢特点

肾可进行糖异生，这是除肝以外唯一可进行糖异生的器官。肾髓质因无线粒体，主要由糖酵解供能；肾皮质主要由脂肪酸及酮体有氧氧化供能。一般情况下，肾糖异生产生的葡萄糖较少，只有肝糖异生葡萄糖量的10%。但长期饥饿（5～6周）后，肾糖异生的葡萄糖大量增加，可达每天40 g，与肝糖异生的量几乎相等。

各组织代谢方式和代谢途径可随生理状况的变化（如运动、饥饿）或病理状况而进行适应性调整。例如，骨骼肌在休整时，或长跑等有氧运动时，以利用游离脂肪酸的有氧氧化供能为主；

但在举重、短程疾跑等缺氧运动时，以糖无氧分解为主，产生的大量乳酸在肝进行糖异生，回收能量。候鸟在空中可连续飞行 60 h，航程 2400 km，主要依赖储存的脂肪氧化供能。飞行前，候鸟积极进行脂肪合成，储存能量，每天每克体重可合成脂肪 0.15 g；飞行后，2/3 的脂肪被消耗。又如，在正常进食情况下，脑主要以葡萄糖为供能物质；但在饥饿时，则因糖供应短缺，转而利用肝生成的酮体进行有氧氧化供能，且随禁食逐渐增强。

小 结

代谢是生命活动的物质基础。代谢分为分解代谢和合成代谢，由许多代谢途径组成。有些不同的代谢途径会共享某些酶促化学反应，所以，各种代谢途径相互联系、相互作用、相互协调和相互制约，形成一个网状的整体。体内各种营养物质的代谢总是处于一种动态的平衡之中。体内代谢的物质均组成为各自共同的代谢库。代谢是可以调节的。

细胞内多种物质的代谢同时进行，需要彼此间相互协调；人的各组织器官高度分化，具有各自的功能和代谢特点，各组织器官之间各种物质的代谢也需要彼此协调，才能维持细胞、机体的正常功能，适应机体各种内外环境的改变。所以，机体内各种物质的代谢虽然各不相同，但它们通过共同的中间代谢物、三羧酸循环和生物氧化等形成彼此相互联系、相互转变、相互依存的统一整体。糖、脂肪、蛋白质等营养物质在供应能量上可互相代替，并互相制约，但不能完全互相转变，因为有些代谢反应是不可逆的。

机体为了适应各种内外环境的变化，需要对各种物质代谢的方向、速率和流量进行精细调节，使各种物质的代谢井然有序，相互协调进行，以顺利完成各种生命活动。高等生物形成了三级代谢调节。代谢的细胞水平调节主要通过改变关键酶活性实现。其中，通过改变酶分子结构调节关键酶活性见效快，方式包括别构调节和化学修饰调节。化学修饰调节以磷酸化为主，具有放大效应。别构调节与化学修饰调节相辅相成。酶含量调节通过改变其合成和（或）降解速率实现，作用缓慢但持久。激素水平代谢调节是激素通过与靶细胞受体特异结合及后续的一系列细胞信号转导反应，最终引起代谢改变。在神经系统主导下，机体通过调节激素释放，整合不同组织细胞内的代谢途径，实现整体调节，以适应饱食、空腹、饥饿、营养过剩、应激等状态，维持整体代谢平衡。

各组织、器官除基本代谢外，还具有某些特点酶系的表达，因此各组织、器官在能量代谢上各有其主导的和独特的代谢方式。

1. 为何称三羧酸循环是物质代谢的中枢，有何生理意义？
2. 糖、脂质、蛋白质在机体内是否可以相互转变？怎样转变？
3. 饥饿时体内物质代谢有哪些变化？你认为通过饥饿来减肥可不可取？
4. 脑、肝、骨骼肌等重要器官组织在代谢方面各有何特点？原因何在？
5. 有哪些疾病与代谢失衡有关？其发病机制是什么？

（马利伟　孙　军）

参考答案

第四篇 遗传信息与传递

本篇讨论遗传信息的传递及其调节过程，包括人类基因组与正常染色体、DNA 合成、DNA 损伤和损伤修复、RNA 合成、蛋白质合成、基因表达调控等内容。

不同生物的基因及基因组的大小和复杂程度各不相同，原核生物的结构相对简单，真核生物基因组储存的遗传信息、结构基因的数量和表达调控远较原核生物复杂。染色体是高等生物遗传物质和基因组的载体，人体正常体细胞染色体数目为 23 对，其中 22 对为常染色体，另一对为性染色体，决定个体的性别。人类基因组计划被称为"20 世纪三大科学工程"，基因组学对所有核苷酸序列进行序列分析、基因组作图、基因及非基因功能研究，由此也派生了多组学的新时代。

所有生物体内的遗传信息传递均遵循中心法则。DNA 以半保留复制的方式将亲代细胞的遗传信息高度忠实地传递给子代；DNA 序列中的遗传信息以合成 RNA 的方式被"转录"出来，其中，蛋白质一级结构信息被信使 RNA（mRNA）转录，通过"翻译"过程进行蛋白质的生物合成。自从 1953 年 DNA 双螺旋结构被解析以来，人们对中心法则的具体过程及其精细调节的认识步步深入，对生命活动真谛的理解日益准确。

生命体的全部遗传信息都贮存于基因组中，基因组的复杂结构不仅有利于遗传信息的贮存，也是控制遗传信息复制、传递和表达的基础。DNA、RNA、蛋白质的合成过程均由细胞内复杂的大分子复合体负责完成。本篇对于这些过程的叙述主要包括：基本规律和特点；模板、酶及其他因子；起始、延长、终止过程；合成后的加工修饰等。

生物体内虽有精细的体系保证 DNA 复制过程的正确性，但在复制过程中和复制过程后，DNA 仍会由于多种因素的影响而发生结构变化（即损伤和变异），细胞的 DNA 损伤修复系统可修复这些损伤，将结构变异控制在最低的程度。也有部分 DNA 损伤无法得到精确修复，可能引起细胞发生老化、增殖等功能异常，甚至导致衰老、肿瘤等重大疾病的发生。

基因表达在体内（细胞内）受到精确调控，而基因表达调控的本质是控制转录和翻译，即控制 RNA 的产量和蛋白质的产量。基因表达的调控可发生在多个层次、多个环节，可在染色质结构调整、转录起始、转录后加工、翻译起始、翻译后加工等多个层次控制基因表达水平，最终控制 RNA、蛋白质的数量和功能。

在学习本篇内容时，要重视理解和总结基因信息载体的结构特点及信息传递过程的基本规律；认识信息传递的复杂性和网络特点。本篇的各章内容之间有着密切关联，因此学习时要善于对比联系。

（高国全）

第十七章　人类基因组和染色体

导学目标

通过本章内容的学习，学生应能够：

※ **基本目标**
1. 描述基因组的组成和功能特点。
2. 理解基因结构与功能的关系。
3. 分析人类基因组计划的深远意义。
4. 描述人类正常染色体组成及结构特点。
5. 描述细胞核型、核型基本特征及染色体的鉴定技术。

※ **发展目标**

举例说明基因组学技术的发展对医学实践的革命性意义。

案　例

孕妇 29 周岁，孕期行系统超声检查时发现胎儿双肾增大，双肾实质回声普遍增强，余未见异常。孕妇自述孕期无药物服用及毒物接触史，夫妻系非近亲结婚，家族成员无遗传病或畸形儿生产史。孕期羊水穿刺染色体核型及拷贝数变异检测均未见异常。

在充分交代病情及遗传咨询后，家属自愿接受胎儿全外显子组测序筛查基因变异，并签署了知情同意书，通过了医院伦理委员会的审查。采集胎儿羊水及夫妻双方静脉血样，全外显子组测序发现 *ETFDH* 基因存在致病性复合杂合变异 c.814G > A 和 c.1450T > C。Sanger 测序进行了验证并提示上述变异分别遗传自其母亲和父亲。胎儿诊断为多种酰基辅酶 A 脱氢酶缺乏症。

问题：
1. 简述全外显子组测序的原理和应用。
2. 多种酰基辅酶 A 脱氢酶缺乏症的主要临床表型有哪些？本病例遗传方式是什么？
3. 为什么全外显子组测序结果还需要采用 Sanger 测序进行验证？

案例解析

生命科学是 21 世纪研究最活跃的一个科学领域，它密切地关联着人类的生命健康和日常生活。人类基因组计划的完成是 21 世纪三大科学成就之一，更是生命科学领域最为重要的进展，由此开创了基因组学研究的新时代，并引发了医学科学领域的新革命。

第一节 人类基因组及基因组学

一、基因组的概念

德国汉堡大学温克勒（H. Winkler）教授于 1920 年首次提出了基因组（genome）的概念，即从基因（gene）和染色体（chromosome）两个术语中各取一部分组合而成，用以描述生物的全部基因和染色体组成。基因组是一个细胞或一种生物体的整套遗传信息，这些信息决定生物的基本特征和功能，存在于自然界所有生命体的核酸中。原核生物大多数只有一条染色体，其整条染色体就是基因组。真核生物的基因组是指细胞核内一套完整单倍体 DNA 与细胞质内其他质体（如线粒体、叶绿体）DNA 的全部序列，既包括编码序列，也包括非编码序列，如不作特别说明，一般叙述中的基因组均指核基因组。基因组学（genomics）是指对所有核苷酸序列进行序列分析、基因组作图、基因及非基因功能研究的学科。

二、人类基因组的组成及功能

人类基因组是人体所有遗传信息的总和，根据功能和细胞内位置的不同，可将人类基因组分为核基因组（nuclear genome）和线粒体基因组（mitochondrial genome）。这两类基因组既相互独立又密切相关。通常意义上的人类基因组一般是指核基因组。

（一）人类核基因组

人类核基因组中有 24 个线性 DNA 分子，以染色体的形式组织于细胞核中，包括 1～22 号常染色体及 X 和 Y 两条性染色体。基因组大小约为 3.2×10^9 bp，分为基因和基因相关序列以及基因外序列。编码基因序列约为 4.8×10^7 bp，仅占全部基因组序列的 1.5%，编码 2 万～3 万个基因。基因组中的非编码序列具有多种调控作用，对基因组功能的正常发挥起到重要的作用。

人类基因组的 DNA 序列按照拷贝数的多少分为两大类，单拷贝的称为单一序列（unique sequence），多拷贝的称为重复序列（repetitive sequence）。

1. 单一序列 单一序列长度一般在 800～1000 bp，约占人类基因组序列的 45%。编码各种不同功能的蛋白质的基因多为单拷贝序列，还有一些是假基因序列，其他大部分单拷贝序列的功能尚不清楚。目前对于基因组的研究仍然主要集中于单一序列。

2. 重复序列 重复序列分散于整个基因组，约占人类基因组序列的 55%，可分为串联重复序列和散在重复序列。

（1）串联重复序列：指以不同长度的短序列（一般 2～200 bp）为重复单元，按头尾相接方式串联在一起的高度重复序列。串联重复序列是人类基因组中分布特征显著的重复序列，多分布在异染色质区，如着丝粒、端粒和近端着丝粒的短臂。根据重复单元的长度可分为卫星 DNA、小卫星 DNA 和微卫星 DNA。

1）卫星 DNA（satellite DNA）：是一类高度重复序列 DNA，大都位于染色体的着丝粒和端粒上。着丝粒区的 DNA 称为 α-卫星 DNA，重复单元为 171 bp，功能区段的长度约 500 kb，可组成完整的着丝粒。

2) 小卫星 DNA（minisatellite DNA）：通常由 10～100 bp 的单元重复组成，总长度一般不超过 20 kb，重复次数在群体中是高度变异的。小卫星 DNA 在人类基因组中的分布并不均匀，主要位于染色体靠近端粒的区域，可能与减数分裂时该区域染色体的交叉有关。研究发现某些小卫星 DNA 序列与疾病相关，如 *c-Ha-ras* 基因 3′ 端 VNTR 位点位于多聚腺苷酸加尾信号下游 1000 bp，重复单元为 28 bp，在人群中大约存在 30 种等位基因，依据各等位基因的频率将其分为常见型、中间型和罕见型等位基因。大量研究显示罕见型等位基因在肿瘤患者中检出频率显著高于正常对照组，提示该小卫星 DNA 与多种肿瘤的发生发展有着密切的联系。

3) 微卫星 DNA（microsatellite DNA）：一般由 1～10 个 bp 的重复单元组成，又称短串联重复序列（short tandem repeats，STR），随机地广泛分布于真核生物基因组中，在 DNA 序列中平均每 2 kb 就可能出现一个。微卫星 DNA 中最常见的类型是双核苷酸重复，如 (CA)n、(TC)n、(AG)n 等，以孟德尔遗传方式传递，多态性丰富，数量多、分布广，遗传信息量大，检测方法简单，广泛应用于基因定位、连锁分析、血缘关系鉴定等。另外，基因中的 (CAG)n、(CGG)n 等三核苷酸重复次数的异常还会导致疾病的发生，如亨廷顿舞蹈病、脊髓小脑共济失调等都是这种类型的疾病。

(2) 散在重复序列：以分散方式分布于整个基因组内的重复序列，多为中度重复序列。散在重复序列一般是非编码序列，有十个到几百个拷贝，分散于基因组中，重复序列之间有单一序列相间隔，约占整个基因组的 45%。rRNA 基因和 tRNA 基因也属于此类序列。根据重复单元的长度可以分为下列两个亚类。

1) 短散在核元件（short interspersed nuclear elements，SINEs）：重复单元的长度在 500 bp 以下，在人基因组中的重复拷贝数达 10 万以上，人类基因组约有 1 500 000 个 SINEs。最具代表性的 SINE 为 Alu 重复序列，因为 DNA 序列中有限制性内切核酸酶 Alu Ⅰ 的识别序列 AGCT，所以称为 Alu 重复序列或 Alu 家族（Alu family）。基因组上平均每 6 kb 即有 1 次 Alu 重复出现，一般散在分布，少数呈簇状分布，主要集中于基因转录活跃的染色体区域。另外，Alu 序列广泛存在于基因的内含子中，在结构基因的编码区内尚未发现。

小测试17-1：人类基因组中的重复序列有哪些类型？

2) 长散在核元件（long interspersed nuclear elements，LINEs）：重复单元长度在 1000 bp 以上，人类基因组中大约有 860 000 个 LINEs，约占基因组的 20%。LINE 含有同逆转座子有关的类逆转座酶基因，人类的长散在重复序列有 3 类基因家族，即 LINE-1、LINE-2 和 LINE-3，其中 LINE-1 是典型的例子，长 6.1 kb，基因组中有 3500 个全长的拷贝和数万个残缺片段拷贝。

逆转座子 LINE-1 的调控作用

（二）人类线粒体基因组

人类线粒体基因组相关内容详见第三十六章"线粒体遗传"。

三、人类基因组计划及后基因组研究

人类基因组计划与曼哈顿原子弹计划和阿波罗登月计划一起被称为"20 世纪三大科学工程"，是当代生命科学中最伟大的科学工程。这个计划读出了人类"基因说明书"中的 30 亿个字母，自此人类自身的生命密码开始得到破解。

（一）人类基因组计划简介

1986 年美国科学家、诺贝尔奖获得者 R. Dubeco 在 *Science* 上发表文章，率先提出人类基因组计划（Human Genome Project，HGP）。1990 年 10 月 1 日，美国国会批准正式启动美国的"人类基因组计划"。实际上，该计划是全球科学家协作的结果，我国于 1994 年开始启动参与这一计划,并完成了其中 1% 的绘制任务。人类基因组的草图于 2000 年 6 月 26 日已经绘制,涵盖了人体 90% 以上碱基对的位置信息。2001 年 2 月发表了人类基因组图谱及初步分析结果,人类基因组由 31.647 亿个碱基对组成,有 3 万~3.5 万个基因(基因数目前仍有不同观点)被认为是人类基因组计划取得成功的里程碑。2003 年 4 月,人类基因组计划宣布完成,实际上此次完成的都是常染色质序列,仅占人类基因组的 92%。2004 年 10 月,国际人类基因组测序联盟宣布人类基因组常染色质部分中的 99% 序列已测定。2006 年 6 月宣布人类基因组计划"框架图"完成,直到 2022 年初,人类基因组 100% 序列的测序才真正完成,包括其中 8% 异染色质的全部序列。

(二)后基因组研究

人类基因组的序列信息被测定后,其序列的功能就成为人们迫切需要解决的问题。在人类基因组计划基本完成之初,后基因组时代(post-genome era)就开始了。后基因组研究重点集中在进一步系统研究基因的表达、调控和功能,以及基因组内大量非编码序列的功能,特别是与人类疾病的关系,由此产生了众多学科分支,开展了一系列科学计划。

1. 功能基因组学(functional genomics) 功能基因组学研究的任务包括基因功能鉴定、基因表达分析及突变检测、蛋白质组及其蛋白质组学研究、基因组多样性研究及模式生物基因组研究等。功能基因组学常用的研究策略,一是比较人体各个组织器官及其不同发育阶段的表达变化和调控,并在此基础上研究疾病和健康人的基因序列和表达特征及其调控机制;二是通过实验手段干预体外或体内基因的序列、表达和调控,观察和分析干预后的表型,从而准确建立基因型与表型之间的关联,阐明基因的功能。由于基因组信息量的庞大及复杂,往往需要进行全基因组或全转录组范围的筛查,高通量操作是本领域实验研究技术的基本特征,如基因表达序列分析(serial analysis of gene expression,SAGE)、cDNA 微阵列(cDNA microarray)和 DNA 芯片(DNA chip)等高通量的技术。新一代测序技术(next generation sequencing,NGS)以及生物信息学的迅猛发展,使得快速且系统地阐述一组基因的生物学功能,或是在全基因组水平鉴定与特定生物学功能相关的新基因及其相互作用网络成为可能。

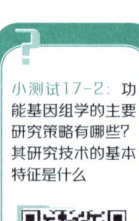

小测试 17-2:功能基因组学的主要研究策略有哪些?其研究技术的基本特征是什么

2. 表观基因组学(epigenomics) 表观遗传学改变指基于非基因序列改变所致基因表达水平的变化,主要调控方式包括 DNA 甲基化、组蛋白修饰、RNA 甲基化、非编码 RNA 调控及染色质架构(chromatin architecture)改变等,这些改变与人类正常生长发育和肿瘤等疾病的发生发展关系密切。表观基因组指整个基因组的表观遗传学状态,是在基因组水平上对表观遗传学改变的研究。人类表观基因组联盟(Human Epigenome Consortium,HEC)于 2003 年宣布正式启动人类表观基因组计划,最初的目标是确认 DNA 甲基化位点在人类基因组的分布与频率。表观基因组学研究较为充分的是 DNA 的甲基化和组蛋白的甲基化和乙酰化,结合新一代测序技术,可以通过甲基化 DNA 免疫沉淀(methylated DNA immunoprecipitation,meDIP)检测分析基因组 DNA 的甲基化,通过染色质免疫共沉淀测序(chromatin immunoprecipitation sequencing,ChIP-Seq)技术研究转录因子结合位点和组蛋白转录后修饰。近年 RNA 甲基化、非编码 RNA 调控及染色质架构也越来越受到重视,不断取得突破。

3. DNA 元件百科全书(Encyclopedia of DNA Elements,ENCODE)计划 在人类基因组计划顺利完成之后,科学家们发现仅占人类基因组中 1.5% 的核苷酸编码序列不足以完整地解释高等生物复杂的生命活动。因此,2003 年 9 月,美国国立卫生研究院下属的人类基因组研究所启动了 ENCODE 计划。ENCODE 的主要目标是构建人类基因组中所有的功能元件清单,特别指的是基因调控元件,包括在蛋白质和 RNA 水平上起作用的元件,以及控制细胞功能及其与环境作用的调控序列。这些元件主要由占据人类基因组 98% 以上的非编码区 DNA 所构成,ENCODE 的研究内容是这些功能元件的分子特征、分布、功能、与组蛋白修饰和转录因子结合的关系、对染色质空间结构的影响等。

ENCODE 分阶段进行，完成的部分主要分为三个阶段：第一阶段为试点培育阶段，第二、三阶段均为大规模数据产出阶段，其中第三阶段完成了大量原代细胞和组织中的实验数据，并且扩展加入了小鼠基因组的数据。所有数据收录于 ENCODE 门户网站，现已登记收录 926 535 个人类和 339 815 个小鼠顺式调控元件，分别占各自基因组的 7.9% 和 3.4%。迄今 ENCODE 计划已经取得很多成果，如发现了许多之前不为人知的 DNA 转录启动位点；发现了位于 DNA 转录启动位点下游的一些调控区域；鉴定了组蛋白修饰调控 DNA 复制的新机制；纠正了此前关于哺乳动物基因组存在进化限制的观点等。目前该计划正处于第四阶段，未来将在更多种类的细胞及不同处理条件下的细胞内研究基因组调控的动态变化，并构建完整的功能网络，例如由 PsychENCODE 联盟绘制健康人脑基因组图谱及神经精神疾病基因组图谱等也已报道。

4. HapMap 计划 国际人类基因组单体型图计划（International HapMap Project，HapMap）起始于 2002 年，目标是通过对主要人群 DNA 序列上的单核苷酸多态性（single nucleotide polymorphism，SNP）的测定，构建揭示人类遗传多态性的常见规律和模式的全基因组规模单体型图。该计划由美、加、中、日、英等国研究机构发起，中国承担总计划大约 10% 的工作。

HapMap 计划对 SNPs 进行全基因组规模的基因分型检测，利用标签 SNPs（tag SNPs）建立人类全基因组遗传多态图谱，包含了多态性位点变异的形式、在 DNA 上的具体位置、在同一群体内部和不同人群间的分布状况。利用 HapMap 获得的信息，研究人员可以发现与人类健康、疾病以及对药物和环境因子的个体反应差异相关的基因或其他 DNA 功能区域，有助于开展进一步的研究。

四、基因组学研究在医学中的应用

随着人类基因组计划的进行和研究工作的深入，基因组学迅猛发展，当之无愧地成为生命科学领域的前沿学科，更高效的、革命性的研究技术和策略也随之产生，并已广泛地应用于医学研究和医疗实践，形成了面向医学实践的一个新领域：基因组医学或医学基因组学。

（一）基因组学研究技术及策略

基因组学技术是在全基因组水平上对基因多样性、表达、调控及功能进行研究的技术，包括碱基序列的组成及改变、DNA 甲基化、组蛋白修饰、染色质构架等。基因组学技术可以对上万个基因同时进行检测，具有显著的高通量、整体性、精准性、微观化的优势，促进了学科的发展和成果的应用。

1. 基因芯片技术 基因芯片（gene chip）又称 DNA 微阵列（DNA microarray），是专门用于核酸检测的生物芯片。其工作原理是：将大量序列已知的 DNA 片段（DNA 探针）按照特定的排列方式固定在固相载体（如硅片、玻片、塑料片）上，形成 DNA 微矩阵。这些 DNA 片段可以根据实验目的由人工合成，或通过 PCR 反应扩增细菌质粒上插入的基因组片段，也可以利用引物从 cDNA 文库中或 DNA 中 PCR 扩增得到，分离纯化后，高密度有序地点样在固定载体片上，制备成 DNA 微阵列。基因芯片可用于对待测样品定性或定量检测其是否有与芯片互补的序列及其丰度。待测样品 DNA 片段标记后与芯片进行分子杂交，再对玻片进行扫描，测定微阵列上各点的信号强度，推算出待测样品中各种基因的表达水平、基因突变情况、DNA 的甲基化情况等。在基因芯片的基础上也发展了组织芯片（tissue chip），也称组织微阵列（tissue microarrays），把大量不同的生理或病理组织排布在一个固相载体上，研究基因表达、调控和空间分布。DNA 芯片、组织芯片等可统称为生物芯片（biochip）。

2. 新一代测序技术 不同于传统测序的 Sanger 末端终止法每次测定一个 DNA 片段的序列，

下一代测序（next generation sequencing，NGS）技术可以同时对上亿个 DNA 分子进行序列读取，通量高、速度快、成本低，从而能够对一个物种的基因组或转录组进行全貌分析，现也广泛用于表观组学甚至蛋白质组学、微生物组学等多种组学的研究。

二代测序可用于全基因组从头测序（无参照序列的新测序）和重测序、目标序列捕获测序（如外显子组测序）、转录组测序（主要是 mRNA-seq）、经重亚硫酸盐转化的单碱基分辨率 DNA 甲基化测序等。与染色质免疫共沉淀（chromatin immune precipitation，ChIP）技术结合的 ChIP-Seq 技术分析全基因组范围内 DNA 与蛋白质的相互作用。二代测序技术仍然存在一些局限性，如仍需对天然 DNA 进行测序前处理、建库；序列读长较短，一般在 100~150 bp；难以检测结构变异（structural variations，SVs）等。

三代测序（third-generation sequencing，TGS）技术克服了一代和二代测序技术的局限性，高通量、长读长且能实现无扩增 DNA 直接测序。同时，TGS 可以无需转化、直接测定 DNA 的甲基化等基因组修饰，可以进行全长转录组测序。目前的缺点是通量稍低，以及测序错误率比二代测序高，但是这些缺点通过专门建立的技术策略能够基本克服。三代测序技术可以实现兆碱基级别超长测序以及无扩增基因组修饰检测，高效完成病原体的全基因组组装，在传染性疾病的及时诊断、精准医疗、药物研发等领域有着广泛的应用前景。

3. 基因编辑 基因编辑（gene editing）是指在基因层面上对基因序列做一些改变，包括基因定点插入缺失（insertion and deletion，InDel）突变、敲入、多位点同时突变和小片段的删除等。人工内切核酸酶（engineered endonuclease，EEN）技术的出现使得基因编辑的效率大大提高。锌指核酸酶（zinc finger nuclease，ZFN）和转录激活因子样效应物核酸酶（transcription activator-like effector nuclease，TALEN）分别为第一代和第二代人工内切核酸酶，目前应用最多的 CRISPR/Cas（clustered regularly interspaced short palindromic repeat/ CRISPR associated proteins）是第三代人工内切核酸酶技术。

CRISPR/Cas9 系统原理

CRISPR/Cas 是由 DNA/RNA 导向的一种基因组编辑系统，与 TALEN 和 ZFN 技术相比，操作简单，实验周期短，成本低，细胞毒性更小。在基因组中靶点分布频率很高，靶基因多个位点可实现同时敲除，基因修饰可遗传，没有物种的限制。2020 年 10 月，Doundna 和 Charpentier 因对 CRISPR 基因编辑理论研究的贡献被授予诺贝尔化学奖，由此肯定了 CRISPR/Cas 系统为基因编辑技术发展带来的突破。CRISPR/Cas 系统在遗传病基因治疗、癌症治疗等方面已经展示了良好的前景。

（二）基因组学研究成果在医学研究和实践的应用

肿瘤基因组学

基因组学的研究成果已经广泛应用于医学领域。人类基因组计划和 HapMap 等计划的完成为遗传性疾病的诊断、易感性分析和防控提供了强有力的依据。基因芯片及新一代测序技术成为分析患者基因组突变、基因表达差异和表观调控及特异细胞亚群异常的有效工具，是精准治疗包括靶向治疗、基因治疗、细胞治疗等获得应用的重要前提。基因编辑技术已广泛应用于致病基因的功能机制研究，并且为基因治疗的实施提供了技术上的可能。随着本领域研究的进一步发展和技术的成熟，未来的医学一定会迎来真正的革命。

第二节　基因的结构与功能

在生命科学发展过程中，基因是一个非常重要的概念。随着研究的进行，对基因内涵的理解和认识也不断深入，对基因化学结构的解析和功能结构的持续发现也为基因的概念赋予了新的意义。

一、基因的化学结构

自然界中，绝大多数生物的遗传物质是DNA，仅在某些病毒等物种中的遗传物质为RNA。人类的遗传物质是DNA，基因是DNA上的一段序列，基因的化学结构详见第二章"核酸的结构与功能"相关内容。

二、基因的功能结构

基因概念的内涵随基因结构与功能的新发现而不断深化。如20世纪70—80年代前认为，基因是编码蛋白质的一段DNA序列，而非编码基因的发现突破了这一固有认知。起初认为基因是DNA链上的一段独立序列，后来发现了许多重叠基因。以往认为基因的内含子序列只是蛋白质编码基因外显子之间的间隔序列，并不具备独立的基因功能，但目前的发现是内含子中存在大量非编码RNA基因。未来基因的功能结构仍将有更多的发现。

（一）蛋白质编码基因的功能结构

人类基因组中的编码基因是断裂基因，它由若干个编码序列（外显子）和非编码序列（内含子）互相间隔开但又连续排列而成，去除非编码序列再连接后才能完整翻译出蛋白质。真核基因除了外显子和内含子外，调控序列也较为复杂，包括上游调控区域（如启动子、增强子、5'-UTR）、下游调控区域（3'-UTR）、内含子中的剪接信号及增强子等。经过精细的调控，基因正常转录和翻译，以及完成一系列修饰，最终表达出功能产物。

（二）假基因

假基因（pseudogene）是指基因组中与正常编码蛋白基因序列相似，但不能表达蛋白质的序列。假基因具有以下两种特征：一是与功能基因的核苷酸序列具有高度相似性；二是不具有转录功能或者转录但不能翻译成蛋白质。根据是否保留相应功能基因的间隔序列（如内含子），假基因分为两大类：一类保留了间隔序列，通过基因复制产生，位置在原功能基因附近，称为复制型假基因；另一类缺少间隔序列，通过基因的逆转录产生，存在5'端启动子序列和内含子的缺失，可以保留侧翼的定向重复和3'端的多聚腺嘌呤尾巴，在基因组的位置是随机的，称为处理后假基因。起初假基因被认为是无功能的进化遗迹，深入研究后发现部分假基因能通过多种途径发挥基因表达调控作用。

（三）非编码RNA基因

非编码RNA（noncoding RNA，ncRNA）是指没有编码蛋白质功能的所有RNA。转录非编码RNA的DNA序列称为RNA基因或非编码RNA基因。目前熟知的tRNA、rRNA就是典型的非编码RNA，它们被称为"看家"非编码RNA。细胞中还存在大量具有调控功能的小ncRNA，主要包括21 nt左右的microRNA（miRNA）、small interfering RNA（siRNA）和24~30 nt的Piwi-interacting RNA（piRNA）。小ncRNA或与Argonaute蛋白家族的不同成员结合形成RNP复合物，或与mRNA等在某些特定位置互补结合，在转录或转录后水平沉默基因的表达。细胞中还有长度在200 nt以上、具有丰富异质性的长链非编码RNA（long noncoding RNA，lncRNA），以各种结构、功能和机制对细胞的生命活动起调控作用。

第三节 基因组的传递

基因组的正常和准确传递对于遗传信息的代际传递和机体细胞群体的扩张具有决定性意义，需要复杂和精细的调控。核基因组的传递通过细胞核内基因组的正确复制和细胞的有序分裂实现。线粒体基因组的传递有其独特的遗传特性——母系遗传。

一、核基因组的传递

人类核基因组以染色质或染色体的形式存在于细胞之中，伴随着细胞的分裂而向下传递。基因组在体细胞中的延续经有丝分裂（mitosis）实现，而亲代向子代的传递通过减数分裂（meiosis）的方式进行。

（一）细胞的有丝分裂

有丝分裂异常与疾病的关系

有丝分裂是高等真核生物体细胞分裂产生子细胞的过程，特点是有纺锤体出现，子染色体被平均分配到子细胞中。一个完整的细胞有丝分裂周期包括间期和分裂期两个阶段。间期进行物质准备，完成 DNA 分子的复制和有关蛋白质的合成。分裂期则完成由一个母细胞分裂为两个遗传物质相同的子细胞的过程。详细内容请见第二十六章"细胞增殖与调控"相关内容。

细胞的有丝分裂维持着个体的正常生长和发育，保证了物种的连续性和稳定性。而有丝分裂的异常与众多人类疾病相关。

（二）生殖细胞的减数分裂

小测试17-3：哪些细胞会采用减数分裂的分裂方式？

物种的延续需要基因组由亲代向子代的传递。减数分裂是生物细胞内染色体数目减半的分裂方式。减数分裂时，进行有性生殖的生物其原始生殖细胞分裂时染色体复制一次，但细胞连续分裂两次，产生 4 个子细胞，成熟配子中的染色体数目比原始生殖细胞减少一半。减数分裂使得有性生殖生物可以保持物种染色体数目稳定，并且为生殖过程中创造变异提供了遗传的物质基础，保证物种得以适应环境的不断变化。

减数分裂完整周期可以分为减数分裂Ⅰ和减数分裂Ⅱ两个过程（图 17-1）。

1. 减数分裂Ⅰ 减数分裂Ⅰ进程中细胞内发生复杂的生化和形态变化，可进一步分为前期Ⅰ、中期Ⅰ、后期Ⅰ和末期Ⅰ。

（1）前期Ⅰ：减数分裂最为特殊的生物学事件发生于这一阶段，包括同源染色体配对、交换与重组，随后随机分离进入两个子代细胞。前期Ⅰ可以根据染色体形态和行为划分为以下 5 个时期：

1）细线期（leptotene stage）：细胞核及核仁体积增大，已经完成复制的染色质开始凝集，每一染色体具有两条染色单体，但在光镜下仍呈单条细线状，染色单体的臂未完全分离。细线状染色体通过其端粒附着于核膜上。

2）偶线期（zygotene stage）：染色质进一步凝集，分别来自父母的同源染色体（homologous chromosome）相互靠近、配对，称为联会（synapsis）。配对从端粒处开始，同源染色体间出现若干不同部位的接触点。随后这种结合沿其长轴迅速扩展，直至同源染色体侧面紧密联会，完全配对后形成的复合体结构为二价体，因其共有 4 条染色单体，又被称为四分体。

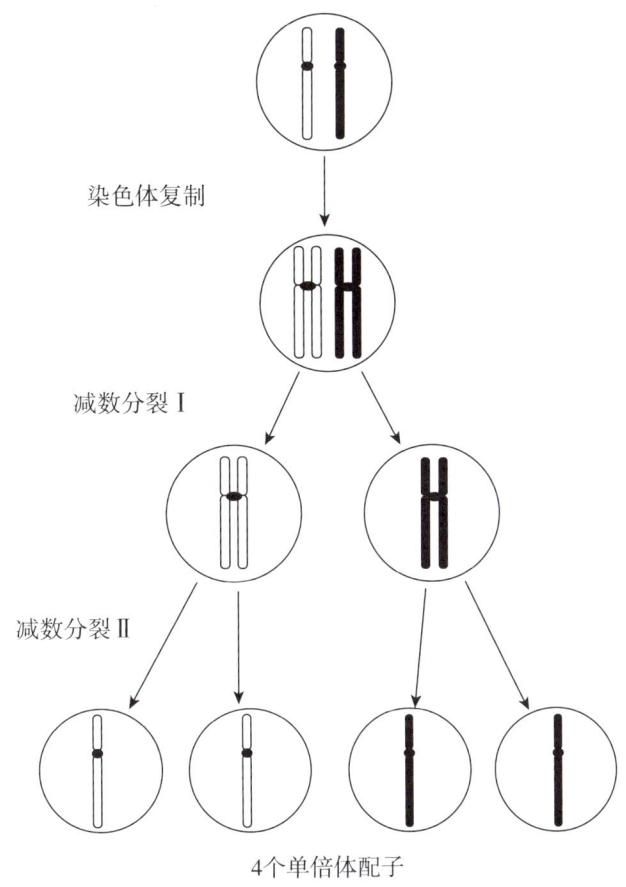

图 17-1　减数分裂示意图

3）粗线期（pachytene stage）：粗线期持续时间较长，可达数天，甚至数月。通过联会紧密结合在一起的两条同源染色体，进一步凝集而缩短、变粗，同源染色体间出现染色体段的交换及重组，因此，该期又称为重组期。

4）双线期（diplotene stage）：双线期持续时间长短变化较大，一般持续时间较长。作为临时性亚细胞结构的联会复合体在双线期发生去组装，逐渐趋于消失，紧密配对的同源染色体相互分离。同源染色体的大部分片段分开，但仍在非姐妹染色单体之间的某些部位上残留一些接触点，称为交叉（chiasma），这被认为是粗线期同源染色体交换的形态学证据。

5）终变期（diakinesis stage）：同源染色体进一步凝集，核仁消失，四分体均匀地分布在核中。染色体交叉逐步向染色体端部移动，最后四分体只靠端部交叉使其结合在一起，姐妹染色单体通过着丝粒连接在一起。核膜逐渐解体，纺锤体装配完成，染色体开始移向细胞中部的赤道面上，标志着前期 I 完成（图 17-2）。

（2）中期 I：端化交叉连接的同源染色体排列于细胞赤道面上，一条染色体通过牵引丝与一极相连，而另一条染色体则通过牵引丝与另一极相连，决定了二价体中每条染色体后续的相反去向。

（3）后期 I：这个时期是减数分裂中染色体减半的关键时期。每个二价体的两条同源染色体分开，移向两极，而姐妹染色单体并不分开，因此每极的染色体数为细胞原有染色体数的一半。

（4）末期 I：染色体各自到达两极后逐渐解螺旋化，变成细线状。核膜重建，核仁重新形成，同时进行细胞质分裂，两个子代细胞形成。

2. 减数分裂 II　第二次减数分裂过程与有丝分裂基本相同，可分为前期 II、中期 II、后期 II、末期 II，最后胞质分裂形成单倍体子细胞。

小测试17-4：同源重组发生于减数分裂的哪个阶段？

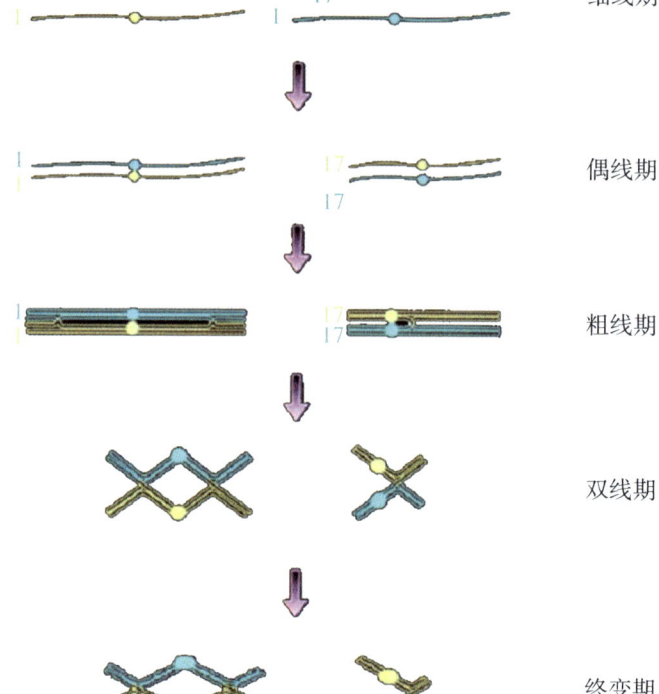

图 17-2　减数分裂前期 I 示意图

（1）前期Ⅱ：松散的染色质重新凝聚，核仁消失，核膜崩解，纺锤体再次形成，染色体逐渐向细胞中央的赤道面移动。

（2）中期Ⅱ：染色体整齐排列在赤道面，两个姐妹染色单体被纺锤丝牵引，朝向纺锤体两极。

（3）后期Ⅱ：姐妹染色单体分离，移向两极。

（4）末期Ⅱ：染色体去凝集，成为染色质纤维，核仁和核膜重新出现，经细胞质分裂，新的子代细胞形成，两个子细胞的染色体数目与初级生殖细胞相比减少了一半。至此，一个亲代细胞共形成 4 个子代细胞，减数分裂整个周期完成。

与有丝分裂相比，同源染色体的配对是减数分裂的显著特征。配对为来自不同亲缘染色单体的相应片段发生交叉互换创造了条件。在染色体交叉互换过程中，母方的染色单体和同源的父方的染色单体上 DNA 的双螺旋结构是打开的，这有利于两条非姐妹染色单体间进行某一片段的相互交换，这一过程就是遗传重组，而遗传重组增加了后代细胞中的基因组合类型。

因此，减数分裂 I 实现了同源染色体的分离，非同源染色体的自由组合，以及非姐妹染色单体之间的交换，导致了父母基因的重组；减数分裂 Ⅱ 实现了姐妹染色单体的分裂，非同源染色单体的自由组合；最终形成了染色体数目减半的生殖细胞，再与另一个生殖细胞结合形成正常染色体数目的受精卵，发育为成熟个体。减数分裂的异常将导致胚胎发育的失败和异常，以及遗传性疾病的发生。

二、线粒体基因组的传递——母系遗传

线粒体基因组传递详见第三十六章"线粒体遗传"相关内容。

第四节 人类染色体

一、人类染色体概述

人体正常体细胞染色体数目为 23 对,其中 22 对为常染色体(autosome),另一对为性染色体(sex chromosome),后者决定个体的性别,男性为 XY,女性为 XX。

(一)分裂中期的人类染色体结构

因细胞有丝分裂中期的染色体最典型,所以常规进行临床染色体分析时一般选择处于分裂中期的染色体。先通过静脉穿刺获取外周血,加入肝素抗凝,再提取白细胞,置于细胞培养液中刺激其分裂,72 h 后,用化学物质如秋水仙碱阻滞有丝分裂的纺锤体,使分裂细胞停止于中期,然后收集细胞,用低渗液处理,固定,铺片,根据需要选择不同的染料着色,使染色体用于检测分析。

中期染色体由两条染色单体构成,互称为姐妹染色单体(sister chromatid),两条姐妹染色单体通过着丝粒(centromere)相连,着丝粒处相对解旋、浅染并内缢,称为主缢痕(primary constriction),纺锤丝附着位点也在着丝粒区。以着丝粒为分界点,上部分为染色体短臂(p),下部分为染色体长臂(q),两臂末端称为端粒(telomere)。在某些染色体长、短臂上还可见到浅染内缢的区段,称为副缢痕(secondary constriction)。根据着丝粒的位置,人类染色体可分为三类:①中着丝粒染色体(metacentric chromosomes):着丝粒位于或靠近染色体中央(1/2~5/8),染色体长、短臂长度相近;②近(亚)中着丝粒染色体(submetacentric chromosomes):着丝粒略偏向一端(5/8~7/8),将染色体分为长短明显不同的两个臂;③近端着丝粒染色体(acrocentric chromosomes):着丝粒靠近一端(7/8~末端)(图 17-3)。正常人类细胞内不存在端着丝粒染色体(telocentric chromosomes)。人类近端着丝粒染色体短臂的远侧有一以细丝样结构相连的染色体区段,称为随体(satellite,s),随体与短臂间的细丝样结构称为随体柄(satellite stalk,stk),实际上也属于次缢痕区。

小测试 17-5:根据着丝粒的位置,人类染色体可分为哪几类?

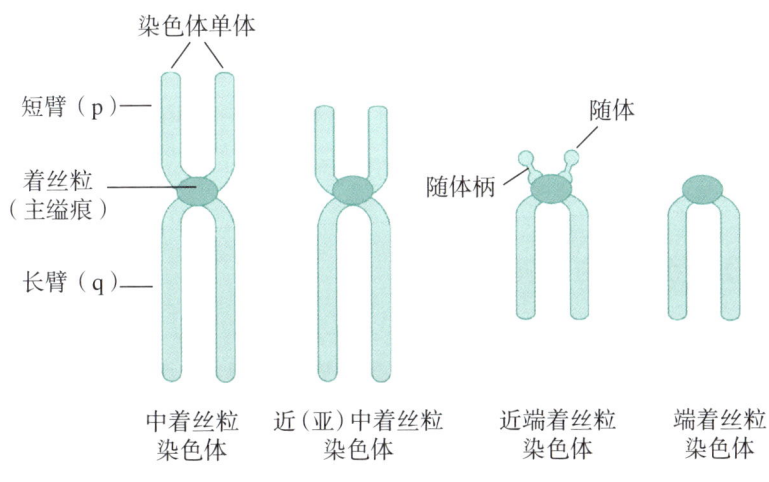

图 17-3 染色体的 4 种类型

(二)人类染色体核型

一个体细胞中的全部染色体,按照大小、形态特征顺序排列所构成的图像称为核型(karyotype)。将待测细胞的核型进行染色体数目、形态特征分析,确定其是否与正常核型一致,称为核型分析。为准确地描述人体细胞的染色体组成,1960 年,在美国丹佛(Denver)召开的第一届国际细胞遗传学会议上,讨论并确立了世界通用的细胞内染色体组成的描述体系,即 Denver 体制,按着丝粒位置和染色体大小将人体细胞内的 46 条染色体分为 7 组,依次用字母 A 至 G 标明(表 17-1)。常染色体依照长度递减的顺序用数字 1~22 编号(21 号染色体例外,其比 22 号染色体短),性染色体用 X 和 Y 表示。

人类细胞遗传学研究史

小测试17-6:什么是核型?正常男性、女性的核型应如何描述?

表 17-1 人类染色体分组及主要形态特征

组号	染色体号	大小	着丝粒位置	随体	次缢痕
A	1~3	最大	1中、3中、2近中	无	1号常见
B	4~5	次大	近中	无	
C	6~12、X	中等	近中	无	9号常见
D	13~15	中等	近端	有	13号偶见
E	16~18	较小	16中,17、18近中	无	16号常见
F	19~20	小	中	无	
G	21~22、Y	最小	近端	21、22有,Y无	

正常核型的描述,先记录包括性染色体在内的全部染色体数目,接着是一个逗号(,),随后是性染色体组成(X/Y),如正常女性核型为 46,XX;正常男性核型为 46,XY。

二、人类染色体的鉴别

染色体能被碱性染料染色,单用 Giemsa 等常规染料染色的标本,由于整条染色体着色均匀,染色体本身的细微特征不能显现出来,得到的图像称为染色体非显带核型。后来发现染色体经某种特殊的处理或特异的染色后,染色体上可显示出一系列连续的明暗相间的条纹,这种显示明暗条纹的染色体标本称为显带染色体(banding chromosome)。染色体显带可准确地识别通过常规染色不易识别的个别染色体,而且对某些染色体结构改变的确认也有重要作用。

(一)人类染色体的显带技术

1. G带 G(Giemsa)显带是最常见的临床细胞遗传学(clinical cytogenetics)技术。先用胰蛋白酶处理染色体标本,然后用 Giemsa 染色,便能使染色体沿其纵轴显示深浅相间的带纹。G带带纹清晰,标本可长期保存。

细胞分裂中期人类染色体G显带模式图

框 17-1　G 显带染色体识别口诀

A 组:1 秃 2 蛇 3 蝶腰;B 组:4 像鞭炮 5 黑腰;C 组:6 号 p 似"小白脸",7 上 8 下 9 两条,10 号 q 三深带好,11 低来 12 高;D 组:13/4/5 一个样,着色深带一二一;E 组:16 深带连着点,17 深带跑得远,18 人小肚子大;F 组:19 中间一点腰,20 头重脚底轻;G 组:21 像葫芦瓢,22 头上一点黑;性染色体:Y 黑脚,X p q 一担挑。

第十七章 人类基因组和染色体

2. Q 带 1968 年瑞典细胞化学家 Caspersson 等用荧光染料氮芥喹吖因（quinacrine mustard, QM）处理染色体后，在荧光显微镜下发现各染色体沿其长轴可显示出宽窄和亮度不同的横纹带。Q 显带可将人类的 24 种染色体显示出各自特异的带纹，每条染色体都可被准确识别和鉴定。染色体 Q 带可显示出与 G 带几乎相同的带型模式，Q 带的亮带相当于 G 带中的深带，暗带相当于 G 带的浅带。

3. R 带 染色体标本经热磷酸缓冲液处理，再用 Giemsa 染色后所显示的明暗交替的带纹恰与 Q 带（或 G 带）相反，故称为反带（reverse band），即 R 带。多个人类染色体的末端为遗传活跃区域，R 带可使这些末端区域深染，对测定染色体长度，末端区域结构改变，研究缺失或其他染色体重排的识别非常有利。

4. C 带 专门显色染色体的着丝粒区域和结构性异染色质部分，如第 1、9、16 号与 Y 染色体长臂的异染色质区。

5. T 带 专门显色染色体端粒的带型。

6. N 带 专门显色核仁组织区（nucleolar organizing region，NOR）的带型。

7. 高分辨显带（high resolution banding） 又称早中期显带，典型中期染色体的一套单倍染色体带纹数有 320～400 条，但前中期、晚前期或早前期的染色体可获得更多带纹，前中期的一个染色体组有 555～842 条带，晚前期有 843～1256 条带，有助于揭示染色体更细微结构的变异（图 17-4）。

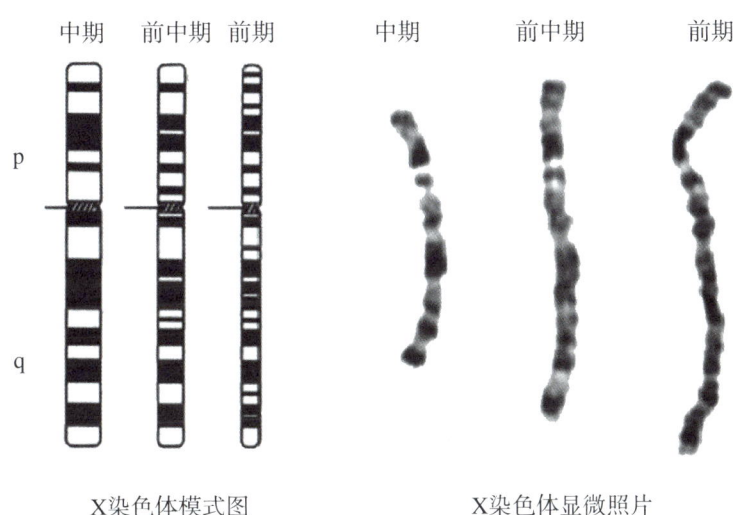

图 17-4　X 染色体模式图和显微照片

（模式图来自 ISCN，1995；显微照片来自 YimKwan Ng，The Hospital for Sick Children，Toronto.）

小测试17-7：什么是高分辨显带？其具有怎样的优势？

人类染色体各显带显微图像

（二）人类染色体显带核型的描述

人类染色体显带技术的发展应用使每条染色体都能得到准确的确认，为了对显带染色体及其上的区和带有统一的描述标准，1977 年发布了"人类细胞遗传学的国际命名体制（An International System for Human Cytogenetic Nomenclature）"，简写为 ISCN（1978）。

1. 显带染色体的界标、区和带 根据 ISCN 规定，界标指的是显带染色体上具有显著形态特征的结构区域，主要包括着丝粒、染色体两臂的末端和某些带；区指的是相邻界标之间的区域；每个区都包含一定数量、一定排列顺序、一定大小和染色深浅不同的带，这就构成了每条染色体的带型。

2. 显带染色体的区和带的命名 根据 ISCN 规定，每条染色体上的区和带都是从着丝粒开始分别沿着两臂向远端连续地标记。1 区是最靠近着丝粒的，向远依次定义为 2、3 区等，每个区中的带也依此原则，界标处的带应看作此界标远端区的1号带，p和q分别表示染色体的短臂和长臂，着丝粒被定义为10，其中面向短臂的部分称为p10，面向长臂的部分称为q10。

在标示特定的带时需包括4项内容：①染色体号；②臂的符号；③区号；④在该区内的带号。这些内容需依次列出，中间不写标点符号。例如X染色体长臂2区2带，书写为Xq22。在高分辨显带中，作为界标的带和普通的带都可能被细分为亚带、次亚带，ISCN规定从任何一条带分出的亚带或次亚带保持原有的区和带号，在原带号数之后加一个小圆点，然后写出每一亚带的号数，如Xp22.1表示X染色体短臂2区2带1亚带（图17-5），如亚带再被细分为次亚带，后面只需写上次亚带号。

正常男性和女性G显带核型

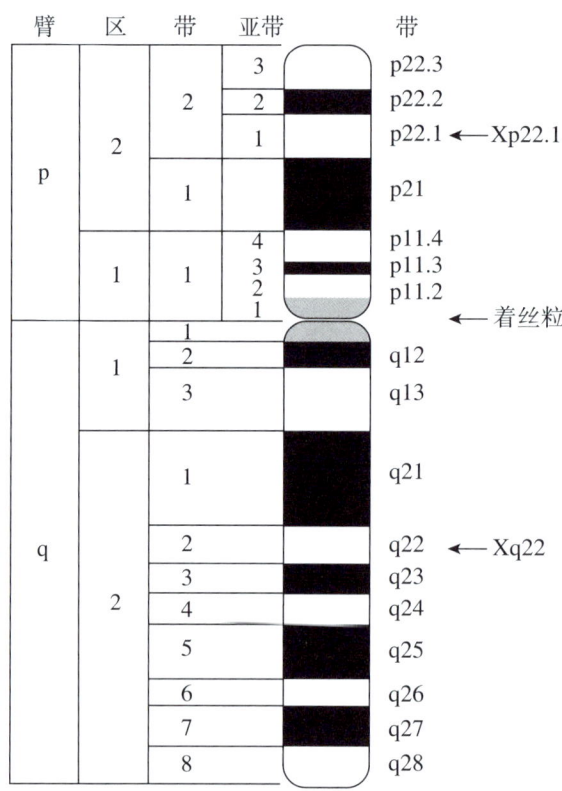

图17-5 人类X染色体区、带标示

（三）荧光原位杂交和光谱核型分析技术

1. 荧光原位杂交（fluorescence in situ hybridization，FISH） FISH的基本原理是核酸分子碱基互补配对，将间期或中期染色体的DNA固定在载玻片上，"原位"变性为两条DNA单链，再将有标记的外源核酸（探针）与变性后的单链DNA互补配对，结合成专一的核酸杂交分子，再用激发荧光燃料的波长光照射观察染色体，如有杂交信号便可观察到荧光，杂交信号的位置就是探针与染色体DNA片段结合的位置。

根据FISH所检测的目的序列，FISH探针大致分为三类：基因座特异探针或单一拷贝序列探针（locus-specific probe）、重复序列探针（repetitive DNA probes）、整条染色体或染色体臂探针（probes for entire chromosomes or chromosome arms）。

与传统核型分析相比，FISH具有更高的分辨率，能检测到更小的缺失和重复，但该方法不是全局性的检测，只针对某个特定的基因组区域，并且使用时需要掌握靶位点的相关知识。

2. 光谱核型分析（spectral karyotyping，SKY） SKY是一种波谱影像分析技术，将24种全染色体涂染探针先用5种不同的荧光素组合进行不同的标记，然后将探针混合物与中期染色体进行原位杂交，通过荧光显微镜获得荧光图像并进行光谱成像。SKY 技术可同时观察和分析人类 24 条染色体特征，同一张图像呈现不同颜色，可清楚地鉴别染色体的重排，特别是易位、插入及可以产生标记染色体的许多复杂的染色体结构改变，对各种标记染色体的来源也能一目了然。

框 17-2 荧光原位杂交技术进展

随着探针制备技术的完善与发展，在 FISH 技术基础之上进一步衍生出比较基因组杂交（CGH）、DNA 纤维荧光原位杂交（DNA fiber-FISH）等技术。Fiber-FISH 是将染色体从细胞中释放出来后做 FISH，其信号由中期或间期的点状，形成线状排列，可提高定位的分辨率。之后又发展出多色荧光原位杂交技术：光谱核型分析（SKY）、多色荧光原位杂交（mFISH）和彩色显带 FISH（Rx-FISH），一次成像可同时区分 24 条染色体，能同时检测多个基因，分辨复杂的染色体易位和微小缺失，区分间期细胞多倍体和超二倍体等。

（四）比较基因组杂交技术

比较基因组杂交（comparative genomic hybridization，CGH）技术能在整个基因组范围内检测出染色体不平衡，包括染色体非整倍体、DNA 序列的缺失和重复等，具有更高的分辨率。

微阵列比较基因组杂交（microarray-CGH），又称 arrayCGH（array-based CGH，aCGH），是基于全基因组 DNA 芯片的 CGH（传统 CGH 是以中期染色体作为杂交靶）。aCGH 的原理是用不同的荧光染料（通常患者用红色，对照用绿色）分别标记患者与对照 DNA，将 DNA 变性等量混匀后与 aCGH 芯片杂交，然后激光扫描分析，当待检样本比对照样本有更高的信号强度时，说明待检样本的基因组拷贝数量增加（如染色体重复或三倍体），反之，就说明待检样本的基因组拷贝数量减少（如染色体缺失或单倍体），如果二者信号强度相同，则说明待检样本没有拷贝数改变。

FISH、SKY 及 aCGH 检测染色体畸变图像

与传统染色体核型分析相比，aCGH 覆盖全基因组，分辨率高，结果更加准确、可靠，而且 aCGH 使用的是 DNA，不需细胞培养。aCGH 能检测到断裂点处带有微缺失/微重复的不平衡重排，还能更有效地检出染色体嵌合体。具有异常核型的细胞在培养过程中相对于正常核型而言具有生长劣势，培养后用核型分析更难检测（培养后异常核型的细胞比例可能会更低），但 aCGH 检测不出染色体平衡易位或倒位的平衡重排，因这两种结构异常不存在遗传物质的获得或丢失，而传统核型分析能检测出平衡重排异常。

小测试17-8：与传统染色体核型分析相比，aCGH具有怎样的优势？

随着研究技术的发展，基于全基因组测序水平上的基因组分析将成为探索疾病的遗传学病因和实施分子诊断的重要手段。

（五）人类染色体的多态性

人类染色体数目和形态结构是相对恒定的，因为在正常人群中存在着各种染色体恒定的微小变异，包括结构、带纹宽窄和着色强度等，称为染色体多态性（chromosome polymorphism）。

染色体多态性主要分为两大类，一类位于异染色质区、随体和随体柄部，表现为长度、数目和位置的变异；另一类位于和染色体上特定的带相关且不出现临床表现的脆性位点。常见的多态性部位包括：① Y 染色体的长度变异，这种变异存在着种族差异。主要变异部位是 Y 染色体长臂结构异染色质区及长臂远端约 2/3 区段的长度变异。通常表现为 Y 染色体大约 F 组或 E 组甚至接近 D 组染色体大小，称为"长 Y""大 Y"或"巨 Y"，描述为 Yq⁺。② D 组、G 组近端着丝粒染色体的短臂、随体及随体柄部次缢痕区的变异。表现为随体的有无、大小及重复（双随体），短臂次缢痕区的增长和缩短等。③第 1、9 和 16 号染色体次缢痕的变异，表现为次缢痕的有无或长短的差异。④第 1、2、3、9、16 号染色体和 Y 染色体的 p11～q13 的倒位多态性。

染色体的多态性变异主要发生在结构异染色质区，这种稳定的正常变异多态现象一般以孟德尔方式遗传给下一代，但通常没有明显的表型效应和病理学意义，可在显微镜下观察到。因此可以作为一种遗传学标记，在核型检测分析中要特别注意，其与表型效应之间的对应关系需要谨慎探讨。

小　结

人类基因组包括核基因组和线粒体基因组，它们携带了人类的整套遗传信息，这些信息决定人类基本的生理特征和功能。通过人类基因组计划和后基因组计划时代的研究，基因组的全部序列已被测定，基因组中最重要的功能成分——基因图谱已绘制完成，基因的概念也得以进一步拓展；更多的功能未知的基因组序列的生物学意义也在不断被解析。

基因组研究中发展出一系列新的研究策略和技术，包括高通量的序列测定和大量数据的处理技术和方法，改造基因组的基因编辑技术也在日臻成熟，这些进展已经开始被应用于医学研究和实践。

人类基因组的传递通过基因组的正确复制和细胞的有序分裂实现。人类体细胞采用有丝分裂进行基因组的传递；而生殖细胞依靠减数分裂产生正常配子，达到基因组精准代际传递的目的。基因组传递的异常将导致各种疾病的发生。

染色体是遗传物质和基因组的载体，认识染色体的正常组成和结构对理解异常核型及其对应的表型效应尤为重要。传统核型分析可鉴定数目异常或累及较大染色体片段结构的染色体畸变，FISH、SKY 及 aCGH 等技术可检测染色体更细微结构的异常。

整合思考题

1. 请简述人类基因组计划的成就及其局限。
2. 随着基因组研究的深入，基因的概念是如何演进和丰富的？
3. 假设你在临床遇到一个具有鲜明表型特征的罕见病例，你可以通过怎样的策略对这个病例进行遗传学分析和诊断？
4. 鉴定染色体的技术有哪些？其主要原理是什么？基因组学的发展如何推动染色体病的诊断？

（赵红珊　杨玉霞　潘星华　李传洲）

第十八章　DNA 的合成

导学目标

通过本章内容的学习，学生应能够：

※ **基本目标**
1. 解释中心法则、真核基因、基因组的结构与功能。
2. 说明 DNA 复制的基本规律、DNA 复制的酶学和拓扑学变化。
3. 比较原核生物与真核生物 DNA 复制起始、延长及终止过程的异同。
4. 运用逆转录病毒的结构特点，理解并说明逆转录病毒可能致癌的机制。

※ **发展目标**
1. 运用体内 DNA 复制原理，理解体外 DNA 扩增技术的原理与实际应用。
2. 将生物体内 DNA 合成与体外 DNA 合成建立联系，了解逆转录酶在实际研究中的应用。
3. 根据端粒的结构和功能，理解端粒酶在肿瘤和衰老发生发展中的变化和可能的作用机制。

案 例

患者，男，32 岁，因咽喉部疼痛就诊。近 3 个月患上呼吸道感染，反复发热，消瘦，经抗生素治疗效果不明显。就诊时咽痛已持续 1 周，且症状明显加重，以至不能进食固体食物。周围人未见相同症状，患者曾有静脉用药史，但未能提供详细病史资料。

体格检查：体温 37.5℃，精神不佳，咽部发红、有白斑，颈部淋巴结肿大，心肺听诊未见异常。

实验室检查：$CD4^+T$ 淋巴细胞少于 $200/mm^3$（正常 $> 500/mm^3$）；感染微生物基因组为 RNA。

问题：
1. 临床初步诊断，最有可能的疾病是什么？
2. 病原体感染患者细胞的生化机制是什么？
3. 该病原体感染宿主基因组的关键酶是什么？

在生物界，单细胞生物依靠细胞分裂增殖繁衍后代；高等生物从一个受精卵分裂、增殖、分化，发育为一个生物体。究竟是什么物质决定了物种的繁衍曾让研究者困惑了很多年，遗传信息的携带者一度被认为是蛋白质。1869 年，瑞士医生和生物学家 F. Miescher 从细胞核中分离出核素"Nuclein",即与蛋白质结合的 DNA,第一次发现了 DNA 分子。自此之后直到 1944 年,O. T. Avery 等通过体外肺炎双球菌转化实验才证明了 DNA 是遗传物质,蛋白质不携带遗传信息。随后,多种实验从不同角度支持了以上结论,由此奠定了 DNA 是主要遗传物质的基石。

框 18-1　肺炎双球菌转化实验证实 DNA 是遗传物质

1928 年,英国的细菌学家 F. Griffith 发现了肺炎双球菌的转化现象,即一种细菌由于获取了外来的遗传信息,导致形态与功能发生了重大改变。彼时的 F. Griffith 正致力于研究能够预防致死性肺炎的疫苗,该过程中诞生了著名的 Griffith's Experiment:他以无毒无荚膜 R Ⅱ 型(R 型)和有毒有荚膜 S Ⅲ 型(S 型)肺炎双球菌作为实验材料感染小白鼠,活 -R 型或死 -S 型肺炎球菌均不会使小鼠患病,活 -S 型则可导致小鼠患病死亡。该实验的重要发现是将死 -S 型与活 -R 型菌混合后注射入小鼠体内能导致它们患病死亡,并从小鼠体内分离出活 -S 型菌。F. Griffith 将这一现象称为转化作用,即 S 型死菌体内有一种物质可引起 R 型活菌转化产生 S 型菌。

1944 年,美国 O. Avery、C. Macleod 及 M. Mccarty 等人阐明了转化的本质。他们从 S 型活菌体内分别提取出 DNA、RNA、蛋白质和荚膜多糖,将它们与 R 型活菌混合后分别注射入小鼠体内,结果 R 型菌只能被 S 型菌的 DNA 转化成 S 型菌,导致小鼠患病死亡,且转化后的 S 型菌的遗传性状被稳定地遗传给后代。F. Griffith 的体内转化实验证明了转化因子是遗传物质,但未触及转化因子的本质;Avery-Macleod-Mccarty 的体外转化实验证实了遗传物质是 DNA 而非蛋白质。

生物体内 DNA 的合成主要包括以下三种情况:① DNA 复制(replication),细胞增殖时,双链 DNA 分别作为模板指导子代 DNA 的新链合成。②逆转录(reverse transcription)。某些 RNA 病毒侵入宿主细胞后以其自身 RNA 为模板指导 DNA 合成。③ DNA 修复(repair)合成,当 DNA 序列中出现局部损伤或错误时,去除异常序列后进行 DNA 局部合成以弥补缺损。

第一节　DNA 复制的特点与参与分子

DNA 复制是指以母链 DNA 为模板合成子链 DNA 的过程。任何细胞在分裂、增殖前,首先是其染色体 DNA 进行复制合成,然后出现细胞分裂,这时复制的 DNA 会平均分配到两个子代细胞中去,同时将亲代的全部遗传信息传递给子代。DNA 复制是一个非常基本的生命过程,任何生命其首要的任务都是繁衍后代,所以从低等到高等生物都遵循着相似的规律。

一、DNA 复制的特点

1. 半保留复制(semi-conservative replication)　1953 年,J. D. Watson 和 F. H. C. Crick 提出 DNA 双螺旋学说,他们敏锐地感觉到 DNA 双链的碱基互补配对可能就是 DNA 准确复制的分子基础。在没有任何实验证据的情况下,他们推测:DNA 双链中的每一条链都可以作为模板,按照碱基互补配对合成一条新链,从而将遗传信息准确地传递给子代。由于子代的 DNA 中保留了亲代 DNA 的一条链，这种模式就被称为半保留复制。不久之后，两位年轻的科学家 M. Meselson 和 F. Stahl 用强有力的实验证据证实了 DNA 的半保留复制。当时学界推测 DNA 复制方式有 3 种理论上的可能，即全保留、半保留和混合式复制（图 18-1）。

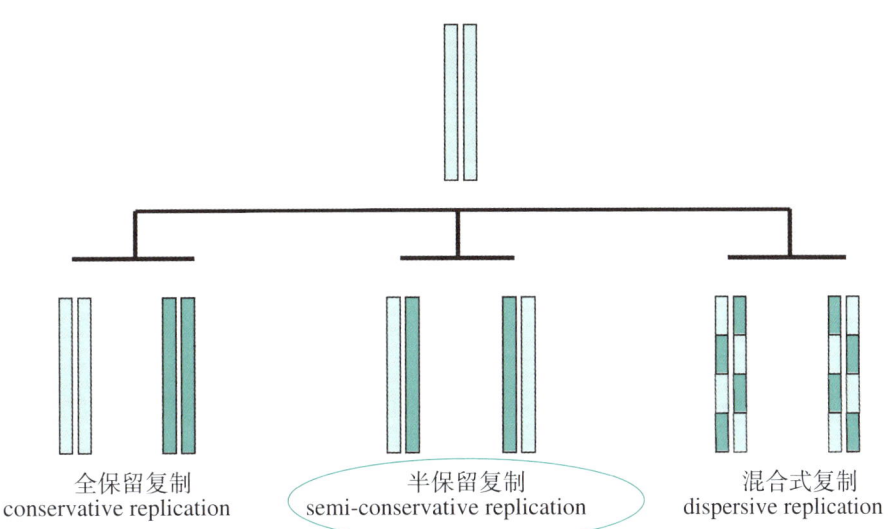

图 18-1　DNA 复制 3 种可能方式的示意图

他们设计了非常严谨可行的实验。选择增殖速度快的大肠埃希菌作为实验对象；选择同位素 ^{15}N（自然界为 ^{14}N）作为密度标签（density label）来区分新旧 DNA 分子；利用当时最先进的超速离心技术分离密度不同的 DNA，实施了著名的 Meselson-Stahl 实验（图 18-2）。

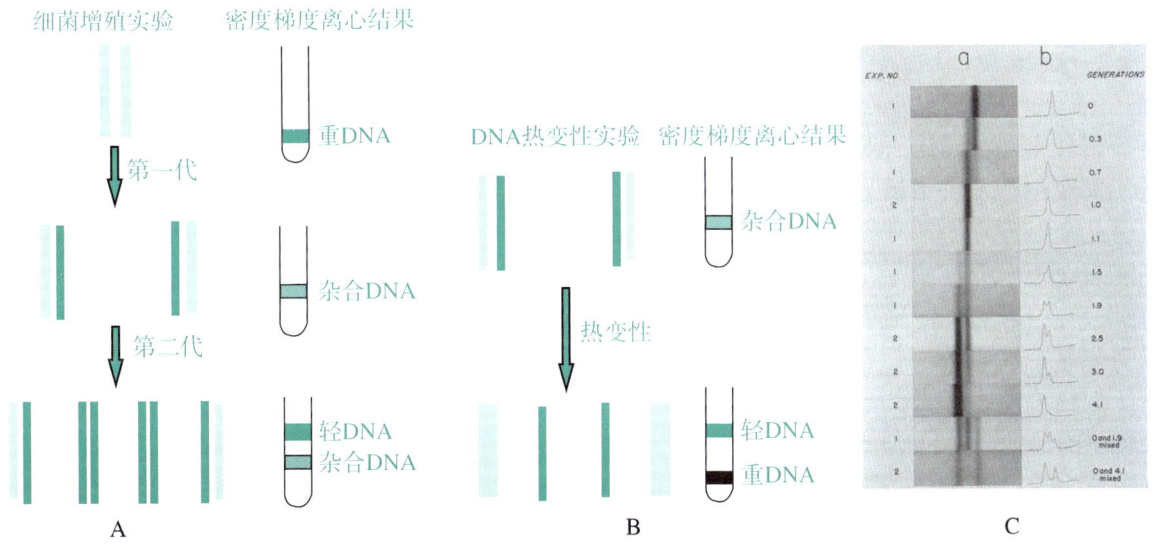

图 18-2　Meselson-Stahl 实验

A．Meselson-Stahl 实验流程及密度梯度离心结果示意图；B．为了验证半保留复制的结论，复制第一代的 DNA 被高温变性，DNA 双链解开为单链，密度梯度离心时呈现轻重两条区带；C．Meselson-Stahl 实验的原图，随着大肠埃希菌的扩增，它们体内的 DNA 由高密度逐渐变为中密度与低密度

框 18-2　Meselson-Stahl 实验

M. Meselson 和 F. Stahl 在马里兰海洋研究所相识，他们都是仅 20 岁出头的研究生，自此开始合作探索 DNA 如何复制这个当时的科学热点问题。M. Meselson 因为曾研究过氢元素的同位素——氘，所以从一开始就想到了用同位素标记来区分新旧 DNA 分子，之后在大量查阅文献的过程中，又想到用胸腺嘧啶的类似物五溴尿嘧啶掺入新链来区分新旧 DNA 分子，但为了防止核苷酸类似物引起 DNA 突变产生细胞毒性，以及为了标记的均一性，最终选择了 N 元素的同位素 ^{15}N 来进行标记。在选择实验对象时，通常细菌或者病毒因其生长周期快是理想的实验对象，F. Stahl 也一直研究噬菌体病毒，最初是想用噬菌体作为实验对象，但由于噬菌体的亲代与子代 DNA 之间会发生片段的重组交换，干扰实验结果，因此 F. Stahl 最终选择了大肠埃希菌。

M. Meselson 和 F. Stahl 的文章于 1958 年发表于《美国科学院院报》，因为近乎完美的、出自 F. Stahl 之手的密度梯度离心结果，他们的实验被英国科学家 J. Cairns 称为"生物学最漂亮的实验"。2001 年，耶鲁大学医学史系主任 Holmes 以此为材料撰写了名为《Meselson、Stahl 和 DNA 复制——生物学最漂亮实验的历史》一书。重大发现的背后是两位当时的"小研究生"的执着、坚持以及长时间在实验室全心投入的工作。据 M. Meselson 描述，他们有 2 年时间没有获得任何实验进展，第三年才获得成功。因为基因组 DNA 难于操作，F. Stahl 谦逊地将干净、漂亮的结果归功于天时、地利、人和。

密度梯度离心

半保留复制的意义在于维护了种系遗传的高保真性。由于 DNA 分子的两条链碱基互补，走向相反，因此以其中一条链为模板合成的新链与原互补链完全相同。在此分子基础上，子代 DNA 保留了亲代 DNA 完整的遗传信息，并通过转录、翻译为蛋白质，即基因表达（gene expression），表现出细胞乃至生物体各自的形态、功能、特性，体现了遗传的相对保守性。此外，生物界也普遍存在着遗传变异现象。良性的变异使物种进化，不良的变异使物种退化，甚至促进死亡。由此可见，遗传的保守性是物种稳定性的分子基础，但并不绝对。

2. DNA 复制的固定起始位点和双向复制　复制是从 DNA 分子上的某一特定位点开始的，这一位点称为复制起始点（replication origin）。J. Cairns 最早在大肠埃希菌（*E. coli*）中利用放射自显影技术观察到这一现象，将细菌在含有放射性 H 同位素即氚元素（^{3}H）的培养基中扩增生长，提取细菌基因组后进行放射自显影曝光，就能看到 DNA 分子在复制过程中的影像。DNA 双链从复制起点向两个方向解链，因此复制沿两个方向同时进行，称为双向复制（bidirectional replication）（图 18-3）。

含有一个复制起点的完整 DNA 分子或 DNA 分子上的某段区域被看作一个独立的复制单元，称为复制子（replicon）。原核生物基因组 DNA 为环状，只有一个复制起点，因此为单复制子生物。真核生物基因组复杂、庞大，有多个复制起点，具有多个复制子。解开的两条单链模板和尚未解旋的 DNA 双链模板形成了"Y"形的叉状结构，称为复制叉（replication fork）（图 18-4）。

3. DNA 的半不连续复制　生物体内已知的 DNA 聚合酶只能利用引物分子提供的 3′-OH 末端聚合脱氧核苷酸（dNTP），因此新生单链 DNA 分子的延伸方向只能是 5′ → 3′，这意味着模板须是 3′ → 5′ 方向。由此出现的问题是：模板 DNA 两条反向平行的单链如何同时进行复制？合理的推测是：DNA 复制过程中一条新链能沿 5′ → 3′ 的方向连续合成；而另一条新链的合成方向与解链方向相反，模板 DNA 解开足够的长度，以 5′ → 3′ 的方向合成一段新链，随着解链的进行形成多个不连续的 DNA 片段，直至染色体末端，即半不连续复制（semi-discontinuous replication）

(图18-5)。1968年，在美国的日本学者 Reiji Okazaki 研究团队用放射性同位素标记噬菌体 DNA，采用电子显微镜、放射自显影、密度梯度离心等技术发现了复制过程中存在 DNA 小片段，也就是现在所称的冈崎片段（Okazaki fragment），并且随着复制的进行，这些小片段变为大片段，证实了半不连续复制的猜想。

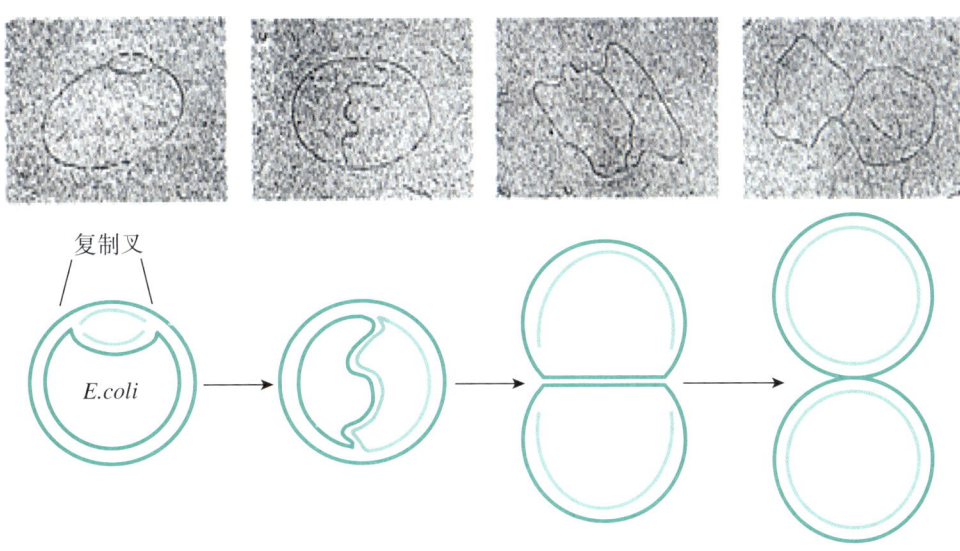

图 18-3　DNA 的定点、双向复制

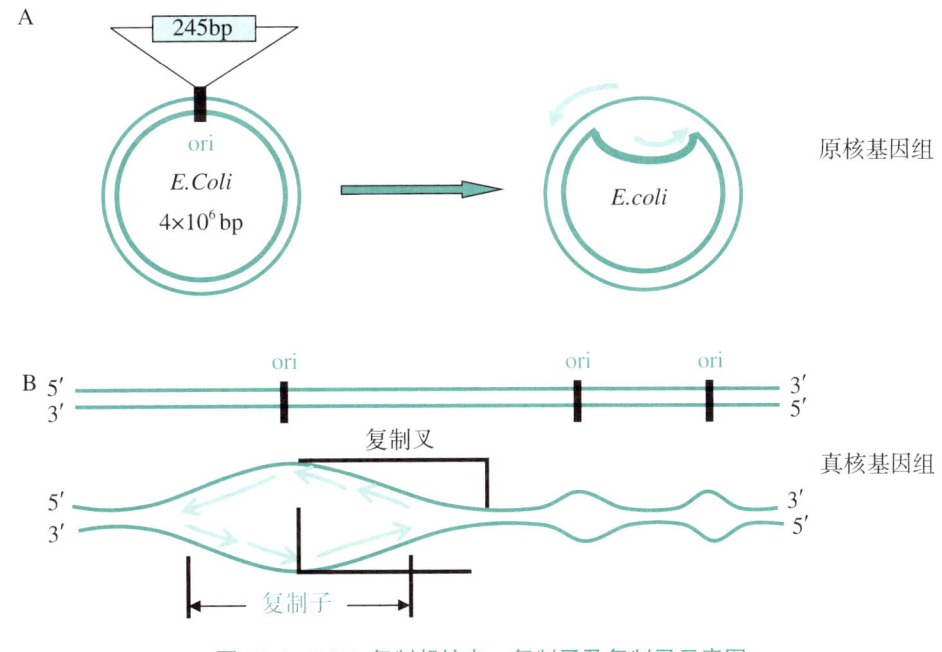

图 18-4　DNA 复制起始点、复制子及复制叉示意图
A．原核生物单复制子复制；B．真核生物多复制子复制

DNA 复制过程中能连续合成的链称为前导链（leading strand），不能连续合成的链称为后随链（lagging strand）。后随链合成过程中包含冈崎片段的生成与连接。原核生物冈崎片段的长度为 1000～2000 个核苷酸，而真核生物则只有 100～200 个核苷酸，是一个核小体的长度。

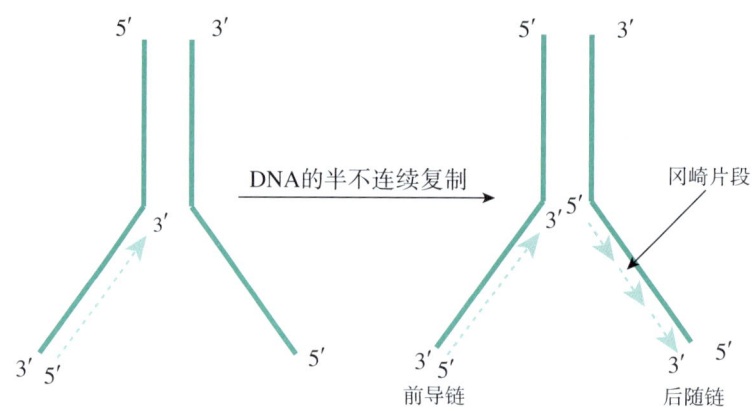

图 18-5　DNA 的半不连续复制与复制叉

二、参与 DNA 复制的酶类及蛋白质因子

DNA 复制过程复杂，需多种酶及蛋白质因子参与，DNA 复制体系包括：DNA 模板、4 种 dNTP 底物（既作为原料，又提供合成反应所需的能量）、RNA 引物、DNA 聚合酶及其他酶类与蛋白质因子和无机离子（如 Mg^{2+}、Mn^{2+}）。

1. 克服 DNA 结构障碍的酶和蛋白质　DNA 复制是酶促脱氧核苷酸聚合反应，底物是 4 种 dNTP，因为碱基埋在双螺旋内部，只有解开成为单链才能发挥模板作用，因此首先需要克服 DNA 双螺旋带来的结构障碍才能进行新链延长。

（1）DNA 解旋酶（DNA helicase）：能够作用于碱基之间的氢键，利用 ATP 打开氢键，解开 DNA 双链，平均每打开一对碱基消耗 2 个 ATP。电镜观察到原核和真核生物体内的解旋酶均为像花瓣一样的六聚体结构，环绕着 DNA 双链中的一条链，向前滑动打开双链，解链沿复制叉行进方向。

（2）拓扑异构酶（topoisomerase，TOP）：在解旋酶的作用下，复制叉前方会形成正超螺旋，出现打结现象，影响 DNA 复制的顺利进行，生物体内则有相应的拓扑异构酶来克服此结构阻力。拓扑异构酶既能水解又能连接磷酸二酯键，主要分Ⅰ型和Ⅱ型，Ⅰ型拓扑异构酶切断 DNA 双链中的一条链，消除过度的扭力后再以磷酸二酯键使两个断端相连，反应不需要 ATP，用释放出的能量进行连接；Ⅱ型拓扑异构酶则水解断开 DNA 的两条链，待扭力消除后连接断端，恢复原有核苷酸序列，反应需要 ATP 供能。第一个 TOP Ⅱ在大肠埃希菌（E. coli）中被发现，称为 DNA 促旋酶（gyrase），除了松弛正超螺旋，还能引入负超螺旋，为继续解链提供持续性的帮助。真核细胞的 TOP Ⅱ 只能松弛而不能引入超螺旋。此外，所有的 TOP Ⅱ 均具有环连、解环连的作用，以解决原核环状 DNA 复制终止时以及真核细胞中复制叉相遇时出现的"连环 DNA"（interlocked DNA）的分离（decatenation），从而保障复制结束后染色体的顺利分离。

框 18-3　DNA 的拓扑异构性

"拓扑"（topo）是几何学名词的译音，意指物体或图像做弹性变形（如环形橡皮筋的放大、缩小、扭曲），而构成它的各组分并无改变的性质，即化学结构相同，空间结构不同。DNA 的拓扑结构是指具有相同的一级结构，但两条链相互缠绕次数不同的两个环形或线性 DNA，即拓扑异构体。DNA 的拓扑异构性是环状 DNA 的特性，但因为体内的线性 DNA 常与蛋白质结合，形成两端固定的情况，也具有拓扑异构的性质。对 DNA 分子而言，最稳定的螺旋圈数是 DNA 初始的双螺旋数。一旦 DNA 分子被旋紧或旋松，也就是双链之间的交叉数增多或减少，分子就会产生扭曲的力量，形成超螺旋来中和这种扭曲的力量。天然状态下的 DNA 有 5% 具有负超螺旋，有利于复制和转录的进行。能催化 DNA 拓扑异构体互变的一类酶称为拓扑异构酶。临床中常用的氟喹诺酮类抗菌药物（如莫西沙星）就是以拓扑异构酶 II（即促旋酶）为靶点，阻断细菌 DNA 的复制与转录，从而起到杀菌消炎作用。

(3) 单链结合蛋白（single strand binding protein，SSB）：DNA 单链模板一方面倾向于恢复双链结构，另一方面非常脆弱，易受各种内外环境的影响以及核酸酶的攻击，单链结合蛋白负责稳定模板的单链状态并保护它们的完整性。一般有若干 SSB 同时结合在 DNA 单链上，随着复制叉的前行与单链模板动态的结合、解离。

2. 催化 DNA 链延长的酶 DNA 聚合酶催化新链的延长，DNA 聚合酶全称为依赖 DNA 的 DNA 聚合酶（DNA-dependent DNA polymerase，DDDP 或 DNA pol）。DNA 聚合酶不能催化两个游离的 dNTP 聚合，只能在与 DNA 模板链互补的多核苷酸链的 3'-OH 端后逐一聚合新的互补核苷酸。这种提供 3'-OH 端的短片段 RNA 被称为引物（primer）。引物是在一种特殊的依赖 DNA 的 RNA 聚合酶作用下合成的，该酶不同于转录中的 RNA 聚合酶，故被称为引物酶（primase）。引物酶以复制起点的 DNA 序列为模板，以 NTP 为原料，催化合成 5'→3' RNA 短片段，即引物（长十余至数十个核苷酸）；在体外 DNA 扩增实验中可应用 DNA 短片段作为引物。

(1) 原核生物 DNA 聚合酶：原核生物 DNA 聚合酶主要有 3 种，按发现顺序分别为 DNA pol I、pol II 和 pol III（表 18-1）。

表 18-1 *E. coli* 三种 DNA 聚合酶的比较

	DNA Pol I	DNA Pol II	DNA Pol III
5'→3' 聚合活性	+	+	+
3'→5' 外切酶活性	+	+	+
5'→3' 外切酶活性	+	−	−
构成（亚基数）	单体	7	18～20
体外聚合速度（nt/s）	10～20	40	250～1000
分子量（kD）	103	88	792
分子数/细胞	400	40	10～20
延伸新链的长度	3～200	1500	≥500 000
主要功能	修复合成、去除引物、填补空缺	复制中的校对、DNA 修复	复制中延长新链

1957 年，A. Kornberg 首次从大肠埃希菌（*E. coli*）中发现并分离了 DNA 聚合酶 I，并在体外实验中证实，当加入模板、引物和底物时，提取出来的 DNA 聚合酶可以催化新链 DNA 的生成，首次在体外合成了 DNA。因此 A. Kornberg 与他的导师 S. Ochoa 共同获得 1959 年诺贝尔生理学或医学奖。S. Ochoa 发现了 RNA 聚合酶，在体外首次合成了 RNA。DNA pol I 一度被认为是细菌体内 DNA 复制的主要酶，但很快有证据表明，DNA pol I 催化 DNA 合成的速度和效率不能与细菌体内 DNA 复制的速度和效率相匹配，更强有力的证据是 1969 年有研究者发现 DNA pol I 基因缺陷的菌株能够存活！由此推断菌体内 DNA 复制存在 DNA pol I 以外的 DNA 聚合酶。这个发现推动了 DNA pol II 和 DNA pol III 的发现，它们由 A. Kornberg 的次子 T. Kornberg 于 1970 年发现。

DNA pol I 的分子量约为 103 kD，是由单一多肽链构成的多功能酶，酶分子的不同结构域分别具有 DNA 聚合酶、$3' \rightarrow 5'$ 外切酶及 $5' \rightarrow 3'$ 外切酶活性。DNA pol Ⅰ能催化以 DNA 为模板的 dNTP 聚合反应，但反应速度（10～20 个核苷酸/秒）远不及 DNA pol Ⅲ（250～1000 个核苷酸/秒），而且效率低，大约延伸 20 个核苷酸后便从模板上脱落。即便 DNA pol Ⅰ基因缺陷的菌株依然能够生长增殖，但对引起 DNA 损伤的 X 射线或紫外线非常敏感，照射后容易死亡，存活菌常表现出由于 DNA 损伤修复能力下降而导致的突变率增加。在活细胞内，其真正的作用是辅助复制、重组及修复合成 DNA。在复制中，DNA pol Ⅰ 的 $5' \rightarrow 3'$ 外切酶活性可去除复制中的引物，同时依赖其 DNA 聚合酶活性填补引物去除后的空缺；在 DNA 损伤修复中，DNA pol Ⅰ 合成 DNA 填补空缺。其 $3' \rightarrow 5'$ 外切核酸酶活性则对片段延伸起着即时校对作用。

DNA pol Ⅰ 的 $5' \rightarrow 3'$ 外切酶活性不仅能水解引物，还能对 DNA 分子的变异及损伤局部从 5' 端逐一外切水解，为修复做准备，这是 DNA pol Ⅰ 所特有的活性。此外，位于 N 端的具有 $5' \rightarrow 3'$ 外切酶活性的结构域可以被某些特异的蛋白酶去除。比如木瓜蛋白酶，能将 DNA pol Ⅰ 分为大小两个片段。近 N 端为小片段，分子量 36 kD（323 个氨基酸残基），仅具有 $5' \rightarrow 3'$ 外切酶活性。近 C 端为大片段，又称 Klenow 片段（Klenow fragment），分子量 67 kD（604 个氨基酸残基），具有 DNA 聚合酶和 $3' \rightarrow 5'$ 外切酶的校对活性。Klenow 片段是实验室合成 DNA、进行分子生物学研究时常用的工具酶。

DNA pol Ⅱ 的活性只有 DNA pol Ⅰ 的 5%，它参与的是 DNA 损伤的应急状态修复，此酶缺陷的大肠埃希菌突变株 DNA 复制正常。细菌体内真正负责复制延长的酶是 DNA pol Ⅲ。菌体内 DNA pol Ⅰ、pol Ⅱ、pol Ⅲ 的分子数量比为 20∶2∶1，这也是 DNA pol Ⅰ 第一个被发现的原因。DNA pol Ⅲ 的活力最强，其活力为 DNA pol Ⅰ 的 40 倍以上，且聚合速度最快，DNA-pol Ⅲ 缺失的细菌无法存活。

DNA pol Ⅲ 全酶分子量约为 792 kD，由 10 种亚基（α，β，γ，δ，δ'，ε，θ，τ，χ，ψ）组成两个亚单位，聚合成不完全对称的二聚体，按功能分为四部分：①核心酶（α，ε，θ）：α 亚基最大，具有聚合酶活性，ε 有 $3' \rightarrow 5'$ 外切酶活性；② β 亚基：由 4 个亚基组成的二聚体，具有使酶与模板 DNA 结合的"滑动钳"（sliding clamp）作用（去掉 β 亚基，核心酶只能聚合 10～50 个核苷酸便从模板上脱落下来）；③ γ 复合物（γ，δ，δ'，χ，ψ）：通过水解 ATP 获能，介导 β 亚基转移并结合至 DNA 模板上，起到滑动钳装载器（clamping loader）的作用；④ τ 亚基：连接核心酶与 γ 复合物（表 18-2）。DNA 聚合酶 Ⅲ 的结构就像两个手臂，两个手形结构的核心酶是手掌，负责前导链和后随链的延伸，环形结构的 β 亚基为滑动钳套住 DNA 两条模板链，一对 τ 亚基组成柔性手臂连接核心酶与滑动钳装载器（图 18-6）。

表 18-2 *E. coli* 三种 DNA 聚合酶Ⅲ全酶的亚基

亚基	分子量（kD）	功能	
α	129.9	$5' \rightarrow 3'$ 聚合酶	
ε	27.5	$3' \rightarrow 5'$ 外切酶	核心酶
θ	8.6	稳定 ε 亚基	
τ	71.1	聚合核心酶、结合 γ 复合物	柔性手臂
γ	47.5	帮助滑动钳在模板链装载	
δ	38.7	打开滑动钳	
δ'	36.9	帮助滑动钳在模板链装载	γ 复合物
χ	16.6	结合单链结合蛋白	
ψ	15.2	结合 γ、χ 亚基	
β	40.6	滑动钳：连接 DNA 聚合酶Ⅲ与模板	滑动钳

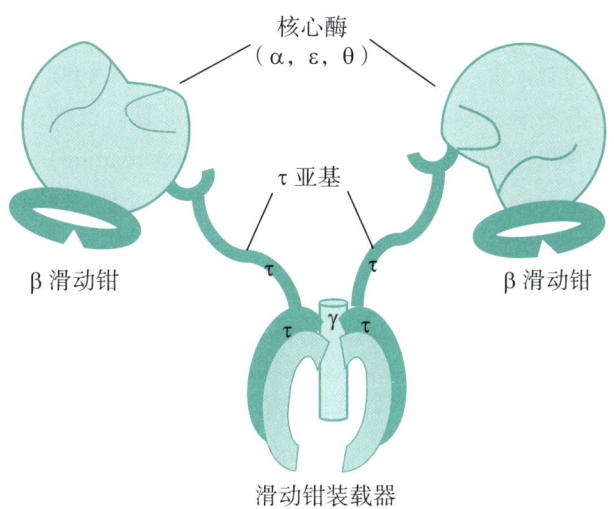

图 18-6　*E. coli* DNA 聚合酶Ⅲ全酶模型

由 3 种亚基组成的 DNA 聚合酶核心酶非常像一个右手手掌，掌心握住模板，手指固定新加入的核苷酸，利用碱基互补配对，使催化反应顺利进行，该过程不需要 ATP。DNA 聚合酶在高效合成 DNA 的过程中也会出现错配的现象。错配会导致 DNA 糖磷酸骨架链发生结构扭曲，与合成中心结合力降低并解离，滑动至小鱼际部分 ε 亚基外切酶活性中心，水解切除错误的核苷酸。DNA 双螺旋恢复为正常结构，与水解活性中心结合力降低，又滑动回合成中心，完成聚合酶的 $3'\rightarrow 5'$ 校对功能（图 18-7）。

图 18-7　*E. coli* DNA 聚合酶Ⅲ核心酶校对功能示意图

另外，在 *E. coli* 大肠埃希菌中还发现了 DNA pol Ⅳ 和 DNA pol Ⅴ，可能参与 DNA 的 SOS 和复制中跨越损伤的修复合成。

（2）真核生物 DNA 聚合酶：真核生物的 DNA 聚合酶常见有 5 种，分别命名为 α、β、γ、δ 和 ε。其各自的特性与功能列于表 18-3。

表 18-3　真核生物 DNA 聚合酶

	α	β	γ	δ	ε
酶活性					
$5'\rightarrow 3'$ 聚合酶	+	+	+	+	+
$3'\rightarrow 5'$ 外切核酸酶	−	+	+	+	+
$5'\rightarrow 3'$ 外切核酸酶	−	−	−	+	+
构成（亚基）	4	4	4	2	5
分子量（kD）	300	36～38	160～300	170	250
细胞内定位	细胞核	细胞核	线粒体	细胞核	细胞核
主要功能	引物酶	DNA 修复	线粒体 DNA 复制	后随链合成、错配修复	前导链复制、切除修复

真核生物中DNA pol α能催化短的RNA、DNA链的合成,并缺乏3′→5′外切酶的校对活性,因此主要的功能是引物酶,参与DNA链合成的引发;而DNA pol δ和ε是催化合成DNA长链,负责DNA链延长的主要酶(相当于原核生物DNA pol Ⅲ),DNA pol δ负责后随链,DNA pol ε负责前导链的合成,同时兼有外切酶的即时校对(proof reading)作用,同时前者在错配修复、后者在切除修复中亦能发挥填补DNA缺口的作用;DNA pol γ是线粒体DNA合成的聚合酶;DNA pol β主要在DNA修复过程中起作用。

DNA的复制具有高保真性,以保证遗传信息能准确无误地传递至子代。高保真性复制主要取决于以下3个方面:① DNA复制时遵循严格的碱基互补配对规律;② DNA聚合酶在复制中对底物碱基的严格选择性;③ DNA聚合酶3′→5′外切酶活性的校对作用。

3. 催化DNA链成熟、完整的酶 由多个复制起点进行的DNA合成或在填补DNA空隙时,总会出现DNA片段的3′-OH与相邻片段5′-P间的缝隙。DNA连接酶(ligase)可催化相邻的3′-OH和5′-P末端生成磷酸二酯键,从而连接相邻的DNA片段形成一条完整的DNA链。

连接反应需要AMP结合连接酶,使酶激活。所需的活性AMP在真核细胞由ATP提供,原核细胞则由NAD^+提供。反应时连接酶先与ATP或NAD^+分子中的AMP结合,形成活化的"E-AMP"中间体,进而与一个DNA片段的5′-P末端相连,成为"E-AMP-5′-P-DNA",然后再与另一DNA片段3′-OH末端作用,在酶与AMP脱落的同时,两片段间以3′,5′-磷酸二酯键相连。

实验证明,连接酶不能催化游离的单链DNA或RNA连接,只催化互补双链DNA中的单链缺口进行连接。若是DNA的两条双链片段需要连接,只要两个片段相互邻近,连接酶亦可使之连接(图18-8)。因此,该酶不仅在DNA复制、修复、重组中起接合缺口作用,也是基因工程中不可缺少的工具酶之一。

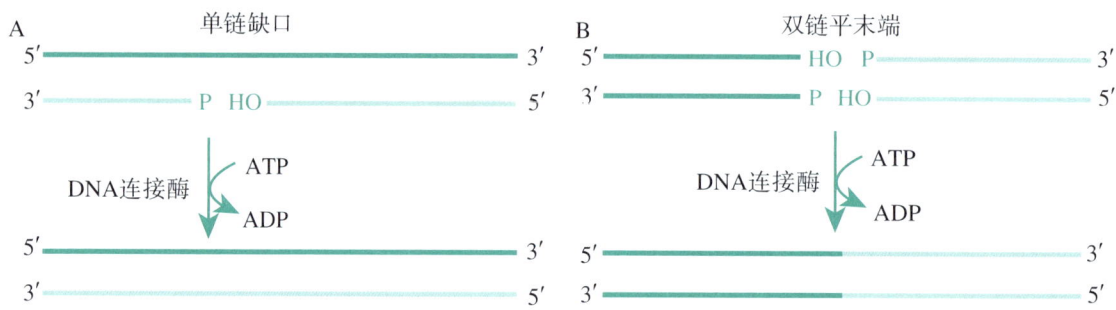

图18-8 DNA连接酶的作用
A. DNA连接酶连接互补链上的缺口;B. DNA连接酶连接相互邻近的DNA双链的平末端

第二节　DNA复制过程

DNA复制的过程是一个团队协作的复杂过程,为便于了解,原核和真核细胞中这个过程都被人为划分为起始、延长和终止三个阶段。

一、原核生物的DNA复制过程

1. 复制起始阶段 原核生物DNA的复制从固定的复制起始点(origin C,OriC)开始,起始点是一段特定的DNA序列,长度245 bp,由3个13 bp和5个9 bp的重复序列组成。复制起始区有显著的结构特点（图18-9）：富含A-T碱基对，氢键力量薄弱，有利于双链解开；多个重复序列是起始蛋白识别并结合的位点。复制起始都要从起始点开始克服DNA的结构障碍并为延长做好准备，首先DnaA识别复制起始点，之后解旋酶DnaB和辅助因子DnaC打开双链，拓扑异构酶Ⅱ（即促旋酶）消除复制叉前方的超螺旋，单链结合蛋白SSB维持稳定单链（表18-4），由此形成了DNA复制起始的引发体前体（preprimosome）。

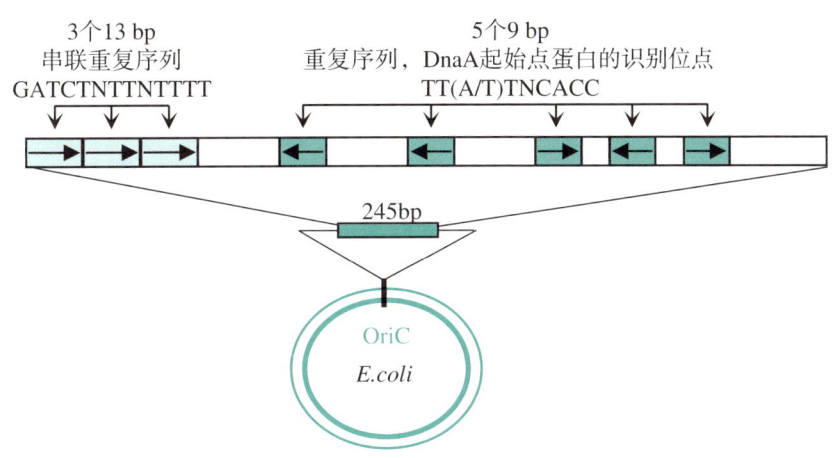

图18-9 原核生物DNA复制起始点序列结构

表18-4 原核生物复制起始的相关蛋白质

蛋白质（基因）	通用名	作用
DnaA（*dnaA*）	解旋酶	辨认起始点
DnaB（*dnaB*）	解旋酶	打开DNA双链
DnaC（*dnaC*）	解旋酶	运送和协同DnaB
Gyrase A，B	拓扑异构酶	理顺DNA链
SSB	单链结合蛋白	稳定已解开的单链

在DNA复制起始点解开的单链上，引物酶催化NTP聚合，形成与模板链3'端互补的RNA引物，引物合成的方向仍为5'→3'，其3'-OH末端为复制提供聚合反应的起点。引发体前体与引物酶结合形成的复合物称为引发体（primosome），包含解旋酶、DnaC、引物酶和DNA复制起始区域。

前导链沿着模板以5'→3'方向合成RNA引物。而后随链则只能在模板打开足够长度后，从模板DNA的3'端合成引物，之后引导5'→3'方向合成互补新链。随着复制叉的前移，后随链上的引物和新链的合成过程循环往复。

2. DNA链的延长 DNA聚合酶Ⅲ负责新链的延长，以解开的母链为模板，在引物的3'羟基末端，按照碱基互补配对原则以4种底物dNTP合成新链。即DNA pol Ⅲ催化dNTP中的α-磷酸基与引物或延长中的DNA新链的3'-OH缩合形成磷酸二酯键，新链的合成方向为5'→3'。由于后随链是不连续复制，模板打开一段、复制一段，为了保证复制中前导链与后随链延伸方向一致，后随链采用了回旋模式进行延伸（图18-10）。DNA pol Ⅲ以不对称二聚体形式协同催化前导链和后随链的合成。冈崎片段的连接还需要DNA连接酶。

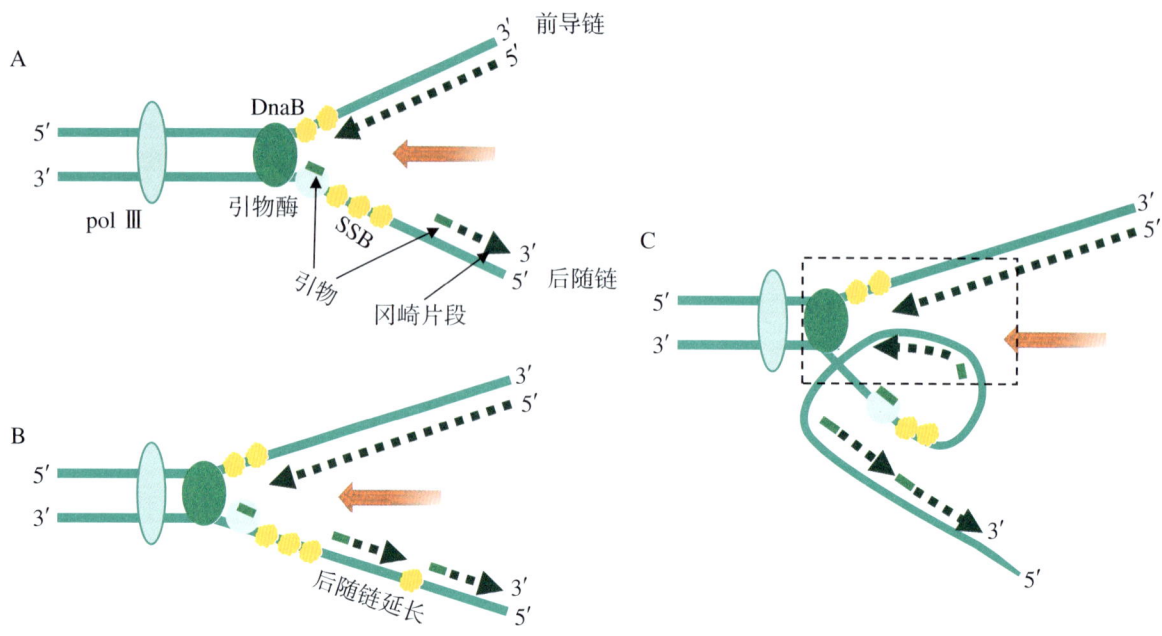

图 18-10 原核生物 DNA 链的延长

A. 引物酶合成 RNA 引物，引发前导链及冈崎片段的延长，DNA pol Ⅲ 延长新链。B. 冈崎片段延长到下一个冈崎片段的引物 5′ 端停止，引物酶继续在打开了足够长度的模板链上合成新的引物，后随链的延长即是如此循环往复的过程。C. 原核生物体内前导链与后随链的合成是高度协调统一的过程，后随链会反折成环，从而保障 DNA 聚合酶Ⅲ同时延长两条新链

3. DNA 复制的终止 原核生物基因是环状 DNA，双向复制的复制片段在终止区（Ter）处汇合。终止区由多个 20 bp 的重复序列组成，是 Tus（terminal utilization substance）蛋白的结合位点。Tus-Ter 复合体能阻止复制叉前进。Tus-Ter 很多，但一个细胞周期中只需一个 Tus-Ter 复合体发挥作用。任何一侧的复制叉被阻止后，另一侧的复制叉会继续复制前行，直至与对侧的复制叉相遇，完成终止区几百个核苷酸的复制。形成的两个子链像两个锁在一起的连环（catenated 染色体），不能彻底分开，拓扑异构酶Ⅱ发挥其解环连活性分离两个子链，完成复制（图 18-11）。

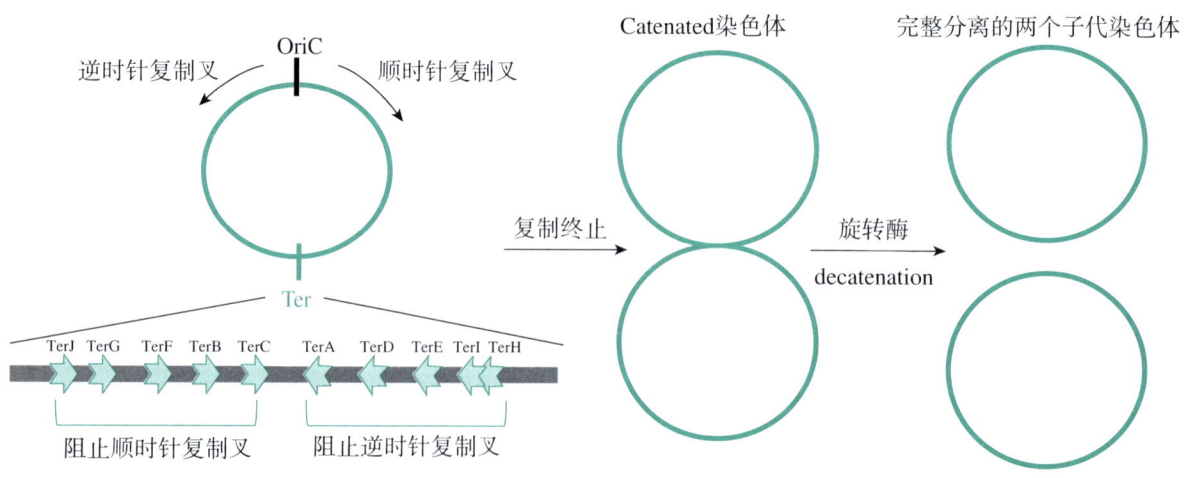

图 18-11 原核生物 DNA 复制的终止

同时复制过程中需要 DNA pol Ⅰ 去除 RNA 引物并填补缺口，DNA pol Ⅰ 5′→3′ 外切核酸酶水解 RNA 引物，由此造成的空缺由 DNA pol Ⅰ 从一侧的 3′-OH 端催化 DNA 延伸，直至空缺另一侧的 5′-P 端，最后由连接酶连接缝隙。体外实验发现，DNA pol Ⅰ 的 5′→3′ 外切酶与聚合酶

活性相伴起作用，结果是缺口沿着 DNA 5′→3′ 合成方向移动，这一反应现象被称为切口移位（nick translation）。

E.coli 复制过程所需要的酶和蛋白因子见表 18-5

表 18-5　*E.coli* 复制过程所需要的酶和蛋白因子

酶和蛋白质	作用
拓扑异构酶	松解（理顺）DNA 超螺旋
解链酶（解旋酶）	解开 DNA 双链
单链结合蛋白	稳定已解开的 DNA 单链
引物酶	合成 RNA 引物
DNA 聚合酶Ⅲ	DNA 新链的延伸
DNA 聚合酶Ⅰ	填补 DNA 空隙、水解引物及校对
连接酶	连接 DNA 片段

框 18-4　PCR 技术

20 世纪 70 年代末，随着 DNA 重组技术的产生和发展，如何快速获得目的基因（待检测或待研究的特定基因）片段已经成为瓶颈问题。传奇的诺贝尔化学奖得主 K. Mullis 在 1983 年发明了聚合酶链反应（polymerase chain reaction，PCR）技术，可将微量 DNA 片段大量扩增，使微量 DNA 或 RNA 的操作变得简单易行。PCR 的基本工作原理是在体外模拟体内 DNA 复制的过程，以待扩增的 DNA 分子为模板，用两条寡核苷酸片段作为引物，分别在拟扩增片段的 DNA 两侧与模板 DNA 链互补结合，提供 3′-OH 末端；在 DNA 聚合酶的作用下，按照半保留复制的机制沿着模板链延伸，直至完成两条新链的合成。不断重复这一过程，即可使目的 DNA 片段得到扩增。PCR 的特异性依赖于与模板 DNA 两端互补的寡核苷酸引物。组成 PCR 体系的基本成分包括模板 DNA、特异引物、耐热性 DNA 聚合酶（如 Taq DNA 聚合酶）、dNTP 以及含有 Mg^{2+} 的缓冲液。PCR 技术的高敏感性、高特异性、高产率、可重复、快速简便等优点，使其迅速成为分子生物学研究中应用最为广泛的方法，许多以往无法解决的分子生物学研究难题得以解决。PCR 技术的发明是分子生物学的一项革命，极大地推动了分子生物学以及生物技术产业的发展，成为分子生物学与医学的支撑技术。

二、真核生物染色体 DNA 的复制过程

真核生物 DNA 复制过程大体与原核生物相同，亦包括起始、延长和终止 3 个阶段，但复杂很多。首先，真核生物基因组庞大，且 DNA 与组蛋白结合成核小体，再高度压缩折叠形成染色质储存在细胞核中，因此在复制中要克服更多的结构障碍，并涉及核小体的解聚和再组装。其次，真核生物 DNA 复制与细胞周期密切相关。细胞周期（cell cycle）是指细胞从一次分裂完成开始到下一次分裂结束所经历的全过程，人为地将细胞周期分为 4 期，即 G1 期（合成前期）、S 期（DNA 合成期）、G2 期（合成后期）及 M 期（有丝分裂期）。各种细胞的细胞周期长短差异悬

殊，主要差别在于 G1 期的时限。在 S 期，细胞内的 dNTP 含量、DNA pol 活性以及 DNA 合成速率均达高峰。DNA 复制只发生在 S 期，并且仅发生一次，从而保证遗传信息的稳定遗传。

1. 真核细胞 DNA 复制的起始　真核细胞基因组庞大，并且复制叉前进的速度（~ 50 个核苷酸/秒）仅为原核生物的 1/20（~ 1000 个核苷酸/秒），为了有效地完成复制，真核细胞有多个起始点（Ori），并以严格的时序性起始复制，如人类基因组有数以万计的起始点，相隔 30 ~ 300 kb。

与原核生物复制起始类似，首先复制起始 ORC 复合物辨认起始位点；之后，解旋酶打开双链、拓扑异构酶消除超螺旋、单链结合蛋白维持稳定解开的单链；最后引物酶合成引物，为复制延长做好准备。DNA pol α 是多亚基蛋白，一个亚基能够合成引物 RNA，另一个大亚基能够合成 DNA，但没有校对活性，并不适合高保真的 DNA 合成，因而是真核细胞中引发复制的引物酶（表 18-6）。

表 18-6　真核生物 DNA 复制起始的相关蛋白质

蛋白质	通用名	作用
ORC 复合物		辨认起始点
MCM2-7 六聚体复合物	解旋酶	打开 DNA 双链
Top Ⅰ、Ⅱ	拓扑异构酶	理顺 DNA 链
复制蛋白 RPA	单链结合蛋白	稳定已解开的单链
DNA pol α	引物酶	合成 RNA 引物

2. 真核细胞 DNA 复制的延长　真核生物中子链的延长由 DNA 聚合酶 δ 和 ε 负责，DNA 聚合酶 ε 延长前导链，DNA 聚合酶 δ 延长后随链。DNA 聚合酶 δ 和 ε 均与细胞核增殖抗原（proliferating cell nuclear antigen，PCNA）结合，并被 PCNA 活化，PCNA 的三维结构与原核生物的 DNA pol Ⅲ 的 β 亚基非常相似，形成环状的滑动钳防止聚合酶脱落。另一个重要的复制因子是 RFC（replication factor C），RFC 的亚基结构与 DNA pol Ⅲ 的滑动钳装载器 γ 复合体结构非常相似，在真核细胞复制中发挥相似的功能，促进 PCNA 和活化复制复合体的装载。在后随链上，DNA pol α 与 DNA pol δ 结合，在合成大约 10 bp 的 RNA 引物后 DNA pol α 会继续合成一小段 10 ~ 30 bp 的引导 DNA（iDNA），之后由 DNA pol δ 合成冈崎片段，延长过程中发生 DNA 聚合酶 α/δ 的高频转换（图 18-12）。

新生子链（尤其是后随链）上大量的 RNA 引物由 RNase H 和核酸酶 FEN 1（flap endonuclease 1）共同降解去除，RNase H 切除大部分的 RNA 引物后，FEN 1 负责切除与 DNA 相邻的最后一个核苷酸，polymerase δ 填补新生链上引物被去除之后的空隙，连接酶连接相邻脱氧核苷酸之间的缝隙，形成平滑的新生链。

3. 真核细胞 DNA 复制的终止　真核染色体 DNA 呈线状，复制在末端自然停止。但对于后随链来说，当末端最后一个 RNA 引物被水解后，留下的空隙无法被 DNA 聚合酶所填补，会带来染色体末端复制隐缩问题。但实际情况是 DNA 末端有一个特殊结构名为端粒（telomere），通过荧光染色可以很清楚地看到每一条染色体的末端都有一个像帽子一样的结构，就是端粒，DNA 子链末端 RNA 引物去除后留下的空隙由端粒酶（telomerase）参与填补（详见本章第三节相关内容）。

被看见的端粒

总结真核细胞 DNA 复制的特点主要有：①真核生物 DNA 分子大且结构复杂，因而复制叉行进的速度和 DNA 聚合酶的催化速率远比原核生物慢；②真核生物 DNA 复制与细胞周期密切相关；③真核生物是多复制子复制，利用多个复制起点可提高整体复制速度；④真核生物的冈崎片段比原核生物的短，是一个核小体的长度，因此，引物合成的频率也相当高；⑤真核生物存在末端复制，由端粒与端粒酶负责。

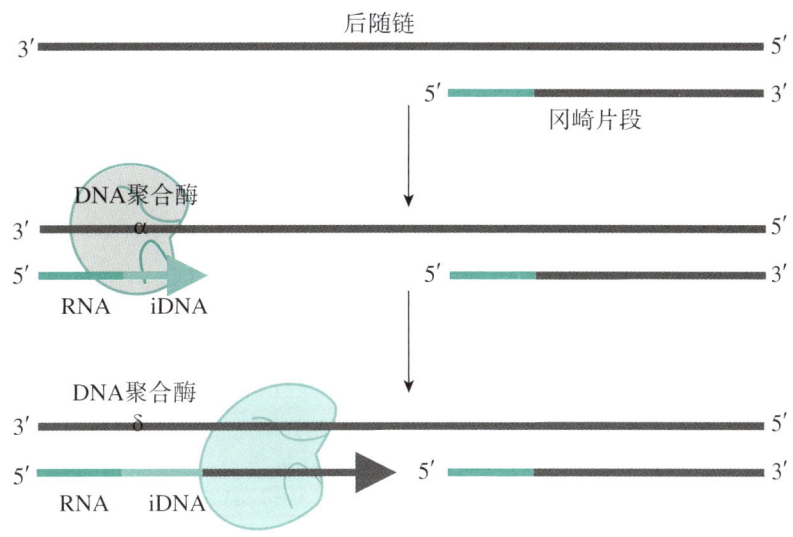

图 18-12　真核生物后随链 DNA 聚合酶 α/δ 高频转换

4. 真核细胞染色体一个细胞周期只复制一次　真核细胞为了保障遗传信息的稳定传递，所有染色体 DNA 必须在 S 期复制，且只能复制一次。因此，真核细胞的复制起始受到严格调控。复制起始分为两个阶段："许可"（licensing）与"活化"（firing），"许可"发生在分裂晚期与 G1 早期，此期间 ORC 识别复制起始点，在多种蛋白因子的参与下帮助 MCM 解旋酶（无活性）结合，组成复制前期复合物（pre-RC complex）；进入 S 期，被"许可"的起始点才能被选择性活化，活化的复制起始点解旋酶活性被激活，打开双链，起始复制，这个过程被形象地称为"firing"。许可因子在复制期不能结合起始点，从而避免在复制结束之前出现再次复制（re-replication）。

框 18-5　重组 DNA 技术

重组 DNA 技术又称分子克隆（molecular cloning）、DNA 克隆（DNA cloning）或基因工程（genetic engineering），是指通过体外操作将不同来源的两个或两个以上 DNA 分子重新组合，并在适当细胞中扩增形成新功能 DNA 分子的方法，其主要过程包括：在体外将目的 DNA 片段与能自主复制的遗传元件（又称载体）连接，形成重组 DNA 分子，进而在受体细胞中复制、扩增及克隆化，从而获得单一 DNA 分子的大量拷贝。在克隆目的基因后，还可针对该基因进行表达产物蛋白质或多肽的制备以及基因结构的定向改造。自 1972 年成功构建第一个重组 DNA 分子以来，重组 DNA 技术得到了快速发展，人们几乎可以随心所欲地进行分离、分析、切割 - 连接等操作基因。另外，该技术在生物制药、基因诊断、基因治疗等诸多方面都得到了广泛应用。

三、真核生物线粒体 DNA 按 D- 环方式复制

D- 环复制（D-loop replication）是线粒体 DNA 的复制方式。复制时需合成引物。mtDNA 为闭合环状双链结构，第一个引物以内环为模板延伸，至第二个复制起点时，又合成另一个反向引物，以外环为模板进行反向的延伸，最后完成两个双链环状 DNA 的复制（图 18-13）。因复制中

呈字母 D 形状而得名。D 环复制的特点是复制起点不在双链 DNA 同一位点，内、外环复制有时序差别。

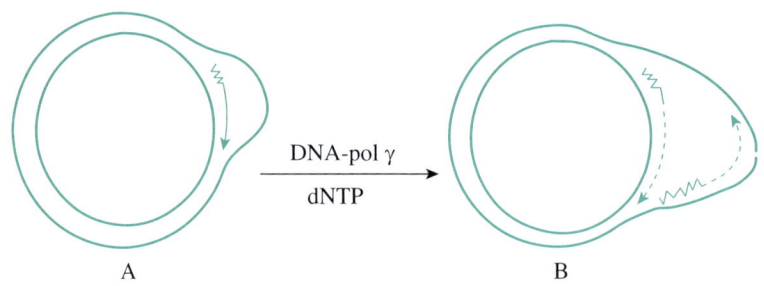

图 18-13　进行中的 D 环复制
A. 第一个引物在第一起点上合成；B. 延长至第二起点，合成第二引物

真核生物的 DNA pol γ 是线粒体催化 DNA 复制的 DNA 聚合酶。20 世纪 50 年代以前研究者只知道 DNA 存在于细胞核染色体中。后来在细菌染色体外也发现了能进行自我复制的 DNA，例如质粒，之后就利用质粒作为基因工程的常用载体。真核生物细胞器——线粒体，也被发现存在 mtDNA。线粒体的功能是进行生物氧化和氧化磷酸化。人类的 mtDNA 已知有 37 个基因，其中 13 个 mtDNA 基因编码与 ATP 合成有关的蛋白质和酶，其余 24 个基因转录为 tRNA（22 个）和 rRNA（2 个），参与线粒体蛋白质的合成。

mtDNA 容易发生突变，损伤后的修复较困难。mtDNA 的突变与衰老和一些疾病的发生有关。所以有关 mtDNA 的突变与修复成为医学研究领域引起广泛兴趣的科学问题。线粒体内蛋白质翻译时，使用的遗传密码和通用的遗传密码有一些差别。

第三节　逆转录作用

一、逆转录病毒的基因组 RNA 以逆转录机制复制

逆转录（reverse transcription）作用是以 RNA 为模板在逆转录酶的作用下催化生成 DNA 的过程，生成的 DNA 称为互补 DNA（complementary DNA，cDNA），因其遗传信息流向与转录相反而得名。逆转录作用是在病毒中被发现的，第一个被发现的逆转录病毒是 Rous 肉瘤病毒。

框 18-6　Rous 肉瘤病毒

Rous 肉瘤病毒是第一个被发现的逆转录致瘤病毒。1909 年，纽约洛克菲勒医学研究所的 P. Rous 博士对一只右胸长了肿块的病鸡做了活检，确定为肉瘤。Rous 博士最重大的发现是证明这种肉瘤可以传染给健康的鸡。如果给健康的鸡接种不含任何组织或细胞的肿瘤组织过滤液，即可引发肉瘤，因此他认为是某种未知病毒导致了肿瘤的发生，称之为 Rous 肉瘤病毒。但当时科学界不相信病毒能导致肿瘤，因为病毒通常会导致宿主细胞死亡而不是永生。直到 1940 年，Rous 肉瘤病毒被电子显微镜证实。1966 年，85 岁的 Rous 博士获得诺贝尔生理学或医学奖。

以 Temin、Baltimore 为代表的科学家们发现 Rous 病毒是 RNA 病毒，但却观察到抑制 DNA 的合成能抑制病毒生长。于是他们推测病毒繁殖过程中有 DNA 中间体的生成。由 RNA 生成 DNA 是对当时中心法则的一大挑战。最终当病毒中的逆转录酶被发现时，一切才有了最合理的答案。1975 年的诺贝尔生理学或医学奖就被颁发给了这几位阐明了逆转录致癌病毒致病机制、补充了中心法则的科学家们。值得一提的是，由 Rous 病毒的研究诞生了两次诺贝尔奖。

逆转录病毒的遗传信息传递与经典的中心法则不同之处在于逆转录病毒是由 RNA 先合成 DNA 中间体，再大量扩增出 RNA 进行自我复制。催化此反应的酶是逆转录酶（reverse transcriptase），又可称作 RNA 指导的 DNA 聚合酶（RNA directed DNA polymerase，RDDP）。逆转录酶兼有 3 种酶的活性，催化逆转录的全过程，推测其分子结构中包括了具有不同催化功能的结构域/亚基，即：①逆转录酶活性：以逆转录病毒的 RNA 为模板，以细胞内的 tRNA 为引物，合成与此 RNA 互补的 cDNA，并形成 RNA-DNA 杂交分子；②RNA 酶活性：水解杂交分子中的 RNA，保留 DNA 单链；③DNA 聚合酶活性：以单链 DNA 为模板合成另一条互补 DNA 链，形成双链 DNA 分子。逆转录酶的特点是没有 3′→5′ 外切酶校对活性，转录错误率高（1/20 000 nt），从而导致病毒的进化，快速出现变异株。

二、逆转录病毒的结构与逆转录酶

了解逆转录病毒的结构有助于掌握这一类病毒的致病机制。逆转录病毒共有的结构包括：①两端长重复片段 LTR，是病毒用来将自身整合到宿主基因组的功能片段；②编码病毒包膜蛋白的 Gag 和 Env；③逆转录酶（图 18-14）。并不是所有逆转录病毒都致癌，致癌逆转录病毒在其结构中额外包含了癌基因。病毒癌基因其实是正常细胞中非常重要的促进细胞生长的基因，在细胞中的表达水平受到严格调控，因为在病毒基因组中处于表达失控状态，因此会引起细胞增殖失控并出现恶性转化。Rous 肉瘤病毒能够致癌是因其含有 src 癌基因。Src 酪氨酸蛋白激酶是正常细胞中控制生长和分化的重要蛋白质，出现在病毒基因组的机制可能是病毒在千百年来与宿主相互交换 DNA 的过程中从宿主细胞获取而来。

逆转录病毒侵入宿主细胞后脱去包膜，利用病毒自身的逆转录酶，以病毒 RNA 为模板先合成 RNA/DNA 杂化双链，再合成双链 DNA，即前病毒。新生成的 DNA 分子整合入宿主基因组后，大量转录出病毒 RNA，并编码包膜蛋白，最后包装出新的病毒颗粒释放到细胞外，通常导致宿主细胞的破坏、死亡。虽然一般情况下逆转录病毒本身没有致癌作用，但由于病毒随机整合入宿主细胞基因组，可能存在整合至细胞的原癌基因附近、激活原癌基因表达的情况，因此有潜在的致癌作用。对于 Rous 肉瘤病毒来说，除了上面的逆转录病毒的生命周期之外，由于同时大量转录出 src 酪氨酸蛋白激酶，使得宿主细胞的生长增殖失控，转化成为癌细胞（图 18-15）。

三、逆转录的发现拓展了中心法则

逆转录酶或逆转录现象的发现是分子生物学研究中的重大事件。中心法则认为，DNA 的功能兼有遗传信息的传代和表达，因此 DNA 处于生命活动的中心位置。逆转录现象说明，至少在某些生物，RNA 同样兼有遗传信息传代功能。这是对传统的中心法则的拓展。

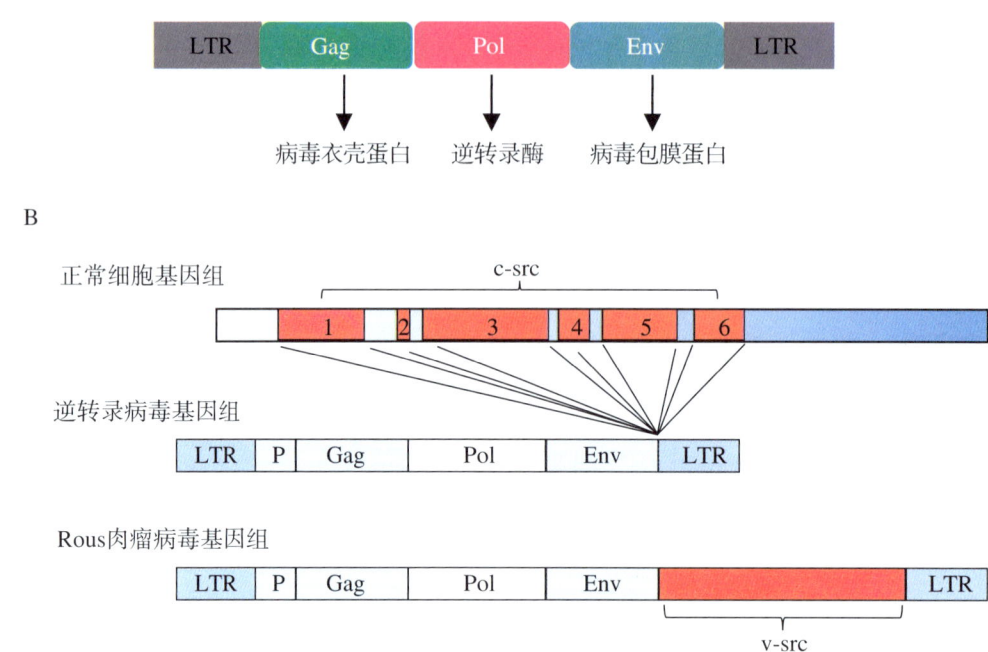

图 18-14 逆转录病毒的基因结构
A. 逆转录病毒基因组结构；B. Rous 肉瘤病毒的基因组结构中包含了从细胞 c-src 获取的病毒癌基因 *v-src*

人类免疫缺陷病毒的防治

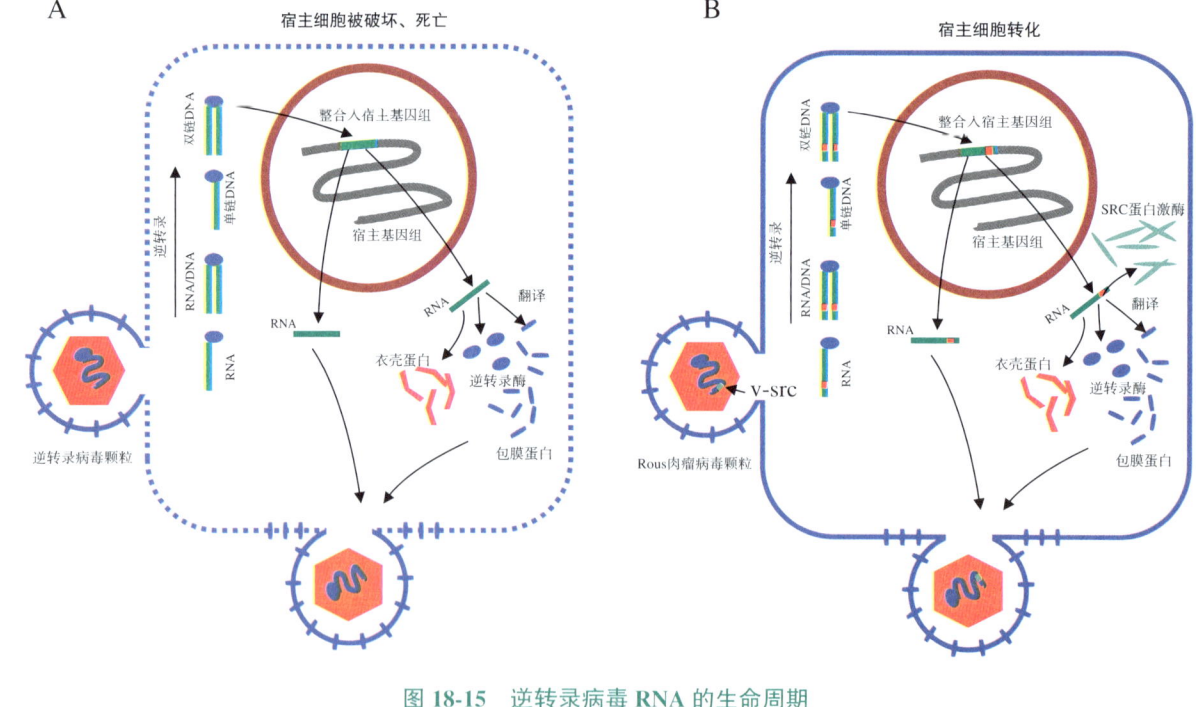

小测试18-1：为什么临床上有尝试将抗艾滋病药物应用到新冠肺炎的治疗中？

图 18-15 逆转录病毒 RNA 的生命周期
A. 逆转录病毒的生命周期；B. Rous 肉瘤病毒的生命周期

  对逆转录病毒的研究，拓宽了 20 世纪初的病毒致癌理论，至 20 世纪 70 年代初，从逆转录病毒中发现了癌基因。至今，癌基因研究仍是病毒学、肿瘤学和分子生物学领域的重大课题。艾滋病病原为人类免疫缺陷病毒（human immunodeficiency virus，HIV），HIV 也是 RNA 病毒，有逆转录活性。HIV 入侵并破坏人体免疫系统中非常重要的 $CD4^+T$ 淋巴细胞，造成免疫系统严重受损，从而表现出各种机会性感染和肿瘤的发生。负责真核生物末端复制的端粒酶也是逆转录酶，以自身 RNA 为模板合成 DNA。

分子生物学研究还应用逆转录酶作为获取基因工程目的基因的重要方法之一，此法被称为 cDNA 法。在人类这样庞大的基因组 DNA（3.2×10^9 bp）中，要选取其中一个目的基因，有相当大的难度。对 RNA 进行提取、纯化，相对较为可行。取得 RNA 后，可以通过逆转录方式在试管内操作。用逆转录酶催化 dNTP 在 RNA 模板指引下的聚合，生成 RNA/DNA 杂化双链。用酶或碱将杂化双链上的 RNA 除去，剩下的 DNA 单链再作为第二链合成的模板。在试管内以 DNA pol Ⅰ 的大片段，即 Klenow 片段催化 dNTP 聚合。第二次合成的双链 DNA，称为 cDNA。c 是互补（complementary）的意思。cDNA 就是编码蛋白质的基因，通过转录又得到原来的模板 RNA，现在已利用该方法建立了多种不同种属和细胞来源的含所有表达基因的 cDNA 文库，方便人们从中获取目的基因。

四、端粒酶通过逆转录酶活性维持端粒稳定性

端粒由非常独特的重复不对称 DNA 序列和蛋白质组成。这个特殊的序列是多次重复富含 G 碱基的短序列，长度从纤毛原生动物的几十个碱基对到哺乳类动物的成千上万个碱基对。端粒的存在补偿了染色体复制的末端隐缩，能防止染色体 DNA 降解、末端融合、非正常重组，从而保证了染色体的完整性和稳定性，使真正的遗传信息得到完整复制。人细胞中，长度大约为 10 kb 的端粒 DNA 位于染色体的末端，像是一个缓冲地带，每次复制丢失的仅是端粒 DNA 的一段。一方面，正常细胞在传代过程中，端粒 DNA 有缩短趋势，端粒 DNA 以自身的不完整保证了功能基因的完整，当端粒 DNA 缩短到一定程度，以至不足以保护染色体时，细胞便停止分裂，进入衰老。另一方面，端粒结构还存在具有特殊复制功能的端粒酶（telomerase），它依逆转录机制可使端粒 DNA 的长度恢复。可见，端粒和端粒酶对基因组起着双重保护作用。

框 18-7 端粒——生命时钟

关于衰老的端粒假说最早起源于 1986 年，英国爱丁堡医学研究机构的 Howard Cooke 首次发现体细胞的端粒长度明显短于干细胞，进而提出端粒长度减少至一定程度会阻止细胞的增殖，并提出端粒 - 生命时钟理论，认为端粒的长度就像生命的时钟，不断缩短的端粒就像沙漏，倒计时细胞的生命。

端粒酶是端粒结构中的重要成员，由 RNA 和蛋白质共同组成，二者均为酶活性所必需。端粒酶本质上是逆转录酶，自身 RNA 的一部分与端粒重复序列互补，端粒酶以自身 RNA 作为模板（长度～1.5 个端粒短重复片段），逆转录合成 DNA 维持或延长端粒的长度。低等生物端粒末端的单链 DNA 被端粒结合蛋白 TRF1 和 TRF2（telomere repeat binding factors）所保护，高等生物端粒末端的单链 DNA 通常会反折插入之前的双链区域，形成 T- 环（T-loop），该结构能保护端粒末端不受核酸酶等因素的影响（图 18-16）。

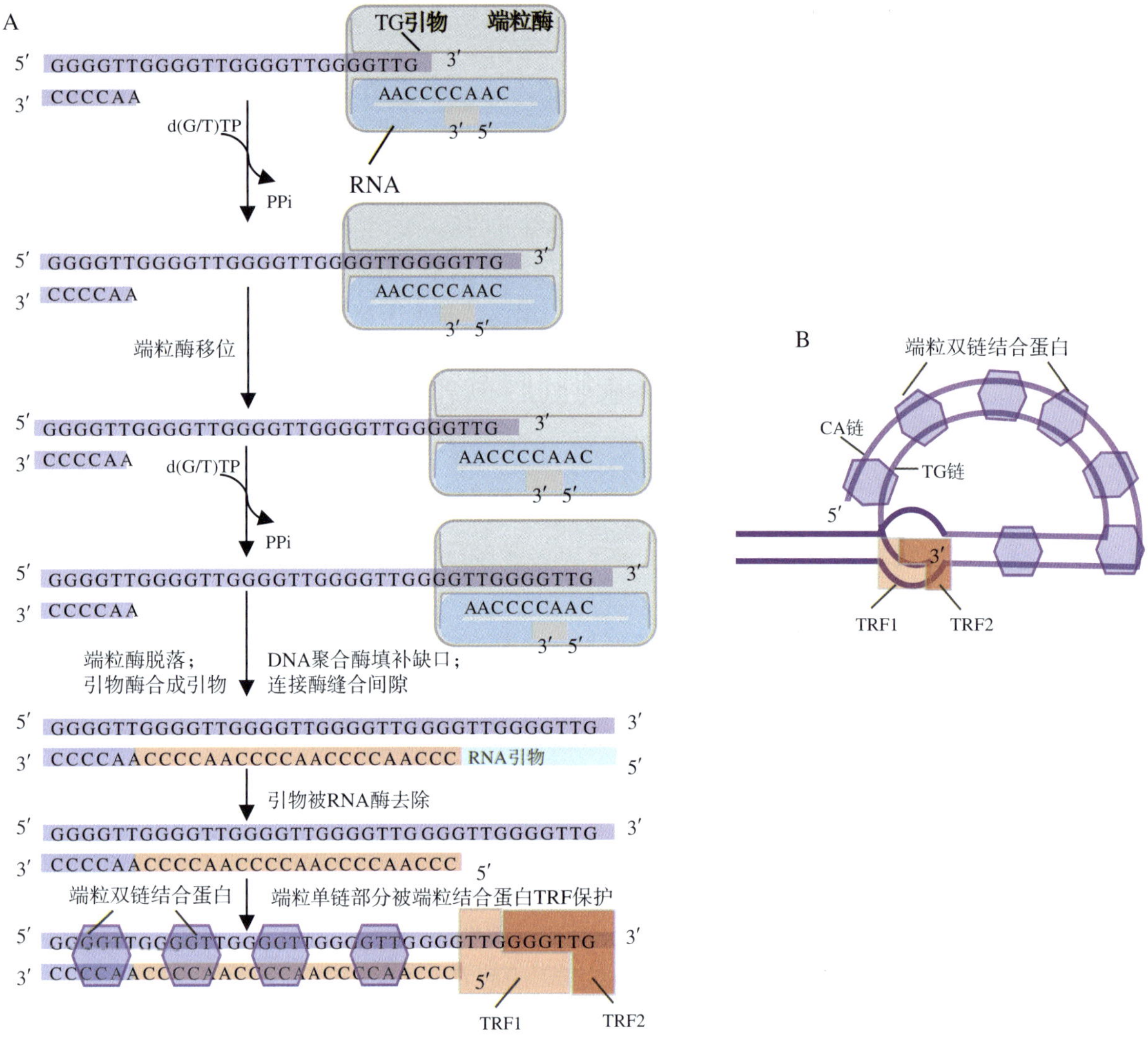

第四篇 遗传信息与传递

小测试18-2：既然有端粒酶专职负责延长端粒DNA，端粒为何还会缩短？

图 18-16　端粒的合成与结构

A．端粒酶合成端粒的过程：端粒酶结合端粒，其中 RNA 与端粒 DNA 末端部分互补，并以端粒 DNA 3'-OH 末端作为引物，以 RNA 为模板，逆转录合成 DNA 链；合成完成后端粒酶向前移动，继续以 RNA 为模板聚合延伸；达到足够长度，则由引物酶合成引物，DNA 聚合酶合成其互补链。端粒双链结合蛋白结合端粒双链区域，染色体末端的端粒单链被端粒结合蛋白 TRF1 和 TRF2 结合并保护。B．高等生物端粒末端单链反折插入前方的双链，形成 T-环结构，起保护末端的作用，T-环上有 TRF1 和 TRF2 结合，TRF2 也参与了 T-环结构的形成过程。T-环结构可以在电镜下被观察到

小　结

　　DNA 复制是最基本的生命现象之一，是细胞增殖和个体繁衍的分子基础。DNA 复制特征、参与复制的酶和蛋白因子及 DNA 复制过程是认识 DNA 复制的基本要点，同时也是 PCR 技术原理的理论基础。

　　端粒和端粒酶对基因组起着双重保护作用，端粒酶延伸端粒 DNA，解决染色体末端复制问题，端粒酶本质上是逆转录酶。非染色体基因组采用特殊的方式进行复制，逆转录是 RNA 病毒的复制形式，D 环复制是真核生物线粒体 DNA 的复制方式。

　　逆转录病毒共有的结构包括：①两端长重复片段 LTR，病毒用来将自身整合到宿主基因

组的功能片段；②编码病毒包膜蛋白的 Gag 和 Env；③逆转录酶。致癌逆转录病毒在其结构中额外包含了癌基因，因此会引起细胞恶性转化。对逆转录病毒结构与生命过程的认识与理解有助于理解其致病机制，同时是探索逆转录病毒治疗靶标的重要基础。

整合思考题

1. 密度梯度离心是 M. Meselson 无心插柳建立起来的技术，简述该技术的原理，并列举几个利用该技术的经典科学研究。

2. 请结合 DNA 损伤修复思考：如果"DNA 复制的半保留复制实验"不是用重 N 元素，而是用核苷酸类似物标记新生 DNA 链，会对实验有什么影响？

3. 为了保障遗传信息的稳定传递，真核生物的 DNA 复制起始受到严格调控，保证一个细胞周期染色体仅复制一次，请简述其机制，并思考：原核生物是否严格遵守"一次细胞分裂染色体仅复制一次"的规律？

4. 是否维持端粒的长度，细胞便拥有无限增殖的潜力？

参考答案

（杨笑菡　高国全）

第十九章 DNA 损伤与修复

导学目标

通过本章内容的学习，学生应能够：

※ **基本目标**

1. 列举 DNA 损伤的诱因，描述几类主要的 DNA 损伤类型。
2. 复述 DNA 损伤应答的概念，理解其生物学意义。
3. 说出几类主要的 DNA 损伤修复机制及其重要步骤，区分不同损伤修复方式所对应的 DNA 损伤类型。
4. 列举与 DNA 损伤修复相关的生理现象以及人类疾病。

※ **发展目标**

1. 尝试从疾病表型出发分析其与 DNA 损伤修复的关联。
2. 分析以靶向 DNA 损伤应答为基础的治疗策略及拟解决的问题。

案 例

患者，女，30 岁，因罹患子宫内膜癌行子宫切除术。询问病史及家族史发现：该患者 21 岁时曾确诊结肠癌并进行治疗，之后结婚但尚未生育；患者母亲 43 岁时曾被诊断子宫内膜癌，后查出结肠癌；患者母亲的两位妹妹也曾在年轻时罹患直肠癌。

问题：

1. 该患者可能患有什么疾病？该疾病是否与遗传相关？
2. 参与什么信号通路的哪些基因突变可能导致这个家族性疾病的发生？建议对患者进行何种基因检测？
3. 对于该患者家族其他尚未患病的直系家属，应如何确定其是否也有相关疾病？未患病直系家属应如何预防癌症的发生？

案例解析

第一节 概 述

细胞内组分几乎都在不断地经历更新与再生的过程，这是维持细胞正常功能的必要条件。在这个持续变化的循环中，DNA 序列却是一个显著的例外。受到损坏的蛋白质或 RNA 可以利用

DNA 所携带的编码信息再生，DNA 本身承载着细胞生命的重要蓝图，其稳定性至关重要。

DNA 分子的双螺旋结构"聪明"地将其碱基朝向内部，以遮蔽潜在的化学反应基团，使其免受各种诱变剂的攻击。然而，尽管 DNA 已经是一种高度稳定的物质，但 DNA 损伤（DNA damage）在各种内源或外源因素的影响下仍然会不断发生（表 19-1）。如果细胞内没有 DNA 损伤应答（DNA damage response，DDR）与修复系统的存在，DNA 的稳定性将无法得到保障。例如，每个人类细胞中的 DNA 每天会因为自发的脱嘌呤而失去大约 10 000 个嘌呤碱基；而多达 500 个胞嘧啶和胸腺嘧啶会由于自发脱氨基而被转变为尿嘧啶与次黄嘌呤；来自紫外线的辐射可以使 DNA 中两个相邻碱基之间形成共价连接等。

表 19-1 一些 DNA 损伤与发生频率

损伤因素	摄入剂量（Sv）	主要损伤产物	大致发生次数（每细胞/每天）
脱嘌呤	—	AP 位点	10 000
胞嘧啶脱氨基	—	碱基颠换	100～500
碱基氧化	—	8-羟基鸟嘌呤	400～1500
强日光照射 1 h	—	嘧啶二聚体	100 000
香烟烟雾	—	DNA 加合物	45～1000
胸部 X 线检查	2	DNA 双链断裂	80
CT 扫描	7	DNA 双链断裂	280

尽管 DNA 分子的变异提供了生物进化的选择基础，对于物种延续不可或缺，但保持 DNA 的稳定性对于个体生存至关重要。因此，DNA 在生物大分子中独具修复系统。在 DNA 损伤应答与 DNA 修复（DNA repair）系统的作用下，DNA 上所发生的成千上万的随机变化中，仅有极少数会积累成永久突变。目前已知，在大约 1000 次意外的碱基变化中，会导致永久突变的机会少于一次，其余的绝大部分都会被 DNA 修复系统以惊人的效率进行修复或清除。

当然，也有部分 DNA 损伤无法得到精确修复。这时，DNA 可能发生突变（mutation）、缺失（deletion）、插入（insertion）、染色体易位（chromosome translocation）、染色体畸变（chromosome aberration）等情况，细胞可能发生老化、增殖异常等，导致衰老、肿瘤及一系列相关重大疾病的发生。

本章将重点关注如下问题：① DNA 损伤如何发生？有哪些常见的 DNA 损伤类型？② DNA 损伤应答与修复系统如何识别、响应各类 DNA 损伤并进行高效修复？③如何将相关基础知识应用到对生理与疾病的认知与医疗实践中？

与 DNA 损伤修复相关的诺贝尔奖和拉斯克奖

第二节 DNA 损伤的诱因及损伤类型

目前将导致 DNA 损伤的因素分为内源因素和外源因素两大类：第一类主要包括 DNA 复制时所发生的低频但严重的错误，以及核苷酸在没有诱变剂时自发产生的化学变化；第二类则包括 DNA 在各种诱变剂的作用下发生的改变（表 19-2）。

需要注意的是，虽然研究者对导致 DNA 损伤的因素及相应的损伤类型进行了分别介绍，然而这些因素与类型并非孤立存在：单一因素可能导致多种类型的 DNA 损伤发生；一种损伤状态的持续存在可能会转变为另一种 DNA 损伤；同时，一些 DNA 修复过程也可能引起另一种 DNA 损伤的发生。

表 19-2　一些常见的 DNA 损伤类型与诱因

损伤类型	常见诱因
碱基错配	复制错误、滑移错位
碱基或糖基损伤	自发衰变、超氧化物、烷化剂等
DNA 加合物	烷化剂等
链内共价交联	紫外线
链间共价交联	乙醛、氮芥类化合物等
DNA 链断裂	电离辐射、化疗药物等

一、内源因素与 DNA 损伤

（一）DNA 复制错误

DNA 复制错误率在不同物种细胞内都基本维持在每复制 10^{10} 个碱基发生一个错误的水平。然而，如此高保真的复制水平并非仅仅依靠 DNA 的化学结构或复制仪器本身完成。

事实上，DNA 复制初次配对完成后的错误率远高于 $1/10^{10}$。例如，在 DNA 双螺旋结构上的微小变化可能造成 G-T 的错误配对；一些天然的碱基异构体也会导致错误配对，比如胞嘧啶的异构体就与腺嘌呤配对。因此，碱基初次配对时会发生大约 $1/10^5$ 的错配率。DNA 聚合酶的校读将错误率降低至大约 1/100，达到约 $1/10^7$。

还有一些情况也会造成碱基错配。例如微卫星重复序列（microsatellite repeat sequence）造成滑移错位（slipped misalignment），形成 DNA 双螺旋外的插入/缺失环（insertion/deletion loops，IDLs），导致重复序列拷贝数的改变（图 19-1）。此外，后文将讲到的跨损伤合成（translesion synthesis，TLS）也可能引入错误的配对碱基。

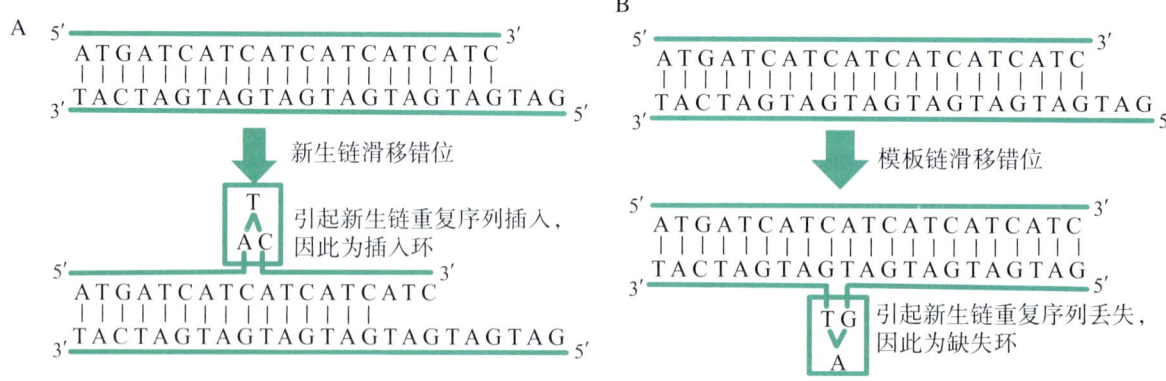

图 19-1　模板链滑移错位所致碱基错配
A. DNA 双螺旋外插入环的形成；B. DNA 双螺旋外缺失环的形成

（二）碱基自发突变

DNA 分子即使隔绝于各种物质与反应的攻击，仍然无法永久保持稳定。20 世纪 70 年代的科学研究揭示，DNA 经历着缓慢而持续的衰变，这样的衰变主要包括脱氨基（deamination）与脱碱基（图 19-2）。

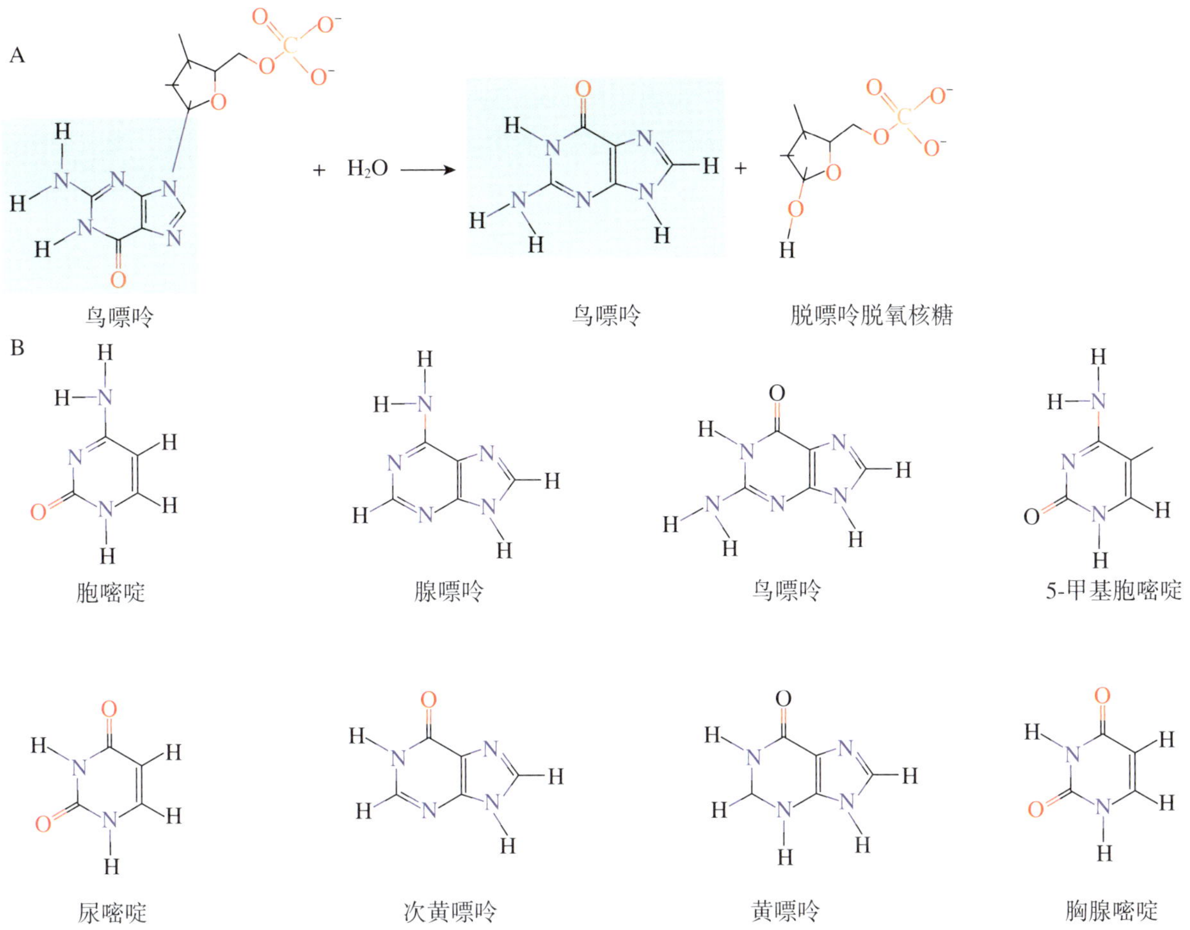

图 19-2　碱基自发突变中的脱嘌呤与脱氨基

A．鸟嘌呤脱嘌呤；B．常见的脱嘧啶

DNA 内在不稳定性的发现

脱氨基导致胞嘧啶向尿嘧啶、5- 甲基胞嘧啶向胸腺嘧啶、腺嘌呤向次黄嘌呤、鸟嘌呤向黄嘌呤的转变。一个典型的哺乳动物细胞在一天内大约有 100 个胞嘧啶因为脱氨基转变为尿嘧啶。而腺嘌呤与鸟嘌呤的脱氨基频率低于胞嘧啶，大约只有胞嘧啶脱氨基频率的 1/100。

脱碱基是另一类重要的衰变。糖苷键的自发断裂在 DNA 上产生一个相应的无碱基位点，称为 AP 位点（apurinic or apyrimidinic site，AP site）。其中，脱嘌呤（depurination）比脱嘧啶（depyrimidination）更为常见。一个哺乳动物细胞在一天内会丢失约 10 000 个嘌呤碱基。脱嘧啶产生的频率低于脱嘌呤 20 ~ 100 倍，但仍然能使得每个细胞每天丢失至多 500 个嘧啶碱基。据估计，脱碱基使得在单一人类基因组中稳定存在 4000 ~ 50 000 个无碱基核苷酸。

二、外源因素与 DNA 损伤

（一）物理因素

科学界研究最广泛的可导致 DNA 损伤的外源物理因素包括紫外（ultraviolet，UV）辐射与更低波长的电离辐射（ionizing radiation，IR）。

紫外辐射通过催化环加成反应使两个乙烯基团形成一个环丁烷。该反应使得同一条 DNA 单链上相邻的嘧啶碱基之间形成共价交联，形成环丁烷嘧啶二聚体（cyclobutane pyrimidine dimer，CPD）。哺乳动物细胞中，60% 以上的环丁烷嘧啶二聚体是 TT 二聚体，30% 是 CT 二聚体，其余则是 CC 二聚体。除了 CPD 之外，另一类由紫外损伤产生的嘧啶二聚体被称为 6-4 光产物（6-4 photoproduct，6-4PP）。嘧啶二聚体是一种典型的 DNA 链内交联（DNA intrastrand cross-linking）损伤（图 19-3）。除非被 DNA 修复系统识别并清除，否则它们将在 DNA 中长期存在，影响 DNA 的正常代谢。

图 19-3 紫外辐射导致的嘧啶二聚体

电离辐射是导致双链断裂（double strand break，DSB）损伤的主要元凶。电离辐射源来自铀、镭、^{14}C、^{3}H 等放射性元素或医疗用途的 X 射线等。没有及时被修复的 DSB 会迅速导致染色体崩解，遗传物质丢失，是一种后果极其严重的 DNA 损伤类型。除了 DSB，电离辐射还能导致 DNA 单链断裂损伤（single strand break，SSB）、碱基丢失等多种 DNA 损伤类型。

据估计，紫外辐射和电离辐射所造成的 DNA 损伤约占所有由环境因素引起的 DNA 损伤的 10%。

（二）化学因素

引起 DNA 损伤的化学物质主要可以分为三大类：一是导致碱基脱氨基的物质，如亚硝胺与亚硝酸盐；二是引起 DNA 烷基化，并导致 DNA 与蛋白质或 DNA 之间共价交联的物质，如苯并芘；三是造成 DNA 氧化损伤的活性氧类（reactive oxygen species，ROS）物质。

DNA 分子脱氨基的频率在受到亚硝酸盐与亚硫酸盐等化学诱变剂的攻击时显著提高。

烷基化是亲电性化学基团寻找并攻击靶分子内富含电子的区域，从而将烷基基团共价连接到靶分子的负电中心的过程。DNA 分子上的磷酸基团与某些碱基富含电子，携带负电荷，容易受到烷化剂的攻击，形成烷基与 DNA 分子的共价交联，产生特定的 DNA 加合物（图 19-4）。常见的烷化剂包括苯并芘、黄曲霉素、乙醛等。以乙醛为例，它能导致多种 DNA 加合物的形成，包括促进两条 DNA 单链之间的共价连接，即 DNA 链间交联（DNA interstrand cross-linking，ICL）损伤。

细胞内很多生化过程会产生过氧化物与自由基，这些物质与外部环境中的活性氧物质一样，在细胞内攻击 DNA 碱基，生成 8- 羟基 - 脱氧鸟嘌呤核苷（8-oxo-dG）或脱氧胸腺嘧啶乙二醇（dTg）等，其中脱氧胸腺嘧啶乙二醇由脱氧 -5- 甲基胞嘧啶被氧化后生成不稳定的碱基中间体并迅速脱氨基而成（图 19-5）。8-oxo-dG 与 A 而非 C 配对，从而导致 G-T 颠换。此外，活性氧也能导致 DNA 脱碱基、DNA 与蛋白质交联、DNA 单链或双链断裂等多种类型的损伤。

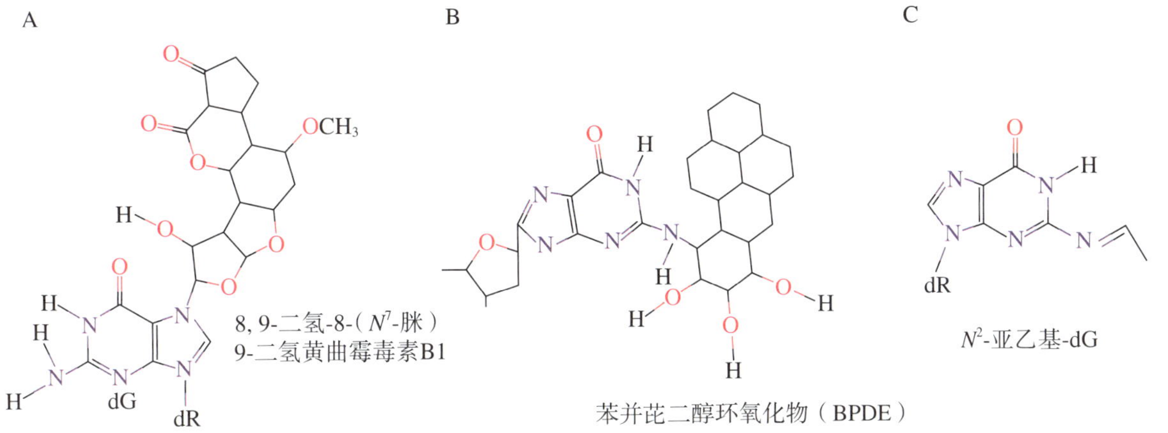

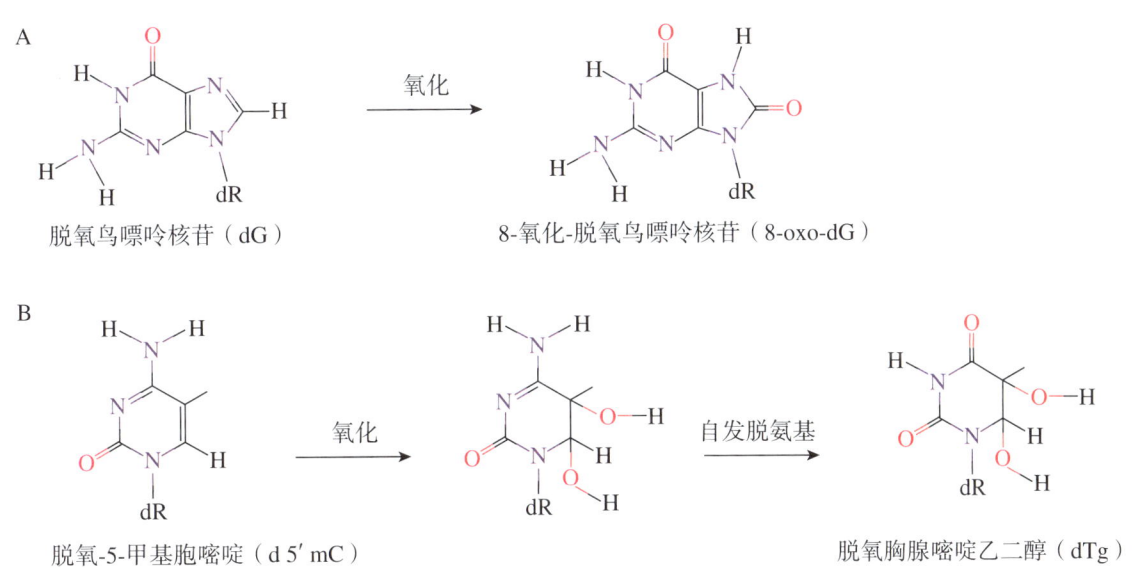

图 19-4　常见的 DNA 加合物

A．黄曲霉素 B1（AFB1）在细胞内的代谢物 AFB1-8,9- 氧化物形成的 DNA 加合物；B．苯并芘在细胞内的代谢物苯并芘环氧化物形成的 DNA 加合物；C．乙醛与脱氧鸟苷形成的 DNA 加合物

图 19-5　DNA 中碱基的氧化

A．脱氧鸟嘌呤核苷氧化生成 8- 羟基 - 脱氧鸟嘌呤核苷；B．脱氧 -5- 甲基胞嘧啶氧化生成脱氧胸腺嘧啶乙二醇

（三）生物学因素

导致 DNA 损伤的生物学因素主要来源于一些潜在的致瘤病原微生物，包括幽门螺杆菌（*Helicobacter pylori*，HP）；多种 DNA 病毒，如乙型肝炎病毒（hepatitis B virus，HBV）、人类乳头瘤病毒（human papillomavirus，HPV）、EB 病毒（Epstein-Barr virus，EBV）等，还有至少 2 种 RNA 病毒，人类 T 淋巴病毒 -1（human T-lymphotropic virus-1，HTLV-1）和丙型肝炎病毒（hepatitis C virus，HCV）。

感染引起 DNA 损伤的一个主要原因是组织慢性炎症导致超氧化物过度释放。在感染组织中，通常能检测到较高浓度的氧化损伤产物 8-oxo-dG。此外，双链 DNA 病毒能够整合到宿主细胞基因组中，这对于病毒促使宿主细胞发生转化具有显著作用。这一过程极大依赖于病毒感染后诱发的 DNA 损伤，尤其是 DSBs。

第三节　DNA 损伤应答与 DNA 修复

生物体演化出了丰富的防御措施来应对各种形式的 DNA 损伤，其中最直接的是物理防护。例如，皮肤依靠角化细胞内的黑色素抵抗紫外辐射，这就解释了为什么生活在同一纬度地区的有色人群相较于白色人种很少发生皮肤癌。另一些生物化学防护方式能够在 DNA 损伤前就将导致损伤的因素清除，例如超氧化物歧化酶和过氧化氢酶能够将活性氧催化转变为无毒的非活性形式；谷胱甘肽-S-转移酶类（glutathione-S-transferase，GST）能够将亲电化合物与谷胱甘肽相连接，从而消除亲电化合物攻击 DNA 分子的风险。

DNA 损伤应答（DDR）是生物体针对已发生的 DNA 损伤的最后防线，包括对损伤信号的检测与信号转导、细胞周期抑制、复制叉稳定性维持、转录及翻译调控、DNA 修复，直至 DNA 损伤被重新修复，或积累过多 DNA 损伤的细胞发生衰老或凋亡，从而避免将损伤及错误传递到子代细胞的整个过程。

20 世纪 70 年代初，科学家发现了大肠埃希菌中的 SOS 反应（SOS response）（图 19-6）。迄今已有超过 50 个 SOS 反应相关蛋白得到鉴定。简单来说，LexA 蛋白是一个重要的转录抑制蛋白，在正常生理情况下，LexA 蛋白结合在 SOS 相关基因启动子区域。DNA 损伤发生后，RecA 蛋白通过与 LexA 蛋白结合引发 LexA 蛋白自水解，使得 LexA 蛋白对 SOS 反应相关基因的转录抑制得以解除。当 DNA 损伤修复完成后，LexA 蛋白重新恢复正常的表达水平，SOS 反应相关蛋白的表达重新被关闭。

细胞面对 DNA 损伤的求救信号如何被发现

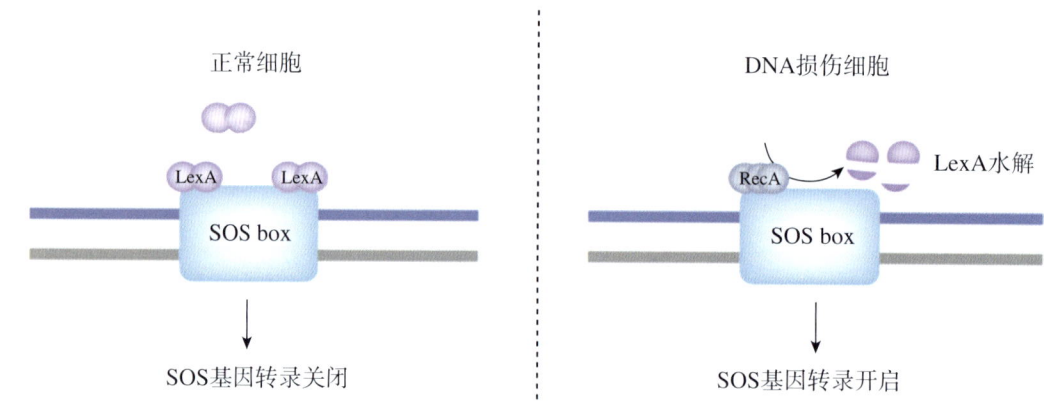

图 19-6　细菌中的 SOS 反应

有趣的是，DNA 修复并非仅用于应对意外的病理性的 DNA 损伤。在某些情况下，生物体主动引发 DNA 损伤，借助 DNA 修复完成特定的生理过程，例如免疫多样性的形成和配子中遗传多样性的形成。而在另一些生理情况下，例如在第十八章所讨论的端粒与细胞寿命中，多种 DNA 损伤应答与修复蛋白也参与其中。例如，MRN 蛋白复合体可识别端粒 DNA 并激活 DNA 损伤应答，这与端粒末端处理直接相关；另外，重组酶 RAD51 通过促进端粒 T-loop 结构的形成参与端粒稳定性的维持；当端粒缩短到无法形成封闭的 T-loop 结构时，暴露出的染色体末端会被 DDR 识别为双链断裂损伤（DSBs），激活 DNA 损伤检查点（DNA damage checkpoints），抑制细胞周期，促使细胞衰老。

下面重点讲述高等真核细胞的 DNA 损伤检查点激活、复制叉稳定性维持以及 DNA 修复分子机制。随后还将介绍 DNA 损伤修复在生理过程中的作用。

第十九章 DNA损伤与修复

一、DNA损伤应答

（一）DNA损伤检查点

激活DNA损伤检查点，抑制细胞周期，避免将错误或损伤的遗传信息传递到子代细胞，是DNA损伤应答中的首要步骤。

在哺乳动物细胞内有3个PIKKs（phosphoinostitide 3-kinase-related kinases）家族蛋白激酶在DDR中扮演核心角色，分别是ATM（ataxia telangiectasia mutated）、ATR（ATM-and rad3-related）与DNA-PK（DNA-dependent protein kinase）。其中，ATM与DNA-PK主要响应DSBs，ATR则通过感受损伤后暴露出的单链DNA（ssDNA）对复制压力产生应答。DNA-PK仅激活DSBs的一种特定修复方式，即非同源末端连接（non-homologous end joining，NHEJ），而并不参与细胞周期的调控。ATM与ATR调节包括DNA修复、DNA损伤检查点激活等更广泛的DNA损伤应答过程。在酵母中，负责类似功能的是ATM的同源蛋白Tel1和ATR的同源蛋白Mec1。

在哺乳动物细胞中，DNA损伤检查点的激活主要由激酶ATM与ATR介导（图19-7A）。DSBs发生后，由MRE11-RAD50-NBS1组成的MRN蛋白复合体识别损伤位点，随后通过NBS1与ATM的相互作用，将激酶ATM招募至DNA损伤位点。而当DNA损伤或在DNA修复过程中暴露出ssDNA时，单链结合蛋白RPA复合体与ssDNA相结合，随后招募ATRIP，并通过ATRIP完成激酶ATR的招募。ATM或ATR被招募到DNA损伤位点并激活后，分别磷酸化从而活化检查点激酶2（checkpoint kinase 2，CHK2）和检查点激酶1（checkpoint kinase 1，CHK1）。随后，DNA损伤检查点被激活，细胞周期被抑制。

细胞存在S期、G1/S以及G2/M 3个主要的DNA损伤检查点（图19-7B）。ATM/ATR与CHK1/CHK2通过激活p53活化G1/S检查点，导致细胞周期抑制。此外，ATM-CHK2以及ATR-CHK1磷酸化蛋白磷酸酶CDC25A，进而促进CDC25A发生泛素化修饰并被降解。CDC25A是CDK1与CDK2的活化因子，CDC25A的降解使CDK1与CDK2保持失活状态，激活G2/M与S期检查点。

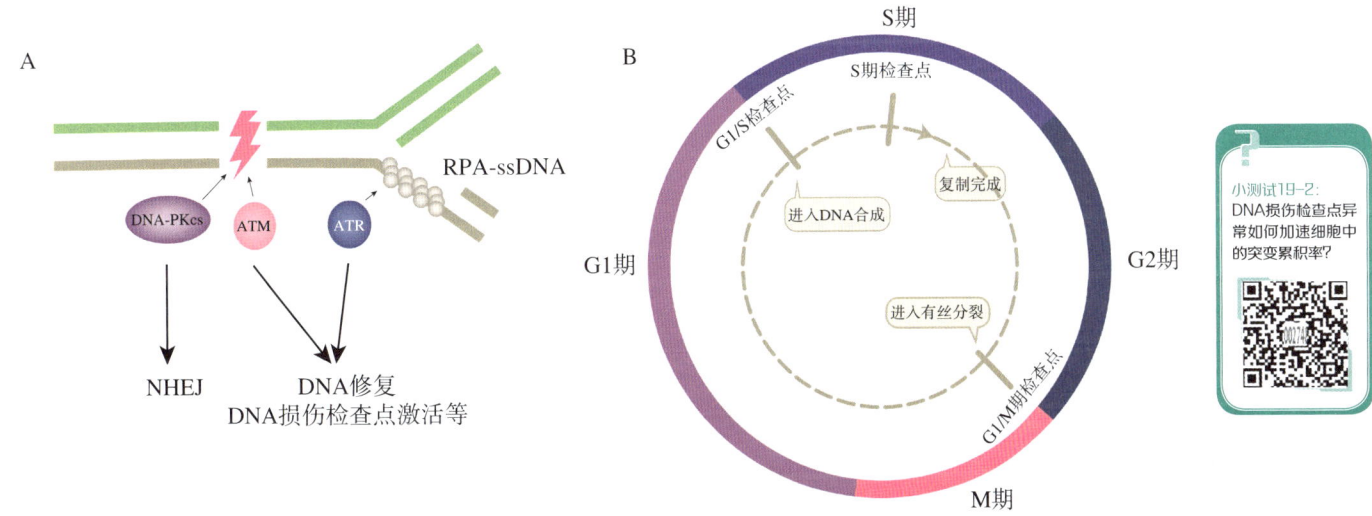

图19-7　高等真核细胞中的DNA损伤应答与DNA损伤检查点激活
A．DNA-PKcs、ATM、ATR激活真核细胞内DDR反应；B．真核细胞内3个最典型的DNA损伤检查点

（二）复制叉稳定性维持

复制压力（replication stress）干扰了 DNA 复制的进程，可能导致 DNA 断裂，使得染色体在有丝分裂期无法正确分离，损害基因组复制的准确性与及时性，是导致基因组不稳定性的重要原因。各种 DNA 损伤，DNA 修复或正常代谢中产生的中间产物，如拓扑异构酶切割 DNA 时产生的单链断裂（nick）与缺口（gap）、dUTP 的缺乏、特定 DNA 脆性位点的存在、特殊的 DNA 二级结构以及转录过程中 RNA-DNA 杂合体等多种因素都可能导致复制压力。

DNA 聚合酶在复制压力下无法继续前进，而解旋酶持续解开 DNA 双螺旋，使复制叉位置暴露出 ssDNA，激活 DNA 损伤应答反应，被称为复制压力应答。复制压力应答通常包括细胞周期抑制、复制叉重构以及 DNA 修复或耐受三部分。

首先，复制压力激活 ATR-CHK1，抑制细胞周期激酶 CDK2，为复制压力的解决提供时间基础。

复制叉阻滞（fork stalling）状态的持续极易导致复制叉崩溃（fork collapse），即 DNA 双链断裂。高等真核生物通过复制叉翻转（fork reversal）维持压力下的复制叉稳定性。转位酶（translocase）HLTF、ZRANB3、SMARCAL1 催化翻转起始：新合成的子链翻转并配对，而相应的母链重新配对，复制叉从正常的三叉结构转变为四叉的霍利迪交叉（Holliday junction）结构。该过程造成复制叉后方新合成双链上产生超螺旋的拓扑障碍，拓扑异构酶ⅡA（DNA TopoisomeraseⅡA，TOP2A）被招募以释放拓扑张力，并招募另一转位酶 PICH 促进复制叉深度翻转。

复制叉稳定性得以暂时维持后，一系列 DNA 修复机制完成损伤修复，随后复制叉重启（fork restart）。在一些情况下，细胞通过 DNA 损伤耐受（DNA damage tolerance，DDT）跨越损伤位点，在保留损伤的情况下完成复制。这些 DNA 修复机制与跨损伤机制将在下文进行详细描述。细胞有时还会在复制叉损伤位点前方未复制区域重启一个新的复制起始位点，开始新的复制。这一过程由引物酶-聚合酶（PrimPol）催化一段新的 DNA 引物起始，被称为重引发（repriming）。而位于损伤位点与新复制起始位点之间的未复制区域，则会通过跨损伤合成或模板转换（template switching，TS）的方式进行填补（图 19-8）。

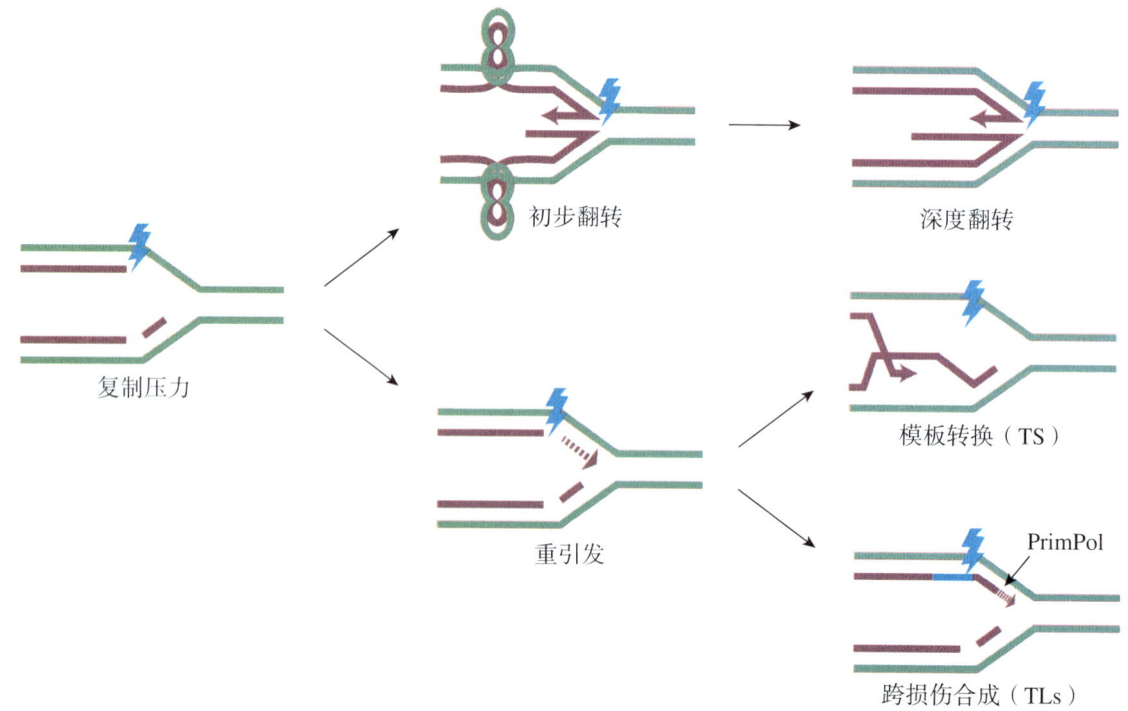

图 19-8　高等真核细胞中的复制叉翻转与复制叉稳定性维持

第十九章　DNA 损伤与修复

二、DNA 修复机制

（一）错配修复

细胞通过错配修复对 DNA 复制过程中产生的碱基错配、微卫星重复序列滑移等 DNA 损伤进行修复。DNA 复制产生的子链上的 DNA 损伤，此时，双螺旋中两条 DNA 单链并无大的结构区别。因此，该过程中首先需要被解决的问题是：如何识别正确的模板链并完成碱基的重新配对？对这一问题的回答要追溯到对大肠埃希菌的研究。

在大肠埃希菌中，模板链中 d（GATC）序列上的腺嘌呤通常被 DNA 腺嘌呤甲基化酶（DNA adenine methylase，Dam）催化甲基化修饰。由于 DNA 复制中的新生子链在短时间内尚未被甲基化，MMR 系统根据这一特点准确定位模板链。细菌中 MMR 修复的基本过程如下：MutS 二聚体结合到错配位点上并招募 MutL 二聚体，随后激活具有核酸内切酶的 MutH。MutH 识别半甲基化的 d（GATC）序列，并在未甲基化的子链上造成切口。随后，在适当的核酸外切酶（若切口在错配点的 5′ 端，该核酸酶为 RecJ 或 Exo Ⅶ；若切口在错配点的 3′ 端，该核酸酶为 Exo Ⅰ 或 Exo Ⅹ）、单链结合蛋白、DNA 解旋酶 UvrD、DNA 聚合酶Ⅲ和 DNA 连接酶的共同作用下，完成包含错配点在内的一段 DNA 子链的解旋、水解，并对缺口 DNA 进行合成及连接（图 19-9）。

人体细胞内与大肠埃希菌内的 MMR 系统高度同源。人的 MutS 同源二聚体有 hMutSα 和 hMutSβ 两种，MutSα 亚基是由 MSH2 和 MSH6 组成的异二聚体，主要负责识别碱基-碱基的错配以及 1～3 个拷贝的双螺旋外 IDLs，而 MutSβ 亚基则是由 MSH2 和 MSH3 组成的异二聚体，主要负责识别 2～10 个拷贝的双螺旋外 IDLs。人的 MutLα 亚基是 PMS2 和 MLH1 组成的异二聚体，具有潜在的核酸内切酶活性。此外，人的 MMR 系统只有 EXO1 一种核酸外切酶的参与。

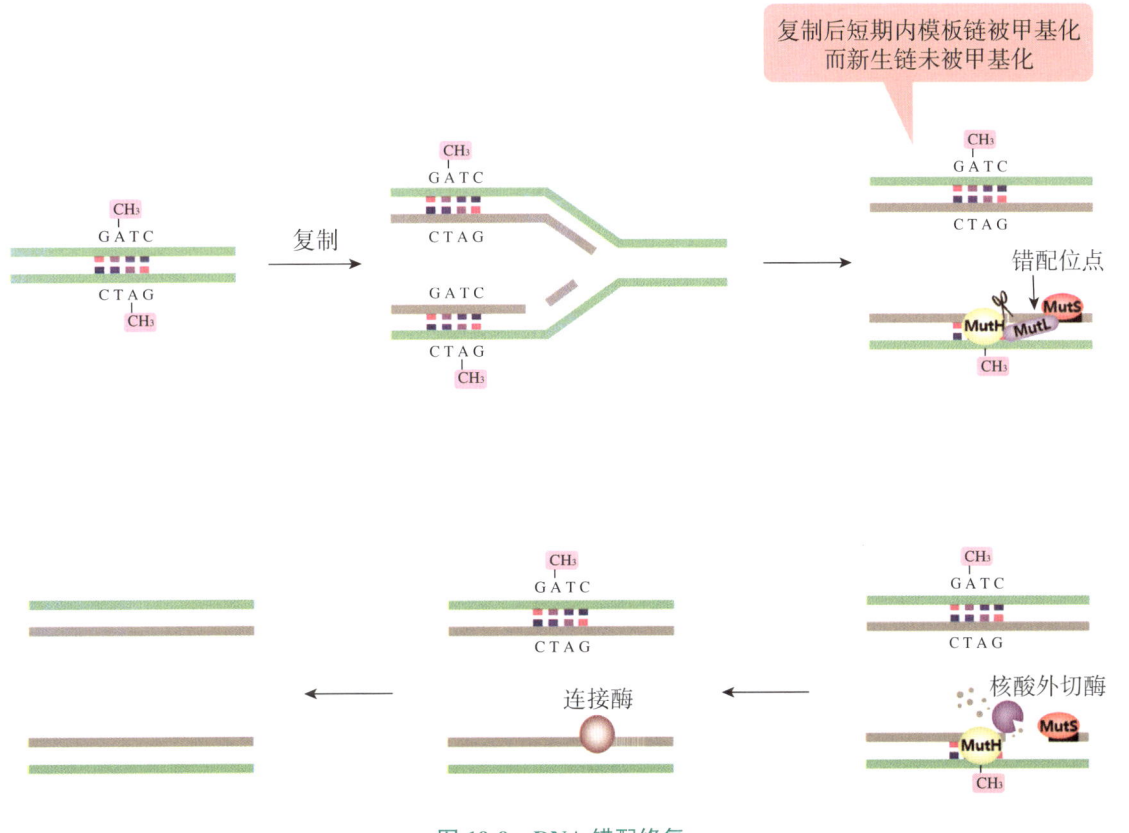

图 19-9　DNA 错配修复

碱基错配修复领域的开拓者 P. Modrich

框 19-1 微卫星不稳定性与肿瘤发生

细胞的碱基切除修复异常将导致含有微卫星重复序列基因的突变率增加。对这一修复缺陷可能引发的后果的研究源自对 11 个结直肠癌细胞系的调查，这些细胞系都存在微卫星不稳定性。在这 11 个细胞系中，有 9 个存在 Ⅱ 型 TGF-β 受体编码基因突变，尤其是这些基因野生型核苷酸序列中的连续 10 个腺嘌呤（A）发生了部分 A 的丢失。这使得细胞无法转录与翻译出有正常功能的 TGF-β 受体，因此得以逃避 TGF-β 的生长抑制作用。随后的研究发现，在 111 例随机选取的具有 MMR 缺陷的结直肠癌患者中，多达 100 例存在这样的 A 重复序列缺失。MMR 通路中的 *MSH2*、*MSH6*、*PMS2* 或 *MLH1* 突变较为常见，会引起一类肿瘤易感性遗传综合征，即林奇综合征的发生。目前已知微卫星不稳定比率比较高的散发性肿瘤类型有大肠癌（15%）、子宫内膜癌（20%～30%）、胃癌（22%）和卵巢癌（12%），与由于基因突变引起的微卫星不稳定相比，*MLH1* 启动子甲基化引起的基因沉默是引起散发性肿瘤微卫星不稳定的更常见原因。

（二）碱基切除修复

当 DNA 分子发生脱氨基或脱碱基等"自发衰变"时，核苷酸的化学结构会发生明显异常。细胞修复这类改变最简单的策略是直接催化逆反应。例如，*O*-6-methylguanine-DNA methyltransferase（MGMT）直接催化去除鸟嘌呤 O^6 上的甲基和乙基加合物；细菌中 AlkB 蛋白催化共价结合到碱基上的甲基或乙基基团氧化为甲醛或乙醛，使这些基团从碱基上脱落。这样的修复方式高效而特异。

然而，细胞对于这类损伤的修复更多是通过碱基切除修复（base excision repair，BER）而非催化逆反应的过程完成。在 BER 中，DNA 糖苷酶（glycosylase）首先识别受损碱基，通过水解糖苷键去除受损碱基，形成无碱基的 AP 位点。随后，AP 核酸内切酶识别 AP 位点，并特异性切割无碱基的脱氧磷酸核糖，产生一个单核苷酸切口。切口由 DNA 聚合酶填充并由 DNA 连接酶（DNA ligase）完成连接，重新形成完整的 DNA 链。通常情况下，核酸内切酶切掉的是错误配对的单个碱基，随后由 PolⅠ（大肠埃希菌中的 DNA 聚合酶Ⅰ）负责填充碱基缺口，这种修复形式被称为短补丁修复（short patch repair）。而在另一些情况下，在 Pol β 聚合酶引入单个碱基后，Pol δ 或 ε 在缺口的 3′ 端继续延伸一段核苷酸，产生的替换链被 Flap 核酸酶清除，再由 DNA 连接酶完成修复。这种修复涉及损伤碱基附近 4～7 个碱基的切除，被称为长补丁修复（long patch repair）（图 19-10）。

迄今，已经有多达 11 种和 8 种不同的 DNA 糖苷酶分别在人类和大肠埃希菌中被鉴定出来，它们识别不同类型的受损碱基并将其去除，产生 AP 位点。值得一提的是，DNA 糖苷酶对错误碱基的识别依赖于碱基异常。例如胞嘧啶自发脱氨基后转变为尿嘧啶。由于尿嘧啶并非是在 DNA 中应该正常出现的碱基，因此尿嘧啶糖苷酶可以识别并去除错误出现的尿嘧啶。然而，当 5-甲基胞嘧啶脱氨基变为胸腺嘧啶这样的突变发生时，由于胸腺嘧啶是 DNA 中的正常组分，很难被这样的 DNA 糖苷酶所识别而修复，最终导致 C-T 点突变的发生。为了应对该问题，生物在进化过程中产生了 T∶G 糖苷酶，该酶可特异切除与 G 配对的 T。尽管如此，这样的 T∶G 碱基对仍经常逃脱检测。实际上，5-甲基胞嘧啶的脱氨基是人类 DNA 中点突变的主要来源。

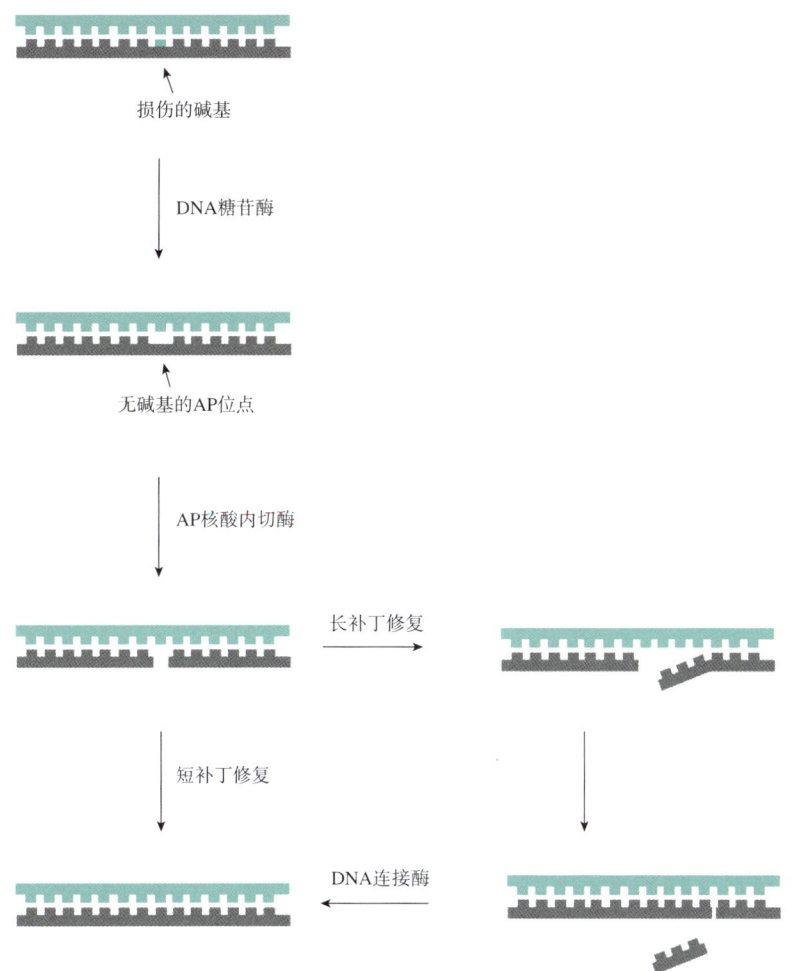

图 19-10　碱基切除修复

（三）核苷酸切除修复

与倾向于修复自发衰变的 BER 相比，核苷酸切除修复（nucleotide excision repair，NER）专注于修复外源因素导致的 DNA 损伤。这类损伤主要包括嘧啶二聚体、DNA 加成物等。相对于 BER 所负责修复的 DNA 双螺旋结构没有明显改变的损伤，NER 所修复的损伤通常已经在 DNA 上发生了较大的螺旋扭曲。

1. 光复活与光裂合酶　有意思的是，即使对于这类更严重的 DNA 损伤，一些细胞也可以通过直接催化逆反应的方式完成修复。早在 20 世纪 40 年代，美国生物学家 A. Kelner 发现，当大肠埃希菌受到致死剂量的 UV 照射后，如果再给予其可见光照射，大肠埃希菌的死亡率将得到显著降低，这一现象被称为光复活（photoreactivation）。随后几十年的研究发现，催化光复活的光裂合酶（photolyase）具有次甲基四氢叶酸（MTHF）与还原型黄素腺嘌呤二核苷酸（FADH⁻）两个生色基团。MTHF 吸收光子并将能量传递给 FADH⁻ 基团，使后者活化成为 FADH*，活化的 FADH* 转移一个电子给发生交联的嘧啶碱基，使其裂解成为一个嘧啶单体和一个嘧啶单体阴离子自由基，后者再将多余的电子返还给 FADH*，两个嘧啶单体和催化辅酶的活性形式 FADH⁻ 得以恢复。最后，光裂合酶从完成修复的 DNA 上解离，完成光修复过程。

光复活是第一种被发现的 DNA 修复方式，对其开展的研究拉开了整个 DNA 修复领域的大幕。随着研究的进展，科学家发现尽管光裂合酶与光复活机制在细菌、真菌、植物甚至大量脊椎动物细胞中广泛存在，可是以人为代表的胎盘类哺乳动物细胞内却缺乏该修复机制。有趣的是，人类细胞中也表达光裂合酶的同源蛋白，但这些同源蛋白并不具备光裂合酶活性，但可能与生物钟的调控相关。

框 19-2　光裂合酶在人类细胞中的旁系同源物

人类细胞并不表达光裂合酶，但是存在光裂合酶的旁系同源物 CRY1 和 CRY2，这两个蛋白在二级序列和三维结构上都与光裂合酶有很高的相似度，它们同样属于光感应蛋白。深入的分子生物学研究和体内实验结果表明，CRY1 和 CRY2 是核心昼夜节律调控蛋白群中的感光因子，作为转录抑制子，它可以抑制与昼夜节律相关的蛋白质表达，从而实现对昼夜节律的调控。*CRY1* 和 *CRY2* 基因敲除小鼠表现出昼夜节律紊乱。有趣的是，参与核苷酸切除修复的 *XPA* 基因的转录水平受昼夜节律影响，其表达水平大约在下午 5 点最高，而在凌晨 5 点最低。最近有研究显示，在生物钟紊乱的睡眠时相延迟综合征患者中，*CRY1* 基因的突变率达到 100%。

2. 核苷酸切除修复　事实上，除了光复活外，紫外损伤修复还能通过不依赖光的过程完成，即暗修复（dark repair）。1964 年，R. Setlow/W. Carrier 与 R. Boyce/P. Howard-Flanders 两个实验室同时发现，即使不给予可见光照射，暴露于紫外线后的大肠埃希菌在富含葡萄糖的培养基中仍然可以继续存活，嘧啶二聚体也能很快从高分子量的基因组 DNA 中消失，并出现在低分子量的组分中。他们将该现象解释为嘧啶二聚体被从基因组 DNA 中移除，因此得名切除修复，后来被称为核苷酸切除修复，即 NER（图 19-11）。随后的研究证实了无论在大肠埃希菌还是人体细胞内，清除嘧啶二聚体的主要途径是 NER，而非光复活。此外，NER 系统还能识别并移除其他一些 DNA 加合物形成的特殊结构。

在大肠埃希菌中，一组 *uvr* 基因所编码的蛋白质负责完成 NER 修复。UvrA 识别损伤位点并招募 UvrB，通过消耗 ATP，使 UvrB 与 DNA 形成稳定复合物。随后 UvrA 离开损伤位点，UvrB 招募 UvrC。UvrC 在损伤位点的 5′ 端和 3′ 端切割损伤 DNA 链，然后 UvrD 利用其解旋酶活性帮助 UvrC 和已切开的寡核苷酸链从 DNA 双链上解离。之后，DNA 聚合酶Ⅰ替换下 UvrB，填补切掉的 DNA 片段，最后在 DNA 连接酶的催化下完成修复。

人类的 NRE 修复由一组 *XP* 基因所编码的蛋白质来完成。NER 包括全基因组 NER 修复（GC-NER/TCR，global genome repair）与转录偶联 NER 修复（TC-NER/GCR，transcription-coupled reapir）。GC-NER 可修复基因组内所有位点发生的 UV 损伤，而 TC-NER 主要修复转录过程中所发生的 UV 损伤。GC-NER 与 TC-NER 在机制上的不同主要体现在对损伤 DNA 的识别上。

GC-NER 通过 Rad23B（HR23B）-XPC-centrin2 蛋白复合物以及 ROC1（Cullin 4A-regulator of cullin1）结合并识别损伤位点，而 TC-NER 则主要依靠被停滞的 RNA 聚合酶Ⅱ（PolⅡ，RNA polymeraseⅡ）识别 DNA 损伤。DNA 损伤被 NER 起始蛋白识别后，TFⅡH 复合体、XPB、XPD 等蛋白被招募到损伤位点并将损伤位点的 DNA 双螺旋解开成单链 DNA。同时，包括单链结合蛋白 RPA（replication protein A）、XPA、XPG 蛋白在内的一系列蛋白质结合到双螺旋解开的损伤位点，对单链 DNA 进行保护和稳定。此后，核酸内切酶 XPF 与 XPG 在 DNA 损伤位点两侧切割，将包含损伤位点在内的一段长达 25～30 bp 的 DNA 片段移除。最后，在 DNA 聚合酶 δ 和 ε、PCNA 以及复制因子 C（replication factor C，RFC）的作用下，合成新的互补 DNA 链，而后通过 DNA 连接酶完成修复。

第十九章 DNA 损伤与修复

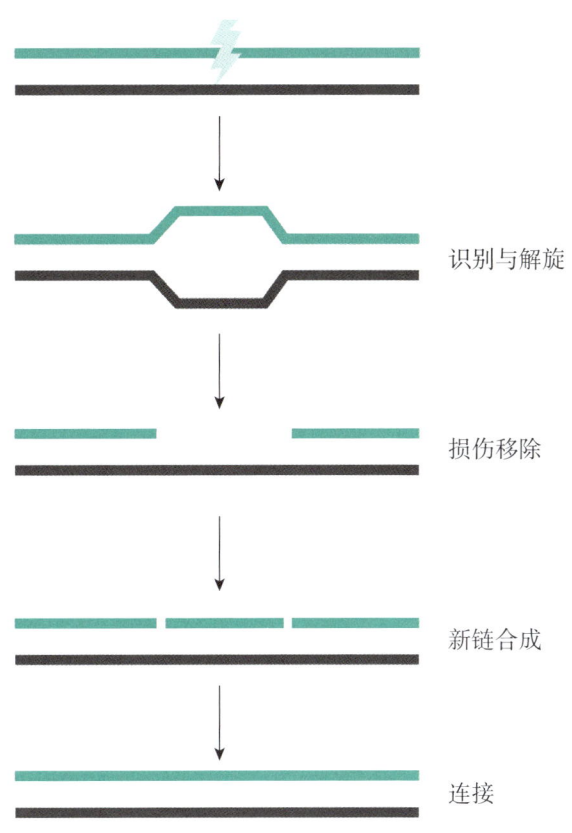

识别与解旋

损伤移除

新链合成

连接

图 19-11　核苷酸切除修复

核苷酸切除修复领域的开拓者 Aziz Sancar 和他的爱国情怀

小测试19-4：既然GC-NER可以识别需要进行NER修复的损伤，为什么细胞还需要TC-NER通路？

（四）DNA 断裂修复

DNA 断裂损伤有 DNA 单链断裂（SSBs）与双链断裂（DSBs）两种形式，分别需要不同的 DNA 修复机制来完成修复。

1. 单链断裂修复（single-strand break repair，SSBR） 单链断裂是细胞内最常见的 DNA 损伤，根据损伤诱因不同，细胞采用依赖于多聚 ADP 核糖聚合酶 PARPs [poly（ADP-ribose）polymerases] 或不依赖于 PARPs 识别的两种方式进行修复。

由氧自由基等造成的 SSBs 通常由 PARP1 或 PARP2 识别，而由 BER 或 TOPI 切割引起的 SSBs 由 APE1 或 RNAP（RNA polymerase）识别，其中前一类 SSBs 是最主要的 SSBs 类型。PARP1/2 识别 SSBs 后，催化在自身和靶蛋白上形成多聚 ADP 核糖链 [poly（ADP-ribose）chain，PAR chain]，该催化过程被称为多聚核糖基化（PARylation），简称为 PAR 修饰。随后，PARP1/2 招募支架蛋白 XRCC1（X-ray repair cross complementing 1）到达 SSBs 位点，并通过 XRCC1 募集 DNA 连接酶 3（DNA ligase 3，LIG3）及其他修复蛋白到损伤位点，封闭缺口。由于后续修复过程类似，这个过程也可以被看作一种特别的 BER 修复。

虽然 SSBs 本身通常并不构成细胞的关键威胁，但是单链 DNA 不能得到及时修复可能导致严重后果。例如，在 S 期细胞中未修复的 SSBs 可能导致 DSBs 的发生；而对于一些并不进入有丝分裂的细胞，例如神经元细胞，SSBs 可能阻碍转录期间的 RNAP 进展，最终导致细胞死亡。

2. 双链断裂修复（double-strand break repair，DSBR） 双链断裂是一种危害极大的 DNA 损伤。在较低等的生物如大肠埃希菌中，DNA 双链断裂的修复方式通常是同源重组（HR）修复，而在人类这样的哺乳动物细胞中，同源重组修复与非同源末端连接（NHEJ）是两种主要的 DNA 双链断裂修复方式。

（1）同源重组（homologous recombination，HR）修复：HR 修复依赖于同源 DNA 序列作为

模板，是一种高保真修复方式。真核细胞的 HR 修复通常发生在细胞周期的 S/G2 期，此时已合成的姐妹染色单体上的完整双链 DNA 可作为 HR 的模板。在较低等的生物如大肠埃希菌中，如果 DNA 单链断裂未及时修复，DNA 复制时复制叉另一侧的新生完整 DNA 双链可以充当 HR 的模板。

HR 修复的步骤包括：①核酸酶进行从 5′→3′ 端的末端修剪（end resection），形成 3′ 突出的单链 DNA（ssDNA）末端，ssDNA 被单链结合蛋白（ssDNA binding protein，SSBP）覆盖保护；②重组酶置换 SSBP，包被末端修剪产生的 3′ssDNA，形成重组酶-ssDNA 丝（recombinase-ssDNA filament）；③重组酶-ssDNA 丝寻找互补的模板 DNA，入侵（strand invasion）到双螺旋内部，形成 D 环（D-loop）；④断裂 DNA 的 3′ 单链末端以同源序列为模板，在 DNA 聚合酶的催化下延伸形成新链，新链与原来的 DNA 分子完成断点连接后形成双霍利迪交叉（double-Holliday junction，dHJ）；⑤解旋酶解开 dHJ，完成精确修复。在最后一步中，如果解旋酶功能异常或失活，dHJ 会被核酸酶切开，得到发生了序列交换（cross-over）的非精确修复产物（图 19-12）。

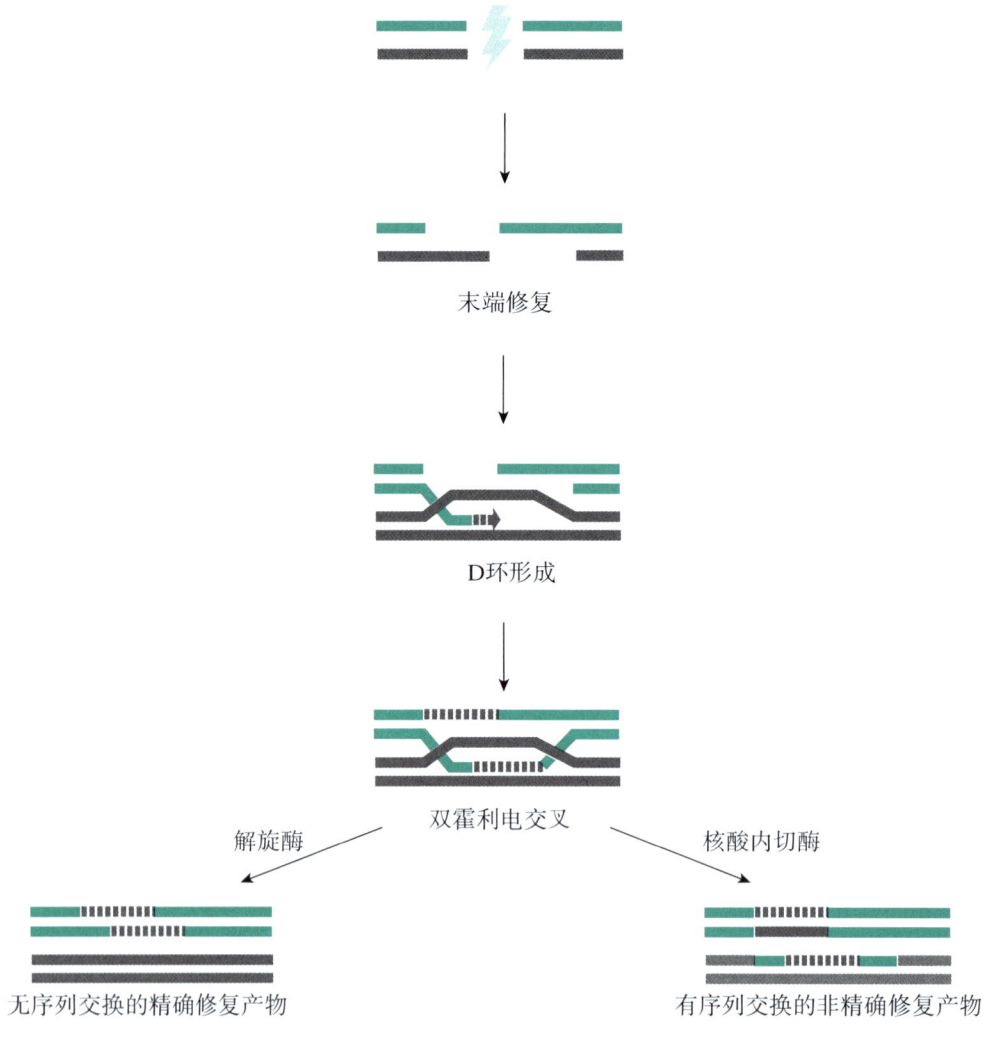

图 19-12　同源重组修复

在大肠埃希菌中，一系列 Rec 蛋白承担着完成同源重组修复的任务，例如，RecBCD 复合物（由 RecB、RecC 和 RecD 组成）解开模板 DNA 双螺旋，并完成损伤末端修剪；重组酶 RecA 结合修剪暴露出的末端 ssDNA，形成 RecA-ssDNA 丝并催化单链入侵；RuvABC 蛋白解开 dHJ，完成修复。在高等真核细胞如人类细胞中，参与同源重组修复的蛋白更加多样。进行末端修剪的核酸酶主要是 MRN 复合物和 CtIP；结合并保护 ssDNA 的是 RPA 蛋白复合体；解开 dHJ 的解旋酶是 BLM（Bloom）；重组酶在人类细胞中有 RAD51 与 DMC1 两种，分别在体细胞中进行 HR 修复和在生殖细胞中完成同源染色体重组。为何高等真核细胞需要两种不同的重组酶？原因可能在于 RAD51 引导的单链入侵与 D-loop 形成需要非常精确的碱基配对，只能在存在一模一样的姐妹染色单体时行使功能；而 DMC1 对配对 DNA 有较高的容错率，能在配子中介导与同源染色体的模糊配对。关于 HR 修复介导中遗传多样性的产生，将在本节的第三部分详细阐述。

（2）非同源末端连接（non-homologous end-joining，NHEJ）：尽管 HR 修复是一种高保真的修复方式，然而绝大多数时候同源模板并不可用，因此细胞选择采用 NHEJ 修复 DSBs。NHEJ 通常被定义为易出错的修复方式，可实际上它通常是高效和准确的，这也就解释了为什么高等真核细胞进化为优先使用这种方式完成 DSBs 修复。

当 DSBs 发生后，蛋白亚基 Ku70 和 Ku80 组成的异二聚体复合物识别并结合断裂的 DNA 末端。随后，Ku70/80 作为平台招募催化亚基 DNA-PKcs 形成完整的 DNA-PK 全酶。DNA-PKcs 被招募后自身磷酸化，促进催化亚基解离，让位于 DNA 连接酶 4（LIG4）及其结合蛋白 XRCC4。在 LIG4、XRCC4 与其他 NHEJ 辅助因子例如核酸酶 Artemis 和 DNA 聚合酶 μ 与 λ 等的作用下完成 NHEJ 修复（图 19-13）。

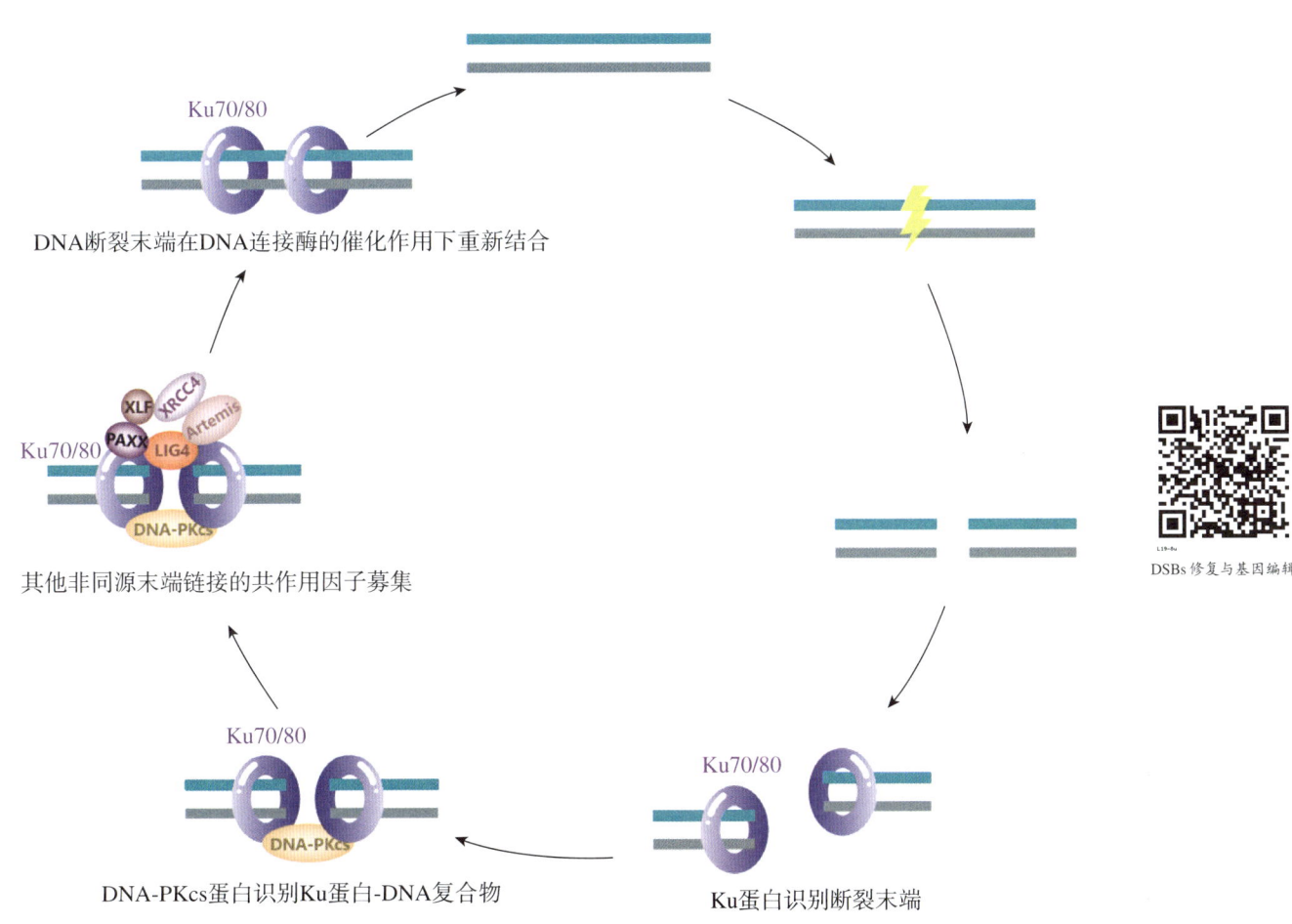

图 19-13　非同源末端连接修复

框 19-3　同源重组与非同源末端连接的选择

同源重组修复与非同源末端连接的选择，依赖于细胞周期所处的不同时期、细胞类型等一些重要因素。科学家相信，在一些特殊的时期，例如在 S 期，细胞之所以用 HR 进行修复，不止因为此时有姐妹染色单体可以作为同源模板，还因为此时如果采用 NHEJ 的方式进行修复，极大可能导致不同染色体片段之间的融合，造成极其严重的后果。在机制上，S 期与 G2 期活化的 CDKs 能够磷酸化并活化 CtIP，从而使得有 CtIP 参与的末端剪切过程得以发生。而在整个间期中，因为 HR 修复所需要的末端修剪无法发生，NHEJ 则是主要的 DSBs 修复途径。HR 与 NHEJ 之间的选择在分子生物学上主要依赖于 DNA 断裂末端结合的是 BRCA1-BARD1 复合体还是 53BP1-RIF1 复合体。BRCA1-BARD1 复合体的结合能够促进核酸酶对 DSBs 末端进行有利于同源重组的修剪，还能通过招募 BRCA2 与 PALB2 辅助 RAD51-ssDNA 丝的形成，同时促进 53BP1 去磷酸化而拮抗 NHEJ，启动 HR 修复；而 53BP1-RIF1 复合物在没有 BRCA1-BARD 拮抗时，结合于 DSBs 末端，并通过 Shieldin 复合体抑制末端修剪，引导 NHEJ 修复机制的选择。

（五）其他 DNA 修复机制

1. DNA 链间交联损伤修复　除了 UV 损伤引起的链内交联损伤之外，还有一类 DNA 交联损伤是 DNA 双链之间的共价交联，通常由一些环境致癌物或化学交联剂引起。常见的交联剂如乙醛与化疗药物丝裂霉素 C（mitomycin C）等。链间交联损伤阻止了 DNA 双链分离，干扰了多种 DNA 代谢活动，可导致严重的基因组不稳定性。

高等真核细胞通过范可尼贫血症（Fanconi anemia，FA）信号通路（图 19-14）将 DNA 链间交联（ICLs）转变为 DSBs，进而通过 HR 完成最后的精确修复，无法完成 ICLs 修复的患者会罹患范可尼贫血症。范可尼贫血症是一种罕见的常染色体和 X 染色体连锁隐性遗传病，表现为多发畸形、造血功能障碍以及肿瘤高发等，迄今从这类患者细胞内鉴定出了至少 22 个参与 ICLs 修复的范可尼贫血症相关基因 [FA complementation group（FANC）genes] 突变。这些 FA 基因所编码的蛋白（被命名为 FANCA、FANCB、FANCC 等）通过 FA 信号通路完成对 ICLs 的修复，任何一个 FA 基因编码蛋白的功能异常或失活都会导致范可尼贫血症的发生。其中，FANCA、FANCC 与 FANCG 的突变最为常见，发生在约 85% 的 FA 患者。

ICLs 发生后，由多个 FA 蛋白所组成的 FA 核心复合物结合到 DNA 损伤位点，通过其 E3 泛素连接酶活性单泛素化由 FANCD2 与 FANCI 组装成的 ID 底物复合物。ID 底物复合物被泛素化后活化，招募核酸酶切开交联损伤 DNA，生成双链断裂 DNA 底物（图 19-14）。

ICLs 修复通常还需要招募 TLS 与 NER 相关蛋白，与同源重组修复蛋白一起，移除交联损伤，完成最终修复。

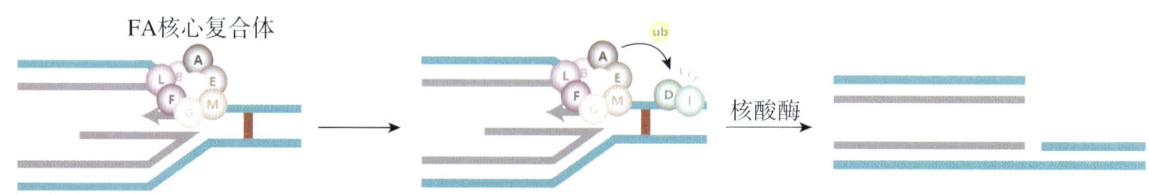

图 19-14　范可尼贫血症信号通路

2. 跨损伤 DNA 合成　如果在模板链上发生损伤的 DNA 必须完成 S 期复制，然而损伤并没有得到及时修复，则会导致复制叉的长时间停滞与复制叉崩溃。为了避免这类事件发生，跨损伤合成（translesion synthesis，TLS）途径利用缺乏校读能力的低保真 DNA 聚合酶在损伤位点对面合成 DNA。该方式可以理解为生物体细胞在不能完成 DNA 修复，但又必须完成细胞复制的代系传递时的无奈之举，为之付出的代价是突变的产生。跨损伤 DNA 合成分为易错旁路（error-prone bypass）与无错旁路（error-free bypass）。易错旁路在大肠埃希菌中就已经存在，属于 SOS 应答的一部分。

三、与 DNA 修复机制相关的生理现象

（一）免疫识别多样性的产生

免疫细胞在发育过程中发生着独特的程序化基因组改变事件，以产生免疫识别多样性，包括类别转换重组（class-switch recombination，CSR）、体细胞高频突变（somatic hyper-mutation，SHM）以及 V（D）J 重组。

以抗体为例，编码抗体多肽链的基因以基因簇的形式存在，包括前导片段（leader segment，L）、可变片段（variable segment，V）、连接片段（joining segment，J）和多样性片段（diversity segment，D）。细胞通过 V（D）J 重组形成不同的 VJ（轻链）或 VDJ（重链）组合方式。为了完成 V（D）J 重组，RAG1/2 蛋白在 V、D、J 基因序列的前端特定 DNA 位置切割，产生 DSBs，通过 NHEJ 将切开的 DNA 重新连接。

B 细胞在接受抗原刺激后还会通过 CSR 发生抗体类别转换，或是通过 SHM 产生更丰富的多态性。CSR 与 SHM 通常由细胞内的胞嘧啶脱氨酶（activation-induced cytidine deaminase，AID）所起始。AID 催化胞嘧啶发生脱氨基进而转化为尿嘧啶，将 GC 配对变成 GU 错配，激活 MMR 与 BER 修复机制，并进一步将损伤转变为 SSBs。在 SHM 中，细胞通过招募低保真 DNA 聚合酶修复 SSBs，使损伤处发生随机突变；而在 CSR 中，SSBs 进一步被转变为 DSBs，并通过 NHEJ 进行重组，完成抗体类别转换。

（二）配子形成中遗传多样性的产生

生殖细胞在减数分裂过程中亲本遗传物质的交换，构成了物种遗传多样性的基础。这个过程的核心机制在于亲本同源染色体的配对与重组。早在 20 世纪初，随着遗传学进入后孟德尔时期，科学界就开始提出了重组的概念。到了 1930 年，科学家 B. McClintock 在实验中首次观察到了玉米细胞减数分裂时的同源染色体交叉现象，而她与她的研究生 H. Creighton 于次年用实验证明了染色体交换与基因重组的关系。在此之前，染色体交换导致基因重组仅仅只是 T. H. Morgan 提出的假说。随后的研究最终由 J. W. Szostak 等人于 1983 年确定了减数重组的双链断裂修复模型，并在日后得到了深入验证与详细阐释。

在减数分裂 I 期的前期，联会复合体形成，SPO11 通过其拓扑异构酶活性在热点位置主动诱导双链断裂的发生，随后在重组酶 DMC1 的作用下促使来自一条同源染色体的 DNA 单链入侵另一条同源染色体内，最后通过完整的同源重组修复过程完成同源染色体之间的基因交换。

第四节 DNA 修复与人类疾病

一、DNA 损伤修复缺陷与疾病发生

（一）与 DNA 损伤修复相关的多种疾病

DNA 损伤修复异常与多种人类疾病相关，尤其是在具有 DNA 损伤应答缺陷的细胞内（表 19-3）。例如，神经系统细胞在成年后替代能力有限，DNA 损伤积累对神经元功能具有尤为严重的危害，会引起各类神经退行性疾病，例如共济失调、阿尔兹海默病、亨廷顿舞蹈症、帕金森病等的发生；DNA 损伤修复缺陷导致的遗传不稳定性可以导致多个系统大约 40 种已知疾病的发生，例如脆性 X 综合征、Ⅱ型糖尿病、强直性肌营养不良等；发生在线粒体 DNA 的突变或重排可导致线粒体功能受损，使患者罹患线粒体脑肌病、Leigh 综合征、Leber 遗传性视神经病变等；DDR 缺陷导致的免疫系统发育中的基因重排不能正确发生，会引发重症联合免疫缺陷（severe combined immunodeficiency，SCID）、共济失调毛细血管扩张症（ataxia telangiectasia，AT）和奈梅亨断裂综合征（Nijmegen breakage syndrome，NBS）等免疫缺陷类疾病。此外，沃纳综合征（Werner syndrome）、范可尼贫血症、着色性干皮病（xeroderma pigmentosum，XP）等先天性疾病也都与不同的 DDR 缺陷相关。

表 19-3 一些与 DNA 损伤应答缺陷相关的人类疾病

疾病	突变基因	主要表型	主要受影响的生物学过程
林奇综合征	*MSH2/3/6*、*MLH1*、*PMS2*	结直肠癌	错配修复
着色性干皮病	*XP*	对日光高度敏感，皮肤癌	核苷酸切除修复
遗传性乳腺癌卵巢癌综合征	*BRCA1*、*BRCA2*	乳腺癌、卵巢癌、前列腺癌	同源重组修复
共济失调毛细血管扩张症	*ATM*	白血病、对 γ-辐射高度敏感、基因组不稳定性	DNA 损伤应答
范可尼贫血症	*FA*	再生障碍性贫血、发育异常、肿瘤高发	DNA 交联损伤修复
布鲁姆综合征	*BLM*	免疫缺陷、日光敏感、肿瘤高发	同源重组修复
奈梅亨断裂综合征	*NBS1*	免疫缺陷、肿瘤易感	同源重组修复
维尔纳综合征	*WRN*	早衰、2 型糖尿病、骨质疏松、动脉硬化、肿瘤高发	同源重组修复、核苷酸切除修复、端粒结构维持
重症联合免疫缺陷	*RAG2*、*RAG2*	T 细胞、B 细胞缺乏，严重免疫缺陷	非同源末端连接

（二）DNA 损伤修复与肿瘤

基因组不稳定性是肿瘤细胞的基本特性之一，DNA 损伤应答与修复是保证细胞基因组稳定性维持的关键防线。根据驱动肿瘤的发生是直接还是间接，可将肿瘤抑制基因分为"看门基因

(gatekeepers)"与"守护者基因（caretakers）"两大类。"看门基因"是那些突变后直接促进细胞增殖或者抑制细胞衰老与死亡的基因，例如 *p53*、*Rb* 等；而"守护者基因"则是那些负责维持基因组稳定性，主要参与 DNA 修复的基因。"守护者基因"的突变并不直接导致细胞发生异常增殖或逃避死亡，而是通过基因组不稳定性驱动"看门基因"突变。值得注意的是，对某一个抑癌基因的分类有时并不能完全独立地划入其中的某一类，例如著名的乳腺癌基因 *BRCA1* 与 *BRCA2* 既是"守护者基因"，又是"看门基因"。

研究发现，在家族遗传性的肿瘤中，DNA 损伤修复异常驱动了各种原癌基因与抑癌基因的高突变，是肿瘤发生的第一驱动力。被研究得非常广泛的家族遗传性肿瘤易感性综合征包括由于 *BRCA1/2* 突变而导致的遗传性乳腺癌卵巢癌综合征（hereditary breast and ovarian cancer syndrome，HBOC）；MMR 相关基因缺陷导致的林奇综合征（lynch syndrome）[又被称为遗传性非息肉性结直肠癌（hereditary non-polyposis colon cancer，HNPCC）] 等。在散发性肿瘤中，通常由于原癌基因突变使细胞先出现高复制特性，导致细胞在极大复制压力下难以维持其基因组稳定性，进而导致更高突变率与肿瘤的发生。

因此，DDR 缺陷导致的基因组不稳定性不仅是癌细胞的标志，也是肿瘤发生的关键诱因。同时，癌细胞显著的基因组不稳定性也增加了其遗传多样性，从而提高了它们在放疗或化疗后出现耐药后代的机会，进而促进了癌症复发。

二、靶向 DNA 损伤应答的疾病治疗

靶向参与 DNA 损伤修复的关键基因进行疾病治疗，是近年来一项富有挑战而又卓有成效与前景的尝试。

科学家很早以前就已发现，靶向 DNA 损伤应答可以杀死肿瘤细胞。传统的靶向方式是利用放疗（电离辐射诱导 DSBs）或拓扑异构酶抑制剂、DNA 烷化剂等诱导 DNA 损伤的化疗药物（如铂类、氮芥类药物等）诱导肿瘤细胞 DNA 损伤。此后，由于肿瘤细胞一方面具有高复制特性，另一方面常常具有 DNA 损伤应答缺陷，从而相较于正常细胞而言对这些处理更加敏感。然而，放化疗由于其低特异性，即同时对人体正常细胞造成损伤，从而导致严重副作用。

癌症化疗药物的使用与 DNA 损伤修复

近年来的研究表明，直接靶向 DDR 蛋白可能是更好的治疗方式。这样的尝试源于"合成致死（synthetic lethality）"概念的提出以及 PARP 抑制剂的开发与应用。1946 年，科学家 T. Dobzhansky 发现并命名了"合成致死"效应。该效应指当细胞内的一个基因功能被抑制时，另一个基因的功能代偿使得细胞存活；因此，只有当这两个基因被同时抑制时，细胞才会死亡。经过 51 年的沉寂，S. Friend 于 1997 年觉察到，合成致死或许可以应用于本身已经携带大量突变的癌细胞，提高癌症治疗的精准靶向性。在这个策略的指导下，PARP 抑制剂得以面世，并于 2014 年开始应用于治疗具有 *BRCA1/2* 突变的卵巢癌，成为第一个成功应用合成致死策略进行设计并精准靶向 DDR 蛋白肿瘤治疗的药物。迄今，PARP 抑制剂的临床应用已经拓展到更多的相关肿瘤。

PARPs 是修复 SSBs 的关键蛋白。PARP 抑制剂使细胞内大量的 SSBs 不能被修复，转变为 DSBs。在同时存在 HR 修复缺陷的部分肿瘤细胞内，DSBs 无法得到精确修复而死亡。对 PARP 抑制剂敏感的最典型例子是携带 *BRCA1* 或 *BRCA2* 突变的细胞，它们的敏感性可以达到野生型细胞的 1000 倍以上。如此高的应答差别使得相较于传统放化疗而言，PARP 抑制剂对正常细胞不产生高毒副作用，在临床应用上具有极高的优势。

PARP 抑制剂的成功开发揭开了精确靶向 DDR 基因进行肿瘤治疗的大幕。此后，靶向 ATR、CHK1、WEE1 等 DNA 损伤检查点相关激酶的抑制剂，靶向 POLQ、RAD51、WRN 等 DNA 修

复相关蛋白的抑制剂等也都被设计并投入应用。这些研究为更丰富的精准治疗策略的实现提供了可能。

特别有前景的尝试可能不仅局限于靶向 DDR 本身。DDR 抑制剂之间的联用，DDR 抑制剂与传统治疗如放化疗之间的联用都已经得到一定的研究并投入临床。还有越来越多的证据表明，DDR 缺陷与免疫治疗之间有着千丝万缕的关系。例如，在具有 DDR 缺陷的肿瘤中，细胞突变负荷带来的表面新抗原表达大大提高，因此，联合 DDR 靶向治疗与免疫检查点抑制剂可产生极佳的协同效应。此外，DDR 抑制剂导致大量 DNA 损伤的积累，提高了细胞质中的 DNA 小片段的富集，这些胞质 DNA 可激活 cGAS-STING 天然免疫信号通路，促进免疫治疗效果。类似研究表明，DDR 抑制剂与免疫检查点抑制剂之间的联用或许能够使更多患者受益。

小 结

DNA 分子的稳定性对于生物体稳态的维持至关重要。虽然 DNA 具有独特的双螺旋结构和半保留复制机制，能够在很大程度上保持相对的稳定性，但 DNA 损伤仍然在受到诸多内外因素的影响下以不可忽视的速度发生。DNA 损伤导致的突变一方面是生物进化的选择基础，另一方面则对生物体的正常生存与繁衍构成威胁。作为细胞内唯一具有修复机制的生物大分子，绝大多数 DNA 损伤能够得到及时、有效的修复。这些机制包括一整套完整的 DNA 损伤应答系统以及一系列修复机制，如错配修复、碱基切除修复、核苷酸切除修复和同源重组修复等。

DNA 损伤应答与修复对于维持人体正常生理功能至关重要，因此在生物学和医学领域均具有重要意义。相关的缺陷可能导致各种重大疾病的发生，深入研究这些机制有望为相关疾病治疗提供独特路径。

参考答案

整合思考题

1. 大肠埃希菌有可能以何种方式修复 DNA 分子中的嘧啶二聚体？
2. 碱基切除修复与核苷酸切除修复之间有什么区别，你觉得在进化上生物体为什么要形成这两套截然不同的修复方式？
3. 你知道碱基错配修复能够修复哪些类型的 DNA 损伤吗？
4. 跨损伤合成的关键特点是什么？跨损伤合成有可能发生在其他 DNA 修复方式的过程中吗？
5. DNA 修复途径的缺陷可能导致哪些遗传病？相关的修复途径和致病突变基因有哪些是让你印象深刻的？
6. 人们对细胞中 DNA 损伤应答与修复机制的理解对于肿瘤治疗有何帮助？你是否能提出在靶向 DNA 损伤修复进行肿瘤治疗中最亟待解决的一些关键问题？

(冯嘉汶　刘　婷)

第二十章 RNA 的合成

导学目标

通过本章内容的学习，学生应能够：

※ **基本目标**

1. 复述转录相关概念：转录、模板链、编码链、转录泡、转录因子、转录前起始复合物、核酶。
2. 分析转录体系的主要成分和转录模板的结构特点，并复述转录的基本过程。
3. 举例说明原核和真核 RNA 聚合酶的组成及功能。
4. 列举真核生物各类 RNA 的转录及加工的主要方式。
5. 说明病毒 RNA 的复制。

※ **发展目标**

1. 区分复制和转录的异同。
2. 分析原核生物和真核生物 RNA 聚合酶的异同。
3. 分析原核生物和真核生物转录过程的异同。
4. 举例说明核酶参与的 RNA 加工。

案例

患者，男，67 岁，咳嗽、咳痰 3 周有余，痰中带有血丝。偶发胸痛，且随着呼吸运动与咳嗽加重，伴呼吸困难。常有发热症状，多为长期午后潮热。1 个月内食欲减退、倦怠乏力、体重减轻 2 kg。因痰中血量增大，咳嗽伴发热入院。查体有肺实变体征，叩诊浊音，触觉语颤增强，听诊有细湿啰音和支气管呼吸音。胸部 CT 示双肺上叶有散在斑片状阴影，密度不均匀；右下肺有实变影，边界不清，并与周围胸膜有粘连。痰涂片找到抗酸杆菌，确诊为肺结核。医生给予利福平等抗结核药物治疗 1 年后，双上肺病变逐渐吸收，咳嗽等症状消失，再查痰未找到抗酸杆菌，继续抗结核巩固治疗后达到临床痊愈。

案例解析

问题：
1. 为什么可以使用利福平进行抗结核治疗？
2. 原核生物与真核生物 RNA 聚合酶主要有哪些区别？

RNA 生物合成包括 RNA 的复制合成和转录合成。RNA 复制合成是 RNA 病毒基因组的复制方式之一，需要 RNA 依赖的 RNA 聚合酶（RNA-dependent RNA polymerase）。RNA 转录合成需要 DNA 依赖的 RNA 聚合酶（DNA-dependent RNA polymerase）。

第一节　转录体系

一、转录模板及产物

（一）转录以 DNA 为模板

转录（transcription）又称 DNA 依赖的 RNA 合成（DNA-dependent RNA synthesis），即以 DNA 为模板，由 RNA 聚合酶催化 4 种核糖核苷三磷酸（ATP、GTP、CTP、UTP）为原料进行聚合反应，合成 RNA 的过程。RNA 聚合酶催化转录的基本化学反应机制与 DNA 合成相似，聚合反应的方向是 $5' \rightarrow 3'$，包括启动、延长和终止 3 个阶段；但 RNA 聚合酶不需要引物即可启动并进行延长反应。在转录过程中，由模板 DNA 的序列按 A-U、G-C 配对，而非 A-T、G-C 配对决定合成 RNA 转录物的核糖核苷一磷酸（NMP）序列；聚合反应掺入 RNA 的 NMP 也是以 $3', 5'$-磷酸二酯键相连。

自然界生物的 DNA 大多为双链分子。在进行转录时，DNA 双链中的一条链作为模板指导合成与其碱基互补的 RNA，称为模板链（template strand）。与模板链互补的另一条为非模板链（non-template strand），又称编码链（coding strand），因为其序列与转录物 RNA 的序列基本相同，只是非模板链上的 T 在转录物的对应碱基为 U。对于处于基因组特定区域内的多个基因，并非所有基因的模板链、编码链全都固定在同一 DNA 单链上，其编码链可以位于双链 DNA 分子的任意一条单链上。当一个基因进行转录时，DNA 双链中只有一条链作为转录的模板，所以这种转录方式又被称为不对称转录（asymmetric transcription）（图 20-1）。

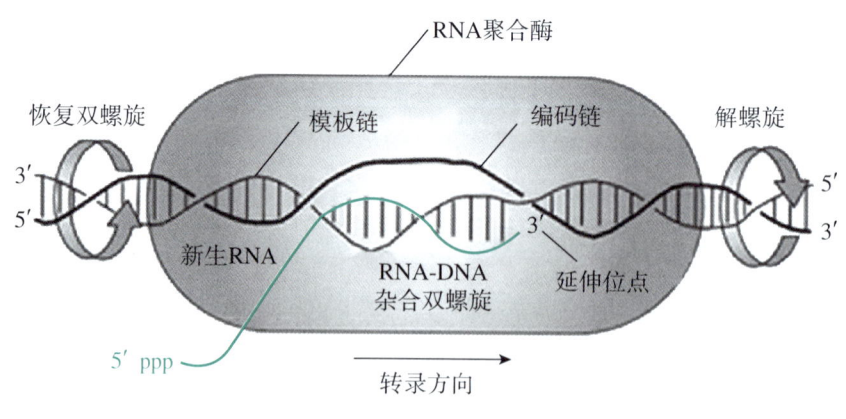

图 20-1　转录示意图

（二）转录产物包括多种 RNA

1. 直接参与遗传信息传递的 3 种 RNA　遗传信息传递的核心或基本传递方向是 DNA →

RNA → 蛋白质。核糖体 RNA（ribosomal RNA，rRNA）、信使 RNA（messenger RNA，mRNA）、转运 RNA（transfer RNA，tRNA）以不同角色直接参与蛋白质合成。这些 RNA，特别是真核细胞 RNA，均以 RNA 前体形式通过转录作用合成，再经转录后加工及组装，参与蛋白质合成。

2. 参与 RNA 剪接的核小 RNA 核小 RNA（small nuclear RNA，snRNA）是存在于真核细胞核中的一类小分子 RNA（100～300 nt），包括 U1、U2、U4、U5 和 U6 等，它们与蛋白质因子（约 100 多种）动态结合，组成被称为剪接体（spliceosome）的一类核小核糖核蛋白（small nuclear ribonucleoprotein，snRNP），参与 RNA 剪接，如 U4/U6 snRNP。

3. 参与 rRNA 或 mRNA 加工的核仁小 RNA 核仁小 RNA（small nucleolar RNA，snoRNA）是存在于真核细胞核仁中的小分子 RNA，与蛋白质结合，组成核仁小核糖核蛋白（small nucleolar ribonucleoprotein，snoRNP）。snoRNA 有两类：一类参与 rRNA 加工，另一类含有与 mRNA 互补的序列，参与 mRNA 剪接。

4. 具有调节功能的 RNA 包括一些非编码 RNA，如：①微 RNA（microRNA，miRNA）（约 22 nt），可以结合 mRNA 的互补序列如 3′ 或 5′-非编码区（untranslated region，UTR），抑制 mRNA 翻译；②干扰小 RNA（small interfering RNA，siRNA），可结合 mRNA，促进其降解；③长非编码 RNA（long non-coding RNA，lncRNA），广泛参与染色质重塑和 miRNA 等的表观遗传调节。

5. 具有催化活性或参与催化的 RNA 如具有催化活性、但化学本质是 RNA 的核酶（ribozyme），以及参与端粒酶组成的 RNA 等。

二、RNA 聚合酶

催化转录作用的酶是 RNA 聚合酶（RNA polymerase，RNA Pol），又称 DNA 依赖的 RNA 聚合酶（DNA-dependent RNA polymerase，DDRP）或 DNA 指导的 RNA 聚合酶（DNA-directed RNA polymerase，DDRP）。RNA 聚合酶反应体系需有 Mg^{2+} 或 Mn^{2+} 参与，催化 5′→3′ 聚合反应。

（一）原核生物 RNA 聚合酶

原核生物 RNA 聚合酶只有一种类型，转录合成所有类型的 RNA，具有高度保守的结构、功能相似性。大肠埃希菌（E. coli）RNA 聚合酶是目前研究得较为透彻的一种酶，含 6 个亚基，分别是两个相同的 α 亚基、一个 β 亚基、一个 β′ 亚基、一个 ω 亚基以及一个 σ 亚基，其中 $α_2ββ′ω$ 称为核心酶（core enzyme），加上 σ 亚基称为全酶（holoenzyme）。σ 亚基又称 σ 因子（σ factor）。σ 因子有多种，根据分子量不同分别命名为 $σ^{32}$、$σ^{70}$ 等。σ 因子与核心酶结合不紧密，容易脱落。σ 因子可识别 DNA 模板的转录起始部位，具有启动子特异性。因此，核心酶根据结合的 σ 因子不同，识别的基因启动子不同，导致激活不同基因的转录。核心酶的作用是延长 RNA 链，其中 α 亚基参与转录速率的调控；β 亚基的主要功能是结合底物 NTP，催化聚合反应；β′ 亚基的功能是与 DNA 模板结合，解开双螺旋；ω 亚基的作用是促进 RNA 聚合酶的组装并使其稳定。

原核生物 RNA 聚合酶具有多种功能：①从 DNA 分子中识别转录的起始部位。例如，E. coli RNA 聚合酶可从基因组 DNA（$4×10^6$ 个碱基对）中识别约 2000 个转录起始部位。②促使其结合的 DNA 双链分子打开 17 bp 的转录区域。③催化聚合的核苷酸以 3′,5′-磷酸二酯键相连接，沿 5′→3′ 方向连续进行聚合反应，合成 RNA 转录产物。④识别 DNA 分子中的转录终止信号并终止转录。鉴于 RNA 聚合酶的上述功能，直接或间接改变 RNA 聚合酶活性可调节 RNA 的转录水平。

原核生物 RNA 聚合酶缺乏校正功能。转录时的聚合反应速率为 30～85 nt/s，比 DNA 复制的聚合反应速率（约 500 nt/s）慢。RNA 聚合酶缺乏 3′→5′ 外切酶活性，因此没有校正（读）功能；RNA 合成的错误率为 $10^{-5} \sim 10^{-4}$，较 DNA 合成的错误率（$10^{-10} \sim 10^{-9}$）要高很多。

原核生物 RNA 聚合酶的活性可被某些药物如利福霉素（rifamycin）、利福平（rifampin）等特异性抑制。这类药物与 RNA 聚合酶的 β 亚基结合而影响其活性，临床上将此药作为抗结核分枝杆菌药物。

噬菌体的 RNA 聚合酶也属于原核系统，比细菌 RNA 聚合酶小得多。例如，T3、T7 噬菌体的 RNA 聚合酶是单链多肽（< 100 kD），是实验室常用的工具酶。

（二）真核生物 RNA 聚合酶

真核生物 RNA 聚合酶比原核生物复杂，有 RNA 聚合酶 Ⅰ、Ⅱ 和 Ⅲ，以及线粒体 RNA 聚合酶（Mt 型）等类型。每一种类型又有几种含不同亚基的同工酶。例如，RNA 聚合酶 Ⅱ 由 2 个大的亚基（215 kD 和 139 kD）及 10 个较小的多肽（> 10 kD）组成，其中 215 kD 亚基与原核生物 RNA 聚合酶的 β′ 亚基高度同源，含有一个由 YSPTSPS 共有序列重复排列的 C- 末端结构域（C-terminal domain，CTD），CTD 参与转录起始；139 kD 的亚基与原核 RNA 聚合酶的 β 亚基同源。还有一个亚基与 α 亚基同源。这 3 个亚基均存在于 RNA 聚合酶 Ⅰ、Ⅱ 和 Ⅲ 中。不同种类的真核生物 RNA 聚合酶的组成、细胞定位、功能（转录产物）、酶活性及抑制剂等见表 20-1。

表 20-1 真核生物（酵母）RNA 聚合酶

	RNA 聚合酶Ⅰ	RNA 聚合酶Ⅱ	RNA 聚合酶Ⅲ	RNA 聚合酶 Mt
分子量（kD）	$> 6 \times 10^5$	约 6×10^5	6×10^5	$(6.4 \sim 6.8) \times 10^4$
亚基数量	13	12	14	—
定位	核仁	核质	核质	线粒体
转录产物	5.8S/18S/28S rRNA 前体	mRNA 前体；U_1、U_2、U_4、U_5 snRNA 前体及其他 miRNA 等	tRNA 前体、5s rRNA 前体、U_6 snRNA 前体、个别 miRNA	线粒体 RNAs
酶活性 / 细胞	50% ~ 70%	20% ~ 40%	10%	
α- 鹅膏蕈碱	不敏感	极度敏感	较敏感	不敏感
利福平	不敏感	不敏感	不敏感	敏感
利福霉素	敏感	敏感	敏感	

真核生物转录过程的阐明

真核生物 RNA 聚合酶对利福平不敏感，而原核生物 RNA 聚合酶对利福平敏感，因此，利福平可抑制结核分枝杆菌的 RNA 聚合酶活性，但对人的 RNA 聚合酶则无毒性作用。这一差异对结核病的临床治疗具有实际意义。

三、转录单位

（一）转录单位含有启动子和终止子

从启动子延伸到终止子的序列组成一个转录单位（transcription unit）。结合 RNA 聚合酶、引导转录起始的特异 DNA 序列称为启动子（promoter），它包含 RNA 聚合酶的结合位点和转录起始点（transcription initiation site 或 start site）。转录起始点即 RNA 聚合酶开始转录 RNA 的第一个核苷酸，标记为 "+1"，位于其之前的序列被称为上游（upstream），用负数（如 -1、-2……）表示；在其之后的基因序列（模板链的 5′ 端或编码链的 3′ 端方向）称为下游（downstream），用正数（如 +2、+3……）表示（图 20-2），直至终止子为止。按此定义，启动子就是位于基因（编码链）的 5′ 端、含有 RNA 聚合酶结合位点及转录起始点的序列。1 个转录单位可以由 1 个或多个基因组成。每个转录单位有 1 个启动子和 1 个终止子。

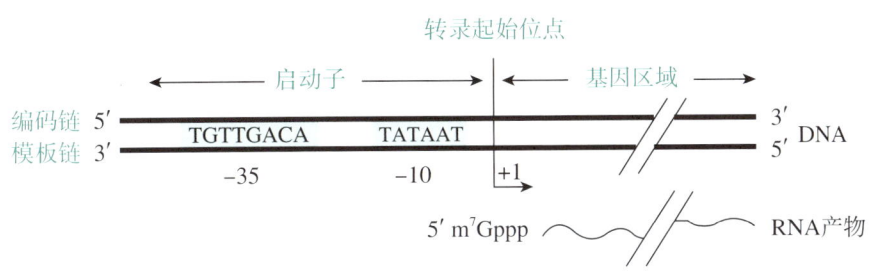

图 20-2　原核生物启动子示意图

（二）启动子是结合 RNA 聚合酶、引导转录的特异 DNA 序列

1. 原核生物启动子通常含有两个共有序列　*E. coli* 基因的启动子是位于 –70 ~ +30 bp 范围内的一段序列，其所含共有序列（consensus sequence），一个位于 –10 处，其共有序列为 5′-TATAAT-3′，称为 –10 区（–10 region）或 Pribnow 盒（Pribnow box）。Pribnow 盒是 RNA 聚合酶结合的核心序列，其碱基组成为 A-T 配对，因而熔解温度（T_m）较低，双链 DNA 容易解链，利于 RNA 聚合酶进入并结合。另一个共有序列是位于 –35 的 5′-TTGACA-3′，称为 –35 区（–35 region）或 –35 框（图 20-2），是 RNA 聚合酶 σ 因子的特异识别部位。此外，在某些高表达基因的 –40 ~ –60 之间还有 1 个 AT 富集的识别元件，称为上游启动子元件（upstream promoter element），简称 UP 元件，是 RNA 聚合酶 α 亚基的结合位点。RNA 聚合酶全酶结合启动子分两步进行。首先，在 σ 因子参与下，聚合酶全酶松散地结合 –35 区，DNA 仍保持双链结构；随后，聚合酶紧密结合围绕以 –10 区为中心、约有 17 bp 的解链区——转录泡（transcription bubble），启动基因转录。

2. 真核生物 RNA 聚合酶 Ⅰ~Ⅲ 转录基因的启动子不同　真核 RNA Pol Ⅱ 转录基因（包括 mRNA 编码基因及大多数非编码 RNA 基因）的启动子与原核基因启动子相似，不过结构更复杂、多样化。一个真核蛋白质编码基因按功能可分为两部分，即调节区和结构区（结构基因）。结构基因的 DNA 序列编码、指导 RNA 转录；调节区由两类元件组成，一类元件决定基因的基础表达和转录起始，即启动子，另一类元件决定组织特异性表达或对外界环境变化及刺激应答。两者共同调节表达（图 20-3）。

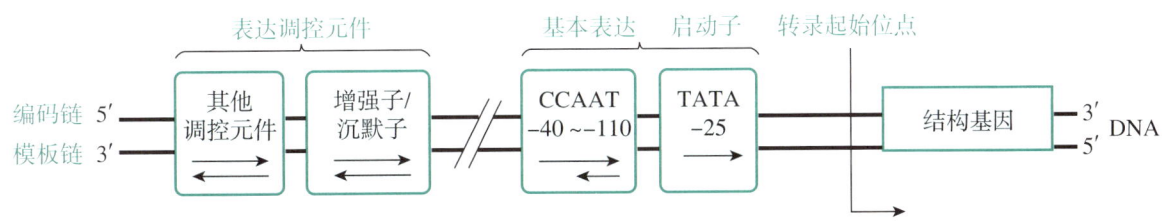

图 20-3　真核基因的上游序列

典型的 RNA Pol Ⅱ –3 ~ +5 之间含有一个保守的起始子（initiator，Inr）序列 PyPyA$_{+1}$NT/APyPy（Py 表示嘧啶，N 表示任意碱基，A$_{+1}$ 为转录起始点）。在 Inr 上游含有由基本转录因子

(general transcription factor，basic transcription factor)——TFⅡA、TFⅡB、TFⅡD、TFⅡE、TFⅡF、TFⅡH和TFⅡJ与RNA PolⅡ形成的转录起始复合物的几个识别元件。最多见的是在-25附近的TATA盒、在-40～-110之间的CAAT盒（CCAAT），以及在管家基因启动子最常见的GC框（富含GC序列）。CAAT框和GC框（被不同因子结合）可调节转录起始的频率。含有TATA盒和Inr序列的启动子的转录活性要比仅含其中一个序列的启动子要强。启动子位于编码序列的上游，决定基因的启动频率和转录的精确性。在RNA PolⅡ调节序列中经常含有第二类元件，能增强或减弱真核基因转录起始的频率，调节基因表达的时间及空间特异性表达，这些区域被称为增强子（enhancer）或沉默子（silencer）。与启动子不同的是，增强子和沉默子可以位于转录起始位点的上游，也可位于下游。有些增强子和沉默子在DNA序列中可以是5′→3′方向排列，也可以是3′→5′方向排列，总之，其功能与方向无关。还有一部分DNA元件可调节对激素、不同化学物质等各种信号的反应，因而将其统称为反应元件（response element）。启动子、增强子、沉默子等均属于基因表达调控中的顺式作用元件（*cis*-acting element），还有一些蛋白质因子可结合顺式作用元件，调节RNA polⅡ与启动子的结合能力，统称为转录因子（transcription factor，TF）或辅因子（cofactor），是基因表达调控中的反式作用因子（*trans*-acting factor）。

RNA聚合酶Ⅰ转录的基因启动子含两个结构元件。RNA PolⅠ转录rDNA（ribosomal DNA）基因。rDNA基因包括18S、5.8S和28S rRNA编码基因，3个基因串联，其间被内部转录间隔序列（internal transcribed spacer，ITS）隔开，形成rDNA重复单位（rDNA repeat unit）。rDNA重复单位在基因组中重复出现100～1000次，依不同生物而定。每个rDNA重复单位之间是非转录间隔序列（non-transcribed spacer sequence，NTS sequence）。人类rDNA基因启动子含有两个结构元件，一个是结构与转录起始点重叠的核心启动子元件（core promoter element），另一个是上游调节元件（upstream control element，UCE）。这两个元件是UBF（上游结合因子）、SL1、TFⅡD与RNA PolⅠ组成的复合物的识别、结合位点。

RNA聚合酶Ⅲ转录的基因启动子位于转录区内。RNA PolⅢ转录5S rRNA、tRNA和部分核小RNA（snRNA）。除了snRNA基因启动子位于基因上游外，5S rRNA基因（5S rDNA）、tRNA基因（tDNA）的启动子均位于转录区内，这类启动子被称为内控制区（internal control region，ICR）。

（三）终止信号是基因下游结束RNA聚合反应的特异DNA序列

在基因单位中，具有停止转录作用的DNA序列称为终止信号（termination signal）或终止子（terminator）。原核基因转录终止方式有两种，一种方式不依赖ρ因子（ρ factor），只与终止信号有关；另一种依赖ρ因子。终止信号是具有特殊结构的DNA序列，其中有一GC富集区，随后是AT富集区。在GC区内有一段反向重复序列，导致转录作用生成的mRNA在其相应序列中形成互补的发夹式结构；对应DNA的AT富集区转录生成的mRNA的3′末端中有一连串U序列（图20-4）。发夹结构和多聚U的形成破坏了DNA-RNA杂交体的稳定性，或RNA-RNA聚合酶的结合，使RNA聚合酶脱落。人类基因转录的终止信号通常位于编码序列下游1000～2000 bp。

另外，某些基因的转录终止需要ρ因子（或终止蛋白）参与，它具有辅助RNA聚合酶识别某些特殊终止信号的功能。ρ因子是依赖ATP的解旋酶，仅在与单链RNA结合时具有水解ATP活性，一方面使RNA-DNA的杂化螺旋链解链，另一方面将新合成的RNA链从RNA聚合酶和DNA模板上拖下来，使转录终止。

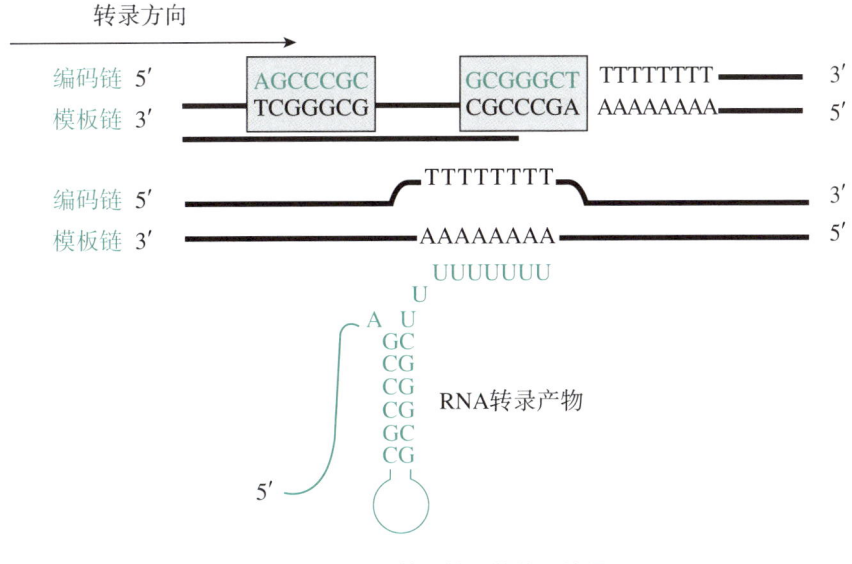

图 20-4　原核基因转录的终止信号

第二节　转录过程

一、原核生物的转录过程

（一）原核生物转录起始在启动子形成前起始复合物

在 E. coli 基因转录起始阶段，RNA 聚合酶的 σ 因子首先识别启动子的识别部位——以 6 联体 5′-TTGACA-3′ 为中心的 -35 区（-35 region）；在 σ 因子的引导下，RNA 聚合酶全酶松散地结合 -35 区，随后，聚合酶紧密结合围绕以 -10 区为中心、约有 17 bp 的解链区，形成前起始复合物（pre-initiation complex，PIC）。当聚合酶的 β 亚基到达转录起始点时，与模板链起始点对应碱基互补的第一个核苷酸（通常为 pppG 或 pppA）通过 β 亚基附着于起始点，形成转录物的 5′ 端；随后下一个核苷酸附着于 RNA 聚合酶，聚合酶催化 3′,5′- 磷酸二酯键形成，连接 5′ 端的核苷酸。RNA 聚合酶沿模板向 3′ 端方向移动，重复聚合反应。在形成 10～20 nt 聚合物后，RNA 聚合酶发生构象变化，脱离启动子，并释放 σ 因子，RNA 合成进入延伸聚合阶段。σ 因子可再次与核心酶结合而循环使用。

（二）转录物在延长阶段伴随解链和转录泡移动而延长

继起始阶段之后，E. coli 拓扑异构酶等继续解链，RNA 聚合酶核心酶伴随转录泡沿着 DNA 模板向下游移动，阅读模板。在 RNA 聚合酶的催化下，相邻核苷酸以 3′,5′- 磷酸二酯键相连，按 A-U、G-C 配对法则，沿 5′→3′ 方向聚合、延长 RNA 转录物。

转录过程中，新合成的 RNA 链仅有 8～9 个核苷酸暂时与模板链形成 DNA-RNA 杂合链，此结构中的 DNA 与 RNA 的结合并不紧密，RNA 链很容易脱离 DNA 模板链。RNA 链脱离后，DNA 模板链与编码链重新形成 DNA 双链分子。

在延长过程中，局部打开的 DNA 双链、RNA 聚合酶及新生成转录物 RNA 局部形成转录复合物，也称转录泡。转录泡中 RNA 产物 3′ 端结合在模板链上，随着 RNA 链不断延长，转录产物 5' 端脱离模板向转录泡外伸展。因 DNA/DNA 双链的结构比 DNA/RNA 形成的杂合双链稳定，所以已完成转录的局部 DNA 双链就会自然恢复成双链，转录产物则自动与模板分离而伸出转录泡之外。随着 RNA 聚合酶的移动，转录泡行进而贯穿于延长过程的始终。

原核生物的转录与翻译过程是同步进行的。电镜观察原核生物的转录过程可见到羽毛状现象，说明在同一 DNA 模板上，有多个转录过程同时进行。随着核心酶的前移，转录生成的 RNA 链不断延长。在转录产物 mRNA 链上还可见多个核糖体，即转录尚未完成，翻译过程即已开始。

（三）转录终止依赖模板或转录物的终止信号和（或）终止因子

在原核细胞 RNA 转录过程中，当 RNA 聚合酶行进到 DNA 模板的终止信号时，由于转录生成的 mRNA 发卡结构形成，或有 ρ（rho）因子参与，使 RNA 聚合酶脱离模板，聚合作用停止。除了 ρ 因子，还有一些蛋白质参与调节转录终止。例如，*E. coli* 的 NusA 蛋白能协助 RNA 聚合酶识别某些有特性的终止位点——衰减子，细胞通过对衰减子的调节来实现对环境中营养物质的需求调控。各种终止蛋白共有的特性是，它所识别的终止信号位于新合成的 RNA 分子中，而并非在 DNA 模板上。

二、真核生物的转录过程

真核生物转录起始比原核复杂，其基因激活和转录起始涉及染色质重塑及前起始复合物（PIC）的形成。能直接或间接与 RNA 聚合酶结合的转录因子，称为通用转录因子或基本转录因子。相应于 RNA Pol Ⅰ、Ⅱ、Ⅲ 的转录因子，分别称为 TFⅠ、TFⅡ、TFⅢ。以 mRNA 转录为例，PIC 的形成需要 RNA 聚合酶、多种基本转录因子（TFⅡ A、B、E、F、H 及 TBP）、辅因子，以及特异转录因子参与；PIC 形成期间涉及复杂的 DNA- 蛋白质（顺式作用元件与反式作用因子）、蛋白质 - 蛋白质（转录因子与转录因子、RNA 聚合酶）相互作用：先由 TATA 框结合蛋白（TATA box binding protein，TBP）与辅因子 TBP 相关因子（TBP-associated factor，TAF）结合，形成 TFⅡD，结合 TATA 框，继而 Pol Ⅱ 在基本转录因子和特异转录因子参与下结合 -30 区域，形成 PIC（图 20-5）。

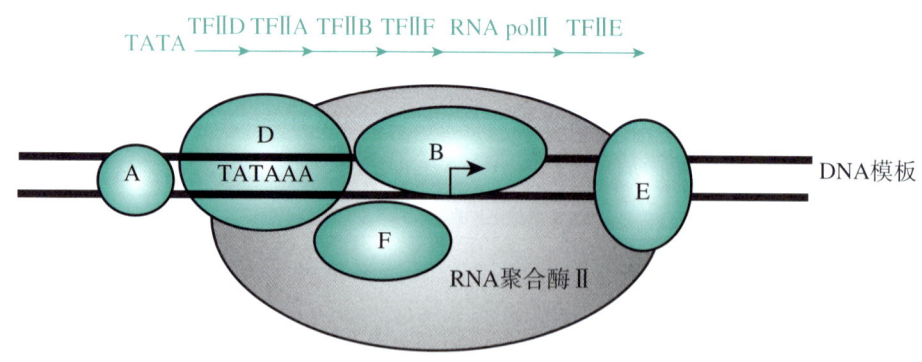

图 20-5　前起始复合物（PIC）的形成

真核细胞在转录起始阶段合成 60 ~ 70 nt 的 RNA 后，TFⅡE 和 TFⅡH 脱落，但 TFⅡF 始终伴随 RNA 聚合酶 Ⅱ，同时有延长因子（elongation factor）结合聚合酶 Ⅱ，形成转录延长复合物，增强延长聚合反应。真核生物转录延长过程与原核生物大致相似。RNA 聚合酶沿着 DNA 模板链的 3'→5' 方向移动，并按照模板 DNA 链上的碱基序列催化 RNA 链的延长，RNA 链延伸的方向为 5'→3'。

真核生物的转录过程远比原核生物复杂。前已述及，真核生物的 RNA 聚合酶种类更多，与模板的结合模式更为复杂。在转录起始阶段，真核 RNA 聚合酶并不直接识别、结合转录模板，而是与多种转录因子结合，形成有活性的转录复合体。真核生物基因组 DNA 与组蛋白形成核小体结构，RNA 聚合酶在转录前行过程中处处遇到核小体，因此延长过程会出现核小体移位和解聚的现象。真核生物的转录终止与转录后修饰密切相关，例如真核生物 mRNA 的加尾修饰与转录终止同时进行。

此外，原核生物因不存在核膜，所以转录和翻译过程偶联，即转录未结束，翻译过程即已开始。而真核生物因有核膜相隔，转录过程在细胞核内进行，翻译过程在细胞质进行，并不存在转录和翻译偶联的现象。

第三节　转录后的加工过程

转录合成的 RNA 前体称为初级转录物（primary transcript）或前体 RNA（pre-RNA）。很多原核生物 RNA 和几乎所有真核生物 RNA 需经转录后加工（processing）才能成为成熟的 RNA。原核生物转录后加工与真核生物不同，这是由于：第一，原核细胞没有细胞核，转录和翻译偶联进行，其转录后加工的酶/因子与转录复合体复合存在，两个过程连续进行；真核细胞有细胞核，转录和转录后加工在细胞核进行，而翻译在细胞质进行。第二，原核生物 mRNA 是多顺反子 mRNA（polycistronic mRNA），几个结构基因在同一操纵子（operon）内利用同一个启动子和终止信号，转录生成的 mRNA 编码几种多肽链。真核生物一个基因编码一个蛋白质/多肽链，而且是断裂基因（split gene），前体 mRNA 由转录的翻译序列（外显子）、转录非翻译序列（内含子）组成，因此转录物需经剪接成为单顺反子 mRNA（monocistronic mRNA）。第三，真核生物 mRNA 结构比原核生物复杂，需通过不同形式的转录后加工形成。

总体来讲，转录后加工有如下几种形式或途径。①剪切（cleavage）及剪接（splicing）：剪切就是剪去内含子序列；剪接是指剪切后再将断裂的外显子序列连接起来。②末端添加（terminal addition）核苷酸：例如，tRNA 3′ 端添加 -CCA；mRNA 3′ 端添加多腺苷酸[poly（A）]尾结构，5′ 端添加帽结构。③修饰（modification）：在碱基及核糖基发生化学修饰反应。例如，tRNA 分子中的某些碱基经化学修饰变为稀有碱基。④ RNA 编辑（RNA editing）：某些 RNA，尤指 mRNA 前体在转录后经特异加工使遗传密码发生改变的过程。

一、mRNA 前体的加工

（一）原核生物多顺反子 mRNA 无需经历转录后加工即可翻译蛋白质

原核生物基因大多以结构基因和调节基因组成的操纵子（operon）为单位进行转录；转录合成的多顺反子 mRNA 序列是连续的，而且每个顺反子（cistron）RNA 序列均含有各自特异的核糖体结合位点、翻译起始信号（AUG）和终止信号（UGA），因此不需经历转录后加工，单个顺反子即可独立进行蛋白质翻译。原核生物基因转录与翻译没有明显的阶段性——在转录尚未完成时，翻译就已开始，这就是能在电子显微镜下观察到很多核糖体在多顺反子 mRNA 上移动（羽毛样结构）的原因。因为没有像真核生物 mRNA 那样的成帽和加尾等加工，所以原核 mRNA 寿命短暂。例如，*E. coli* 的 mRNA 半衰期仅为几分钟。

（二）真核 mRNA 前体转录后加工经历成帽、甲基化、多腺苷酸化及剪接

1. pre-mRNA 5′ 端的成帽过程 真核生物蛋白质编码基因经 RNA 聚合酶 II 催化、转录生成前体 mRNA（pre-mRNA）。因为这类分子量较大，种类繁多，表现非均一性，故统称为核内不均一 RNA（heterogeneous nuclear RNA，hnRNA）。真核生物成熟的 mRNA 的 5′ 端有一个特殊结构，即 7-甲基鸟苷（m^7G）以 5′,5′-三磷酸连接 1 个核苷酸，形成 $m^7GpppNp$- 结构；有时在第 2、3 个核苷酸的核糖 C-2′ 羟基发生甲基化，如 $m^7GpppNmp$-，统称为帽结构（cap structure）。真核生物转录生成的前体 mRNA 其 5′ 端为 pppNp-，即 pppNp-pre-mRNA，在成熟过程中经磷酸酶水解，释放 γ-磷酸（Pi），成为 ppNp-pre-mRNA。ppNp-pre-mRNA 在鸟苷酸转移酶（guanylyltransferase）催化下，与鸟苷三磷酸（GTP，即 Gppp）反应，释放 ppNp 的 5′ 端 2 个磷酸（PPi），残余的 Np 核糖的 C-5′ 与 GTP（Gppp）的末端磷酸形成 5′,5′-三磷酸连接，成为 GpppNp-pre-mRNA。再由 S-腺苷甲硫氨酸（SAM）供给甲基，在专一性甲基转移酶催化下，将甲基转移给鸟嘌呤的 N-7，成为 $m^7GpppNp$-pre-mRNA，这就是帽形成（capping）或称成帽过程；有时在连接鸟苷三磷酸的第 1、2 个核苷酸核糖 C2′-OH 上由 2′-O-甲基转移酶催化，再进行甲基化，生成 $m^7GpppNmp$-pre-mRNA（图 20-6）。5′ 端成帽过程在细胞核内进行，但胞质中也有反应酶体系。动物病毒 pre-mRNA 成帽就是在宿主细胞的细胞质中进行的。"帽"结构与 mRNA 的稳定性及翻译过程的起始有关。成帽作用可保护 mRNA，防止降解，增加其稳定性，同时可提高 mRNA 的剪接、核质转移及翻译能力和效率。

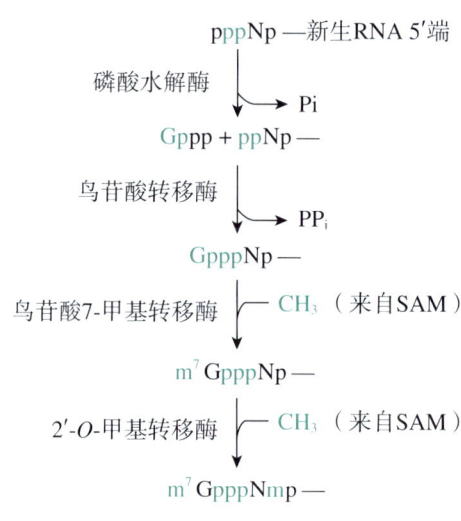

图 20-6 新生 mRNA 5′ 端的成帽过程

2. pre-mRNA 3′ 端的多腺苷酸化修饰 真核生物绝大多数 mRNA 3′ 端具有约 250 个腺嘌呤核苷酸（AMP）组成的多腺苷酸序列，称为 poly（A）尾。poly（A）尾是在细胞核内多腺苷酸聚合酶 [poly（A）polymerase，PAP] 催化下，由 ATP 聚合而成。反应如下：

$$RNA + n\ ATP \rightarrow RNA\text{-}(AMP)_n + n\ PPi$$

mRNA 3′ 端通过 PAP 催化的聚合反应加上多腺苷酸序列的过程称为多腺苷酸化（polyadenylation）。多腺苷酸化具体过程比较复杂：先在前体 mRNA 的 3′ 端的共有序列 AAUAA 下游 10～30 核苷酸处由内切核酸酶裂解，产生新的 3′-OH 末端，然后在多腺苷酸聚合酶催化下，发生聚合反应，形成 3′ 端的多聚 A 尾（图 20-7）。

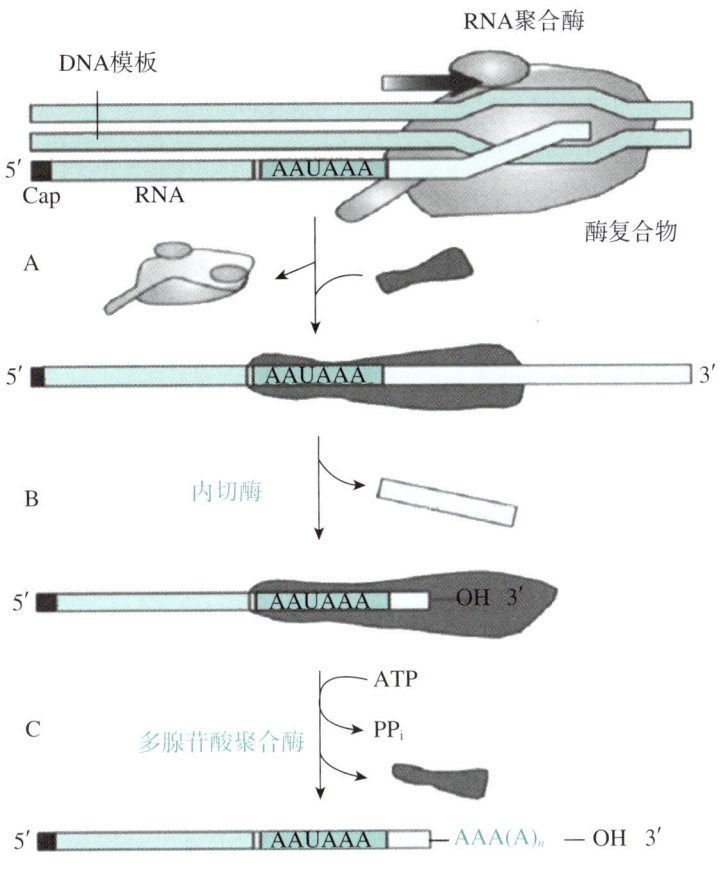

图 20-7 真核细胞中前体 mRNA 3′ 端添加 Poly（A）尾

除组蛋白 mRNA 外，其他任何 pre-mRNA，包括无须剪接的 pre-mRNA 均需进行多腺苷酸化。某些内含子剪接可能发生在多腺苷酸化之前。一旦进入细胞质，poly（A）会被核糖核酸酶降解，细胞质中的 PAP 会重建 poly（A）。真核生物 poly（A）及其结合蛋白可保护 mRNA，防止核酸酶降解，同时可直接（而非单纯通过增加稳定性）促进 mRNA 翻译成蛋白质的能力。某些细菌的 mRNA 也含有 poly（A），但其作用不是保护而是促进细菌 mRNA 衰变。

3. pre-mRNA 的内含子剪接 真核生物的结构基因是断裂基因，含有编码蛋白质/多肽链的序列，称为外显子（exon），还含有非编码、可转录序列，即内含子（intron）。内含子插在外显子之间，所以又称为间插序列（intervening sequence）。真核生物断裂基因转录生成的前体 mRNA（pre-mRNA）既含有外显子，又含有内含子序列，而成熟的 mRNA 不含有内含子序列，因此转录后生成的 hnRNA 在细胞核中需经历切掉内含子、将外显子连接起来、加工成为成熟的 mRNA 的过程，这就是剪接作用。然而，也有少数基因的 hnRNA（如 α-干扰素 mRNA 等）不需进行剪接作用。

自然界的真核生物 pre-RNA 有 4 类内含子，其中有两类内含子尽管剪接详尽机制不完全相同，但有一个共同特点——不依赖任何蛋白质/酶而进行自我剪接（self-splicing）。两种类型中有一种（组Ⅱ）包括细胞核、线粒体、叶绿体基因编码的 mRNA、rRNA 和 tRNA 的内含子；另一种（组Ⅰ）包括真菌、藻类、植物的线粒体、叶绿体的 pre-RNA。第三种内含子（组Ⅲ）称为剪接体内含子（spliceosomal intron），包括大多数真核 pre-mRNA 的内含子，不能自我剪接，而是依赖被称为剪接体（spliceosome）的蛋白质复合体进行剪接，这类剪接体又称为核（内）小（分子）核糖核蛋白（small nuclear ribonucleoprotein，snRNA），由核小 RNA（U1、U2、U4、U5 和 U6）与蛋白质组成，其某些组分与 RNA pol Ⅱ 的 C 端结构域（CTD）连接。第四种内含子（组

Ⅳ）存在于某些 tRNA，其剪接需要 ATP 和内切核酸酶。

下面介绍真核 pre-mRNA 内含子组Ⅱ和组Ⅲ剪接的某些共同特点。

（1）内含子的剪接部位具有共同的结构特点：pre-mRNA 的剪切部位是在内含子末端的特定序列。真核生物中从酵母到哺乳动物的内含子-外显子连接点具有共同的特点：内含子的序列起始于 GU，终止于 AG（表 20-2）。

表 20-2 mRNA 前体剪接序列

基因	← 外显子	内 含 子	外显子 →
卵清蛋白内含子 2	UAAG**GUGAGC**	--------	**UUACAG**GUUG
卵清蛋白内含子 3	UCAG**GUACAG**	--------	**AUUCAG**UCUG
β-球蛋白内含子 1	GCAG**GUUGGU**	--------	**CCUUAG**GCUG
β-球蛋白内含子 2	CAGG**GUGAGU**	--------	**CCACAG**UCUC
免疫球蛋白 λ₁ 内含子 1	UCAG**GUCAGC**	--------	**UUGCAG**GGGC
SV40 病毒大 T 抗原	UAAG**GUAAAU**	--------	**UUUUAG**AUUC

脊椎动物 pre-mRNA 中内含子的末端交界处具有一段共有序列，其 5′ 端交界处为 AGGUAAGU，3′ 端交界处为 (Py)$_n$NCAGG（Py = U 或 C，$n ≈ 10$，N = A、G、C 或 U）；其 5′ 端及 3′ 端剪接点如图 20-8 所示。

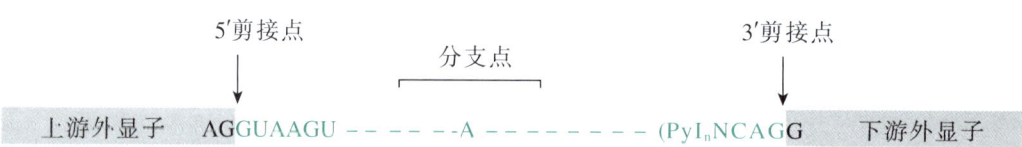

图 20-8 真核 pre-mRNA 内含子的剪接信号

在内含子 3′ 端剪接点的上游 20～50 nt 范围内，还有一个在剪接中具有特殊作用的位点，其序列中含有 A，称为分支点。剪接体内含子的长度可为 50～10 000 nt。其他部分的序列（部分丢失）对剪接影响较小，但是如果在 5′ 端、3′ 端或分支部位发生突变，则会导致错误剪接；有时突变发生在剪接部位以外，也有可能导致不正常的剪接。例如，在一例 β 地中海贫血患者的 β-珠蛋白基因中，第一个内含子序列发生了 G → A 突变，产生了新的 3′ 端剪接部位，错误剪接的结果使 mRNA 中密码子发生改变。剪接后第 7 个密码子出现了肽链合成的终止信号，导致蛋白质合成提前终止，产生了错误的蛋白质。

（2）自我剪接涉及套索形成及剪除：在有自我剪接能力的内含子中，有一种 pre-mRNA 剪接机制，称为二次转酯反应。二次转酯反应如下：①内含子序列中分支部位中的腺苷酸（A）残基的 2′-OH 攻击内含子 5′ 端与外显子 1 连接的磷酸二酯键，剪断二酯键，产生外显子 1 的 3′-OH 末端和内含子 5′-磷酸末端，分支部位的 A 则以 2′,5′-磷酸二酯键连接断开的内含子 5′ 端的核苷酸，形成一个 2′,5′-磷酸二酯键分支的环形套索（lariat）（图 20-9 中间产物右侧灰色标示部分）。②被剪断的外显子 1 断端的核苷酸 3′-OH 攻击内含子 3′ 端与外显子 2 之间的 3′,5′-磷酸二酯键（图 20-9 中间产物左侧绿色标示部分），剪除带有分支套索的内含子部分，同时外显子 1 与外显子 2 通过 3′,5′-磷酸二酯键连接起来（图 20-9），完成剪接。

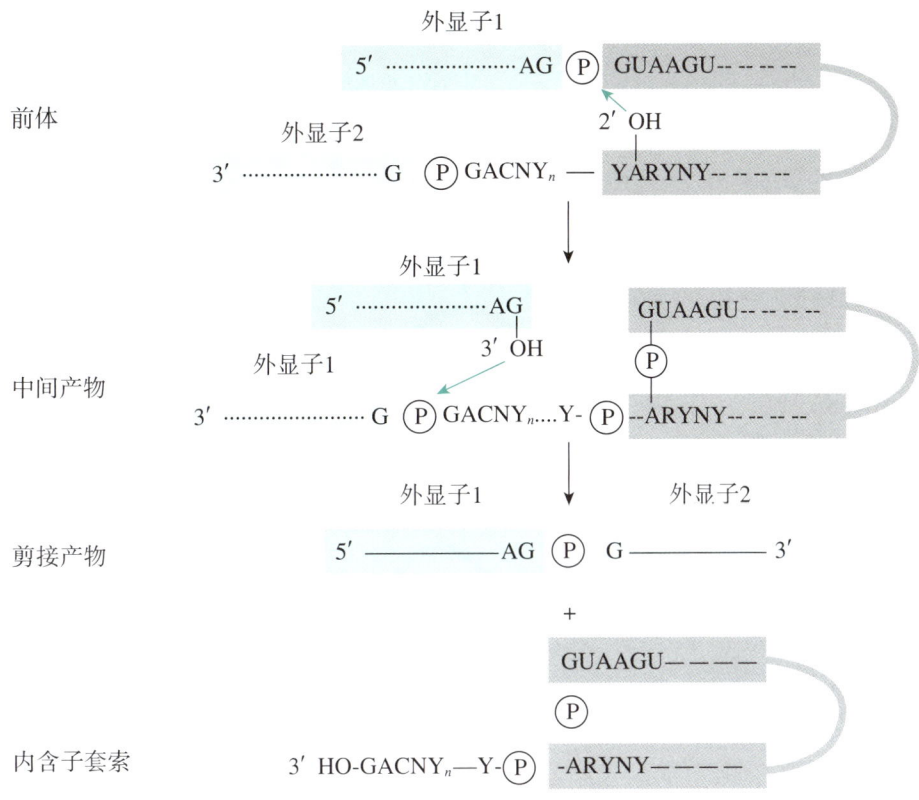

图 20-9　真核细胞中组 Ⅱ 内含子的自我剪接机制

(3) 剪接体介导 pre-mRNA 剪接：在酵母和人的 pre-mRNA 剪接过程中去除内含子时需要多种成分的 RNA-蛋白质组成的剪接体——非特异核小核糖核蛋白（unspecific small nuclear ribonucleoprotein，usnRNP）参与，其大小约为 60S，属于核小核糖核蛋白（snRNP）。依赖 usnRNP 进行剪接的 pre-mRNA 的内含子属于前面定义的组 Ⅲ 内含子，涵盖了大多数真核生物 pre-mRNA，其内含子序列中有 3 个保守序列区，即 5′ 端剪接点、3′ 端剪接点及含有 A 序列的分支点（图 20-8）。U1snRNP 通过其 5′ 端的互补序列识别、结合内显子的 5′ 端含 GU 剪接点的序列；U5snRNP 识别、结合内含子 3′ 端含 AG 剪接点的序列；U2snRNP 识别并结合 A 序列的分支点，形成一个亲核体，A 残基的 2′-OH 通过攻击 GU 序列中的 G，形成类似于图 20-9 中的 2′,5′-磷酸二酯键分支的套索。U4 及 U6snRNP 也参与剪接体组成（图 20-10）。

(4) 可变剪接可产生不同的 mRNA：相同的初级转录物在不同的组织中由于剪接作用不同，可产生不同编码的 mRNA，翻译生成不同的蛋白质。例如，甲状腺中降钙素（calcitonin）和脑中的降钙素基因相关肽（calcitonin gene-related peptide，CGRP）就是来自同一初级转录物的不同剪接体（图 20-11）。

在甲状腺中，初级转录物经剪接作用产生由外显子 1、2、3 和 4 连接而成的 mRNA，翻译产物为降钙素。而在脑中，初级转录物剪接产生由外显子 1、2、3、5、6 连接的 mRNA，翻译产物是 CGRP。由同一基因产生的不同 mRNA 编码的相关多肽/蛋白质，功能相关但结构略有差异，称为蛋白质同工型（protein isoform）或称同源蛋白质。

4. pre-mRNA 的甲基化修饰　原核生物 mRNA 分子不含有稀有碱基，但真核生物的 mRNA 中则含有甲基化核苷酸。除了在 hnRNA 的 5′ 端帽结构中含有 m^7G，第 2、3 个核苷酸核糖 C2′-OH 甲基化以外，在分子内部的非编码区还含有 1~2 个 m^6A，m^6A 总是尾随 C 形成……NCm^6AN……序列。m^6A 的生成是在 hnRNA 的剪接作用之前发生的。

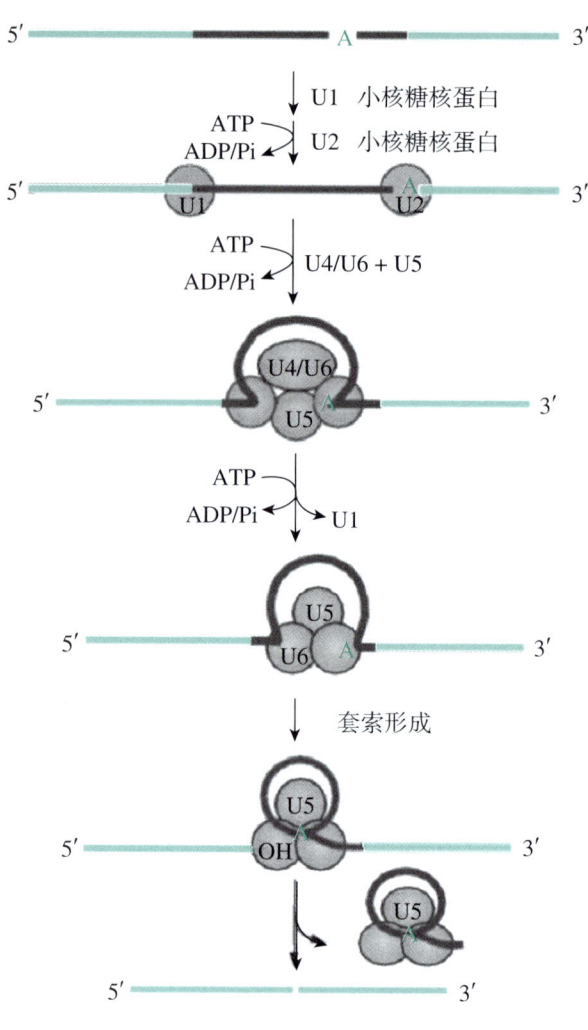

图 20-10　剪接体的装配

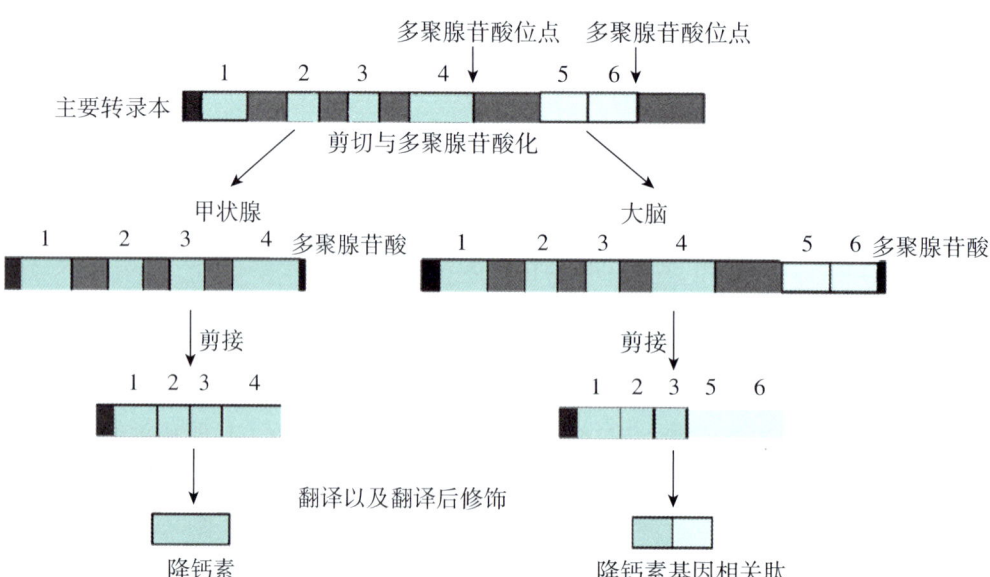

图 20-11　降钙素基因转录物的不同加工过程

5. RNA 编辑 pre-mRNA 经转录后加工改变其序列，称为 RNA 编辑（RNA editing）。RNA 编辑加工形式包括插入、删除或取代某（些）核苷酸（碱基），从而引起 pre-mRNA 核苷酸序列改变。RNA 编辑需要 RNA 编辑酶（editing enzyme）参与。RNA 依赖的脱氨酶（RNA-dependent deaminase）就是一种常见的编辑酶。编辑加工在原生动物和植物叶绿体中多见，在哺乳动物中也不乏其例，哺乳动物的载脂蛋白 B（apolipoprotein B，apo-B）mRNA 中存在 C → U 转换就是 RNA 编辑加工个别碱基改变的典型例子。载脂蛋白 B 有 apoB-100（512 kD）和 apoB-48（240 kD）两种存在形式。ApoB-100 含有 4536 个氨基酸残基，在肝内合成；较小的 apoB-48 含有与 apoB-100 完全相同的 N 端 2152 个氨基酸残基，在小肠黏膜细胞中合成。ApoB 基因在小肠黏膜细胞转录生成的 mRNA 核苷酸序列中特异位点发生了 C → U 转换，使原来 2153 位谷氨酰胺的密码子由 CAA 变为终止密码子 UAA，从而导致较短的 apoB-48 的生成（图 20-12）。催化这一反应的脱氨酶仅存在于小肠，肝不含此酶。RNA 编辑还见于谷氨酸受体——α-氨基-3-羧基-5-甲基-4-异噁唑丙酸（AMPA）受体的 GluR2 亚基。在 GluR2 的 pre-mRNA 编码离子通道第二跨膜区（M2 区）有个 Q/R 位点，谷胺酰胺密码子 CAG 经编辑转变为精氨酸密码子 CIG，这种编辑作用是由腺苷酸脱氨酶催化腺苷脱氨完成的。经这种编辑作用产生的 AMPA 受体钙离子通透性低；相反，未编辑的受体通道具有高钙通透性。

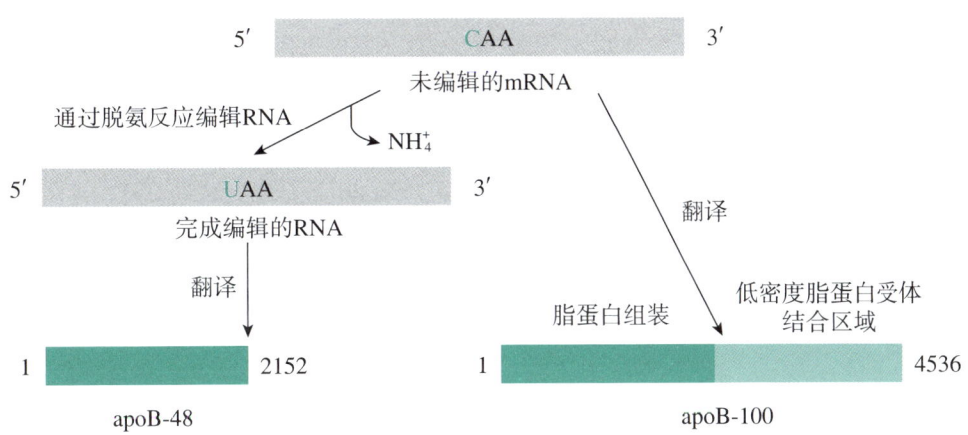

图 20-12 载脂蛋白 B mRNA 的 RNA 编辑

二、tRNA 前体的加工

（一）RNA 聚合酶 I、III 转录生成 tRNA

E. coli 基因组有 7 个基本相同的 pre-rRNA 编码区域，在 16S 与 23S rRNA 之间的区域编码 1~2 个 tRNA；不同的 tRNA 来自不同的 pre-rRNA，还有的 tRNA 存在于 5S rRNA 的 3′端。真核部分 tRNA 来源与 *E. coli* 相似，由 RNA pol I 转录后随 pre-rRNA 剪切而产生；但是真核细胞还有多拷贝的 tRNA 基因，由 RNA pol III 转录生成 pre-tRNA。细菌和真核 pre-tRNA 的加工过程涉及特殊序列的剪切、剪接、添加和化学修饰（图 20-13）。真核前体 tRNA 转录后加工在细胞核内进行。

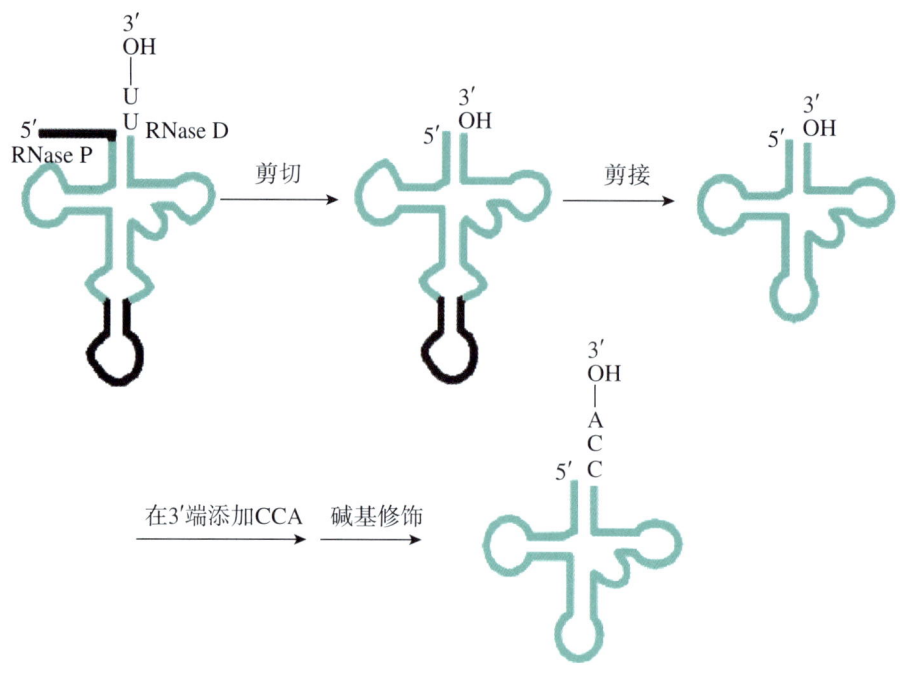

图 20-13　tRNA 的转录后加工过程

（二）pre-tRNA 转录后经酶促反应剪切、移除 5′ 端多余序列

无论细菌还是真核细胞，其所有 pre-tRNA 的 5′ 端都含有长度不一、在成熟 tRNA 中并不存在的多余序列。这些 5′ 端的多余序列由核糖核酸酶 P（ribonuclease P，RNase P）剪切、移除。很多研究证明，细菌 RNase P 是一种核糖核蛋白（ribonucleoprotein，RNP），含 86% 的 RNA、14% 的蛋白质；但是只有 RNA 具有裂解 pre-tRNA 的作用，这是一种核酶（ribozyme）。

（三）pre-tRNA 的 3′ 端序列经酶促反应剪切、移除和加成 CAA

所有原核、真核细胞成熟 tRNA 的 3′ 端都为 CAA 序列。在 pre-tRNA 的 3′ 端多余的核苷酸（如真核生物 pre-tRNA 的 3′ 端的 UU）则是在核糖核酸酶 D（ribonuclease D，RNase D）的核酸外切酶活性作用下，从末端逐个将核苷酸移除。部分 pre-tRNA 的 3′ 端序列，如 pre-tRNA^{Tyr} 的 3′ 端序列是 UU，在其形成折叠结构后被 CAA 加成酶（adding enzyme）识别、置换为 CAA。

（四）pre-tRNA 的稀有碱基经化学修饰生成

大约有 10% 的 pre-tRNA 经酶促反应发生化学修饰，包括碱基的甲基化、脱氨基、还原或转换反应等，将甲基、异戊基加到嘌呤杂环，或核糖 2′-OH 甲基化生成各种高度保守的稀有或修饰碱基。部分碱基，如假尿嘧啶、核糖胸苷等的变化机制目前尚不完全清楚。

（五）pre-tRNA 经历与 pre-mRNA 不同的内含子剪切和剪接

很多 pre-tRNA 含有内含子，其序列比 pre-mRNA 中的内含子短，剪接位点缺乏共有序列，与 pre-mRNA 的 4 种内含子明显不同；剪接机制与 pre-mRNA 的自我剪接和剪接体剪接也有极大差异：①剪接依赖蛋白质/酶，而非 RNA；②剪切在内含子两端同时进行，一步完成；③剪切后的连接依赖 ATP 和 GTP 水解。

成熟的 tRNA 由输出蛋白 t（exportin-t）经核孔转移至细胞质后即加入氨酰-tRNA 合成酶、延长因子和核糖体，极少游离存在，这是与 mRNA、rRNA 最明显的区别。

三、rRNA 前体的加工

染色体 DNA 中 rRNA 基因（rDNA）是多拷贝；细菌基因中 rDNA 有 5~10 个拷贝，真核生物 rDNA 拷贝数更多。例如，果蝇为 260 个拷贝，HeLa 细胞可达 1100 个拷贝。这些 rDNA 的多拷贝串联、重复排列，重复单位之间由非转录的间隔区隔开。在每个 rDNA 内包含 3~4 段 rRNA 编码区，其间也有间隔区。间隔区中有些是无转录功能的，另外有些间隔区的转录产物是 tRNA。

（一）原核生物前体 rRNA 的加工

原核生物有 16S、23S 及 5S 三种 rRNA，存在于 30S 的前体 rRNA（pre-rRNA）中。在 16S 与 23S rRNA 的间隔区中还包含 1~2 个 tRNA。转录完成后，经内切核酸酶（如 RNase Ⅲ）催化，将 pre-rRNA 切开，产生 17S、25S 及 5S rRNA 中间体。中间体进一步经内切、外切核酸酶水解，切去部分间隔序列，产生成熟的 16S、23S、5S rRNA，以及成熟的 tRNA。rRNA 成熟过程中，在 16S rRNA 组成的特异碱基上进行甲基化修饰，生成稀有碱基，反应发生于早期。在前体加工过程中，5S rRNA 的变化不大（图 20-14）。

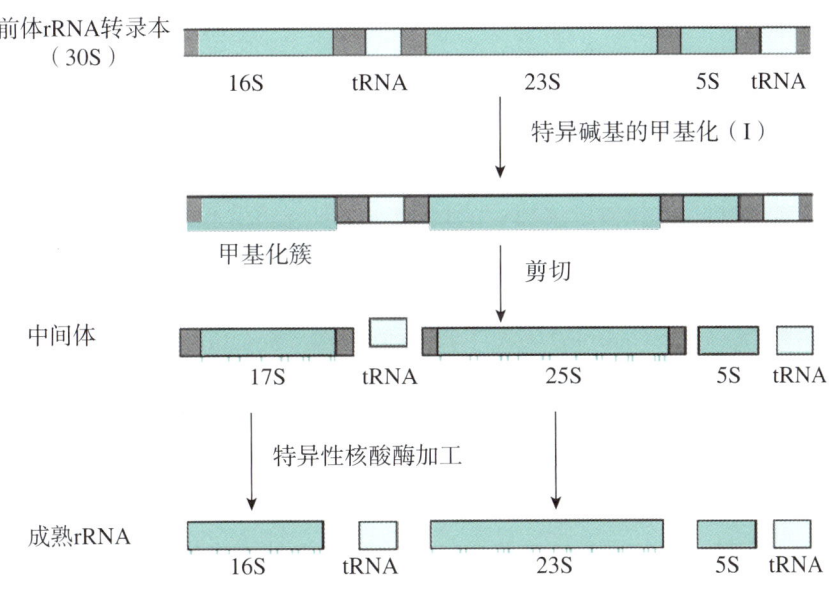

图 20-14 *E. coli* 中前体 rRNA 的转录后加工

（二）真核生物前体 rRNA 的加工

真核生物有 18S、5.8S、28S 及 5S rRNA，由 RNA Pol Ⅰ 在核仁转录，生成包含 18S、5.8S 及 28S rRNA 的 45S pre-rRNA。5s rRNA 由独立的基因编码，在核质由 RNA Pol Ⅰ 转录后，仅经剪切 3′端的核苷酸后即与 45S 的 pre-rRNA 的大亚基 rRNA 组装，伴随后者的修饰和剪切。45S 的 pre-rRNA 在核仁进行加工。在加工过程中，在 28S、18S 及 5.8S rRNA 分子中广泛进行甲基化修饰。甲基化修饰大多发生在核糖，较少发生在碱基。甲基化修饰由各种修饰酶催化完成，而决定被修饰碱基的位置需要一些核仁小 RNA（snoRNA）参与。甲基化修饰后，45S pre-rRNA 在核仁核酸酶的催化下经过一系列剪切，成为成熟的 18S rRNA、28S rRNA 及 5.8S rRNA（图 20-15）。

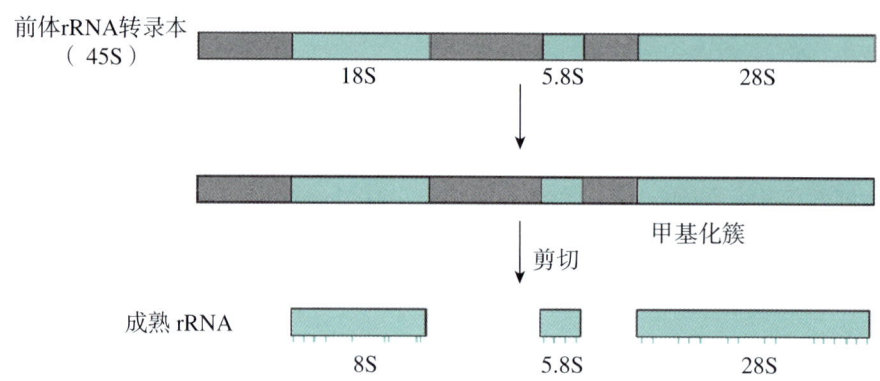

图 20-15　脊椎动物中前体 rRNA 转录物的加工

研究发现，四膜虫 pre-rRNA 加工可通过自我剪接的方式进行，最终成为成熟的 rRNA。四膜虫 26S 的 rRNA 前体在剪接后产生内含子 L-19 IVS，这是一种核酶，可催化数种以 RNA 为底物的反应。

四、RNA 的自我剪接与催化功能

（一）核酶是具有催化活性的 RNA

核酶的作用是催化剪切和剪接反应，故核酶可分为剪切型和剪接型。根据底物不同，又可将核酶分为自体催化和异体催化两类。自体催化以自身 RNA 为底物催化自我剪切和剪接。异体催化以其他 RNA、DNA 等为底物。核酶还可以按结构和来源分类，小的自体催化核酶有锤头型（hammerhead）、发夹型（hairpin）、人丁型肝炎病毒（hepatitis delta virus，HDV）和脉孢菌（Neurospora）VS 核酶等。

L19RNA 是在四膜虫中发现的核酶，在 26S RNA 前体的自我剪接过程中发挥催化作用。在一定条件下，L19RNA 具有核苷酸转移酶、磷酸二酯酶、磷酸转移酶及 RNA 限制性内切酶等多种酶活性。L19RNA 催化反应具有底物专一性，其对多聚核糖核苷酸显示特异性催化作用，而对五聚脱氧胞苷酸（dpC5）或五聚脱氧腺苷酸（dpA5）则无催化作用。dpC5 是 L19RNA 的竞争性抑制剂。

（二）不同的核酶具有不同的一级和二级结构

不同的核酶，其一级结构及分子量大小不同，如锤头型核酶 L19RNA 是从 6400 核苷酸（nt）的四膜虫大核 rRNA 逐步剪接而来的，由 395 nt 组成。烟草环斑病毒卫星 RNA 负链（−）sTRSV 属发夹型核酶，含 351 nt。人丁型肝炎病毒（HDV）是目前已知唯一自然感染人且具有核酶活性的动物病毒，HDV RNA 长约 1.7 kb，其所含核酶切割活性的最短序列为 84 nt 或 67 nt。用于分解猴免疫缺陷病毒的人工核酶总长度仅为 76 nt。锤头型、发夹型、人丁型肝炎病毒和脉孢菌 VS 核酶有各自独特的二级结构。

（三）自我剪接 RNA 通过亲核置换切断磷酸二酯键

自我剪接 RNA 的作用机制是通过亲核置换（nucleophilic substitution），由 2′- 羟基氧亲核攻击邻近 3',5'- 磷酸二酯键的磷，经转酯作用（transesterification）产生酯基转移过渡态，继而 5'-氧 - 磷键断裂，生成 2',3'- 环磷酸末端和 5'- 羟基末端（图 20-16）。其逆反应可简单看成切断反应的逆过程，由 5'- 羟基氧作为亲核剂。

图 20-16　转酯作用

五、真核生物部分调控型非编码 RNA 的合成与加工

非编码 RNA（non-coding RNA，ncRNA）一般分为组成型和调控型两类。组成型非编码 RNA 包括 rRNA、tRNA 以及一些具有自我剪接功能的内含子 RNA，其合成与加工在上文中已有叙述。这里介绍一些调控型 ncRNA 在真核细胞内的合成加工。

（一）长非编码 RNA

长非编码 RNA（long non-coding RNA，lncRNA）的基因位于基因组中不同位置，可以从不同的 DNA 序列中转录合成。其转录起始的位置可位于蛋白质编码基因内、假基因内或者位于蛋白质编码基因之间。长非编码 RNA 主要由 RNA Pol Ⅱ 转录生成，结构类似于 mRNA，但通常不编码蛋白质。

反义 lncRNA（antisense lncRNA）的转录起始于蛋白质编码基因内，转录的方向与蛋白质基因相反，并且覆盖外显子。产生长非编码 RNA 的原因在于蛋白质编码基因内除了启动蛋白质基因转录的主要启动子（major promoter）外，在某些蛋白质编码基因中还存在次要启动子（minor promoter）。次要启动子结合 RNA 聚合酶 Ⅱ 启动 lncRNA 基因的转录。

一些 lncRNA 的转录起始于蛋白质编码基因的内含子内，并且转录的终止不覆盖外显子，这类 lncRNA 被称为内含子 lncRNA（intronic lncRNA）。

基因间 lncRNA（intergenic lncRNA）又称为 lincRNA（large intervening noncoding RNA），是蛋白质编码基因之间的独立转录单位。

蛋白质编码基因在基因组中所占的比例非常低，但基因组 DNA 的大部分序列均可转录，甚至有研究推测 90% 的基因组 DNA 序列都是可转录的。因此大部分 lncRNA 可能具有自身的基因，但目前了解还甚少。

（二）短链非编码 RNA

据估计人类基因组中大约有 1500 个微 RNA（microRNA，miRNA）的编码基因。miRNA 基因由 RNA Pol Ⅱ 催化转录产生初级转录物 pri-miRNA。pri-miRNA 经 RNase Ⅲ 内切酶 Drosha 剪切之后形成长约 70 nt 具有发夹结构的前体 miRNA（pre-miRNA）。premiRNA 转运到细胞质中，经另一种 RNase Ⅲ 内切酶 Dicer 切割得到 20~25 nt 的 miRNA：miRNA* 双链，然后与 Argonaute（AGO）家族的蛋白质结合，形成 miRNA 诱导沉默复合体（miRNA-induced silencing complex，miRISC），其中的 miRNA* 被降解，miRNA 则被保留在 miRISC 中，最终成为成熟的单链 miRNA。

内源性的小干扰 RNAs（small interfering RNA，siRNA）主要是从胞内的双链 RNA 加工而成的。其来源包括：lncRNA 分子内互补区形成的双链 RNA；由于基因的序列存在重叠，当两个距离靠近且转录方向相反的基因转录时，其转录产物在重叠区可形成局部双链 RNA；与主要启动子方向相反的次要启动子的转录产物可以与 mRNA 互补结合，形成双链 RNA 分子。Dicer 识别双链 RNA，并将其切割成约 22 bp 的短双链 RNA，其中一条链与 Argonaute2 蛋白结合组装成 RNA 诱导沉默复合物（RNA-induced silencing complex，RISC）。

piRNA 由 Piwi 蛋白切割产生。piRNA 是长度为 24~30 nt 的单链 RNA，它和 Argonaute 的 Piwi 亚家族成员结合形成 piRNA 复合物（piRC）来调控基因沉默途径，主要存在于哺乳动物的生殖细胞和干细胞中，对生成配子细胞和维持生殖干细胞稳定性都具有重要作用。

第四节　RNA 复制

一、RNA 复制与 RNA 复制酶

自然界中绝大多数生物的基因组是 DNA，只有少数病毒基因组是 RNA。以 RNA 作为遗传物质的病毒称为 RNA 病毒。除逆转录病毒外，RNA 病毒在宿主细胞内以病毒的单链 RNA 为模板合成 RNA，这种 RNA 依赖的 RNA 合成称为 RNA 复制（RNA replication）。从感染 RNA 病毒的细胞中可以分离出由病毒 RNA 编码的 RNA 复制酶（RNA replicase），又称 RNA 依赖的 RNA 聚合酶（RNA-dependent RNA polymerase，RDRP）。RNA 复制酶以病毒 RNA 为模板，在有 4 种核糖核苷三磷酸和镁离子存在时合成与模板互补的 RNA。用 RNA 复制产物去感染细胞，能产生正常的 RNA 病毒。病毒的全部遗传信息，包括合成病毒外壳蛋白质（coat protein）和各种有关酶的信息均贮存在复制的 RNA 之中。

大多数 RNA 噬菌体的 RNA 复制酶由 4 个亚基组成（分子量为 210 kD），其中一个亚基（分子量 65 kD）是由噬菌体 RNA 复制酶基因编码的，是复制酶的活性单位。另外 3 个亚基是延长因子 Tu、延长因子 Ts 和 S1 蛋白（核糖体 30S 小亚基的一种蛋白质），都由宿主细胞自身的基因编码，参与宿主细胞蛋白质合成。这 3 种蛋白质可能在协助复制酶定位和结合病毒 RNA 3' 端的过程中起作用。RNA 依赖的 RNA 合成的化学反应过程、机制与 DNA 依赖的 RNA 合成是相同的，合成方向也是从 5'→3'，RNA 复制酶同样不具有校读功能。RNA 的复制酶只特异性地识别并复制病毒自身的 RNA，而对宿主 RNA 不进行复制。

二、RNA 病毒的种类与基因组复制的主要特点

一般来说，大多数 RNA 病毒的基因组是单链 RNA 分子，少数病毒的基因组是双链 RNA 分子。RNA 病毒基因组包含病毒的全部遗传信息，基因组 RNA 复制是以病毒全长 RNA 分子为模

板，在真核细胞中合成一套同样的 RNA 分子。为完成此复制过程，病毒需要利用宿主的转录、翻译系统，识别、转录病毒基因组序列，并翻译出多种与复制有关的酶和蛋白质。如合成能够特异性识别并复制病毒 RNA 的 RNA 聚合酶。不同种类 RNA 病毒基因组复制的方式各有不同的特点。

1. **单链 RNA 病毒** 单链 RNA 病毒分为正链单链 RNA 病毒和负链单链 RNA 病毒。正链 RNA 病毒基因组携带有编码复制酶的基因，病毒 RNA 一旦进入宿主细胞，可直接作为 mRNA 附着到宿主细胞核糖体上，翻译出蛋白质（包括结构蛋白和 RNA 聚合酶）。然后在病毒 RNA 聚合酶催化下以 RNA 为模板复制病毒 RNA，最后病毒 RNA 和结构蛋白装配成成熟的病毒颗粒。噬菌体 Qβ 和脊髓灰质炎病毒（poliovirus）是这种类型的代表。脊髓灰质炎病毒是一种小 RNA 病毒，感染细胞后病毒 RNA 即与宿主核糖体结合，产生一条长的多肽链，在宿主蛋白酶的作用下水解成 6 个蛋白质，其中包括 1 个复制酶、4 个外壳蛋白质以及 1 个功能尚不清楚的蛋白质。在生成复制酶后，病毒 RNA 才开始复制。

严重急性呼吸综合征（severe acute respiratory syndrome，SARS）的致病原 SARS 病毒属于冠状病毒科，也是一种正链单链 RNA 病毒，全长 29 725 个核苷酸，具有 11 个开放读码框（ORF），主要编码 RNA 依赖的 RNA 聚合酶、4 种结构蛋白及 5 种未知蛋白。此外，新冠病毒（COVID-19）也属于此类 RNA 病毒。

负链单链 RNA 病毒基因组进入宿主细胞后不能直接作为 mRNA 翻译蛋白质，而是要先以负链 RNA 为模板，利用病毒体自身所携带的 RNA 依赖的 RNA 聚合酶复制出与负链 RNA 互补的正链 RNA，再以此正链 RNA 为模板合成病毒蛋白质和互补的负链基因组 RNA。狂犬病病毒（rabies virus）和马水疱性口炎病毒（vesicular-stomatitis virus）都是这类 RNA 病毒。

2. **双链 RNA 病毒** 如呼肠孤病毒（reovirus）。这类病毒以双链 RNA 为模板，在病毒复制酶的作用下通过不对称的转录，合成正链 RNA，再以正链 RNA 为模板翻译成病毒蛋白质。然后合成病毒负链 RNA，形成双链 RNA 分子。

3. **致癌 RNA 病毒** 主要包括白血病病毒（leukemia virus）和肉瘤病毒（sarcoma virus）。它们的复制需经过 DNA 前病毒阶段，由逆转录酶催化。

此外，真核细胞中还发现了带 RNA 基因组的亚病毒，它们需要辅助病毒才能完成其基因组的复制。

小 结

转录是 DNA 链中的脱氧核糖核苷酸序列产生 RNA 链中的核糖核苷酸互补序列的过程。

真核生物的转录过程和原核生物的转录过程有很多不同之处。在 E.coli 中，RNA 聚合酶的核心酶包含 4 种亚基：α、β、β′ 和 ω，而全酶含有一个 σ 亚基。σ 亚基负责特异的启动子识别和转录起始。转录起始之后，σ 因子与核心酶解离。RNA 转录物随着转录泡沿 DNA 模板向下游移动而延长。真核生物的启动子比较复杂，由几种不同元件组成。真核生物的 RNA 聚合酶不能直接与启动子结合。3 种真核 RNA 聚合酶的转录产物均需经过转录后加工，且各不相同。

转录是中心法则中的第一步，对于转录的精密调控，对生命体的形成、发育以及各种生物学功能的维持至关重要；转录的紊乱也与各种疾病的发生息息相关。

逆转录病毒以外的 RNA 病毒以 RNA 依赖的 RNA 聚合酶进行 RNA 复制。

整合思考题

1. 什么是转录作用？转录作用有何特性？
2. 原核生物与真核生物的转录有何异同？
3. 举例说明RNA的转录后加工的主要类型或形式。
4. 什么是内含子？你推测内含子可能具有哪些功能？

(赵 颖 刘 戟)

第二十一章　蛋白质的合成

导学目标

通过本章内容的学习，学生应能够：

※ **基本目标**
1. 描述遗传密码的概念和特性。
2. 描述蛋白质合成体系的组成。
3. 描述原核和真核启动 tRNA 的特性及作用，理解 tRNA 反密码子的概念及与密码子的不稳定配对现象。
4. 概括核糖体的组成和功能区。
5. 说明蛋白质合成的关键步骤及场所。
6. 比较原核生物与真核生物蛋白质合成的异同。
7. 举例说明蛋白质合成与医学的关系。
8. 分析蛋白质翻译后的加工过程及靶向运输。
9. 分析分子病和蛋白质合成阻断剂的原理。

※ **发展目标**
1. 举例说明阻断蛋白质合成过程所导致的疾病，并解释其发生的分子机制。
2. 根据蛋白质合成后的靶向运输，设计一组蛋白质序列，并简要说明此蛋白质转运到溶酶体的循行路线。

案　例

患者，女，15 岁，1 天前双侧大腿和臀部疼痛，并且不断加重，服用布洛芬不能解除其疼痛症状。否认最近有外伤和剧烈运动史。最近几天感觉疲劳，排尿时尿道经常有灼烧感。患者既往有过上述症状，偶尔住院。入院检查发现，体温正常，无急性疼痛。否认家族成员有类似表现。患者结膜和口腔稍微苍白，双侧大腿外观正常，但有非特异性的大腿前部疼痛，其他体征正常。体检发现白细胞计数升高，为 17 000/mm³，血红蛋白含量低，为 71 g/L。尿液分析显示有大量的白细胞。临床诊断确诊为镰状细胞贫血（sickle cell anemia）。

镰状细胞贫血属于常染色体显性遗传疾病，是 20 世纪初才被人们发现的一种遗传性溶血性疾病。

问题：
1. 镰状细胞贫血的发病机制是什么？

案例解析

2. 镰状细胞贫血患者和正常人的红细胞在形态上有何区别？
3. 除了镰状细胞贫血，还有哪些疾病属于分子病？

蛋白质的合成是基于中心法则，将储存在 DNA 中的遗传信息通过转录生成 mRNA，mRNA 再指导相应氨基酸序列的多肽链的合成。这样，mRNA 链上 3 个为一组的核苷酸序列就转变为多肽链上的氨基酸的排列顺序，这一过程称为翻译（translation）。蛋白质的生物合成包括氨基酸的活化及其与专一 tRNA 的连接、肽链的合成（包括起始、延伸和终止）和新生肽链加工成为成熟的蛋白质三大步骤，其中核心环节是肽链的合成（图 21-1）。

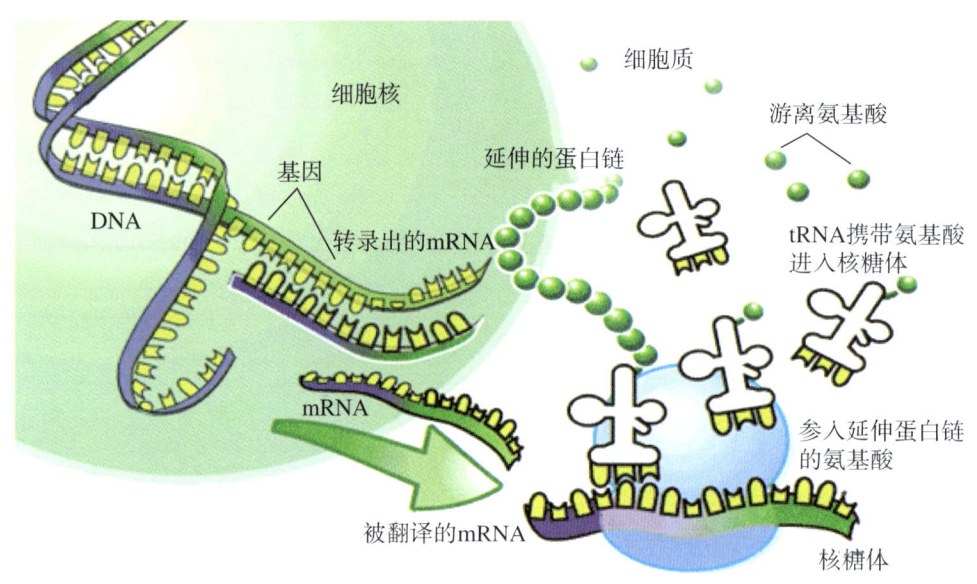

图 21-1 蛋白质的合成

蛋白质的合成是分子生物学的重要内容。医学、农学及生物学中的一些重大课题，如肿瘤、病毒、免疫、遗传、抗菌药物等无不涉及蛋白质的合成。对蛋白质合成的深入研究，为揭示生命奥秘，解决某些医学"老、大、难"问题，提供了新的线索。

第一节 遗传信息的编码与解码

蛋白质合成之所以被称为翻译，是因为以核酸序列形式存在的遗传信息被翻译成为另外一种语言，即蛋白质中的氨基酸序列。指导此过程的"字典"就是所谓的"遗传密码"。遗传信息的编码与解码对于生命的正常功能具有重要的意义，其准确性和可靠性直接影响生物体的发育、适应性和遗传传递等方面。

第二十一章 蛋白质的合成

一、密码子

（一）密码子的发现

1944年，奥地利物理学家 E. Schrödinger 在《生命是什么》一书中指出：生物学和物理学的主要问题是有机体的信息传递问题，生物细胞中有控制机体未来发育计划的"微型密码"。那么编码构成蛋白质的20种氨基酸需要怎样的 DNA 遗传信息组合呢？如果4个碱基（A、C、G 和 T）中每两个编码一个氨基酸，那么只能产生 $4^2=16$ 种产物。1954年美籍俄裔科学家 G. Gamow 在 Nature 杂志首次发表并阐述了3个碱基编码一个氨基酸的三联体假说。1961年，M. Nirenberg 等利用人工合成的多聚单核苷酸 mRNA 和一些简单排列组合的 mRNA 及蛋白质体外合成体系，发现三联密码和合成特定多聚氨基酸的对应性。随后通过 G. Khorana 等改良的化学合成手段，各种组合的三联密码和所有氨基酸的匹配逐一被证实。加之 M. Nirenberg 等在1964年发现特定序列的 mRNA 可以与核糖体及携带特定氨基酸的氨酰 tRNA 结合。这些重要的研究最终迎来了"遗传密码"的破解。这一发现被广泛认为是20世纪最伟大的科学发现之一，M. Nirenberg、G. Khorana 以及发现 tRNA 的 R. Holley 也因此共同获得了1968年度诺贝尔奖。

遗传密码的发现

（二）密码子的特性

在 mRNA 中，每相邻的3个核苷酸组成一组，编码一种氨基酸，称为遗传密码（genetic code）或密码子（codon）。生物体内由3个核苷酸排列组合的密码子共有64个，其中只有61个密码子分别代表20种不同的氨基酸（表21-1）。还有一些密码子具有其他特定功能。AUG 除可编码甲硫氨酸外，在 mRNA 5′端出现的第一个 AUG 还代表肽链合成的启动信号，称为起始密码子（initiation codon）。原核生物的起始密码子还有少数为 GUG 和 UUG。而 UAA、UAG、UGA 则不编码任何氨基酸，只作为肽链合成的终止信号，称为终止密码子（termination codon）。

表 21-1 遗传密码

第1个核苷酸 (5′-端)	第2个核苷酸				第3个核苷酸 (3′-端)
	U	C	A	G	
U	苯丙氨酸	丝氨酸	酪氨酸	半胱氨酸	U
	苯丙氨酸	丝氨酸	酪氨酸	半胱氨酸	C
	亮氨酸	丝氨酸	终止密码子	终止密码子	A
	亮氨酸	丝氨酸	终止密码子	色氨酸	G
C	亮氨酸	脯氨酸	组氨酸	精氨酸	U
	亮氨酸	脯氨酸	组氨酸	精氨酸	C
	亮氨酸	脯氨酸	谷氨酰胺	精氨酸	A
	亮氨酸	脯氨酸	谷氨酰胺	精氨酸	G
A	异亮氨酸	苏氨酸	天冬酰胺	丝氨酸	U
	异亮氨酸	苏氨酸	天冬酰胺	丝氨酸	C
	异亮氨酸	苏氨酸	赖氨酸	精氨酸	A
	*甲硫氨酸	苏氨酸	赖氨酸	精氨酸	G
G	缬氨酸	丙氨酸	天冬氨酸	甘氨酸	U
	缬氨酸	丙氨酸	天冬氨酸	甘氨酸	C
	缬氨酸	丙氨酸	谷氨酸	甘氨酸	A
	缬氨酸	丙氨酸	谷氨酸	甘氨酸	G

注：* 位于 mRNA 翻译起始部位的 AUG 为起始密码子，在原核生物中代表甲酰甲硫氨酸，在真核生物中代表甲硫氨酸。

(三)密码子的简并性

从遗传密码表可以看出,除了色氨酸和甲硫氨酸各有 1 个密码子外,其他 18 种氨基酸均有 2 个或多个密码子,这种现象称为密码子的简并性(degeneracy)(表 21-2)。比较编码同一氨基酸的几个密码子可以发现:各密码子 5′ 端的 2 个碱基一般不变,而第三个碱基可以不同,也就是说密码子的特异性是由前 2 个碱基决定的。如脯氨酸的 4 个密码子(CCU、CCC、CCA 和 CCG),其 5′ 端的 2 个碱基相同,不同的是 3′ 端的碱基,这意味着第三位碱基的变动可以不影响正常的翻译。密码子简并性的存在可以减少无意义终止,降低突变对蛋白质的影响,对保证种属稳定性有一定意义。

表 21-2　各种氨基酸所对应的密码子数量

氨基酸	密码子数目	氨基酸	密码子数目
Met	1	Tyr	2
Trp	1	Ile	3
Asn	2	Ala	4
Asp	2	Val	4
Cys	2	Pro	4
Gln	2	Gly	4
Glu	2	Thr	4
Lys	2	Ser	6
His	2	Leu	6
Phe	2	Arg	6

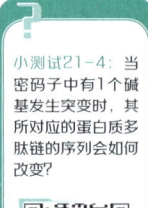

小测试21-4:当密码子中有1个碱基发生突变时,其所对应的蛋白质多肽链的序列会如何改变?

(四)密码子的进化及普适性

蛋白质合成的基本步骤在微生物、植物、动物的各类生物体中都是类似的,体现了蛋白质合成体系的形成出现在生物进化的早期。从最简单的病毒、原核生物直至人类,生物体使用的遗传密码具有高度相似性,也称通用性(universal)。大多数生物拥有相同的密码子,这也是人的胰岛素可以由大肠埃希菌发酵产生的原因。然而不同的密码子在生物体中的丰度存在差异,某些密码子可能优先翻译为特定的氨基酸,因此通过优化密码子选择(codon optimization),可以增加合成目标蛋白质的效率和产量。有意思的是,线粒体拥有一套独特的遗传密码和独特的 tRNA。线粒体中除 AUG 外,AUA 和 AUU 也可用作起始密码子,其中 AUA 还可作为甲硫氨酸的密码子。UAG 不代表终止信号,而代表色氨酸;CUA、AUA 不代表亮氨酸,却分别代表苏氨酸和甲硫氨酸;AGA 与 AGG 不代表精氨酸,却代表终止信号。

二、遗传信息的阅读

(一)阅读框

蛋白质合成时阅读 mRNA 序列是有方向性的。mRNA 起始密码子总是位于编码区 5′ 端,而终止密码子位于 3′ 端,每个密码子的 3 个核苷酸按照 5′→3′ 方向阅读(图 21-2)。这种排列方式决定了翻译过程的方向性,也决定了多肽链合成的走向是从氨基端到羧基端。遗传密码是连续的，两个密码子之间没有间隔，密码子之间无"标点"。相邻的密码子彼此也不会共用相同的核苷酸，没有交叉或重叠。翻译从起始密码子开始，按顺序由一个密码子接着一个密码子按照阅读框（reading frame）连续地阅读，直到终止密码子出现。一般来说具有连续 50 个以上的密码子（可以编码 50 个以上的氨基酸多肽）且没有终止密码子的阅读框被称为开放阅读框（open reading frame，ORF）。

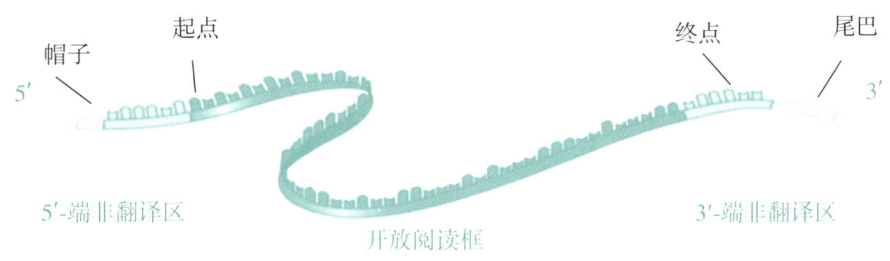

图 21-2　开放阅读框示意图

（二）单顺反子和多顺反子

通常 mRNA 模板的分子结构由 5′ 端非翻译区（5′-untranslated region，5′-UTR）、开放阅读框（open reading frame，ORF）和 3′ 端非翻译区（3′-untranslated region，3′-UTR）三部分构成（图 21-2）。从 mRNA 5′ 端的起始密码子 AUG 到 3′ 端的终止密码子之间的核苷酸序列称为开放阅读框。开放阅读框之外的核苷酸序列实际上并不组成密码子，因而称为非编码区，或称为非翻译区，其对 mRNA 的稳定性及翻译过程具有重要的调控功能。每个 mRNA 至少包含一个 ORF。每条 mRNA 的 ORF 数量在原核细胞和真核细胞中是有区别的。真核细胞的 mRNA 几乎只有 1 个 ORF，只能编码一条多肽链，称为单顺反子（monocistron）。而原核细胞的 mRNA 一般含有 2 个或 2 个以上 ORF，可编码多个多肽链，称为多顺反子（polycistron）。

（三）移码突变对蛋白质合成的影响

在蛋白质合成过程中，一旦确定了阅读框，密码子就被翻译机器连续性阅读并翻译成相应氨基酸，直到遇到终止密码子，所以三联密码子的另外两种可能的阅读框通常不包含有用的遗传信息。但是在特定条件下，由于碱基的缺失或插入，可能导致密码子阅读框架位移，进而在蛋白质翻译时，改变突变位点下游全部的氨基酸序列。这种基因突变被称为移码突变（frame shift mutation）。移码突变可能造成多肽序列的改变或肽链提前终止，从而引发蛋白质结构功能及生物性状的变异，严重时会造成个体死亡。移码突变所造成的损伤一般远远大于点突变。

小测试21-5：密码子的阅读方式是重叠阅读还是非重叠阅读？有什么实验证据？

框 21-1　mRNA 翻译前修饰对蛋白质合成的影响及 RNA 疫苗研发

RNA 的转录后修饰属于一种表观遗传调控机制，在 mRNA 加工、出核、翻译及 mRNA 降解等多种生物过程中起着至关重要的作用。其中 N6- 甲基腺嘌呤（m6A）mRNA 修饰是真核生物转录后 RNA 修饰最丰富的形式，其与 N1- 甲基腺苷（m1A）、5- 甲基胞嘧啶（m5C）和假尿苷等 RNA 修饰是蛋白质合成调控机制的重要组成部分。mRNA 的 m6A 修饰通过多种机制调控蛋白质翻译过程。例如，m6A 甲基转移酶 YTHDF1 可以通过结合 m6A 修饰的 mRNA 招募翻译起始因子如 eIF3，eIF3 与 m6A 的相互作用可提高核糖体的翻译效率。另一种 m6A 甲基转移酶 METTL3 也可以在翻译起始募集 eIF3 来增强特定 mRNA 依赖 eIF4E 的翻译。

新冠疫情促进了 mRNA 疫苗的研发，Pfizer-BioNTech、Moderna 及国内石药集团均有 mRNA 疫苗上市并在防止疫情传播方面起到了重要作用。mRNA 疫苗因其具有高效力、低成本和安全给药的特性，成为很有潜力的传统疫苗替代品。mRNA 疫苗的原理是由人工合成的 mRNA 分子指导抗原的产生，从而产生免疫反应。为了最大限度地提高 mRNA 的细胞内稳定性及蛋白质翻译效率，人工合成的 mRNA 分子要先进行核苷修饰，包括假尿苷、N1-甲基假尿苷或其他核苷类似物，然后通过正负电荷间相互作用与纳米脂质体颗粒（LNP）载体结合并被递送至细胞内，随后利用宿主细胞的核糖体合成抗原并引发免疫应答。

第二节　蛋白质合成体系

一、tRNA：氨基酸的"搬运工具"

为了保证蛋白质合成的准确性，mRNA 上的三联密码子需要被精确地识别。每个三联密码子对应一个特定的氨基酸。由于游离的氨基酸本身并不能识别密码子，氨基酸需要结合在特定的转运 RNA（transfer RNA，tRNA）分子上来实现这一转运过程。这些 tRNA 充当了游离氨基酸与 mRNA 之间的"适配器"（adaptor），将各种氨基酸运输到蛋白质合成"工厂"并加入多肽链的合成。

（一）tRNA 三叶草结构

体内的 20 种氨基酸各自有特定的 tRNA 作为蛋白质合成时的搬运工具，而且一种氨基酸通常有数种对应的 tRNA。tRNA 是相对较短的一种单链 RNA 分子，长度在 73～903 个核苷酸（～25 kD），其中约一半的碱基可以彼此配对形成双螺旋结构。已发现的 tRNA 序列有数千种之多，但有意思的是，它们都拥有相似的三叶草结构（图 21-3）。这一发现并不出乎意料，因为在蛋白质翻译过程中，所有 tRNA 分子都必须能够以几乎相同的方式与核糖体、mRNA 和蛋白质因子相互作用。

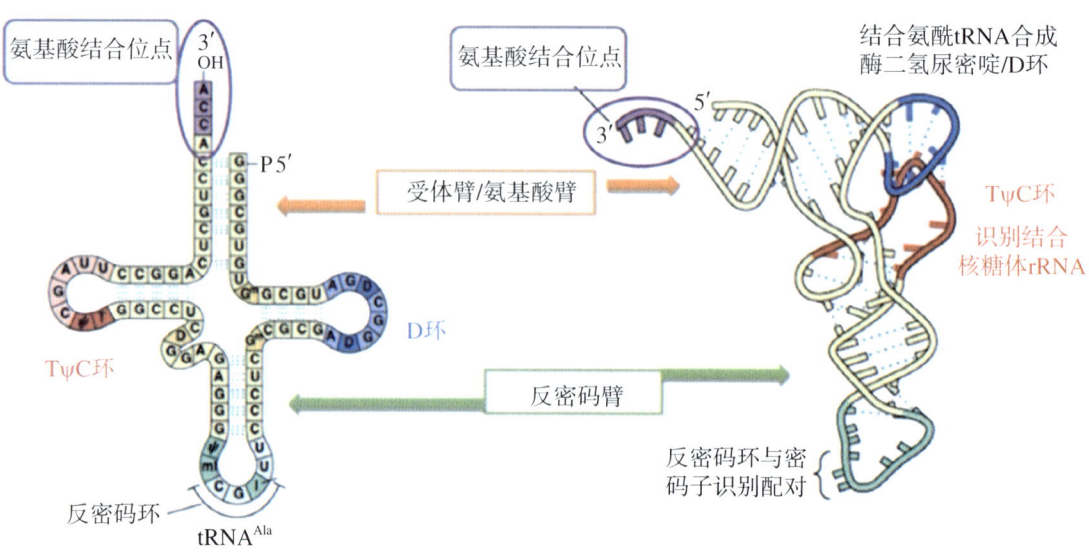

图 21-3　tRNA 分子的二级结构（左）和三级结构（右）

tRNA 的三叶草茎-环结构呈倒 L 型，包含 4 个具有特定功能的结构单元（图 21-3）：①氨基酸臂 3′端的 CCA 是氨基酸结合位点；②二羟尿嘧啶（DHU）环是氨酰-tRNA 合成酶结合位点；③ TΨC 环为核糖体识别位点；④反密码子臂是密码子识别部位，即反密码子（anticodon）位点。

在 ATP 和特定酶的存在下，tRNA 可与对应的氨基酸结合。氨基酸结合于 tRNA 的 3′末端（CCA-OH）。携带特定氨基酸的 tRNA 可以通过其分子中的反密码子与 mRNA 上对应的密码子互补配对，将氨基酸准确地搬运至核糖体上 mRNA 的对应密码子处（图 21-3）。tRNA 是氨基酸与密码子之间的"特异接头"。tRNA 转运氨基酸具有特异性：①一种 tRNA 对应一种氨基酸；②一种氨基酸可由多种 tRNA 转运。

（二）与 mRNA 密码子的摇摆配对机制

翻译过程中，氨基酸需要被 tRNA 搬运至 mRNA 的对应位置，其位置的精确性依赖于 mRNA 上的密码子与 tRNA 上的反密码子的相互辨认。tRNA 的第 1 个核苷酸（5′端核苷酸）与 mRNA 密码子的第 3 个核苷酸（3′端核苷酸）配对。tRNA 反密码子是如何与 mRNA 密码子配对的呢？如果是基于严格的碱基互补配对，那么一种 tRNA 的反密码子只能识别一种密码子。但实验证明，有的 tRNA 可以识别不止一种密码子。例如，酵母的丙胺酰胺-tRNA 可以识别三种密码子，GCU、GCC 及 GCA。其中前两个核苷酸严格遵守碱基互补配对，但是密码子的第三位碱基与反密码子的第一位碱基配对时，即使不严格互补也能辨认配对，这种现象被称为摆动性（wobble）。除 A-U、G-C 配对外，还有 U-G、I-C、I-A 配对，此种配对方式被称为摆动碱基配对（wobble base pair）（图 21-4）。

tRNA的反密码子的第1个核苷酸	C	A	G	U	I
mRNA的密码子的第3个核苷酸	G	U	C	A	C
				G	U
					A

图 21-4 反密码子和密码子碱基配对的摆动性

二、核糖体：肽链合成的"装配机"

核糖体（ribosome）是负责蛋白质合成的细胞器，由核糖体 RNA（rRNA）和核糖体蛋白（ribosomal protein，RP）组成（图 21-5）。每个大肠埃希菌细胞中含有多于 15 000 个核糖体。核糖体的结构包括大、小两个亚基，分别称为大亚基和小亚基（图 21-5）。根据密度梯度离心的沉降系数（S），原核生物 70S 核糖体由 50S 大亚基和 30S 小亚基组成，而真核生物 80S 核糖体则更大，结构更为复杂，由 60S 大亚基和 40S 小亚基组成（图 21-5）。

在原核和真核生物中，核糖体的组装都是一个随着 rRNA 的合成，分阶段加入核糖体蛋白的过程。前体-rRNA 的加工则多半发生在这些核糖核蛋白复合物中。在真核生物中，核糖体组装的早期阶段发生在核仁中，最终被转运至细胞质中形成成熟的核糖体。

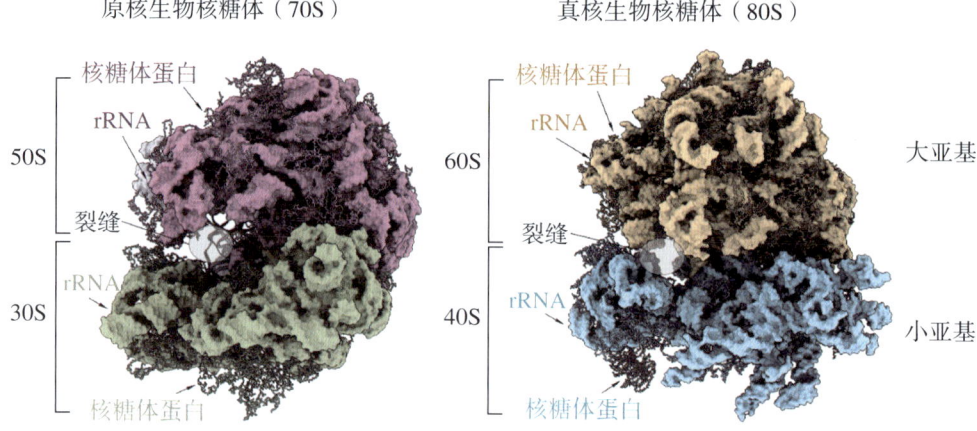

图 21-5 原核生物与真核生物核糖体的结构

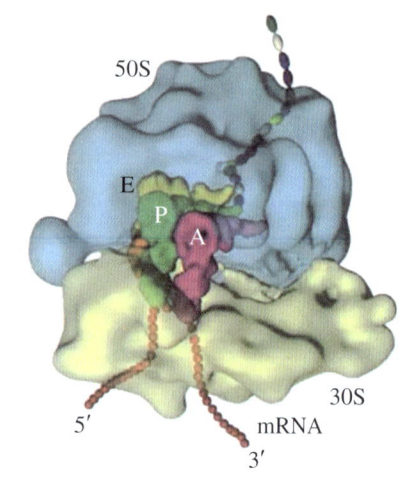

图 21-6 核糖体的结构及主要功能位点
P 位：肽酰基部位；A 位：氨基酰部位；
E 位：出口位

（一）核糖体蛋白结构

核糖体蛋白有数十种，而且在大小和结构上差异很大。细菌核糖体中的 57 种蛋白质分子量范围为 6000～75 000 kD。大多数蛋白呈球状结构域排列在核糖体表面，有些则延伸到核糖体的 rRNA 核心，从而稳定其结构。核糖体的小亚基是一个扁平不对称的颗粒，长轴上有一个凹陷的颈沟，将其分为头部和体部，分别占小亚基的 1/3 和 2/3。颈部有 1～2 个突起，称为叶或平台。大亚基呈半对称性皇冠状，由半球形主体和 3 个大小与形状不同的突起组成。中间的突起称为鼻，呈杆状；两侧的突起分别称为柄和脊。大小亚基缔合时，其间形成一个裂缝，像隧道一样贯穿整个核糖体，蛋白质的合成就在裂缝内进行（图 21-5，图 21-6）。核糖体中蛋白质的功能包括：①协助核糖体 RNA 分子正确折叠，形成更有效的催化构象；②保护 rRNA 分子免受核糖酶的攻击；③提高翻译的效率和准确性。

（二）核糖体 rRNA 的结构及功能

rRNA 是细胞中含量最高的 RNA，它以单链形式与多种蛋白质互作形成核糖体（图 21-5）。rRNA 曾经被认为只在核糖体中起稳定结构的作用，但随着对核糖体高清晰度结构的解析及功能研究的进展，rRNA 被证明也是蛋白质合成的催化剂。根据它们在超速离心中沉降系数的不同，在原核生物中分为 23S、16S 和 5S 三种 rRNA。在真核生物中，rRNA 包括 5S rRNA、5.8S rRNA、18S rRNA 和 28S rRNA 四种。其中 5.8S rRNA、18S rRNA 和 28S rRNA 来源于同一条由 Pol Ⅰ 转录的 rRNA 前体的不同剪切加工，而 5S rRNA 则由 Pol Ⅲ 负责转录。

（三）mRNA、tRNA 和蛋白亚基的结合位点

原核生物蛋白质合成过程中，mRNA 与 30S 小亚基结合，核糖体中还存在 3 个 tRNA 结合位点。这 3 个位点顺序排列，有序协助两个氨基酸之间肽键的形成（图 21-6）。A 位点：结合

氨酰-tRNA；P 位点：结合肽酰-tRNA；E 位点：容纳空载的 tRNA。蛋白质合成过程中，氨酰-tRNA 进入 A 位，肽酰-tRNA 占据 P 位，去氨酰的 tRNA 通过 E 位点脱出，从而完成在多肽链上添加一个氨基酸的过程。

第三节　蛋白质的合成过程

蛋白质的合成过程大致可分为氨基酸活化、肽链合成的起始、延长、终止和新生蛋白质折叠及翻译后修饰 5 个阶段（图 21-7）。

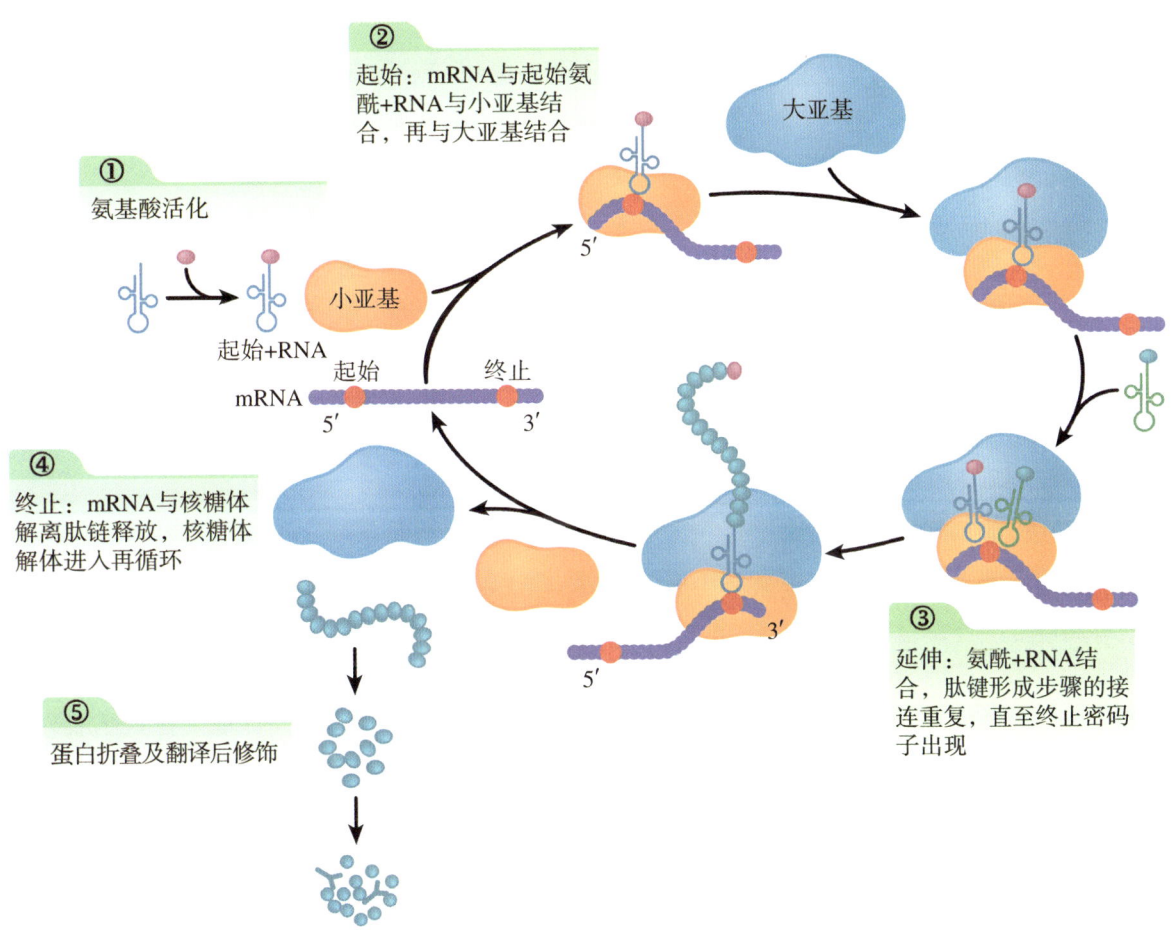

图 21-7　蛋白质合成的 5 个阶段

一、氨基酸的活化与转运

（一）氨酰-tRNA 合成酶具有识别与活化相应氨基酸的作用

氨基酸的化学性质比较稳定，必须经过活化才能参与肽链的合成。氨基酸的活化在细胞质中进行，是蛋白质合成的第一步。在氨酰-tRNA 合成酶（aminoacyl-tRNA synthetase）催化下（图

21-8），20 种氨基酸分别与特异的 tRNA 结合生成氨酰 -tRNA。大多数生物的氨酰 -tRNA 合成酶对相应氨基酸的专一性较高，但如一种氨基酸有多个对应 tRNA（同工 tRNA），氨酰 -tRNA 合成酶可以催化此氨基酸与所有同工 tRNA 的反应。反应的本质是氨基酸的 α- 羧基与 tRNA 的 3′-CCA 末端的羟基之间形成酯键。每个氨基酸活化消耗 1 个 ATP，断裂 2 个高能磷酸键。总反应式如下：

$$\text{tRNA} + \text{氨基酸} + \text{ATP} \xrightarrow{\text{氨酰 -tRNA 合成酶}} \text{氨酰 -tRNA} + \text{AMP} + \text{PPi}$$

这个反应在酶的活性中心分两步进行：第一步：氨酰 -tRNA 合成酶催化氨基酸和 ATP 形成中间产物氨基酰 -AMP；第二步，中间产物被转移到相应 tRNA 的 3′ 末端。

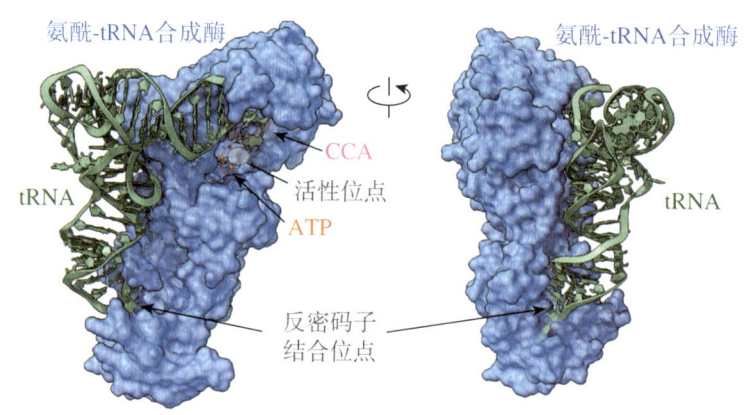

图 21-8　氨酰 -tRNA 合成酶

（二）氨酰 –tRNA 合成酶决定特定 tRNA 转运特定氨基酸

为了保证蛋白质合成过程中遗传信息被精确地翻译，氨酰 -tRNA 合成酶不仅必须对特定氨基酸有高度专一性，也要能识别相应的 tRNA。因此，氨酰 -tRNA 合成酶和 tRNA 之间的相互作用被称为"第二遗传密码"。氨酰 -tRNA 合成酶分布在细胞质中，对底物氨基酸和 tRNA 都具有高度特异性，既能识别特异的氨基酸，又能辨认特异的 tRNA 分子，从而保证某种氨基酸只能与携带该氨基酸的特异 tRNA 分子连接（图 21-8）。此外，氨酰 -tRNA 合成酶还具有校对活性，即酯酶活性。它能把错配的氨基酸水解下来，再换上与反密码子相对应的氨基酸。正是由于氨酰 -tRNA 合成酶具有上述两种性质，从而保证了蛋白质合成的错误率小于 10^{-4}（每掺入 10^4 个氨基酸出现 1 个错误）。

（三）特定氨酰 tRNA 标志翻译的起始

蛋白质合成从氨基末端（N 端）开始，氨基酸被逐步添加到生长多肽的羧基末端。起始密码子 AUG 指定了 N 端的第一个氨基酸为甲硫氨酸（Met）。值得注意的是，细菌多肽的第一个氨基酸是被修饰的 N- 甲酰甲硫氨酸（fMet）。细菌使用一种专门用于蛋白质合成起始的 tRNA（$\text{tRNA}^{\text{fMet}}$）来携带 fMet，从而将其转运到核糖体小亚基的 P 位点，起始蛋白质合成。fMet-$\text{tRNA}^{\text{fMet}}$ 形成分为两步：首先，Met-tRNA 合成酶催化甲硫氨酸与起始 $\text{tRNA}^{\text{fMet}}$ 的连接；随后，甲硫氨酸被甲酰化修饰。细菌采用另一种 tRNA_m 来携带未经修饰的甲硫氨酸，并负责将其掺入多肽内部位置。对部分细菌蛋白质来说，fMet 有可能在肽链长度达到 10 个氨基酸残基后被移除。

在真核细胞中，核糖体合成的所有多肽都是以甲硫氨酸残基（而不是 fMet）起始的，但是真核细胞也利用一种特殊的起始 tRNA（Met-tRNA$_i$，这里的 i 代表起始 -initiation）将位于肽链第一位的甲硫氨酸残基运输到核糖体，而使用常规 tRNA（Met-tRNA）来运输位于肽链内部位置的甲硫氨酸残基。有意思的是，由线粒体和叶绿体核糖体合成的多肽都以 N- 甲酰甲硫氨酸开始，这有力地支持了线粒体和叶绿体起源于细菌的观点。

二、肽链合成的起始

（一）原核生物的起始

起始因子：mRNA 和甲酰甲硫氨酰 -tRNA^{fMet} 与核糖体的相互作用是起始蛋白质合成的先决条件，而蛋白质起始因子（IF1、IF2 和 IF3）在此过程中起重要的调控作用。原核生物 IF3 结合于 30S 小亚基 E 位，阻止小亚基与大亚基过早结合，并促进 fMet-tRNA^{fMet} 结合至核糖体的 P 位。IF2 是 GTP 酶（水解 GTP），它与起始过程的 3 个主要成分（小亚基、IF1 和 fMet-tRNA^{fMet}）相互作用。通过与这些成分相互作用，IF2 协助 fMet-tRNA^{fMet} 结合至小亚基，并阻止其他负载 tRNA 与小亚基结合。IF1 直接结合到小亚基 A 位，阻止 tRNA 过早与 A 位结合。

SD 序列（Shine-Dalgarno sequence）：也称核糖体结合位点（ribosomal binding site，RBS），是根据它的发现者 J. Shine 和 L. Dalgarno 命名的。SD 序列位于原核生物 mRNA 起始 AUG 密码子上游 8～13 个核苷酸处，富含嘌呤，长 4～7 个核苷酸，可与小亚基中 16S rRNA 3'- 端的富含嘧啶序列相互配对结合。核糖体小亚基中与 SD 序列互补的序列称为反 SD 序列（anti-SD sequence，ASD），可准确识别起始密码子 AUG 并使其在 P 位准确就位。SD 序列有募集小亚基和定位翻译起始位点（translation initiation site，TIS）的作用。SD 序列突变会降低翻译起始的效率。

原核生物蛋白质生物合成起始阶段的具体步骤如下：

1. 起始三元复合物的形成 小亚基先与起始因子 IF3、IF1 结合。IF1 结合于核糖体的 A 位，防止 tRNA 在起始阶段与 A 位结合；IF3 与小亚基 E 位结合，从而阻止其与核糖体大亚基过早结合。IF3 附着于 mRNA 的起始信号部位，形成 IF3- 小亚基 -mRNA 三元复合物（图 21-9）。IF3 与小亚基结合还可以提高 P 位对起始氨酰 -tRNA 的敏感性。

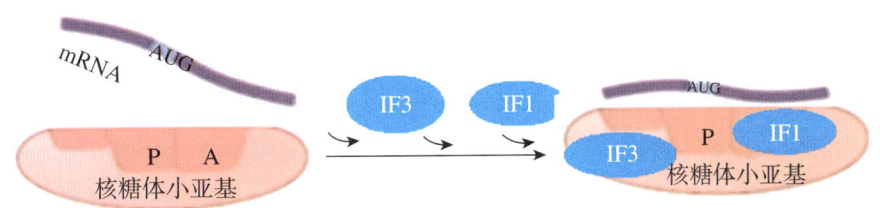

图 21-9　起始三元复合物的形成

2. mRNA 与小亚基定位结合在 mRNA 起始密码子上游 8～13 个核苷酸处的 SD 序列 真核生物的 mRNA 无 SD 序列，18S rRNA 3'- 端也无与 SD 序列互补的碱基序列，这也是真核生物与原核生物在起始机制上的重要差异。

3. 起始氨酰 -tRNA（fMet-tRNA^{fMet}）准确定位在 P 位 原核生物核糖体有 3 个 tRNA 的结合部位：氨酰 -tRNA 的结合部位为 A 位，肽酰 -tRNA 的结合部位 P 位和排出卸载 tRNA 的部位为 E 位。大、小亚基都参与 A 位和 P 位的形成。起始密码子 AUG 只有在 P 位才能与 fMet-tRNA^{fMet} 结合。fMet-tRNA^{fMet} 是唯一一个直接结合到 P 位上的氨酰 -tRNA。在此后的延长过程中，所有进位的氨酰 -tRNA 均先与 A 位结合，然后到 P 位和 E 位。起始因子 IF1 结合在 A 位，阻止任何氨酰-tRNA在翻译起始阶段与该位结合。在IF2-GTP的促进与IF1的辅助下，fMet-tRNA^{fMet}进入P位，其反密码子与mRNA的起始密码子互补配对，形成小亚基前起始复合体（preinitiation complex）。小亚基前起始复合体由小亚基、mRNA、fMet-tRNA^{fMet}及IF1、IF2、IF3与GTP共同构成（图21-10）。fMet-tRNA^{fMet}能够准确定位于P位，至少有3个影响因素：①SD序列与16S rRNA的相互作用；②起始密码子与fMet-tRNA^{fMet}反密码子的相互作用；③P位和fMet-tRNA^{fMet}的相互作用。

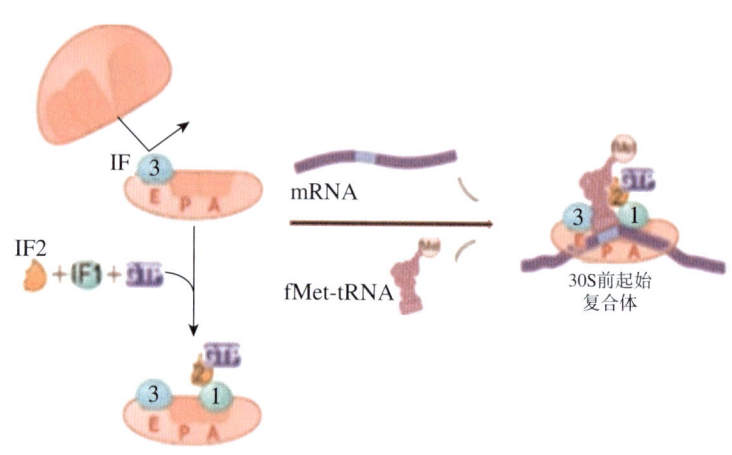

图21-10 30S前起始复合体的形成

4. 起始复合体（initiation complex）的形成 小亚基前起始复合体一经形成，IF3即脱落，同时大亚基随之与前起始复合体结合，形成大、小亚基，mRNA、fMet-tRNA^{fMet}及IF1、IF2与GTP共同构成大小亚基前起始复合体。大亚基的结合激活了IF2-GTP的GTP酶活性，导致GTP水解释出GDP与磷酸。水解后的IF2-GDP与核糖体和fMet-tRNA^{fMet}的亲和力降低，导致IF2-GDP和IF1脱落，形成起始复合体（图21-11），其P位有fMet-tRNA^{fMet}，而A位是空的，可以结合负载tRNA，为多肽链的合成做好准备。

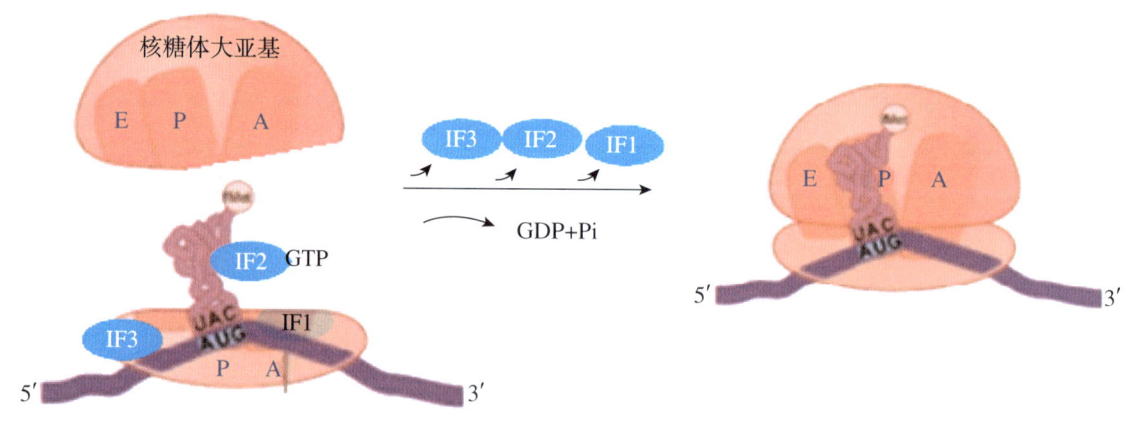

图21-11 原核生物蛋白质合成的起始过程

（二）真核生物的起始

真核生物的起始从5'帽子向下游扫描来寻找起始密码子，不需要SD序列作标志。不过真核起始密码子上游也有一段保守序列，称为Kozak序列，或Kozak motif，同样以其发现者M. Kozak命名。Kozak序列是GCCRCCAUGG，其中R代表嘌呤（A或G），AUG是起始密码。它并不参与小亚基的结合，但与翻译效率和TIS识别有关。已观察到-3A与真核起始因子eIF2α有相互作用，而 +4G 与核糖体蛋白 S9（rpS9）和 18S rRNA 有相互作用（图 21-12）。

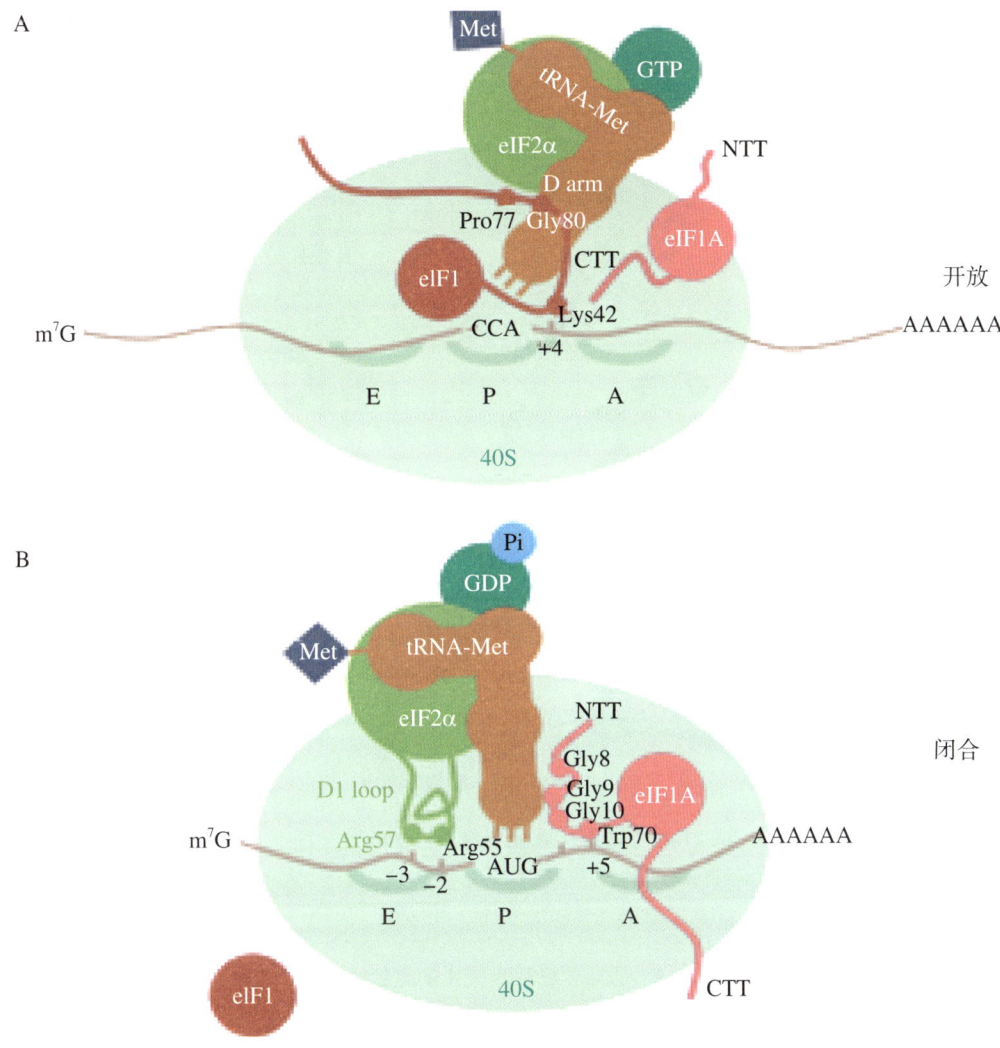

图 21-12　核糖体识别 mRNA 的起始密码子 AUG
A．在扫描过程中核糖体开放的构象；B．一旦识别了翻译起始位点，核糖体构象就变成闭合状态

真核生物蛋白质生物合成起始阶段的具体步骤如下：

真核细胞与原核细胞相比，参与肽链合成起始复合物形成的起始因子与起始过程各不相同，蛋白质合成过程也更为复杂。

（1）在起始阶段，真核细胞中的核糖体大小亚基、模板 mRNA 以及具有起始作用的甲硫氨酰 -tRNA（原核生物中是甲酰甲硫氨酰 -tRNA）组装成起始复合物。真核细胞中甲硫氨酰 -tRNA 由起始因子 2（eIF2）介导，先与核糖体小亚基形成 43S 复合物，然后与活化的 mRNA 模板和核糖体大亚基依次结合，最后组装成 80S 的起始复合物。

（2）80S 的起始复合物组装的同时，核糖体不断地在 mRNA 模板上扫描，寻找 mRNA 上的起始位点 AUG，将起始位点 AUG 固定在核糖体的 P 位，这时起始甲硫氨酰 -tRNA（原核生物中是甲酰甲硫氨酰 -tRNA）占据 P 位，核糖体 A 位空留，且对应于 AUG 后的密码子，为新的氨酰 -tRNA 的进入及肽链延长做好准备（图 21-13）。

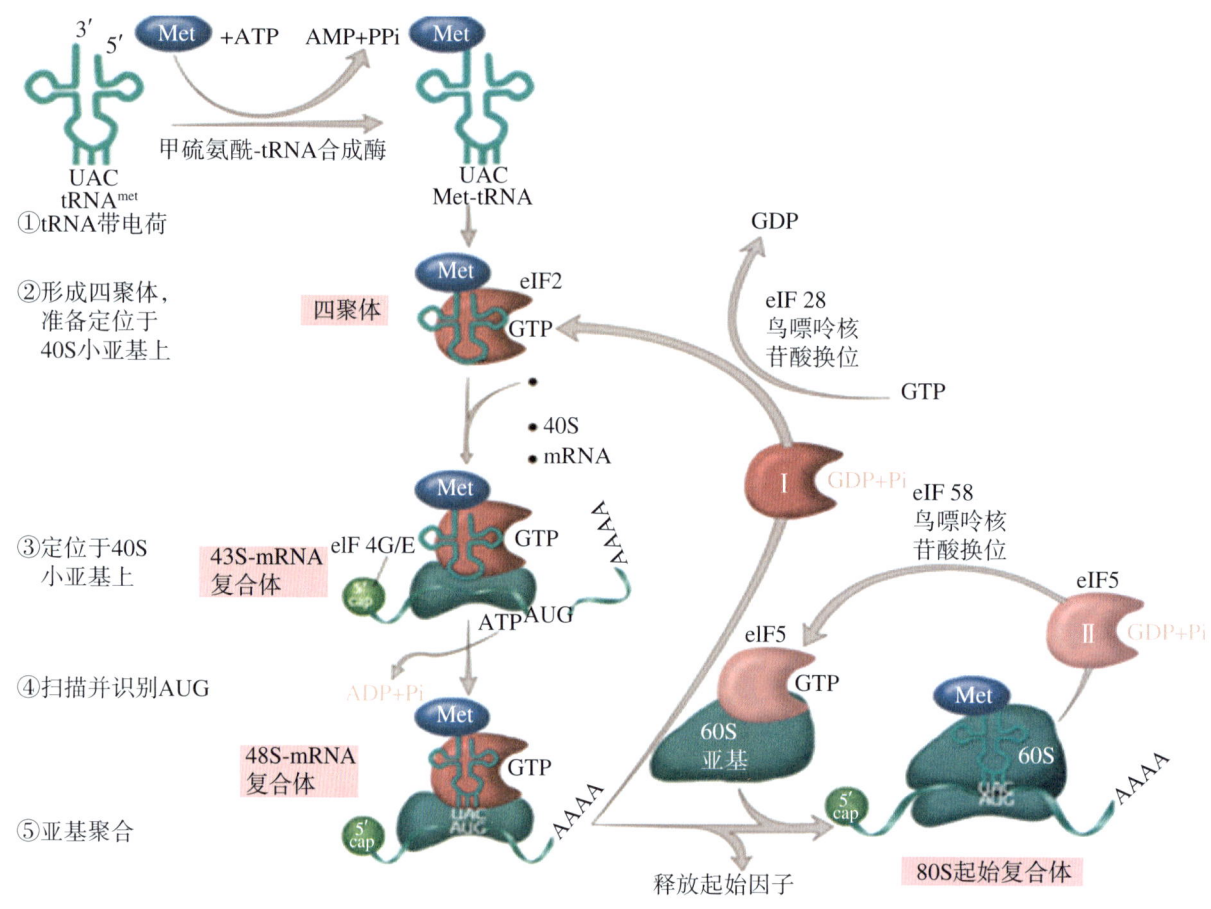

图 21-13 真核生物蛋白质合成的起始过程

表 21-3 原核生物和真核生物的起始因子

	因子名称	功能
原核生物	IF1	阻止 tRNA 与 A 位结合
	IF2	促使 fMet-tRNA$_i^{fMet}$ 与小亚基结合，并具有 GTP 酶的活性
	IF3	与小亚基结合；促进 fMet-tRNA^{fMet} 结合至 P 位；阻止大亚基与小亚基结合
真核生物	eIF1	促进 40S 亚基与 mRNA 结合并稳定之
	eIF2	与 Met-tRNA$_i^{Met}$ 及 GTP 形成三元复合物，促进 Met-tRNA$_i^{Met}$ 与 40S 亚基结合
	eIF3	促进起始 tRNA 与 mRNA 结合，使 80S 核糖体保持解离状态
	eIF4A	具有解链酶活性，可解开 RNA 分子中的部分双螺旋，促进 mRNA 与 40S 亚基结合
	eIF4B	与 mRNA 结合并定位于起始 AUG 区域
	eIF4C	使 80S 核糖体解离为亚基，使起始 tRNA 与小亚基稳定结合
	eIF4D	促进甲硫氨酰 - 嘌呤霉素合成，正常功能尚不明确
	eIF4E	与 mRNA 帽结合，又称帽结合蛋白 I
	eIF4F	与 mRNA 帽结合，使 mRNA 5′端解旋，具有 ATP 酶活性，又称帽结合蛋白 II
	eIF5	形成 80S 起始复合体所必需，促使 GTP 水解

三、肽链的延长是进位、转肽和移位的循环过程

肽链延长（elongation）是一个循环过程，每个循环包括进位、成肽、转位3个步骤。在此循环中，根据 mRNA 密码子的要求，新的氨基酸不断被相应的 tRNA 运至核糖体的 A 位，形成新的肽键。同时，核糖体相对于 mRNA 从 5′- 端向 3′- 端不断移位。每完成一个循环，肽链上即可增加一个氨基酸残基。

肽链延长阶段除了需要 mRNA、tRNA 和核糖体外，还需要延长因子（elongation factor，EF）以及 GTP 和某些无机离子的参与。原核生物延长因子有 3 种，分别称为 EF-Tu、EF-Ts 和 EF-G；真核生物延长因子有 3 种，分别称为 eEF1α、eEF1βγ 和 eEF2。eEF1α、eEF1βγ 分别具有原核生物 EF-Tu 和 EF-Ts 的作用。eEF2 相当于 EF-G 的作用。

（一）进位或注册

起始复合物形成以后，第二个氨酰 -tRNA 首先与结合着延长因子 EF-Tu 的 GTP 复合物结合，生成氨酰 -tRNA-EF-Tu-GTP 复合物，然后结合到核糖体的 A 位。EF-Tu 具有 GTP 酶活性，可促使 GTP 水解为 GDP，驱使 EF-Tu-GDP 复合物从核糖体中释放出来。在 EF-Ts 和 GTP 的作用下，EF-Tu-GTP 重新形成，继续催化下一个氨酰 -tRNA 进位（entrance）。新进入 A 位的氨酰 -tRNA 与 mRNA 起始密码子后的第二个密码子结合（图 21-14）。

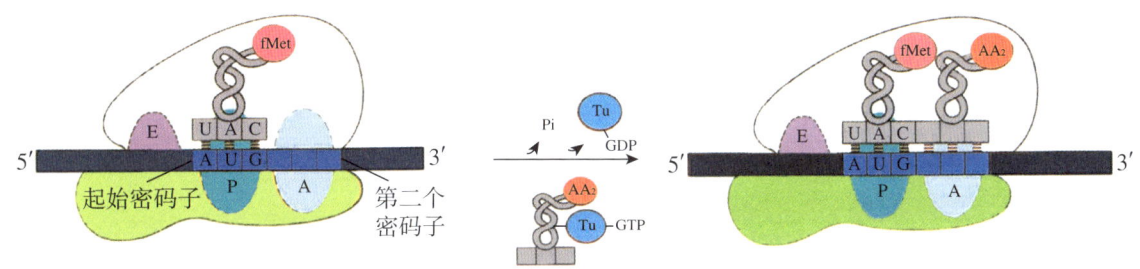

图 21-14　氨酰 -tRNA 进入核糖体的 A 位

核糖体利用 3 种不同机制对氨酰 -tRNA 的进位进行校对，促进翻译的高准确率。其一是小亚基 16S rRNA 存在两个相连的腺苷酸残基。这两个腺嘌呤与反密码子和密码子的前两个碱基之间分别正确配对所形成的小沟有紧密的相互作用。只有当反密码子和密码子正确配对时，16S rRNA 的两个腺苷酸残基与小沟之间才能形成氢键，大大降低了正确配对的氨酰 -tRNA 从核糖体解离的速度。其二是 EF-Tu 的 GTP 酶活性。正确的碱基配对可以激活 GTP 酶活性，诱导 GTP 的水解和 EF-Tu 的释放。其三是 EF-Tu 释放后的校对机制。只有碱基配对正确的氨酰 -tRNA 在肽键形成过程中旋转进入正确位置，才能保持其与核糖体的结合。

（二）转肽

氨酰 -tRNA 进位后，核糖体的 A 位和 P 位上各结合了一个氨酰 -tRNA（或 P 位结合肽酰 -tRNA），在肽酰转移酶（peptidyl transferase）的催化下，P 位上 tRNA 所携带的甲酰甲硫氨酰基（或肽酰基）转移给 A 位上新进入的氨酰 -tRNA 的氨基酸上，甲酰甲硫氨酰基的 α- 羧基与 A 位氨基酸的 α- 氨基形成肽键。此后，在 P 位上的 tRNA 成为卸载的 tRNA，而 A 位上的 tRNA 负载的是二肽酰基或多肽酰基（图 21-15）。

肽酰转移酶位于原核生物核糖体 50S 大亚基，其 23S rRNA 在肽酰转移酶活性中起主要作用。在真核生物，肽酰转移酶则是核糖体 60S 大亚基的 28S rRNA。肽酰转移酶在化学本质上属于核酶。此步反应还需 Mg^{2+} 及 K^+ 的存在。

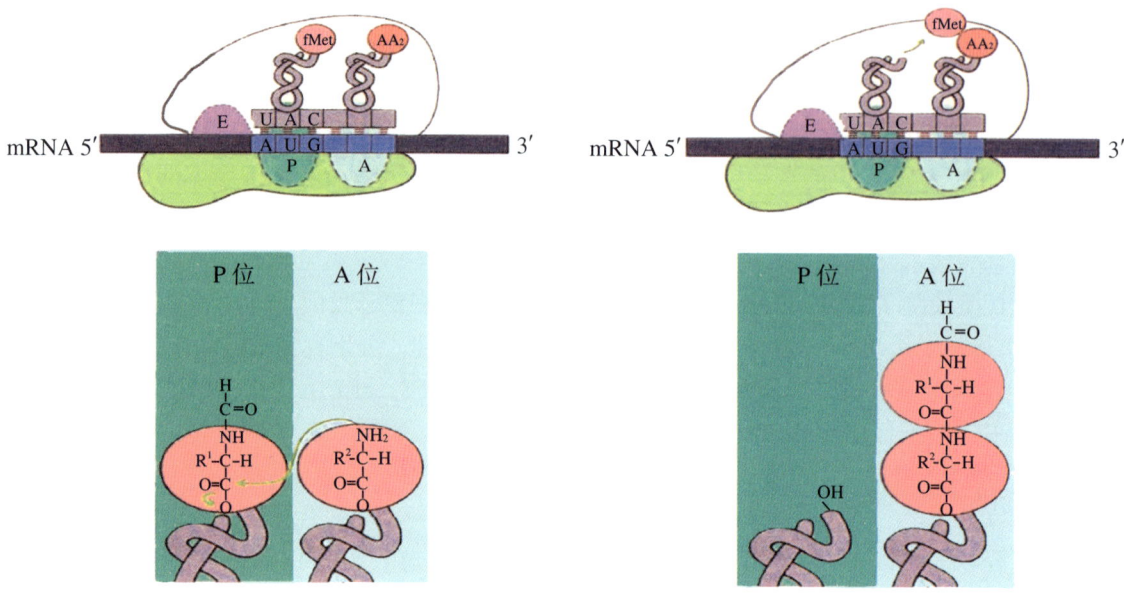

图 21-15　肽键的形成

（三）移位

移位及 tRNA 脱落延长因子 EF-G 在结构上与 EF-Tu-tRNA 类似，可竞争结合核糖体的 A 位，替换肽酰 -tRNA。在 EF-G 和 GTP 的作用下，核糖体沿 mRNA 链向 3'- 端移动。每移动一次相当于一个密码子的距离，使得下一个密码子准确定位于 A 位。与此同时，原来处于 A 位点上的二肽酰 -tRNA 转移到 P 位，空出 A 位（图 21-16）。而 P 位上卸载的 tRNA 进入 E 位，随后从 E 位脱落（图 21-17）。

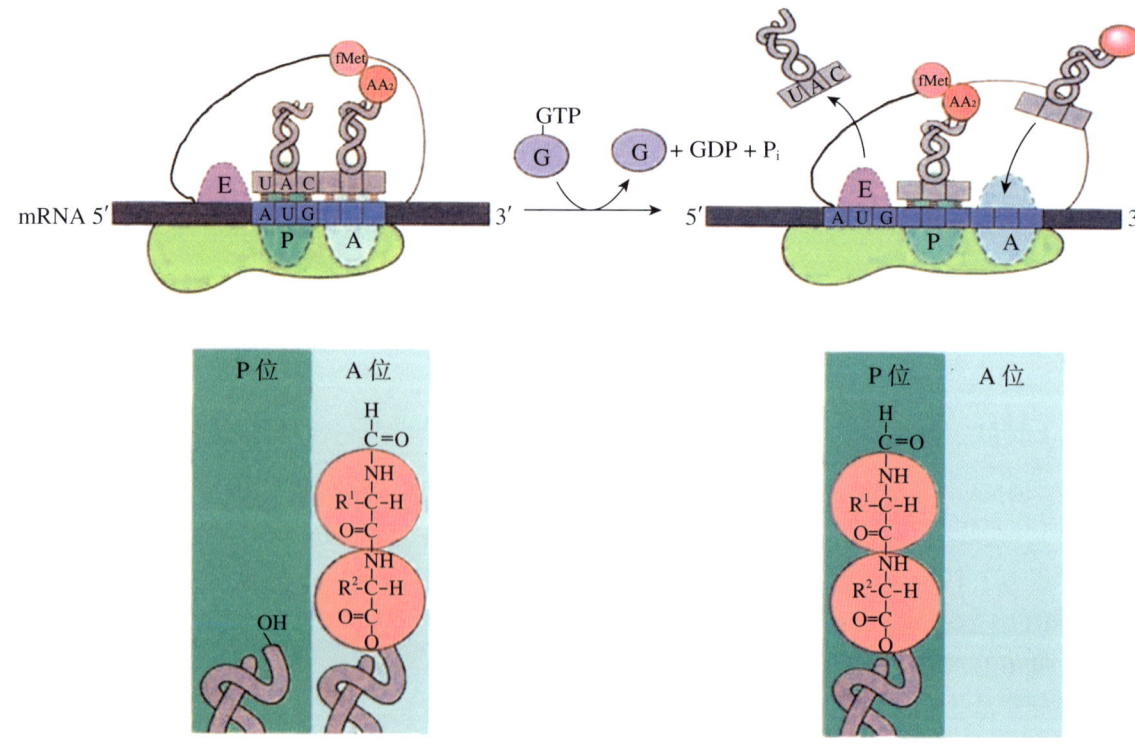

图 21-16　核糖体沿 mRNA 相对移位

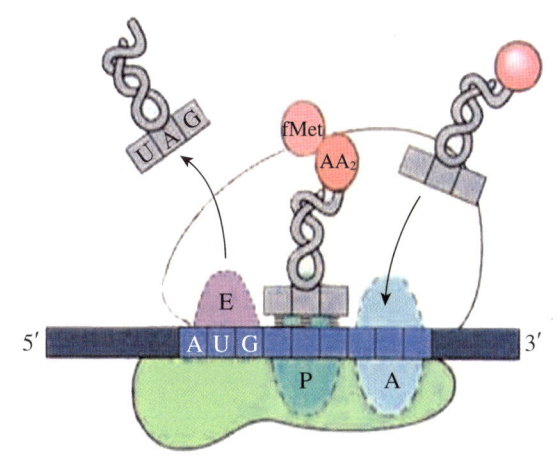

图 21-17　空载的 tRNA 从 E 位脱落

上述的进位、成肽和移位脱落的重复步骤依次循环，每循环一次，肽链就延伸一个氨基酸残基。经过多次重复，肽链不断由 N 端向 C 端延长，直到核糖体的 A 位对应到了 mRNA 的终止密码子上。

在肽链延长阶段，核糖体有三步获能过程：一是转肽作用，受核糖体本身介导；二是 EF-Tu 介导 GTP 水解为 GDP 和 Pi；三是由 EF-G 介导的 GTP 水解。现在认为，由 EF 介导的两步 GTP 水解的能量主要用于 3 个方面：①在延长步骤中，加速核糖体的循环速度；②增强核糖体对抑制剂的抵抗力；③有利于翻译的保真性。

氨基酸活化生成氨酰 -tRNA 时，需消耗 2 个高能磷酸键。如果氨基酸活化过程中产生错误，水解错误的氨酰 -tRNA 也需要消耗 ATP。在进位和成肽阶段，共需要从 2 分子 GTP 获得能量，消耗 2 个高能磷酸键。所以在蛋白质合成过程中，每生成一个肽键，至少需要消耗 4 个高能磷酸键。

当肽链合成到一定长度时，在肽脱甲酰基酶（peptide deformylase）和一种对甲硫氨酸残基比较特异的氨肽酶（aminopeptidase）的依次作用下，氨基端的甲酰甲硫氨酰残基即从肽链上水解脱落。

四、肽链合成的终止与新生肽链的释放

当肽链延长至 mRNA 上出现终止信号，即任何一种终止密码（UAA、UAG、UGA）出现在核糖体的 A 位时，由于正常细胞中没有能够识别终止密码子的 tRNA，各类氨酰 -tRNA 均不能进位。只有释放因子（release factor，RF）能识别终止密码子，并结合到核糖体的 A 位。RF 的结合可引起核糖体构象的改变，使核糖体大亚基转肽酶的活性转变为酯酶活性，水解肽链和 tRNA 之间的酯键，并由 GTP 供能，释放出多肽链，随后，tRNA 从 P 位上脱落，mRNA 与核糖体分离，核糖体解离成大小两个亚基（图 21-18）。至此，多肽链的合成结束。

（一）原核生物肽链合成的终止与新生肽链释放

原核生物有 3 种释放因子，其中 RF1 和 RF2 结构与 tRNA 类似，所以可以结合到肽酰转移酶中心。RF1 识别终止密码子 UAA 和 UAG，RF2 识别 UAA 和 UGA。RF3 则具有 GTP 酶活性，与核糖体的结合方式与延长因子类似，利用水解 GTP 催化 RF1/RF2 与核糖体的解离及新生肽链的释放。

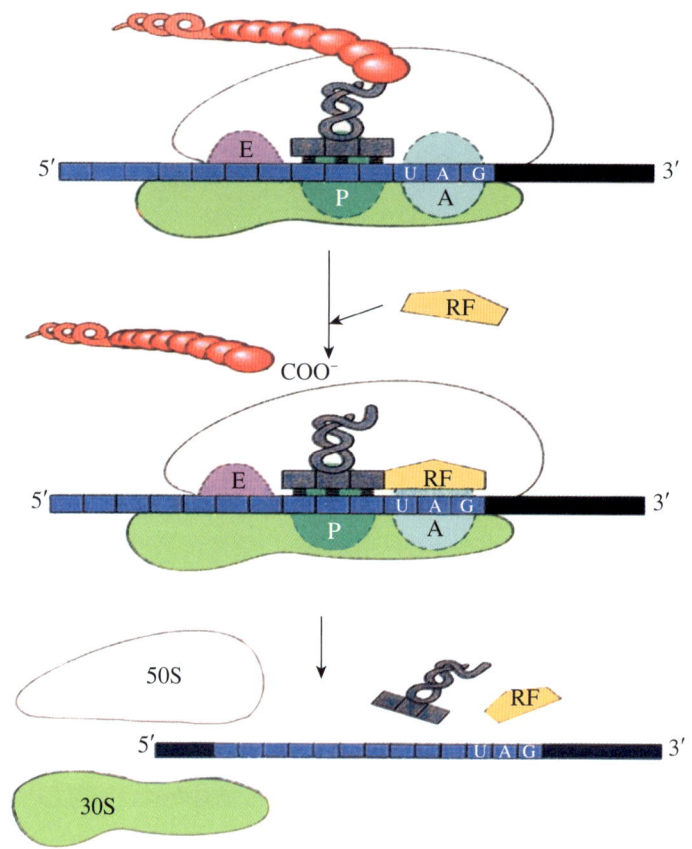

图 21-18 肽链合成的终止

原核生物蛋白质合成终止及释放过程包括：① mRNA 指导多肽链合成完毕，在核糖体的 A 位出现终止密码子 UAA、UAG 或 UGA。RF1/RF2 识别终止密码子，与核糖体的 A 位结合。RF 在核糖体上的结合部位与 EF 的结合部位相同，可防止 EF 与 RF 同时结合于核糖体上而扰乱正常功能（图 21-18）。② 释放因子使核糖体 P 位上的肽酰转移酶构象改变，转变为酯酶，水解多肽链与 tRNA 之间的酯键，多肽链从核糖体、tRNA 从 P 位释放出来。③ 核糖体 P 位上的 tRNA 和 A 位上的 RF 脱落。在核糖体释放因子（ribosome release factor，RRF）的作用下，核糖体与 mRNA 复合物完全解离。随后，核糖体大、小亚基在起始因子 IF3 的作用下，重新进入核糖体再循环（ribosome recycling）。

细胞内蛋白质的合成往往并不是单个核糖体，而是多个核糖体聚在一起，与同一个 mRNA 相连，形成多聚核糖体（polyribosome，polysome）（图 21-19）。故在一条 mRNA 上可以同时合成多条同样的多肽链。多聚核糖体合成肽链的效率甚高，每一个核糖体每秒可翻译约 40 个密码子，即每秒可以合成一个相当于由 40 个左右氨基酸残基组成的、分子量约为 4000 Da 的多肽链。

解离后的大小亚基可以重新聚合成完整的核糖体，开始新的肽链合成，循环往复。所以上述肽链合成的起始、延长、终止过程又称为核糖体循环（图 21-20）。

（二）真核生物肽链合成的终止与新生肽链释放

真核生物的肽链终止过程与细菌相似，但是其释放因子 eRF1（eukaryotic release factor）识别所有终止密码子，具有 GTP 水解酶活性的 eRF3 与 eRF1 及 GTP 形成三元复合物，随后水解 GTP 并催化新生肽链的水解及释放。但此时，80S 核糖体仍与 mRNA 及 eRF1 结合，真核生物需要利用 ATP 酶 ABCE1 促进核糖体的解离。同时，ABCE1 是一种抗结合因子，阻止核糖体亚基非正常结合，从而保证核糖体再循环的顺利进行。

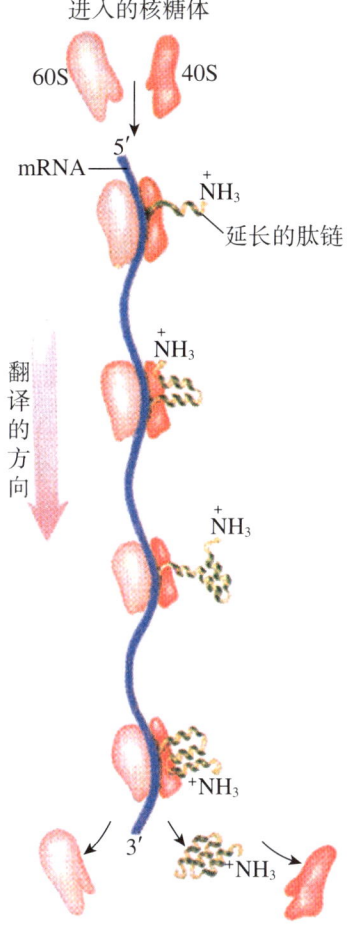

图 21-19　多聚核糖体

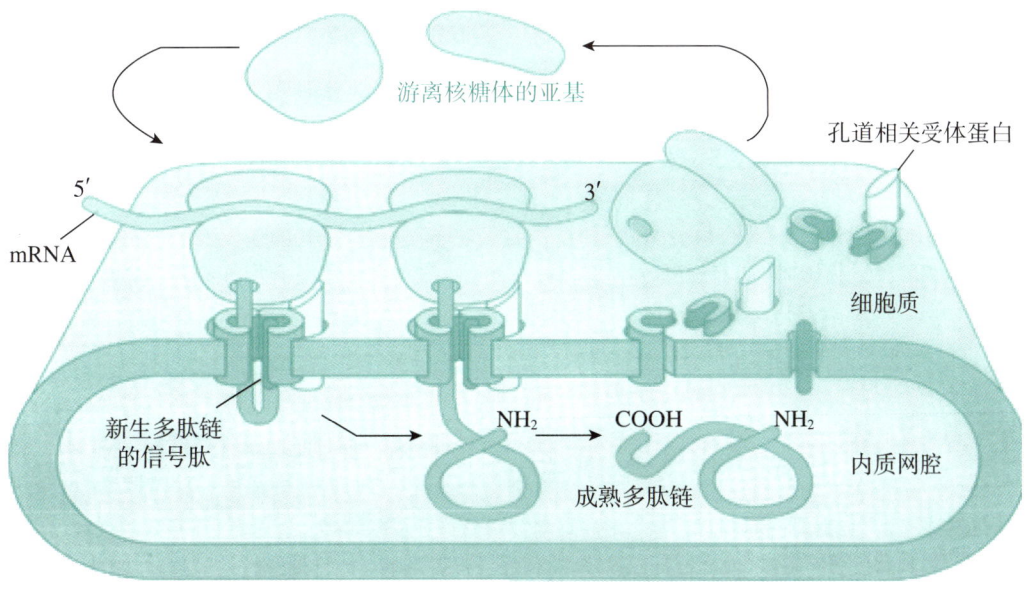

图 21-20　核糖体循环

五、真核生物与原核生物蛋白质合成的异同

原核细胞与真核细胞蛋白质合成的过程基本相同，只是参与反应的因子及反应细节方面有些差异，真核细胞的翻译系统更为复杂。合成步骤也被更精细地调控。两者的差异主要存在于以下几方面。

1. 真核细胞核糖体较大 60S 大亚基和 40S 小亚基组成大约 4200 kD 的 80S 核糖体，而细菌 70S 核糖体的质量只有 2700 kD。

2. 起始 tRNA 在真核生物中，起始 tRNA 转运的氨基酸是甲硫氨酸而不是 N-甲酰甲硫氨酸。

3. 起始过程 真核生物的起始密码子固定为 AUG。与细菌相比，真核生物在 AUG 5′端没有富含嘌呤的序列来区分起始 AUG 和内部 AUG，而是从 mRNA5′端第一个 AUG 开始翻译。真核生物的起始因子数量也更多，其相互作用更复杂。而且细菌中起始复合物的形成过程是核糖体小亚基先直接与模板 mRNA 结合，再与甲酰化 tRNA 结合，最后形成完整的 70S 的翻译起始复合物。

4. 合成部位 原核细胞中 mRNA 转录与肽链合成都在细胞质内进行，转录和翻译是偶联的。真核细胞的 mRNA 转录发生在细胞核中，而肽链合成发生在细胞质中，因此转录和翻译不能偶联（表 21-4）。

表 21-4 真核生物与原核生物蛋白质生物合成的异同

	真核生物蛋白质合成	原核生物蛋白质合成
遗传密码	相同	相同
翻译体系	相似	相似
转录与翻译	不偶联，转录和翻译的间隔约 15 min	偶联，mRNA 前体需加工，从细胞核运至细胞质
起始因子	多，起始复杂	少
mRNA	需剪接，加 5′端帽和 3′端尾，单顺反子，无 SD 序列，代谢慢，哺乳类动物 mRNA 的典型半衰期为 4～6 h	无需加工，多顺反子，5′端有 SD 序列，细菌的 mRNA 半衰期仅为 1～3 min
核糖体	80S	70S
起始 tRNA	Met-tRNA$_i^{Met}$	fMet-tRNA^{fMet}
起始阶段	需 ATP、起始因子 eIF，小亚基先与 Met-tRNA$_i^{Met}$ 结合	需 ATP、GTP、起始因子 IF，小亚基先与 mRNA 结合
延长阶段	延长的主要因子为 eEF1α 和 eEF1βγ，移位的因子为 eEF2，空载 tRNA 从 E 位释放	延长的主要因子为 EF-Tu 和 EF-Ts，移位因子为 EF-G，空载 tRNA 从 E 位释放
终止阶段	1 种 eRF 识别所有终止密码子	3 种 RF

第四节 蛋白质翻译后的加工与靶向运输

从核糖体上释放出来的新生多肽链不具备生物学活性，必须经过复杂的加工修饰和正确折叠才能转变为具有天然构象的功能蛋白，这一加工过程称为翻译后加工（post-translational processing）。新生多肽链在空间上形成正确折叠的信息贮存在其一级结构的氨基酸排列顺序中，并且需要其他蛋白质的参与。

一、新生多肽链需经多种形式加工才具有生物学活性

（一）多肽链的剪切、N端删除氨基酸、蛋白质的剪接

肽链N末端氨基酸需水解去除。真核生物中，新合成肽链的第一个氨基酸残基是甲硫氨酸（在原核生物中是甲酰甲硫氨酸），但在肽链合成后或肽链延长过程中，起始的甲硫氨酸在氨基肽酶的作用下被水解去除，而原核生物起始的甲酰甲硫氨酸则在脱甲酰基酶的作用下先去除甲酰基，再水解脱去甲硫氨酸。真核生物分泌蛋白N端的信号肽在成熟过程中也会被切除。

一些多肽链合成后，在特异蛋白质水解酶的作用下去除其中某些肽段或氨基酸残基。例如，某些酶原的激活、激素前体（如胰岛素前体）的加工，分泌性蛋白质的靶向转运，都要切除一段氨基酸序列。图21-21表示胰岛素的加工过程：先由前胰岛素原切去其N端的肽段，形成胰岛素原，后者再切去其中的C肽段后，成为有活性的胰岛素。这种剪切对于形成胰岛素正常的空间构象具有十分重要的意义。

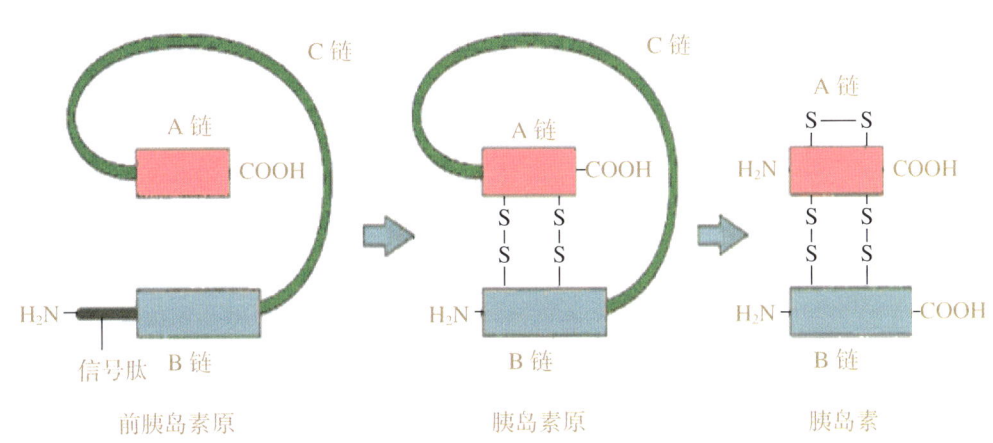

图 21-21　胰岛素的加工过程

氨基酸残基也可进行侧链修饰：有些蛋白质在肽链合成后，某些氨基酸残基往往需要进行侧链修饰，方能发挥正常的功能，如丝氨酸、苏氨酸、酪氨酸残基的磷酸化；赖氨酸残基的乙酰化；胶原蛋白前体脯氨酸及赖氨酸残基的羟基化等。胶原蛋白是人体和很多高等动物体内含量最丰富的蛋白质，是由3条肽链相互缠绕在一起形成的纤维状蛋白质，这3条肽链形成胶原蛋白所特有的三股螺旋。三股螺旋的每条肽链均形成左手螺旋，然后缠绕在一起形成右手螺旋。其一级结构主要是重复的三元体序列（Gly-X-Y）n，第1号位的氨基酸总是甘氨酸，另外两个氨基酸主要是脯氨酸和赖氨酸。而脯氨酸和赖氨酸经常发生羟基化的化学修饰，每隔3个残基面向螺旋拥挤的中央，侧链最小的Gly正好在这个位置上。脯氨酸在形成肽键后，原来的羧基丧失了形成氢键的能力，使得主链的氢键减少，不利于三股螺旋的稳定，所以需要羟基化引入羟基，羟基上带有氢键供体以弥补羟基供体的不足，所以这个羟基化反应对于维持胶原蛋白的三股螺旋的稳定至关重要。此羟基化反应需要羟化酶的作用，此酶的活性发挥需要维生素C，缺乏维生素C会导致活性中心的二价铁易氧化失活，从而导致坏血病。缺乏维生素C之所以会导致坏血病，就是因为影响了胶原蛋白的羟基化修饰，影响了其三股螺旋的稳定性（图21-22）。

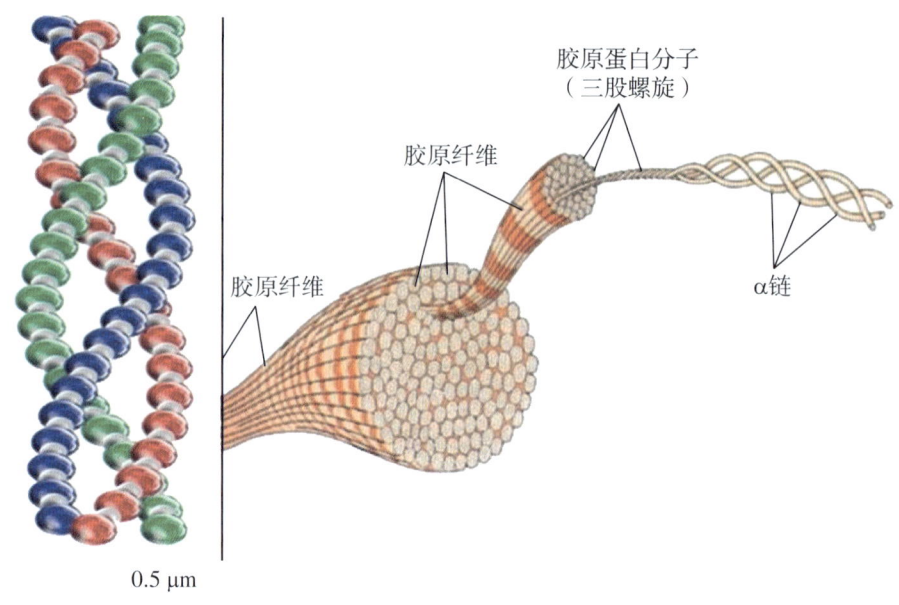

图 21-22 胶原蛋白的三股螺旋结构示意图

（二）在分子伴侣及酶的辅助下新生多肽链折叠成一定空间构象的蛋白质

新生肽链的折叠在肽链合成过程中或肽链合成结束后进行。一般认为，细胞中多数天然蛋白质的折叠不能自动完成，而需要其他酶、蛋白质的辅助参与。分子伴侣（chaperone）是参与蛋白质多肽链折叠的一类重要蛋白质家族，包括热激蛋白（heat shock protein，Hsp）和伴侣蛋白（chaperonin）等。其功能包括：①封闭待折叠蛋白质暴露的疏水区段；②创建一个隔离的环境，使蛋白质的折叠互不干扰；③促进蛋白质折叠和去聚集；④遇到应激刺激，使已折叠的蛋白质去折叠。

除分子伴侣外，蛋白质空间结构的正确形成还需其他重要的酶促反应。例如蛋白质二硫键异构酶负责在适当的半胱氨酸残基位置之间形成二硫键，肽酰 - 脯氨酸顺反异构酶可使肽链在脯氨酸弯折处形成正确折叠（图 21-23）。

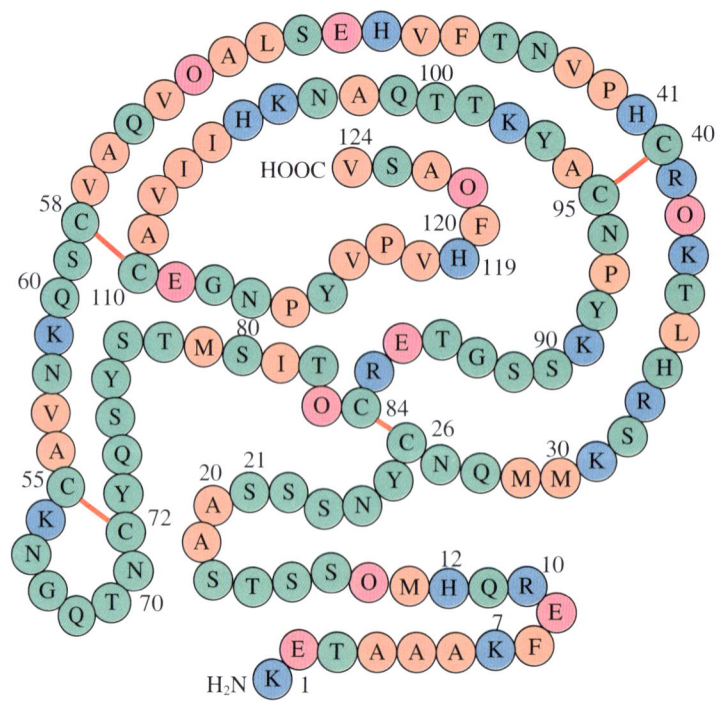

图 21-23 核糖核酸酶的二硫键（图中红色线条）

（三）亚基的聚合与辅基的连接

具有两个或两个以上亚基的蛋白质，在各个肽链合成后，要通过非共价键将亚基聚合形成多聚体，才具有生物学活性。例如，血红蛋白由 4 条多肽链聚合而成。在结合蛋白质的合成过程中，翻译生成的多肽链需要进一步与辅基结合。例如，糖蛋白的辅基——糖链是在多肽链合成后，通过糖苷转移酶的作用逐步加在多肽链上的。血红蛋白、脂蛋白等也是在肽链合成后再与相应的辅基（血红素、脂质）结合而成的（图 21-24）。

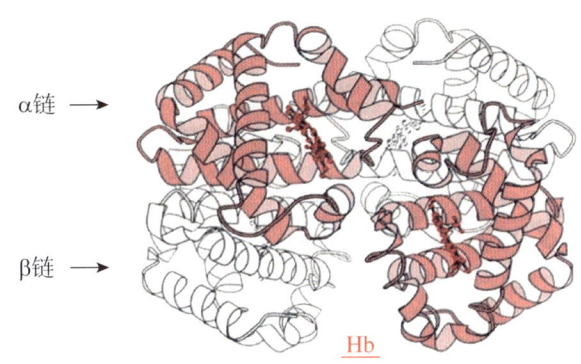

图 21-24　血红蛋白的结构

（四）氨基酸的翻译后修饰

蛋白质翻译后修饰（protein translational modifications，PTMs）包括磷酸化、糖基化、泛素化、亚硝基化、甲基化、乙酰化、脂质化等，是一种将上述功能基团以共价键方式添加到特定氨基酸残基的过程。这个过程是可逆的。PTMs 可以调控蛋白质的功能，细胞内定位及稳定性，进而影响多种生命过程及疾病发生。例如，特定组蛋白的乙酰化或甲基化是改变染色质结构及基因转录表观遗传调控的重要组成元件。

二、蛋白质合成后靶向运输至细胞特定部位

蛋白质在细胞质中被合成后，需要靶向运输到细胞的特定部位行使其功能或进行后续加工。

（一）糖基化

蛋白质糖基化修饰主要包括天冬酰胺的 N- 链接糖基化和丝氨酸 / 苏氨酸的 O- 链接糖基化，发生在内质网和高尔基复合体中。许多糖基化蛋白被运输到细胞表面或分泌到胞外，调节包括受体 - 配体结合、细胞间信号传导、免疫应答在内的多种重要生命过程。值得一提的是，肿瘤细胞中的大量蛋白质会发生糖基化异常，因此，血清中肿瘤细胞表面的糖蛋白标志物是肿瘤临床诊断的重要指标。此外，靶向肿瘤糖蛋白的疫苗或嵌合抗原受体 T 细胞等也成为很有前景的免疫治疗方法。

（二）信号肽（核蛋白，线粒体蛋白等）

真核生物蛋白质在核糖体上合成后，按照其功能需要，必须定向输送到特定的部位才能发挥作用。蛋白质靶向输送的信号存在于自身一级结构中。新生多肽链中往往存在特定的氨基酸序列，作为该多肽链最终去处的信号标志，指引着新生分泌蛋白质靶向输送的方向，称为信号序列

(signal sequence)。不同信号序列的氨基酸序列各不相同，靶向作用也各异。有的决定该蛋白质进入内质网，有的则决定其进入细胞核，或进入线粒体或其他亚细胞器等。信号肽序列比较保守（图 21-25）。

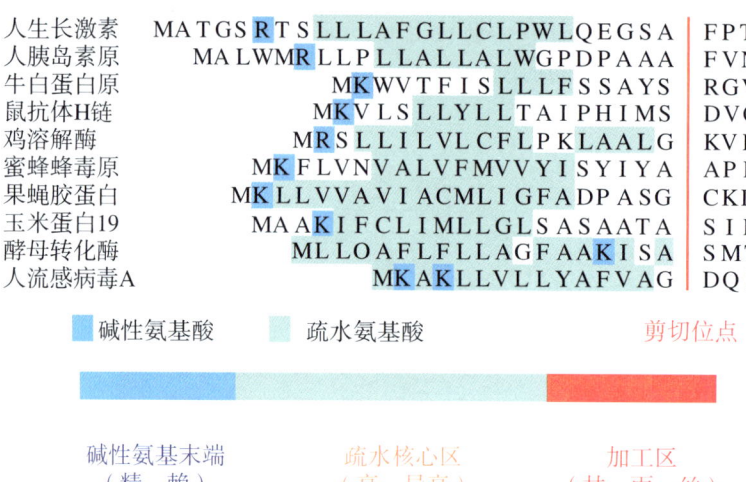

图 21-25 信号肽的一级结构

表 21-5 靶向输送蛋白质的信号序列

细胞器蛋白质	信号序列
内质网腔蛋白质	N 端信号肽，C 端 KDEL 序列（-Lys-Asp-Glu-Leu-COO–）
线粒体蛋白质	N 端 20～35 个氨基酸残基
核蛋白	核定位序列（-Pro-Pro-Lys-Lys-Lys-Arg-Lys-Val-，SV40T 抗原）
过氧化物酶体蛋白质	PST 序列（-Ser-Lys-Leu-）
溶酶体蛋白质	6-磷酸甘露糖

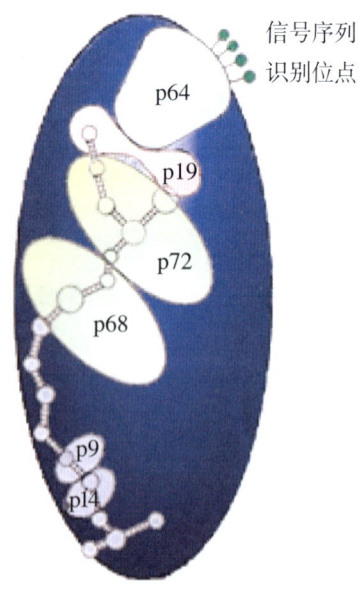

图 21-26 信号识别颗粒

信号识别颗粒（signal recognition particle，SRP）是一个长条状的结构，含有 6 种蛋白质和一个小的 7S RNA，此 7S RNA 提供蛋白质的结构骨架，没有这个骨架，单个的蛋白质就不能装配。被信号识别颗粒所识别的蛋白质有 5 种，分别是：内质网蛋白、高尔基复合体蛋白、溶酶体蛋白、细胞膜蛋白和分泌到胞外的蛋白质（胰岛素，消化酶等）。它们大多富含疏水性氨基酸（图 21-26）。

内质网蛋白、高尔基体蛋白、细胞膜蛋白、溶酶体蛋白和细胞外蛋白等蛋白质的 mRNA 先与游离的核糖体结合启动翻译，随着信号肽序列的合成，被基质中的信号识别颗粒（SRP）所识别。一旦 SRP 结合上信号肽之后，蛋白质合成暂停或减缓，信号识别颗粒通过粗面内质网表面的 SRP 受体结合将核糖体携带至内质网上，核糖体就与内质网膜上的核糖体受体结合，蛋白质合成重新开始。在信号肽的引导下，新合成的蛋白质通过肽转位复合物进入内质网腔。而信号肽序列则在信号肽酶的作用下被切除，蛋白质继续合成并完成折叠，最后定位的地方取决于蛋白质的序列是否还存在其他定位信号。那是不是所有的信号肽在完成其使命后都会被切除呢？有的信号肽完成使命后会被切除，例如胰岛素原前体的加工，前胰岛素原变成胰岛素原就是切除了 N 端的信号肽；有的信号肽则不需要被切除；有的信号肽在内部，不易被切除；还有的信号肽不能被切除。

只有内质网蛋白永远留在内质网内，原因是在内质网蛋白的 C 端含有内质网滞留信号——KDEL 序列。这个内质网滞留信号相当于细胞事先给内质网蛋白发的一张永久留在内质网的"绿卡"（图 21-27）。高尔基体蛋白等蛋白质没有内质网滞留信号，则以分泌小泡的形式离开，到达第二站——高尔基复合体。只有高尔基体蛋白永远留在高尔基复合体内，因为它们带有另外一段信号肽——高尔基复合体滞留信号。

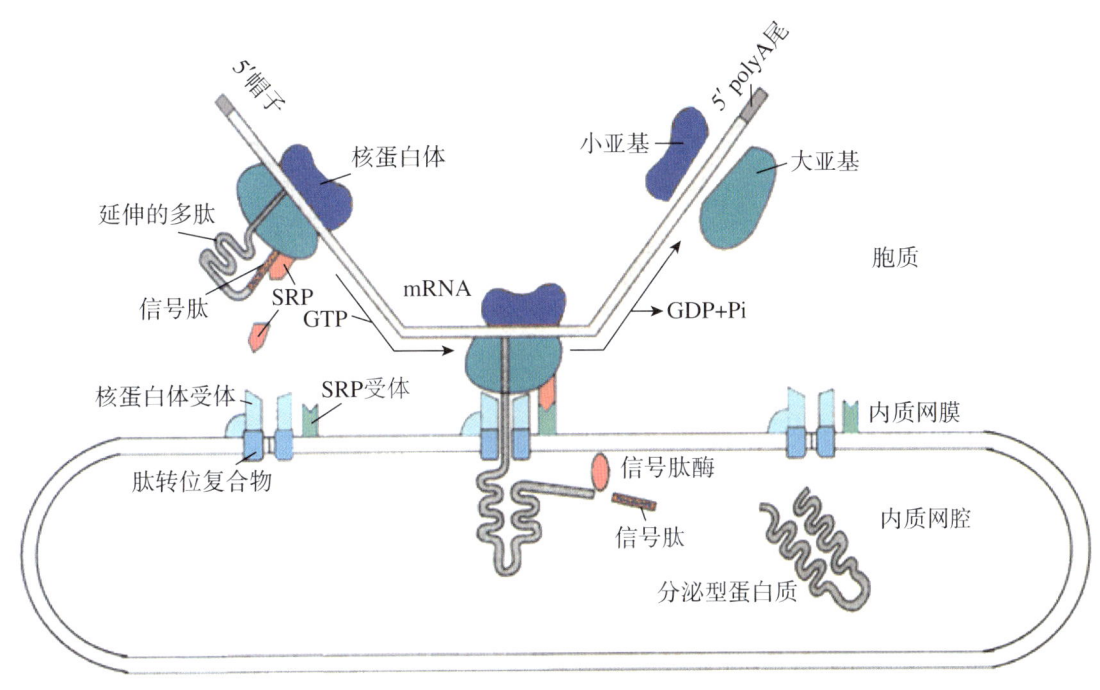

图 21-27　分泌型蛋白质的合成

细胞膜蛋白因为没有高尔基复合体滞留信号，以小泡的形式离开，它们带有一个信号肽，称为停止转移信号，这是一个跨膜的信号，这些蛋白质会定位在小泡的膜上，是一段疏水的氨基酸序列，小泡的膜会和细胞膜融合，定位在小泡膜上的蛋白质就会成为膜蛋白。没有定位在小泡膜上的蛋白质会在小泡的腔内以可溶性的形式存在，小泡的膜会与细胞膜融合，这些可溶性的蛋白质就会分泌到细胞外（图 21-28）。同样的溶酶体蛋白内部带有甘露糖 -6- 磷酸的信号肽，它在到达高尔基复合体后与甘露糖 -6- 磷酸的受体结合，形成运输小泡，再以分选小泡的形式到达其目的地——溶酶体（图 21-28）。

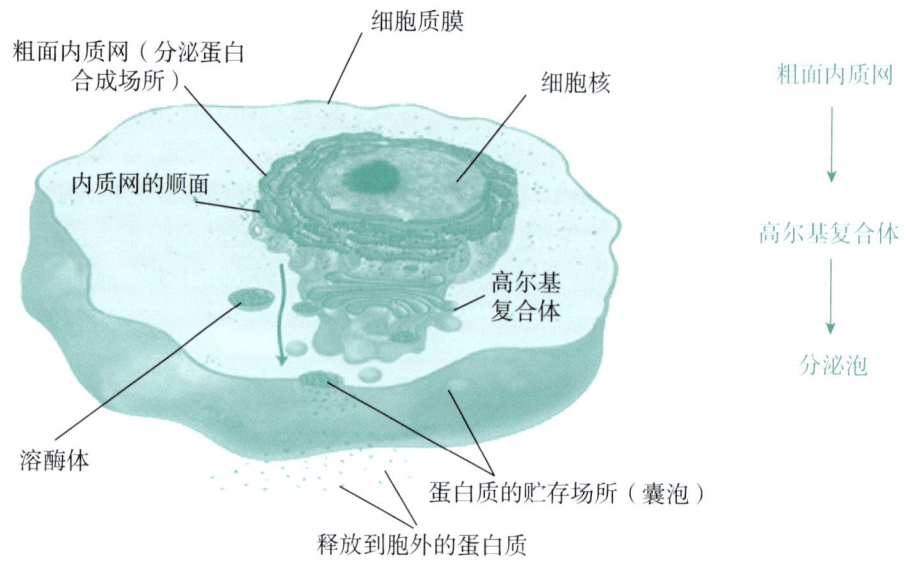

图 21-28 分泌型蛋白质合成后输送至细胞外

第五节　蛋白质合成与医学的关系

一、与蛋白质合成相关的可遗传疾病

（一）基因编码序列突变

由于 DNA 分子的基因缺陷，使 RNA 和蛋白质合成异常，导致机体某些结构与功能障碍，造成的疾病称为分子病（molecular disease）。不只是编码功能蛋白质的基因本身的突变，蛋白质合成的任何一步出现异常都可导致分子病。

根据三联密码和开放阅读框的阅读规律，有些编码区 DNA 碱基发生突变时，不一定都会在蛋白质水平产生影响，也不一定都会形成分子病，即基因型发生改变，但细胞表型不一定发生变化。例如 DNA 发生点突变时，如果突变位点恰好位于 mRNA 密码子的第三位碱基，而且由于该密码子的简并性，可能对应的氨基酸并没有发生改变，因而不会出现蛋白质编码异常，这种 DNA 突变称为沉默型突变（silent mutation）。

血红蛋白编码基因突变引起的疾病是研究最成熟的分子病之一。镰刀形红细胞贫血症是其中最典型的一种。这类患者血红蛋白 β 链中 N 端第 6 个氨基酸残基由正常的谷氨酸转变成缬氨酸，是由于其结构基因中相应的碱基由原来的 CTT 转变为 CAT 所致。缬氨酸带有疏水的侧链，暴露在表面，在低氧时可以与对侧血红蛋白 S（HbS）上的疏水口袋结合在一起。带有这种突变的 HbS 彼此聚合在一起，形成不溶性纤维，表现为镰形红细胞，细胞脆性增加，容易破裂产生溶血（图 21-29）。

镰状细胞贫血患者体内的红细胞　　　正常的红细胞

图 21-29　两种红细胞的形状模式图

框 21-2　分子病的发现过程

分子病是指由于基因或 DNA 分子的缺陷，致使蛋白质合成出现异常，从而导致蛋白质的功能障碍，并出现相应的临床症状，典型的分子病就是镰刀型红细胞贫血，前文已经阐述其发病机制。接下来讲一讲它的发现者——鲍林（L. Pauling）的故事。

1901 年，鲍林出生于美国俄勒冈的一个小镇，其父是药剂师。他自幼聪慧超群，博览群书，被誉为科学奇才。由于年少失怙，家道中落，鲍林 16 岁时就进入俄勒冈农学院学习化学。大学毕业后赴加州理工学院深造，迅速掌握了具有革命性的 X 射线晶体衍射技术，进行创造性工作。1925 年鲍林获博士学位，次年赴欧洲研究，将量子力学应用于化学。1927 年鲍林回国，从事化学键本质的研究，把经典的化学理论与量子力学相结合，从而改写了 20 世纪的化学。1931 年鲍林成为加州理工学院最年轻的教授，1933 年入选美国科学院院士，也是历史上最年轻的院士。

在 20 世纪 40 年代，鲍林在生物学上做出了两项重大的贡献：一是与科里（R. Corey）阐明了蛋白质的 α 螺旋结构；二是证明镰状细胞贫血是由于血红蛋白的变异所致，说明人的遗传性疾病是由于突变基因表达所产生的异常蛋白质，由此率先提出了分子病的概念。1957 年，英格拉姆（V. Ingram）证明，镰状细胞血红蛋白（HbS）是由于血红蛋白中的谷氨酸被缬氨酸所取代。20 世纪 60 年代初，朱克坎德（E. Zuckerkandl）和鲍林提出，通过比较不同物种的同源蛋白质来确定不同物种的亲缘关系。这种方法后来被普遍使用，成为确定不同物种的亲缘关系最重要的方法之一。但是自此以后，他开始热衷于政治。1958 年 1 月，他向联合国秘书长递交了由他起草并征得 49 个国家的 11 000 多位科学家签名的《科学家反对核武器试验宣言》，要求缔结一项停止核武器试验的国际协定。诺贝尔委员会宣布把 1962 年的和平奖授予这位坚持不渝的反核斗士。

鲍林是迄今唯一一位被授予两个非共享的诺贝尔奖的获得者。

小测试21-6：你知道还有哪些疾病属于分子病吗？

（二）mRNA 翻译的错误

除了阅读框内蛋白质编码序列的突变，许多疾病与 mRNA 非编码 5′-UTR 区域的突变高度相关。例如，血小板生成素基因 5′-UTR 突变会导致此蛋白质翻译水平大幅升高，从而引发遗传性血小板增多症。

(三)蛋白质合成中起始因子、延伸因子及释放因子的突变

真核生物起始因子 eIF2 突变会导致一种神经退行性疾病,病症为大脑中的神经细胞退化。小鼠延伸因子突变会引起神经-运动失调。人释放因子 eRF3 的突变则会使胃癌发病的概率提高 20 倍。

(四)核糖体组分突变

多种核糖体蛋白或组装因子的突变都会导致疾病,包括核糖病(ribosomopathy)与癌症。分子病先天性纯红细胞再生障碍性贫血就是由编码核糖体蛋白的 *RPS19* 基因突变导致的。

(五)tRNA 相关突变

tRNA 相关突变可能导致 tRNA 数量或功能的改变,从而导致疾病。例如,甘氨酰 tRNA 合成酶的突变会导致甘氨酰 tRNA 不能有效地将甘氨酸残基运输到核糖体,因此蛋白质合成被抑制,引发一种遗传性神经退行性疾病,导致运动和感知障碍。

二、蛋白质合成障碍的相关疾病

(一)缺铁性贫血

缺铁时,血红素合成减少。血红素的不足可引起网织红细胞中蛋白质的合成障碍,其机制与真核生物蛋白质合成的起始因子 eIF2 的磷酸化有关。哺乳动物起始因子 eIF2 可与 GTP 及 Met-tRNA$_i^{Met}$ 组成三元复合物,然后与 40S 小亚基结合,形成 40S 前起始复合体。随后,GTP 水解为 GDP,40S 前起始复合体与 60S 大亚基缔合成 80S 起始复合体,并释放无活性的 GDP-eIF2。在鸟苷酸交换因子(guanyl nucleotide exchange factor,GEF)作用下,eIF2 上的 GDP 被 GTP 取代,成为有活性的 eIF2-GTP。网织红细胞中缺乏血红素时,可激活 eIF2 蛋白激酶,催化 eIF2-GDP 中的蛋白质磷酸化。eIF2 被磷酸化后与 GEF 的亲和力大为增强,两者黏着,互不分离,妨碍 GEF 发挥催化作用,因而 eIF2-GDP 难以转变为 eIF2-GTP。由于网织红细胞所含 GEF 较少,所以只要有 30% 的 eIF2 被磷酸化,GEF 即失去活性,使包括血红蛋白在内的所有蛋白质合成完全停止,临床易出现贫血(图 21-30)。

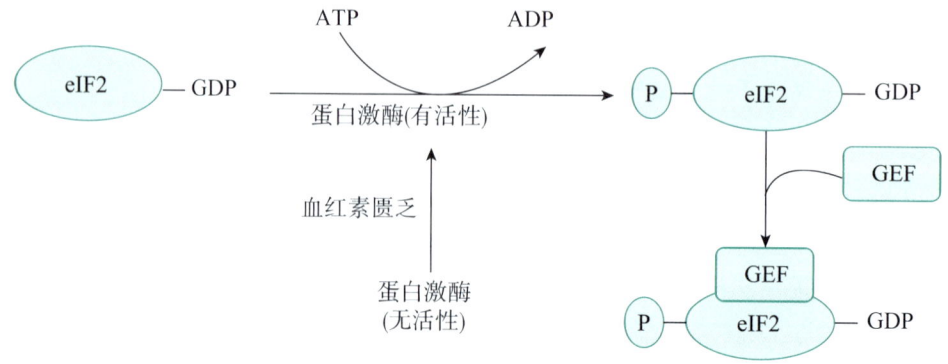

图 21-30 血红素匮乏抑制蛋白质合成的分子机制

（二）病毒影响宿主蛋白质合成

脊髓灰质炎（小儿麻痹症）因脊髓灰质炎病毒感染引起，涉及一种翻译启动因子组分的降解。脊髓灰质炎病毒曾造成千百万儿童的残障。现在人类已可用疫苗成功地控制脊髓灰质炎的发生。但脊髓灰质炎病毒感染细胞引起该病的致病机制，仍是一个有待回答的问题。研究发现，该病毒感染细胞后，能有效抑制宿主细胞的蛋白质合成，这种抑制发生在翻译水平。进一步分析发现宿主细胞中的翻译起始因子 eIF4F 中的一个亚基（分子量为 220 kD）被降解。该起始因子在正常情况下可促使 mRNA 5′ 端解旋，以利于翻译的起始。真核细胞 mRNA 5′- 端带有帽结构；这些有"帽"mRNA 的翻译需要起始因子 eIF4F 的参与。脊髓灰质炎病毒属于 RNA 病毒，它的 mRNA 较特殊，无帽结构。因此不少学者认为该病毒感染细胞后，使帽结合蛋白失去作用，从而特异地抑制了宿主细胞的蛋白质合成。而病毒自身的 mRNA 无帽，其翻译起始不依赖于 eIF4F 的存在，仍可进行，使病毒能有效地利用宿主细胞的能量及蛋白质合成其结构而生存和繁殖。

在 2020 年导致全球 COVID-19 大流行的病毒 SARS-CoV-2 也通过影响宿主蛋白翻译过程的各个方面抑制宿主蛋白质的合成，而"绑架"宿主核糖体来促进自身蛋白质的表达。例如，病毒 Nsp1 蛋白可以结合宿主核糖体小亚基，阻塞宿主 mRNA 的翻译，但病毒 RNA 的翻译则不受影响。另有研究证明，病毒还可以通过阻碍宿主 mRNA 出核，从而隔离 mRNA 与核糖体，进而达到抑制宿主蛋白质合成的目的。

三、蛋白质生物合成的阻断剂

（一）抗生素类阻断剂

多种抗生素可以作用于从 DNA 复制到蛋白质合成的遗传信息传递的各个环节，阻抑细菌或癌细胞的蛋白质合成，从而发挥药理作用（表 21-6）。例如，丝裂霉素、博来霉素及放线菌素等可抑制 DNA 的模板活性，利福霉素能抑制细菌的 RNA 聚合酶，因此它们均能通过影响转录来阻抑蛋白质的合成。另一些抗生素则主要影响翻译过程。例如，四环素族抗生素能与细菌核糖体小亚基结合，使其变构，从而抑制氨基酰 -tRNA 进位；链霉素则抑制细菌蛋白质合成的起始阶段，干扰蛋白质合成；氯霉素能与细菌核糖体大亚基结合，抑制转肽酶活性，使肽酰 -tRNA 提前脱落，进而提前终止蛋白质的合成。

表 21-6 抗生素对蛋白质生物合成的抑制作用

抗生素	作用阶段	作用原理	主要用途
四环素、土霉素、金霉素	翻译起始	与原核生物核糖体小亚基结合，抑制氨酰 -tRNA 与小亚基结合	抗菌药
链霉素、新霉素、巴龙霉素	翻译起始	结合原核生物核糖体小亚基，改变其构象，引起读码错误	抗菌药
氯霉素、林可霉素、红霉素	肽链延长	结合原核生物核糖体大亚基，抑制转肽酶，阻断肽链延长	抗菌药
伊短菌素	翻译起始	结合原核生物、真核生物核糖体小亚基，阻碍翻译起始复合物的形成	抗病毒药
嘌呤霉素	肽链延长	与酪氨酰 -tRNA 结构类似，可与原核生物、真核生物核糖体 A 位结合，使肽酰 -tRNA 脱落	抗肿瘤药

续表

抗生素	作用阶段	作用原理	主要用途
放线菌酮	肽链延长	结合真核生物核糖体大亚基，抑制转肽酶，阻断肽链延长	医学研究
夫西地酸	肽链延长	抑制 EF-G，阻止转位	抗菌药
大观霉素	肽链延长	结合原核生物核糖体小亚基，阻止转位	抗菌药

（二）毒素蛋白

常见的抑制人体蛋白质生物合成的毒素蛋白包括细菌毒素与植物毒蛋白。

1. 细菌毒素 细菌毒素与细菌的致病性密切相关，可以分为两种：外毒素（exotoxin）和内毒素（endotoxin）。菌体的外毒素大多是蛋白质，如白喉棒状杆菌、破伤风梭菌、肉毒梭菌等分泌的毒素。而菌体的内毒素是脂多糖和蛋白质的复合体，如赤痢杆菌、霍乱弧菌及铜绿假单胞菌等产生的毒素。

白喉毒素是白喉棒状杆菌产生的毒蛋白，由 A、B 两链组成。A 链有催化作用；B 链可与细胞表面特异受体结合，帮助 A 链进入细胞。进入胞质的 A 链可催化延长因子 eEF2 进行 ADP 糖基化修饰，生成 eEF2-ADP-核糖衍生物，使 eEF2 失活，从而抑制真核生物的蛋白质合成。白喉毒素的毒性很大，对豚鼠、兔类甚至人类的致死剂量为每千克体重 50～100 μg。

铜绿假单胞菌也是毒力很强的细菌，它的外毒素 A（exotoxin A）与白喉毒素相似，通过分子中的糖链与细胞表面相互作用而进入细胞，裂解为 A、B 两条链。A 链具有酶活性，以白喉毒素 A 链同样的作用方式抑制蛋白质的生物合成。

志贺杆菌可引起肠伤寒，其毒素也可抑制脊椎动物的肽链延长，其作用机制与白喉毒素有所不同。志贺毒素（Shigella toxin）不含糖，由 1 条 A 链与 6 条 B 链构成。B 链介导毒素与靶细胞受体结合，帮助 A 链进入细胞。A 链进入细胞后裂解为 A1 与 A2。A1 具有酶活性，使大亚基灭活，导致 tRNA 进位或移位发生障碍。

2. 植物毒蛋白 某些植物毒蛋白也是肽链延长的抑制剂。如红豆所含的红豆碱（abrine）与蓖麻子所含的蓖麻蛋白（ricin）都可与真核生物核糖体的大亚基结合，抑制其肽链的延长。蓖麻蛋白毒力很强，对于某些动物，每千克体重仅 0.1μg 即足以致死。该蛋白质亦由 A、B 两链组成，两者以二硫键相连。B 链具有凝集素的功能，可与细胞膜上含乳糖苷的糖蛋白（或糖脂）结合，还原二硫键；A 链具有核糖苷酶的活性，可与大亚基结合，切除 28S rRNA 的第 4324 位腺苷酸，间接抑制 eEF2 的作用，阻断肽链延长。A 链在无细胞蛋白质合成体系时可单独起作用，但在完整细胞中必须有 B 链存在才能进入细胞，抑制蛋白质的生物合成。

蓖麻蛋白与白喉毒素两条链相互配合的作用模式给予人们启示，提出以抗肿瘤抗体起引导作用，与这类毒素的毒性肽结合，然后引入人体，定向附着于癌细胞而起抗肿瘤的作用。这种经人工改造的毒素称为免疫毒素（immunotoxin）。然而，由于对传染病的预防注射，人体内常具有白喉毒素的抗毒素，所以用白喉毒素制备免疫毒素时，可因人体内白喉抗毒素的存在而削弱其作用。但人体内通常没有对抗蓖麻蛋白的抗毒素，故使用蓖麻蛋白制备免疫毒素优于白喉毒素。

除蓖麻蛋白等由两条肽链组成的植物毒素外，还有一类单肽链、分子量在 30 kD 左右的碱性植物蛋白质，也起到核糖体灭活蛋白（ribosome-inactivating protein）的作用，如天花粉蛋白、皂草素、苦瓜素等。这类毒素具有 RNA 糖苷酶的活性，可使真核生物核糖体的大亚基失活，其原理与蓖麻蛋白 A 链相同。

第二十一章　蛋白质的合成

小　结

翻译是中心法则中遗传信息由 mRNA 向蛋白质传递的重要过程。翻译体系由氨基酸、mRNA、tRNA、氨酰-tRNA 合成酶、核糖体（包括蛋白质和 rRNA）、蛋白质因子、供能物质（ATP、GTP）、无机离子（Mg^{2+}、K^+）等组成。tRNA 反密码子识别 mRNA 携带遗传密码，并将游离氨基酸残基运载到蛋白质的"装配机"——核糖体上。翻译过程包括氨基酸的活化与转运、起始复合体形成、肽链延长和肽链合成的终止。每生成一个肽键，至少需要消耗 4 个高能磷酸键。蛋白质在肽链合成后，需经过氨基和羧基末端修饰、前体的剪切、糖基化、加脂、磷酸化、羟化等加工修饰。合成的蛋白质伴有靶向运输的过程。蛋白质合成的阻断剂与医学有密切关系，如白喉毒素等可特异地抑制真核生物的蛋白质合成，氯霉素、链霉素、四环素等可特异性抑制原核生物的蛋白质合成，嘌呤霉素则可以抑制原核和真核生物的肽链延长。

整合思考题

1. 请设计一个能够进行蛋白质合成的实验体系。
2. 请说明 RNA 在蛋白质合成中的作用。
3. 大肠埃希菌的蛋白质合成是如何进行的？
4. 试比较大肠埃希菌和酵母细胞内蛋白质合成过程的异同。
5. 请说明在蛋白质生物合成过程中，如何保证翻译产物（蛋白质）的正确性？
6. 蛋白质合成后的修饰方式主要有哪些？
7. 结合真核生物基因的转录和蛋白质合成过程，请简述真核生物基因如何最终表达出成熟的蛋白质？

参考答案

（韩丽敏　李　兵）

第二十二章 基因表达调控

导学目标

通过本章内容的学习，学生应能够：

※ 基本目标

1. 描述基因表达的概念及其时空特异性，基因表达的方式，管家基因，基因表达调控的特点及意义，操纵子和原核生物基因表达调控的特点和方式，染色质结构和真核生物基因表达调控的特点和方式。
2. 复述顺式作用元件和反式作用因子的概念及作用，染色质结构的调节及对基因表达的影响，真核生物启动子的类型、特点及作用，增强子的概念、功能及其作用特征，转录因子的概念、作用、种类及结构特点，翻译及翻译后调控的常见方式及调控原理，小分子 RNA 和长非编码 RNA 在基因表达调控中的作用。
3. 举例说明操纵子的概念、结构、调节机制和意义。
4. 分析转录起始复合物的形成及调节，转录后调控方式及调控原理。

※ 发展目标

1. 举例说明基因表达异常与疾病的关系，并理解其发生的分子机制。
2. 根据基因表达的时空特异性特点，利用所学生物化学技术设计研究某一蛋白质表达的基本方案，并思考该蛋白质的作用及该研究的意义。

案 例

案例解析

患者，女性，37 岁，已婚，入院前 8 个月无意中触及左侧乳房有一拇指大无痛性肿物，局部无红热，未予注意和治疗。近 2 个月来肿物越来越大，至今已鹅蛋大小，故来就医。经检查确诊为乳腺癌，行乳腺癌皮下腺体切除一期成形术。术后病理显示：右乳浸润性导管癌，腋淋巴结（0/12），ER（+），PR（-），Her-2（+++），BRCA1 多发突变。该患者母亲 40 岁时确诊为乳腺癌。

问题：

1. 什么是基因突变、基因扩增和基因表达？三者关系如何？
2. 该病例为什么要进行 BRCA 突变以及 ER、PR 和 HER-2 等的检测？在临床工作中有何指导意义？

第一节　基因表达调控的基本概念及特点

一、基因、基因表达和基因表达调控

基因（gene）是指携带特定遗传信息的 DNA 片段，包括：编码序列、非编码的调节序列和内含子序列。基因组（genome）是细胞或生物体的全套遗传物质，即载有遗传信息的全部 DNA，包括所有染色体上的 DNA，对于真核生物，其基因组还包括线粒体中的 DNA。基因组控制着生物体的生长发育及所有生命活动。不同生物体基因组的大小变化很大，如乙肝病毒（HBV）是已知最小的感染人类的 dsDNA 病毒，其基因组大小约为 3200 bp。酿酒酵母（*Saccharomyces cerevisiae*）常被用作生物学研究中的真核模式生物，其基因组大小约为 12 Mb。人类基因组的大小约为 3 Gb，包括细胞核染色体基因组和细胞质内线粒体基因组。人类细胞核染色体基因组中含基因 2 万~3 万个，大约有一半为不同的重复序列。

基因表达（gene expression）就是在一定的协调控制下，基因经过转录、翻译等过程产生具有生物学活性的 RNA 或蛋白质的过程。基因表达调控（regulation of gene expression）是指细胞或生物体接受环境信号刺激或适应环境营养供给状况的变化在基因表达水平上做出应答的分子机制。在某一特定的时期或生长阶段，基因组中只有小部分基因处于表达状态。某些基因表达会随时间和环境的变化而变化，例如，在个体发育的不同阶段，发育相关的基因会随发育阶段不同而呈现不同的表达状态。又如当摄入的食物改变或耗尽时，在特定代谢途径中所需的酶的表达量就会随之改变。基因表达调控研究是利用各种分子生物学技术在细胞和个体水平认识基因表达的规律及其调节机制，同时探索这些表达规律及调节机制与细胞或个体分化、发育的关系，或个体与环境适应的关系。

二、基因表达的特点

所有生物的基因表达都遵循严格的规律，生物物种越高级，基因表达规律越复杂，越精细。

（一）时间特异性

某一特定基因的表达严格按一定的时间顺序发生，这就是基因表达的时间特异性（temporal specificity）。多细胞生物在从受精卵发育成个体的各个阶段都会有基因严格按一定的时间顺序开启或关闭，表现为与分化、发育阶段一致的时间性。因此，多细胞生物基因表达的时间特异性又称阶段特异性（stage specificity）。一般在胚胎时期基因开放的数量最多，随着分化发展，在不同的发育阶段，细胞中某些基因关闭（turn off），而某些基因开放（turn on）。例如，哺乳类乙酰胆碱受体（acetylcholine receptor, AChR）分胚胎型和成年型。胚胎型的亚基组成为 $\alpha_2\beta\gamma\delta$，成年型的亚基组成为 $\alpha_2\beta\epsilon\delta$；胚胎期表达 γ 亚基基因，ε 亚基基因不表达，而出生后 γ 亚基基因关闭，ε 亚基基因表达。又如，人甲胎蛋白（alpha-fetoprotein, AFP）基因在胚胎时期高表达，成年后该蛋白表达降低，几乎检测不到。但当肝细胞发生转化形成肝癌细胞时，*AFP* 基因被重新激活，会合成大量 AFP。因此，成人血浆中 AFP 的水平可以作为肝癌早期诊断的一个重要指标。

（二）组织特异性

小测试22-1：举例说明基因表达的时间特异性和空间特异性。

在多细胞生物个体生长、发育过程中，不同组织细胞中表达的基因数量、种类和表达强度各不相同，同一基因在不同组织或器官的表达程度也可有所不同，这被称为基因表达的空间特异性（spatial specificity），又称细胞特异性（cell specificity）或组织特异性（tissue specificity）。细胞特异的基因表达状态，决定了这个组织细胞特有的形态和功能。例如肝细胞中涉及编码鸟氨酸循环的酶类的基因表达水平高于其他组织细胞，合成的某些酶（如精氨酸酶）为肝所特有；胰岛素只在胰岛β细胞中合成等。如果基因表达调控发生变化，细胞的形态与功能也会随之改变。人肺组织并不合成降血钙素（calcitonin，CT），但某些肺组织细胞癌变时，合成降血钙素的基因会被激活，从而分泌降血钙素，引起血钙降低的症状。

三、基因表达的多种方式

生物只有适应环境才能生存。当外界的营养、温度、湿度、酸度等条件发生变化时，生物体就会调整体内相应功能蛋白质的种类和数量，改变基因表达状况来适应环境。但由于不同种类的生物遗传背景不同，即使同种生物，不同个体的生活环境也不完全相同，加之不同的基因功能和性质不同，对内外环境刺激信号的反应也不同。因此，基因的表达方式存在很大差异。根据对刺激的反应敏感性，可以将基因表达大致分为两类。

（一）组成性表达

基因基础表达是一类不易受环境变化而改变的基因表达，又称组成性表达（constitutive expression）。其中某些基因表达产物是细胞或生物体整个生命过程中都持续需要或必不可少的，这类基因称为管家基因（house-keeping gene）。管家基因表达水平受环境因素影响小，在个体各个生长阶段的大多数或几乎全部组织中持续表达。例如，β-肌动蛋白（β-actin）和微管蛋白α（α-tubulin）等都属于此类基因范畴。将这类基因表达称为基本基因表达或组成性基因表达。基本基因表达只受启动子与RNA聚合酶相互作用的影响，很少受其他机制调节。

（二）可调节基因表达

与管家基因不同，另一些基因表达极易受外界环境变化的影响，称为可调节基因表达（regulated gene expression）。随环境变化基因表达水平增强的过程称为诱导（induction），该过程中被激活的基因称为可诱导基因（inducible gene）。例如，DNA损伤时，修复酶编码基因就会被诱导激活，使修复酶产生增多。相反，随环境变化基因表达水平减弱的过程称为阻遏（repression）。如果基因对环境信号应答时被抑制，这种基因称为可阻遏基因（repressible gene）。例如，当培养基中色氨酸供应充分时，在细菌内与色氨酸合成相关酶的编码基因就会被抑制。诱导和阻遏是同一事物的两种表现方式，在生物界普遍存在，是生物体适应环境的基本方式。

（三）协同表达

整体水平的基因表达方式是在一定机制控制下，功能上相关的一组基因，无论其为何种表达方式，均需协调一致、共同表达，即为协同表达（coordinated expression），这种调节称为协同调节。如：在生物体内，一个代谢途径通常由一系列化学反应组成，需多种酶参与。此外，还需要多种蛋白质参与物质的转运。这些酶和蛋白质需协调一致，共同表达，确保代谢正常进行。

四、基因表达的调节

基因表达受顺式作用元件和反式作用因子的共同调节。DNA元件、RNA聚合酶和调节蛋白是转录起始调节的三大要素。DNA元件（DNA element）是指具有调节功能的特异DNA序列。这些DNA调节序列与被调控的编码序列位于同一条DNA链上，称为顺式作用元件（cis-acting element）。在原核生物中主要通过操纵子发挥作用，其顺式作用元件包括启动序列和操纵序列。真核生物中没有操纵子，参与真核基因转录调节的DNA序列比原核更为复杂。真核生物的顺式作用元件根据其在基因中的位置、转录激活作用的性质及发挥作用的方式，可分为启动子、增强子及沉默子三类。启动子（promoter）是指RNA聚合酶识别和结合位点周围的一组转录控制组件，包括转录起始位点和一个以上的机能组件，是转录调控的基础元件，决定基因的基本表达，常含有共有序列TATA盒（-25～-30区）、GC盒和CAAT盒（-40～-110区）。此外还包括正性调节元件增强子（enhancer）和负性调节元件沉默子（silencer），二者共同决定基因的组织特异性表达。

五、基因表达调控的多层次的复杂过程

多细胞有机体在生长、分化和发育过程中需要整合不同组织的、发育的、环境的信号调节基因表达，基因表达调控体现在基因表达的全过程中，以便有序且适量表达相应基因产物。原核生物基因表达的调控可以发生在基因激活、转录和翻译3个层次及RNA、蛋白质的稳定性方面。真核生物基因表达调控层次更复杂，包括基因水平、转录水平、转录后水平、翻译水平和翻译后水平等。就整个基因表达调控而言，无论真核生物还是原核生物，对转录水平，尤其是转录起始水平的调节是最主要的调节方式，转录水平上的调控最为经济、灵活、重要和复杂，即转录起始是基因表达的最基本、最关键的控制点。转录起始是RNA聚合酶与DNA序列相互作用的结果。基因表达的转录起始调节与基因的结构及性质、细胞内存在的转录调节蛋白及生物个体或细胞所处的内、外环境均有关。

六、基因表达调控的生物学意义

基因表达调控是生物体适应环境及维持生长的重要分子机制，对于认识生命及疾病发病机制等有着广泛的生物学意义。

（一）适应环境、维持生长和增殖

生物体所处的内外环境总在不断变化，为了适应这种变化着的环境，生物细胞就必须做出适当的反应，这就与某种或某些蛋白质分子的功能有关。而这些功能蛋白质分子的变化则是由编码它们的基因表达与否、表达水平高低等状况决定的。通过一定的程序调控基因的表达，可使生物体表达出合适的蛋白质分子，以便更好地适应环境，维持其生存、生长及功能。例如，当环境中葡萄糖供应充足时，细菌体内利用葡萄糖的酶的基因表达增强，利用其他糖类酶的基因关闭；当葡萄糖耗尽而有乳糖存在时，利用乳糖酶的基因则表达，此时细菌利用乳糖作为碳源，维持生长和增殖。高等动物体内更加普遍地存在适应性表达的方式。

(二)维持细胞分化与个体发育

多基因表达调控的另一个意义在于维持细胞分化和个体发育。在多细胞生物生长发育的不同阶段,细胞中蛋白质分子种类和含量变化很大,即使在同一生长发育阶段,不同组织器官内蛋白质分子分布也存在很大差异,这些差异是调节细胞表型的关键。高等哺乳类动物各种组织、器官的发育、分化都是由一些特定基因控制的。当某种基因缺陷或表达异常时,就会出现相应组织或器官的发育异常。

第二节 原核基因表达调控

原核生物(prokaryote)大多是单细胞生物,没有成形的细胞核,无核膜包裹,只存在被称作核区的裸露 DNA。原核生物的基因组结构比较简单,是闭合环状的双链 DNA 分子构成的单倍体基因组。该 DNA 分子存在于细胞中央的一个相对致密的区域,该区域称作类核(nucleoid)。因此,原核生物基因的转录和翻译可以同时进行。另外,原核生物基因是连续的,通常几个功能相关的结构基因紧密地串联在一起,受同一个控制区调节,从而形成了原核生物基因组上特有的操纵子结构。操纵子(operon)是原核生物基因表达及调控的基本单位。原核生物的基因表达调控是多级调控,以操纵子模型为单位在转录和翻译相关环节上的调控就成为原核生物基因表达调控的重要内容。

一、原核生物基因表达的转录水平调控

原核生物基因的转录调控主要涉及转录调控的 DNA 元件、RNA 聚合酶和调节蛋白。DNA 元件是指具有调节功能的特异 DNA 序列,这些 DNA 调节序列与被调控的编码序列位于同一条 DNA 链上,称为顺式作用元件。原核生物大多数基因的启动序列是原核生物典型的顺式作用元件。大肠埃希菌的 RNA 聚合酶由 σ 亚基(或称 σ 因子)和核心酶($\alpha 2\beta\beta'\omega$)构成,其中 σ 因子的作用是识别和结合 DNA 模板上的启动序列,启动转录过程(详见第二十章"RNA 的合成"相关内容)。RNA 聚合酶结合启动子所覆盖的序列范围一般为 $-40 \sim +20$ 区域,一旦其他蛋白质结合到这一区域,则可影响 RNA 聚合酶的活力。原核生物在转录水平的调控主要取决于转录起始速度,也即转录起始复合物形成的速度。原核基因调节蛋白分为三类:特异因子、阻遏蛋白和激活蛋白。特异因子决定 RNA 聚合酶对启动序列的特异性识别及结合能力。大肠埃希菌 RNA 聚合酶的 σ 亚基就是一种典型的特异因子。阻遏调控是原核生物基因表达调控的基本方式。阻遏蛋白可以特异地与操纵序列结合或解离,从而引起结构基因的阻遏或去阻遏,这种阻遏蛋白参与的基因开关调控是原核生物基因表达调控的重要机制。激活蛋白可结合启动序列邻近的 DNA 序列,促进 RNA 聚合酶与启动序列的结合,增强 RNA 聚合酶活性,介导正性调节。原核生物的阻遏蛋白和激活蛋白多为顺式作用蛋白质(cis-acting protein),一般由基因本身编码并只作用于表达它的 DNA 序列上的蛋白质。

(一)原核基因转录调控的基本单位

1. 操纵子的基本结构 原核生物的绝大多数基因是按其功能相关性串联排列在染色体上的,多个相关功能的结构基因常串连在一起,形成一个基因簇,依赖同一调控序列对其转录进行调

节，使这些相关基因实现协调表达，称为操纵子（operon）。原核生物的多数基因以操纵子为转录单位（transcription unit）。一个操纵子通常由 2 个以上功能相关的结构基因串联在一起，共同受其上游的调控区调节，在同一启动子控制下可转录产生几个结构基因的串联转录产物，这种由几个结构基因串联在一起的转录产物被称作多顺反子 RNA（polycistronic RNA）。调控区由启动序列（promoter，P）和操纵序列（operator，O）串联组成。启动序列是与 RNA 聚合酶结合后启动转录的特异 DNA 序列。在原核启动序列的转录起始点上游往往存在一些相似序列，称为共有序列（consensus sequence）（图 22-1）。例如，大肠埃希菌启动序列的 -10 区域是 TATAAT 一致序列，又称 Pribnow 盒；在 -35 区域为 TTGACA 一致序列。一致序列决定着启动序列的转录活性。

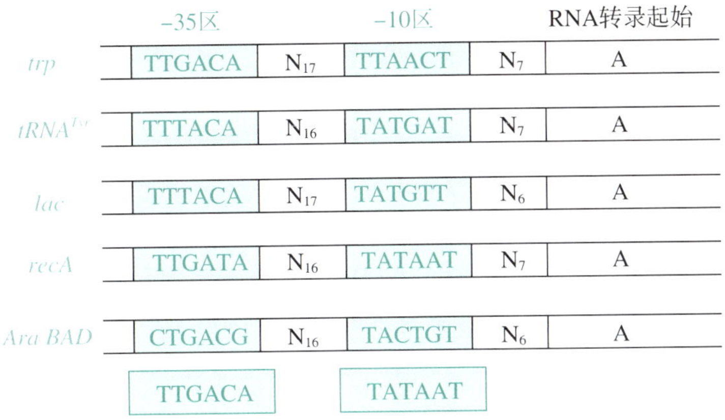

	−35区		−10区		RNA转录起始
trp	TTGACA	N_{17}	TTAACT	N_7	A
tRNA^{tyr}	TTTACA	N_{16}	TATGAT	N_7	A
lac	TTTACA	N_{17}	TATGTT	N_6	A
recA	TTGATA	N_{16}	TATAAT	N_7	A
Ara BAD	CTGACG	N_{16}	TACTGT	N_6	A
	TTGACA		TATAAT		

图 22-1 原核生物启动序列中常见的一致序列

trp．色氨酸操纵子；*tyr*．酪氨酸操纵子；*lac*．乳糖操纵子；*recA*．组氨酸操纵子；*Ara BAD*．阿拉伯糖操纵子

操纵序列是原核阻遏蛋白的结合位点，一般与启动序列邻近。操纵序列与阻遏蛋白的结合会阻碍 RNA 聚合酶与启动序列的结合，或使 RNA 聚合酶不能沿 DNA 向下游移动，从而抑制转录，由此介导负性调节，因此可认为操纵序列是控制 RNA 聚合酶能否转录的"开关"。原核操纵子还有一些具有正性调节功能的 DNA 序列，可结合激活蛋白，使 RNA 聚合酶活性增强，促进转录激活。乳糖操纵子是最早发现的原核生物转录调控模式。下面以大肠埃希菌的乳糖操纵子（lac operon）为例，介绍原核生物的操纵子调控模式。

框 24-1 操纵子学说

1961 年，法国科学家 J·L·Monod 和 F·Jacob 发表了"蛋白质合成中的遗传调节机制"一文，其中提出了操纵子学说，该学说开创了基因调控的研究，是继 DNA 结构以来又一项重大成就。4 年后，二人荣获了诺贝尔生理学或医学奖。

2．乳糖操纵子的诱导型调控 乳糖操纵子是编码乳糖代谢酶的一段基因序列，包括编码乳糖系统阻遏物的 DNA 序列、操纵序列和一组与乳糖代谢相关的基因。大肠埃希菌的乳糖操纵子含 Z、Y 及 A 3 个结构基因，分别编码 β- 半乳糖苷酶（β-galactosidase）、通透酶（permease）和乙酰基转移酶（transacetylase）。此外，还有一个启动序列 P、一个操纵序列 O 及阻遏基因 I 的启动序列（P_I）（图 22-2）。I 基因编码一种阻遏蛋白，后者与 O 序列结合使操纵子受阻遏而处于关闭状态。在启动序列 P 上游还有一个分解代谢基因激活蛋白（catabolite gene activator protein，CAP）结合位点。由 P 序列、O 序列和 CAP 结合位点共同构成乳糖操纵子的调控区。3 个酶的编码基因 Z、Y 和 A 即由同一调控区调节，共同表达或关闭。乳糖操纵子是典型的诱导型调控，乳糖代谢酶基因的表达依赖于环境中是否存在乳糖。当环境中没有乳糖时，这些基因处于关闭状态；当环境中有乳糖时，这些基因才被诱导开放，合成代谢乳糖所需要的酶。

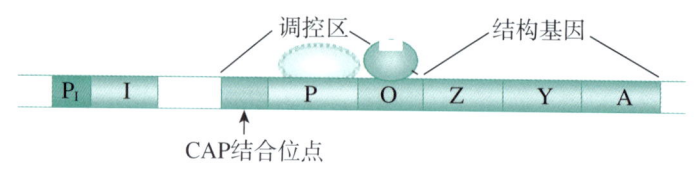

图 22-2　乳糖操纵子的结构示意图

乳糖操纵子含 Z、Y 及 A 3 个结构基因，由 P 序列、O 序列和 CAP 结合位点共同构成乳糖操纵子的调控区。此外，乳糖操纵子还含有阻遏基因 I 和阻遏基因 I 的启动序列（P_I）。

3. Lac 阻遏蛋白和 CAP 激活蛋白协调调节乳糖操纵子转录　阻遏蛋白介导的负性调节机制在原核生物中普遍存在。当细菌生存的环境（培养基）中没有乳糖时，大肠埃希菌不需要产生利用乳糖的酶，因此 Lac 阻遏蛋白结合 O 序列，抑制转录，Lac 操纵子表达量极少。当环境中只有乳糖时，乳糖经通透酶催化、转运进入细胞，再经原先存在于细胞中的少数 β-半乳糖苷酶催化，转变为别乳糖（allolactose），别乳糖作为诱导剂结合于 Lac 阻遏蛋白，使阻遏蛋白构象变化，导致阻遏蛋白与 O 序列解离，去阻遏而发生转录，转录活性提高 1000 倍左右。值得注意的是，这里真正的诱导剂是别乳糖，其类似物异丙基硫代半乳糖苷（isopropylthiogalactoside，IPTG）也是一种作用极强的诱导剂，不被细菌代谢而十分稳定，因此在基因工程领域和分子生物学实验中被广泛应用。

Lac 操纵子的阻遏调节很好地解释了在单纯乳糖存在时，细菌是如何利用乳糖作为碳源的。但细菌生长环境是复杂的，如果细菌生存的环境中只有葡萄糖或葡萄糖和乳糖共同存在时，细菌优先利用葡萄糖才是最节能的，那细菌是如何优先利用葡萄糖的呢？

除阻遏蛋白外，激活蛋白也可结合启动序列邻近的 DNA 序列，提高 RNA 聚合酶与启动序列的结合能力，从而增强 RNA 聚合酶的转录活性。CAP 就是一种典型的激活蛋白。当培养基中没有葡萄糖、有乳糖时，既表现为去阻遏作用，CAP 又能发挥作用，对 Lac 操纵子强诱导。这是因为当培养基中缺乏葡萄糖时，cAMP 浓度增高，cAMP 与 CAP 结合，转录活性提高 50 倍，Lac 操纵子编码利用乳糖的酶，进而利用乳糖。当培养基中有葡萄糖、没有乳糖时，阻遏蛋白结合 O 序列封闭转录，CAP 不能发挥作用。当乳糖和葡萄糖都存在时，阻遏蛋白虽从 O 序列解离、去阻遏，但因有葡萄糖存在，cAMP 浓度低，cAMP 与 CAP 结合受阻，CAP 不能发挥作用，因而转录活性下降，从而达到优先利用葡萄糖的目的，以节约自身能源。所以，如果没有 CAP 存在来加强转录活性，即使阻遏蛋白从操纵序列上解离，也几乎没有转录活性。可见 Lac 阻遏蛋白的负性调节与 CAP 正性调节两种机制协同合作，相辅相成、互相协调、相互制约。

小测试22-2：以乳糖操纵子为例，简述原核基因转录调控的原理。

（二）色氨酸操纵子对基因表达的抑制

原核生物受环境影响大，在生存过程中需要最大限度减少能源消耗，对非必需氨基酸都尽量关闭其编码基因。例如，只要环境中有相应的氨基酸供应，大肠埃希菌就会将相应氨基酸的合成代谢酶编码基因关闭，从而不去合成相应的氨基酸。大肠埃希菌色氨酸操纵子（Trp operon）是可阻遏操纵子。当培养基中没有色氨酸时，阻遏蛋白不能与操纵序列结合，因此色氨酸操纵子处于开放状态，结构基因得以转录，以便表达合成色氨酸需要的各种酶。而当色氨酸浓度较高时，色氨酸作为阻遏物与阻遏蛋白形成复合物并结合到操纵序列上，关闭色氨酸操纵子，停止表达用于合成色氨酸的各种酶。色氨酸操纵子除通过阻遏蛋白阻遏基因表达外，还可通过转录衰减

(transcription attenuation)的方式抑制基因表达。转录衰减是指 RNA 聚合酶在转录起始区已启动的转录反应，在操纵子内部的一定区域——转录衰减区（attenuator region）几乎停止，由此导致其下游区域的转录显著减少。阻遏作用和转录衰减共同在性状表达的调节上起重要作用。

总之，对于原核基因转录调节，RNA 聚合酶的 σ 因子决定 RNA 聚合酶识别基因的特异性，操纵子在原核生物多数基因的转录调控中普遍存在，且随环境的变化，阻遏调控主要控制原核生物基因转录调控的进程。

二、原核基因表达在翻译水平的精细调控

与转录类似，原核生物基因表达的翻译一般在起始和终止阶段受到调节，尤其是起始阶段。翻译起始阶段是指 mRNA、起始氨酰 -tRNA 和核糖体三者结合形成翻译起始复合体的过程，其中核糖体与 mRNA 上游的 SD 序列结合是精确识别起始密码子的重要步骤。SD 序列是指 mRNA 的起始密码子 AUG 上游 8～13 个核苷酸处有一段由 4～9 个核苷酸组成的共有序列，该序列可被核糖体小亚基特异性识别和结合。不同基因的 mRNA 有不同的 SD 序列，它们与 mRNA 的起始密码子 AUG 之间的距离不同，序列长短有差异，因此对核糖体小亚基（16S rRNA）的结合能力和精确定位有影响，从而控制单位时间内翻译起始复合体形成的速度和数目，最终控制翻译的速度。翻译起始的调节主要靠调节分子，调节分子可直接或间接决定翻译起始位点能否为核糖体所利用。翻译阻遏利用调节分子与自身 mRNA 的结合，阻止核糖体识别翻译起始位点，实现对翻译起始的阻遏调控。调节分子可以是蛋白质，也可以是 RNA。在一些细菌和病毒中存在一类调节基因，能够转录产生反义 RNA（antisense RNA）。反义 RNA 含有与特定 mRNA 翻译起始部位互补的序列，能够结合 mRNA 翻译起始部位并形成杂交体，阻断核糖体小亚基对 SD 序列的结合，进而对翻译起始进行调节。

第三节　真核基因表达调控

原核细胞的基因表达调控机制已经十分复杂，与原核基因表达相比，真核基因的表达更为复杂，调控系统也更为完善，这种差异的根本原因在于真核细胞的结构特性。

一、真核基因表达特点

多细胞真核生物的基因表达调控具有以下特点。

（1）真核细胞拥有庞大的基因组，结构更复杂，含有大量重复序列，基因组的大部分序列为非编码蛋白质的序列，而编码蛋白质的序列绝大多数又是不连续的，即基因内部常被内含子（intron）隔开，在转录后经剪接（splicing）去除内含子，才能翻译获得完整的蛋白质。

（2）真核细胞是一个结构基因转录生成一条 mRNA，即 mRNA 是单顺反子（monocistron），基本上没有操纵元件的结构，而真核细胞的许多活性蛋白质是由相同和不同的多肽链形成的亚基构成的，这就涉及多个基因协调表达的问题。

（3）以核小体为单位的紧密的染色质结构的变化成为调节基因开关的重要因素，即染色质可及性（chromatin accessibility）调控，而 CpG 甲基化调控等与此相互协调和相互作用。

(4) 染色质被包裹在核膜内，转录和翻译在时间和空间上被分隔开。

(5) 真核基因转录表达的调控蛋白也有起阻遏和激活作用或兼有两种作用者，但总体是以激活蛋白的作用为主，即多数真核基因在没有调控蛋白作用时是不转录的，需要表达时就要有激活的蛋白质来促进转录，即真核基因表达以正性调控为主导。

因此，真核基因的表达调控贯穿从 DNA 到有功能的蛋白质的全过程，即 DNA → RNA → 蛋白质的信息传递过程。这一过程中的每一步都要经过调节：转录的起始（基因结构的活化、基因的扩增或重排、染色质结构的改变）、转录本的加工与运输（RNA 剪接过程的调控、mRNA 从细胞核转运至细胞质及在细胞质中定位的调节及稳定性的调控）、翻译水平的调控和翻译后蛋白质活性和稳定性调控等（图 22-3）。真核基因表达调控可以发生在不同水平上，是一个复杂的多级调控系统。其中转录水平的调控，尤其是转录起始的调节，对基因表达起着至关重要的作用。mRNA 转录起始是基因表达调控的基本控制点。

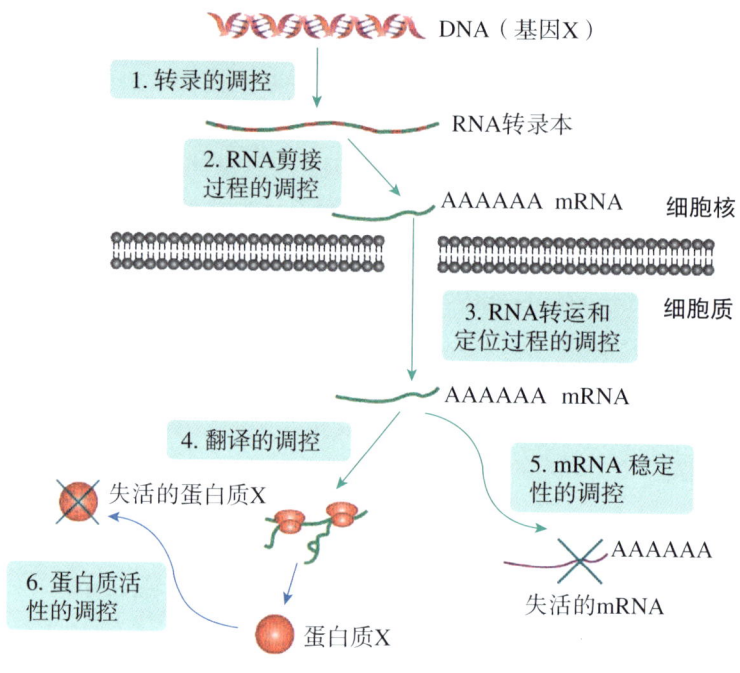

图 22-3　基因表达过程及其调控

二、染色质结构与真核基因表达

真核基因组 DNA 在细胞核中以染色质（chromatin）的结构方式存在。而染色质是以 DNA 和组蛋白（histone）结合形成的核小体（nucleosome）为基本单位的高度有序的结构。按照功能状态不同，可将染色质划分为活性染色质（active chromatin）和非活性染色质（inactive chromatin）。前者是指那些具有转录活性的染色质，而后者是指缺乏转录活性的染色质。典型的间期核染色质可分为高度密集状态的异染色质（heterochromatin）和较为松散的常染色质（euchromatin）。在常染色质中大约 10% 处于更为开放的伸展型结构，即为活性染色质。在浓集的异染色质，基因的转录呈抑制状态，原本在常染色质中表达的基因如位移到异染色质内也会停止表达。哺乳类雌性体细胞的 2 条 X 染色体，到间期时其中的一条变为异染色质，其紧密的染色质结构将阻止基因表达。可见转录前染色质结构发生的一系列重要变化是基因失活转录的前提，染色质是否处于活化状态是决定 RNA 聚合酶能否有效转录的关键。活性染色质具有以下重要特征。

（一）DNA 酶 I（DNase I）的超敏位点

当染色质活化后，常出现一些对核酸酶（如 DNase I）高度敏感的位点，称为超敏位点（hypersensitive site）。DNase I 超敏位点由 100～200 bp 碱基组成，主要出现在已起始或即将起始转录的活化基因 5′ 侧翼区（1 kb 以内），通常位于调节蛋白结合位点附近。在某些基因中，超敏位点离 3′ 侧翼区近，甚至可在转录区域内。这些位点对其他核酸酶或化学试剂同样高度敏感，它反映了染色质中 DNA 的暴露程度。转录活化的染色质由于组蛋白八聚体的解离和缠绕方式的改变，该段区域中的 DNA 序列暴露，易遭受核酸酶的攻击，所以对核酸酶极为敏感。DNase I 超敏位点的存在是活性染色质的重要特征，与基因的表达密切相关并具有组织特异性。

（二）DNA 拓扑结构的变化

天然双链 DNA 的构象大多是负超螺旋。当基因处于转录活跃状态时，RNA 聚合酶转录方向前方 DNA 的构象是正超螺旋，其后面的 DNA 为负超螺旋。正超螺旋会拆散核小体，有利于 RNA 聚合酶向前移动转录，而负超螺旋则有利于核小体的再形成。

（三）DNA 碱基修饰的变化

DNA 甲基化（DNA methylation）是指生物体在 DNA 甲基转移酶（DNA methyltransferase，DNMT）的催化下，以 S-腺苷甲硫氨酸为甲基供体，将甲基转移到特定的碱基上的过程。哺乳动物 DNA 甲基化主要在 CG 富集的 CpG 岛（CpG islands，CGIs）的 C 上生成 5-甲基胞嘧啶（5-methylcytidine，5-mC），这种 CpG 甲基化会影响基因组印记、X 染色体失活、抑制转座元件和调控基因转录。约 60% 以上的人类基因具有 CpG 岛。典型的关系是：在长期不表达的基因启动子上，它们的 CpG 岛常保持着较高的 DNA 甲基化水平；当启动子区有 CpG 岛的基因正常转录时，CpG 岛不发生 DNA 甲基化。但是，哺乳动物 CpG 甲基化模式及其意义非常复杂，不同的基因及基因的不同区域的 CpG 甲基化可能抑制、促进所在基因的表达，或者不影响表达。同时，CpG 甲基化还存在记忆现象，不仅在细胞经过复制和分裂时 CpG 甲基化保持稳定，而且即使在细胞分化后，甲基化模式在特定基因和区域也保持一定程度的稳定性。

（四）组蛋白的变化

核小体是染色质的主要结构元件，主要由 4 种组蛋白（H2A、H2B、H3 和 H4）形成组蛋白八聚体，外面缠绕 147 bp 的 DNA，然后再由 DNA（约 60 bp）和组蛋白 H1 构成的连接区相连形成串珠样的结构。每个组蛋白都有进化上保守的氨基末端尾巴伸出核小体外，可能形成核小体间相互作用的纽带。从蛋白水平讲，每种核心组蛋白富含赖氨酸、精氨酸、组氨酸等带正电荷的碱性氨基酸，尤其是组蛋白尾巴为碱性氨基酸富含区，与 DNA 具有高度亲和力，这种结构也能够阻止基本转录单位的蛋白复合体进入启动子位点，阻抑转录进行。因此，具有转录活性的染色质中组蛋白组成和修饰不同于非活性染色质。转录活跃区域的染色质中组蛋白的特点是：①富含赖氨酸的 H1 组蛋白含量降低；② H2A-H2B 组蛋白二聚体的不稳定性增加，使它们容易从核小体核心中被置换出来；③核心组蛋白 H3、H4 可发生乙酰化、磷酸化以及泛素化等修饰。这些都使得核小体的结构变得松弛而不稳定，降低核小体蛋白对 DNA 的亲和力，易于基因转录；④富含组蛋白变体（histone variants）。组蛋白变体是一类与常规组蛋白序列高度相似的组蛋白，在染色质的特定位置或特定生物学事件中替换常规组蛋白，调控染色质结构以及相关生物学过程。如 H3.3 主要分布在常染色质中，参与基因激活过程。研究表明，H3.3 变体对单个核小体的稳定性没有影响，却可显著抑制染色质纤维的折叠效应，有利于形成染色质开放结构。

小测试22-3：处于转录激活状态的染色质的结构会发生哪些明显变化？

三、真核基因表达在表观遗传水平上调控的主要方式

染色质是高度有序的紧密结构，限制了转录因子对 DNA 的接近和结合，控制着真核细胞基因的转录。因此，基因表达激活需要先使 DNA 暴露，这个过程涉及多种含有酶活性的功能蛋白复合体的参与，通过调整核小体相位，中和组蛋白尾巴碱性氨基酸残基上的正电荷，减弱核小体中碱性组蛋白与 DNA 间的结合，降低相邻核小体间的聚集，使核小体滑动，暴露出本来被遮蔽的元件，或使位于核小体表面的元件瞬间暴露，从而增加转录因子的进入，最终促进基因转录。这种染色质结构的动态变化过程就是通常所说的染色质重塑（chromatin remodeling）。染色质重塑是基因表达在表观遗传水平上调控的主要方式。染色质重塑主要有两种类型：一是依赖 ATP 的物理修饰，即以 ATP 水解释放的能量，使核小体沿着 DNA 滑动或使核小体解离并使它们重新装配；二是共价化学修饰，即多发生在组蛋白末端"尾巴"，其中包括乙酰化、磷酸化、甲基化、泛素化等。

（一）依赖 ATP 的染色质的物理修饰

染色质的物理修饰主要是通过依赖 ATP 的染色质重塑复合体来实现的。多数依赖 ATP 的染色质重塑复合体是以 ATP 水解酶为催化中心的多种蛋白亚基复合体。根据其中 ATP 水解酶的序列和结构不同，可将已知依赖 ATP 的染色质重塑复合体分为 4 类：SWI/SNF（switch/sucrose-non-fermenting）家族复合体、ISWI（imitation switch）家族复合体、CHD（chromodomain-helicase-DNA binding）家族复合体和 INO80（inositol requiring 80）家族复合体。这些复合体一般具有以下 5 个特点：①对核小体具有亲和力；②都具有依赖 DNA 激活的 ATP 酶结构域，该部位能够以低亲和力与 DNA 和核小体结合，并利用水解 ATP 产生的能量减弱核小体中 DNA 与组蛋白的亲和力，增加非组蛋白与 DNA 的可接触性；③都含有一个可识别组蛋白共价修饰的结构域；④都有可调节 ATP 水解酶活性的结构域或蛋白亚基；⑤都有能够与染色质或转录因子发生相互作用的结构域或蛋白亚基。这些共同特点使得重塑复合体能够选择性结合核小体、稳定核小体位置、重塑核小体的结构。而各种重塑复合体自身的特异性决定了各自所结合的靶点不同，表现出的功能也有差别。在激活基因转录前，ATP 依赖的染色质重塑复合体必须能够先识别和结合其底物，即组成染色质的核小体。

（二）染色质的化学修饰

染色质的化学修饰主要发生在组蛋白末端或组蛋白"尾巴"上，尤其是核心组蛋白的氨基末端。组蛋白尾巴含有一些带有活性基团的氨基酸残基，这些氨基酸残基则成为各种化学修饰的靶点。染色质的化学修饰包括乙酰化、甲基化、磷酸化、泛素化、小泛素相关修饰（small ubiquitin-related modifier，SUMO）、聚 ADP 核糖基化、脯氨酸异构化等。这些共价修饰会影响组蛋白与 DNA 双链的亲和性，从而改变染色质的疏松或凝集状态，或通过影响其他转录因子与基因启动子的亲和性来完成具有类似 DNA 遗传密码作用的基因表达调控，故被称作"组蛋白密码"。目前研究相对成熟的组蛋白密码有乙酰化、甲基化等。

组蛋白乙酰化是研究最早的组蛋白翻译后修饰。在细胞核内，组蛋白乙酰化与去乙酰化过程处于动态平衡，精确地调控基因的转录和表达。组蛋白的乙酰化程度和去乙酰化过程，决定了组蛋白与 DNA 结合的松散和紧密程度，从而对基因转录、DNA 损伤修复、染色质重塑等表观遗传学过程进行调控。

组蛋白的甲基化通常发生在组蛋白 N- 末端的赖氨酸（K）或精氨酸（R）残基上，其结果可能是激活或抑制转录。组蛋白上涉及转录激活的 3 个甲基化位点是 H3K4、H3K36 和 H3K79，其

中 H3K4me 和 H3K36me 也参与转录延伸。H3K4me3 作为活跃转录基因的染色质标志，是一种重要的组蛋白标记，能通过与 TFⅡD 之类的效应因子相互作用，激活基因，促进转录。与转录抑制相关的 3 个甲基化位点是：H3K9、H3K27 和 H4K20。H3K9 甲基化涉及常染色质基因沉默，同时它也能参与异染色质的形成。组蛋白甲基化是一个可逆的过程，其稳态由互相拮抗的甲基转移酶及去甲基化酶介导，即组蛋白甲基化的"书写者"（writers）与"擦除者"（erasers），它们以位点特异性的方式分别加入或移除组蛋白修饰标志。甲基化修饰会导致组蛋白尾巴和 DNA 之间的结合更加紧密。

总之，乙酰化和甲基化都可以通过改变组蛋白尾巴和 DNA 之间的相互作用并进一步改变核小体的结构和功能，从而发挥其基因调控的功能。随着研究的深入和检测手段的不断提高，一系列新型组蛋白翻译后修饰涌现出来，包括丙酰化、丁酰化、丙二酰化、丁烯酰化、琥珀酰化、2-羟基异丁酰化、戊二酰化和 3-羟基丁酰化等。

四、真核基因转录水平的调控

基因转录是一个多因子参与、多步骤的复杂生物过程。真核生物基因表达在转录水平上的调控是各级调控中最重要的一步，主要涉及 3 种因素的相互作用，即 RNA 聚合酶、顺式作用元件和反式作用因子。真核基因转录水平的调控主要是顺式作用元件与反式作用因子共同作用决定的（图 22-4）。转录起始调控的实质是 DNA-蛋白质、蛋白质-蛋白质间的相互作用及对聚合酶活性的影响，从而使基因表达水平提高（正性调控）或使基因表达水平降低（负性调控）。

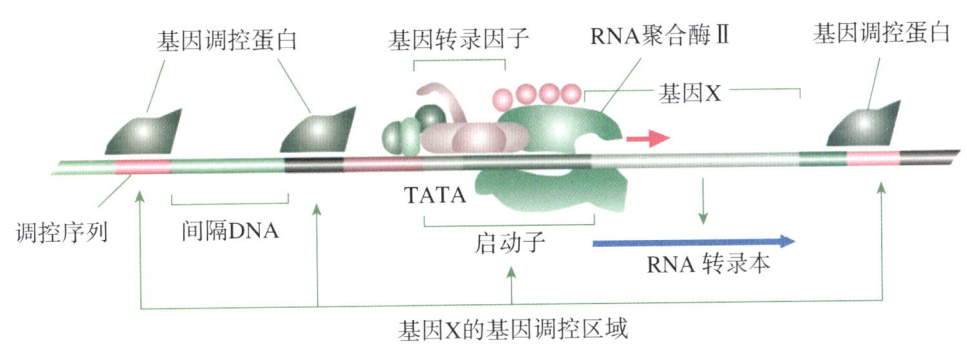

图 22-4 经典的真核启动子和基本转录组分

（一）RNA 聚合酶

在转录过程中，RNA 聚合酶与启动子的结合是基因转录起始的重要步骤。真核生物 RNA 聚合酶能识别基因的启动子，但不能直接与启动子结合。它需要借助蛋白质复合物，通过蛋白质-蛋白质相互作用间接结合启动子而发挥转录活性。真核生物 RNA 聚合酶有 3 种，即 RNA 聚合酶 Ⅰ、RNA 聚合酶 Ⅱ、RNA 聚合酶 Ⅲ。三种酶都由多个亚基构成，都可与 TATA 盒结合蛋白（TATA-box binding protein，TBP）结合。RNA 聚合酶 Ⅰ 转录核糖体 RNA，其转录产物是 45S rRNA，经剪接修饰生成除 5S rRNA 外的各种 rRNA；RNA 聚合酶 Ⅱ 主要转录编码蛋白质的基因和一些 snRNA；RNA 聚合酶 Ⅲ 的转录产物都是小分子量的 RNA，如 tRNA、5S rRNA、snRNA（参见第二十章"RNA 的合成"相关内容）。

（二）基因转录的顺式调节

顺式作用元件是指同一 DNA 分子中具有转录调节功能的特异 DNA 序列。按功能特性分为启动子、增强子、沉默子以及近年来发现的绝缘子（图 22-5）。

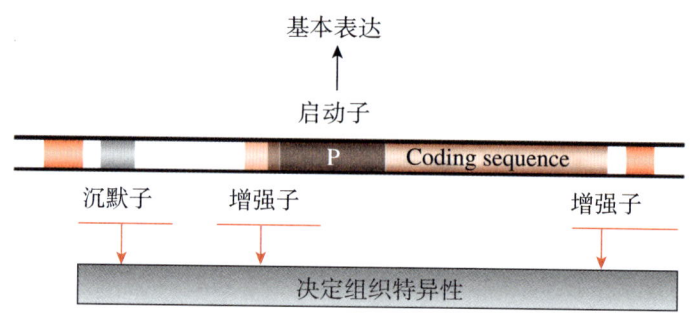

图 22-5　真核生物的顺式作用元件

1. 启动子　真核基因启动子是指 RNA 聚合酶结合位点周围的一组转录控制元件，即转录起始位点（+1）及其 5′ 上游近端 100～200 bp 以内的一组长度 7～20 bp 的 DNA 序列，是决定 RNA 聚合酶 Ⅱ 转录起始点和转录频率的关键元件。最具典型意义的是 TATA 盒，它的共有序列是 TATAAAA，是基本转录因子 TF Ⅱ D 的结合位点，通常位于转录起始点上游 -25～-30 bp 区域，是上游启动子和增强子产生诱导性效应所必需的。此外，位于转录起始点上游 -30～-110 bp 区域富含 GC 盒（GGGCGG）的启动子，它含有多个转录起始点。该启动子最初发现于一些管家基因，这些基因的 5′ 上游只富含 GC，而没有 TATA 盒，并有数个转录因子 SP1 结合位点，且分布跨度大，对基本转录活化有重要作用；另一类是既无 TATA 盒、也无 GC 盒的转录起始子，主要见于包括果蝇发育时的同源异形基因 *ubx* 和 *antp*、T 淋巴细胞特异性 T 细胞抗原受体 β 链等。这些元件与相应的蛋白因子结合能改变转录效率。不同基因具有不同的上游启动子元件，其位置也不相同，这使得不同的基因表达有不同的调控。

表 22-1　哺乳类 RNA 聚合酶 Ⅱ 启动子中常见的元件

元件名称	共同序列	结合的蛋白质因子		
		名称	相对分子质量	结合 DNA 长度
TATA 盒	TATAAA	TBP	30 000	~10 bp
GC 盒	GGGCGG	SP-1	105 000	~20 bp
CAAT 盒	GGCCAATCT	CTF/NF1	60 000	~22 bp
八聚体	ATTTGCAT	Oct-1	76 000	~10 bp
		Oct-2	53 000	~20 bp
κB	GGGACTTCC	NFκB	44 000	~10 bp

2. 增强子　增强子（enhancer）就是远离转录起始点（1～30 kb），决定基因的时间、空间特异性表达，增强启动子转录活性的 DNA 序列，其发挥作用的方式通常与方向、距离无关。增强子的作用有以下特点。

（1）增强子可以通过远距离作用提高同一条 DNA 链上的基因转录效率，且在基因的上游或下游都能起作用。

(2) 增强子在 DNA 双链中没有 5′ 和 3′ 固定的方向性，将增强子方向倒置依然能起作用，而将启动子倒置就不能起作用，可见增强子与启动子是很不相同的。

(3) 增强子和启动子常连续或交替覆盖，增强子的有些机能元件既可在增强子中出现，也可在启动子中出现。

(4) 增强子对启动子没有严格的专一性，同一增强子可以影响不同类型启动子的转录。

(5) 增强子一般具有组织或细胞特异性，许多增强子只在某些细胞或组织中表现活性，这是由这些细胞或组织中具有的特异性蛋白质因子结合所决定的。

3. 沉默子 沉默子（silencer）最早在酵母中被发现，以后在 T 淋巴细胞的 T 抗原受体基因的转录和重排中证实了这种负调控顺式元件的存在。目前对这种在基因转录降低或关闭中起作用的序列研究还不多，但从已有的例子看到：沉默子的作用可不受序列方向的影响，也能远距离发挥作用，并可对异源基因的表达起作用。

4. 绝缘子 绝缘子（insulator）长约几百个核苷酸对，是通常位于启动子和增强子之间或活化基因与异染色质之间的一段调控序列。绝缘子本身对基因的表达既没有正效应，也没有负效应，其作用只是不让其他调控元件对基因的活化效应或失活效应发生作用。绝缘子的一个重要功能是对抗增强子对启动子不加鉴别地发挥作用。大多数增强子会对邻近的启动子发挥增强启动的功能，为保证增强子只作用于特异的启动子区，绝缘子通过阻断增强子效应扩散来限制增强子的作用范围。同样，当一个基因位于异染色质附近时，绝缘子能防止因为异染色质扩散而使该基因非特异地失活。因此绝缘子的功能是增加基因调控的精确性。

（三）基因转录的反式调节

反式作用因子是指能直接或间接识别、结合顺式作用元件，激活另一基因转录的蛋白质。反式作用因子大多数是 DNA 结合蛋白，有些不能直接与 DNA 结合，可通过蛋白质 - 蛋白质相互作用参与 DNA- 蛋白质复合物的形成来调节基因表达。反式作用因子可以通过影响 RNA 聚合酶的活性调节基因转录，因此，基因在转录水平上的调控实际上是通过顺式作用元件和反式作用因子的相互作用实现的，顺式作用元件的各种核苷酸序列是反式作用因子的作用靶点。

1. 反式作用因子的种类 反式作用因子包括识别启动子 TATA 盒的基本转录因子和识别上游启动子元件的特异转录因子。此外，还有辅调节因子和中介因子，使基因表达的调控更为有效和精细。

（1）基本转录因子（general transcription factor，TF）：又称通用转录因子，是其结合启动子所必需的一组蛋白质因子，对应于 RNA 聚合酶 Ⅰ、Ⅱ 和 Ⅲ 的 TF 分别为 TF Ⅰ、TF Ⅱ 和 TF Ⅲ。对 3 种 RNA 聚合酶来说，除个别基本转录因子成分如 TF Ⅱ D 是通用的外，大多数成分是不同 RNA 聚合酶所特有的。例如 TF Ⅱ D、TF Ⅱ A、TF Ⅱ B、TF Ⅱ E、TF Ⅱ F 和 TF Ⅱ H 为 RNA 聚合酶Ⅱ催化 mRNA 转录所必需的（表 22-2）。TF Ⅱ D 是由 TBP 和至少 8 个 TBP 协同因子（TBP associated factor，TAF）组成的蛋白质复合体，通过与 DNA 的直接结合而促进稳定起始复合体的形成。其中 TBP 是转录起始中第一个与 DNA 结合的因子，也是 3 种 RNA 转录时都需要的协同因子。

表 22-2 RNA 聚合酶Ⅱ的基本转录因子

转录因子	分子量（kD）	功能
TBP	30	与 TATA 盒结合
TF Ⅱ B	33	介导 RNA 聚合酶Ⅱ的结合
TF Ⅱ F	3074	解旋酶
TF Ⅱ E	3437	ATP 酶

续表

转录因子	分子量（kD）	功能
TF Ⅱ H	6289	解旋酶
TF Ⅱ A	121 935	稳定 TF Ⅱ -D 的结合
TF Ⅱ I	120	促进 TF Ⅱ -D 的结合

（2）特异转录因子（special transcription factors）：这是一类与靶基因启动子和增强子特异结合的转录因子，具有细胞特异性，分为转录激活因子和转录抑制因子。转录激活因子通常是一些增强子结合蛋白。例如，核转录因子是一类蛋白质，它们具有和某些基因上启动子区的固定核苷酸序列结合而启动基因转录的功能。多数转录抑制因子是沉默子结合蛋白，但也有的抑制因子以不依赖 DNA 的方式起作用，它们通过蛋白质-蛋白质相互作用、降低转录激活因子或 TF Ⅱ D 在细胞内的有效丰度，从而抑制基因转录。因为在不同的组织或细胞中各种特异转录因子分布不同，所以基因表达状态、方式不同。

（3）辅调节因子（coregulator）：许多反式作用因子不能与 DNA 直接结合，而是直接或间接地与转录因子结合而参与基因转录的调控。例如，特异转录因子核受体与 DNA 结合之后，会与一系列有效转录所必需的辅调节因子相互作用，使基因表达的调控更为有效和精细。不同细胞对相同核受体的反应存在差异，也可能是由于不同细胞中所含的辅调节因子不同所致。辅调节因子按其作用可区分为辅激活因子（coactivator）和辅抑制因子（corepressor）。辅激活因子作为核受体和基础转录复合物之间的桥梁分子发挥作用，且调节不同靶基因的表达，参与核受体反应的细胞特异性调节，并与其他信号途径相互联系。辅激活因子有许多种，通过蛋白质-蛋白质直接相互作用，以激活基因转录。如 p160 蛋白家族成员 SRC-1（steroid receptor coactivator-1）与雌激素受体、孕激素受体、糖皮质激素受体等均可结合，并激活之。核受体与辅抑制因子结合的区域，也正是辅激活因子所识别和结合的区域，即辅抑制因子可排斥辅激活因子与核受体的结合。

（4）中介因子（mediators）：除了基本转录因子、特异转录因子和辅调节因子外，还有另一类蛋白质因子在基因转录调控中发挥重要作用，这就是中介因子。中介因子首先是从酵母中发现的，之后研究者先后从果蝇、小鼠和人的细胞中分离得到酵母中介因子的同源物、与酵母中介因子类似的复合体。它们能与转录因子相互作用，在基因转录激活过程中可能是通过与转录因子和 RNA 聚合酶Ⅱ的相互作用而在转录前起始复合体的形成上起桥梁作用，有利于转录的起始和进行。

2. 转录因子的结构特点 转录因子在结构上存在相似点，一般包括 DNA 识别或结合结构域（DNA binding domain）和（或）转录激活结构域（transcription activation domain）。锌指结构（zinc finger）及碱性氨基酸所形成的 α 螺旋是常见的 DNA 结合结构域，此外还有碱性亮氨酸拉链和碱性螺旋-环-螺旋等结构。

（1）锌指结构：通过一个或多个锌原子作为活性结构的一部分来调节转录，可分为几种不同的类型。常见的有两种：一种发现于真核 rRNA 基因中的转录激活蛋白，其结构较简单，以锌原子为中心，将一个 α 螺旋和一个 β 折叠通过一对半胱氨酸和一对组氨酸之间形成配位键连接。锌指环上的赖氨酸和精氨酸也与 DNA 结合。另一种锌指结构存在于细胞内的受体蛋白中，如类固醇激素受体，它是两个连续的锌指结构，再以二聚体形式将两个 α 螺旋结合在两个相邻的 DNA 大沟（major groove）中。尽管这两种锌指在结构上不同，但它们有两个共同的特征：一是将锌指作为结构要素，二是以一个 α 螺旋识别 DNA 大沟（图 22-6）。

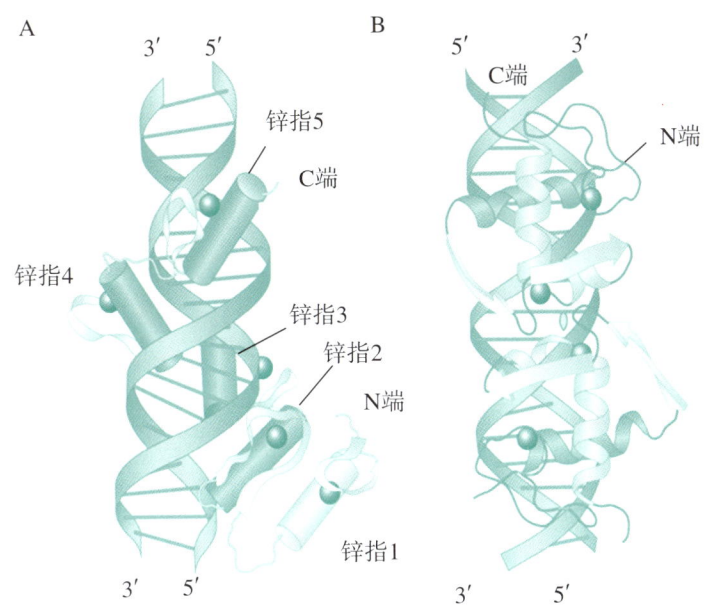

图 22-6　锌离子介导的 DNA 结构域

A．GLI1（glioma-1）是 Hedgehog 通路中 Gli 家族成员，具有 5 个 C2H2 型锌指结构的单体激活转录蛋白。圆柱体表示 α 螺旋，球体表示锌离子。除锌指 1 之外，2～5 这 4 个锌指都可以与 DNA 结合；B．糖皮质激素受体是 C4 型锌指结构同源二聚体。丝带状的结构表示 α 螺旋，箭头表示 β 折叠，球体表示锌离子。

（2）螺旋 - 转角 - 螺旋（helix-turn-helix，HTH）及螺旋 - 环 - 螺旋（helix-loop-helix，HLH）结构：起初发现于细菌蛋白质，后来发现在真核和原核生物中的许多 DNA 结合蛋白中均有此结构域。这类结构域至少有两个 α 螺旋。这两个 α 螺旋之间相互作用，以二聚体形式相连，形成固定角度，距离正好相当于 DNA 双螺旋的一个螺距（3.4 nm），两个 α 螺旋刚好分别嵌入 DNA 的大沟（图 22-7）。近羧基端的 α 螺旋被称为识别螺旋（recognition helix）。在不同蛋白质中识别螺旋的氨基酸侧链序列各异，在识别特定 DNA 序列中起着重要作用。

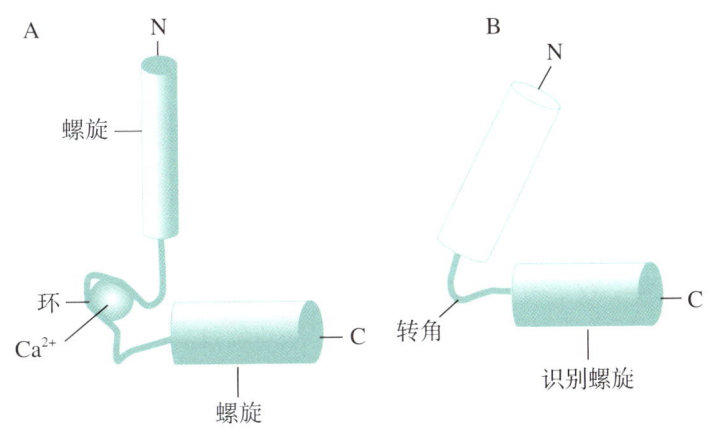

图 22-7　螺旋 - 转角 - 螺旋及螺旋 - 环 - 螺旋结构

（3）碱性亮氨酸拉链（basic leucine zipper，bZIP）：该结构的特点是蛋白质分子的肽链上每隔 6 个氨基酸就有一个亮氨酸残基，结果导致这些亮氨酸残基都在螺旋的同一个方向出现。两个相同结构的两排亮氨酸残基就能以疏水键结合成二聚体，该二聚体的另一端的肽段富含碱性氨基酸残基，借其正电荷与 DNA 双螺旋链上带负电荷的磷酸基团结合。在二聚化作用区域外，两个 α 螺旋彼此分离，形成 "Y" 形的结构，它的两个臂与 DNA 大沟结合。这个二聚体紧紧夹着双螺旋结构，就像晾衣绳上的衣服夹，因此而得名（图 22-8）。

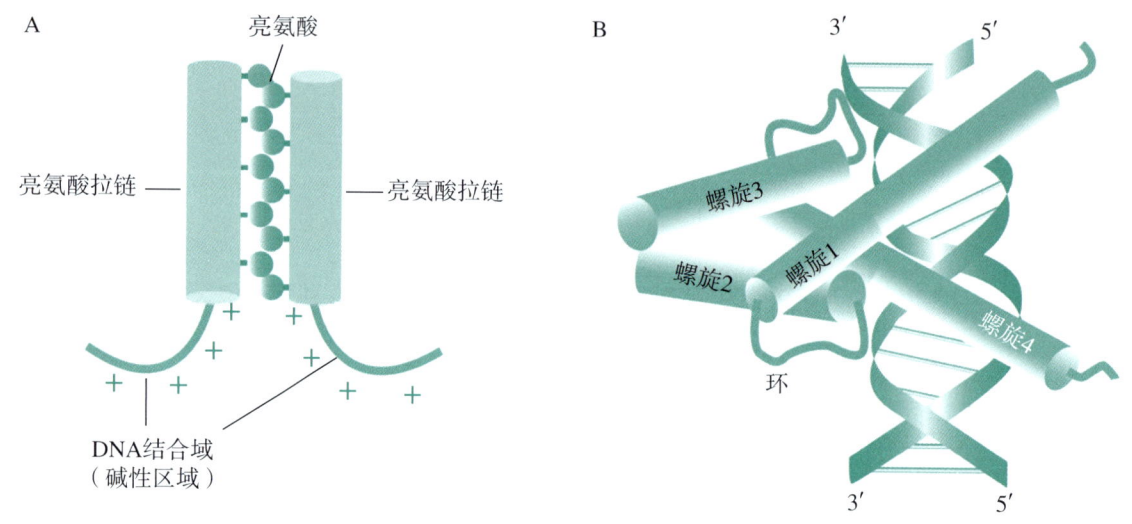

图 22-8　碱性亮氨酸拉链

在真核生物中，转录调节功能是通过蛋白质复合体的方式完成的，所以并非每个转录调节因子都需要直接与 DNA 结合，反式作用因子只需与转录激活结构域结合即可调节转录。一个反式作用因子可含有一个以上的转录激活结构域，也可在蛋白质复合体通过异源的转录激活结构域产生转录活化效应。转录激活结构域通常是 DNA 结合结构域以外的 30～100 个氨基酸残基，以富含酸性氨基酸残基的酸性激活结构域、富含谷氨酰胺的结构域和富含脯氨酸的结构域等较为常见。

除 DNA 结合结构域和转录激活结构域外，有的转录因子还包含介导蛋白质 - 蛋白质相互作用的结构域。最常见的是二聚化结构域，含有此类结构域的蛋白质发挥功能时一般需要先形成二聚体，即二聚化作用。二聚化作用与 bZIP 的亮氨酸拉链、bHLH 的螺旋 - 环 - 螺旋结构有关。组成二聚体的单体不同，与 DNA 结合的能力就有可能不同，对转录激活过程所产生的效果就可能不同。

（四）转录调控的主要方式

真核基因转录水平调控复杂多样，转录起始的调控起关键作用，而 DNA 元件与调节蛋白对转录起始的调节最终是由 RNA 聚合酶活性体现的，其中的主要环节是转录起始复合物的形成。RNA 聚合酶 Ⅱ 的活性由基本转录因子和特异转录因子共同决定。真核 RNA 聚合酶 Ⅱ 不能单独识别和结合启动子，而是由基本转录因子 TF Ⅱ D 先识别并结合启动子序列，再募集其他一系列转录因子依次与 RNA 聚合酶 Ⅱ 有序结合，形成一个功能性的转录前起始复合物。此外，转录激活因子、中介子和染色质重塑因子等也可参与转录前起始复合物的形成，使 RNA 聚合酶 Ⅱ 活化并有效启动 mRNA 转录。在不同的细胞或阶段，转录因子和这些调节蛋白的表达与分布直接影响相关基因的转录和表达。

（五）转录的延伸和终止

在延伸因子（elongation factor）如 TF Ⅱ F、ELL（eleven-nineteen lysine-rich leukemia protein）、elongin、TF Ⅱ H、P-TEFb（positive transcription elongation factor b）等的作用下，RNA 聚合酶 Ⅱ

转录起始复合物脱离转录起始位点、顺着转录出的 RNA 链开始延伸。这些因子的作用各有不同，转录因子 S Ⅱ 是通过激活 RNA 聚合酶Ⅱ固有的 3′→5′ 核酸酶活性，使暂停的 RNA 聚合酶继续延伸；ELL 和 elongin 抑制聚合酶的暂停作用；TF Ⅱ H 和 P-TEFb 则通过磷酸化作用修饰 RNA 聚合酶。总之，大多数延伸因子是通过增强聚合酶克服其延伸阻力来调控转录的延伸的。

真核基因转录终止的机制尚不清楚。主要由于 RNA 链延伸过程中受到某种 RNA 蛋白质复合物或其他不明机制的作用，使 RNA 聚合酶延伸复合物脱离模板，而不是 RNA 聚合酶指导的 RNA 合成停止。然后，转录本在 3′ 下游再经一类蛋白质因子等特异性内切酶的作用，使 RNA 链在连接多聚核苷接尾处断裂。

五、真核基因转录后调控

转录后调控是指基因转录起始后对转录产物进行一系列修饰、加工的过程，主要包括转录的提前终止、mRNA 的剪接和加工、RNA 出核及胞质内定位的调控、RNA 编辑、mRNA 的稳定性、小 RNA 和长链非编码 RNA 对基因表达抑制的调控等多个环节。转录后调控可以使遗传信息有更加多样的选择性。

（一）mRNA 前体的选择性剪接

真核生物基因所转录出的 mRNA 前体含有大小不等、数量不等且交替连接的内含子和外显子。mRNA 前体需经过去除内含子，然后将外显子拼接成为成熟的 mRNA，再翻译成多肽链。在剪接过程中，剪接体依次删除 mRNA 前体中的内含子，生成成熟 mRNA，这种"规范"的剪接方式称为常规剪接（constitutive splicing）。但高等真核细胞的 mRNA 前体中不止含有一个内含子，如果在特定条件下某个内含子的 5′ 端与另一个内含子的 3′ 端进行剪接，就会删除这两个内含子及其中间的全部外显子或内含子，这就是选择性剪接（alternative splicing）。选择性剪接时参与拼接的外显子可以不按照其在基因组内的线性分布次序拼接，内含子也可以不完全被切除，因此，一个基因的 mRNA 前体可以产生许多不同的蛋白质或形成一组相似的蛋白质家族。这些蛋白质的功能可以完全不同，显示了基因调控对生物多样性的决定作用。

mRNA 的剪接是基于对剪接位点的识别，由被称为剪接体的核酸-蛋白质复合物完成。选择性剪接位点选择机制与基本剪接机制是紧密联系的，剪接体中的剪接因子也参与了对选择性剪接的调控。剪接位点的选择受许多顺式元件和反式因子的调控，顺式元件可以位于外显子或内含子内，反式因子可以通过识别正性（剪接增强子）或负性（剪接沉默子）的顺式元件对不同的剪接位点进行选择。调控选择性剪接的反式因子有两类：基本剪接因子和特异性剪接因子。基本剪接因子间的协同作用和拮抗作用以及相对丰度的改变可以影响剪接位点的选择。特异性剪接因子可以调控特异的剪接过程。多种蛋白质和 RNA 复合物参与剪接体的形成，并通过不同方式影响变相剪接过程。

（二）影响基因表达的因素

真核生物基因翻译调控的一个重要作用是控制 mRNA 的稳定性。所有类型 RNA 分子中，mRNA 寿命最短。mRNA 稳定性是由合成速率和降解速率共同决定的。在某些真核细胞中的 mRNA 进入细胞质以后，并不立即作为模板进行蛋白质合成，而是与一些蛋白质结合形成核糖核蛋白（ribonucleoprotein，RNP）颗粒，致使其半衰期可以延长。真核细胞中 mRNA 分子的半衰期差别较大，有的只有几十分钟或更短，有的可长达数十小时以上。mRNA 的寿命长短不同，翻译的活性也不同。mRNA 的寿命越长，进行翻译的次数就越多。一般而言，半衰期短的 mRNA 多编码调节蛋白，随着环境的变化而迅速变化，达到调控其他基因表达的目的。影响细胞内 mRNA 稳定性的因素很多，主要有以下几方面。

1. 5′- 端的帽结构 该结构可以使 mRNA 免于在 5′- 核酸外切酶的降解，从而延长 mRNA 的半衰期。此外，帽结构还可以通过与相应的帽结合蛋白结合而提高翻译的效率，并参与 mRNA 从细胞核向细胞质的转运。

2. 3′- 端的 poly（A）尾结构 在依赖于腺苷酸作用的 mRNA 降解模式中，mRNA 的降解速率主要取决于 poly（A）尾削短的速率、生成的寡腺苷酸降解的速率、核酸酶和 mRNA 特异结合因子等。poly（A）尾及其结合蛋白可以防止 3′- 核酸外切酶降解 mRNA，增加 mRNA 的稳定性。如果 poly（A）尾被去除，mRNA 分子将很快被降解。poly（A）尾结构还参与了翻译的起始过程，带 poly（A）尾的 mRNA 比无 poly（A）尾的相应 RNA 的翻译效率要高得多。真核 mRNA 3′poly（A）尾可以被两种 poly（A）尾结合蛋白结合，PABPC 在细胞质中，作用于翻译起始和 mRNA 降解的调控；PABPN1 在细胞核内，可增加 poly（A）聚合酶的速率（processivity）和确定新合成的 poly（A）尾的长度。mRNA 的降解方式主要有两种：①尾部脱腺嘌呤核苷酸作用，这是大多数 mRNA 降解的方式。poly（A）尾通过依赖于 PABP 的 poly（A）核酸酶发生脱腺苷酸反应（deadenylation）。poly（A）尾消除后，5′ 端又进行脱帽反应（decapping）。这样，无帽无尾的 mRNA 就被核酸外切酶自 5′→3′ 方向降解。②特异序列的 3′-UTR 链内切割。3′-UTR 是指从终止蛋白质合成的终止密码子到 poly（A）尾的起始点之间的序列。3′-UTR 可以调节转录本的稳定性、亚细胞定位和翻译水平，决定某一特定 mRNA 的命运，是许多基因表达所必需的调节区。3′-UTR 介导的功能修饰可影响一个或多个基因的表达。这种模式不去除 poly（A）尾，而是在 mRNA 3′-UTR 链内剪接、降解。一些 mRNA 的 3′-UTR 存在 AU 富含序列（AU-rich sequence，ARE）区，可以与 ARE 结合蛋白结合，促使 poly（A）核酸酶切除 poly（A）尾，使 mRNA 降解。因此含有 ARE 区的 mRNA 通常都不稳定。而组蛋白 mRNA 没有 3′-poly（A）尾的结构，但它的 3′- 端会形成一种发夹结构，使其免受核酸酶的攻击。其降解是通过结合茎环结合蛋白自 3′→5′ 破坏茎环结构。

（三）引起转录后基因沉默的非编码小分子 RNA

在真核生物中发挥重要调控作用的非编码 RNA（non-coding RNA）主要有两类：一类为小干扰 RNA（small interfering RNA，siRNA），在 RNA 干扰途径中起定位特异 mRNA 的作用；另一类为微小 RNA（microRNA，miRNA），大小约为 22 个核苷酸，在体内与蛋白质形成核糖核蛋白复合体，在真核基因的表达调控、生长发育中起重要作用，miRNA 在真核生物中的调控机制具有保守性。miRNA 与 siRNA 有联系也有区别。长链非编码 RNA（lncRNA）大于 200 个核苷酸，也参与转录后基因表达调控。

1. RNA 干扰和 siRNA 1998 年，生物学家发现，在果蝇和其他真核生物中导入外源双链 RNA（double-stranded RNA，dsRNA）分子，可以使内源基因相应序列的 mRNA 降解，从而引发内源基因转录后基因沉默（post transcriptional gene silencing，PTGS）。这种基因表达抑制作用称为 RNA 干扰（RNA interference，RNAi）。RNA 干扰是细胞本身固有的对抗外源基因侵害的一种自我保护现象，是真核细胞的监控机制。它能识别、清除外源 dsRNA 或同源的单链 RNA，为外源入侵的核酸如病毒、重组基因和转座子提供一种防御措施。外源 dsRNA 分子在特异核酸内切酶 Dicer/Argonaute 蛋白家族作用下，产生 19～25 bp 的小双链 RNA，称为 siRNA。siRNA 能与靶 mRNA 完全互补配对，两者结合后可导致靶 mRNA 降解，产生 RNA 干扰作用。

框 24-2　RNA 干扰

1998年，Craig C. Mello 与 Andrew Z. Fire 在 *Nature* 期刊发表了有关 RNA 干扰法的概念，利用 RNA 片段来静默（silence）特定的基因，观察基因关闭后细胞的现象，推测该基因的功用。该发现于 2002 年获得 *Science* 期刊"年度大突破"殊荣，并于 2006 年荣获诺贝尔生理学或医学奖。RNA 干扰在基础科学中的广泛应用，使其成为一项基因功能研究的新技术，甚至在未来有希望成为一种新型的疾病治疗办法。

2. microRNA　MicroRNA（或表示为 miRNA）是一类约 22 个核苷酸左右的非编码调节 RNA，它参与 RNA 介导的基因沉默。miRNA 在不同组织、不同发育阶段中的水平有显著差异。miRNA 基因通常位于独立不相关的基因间或能编码蛋白基因的内含子区域，在核内由 RNA 聚合酶Ⅱ转录产生具有帽子结构和多聚腺苷酸尾巴的 miRNA 的初始转录产物（primary miRNA，pri-miRNA）。新生的 pri-miRNA 在核酸酶Ⅲ家族的成员 Drosha 的作用下，剪切为长约 70 个核苷酸、具有茎环结构的 miRNAs 前体（pre-miRNAs）。pre-miRNAs 在 Ran-GTP 依赖的转运蛋白 Exportin 5 的作用下，从核内运输到胞质中。在细胞质内，pre-miRNA 被 Dicer 和 TRBP（trans-activation responsive RNA-binding protein）进行第二次切割，最终成为在 3′ 端有两个碱基突出的 20 bp 左右的双链 RNA。RISC 中的成熟 miRNA 链被称为引导链（guide strand），相对应的另一条链被称为后随链（passenger strand）。一旦成熟 miRNA 的引导链被装载进入 RNA 诱导的基因沉默复合物（RNA induced silencing complex，RISC）中，它将与其靶向 mRNA 的 3′-UTR 结合，从而诱导沉默。目前已知 miRNA 针对靶 mRNA 的作用机制主要是：mRNA 与其靶 miRNA 3′-UTR 结合时，如果两者碱基序列完全互补，则可促进靶 mRNA 降解；如果不完全互补，则抑制靶 mRNA 翻译，影响蛋白质表达水平。

miRNA 和 siRNA 的关系

六、真核基因翻译水平的调控

蛋白质的生物合成即翻译是遗传信息表达的最终阶段，包括肽链合成的起始、延伸和终止 3 个阶段。其中翻译起始的调控最为重要。真核生物的翻译需要大量的因子参与，如 mRNA 特异性因子解旋 mRNA 的 5′ 末端，40S 核糖体沿 mRNA 滑动。不仅蛋白质翻译相关因子的磷酸化控制蛋白质起始作用，而且 mRNA 的结构和稳定性也与翻译调控密切相关。

（一）起始因子的磷酸化

真核生物在应激情况下，如饥饿、高温或病毒感染时，蛋白质合成速率就会下降，其中一种机制是通过激活蛋白激酶使真核翻译起始因子 2（eukaryotic translation initiation factor 2，eIF2）磷酸化，在翻译水平调节基因的表达。eIF2 磷酸化是一种重要的调节方式，这种磷酸化除了对大多数 mRNA 翻译起抑制作用外，还能特异性激活某些 mRNA 的翻译，合成特异的蛋白质，以调节靶基因的表达。酵母 GCN4 蛋白是一个转录激活因子，参与包括氨基酸生物合成酶系基因在内的表达调节。实验发现，大多数酵母在任何一种氨基酸饥饿的生长环境中均可激活 GCN2，使 eIF2 磷酸化，抑制大多数蛋白质的生物合成，并特异性激活 GCN4 mRNA 的翻译。

此外，eIF4F 的磷酸化对蛋白质合成速率具有激活作用。正常翻译时，eIF4F 与 mRNA 5′ 的 m^7G 结合后，40S·eIF2·GTP·Met tRNAi 复合物才能与 mRNA 相连，进入翻译起始阶段。在高活化的无细胞翻译体系中，用蛋白激酶 C（protein kinase C，PKC）在体外将 eIF4F 磷酸化后，翻译活性可增高 5 倍。

（二）3′-UTR 和 5′-UTR 对翻译的调节作用

大多数 mRNA 的翻译依赖于帽子结构，5′ 端帽子有增强翻译效率的作用。从真核 mRNA 5′ 末端的帽子到起始密码子 AUG 之间的不翻译序列称为 5′ 非翻译区，即 5′-UTR。5′-UTR 的长度和碱基顺序在不同的生物和不同的基因中变化很大，甚至同一基因通过不同的转录起始得到不同长度的 5′-UTR。除 5′-UTR 的长度和碱基顺序影响翻译起始外，其二级结构对翻译起始也有影响，二级结构较多的 5′-UTR 有碍于核糖体的结合，且不利于翻译起始。参与翻译起始的帽子结合蛋白（cap binding protein，CBP）能识别帽子结构，并使 5′-UTR 二级结构解链，以促进 mRNA 和 40S 亚基的结合。除了帽子外，真核生物 mRNA 的 3′ 端大都有 poly（A）尾，mRNA poly（A）结构与翻译效率有直接的关系。mRNA 的 5′-UTR 与 3′-UTR 在翻译过程中互相依赖、协同作用提高翻译效率。如果 5′ 帽子结构缺失，poly（A）尾不能促进翻译，而帽子结构即使在某些物种中缺乏 poly（A）尾的情况下，也有利于翻译的进行，但在 poly（A）尾或类似功能的结构存在时，帽子结构可使翻译效率提高一个数量级。5′ 帽子和 3′poly（A）尾在缺少任何一方时都会对翻译产生负面影响，暗示了帽子和 poly（A）尾以及相关的蛋白质在翻译起始时是相互作用的。有多种内外因素调节 mRNA 5′ 端帽子和 3′poly（A）尾的相互作用。如热激一方面能使多核糖体快速解体，另一方面能使 mRNA 的帽子和 poly（A）尾的相互作用下降而抑制翻译。

（三）参与基因表达调控的长链非编码 RNA

长非编码 RNA（long non-coding RNA，lncRNA）是一类转录本长度超过 200 个核苷酸、不编码蛋白质的 RNA 分子。lncRNA 在转录水平、转录后水平和表观遗传水平调控基因表达。研究表明，lncRNA 可直接或间接与染色质修饰复合物等特定因子相互作用，抑制基因转录。其中最为显著的例子为 lncRNA 介导的 X 染色体剂量补偿过程中发生的染色质调控。Xist 这一 lncRNA 在女性细胞两条 X 染色体中的一条 X 染色体表达，Xist 可以与 PRC2 相互作用，使 PRC2 和与之相关的组蛋白标记 H3K27me3 定位到失活的 X 染色体上，从而改变整条染色体的染色质结构，造成 X 染色体失活，使这条染色体上的大部分基因转录沉默。另外，lncRNA 可以发挥分子脚手架的作用，连接两个或以上复合体发挥作用。如 lncRNA HOTAIR 可以通过 RNA 的特殊结构域同时结合 PRC2 和 LSD1-CoREST 复合体，这种联合的相互作用可以协同 H3K27 的甲基化和 H3K4me2 的去甲基化，从而确保基因沉默。

染色质的激活状态也与 lncRNA 有关。例如，增强子样 lncRNA HOXA（homeobox A）远端转录本（HoxA transcript at the distal tip，HOTTIP）以类似增强子的方式进行染色体成环，使 HOTTIP 在空间上靠近多个 HOXA 基因，从而维持使 H3K4me3 标记和基因激活状态（图 22-9）。全基因组范围组蛋白修饰和增强子结合蛋白的图谱绘制为鉴定 lncRNA 在基因激活的过程中发挥的作用提供了一种新层面的信息。而基于染色质免疫共沉淀的二代测序分析了 H3K4me1、H3K27ac 和 p300 这几个与基因激活增强子相关的标志所在区域，发现这些区域同时也产生了 lncRNA 的转录本。尽管许多这类转录产物最初被认为是聚合酶 II 转录或增强子 - 启动子相互作用过程的副产物，但更多证据指出这类 lncRNA 具有特定的功能。

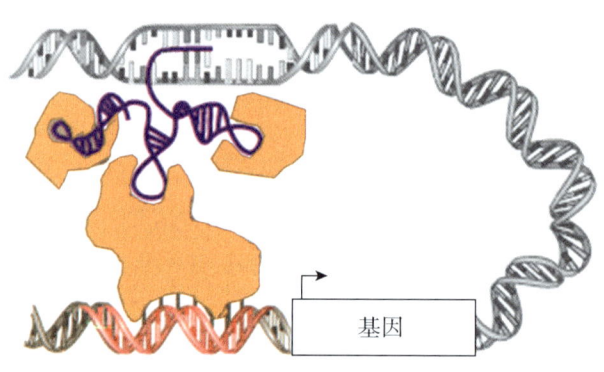

图 22-9　增强子 RNA 作用机制

七、真核基因翻译后调控

蛋白质翻译后修饰（post-translational modification，PTM）即在蛋白质氨基酸残基上通过添加或移除特定的基团进而调节蛋白质活性、定位、表达、稳定性的一种调控方式。根据 PTM 数据库显示，经实验验证的 PTM 位点已经超过 200 万个，与疾病相关的位点达到约 3000 个，PTM 类型达到 76 个。其中研究最多的 3 种 PTM 是蛋白质的磷酸化、乙酰化和泛素化。另外，蛋白质的糖基化和甲基化等也发挥重要作用。

（一）磷酸化

磷酸化（phosphorylation）或称磷酸化作用，指由蛋白质激酶催化的将 ATP 的磷酸基转移到底物蛋白质氨基酸残基（丝氨酸、苏氨酸、酪氨酸）上的过程，或者在信号作用下结合 GTP。磷酸化改变蛋白质的构型，激活或灭活蛋白质的催化活性，是生物体内一种普遍的调节方式。

细胞信号通路往往基于可逆磷酸化的信号转导来形成。细胞内的信号蛋白主要分为两大类：一类在蛋白激酶的作用下磷酸化，共价结合 ATP 所提供的磷酸基团；另一类则在信号作用下结合 GTP，通常以 GTP 取代 GDP。这两种信号蛋白的磷酸化调控特征是，在信号到达时通过获得一个或几个磷酸基团而被激活，而在信号减弱时能去除这些基团，从而失去活性。在信号转导过程中，某个信号蛋白磷酸化通常造成下游的蛋白依次发生磷酸化，形成磷酸化级联反应。

（二）乙酰化

乙酰化（acetylation）主要指蛋白质 N 端的赖氨酸残基上引入乙酰基 CH3CO—的反应，依赖于乙酰辅酶 A 作为乙酰基供体。乙酰化影响蛋白质的构型及其与其他蛋白质的亲和力。

组蛋白在 N 末端尾部的赖氨酸残基上被乙酰化和脱乙酰化是基因调控的一种重要方式。通常这些反应由具有组蛋白乙酰转移酶（histone acetyltransferase，HAT）或组蛋白脱乙酰酶（histone deacetylase，HDAC）活性的酶催化。乙酰化会消除组蛋白赖氨酸所带的正电荷，使其与 DNA（带负电）的结合力降低，从而将原本缠绕较紧密的染色体结构转成开放型态，保证转录的进行；组蛋白脱乙酰化的功能则与之相反，可使染色体结构变得更紧密而降低基因表达。

（三）泛素化

泛素化（ubiquitination）是将泛素添加到底物蛋白上的一种调控方式，而泛素是人类 UBB、UBC、UBA52 和 RPS27A 等基因编码的一种较小的蛋白质。泛素化以多种方式影响蛋白质：如标记蛋白质进而通过蛋白酶体降解，改变蛋白质的细胞位置，影响它们的活性，并促进或阻止蛋白质相互作用等。

泛素化修饰一般发生在蛋白质的赖氨酸、半胱氨酸、丝氨酸、苏氨酸或 N 末端上。一个位点上发生的泛素修饰可以是单泛素修饰，也可以是多聚泛素化修饰。目前发现特定赖氨酸上的多聚泛素化与蛋白酶体的降解有关，而其他多泛素化和单泛素化可能调节内吞运输、炎症、翻译和 DNA 修复等过程。

（四）甲基化

蛋白质的甲基化（methylation）是对蛋白质添加甲基基团的修饰方式，通过改变蛋白质分子中的某些氨基酸的甲基化状态，调节其结构和功能。这种甲基化修饰可作用于靶蛋白中的 10 余种氨基酸残基上，其中两个最主要的是赖氨酸和精氨酸。蛋白质甲基化通常发生在细胞核和核蛋白，特别是组蛋白修饰。组蛋白甲基化修饰通过甲基转移酶和脱甲基酶的协同作用，可逆性地修饰组蛋白突出的"尾巴",尤其是 N 末端的尾巴,精细调控组蛋白的甲基化状态,从而在基因表达调控、染色质构象和细胞分化中发挥重要作用。

(五)糖基化

糖基化(glycosylation)修饰是一种将糖基基团添加到蛋白质上的修饰方式,从而调节蛋白质的稳定性、定位和相互作用。糖基化修饰在细胞黏附、免疫应答和细胞信号转导中发挥重要作用。糖基化修饰通过糖基转移酶和糖基去除酶的协同作用,控制蛋白质上糖基的添加和去除。在所有的蛋白质中,有将近 50% 的蛋白质被糖基化。

总之,蛋白质的翻译后修饰通过对蛋白质分子的特定位置进行化学表观修饰,调节其结构、功能、稳定性和相互作用,形成复杂的修饰网络,精准反映细胞微环境的改变,参与细胞的信号转导、基因表达和细胞周期等调控。翻译后修饰的异常与多种疾病的发生和发展密切相关,如癌症、炎症、发育、衰老、退行性变,特别是神经系统疾病和代谢疾病。因此,研究蛋白质的翻译后修饰机制对于深入理解生物学过程和疾病发生的分子机制具有重要意义,可以为生物制药领域的研究和应用提供新的思路。

小 结

基因表达调控是发生在多层次的复杂过程,涉及中心法则的所有环节。无论真核生物还是原核生物,转录起始都是基因表达最关键的控制点。乳糖操纵子是原核基因表达调控的典型代表,其调控关键是对启动序列 P 和操纵序列 O 两个开关的控制。只有 O 和 P 开关同时开放,其下游的结构基因才能转录。真核基因表达调控复杂,包括转录调控、转录后调控、翻译水平调控、翻译后调控等,其主要环节是转录起始复合物的形成。真核基因转录激活受顺式作用元件和反式作用因子相互作用的调节。真核基因的顺式作用元件包括启动子、增强子等。启动子是决定 RNA 聚合酶转录起始位点的 DNA 序列,增强子是能增强启动子转录活性的 DNA 序列。真核基因的表达调控还受染色质构象、表观遗传修饰、mRNA 加工运输及 siRNA、miRNA 和 lncRNA 的调节。

参考答案

整合思考题

1. 试分析比较原核生物与真核生物基因转录调控的特点。
2. 真核生物的 tRNA 和 rRNA 相对稳定且半衰期长,而 mRNA 不稳定,很快被降解,请分析影响 mRNA 稳定性的因素有哪些。

(易 霞 潘星华)

第五篇 细胞的社会性与细胞命运

对于多细胞生物而言，虽然细胞是生命的基本单位，但机体内的每一个细胞以不同的方式与其他细胞或相应的外环境保持着复杂的联系和相互作用，这就是细胞社会性（cell sociality）的体现。细胞社会性是通过特定的物质基础实现的，首先细胞膜既是细胞的界膜，也是实现细胞社会性的重要框架，以此为基础横跨于细胞上的各种蛋白质（细胞黏附分子）、分布于细胞外基质的各种成分、分布于细胞内的各种蛋白成分（主要是细胞骨架系统及相关成分）相互联结在一起。细胞黏附分子是细胞膜上的跨膜蛋白，主要包括钙黏蛋白家族、选择素家族、免疫球蛋白超家族、整联蛋白家族等；从功能角度看，钙黏蛋白家族、选择素家族、免疫球蛋白超家族参与了细胞与细胞间的直接作用，包括细胞识别、细胞连接（封闭连接、锚定连接和通信连接等）以及细胞极性的形成与维持，实现细胞与细胞间相互作用和电化学信号的传递；整联蛋白家族则主要参与了与细胞外基质纤连蛋白、层粘连蛋白或某些胶原分子的识别与结合，实现细胞外基质信息与细胞内功能信息的互通。

在高等动物中，神经系统、内分泌系统和免疫系统的运行都离不开细胞与细胞间的信号转导，除了在神经细胞内部（即从细胞的一端到另一端）主要通过电信号传递外，在大多数情况下，细胞与细胞间的信号转导主要依赖化学分子即胞间信号分子通过膜受体（少数为细胞内受体）来实现，包括以下3个方面：①信号分子；②细胞表面接受信号分子的受体（或细胞内受体）；③将这种信号进行跨膜转导的系统，胞内信号转导途径。

各种通过细胞社会性而实现的细胞间作用和信号通信对细胞的命运产生着重要的影响。细胞分裂是细胞生命活动的重要特征之一。当细胞生长到某一阶段时细胞开始分裂，这是一个周期性发生的过程。在这个过程中，细胞内发生一系列生物化学反应，细胞形态和结构也发生着特定变化，而这些周期过程的反应和变化受到细胞与细胞、细胞外环境的严格调节和控制，与细胞内的调节体系共同构成细胞周期调控体系。

人的所有体细胞都来自于受精卵，这些细胞经过"分化"过程形成不同"干"性的干细胞，再进一步分化成在分子组成、形态结构和功能上独特的终末细胞。这一过程中胚胎细胞间直接作用、细胞信号分子介导的细胞间信息传递、位置信息、激素和环境因素等形成胚胎诱导或分化抑制是细胞分化的关键因素。

细胞社会性体现了细胞与细胞、细胞与外环境在生命活动中的重要性，其中任何一个环节的异常都可能导致疾病的发生。

（左　伋）

第二十三章　细胞外基质

导学目标

通过本章内容的学习，学生应能够：

※ **基本目标**
1. 概括细胞外基质主要成分的分子组成、结构特点和生物学功能。
2. 复述胶原纤维的生物发生过程。
3. 以整联蛋白为例，总结细胞外基质受体的结构和功能特点，及其介导的信号转导通路对细胞和细胞外基质的双向影响。
4. 总结细胞与细胞外基质的相互作用及其生物学与医学意义。

※ **发展目标**
1. 分析细胞外基质与疾病的关系。
2. 展望细胞外基质相关新药研发。

案 例

患者 23 岁，女，节食减肥近 2 年。感觉倦怠，厌食，自认为是减肥时的正常现象。近期出现面色苍白，牙龈易出血，皮肤毛囊周围瘀点、瘀斑，经期延长、出血偏多等症状。体检发现营养不良，血中维生素 C 含量低下，轻度缺铁性贫血。诊断为维生素 C 缺乏性紫癜（俗称坏血病）和贫血。医生给予维生素 C 和补铁剂口服治疗，并制定了康复食谱。2 周后患者症状明显缓解，继续坚持健康饮食，后康复。

问题：
从胶原生物合成的角度解释坏血病的发病机制。

细胞外基质（extracellular matrix，ECM）存在于所有多细胞生物中，是确保组织器官形态与功能完整性的物质基础，不仅为细胞群体提供了生存和构建组织器官的支架，而且从多方面影响细胞的微环境，调节细胞的各种生命活动。ECM 分子相互连接成束、成网，与细胞产生双向相互作用，为细胞和机体行使正常功能提供必要条件。多种疾病的发生、发展都与 ECM 异常有关。多种 ECM 成分或其降解产物已经成为疾病诊断、治疗和预后评价的生物标志物与靶标。

第一节　细胞外基质的主要成分

ECM 是存在于细胞外间隙中，主要由蛋白质和多糖组装成的、结构精细复杂的不溶性大分子纤维网络，其主要组成包括胶原、弹性蛋白等结构蛋白、非胶原糖蛋白、糖胺聚糖与蛋白聚糖等生物分子。胶原和弹性蛋白是 ECM 的主要结构支架和机械强度与韧性的提供者；糖胺聚糖与蛋白聚糖是组织充盈、黏合、润滑与缓冲的承载者；非胶原糖蛋白是 ECM 组装与功能活动的协调与统筹者，也是细胞与 ECM 相互作用的关键执行者。ECM 通过细胞表面受体即细胞黏附分子将信息传递到细胞内，调节多种细胞生命活动，如生长、增殖、分化、迁移等，对维持内环境稳态至关重要。ECM 是高度动态的结构网络，由细胞合成、分泌，在细胞外有机地组装与重塑。

ECM 的成分及其含量以及组装形式具有组织器官特异性，并与组织器官的发育阶段及功能状态相适应。结缔组织中 ECM 的含量最多，变化多样，有的坚硬如岩石（如骨、牙），有的坚韧如绳索（如肌腱、韧带），具有高度耐牵拉强度，有的则透明而柔软（如眼球中的玻璃体）。上皮和肌肉组织的 ECM 含量很少，并特化为基膜。

一、结构蛋白

（一）胶原

胶原（collagen）是存在于细胞外基质的一类结构相似的纤维状糖蛋白，通常在体外交联成不溶性的纤维，成为 ECM 的主体结构支架。胶原是体内含量最丰富的蛋白质，占人体蛋白质总重量的 30%。不同组织器官中胶原的含量、类型和排列方式不同，与组织器官的功能相适应。

1. 分子结构　胶原分子的基本结构是由 3 条多肽链紧绕而成的三股（超）螺旋结构（图 23-1）。每条多肽链是胶原分子的 1 个亚基，称为 α 链，其特征是含甘氨酸 XY 三肽重复序列，即（Gly-X-Y）n，X 和 Y 的氨基酸类型可变。以体内含量最高的 I 型胶原 α1 链为例，其三肽重复次数 n = 338 次；其氨基酸编码组成以甘氨酸含量最高（占 1/3），其次为脯氨酸（Pro，占 23.3%），再次为丙氨酸（Ala，占 11.5%）；三肽重复序列的 X 和 Y 位出现频率最高者为 Pro，平均每 3 个 X 或 Y 中会出现 1 个 Pro，频率次高者为 Ala。

I 型胶原 α1 链 Y 位的部分或全部 Pro 在翻译后发生羟化，转变为 4-羟脯氨酸（4-hydroxyproline），随后 X 位的少量 Pro 可转变为 3-羟脯氨酸；Y 位部分或全部赖氨酸残基（Lys）亦羟化为羟赖氨酸（hydroxylysine）。羟脯氨酸和羟赖氨酸是胶原的分子标志，后者还可进一步发生糖基化或交联反应。碱性氨基酸残基参与胶原的细胞外交联，酸性氨基酸残基则通过结合 Ca^{2+} 促进胶原聚集成束，并有助于骨钙积累。I 型胶原 α1 链不含半胱氨酸，无二硫键，可防止其在细胞内交联沉淀。三肽重复序列中 Gly 无侧链，Ala 侧链极小，Pro 有环状结构，这些特征使 α 链自发卷曲为左手螺旋，每圈含有 3 个氨基酸残基；三条 α 链互相缠绕成直径 1.5 nm 的右手超螺旋。不同胶原三肽重复序列与三股螺旋的占比不同，短者只占肽链的 10%，长者如 I 型胶原占比可高达 96%，整个胶原分子长达 300 nm。

2. 类型　人类胶原 α 链的编码基因共有 46 种，构成胶原（超）家族，其命名以胶原分子类型和 α 链类型为双重依据。例如 *COL4A6* 为 IV 型胶原的 α6 链编码基因，其中字母 A 代表 α 链。目前已知各种胶原基因的转录产物共组装成 28 型胶原分子，依次用罗马字母 I、II 等命名。同一类型的胶原根据其 α 链编码基因的差异，依次用 α1、α2 等命名。胶原分子的三股螺旋可由 3

种相同α链构成同聚体,也可由该型2种或3种不同α链构成异三聚体。多数胶原为α链同聚体,如Ⅱ型胶原只由一种 *COL2A1* 基因编码,其亚基组成为 [α1(Ⅱ)]$_3$,下标3表示由3条Ⅱ型胶原的α1链构成同聚体。Ⅰ型胶原是由 *COL1A1* 和 *COL1A2* 的编码产物组装成的异三聚体,亚基组成为 [α1(Ⅰ)]$_2$.α2(Ⅰ),即由2条Ⅰ型α1链和1条Ⅰ型α2链构成。Ⅳ型胶原的α链编码基因种类最多,共6种,可组装成3种Ⅳ型胶原分子,如α3(Ⅳ).α4(Ⅳ).α5(Ⅳ)为Ⅳ型α3、α4、α5各1条链组装而成的异三聚体。个别胶原也可由来自不同胶原类型的α链组装成杂合型胶原。多种胶原基因可通过可变剪接产生同形分子,进一步增加了胶原分子的多样性。

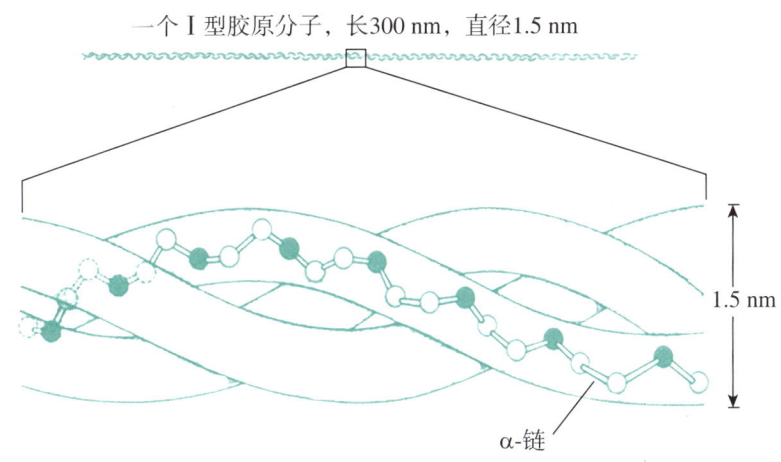

图 23-1　胶原分子的基本结构示意图

3. 亚族、分布与纤维形成　胶原(超)家族根据纤维形态和分布可分为若干亚族(或家族),包括成原纤维胶原(fibril-forming collagens)、原纤维相关胶原(fibril-associated collagens)、成网胶原(network-forming collagens)、含跨膜区的膜胶原(membrane collagens)、蛋白聚糖类胶原等。成原纤维胶原包括Ⅰ型、Ⅱ型、Ⅲ型、Ⅳ型、Ⅸ型等胶原,其特点是多个该亚族几种不同类型的胶原分子可共同聚集交联成直径10～300 nm的胶原原纤维(collagen fibril);由于其中的胶原分子呈阶梯式平行排列,经负染后,胶原原纤维在电镜下可见每隔64～67 nm重复出现的明暗相间条纹,可用作鉴定标准(图23-2)。若干平行排列的胶原原纤维束彼此聚集、交联后成为直径0.5～3 μm、光镜下可见的胶原纤维(collagen fiber),即ECM中含量最高的纤维,其抗张力强度超过钢材。

胶原原纤维由多种不同类型的胶原分子共同组装而成,其中所含Ⅴ型和Ⅸ型有原纤维成核作用。Ⅰ型、Ⅱ型、Ⅲ型胶原的出现则有组织选择性:Ⅰ型胶原存在于骨、韧带、肌腱、皮肤、角膜等处;Ⅱ型为软骨、玻璃体的主要胶原成分;Ⅲ型分布最广,见于皮肤、血管、内脏、肌肉、软骨等部位的结缔组织中,除参与胶原纤维组装以外,Ⅲ型胶原还可组装成光镜可见、但较细的网状纤维(reticular fiber),分布于基膜的网板和网状组织等处;Ⅸ型、Ⅻ型、ⅩⅣ型等多型原纤维相关胶原结合在胶原原纤维的表面,共同组装成胶原纤维。成网胶原存在于基膜(基板)中,其成员Ⅳ型、Ⅷ型、Ⅹ型胶原的一级结构中Gly-X-Y序列被一些非重复序列间隔,导致三股螺旋结构中断和折转,不能形成胶原原纤维,而是形成正交分子网络;该网络极为细小,光镜和低倍电镜均不能显示,故此基膜(基板)呈均质性。

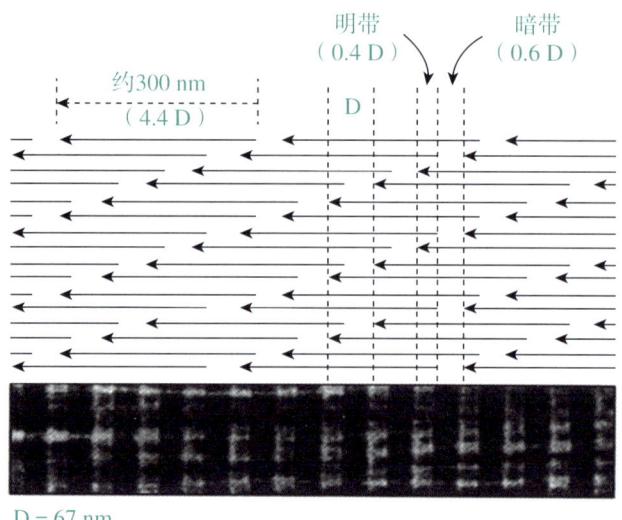

图 23-2 胶原原纤维及其横纹的形成（图下部分为电镜图）示意图

（二）弹性蛋白

弹性蛋白（elastin）是生物进化到脊椎动物时才出现的，是伸展性大的间质组织中的主要成分，常见于皮下、肺、脉管壁、子宫及胎盘等处。弹性蛋白只有 1 个编码基因 *ELN*，转录产物在粗面内质网翻译并切除信号肽，成为含 760 个氨基酸残基的分泌蛋白；其氨基酸组成 Gly 占 30.7%，Pro 只占 12.6%，疏水性氨基酸（丙氨酸、缬氨酸、亮氨酸、异亮氨酸、苯丙氨酸）占比高达 44.3%。以上特点使得弹性蛋白不能形成三股螺旋，而是呈无规则卷曲。弹性蛋白含大量与胶原相同的 Gly-X-Pro-Gly 羟化基序，其中的 Pro 多被羟化为 4-羟脯氨酸。新合成的弹性蛋白被 3 种原纤蛋白（fibrillins）包裹后分泌到细胞外，聚集成束并高度交联，形成光镜可见的弹性纤维（elastic fiber），赋予组织回弹性。

二、非胶原糖蛋白

ECM 中的非胶原糖蛋白既可与 ECM 其他大分子结合，又可与细胞相结合，其种类、结构、功能十分复杂，现已发现数十种，此处着重介绍其中两类代表性成员。

（一）纤连蛋白

1. 分子结构 纤连蛋白（fibronectin，FN）是发现最早的、分布最广的非胶原糖蛋白，普遍存在于动物界，主要由成纤维细胞、软骨细胞、某些上皮细胞、胎盘滋养层细胞、骨骼肌与平滑肌细胞、内皮细胞、巨噬细胞等产生。FN 的编码基因只有 1 种，即 *FN1*。不同细胞中 *FN1* 转录产物因可变剪接不同而翻译成 20 余种 FN 多肽同形物；各同形物结构相近，分子量约 220 kD，折叠成纤维形 FN 亚基；两个或多个亚基可形成二聚体或多（寡）聚体。FN 每条肽链由 2450 个左右氨基酸残基组成，含 5～7 个结构域和若干基序，可与细胞表面或 ECM 中的多种分子结合，如与胶原、血纤蛋白（fibrin）、整联蛋白、DNA、肌动蛋白及硫酸乙酰肝素/肝素等结合。FN 肽链中的 RGD（Arg-Gly-Asp）三肽基序是整联蛋白识别位点。

2. 存在形式与分布

（1）可溶性 FN 二聚体：是由两个 FN 亚基借接近 C 端的两个二硫键交联形成的"V"形二

聚体（450 kD），主要由肝细胞分泌，存在于血液及其他体液中，参与血凝和创伤愈合，可增强巨噬细胞吞噬能力。正常人血浆 FN 的浓度约为 0.3 mg/ml，检测其含量变化可用于诊断某些疾病。

（2）细胞表面 FN：为附着在细胞表面的二聚体或寡聚体。在成纤维细胞表面呈纤维束，与胞内肌动蛋白微丝的走行一致，二者在组装上相互制约。FN 在细胞表面的存在，不但与细胞种类有关，而且与细胞的分化阶段有关。

（3）基质 FN：为多聚体，存在于 ECM，包括结缔组织及某些基膜中，可协助胶原组装和成骨细胞造骨等多种过程。

（二）层粘连蛋白

层粘连蛋白（laminin，LN）是存在于各种基膜中的主要成分，是胚胎发育中最早出现的 ECM 成分。在成体，它存在于上皮下和内皮下，紧靠细胞基底，还存在于肌细胞、脂肪细胞和神经髓鞘的周围。LN 分子均由 α、β、γ 三个亚基组成，编码各亚基的基因依次为 *LAMA1* ~ 5、*LAMB1* ~ 4、*LAMC1* ~ 3，各亚基的同源基因转录产物可组装成不同类型的 LN 分子。三条肽链借二硫键交联成不对称的十字形分子（图 23-3），分子量 820 ~ 900 kD。十字形 LN 分子的三条短臂各由三条肽链的 N 端序列构成。LN α 链有 RGD 三肽基序，β 链短臂杆区有 YIGSR 及 PDSGR 五肽基序，可分别与不同的细胞结合。LN 分子的长臂和短臂还具有不止一个与原核细胞结合的部位，如化脓性链球菌可与易感组织的 LN 结合。

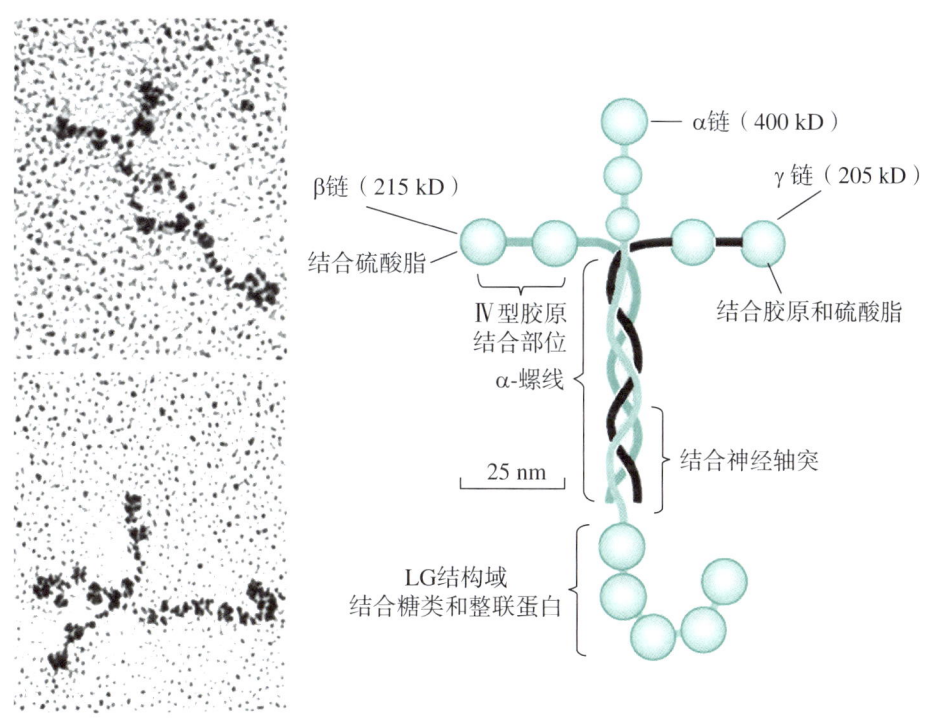

图 23-3　层粘连蛋白的电镜照片及结构模式图

三、糖胺聚糖与蛋白聚糖

1. 糖胺聚糖　糖胺聚糖（glycosaminoglycan，GAG）又名氨基聚糖，旧称黏多糖（mucopolysaccharide），是由重复的二糖单位构成的直链多糖；其二糖单位的一个糖基为氨基己糖，另一个糖基为糖醛酸。氨基己糖为 N- 乙酰氨基葡萄糖（GlcNAc）或 N- 乙酰氨基半乳糖

（GalNAc），糖醛酸为葡萄糖醛酸（GlcA）或艾杜糖醛酸（IdoA）。硫酸角质素例外，其中一个糖基是半乳糖（Gal），而不是糖醛酸。

（1）糖胺聚糖的类型：根据二糖单位的组成和糖苷键连接方式的差异，可将 GAG 分为以下几类（表 23-1）：透明质酸（hyaluronan or hyaluronic acid，HA）、硫酸软骨素（chondroitin sulfate，CS）、硫酸皮肤素（dermatan sulfate，DS）、硫酸乙酰肝素（heparan sulfate，HS）（亦称硫酸类肝素），以及肝素（heparin，HEP）、硫酸角质素（keratan sulfate，KS）。

表 23-1 糖胺聚糖的结构与分布

糖胺聚糖	重复二糖单位（A-B）n			分布
	单糖 A	单糖 B	连接方式	
透明质酸（HA）	GlcNAc	GlcA	-(GlcNAcβ1-4GlcAβ1-3)n-	各种结缔组织、皮肤、玻璃体、软骨、滑液、细胞表面
硫酸软骨素（CS）	GalNAc	GlcA	-(GalNAcβ1,4GlcAβ1,3)n-	软骨、角膜、皮肤、动脉、骨、细胞表面
硫酸皮肤素（DS）	GalNAc	GlcA 或 IdoA	-(GalNAcβ1,4IdoAα1,3/GlcAβ1,3)n-	皮肤、血管、心、心瓣膜、细胞表面
硫酸乙酰肝素（HS）	GlcNAc	GlcA 或 IdoA	-(GlcNAcα1-4GlcAβ1-4/IdoAαl-4)n-	肺、动脉、细胞表面
肝素（HEP）	GlcNAc	GlcA 或 IdoA	-(GlcNAcα1-4GlcAβ1-4/IdoAαl-4)n-	肺、肝、皮肤、肥大细胞
硫酸角质素（KS）	Gal	GlcNAc	-(Galβ1-4GlcNAcβ1-3)n-	软骨、角膜、椎间盘

（2）糖胺聚糖的结构特征与分布：HA 的糖链特别长，可含 10 万个糖基，而其他 GAG 一般由不到 300 个糖基组成。在溶液中 HA 分子呈无规则卷曲状态。HA 整个分子全部由葡萄糖醛酸及 N- 乙酰氨基葡萄糖二糖单位 -（GlcNAcβ1-4GlcAβ1-3）n- 重复排列构成，是结构最简单的 GAG，也是唯一不发生硫酸化修饰，亦不与蛋白质共价结合的 GAG。在早期胚胎及创伤后愈合中的组织内 HA 含量特别丰富。HA 可在微环境中形成引导细胞迁移的走廊，在胚胎发育的器官形成阶段影响多种脏器如心脏、角膜的形态发生。

CS 只含 GlcA，当其糖链合成后，在差向异构酶（epimerase）的催化下将糖链上的 GlcA 在原位转换为 IdoA，致使 CS 转化为 DS；由于差向异构酶的作用并不完全，所以 DS 既含 GlcA，又含 IdoA。HS 和肝素也有一部分 GlcA 被差向异构酶转变为 IdoA。HA、CS、DS、HS 是细胞表面糖萼的重要成分，参与受体调节、细胞识别与通信等过程。肝素由肥大细胞产生，并贮存于分泌颗粒中；炎症时肥大细胞活化，脱颗粒释放肝素，产生抗凝作用。

2. 蛋白聚糖 蛋白聚糖（proteoglycan，PG）是由糖胺聚糖与蛋白质共价结合而成的大分子，既能以膜蛋白的形式存在于质膜，也可在细胞外构成 ECM 的主要组分。构成蛋白聚糖单体的蛋白质称为核心蛋白质（core protein），为单链多肽。一条核心蛋白质多肽链可以共价结合一至数百条相同或不同类型的 GAG 糖链。不同的蛋白聚糖具有不同的核心蛋白质和不同种类、数量的 GAG。若干蛋白聚糖单体借连接蛋白质（link protein）与 HA 非共价结合成蛋白聚糖多聚体（图 23-4）。蛋白聚糖在结缔组织中含量最高。

人体的蛋白聚糖有 38 种，其中 7 种独立命名，如 agrin、CD44 等。另外 31 种分为 5 组：①黏结蛋白聚糖（syndecans）：有 4 种，为单次跨膜蛋白，携带 HS、CS 或 DS，是多种膜受体的辅受体，可募集多种细胞因子；②磷脂酰肌醇蛋白聚糖（glypicans）：有 6 种，含糖基磷脂酰肌醇（glycophosphatidylinositol，GPI）锚，为膜蛋白聚糖，主要携带 HS；③小富亮氨酸重复蛋白聚糖（small leucine-rich repeat proteoglycan，SLRPs）：有 12 种，位于 ECM，可结合胶原，并与多种细胞表面受体结合；④透凝蛋白聚糖（hyalectans）：有 4 种，为结合 HA 的凝聚素，位于 ECM 和细胞表面；⑤胶原蛋白聚糖（collagen proteoglycans）：有 5 种，由Ⅸ、Ⅻ、ⅩⅤ 等型胶原与 CS/DS 或 HS 共价结合而成。

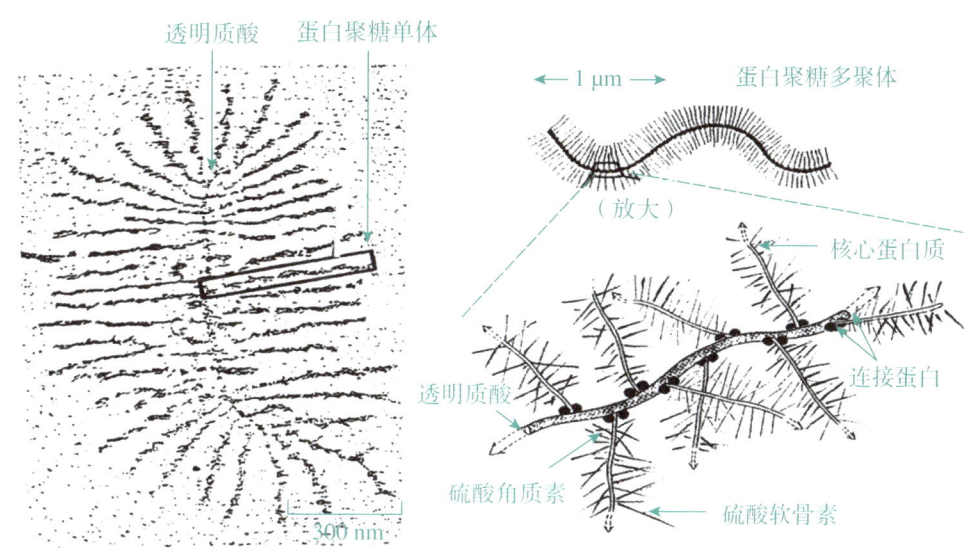

图 23-4　蛋白聚糖单体和多聚体结构模式图

3. 糖胺聚糖与蛋白聚糖的理化特性　GAG 及蛋白聚糖具有高度亲水性、带密集负电荷（HA 除外）、缓冲性、抗压性、黏弹性及润滑性等理化特性，可形成高度水化的凝胶，是 ECM 中除胶原之外的主要填充物，允许水、离子、小分子营养物和代谢产物在其间扩散，调节组织的渗透压、pH 值和电解质稳态；而对蛋白质如某些激素和细胞因子等大分子则具有非特异吸附或排斥以及特异结合的作用，可延缓其扩散，有利于在微环境中形成浓度梯度。

GAG 糖链中的氨基己糖和糖醛酸均可发生不同程度的硫酸化，硫酸基及糖醛酸的羧基在生理性 pH 下均行解离，使 GAG 带有密集的负电荷。由于同种电荷的相斥作用，蛋白聚糖的糖链呈高度伸展状态，形似试管刷，占据庞大空间，形成凝胶，缓冲机械力冲击和挤压，减少组织损伤。高度密集的负电荷还可吸引 Na^+ 云集在其周围，成为机体的钠储备池，对于调节水和电解质平衡有关键作用。同种电荷间的排斥力还可抵抗压缩并在压力去除后反弹，在弹性蛋白的协同作用下恢复组织原有的体积。

第二节　细胞对细胞外基质的影响

细胞对 ECM 主要有以下方面的影响：①负责 ECM 的合成、加工与分泌，并根据各种组织器官的功能需要，控制 ECM 大分子的产生类型和组成比例；②指导 ECM 大分子在细胞外的组装与交联，调控其排列方向；控制其骨化与牙釉化；③施加作用力，通过挤压、牵拉或松弛，改变 ECM 的应力状态；调控 ECM 充盈度和缓冲力；④引发 ECM 重塑，参与 ECM 降解。

一、ECM 分子的合成

ECM 的所有成分都是由细胞合成的，其合成和分泌遵循分泌蛋白的一般规律，如需要在信号肽的指导下在粗面内质网（rough endoplasmic reticulum，RER）合成、加工，再运输到高尔基复合体进行进一步修饰、包装并形成分泌颗粒，经胞吐作用分泌到细胞外。然而 ECM 的特性决定了其生物发生有不同于一般分泌蛋白的特点。

（一）ECM 中蛋白质成分的辅助加工

ECM 中的蛋白质多为高度聚集与交联的不溶性大分子，其骨架肽链疏水性高，为防止其在细胞内过早聚集沉淀，其合成过程中需要大量分子伴侣的辅助，还需要糖基化修饰增加水溶性（未糖基化的弹性蛋白例外，被高度糖基化的分子伴侣原纤蛋白包裹成电缆线状一起分泌），并且常以水溶性前体多肽的形式进入分泌颗粒。前体多肽常含防止肽链过早聚集交联的结构域，需要被转化酶（convertase）切除才能成熟；高尔基复合体将前体多肽与转化酶一起包装进入分泌颗粒，在分泌前或分泌后转化为成熟蛋白。

（二）ECM 中糖链成分的合成

ECM 成分的糖基化有些与一般分泌蛋白相同，如胶原前体、某些类型胶原、非胶原糖蛋白上一般 N- 连接与 O- 连接寡糖链的合成、加工；而羟赖氨酸残基的 O- 糖基化则是胶原和弹性蛋白等少数蛋白特有的，发生在 RER，而非高尔基复合体。蛋白聚糖上 GAG 的合成亦有其特点，该过程发生在高尔基复合体，属于 O- 糖基化类型；但与一般 O- 连接寡糖链不同的是，其肽链上的起始糖基多数为木糖，并且在 GAG 合成后还要对糖链进行复杂的差向异构化和硫酸化加工修饰。HA 则不同于所有蛋白质的糖基化过程，是在质膜上直接进行的。GAG 合成的另一个特点是重复二糖单位中两种不同糖基的连接是在同一个糖基转移酶催化下完成的，故此可保持重复单位的高度精确性。

一种快速、大量分离和分析细胞外基质的方法

二、胶原的生物发生

产生原纤维胶原的细胞主要是间质细胞，例如在皮肤、肌腱及其他结缔组织为成纤维细胞（fibroblast）；在骨组织和软骨组织分别为成骨细胞（osteoblast）和成软骨细胞（chondroblast）。产生Ⅳ型胶原的细胞为上皮和内皮细胞。

（一）胶原蛋白分子的加工修饰

胶原生物发生的全过程包括细胞内与细胞外两个阶段。基因转录、mRNA 剪接成熟、翻译、前 α 链的羟化与糖基化修饰、三股螺旋的形成均在细胞内进行。前 α 链 mRNA 的翻译在 RER 膜结合的核糖体上进行（图 23-5）。前 α 链的 Pro 及 Lys 残基在 RER 羟化，分别生成羟脯氨酸（Hypro）及羟赖氨酸（Hylys）残基，羟化反应分别由 RER 膜上的脯氨酰羟化酶和赖氨酰羟化酶催化。前 α 链三股螺旋区的羟赖氨酸残基的 O- 糖基化修饰也发生在 RER 中，由赖氨酰羟化酶家族的 5 个酶催化，添加 Gal 或 $Glc\alpha1, 2Gal$ 基团；赖氨酰羟化酶既能生成羟赖氨酸，又能对其进行糖基化。羟脯氨酸、羟赖氨酸、糖基化的羟赖氨酸残基都是稳定三股螺旋、促进胶原成束的关键修饰；羟化后的赖氨酸残基交联活性更高。Fe^{2+} 和维生素 C 是脯氨酰羟化酶与赖氨酰羟化酶所必需的辅助因子。若体内缺乏维生素 C，则前胶原的羟化和糖基化生成不足，在体外难以交联成稳定的胶原纤维，导致血管、肌腱、皮肤脆性增加、齿龈肿胀、出血、皮下瘀点、关节及肌肉疼痛等，称为坏血病（scorbutus）。患者维生素 C 缺乏若与缺铁性贫血同时存在，会进一步加重病情。

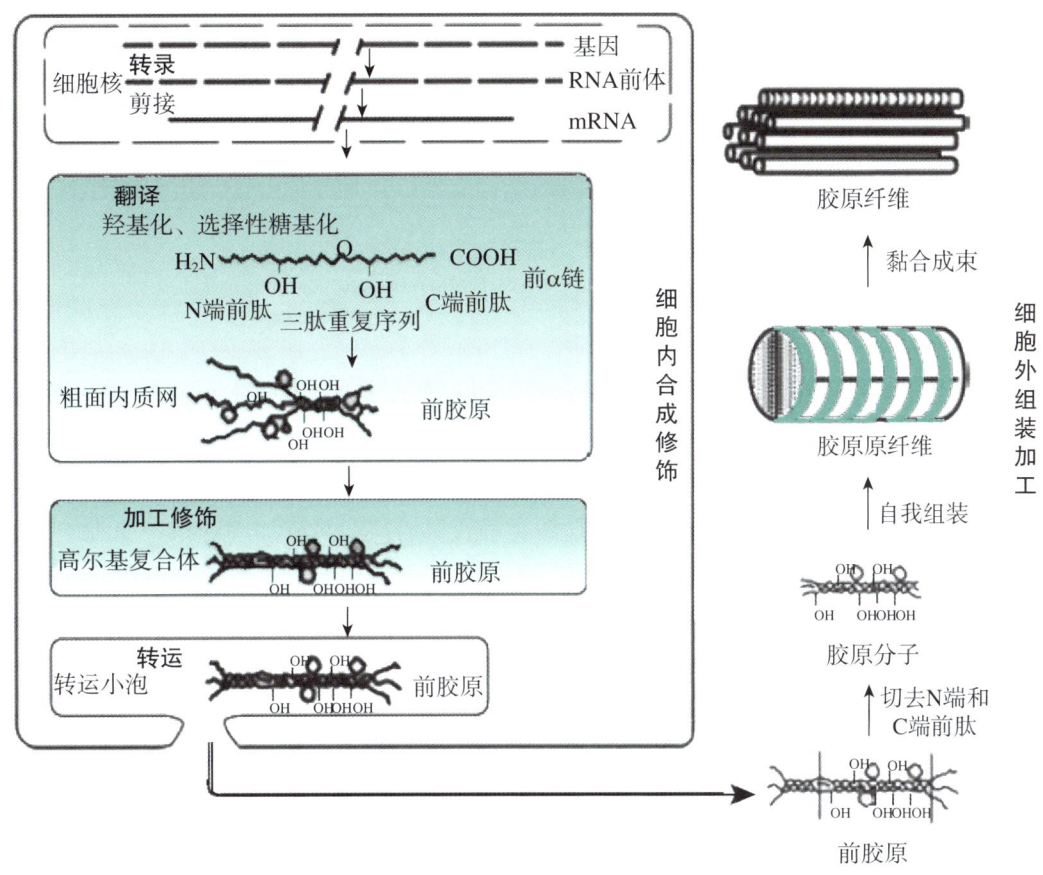

图 23-5　胶原的合成、转运、修饰加工和装配过程示意图

（二）胶原蛋白分子的共价交联、逐级聚合

三条前 α 链的 C 端前肽借—S—S—键形成链间交联，从而得以"对齐"排列。该过程对于三股螺旋的形成至关重要，可使三条多肽链从 C 端向 N 端自发聚集形成三股螺旋。在 RER 内形成的、以三股螺旋为主体的分子称为前胶原（procollagen）。前胶原的 N 端和 C 端前肽确保了前体分子的可溶性，并能防止其在胞内聚集成束。前胶原的后续加工过程发生在高尔基复合体，进而被包装进入分泌泡，经胞吐作用分泌至细胞外；在细胞外被两种前胶原肽酶分别水解去除 N 端及 C 端前肽，成为成熟的胶原分子。多型和多个胶原分子在细胞外成束排列，聚集和交联成胶原原纤维（collagen fibril），再进一步组装交联成胶原纤维（collagen fiber）。与弹性蛋白相似，胶原在细胞外的分子间交联主要依赖于赖氨酰氧化酶，该酶以 Cu^{2+} 为辅因子。

三、基膜

（一）基膜是网膜结构

基膜（basement membrane）是细胞外基质的特化形式，亦称基底膜，其狭义概念即指基板（basal lamina），是由上皮和内皮等细胞产生、紧靠细胞基底面的一层均质性薄膜，厚度 60～120

nm。广义的基膜包括基板和紧贴在基板外侧的网板（reticular lamina），后者由成纤维细胞产生，富含网状纤维。在本章内容中应用其狭义概念。与基膜有相近组成的膜状ECM也包绕在肌细胞、神经鞘细胞（Schwann cell）及脂肪细胞周围，但这些细胞并无底面。肌细胞的基膜称为肌膜（sarcolemma），其组成与肌细胞表面的糖萼互相延续。

（二）基膜的分子组成

基膜的核心结构成分是LN、Ⅳ型胶原、蛋白聚糖等。不同组织器官的基膜其组成成分有所不同。基膜中的胶原以Ⅳ型胶原为主，是基膜的结构支架。Ⅳ型胶原分子通过C端结构域间的非共价相互作用及N端之间的共价交联而形成网络。

（三）细胞与基膜之间的相互作用

细胞一方面合成及分泌基膜中的各种生物分子，另一方面与基膜有密切相互作用。不同组织类型的细胞以不同的细胞连接与基膜结合。上皮细胞在底面通过半桥粒牢固锚定在基膜上。半桥粒通过质膜上的整联蛋白一方面与肌膜中的Ⅳ型胶原和LN结合，另一方面与中间纤维结合，实现细胞与基膜之间作用力与信息的双向传递。骨骼肌和心肌细胞与其肌膜间的肋斑（costamere）、平滑肌细胞与肌膜间的密斑（dense patch）是两类静止黏着斑，具有加固和稳定肌细胞质膜的作用，并可将肌收缩力传递到周围组织。

基膜是干细胞微龛或微环境的关键结构保障，可调控干细胞的自我更新和分化，维持与稳定细胞极性，并能调控细胞增殖与分化；此外，它还决定细胞的形态与极性，影响细胞的代谢，调控质膜上蛋白质的排布，维持细胞存活，促进细胞增殖或分化，调控细胞迁移。基膜对生物大分子具有选择性通透作用，可构成滤过屏障，调控细胞的微环境。例如，肾小球血管内皮细胞与足细胞间的基膜厚而紧密，并带有大量负电荷，是肾小球滤过膜的重要结构基础，可阻止带负电荷的血浆蛋白滤入尿液。此外，当上皮和肌肉细胞受损时，基膜为再生细胞提供"脚手架"，参与组织的损伤修复。

基膜对于肿瘤的发展具有特别重要的意义。早期的原位癌尚未突破基膜，因而不发生转移。癌细胞转移过程中，至少需突破基膜3次（穿过原发上皮基膜，穿入和穿出脉管时突破脉管基膜）。而血管的新生过程也必然伴有内皮细胞下基膜的破坏和重建。血管的新生不仅极大地加速了肿瘤的生长，而且也使血行转移增强。

框23-1 人工基膜

从小鼠EHS肉瘤中提取的胶状物质，其主要成分与基膜相似，用这种物质制成的人工基膜，可以为体外培养的细胞提供类似体内的细胞外基质的环境，是体外研究细胞的增殖、分化、毒理、代谢、迁移、浸润、血管新生的有力工具。

四、细胞外基质的降解

ECM大分子的代谢更新是机体的重要生理过程，组织器官的多种功能活动都会伴随局部ECM的降解与重塑。当细胞穿过基膜或在结缔组织中移动时，需要局部降解ECM成分。破骨细胞对骨组织的吸收和重塑亦需要水解ECM。ECM大分子的降解需要先由细胞分泌的水解酶和细胞表面表达的水解酶将其在细胞外切割成小片段，随后各种降解片段被细胞吞噬或胞饮，在吞噬溶酶体中继续降解成氨基酸和单糖，被细胞重新利用。

（一）基质金属蛋白酶

降解 ECM 的蛋白酶主要有两类：基质金属蛋白酶（matrix metalloproteinases，MMPs）和丝氨酸蛋白酶，二者协同降解 ECM 蛋白，如胶原蛋白、LN 和 FN 等。MMPs 为内切肽酶，在人类有 23 个成员，归属于甲硫氨酸锌蛋白（metzincin）超家族，该超家族是最大的一类金属蛋白酶，因其催化活性中心上存在保守的锌结合基序（HEXXHXXGXXH）而得名。MMPs 分为 6 组：①胶原酶（collagenase）：含 MMP-1、MMP-8、MMP-13；②明胶酶（gelatinases）：含 MMP-2 和 MMP-9；③溶基质蛋白酶（stromelysins）：含 MMP-3 和 MMP-10；④基质溶素（matrilysins）：含 MMP-7 和 MMP-26；⑤可被 furin 活化的 MMPs（furin-activatable MMPs），该组 MMPs 种类最多，多数成员含跨膜区，特称膜型 MMPs（membrane-type MMPs，MT-MMPs），亦有成员为带 GPI 锚链的膜蛋白，或为分泌蛋白；其中 MT-MMP 有 MMP-14、MMP-15、MMP-16、MMP-23、MMP-24；⑥其他 MMPs：包括 MMP-12、MMP-19、MMP-20 和 MMP-27。

（二）细胞外基质的降解

ECM 的细胞外酶促降解过程是被严格调控的，主要有以下机制：① ECM 降解酶常以无活性的前体即酶原（zymogens）的形式表达或分泌，在需要时可以在局部微环境中活化；②多种降解酶是膜蛋白，集中表达在细胞表面与 ECM 的接触区，如黏着斑和足状体（podosome）内；另外一些分泌到细胞外液的酶则通过与膜受体结合，募集到细胞表面特定区域，从而使酶活性限制在细胞的运动前沿或 ECM 接触区；③细胞通常分泌多种水解酶抑制剂，防止正常条件下 ECM 被降解。在缺氧、酸中毒、ROS 过载等病理条件下，微环境的 pH 值与氧化还原状态发生改变，抑制剂活性被阻断，水解酶活性得以发挥。

由于有以上调控机制，机体自身对 ECM 的降解只发生在局部区域。但细菌、寄生虫、恶性肿瘤、某些节肢动物或毒蛇却能产生高活性且不受调控的 ECM 降解酶，引起大范围的 ECM 降解和组织破坏。

（三）胶原的降解

胶原的降解与一般蛋白质有所不同。Ⅰ 型胶原对组织蛋白酶具有抵抗性，必须先被 MMPs 中的胶原酶切割才能降解。胶原的代谢一般较慢，例如，某些部位的骨胶原可维持 10 年不发生降解。然而，在某些局部区域或特殊生理（胚胎发育）、病理（炎症反应、创伤愈合）条件下，胶原的更新率加快，并常伴有胶原类型的改变，即原有胶原被降解，而代之以新生成的另一类型胶原。

胶原酶是高度特异性的内切酶，只在少数位点切割胶原，不同类型的胶原酶对被切割的底物胶原类型有选择性。细胞分泌的胶原酶通常为无活性的酶原，经蛋白酶（如纤溶酶及激肽释放酶）切割后变为有活性的胶原酶，催化胶原降解，促进 ECM 重塑和细胞迁移。组织中还存在胶原酶抑制剂，由前胶原水解下来的前肽可能对胶原酶也有抑制作用。胶原酶的抑制与活化是调控胶原代谢更新的关键环节，有重要的生理及病理意义。

（四）蛋白聚糖的降解

蛋白聚糖的降解需要先在细胞表面或微环境中的蛋白酶和内切糖苷酶的作用下切割为多糖与多肽片段，再通过胞吞作用进入溶酶体，在多种溶酶体酶的催化下才能彻底降解。降解糖链的酶分为内切和外切糖苷酶，分别在糖链中间及糖链非还原末端水解糖苷键。GAG 中的硫酸基被硫酸酯酶（sulfatase）催化水解脱硫酸。脱硫酸常为 GAG 糖链降解的限速步骤。

五、细胞外基质成分与相应的细胞膜受体

(一) 整联蛋白

整联蛋白 (integrin) 是细胞表面最主要的一类细胞外基质受体家族，属于细胞黏附分子，由 α 和 β 亚基构成异二聚体；两个亚基均有跨膜区，并均被高度糖基化。整联蛋白的胞外区介导细胞黏附于 ECM，胞内区与细胞骨架结合，实现作用力和信息在细胞和 ECM 间的双向传递，调控 ECM 的组装和细胞的存活、迁移、增殖、分化等生命活动。

整联蛋白 α 亚基的编码基因有 18 种，β 亚基有 9 种，分别用 *ITGA* 和 *ITGB* 及数字或字母排序命名，如 *ITGA6*、*ITGAL*、*ITGB4* 等，共组装成至少 24 种整联蛋白分子，可与多种 ECM 成分结合，作用依赖于 Ca^{2+}。不同整联蛋白二聚体的表达有组织细胞特异性，其结合的 ECM 配体也有差异，但多数整联蛋白均能结合 RGD 基序，该基序普遍存在于胶原、FN、LN 等 ECM 成分中。α1β1 及 α2β1 为胶原及 LN 的受体；α3β1 为胶原、LN 及 FN 的受体；α4β1 为 FN 及 VCAM-1 的受体；α5β1 为 FN 的单特异性受体；α6β1 及 α6β4 是 LN 的单特异性受体，为上皮细胞半桥粒的结构蛋白。

(二) DDRs

DDRs (discoidin domain receptor tyrosine kinases) 为受体酪氨酸蛋白激酶超家族成员，包括 *DDR1* 和 *DDR2* 两个基因的表达产物。DDR1 主要分布于上皮细胞表面，DDR2 主要表达于成纤维细胞等间质细胞和肌细胞表面。DDR1 和 DDR2 包含胞外 DS 样结构域 (discoidin domain)、跨膜区、胞内 C 端酪氨酸激酶结构域等。DDRs 的配体为胶原，DS 样结构域可结合胶原的三股螺旋区。DDR1 与 I 至 V 型和 XI 型胶原结合，DDR2 与 I 型、II 型、III 型、V 型、X 型胶原结合。与胶原结合后 DDRs 发生二聚体化，其酪氨酸激酶活性被激活，导致 Src 和 MAPK 通路活化，MMPs 表达上调，促进细胞迁移和伤口愈合，参与胚泡着床、形态发生与器官形成、ECM 重塑、动脉粥样硬化、肿瘤细胞侵袭转移等过程。

(三) CD44

CD44 是一种跨膜蛋白聚糖，是细胞内外多种分子的募集平台。其胞外区可结合 HA (故此为 HA 受体)、胶原、MMPs 等；其糖链携带血型抗原，可作为 E- 选择素和 L- 选择素的配体；其肽链上的硫酸乙酰素可募集多种生长因子或细胞因子，促进细胞增殖与迁移；其胞质区可募集 Rac、Rho 等多种信号分子。CD44 参与形态发生、干细胞增殖与分化、胚胎细胞与血细胞迁移等多种过程。CD44 在癌细胞高表达，肿瘤微环境促进了 CD44 蛋白的转录和翻译后修饰，其糖链明显区别于正常细胞。CD44 是肿瘤干细胞标志物之一。

六、整联蛋白介导的信号转导

整联蛋白通过促使细胞与 ECM 间形成细胞黏附与细胞连接，实现双向细胞通信，即胞内信号外传 (inside-out signaling) 和胞外信号内传 (outside-in signaling)，这种双向通信是相辅相成的：整联蛋白既介导信息的双向传递，又介导作用力的双向传递；整联蛋白既参与细胞骨架重塑，又参与 ECM 重塑；进而在细胞内部调控基因表达，在细胞外侧调控微环境状态，对细胞形态、极性、迁移、增殖、分化等多个方面施加影响。

整联蛋白介导细胞与ECM间形成两类锚定连接，一类是上皮细胞与ECM间的半桥粒，另一类是间质细胞和肌细胞与ECM间的黏着斑（focal adhesion）。黏着斑由多种蛋白有序组装而成，包括整联蛋白、整联蛋白连接激酶（integrin linked kinase，ILK）、黏着斑激酶（focal adhesion kinase 1，FAK1）、踝蛋白（talin）、桩蛋白（paxilin）、张力蛋白（tensin）、纽蛋白（vinculin）、α辅肌动蛋白（α-actinin）、Src激酶、Grb2等。

细胞表面的整联蛋白处于未活化的基态时，它们与ECM之间的亲和性很低。当整联蛋白被胞内信号激活后，其与ECM配体的亲和力增加，诱导微丝组装和整联蛋白丛集，形成黏着斑，启动PTB2/FAK1等信号通路；黏着斑促进细胞铺展和迁移，并诱导ECM重塑。当黏着斑去组装后，整联蛋白恢复失活的基态（图23-6）。

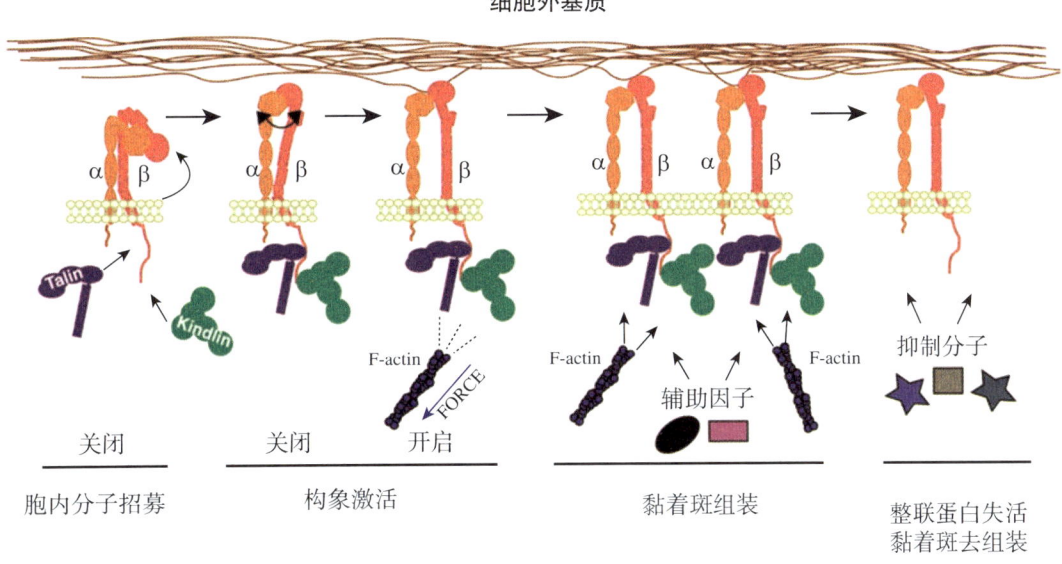

图 23-6 整联蛋白的激活与失活过程
F-actin处虚线表示启动初期的非结合状态，箭头表示移动的方向

整联蛋白和黏着斑介导的信号转导依赖于PTB2/FAK1、ILK、磷脂酰肌醇3-磷酸激酶（PI3K）等激酶的活化，其中PTB2/FAK1具有枢纽性作用。PTB2/FAK1为非受体蛋白质酪氨酸激酶，位于细胞质，广泛存在于多种细胞内。整联蛋白、GPCRs、LDL受体等多种上游膜蛋白可募集PTB2/FAK1，诱导其发生自身磷酸化而活化，进而磷酸化和激活Src、MAPK、PI3K、Rac、Rho等多种下游信号通路，调控细胞的增殖、分化、迁移、存活与凋亡等过程（图23-7）。因FAK1的功能不仅限于黏着斑，故其正式名称为蛋白质酪氨酸激酶2（protein tyrosine kinase 2，PTK2）。

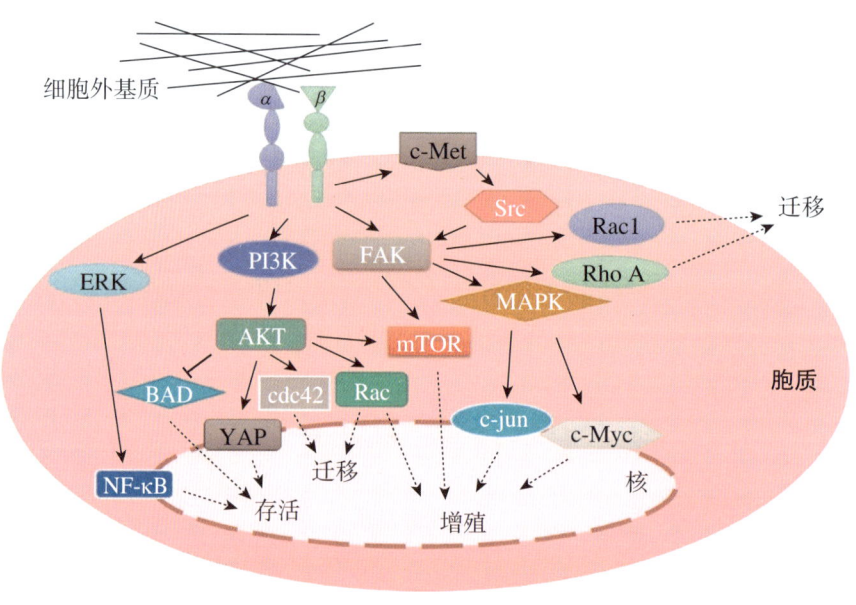

图 23-7　黏着斑相关信号通路

第三节　细胞外基质对细胞生命活动的影响

一、细胞外基质对细胞形态结构和极性的影响

ECM 通过其理化和生物特性，为细胞的功能活动提供适宜的微环境支撑，可诱导细胞连接和细胞极性的形成，使得各种组织器官中的细胞获得各自所需的形状和空间极化方向。ECM 通过缓冲、保水、赋予机械力抗性和黏弹性等作用，使细胞能够维持正常形态结构，抵抗多种理化因素的干扰。ECM 相当于细胞的外骨架，通过细胞表面 ECM 受体的传导，与细胞骨架连成整体，为机体从细胞构建组织器官提供牢固的基础。ECM 具有可塑性，可根据机体生理和病理状态的变化发生重塑，反过来影响细胞骨架组装，改变细胞形态与极性，适应生理需要或参与病理进程。

二、细胞外基质对细胞功能的调控

ECM 是多数细胞功能（包括存活、凋亡、生长和增殖）的必备条件。在常规培养条件下，有增殖能力的正常动物或人体细胞只有黏附和铺展在培养皿（瓶）的表面，才能接受生长因子的刺激，体积增大，从 G1 期进入 S 期，进行细胞增殖；若单个细胞脱离黏附的表面，悬浮到培养液中，则培养液中即使存在高浓度的生长因子，细胞的生长和增殖仍会停滞，此现象称为锚定依赖性生长（anchorage dependent growth）；悬浮的单个细胞通常会发生凋亡，此现象称为失巢凋亡（anoikis）。

细胞为何会黏附在培养皿上呢？答案是细胞并非直接黏附在培养皿的非生物材料上，而是因玻璃培养皿或经过预处理的塑料培养皿吸附了血清中的 FN 和细胞自身分泌的胶原等 ECM 成分所致；因为若换用未经预处理、不能吸附 ECM 成分的塑料培养皿，细胞则无法贴壁而呈悬浮状态，并发生失巢凋亡。锚定依赖性生长的机制与整联蛋白介导的信号转导等过程有关。锚定依赖性生长与失巢凋亡也发生在体内，是机体维持组织器官形态结构的完整性、抑制肿瘤发生的重要方式。

成纤维细胞等间质细胞自身能分泌多种 ECM 成分，很容易在体外贴壁生长和增殖。上皮细胞需要黏附在基膜上，才能生长和防止失巢凋亡。但正常上皮细胞自身合成基膜成分的能力有限，而血清中只含 FN，不含 LN，所以无法直接用培养皿培养；为此需要预先在培养皿底部包被一层模拟基膜的材料，正常上皮细胞才能贴壁生长和增殖。常用方法是包被富含 LN、Ⅳ型胶原和蛋白聚糖的人工基膜胶（matrigel）。例如，包被人工基膜胶后可以培养乳腺上皮细胞，但包被 FN 或Ⅰ型胶原则无法培养。可见不同类型的 ECM 成分可选择性调控不同类型细胞的生长、增殖和凋亡。FN 可促进成纤维细胞的增殖，对上皮细胞的增殖则具有抑制作用；LN 与 FN 的作用相反，可促进上皮细胞的增殖，抑制成纤维细胞的增殖。

近年来常用拟胚体或类器官悬浮培养法扩增和研究上皮来源的前体细胞与干细胞，其原理是这些细胞群体彼此建立了细胞连接，能够将自身合成的少量基膜成分封储在细胞团内，在此基础上通过特制的培养液配方，模拟干细胞增殖或分化的微环境。

癌细胞系虽然起源于上皮组织，但由于发生了上皮间质变迁（epithelial-mesenchymal transition，EMT），其性质类似于间质细胞，所以很容易在普通培养皿中生长，无需包被人工基膜胶。此时贴壁的癌细胞与培养皿吸附的 FN 和胶原之间形成了黏着斑，而非上皮细胞与基膜间的半桥粒。癌细胞还表现为失巢凋亡丧失，这与其基因突变、摆脱了细胞存活对 ECM 的依赖有关。

三、细胞外基质对细胞分化的调控

ECM 对细胞分化与器官形成有关键调控作用，多种类型的细胞通过接触特定的 ECM 成分而离开细胞周期，进入预定分化路径。例如成肌细胞在 FN 基质上增殖并保持未分化的表型；而在 LN 基质上则停止增殖，分化为骨骼肌细胞并融合为肌管。FN 不能刺激成红细胞增殖，而能促进其分化。脉管内皮细胞在 FN 和Ⅰ型或Ⅲ型胶原基质上培养时，增殖并形成铺满基质的单层；而在富含 LN 的人工基膜上培养时，则细胞停止分裂而进行分化，形成有腔的毛细管样结构。

ECM 对细胞分化的诱导作用还体现在可决定多能干细胞的分化方向。例如，某种干细胞在Ⅳ型胶原和 LN 基质上演变为呈片层的极性排列的上皮细胞；在Ⅰ型胶原和 FN 基质上可成为成纤维细胞；在Ⅱ型胶原及软骨粘连蛋白或骨粉制成的基质上则成为软骨细胞。

干细胞微环境中的 ECM 成分与微环境之外的 ECM 成分有显著差异，这是保证干细胞群体稳态、维持其自我更新与分化能力的关键因素。干细胞经定向和不对称细胞分裂产生两个子细胞，其中一个仍留在干细胞微环境中，维持原状；另一个子细胞则经历几轮快速增殖后迅速分化，实现组织器官中细胞群体的正常代谢更新。若干细胞微环境被扰乱，一方面会使正常干细胞群体逐渐耗竭，另一方面处于中间分化阶段的前体细胞将过度增殖，造成组织非典型增生，若持续发展则可能引发癌变。

四、细胞外基质对细胞迁移的调控

ECM 可控制细胞迁移的速度与方向，为细胞迁移提供路径。趋化因子与 ECM 结合并形成浓度梯度，诱导迁移细胞极化，伸出伪足，形成细胞前沿；细胞前沿一方面分泌 MMPs 降解 ECM，消除前进阻碍，另一方面不断组装黏着斑和应力纤维，推动伪足迁移；细胞后端黏着斑和应力纤维拆卸，物质回收并流向前端循环利用，细胞向前移动。

细胞迁移在胚胎发育、炎症、组织再生修复时十分活跃。在胚胎发育过程中，ECM 对细胞迁移的引导作用非常重要。发育中的神经嵴细胞从神经管的背侧区域迁移，形成多种细胞类型和组织。如果敲除小鼠神经嵴前体细胞中的整联蛋白 β1，会阻止神经嵴细胞迁移，导致致命的神经元缺陷。HA 与透明质酸酶的消长与形态发生过程密切相关，胚胎发育早期 HA 合成旺盛，促进细胞增殖与迁移，发育晚期 HA 合成减少、降解增加，细胞迁移和增殖逐渐停止。

第四节　细胞外基质与疾病

ECM 中各种主要成分的异常都与疾病有关，涉及感染炎症、免疫性疾病、慢性病与代谢性疾病、遗传病等，其发生机制可分为：① ECM 蛋白质的基因结构或表达异常；② ECM 成分的合成、加工修饰、组装、分泌、细胞外交联异常；③ ECM 类型、比例、空间排列方向失常；④受体与 ECM 的相互作用异常；⑤ ECM 合成与降解动态平衡紊乱。

一、细胞外基质与脏器纤维化

脏器纤维化涉及心、肝、肺、肾等多种重要器官的严重病变，是多种威胁生命的疾病进程的终末阶段。其主要特征是器官中的实质细胞极性异常，并常发生 EMT，间质细胞过度增生，大量积累病理性无序 ECM 成分，破坏了实质的正常结构，抑制血管生成，阻塞血液循环与淋巴循环，导致实质细胞大量死亡，引起器官功能衰竭。病理性 ECM 沉积不仅是纤维化的结果，而且是多种疾病进展的关键因素。

脏器纤维化的发生机制类似于瘢痕组织过度增生。脏器遭受缺氧、氧化应激、ROS、感染、炎症等多种损伤因素的攻击，诱导细胞应激反应，炎症细胞与间质细胞过度增生，在大量分泌 ECM 成分的同时，产生大量 MMPs 和组织蛋白酶等 ECM 降解酶。在代偿阶段，上述应激反应有助于清除损伤和病变的组织，并用新生成的 ECM 成分替代受损 ECM，抑制病灶。若损伤和应激反应不能缓解和消退，则会造成原有正常 ECM 大范围降解；基膜大分子降解片段能抑制血管生成，造成实质细胞缺氧死亡或发生 EMT，被更能耐受缺氧的间质细胞取代，后者大量产生的病理性 ECM，失去了正确的空间方向和组成比例，导致器官出现系统性与不可逆的结构紊乱和功能衰竭。

目前，纤维化疾病影响着全世界数以百万计的患者，却没有有效的治疗方法。心脏纤维化表现为胶原异常增多且Ⅰ/Ⅲ型胶原比例升高，心室壁的纤维化使心室壁的顺应性下降，僵硬度增加，阻碍了心室的收缩，影响射血功能；舒张期心室充盈受限，导致舒张期心力衰竭。瓣膜的纤维化会扰乱正常的血流。

肝纤维化时，Ⅰ型、Ⅲ型、Ⅳ型、Ⅴ型和Ⅵ型胶原明显增多，早期以Ⅲ型、Ⅳ型胶原增多为主，后期Ⅰ型胶原增多占优势。这些病理性 ECM 沉积在实质细胞周围会导致肝功能障碍、门脉高压。严重的肝纤维化会发展为肝硬化，继而发展为肝癌。

在肾内，由于肾小球、肾小管的上皮、间质和血管系统都含有丰富的基膜和非基膜类型的 ECM，所有这些部位都可能受到纤维化的影响。胶原在肾小球的堆积破坏了过滤所需的肾小球的结构。肾间质肌成纤维细胞（myofibroblast）及部分肾小管上皮细胞的Ⅰ型、Ⅲ型胶原过度表达，在肾纤维化的进程中起重要作用。

肺组织发生纤维化时，肺间质 ECM 的积累阻碍呼吸时的气体交换，导致缺氧和 ROS 产生，进一步加重炎症和纤维化，形成恶性循环。Ⅳ型胶原的变化在肺纤维化早期就非常突出，Ⅱ型胶原的异常表达主要发生于肺纤维化的中、后期。慢性阻塞性肺病（COPD）以气道重塑所致持续性气流受限为特征，与弹性纤维损伤和再生修复异常有关，常伴有肺气肿和肺纤维化。特发性肺纤维化（IPF）是一种严重的、进行性和不可逆的疾病。其特征是肺中过量纤维物质的积累，其主要原因是 ECM 的过量合成和沉积，以及 ECM 降解酶的活性异常。蛋白酶和蛋白酶抑制剂因其在肺纤维化中的潜在作用在生物医学领域引起了广泛的关注。

治疗脏器纤维化的药物研发的新策略和新靶点

二、细胞外基质与肿瘤的发生发展

ECM 的异常有助于肿瘤的发生发展，恶性肿瘤细胞的关键生物学特征如持续增殖、逃避生长抑制、凋亡抑制、血管生成、侵袭转移、能量失调、免疫逃逸和慢性炎症等均与 ECM 的改变密切相关。ECM 及其受体是诊断或治疗癌症的重要靶标，例如恶性肿瘤细胞高表达整联蛋白，将 RGD 基序与生物探针偶联可对肿瘤进行可视化影像学检查；亦可将 RGD 基序与同位素或化疗药物偶联，进行靶向抗癌治疗。

ECM 分子与癌细胞表面整联蛋白等受体结合，诱导 PTB2/FAK1、ERK、PI3K 等通路活化，促进癌细胞存活、增殖、转移。FAK 通路限制细胞周期抑制因子 p15、p21 和凋亡诱导因子 p53 的作用。ECM 成分异常可促进癌细胞发生 EMT，进而促进 TGF-β 和 RhoA/Rac 通路，增强癌细胞的运动迁移能力。ECM 还能上调血管内皮细胞中的 VEGF 通路，促进肿瘤血管生成。

恶性肿瘤具有侵袭和转移能力，肿瘤转移是指肿瘤细胞脱离原发部位，侵入血管或淋巴管后播散到其他部位定植，形成肿瘤转移灶的过程。肿瘤细胞与 ECM 的相互作用涉及上述过程的多个阶段。癌细胞在侵袭转移时形成富含微丝束的伪足，在整联蛋白介导下形成黏着斑，局部富集 MMPs，介导上皮和血管内皮的基膜降解，使得癌细胞离开原发灶，侵入脉管，进入转移部位定植。胶原纤维（Ⅰ型、Ⅱ型、Ⅲ型、Ⅴ型和Ⅺ型）的过度沉积可促进肿瘤转移。例如，胶原密度的增加使血管基底膜紧张，弹性变差，增加了其对癌细胞的渗透性，而且基质刚性的增加促进了转移癌细胞在内皮上的黏附。

免疫监控是预防肿瘤形成的重要生理机制。经抗原呈递细胞活化的细胞毒性 T 细胞识别肿瘤相关抗原，通过 T 细胞介导的细胞毒作用抑制肿瘤。肿瘤组织中的异常 ECM 形成免疫抑制微环境，激活免疫检验点（immune checkpoints），抑制抗肿瘤免疫应答，导致细胞毒性 T 细胞功能缺失。ECM 成分亦可通过调控固有免疫影响肿瘤发生。另外，富含胶原的 ECM 促进巨噬细胞增殖并向促癌 M2 亚型方向极化，富含 FN 的 ECM 能增强 M1 亚型等抑癌巨噬细胞的抗肿瘤能力。

三、细胞外基质与某些遗传病的发生

（一）成骨不全

胶原异常所致疾病统称为胶原病（collagen disease），常累及骨骼和关节。成骨细胞合成的 ECM 中Ⅰ型胶原占 90%。编码Ⅰ型胶原 α1 链和 α2 链的基因如果发生突变或缺失，致使正常Ⅰ型胶原合成减少，会导致常染色体显性成骨不全（osteogenesis imperfection）。该病分为Ⅰ型和Ⅱ型。Ⅰ型成骨不全多在青春期后发病，主要临床症状为骨质疏松和脆性增加，易反复骨折；关节活动过度，易受损伤并导致肢体畸形；牙齿生长不齐、畸形；传导性耳聋；巩膜呈蓝色。Ⅱ型成骨不全表现为长骨短宽，身材矮小，宫内胎儿即因骨质疏松、发脆而引起四肢、肋骨多发性骨折,硬化性耳聋,蓝色巩膜。患者一般为死胎或在生后早期死亡。

(二) 马方综合征

马方综合征 (Marfan syndrome) 是 *FBN1* 基因突变所致常染色体显性遗传病,临床表现为四肢过长、蜘蛛指、关节松弛、虹膜透明、心脏瓣膜关闭不全、主动脉扩张,严重者有主动脉破裂倾向;皮肤弹性异常,皮肤出现凸条纹。*FBN1* 编码产物原纤蛋白 1 (fibrillin 1) 是包绕在弹性蛋白外周的糖蛋白外壳,其缺陷可导致弹性纤维缺失。*FBN2* 基因异常可导致先天性挛缩性蜘蛛指(趾)(congenital contractual arachnodactyly),表现为瘦高身材、多个关节挛缩畸形、蜘蛛指、皱耳。*FBN2* 编码产物原纤蛋白 2 (fibrillin 2) 亦参与弹性纤维的形成。

(三) 黏多糖贮积症

黏多糖即 GAG,由于降解 GAG 的糖苷酶或硫酸酯酶遗传性缺乏,使得 GAG 大量蓄积在溶酶体内而产生的一组溶酶体累积病统称为黏多糖贮积症 (mucopolysaccharidoses,MPS),为常染色体隐性遗传。各种黏多糖贮积症有不同的 GAG 降解酶缺陷,导致不同类型的 GAG 累积,如硫酸皮肤素、硫酸类肝素和硫酸角质素的累积。患者表现为侏儒症,皮肤粗糙,骨骼变形,智力障碍,肝脾肿大,角膜混浊。

四、细胞外基质与炎症和免疫失调

免疫系统必须平衡清除病原体和造成自身组织炎症损伤的利害关系。炎症有利于大量募集和活化免疫细胞,快速清除病原体。炎症因子和免疫因子可通过与 ECM 结合,建立固相化的因子浓度梯度,延长因子的半衰期,引导炎症细胞和免疫细胞向浓度高的炎症中心迁移。例如,LN 与其受体 α6β1 整联蛋白的相互作用可促进中性粒细胞进入组织;胶原受体 DDR1 的表达可促进巨噬细胞浸润动脉粥样硬化斑块,而 ECM 蛋白 SPARC 能显著抑制巨噬细胞的浸润。炎症也可导致 ECM 降解,某些 ECM 大分子降解片段可反过来影响炎症和免疫反应。

五、细胞外基质与衰老

随着年龄的增加,ECM 分子间交联不断积累,造成胶原纤维和弹性纤维的密度、硬度增加,GAG 合成减少,失去保水性和黏弹性,出现皮肤失去弹性、韧带和肌腱变硬、僵化等衰老表现。ECM 交联度增加与 ROS 长期作用和深度糖化终末产物 (advanced glycation end-products, AGEs) 在 ECM 大分子上不断积累有关,是衰老的重要标志。衰老导致 FN 合成增多,而 MMPs 的分泌增加,使得 ECM 发生重塑,影响细胞和组织器官的正常生理功能。

小 结

细胞外基质不仅能为细胞的生命活动提供适宜的理化微环境、为整个机体构建形态和功能的展现平台,而且能够作用于细胞表面受体,引发信号转导,调控细胞增殖、分化、极化、迁移、凋亡等多种生命活动过程。细胞对细胞外基质的合成、加工、分泌、组装、分布、重塑、降解有决定性作用。细胞与细胞外基质通过双向相互作用,影响胚胎发育、生长、成熟、衰老各阶段的生理和病理过程。细胞外基质异常与多种组织器官的病变密切相关,涉及感染、炎症、免疫性疾病、慢性病与代谢性疾病、遗传病等。认识和揭示细胞外基质的组成、特性、功能、生物发生与变化规律,有助于有针对性地研发多种疾病的诊断和治疗手段。

整合思考题

1. 细胞外基质的主要成分有哪些?其生理作用是什么?
2. 人体中含量最多的蛋白质是什么?该类蛋白质及其组装成的纤维具有怎样的结构特点?
3. 整联蛋白也被称为细胞黏附分子,为什么?
4. 为何有些细胞在体外培养时必须用含细胞外基质成分的材料进行铺底?
5. 为什么肝纤维化与细胞外基质有关?

参考答案

(文锦华 左 伋)

第二十四章 细胞黏附、细胞连接与细胞极性

导学目标

通过本章内容的学习，学生应能够：

※ **基本目标**
1. 比较与总结细胞黏附分子的类型、结构特征和功能特点。
2. 比较与总结细胞连接的类型、分布、结构特征、标志性组成分子和功能。
3. 说明细胞极性在决定细胞与组织器官的形态结构和功能活动中的重要作用。

※ **发展目标**
1. 根据细胞连接与细胞极性关键结构与调控蛋白的异常，解释有关疾病的发病机制，提出相应的诊疗方案。
2. 分析核心极性蛋白与相关通路对细胞极性的调控，以及调控异常与疾病的关系。
3. 解释细胞极性在形态发生、增殖与分化、上皮间质转化、癌症发生等过程中的作用。

案 例

案例解析

男性，45岁，腹痛、腹泻伴黏液脓血便，10余年来反复发作与缓解，近期加重。实验室检查排除了感染性肠炎，但粪便隐血阳性、钙卫蛋白与乳铁蛋白强阳性，拟诊为炎症性肠病（inflammatory bowel disease，IBD）。

问题：
1. IBD如何分类？确诊还需哪些检查？
2. IBD的发病机制是什么？如何据此制定治疗目标与护理管理方案？

人体和其他多细胞生物都是由细胞构成的，构建人体的细胞有200多种类型，细胞总数超过一百万亿（10^{14}）。在生物的胚胎发育过程和机体组织形态的形成和维持中，细胞按照特定方式识别和黏着，细胞与细胞之间、细胞与细胞外基质之间通过一些连接装置紧密地连接在一起，构建成不同的组织，如上皮组织、结缔组织、肌肉组织和神经组织，再由各种组织构建成功能各异的器官，从而有序形成生物有机体。细胞黏附（cell adhesion）和细胞连接（cell junction）是细胞与其"社会背景"之间结构和功能联系的基本形式。大多数生物体都含有两大类细胞：上皮细胞和

间质细胞。上皮细胞通常属于有极性的细胞，间质细胞同样可以具有极性，或可从无极性状态进入极性状态。细胞极性（cell polarity）不仅决定每个细胞的形态与功能特征，而且通过整体调控机体组织器官的细胞类型、分布与空间位置，全方位影响机体的生理与病理过程，在增殖与分化调控、形态发生与器官形成、组织重塑与再生等过程中均有关键作用。

第一节 细胞黏附

一、细胞黏附

（一）细胞黏附的概念和意义

细胞黏附是由细胞黏附分子（cell adhesion molecule，CAM）介导的，细胞与细胞之间或细胞与细胞外基质之间的彼此识别与黏着。细胞通过黏附聚集在一起，并不是一个被动的过程，而是一个选择性识别和黏附的过程。实验表明，将胚胎组织中的肝细胞和视网膜细胞各自分离后再混合在一起，可以看到同一类型的细胞会彼此黏附在一起形成组织的现象。可见，细胞间存在着一种相互识别的系统，使已分化成同一组织的细胞优先黏附聚集。细胞黏附是选择性的识别过程，这种细胞的选择性黏附，对胚胎发育中细胞的定向迁移并形成复杂组织有重要作用。细胞迁移过程中，通过细胞表面和细胞外基质中的黏附分子和排斥分子的作用，沿着正确的路径迁移。细胞一旦迁移至目的地，就通过严格的识别与其他细胞结合，也可与其他迁入的细胞结合，形成有序的组织结构。

（二）细胞黏附分子的概念、分类和共性特点

CAM 是一类广泛存在于细胞表面的穿膜糖蛋白，以受体-配体结合的形式发挥作用，可以是细胞-细胞黏着分子，或者是细胞-细胞外基质黏着分子。CAM 的分子结构一般包括三部分：胞外区（N 端，较长，带有糖链，是 CAM 与配体识别的部位）、穿膜区（多为一次穿膜的 α 螺旋疏水区）和胞内区（C 端，较短，可与细胞膜下的细胞骨架成分及胞内信号转导分子结合，介导细胞之间或细胞与细胞外基质之间的黏着）。根据分子结构特点及作用方式，CAM 主要分为四大类：钙黏蛋白（cadherin）、选择素（selectin）、免疫球蛋白超家族 [immunoglobulin（Ig）superfamily，IgSF] 和整联蛋白（integrin）（图 24-1）。

CAM 介导细胞识别与黏着的方式有 3 种：①亲同型结合（homophilic binding）：相邻细胞表面的同种黏附分子间的相互识别与黏着，如钙黏蛋白。②亲异型结合（heterophilic binding）：两相邻细胞表面的不同种黏附分子间的相互识别与黏着，如选择素和整联蛋白。③依赖连接分子的结合（linker-dependent binding）：相邻细胞黏附分子间通过连接分子相互识别与黏着。有些 CAM 实现黏附需要依赖 Ca^{2+} 或 Mg^{2+} 等二价阳离子，有些不依赖二价阳离子。

二、钙黏蛋白

钙黏蛋白 CAM 是一类依赖 Ca^{2+} 的亲同型结合的细胞黏着糖蛋白家族，在胚胎发育中具有至关重要的作用。

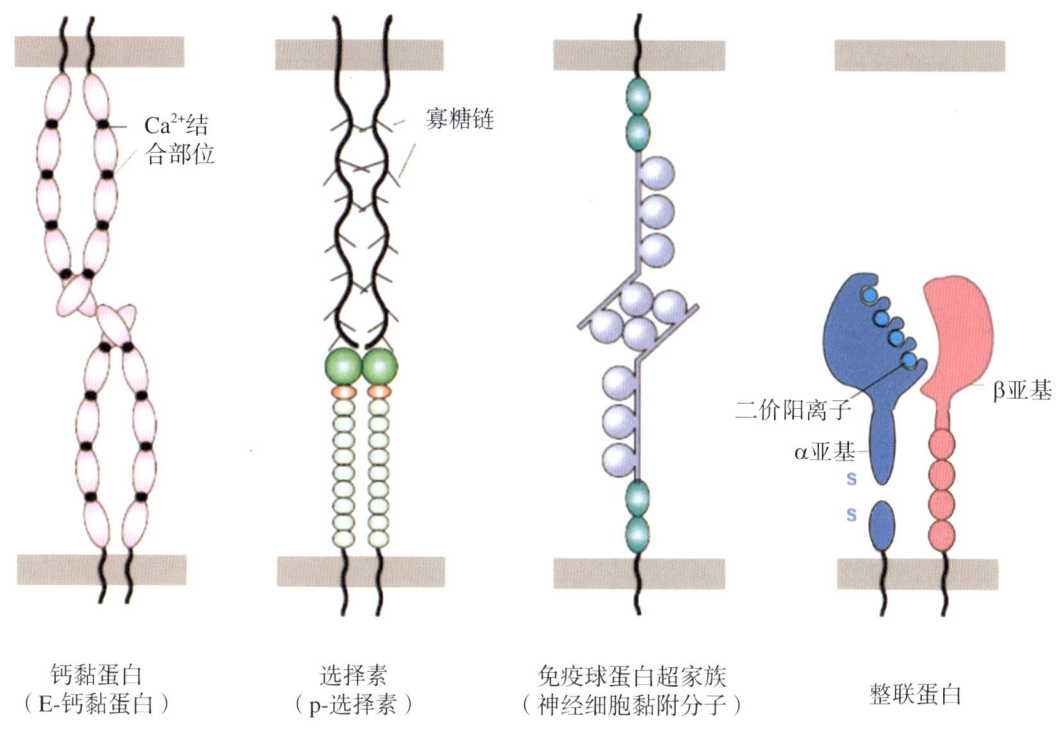

图 24-1　4 类主要细胞黏附分子

（一）钙黏蛋白家族的分类

钙黏蛋白的种类与数量随发育的不同阶段而变化，现已发现几十种，不同钙黏蛋白分子之间有 50%～60% 同源性。典型的钙黏蛋白（classical cadherin）有 4 种：① E- 钙黏蛋白（E-cadherin）主要存在于多种上皮细胞中；② N- 钙黏蛋白（N-cadherin）主要存在于神经、肌肉和晶状体细胞中；③ P- 钙黏蛋白（P-cadherin）存在于胎盘和上皮细胞中；④ VE- 钙黏蛋白（VE-cadherin）存在于内皮细胞中。此外，还有许多非典型的钙黏蛋白（nonclassical cadherin），例如桥粒胶蛋白等。

（二）钙黏蛋白家族的组成和结构特点

大部分钙黏蛋白都是单次穿膜糖蛋白，由 700～750 个氨基酸残基组成。它们在细胞质膜上常常聚合形成同源二聚体。其胞外区常折叠成 5 个重复结构域，每个重复都可以结合 Ca^{2+}，赋予钙黏蛋白分子刚度和强度，结合的 Ca^{2+} 越多，胞外部分的刚性越强。如果去除 Ca^{2+}，钙黏蛋白的胞外部分就变得松软，并被蛋白水解酶迅速降解。

（三）钙黏蛋白家族的功能

大部分钙黏蛋白，包括所有典型的和一些非典型的钙黏蛋白，都是作为跨膜连接蛋白间接与细胞肌动蛋白骨架相连，从而把细胞结合在一起。钙黏蛋白介导细胞间的亲同型黏附，并参与细胞之间特化、稳定的连接结构的形成。如 E- 钙黏蛋白是保持上皮细胞相互黏着的主要细胞黏附分子，参与黏着带的形成；非典型钙黏蛋白桥粒胶蛋白与胞内中间纤维骨架相互作用，参与桥粒连接的形成；钙黏蛋白参与胚胎发育中的细胞识别、迁移、组织分化和形态发生的过程，其种类和数量在个体分化发育中具有至关重要的作用。此外，还有一些钙黏蛋白可以帮助将信号传导到细胞内部，如 VE- 钙黏蛋白不仅介导血管内皮细胞间的黏着连接，而且对于内皮细胞的生存也是必需的，这与其参与血管内皮细胞生长因子的信号途径有关。

钙黏蛋白表达在质和量上的差异，都会对组织分化和个体发育造成影响。此外，钙黏蛋白功能的丧失在恶性肿瘤的进展中有很重要的作用。许多肿瘤细胞 E- 钙黏蛋白的表达明显减少或缺失。E- 钙黏蛋白减少和不同钙黏蛋白分子间的转换是上皮细胞极性丧失和获得间质特性，即上皮 - 间质转化（epithelial-mesenchymal transition，EMT）的重要特征。

三、选择素

选择素 CAM 是一类依赖 Ca^{2+} 的亲异型结合的细胞黏附分子家族，是细胞表面糖基结合蛋白（凝集素），能够特异性识别其他细胞表面的寡糖链中的特定糖基，在血液中介导多种短暂的、依赖 Ca^{2+} 的细胞 - 细胞黏着。

（一）选择素家族的分类

机体内至少有 3 种选择素：P- 选择素（P-selectin）、E- 选择素（E-selectin）和 L- 选择素（L-selectin）。P- 选择素表达于血小板和被局部炎症反应活化的内皮细胞表面；E- 选择素存在于活化的血管内皮细胞表面；L- 选择素广泛存在于各种白细胞的表面。

（二）选择素家族的组成和结构特点

选择素是单次穿膜糖蛋白。胞外区由 3 个独立结构域组成：N 末端凝集素结构域、表皮生长因子样结构域和补体结合蛋白结构域。胞内区较小，通过细胞锚定蛋白与微丝相连。胞外的 N 末端凝集素结构域可以特异识别糖基，是参与细胞之间选择性黏附的重要活性部位；表皮生长因子样结构域能够加强分子间的黏附；而补体结合蛋白结构域可以参与补体系统的调节作用。

（三）选择素家族的功能

选择素对白细胞与血管内皮细胞间的黏附起着重要作用，通过这种黏附介导白细胞从血液迁移至组织中。在炎症部位，血管内皮细胞表面的 P- 选择素通过识别白细胞表面的寡糖基诱导白细胞驻留于局部。在这一过程中，P- 选择素的凝集素结构域首先与寡糖基产生低亲和性结合，使白细胞可逆地、较弱地黏附在血管内皮细胞表面，并在血流的推动下沿着血管壁缓慢滚动。直至白细胞表面的整联蛋白被激活，并且血管内皮细胞表面表达一种免疫球蛋白超家族成员 ICAM-1，此两者之间具有强的黏着作用，导致白细胞稳定地黏着在内皮细胞表面，再经过信号转导，白细胞变形，最终使白细胞经内皮细胞间隙"爬出"血管。淋巴细胞表面的 L- 选择素，也称归巢受体蛋白，它们通过识别并结合淋巴器官中毛细血管内皮细胞表面的特异糖基，使淋巴细胞轻微附着在内皮细胞表面，出现缓慢滚动，直至随后的强黏附作用，进一步促使淋巴细胞从血管中爬出，进入淋巴器官，实现淋巴细胞的归巢。

四、免疫球蛋白超家族

免疫球蛋白超家族 CAM 是一类结构中含有免疫球蛋白（immunoglobulin，Ig）样结构域，不依赖 Ca^{2+} 的细胞黏附分子超家族。其中有些 CAM 介导亲同型细胞黏着，有些介导亲异型细胞黏着。

（一）免疫球蛋白超家族的分类

IgSF 成员众多，常见有神经细胞黏附分子（neuronal cell adhesion molecules，N-CAM）、血小板 - 内皮细胞黏附分子（platelet endothelial cell adhesion molecules，PE-CAM）、细胞间黏附分子

(intercellular adhesion molecules，I-CAM）和血管细胞黏附分子（vascular cell adhesion molecules，V-CAM）等。N-CAM 和 PE-CAM 介导亲同型细胞黏着，而 I-CAM 和 V-CAM 介导亲异型细胞黏着。

（二）免疫球蛋白超家族的组成和结构特点

IgSF 成员的胞外区包含一个或多个类似 Ig 的结构域，这种结构域具有抗体分子的特征。每个结构域均由 90～110 个氨基酸残基组成，其间有二硫键相连接，形成紧密折叠结构。所有种类的 N-CAM 多肽链的胞外区都有 5 个 Ig 样结构域，通过亲同型黏着机制与相邻细胞同类分子结合黏附在一起。

（三）免疫球蛋白超家族的功能

I-CAM 存在于淋巴细胞、粒细胞和血管内皮细胞表面，通过亲异型黏着机制参与细胞黏附。淋巴细胞 I-CAM 在淋巴系统抗原识别、细胞毒性 T 细胞功能发挥及淋巴细胞的募集方面起重要作用。内皮细胞 I-CAM 可通过与血细胞表面的整联蛋白分子结合，介导血细胞迁移出血流，进而在炎症反应中发挥作用。N-CAM 在胚胎发育早期即开始表达，对神经系统的发育、轴突的生长及突触的形成具有重要作用。与钙黏蛋白类似，有些 N-CAM 也能向细胞内部传递信号，比如 DPTP（一种果蝇的 N-CAM）在果蝇神经系统的发育中，不但表现黏附分子的功能，还可以通过使一些蛋白质去磷酸化来指导神经细胞轴突的生长顶端向目标细胞生长。

五、整联蛋白

整联蛋白 CAM 是一类依赖于 Ca^{2+} 或 Mg^{2+} 的亲异型细胞黏附分子家族，介导细胞之间以及细胞与细胞外基质之间的相互黏着和识别，具有联系细胞外部因素与细胞骨架的作用。另外，整联蛋白还参与细胞的信号转导。

（一）整联蛋白家族的分类

整联蛋白是由 α 和 β 两个亚基组成的异二聚体跨膜糖蛋白。人体细胞中已知的整联蛋白 α 亚基有 16 种，β 亚基有 9 种，可组合成 20 多种异二聚体。$β_1$ 亚基至少与 12 种不同的 α 亚基形成二聚体，它们被发现于几乎所有脊椎动物细胞表面，其中 $α_5β_1$ 为纤连蛋白受体，位于成纤维细胞表面，其胞外区结合细胞外基质中的纤连蛋白，胞内部分通过踝蛋白（talin）和黏着斑蛋白（vinculin）等与肌动蛋白相连，形成黏着斑。不能合成整联蛋白 $β_1$ 亚基的突变鼠在植入时即死亡。$β_2$ 亚基与至少 4 种 α 亚基形成二聚体，它们表达于白细胞表面，使其能够抵抗感染。例如 $β_2$ 整联蛋白能使白细胞与感染部位的血管内皮细胞黏附，白细胞由此得以迁移出血管、进入炎症部位。$β_3$ 整联蛋白见于血小板和其他类型细胞，它们能与纤连蛋白结合。在血液凝固过程中，血小板通过 $β_3$ 整联蛋白结合细胞外基质中的纤连蛋白。人类 Glanzmann 遗传病患者因 $β_3$ 整联蛋白基因有缺陷，常表现出血倾向。$β_4$ 整联蛋白位于上皮细胞的半桥粒，胞外通过层粘连蛋白与基底膜相连。

（二）整联蛋白家族的组成和结构特点

整联蛋白的 α 和 β 亚基通过非共价键相连形成异二聚体，均由胞外区、跨膜区和胞内区三部分组成。α 亚基最初由分子量为 140 000 Da 的多肽组成，后来被剪切成一个小的跨膜结构域和一个大的含有 4 个二价阳离子结合位点的胞外结构域，两部分由二硫键相连。β 亚基是一次跨膜的肽链，与 α 亚基同向，其胞外结构域含有 1 个二价阳离子结合位点，以及富含半胱氨酸的重复序列，极易形成链内二硫键。α 和 β 亚基的胞外区合称为整联蛋白分子的球状头部区，是其与配体结合的部位，可以通过自身结构域与含有 Arg-Gly-Asp（RGD）三肽序列的细胞外基质成分结合，介导细胞与细胞外基质的黏着和连接，如黏着斑和半桥粒。整联蛋白的胞内区通过胞内连接蛋白与肌动蛋白纤维等细胞骨架成分相互作用。

（三）整联蛋白家族的功能

整联蛋白可以介导细胞间的黏着，如炎症部位白细胞上的整联蛋白通过与血管内皮细胞的 ICAM-1 黏附结合，从而得以穿出血流进入炎症区发挥作用。整联蛋白可以介导细胞与细胞外基质的黏着。整联蛋白的球形胞外区可与细胞外基质蛋白（如纤连蛋白和层粘连蛋白）识别并黏附结合；胞内部分通过胞内锚定蛋白与细胞骨架相连，从而以黏着斑或半桥粒的形式将细胞与细胞外基质相连。此外，整联蛋白还介导了细胞外环境与细胞之间的双向信号传递。外-内信号转导（outside-in signaling）：整联蛋白在与细胞外基质（或另外的细胞）接触的位点上簇集，可以激活多种胞内信号通路，从而调节细胞的存活、形状、增殖和运动。例如，当细胞借助于黏着斑铺展在培养皿底部时，黏着斑区域的细胞膜上整联蛋白出现聚集，进而活化黏着斑信号转导复合体中的 Src 酪氨酸激酶，活化的 Src 使黏着斑激酶（focal adhesion kinase，FAK）的一个酪氨酸残基磷酸化，进而通过接头蛋白 Grb2 和鸟苷酸交换因子 SOS 活化 Ras 蛋白，活化的 Ras 通过有丝分裂原激活的蛋白激酶（MAPK）途径将生长促进信号传递到细胞核，促进相关基因的转录和表达，从而导致细胞增殖。内-外信号转导（inside-out signaling）：细胞膜上的整联蛋白一般无活性，只有被激活后才能介导黏着。细胞可以从胞内来调控整联蛋白-配体相互作用的能力。一些胞内事件可以改变整联蛋白胞内、外区的空间构象，增强胞外区与其配体的亲和性，从而激活整联蛋白。例如，血小板接触受损的血管壁或各种可溶性信号分子，可以通过胞内信号转导，诱导质膜上 $β_2$ 整联蛋白的构象发生改变，使其能够以更高的亲和力与血液凝集蛋白纤维蛋白原结合。纤维蛋白原由此将血小板连接在一起，形成血小板塞，启动凝血。利用整联蛋白能够识别并结合含 RGD 三肽序列配体的特性，人工合成含 RGD 序列的短肽，开辟了以配体-受体相互作用为基础的疾病治疗新领域。

第二节　细胞连接

细胞连接是多细胞生物体内，在相邻细胞之间、或细胞与细胞外基质之间形成的各种稳定的连接装置。它们可加强细胞间的机械联系，对于维持组织结构的完整性，维持和协调细胞的功能有重要意义。动物体内，除血细胞及结缔组织细胞外，其他细胞均相互连接且呈一定排列。细胞连接存在于各种组织中，但连接的数量和方式各不相同。由于上皮组织的主要特征是细胞排列紧密，所以上皮细胞间的细胞连接装置分化得最为典型。根据结构及功能的不同，细胞连接主要分为四大类：封闭连接（occluding junction）、锚定连接（anchoring junctions）、通信连接（communicating junction）和胞间桥（intercellular bridge）（图 24-2、表 24-1）。

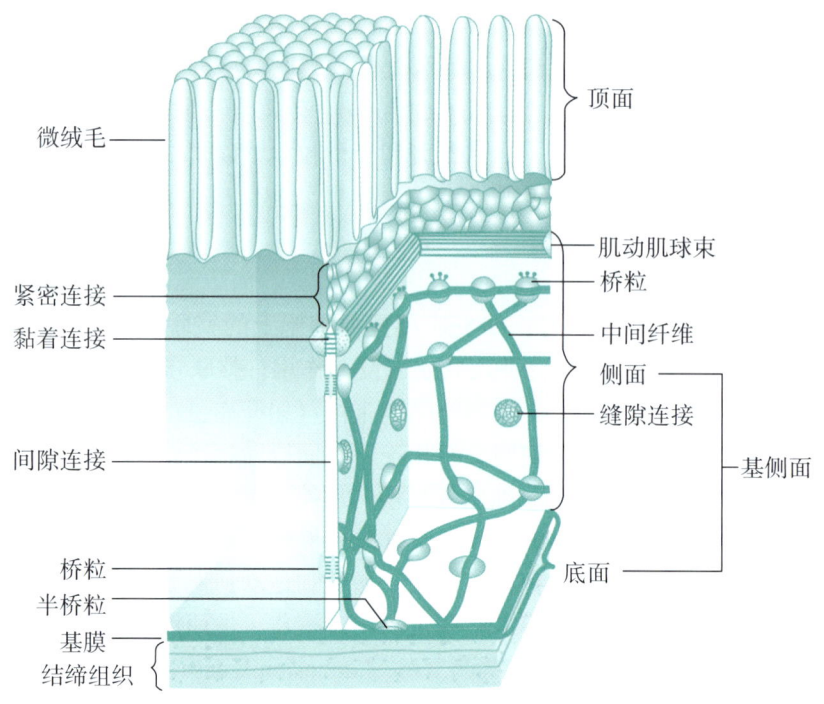

图 24-2 小肠上皮细胞的细胞连接类型与分布

表 24-1 人体内部分常见的细胞连接

	连接类型	分布	标志性蛋白	相连的细胞骨架
封闭连接	紧密连接	多种细胞之间	密封蛋白，闭合蛋白，三细胞蛋白	MF 为主*
锚定连接	黏着连接	多种细胞之间	经典钙黏蛋白	肌动肌球束*
	桥粒	多种细胞之间	桥粒钙黏蛋白	IF 为主*
	半桥粒	上皮细胞与基底膜之间	α6β4 整联蛋白	IF 为主*
	黏着斑	细胞与细胞外基质之间	α5β1 整联蛋白	肌动肌球束*
通信连接	间隙连接	多种细胞之间	连接蛋白	MF、MT 调控其装配与定位
	突触连接	神经元之间的化学突触，神经元与骨骼肌之间的神经肌肉连接，免疫突触等	化学突触为钙黏蛋白等，免疫突触为超分子活化簇 SMACs	MF、MT

注：* 亦受微管（MT）调控；MF、IF 分别为微丝、中间纤维

一、封闭连接

封闭连接普遍存在于体内各种管腔及腺体上皮细胞靠腔面的顶端部分，如小肠上皮、血管内皮及膀胱上皮等腔道的上皮细胞、内皮细胞，以及表皮细胞之间。人体内的封闭连接包括 3 种，即紧密连接（tight junction，TJ）、分隔连接（septate junction，SJ）和裂隙膜（slit diaphragm，SD）。紧密连接中相邻细胞连接处的质膜紧密相贴，没有缝隙，故名 TJ 的超微结构特征：相邻细胞侧面近顶部的质膜紧密接触，形成封闭索（sealing strand）；多条封闭索连成网状区带，即闭锁带（zonula occluden，ZO），闭锁带环绕上皮细胞一圈。封闭索的胞质侧有电子密度高的胞质斑，其上有微丝和少量微管附着。

第二十四章 细胞黏附、细胞连接与细胞极性

封闭索内含多种四次跨膜细胞黏附分子,分为两类:①密封蛋白(claudin)家族,在人体内有 27 个成员,不同成员的表达具有高度的组织器官特异性。两个相邻细胞质膜上密封蛋白的胞外区在 Ca^{2+} 辅助下以亲同型方式结合,产生胞间黏附力。② MARVEL 结构域蛋白家族,包括闭合蛋白(occludin)、三细胞蛋白(tricellulin)和 MARVELD3。上述跨膜蛋白的胞内区结合一些胞质外周蛋白如 ZO-1、ZO-2 和 ZO-3。ZO-1 ~ 3 与微丝相连,ZO-1 还可通过带蛋白(cingulin)与微管相连。闭合蛋白与密封蛋白的分布相同,均位于两个相邻细胞之间。在三个细胞交界处存在环状的三细胞连接(tricellular junction),内含三细胞蛋白六聚体。三细胞连接是 TJ 的一种特殊形式。

TJ 将相邻细胞连接在一起,具有一定抗机械张力和支持的功能。TJ 起封闭细胞间隙的作用,可阻止一些大分子从细胞之间的间隙自由通过,对维持上皮组织细胞层选择性屏障作用方面起关键作用。例如小肠腔内的营养物质,只能从上皮细胞顶部转运入细胞,不能穿过紧密连接进入细胞间隙,也不允许吸收转运到细胞外液的营养分子经细胞间隙又返回肠腔,从而保证了内环境的稳定。脑毛细血管内皮细胞之间的紧密连接构成血脑屏障;睾丸支持细胞之间的紧密连接构成血睾屏障,从而保证这些重要的器官和组织能够避免或减轻异物侵害。TJ 将细胞游离面、基侧面的组分定位在质膜的一定区域。闭锁带限制了膜脂和膜蛋白的侧向扩散,并可募集多种极性调控蛋白,从而促进和维系细胞的极性,保证了受体蛋白、载体蛋白等行使各自功能时的方向性。紧密连接选择性调控细胞旁通路(paracellular pathway)对不同分子与离子的通透性,对小分子的密封程度在不同的组织中有所不同。如小肠上皮细胞的紧密连接对 Na^+ 的渗漏程度比膀胱上皮细胞大 1 万倍。细胞旁通路是在相邻细胞之间的空隙进行的物质运输或细胞迁移途径(图 24-3)。分子与离子经细胞旁通路的移动属于被动扩散。细胞旁通路中的离子流参与膜电位整合,形成跨上皮电位差,调控形态发生与组织器官的功能活动。

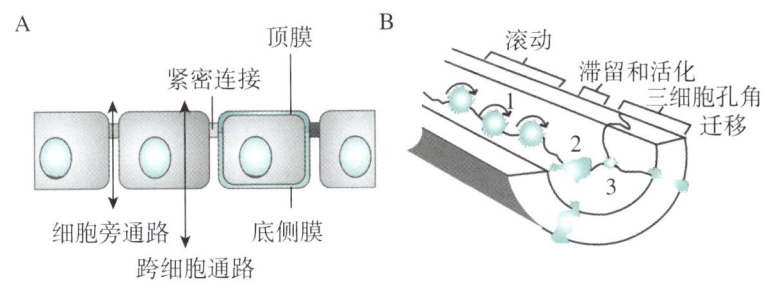

图 24-3 细胞旁通路参与的物质运输与细胞迁移
A. 细胞旁通路与跨细胞通路;B. 中性粒细胞经细胞旁通路的出血管过程

物质经细胞旁通路的运输主要由通透程度不一的 claudins 所决定。Claudin-1、3、5、12 和 18 通透性低,血脑屏障的结构基础是脑血管内皮细胞表达屏障作用强的 claudin-1、3、5 和 12。Claudin-2、10、15、16、17 和 21 等有选择性高通透作用,其胞外区围成亲水孔道,孔道的内径与电荷决定了对通透物质的选择性;由高通透 claudins 形成的细胞旁通路称为孔通路,允许直径 < 8Å 的小分子或离子通过。封闭索的形态与密度亦可影响通透性。微丝和微管均可调控 TJ 组装及细胞旁通路的通透性,如微丝牵引力增加可增大通透性。若封闭索不连续或断裂、TJ 部分拆卸、三细胞连接开放,则细胞旁通路允许直径 < 100Å 的各种大、小分子通过,这种状态称为渗漏通路开放。

TJ 的结构异常与功能障碍可以导致多种疾病,包括遗传病、肿瘤、感染与炎症、免疫与神经系统疾病、高血压、糖尿病、肾病、炎症性肠病(inflammatory bowel disease,IBD)等。IBD 包括溃疡性结肠炎(ulcerative colitis,UC)和克罗恩病(Crohn's disease,CD)。TJ 损伤所致细

旁通路异常在上述疾病发生中起关键作用，表现为：TJ 对小分子或离子的选择性通透异常；TJ 对大分子、病原体或迁移细胞的屏障功能失常。以上异常常常同时存在，现分述如下。

（1）TJ 异常导致细胞旁通路对某些小分子或离子的通透性降低：正常情况下表达高通透性 claudins 的细胞，若其基因突变或表达下调，将导致细胞旁通路通透性降低，引发相关疾病。肾小管髓袢粗升支的 TJ 由 claudin-16 和 claudin-19 构成，参与 Ca^{2+}、Mg^{2+} 经细胞旁通路重吸收；claudin-16 或 claudin-19 突变后，Ca^{2+}、Mg^{2+} 重吸收减少，从尿中流失，引起肾钙结石与发育延迟，此即家族性肾性低镁血症。小肠上皮细胞微绒毛对葡萄糖和半乳糖的吸收依赖于肠腔内高 Na^+ 浓度驱动 SLC5A1（即钠葡萄糖协同转运器 1，SGLT1）对单糖的跨膜主动转运。Na^+-K^+ 泵位于细胞的基侧面，不能直接增加肠腔 Na^+ 浓度。小肠上皮细胞间的 TJ 含对 Na^+ 高通透的 claudin-15，可确保肠上皮内侧的 Na^+ 流入肠腔，维持肠腔高 Na^+ 浓度。Claudin-15 突变阻断了 Na^+ 外流，造成葡萄糖吸收不良，肠上皮代偿性增生，成为巨肠症。

（2）TJ 异常导致细胞旁通路对某些小分子或离子的通透性增高：claudin-1 构成水通透屏障，其突变导致水渗透增加，表现为新生儿鱼鳞病和硬化性胆管炎；多种皮肤病的炎症和水肿均与 claudin-1 下调有关，如银屑病 IL-1β 升高可通过下调 claudin-1 造成皮损。胃黏膜表达的 claudin-18 对 H^+ 有屏障作用，其突变或下调导致胃酸侵入黏膜下方，引起胃炎；哮喘患者呼吸道上皮屏障功能损害亦与 claudin-18 下调有关。在多种肠道感染、中毒性肠炎和 IBD 中，炎症因子 TNFα、IL-6、IL-13、IL-22 升高，均可上调 claudin-2 的表达；claudin-2 对水和 < 180 Da 的阳离子有高通透性，其上调引起肠道水和电解质大量渗出，导致腹泻。醛固酮可诱导集合管 TJ 中的 claudin-4 磷酸化，导致细胞旁通路对 Cl^- 的通透性增加，促进 NaCl 重吸收，引起水钠潴留与血压升高。

密封蛋白与肿瘤发生的关系及靶向抗癌新技术

（3）TJ 对大分子、纳米颗粒和病原体的屏障功能失常：多数病原体入侵机体的过程均与 TJ 屏障损害有关。病毒和细菌常通过抑制 claudins 表达、诱导封闭索断裂或 TJ 拆解，促进其沿细胞旁通路入侵与播散。丙型肝炎病毒以 claudin-1 为入胞受体。霍乱弧菌释放的闭锁带毒素可开放 TJ 的渗漏通路。渗漏通路开放将导致毒素与过敏原经细胞旁通路进入体内，引起炎症、免疫应答与上皮重塑；其结果常进一步导致 TJ 拆卸，形成恶性循环。纳米污染物、缺氧、氧化应激、炎症、细胞内 ATP 与 NADPH 生成不足，亦可损害 TJ 屏障。上述过程与 IBD、糖尿病、代谢综合征、多种免疫与神经系统疾病、恶性肿瘤等均有密切关系。多发性硬化（multiple sclerosis）患者常有消化道炎症与 TJ 损伤，且在脱髓鞘症状出现之前，脑血管内皮细胞 TJ 通透性已大幅增加。乳糜泻（celiac disease）又称麦胶性肠病（glutenous enteropathy）是麦胶抗原引起的 T 细胞依赖性过敏反应，其机制是麦胶抗原突破 TJ 屏障，刺激 T 细胞释放细胞因子与炎症介质，导致低通透的 claudin-3、5 和 7 下调，高通透的 claudin-2 和 claudin-15 过表达，小肠黏膜上皮重塑，造成水和电解质经细胞旁通路向肠腔大量渗漏，消化产物吸收不良，呈现乳糜泻。

小测试27-1：循环系统的内皮分几类？血管内皮细胞的内皮间隙、窗孔、糖萼，以及淋巴系统如何共同调控组织间液生成？以上环节异常如何引起炎症和水肿等疾病？

（4）迁移细胞突破 TJ 屏障，参与炎症、感染、免疫性疾病、肿瘤转移等过程：粒细胞、淋巴细胞、单核 - 巨噬细胞可经细胞旁通路在不同组织间迁移，发挥免疫功能。但此过程亢进也能加重炎症与感染，造成组织器官损伤。相邻血管内皮细胞之间的交界面上存在内皮间隙（interendothelial cleft），内含由 TJ 等细胞连接构成的连接复合体。炎症时血细胞经内皮间隙所构成的细胞旁通路向血管外迁移的过程称为血细胞渗出（diapedesis），该过程常发生在三细胞连接处（图 24-3B）。位于黏膜上皮内侧的白细胞、单核 - 巨噬细胞可经细胞旁通路进出黏膜的腔面，防御病原体感染；树突状细胞也可从三细胞连接处伸出伪足，捕获黏膜腔面的抗原。但病原体如结核分枝杆菌与新冠病毒也可率先感染黏膜腔面的单核 - 巨噬细胞，将其劫持为"特洛伊木马"，加速感染与播散过程。肿瘤发生与转移涉及多种组织 TJ 损害，炎症细胞造成的 TJ 损伤可加速肿瘤转移。

二、锚定连接

锚定连接为细胞提供黏附力,将一个细胞的骨架系统成分与相邻细胞的骨架成分或细胞外基质相连接。锚定连接的分布广泛,尤其在上皮、心肌和子宫颈等组织中含量丰富。根据参与骨架纤维类型的不同,锚定连接分为两大类:①与肌动蛋白丝相连的锚定连接,包括黏着连接与黏着斑;②与中间纤维相连的锚定连接,即桥粒连接。参与锚定连接的蛋白质分为两类:胞内锚定蛋白和穿膜的 CAM。胞内锚定蛋白在细胞内与特定细胞骨架成分相连,其另一端与 CAM 的胞内这结合,CAM 的胞外区则与相邻细胞 CAM 的脑外区或细胞外基质蛋白相连。

(一)黏着连接

黏着连接(adherens junction,AJ)是在相邻细胞之间由经典钙黏蛋白介导的、在胞质侧有微丝附着的细胞连接。AJ 紧邻 TJ 下方,普遍存在于上皮细胞侧面近顶部,常呈带状环绕细胞一圈,故此又称黏着带(zonula adherens)。但在某些细胞,AJ 亦可呈点状或斑状,如心肌闰盘中的 AJ 即呈斑状。超微结构特征是相邻细胞的质膜并不融合,而隔以 15~30 nm 的间隙。间隙两侧的质膜上的钙黏蛋白相互黏着并结合。AJ 中的钙黏蛋白在上皮细胞为 E-cadherin、在血管内皮细胞为 VE-cadherin。相邻细胞的钙黏蛋白的胞外部分互相黏着,其胞内部分与胞内锚定蛋白结合。胞内锚定蛋白主要有 α、β、δ 连环蛋白(catenin)、黏着斑蛋白和 α- 辅肌动蛋白(α actinin)等,它们在 AJ 部位的质膜胞质侧形成致密斑,将细胞内的微丝固定在致密斑处。非肌肉肌球蛋白Ⅱ(nonmuscle myosin Ⅱ)再将附着在 AJ 上的多根微丝收拢成粗大的肌动肌球束(actomyosin bundles),即应力纤维。相邻细胞的肌动肌球束通过胞内锚定蛋白和钙黏钙蛋白连成带状,使组织连成一个坚固的整体。该网络在肌球蛋白Ⅱ的作用下,可以收缩。微管通过与 β-catenin 结合,附着在 AJ 处,调控细胞极性。

AJ 具有维持细胞形态和组织器官的完整性、参与信号转导、建立细胞极性、参与形态发生和细胞分化等功能。AJ 是多种信号分子的募集与组装平台,调控核心极性蛋白与 WNT 通路(见本章第三节相关内容);通路下游的 Rho 家族小 GTP 酶 RhoA、Rac1、Cdc42 又反馈调控 AJ 的组装和功能变化。RhoA 可活化 Rho 激酶 ROCK,后者磷酸化肌球蛋白Ⅱ轻链,引起肌动肌球束收缩,导致 AJ 乃至整个上皮重塑,引发形态发生、细胞分化或转分化。神经管形成与 AJ 处的肌动肌球束收缩有关,该过程还伴随 AJ 中的 E-cadherin 被 N-cadherin 替代,是外胚层上皮分化为神经上皮的标志。

(二)黏着斑(focal adhesion,FA 或 adhesion plaque)

黏着斑位于细胞基底部,是细胞通过整联蛋白和肌动蛋白纤维与细胞外基质之间的连接方式,呈点状或斑片状接触。黏着斑部位的 CAM 为整联蛋白,大多数是 $\alpha_5\beta_1$,其胞外区与细胞外基质成分相连,胞内通过锚定蛋白与微丝相连。FA 部位的胞内锚定蛋白有踝蛋白和黏着斑激酶等。FA 分动态与静态两类。动态 FA 存在于间质细胞,通过组装与去组装促进细胞迁移。静态 FA 包括平滑肌细胞与基底膜间的密斑(dense patch),骨骼肌、心肌与基底膜间的肋斑(costamere),骨骼肌与肌腱间的肌腱连接(myotendinous junction)等。肋斑和肌腱连接异常与肌营养不良有关(见第 5 章案例)。体外培养的细胞通过黏着斑附着于培养器皿底面。整联蛋白与胞外配体结合后,可以通过其胞内部分引起信号转导,促进与细胞生长和增殖相关基因等的转录。

(二)桥粒连接

桥粒连接(desmosomal junctions)是由桥粒钙黏蛋白或整联蛋白通过中间纤维介导的锚定连

接。包括桥粒和半桥粒。

1. 桥粒（desmosome） 桥粒是在细胞之间黏着带下方，相邻细胞接触点上的一种类似纽扣状的结构，可将相邻细胞铆接在一起。连接处相邻细胞膜间的间隙为 20～30 nm。质膜的胞质侧有致密斑，即桥粒斑（desmosomal plaque），直径大约为 0.5 μm，由多种胞内锚定蛋白构成，是中间纤维的锚定部位。桥粒的 CAM 属于桥粒钙黏蛋白，包括 3 种桥粒胶蛋白（desmocollin）和 4 种桥粒黏蛋白（desmogleins）；胞内锚定蛋白为桥粒斑珠蛋白（plakophilin）和桥粒斑蛋白（desmoplakin）。

通过桥粒，相邻细胞内的中间纤维连成一个广泛的细胞骨架网络，为整个细胞层提供结构上的连续性。当承受外力时，桥粒使组织具有相当强的抗张与抗拉的能力，将作用于个别细胞的切力分散到整个组织和下面的组织中去，可以限制细胞的膨胀。桥粒主要位于机体承受强拉力的组织中，如皮肤表皮、食管、口腔和子宫颈等的复层鳞状上皮细胞易受牵拉和摩擦，其细胞间桥粒非常丰富。抗桥粒钙黏蛋白的自身抗体可引起一种自身免疫性疾病——寻常型天疱疮（pemphigus vulgaris）。金黄色葡萄球菌毒素可水解桥粒钙黏蛋白，引起表皮剥脱起疱。

2. 半桥粒（hemidesmosome） 半桥粒是由 $α_6β_4$ 整联蛋白介导、将上皮细胞固定在基底膜上的连接装置。半桥粒的形态与桥粒类似，电镜下类似为桥粒的一半，仅在上皮细胞基底面的质膜内侧有致密斑，由网蛋白（plectin）等胞内锚定蛋白组成，其上附着有中间纤维（角蛋白）丝。$α_6β_4$ 整联蛋白的胞内区与网蛋白结合，胞外区与基底膜的层粘连蛋白结合，从而将上皮细胞和基底膜连接在一起，细胞被锚定在基底膜上，防止机械力造成的上皮与下方的组织剥离。抗半桥粒的自身抗体可引起自身免疫性疾病大疱性类天疱疮（bullous pemphigoid）。α6β4 整联蛋白或层粘连蛋白的突变均可引起大疱性表皮松解症（epidermolysis bullosa）。

三、通信连接

生物体大多数组织相邻细胞膜上存在特殊的连接方式，以实现细胞间电信号和化学信号的通信联系，从而完成群体细胞间的合作与协调，这种连接方式称为通信连接。一般动物组织细胞间的通信连接即为间隙连接（gap junction，GJ，亦称缝隙连接），位于神经元之间或神经元与效应细胞之间的突触连接（synaptic junction）也属于通信连接。突触连接包括神经突触、免疫突触、糖突触和通道突触等。突触（synapse）的希腊文原意为连接，一般特指神经突触，包括化学突触和电突触，后者即为神经元间的 GJ。化学突触实质上是一类连接复合体，兼具锚定与通信功能。运动神经元与骨骼肌间的神经肌肉连接（neuromuscular junction）亦属突触连接。

框 24-1 免疫突触

> 免疫突触是免疫细胞之间，或免疫细胞与靶细胞之间形成的圆盘状细胞表面接触区，在免疫应答中有关键作用。免疫突触分两类：① APC 与 T 细胞之间形成的免疫突触，其维系时间可长达 12～24 h；突触内部有 CX43 连接子半通道和 GJ 通道，调控 T 细胞和 APC 之间的双向通信。② CTL 或 NK 细胞与靶细胞之间的免疫突触，维系时间短，仅数分钟即可触发靶细胞凋亡。

（一）间隙连接

GJ 是通信连接的主要形式，在动物细胞间普遍存在。除成熟的骨骼肌细胞及循环系统中血细胞之间没有这种连接外，在其他细胞之间，包括培养细胞间都存在。GJ（图24-4）是一种接触面积较大的盘状连接，多见于上皮细胞深部侧面。此处相邻细胞膜间隔以 2 ~ 4 nm 的间隙，间隙内有许多大小为 6 ~ 8 nm 的六角形规则颗粒，排列成片。这种颗粒是间隙连接的连接单元和基本单位，称连接子（connexon）。每个间隙连接含有几个到几千个连接子。每个连接子由 6 个相同或相似的连接子蛋白（connexin，CX）环绕成一个内径约为 1.5 nm 的亲水性通道，相邻细胞膜上的连接子一一对接相通，构成了细胞间的直接通道。间隙连接的通道对物质的通过有选择性，允许分子质量小于 1200 的分子自由通过，如无机盐离子、糖、氨基酸、核苷酸和维生素等，特别是 Ca^{2+}、cAMP 及神经递质等。间隙连接通道并不是持续开放的，它们可在不同条件下开启或关闭。降低细胞内 pH 或增加细胞内 Ca^{2+} 浓度可以迅速降低通道的通透性。人的连接子蛋白有 21 个成员，以 GJ 加编号或 CX 加分子量命名。6 个 CX 以相互滑动的方式开启或关闭间隙连接的通道。CX 的表达有组织器官特异性，不同 CX 组装的 GJ 行使不同功能，对细胞分化有重要作用。

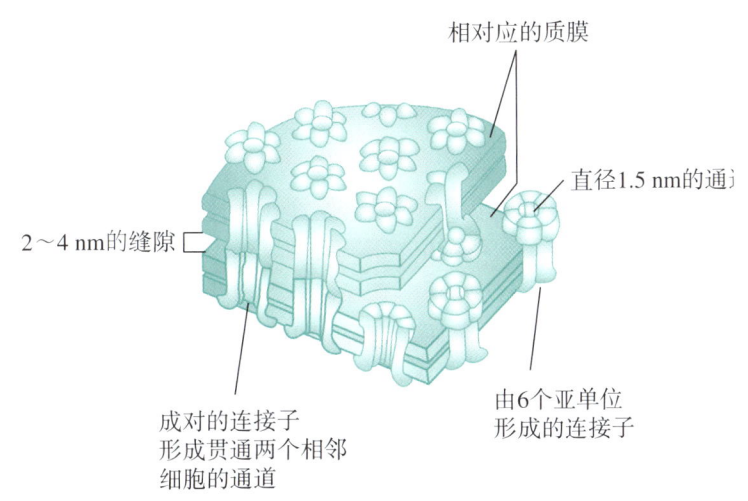

大孔通道、半通道、舌尖上"五味杂陈"的通道

图 24-4　间隙连接的结构

GJ 的功能主要包括进一步加强相邻细胞间的机械连接和偶联细胞间的通信。GJ 可以调控各种组织器官的胞间通信，建立细胞间电偶联（electrical coupling）和代谢偶联（metabolic coupling），通过细胞间离子和分子的传递进行细胞通信。GJ 在影响细胞分化、协调细胞代谢和神经细胞的电兴奋传导活动中，起着非常重要的作用。

在不含电兴奋性细胞的组织中，GJ 主要起代谢偶联作用，可使代谢物（氨基酸、谷胱甘肽、核苷酸、葡萄糖、维生素等）、第二信使（cAMP、IP_3、Ca^{2+} 等）和 miRNAs 等在相邻细胞间共享，从而实现代谢偶联。激素作用于靶细胞产生的第二信使，可经 GJ 扩散到多个相邻细胞，放大激素的效应。例如，在肝中，当血糖浓度降低时，交感神经末梢反应性释放去甲肾上腺素，刺激肝细胞增加糖原分解，将葡萄糖释放到血液中。但是，并不是所有的肝细胞都有交感神经分布，此时即通过肝细胞之间的 GJ 将信号分子（cAMP）从有神经分布的肝细胞传递到没有神经分布的肝细胞，使肝细胞一起做出增加糖原分解等反应，共同对去甲肾上腺素做出应答。

在由电兴奋性细胞构成的组织中，GJ 的主要功能是使电信号通过 GJ 快速传递，形成细胞间电偶联，利用 GJ 部位的低电阻通路使电冲动能迅速传导。电偶联亦称离子偶联，可在具有电兴奋性的细胞间传导动作电位。某些神经元之间通过 GJ 构成电突触（electrical synapse）。带电离子通过 GJ 的通道可以由一个细胞直接进入另一个细胞，使动作电位迅速在细胞之间传播。例如，心肌细胞的 GJ 位于闰盘内，可保障心肌的同步收缩和舒张。心脏浦肯野传导系统的心肌 GJ 含电偶联效率高的 CX40 和 CX45，普通心肌则含 CX43。淋巴汇集管外壁的淋巴肌肉细胞经 CX45 介导的电偶联产生同步收缩，形成淋巴泵（详见本章小测试答案）。小肠中，通过 GJ 电偶联协调平滑肌收缩，控制小肠有规律的蠕动。此外，没有电兴奋性的组织通过电偶联实现静息膜电位的整合并建立电场梯度，参与形态发生，协调器官的功能活动，促进损伤修复与再生。

> **框 24-2　电偶联与SCN主生物钟**
>
> 　　人体所有细胞一方面具有自主性的昼夜节律即生物钟，另一方面又统一受下丘脑视交叉上核（hypothalamic suprachiasmatic nucleus，SCN）主生物钟的授时调控。SCN 接受内在感光视网膜神经节细胞的光导引信号输入，其 24 h 生物钟运行极为精准，这有赖于 SCN 神经元之间由 CX36 构成的电突触。电偶联不但确保了 SCN 神经元放电的高度同步性，还参与建立了 SCN 核团从背到腹逐渐过渡的昼夜节律核心转录调控 12 h 相位差；而从喙到尾则有受日照时长调控的相位差。SCN 不同区域细胞间的多重相位差使 SCN 得以测量昼夜长短变化，从而构建年节律等长周期生物钟。通过广泛神经投射，SCN 调控长短不一的各种生物节律，如睡眠觉醒周期、月经周期、青春期、更年期等。

　　CX 突变最常见的表型为听力损失和皮肤病。CX 连接子半通道与 GJ 通道对 K^+、Ca^{2+}、ATP 的通透与调控是听觉形成的关键环节，CX26、CX30、CX31、CX32 突变均可导致听力损失甚至耳聋。CX26 基因 *GJB2* 突变最常见，其突变率在全球人群中超过 3%。CX32 突变还可引起外周神经退行性变。CX37 突变可导致女性不孕症。CX40 和 CX45 突变或下调与传导阻滞和心律失常有关。CX43 和 CX47 突变引起淋巴水肿。CX46 和 CX50 突变与白内障有关。CX 突变常表现为显性负效突变（dominant negative mutation），原因是一半正常、一半缺陷的 CX 无法组装出功能正常的 6 聚体。CX 下调阻碍化疗药向癌组织渗透，是实体瘤耐药的原因之一。

（二）化学突触

　　可兴奋组织具有发生兴奋即产生冲动的能力，称为兴奋性。在哺乳动物中，只有神经组织和肌肉组织是可兴奋组织。可兴奋组织中的可兴奋细胞通过突触进行冲动的传导。突触存在于神经元之间、神经末梢和肌细胞之间以及神经末梢和腺体细胞之间，包括电突触（间隙连接）和化学突触。化学突触由突触前膜、突触后膜和突触间隙（约 20 nm 宽）三部分组成。突触前神经元的突起末梢膨大呈球形，称突触小体。突触小体内有突触小泡，内含神经递质。化学突触传导神经冲动主要通过释放神经递质，在其传导过程中，存在一个将突触前膜所属细胞中的电冲动信号转化为被释放到突触间隙中的神经递质化学信号，再将这个化学信号转化为突触后膜所属细胞中的电冲动信号的过程。在人体，化学突触是可兴奋细胞之间的主要通信装置。

四、胞间桥

　　胞间桥（intercellular bridge，IB）是一类相邻细胞质膜彼此融合贯通的细胞连接，包括短暂胞间桥、稳定胞间桥、隧道纳米管（tunneling nanotube，TNT）。经胞间桥相连的细胞，膜电位整合共享，胞质成分互相交流，构成一种不完全的合胞体（syncytium）。

　　1. 短暂与稳定胞间桥　胞质分裂时两个子细胞通过短暂胞间桥相连。若分裂后连通部位持续存在，则成为稳定胞间桥，见于促性腺激素释放激素（GnRH）神经元之间，能够保证 GnRH 的同步和脉冲释放；亦见于生殖系细胞的特定发育阶段，涉及卵原细胞、精母细胞、精子细胞、有助于相连细胞的同步生长和分裂。

2. 隧道纳米管（TNT） 是贯通 2 个或 3 个细胞的直管或 T 型管状细胞表面突起，直径为 100～200 nm，普遍存在于人体细胞。相邻细胞可经 TNT 转移囊泡和细胞器。细菌间也普遍存在 TNT，可在相同与不同种属的细菌间传递质粒与部分细菌基因组 DNA，产生横向基因转移（horizontal gene transfer，HGT）。HGT 造成抗生素耐药基因在细菌间扩散。

第三节 细胞极性

一、细胞极性的概念与模式

细胞极性是指细胞的形态结构、分子过程和功能活动在空间上具有方向性和不对称性。细胞建立极性的过程称为极化（polarization）。所有多细胞生物均有细胞极性。复杂原生动物如多细胞动物与真菌的祖先领鞭毛虫（choanoflagellates）已经进化出发达的极性调控机制，并被包括人类在内的所有后续物种所继承。细胞增殖周期、昼夜节律、细胞极性是具有细胞自主性（cell autonomous）的三大基本生命活动规律；这三大规律的核心通路彼此关联与整合，为生命活动确立了时空坐标。细胞极性表现为若干模式，各极性模式均受核心极性蛋白调控。

（一）间期细胞的极性模式

1. 上皮细胞的顶底极性与平面细胞极性 上皮细胞的"上下"与"左右"（近端与远端）均有极性，分别用顶底极性（apical-basal polarity）与平面细胞极性（planar cell polarity，PCP）表征。根据顶底极性可将上皮细胞表面划分为两片区域：顶面（apical surface）或顶域（apical domain）、基侧面（basolateral surface）或基侧域。顶面面向上皮的腔面或外表面，其上常有微绒毛或纤毛。基底面与侧面的极性生成方式一致，常有相似的膜蛋白与膜脂成分，故此合称为基侧面。但二者也有区别：基底面通常附着在基底膜上，侧面与相邻细胞连接。紧密连接（TJ）与黏着连接（AJ）被称为顶面连接，二者构成了顶面与基侧面的分界线。顶底极性的方向与上皮平面垂直。PCP 是指细胞沿平行于上皮组织平面的特定方向（如近端与远端）具有不对称性。所有上皮细胞均有 PCP，但不易直接观察到，可根据纤毛摆动方向或原纤毛的弯曲方向确定 PCP 方向。PCP 还表现为分属于相邻细胞质膜上的两半片 TJ 和 AJ 在分子组成上均有明显不对称性。

2. 其他间期细胞的极性模式 内皮细胞与上皮细胞相似，既有顶底极性，又有 PCP。神经元的轴突由上皮细胞的顶面演变而来，树突和胞体则对应于基侧面。肌细胞的极性由 PCP 演变而来，表现为肌纤维的方向性。

3. 迁移细胞的极性模式 迁移是指细胞离开原有微环境进入新微环境的过程，分为单细胞迁移（single-cell migration）与集群细胞迁移（collective cell migration）。在趋化因子浓度梯度引导下，成纤维细胞、免疫细胞、神经胶质细胞、某些胚胎细胞或干细胞/前体细胞、肿瘤细胞等可进行单细胞迁移，此时出现前后极性（front-rear polarity），其特征与顶底极性相似，即移动前沿相当于上皮细胞的顶面。集群迁移的细胞彼此间有连接，群体同时移动，见于胚胎发育、再生修复和肿瘤转移等过程；群体的先导细胞在基侧面伸出伪足，出现前后极性的前端特征；先导细胞的后端与各随从细胞则受 PCP 调控。若将单细胞迁移比拟为纵行，集群迁移即为横行。

（二）分裂期细胞的极性模式

分裂期细胞的极性模式为定向细胞分裂（OCD）与不对称细胞分裂（ACD），二者普遍存在于从酵母到人类的所有真核生物中，在发育分化、器官形成、组织更新与再生等过程中具有核心作用。人体内正常细胞的分裂多数为 OCD/ACD。干细胞自我更新与分化的平衡依赖于其在微环境中进行 OCD/ACD 的具体方式。某些快速增殖的细胞也可暂时采取方向随机的对称分裂，但这种状态若持续存在，则会破坏组织的正常结构，产生非典型增生甚至癌变。

1. 定向细胞分裂（oriented cell division，OCD） OCD 是指细胞分裂按照特定空间方位进行，即纺锤体轴线或分裂平面有特定方向。位于组织基底部微环境中的细胞常为干细胞或起始细胞，若其进行对称分裂且分裂平面与基底膜垂直，则两个子细胞仍留在微环境中，不发生分化，例如小肠上皮隐窝基底柱状细胞（crypt base columnar cells，CBC cells）是 Lgr5$^+$ 干细胞，其自我复制即以这种方式进行；若分裂平面与基底膜平行，近端的子细胞仍与基底膜结合，保持干细胞性，远端的子细胞则脱离基底膜，发生分化，如神经祖细胞的分裂。OCD 还以长轴律与邻边律的模式表现出来：长轴律是指纺锤体轴沿细胞的长轴排列，其结果是长形细胞从中间分裂为两个截短的细胞。邻边律是指在某个平面上增殖的细胞群体，其中任何一个细胞趋向于同时与 6 个细胞有邻边接触。

2. 不对称细胞分裂（asymmetric cell division，ACD） ACD 是指分裂产生的两个子细胞在大小或分子组成上有明显区别，即不均等地继承了母细胞的成分。卵母细胞减数分裂时极体的形成是 ACD 的极端形式。ACD 可将表观遗传标志与命运决定子（fate determinant）不均等地分配到子细胞中，导致增殖与分化路径的歧化。同一次有丝分裂经常既是 OCD，又是 ACD，例如抗原呈递细胞（antigen presenting cell，APC）与 T 细胞形成免疫突触，诱导后者同时发生 OCD 与 ACD，结果是处于 APC 近端的子细胞分化为效应 T 细胞，远端子细胞则变为记忆 T 细胞。

ACD 的一类重要模式是 DNA 模板链与复制新链的不对称分离（asymmetric segregation）。DNA 复制难免出现差错，这是造成基因组突变的主要因素之一。DNA 复制前的原始模板既无复制突变，又无端粒缩短，称为永生链（immortal strand）。成体干细胞如肌肉卫星细胞可通过 PCP 介导的 OCD 与 ACD，使其中一个子细胞保留所有染色体的原始模板链，即 DNA 永生链，维持自我更新能力；而另一个子细胞则分配了所有新复制的 DNA 链，并进入分化路径。Dystrophin 参与上述过程，其基因 *DMD* 突变导致卫星细胞因极性紊乱而耗竭。

当细胞在放射线或毒素的干扰下出现复制应激（replication stress）时，细胞周期检查点活化，所有受损新 DNA 链均经 ACD 分配到一个子细胞中，导致其周期阻断、老化或凋亡；而分配了原有模板链的另一个子细胞则维持健康状态。损伤、氧化的细胞器如线粒体也可经 ACD 集中分配到一个子细胞，确保另一个子细胞复壮（rejuvenescence），产生抗老化与抗癌变的作用。

中心体、中心粒、原纤毛、中体等细胞器的不均等分配与干细胞的命运

二、细胞极性的形成机制

（一）核心极性蛋白及其相关通路

1. 概念 在研究线虫和果蝇发育时，人们鉴定了几组可引起特定缺陷的突变基因，并据缺陷特征加以命名；随后在小鼠与人体内均找到了对应的同源基因，其 KO 鼠通常出现胚胎致死，而在人类其突变则可引起多种遗传病与肿瘤。尽管细胞的形态和种类千差万别，但这些高度保守的基因编码产物均发挥着调控细胞极性、指导细胞连接组装的关键作用，并贯穿了从胚胎发育到成体细胞的所有极化过程，故此称其为核心极性蛋白（core polarity proteins，CPPs）。除少数为跨

膜蛋白外，多数CPPs为胞质或核蛋白，其活化后不对称募集于不同皮质域（cortical domains）并组装多分子复合体，包括分离蛋白（partition protein，Par）复合体、碎蛋白（crumbs，Crb）复合体、潦蛋白（scribble，Scrib）复合体和PCP核心组分复合体等。Par复合体最早发现于线虫，余者发现于果蝇。某些细胞连接成分如E-cadherin和β-catenin以及中心体的极光激酶A（aurora kinase A）亦属于CPPs。几类常见CPP复合体如下。

（1）Par复合体：是在研究线虫的分离缺陷突变时发现的，包括分离蛋白6个成员Par1～6的不同组合、非典型蛋白激酶C（atypical PKCs，aPKCs）、Rho家族小GTP酶Cdc42等。复合体任何一个成员的基因突变均可干扰ACD，造成线虫生殖系细胞分离缺陷表型。

（2）碎蛋白复合体：Crb突变导致果蝇胚胎AJ缺失，外皮出现碎屑。除Crb外，复合体还含星尘蛋白（Stardust，Sdt）和PATJ（protein associated with tight junctions），后两者的突变表型与碎蛋白相似。

（3）潦蛋白复合体：Scrib突变导致果蝇胚胎外皮出现潦草紊乱的皱纹与坑洞。除Scrib外，复合体还包含两个抑癌基因产物Dlg（discs large）和Lgl（lethal giant larvae），它们的突变均可导致果蝇胚胎组织过度增殖。

（4）PCP核心组分复合体：主要有6个成员，是在研究果蝇外皮刚毛细胞与复眼细胞的定向排列时发现的，其成员不对称组装于AJ两侧，突变导致刚毛排列紊乱，因此而命名者有卷曲蛋白（Frizzled，Fz、Frz或Fzd）、散乱蛋白（Dishevelled，Dvl或Dsh）和刺蛋白（Prickle，Pk）。另外3个成员为迭戈（马拉多纳）蛋白（Diego，Dgo）、梵高蛋白（Van Gogh，Vang；亦称斜视蛋白Strabismus，Stbm）和火烈鸟蛋白（Flamingo，Fmi；亦称Starry Night）。

2. 调控人体细胞顶底极性与前后极性的CPP复合体

（1）相关CPP复合体的组装方式：上皮细胞顶底极性的建立、神经元轴突的形成、迁移细胞前后极性的产生等过程，均依赖于CPPs按相似方式在细胞表面组装极性相反的复合体。以人上皮细胞为例，顶面CPP复合体有两类：Par复合体，包括Cdc42-Par 6-Par 3-aPKCs；碎蛋白复合体，包括Crb 1～3-PALS1-PATJ，其中PALS1为星尘蛋白的人类同源物。与顶面极性相反的是两类基侧面复合体：Par 1-Par 5复合体，其中Par 1的人类同源物为MARK 1～4，Par 5的人类同源物为14-3-3（YWHAZ）；潦蛋白复合体，包括SCRIB-DLG 1～5-LGL 1～2。上述复合体成员常动态变化，并募集更多的皮质蛋白。极性相反的复合体彼此排斥对方成员，维持极性的稳定。CPP复合体与细胞连接有密切的相互作用，可确保各种连接在正确位置组装，例如Par 3是TJ与AJ的重要组成蛋白。CPP复合体还调控细胞骨架、改变细胞形态、影响物质运输、控制细胞迁移运动和分裂，为上述各类活动确立方向。

（2）CPP复合体的组装与极化启动受蛋白质磷酸化调控：在CPPs中，aPKCs（包括PKCζ和PKCλ）、Par 1/MARK 1～4、Par 4均为激酶，其有序活化在极化过程中有枢纽性作用。Par 4的人类同源物肝激酶B1（liver kinase B1，LKB1，亦称STK11或PJS）活化后可磷酸化并激活Par 1/MARK 1～4，启动CPP复合体组装与细胞极化；LKB1亦调控OCD/ACD，故此称其为极性主导分子。LKB1可在细胞核-细胞质间穿梭，在极化时出核进入胞质，并有一部分LKB1定位在原纤毛上；原纤毛感受机械刺激并激活LKB1，LKB1磷酸化AMP活化的蛋白激酶（AMP-activated protein kinase，AMPK），激活LKB1-AMPK通路；该通路是细胞极性与能量代谢的交汇枢纽，可强化细胞极性与紧密连接屏障，并通过抑制mTOR通路，抑制细胞体积肥大与异常增殖，对预防代谢综合征、抗炎、抗老化和抗癌均有重要作用。

（3）CPP复合体的募集与组装受膜脂磷酸化调控：磷脂酰肌醇（PI）磷酸化通路促进迁移细胞前后极性的建立。迁移细胞在趋化因子（chemokine）浓度梯度诱导下，质膜内叶的PI（3，4，5）P_3形成从前到后的浓度递减梯度，在前后两极募集极性相反的CPP复合体（前沿以Rac/Cdc42-Par 6-Par 3-aPKC为主），并诱导微丝在前沿组装、在后尾拆卸，推动细胞前移。前沿高

PI（3，4，5）P_3 浓度来自磷脂酰肌醇 3- 激酶（phosphatidylinositol 3-kinase，PI3K）在前沿皮质的募集；细胞侧面与后端皮质则募集磷酸酶和张力蛋白同源物（phosphatase and tensin homolog，PTEN），水解 PI（3，4，5）P_3，降低其浓度。PI3K 和 PTEN 的募集与活化又受 CPP 复合体的反馈调控，例如 LKB1 直接与 PTEN 结合并磷酸化与活化 PTEN。PI3K 促进肿瘤增殖与转移，是癌基因产物；PTEN 拮抗 PI3K，为抑癌基因产物。

3. 人体细胞的 PCP 核心组分复合体

包括近端 PCP 复合体与远端 PCP 复合体两部分，不对称组装于 TJ 与 AJ 部位：同一细胞上二者互不接触，分属于 PCP 两极；在相邻细胞二者则互相连接。PCP 核心组分与其他 CPP 成员有相互作用，如诱导 Par 复合体也产生平面不对称性。

近端复合体的构成为：CELSR- 梵高样蛋白（Van Gogh-like VAnGL）- 刺蛋白；远端复合体的构成为：CELSR- 卷曲蛋白 - 散乱蛋白 -ANKRD6。CELSR 为火烈鸟蛋白的人类同源物，是钙黏蛋白超家族的亲同型细胞黏附分子，负责相邻细胞近端与远端复合体的彼此结合。ANKRD6 是迭戈蛋白（Deigo）的同源物，为锚蛋白（ankyrin）超家族成员，因其突变导致内脏左右转位，亦称反转蛋白（inversin 或 diversin），是调控原纤毛、结纤毛、纤毛、鞭毛方向性的关键蛋白，可诱导散乱蛋白不对称分布于纤毛基体，并调控 OCD/ACD。

4. WNT 通路

（1）概述：WNT 信号通路（WNT signaling pathways）分为 β-catenin 依赖性经典 WNT 通路（亦称 WNT-β-catenin 通路）与 β-catenin 非依赖性的非经典 WNT 通路，后者又分为 WNT-PCP 与 WNT-Ca^{2+} 通路。WNT 通路自起始活化就体现出高度复杂性，其运行更与十几种信号通路有广泛联系。WNTs 亦称 WNT 配体，是果蝇无翅蛋白（wingless）同源物。人体内有 19 个成员，是分子量约为 4 万的糖蛋白，富含 23～26 个半胱氨酸残基，其中一个被棕榈酸修饰，有疏水性。WNTs 在 ER- 高尔基复合体分子伴侣 Wntless 的伴随下转运与分泌，可进入脂蛋白颗粒或外排体，在微环境中递送。WNT 受体为卷曲蛋白，在人体内有 10 个成员，为 7 次跨膜蛋白；LRP5/6 是辅助受体。不同的 WNTs 优先活化不同的 WNT 通路。WNTs 还有内源性拮抗剂与激动剂，可精细调节受体活化。

（2）经典 WNT 通路：在静息态，轴蛋白（axin）、腺瘤样结肠息肉病（adenomatous polyposis coli，APC）蛋白、酪蛋白激酶 1（casein kinase 1，CK1）、糖原合酶激酶 3β（glycogen synthase kinase 3β，GSK3β）组装成 β-catenin 降解复合体，其中 GSK3β 和 CK1 可磷酸化 β-catenin，导致后者被泛素蛋白酶体系统降解（图 24-5）。ANKRD6 可稳定降解复合体，拮抗经典 WNT 通路。当 WNTs 与其受体 FZDs（即 Frz）和 LRP5/6 结合成三元复合体后，募集与活化散乱蛋白 DVL（即 Dsh），Dsh 抑制 GSK3β 和 CK1 对 β-catenin 的磷酸化，解除了 β-catenin 的降解信号，导致胞质游离 β-catenin 增加并入核，启动靶基因转录。

（3）WNT-PCP 通路：WNTs 与 PCP 远端复合体 CELSR- 卷曲蛋白 - 散乱蛋白 -ANKRD6 结合，募集与活化小 GTP 酶 Rac、RhoA、Cdc42；Rac 活化 JNK，启动靶基因转录；RhoA 活化 ROCK，促进肌动肌球束收缩，改变细胞形态或促进迁移运动；Cdc42 通过 Par 复合体稳定 TJ 和 AJ，调控微丝、微管组装。ANKRD6（Deigo）促进 WNT-PCP 通路、抑制经典 WNT 通路，导致通路切换。

（4）WNT-Ca^{2+} 通路：WNTs 与卷曲蛋白 - 散乱蛋白结合，诱导散乱蛋白募集与活化磷脂酶 C（phospholipase C，PLC），PLC 水解 PI（4，5）P_2 产生第二信使 IP_3 和 DAG；IP_3 促进细胞液胞质溶胶中 Ca^{2+} 升高；DAG 通过 PKC 活化 Cdc42，调控微丝、微管的组装。

（5）细胞极性与 WNT 通路整合的重要意义：WNT 通路与 FZD、DVL、β-catenin、ANKRD6、Cdc42 等 CPPs 紧密偶联，其活化过程体现了细胞极性与增殖分化、重塑再生等过程的高度整合与精确平衡，故其生理与病理意义均极为重要。WNT 通路并非仅与 PCP 关联，而是能调控各种极性模式及其重塑，故其异常涵盖了各器官系统的疾病。WNT 通路的重要性还体现在 β-catenin

对细胞极性与基因转录的双重主导性作用上：其一，β-catenin 可与微丝、微管结合，有极性感受器/调节器的作用，能作为 AJ 的关键组分，调控顶底极性与 PCP，还可定位于中心体，调控 OCD/ACD；其二，核内 β-catenin 是几十种转录因子的募集与活化平台，起到多种关键基因的总开关作用，例如 WNT-β-catenin 通路活化可诱导多种干细胞标志分子的表达，对于正常干细胞与癌干细胞的增殖均有重要作用。

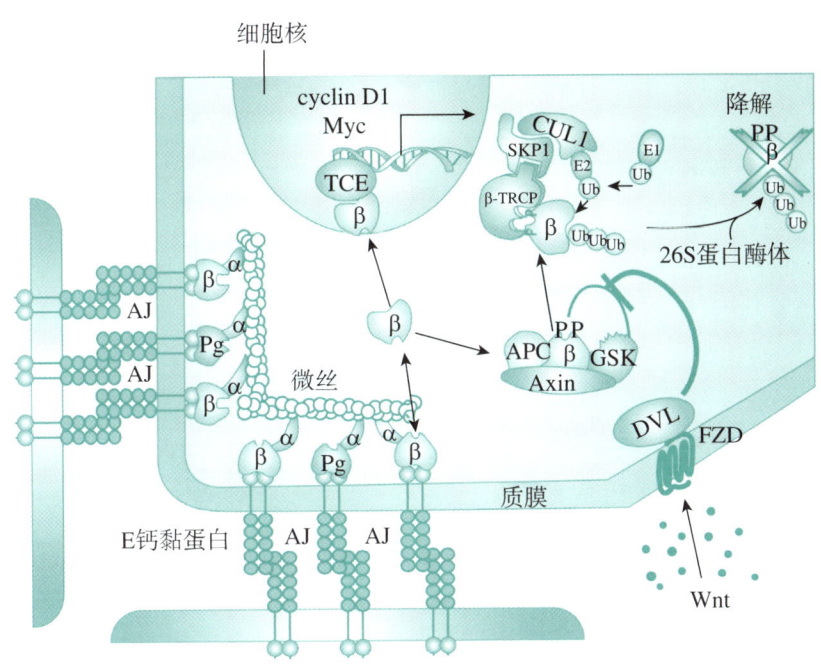

图 24-5　β-catenin 在黏着连接（AJ）和 WNT 通路中的双重作用

β 为 β-catenin，α 为 α-catenin，Ub 为泛素

（二）微丝、微管、高尔基复合体与细胞极性

CPPs 在细胞表面的不对称分布是细胞极化的基础，而 CPPs 的定向运输与不对称性的维持，则依赖于细胞内有极性的装置如微丝、微管和高尔基复合体的定向活动。极性建立之后，CPPs 又可强化微丝、微管和高尔基复合体功能活动的方向性，彼此形成正反馈。微丝、微管和高尔基复合体彼此之间均有相互作用，共同促进细胞极化。募集于细胞皮质、中心体、高尔基复合体的 CPPs 可通过活化小 GTP 酶 Cdc42、Rac、Rho，调控微丝、微管重塑和中心体、高尔基复合体定位。微丝的组装产生定向推力，肌动肌球束的滑动产生定向牵引与收缩力。细胞核的不对称定位与定向移动对细胞极化有重要作用，其过程依赖于微管和微丝在核被膜上的不对称组装，其调控异常与老化有关。

除中心体与纤毛基体以外，高尔基复合体、核被膜、细胞皮质亦有 MTOC 活性，可调控微管的装配、运输与施力方向，塑造细胞形态。高尔基前哨（Golgi outposts）是高尔基复合体产生的 1～2 μm 大小的膜囊，大量高尔基前哨位于某些细胞的皮质或细胞表面凸起处，有 MTOC 活性，如在骨骼肌与心肌细胞负责皮质微管网格的装配，在神经元负责树突微管装配，在寡突胶质细胞负责髓鞘内微管装配。上皮细胞的顶面皮质具有 MTOC 活性，可固定微管负极，正极则抵达底面，致使微管沿顶底方向平行排列；Dynein 负责沿微管向顶面运输，kinesin 负责向基侧面运输。

细胞皮质内的 Par 复合体通过捕获中心体微管正极端的 +TIPs（plus-end tracking proteins），

为定向迁移与OCD/ACD确立方向。+TIPs包括APC、EB1、CLIPs、CLASPs等多种蛋白。AJ处的Par3、β-catenin、+TIPs通过结合与活化微管正极端的动力蛋白—动力蛋白激活蛋白复合体（dynein-dynactin complex），在细胞表面和微管之间产生牵引力。OCD/ACD的机制可用罗盘模型表述：磁针对应于纺锤体，可旋转和扫描细胞表面（相当于罗盘外圈），直到星体微管被CPPs捕获，从而确定分裂平面的方向（图24-6）。

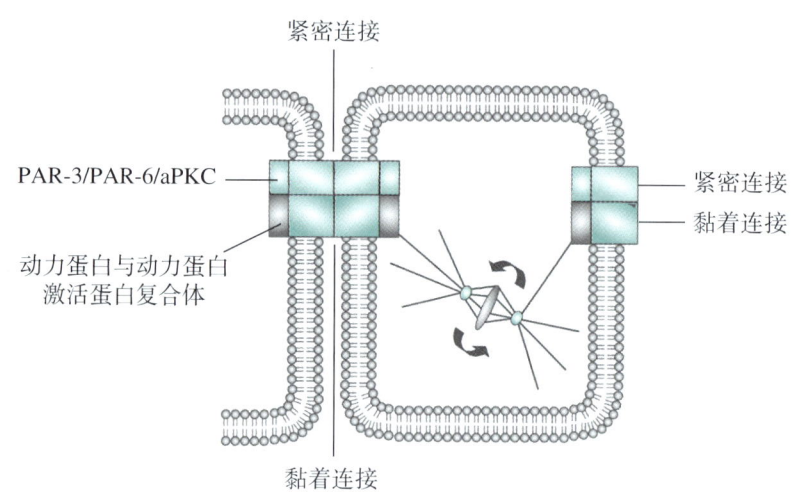

图24-6　细胞表面极性分子参与纺锤体空间定位

（三）细胞微环境对细胞极性的影响

CPPs受微环境中氧化还原状态、电场（膜电位）、作用力、渗透压、pH值等要素的调控，这有助于大范围协调细胞群体的极性模式，影响形态发生与器官重塑等过程。WNTs富含巯基，对氧化还原状态敏感；WNT受体Frzs亦受氧化还原状态调控；氧化还原状态的核心调控因子NRF2与HIF对WNT通路均有显著影响。定位于基侧面的钠泵不仅对多种微环境因素有重要影响，而且其本身具有胞外K^+依赖的凝集素活性，参与细胞黏附，并可募集多种极性蛋白。钠泵亢进导致心肌细胞极性异常与病理性重塑，此过程可被强心苷等抑制剂所逆转，用以治疗充血性心力衰竭等疾病。

微环境中的形态发生素（morphogen）可对细胞极性施加重要影响，该类通信分子多为细胞因子类小蛋白质，其特征是按特定方向不对称分布于微环境，以浓度梯度依赖性方式诱导形态发生与器官形成。形态发生素的作用亦可用罗盘模型表述：微环境中的形态发生素浓度梯度相当于磁场，极化的细胞相当于自带磁针的罗盘，二者的相互作用为细胞群体提供了协调一致的增殖分化、运动迁移的坐标。以WNT通路为例，WNTs是经典的形态发生素，提供了微环境的空间坐标；WNT受体的不对称分布可感应、解码、放大WNTs信号的不对称性：高浓度WNTs促增殖和OCD、低浓度WNTs促分化，可见WNT通路在形态发生中有关键作用。形态发生素浓度梯度的稳定机制多样，例如疏水性修饰使WNTs进入脂蛋白颗粒和外排体，获得远程梯度稳定性；WNTs的凝集素活性使其结合在硫酸类肝素上，形成固相化的浓度梯度；稳定机制的异常可扰乱浓度梯度，引发疾病。

实体、囊状、管状组织的空间分布与比例均衡，是形态发生与器官形成的核心调控靶标，其调控机制与形态发生素诱导的OCD方位平衡、细胞原位生长与运动迁移的平衡有关。梯度分布的形态发生素诱导纺锤体轴与上皮平面垂直，长出分枝管；若梯度消失，则纺锤体轴与上皮平面平行，长出空心囊（图24-7）。形态发生素诱导的细胞嵌插（cell intercalation）与辐合伸展（convergent extension）等细胞群体运动模式，亦是决定实体、囊、管形态与比例的关键环节。WNT通路异常、多种CPP与原纤毛基因突变均可破坏细胞极性，引发脏器多囊化。

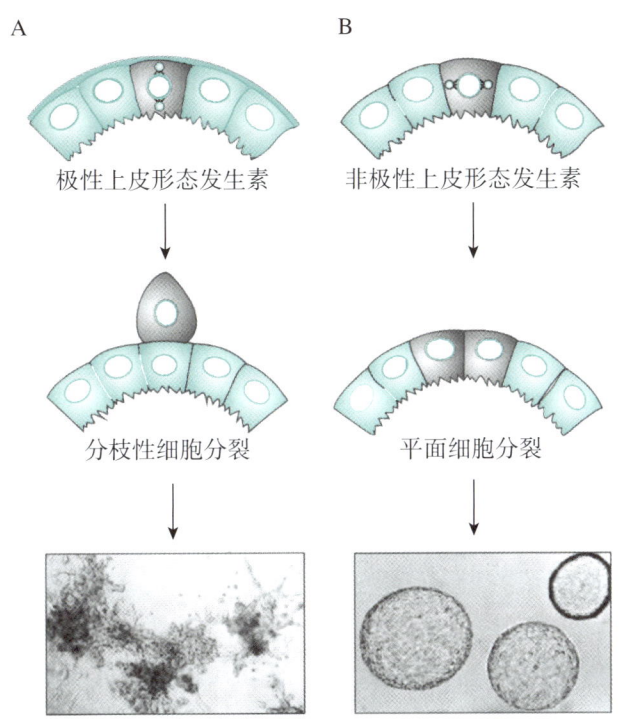

图 24-7　上皮形态发生素（epimorphin）通过诱导OCD改变乳腺上皮细胞三维培养物的形态
A．以不对称方式添加的上皮形态发生素，使培养物长出管状分枝；B．均匀添加的上皮形态发生素使培养物长成空心囊

三、细胞极性重塑

（一）概念和类型

细胞极性重塑是胚胎发育的常见过程，是细胞分化与转分化的重要途径。而在正常成体中，极性模式是稳定的，有助于维持组织器官结构与功能的完整性。但在创伤、感染、炎症、缺氧、氧化应激、老化、癌变等状态下，细胞连接损伤，细胞能量与还原力生成不足，NRF2通路下调、HIF通路亢进，氧化还原稳态丧失，导致细胞极性重塑，即细胞原有极性特征与空间方向改变，甚至极性模式也会发生转变。暂时性重塑是细胞代偿性反应，有助于缓解损伤。持久性重塑则是病理性的，可导致心、肾、肺、消化道与消化腺等重要脏器的功能不全与纤维化，甚至癌变。

剧烈的极性重塑过程涉及极性模式的转变，主要有：①上皮间质转化（epithelium to mesenchyme transition，MET），即上皮细胞变成间质样细胞；②内皮间质转化（endothelial to mesenchymal transition，EndMT），即内皮细胞演变为成纤维细胞或肌成纤维细胞等间质细胞；③间质上皮转化（mesenchyme to epithelium transition，MET），即间质细胞转化为上皮细胞。

（二）上皮间质转化

1. **主要特征与分类**　EMT是细胞转分化的一种方式，表现为上皮细胞的顶底极性与PCP特征消失，细胞间连接拆解，细胞骨架重塑；上皮标志分子如 E-cadherin 下调，细胞转而表达间质细胞标志分子如 vimentin；细胞脱离原上皮层面迁移到他处，该过程称为离层（delamination）。离层细胞常出现成纤维细胞样的梭形表型。EMT 分为三型。

Ⅰ型 EMT 见于胚胎发育。在原肠和三胚层形成阶段，部分上胚层（epiblast）细胞经 EMT 演变成中胚层和内胚层。从神经管迁移分化出神经嵴细胞的过程亦属 EMT。从外胚层生成神经管的过程涉及细胞极性重塑，但尚未发生 EMT。Ⅱ型 EMT 见于出生后，涉及损伤修复与脏器纤维化，其机制与 WNT 通路活化有关。晶状体上皮细胞经 EMT 变为肌成纤维细胞可引起白内障。Ⅲ型 EMT 导致癌症发生与转移。Ⅰ型与Ⅱ型 EMT 以表观遗传为主；Ⅲ型 EMT 以基因突变为主，兼具表观遗传变化。

癌症的十大标志

2. 癌细胞 EMT 机制　EMT 与癌症的十大标志均有密切关系，涉及癌症发生与转移的多个环节。癌干细胞具有明显的 EMT 签迹（EMT signature），包括上皮细胞标志如 E-cadherin、ZO-1、claudin-1、角蛋白 -8/-18/-19 等下调，间质细胞标志如 N-cadherin、Snail1、Slug（Snail2）、Twist、α-SMA、vimentin、nestin、fibronectin 高表达，β-catenin 在核内累积，TGFβ-SMAD2/3 通路活化等。其中核心极性蛋白 E-cadherin 下调与 β-catenin 核内累积是癌细胞 EMT 的核心机制，其过程涉及若干互相促进的途径。

（1）经典 WNT 通路亢进：通路中的抑癌基因 *APC*、*AXIN1* 突变或表达下调，或癌基因产物 LRP5/6、DVL 上调，GSK3β 酶活性受抑制，均导致 WNT-β-catenin 通路亢进，β-catenin 入核，募集 LEF/TCF 等转录因子，启动 EMT 相关靶基因转录与过表达，过表达产物包括 Snail1/2、Twist、Cyclin D、Myc、CD44、MMPs、fibronectin 等，促进癌细胞增殖与转移。

（2）抑癌基因 *CDH1* 与 *STK11/LKB1* 突变或表达下调：二者的表达产物可抑制 β-catenin 入核，故当二者失活或下调时，WNT-β-catenin 和 TGFβ-SMAD2/3 通路过度活化，引发 EMT。E-cadherin 基因 *CDH1* 突变或表达下调，导致被 AJ 固定的 β-catenin 大量释放并移位入核（图 24-5）。*CDH1* 启动子区甲基化、多种转录因子如 Snail1/2、ZEB1 均可下调 E-cadherin 的表达，释放 β-catenin。LKB1 可通过结合与活化 APC 和 GSK3β，抑制 WNT 通路。*LKB1* 突变或表达下调一方面解除了 APC 与 GSK3β 对 WNT 通路的抑制作用，另一方面通过上调 ZEB1 引起 E-cadherin 下调，导致 β-catenin 大量入核。Snail1 亦可上调 ZEB1，而 Snail1/2 又是 β-catenin 的靶基因产物，故此造成 E-cadherin 下调与 β-catenin 核内累积的多重正反馈。TGFβ-SMAD2/3 通路活化从略。

（3）多种癌基因产物通过下调 E-cadherin 和干扰 β-catenin，促进 EMT：生长因子如 EGF、HGF、FGF 等均为癌基因产物，过表达可活化其受体 RTKs，引起 β-catenin 酪氨酸磷酸化，使其脱离 E-cadherin 并入核，并导致 AJ 拆卸，E-cadherin 降解；生长因子过表达、RTKs 或 Ras 突变均可引起 RTK-Ras-MAPK 通路亢进，上调 Snail1/2，下调 E-cadherin。E-cadherin 被 N-cadherin 替代是癌细胞 EMT 的标志事件。N-cadherin 是癌基因 *CDH2* 产物，正常情况下在上皮细胞中不表达，而是分散表达于神经元、血管内皮细胞、平滑肌与成纤维细胞，且不构成 AJ。癌细胞过表达 N-cadherin 可顺式激活自身的 RTK-MAPK 通路，下调 E-cadherin，上调 MMPs 等；癌细胞的 N-cadherin 可与血管内皮细胞上的 N-cadherin 形成细胞黏附，促进肿瘤转移。

（4）炎症、缺氧、ROS、损伤应激、低 pH 等微环境改变均可诱导 EMT，促进癌症发生与转移：其机制涉及炎症因子活化 ZEB1 与下调 E-cadherin、HIF 和 NRF2 通路与 WNT 通路"对谈"等。缺氧、ROS、低 pH 所致 HIF 通路亢进引发 Warburg 效应和代谢重塑，促进 EMT。NRF2 通路活化可抵抗氧化应激，维护细胞连接与基因组稳定性；其活化受阻使细胞无法抵御氧化剂与 ROS 对细胞连接与基因组的损伤，形成以下恶性三角循环，加速癌细胞突变与 EMT：ROS 对 TJ 或 AJ 的损伤导致 E-cadherin 下调、β-catenin 核内累积与 EMT；ROS 造成的染色体不稳定性通过活化 WNT 通路导致 E-cadherin 下调、β-catenin 核内累积；E-cadherin 下调、β-catenin 核内累积导致 TJ 和 AJ 损伤、OCD/ACD 异常与染色体不稳定性。

四、细胞极性异常相关疾病

前述多种细胞连接及 EMT 相关疾病,均与细胞极性异常有关。现仅简述极性异常所致出生缺陷、遗传病与肿瘤。

1. 出生缺陷与遗传病 极性调控以 PCP 与 WNT 通路最为复杂,且与纤毛的定位与功能密切关联,故此疾病类型多样并常表现为纤毛病。多囊肾病(polycystic kidney disease,PKD)是一组发病率最高的单基因遗传性出生缺陷,其发生机制为原纤毛和 PCP 缺陷、OCD/ACD 异常;多种基因突变均可引起 PKD,其中多囊肾蛋白 1 和 2(polycystin 1 and 2)的基因 *PKD1* 与 *PKD2* 突变所致常染色体显性 PKD 最常见,发病率约为 1/1000。神经管缺陷(neural tube defects,NTDs)发病率亦接近 1/1000。多种 PCP 与 WNT 通路基因参与神经管发育与闭合,相关突变或功能异常均导致 NTDs。极性调控异常的常见表型还有:头面部畸形如腭裂、唇裂、缺齿等,各大脏器、骨骼、肌肉发育不良与畸形,多指、肥胖、皮肤病与毛发异常,反复感染,神经与精神系统疾患、听力损失、失明等,畸胎瘤及其他肿瘤等。以上缺陷与异常常表现为综合征。

2. 肿瘤 WNT 通路、EMT 与癌症的关系已述。以下简述细胞极性相关抑癌基因(tumor suppressor gene,TSG)突变与肿瘤发生。来自生殖系细胞的 TSG 杂合突变以显性方式增加癌易感性,并常有多发错构瘤(hamartoma)或其他缺陷,称为遗传性癌症综合征(hereditary cancer syndromes)。错构瘤是细胞极性紊乱引起的组织结构局灶性畸形,为良性肿瘤或息肉。常见极性相关 TSG 突变所致癌综合征有:*APC* 突变导致家族性腺瘤样息肉病综合征,胃肠道多发息肉,可伴发硬纤维瘤与表皮样囊肿,易演变为结直肠癌。*STK11/LKB1* 突变引起黑斑息肉综合征(Peutz-Jeghers syndrome,PJS),表现为多发性皮肤、黏膜色素斑和消化道 PJS 错构瘤,且多种器官均易发生癌变。*CDH1* 突变癌综合征可增加胃、乳腺等器官的癌易感性,并可伴发腭裂、唇裂等。*PTEN* 突变导致 PTEN 错构瘤肿瘤综合征(PTEN hamartoma tumor syndrome,PHTS),分为 Cowden syndrome 等 4 种类型,表现为皮肤多发性毛根鞘瘤、乳突状丘疹、小肠错构瘤样息肉等,且乳腺、甲状腺等器官对癌易感。突变导致肌营养不良的 *DMD* 亦属极性相关 TSG(见第五章案例解析)。

小测试24-2:
PTEN错构瘤肿瘤综合征患者的正常细胞、错构瘤细胞、癌细胞的 *PTEN* 状态(*PTEN* status)是什么?

遗传性癌症综合征呈显性遗传,这与 TSG 的单倍剂量不足(haploinsufficiency)有关。遗传性癌症综合征患者所有未癌变细胞均携带来自生殖系突变(germline mutation)的杂合 TSG 基因座,含一个野生型 TSG 和另一个突变失活的等位基因(纯合 TSG 突变因胚胎致死而被淘汰);在正常人的体细胞,野生型 TSG 具有二倍体表达剂量;而在患者的体细胞,野生型 TSG 只有单倍体表达剂量(即单倍剂量不足),极易出现细胞极性与增殖紊乱,故此遗传性癌症综合征的多发错构瘤等表型呈显性遗传。若患者某个细胞的杂合 TSG 基因座因体细胞突变(somatic mutation)产生杂合性丢失(loss of heterozygosity,LOH),则会丢失仅存的野生型 TSG,造成该 TSG 功能丧失(loss-of-function),这有可能促使该细胞癌变,故此癌易感性增加。TSG 的 LOH 是癌症驱动突变(driver mutation)的重要来源,而 LOH 的产生机制主要为 DNA 双链断裂后重组所致 DNA 片段缺失。点突变亦可造成 TSG 功能丧失,但不会产生 LOH;点突变还可出现功能获得(gain-of-function),使 TSG 逆转为促癌基因(亦属驱动突变)。*TP53* 为 TSG,但其点突变多数为促癌驱动突变,可下调 E-cadherin,促进 EMT 与肿瘤转移。mRNA 的加工与 ncRNA 的调控、翻译后修饰和细胞内移位等过程的异常,亦可造成癌基因或 TSG 的作用反转。PCP 与 WNT 通路中的一些成员如 WNTs、FZDs 和 GSK3β,以及某些 claudins 等,对一些肿瘤有抑癌作用,对另一些肿瘤却可反转为促癌作用。

小 结

细胞黏附和细胞连接是细胞与其"社会背景"之间结构和功能联系的基本形式。细胞黏附分子介导的黏附和连接是主动地、选择性地识别、黏着和连接。cadherin 在胚胎发育的细胞识别迁移、组织分化和组织器官的构筑中起重要作用。selectin 介导血液中的暂时性黏附。IgSF 大多数介导淋巴细胞和免疫应答细胞之间的黏附,亦在神经系统发育中起重要作用。integrin 在脊椎动物所有细胞的表面普遍存在,介导细胞之间以及细胞与细胞外基质之间的识别和黏着,并能够进行双向信号传递,调节细胞的形态、运动、生存、增殖和死亡等生命活动。相对稳定的黏着可以特化形成细胞连接。封闭连接、锚定连接和通信连接是维系相邻细胞之间协同作用、构建组织和器官的重要结构和功能基础。构成紧密连接、黏着连接和间隙连接的关键结构分子均为包含多个成员的膜蛋白家族,其表达有组织器官特异性。

细胞连接的建立是细胞极化的关键环节。紧密连接和黏着连接与细胞极性和 WNT 通路关系紧密。细胞极性表现为分裂间期细胞的顶底极性、PCP 和前后极性以及分裂期细胞的 OCD/ACD 等模式。CPP 复合体调控细胞极性,包括 Par 复合体、碎蛋白复合体、潦蛋白复合体和 PCP 核心组分复合体。细胞极性在细胞内与微丝、微管、高尔基复合体等有极性的装置高度关联;在细胞外则受微环境因素调控,其中以形态发生素 WNTs 为代表。WNT 通路与细胞极性调控路径紧密偶联,其整合具有重要的生理与病理意义。细胞极性重塑包括 EMT 等过程。E-cadherin 下调与 β-catenin 核内累积是癌细胞 EMT 的核心机制。细胞连接与细胞极性异常可导致多种疾病,如感染、炎症、遗传病、肿瘤等。

整合思考题

1. 调控细胞连接与细胞极性的关键分子与通路在出生缺陷、遗传病与肿瘤中的作用是什么?如何据此制定诊疗方案?

2. 细胞的哪些结构与细胞极性有密切关系?其异常可引起哪些疾病?

3. 男婴 2 岁,就诊时其母担心小儿有耳聋倾向,并诉说近亲有耳聋患者。耳检排除感染与畸形。家中未养猫。出生记录无异常。听力测试提示轻度听力损失。在征得家属同意后采集了患儿血样,拟通过基因检测确诊病因。应重点关注哪些基因是否突变?为什么?医生应如何告之就诊小儿的母亲,以防止听力进一步损失?

4. 女童 9 岁,在父母陪同下到皮肤科激光美容室就诊,要求去除嘴唇上的多个褐色与黑色斑块。医生经检查后发现女孩的口腔黏膜、舌下、手指上也有多发性色素斑块。父母均未见相同病变。医生告知先给女孩预约好治疗日期,但再三强调在消斑治疗之前,一定要先带女孩到消化科检查,并做基因检测。女孩最可能患有何病?医生为何如此建议?在消化科应进行哪些检查?该病是显性遗传病吗?其突变基因是什么?如何根据其发病机制、病程与预后,防范更严重的病变?

(张　页　侯　妮)

第二十五章 细胞信号转导

导学目标

通过本章内容的学习，学生应能够：

※ **基本目标**
1. 列举细胞信号转导通路从细胞外到细胞内的各组成部分。
2. 解释细胞信号转导中蛋白质构象改变与信息传递的关系。
3. 举例说明小分子第二信使及其在细胞信号转导中的作用。
4. 分析 G 蛋白偶联受体介导的信号转导关键步骤。

※ **发展目标**
1. 举例说明细胞信号转导异常所导致的疾病，并分析其发生的分子机制。
2. 根据 GPCR 的结构和功能特点，提出鉴定 GPCR 或设计靶向 GPCR 药物的思路。

案 例

有一常染色体显性遗传的视网膜色素变性（retinitis pigmentosa，RP）家系，该家系共有成员 17 名，经追踪家系中所有成员、调查疾病史得出：包括先证者在内，共有 7 名患病个体。现对该家系中所有成员进行视力检查、眼底照相及视野检查，结果如下：

（1）10 名正常个体双眼视力无明显下降，无夜盲，眼底及视野检查结果未见明显异常。

（2）7 名患病个体双眼视力均呈进行性下降，于近年出现进行性夜盲，眼底照相可见视网膜骨细胞样色素沉积、视网膜血管细、视神经盘色淡，视野检查提示视野向心性缩窄，部分患病个体只残留中央管状视野。对该家系中先证者进行视网膜电图检查后提示：a 波、b 波振幅明显下降。

为确定致病基因及其突变位点，应用聚合酶链反应和直接测序技术，对该家系所有患者的视紫红质基因外显子进行测序分析，发现视紫红质（rhodopsin）基因含有导致 RP 的突变。

视紫红质是 G 蛋白偶联受体中被研究较多的一种受体，由 348 个氨基酸残基组成，其基因定位于染色体 3q21-24，含 5 个外显子。视紫红质存在于视杆光感受器细胞中，在吸收光以后，视紫红质的构象发生改变而活化。被激活后的视紫红质激活 G 蛋白，并引发一系列细胞信号转导事件。

问题：
在上述家系中发现的视紫红质基因突变导致 RP，其可能的致病机制是什么？

案例解析

第五篇 细胞的社会性与细胞命运

信息通信是人类社会不可或缺的组成部分。而对细胞而言，除了物质和能量的交换，细胞与细胞之间、细胞和外界环境之间进行的信息传递对于维持生命活动也是必不可少的。每个细胞都会监测内外环境，收集和处理信息并做出相应的反应。例如，单细胞生物会随着环境营养物质或毒素的变化而改变它们的行为。多细胞生物的细胞会响应细胞内外信号，调整生长、分裂、分化和细胞在组织中的行为。细胞对刺激或信号产生的反应，通过细胞内多种分子的相互作用，引发一系列有序反应，并据以调节细胞代谢、增殖、分化、运动和凋亡，这一过程称为信号转导（signal transduction）。

第一节 概　　述

早在多细胞生物在地球上出现之前，单细胞生物就已发展出对环境中物理和化学变化做出反应的机制。在多细胞生物中，细胞间或细胞内的各部分之间精确而高效地发送与接收信息，并通过放大机制引起快速的细胞生理反应，这一过程称为细胞通信（cell communication）。信号转导和细胞通信是高等生物生命活动的基本机制，对细胞生理和病理过程的发生至关重要。

信号的接收取决于受体（receptor）。受体是一类存在于细胞膜上或细胞内，能接收外界信号，并将这一信号转化为细胞内的一系列生物化学反应，从而对细胞的结构或功能产生影响的蛋白质分子。胞内受体被胞外脂溶性信号分子所激活，又可分为核受体和胞质受体，如雄激素、雌激素、孕激素及甲状腺素受体位于核内，而糖皮质激素受体位于胞质溶胶中。

受体与信号分子结合。这种结合能够激活受体，进而活化一种或多种细胞内信号通路，通过细胞内信号分子将胞外信号传递到相应的细胞内效应分子。这些效应分子可以是转录调控分子、代谢途径的组成部分或细胞骨架的一部分（图 25-1）。

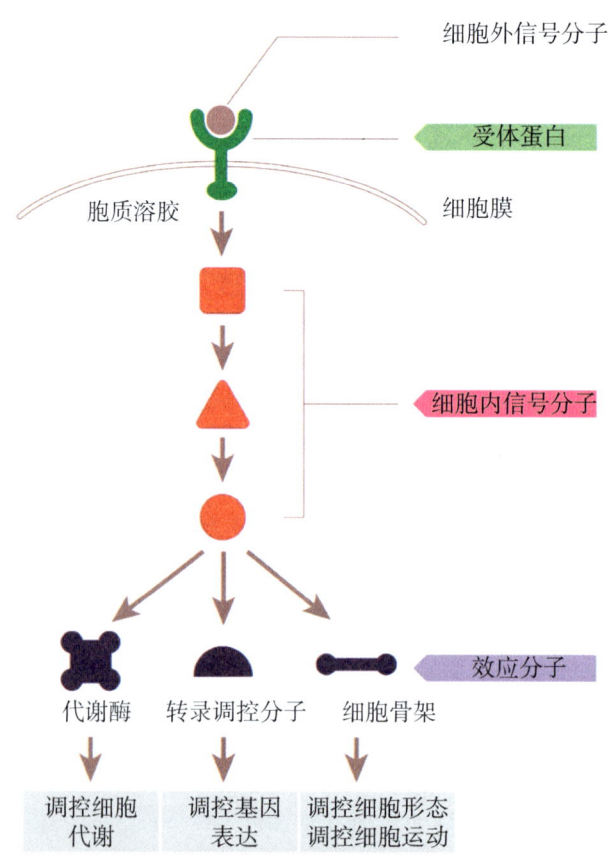

图 25-1　细胞信号转导组成部分

一、细胞外信号有可溶性和膜结合型两种形式

单细胞生物可直接从外界环境接收信息，而多细胞生物中的单个细胞则主要接收来自其他细胞的信号，或所处微环境的信息。细胞可以感受物理信号，但体内细胞所感受的外源信号主要是化学信号，这些化学信号根据作用模式不同，可分为可溶性和膜结合型两种形式。

在多细胞生物中，细胞可通过分泌可溶性化学物质而发出信号，这些信号分子（signal molecule）作用于靶细胞表面或靶细胞内的受体，调节靶细胞的功能，从而实现细胞之间的信息交流。多细胞生物的细胞通过数百种细胞外信号分子进行交流，这些信号包括蛋白质、小肽、氨基酸、核苷酸、类固醇、类视色素、脂肪酸衍生物，甚至溶解的气体（如一氧化氮和一氧化碳）。这些信号分子中的大多数通过胞吐作用或质膜扩散释放到细胞外空间，例如癌细胞通常会产生和释放细胞外信号，刺激它们自身的存活和增殖。

而另一些信号分子则附着在细胞膜外，为膜结合型细胞外化学信号，只有当细胞间发生接触时才向其他细胞提供信号。当细胞通过膜表面分子发出信号时，相应的信号分子即为膜结合性信号分子，属于这一类通信的有相邻细胞间黏附因子的相互作用、T 淋巴细胞和 B 淋巴细胞表面分子的相互作用等。

大型多细胞生物需要远程信号机制来协调身体远端细胞的行为，并进化出了专门用于远距离细胞间通信的细胞类型，其中最复杂的是神经元。此外，内分泌细胞可将激素分泌到血液中，从而实现远距离通信。可溶性信号分子根据其溶解特性分为脂溶性和水溶性化学信号两大类；根据其在体内的作用距离，可分为内分泌信号、旁分泌信号和神经递质。有些旁分泌信号还作用于发出信号的细胞自身，称为自分泌（图 25-2）。

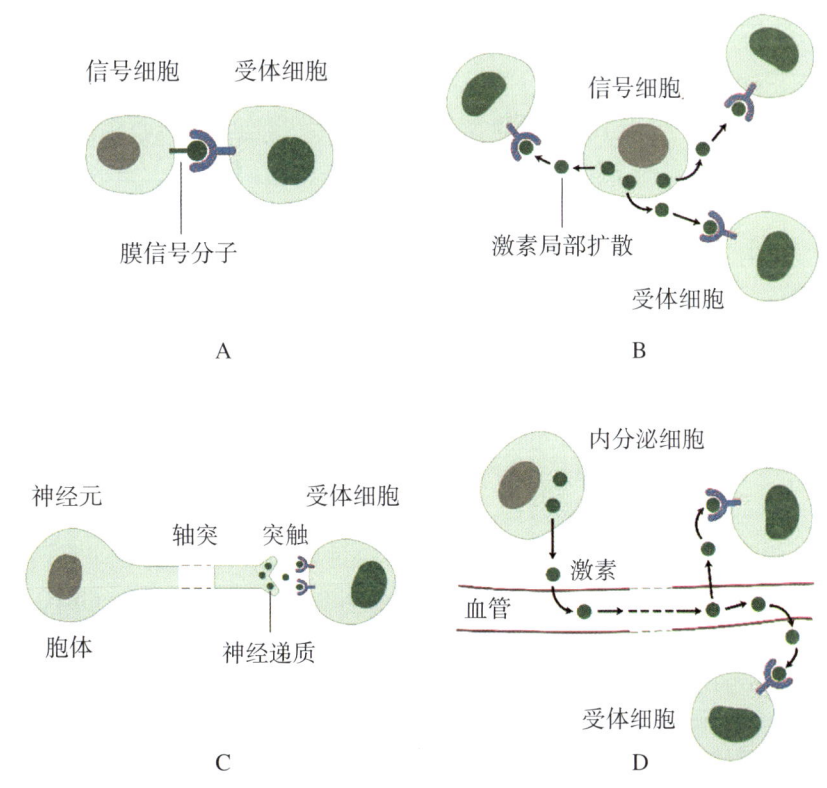

图 25-2 细胞通讯存在多种类型
A. 膜结合型；B. 旁分泌；C. 神经突触；D. 内分泌

二、细胞经由特异性受体接收细胞外信号

细胞通过受体（receptor）将信号导入细胞内。受体通常是细胞膜上或细胞内能特异性识别生物活性分子并与之结合，进而引起生物学效应的特殊蛋白质，有些糖脂也具有受体作用。受体的结合位点具有复杂的结构，其形状可以高度特异性地识别信号分子，有助于确保受体只对适当的信号做出反应，而不对细胞周围的许多其他信号分子做出反应。能够与受体特异性结合的分子称为配体（ligand）。许多配体以非常低的浓度（通常 $\leq 10^{-8}$ M）发挥作用，此时受体与配体间以高亲和力结合（解离常数 $Kd \leq 10^{-8}$ M）。受体与配体的相互作用具有共同的特点：高度专一性、高度亲和力、可逆性和具有特定的作用模式。

按照其在细胞内的位置，受体可分为细胞内受体和细胞表面受体。细胞内受体包括位于细胞胞质溶胶或胞核内的受体，其相应配体是脂溶性信号分子，如类固醇激素、甲状腺激素、维甲酸等。水溶性信号分子和膜结合性信号分子（如生长因子、细胞因子、水溶性激素分子、黏附分子等）不能进入靶细胞，其受体位于靶细胞的细胞质膜表面。

三、细胞内信号转导分子通过产生第二信使结合并激活下游信号转导分子

细胞外的信号经过受体转换进入细胞内，通过细胞内一些蛋白质分子或小分子活性物质进行传递，这些能够传递信号的分子称为信号转导分子（signal transducer）。其中，能够传递信号的小分子化学物质通常被称为第二信使（second messenger）（细胞外信号常被定义为"第一信使"）。第二信使在受体激活后大量产生，有些是水溶性的，如环磷酸腺苷（cyclic adenosine monophosphate，cAMP）和 Ca^{2+}；有些是脂溶性的，如甘油二酯（diacylglycerol，DAG）。大多数细胞内信号转导分子是蛋白质，它们通过产生第二信使、激活通路中的下一个信号蛋白或激活效应蛋白来实现信号传递。这类蛋白质的行为类似于分子开关，当它们接收到信号时，会从非活化状态切换到活化状态，直到另一个进程将它们关闭而返回到非活化状态。

细胞内一类重要的分子开关是蛋白磷酸激酶。一个蛋白激酶被磷酸化从而被激活，进一步磷酸化下一个蛋白激酶，依此类推，将信号级联放大或传播到其他信号通路。蛋白磷酸酶使蛋白去磷酸化。在细胞信号转导中，去磷酸化主要与信号的终止和失活有关。人类基因组编码大约520种蛋白激酶和大约150种蛋白磷酸酶。另一类重要的分子开关由GTP结合蛋白（GTP binding protein）组成。这些蛋白质在GTP结合时"开启"，在GDP结合时"关闭"。在"开启"状态下，它们通常具有内在的GTP酶（GTPase）活性，并能水解其自身所结合的GTP来转换到"关闭"状态。细胞内有两种主要类型的GTP结合蛋白——小GTP结合蛋白（也称为小G蛋白）和大的三聚体GTP结合蛋白（也称为G蛋白）。小G蛋白有助于传递来自多种细胞表面受体的信号。GTP酶激活蛋白（GTPase-activating protein，GAP）通过增加GTP的水解速率驱动小G蛋白的"关闭"；相反，鸟嘌呤核苷酸交换因子（guanine nucleotide exchange factor，GEF）通过促进GDP的释放和新的GTP结合，来激活小G蛋白（图25-3）。G蛋白参与G蛋白偶联受体的信号传递。

第二信使传递信号的机制具有相似之处：①在完整细胞中的浓度或分布可在细胞外信号的作用下发生迅速改变。细胞接收信号后，细胞内相应第二信使的浓度迅速升高；完成信号传递后，其被细胞内相应的水解酶迅速清除，信号传递终止，细胞回到初始状态；②类似物可模拟细胞外信号的作用；③阻断其变化可阻断细胞对相应外源信号的反应；④作为别构效应剂在细胞内有特定的靶蛋白分子。

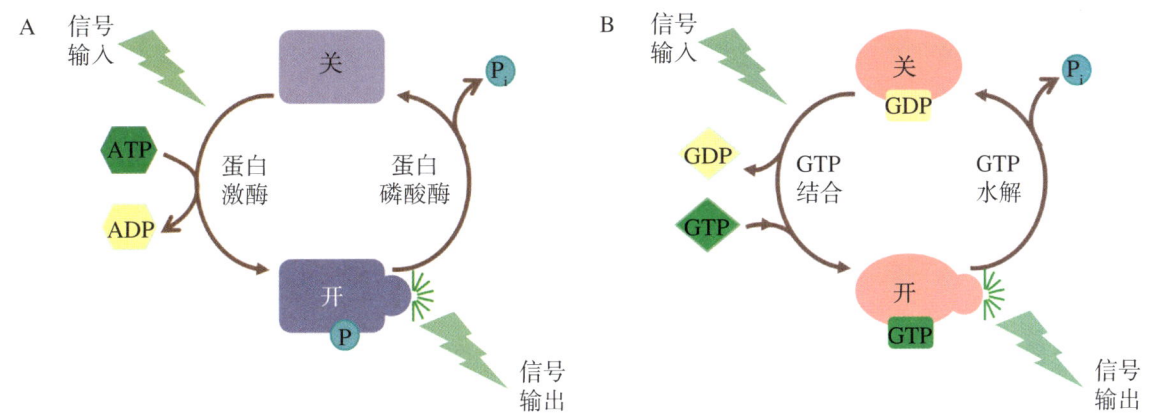

图 25-3　小 G 蛋白的激活和失活调控过程
A. 磷酸化介导信号转导；B. GTP 结合介导信号转导

四、细胞信号转导改变效应分子的构象和功能

受体及信号转导分子传递信号的基本方式包括改变下游信号转导分子构象或细胞内定位，信号转导分子复合物的形成或解聚以及改变小分子信使的细胞内浓度或分布等。

第二节　细胞受体介导的细胞内信号转导

受体（receptor）是指细胞中能识别信号分子，并与之特异结合引起相应生物效应的蛋白质。根据其亚细胞定位不同，可以将受体分为细胞膜受体和细胞内受体。细胞膜受体接受的是不能通过生物膜的分子量较大的亲水性信号分子，而细胞内受体接受的则是可以通过生物膜的亲脂性信号分子和小分子的亲水性信号分子。不管是何种受体，只有在识别特异的信号分子并与之结合后，才能被激活，引起相应的生物效应。

一、细胞内受体通过分子迁移传递信号

细胞内受体分布于胞质溶胶或细胞核内，其配体为亲脂性信号分子和小分子的亲水性信号分子。细胞内受体的本质多为转录因子，其结构包括激素结合域、DNA 结合域和转录激活域。受体与配体结合后被激活，在核内启动信号转导并影响基因转录，这类受配体调控、属于转录因子超家族的细胞内受体统称为核受体（nuclear receptor）。核受体按其功能可分为：①类固醇激素受体家族：包括糖皮质激素、盐皮质激素、性激素受体等。类固醇激素受体位于胞质溶胶或细胞核内，未与配体结合前与热激蛋白质（heat shock protein，Hsp）结合形成复合物，处于非活化状态，阻止受体向细胞核的移动及其与 DNA 的结合。配体（激素）与受体结合后，受体构象发生变化，Hsp 与受体解离，暴露出受体核内转移及 DNA 结合部位，激活的受体二聚化并转移入核，与 DNA 上的激素应答元件（hormone response element，HRE）相结合或与其他转录因子相互作用，增强或抑制靶基因转录。②非类固醇激素受体家族：包括甲状腺激素、维生素 D 和维 A

酸受体等。此类受体位于胞质溶胶或细胞核内，不与 Hsp 结合，多以同源或异源二聚体的形式与 DNA 或其他蛋白质结合，配体入核与受体结合后，激活受体并经 HRE 调节基因转录。③孤儿受体（orphan receptor）：其在结构上与受体非常类似，因未发现其特异性配体，故得名，常见于核受体家族。孤儿受体可能作为组成性转录因子而参与激素的生物学作用。

二、离子通道型受体将化学信号转变为电信号

离子通道型受体主要存在于神经系统、肌肉等组织的可兴奋细胞内，其信号分子是神经递质，为环状结构的蛋白质，属于配体依赖性离子通道。离子通道型受体分为阳离子通道型受体（如乙酰胆碱、谷氨酸和 5-羟色胺的受体）和阴离子通道型受体（如甘氨酸和 γ-氨基丁酸的受体）。离子通道型受体的作用规律为：当神经递质与受体结合后，受体变构，受体本身即为离子通道，变构激活后导致通道开放，形成膜内外的离子流动，引起膜电位变化以传递信息。以乙酰胆碱的 N 型受体为例，该受体由 5 个亚基围成钠离子通道，2 分子乙酰胆碱的结合可以使受体处于通道开放状态，然而这种开放状态的时限十分短暂，在几十毫秒内又回到关闭状态。之后乙酰胆碱与之解离，受体则恢复到初始状态，做好重新接受配体的准备。

三、G 蛋白偶联受体通过 G 蛋白和小分子信使介导信号转导

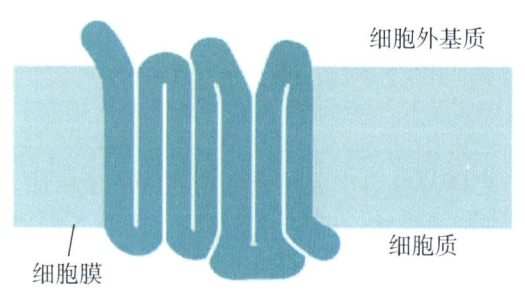

图 25-4　GPCR 结构示意图

G 蛋白偶联受体（G protein coupled receptor，GPCR）是最大的细胞表面受体家族，人们的视觉、嗅觉和味觉都依赖于它们。人类有 800 多个 GPCR，而在小鼠中，仅与嗅觉相关的 GPCR 就有约 1000 个。几乎一半的已知药物通过 GPCR 或 GPCR 激活的信号通路起作用。作用于 GPCR 的信号分子在结构和功能上各不相同，包括蛋白质和小肽，以及氨基酸和脂肪酸的衍生物。同一个信号分子可以激活不同的 GPCR 家族成员；相同信号的不同受体通常在不同的细胞类型中表达并引起不同的反应。所有 GPCR 都具有相似的结构，它们由一条多肽链组成，七次跨膜形成圆柱形结构，通常在其中心有一个深的配体结合位点（图 25-4）。所有 GPCR 都通过 G 蛋白将信号传递到细胞内部。

当细胞外信号分子与 GPCR 结合时，受体会发生构象变化，使其能够激活三聚体 G 蛋白，从而将受体与膜中的酶或离子通道偶联。G 蛋白由 3 个蛋白质亚基（α、β 和 γ）组成。在未受刺激的状态下，α 亚基与 GDP 结合，G 蛋白无活性（图 25-5）。当 GPCR 被激活时，α 亚基释放其结合的 GDP，从而允许 GTP 结合并导致 α 亚基的构象发生激活改变，从受体释放 G 蛋白并触发 α 亚基与 β 和 γ 亚基解离。α 亚基是一种 GTP 酶，当它将其结合的 GTP 水解为 GDP 时会失活。

由 G 蛋白偶联受体所介导的细胞信号通路，按其效应蛋白质的不同，可分为三类：激活离子通道的 G 蛋白偶联受体；激活或抑制腺苷酸环化酶，以 cAMP 为第二信使的 G 蛋白偶联受体；以及激活磷脂酶 C（phospholipase C，PLC），以 IP_3 和 GAG 作为双信使的 G 蛋白偶联受体。

cAMP 在某些信号通路中充当第二信使。细胞外信号可以在几秒钟内将 cAMP 浓度增加 20 倍以上。cAMP 由 ATP 通过腺苷酸环化酶（adenylate cyclase，AC）催化生成，会被磷酸二酯酶

降解。霍乱毒素由引起霍乱的细菌产生，是一种酶，可催化 ADP 核糖从细胞内 NAD$^+$ 转移到刺激性 G 蛋白（Gs）的 α 亚基。这种 ADP 核糖基化使 α 亚基不能再水解其结合的 GTP，从而保持激活状态，持续刺激腺苷酸环化酶，使得肠上皮细胞内 cAMP 浓度长期升高并导致大量氯离子和水流入肠道，导致严重腹泻。一些细胞类型，例如脂肪细胞，会响应多种激素而激活腺苷酸环化酶，刺激甘油三酯（脂肪的储存形式）分解为脂肪酸。

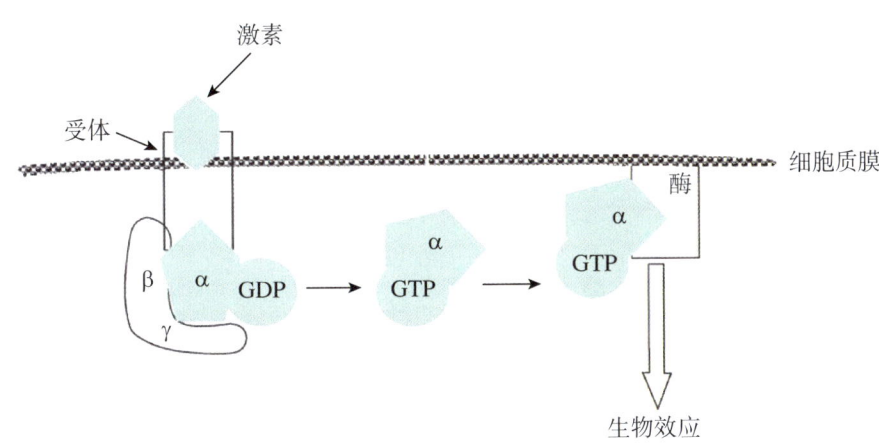

图 25-5　失活状态下的 G 蛋白结构示意图

在大多数动物细胞中，cAMP 主要通过激活依赖 cAMP 的蛋白激酶 A（protein kinase A，PKA）发挥作用。PKA 磷酸化靶蛋白上特定的丝氨酸或苏氨酸，从而调节它们的活性。在非活性状态下，PKA 由两个催化亚基和两个调节亚基组成。cAMP 与调节亚基的结合改变了它们的构象，并释放和激活催化亚基，从而磷酸化特定的靶蛋白。例如，在分泌生长抑素的细胞中，cAMP 激活编码这种激素的基因。生长抑素基因的调控区包含一个短的顺式调控序列，称为 cAMP 效应元件（cAMP response element，CRE），CRE 结合蛋白（CREB）可识别该序列。当 PKA 被 cAMP 激活后，它会磷酸 CREB，使其招募一种被称为 CREB 结合蛋白（CBP）的转录共激活因子，刺激靶基因的转录（图 25-6）。因此，CREB 可以将短时程的 cAMP 信号转化为细胞中的长期变化，这一过程被认为在大脑进行某些形式的学习和记忆中起着重要作用。

一些被称为 Gq 的 G 蛋白激活质膜结合的酶磷脂酶 C-β（PLCβ）。PLCβ 作用于磷脂酰肌醇 4,5- 二磷酸 [PI（4,5）P$_2$]。活化的 PLCβ 裂解 PI（4,5）P$_2$ 产生两个活性分子：1,4,5- 三磷酸肌醇（IP$_3$）和甘油二酯（DAG）。在这一步，信号通路分裂成两个分支。IP$_3$ 是一种水溶性分子，可离开质膜并在胞质溶胶迅速扩散。当它到达内质网（endoplasmic reticulum，ER）时，会结合并打开 ER 膜中 IP$_3$ 门控的 Ca^{2+} 释放通道，迅速提高胞质溶胶中的 Ca^{2+} 浓度（图 25-7）。胞质溶胶 Ca^{2+} 的增加通过影响对 Ca^{2+} 敏感的蛋白质的活性来传递信号。同时，PI（4,5）P$_2$ 的另一种裂解产物 DAG 也充当第二信使，但它仍然嵌入质膜中，其主要功能之一是激活蛋白激酶 C（protein kinase C，PKC）。DAG 可以进一步裂解以释放花生四烯酸，花生四烯酸本身既可以作为信号，也可以用于合成类二十烷酸脂质信号分子。在疼痛和炎症反应中，许多抗炎药（如阿司匹林、布洛芬和可的松）通过抑制类二十烷酸的合成起作用。

Ca^{2+} 在胞质溶胶中的浓度通常非常低（约 10^{-7}M）。许多细胞外信号会引发细胞质 Ca^{2+} 浓度的增加，激活细胞中的 Ca^{2+} 响应蛋白。膜去极化、膜拉伸和某些细胞外信号等刺激，可激活质膜中的 Ca^{2+} 通道，导致 Ca^{2+} 从细胞外流入。其他信号（包括 GPCR 介导的信号）主要通过 IP$_3$

小测试25-1：请列举"GPCR-cAMP-PKA-基因转录调控"这一信号通路包含的主要成分，并简述这一信号转导过程。

受体起作用，以刺激 Ca^{2+} 从内质网中的细胞内储存释放。内质网膜还包含第二种受调节的 Ca^{2+} 通道，称为雷诺丁受体（又称兰尼碱受体，对植物生物碱兰尼碱敏感），它会随着 Ca^{2+} 水平的升高而打开，从而放大 Ca^{2+} 信号。各种 Ca^{2+} 结合蛋白有助于传递胞质溶胶 Ca^{2+} 信号，其中最重要的是钙调蛋白。钙调蛋白存在于所有真核细胞中，可占细胞总蛋白质质量的1%。当被 Ca^{2+} 结合而激活时，钙调蛋白会发生构象变化。Ca^{2+} 的许多作用由 Ca^{2+}/钙调蛋白依赖性蛋白激酶（Ca^{2+}/calmodulin dependent protein kinase，CaMK）的蛋白质激酶家族催化的蛋白质磷酸化所介导。研究最多的CaMK之一是CaMK Ⅱ，它在神经系统中特别丰富，占大脑某些区域总蛋白质质量的2%。

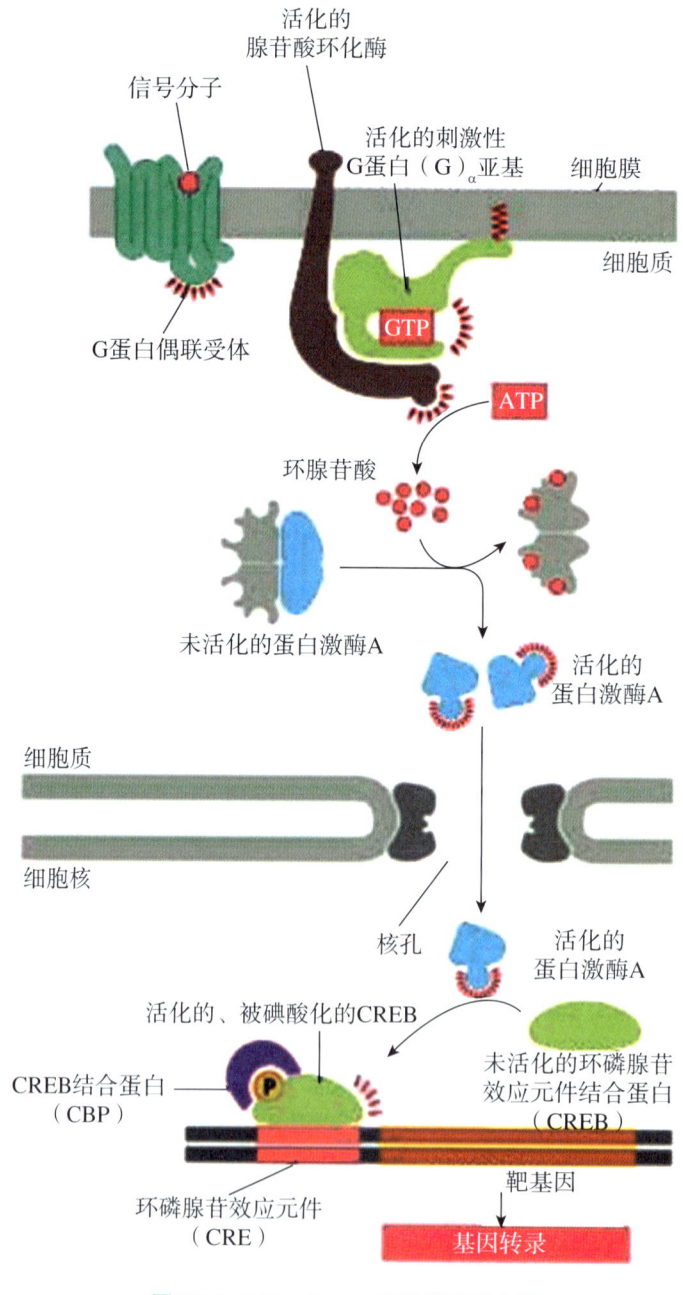

图 25-6　PKA-CREB 信号通路示意图

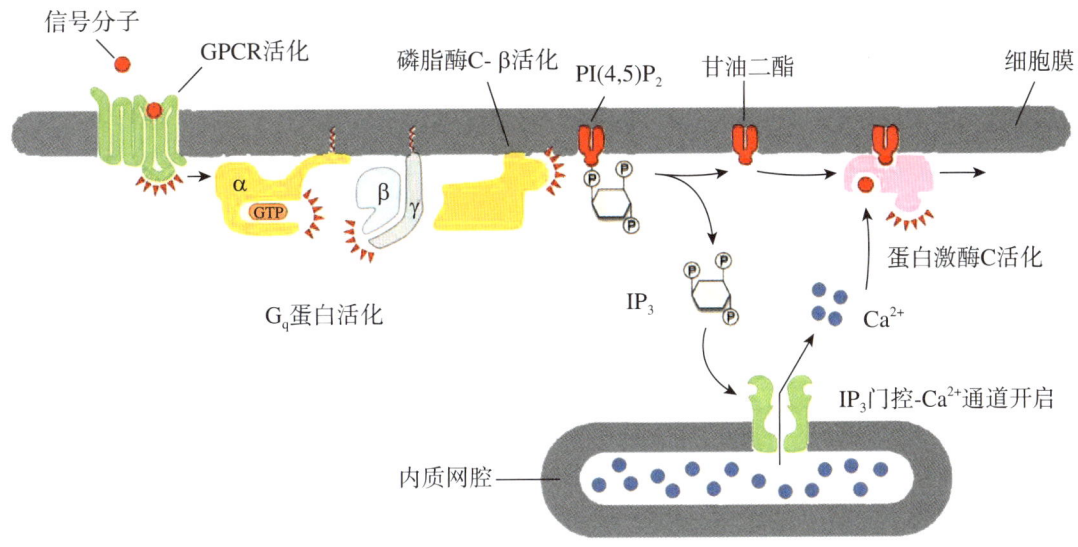

图 25-7　PLC-PKC 信号通路示意图

四、酶偶联受体主要通过蛋白质修饰或相互作用传递信号

与 GPCR 一样，酶偶联受体（enzyme-linked receptor）是跨膜蛋白，其配体结合域位于质膜的外表面，它们的胞质域具有内在的酶活性或直接与酶相关联。GPCR 有 7 个跨膜片段，而酶偶联受体的每个亚基通常只有一个跨膜片段。这些蛋白质中最常见的一类是受体酪氨酸激酶（receptor tyrosine kinase，RTK）（图 25-8）。许多细胞外信号蛋白通过 RTK 起作用，包括许多分泌的和细胞表面结合的蛋白质。人体约有 60 个 RTK。信号蛋白与受体结合激活了 RTK 胞质侧的酪氨酸激酶域，导致其上的酪氨酸侧链发生磷酸化，进一步发生二聚化。这一二聚化进而通过多种机制激活 RTK。例如在胰岛素受体，二聚化使激酶结构域相互靠近，从而促进构象变化并完全激活两个激酶结构域。

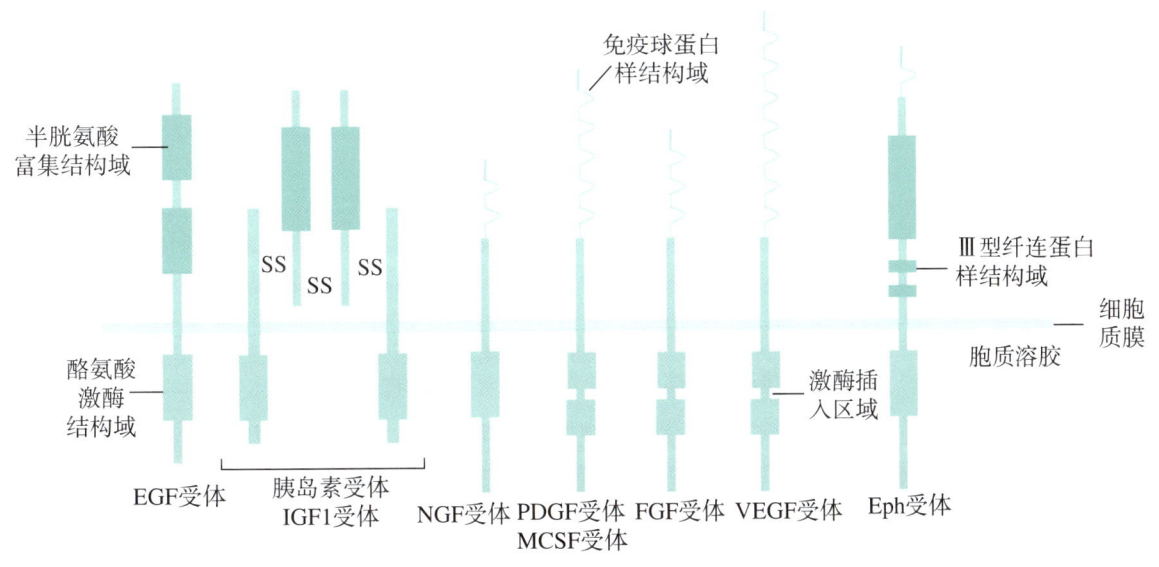

图 25-8　RTK 举例和结构示意图

RTK 和 GPCR 激活一些相同的细胞内信号通路。例如，两者都可以激活由 PLC 触发的肌醇磷脂通路。此外，即使它们激活不同的通路，不同的通路也可以汇聚到相同的目标蛋白上。

第三节　细胞信号转导异常与疾病

机体处于疾病状态下的细胞信号转导异常可涉及信号分子、受体、胞内信号转导分子及效应分子等多个环节。

一、受体的数量、结构或调节功能异常均可导致疾病发生

受体的数量、结构或调节功能变化均有可能导致疾病发生。受体异常可以表现为受体下调（down regulation）或减敏（desensitization），前者指受体数量减少，后者指靶细胞对配体刺激的反应减弱或消失。受体异常亦可表现为受体上调（up regulation）或增敏（hypersensitivity），使靶细胞对配体的刺激反应过度，二者均可导致细胞信号转导障碍，进而影响疾病的发生和发展。

（一）遗传性受体病

遗传性受体病是指由于编码受体的基因突变使受体缺失、减少或结构异常而引起的遗传性疾病。例如，家族性高胆固醇血症（familial hypercholesterolemia，FH）是一种常染色体显性遗传性疾病，该病的发病机制是细胞膜表面低密度脂蛋白受体（LDLR）基因突变，导致 LDLR 缺如或异常，体内低密度脂蛋白代谢障碍，血浆总胆固醇和低密度脂蛋白-胆固醇（LDL-C）水平升高。更多遗传性受体病的案例见框 25-1。

框 25-1　遗传性受体病案例

分类	累及的受体	主要临床特征
膜受体异常		
家族性高胆固醇血症	LDL 受体	血浆 LDL 升高，动脉粥样硬化
家族性肾性尿崩症	ADH V2 型受体	男性发病，多尿、口渴和多饮体
视网膜色素变性	视紫红质	进行性视力减退
遗传性色盲	视锥细胞视蛋白	色觉异常
严重联合免疫缺陷病	IL-2 受体 γ 链	T 细胞减少或缺失，反复感染链
2 型糖尿病	胰岛素受体	高血糖，血浆胰岛素正常或升高
核受体异常		
雄激素抵抗综合征	雄激素受体	不育症，睾丸女性化
维生素 D 抵抗性佝偻病	维生素 D 受体	佝偻病性骨损害，秃发，继发性甲状旁腺素增高
甲状腺素抵抗综合征	β 甲状腺素	甲状腺功能减退，生长迟爱
雌激素抵抗综合征	雌激素受体	骨质疏松，不孕症
糖皮质激素抵抗综合征	糖皮质激素受体	多毛症，性早熟，低肾素性高血压

(二)自身免疫性受体病

因体内产生抗受体的自身抗体而引起的疾病,可因刺激性抗体引起细胞对配体的反应性增强,或因阻断性抗体干扰配体与受体的结合,导致细胞的反应性降低。重症肌无力是一种自身免疫性疾病,是神经肌肉接头突触后膜乙酰胆碱受体被自身抗体攻击,导致这个重要的受体功能异常,直接影响神经肌肉的正常转导和动作发生。更多自身免疫性受体病的案例见框25-2。

框 25-2 自身免疫性受体病案例

疾病	累及的受体	主要临床特征
重症肌无力	ACh 受体	活动后肌无力
自身免疫性甲状腺	刺激性 TSH 受体	甲亢和甲状腺肿大
	抑制性 TSH 受体	甲状腺功能减退
艾迪生病	ACTH 受体	色素沉着,乏力,血压低

(三)继发性受体异常

许多疾病过程中,可因配体的含量、pH、磷脂膜环境及细胞合成与分解蛋白质的能力等变化引起受体数量及亲和力的继发性改变。其中有的是损伤性变化,如膜磷脂分解引起受体功能降低;有的是代偿性调节,如配体含量增高引起的受体减敏,以减轻配体对细胞的过度刺激。继发性受体异常又可进一步影响疾病的进程。心力衰竭时,β 受体对儿茶酚胺的刺激发生了减敏反应,β 受体下调,是促进心力衰竭发展的因素之一。

二、G 蛋白异常可导致各种疾病的发生

在致病因素作用下,G 蛋白有 3 种改变:G 蛋白活化或功能紊乱;G 蛋白 α 亚单位基因表达改变;细菌毒素对 G 蛋白 α 亚单位翻译后修饰的改变。这 3 种改变分开出现或协同作用均可导致各种疾病。霍乱是 G 蛋白异常的典型疾病,是由霍乱弧菌引起的烈性肠道传染病。霍乱毒素选择性催化 Gsα 亚基的精氨酸 201 核糖化,使 GTP 酶活性丧失,不能将结合的 GTP 水解成 GDP,从而使 Gsα 处于不可逆性激活状态,不断刺激 AC 生成 cAMP,胞质中的 cAMP 含量可增加至正常的 100 倍以上,小肠上皮细胞内 Cl^-、Na^+ 和水持续转运入肠腔,引起严重的腹泻和脱水。

三、多个环节细胞信号转导障碍可导致疾病发生

在许多疾病过程中,细胞信号转导异常不仅可发生在某一信号分子或单一信号转导途径中,亦可先后或同时涉及多个信号分子并影响多个信号转导过程,导致复杂的网络调节失衡,促进疾病的发生与发展。肿瘤的早期主要是与增殖、分化、凋亡有关的基因发生突变,造成调控细胞生长、分化和凋亡信号的转导异常,晚期则主要是调控细胞黏附和运动的基因发生变化,使肿瘤转移相关信号通路激活。

四、细胞信号转导分子是重要的药物作用靶点

影响受体功能的三类药物

近20年来,细胞信号转导系统的研究取得了很多激动人心的进展,这些进展不仅阐明了细胞生长、分化、凋亡以及功能和代谢的调控机制,揭示了信号转导异常与疾病的关联,还为新疗法和新一代药物的设计提供了新思路和作用的新靶点。以纠正信号转导异常为目的的生物疗法和药物设计已成为近年来一个新的研究热点。

一种信号转导干扰药物是否可以用于疾病的治疗而又具有较小的副作用,主要取决于两点:一是它所干扰的信号转导途径在体内是否广泛存在,如果该途径广泛存在于各种细胞内,其副作用则很难控制;二是药物自身的选择性,对信号转导分子的选择性越高,副作用就越小。基于上述两点,人们一方面正在努力筛选和改造已有的化合物,以发现具有更高选择性的信号转导分子的激动剂和抑制剂,同时也在努力了解信号转导分子在不同细胞的分布情况。这些努力已经使得一些药物得以应用于临床,特别是在肿瘤治疗领域。

小 结

细胞通过位于细胞膜或细胞内的受体接收信号分子的刺激,经细胞内信号转导蛋白或其他分子进行转换和传递,最终作用于效应分子,从而影响细胞生物学功能。现已知道,细胞内存在着多种信号转导方式和途径,各种方式和途径间又有多个层次的交叉调控,因此细胞信号转导构成一个十分复杂的网络系统。阐明细胞信号转导的机制有助于认清细胞在整个生命过程中的增殖、分化、代谢及死亡等过程,有助于理解机体生长、发育和代谢的调控;全面解析细胞信号转导的关键步骤也能为药物设计提供重要的靶点。

参考答案

整合思考题

1. 细胞通信的方式可以类比于人类交流的方式。以下人类交流形式类似于细胞的哪种通信方式(自分泌、旁分泌、内分泌和突触信号传导)?
   A. 与远方的朋友打电话
   B. 家庭聚餐上亲戚间互相问候
   C. 高铁站广场上的列车晚点广播通知
   D. 自言自语

2. 假设你鉴定出环磷酸腺苷依赖性蛋白激酶(PKA)调节亚基基因中的两个突变位点X和Y,X突变导致PKA永久激活,Y突变导致PKA永久失活。请联系本章节内容,分析X和Y可能对该亚基产生什么影响。

3. 细胞信号转导的通路根据受体存在的不同分为哪几大类?各有什么特点?

(杨 霞 吴聪颖)

第二十六章 细胞增殖与调控

导学目标

通过本章内容的学习，学生应能够：

※ **基本目标**
1. 复述细胞增殖的概念和细胞周期的时相特点。
2. 分析细胞周期调控的机制。
3. 分析细胞周期失调与肿瘤发生的关系。

※ **发展目标**
1. 综合运用有关细胞周期及其调控的知识解释和理解肿瘤发生机制。
2. 分析细胞周期和检查点调控与基因组稳定性维持机制的关联。

案 例

男，58岁。因腹部不适就诊。CT检查发现肝占位性改变。肿物经手术切除后行病理学检查，确诊为肝细胞癌。该肿瘤细胞体外培养显示增殖旺盛，细胞倍增时间比正常细胞短，且存在染色体异常等现象。经进一步分子遗传学检查发现，该肿瘤细胞存在 *p53* 抑癌基因突变。术后使用紫杉醇类药物化疗防止复发，效果满意。

问题：
1. *p53* 基因突变与肿瘤发生有什么关联？
2. 肿瘤细胞旺盛增殖的可能机制是什么？
3. 紫杉醇类药物的抗肿瘤机制是什么？

案例解析

多细胞生物通过细胞增殖（cell proliferation）和分化使有机体从单细胞的受精卵发育成像人体一样由200余种、数量达 $2×10^{14}$ 个细胞组成的复杂有机体。细胞通过细胞分裂（cell division）而实现增殖，并以细胞周期（cell cycle）循环的方式进行。从亲代细胞（mother cell）分裂而来的子代细胞（daughter cell），继承了亲代细胞的全部遗传信息。细胞增殖活动在胚胎发育期极为活跃，随着发育的不断进行，由受精卵产生的同源细胞在形态结构和生化组成上出现明显差异，分化成具有不同功能的特化细胞。此时大多数细胞的增殖速度减慢，有些甚至停止。但有些细胞在生物有机体的整个生命过程中仍不断增殖，以补充体内正常衰老和死亡的细胞。细胞周期和增殖调控对于人类的健康至关重要。许多重大疾病，如肿瘤的发生，往往与细胞周期调控的紊乱或失调相关。阐明细胞周期和增殖调控的机制，对于理解人类重大疾病的发病机制具有重要意义。

603

细胞通过分裂将遗传物质和其他细胞成分等量地分配到两个子代细胞中，保证细胞的增殖和生命的延续。细胞分裂的方式有 3 种：在低等生物中较常见的无丝分裂（amitosis）、多细胞生物个体中作为细胞增殖主要方式的有丝分裂（mitosis）和有性生殖个体生殖细胞的减数分裂（meiosis）。

第一节　有丝分裂和细胞周期概述

一、有丝分裂

（一）有丝分裂的概念和细胞核形态改变

有丝分裂是真核细胞体细胞最基本的分裂方式。在分裂过程中出现的纺锤形纤维结构，被称为纺锤体（spindle）。有丝分裂持续时间为 0.5 ~ 2 h，是一个连续的动态变化过程；根据分裂细胞形态和结构的变化，以细胞核分裂为坐标，人为地划分为前期、前中期、中期、后期和末期 5 个时期。此外，胞质分裂期从有丝分裂的后期开始，持续至末期（图 26-1）。这 5 个时期涉及多个独立循环过程的协调运转，包括染色体、细胞骨架和中心体循环等。染色质凝集、纺锤体和收缩环的形成是有丝分裂活动的 3 个重要特征。有丝分裂的实质是借助细胞骨架的重排，实现染色质和胞质在子代细胞中的平均分配，使亲代和子代细胞具有相同的遗传物质，保证遗传性状的稳定性。

（二）有丝分裂各期及其特点

1. 前期（prophase）　从染色质开始凝集形成染色体到核膜开始解聚的时期。此期的主要特征是：染色质凝集、分裂极确定、纺锤体开始组装和核仁解体。前期开始时，染色质不断凝集、缩短变粗，核仁消失。此时，每条染色体含有 2 条染色单体，并出现主缢痕。着丝粒（centromere）位于主缢痕处，高等真核生物着丝粒 DNA 为高度重复序列，两条染色单体的 DNA 在此处联系在一起。动粒（kinetochore）附着在主缢痕的着丝粒上，与着丝粒紧密相连，是动粒微管附着的部位。伴随着染色质的凝集，原分布于细胞同一侧的两个中心体（centriole）开始沿核膜外围分别向细胞两极移动。它们最后所到达的位置将确定细胞分裂极。前期，有丝分裂纺锤体开始在核外组装。在前期快结束时，核膜开始崩解。核膜崩解与核纤层蛋白的磷酸化有关，而核纤层的解聚是核膜崩解的前提条件。核膜消失是前期结束的一个标志性事件。

纺锤体是产生于细胞分裂前期末，消失于分裂末期的一个特化的、临时性亚细胞结构，是主要由微管及其结合蛋白组成的梭形细胞骨架结构。纺锤体、有丝分裂染色体和包埋纺锤体纤维的基质总称为有丝分裂器（mitotic apparatus）。它负责和保证两条染色单体的平衡和运动，将二者均匀地分配到两个子代细胞中。动物细胞纺锤体主要由以下 3 类微管参与形成（图 26-2）：①星体微管（astral microtubules）：微管从中心体（极体）发出，另一端通过马达蛋白与细胞膜相连，负责两个极体的分离；②动粒微管（kinetochore microtubules）：从中心体发出，另一端通过马达蛋白结合至染色体的动粒上，负责将染色体牵引到纺锤体上，确保染色体的分离；③极微管（polar microtubules）：两个中心体发出的微管通过马达蛋白在赤道板处相结合，利用马达蛋白的运动将两极推开。微管马达蛋白包括驱动蛋白（kinesin）和动力蛋白（dynein）等。正向运动（向微管正极运动）的驱动蛋白和负向运动（向微管负极运动）的动力蛋白等在有丝分裂前期参与了中心体的分离和纺锤体的装配过程。

第二十六章 细胞增殖与调控

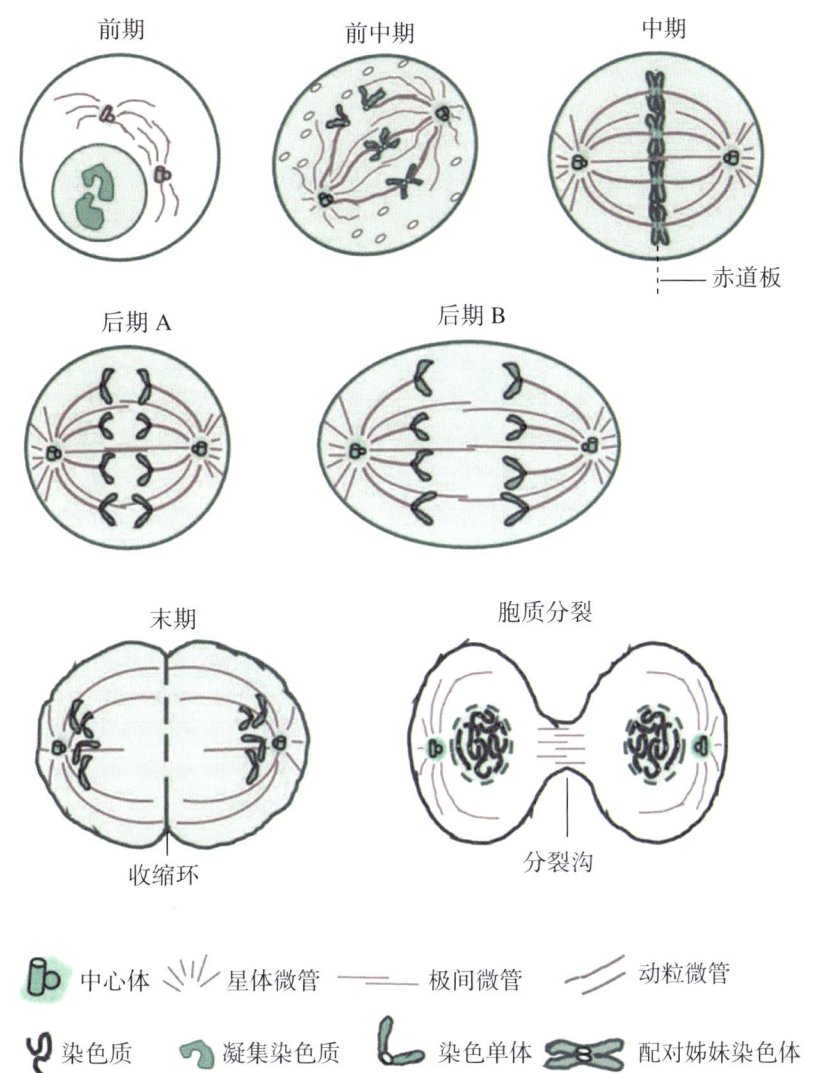

图 26-1 有丝分裂各期的特点

微管的结构、生长和解聚

小测试26-1：有丝分裂期组成纺锤体的微管有哪些类型？各自有什么样的功能？

2. 前中期（prometaphase） 从核膜完全消失到所有染色体列队到赤道板的时期。此期的主要特征是：核膜崩解、纺锤体形成和染色体列队。随着核膜破裂，核质与胞质出现混合，微管逐渐向原细胞核所在空间侵入。有的微管迅速"捕获"染色体，并与染色体的动粒结合，形成动粒微管；另一些微管的游离端也逐渐侵入核内，两极发出的微管相互连接形成极微管；还有的微管迅速与细胞膜相连形成星体微管。这时，纺锤体逐渐形成。此时的纺锤体赤道直径相对较大，两极之间的距离也相对较短。与同一条染色体的两个动粒相连接的动粒微管并不等长。染色体由于动粒微管的牵拉在一定区域内剧烈震荡，散乱地分散在纺锤体间，并向赤道板方向运动和迁移。

3. 中期（metaphase） 所有染色体均匀排列在赤道板上，染色体两侧的动粒微管张力均衡，长度相等。此期染色体达到最大程度凝集，形态上比其他任何时期都短粗，两条姐妹染色单体的臂较易分离，特别适合于细胞遗传学的研究。中期纺锤体呈现典型的纺锤形。此期在整个有丝分裂过程中持续的时间最长，一般历时约 30 min。此时细胞需要完成纺锤体组装检查点的校验过程，以确保每一条染色体中的两条染色单体均通过动粒微管分别与纺锤体的两极相连。

4. 后期（anaphase） 染色体的两条姐妹染色单体相互分离，形成子代染色体，并移向两极的时期。后期大致可以划分为后期 A 和后期 B 两个连续的阶段。后期 A 是分离后的染色体逐渐向两极运动的过程，主要通过动粒微管变短实现。后期 B 是指染色体到达纺锤体极后两个分裂极的分离。两极之间距离的拉长主要是通过极微管长度的增加来实现的。整个后期阶段持续约数分钟。

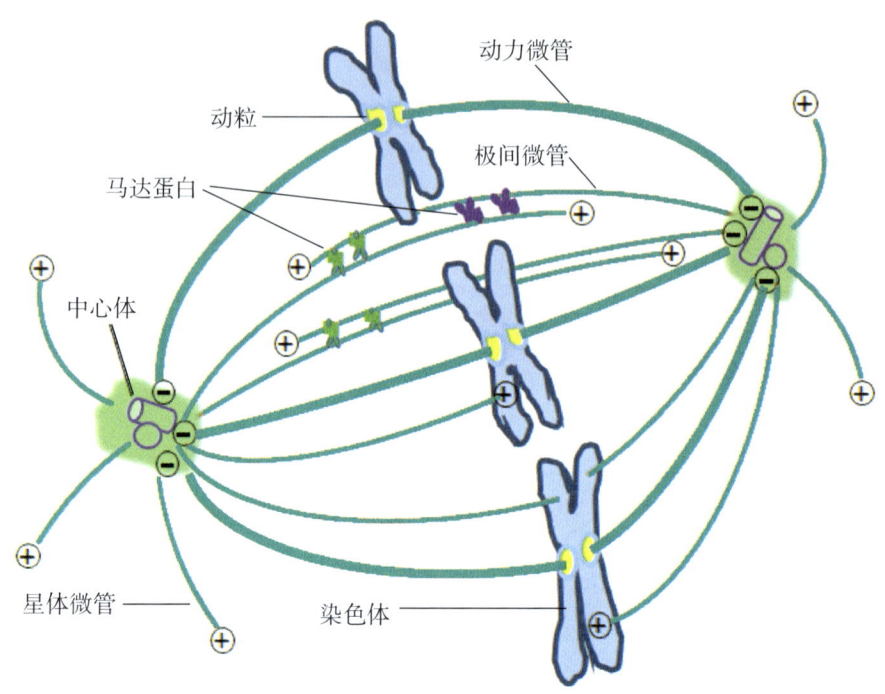

图 26-2 纺锤体的结构

染色体向两极的运动依靠纺锤体微管的作用。用破坏微管的药物，如秋水仙碱、秋水仙胺等处理，染色体的运动立即停止。去除这些药物后，染色体并不能立即恢复运动，而是要等到纺锤体重新装配后才能恢复。

5. 末期（telophase） 从染色单体到达两极开始到形成两个新的子细胞的时期。末期的一个标志性事件是核膜的形成。染色单体到达两极后，开始去浓缩（decondensation），RNA 合成逐渐恢复，核仁重新形成。分散在胞质中的核膜前体小泡结合到染色单体表面，并相互融合，逐渐形成较大的双层核膜片段，进一步融合成完整的双层核膜，并重新与内质网相连；核孔复合体在核膜上重新组装；去磷酸化的核纤层蛋白又结合形成核纤层，连接于核膜上；至此，两个子细胞核形成，核分裂完成。

胞质分裂（cytokinesis）：开始于有丝分裂后期，终止于末期，是两个子细胞彼此分离的过程。大量的肌动蛋白和肌球蛋白在两个纺锤体极中间区皮质部分装配成胞质收缩环（contractile ring），环绕赤道板。收缩环逐渐缢缩形成分裂沟（cleavage furrow），细胞形状由原来的圆形逐渐变为椭圆形、哑铃形；分裂沟不断加深，深至中央时，一方面细胞完成断裂，另一方面胞内小泡融合收缩环附近的细胞膜，以补充细胞膜。至此，两个子细胞相互分离。

（三）中心体循环

中心体的复制和分离过程被称为中心体循环（centrosome cycle）。G1 期细胞中存在一个中心体，内含两个相互垂直的中心粒及其相连的基质；当细胞从 G1 期进入 S 期，在邻近每一个母中心粒的基部与其成直角方向复制出另一个子中心粒，并不断长大，到 S 晚期，细胞的一个中心体中已包含了复制后的两对中心粒；在 G2 期，两对中心粒逐渐分离，细胞内出现两个中心体；进入有丝分裂早前期时，两个中心体的每对中心粒都成为一个生长辐射状微管的核心。至晚前期时，并排的两个中心体相互分离移向两极，中心体间的极微管伸长，组成了带有两极呈纺锤外形的纺锤体，进一步通过中期、后期、末期，直至细胞分裂结束，两个子细胞分离，每个子细胞分别获得一个中心体（图 26-3）。

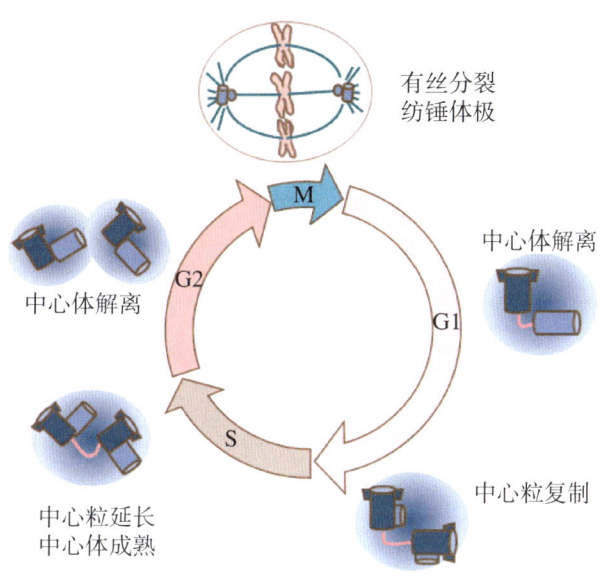

图 26-3　中心体循环

二、细胞周期

（一）细胞周期的概念和组成

细胞周期（cell cycle）是细胞从一次分裂结束到下一次分裂结束所经历的全过程。其基本功能是正确地复制染色质上的 DNA，然后将它们准确地分离到两个子细胞中。细胞周期根据其进展依次被分为 G1 期（first gap phase 1，Gap 1）、S 期（Synthetic phase）、G2 期（second gap phase，Gap 2）和 M 期（mitotic phase）（图 26-4）。M 期是细胞分裂期，G1 期、S 期和 G2 期组成分裂间期（interphase），主要进行 DNA 复制、中心体复制、细胞体积增大等细胞分裂的准备工作。同种细胞之间，细胞周期时长相似或相同；不同种类细胞之间，细胞周期时长差别很大。就高等生物而言，细胞周期时长主要差别在 G1 期，而 S 期、G2 期和 M 期的总时长相对恒定。此外，激素、生长因子等环境因素可以影响细胞周期长短。

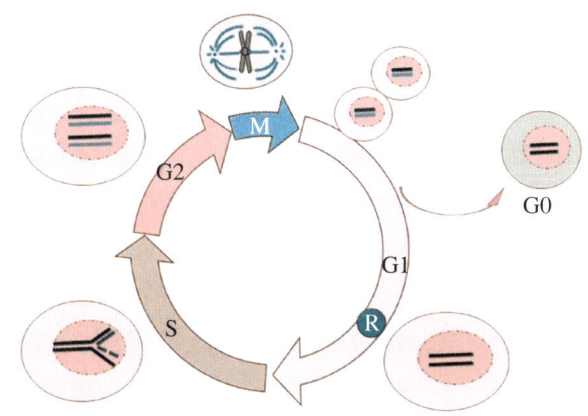

图 26-4　细胞周期各时相和进展

（二）细胞周期各时相及其特点

1. G1 期和 G0 期 G1 期是指从有丝分裂胞质分裂后到子细胞 DNA 复制前的时段。此期细胞的主要特征是细胞体积增大，其体积和质量都比上一次分裂结束时约增加 1 倍，物质代谢极为活跃，胞内有大量 RNA 和蛋白质合成、蛋白质磷酸化和质膜物质转运加强，从而为细胞进入 S 期做准备。G1 期是细胞周期中时间最长、变化多样的一个时相，也是决定细胞增殖与否的关键时相。其起始依赖于胞外促分裂增殖信号，如表皮生长因子等的刺激。随着 G1 期推进到 G1 晚期，哺乳动物中存在一个限制点（restriction point，R 点），它是细胞周期进展活性的一个抑制系统，可以防止细胞启动新一轮增殖。此位点在芽殖酵母（saccharomyces cerevisiae）中被称为起始点（start point）。R 点过后，细胞的生长将不受生长因子的控制，进一步大量合成，细胞进入 S 期，完成后续的分裂增殖。当外界营养缺乏或接受来自细胞终末分化等抗增殖信号时，细胞退出细胞周期，分裂停止。此时的细胞周期状态通常被认为是 G0 期，即处于静止状态。癌细胞通常存在 R 点缺陷，导致细胞分裂后子细胞持续不断地进入新的细胞周期，出现增殖失控。

小测试26-2：什么是细胞周期的G0期？细胞进入或离开G0期受何种机制调控？哪些因素可以促使细胞重新进入G0期？

多细胞生物体的多数细胞经过细胞分化，形成具有特化功能的终末分化细胞。这些细胞不再分裂，可以认为是处于 G0 期。G0 期细胞并不处于"休眠"状态，它们还进行着蛋白质的合成和分泌，活跃地行使各种细胞功能。在一定外部信号如局部损伤的刺激下，G0 期细胞可以重新进入细胞周期，出现分裂增殖。

2. S 期 S 期细胞的一个重要事件是染色体 DNA 的复制。随着细胞由 G1 期进入 S 期，DNA 聚合酶、DNA 连接酶、胸腺嘧啶核苷激酶和核苷酸还原酶等的含量或活性显著增高。高等生物细胞 DNA 的复制起始于多个复制点，在复制复合物的参与下启动 DNA 复制。每个复制点在一个细胞周期中只被触发一次，随后去组装而解体，直到下一个周期。DNA 复制亦具有严格的时序性。通常，GC 含量较高的 DNA 序列在 S 早期复制，而 AT 含量较高的 DNA 序列在 S 晚期复制；就染色质而言，常染色质复制较异染色质早。DNA 含量在经过 S 期复制后增加一倍。

S 期也是组蛋白合成的主要时期。新合成的组蛋白从胞质进入细胞核后，与复制后的 DNA 迅速结合，组装成核小体，继而形成由同一着丝粒相连的两条染色单体。组蛋白合成与 DNA 复制同步进行，相互影响。如果一方由于某种药物作用被抑制，另一方的进程亦会停止。S 期组蛋白合成后进一步被修饰，如乙酰化等，有助于后续基因的转录和染色质的凝集。

中心粒的复制开始于 G1 期，完成于 S 期。

3. G2 期 G2 期细胞主要合成大量与 M 期结构和功能相关的蛋白质，为细胞进入 M 期的细胞分裂做准备。一些细胞周期调节因子，比如成熟促进因子（maturation promoting factor，MPF），在这一时期逐渐累积，当达到某一阈值后被完全活化，从而触发有丝分裂。G2 期细胞核内 DNA 的含量已经倍增，由 G1 期的 $2n$ 变成 $4n$；同时已复制的中心粒逐渐长大，并开始向细胞两极分离。就整个细胞周期来说，G2 期是一个相对较短的时相。

4. M 期 M 期是细胞分裂期，染色体凝集、分离，核膜、核仁破裂消失和重建，纺锤体、收缩环形成，细胞核和细胞质分裂，将染色体遗传物质平均分配到两个子细胞中。M 期细胞中 RNA 合成和蛋白质（非组蛋白除外）合成显著减少，其原因可能与染色质凝集成染色体后，其模板活性阻断有关。

第二节　细胞周期进展的分子基础

细胞周期时相的转换由一系列蛋白激酶和磷酸酶组成的蛋白质网络所触发。这个调控网络与

Cyclin、Cdk 等关键分子的周期性累积、修饰和降解相关，以下对这些关键分子予以介绍。

一、细胞周期蛋白

细胞周期蛋白（cyclin）是一类伴随细胞周期的不同时相阶段表达、累积和降解的蛋白质，因其表达水平的变化呈现周期性而得名。结构上，所有 Cyclins 都有一个相对保守区域——周期蛋白框（cyclin box）。该区域的主要功能是与周期蛋白依赖性蛋白激酶（cyclin-dependent kinases，Cdks）结合，激活其蛋白激酶活性，调控细胞周期进程。一些 Cyclins 还有一个保守结构域——破坏框（destruction box），在其自身降解中发挥重要作用。功能上，Cyclin 与 Cdk 形成异二聚体激酶复合物 Cyclin-Cdk，其中 Cdk 是催化亚基，Cyclin 为调节亚基。

根据在细胞周期各时相的含量变化、结合的 Cdks 及其主导作用的不同，Cyclins 通常可分为 4 类：G1-cyclin、G1/S-cyclin、S-cyclin 和 M-cyclin。图 26-5 是其主要成员在细胞周期不同时相的表达分布。

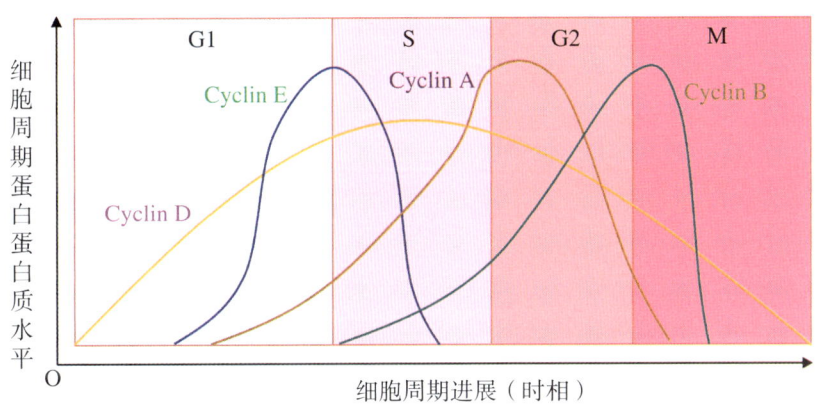

图 26-5 Cyclins 主要成员的细胞周期时相分布

二、周期蛋白依赖性蛋白激酶

周期蛋白依赖性蛋白激酶（Cdks）是一类丝氨酸/苏氨酸蛋白激酶。由于其催化活性依赖于其与细胞周期蛋白的结合而得名。早期对裂殖酵母的遗传学分析发现，一个被称为细胞分裂周期 2（cell division cycle 2，$cdc2$）的基因在 G_1/S 时相转换和 G_2/M 时相转换中是必需的。$cdc2$ 基因编码一个 34 kD 的蛋白激酶，$p34^{cdc2}$。该分子在真核生物中高度保守，是细胞周期进展的关键因子。$p34^{cdc2}$ 是最早发现的一种 Cdk，随后在芽殖酵母中发现了它的同源物 Cdc28。在人体细胞中，$p34^{cdc2}$ 的同源物是 Cdk 1。

几种模式生物 Cdk 的分类和命名

细胞周期进程中，Cdks 在细胞中的含量相对恒定，其活性调节是细胞周期调控的关键。为确保严格准确性，细胞在多层面正、反向调控 Cdks 的活性，主要包括以下 3 个方面：①与调节亚基 Cyclins 有关：Cdks 的分子结构中，都含有一段相似的激酶结构域，负责与 Cyclins 结合。Cdk 只有与特定 Cyclin 结合才会改变空间构象，出现活性，并且只有 Cyclin 的降解才能使 Cdk 最终失活。②受后续磷酸化和脱磷酸化的调节：除必须与相应细胞周期蛋白结合外，Cdk 的完全激活还需要在 3 个重要的磷酸化位点发生磷酸化。③受 Cdk 抑制物（cyclin-dependent kinase inhibitors，CKIs）的调控。当 CKI 与 Cdk 结合后，阻止 Cdk 的磷酸化，使其不能被激活。

三、细胞周期的进展

细胞周期的进展和驱动依赖于 Cyclin-Cdk 复合物的酶活性,因此 Cyclin-Cdk 复合物被称为"细胞周期引擎分子"。细胞周期在 G1/S、S/G2、G2/M 等不同时相的转换过程中,起主导作用的 Cyclin-Cdk 不尽相同(图 26-6)。

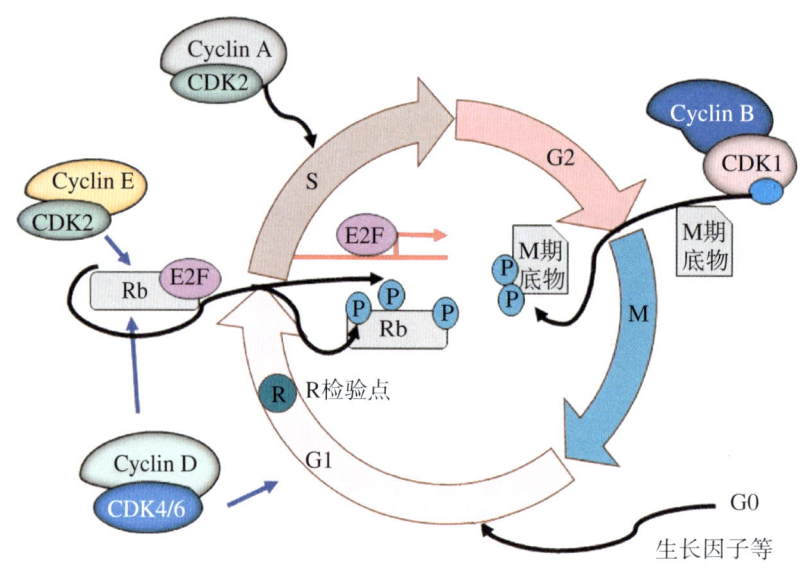

图 26-6 Cyclin-Cdk 复合物对细胞周期的驱动

(一) G1/S 转换

G1/S 时相转换主要由 Cyclin D-Cdk 4/6 和 Cyclin E-Cdk 2 复合物顺序驱动。在外界生长因子等促分裂增殖的信号刺激下,Cyclin D 表达升高,结合并形成 Cyclin D-Cdk 4/6 复合物,同时使相应基因转录,促进细胞生长。当 Cyclin D-Cdk 4/6 复合物积累到一定程度,Cyclin D-Cdk 4/6 使 Rb 蛋白高度磷酸化,导致其失活。非磷酸化或低磷酸化状态的 Rb 具有活性,可以结合转录因子 E2F,抑制其转录活性。当 Rb 被 Cyclin D-Cdk 4/6 高度磷酸化后失去结合 E2F 的活性,将其释放,从而导致 E2F(E2F1、E2F2 和 E2F3)的激活和下游基因的转录。E2F 的下游基因包括编码 Cyclin E 和 E2F1 的基因等。Cyclin E 与 Cdk 2 结合。活化的 Cdk 2 再激活 E2F(正反馈回路)以及其他转录因子,进而启动包括 DNA 聚合酶 α、胸腺嘧啶核苷激酶、胸苷酸合成酶、二氢叶酸还原酶和增殖细胞核抗原(PCNA)等下游基因的转录,产生 DNA 合成所需的酶与蛋白质,从而使细胞跨过 R 点,为进入 S 期做准备。

(二) S/G2 转换

细胞进入 S 期后,上述 Cyclin-Cdk 复合物发生降解,而 Cyclin A-Cdk 2 复合物形成。Cyclin A 是属于 S 期的特征性细胞周期蛋白,是 E2F1 的下游基因之一,在 G1/S 转换时开始合成,进入 S 期后其合成继续增加并至高峰。Cyclin A 结合 Cdk 2 形成 Cyclin A-Cdk 2 复合物。活化的 Cdk 2 磷酸化 DNA 复制起始复合物中的关键调控蛋白,DNA 复制开始启动。此后,Cyclin A-Cdk 2 还可防止复制起始复合物在其他复制位点的再装配,确保 DNA 在 S 期只被复制一次。此作用一直维持至 G2 期和 M 期。

（三）G2/M 转换

G2/M 时相转换的主要驱动因素是 Cyclin B-Cdk 1 复合物。Cyclin B 在 S 期开始合成，至 G2 晚期达到高峰。Cyclin B 与 Cdk 1 结合形成 Cyclin B-Cdk 1 复合物——成熟促进因子（MPF），亦被称为促有丝分裂因子（mitosis-promoting factor）。MPF 促使细胞进入 M 期，其作用机制与 MPF 使多种 M 期相关蛋白磷酸化有关：①通过磷酸化与染色体凝集有关的凝聚蛋白复合物中的亚基，促进染色质凝集；②通过磷酸化核孔蛋白，使核孔复合物解离；③通过磷酸化核纤层蛋白，促进核纤层结构解体、核膜崩解；④通过磷酸化微管蛋白，影响纺锤体微管的动力学改变，作用于纺锤体组装；⑤通过磷酸化核仁素，进一步使核仁分解。有丝分裂后期末，Cyclin B 被降解，MPF 解聚，促使细胞转向末期和胞质分裂。

MPF 的发现

小测试26-3：驱动细胞周期G1/S和G2/M转换的Cyclin-Cdk复合物分别有哪些？

（四）G0/G1 转换

G0 期细胞处于静止状态，Rb 基本处于非磷酸化状态。当其受到生长因子等刺激时，返回 G1 期，Cyclin D 表达增加，与 Cdk 4 或 Cdk 6 形成 Cyclin D-Cdk 4/6 复合物，Rb 上少量的丝/苏氨酸开始磷酸化。当 Cyclin D 升高到一定程度时，使 Rb 分子上大量的丝/苏氨酸被磷酸化，最终丧失其抑制生长的功能，细胞通过 R 点进入 S 期，进而完成后续的分裂增殖。

第三节　细胞周期的调控

由于 Cyclin-Cdk 复合物的酶活性是细胞周期进展的关键效应分子，因此细胞周期的调控实际是对 Cyclin-Cdk 酶活性的调控。目前发现，其酶活性受多重水平、不同机制的调节，包括蛋白磷酸酶对 Cyclin-Cdk 的去磷酸化和活性调控、抑制物的结合和竞争作用以及蛋白质泛素化酶对 Cyclins 的泛素化降解作用等。

一、蛋白质的磷酸化对细胞周期的调控

Cyclin 与 Cdk 结合后，激活 Cdk 的蛋白激酶活性，使下游因子发生磷酸化，驱动细胞进入下一周期时相。磷酸化和去磷酸化对 Cdk 的活性起到调节作用。以下以 Cyclin B-Cdk 1 的调控为例展开叙述。

（一）磷酸化修饰对 Cdk 酶活性的调控

Cdk 1 酶活性的调控涉及两种不同作用的磷酸化：① Cdk 1 的 Thr161 磷酸化，对 Cdk 1 的活性起正向调节；② Cdk 1 的 Thr14 和 Tyr15 磷酸化，起负向调节作用。尽管 G1 期 Cdk 激活激酶（CAK）使 Cdk 1 的 Thr161 磷酸化，但其只有与 Cyclin B 结合，改变其空间构象后才呈现活性。S 期时，Cyclin B 开始表达，其与 Cdk 1 结合，使 Cdk 1 表现出低活性。G2 期时，蛋白激酶 Myt1 和 Wee 对 Cdk 1 ATP 结合位点顶部的 Thr14 和 Tyr15 进行磷酸化。这种磷酸化抑制 ATP 的结合和水解，导致 Cdk 1 处于失活状态。直至 G2 期后期蛋白磷酸酶 CDC25C 去除这两个位点的磷酸化，Cdk 1 的活性才出现突然增加（图 26-7）。

（二）蛋白磷酸酶在调控 Cdk 酶活性中的作用

在哺乳动物中，有 3 种 CDC25 蛋白磷酸酶可以逆转 Cdks 的抑制性磷酸化，从而正向激活

Cdks。CDC25A 可以调控 G1/S 和 G2/M 的转换；CDC25B 是减数分裂期配子形成所必需的，尽管它对于有丝分裂并非必需；而 CDC25C 可以逆转 Cdk 1 的抑制性磷酸化，是 G2/M 期 DNA 损伤检查点的一个靶分子（图 26-7）。

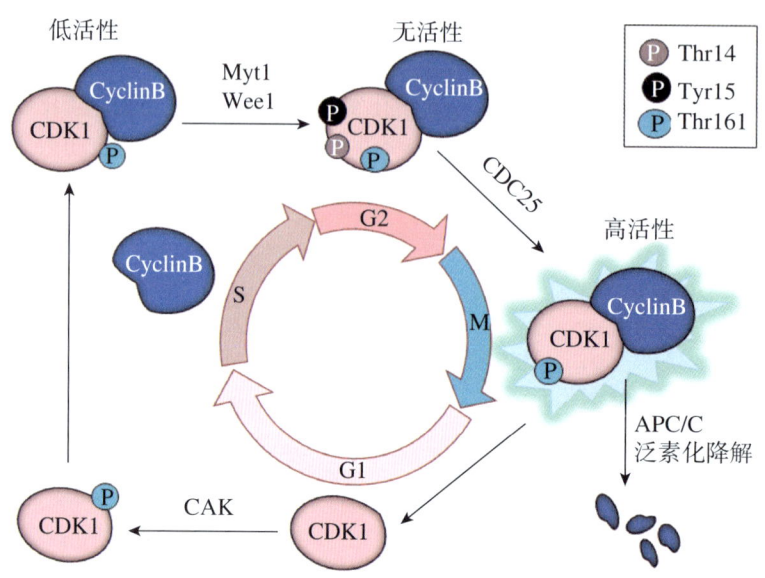

图 26-7　Cyclin B-Cdk 1 复合物的活性调控

蛋白磷酸酶 PP2A-B55δ 在有丝分裂期的维持中发挥重要作用。有丝分裂由 Cyclin B-Cdk 1 和 PP2A-B55δ 这两种作用相反的酶控制。活化的 Cyclin B-Cdk 1 除对有丝分裂期多种蛋白底物进行磷酸化之外，还诱导 Greatwall（Gwl）激酶的活化，后者可以磷酸化 ARPP-19 蛋白；磷酸化的 ARPP-19 可结合并抑制 PP2A-B55δ 的活性。而 PP2A-B55δ 的失活保证了有丝分裂期各种被磷酸化的底物蛋白质不至于去磷酸化。当细胞退出 M 期，Cyclin B-Cdk 1 复合物因 Cyclin B 被降解而失活；同时 Gwl 和 ARPP-19 去磷酸化，致使 PP2A-B55δ 被激活，发挥使有丝分裂期蛋白底物去磷酸化的作用，促使细胞进入分裂间期（图 26-8）。

小测试26-4：请举例说明蛋白磷酸酶对细胞周期的调控。

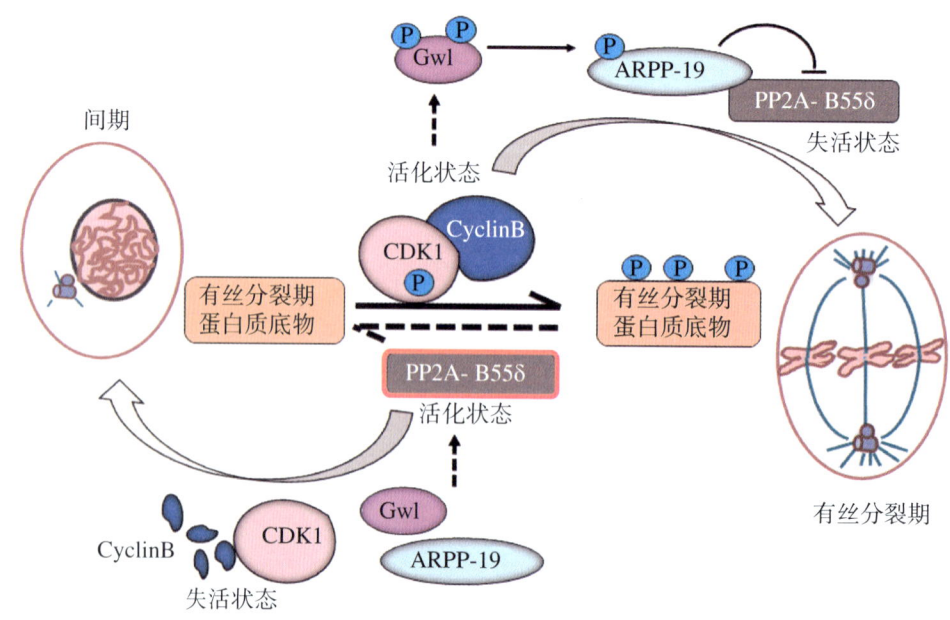

图 26-8　PP2A-B55δ 和 Cyclin B-Cdk 1 对有丝分裂期的调控

二、Cdk 抑制物对细胞周期的负性调控

Cdk 抑制物（CKIs）可以与 Cyclins 竞争性结合 Cdks，抑制其激酶活性，负向调节 Cdks。在哺乳动物中，CKIs 包括两个家族：第一类是锚蛋白家族（inhibitor of Cdk 4/6，INK4），能够特异性结合 Cdk 4 或 Cdk 6，抑制它们的活性；第二类是双重特异性家族（cell cycle inhibitory protein/kinase inhibitory protein，CIP/KIP），包括 $p21^{CIP1}$（亦称为 $p21^{WAF1}$）、$p27^{KIP1}$ 和 $p57^{KIP2}$，能够广泛抑制 Cdks。

（一）INK4 家族

INK4 家族包含 $p15^{INK4b}$、$p16^{INK4a}$、$p18^{INK4c}$ 和 $p19^{INK4d}$ 等。其抑制 Cdk 活性的机制主要有两种：首先，INK4 家族蛋白通过结合 Cdk 4 或 Cdk 6，使 Cyclin D 不能与其结合；其次，INK4 家族蛋白结合 Cdk 后，扭曲其 ATP 结合位点，使 Cdk 不能有效利用 ATP 而使激酶活性受抑制。

INK4 家族

（二）CIP/KIP 家族

$p21^{CIP1}$ 是第一个被发现的 CKI，目前已知其对细胞周期各期的 Cdks 均有抑制作用，具有最广泛的 Cdk 激酶抑制活性。最初认为 p21 与野生型 p53 的生物活性有关，故称为 $p21^{WAF1}$（wild-type p53 activated fragment-1）。与 p21 类似，p27 和 p57 也是 Cyclin-Cdk 复合物的抑制剂，它们的表达均可以使细胞周期停滞。

当细胞受到 DNA 损伤时，p21 一方面通过其 N 末端与 Cyclin-Cdk 形成三元复合物，抑制 Cdk 的活性，影响 Rb 蛋白的磷酸化和转录因子 E2F 的释放，使细胞周期阻滞；另一方面，p21 还通过其 C 末端与 PCNA 直接结合。PCNA 是 DNA 聚合酶 δ 的功能亚基，当细胞 DNA 损伤时，p21 可以抑制 DNA 聚合酶 δ 的活性，阻止损伤 DNA 链的复制。

p27 与 p21 有较高的同源性，可与多种 Cyclin-Cdk 复合物结合，抑制后者的活性，主要作用于 G1 期和 G1/S 时相转换的调控。此外，p27 在 G0 期成纤维细胞的高表达对维持静止态是必需的。

三、重要蛋白质的降解对细胞周期的调控

Cdks 酶活性的变化与 Cyclins 的蛋白水平波动直接相关。比如，Cyclin E 在 G1 晚期累积，在 G1/S 转换时达到峰值，进入 S 期后其水平逐渐下降，这与 Cdk 2 的功能变化一致；Cyclin B 从 S 期开始逐渐累积，在 G2/M 转换时达峰值，而在细胞从有丝分裂中期向后期转换后急剧下降，这与 MPF 的功能保持一致。同样，一些 CKIs（如 p27）的蛋白质水平也会在细胞周期进程中起伏变化，以确保细胞周期的正常运转。上述细胞周期关键调控因子的蛋白质水平波动的一个重要机制是泛素-蛋白酶体的降解作用。泛素-蛋白酶体系统是降解蛋白质的一个重要途径。其中，skp1-cullin-F-box 复合物（SCF 酶复合体）催化参与 G1 期调控的蛋白质的泛素化；后期促进复合物（anaphase-promoting complex/cyclosome，APC/C）E3 泛素连接酶催化主要参与离开有丝分裂期的调控蛋白的泛素化（图 26-7）。

蛋白质泛素化酶对细胞周期的调控

第四节 细胞周期检查点

细胞周期的进展及其调控机制是细胞生长、增殖和分化的基础。细胞周期调控系统不仅包括关键效应分子 Cyclin-Cdk 复合物及其调节因子,也包括实时感知和反馈周期进程的细胞周期检查点感知和传感器——细胞周期检查点(checkpoints)的参与(图 26-9)。如前所述,细胞周期的基本功能是正确地复制染色质上的 DNA,然后将它们准确地分离到两个子细胞中。长期进化过程使细胞形成了一套保证细胞周期中 DNA 复制和染色体分配的监控和检验机制,即细胞周期检查点。其可以感知细胞内、外的信号,如 DNA 是否正确地完成合成等,进而通过细胞内的负反馈调控影响细胞周期,从而确保 DNA 复制和染色体分配的准确性,使被复制的遗传物质可以正确地、均等地被分配到两个子细胞中。

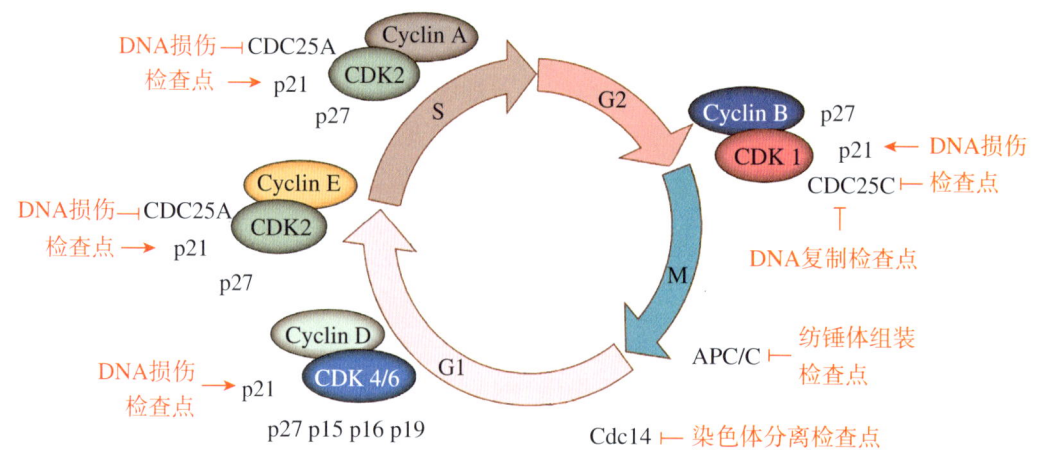

图 26-9 细胞周期调控网络

细胞周期检查点包括 DNA 损伤检查点(DNA damage checkpoint)、DNA 复制检查点(DNA replication checkpoint)、纺锤体组装检查点(spindle assembly checkpoint,SAC)和染色体分离检查点(chromosome separation checkpoint)。DNA 损伤检查点可以出现在 G1 期、G1/S 时相转换、S 期和 G2 期(图 26-10);DNA 复制检查点出现在 G2/M 时相转换,保证在基因组上最后一个核苷酸复制完成前,不能开始 M 期的分裂过程。SAC 出现在 M 期中期向后期的转换,阻止纺锤体装配不全或发生错误的中期细胞进入后期;染色体分离检查点通过感知发生分离的子代染色体在后期末细胞中的位置,作用于 Cdc14 磷酸酶,调控 Cyclin B 的多聚泛素化降解和 MPF 活性的丧失,引发细胞进入末期和胞质分裂。本节重点讨论 DNA 损伤检查点和纺锤体组装检查点。

一、DNA 损伤检查点

DNA 损伤检查点(DNA damage checkpoint)负责检验 DNA 是否有损伤,并通过 DNA 损伤反应阻止细胞周期进入下一环节的响应通路。当染色体暴露于射线或某些化学物质时,DNA 链会出现损伤,甚至断裂。这些可以激活 DNA 损伤检查点,进而阻断细胞周期,以便进行修复。

只有当 DNA 被修复或检测无误时，细胞才能进入下一个周期时相。大部分细胞的细胞周期至少有两个 DNA 损伤检查点：一个在 G1 晚期，监察细胞周期进入 S 期；另一个在 G2 晚期，监察 M 期的开始。

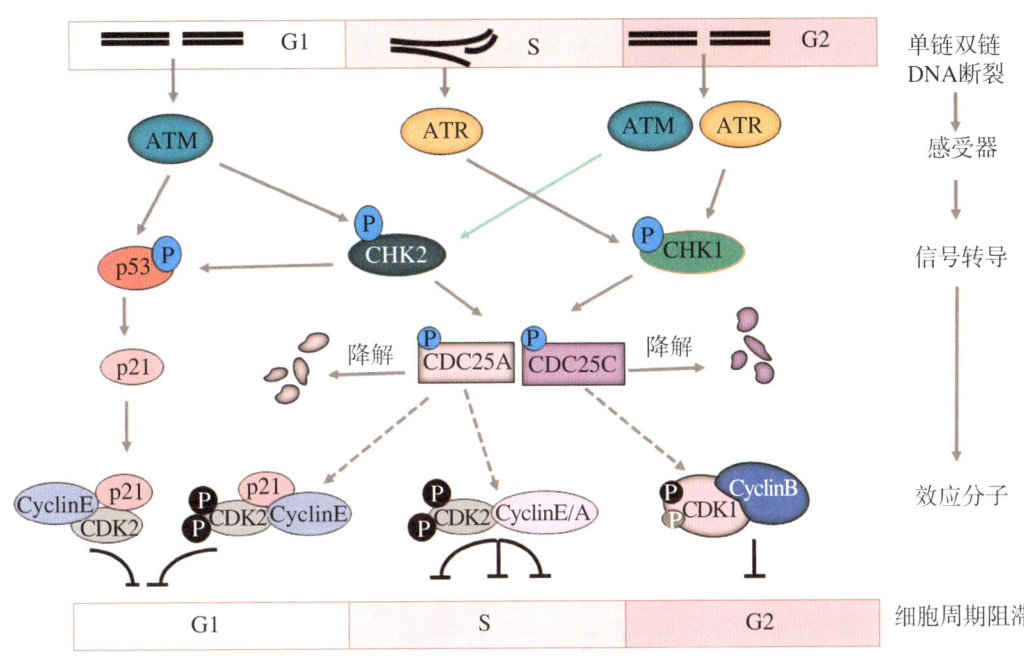

图 26-10　DNA 损伤检查点

DNA 出现损伤时，通过 DNA 损伤反应信号通路阻断细胞周期（图 26-10）。首先，DNA 损伤可以被 ATM（ataxia telangiectasia mutated kinase）和 ATR（ataxia telangiectasia mutated-and Rad3-related kinase）等蛋白激酶所感知，导致二者被激活；紧接着，活化的 ATM 和 ATR 磷酸化 Chk1（checkpoint kinase 1）和 Chk2（checkpoint kinase 2）激酶或 p53 转录因子，转导 DNA 损伤反应信号；信号转导后，活化的 Chk1、Chk2 激酶和 p53 通过磷酸化细胞周期蛋白的一些调控因子或诱导下游基因如 CKIs 的表达，抑制 Cdk 活性，阻抑细胞周期，以便细胞对受损的 DNA 进行修复，或启动细胞凋亡程序以清除有缺陷的细胞，维护细胞遗传物质的稳定。

ATM 蛋白激酶在电离辐射造成的 DNA 双链断裂等损伤的早期修复过程中起关键作用。其可以使胞质中的 p53 磷酸化，从而干扰 p53 与 Mdm2 的结合，减少 p53 的降解。磷酸化的 p53 从胞质移行入细胞核内，作为转录因子激活 *p21* 的转录和表达，p21 蛋白含量增多，抑制 Cyclin E-Cdk 2 的活性，导致细胞不能从 G1 期进入 S 期。p21 的激活亦可抑制 Cyclin B-Cdk 1 的活性，导致 G2/M 转换被阻抑。另外，当 G2 期细胞暴露于射线损伤时，亦可通过磷酸化 ATM/ATR、Chk1/Chk2 使其激活，同时磷酸化蛋白磷酸酶 CDC25 致其失活，从而阻断 Cyclin B-Cdk 1 的去磷酸化，阻止细胞进入 M 期。

在 DNA 损伤严重或不能修复的情况下，DNA 损伤检查点亦可通过 p53 启动细胞凋亡程序，清除 DNA 损伤严重的细胞，从而减少对机体的危害。细胞通过复杂的损伤监控网络、细胞周期检查点和损伤修复系统的协同作用，维持细胞基因组的稳定性，防止细胞发生恶化。上述功能的紊乱或缺失，会导致细胞癌变。调查表明，具有 ATM 缺失的杂合子人群对电离辐射极度敏感，是电离辐射诱发癌症的高危人群。人类肿瘤中存在高频率的 *p53* 和 *ATM* 突变的现象也说明 DNA 损伤检查点的调控在阻抑肿瘤发生中发挥重要作用。

小测试26-7：什么是DNA损伤检查点？简单列举参与其调控的重要分子。

二、纺锤体组装检查点

纺锤体组装检查点（spindle assembly checkpoint，SAC）在有丝分裂和减数分裂的中期延迟染色体分离，直到染色体正确地移动并附着于细胞两极的微管纺锤体上。在有丝分裂前中期的细胞中，核膜的突然解体使胞质中的微管能够到达凝集的染色体附近，进而开始进行纺锤体的组装过程。染色体通过其动粒与动粒微管连接，并相继排列到赤道板上。只有当各个步骤正确完成后，细胞才启动中期向后期的转换。纺锤体组装过程涉及多种事件，如 MTOC 的活性改变，动粒与微管的连接及其张力的调节等，这些过程的损伤及缺陷均可作为 SAC 激活的信号。

SAC 可以感知和检验纺锤体的组装是否正确。这依赖于一个与 Mad2 蛋白相关的监测着丝粒状态的传感器。SAC 的信号转导机制通过调控 APC/CCdc20 来实现。如果中期有一染色体的动粒没有与动粒微管连接，Mad2 蛋白将与该动粒结合，并抑制 APC/C 的激活因子 Cdc20，进而使 APC/C 的活化和 securin 蛋白的降解受阻，致使着丝粒间不能分离，延迟或阻止有丝分裂中期向后期的进行，从而确保了纺锤体的正确组装和染色体的均等分离，是细胞分裂过程中维持基因组稳定性的重要保障（图 26-11）。因此，有许多抗微管类的肿瘤化疗药物，它们杀伤肿瘤细胞及产生耐药性的机制都与 SAC 有关。

纺锤体组装检查点的分子机制

抗微管类肿瘤化疗药物杀伤作用及其耐药机制

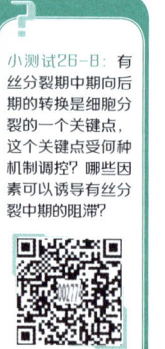

小测试26-8：有丝分裂期中期向后期的转换是细胞分裂的一个关键点，这个关键点受何种机制调控？哪些因素可以诱导有丝分裂中期的阻滞？

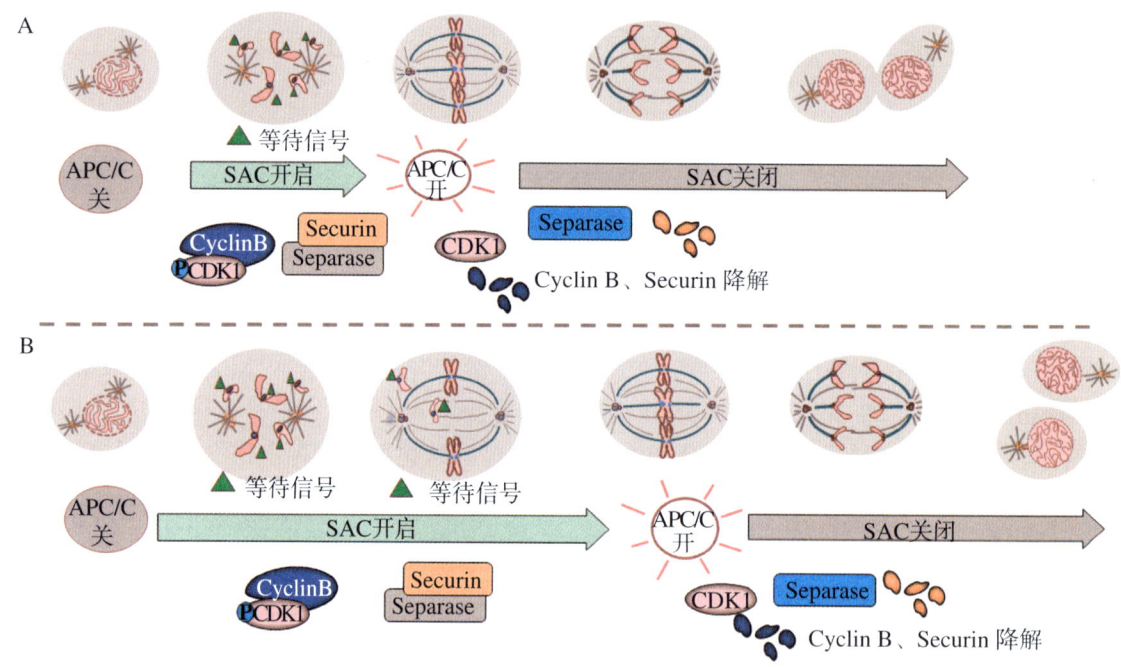

图 26-11　纺锤体组装检查点

第五节　细胞周期和检查点调控与肿瘤

一、细胞周期失控与肿瘤发生

人体器官组织细胞的生长、增殖和分化受其自身细胞周期调控网络和环境因素的精密调控。

第二十六章 细胞增殖与调控

当这些调控网络发生紊乱，或者周期检查点存在缺陷时，往往会出现细胞异常增殖，形成赘生物，即为肿瘤。细胞周期分子机制的阐明为揭示肿瘤发生的分子机制提供了理论基础，促进了对肿瘤病因、病理的认识，为指导临床上肿瘤的诊断及治疗提供了帮助。研究发现，正常细胞的恶性转化和癌变是一个复杂的、多阶段、多步骤的过程，往往涉及抑癌基因的突变、缺失，以及癌基因的激活。许多抑癌基因如 *p53*、*Rb* 的突变和异常与癌症发生密切相关。此外，许多癌基因如 *c-myc* 和 *Ki-Ras* 的扩增和激活，也是细胞癌变发生和进展中的常见现象。许多抑癌基因突变和癌基因的产物是细胞周期的直接或间接调控因子，因此它们的异常往往导致细胞周期调控紊乱和细胞异常增殖，最终导致肿瘤的发生和进展。

抑癌基因、癌基因与肿瘤

二、细胞周期与肿瘤治疗

化学疗法主要通过化学药物杀伤肿瘤细胞，是一种最为常见的肿瘤治疗手段。其具体杀伤机制因药物而异，但这些药物往往都可直接或间接诱导 DNA 损伤、激活 DNA 损伤检查点或 SAC，诱导细胞周期阻滞，从而杀伤肿瘤细胞。顺铂类抗癌药物可以直接诱导 DNA 损伤；紫杉醇类抗癌药物可以与微管结合，激活 SAC，使有丝分裂阻滞。在肿瘤的治疗中，一般要考虑肿瘤细胞分裂、增殖的情况以及细胞周期的时相，来选择治疗的方法。若肿瘤增殖旺盛，S 期肿瘤细胞较多，则可以选用化疗作为主要手段，通过抑制 DNA 的合成来阻止肿瘤的生长；若肿瘤中 G2 期细胞多，这些细胞对放射线较为敏感，采用放疗比较有效。另外，Cdk 4/6 是调控细胞周期和增殖的关键蛋白，近年来 Cdk 4/6 抑制剂已成为冉冉升起的抗癌"新星"。

第六节 减数分裂和生殖细胞的发生

现存的所有复杂生物都通过有性生殖（sexual reproduction）进化而来。有性生殖循环中，单倍体（haploid）细胞（每个细胞具有单套染色体）和双倍体（diploid）细胞（每个细胞具有双倍染色体）轮流交替产生。绝大多数的有性生殖生物在双倍体期进行有丝分裂实现细胞增殖。在几乎所有多细胞动物的生命周期中，双倍体期占绝大部分，单倍体期只是短暂地存在，专门用于细胞的性融合。减数分裂（meiosis）发生于有性生殖个体的双倍体生殖细胞系（germ line）形成单倍体生殖细胞（germ cell）的过程中。配子（gamete）是专门用于性融合的单倍体细胞。减数分裂对于维持生物世代间遗传的稳定性和生物进化具有重要意义。

一、减数分裂过程

减数分裂的主要特征是 DNA 只复制一次，细胞连续分裂两次，所产生的子细胞中染色体数目比亲代细胞减少一半。经过减数分裂，有性生殖生物配子中的染色体数目减半，由 $2n$ 变为 n。再通过精卵结合，形成的受精卵中染色体数又恢复为 $2n$，由此保证了有性生殖的生物上下世代在染色体数目上的恒定。

（一）减数分裂前间期

处于减数分裂前间期的生殖细胞依序进入减数分裂 I（division I of meiosis）和减数分裂 II

(division Ⅱ of meiosis)。减数分裂Ⅰ的本质是同源染色体通过联会实现染色体之间部分片段的交换；减数分裂Ⅱ与有丝分裂类似，姊妹染色单体均匀分配到单倍体生殖细胞中。

（二）减数分裂Ⅰ

1. 前期Ⅰ 减数分裂的特殊过程主要发生在前期Ⅰ。此阶段约占整个减数分裂过程的90%，要经过几天、几个月甚至几年的时间，这由物种的种类及产生配子的类型而定。前期Ⅰ的细胞变化复杂，胞核显著增大，减数分裂所特有的过程如染色体配对、交换等均发生于此期。根据细胞形态变化的特点可将前期Ⅰ细分为5个阶段：细线期、偶线期、粗线期、双线期和终变期。

（1）细线期（leptotene stage）：染色质开始不断凝集呈细丝状，形成光镜下可见的细线状结构，上面有许多膨大的念珠状结构，称为染色粒。核及核仁体积增大。

（2）偶线期（zygotene stage）：特点是已复制的同源染色体（homolog）配对。减数分裂间期和细线期时，同源染色体在细胞核内随机分布，至偶线期，2条同源染色体相互靠拢，侧面沿纵轴紧紧相贴配对（pair），形成联会复合体（synaptonemal complex）。1对同源染色体通过联会复合体形成二价染色体（bivalent）结构，其中含有两对沿长轴紧密结合在一起的姐妹染色单体（sister chromatid），由于染色单体的数目是4条，又称四分体（tetrad）。联会复合体应减数分裂的信号刺激而组装，其装配最早发生于偶线期，在粗线期完成，双线期解聚去组装，其与同源染色体之间的配对过程密切相关。

（3）粗线期（pachytene stage）：开始于同源染色体联会（synapsis）之后。这一时期染色体进一步浓缩，明显变粗、变短；同源染色体的非姐妹染色单体间发生DNA的片段互换（chromosomal crossing-over），在光镜下可见交叉（chiasma，复数chiasmata），从而形成新的基因组合。同源染色体交叉的部位与数量，在不同种类的细胞中有所不同。一般每个四分体上至少存在一个交叉。人类的每对同源染色体平均进行2～3次片段互换。联会复合体的梯状结构中间出现直径为90 nm、球形或椭圆形的重组结（recombination nodule）。重组结含有多种酶，可将来自父本和母本的同源非姐妹染色单体DNA的局部区域结合在一起，发生活跃的基因重组（genetic recombination）。因此粗线期也称重组期。重组期可伴有DNA和组蛋白的合成，这些合成产物主要用于DNA链的修补、连接，以及参与染色体DNA的重组和交换。

（4）双线期（diplotene stage）：开始于同源染色体的去联会（desynapsis）。此时染色体与核膜脱离，同源染色体之间的联会复合体结构消失，大部分染色体片段分开，但在非姐妹染色单体间的某些部位上，仍有一些交叉。随着双线期的进行，交叉向染色体的端部移动，交叉的数目因此减少，呈现交叉端化。双线期的另一显著变化是大量合成RNA，因此又称合成期。女性在其胚胎发育时期，其卵母细胞就已经发育至双线期，此期持续时间可长达50年之久，直至性成熟后的排卵之前。RNA的大量合成将为卵母细胞的进一步发育提供大量的物质和营养储备。

（5）终变期（diakinesis stage）：主要特点是染色体进一步凝集，核仁消失，核膜开始破裂，纺锤体开始形成，染色体开始移向赤道板。同源染色体在其端部靠交叉结合在一起。同源染色体的重组已完成，姐妹染色单体借着丝粒连接在一起。

2. 中期Ⅰ 纺锤体微管"捕获"四分体。同源染色体排列到赤道板上。与有丝分裂不同的是，减数分裂中期Ⅰ为二价染色体，其中每条同源染色体的姐妹染色单体的动粒融合在一起。每个二价体的两个动粒分别位于赤道面的两侧，各自面向相对的两极，进而决定二价体中每条同源染色体的去向。此期两条姐妹染色单体紧密贴在一起。位于同源染色体端部的交叉仍然结合在一起。

3. 后期Ⅰ 二价体的同源染色体在纺缍丝的牵引下向两极移动。此时，每条同源染色体的两条姐妹染色单体共有一个动粒和一个着丝粒，纺锤体分别牵拉每条同源染色体向细胞两极移动。移动过程中，非同源染色体可发生自由组合。

4. 末期 I 染色体到达细胞两极，两极各得到 n 条染色体，核仁、核膜重现，胞质分裂，形成两个子细胞。每个子代细胞含有亲代细胞一半的染色体数目。

（三）减数分裂间期

在大多数物种，染色体仍保持凝集，新生的子细胞进入间期，经短暂停顿之后，进入减数分裂 II。在少数物种中，当染色体到达细胞两极后，去凝集，完全逆转到分裂间期细胞核的状态时，才开始减数分裂 II。

（四）减数分裂 II

减数分裂 II 与有丝分裂类似，可分为前期 II、中期 II、后期 II、末期 II 和胞质分裂几个时期。前期 II，纺锤体形成，核膜崩解；中期 II，染色体进一步凝集，集中在赤道板上，每一条姐妹染色单体各有一套动粒微管，两套微管指向相反方向；后期 II，两条姐妹染色单体分离，在纺锤体的作用下分别移向细胞的两极；末期 II，核膜出现；经胞质分裂之后，减数分裂结束。减数分裂 II 结束时，一个亲代细胞形成 4 个子代细胞，各子代细胞染色体数目与减数分裂前的母细胞相比，均减少一半。

二、生殖细胞的发生

减数分裂的原理在大多数物种中通用，但减数分裂并不能完全形成配子。不同的物种有其特异的配子形成方式；哺乳动物的精子和卵子的形成也有很大的不同。

（一）人类精子的形成过程

脊椎动物胚胎中，一些细胞在发育早期被挑选出来，成为原始生殖细胞（primordial germ cell）。它们进入正在发育的性腺（此时称为生殖嵴，genital ridge），经有丝分裂继续细胞增殖。雌性个体的性腺将发育成卵巢（ovary），而雄性个体的性腺将发育成睾丸（testis）。位于生殖嵴体细胞中 Y 染色体上的 Sry 基因将诱导生殖嵴发育成睾丸。人类精子的发生和减数分裂直到青春期才在睾丸中进行。此时，一些精原细胞（spermatogonium）停止增殖而分化成初级精母细胞（primary spermatocyte）。它们进入减数分裂 I，产生两个次级精母细胞（secondary spermatocyte），每个细胞含有 22 条常染色体和 1 条 X 或 Y 染色体。每个次级精母细胞继续进入减数分裂 II，最终产生 4 个精子细胞（spermatid），每个细胞含有单倍体数目的染色体。然后，这些精子细胞再经过形态分化发育成精子（sperm，spermatozoon），经输精管进入附睾中储存和进一步成熟。

（二）人类卵子的形成过程

原始生殖细胞进入发育中的卵巢成为卵原细胞，继续有丝分裂实现细胞增殖。接着分化成初级卵母细胞（primary oocyte），并于出生前开始进行减数分裂 I，且暂停在前期 I 的双线期。此时，细胞内生物合成活跃，大量合成 RNA。进入青春期后，在激素的影响下，细胞完成减数分裂 I，并在末期 I，细胞质进行不对称分裂，形成一个大的次级卵母细胞（secondary oocyte）和一个小的极体（polar body），均含有 22 条常染色体和 1 条 X 染色体，每条染色体由两条姐妹染色单体组成。再进入减数分裂 II，暂停在中期 II。在排卵（ovulation）期，暂停的次级卵母细胞从卵巢中被释放，然后快速成熟，此时如果受精（fertilization），即激发完成第二次分裂。次级卵母细胞再进行一次胞质的不对称分裂，形成一个成熟卵子（egg，ovum）和一个小的次级极体。极体都非常小，最终被退化掉。

三、减数分裂的生物学意义

减数分裂是遗传学三大基本定律（基因分离定律、基因自由组合定律和基因的连锁和交换定律）的细胞学基础，它使有性生殖生物体的染色体数目世代保持恒定。同源染色体配对、交换重组、非同源染色体自由组合形成了众多的由不同染色体组成的配子（2^{23}）。减数分裂增加了变异性，扩大了后代个体的变异范围，增强了个体对环境的适应性。

小 结

细胞通过分裂实现细胞增殖。有丝分裂是真核细胞体细胞最基本的分裂方式，以细胞周期循环的方式进行。细胞周期的基本功能是正确复制染色质 DNA，然后将它们准确地分离至两个子细胞。细胞周期的各时相分阶段有序推进，其进展由细胞周期调控系统的关键效应分子 Cyclin-Cdk 复合物来调节。复合物的活性可以在多层面被调控。调控系统的感知和传感器——细胞周期检查点，感知细胞内、外的信号，通过胞内反馈机制调控细胞周期，从而确保细胞周期基本功能的实现。细胞周期调控系统的异常与肿瘤等人类重大疾病的研究和治疗关系密切。有性生殖个体生殖细胞的形成依赖于减数分裂。减数分裂是遗传学三大基本规律的细胞学基础，对于维持生物世代间遗传的稳定性和生物进化具有重要意义。

整合思考题

1. 细胞正常的有丝分裂功能对于维持基因组稳定性具有重要作用。有丝分裂的异常往往会导致染色体的异常分配，造成子代细胞染色体的不均衡现象，比如染色体的断裂、缺失或异倍体的产生。因此有丝分裂调控机制的异常与多种人类重大疾病如肿瘤和出生缺陷等相关联。研究发现，女性生育年龄大于 35 岁会导致出生缺陷增加，而出生缺陷往往都有染色体异常，这些提示细胞有丝分裂过程可能会有问题。请查阅资料，了解有关出生缺陷与有丝分裂的关联及其可能机制和关联因素。

2. 对一临床乳腺癌患者来源的癌细胞进行分子遗传学分析发现，存在 *p21* 基因突变和 *Cyclin D* 基因扩增；体外培养和细胞生物学分析发现，癌细胞生长和增殖速度显著快于正常细胞，癌细胞染色体数目不稳定，异倍体多见。请根据目前所学的有关细胞周期调控理论，解释产生上述癌细胞表型的可能原因以及乳腺癌发生的可能机制。

3. 抗微管类化疗药物杀伤肿瘤细胞的机制是什么？一些肿瘤细胞出现对抗微管类化疗药物抵抗，这些与 SAC 有何关联？

4. 泛素蛋白酶体途径是如何调控细胞周期进展的？

5. 细胞基因组随时受到其内外环境中有害因素（如 UV/IR、DNA 损伤药物、活性氧等）的影响，造成 DNA 损伤。当 DNA 损伤发生时，细胞首先会诱导细胞周期阻滞；同时激活 DNA 损伤修复通路，以修复 DNA 损伤。请问，DNA 损伤检查点是如何诱导细胞在不同周期时相的细胞周期阻滞的？

参考答案

（邵根泽　侯　妮）

第二十七章 细胞分化

导学目标

通过本章内容的学习，学生应能够：

※ **基本目标**
1. 描述哺乳动物胚胎早期分化的过程。
2. 说出细胞分化的概念和潜能。
3. 解释细胞分化的实质和影响因素。
4. 举例说明哺乳动物造血细胞分化的主要阶段。
5. 分析体细胞核移植和细胞核全能性的关系。

※ **发展目标**
1. 举例说明细胞分化的可塑性，并理解其发生的分子机制。
2. 从细胞分化的角度说明细胞分化与干细胞的关系。

案 例

母亲 A 妊娠 16 周时，发生了子宫内胎儿严重水肿，进行了 3 次宫内输入红细胞对胎儿进行治疗。5 个多月后母亲 A 产下男婴 B，外周血检查该男婴血红蛋白 70 g/L，血小板 $20×10^9$/L，白细胞计数 $5.0×10^9$/L [外周血正常值：血红蛋白 130～175 g/L，血小板 (125～350)×10^9/L，白细胞计数 (3.5～9.5)×10^9/L]。遗传学检查发现，母亲 A 基因组 DNA 存在 X 连锁基因 *GATA-1* 的杂合子（heterozygous）突变，所编码 GATA-1（p.V205M）蛋白发生错义突变，即该蛋白的 205 位氨基酸由缬氨酸变成了甲硫氨酸；发现男婴 B 存在 *GATA-1*（p.V205M）半合子（hemizygous）突变。男婴 B 被诊断为家族性红细胞生成障碍性贫血和血小板减少症。

问题：
1. 外周血检查的结果说明什么？
2. 妊娠 16 周时，胎儿的造血器官是什么，造血细胞分化处于什么时期？
3. GATA-1 在造血细胞分化中有什么作用？
4. 男婴 B 的血细胞和血小板大幅下降，而白细胞处于正常值范围，为什么？

案例解析

在多细胞生物由一个受精卵发育成一个完整个体的过程中，伴随着细胞分裂，逐步形成在形态结构、生化特性以及生理功能上有明显差异的细胞群，此过程与细胞分化密切相关。细胞分化是生物界普遍存在的一种生命现象，是一个复杂而渐进的发育过程，也是细胞生物学研究的热点之一。

在个体发育过程中，通过有控制的细胞增殖来增加细胞数目，通过有秩序的细胞分化形成不同的细胞类型，故分化的本质是从基因组与表型相同的起始细胞产生表型显著不同的稳定细胞群体的过程。细胞分化是一种持久性的变化，不仅发生在胚胎发育期，而且在生物体的一生中都在进行着，以补充衰老、死亡或者损伤的细胞。

第一节 概 述

一、细胞分化的概念

发育（development）是指多细胞生物从单个细胞（受精卵）发展成具有多种不同细胞类型的成熟个体的过程。脊椎动物的胚胎发育包括卵裂、细胞分化与三胚层组织生成、器官形成阶段。发育和个体发育（ontogeny）的概念极为相似，个体发育是指有机体从受精卵到性成熟的生长和发育过程。

细胞分化与发育关系密切。细胞分化是多细胞生物胚胎发育的核心过程，在多细胞生物个体发育中，同一来源的细胞逐渐产生结构和功能上稳定性差异的过程，称为细胞分化（cell differentiation）。人类的个体发育从受精卵开始，通过细胞分裂增加细胞的数量，通过细胞分化增加细胞的种类。出生后人体含有超过200余种不同类型的细胞。而通过对单细胞 mRNA 表达谱进行更详尽的分类表明，人体内不同种类的细胞多达800余种。

二、细胞分化的潜能

细胞分化潜能（potency of cell differentiation）是指同一来源的细胞分化形成不同种类细胞的能力。多细胞生物从受精卵开始，随着分化的进行，细胞的分化潜能会越来越受限制，这种趋势通常情况下是不可逆的。细胞分化即是细胞从非特化向特化的转变，或特化程度状态由低向高的转变，形成具有不同形态和功能的细胞群体，这些细胞进一步形成差异化的组织、器官及系统，执行各种各样的生理功能。

哺乳动物受精卵经过3次卵裂，形成含8个细胞的卵裂球（blastomere）。在从受精卵到8细胞卵裂球的阶段，其中任何一个细胞在一定条件下均可发育成完整的个体，故此阶段的细胞具有分化的全能性（totipotency），这类细胞即为全能性细胞（totipotent cell）。

在卵裂球阶段后期，8细胞间建立细胞连接和极性，进一步形成桑椹胚（morula）和囊胚（blastocyst）。哺乳动物的囊胚含有内细胞团（inner cell mass，ICM）和滋养外胚层（trophectoderm），ICM 进而分化为上胚层（epiblast）和下胚层（hypoblast），ICM 和上胚层的细胞具有向3个胚层分化的潜能，称为多潜能性细胞（pluripotent cell）。随着胚胎发育的进行，上胚层细胞逐渐分化消失，外胚层（ectoderm）、中胚层（mesoderm）和内胚层（endoderm）全部形成。此时3个胚层的细胞分化潜能进一步降低，多数情况下只能分化为本胚层不同类型的细胞，这类细胞称为多能性细胞（multipotent cell）。

上胚层细胞进一步分化出原始生殖细胞（primordial germ cell，PGC），哺乳动物中小鼠 PGC

迁移研究的比较清楚。在3个胚层形成以后，小鼠PGC从原条迁移到内胚层（未来的后肠），并从那里迁移到生殖嵴，发育为性腺。PGC及其在正常生理状态下分化出的后代细胞称为生殖系细胞（germline cell），只有生殖系细胞才能将遗传物质传递给后代。不属于生殖系细胞的其他所有细胞统称为体细胞（somatic cell），所有体细胞在自然条件下均不能将遗传物质传递给下一代个体。在某些偶然因素作用下，个别多潜能性细胞没有继续分化，而是迁徙进入到已分化的组织中，随后又重新启动多谱系发育和分化程序，这将形成畸胎瘤（teratoma）。

哺乳动物胚胎早期分化的过程和机制

随着3个胚层细胞的进一步分化，各种组织细胞的命运最终确定，具有特定形态和功能的组织和器官逐步形成，此时的细胞只能向某一特定的方向分化，发育成特定的细胞，这类细胞称为单能性细胞（unipotent cell）。哺乳动物胚胎发育完成以后，除了少数干细胞和前体细胞仍然保留分化潜能外，多数为终末分化（稳定分化）的细胞。

三、细胞分化的特点

（一）细胞分化的稳定性

细胞分化的稳定性（stability）具有两层含义：第一层含义是正常情况下活体内细胞分化的路径是相对稳定的、不可逆的，各种已分化细胞具有独一无二的稳定表型；第二层含义是指各种不同类型细胞的分化特征在子代细胞中仍能继续保持，祖先细胞的分化程序和分化方向通过表观遗传被子代细胞持续记忆，细胞的特定分化状态会在子代细胞中延续。

（二）细胞分化的可塑性

通常情况下，多细胞生物的细胞分化具有稳定性。但在特定生理或病理条件下，某些已分化细胞可重新获得分化的潜力，进入未分化或低分化状态，或者转分化为另外一种细胞，这种现象称为细胞分化的可塑性（plasticity）。植物和少数低等动物的体细胞具有潜在全能性，如马铃薯根部组织的细胞，经过在适合的条件下培养，可发育成完整植株，说明马铃薯根部组织的细胞可重新获得分化的能力。两栖动物蝾螈能够再生四肢、尾巴、脊髓和眼睛，再生过程中细胞首先发生去分化，这体现了细胞分化的可塑性。

出生后人体细胞的分化潜能受到限制，正常状态下以稳定性为主，一般只在病理状态下或特殊条件下才能表现出可塑性。这种可塑性与细胞所处的环境密切相关，起因于分化调控基因的激活与沉默。例如，在细胞受到活性氧（reactive oxygen species，ROS）的持续攻击下，基因组会积累多种表观遗传改变，甚至基因突变，导致既定的分化程序被打乱；在细胞经过适应调整后，会采用另外的分化程序。此时细胞的表型失去稳定性，发生去分化与转分化，引发组织器官结构与功能的重塑（remodeling）。多种慢性疾病器官的功能障碍与细胞分化的可逆性密切相关，如糖尿病患者的胰岛β细胞受ROS等有害因素侵扰，可重编程为胰岛α细胞样表型，并开始分泌胰高血糖素，致使患者丧失血糖调控能力。

细胞分化的可塑性

（三）细胞分化具有时空特异性

细胞分化是组织特异性基因选择性表达的结果，具有时空特征（spatiotemporal features），在机体内的一定部位和一定时间内表达组织特异性的基因。分化信号引发各种分化调控事件，导致特异性基因的表达，最终形成各种类型的分化细胞。探索特异性基因选择性表达的条件、信号、途径和方式，是细胞分化研究领域的核心问题。

第二节　细胞分化的实质和影响因素

一、细胞分化的实质

细胞分化的实质是组织特异性基因在不同时间和空间的选择性表达，即时空性表达（spatiotemporal expressions）。不同种类的细胞具有不同的组织特异性蛋白质表达，如上皮细胞和神经细胞分别转录翻译 E-钙黏蛋白和 N-钙黏蛋白等。

（一）基因的差异表达

细胞分化过程伴随着大量基因的调控和表达变化，从而实现细胞的特定功能。在细胞分化的初期阶段，特定的转录因子被激活，启动一系列基因的表达。这些基因编码调控细胞命运和功能的蛋白质，如细胞表面标志物、功能性酶和细胞间信号分子。通过基因差异表达，细胞逐渐获取了特定的性状，执行特定的生物学功能。差异基因的表达进一步形成激活和抑制相互制衡的复杂分子网络，精准调控协同细胞分化过程。

（二）管家基因和奢侈基因

在已分化的成体细胞中只有约 5% 的基因表达，表达的基因可分为两大类：管家基因（housekeeping gene）和奢侈基因（luxury gene）。管家基因在几乎所有类型的细胞中表达，没有组织特异性，编码维持细胞生存所必需的基本蛋白质的基因，如组蛋白、核糖体蛋白和细胞骨架蛋白等。奢侈基因的表达产物非细胞自身生存所必需，在不同分化类型的细胞中差异表达，能够赋予分化细胞不同特征，如表皮的角蛋白、肌肉细胞的肌动蛋白和肌球蛋白、红细胞的血红蛋白等。

> **框 27-1　利用单细胞测序技术分析细胞分化过程**
>
> 细胞分化的实质是组织特异性基因的时空性表达。单细胞转录组测序（single cell RNA sequencing，scRNA-seq）技术，通过制备单细胞悬液、提取 RNA、构建文库、测序和数据分析等过程，能够得到单个细胞的全部转录组信息，获得不同分化阶段细胞的基因表达图谱，是分析细胞分化和细胞异质性的有效手段。

二、细胞决定

（一）细胞决定的概念

细胞在出现可识别的分化表型之前，就已经处于一段能够决定细胞分化过程的时期，这一阶段称为细胞决定（cell determination）。细胞决定先于细胞分化出现，与细胞分化一起构成了特定细胞谱系发育过程中的两个关键事件。当基因组的差异性表达程序确定后，细胞沿某种谱系分化的命运已经被决定，此时的细胞被称为已决定细胞，这些细胞的表型暂时没有明显变化。细胞决定通常发生在细胞分裂之后，这些细胞在分裂时继承了特定的表观遗传信息，但暂时没有进入分化程序，细胞可进入静止期休眠，或迁移到他处。在度过静止期再次分裂后，或者迁移到特定区域后，细胞才进入分化阶段。

（二）细胞决定的分子机制

在细胞决定过程中，某些基因表达被永久性关闭，而另一些基因表达被特异性激活，细胞分化的潜能逐渐缩窄。处于细胞决定期的细胞，虽然还没有可分辨的分化特征，但已具备向某一特定方向分化的能力，并且这种能力是稳定的、可遗传的。

哺乳动物性别决定和生殖细胞分化

（三）两栖类动物胚胎移植实验

细胞决定现象可通过两栖类动物胚胎移植（embryonic graft）实验进行验证（图 27-1）。在两栖类动物胚胎发育的某个阶段，如果将原肠胚（供体）预定发育为表皮的细胞，移植到另一个胚胎（受体）预定发育为脑组织的区域，供体的表皮细胞在受体胚胎中仍然发育成表皮。这表明，在移植前供体细胞的发育命运已经确定，虽然在表型上看不出任何变化，但细胞的分化方向已经确定。一旦分化命运确定，即使外界因素不复存在，细胞仍然会按照已经确定的命运进行分化。实验中所用供体细胞分化命运确定的时间应该介于早期原肠胚到晚期原肠胚之间。如果在细胞决定做出之前进行移植，则供体细胞的分化命运会因受体细胞的分化方向或环境影响而发生改变。

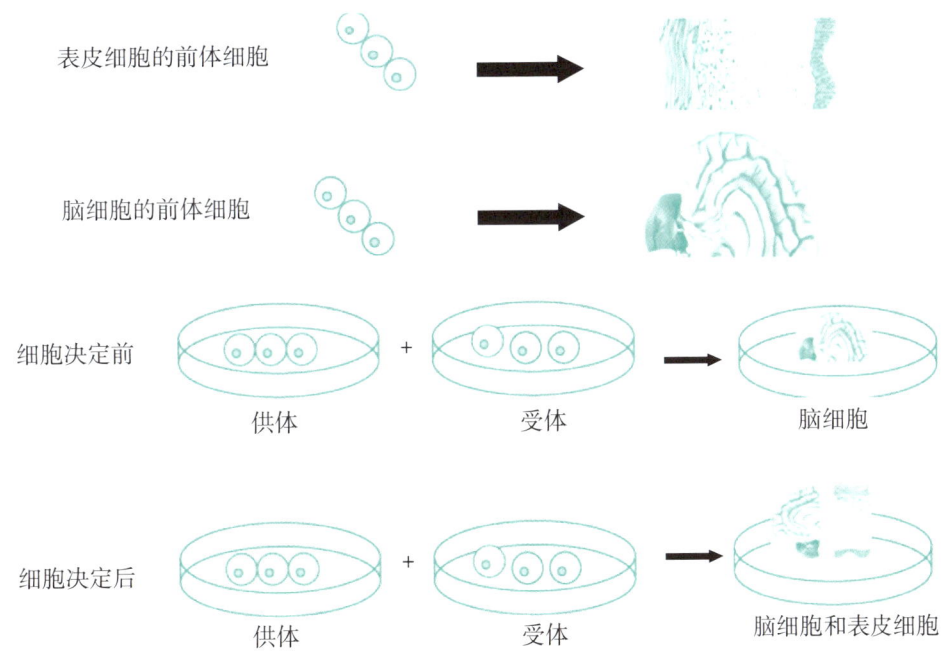

图 27-1　胚胎移植的细胞决定实验

三、胚胎诱导对细胞分化的作用

（一）胚胎诱导

从 1920 年起，Spemann 和他的学生用两栖动物完成了发育生物学历史上著名的胚胎移植

(embryonic graft) 实验，由此发现了细胞分化过程中胚胎诱导的存在。1935 年他因该发现而获得诺贝尔生理学或医学奖。胚胎诱导（embryonic induction）又称分化诱导，是指在动物胚胎发育过程中，各胚层之间相互促进细胞分化和组织器官发生的现象。这种作用一般发生在中胚层与内胚层、中胚层与外胚层之间。能对其他细胞起诱导作用的细胞称为诱导者（inductor）或组织者（organizer）。

（二）三级诱导模型

胚胎诱导作用是有层次的。例如眼球的发育过程中，脊索中胚层首先诱导其表面覆盖的外胚层发育成神经板，此为初级诱导；神经板卷成神经管后，前端膨大成原脑，其两侧突出的视杯再诱导视杯上方的外胚层形成晶状体，此为次级诱导；晶状体再诱导其表面的外胚层形成角膜，此为三级诱导（图 27-2）。

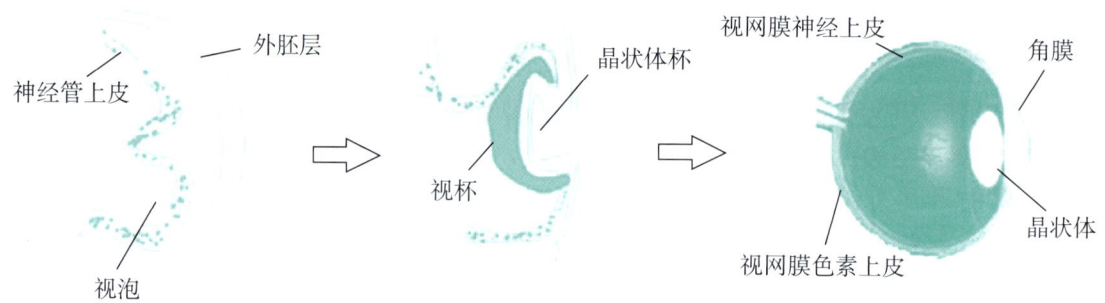

图 27-2　眼球发育过程中的多级诱导作用

（三）胚胎诱导机制

胚胎诱导的可能机制：①微环境中的形态发生素浓度梯度对细胞分化的诱导作用；②相邻细胞间的细胞黏附分子对分化诱导信息的传递；③靶基因上游的不同调控区对信号做出不同的反应。在胚胎诱导中，受体细胞对信号必须有反应能力。这种能力的获得意味着诱导信号的受体已经产生并能发挥其作用。

四、细胞分化的影响因素

（一）内在因素

在细胞分化中，细胞核起决定性作用。当条件合适时，细胞核内含有的全套遗传信息，可调控细胞分化，发育为由各种类型细胞所组成的完整个体。哺乳动物体细胞的细胞核含有全套的基因组信息，却无法发育成一个完整的个体，只有将其细胞核移植入去核的卵细胞中，才可以重建胚胎发育的过程，进而发育为一个完整的个体，这显示出了细胞质对细胞分化的重要性，并提示细胞质中具有确保全能性的因子。

在动物卵细胞中，发现贮存有 2 万种以上的 mRNA，专供卵裂和发育使用，并可确保早期卵裂球细胞的全能性。这些 mRNA 直到受精后才被翻译为蛋白质。细胞质能够影响细胞核内的功能活动，反过来细胞核也决定细胞遗传性状的表达。任何细胞的细胞核和细胞质在功能上都是一个统一的整体，细胞核为胚胎发育奠定了信息基础，而细胞质中的某些物质决定细胞分化的潜能，细胞核和细胞质的相互作用贯穿整个发育过程。

> **框 27-2　RNA 剪接抑制是生成全能性细胞的关键步骤**
>
> 2021 年的一项研究成果表明，RNA 剪接抑制是生成全能性细胞的关键步骤。确保全能性基因的转录产物具有极少的内含子，不受剪接抑制影响；而诱导分化基因的转录产物含多个内含子，在 RNA 剪接受到抑制时不能发挥分化诱导作用。因此，胞质中 mRNA 组特有的剪接状态是卵母细胞具有全能性的关键。

（二）外在因素

细胞分化时的外在因素可以影响细胞分化与个体发育。物理、化学和生物因素等外在环境因素，对个体发育至关重要，可干扰正常发育，进而导致出生缺陷或先天疾病；细胞间近距离的诱导、抑制和细胞识别等细胞相互作用是细胞分化的重要影响因素；激素的远距离诱导也是机体对个体发育和细胞分化控制的关键。

第三节　细胞分化的调控

不同动物间的同源蛋白，特别是其中的基因调控蛋白，在结构和功能上具有相似性，若通过实验方法将这些基因在不同动物间进行互换，仍能正确地执行其调节细胞分化发育的功能。例如小鼠小脑发育的基因调控蛋白 Engrailed-1 与果蝇的同源蛋白 Engrailed 互换，二者可执行相同功能。这些证据说明，动物界细胞分化的调控机制在进化上具有保守性。

一、位置效应

哺乳动物胚胎细胞早期分化可能与细胞在胚胎中所处的位置有关。将白色小鼠 8 细胞期胚胎的卵裂球置于黑色小鼠 4 细胞期胚胎的卵裂球中央，使其形成嵌合体（chimera），培养到胚泡期时移植到假孕小鼠子宫内，产生的子代表现为明显的白色品系，表明小鼠卵裂球细胞的发育和分化与其在胚胎中的位置有关。

二、细胞间的相互作用

细胞间相互作用包括单向和双向相互作用，单向是指一个细胞或一个细胞群体向不同的邻近细胞发出信号（信号细胞），由接收信号的细胞（反应细胞）做出反应，以不同模式进行分化。分化成熟的细胞可以产生某种物质，抑制相邻细胞发生同样的分化，这种作用称为分化抑制（differentiation inhibition）。与此相反的是双向相互诱导，许多内部器官的发育是通过这种方式进行的。

三、激素对细胞分化的调节

激素的调节作用出现于胚胎发育的晚期,激素引起的反应是按细胞预定的分化程序进行的。这种作用是受体依赖性的远距离相互作用,激素带着特定的生物信息到达靶细胞,促进靶细胞的发育和分化。

激素分为甾体类激素和多肽类激素等类型。甾体类激素如蜕皮素、性激素等脂溶性的小分子可以直接进入靶细胞的细胞质内,与特异性受体分子非共价结合后进入细胞核内,参与特定基因的表达调控过程。生长激素和胰岛素等多肽激素为水溶性,不能穿过细胞膜,而是通过结合靶细胞质膜表面的受体,并通过细胞内信号转导途径将信息进行传递,最终影响遗传物质的表达。哺乳动物和人类性激素对个体第二性征发育的影响,是激素对细胞分化调节的典型例子。

四、转录因子对细胞分化的调控

(一)主导基因

在启动细胞分化的各类调节因子中,有时存在一种或两种起决定作用的调控蛋白,编码这种蛋白的基因称为主导基因(master gene)。主导基因的表达产物通常是特定的转录因子,可启动细胞向某个特定方向的分化。例如,MyoD 是在肌肉细胞分化中的关键性转录因子,而转录因子 Runx1(runt related transcription factor 1)在造血细胞分化过程中发挥关键作用。*Runx1* 基因敲除引起小鼠胚胎时期致死,进一步检查发现,小鼠存有原始造血细胞,但是没有永久性造血(definitive hematopoiesis)的细胞,提示 Runx1 与永久性造血表型相关。Runx1 的表达受到 Ldb1(Lim-domain-binding 1)、Lmo2(Lim-motif 2)、Scl(stem cell leukemia)和 Gata2(GATA box binding protein 2)数个转录因子的调控,例如缺乏 Scl 转录因子,会导致细胞向心脏平滑肌细胞谱系分化。

(二)组合调控

有时细胞分化由数种调节蛋白(转录因子)共同参与完成,表现为有限的少数调节蛋白启动为数众多的特异细胞类型的分化,称为组合调控(combinatorial control)。每种类型的细胞分化是在一组调节蛋白不同的排列组合下,通过协同或拮抗的方式共同调控完成的。

以哺乳动物造血细胞分化为例,说明数种转录因子对造血细胞分化的组合调控(图 27-3)。当转录因子 Ikaros 高表达时,会促进造血干细胞(hematopoietic stem cells,HSCs)向淋巴样祖细胞(CLP,common lymphoid precursor)分化,CLP 在 TCL-1 作用下向 T 细胞分化,在 E2A、PAX5 和 EBF 的共同作用下向 B 细胞分化;而转录因子 C/EBP a(CCAAT/enhancer-binding protein a)和 PU.1 则会使 HSCs 向髓样祖细胞(common myeloid precursor,CMP)分化,在这两个转录因子的作用下,CMP 会向粒细胞和单核细胞分化。GATA-1、EKLF 和 Fli-1 会促使 CMP 向红细胞分化,GATA-1 和 NFE2 促使 CMP 向巨核细胞分化,再分化为血小板,CMP 在 GATA-1 作用下向肥大细胞分化,GATA-1 是向红细胞、巨核细胞和肥大细胞分化共用的转录因子。

(三)同源异型基因

同源异型基因(homeotic gene)也称为 *Hox* 基因,其产物基本上都是转录因子,是一类在胚胎发育中影响组织和区域器官形态构建的保守基因。这些基因都含有一段高度保守的 180 bp

DNA 序列，称为同源异型框（homeobox），其编码的 60 个氨基酸称为同源异型结构域，可与特异 DNA 片段中的大沟相互作用，识别所控制的基因启动子的特异序列，从而在转录水平调控基因表达。*Hox* 基因突变，可发生同源异型转变，导致胚胎发育过程中某一器官异位生长，即本来应该形成的正常结构被其他器官所取代。例如，果蝇一对触角被两条腿所取代、平衡棒转变成翅等突变型均是由 *Hox* 基因突变引起的。

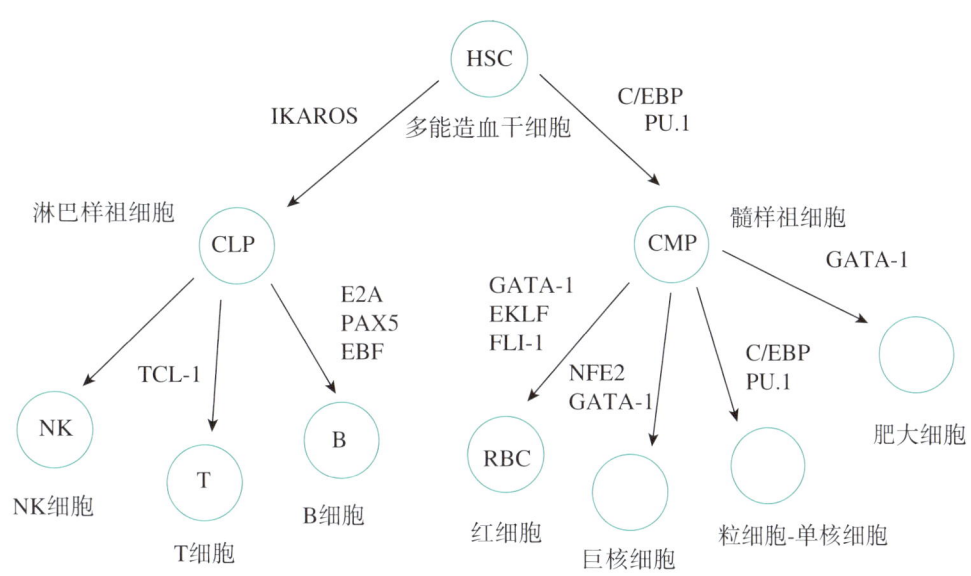

图 27-3　转录因子对造血细胞分化的组合调控

五、造血细胞的早期分化

（一）造血细胞分化阶段

哺乳动物胚胎永久造血细胞的建立，大体可分为 3 个阶段（图 27-4）。以小鼠为例：小鼠胚胎期原始造血（primitive hematopoiesis）被视为胚胎造血第一阶段，发生在胚胎第 7 天（E7）的卵黄囊血岛内，产生原始红细胞、巨核细胞和巨噬细胞；第二阶段为产生红系/髓系祖细胞（erythroid-myeloid progenitors，EMPs）的时期，EMPs 始于 E8.25 天的卵黄囊和 E9.5 主动脉旁脏壁层（para-aortic splanchnopleura），E9 天卵黄囊产生淋巴细胞的祖细胞，HSCs 前体细胞（pre-HSC）主要存在于 E10～E11 天的主动脉-性腺-中肾区（aorta-gonad-mesonephros，AGM），然后逐渐发育为 HSCs；第三阶段的主要特征是产生永久造血（definitive hematopoiesis）的 HSCs，永久 HSCs 于 E10.5 天在多个造血位点出现，E11 天胚胎肝募集肝外 HSCs 和 EMPs，并在此进行扩增和分化。与原始造血不同，永久 HSCs 不仅发生在卵黄囊，还涉及 AGM 区、脐动脉、卵黄动脉、胎盘和小鼠胚胎头部。永久 HSCs 独立出现，并快速取代原始造血系统。

人类 HSCs 可以分化为 T 淋巴细胞、B 淋巴细胞、自然杀伤细胞、粒细胞、单核巨噬细胞、红细胞和血小板等细胞。HSCs 增殖和分化障碍会导致相关疾病。HSCs 是最早被研究，也是临床应用广泛的干细胞。1957 年，当时人类白细胞抗原（HLA）系统尚未被认识，美国医学家 Edward D. Thomas 首次进行了孪生姐妹之间的骨髓移植，用来治疗白血病，1990 年他因这项成果获得了诺贝尔生理学或医学奖。

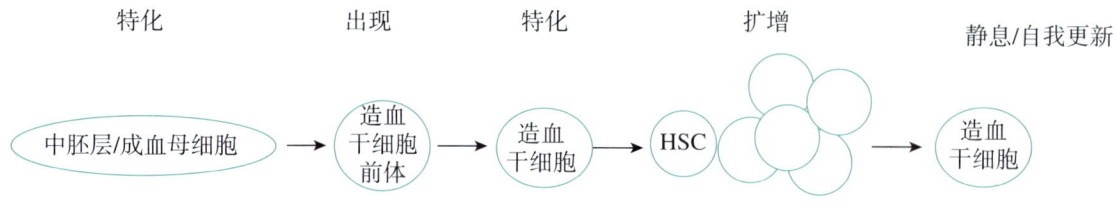

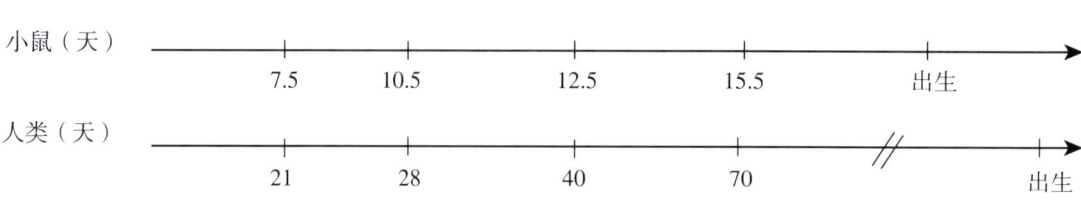

图 27-4 小鼠和人胚胎永久造血细胞的建立

哺乳动物造血细胞分化的过程和转录因子调控

小测试27-1：某研究生在做体外造血细胞分化实验时，发现所用细胞株编码Runx1的基因发生了突变，请问这株细胞用于造血细胞分化研究是否合适，为什么？

（二）造血细胞分化调控机制

Nodal/Bmp4/Wnt3a 是哺乳动物形成原条必需的信号分子，这些信号分子参与建立造血细胞发育的间质微环境，支持造血细胞的分化。一旦间质微环境建立，脊索分泌的音猬因子（Sonic hedgehog，Shh）诱导基质细胞产生血管内皮生长因子 a（VEGFa），这个信号会激活造血前体细胞 Notch1 的转录，Notch1 信号随后诱导 Ldb1 表达及 Ldb1 复合体的形成，进而诱导造血细胞关键转录因子 Runx1 的表达，从而促进造血前体细胞向各类造血细胞的分化。在主导基因 *Runx1* 的作用下，卵黄囊和 AGM 通过内皮-造血转变（endothelial-to-hematopoietic transition，EHT）分化为造血细胞。

第四节　体细胞核移植和细胞核的全能性

一、体细胞核移植的概念

体细胞核移植（somatic cell nuclear transfer，SCNT），又称体细胞克隆，指利用显微操作技术，以去核卵母细胞为受体，体细胞的细胞核为供体，将体细胞核移入成熟的去核卵母细胞中，激活形成克隆胚胎，进而培育出基因型与供体细胞相同的克隆动物。

二、体细胞核移植的发展历程

（一）两栖动物体细胞核移植

以往人们普遍认为动物受精卵随着发育的进行，其分化的潜能逐渐受限，即由全能性细胞逐步转化为多能干细胞和单能干细胞。但随着细胞生物学的发展，人们逐渐认识到稳定分化细胞的细胞核在特定的情况下具有可塑性,经典的实验是非洲爪蟾细胞核移植实验。1962年英国科学家Gurdon将非洲爪蟾的小肠上皮细胞的细胞核取出,植入到未受精的去核卵母细胞中,约2%体细胞核移植的细胞能够发育为爪蟾,表明成熟细胞的DNA仍然具有发育为成体所需的全部信息。这个实验首次证明了稳定分化的爪蟾小肠上皮细胞的细胞核,在特定情况下具有全能性(图27-5)。Gurdon因为发现"细胞重编程"和日本科学家Yamanaka共享了2012年的诺贝尔生理学或医学奖。

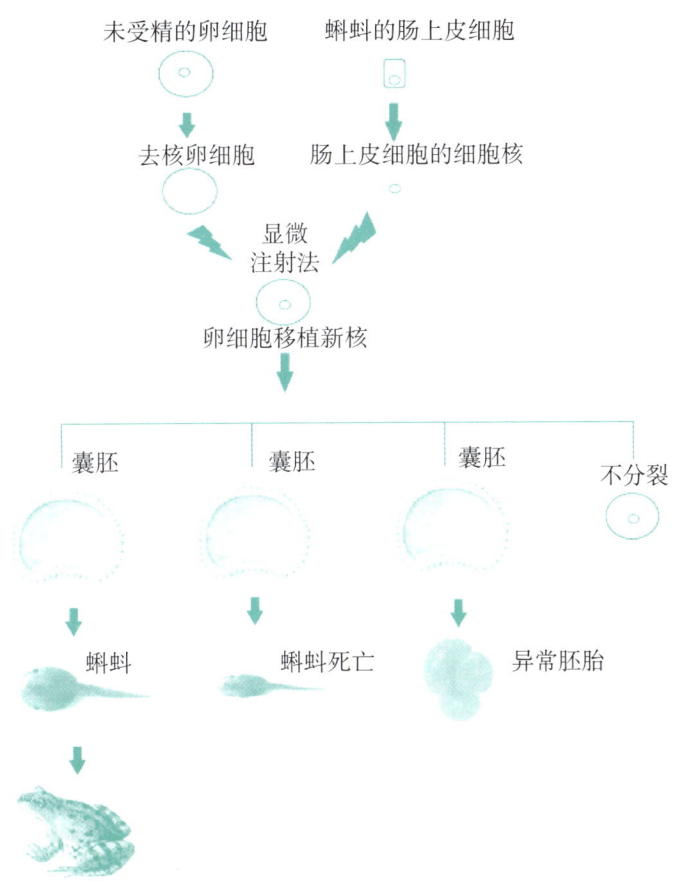

图 27-5　爪蟾细胞的体细胞核移植实验

(二)哺乳动物体细胞核移植

1997年英国罗斯琳研究所的Wilmut等科研人员将成年白脸羊乳腺上皮细胞的细胞核移植到另一只黑脸羊的去核卵母细胞中,由此克隆出世界上第一只哺乳动物白羊"多莉"(Dolly)。"多莉"羊的诞生说明体细胞核移植在哺乳动物中获得了成功。随后,多国科学家在各自的研究领域克隆出多种体细胞核移植动物。2018年中国科学院的科学家利用体细胞核移植技术,成功克隆处猕猴,在国际上首次实现非人灵长类动物的体细胞克隆。这些研究结果证明,稳定分化细胞的细胞核有全能性,具有调控细胞发育成完整个体的潜能,细胞核控制着遗传信息,而卵细胞的细胞质对细胞核有特殊的作用。

(三)体细胞核移植的局限性

虽然SCNT技术在多种哺乳动物中获得成功,但在实际应用中仍然存在一些障碍:几乎所有动物的克隆效率都很低,克隆胚胎的发育效率远远低于体外受精胚胎,哺乳动物的克隆胚胎发育效率只有 1%~5%；克隆胚胎往往出现胚盘发育异常、畸胎和流产；克隆动物出生后易出现免疫缺陷，甚至早期死亡。

（四）克隆动物的缺陷及可能机制

体细胞核移植的机制和应用

与传统受精卵胚胎或人工体外受精（in-vitro-fertilized，IVF）胚胎不同，哺乳动物 SCNT 胚胎的细胞核来自体细胞，具有明显差异。首先，体细胞具有表观遗传标识，细胞核基因组 DNA 普遍存在甲基化修饰，而生殖细胞发育过程中基因组 DNA 有一个去甲基化过程。其次，体细胞没有胚胎早期发育的分化记忆。细胞表观遗传标识和特异性分化记忆的不同，可能导致特定的胚胎早期分化错误或者胎盘发育不全，是哺乳动物克隆胚胎发育过程中出现各种异常和成功率较低的重要原因。

三、体细胞核移植的分子机制

（一）细胞核的全能性

SCNT 胚胎在染色质结构、表观遗传和转录组等方面都和传统受精卵胚胎相比存在着显著的差别，这种差别是导致 SCNT 胚胎发生细胞分化等各种障碍的主要原因。当供体细胞核与去核卵母细胞融合后，供体细胞核擦去核内已有的表观遗传修饰，并重新建立新的表观遗传修饰，激活胚胎早期发育相关的基因，重新获得发育的全能性。

（二）哺乳动物卵细胞的独特性

哺乳动物的卵细胞非常特殊，其细胞质中存在独特的蛋白质和 mRNA，包括 M 期促进因子（M-phase-promoting factors，MPFs）、细胞静止因子（cytostatic factor，CSF）、组蛋白 H2 和 H3 变体、甲基化酶和去甲基化酶等，其中 MPFs 可以促进卵细胞成熟，也是 SCNT 形成浓缩染色体的主要因子。哺乳动物受精卵形成合子的初期，卵母细胞和精子的转录都是沉默的，随后合子基因组开始转录，称为合子基因组激活（zygotic genome activation，ZGA），不同物种的 ZGA 时间不同，小鼠和人的 ZGA 时间分别在胚胎 2 细胞期和 8 细胞期，这个过程伴随着母源 RNA 的快速降解、合子 RNA 的大量合成。

（三）体细胞核移植过程中遗传物质的重编程

表观遗传重编程主要包括基因组印记、X 染色体失活、DNA 甲基化和组蛋白修饰等。小鼠稳定分化细胞的供体细胞核，在进入去核卵母细胞后核膜迅速破裂，在 MPFs 等因子的作用下形成浓缩染色体，这个过程称为早熟染色体浓缩（premature chromosome condensation，PCC）。PCC 是 SCNT 发育为胚胎所必需的过程，如果不经历这个过程，SCNT 胚胎会发生发育阻滞。此外，ZGA 过程中供体细胞组蛋白 H3K9Me3 的抑制、克隆胚胎植入前的 *Xist* 表达、H3K4Me3 和母源印记 H3K27me3 修饰等均是 SCNT 成功与否的重要因素。在小鼠 SCNT 过程中，体细胞的表观遗传修饰擦除不完全，未能建立起正确的表观遗传修饰，就会导致胚胎发育调控异常，影响 SCNT 成功率。

近年来的研究致力于应用单细胞测序和 CRISPR/Cas9 等技术，不断探索 SCNT 过程和体细胞表观重编程的分子机制，进而提高克隆效率、降低克隆动物异常表型的发生率，促进 SCNT 技术在动物生产、药物筛选、再生医学和保护宝贵动物遗传资源等多个领域中的应用。

第二十七章　细胞分化

小　结

　　在多细胞生物个体发育中，同一来源的细胞逐渐产生结构和功能上稳定性差异的过程，称为细胞分化。多细胞生物从受精卵开始，随着分化的进行，细胞的分化潜能会越来越受限制。细胞分化具有稳定性、可逆性和时空特异性，细胞分化的实质是组织特异性基因在不同时间和空间的选择性表达。细胞分化具有细胞决定和胚胎诱导现象，内在和外在因素共同影响细胞分化的进程。动物界细胞分化的调控机制在进化上具有保守性，位置效应、细胞间的相互作用、激素和转录因子均是细胞分化调控的重要因素。细胞分化发生在整个生命周期中，以造血干细胞分化为例，说明了造血细胞分化受到转录因子的调控。细胞核具有全能性，将其移入成熟的去核卵母细胞中，激活形成克隆胚胎，进而培育出基因型与供体细胞相同的克隆动物，称为体细胞核移植。提高体细胞核移植成功率，降低克隆动物异常表型发生率，对阐明生命奥秘、推进生命医学发展具有重要意义。

整合思考题

1．如何理解哺乳动物细胞随着分化的进行，细胞分化潜能会越来越受到限制，然而稳定分化的细胞核在特定条件下具有全能性？
2．哺乳动物胚胎时期的永久性造血是不是只发生在卵黄囊，其他组织可以发生吗？
3．动物的体细胞核移植为什么用去核的卵细胞？可以用其他的去核细胞吗？

参考答案

（张树冰　周士新）

第二十八章　干细胞与医学

导学目标

通过本章内容的学习，学生应能够：

※ **基本目标**
1. 描述干细胞的分化特征。
2. 分析干细胞的分化潜能与分类之间的关系。
3. 举例说明造血干细胞在疾病中的应用。
4. 举例说明间充质干细胞在疾病中的应用。
5. 分析胚胎干细胞多潜能性的鉴定方法。

※ **发展目标**
1. 举例说明诱导性多能干细胞的应用，并理解其分子机制。
2. 根据诱导性多能干细胞的诱导方法，分析其利弊并提出改进方案。

案　例

案例解析

2022 年，中国科学家在前期化学诱导小鼠多潜能性干细胞工作的基础上，使用化学重编程方法，应用小分子化合物组合诱导体细胞重编程，再次成功逆转体细胞"发育时钟"，将已特化的人成体细胞诱导为可以重新分化发育为各种组织器官类型的多潜能性细胞。该技术开辟了人多潜能性干细胞制备的全新途径，使其向临床应用迈进了一大步，给未来应用再生医学治疗重大疾病带来了新的希望。

问题：
1. 体细胞重编程的发生机制是什么？
2. 多潜能性细胞的鉴定方法有哪些？
3. 小分子化合物的优势及其应用前景是什么？

第二十八章 干细胞与医学

第一节 干细胞生物学

一、干细胞的定义

干细胞（stem cells）是机体中具有自我更新能力和多向分化潜能的一类细胞，在个体发育和成体维持等生命过程中，起着关键和决定性的作用。干细胞的研究是生命医学研究领域的热点，其核心问题与进化、个体发育、衰老与疾病、再生与修复等问题息息相关，为人体病理组织替代和再生康复提供有前景的解决方案。

二、干细胞的基本特征

自我更新是指干细胞分裂产生的子代细胞具有和亲代细胞完全相同的基因型和性状，这是干细胞的基本特征之一，干细胞通过自我更新保持各组织中自身数目的稳定。绝大多数组织干细胞在体外的增殖能力有限，在快速增殖以后长期处于静息状态；但造血干细胞和肠干细胞等组织干细胞自我更新活跃，与机体稳态维持和组织再生密切相关。

多向分化潜能是指干细胞具有分化为多种功能细胞的潜能，是干细胞的另一个基本特征。干细胞经过分化过程逐渐变为具有特殊功能的终末分化细胞，与此同时其多向分化潜能也逐渐丧失。干细胞 DNA 的表观遗传修饰改变，是决定细胞分化潜能的关键因素。

三、干细胞增殖

干细胞具有对称性分裂（symmetry division）和不对称性分裂（asymmetry division）两种增殖方式。对称性分裂形成的两个子细胞都是干细胞或者都是分化细胞；不对称性分裂除产生一个与亲本相同的干细胞外，还会产生一个分化的子细胞（图 28-1）。哺乳动物干细胞通常以不对称分裂方式进行增殖，每次分裂产生一个分化的细胞和一个与亲本相同的干细胞，在补充更新衰老细胞的同时，保持干细胞的数目相对稳定。但在组织损伤和坏死等应激状态时，干细胞可能选择对称分裂方式以迅速提供充足的分化细胞修复坏死组织；修复完成后，继续通过对称分裂的方式扩增，补充干细胞，维持干细胞数目稳定。

四、干细胞微环境

干细胞微环境（stem cell microenvironment，又称干细胞巢 stem cell niche）主要包括信号分子、细胞外基质和支持细胞等，作为一个结构与功能的统一体，时刻处于动态平衡之中，通过多种信号的协同作用，精密调控干细胞的数量和生物学功能。

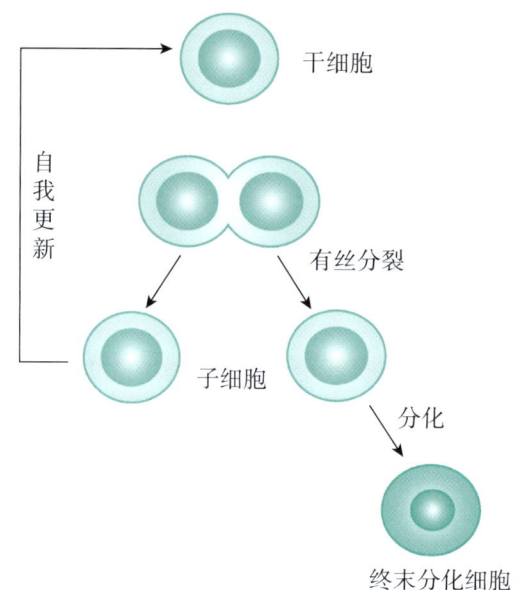

图 28-1 干细胞的不对称分裂

(一) 干细胞微环境的组成

1. 信号分子 干细胞微环境与干细胞之间存在大量信息交流,形成复杂的调控网络,精准地调控着干细胞的自我更新与分化。干细胞微环境中的激素、神经递质和生长因子等分泌性信号分子,能够识别不同的干细胞受体,传递生理信息。哺乳动物干细胞微环境中信号分子的相似性较高,但相同信号在不同组织干细胞中的作用可能不同。例如 Wnt 信号通路能够促进造血干细胞增殖与自我更新,但同一 Wnt 信号却可促进毛囊干细胞的定向分化。干细胞微环境中的细胞因子、代谢物和营养物质等可溶性分子也会随着机体年龄的增长而发生改变,干细胞微环境衰退将促进干细胞衰老,进而导致机体衰老过程中的组织器官发生退行性改变。

细胞黏附分子通过识别相邻细胞的特异性受体,调节干细胞的功能。这些黏附分子可确保干细胞定居在微环境中,保持增殖和分化的相对稳态。如钙黏蛋白参与果蝇卵巢生殖干细胞和造血干细胞的定位调控,整联蛋白调节哺乳动物造血干细胞和表皮干细胞的稳态。

2. 细胞外基质 干细胞微环境中的细胞外基质为干细胞的功能维持提供了重要保障。细胞外基质的生物力学特征、不同的排列方式及与干细胞之间的黏附,是干细胞增殖与分化过程的重要调节因素。相同类型的干细胞因其所处的细胞外基质不同,会表现不同的生物学特征。在一定条件下,重构年轻化的细胞外基质微环境能实现衰老干细胞的年轻化,在延缓衰老和衰老相关疾病的治疗领域具有重要的应用潜力。

3. 空间效应 干细胞与邻近支持细胞及细胞外基质构成的三维空间结构对干细胞增殖与定向分化调控非常重要。例如黑腹果蝇生殖干细胞的增殖过程中,纺锤体定位于干细胞微环境的支持细胞,确保非对称分裂后的子代干细胞位于干细胞微环境中,而子代分化细胞位于微环境外。在人表皮干细胞和成肌细胞中也存在影响干细胞命运的空间效应。

(二) 干细胞微环境的功能

干细胞对组织稳态维持和损伤修复至关重要,其功能的发挥依赖于干细胞微环境。干细胞微环境提供了干细胞维持自我更新的特殊微环境,形成一个再生区域。这些再生区域不仅能促进再生,还能调节内部干细胞的成熟和分化潜能,也可以对损伤等环境刺激做出剧烈反应。饮食、运动和衰老等环境刺激能影响干细胞微环境的功能,诱导静息干细胞增殖、逆转干细胞衰老过程,是再生、组织修复和老年性疾病治疗领域的研究热点。

五、干细胞分类

（一）不同分化潜能的干细胞

干细胞根据分化潜能不同，分为全能干细胞（totipotent stem cells）、多潜能性干细胞（pluripotent stem cells）、多能干细胞（multipotent stem cells）和单能干细胞（unipotent stem cells），其最终形成特化细胞的过程称为终末分化（terminal differentiation）。

多能干细胞仅具有分化形成胚层内多种细胞类型的能力，如在三胚层细胞形成之后，由于细胞所处的空间位置和微环境不同，细胞的分化潜能受到抑制，各胚层细胞只能分化发育为本胚层的组织和细胞，而失去发育成完整个体的能力。单能干细胞则只能向一种细胞类型分化，发育成特定的细胞。

小测试28-1：全能干细胞与多潜能性干细胞的分化潜能有何不同？

（二）不同细胞来源的干细胞

根据细胞来源不同，干细胞可分为胚胎干细胞（embryonic stem cells，ESCs）和成体干细胞（adult stem cells）。

胚胎干细胞是来自胚胎发育早期囊胚的一种高度未分化细胞。早期胚胎发育过程中，受精卵分裂形成囊胚，囊胚内细胞团（inner cell mass，ICM）的单个细胞具有多向分化潜能，可以分化产生3个胚层所有种类的细胞，其具有在体外培养无限增殖、自我更新和多向分化的特性。将其取出在体外建系和传代，即为胚胎干细胞。目前胚胎干细胞已从多种动物包括小鼠、狗、猫及人体内分离获得。

成体干细胞是存在于成熟组织器官内、具有自我更新能力和分化为相应组织器官功能细胞的一类原始细胞。根据组织来源不同，还可将成体干细胞分为造血干细胞、间充质干细胞、表皮干细胞、神经干细胞和肠干细胞等。因此，成体干细胞又被称为组织干细胞。与胚胎干细胞相比，成体干细胞增殖不活跃，通常处于低增殖状态，许多组织内的成体干细胞在正常条件下处于静止状态，即G0期。

第二节 造血干细胞

一、造血干细胞的生物学特征

（一）造血干细胞类型

造血干细胞（hematopoietic stem cells，HSCs）是一类具有自我更新和分化为多种成熟血细胞能力的干细胞（图28-2）。依据来源不同，造血干细胞可分为脐带血造血干细胞、骨髓造血干细胞和外周血造血干细胞等。成体哺乳动物的造血干细胞大部分存在于骨髓中，多数造血干细胞处于静息态，即G0期，只有小部分造血干细胞处于比较活跃的细胞分裂状态。造血干细胞是研究历史最长且最为深入的一类成体干细胞，其研究成果对于其他各类干细胞的研究具有重要的指导意义。

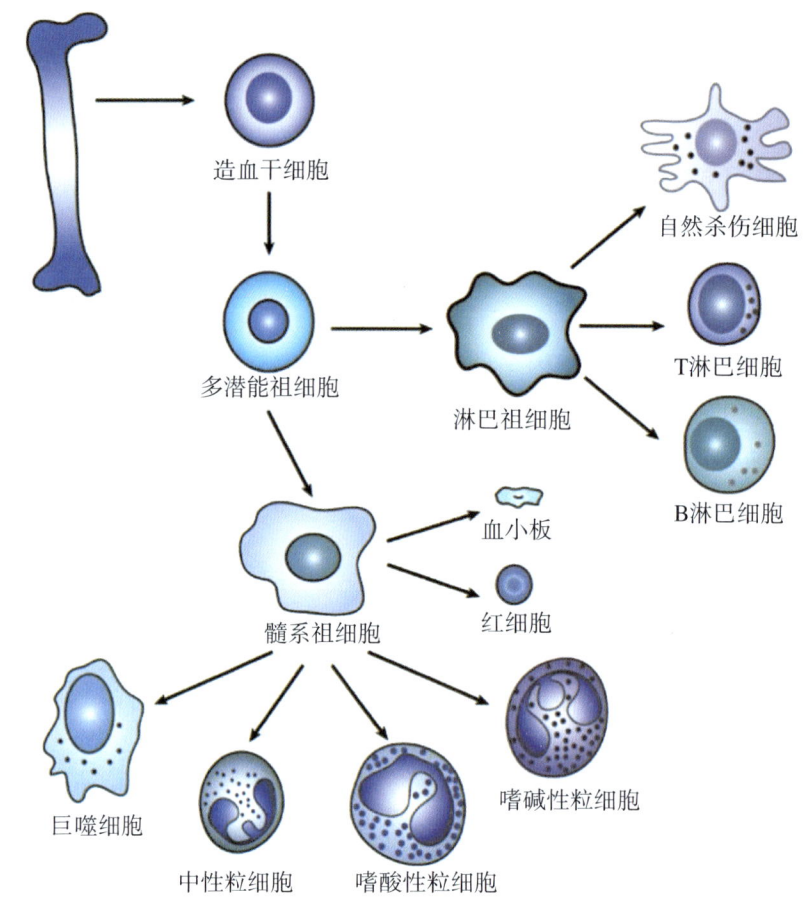

图 28-2 造血干细胞的分化

（二）造血干细胞标识分子

骨髓造血干细胞微环境

小测试28-2：人造血干细胞的表面标志物是什么？

成体造血干细胞在体内的含量极少。科学家最新发现，人体中造血干细胞的实时数量为5万～20万，占骨髓细胞总数的极少部分。因此，利用细胞标志物将造血干细胞进行分离纯化是对其进行深入研究的重要前提。免疫学上常用分化簇（cluster of differentiation，CD）分子的表达来鉴别不同细胞类型。CD34分子是最早被发现的人造血干细胞表面抗原，常被用于临床分离富集造血干细胞的供体，但造血祖细胞也表达CD34，因此CD34$^+$血细胞一般被称为造血干/祖细胞，是一群混杂的细胞。CD133也可作为富集造血干细胞的表面标志，但这些单一标志无法精准分离单个造血干细胞。随着流式细胞技术的不断发展，越来越多的表面标志被联合用来分离纯化造血干细胞。例如，CD34$^+$CD45RA$^-$细胞群、CD34$^+$CD38$^-$细胞群或CD34$^+$CD90$^+$细胞群均被发现能够相对富集造血干细胞。2011年，Dick等通过流式细胞术分选单个细胞进行移植实验，发现Lin$^-$CD34$^+$CD38$^-$CD45RA$^-$CD90$^+$CD49f$^+$细胞群能高度富集造血干细胞；2018年，Eaves等在此基础上发现CD33$^+$能进一步富集造血干细胞。骨髓移植的临床实践证实，造血干细胞具有重建整个造血系统的能力，造血祖细胞尽管数量很多，却没有这种能力。造血干细胞和造血祖细胞之间存在显著差异，是否具备重建整个造血系统的能力，是目前鉴定造血干细胞最重要的标准。

二、造血干细胞移植

造血干细胞移植（haematopoietic stem cell transplantation，HSCT）是通过药物或者射线清除

患者骨髓细胞，再将健康供者的造血干细胞移植入患者体内，重建新的血液系统和免疫系统，以达到治愈或者缓解血液系统疾病的目的。按照造血干细胞的来源部位不同，可以分为骨髓移植、外周血干细胞移植和脐带血干细胞移植；按照造血干细胞是否来自患者自身可分为自体移植和同种异体移植。

目前造血干细胞移植疗法是应用最为广泛和深入的干细胞临床治疗方法，用于治疗多种血液系统疾病。

1959年，法国肿瘤学家Mathé首次尝试采用骨髓移植治疗6例被放射线辐射的患者，后来也曾率先采用HSCT治疗白血病。1950—1970年，美国医生Thomas在美国西雅图Fred Hutchinson癌症研究中心采用骨髓来源的干细胞进行HSCT，他的开创性研究工作首次证实了输注供者骨髓干细胞可以在患者体内重建骨髓的造血功能。因其在造血干细胞移植研究工作中的突出贡献，Thomas获得1990年诺贝尔生理学或医学奖。

框 28-1　J. E. Murray 和 E. D. Thomas 获 1990 年诺贝尔生理学或医学奖

用器官和组织移植来治疗疾病，是人类多年的梦想。1990年诺贝尔生理学或医学奖被授予潜心研究器官和组织移植30余年的两位美国医生——J. E. Murray 和 E. D. Thomas。J. E. Murray首次成功施行了一对双胞胎的肾移植手术；E. D. Thomas首次证明骨髓细胞可以进行同种异体移植。

在临床上，HSCT应用依然面临着诸多困难，如治疗疗效需要大规模临床试验和长期随访等予以证实；受化疗药物及抗生素的影响，HSCT移植术后存在并发感染。此外，HSCT的安全性和供体来源等问题，也是影响能否成功进行HSCT的关键。

三、造血干细胞基因编辑

HSCT是治疗先天性免疫缺陷和血液疾病的相对成熟方案。然而，缺乏配型合适的供体导致HSCT应用受到极大限制。对自体造血干细胞进行基因编辑，改善或恢复其功能，将为血液相关疾病治疗提供可靠、有效的HSCT来源。首先，富集和纯化患者的造血干细胞；然后，利用CRISPR/Cas9等基因编辑技术体外修饰造血干细胞；最后，完成体外鉴定基因编辑的造血干细胞，并进行自体的HSCT。

目前，已有多个临床试验尝试用造血干细胞基因编辑治疗血液疾病或免疫系统疾病。如编辑 *IL2RG* 基因治疗X连锁重症联合免疫缺陷病（X-SCID）、敲除 *CCR5* 基因治疗HIV病毒感染、修复 *PKLR* 基因缓解丙酮酸激酶缺乏症、矫正β-珠蛋白基因突变治疗镰状细胞贫血等。虽然造血干细胞基因编辑的临床应用潜力巨大，但是仍存在基因编辑脱靶等不可预见的风险，相关临床工作的安全性和伦理问题需要引起足够重视。

第三节 间充质干细胞

一、间充质干细胞的生物学特征

（一）间充质干细胞的来源

间充质干细胞（mesenchymal stem cells，MSCs）是一类多能组织干细胞，广泛分布于骨髓、脂肪、胎盘和脐血等多种组织和器官中，具有分化成各种谱系细胞的能力，能够选择性归巢于多种组织的损伤部位。MSCs 主要来源于中胚层，取材容易，来源丰富，是目前使用最为广泛的组织干细胞。

（二）间充质干细胞分化

MSCs 具有自我更新、多向分化潜能和克隆形成能力，可以分化为软骨细胞、脂肪细胞、骨和肌肉细胞、神经元和肝细胞等多种细胞，也能为造血干细胞生长和分化提供支持环境，促进造血系统的发生（图 28-3）。标识分子 CD73、CD90 和 CD105 表达为阳性，同时标识分子 CD45、CD34、CD14、CD79、HLA 和 DR 表达为阴性，这是鉴定人间充质干细胞最低且公认的标准。此外，标准的 MSCs 细胞必须具有向成骨细胞、脂肪细胞和软骨细胞分化的能力。

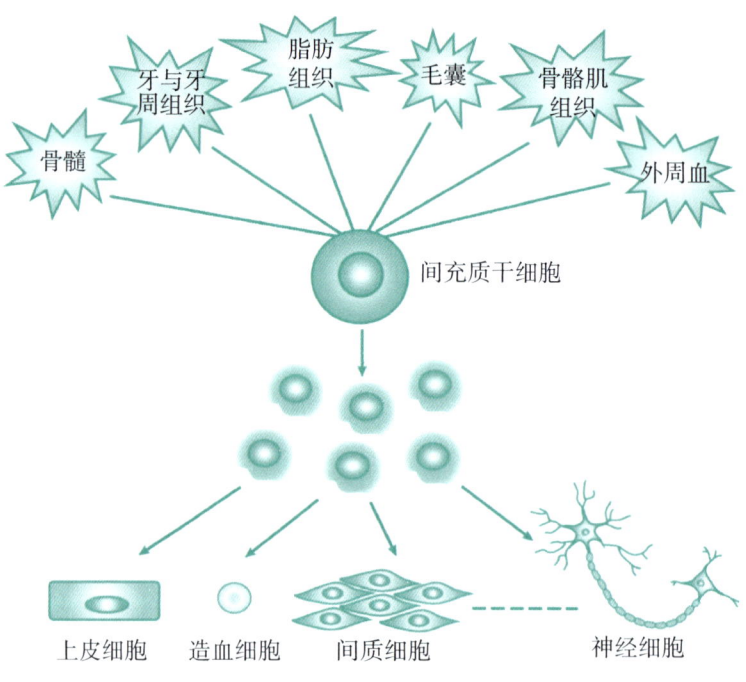

图 28-3 间充质干细胞的来源与分化

二、间充质干细胞的临床应用

（一）间充质干细胞的移植治疗

间充质干细胞移植是指采集自体或异体的间充质干细胞，体外培养、纯化或修饰后，将其输入患者体内，治疗神经系统疾病、代谢相关疾病、生殖障碍和心血管疾病等慢性难治疾病。在机制上，MSCs 能通过归巢到病理组织器官，直接修复受损细胞，也能通过释放效应细胞因子，间接改善患者的临床症状。MSCs 移植包括局部移植、组织器官的系统移植、干细胞基因治疗及组织工程等多种方式，有着广泛的应用前景。但关于 MSCs 体内输注的安全性还有待深入评价，间充质干细胞移植治疗的临床方案也需要进一步优化。

（二）间充质干细胞的免疫调节作用

MSCs 具有较低的免疫原性，对先天免疫和特异性免疫的多种效应细胞都具有显著的免疫调节作用。不同种类、浓度的炎症介质诱导 MSCs 时，会表现出截然相反的免疫调节作用。MSCs 就像免疫环境的一个调和剂：当炎症反应加强时，它会抑制免疫反应；当炎症反应减弱时，它又会促进免疫反应。因此，MSCs 可用于系统性红斑狼疮和类风湿性关节炎等自身免疫病，也可作为免疫抑制剂应用于器官移植治疗，延缓机体对移植器官的免疫排斥反应，防止移植物抗宿主反应的发生，因此显示出良好的临床应用前景。

间充质干细胞发挥免疫调节作用的方式

第四节　胚胎干细胞

胚胎干细胞是一种最广为人知的多潜能性干细胞，而它的建立与胚胎发育的研究密切相关。个体发育的起点是精子与卵子结合形成受精卵，随后受精卵进一步发生细胞分裂，在依次经过二细胞期、四细胞期、八细胞期、十六细胞期、桑椹胚等阶段后，受精卵形成一个内部存在空腔的球状结构，称为囊胚（blastocyst）。在囊胚阶段，胚胎细胞第一次出现细胞类型的分化：囊胚的外层细胞形成滋养层细胞（trophoblast），未来将发育成胎盘组织，为胚胎提供支持和营养；囊胚的内侧与囊胚腔相对的一群细胞为内细胞团，未来将发育为整个胚胎个体和卵黄囊（yolk sac）结构。胚胎干细胞就是来源于囊胚的内细胞团。

一、胚胎干细胞的建系

（一）小鼠胚胎干细胞建系

胚胎干细胞的建立要追溯到 20 世纪 80 年代小鼠胚胎干细胞的建立。1981 年，首株小鼠胚胎干细胞由英国科学家 Evan 和 Kaufman 从小鼠的内细胞团分离建立。通过将受精后 3.5 天的小鼠囊胚的内细胞团培养在增殖停滞的小鼠成纤维细胞饲养层上，他们发现可以维持内细胞团的未分化状态，并且可以在体外持续传代。同年，美国科学家 Martin 采用类似的方法也同样实现了小鼠胚胎干细胞系的建立。mESCs 的成功建立，开启了科学家对哺乳动物多潜能性干细胞维持自我更新和分化潜能的机制探索，同时对于灵长类甚至人等其他哺乳动物的 mESCs 建立具有深远的影响，在生物医学领域具有巨大的应用潜力。

> **框 28-2　2007 年诺贝尔生理学或医学奖**
>
> 　　美国科学家 M.R. Capecchi、O. Smithies 和英国科学家 M. J. Evans 因在胚胎干细胞和哺乳动物 DNA 重组方面的一系列突破性发现，获得 2007 年诺贝尔生理学或医学奖。他们的发现引领人们掌握了一个无比强大的研究武器：小鼠的"基因打靶"技术。
>
> 　　M. J. Evans 从小鼠胚胎中第一次成功分离出未分化的胚胎干细胞，这一开创性的研究为"基因打靶"技术提供了应用的空间；M. R. Capecchi 创建了对动物细胞进行"基因打靶"的技术，并利用该技术对小鼠成功进行了"基因打靶"；O. Smithies 深入研究了"基因打靶"技术，并通过该技术治疗地中海贫血症。

（二）人胚胎干细胞建系

在小鼠胚胎干细胞建立之后，人们发现其他哺乳类动物的内细胞团也能够实现胚胎干细胞建系。1995 年，美国科学家 Thomson 等人从恒河猴的囊胚中分离到胚胎干细胞，并成功构建了首个灵长类动物的胚胎干细胞系。3 年后，他们又成功地建立了人胚胎干细胞系。他们从通过体外受精的人卵细胞发育而来的囊胚中分离出了内细胞团，培养在经 γ 射线照射后不再分裂的小鼠胚胎成纤维细胞（mouse embryonic fibroblast，MEF），即饲养层细胞上。随后加入特定成分的培养基进行增殖和传代，最终得到了具有正常核型的人的胚胎干细胞系。这一成果极大地推进了细胞分化和胚胎发育领域的研究工作，特别是人类胚胎早期细胞分化机制研究的发展；同时，为在体外获得各种人体功能细胞提供了新的干细胞来源，开辟了生物医学一个崭新的领域。

二、胚胎干细胞的鉴定

胚胎干细胞可以通过细胞集落或细胞本身形态、分子表型特征和碱性磷酸酶活性等进行初步鉴定。鉴定胚胎干细胞的另一个重要方面是证明其多向分化潜能。

（一）畸胎瘤实验

畸胎瘤实验是将胚胎干细胞注入同种或免疫缺陷小鼠的皮下或肾包囊，以观察注入的细胞在宿主动物体内是否可以形成畸胎瘤。病理学检测时，形成的畸胎瘤具有 3 个不同胚层来源的各种细胞类型。典型的畸胎瘤含有多种组织细胞和类似的组织结构，如上皮组织、肌肉组织、神经组织、骨和软骨组织等。

（二）嵌合体实验

嵌合体实验是将受试细胞注入一个正处于胚胎发育的囊胚内，再把这种"杂合"的胚胎移植到雌性假孕鼠的子宫内。如果受试细胞是胚胎干细胞，就能和受体的囊胚共同发育形成子代动物，这种子代动物被称为嵌合体（chimera）。嵌合体动物是指子代动物的各种组织和器官中都包含了来源于两种不同基因背景的细胞。

（三）四倍体补偿实验

检测四倍体补偿（tetraploid complementation）能力是评估胚胎干细胞多潜能性的最严格标

准。正常小鼠的胚胎均为二倍体细胞，在胚胎发育到二细胞阶段时，用电或化学融合的方法使两个细胞融合为一个细胞，所得到的细胞为四倍体胚胎，四倍体胚胎不能发育出正常的个体，仅能形成胎盘。此时将胚胎干细胞注入四倍体囊胚，如果获得一个完整的动物个体，则表明该胚胎干细胞具有向3种胚层分化的能力（图28-4）。

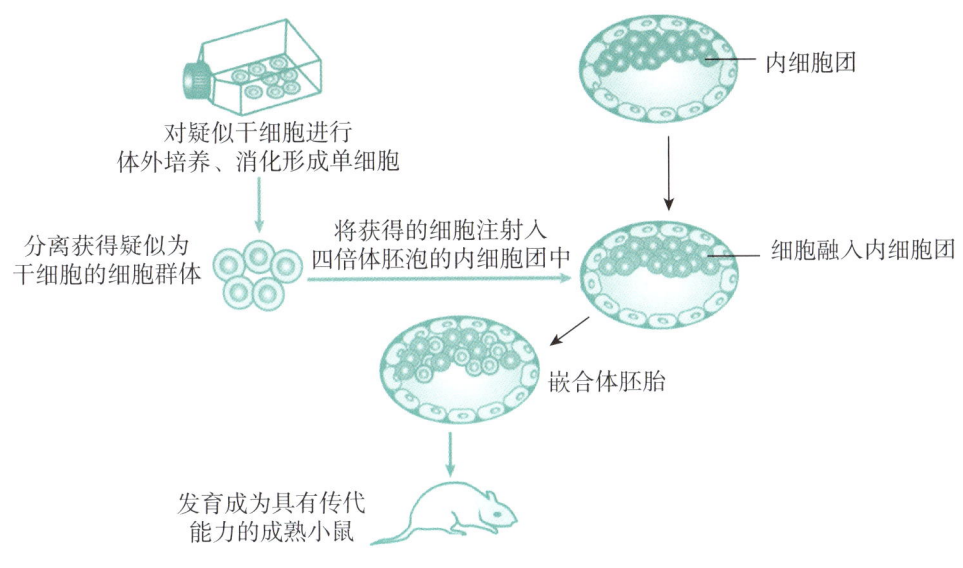

图 28-4　小鼠四倍体补偿实验鉴定胚胎干细胞

三、胚胎干细胞的核心调控分子

（一）Oct4 蛋白

Oct4 是 POU 转录因子家族中的一员，由 *pou5f1* 基因编码，是 ES 自我更新和维持多潜能性的重要调控分子。Oct4 主要表达在胚胎干细胞和胚胎生殖细胞等部位，含有 POU 结合域，通过与启动子或增强子区域中的 ATGC（A/T）AAT 结合，调控下游靶基因的转录，影响早期胚胎发育过程。

（二）Nanog 蛋白

Nanog 是 NK-2 家族的同源盒转录因子，由 *Nanog* 基因编码，是维持干细胞未分化状态的重要转录因子。在体内发育过程中主要表达于致密桑椹胚的内部细胞、囊胚内细胞团、胚胎原条的上胚层及外胚层中，在形成中胚层和限定性内胚层时其表达下调。

（三）Sox2 蛋白

Sox2 属于 HMG（high mobility group）转录调控因子家族。与 Oct4 和 Nanog 不同，Sox2 的表达并不限于多潜能性细胞。除了内细胞团、外胚层和生殖细胞，在原始外胚层和神经外胚层中也可检测到 Sox2 的表达。尽管如此，Sox2 仍被认为是调控多潜能性和早期细胞命运的重要因子，因为 Sox2 失活可导致向外胚层和滋养外胚层等多谱系的分化缺陷。同时 Sox2 能够和 Oct4 形成复合物，调控自身和下游目的基因如 *FGF4* 的表达。

（四）核心调控因子的相互作用

干细胞多潜能性和自我更新能力的维持，涉及一系列核心调控因子如 Oct4、Nanog 和 Sox2 等的复杂相互作用。在早期胚胎发育过程中，Oct4 和 Nanog 决定着细胞的分化命运。桑椹胚阶段的细胞都具有多向分化潜能，此时它们都有 Oct4 的表达。当桑椹胚进一步发育成囊胚时，继续拥有 Oct4 表达的细胞发育成囊胚阶段具有多潜能性的内细胞团，而失去 Oct4 表达的细胞则分化为上皮滋养层细胞。在此阶段，另一个重要的转录因子 Nanog 也开始在内细胞团中表达，它和 Oct4 共同维持内细胞团向 3 个胚层分化的潜能。研究表明，如果敲除 Oct4 或 Nanog，内细胞团无法产生，受精卵则不能发育形成生物个体。随着胚胎的进一步发育，Oct4 和 Nanog 表达逐渐减少，Sox2 参与着床后内细胞团多潜能性的维持。这些核心转录调控因子共同自发地互相调节并且协同调控下游目的基因，形成一个紧密的调控网络，精准调控胚胎早期发育过程。

第五节　诱导性多潜能干细胞

一、细胞重编程

（一）细胞重编程定义

细胞重编程（cell reprogramming）是指分化的体细胞在特定的条件下去分化，逆转命运回到全能性或多潜能性状态，或者将一种类型的分化细胞转分化为另外一种类型细胞的过程。前者称为多潜能性重编程（pluripotent reprogramming），后者称为谱系重编程（lineage reprogramming）或者转分化（transdifferentiation）。利用多潜能性重编程技术获得多能性干细胞再进行分化，或者利用谱系重编程技术直接获得特定类型的细胞、组织或器官，在移植治疗和再生医学领域具有巨大的临床应用价值。

（二）细胞重编程方法

1. 体细胞核移植技术　1962 年，Gurdon 及其同事使用核移植技术最终获得发育完整的爪蟾个体，首次证明了动物的体细胞同植物细胞一样，也具有全能性。1997 年，Wilmut 等人利用核移植技术，成功克隆出名震一时的克隆羊"多莉"，首次在哺乳动物上实现了体细胞的核移植。这项工作开创了克隆哺乳动物的新纪元，推翻了生物学界长久以来公认的观点，即哺乳动物的体细胞不具备发育成完整个体的全能性。2013 年，科学家首次利用核移植技术实现了人的体细胞核移植，并得到发育至囊胚的人胚胎，获得人胚胎干细胞。这里需要强调的是，在全世界范围内利用核移植等技术克隆人都是禁止的。核移植技术刷新了人们对发育过程的认识，即动物终末分化的体细胞也具有全能性，也可以去分化逆转到类似胚胎期的状态。但是，体细胞核移植技术也存在一些缺陷，例如它的技术要求高、难度大、成功率低等，更重要的是，它涉及获取稀缺的卵母细胞等伦理问题，因此极大地限制了它的应用。

2. 细胞融合技术　应用细胞融合技术，终末分化的体细胞通过与一些具有多能性的细胞（如胚胎干细胞等）进行融合可以获得多能性。细胞融合技术说明不仅是在卵母细胞中，在其他一些多能性细胞中也存在使体细胞去分化、发生重编程的因子。通过融合得到的细胞虽然呈现出多潜能性干细胞类似的性质，但是其染色体是四倍体状态，并非正常细胞的二倍体核型，故存在安全性隐患，阻碍了其在细胞治疗和再生医学领域中的应用。

3. 诱导性多潜能干细胞技术 2006 年，S. Yamanaka 团队用 4 个转录因子 Oct4、Sox2、Klf4、c-Myc（简称 OSKM）使小鼠的体细胞重编程为与胚胎干细胞性质类似的多潜能性干细胞，即诱导性多潜能干细胞（induced pluripotent stem cells，iPSC）。随后，iPSC 被证明可以产生嵌合小鼠并可以种系传递，严格证明了 iPSC 与 ESC 性质类似，具有多潜能性。2007 年，S. Yamanaka 用同样的转基因方法将人的体细胞重编程为 iPSC。几乎同一时间，J. Thomson 实验室使用稍有不同的 4 个转录因子（Oct4、Sox2、Lin28 和 Nanog），也将人的体细胞诱导成为 iPSC。

框 28-3 日本科学家 S. Yamanaka 获得 2012 年诺贝尔生理学或医学奖

> 2006 年，日本科学家 S. Yamanaka 团队利用逆转录病毒载体，在小鼠成纤维细胞中同时感染 *Oct3/4*、*Sox-2*、*c-Myc* 和 *Klf4* 四个基因，首次将该细胞诱导为形态、蛋白表达、表观遗传修饰以及分化潜能等方面均与胚胎干细胞类似的 iPS 细胞。

二、诱导性多潜能干细胞

（一）iPS 技术的建立

2006 年，S. Yamanaka 团队首先筛选出 24 个维持胚胎干细胞干性所需的活跃表达基因，然后在小鼠成纤维细胞中分别转染上述基因，通过筛选最终确定了维持 iPS 状态的 4 个必需基因：*Oct3/4*、*Sox-2*、*c-Myc* 和 *Klf4*。

（二）iPS 细胞的鉴定

iPS 细胞具有与胚胎干细胞相似的生物学特征，其鉴定方法也与胚胎干细胞的鉴定方法类似。

1. 细胞生物学特征 iPS 形态与 ES 相似，单个细胞呈圆形，核大，胞质少，形成的细胞克隆也与 ES 细胞相似。iPS 细胞有丝分裂和自我更新特性也与 ES 相同。iPS 细胞表达未分化 ES 细胞特异基因，包括 *Oct3/4*、*Nanog*、*Sox-2*、*hTERT*、*FGF4*、*Rex1* 等，同时还表达 hESC 特异的标志物，例如人 iPS 细胞表达 SSEA-3、SSEA-4、Nanog、TRA-1-60、TRA1-81 等，小鼠来源的 iPS 特异表达 SSEA-1。

2. 多向分化潜能 iPS 细胞可以向神经元或心肌细胞分化。向神经元诱导分化时，能表达 βⅢ-微管蛋白和酪氨酸羟化酶等特异性细胞标志物；诱导分化为心肌细胞时，可以出现自发波动，并表达心肌细胞特异蛋白。

3. 表观遗传学特征

（1）启动子区甲基化：在 iPS 细胞中，维系干细胞特性的重要基因如 *Oct3/4*、*Rex1* 和 *Nanog* 等启动子区域呈现去甲基化修饰，说明上述基因的活化可以诱导 iPS 的发生。在 iPS 进程的不同时期，不同功能基因的甲基化修饰状态也不尽相同。例如在 iPS 早期，主要是转录因子 FGF4 和 Polycomb 活化，而在 iPS 诱导晚期，调控干细胞干性的绝大部分相关基因，如 *Oct3/4*、*Nanog*、*Sox-2* 等都出现活化表达。

（2）组蛋白的去甲基化：iPS 细胞中与 Oct3/4、Sox-2 和 Nanog 相关的组蛋白 H3 发生去甲基化改变，提示上述基因的活化参与 iPS 的形成。

框 28-4　中国科学家在鉴定 iPS 细胞多潜能性中的贡献

2008年，中国科学家周琪团队和曾凡一团队合作完成的工作表明，利用 iPS 细胞能够得到成活的具有繁殖能力的小鼠，从而在世界上首次证明了 iPS 细胞与胚胎干细胞具有相似的多潜能性。

（三）iPS 细胞的应用

1. 建立新的疾病模型和药物筛选平台　分离患者自身的成体细胞，通过 iPS 技术获得疾病相关的 iPS 细胞系，在体外进行疾病的发病机制研究，深入了解疾病发生的分子机制；建立疾病相关的 iPS 细胞系，可以作为新药筛选平台，实现药物的体外高通量、快速筛选（图 28-5）。

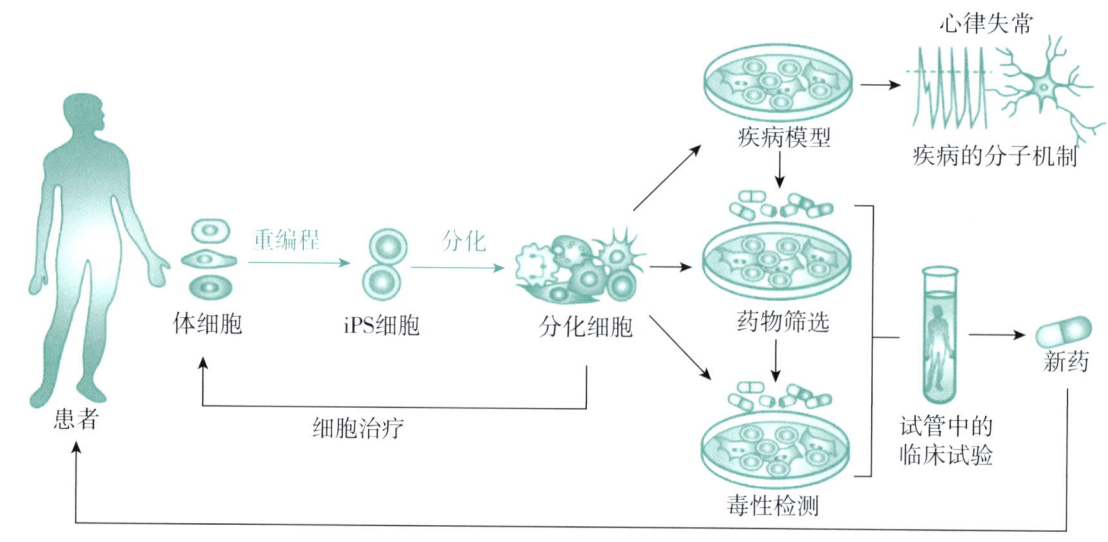

图 28-5　人 iPS 技术的应用前景

2. 细胞移植治疗　iPS 技术在再生医学领域具有广阔的应用前景。iPS 细胞来源于自体细胞，大大降低了移植过程中的免疫排斥反应，从而实现个体化治疗；同时，由于 iPS 细胞来源于成体细胞，克服了胚胎干细胞移植存在的来源不足和伦理问题。

由于采用细胞移植治疗的患者常常带有致病的基因突变，因此必须先对患者的突变基因进行纠正，随后进行 iPS 细胞的分化和移植，这是未来 iPS 细胞技术应用于再生医学的一个重要策略。科学家利用基因打靶技术纠正镰状细胞贫血小鼠 iPS 细胞中的突变基因，再将其分化为造血祖细胞后回输体内，结果发现小鼠的贫血症状明显减轻（图 28-6）。基因修饰技术为 iPS 细胞在再生医学领域的广阔应用打下了坚实的基础。

3. 用于再生医学的研究　细胞治疗是人多潜能干细胞技术中最引人瞩目的应用方向。近年来，由人胚胎干细胞定向诱导分化已获得了血细胞、神经细胞、心肌细胞、肝实质细胞、胰岛 β 细胞等多种与疾病相关的人体细胞。例如，糖尿病是目前严重威胁人类健康的重大疾病，在中国已有过亿患者。胰岛移植是治疗 I 型糖尿病最有效的方法，由于缺乏足够的供体而不能广泛地应用于临床治疗。干细胞体外定向分化为胰岛 β 细胞为解决供体不足提供了一种可能，并且随着材料科学的发展，可以将体外分化得到的胰岛 β 细胞置入一个物理隔离装置并放入体内，以提高细胞移植的安全性，通过其在体内分泌胰岛素，从而维持血糖稳定。近年来，研究者已经能够获得自人多潜能干细胞分化而来的胰腺祖细胞和胰岛 β 细胞，相关的临床试验也已经启动。

相对于人胚胎干细胞，诱导性多潜能干细胞在再生医学的临床应用中规避了伦理问题，因此有着更广泛的应用前景。从理论上讲，可以从患者体内获取体细胞，诱导形成 iPS 细胞，遵循再生医学的思路，设计有针对性的、个体化的治疗方法。同时，来源于患者的 iPS 细胞使研究者有可能建立各种人类疾病模型，用于筛选药物。而正常的 iPS 细胞则可用于建立人早期胚胎的发育模型，研究人胚胎发育中的诸多科学难题。

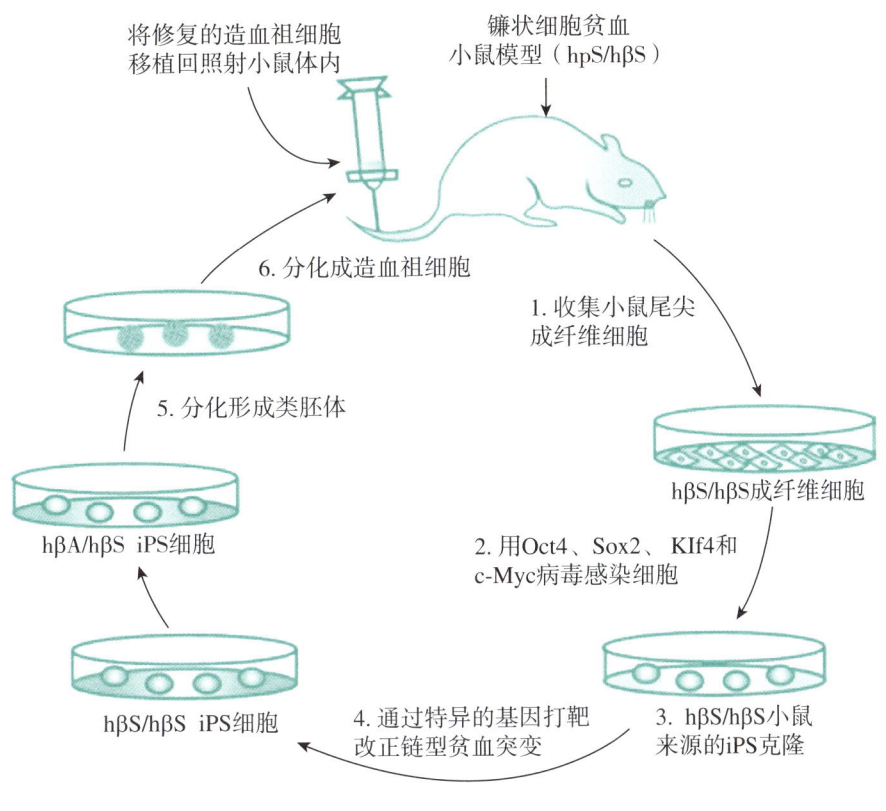

图 28-6 细胞移植治疗镰状细胞贫血小鼠模型

第六节 肿瘤干细胞

一、肿瘤干细胞假说

（一）肿瘤干细胞的发现

1994 年，加拿大科学家 Dick 等应用流式细胞术和重症联合免疫缺陷（severe combined immunedeficiency，SCID）小鼠模型，发现急性髓细胞白血病（acute myeloid leukemia，AML）患者外周血中仅占 1/250 000 的 $CD34^+CD38^-$ 标记的细胞亚群能够在小鼠体内成活，并引起相同的白血病。这是科学家首次证实肿瘤干细胞（cancer stem cell，CSC）的存在。2003 年，美国科学家 Clarke 从乳腺癌组织中分离出乳腺癌干细胞，这是在实体瘤中首次发现肿瘤干细胞。目前，科学家已经从白血病、乳腺癌、脑癌、前列腺、肝癌、结肠癌、胰腺癌、视网膜母细胞瘤、黑色素瘤和前列腺癌等多种类型的肿瘤组织中成功分离、提取和鉴定出肿瘤干细胞。

（二）肿瘤干细胞学说对肿瘤治疗的影响

近年来，随着从多种肿瘤组织和癌细胞系中成功分离和鉴定出肿瘤干细胞，"肿瘤干细胞"学说逐渐得到承认。该学说认为，在肿瘤组织中，大部分细胞不能维系肿瘤的生物学特征，只有很小比例的肿瘤干细胞才是肿瘤发生的起源细胞，能够保持肿瘤细胞的恶性表型。肿瘤干细胞领域的研究进展对肿瘤的临床精准诊治起到积极作用。一方面，"肿瘤干细胞"理论可以解释临床上难治性肿瘤易转移和耐药等恶性表型的根本原因；另一方面，也可以为肿瘤恶性程度诊断与预后判断提供依据，为肿瘤治疗提供新的特异性靶点。

（三）肿瘤干细胞的定义

肿瘤干细胞也称为肿瘤起始细胞（tumor-initiating cell，TIC），是从肿瘤组织中分离或鉴定的少数细胞，具有与干细胞相似的自我更新能力、多系分化和无限增殖潜能的特性。肿瘤干细胞的基本生物学特征与干细胞十分相似，是形成不同分化程度肿瘤细胞和肿瘤不断扩大的源泉，对肿瘤的转移、耐药和复发等恶性表型起决定性作用，是肿瘤产生的种子细胞。

二、肿瘤干细胞的特征

（一）肿瘤干细胞的细胞表型

类器官的发展历程、定义和培养系统

肿瘤干细胞和成体干细胞有很多相似之处，且成体组织中干细胞与祖细胞都有转化成肿瘤干细胞的能力。与大多数普通肿瘤细胞相比，肿瘤干细胞具有较强的迁移侵袭能力、化疗药物抵抗能力、肿瘤微球形成能力以及失衡的 Notch 和 Wnt/β-catenin 等干性调控信号网络。

肿瘤类器官（tumour organoid）形成能力是肿瘤干细胞表型特征的重要体现。肿瘤类器官是源自肿瘤组织中的肿瘤干细胞通过三维组织培养形成的细胞簇，它可模拟体内肿瘤特征及肿瘤细胞异质性，重现特定器官内的肿瘤生长过程。肿瘤类器官技术有助于科学家深入了解肿瘤，为肿瘤的个体化精准治疗铺平道路。

肿瘤干细胞的细胞表型受其所处的特定微环境的影响，这种肿瘤干细胞微环境由免疫细胞、肿瘤相关成纤维细胞、血管、细胞外基质和其他细胞外调节分子等成分组成。肿瘤干细胞微环境与肿瘤干细胞之间存在复杂的相互作用，参与肿瘤干细胞自我更新、增殖和分化的调控过程，是精准治疗肿瘤的重要靶点。

（二）肿瘤干细胞标识分子

肿瘤干细胞标识分子（cancer stem cell markers）是指肿瘤干细胞表达特异性的细胞表面蛋白或标志物，可用于区分肿瘤干细胞和非肿瘤干细胞，有助于人们识别、鉴定和分离肿瘤干细胞，并为肿瘤特性研究和诊治提供合适的靶点。在不同类型的肿瘤组织中，肿瘤干细胞标识分子类别和表达情况存在差异，其中 CD133、CD44、ALDH1 和 LRG4/5 等较为常见。通过流式细胞术、免疫磁珠分选和免疫组织化学等方法识别肿瘤干细胞标识分子，能够有效分离和鉴定肿瘤干细胞，在肿瘤预防、早期诊断、高效药物治疗、转移复发及预后判断等临床应用中具有重要价值。

(三)肿瘤干细胞与正常干细胞的比较

肿瘤干细胞与正常干细胞具有很多相似性。两者均保持低分化状态,具有无限增殖和分化潜能;均处于相对静止的细胞周期;具有相似的信号调节通路和网络;均具有端粒酶活性;均能诱导血管生成;均表现出抗凋亡途径的激活和膜转运活性的增加;均具有迁移到特定的组织和器官的特性;二者均表现出相似的发育等级现象。

然而,肿瘤干细胞并不等同于正常干细胞,两者又存在明显差异。首先,肿瘤干细胞增殖与分化是无序、失控的,而正常干细胞自我更新具有负反馈调节机制,其增殖与分化处于平衡状态,是有序的。其次,与正常干细胞相比,肿瘤干细胞缺乏成熟分化的能力,分化程序异常、不彻底,如白血病患者体内的白血病干细胞。此外,肿瘤干细胞信号网络功能异常,同时具有积累复制错误的倾向。

三、针对肿瘤干细胞的靶向治疗

肿瘤干细胞是肿瘤发生、耐药、复发和转移的根本因素,也是临床上导致肿瘤治疗失败的重要原因。针对肿瘤干细胞的靶向治疗是以肿瘤干细胞为靶点,研制有效的肿瘤进展阻断剂,降低肿瘤复发率并提高其治疗效果。肿瘤干细胞的靶向治疗策略包括针对肿瘤干细胞信号通路抑制剂、特异性诱导肿瘤干细胞分化、提高肿瘤干细胞药物敏感性、靶向肿瘤干细胞微环境和免疫疗法等,如全反式维甲酸联合砷剂,能够诱导白血病干细胞分化和凋亡,有效治疗急性早幼粒细胞白血病。

目前,肿瘤干细胞的靶向与干预已经成为肿瘤研究的前沿问题。然而,由于肿瘤干细胞具有休眠性、异质性、动态可变和标识分子不明确等特点,常因无法有效区分其与正常干细胞的差异,造成该杀伤时不杀伤,不该杀伤时乱杀伤,导致治疗效果不明显或产生严重的副作用。根据肿瘤干细胞休眠性的特点,在探索靶向新方案时,可以诱导休眠期的肿瘤干细胞重新进入细胞周期,使它们对治疗敏感,从而增强清除肿瘤细胞的能力。对肿瘤干细胞的深入探索将为肿瘤治疗提供新视角、新靶点和新方案,针对肿瘤干细胞的靶向治疗将为恶性难治性肿瘤患者带来新的希望,成为肿瘤临床治疗的重要突破口。

小 结

干细胞是具有无限增殖能力和多向分化潜能的细胞,通过可控的细胞分裂增加细胞数目,通过有序的细胞分化增加细胞类型。干细胞数量和生物学功能受干细胞微环境的精密调控。根据分化潜能不同,干细胞可分为全能干细胞、多潜能性干细胞、多能干细胞和单能干细胞;根据细胞来源不同,干细胞可分为胚胎干细胞和成体干细胞。

造血干细胞和间充质干细胞属于成体干细胞,取材容易,来源丰富,可用于多种疾病的治疗,显示出良好的临床应用前景。胚胎干细胞是一种多潜能性干细胞,来源于囊胚的内细胞团,胚胎干细胞建系、鉴定与核心调控因子研究为体外获得各种人体功能细胞提供了新的干细胞来源,开辟了生物医学中一个崭新的领域。诱导性多潜能干细胞是通过体外重编程方法获得的多潜能性干细胞,与胚胎干细胞具有相似的生物学功能,且在再生医学的临床应用中规避了伦理问题,具有更广泛的应用前景。肿瘤干细胞是肿瘤产生的种子细胞,对肿瘤发生转移、耐药和复发等恶性表型起决定性作用,针对肿瘤干细胞的靶向治疗将为肿瘤患者带来新的希望。

整合思考题

1. 间充质干细胞在临床中的应用有哪些？并阐述其应用原理。
2. 证明胚胎干细胞具有多潜能性的关键技术有哪些？阐述其基本步骤。
3. 胚胎干细胞核心网络调控分子维持胚胎干细胞干性的作用是什么？

（杨　华　张树冰）

第二十九章 细胞死亡

通过本章内容的学习，学生应能够：

※ **基本目标**

1. 复述细胞死亡的分类依据。
2. 说出细胞凋亡的概念，并描述细胞凋亡的形态学特征。
3. 分析 caspase 家族、Bcl-2 家族以及细胞色素 C 和 p53 分子对细胞凋亡的调控机制。
4. 解释从细胞自噬至自噬性细胞死亡的变化过程，并阐述自噬性细胞死亡的分子机制。
5. 联系分子机制，比较细胞焦亡和细胞凋亡，坏死性凋亡和细胞坏死在形态学上的差异。

※ **发展目标**

1. 分析内源性与外源性凋亡途径及两条通路之间的关系。
2. 举例说明凋亡的形态学改变与效应性 caspase 底物之间的关系，并分析其机制。
3. 解释磷脂酰丝氨酸在细胞出现早期凋亡时发生位置转变的分子机制。
4. 解释 LC3 蛋白在细胞自噬检测中的应用原理。
5. 阐述炎症小体的形成过程及其在细胞焦亡中的作用。

案 例

男，68 岁。无烟酒嗜好，因反复鼻塞就医。鼻咽镜检查示双侧软腭明显突出。增强 CT 示双侧筛窦内壁及部分颅底骨骨质吸收破坏，颌下多发肿大淋巴结。手术切除软腭肿块并行病理 HE 和免疫组化染色检查。结果显示：肿瘤细胞弥漫性排列，体积大，胞质少，核膜清晰，染色质粗大呈团状，可见核仁，核分裂象易见；Bcl-2（++），CD20（+），诊断为非霍奇金 B 细胞淋巴瘤。

问题：
1. Bcl-2 蛋白表达上调的可能分子机制是什么？
2. Bcl-2 蛋白在非霍奇金 B 细胞淋巴瘤中的作用机制是什么？
3. 除了非霍奇金 B 细胞淋巴瘤外，还有哪些疾病存在 Bcl-2 的表达上调？

案例解析

细胞死亡（cell death）是指细胞因其关键性功能发生不可逆性退化而引发的细胞完整性丧失，在个体发育及多种生理、病理过程中具有极其重要的作用。然而，科学家们却并未对其引起足够的重视。直至 1972 年，细胞凋亡概念的提出，才使细胞死亡逐步成为研究的热点。此后，经过数十年的大量研究，细胞死亡的整体蓝图被逐渐勾勒清晰。2018年，细胞死亡命名委员会发布指南，将细胞死亡分为意外性细胞死亡（accidental cell death，ACD）和调节性细胞死亡（regulated cell death，RCD）两大类。

意外性细胞死亡是指细胞受到物理或化学等灾难性损伤后，瞬间发生的细胞死亡，如细胞坏死（necrosis）等。而调节性细胞死亡则通过精细的基因调控机制，靶向性清除多余的、有害的以及受到不可逆损伤的细胞，以维持细胞与机体的稳定。调节性细胞死亡主要包括细胞凋亡（apoptosis）、自噬性细胞死亡（autophagy-dependent cell death）、细胞焦亡（pyroptosis）、铁死亡（ferroptosis）和坏死性凋亡（necroptosis）等。此外，值得注意的是，调控性细胞死亡并不是多细胞生命所特有的死亡形式，它还存在于酵母等单细胞真核生物以及大肠埃希菌等原核生物中。

第一节　细胞凋亡

一、细胞凋亡的意义

细胞凋亡是细胞在受到外源性死亡信号或内源性损伤因素等刺激后发生的一种主动性死亡方式，对多细胞生物的个体发育、体细胞数量稳定的维持以及损伤防御等方面均具有极为重要的作用。

在多细胞生物的发育过程中，发生凋亡的细胞数量非常惊人。例如，手和脚在发育早期呈铲状结构，只有手指或脚趾之间的细胞发生凋亡才会分开；蝌蚪蜕变成青蛙时，蝌蚪尾巴也需要通过细胞凋亡过程被清除；在神经系统的发育过程中，只有那些接受了足够量的生存因子，从而建立了功能性突触的神经细胞才能存活，其他约有50%的细胞发生凋亡（图29-1）。此外，细胞凋亡还会消除那些异常或对机体有潜在危险的细胞，以避免其潜在的致病危害。例如，在脊椎动物适应性免疫系统的发育过程中，机体可通过细胞凋亡清除识别自身抗原和无法产生特异性抗体的淋巴细胞等。

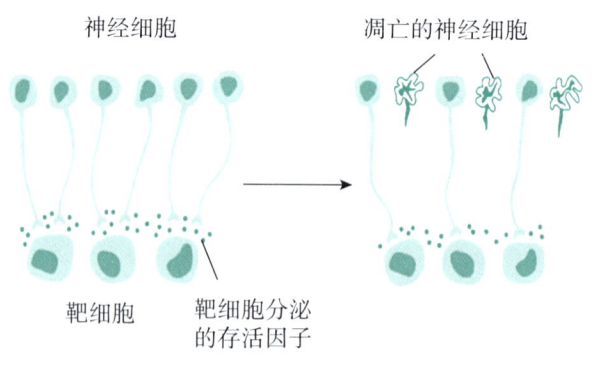

图29-1　神经细胞的凋亡

在体细胞数量的稳定维持以及损伤防御等方面，细胞凋亡也发挥着重要作用。例如，用苯巴比妥刺激大鼠肝细胞分裂，使肝增大，停药后肝细胞会通过大量的细胞凋亡过程，在1周内恢复至原来的大小。此外，细胞凋亡还具有重要的质量监控作用。例如，在细胞DNA损伤时，p53

活化并激活 DNA 修复蛋白促进其修复。如该损伤无法修复，p53 则激活凋亡基因的转录，启动内源性凋亡途径，诱导细胞凋亡。该监控机制异常会导致 DNA 损伤细胞无法及时清除，有可能引起肿瘤等疾病的发生。

R. Horvitz、S. Brenner 和 J. Sulston 获 2002 年诺贝尔生理学或医学奖

二、细胞凋亡的形态学特征

细胞在凋亡过程中呈现出阶段性的典型形态学改变：首先，细胞表面的特化结构如微绒毛等消失，细胞变圆，脱离邻周细胞，但细胞膜仍然完整。然后，细胞固缩，内质网扩张呈泡状并与细胞膜融合。核纤层水解，染色质密度增高、凝聚在核膜周边，呈新月形或花瓣形等形态。最后，核染色质断裂为大小不等的片段，核膜断裂，核碎片与其他细胞结构一起聚集，被反折的细胞膜包裹。从外观看，细胞表面产生许多泡状或芽状突起，呈现沸腾运动。此后，芽泡脱落，即形成单个的凋亡小体（apoptotic body），进而被吞噬细胞或邻近细胞吞噬、消化（图 29-2）。在其整个过程中，细胞膜完整，内容物没有释放，因此不会产生炎症反应。即使大量细胞在短时间内发生凋亡，也能够被迅速清除。这种死亡过程不涉及溶酶体膜及细胞质膜的破裂，没有细胞内涵物的外泄，只造成单个或零散细胞的丢失，既不引起炎症反应，又可实现有机物的循环利用。

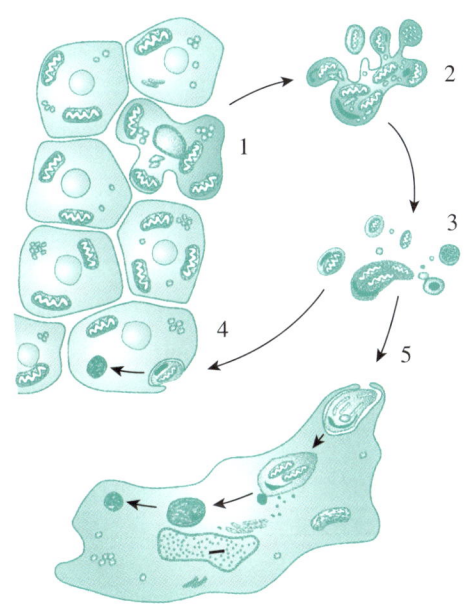

图 29-2 细胞凋亡的形态学变化

1. 细胞体积变小，染色质凝集，周边化，呈新月形；2. 细胞呈现沸腾运动，细胞膜发泡；3. 凋亡小体形成；4. 上皮细胞吞噬；5. 单核-巨噬细胞吞噬

小测试29-1：细胞凋亡的形态学特征是什么？

三、胱天蛋白酶级联反应

细胞凋亡由一个特异性的胞内蛋白酶家族触发，该蛋白酶可对上千种底物蛋白进行特异性切割，引发级联效应，导致细胞死亡。这个蛋白酶家族成员具有一个共同特征：其活性部位均含有一个半胱氨酸（cysteine）残基，且切割位点为底物蛋白的天冬氨酸（aspartic acid）残基的羧基端。因此，它们被称为半胱氨酸天冬氨酸特异性蛋白酶（cysteine aspartic acid specific protease， caspase），简称胱天蛋白酶。caspase 在细胞中以非活性的酶原形式存在，并在细胞发生凋亡时被活化。根据其在级联反应中的不同作用，可将 caspase 分为凋亡起始酶（initiator apoptotic caspases）和凋亡效应酶（executioner apoptotic caspases）两大类（图 29-3）。

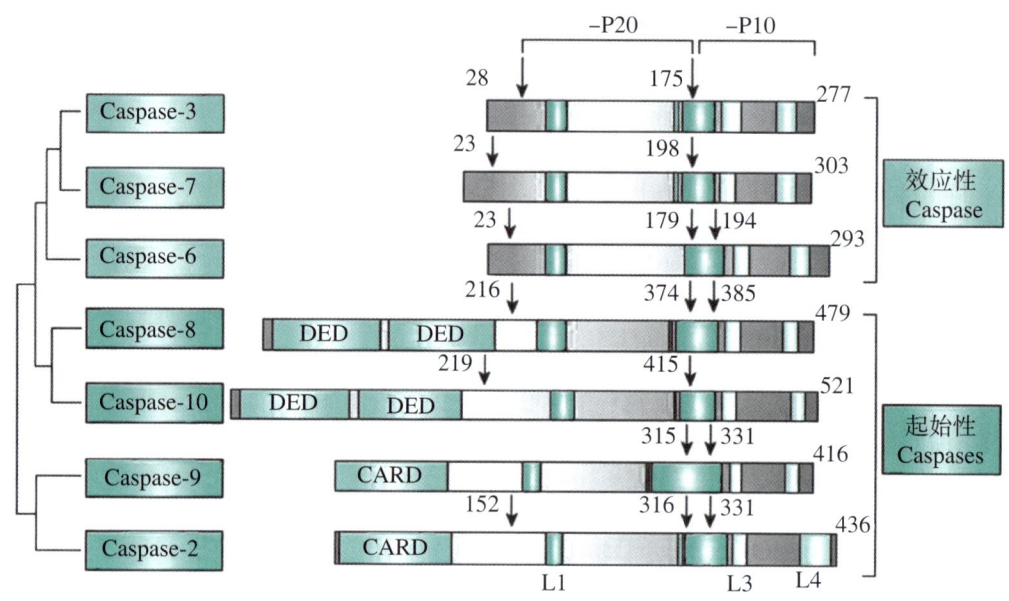

图 29-3　凋亡起始酶和凋亡效应酶结构模式图

凋亡起始酶通常以非活性的可溶性单体酶原形式存在于细胞质中，包括 caspase-2、caspase-8、caspase-9 和 caspase-10 等。凋亡起始酶的酶原主要包括其 N 端的原结构域（prodomain）以及大亚单位和小亚单位。该原结构域较长，含有一个或多个功能域，例如 procaspase-8 和 procaspase-10 的 N 端有两个串联重复的死亡效应结构域（death effector domain，DED），procaspase-2 和 procaspase-9 的 N 端含有 caspase 激活和募集结构域（caspase activation and recruitment domain，CARD），对凋亡起始酶酶原的活性具有抑制作用。当凋亡信号触发蛋白复合物的组装时，DED 或 CARD 可招募多个凋亡起始酶形成更大的复合物。在这些复合物中，凋亡起始酶因形成二聚体而发生同源活化（homo-activation），自我剪切去除 N 端的原结构域，随后在其天门冬氨酸残基的羧基端剪切，形成大小两个亚基，两对大小亚基组成具有活性的异四聚体，进一步稳定复合物并激活下游级联反应。

凋亡起始酶的主要功能是激活凋亡效应酶。与凋亡起始酶的存在形式不同，凋亡效应酶通常以非活性二聚体的形式存在，包括 caspase-3、caspase-6 和 caspase-7 等。凋亡起始酶酶原的原结构域很短，仅有 20～30 个氨基酸。当它们被凋亡起始酶切割时，先去除 N 端原结构域，进而特异性切割其天门冬氨酸残基的羧基端，形成大小两个亚单位，两对大小亚单位发生构象改变后组装为异四聚体而活化。因此，凋亡效应酶的活化形式为异源活化（hetero-activation），这与凋亡起始酶的活化方式也不同。活化的凋亡效应酶进一步切割细胞内多种蛋白质底物，产生凋亡效应。

一个凋亡起始酶复合物可以激活多个凋亡效应酶，导致蛋白质水解的级联放大效应，进一步催化裂解大量的底物蛋白质，引起细胞凋亡的发生（图 29-4）。

目前已知，在细胞凋亡过程中被凋亡效应酶切割的底物多达 1000 余个，然而，有较为深入研究的只是其中很少的一部分。如：细胞骨架和细胞连接蛋白，其裂解有助于凋亡细胞与邻近细胞的分离；细胞核纤层蛋白，其裂解导致核纤层解组装；caspase 活化的脱氧核糖核酸酶抑制物（caspase-activated deoxyribonulease inhibitor，iCAD），其裂解释放并活化了胱天蛋白酶激活的脱氧核糖核酸酶（caspase-activated deoxyribonulease，CAD），被活化的CAD进而在核小体单位之间对染色质DNA进行切割（图29-5）；多聚-ADP核糖聚合酶（poly ADP-ribose polymerase，PARP）的裂解可以阻止该蛋白质修复损伤的DNA；钙非依赖性磷脂酶A2（Ca^{2+}-independent phospholipase A2，iPLA2）裂解活化后，可以细胞膜上的磷脂酰胆碱（phosphatidylcholine，PC）为底物，生成溶血磷脂酰胆碱（lysophosphatidylcholine，LPC），趋化招募单核细胞。caspase通过级联反应自我放大不仅产生了巨大的破坏性，同时也是不可逆转的。因此，细胞一旦发生凋亡，就会沿着死亡的道路前进而不能回头。

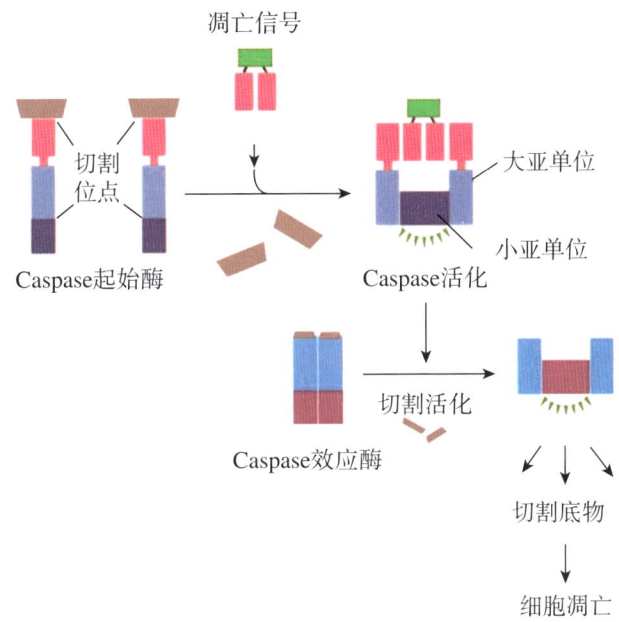

图 29-4　Caspase 级联反应

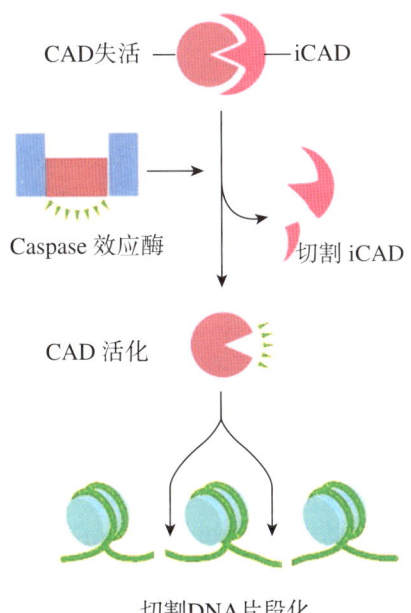

图 29-5　核酸内切酶 CAD 的调控

第五篇　细胞的社会性与细胞命运

在细胞凋亡过程中，凋亡起始酶的激活发挥着如此重要的启动作用。那么，是什么样的信号，又通过怎样的过程将凋亡起始酶激活的呢？目前，研究最为清楚的细胞凋亡激活通路有两种：即细胞凋亡的外源性通路和细胞凋亡的内源性通路。

四、细胞凋亡的外源性通路

细胞凋亡的外源性通路（extrinsic pathway）是指外源性凋亡信号通过与细胞表面的死亡受体结合，引发胞内 caspase 级联反应，引起细胞凋亡。因此，细胞凋亡的外源性通路又被称为死亡受体通路。死亡受体（death receptor，DR）是一种跨膜蛋白，包含一个富含半胱氨酸残基的胞外配体结合结构域、一个跨膜结构域以及一个胞内的由约 70 个氨基酸残基组成的死亡结构域（death domain，DD），死亡结构域可与具有死亡结构域同源序列的蛋白质结合，传递细胞凋亡信号。死亡受体属于肿瘤坏死因子受体（tumor necrosis factor receptor，TNFR）超家族成员，目前已经鉴定出 6 种死亡受体，它们分别是 TNFR1、Fas/Apo1/CD95、DR3、DR4、DR5 和 DR6。其中 Fas/Apo1/CD95、DR4 和 DR5 主要介导细胞凋亡，而 TNFR1 可参与多种信号通路，功能复杂多样，下面以 Fas 为例进行介绍。

死亡受体如何触发凋亡的外源性通路呢？Fas 是细胞表面的一种死亡受体，也称 FasR（Fas Receptor），其配体 FasL（Fas Ligand）是一种糖蛋白，通常形成同源三聚体，既可锚定在细胞膜上，也可以可溶性因子的形式分泌到细胞外。FasL 的主要功能就是诱导 Fas 阳性细胞凋亡。当 FasL 与细胞膜上的 FasR 结合后，可诱导 FasR 的三聚体化，同时使其构象发生改变，暴露出其 C 端的 DD，招募胞质中的衔接蛋白（adaptor protein），如 RIPK1/RIP1（receptor-interacting protein kinase 1）、FADD（FAS-associated protein with a DD）和 cIAPs（cellular inhibitor of apoptosis proteins）等。FasR 招募的 FADD 一方面通过其 C 端的 DD 结构域与死亡受体相互作用，另一方面又可通过其 N 端的死亡效应结构域（death effect domain，DED）与 procaspase-8/procaspase-10 分子中的 DED 结合，形成死亡受体-FADDprocaspase-8/10 组成的复合物，即死亡诱导信号复合体（death-inducing signal complex，DISC），引发 procaspase-8/procaspase-10 的二聚化，procaspase-8/procaspase-10 发生自我剪切而被活化。活化的 caspase-8/caspase-10 直接作用于胞质中的效应性 caspase 家族蛋白（caspase-3/6/7），发生级联活化，活化的效应酶水解其底物，引起凋亡效应（图 29-6）。

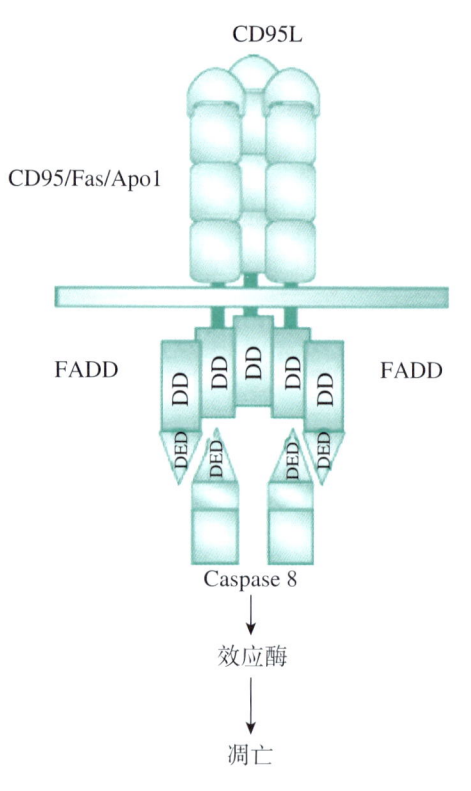

图 29-6　细胞凋亡的外源性通路

小测试29-2：细胞凋亡的外源性通路活化过程是什么？

另外，肿瘤细胞可通过多种调节 Fas/FasL 的机制来逃逸免疫细胞的监控。如肿瘤细胞可通过下调 Fas 受体的表达、分泌可溶性 Fas 受体到胞外以竞争性捕获 FasL、上调 FasL 诱导 Fas 敏感的免疫效应细胞死亡等。此外，还有一些细胞可以产生只具有配体结合结构域而无死亡受体结构域的诱饵受体（decoy receptor），结合死亡受体的配体却无法引起凋亡，从而发挥竞争性抑制死亡受体的作用。

五、细胞凋亡的内源性通路

细胞内部的 DNA 损伤或发育障碍等内源性信号可从细胞内部激活凋亡程序，即细胞凋亡的内源性通路（intrinsic pathway）。内源性损伤信号作用于线粒体，引起线粒体膜间隙中的蛋白质向胞质释放，激活凋亡起始酶并进一步引发 caspase 级联反应，导致细胞凋亡。因此，细胞凋亡的内源性通路又被称为线粒体通路。

内源性通路中的一个关键性蛋白质是细胞色素 C，它是一种水溶性的线粒体电子传递链组分，在胞质中合成之后转运至线粒体，定位于线粒体膜间隙。当线粒体膜电位下降时，存在于线粒体内、外膜之间的细胞色素 C 释放进入胞质，与衔接蛋白细胞凋亡蛋白酶激活因子 1（apoptotic protease-activating factor 1，Apaf1）、脱氧三磷酸腺苷（ATP）以及 caspase-9 酶原结合，形成凋亡体（apoptosome）（图 29-7）。Apaf1 单体 N 端含有一个招募 caspase 的 CARD 结构域和一个核苷酸结合寡聚结构域（nucleotide-binding oligomerization，NOD），其 C 端含有一个 WD40 重复区。在 ATP 存在的条件下，细胞色素 C 与 Apaf1 的 WD40 重复区结合，Apaf1 空间构象发生改变，并通过其 NOD 结构域而寡聚化，形成一个车轮状的七聚体，即凋亡体的核心。Apaf1 进一步通过 CARD-CARD 相互作用招募 N 端含有 CARD 结构域的 caspase-9 酶原二聚化而活化。此后，与死亡诱导复合物激活 caspase-8 一样，活化的 caspase-9 进一步激活下游的凋亡效应酶，引起细胞凋亡。

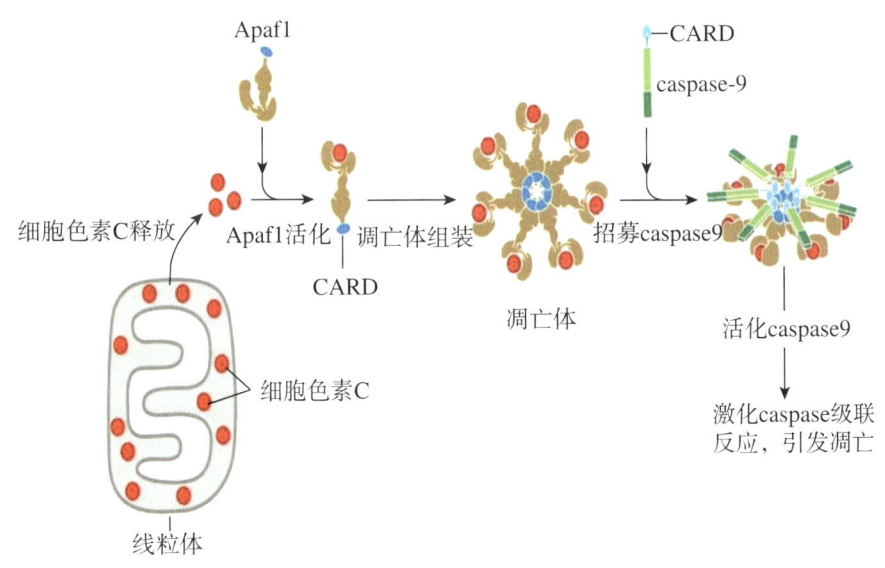

图 29-7　凋亡体形成

华人科学家王晓东和细胞色素 C

小测试 29-3：细胞凋亡的内源性通路活化过程是什么？

除细胞色素 C 外，凋亡诱导因子（apoptosis inducing factor，AIF）和核酸内切酶 G（endonuclease G）等其他线粒体膜间隙蛋白从线粒体膜间隙释放到胞质后，可直接进入细胞核，在不依赖 caspase 的条件下促进 DNA 片段化和染色质凝聚，引起细胞凋亡（图 29-8）。

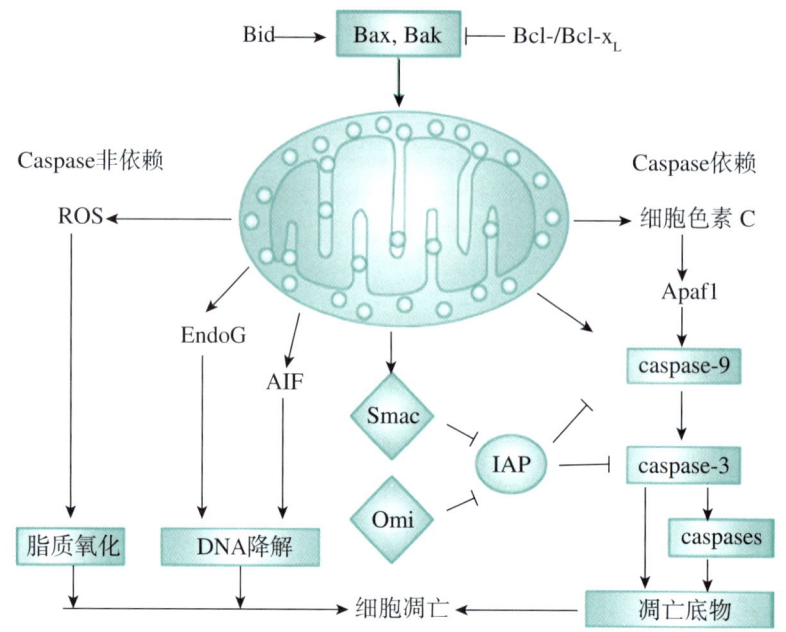

图 29-8　细胞凋亡的内源性通路

六、Bcl-2 蛋白家族调节细胞凋亡的内源性通路

细胞凋亡的内源性通路受到极为严格的调控，以确保细胞只能在适当的时候发生凋亡。最为重要的内源性通路调控蛋白是 Bcl-2（B cell leukemia 2）蛋白家族，它与 caspase 家族一样，在从线虫到人类的进化过程中高度保守，人 Bcl-2 蛋白在秀丽隐杆线虫中表达时，也可以抑制其发生细胞凋亡。

Bcl-2 蛋白家族如何调控细胞凋亡的内源性通路呢？其核心作用就是调控细胞色素 C 等线粒体膜间隙蛋白质向细胞质的释放。有些 Bcl-2 家族蛋白具有促凋亡作用，通过促进线粒体膜间隙蛋白质的释放引起细胞凋亡；而有些则具有抗凋亡作用，通过阻断其释放来抑制细胞凋亡。促凋亡蛋白与抗凋亡蛋白可以组合成各种形式的异二聚体，相互抑制其功能。这两类 Bcl-2 家族蛋白活性的平衡能够在很大程度上决定细胞是存活还是死亡。

抗凋亡 Bcl-2 蛋白家族包括 Bcl-2 本身和 Bcl-XL，他们均含有 4 个不同的 Bcl-2 同源（Bcl-2 homologue，BH）结构域，即 BH1～BH4；而促凋亡 Bcl-2 家族包括两类：促凋亡 Bcl-2 家族效应蛋白和促凋亡 Bcl-2 家族 BH3 only 蛋白。促凋亡 Bcl-2 家族效应蛋白主要包括 Bax 和 Bak，它们在结构上与 Bcl-2 相似，只是缺少 BH4 结构域；促凋亡 Bcl-2 家族 BH3 only 蛋白则只含有 Bcl-2 家族蛋白的 BH3 结构域（图 29-9）。

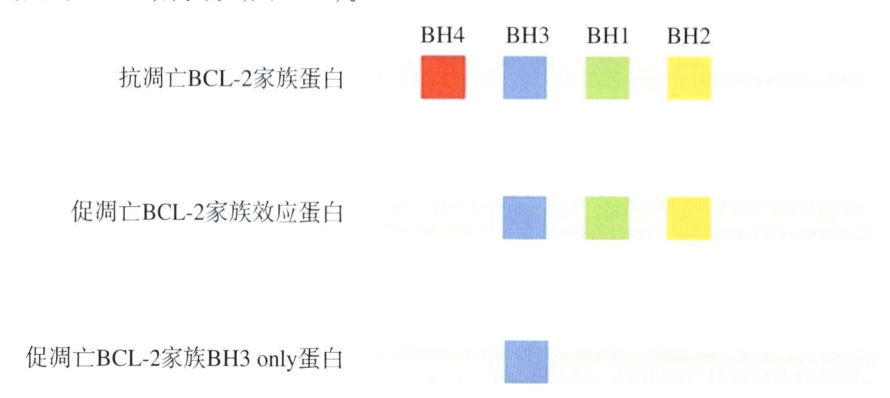

图 29-9　Bcl-2 家族结构模式图

线粒体外膜通透化（mitochondrial outer membrane permeabilization，MOMP）是细胞凋亡内源性通路中的关键环节。当凋亡信号触发内源性通路时，促凋亡 Bcl-2 家族效应蛋白被激活并形成低聚物，聚集在线粒体外膜上，诱导细胞色素 C 和其他膜间隙蛋白质向胞质释放。Bax 和 Bak 是 Bcl-2 家族促凋亡的主要效应蛋白，至少需要其中一种参与才能活化细胞凋亡的内源性通路过程。研究表明，这两种蛋白同时缺陷的小鼠细胞，对所有促进内源性通路的凋亡信号均有抵抗力。Bax 主要存在于细胞质中，仅在细胞发生凋亡时转移至线粒体外膜，而 Bak 蛋白则始终定位于线粒体外膜。另外，Bax 和 Bak 的活化通常依赖于 BH3 only 的活化。

抗凋亡 Bcl-2 家族蛋白，如 Bcl-2 和 Bcl-XL 等定位于线粒体外膜的胞质面，抑制膜间隙蛋白质的释放。抗凋亡 Bcl-2 家族与促凋亡 Bcl-2 家族蛋白结合，抑制细胞凋亡的发生。例如，在线粒体外膜上，它们与 Bak 结合防止其寡聚活化，从而抑制细胞色素 C 和其他膜间隙蛋白质的释放。细胞凋亡的内源性通路被激活时，首先需要抑制这些抗凋亡蛋白的功能，而发挥抑制作用的主要是 BH3 only 蛋白。

BH3 only 蛋白是 Bcl-2 蛋白家族中最大的亚类。当细胞受到凋亡信号的刺激时，BH3 only 蛋白表达并被激活，通过与抗凋亡 Bcl-2 家族蛋白结合促进细胞凋亡的发生。BH3 only 蛋白可结合到抗凋亡 Bcl-2 家族蛋白的长疏水沟槽，解除抗凋亡蛋白对 Bax 和 Bak 的抑制，进而 Bax 和 Bak 在线粒体外膜表面寡聚化，开放孔道促进线粒体膜间隙蛋白的释放，诱导细胞凋亡的发生。另外，一些 BH3 only 蛋白还可直接与 Bax 和 Bak 结合，促进其聚集活化。

不同的凋亡信号可以激活不同的 BH3 only 蛋白，其在凋亡信号和内源性通路激活的过程中发挥关键作用。一些细胞外的存活信号通过对 BH3 only 蛋白合成或活化的抑制，以达到阻断细胞凋亡、促进细胞存活的目的，反之亦然。例如，对于无法修复的 DNA 损伤，细胞核内的肿瘤抑制蛋白 p53 作为转录因子，激活 BH3 only 蛋白 *Puma* 和 *Noxa* 等基因的转录，进而激活细胞凋亡的内源性通路；同时，细胞质中的 p53 分子可发生单泛素化修饰，转位至线粒体外膜。一方面通过与抗凋亡蛋白 Bcl-2、Bcl-XL 结合而抑制其活性，另一方面通过与促凋亡蛋白 BAK 结合，促进其活化而引起细胞色素 C 释放，激活内源性细胞凋亡通路，清除可能导致肿瘤的受损细胞。

此外，在某些细胞中，外源性凋亡通路也可同时激活内源性凋亡通路，以放大 caspase 的级联反应，对细胞进行彻底清除。BH3 only 蛋白 Bid 就是这两种途径之间的关键联系分子。Bid 通常处于非活化状态，当死亡受体激活细胞的外源性凋亡通路时，起始酶 caspase-8 活化，进一步切割 Bid，活化的 Bid 向线粒体外膜转位，抑制抗凋亡 Bcl-2 家族蛋白，从而激活内源性凋亡通路，与活化的外源性凋亡通路共同清除细胞（图 29-10）。

七、凋亡细胞的清除

凋亡细胞产生的凋亡小体被邻近细胞或巨噬细胞吞噬。在细胞凋亡过程中，细胞内容物没有释放，因此，细胞凋亡不会引发炎症反应。那么，是什么信号触发了对凋亡细胞的吞噬过程呢？研究显示，凋亡细胞表面的磷脂酰丝氨酸（phosphatidylserine，PS）发挥了极其关键的作用。细胞发生凋亡时，其表面发生了一种特殊的化学变化，即定位于细胞膜胞质内叶的 PS 由质膜内叶转位至外叶。暴露于细胞膜表面的 PS 可与邻近细胞或巨噬细胞表面的特异性受体直接结合，也可通过一些可溶性连接蛋白间接与其相互作用，引起吞噬过程。那么，在这个过程中，PS 又是如何发生转位的呢？目前的研究表明，PS 生成后由磷脂翻转酶转运至细胞质膜外叶，再迅速由磷脂转位酶将其由细胞质膜外叶转运至内叶，形成 PS 在细胞质膜中的不对称分布。细胞发生凋亡时，活化的 caspase 特异性切割活化磷脂翻转酶，同时切割磷脂转位酶而使其失活，共同促进 PS 由细胞质膜内叶向外叶发生翻转，促进邻近细胞或巨噬细胞将其吞噬。

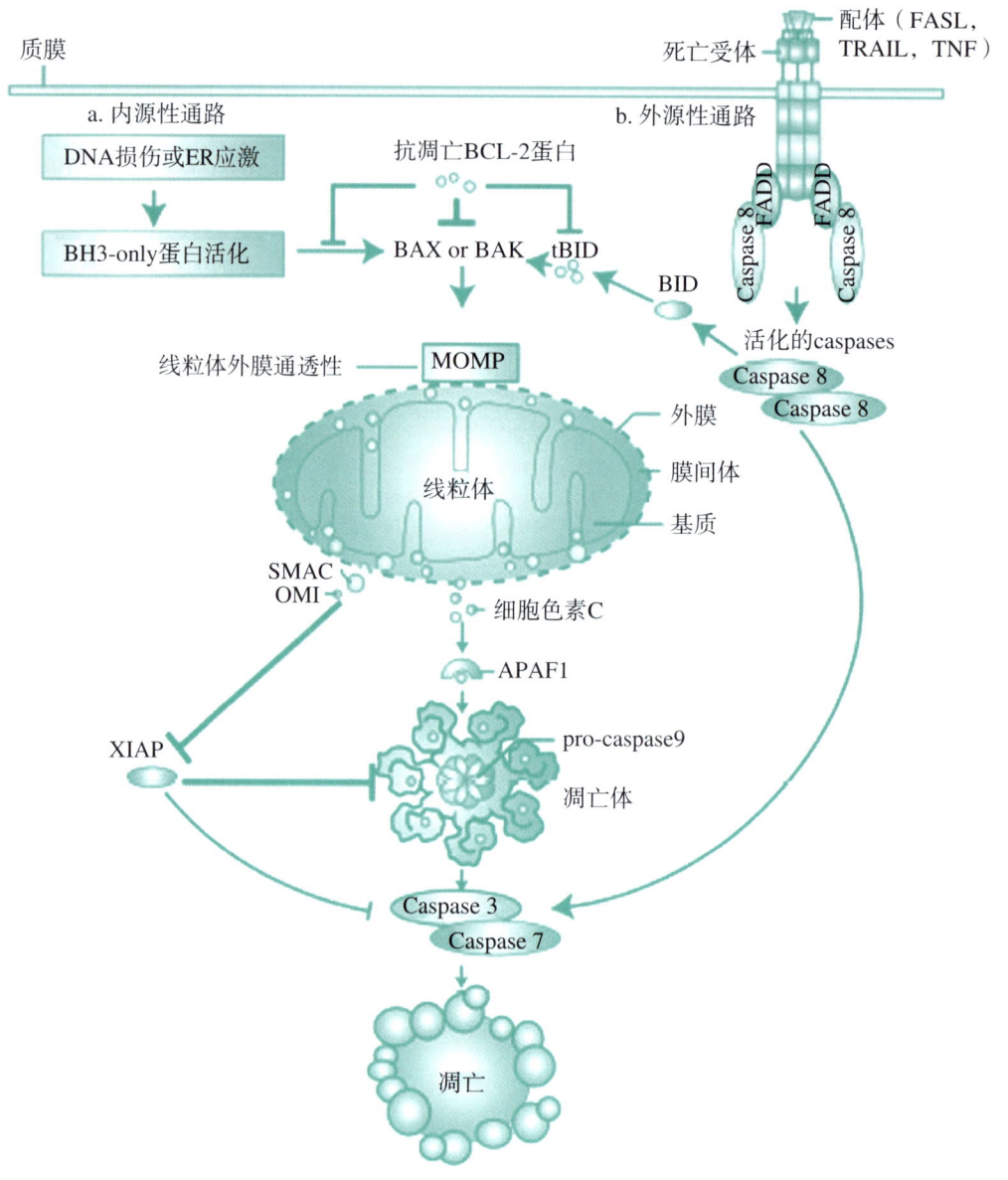

图 29-10 细胞凋亡的内源性通路与外源性通路

然而，PS 有时也会暴露在体内正常细胞的表面，巨噬细胞会吞噬这些正常细胞吗？显然是不会的。因为在正常细胞的表面，还会表达一些抑制性的信号分子，通过与吞噬细胞表面的特异性受体结合，抑制其吞噬作用，阻止其吞噬。因此，凋亡细胞不仅需要表达刺激吞噬的细胞表面信号，如 PS 等，还需要下调与吞噬细胞特异性结合的抑制分子，才能实现凋亡细胞的清除。

八、细胞凋亡的检测

根据细胞凋亡的发生过程及其机制，可以通过形态学、细胞学及生物化学等多种方法对细胞凋亡进行检测。

（一）细胞形态学改变的检测

根据凋亡细胞固有的形态学特征，有多种检测凋亡细胞的形态学方法。例如，可应用

Hoechst 33342、Hoechst 33258 和 DAPI（4,6-diamidino-2-phenylindole）等 DNA 特异性荧光染料对细胞核进行荧光染色，利用荧光显微镜或激光共聚焦显微镜进行观察，以细胞核的变形、核固缩等形态学改变为指标判断细胞凋亡的进程。

电镜被认为是检测细胞凋亡的金指标，透射电镜下可观察到凋亡细胞体积变小、细胞核电子稠密、染色质高度凝聚、边缘化、凋亡小体形成及凋亡小体被吞噬的过程等。扫描电镜下可观察到细胞膜的出芽、发泡、凋亡小体脱落等形态学特征。但由于视野范围小、成本高、不易捕捉到早期的凋亡细胞等缺点，电镜检测细胞凋亡的应用受到限制。

（二）细胞膜改变的检测

正常细胞中，磷脂酰丝氨酸（phosphatidylserine，PS）特异性地分布在质膜磷脂双分子层的内叶，在细胞凋亡早期，PS 由质膜内叶翻转到质膜外叶，可通过标记细胞膜外侧的 PS 来检测早期凋亡细胞。Annexin V 是一种 Ca^{2+} 依赖性磷脂结合蛋白，能与翻转到质膜外叶的 PS 高亲和性地特异性结合。以标记了 FITC 或生物素的 Annexin V 作为探针，与细胞孵育后，利用流式细胞仪或荧光显微镜检测 Annexin V 阳性细胞判断早期细胞凋亡。该方法灵敏度高，缺点是坏死细胞的细胞膜也可被标记。为了区分凋亡早期、晚期或死亡的细胞，通常将 Annexin V 和碘化丙锭（propidium iodide，PI）联合应用，以提高细胞凋亡检测的灵敏性和特异性。PI 是一种核酸染料，它不能透过完整的细胞膜。正常细胞和凋亡早期细胞的细胞膜是完整的，PI 染色不能使细胞核着色，而凋亡中晚期的细胞和死细胞中的 PI 能够透过细胞膜与细胞核结合呈现红色。通过应用 Annexin V 和 PI 对细胞进行双重染色，可将凋亡早期的细胞和凋亡晚期或死亡的细胞区分开来。

（三）DNA 片段化的检测

细胞凋亡晚期，核酸酶在 DNA 核小体单位之间的连接处进行剪切，产生长度为 180～200 个碱基对整数倍的寡核苷酸片段，通过提取细胞 DNA 后进行琼脂糖凝胶电泳，DNA 条带呈现阶梯形的图谱，称为 DNA ladder。该方法用来检测细胞凋亡晚期时核酸内切酶切割 DNA 产生的产物，不适于检测早期凋亡。

脱氧核糖核苷酸末端转移酶介导的缺口末端标记法（terminal -deoxynucleotidyl transferase mediated nick end labeling，TUNEL）也是一种利用凋亡细胞 DNA 片段化来检测凋亡细胞的方法。细胞凋亡过程中，断裂的染色体 DNA 产生大量的 3′-OH 黏性末端，在脱氧核苷酸末端转移酶（terminal deoxynucleotidyl transferase，TdT）的作用下，可将荧光素等衍生物标记的 UTP 等脱氧核糖核苷酸标记到 DNA 的 3′-OH 末端，通过荧光显微镜或流式细胞术对标记细胞进行检测来判断细胞凋亡。TUNEL 是分子生物学与形态学相结合的研究方法，对完整的单个凋亡细胞核或凋亡小体进行原位染色，可用于石蜡包埋组织切片、冰冻组织切片、培养的细胞和从组织中分离的细胞，在细胞凋亡的研究中被广泛采用。

（四）线粒体膜通透性的检测

线粒体在细胞凋亡的过程中起着枢纽作用，多种细胞凋亡刺激因子均可引起线粒体膜通透性增强，跨膜电位下降，一旦线粒体膜电位丧失，则细胞凋亡不可逆转。

线粒体跨膜电位的存在，使一些亲脂性阳离子荧光染料如 Rhodamine 123、3,3-Dihexyloxacarbocyanine iodide [DiOC6（3）]、Tetrechloro-tetraethylbenzimidazol carbocyanine iodide [JC-1]、Tetramethyl rhodamine methyl ester（TMRM）等可结合到线粒体基质，表现出特有的荧光。细胞凋亡时，线粒体外膜通透性增加、电化学梯度丧失，这些染料会弥散在胞质之中，不再聚集在线粒体。

(五) caspase 活性及其底物的生化分析

caspase 家族在介导细胞凋亡的过程中由酶原被剪切成分子量较小的、具有切割底物活性的酶，因此，可以通过 Western blot、免疫沉淀、免疫组化等多种方法分别检测 caspase-3/-8/-9 的前体和活化的 caspase，同时还可检测 caspase 对 PARP 等底物的切割，或应用荧光标记的底物来检测 caspase 的活性。

第二节 其他类型的调节性细胞死亡

一、自噬性细胞死亡

(一) 自噬性细胞死亡的生理意义

Y. Ohsumi 获得 2016 年诺贝尔生理学或医学奖

自噬（autophagy）来自希腊语 auto（self）和 phagy（eating），是指细胞通过溶酶体的代谢机制降解胞内组分的过程，是真核细胞维持稳态、实现更新的一种重要机制。细胞通过自噬将细胞内多余、损伤或衰老的细胞器、应激状态下累积的变性蛋白质、脂质与核酸等生物大分子物质降解为细胞生存所必需的组成成分，起到维持细胞生存的功能。

通常情况下，细胞保持一种低水平的基础自噬活性，而在营养缺乏或应激等状态下，细胞的自噬活性被激活。当细胞受到严重损伤或营养持续缺乏时，引起细胞内自噬活动持续进行，导致细胞过度吞噬自身的营养物质或者线粒体等细胞器而导致细胞死亡，即自噬性细胞死亡。

(二) 自噬与自噬性细胞死亡概述

小测试29-4：细胞自噬分为几类？

根据发生机制的不同，细胞自噬分为巨自噬（macroautophagy）、分子伴侣介导的自噬（chaperone-mediated autophagy，CMA）和微自噬（microautophagy）3 种。

巨自噬发生时，细胞质中首先围绕需降解的胞质成分形成游离的双层膜结构，称为隔离膜（isolation membrance），隔离膜片逐渐延伸，将需降解的底物包裹起来，形成自噬体（autophagosome）。随后，自噬体的外膜与溶酶体融合形成自噬性溶酶体（autophagolysosome），其内容物在溶酶体酸性磷酸酶、核糖核酸酶、脱氧核糖核酸酶、组织蛋白酶等多种水解酶的作用下分解为细胞生存所必需的组成成分，被机体重复利用，维持细胞内环境的稳定。

分子伴侣介导的自噬是指细胞中可溶性蛋白质通过胞质中的分子伴侣介导，进入溶酶体中被降解的过程；而微自噬是指溶酶体膜通过内陷、突出或分隔等作用将胞质成分内吞并进行降解的过程。二者均不涉及自噬泡的生成（图 29-11）。

(三) 自噬性细胞死亡的发生机制

与内膜运输系统中囊泡的形成机制不同，自噬囊泡并不是从已有的细胞器上"出芽"产生的，而是由新生膜在隔离膜处组装而成。自噬囊泡的形成是一个需要高度协调合作的过程，也是自噬过程中最为复杂的一步，一系列自噬相关基因（autophagy-related gene，Atg）编码的蛋白质被募集到隔离膜处参与自噬体的形成。泛素样蛋白 LC3 促进自噬泡的延伸扩展，逐渐发展为环状结构，与溶酶体融合形成自噬性溶酶体。膜融合后，其所包裹的胞质内含物在自噬性溶酶体中降解，降解产物被细胞重新利用以维持其正常功能。

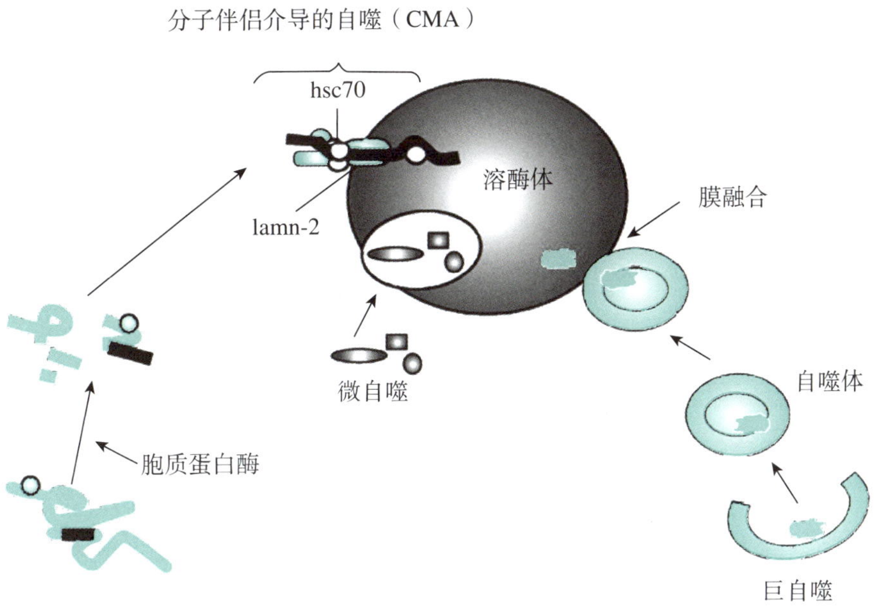

图 29-11　细胞自噬的 3 种类型

（四）自噬性细胞死亡的检测

细胞自噬的检测方法主要基于其形态学特点、自噬体特征性标记蛋白、自噬性降解过程及其分子机制，通过电镜形态学观察、自噬体标记蛋白与自噬流（autophagic flux）检测及自噬通路调控等多种方法，评估细胞自噬水平及其对细胞功能的影响。

1. **电镜形态学观察**　透射电子显微镜是观察自噬现象的经典方法。在电镜下观察，自噬体是双层膜结构，包含着未消化的胞质成分，自噬体内容物的形态和电子密度与胞质中的一致。自噬性溶酶体是单层膜结构，其中含有降解不同阶段的胞质成分。一般来说，降解的物质电子密度会增加，形成黑色颗粒状或不定型的聚集物。由于有时很难区分自噬体和自噬性溶酶体，经常将二者统称为自噬泡。电镜观察只能证明自噬性结构的存在，难以反映自噬活性。应用免疫电镜技术，通过图像分析软件测量所有自噬囊泡的面积占胞质总面积或总体积的比例，可以对自噬细胞活性进行定量测定。

2. **自噬体标记蛋白的检测**　可以通过自噬体标记蛋白定位的改变来检测自噬。LC3 定位：微管相关蛋白 1 轻链 3（microtubule-associated protein1 light chain3，LC3）是哺乳动物细胞中酵母 Atg8 的同源物。细胞中新合成的 LC3 经 Atg4 蛋白酶的切割加工成为 LC3-Ⅰ。在自噬体的形成过程中，经过修饰的 LC3-Ⅰ和自噬泡膜面的磷酰乙醇胺（PE）结合形成 LC3-Ⅱ，并定位于自噬体膜。因此，LC3-Ⅱ定位于自噬泡和成熟自噬体，是细胞自噬的通用标记物。在自噬发生时，可通过荧光显微镜观察到其聚集于自噬泡表面并呈点状分布。此外，通过蛋白质凝胶电泳和免疫印迹技术可检测到 LC3-Ⅰ和 LC3-Ⅱ呈现为 2 个条带，LC3-Ⅱ的含量在一定程度上反映了细胞自噬的活性。

3. **基于自噬性降解"自噬流"的检测**　细胞自噬是一个动态变化的过程，细胞自噬性的强弱，需通观整个自噬过程进行分析。自噬流（autophagic flux）是基于自噬性降解的一个动态连续的概念，涵盖了自噬体的形成、自噬性底物向溶酶体的运送以及在溶酶体内降解的整个过程，能够可靠地反映自噬活性。RFP-GFP-LC3 双标记蛋白的自噬流检测：由于 GFP 荧光蛋白对酸性敏感，当自噬体与溶酶体融合后，GFP 荧光发生淬灭，而 RFP 红色荧光蛋白能很好地耐受酸性环境。所以通过构建 RFP-GFP-LC3 双标记蛋白，可以观察到自噬体（RFP+GFP）呈黄色斑点，而自噬性溶酶体（mRFP）呈红色斑点，通过不同颜色斑点的计数可以清晰看出自噬流的强弱，实时监测自噬的发生过程。

4. 自噬的实验性调控 通过人为干预来激活或者抑制自噬功能后观察细胞行为、效应分子或机体功能的变化。目前常用药物处理、自噬基因沉默或过表达等对自噬通路进行调控。例如，3-甲基腺嘌呤（3-methylademine，3-MA）、Wortmannin、LY294002等作用于PI3K通路的药物。

二、细胞焦亡

（一）细胞焦亡概述

细胞焦亡（pyroptosis）是一种具有高度促炎作用的调节性细胞死亡形式，其最早被发现于福氏志贺菌感染的巨噬细胞中。后续的研究表明，该死亡类型广泛发生于心脏病、脑卒中和肿瘤等多种疾病中。此前，细胞焦亡有焦坏死（pyronecrosis）、gasdermin依赖性细胞死亡和caspase-1依赖性细胞死亡等多种名称。目前，国际细胞死亡命名委员会已将由B.Cookson和M.Brennan于2001年提出的希腊语"pyroptosis"一词采纳为正式名称。希腊语词根"pyro"意为火或发烧，"ptosis"表示落下。

（二）细胞焦亡的形态学特征

细胞焦亡具有细胞凋亡和坏死两种死亡类型的形态学特征。早期，细胞焦亡可出现DNA断裂和染色质浓缩等细胞凋亡样改变，随后细胞膜上形成大量直径1～2 nm的孔洞，细胞膜完整性丧失，炎症分子释放，进而出现坏死样形态学改变。细胞焦亡的特殊形态学改变和生化特征使其与其他细胞死亡形式较易区分。

（三）细胞焦亡的发生机制

细胞焦亡的发生过程分为经典通路和非经典通路两种。

1. 依赖caspase-1的经典途径 在细胞焦亡的经典途径中，胞内模式识别受体ALRs（AIM2-like receptors）、TLRs（Toll-like receptors）、NLRs（Nod-like receptors）等通过识别损伤相关分子模式（damage-associated molecular pattern，DAMP）或病原相关分子模式（pathogen-associated molecular pattern，PAMP）促进炎症小体（inflammasomes）的形成。炎症小体是一种由炎症小体感受器、衔接蛋白凋亡相关斑点样蛋白（apoptosis-associated speck like proteins，ASC）和激酶活化及募集结构域（caspase activation and recruitment domain，CARD）组成的蛋白复合物，该复合物形成后，招募并活化caspase-1。caspase-1活化后催化水解gasdermin蛋白家族，如gasdermin D（GSDMD）等。通过对其N端序列进行切割而活化，活化的GSDMD蛋白迅速转位至质膜上，并在质膜上形成低聚物，对质膜进行非选择性打孔，使质膜通透性显著增加，导致细胞肿胀破裂，内容物释放引起炎症反应；同时，活化的caspase-1还通过切割白介素1β（IL-1β）和白介素18（IL-18），诱导其成熟与分泌，使炎症反应进一步扩大，引起细胞焦亡。

2. 依赖caspase-4、5、11的非经典途径 在非经典途径中，鼠的caspase-11和人的caspase-4/5在入侵的革兰氏阴性菌中，可直接作为识别受体识别细菌脂多糖（lipopolysaccharide，LPS）组装的炎症小体而活化，导致GSDMD的切割及IL-1β和IL-18的激活，引起细胞焦亡。

三、铁死亡

（一）铁死亡概述

铁死亡（ferroposis）一词由意为"落下"的希腊语词根"ptosis"和意为"铁"的拉丁语词根"ferrm"组成。铁死亡是一种由于细胞内代谢通路紊乱导致脂质过氧化物过度积累引起的细胞死亡方式，与细胞内的铁代谢和脂质稳态密切相关，其本质是由于氧化还原失衡所致。谷胱甘肽过氧化物酶4（glutathione peroxidase 4，GPX4）活性降低，细胞膜发生脂质过氧化，脂质活性氧（reactive oxygen species，ROS）累积，细胞膜破裂导致细胞死亡。在该过程中，由于细胞内的铁离子水平异常升高，在过量铁离子的催化作用下，造成脂质过氧化代谢障碍，铁离子螯合剂则可以抑制这一过程。因此，这种细胞死亡类型被称为铁死亡。

铁死亡是由 B. Stockwell 研究小组在研究 erastin 时首次发现的。这是一种新的具有独特形态和生化特征的细胞死亡模式，并于 2012 年被首次报道。

（二）铁死亡的形态学特征

在形态学上，铁死亡不具有典型的细胞坏死形态特征，如胞质和细胞器的肿胀以及细胞膜破裂等，没有细胞萎缩、染色质浓缩、凋亡小体形成和细胞骨架崩解等传统细胞凋亡的特征，也不像细胞自噬具有经典的自噬泡。铁死亡主要表现为细胞线粒体体积减小，双层膜密度增加以及线粒体嵴减少或消失，线粒体外膜出现破裂，但细胞膜保持完整，细胞核大小正常，核内的染色体结构也不会消失，没有染色质的凝聚和边缘化。

（三）铁死亡的发生机制

在生物化学上，铁死亡受到与铁稳态和脂质过氧化代谢相关的多个基因的调节。脂质过氧化物的过度累积是铁死亡最主要的诱发原因。细胞内脂质过氧化的调控是十分复杂和精密的。

细胞内产生脂质过氧化的过程主要有两种：一种是脂肪酸酶催化的脂质过氧化过程。不饱和脂肪酸会在一系列酶的催化下被转化为高活性的脂质过氧化物。这类不饱和脂肪酸的主要来源是细胞膜和细胞内广泛存在的花生四烯酸。花生四烯酸在酰基 CoA 合成酶长链家族蛋白 4（acyl-CoA synthetase long-chain family member 4，ACSL4）的作用下被活化，活化后的脂质分子在溶血卵磷脂酰基转移酶 3（lysophosphatidylcholine acyltransferase 3，LPCAT3）的催化下与磷脂酰胆碱发生酯化反应，之后在脂氧合酶蛋白家族如 ALOX15 等的催化下发生脂质过氧化。这些酶都在铁死亡过程中发挥了重要作用，其中 ACSL4 是铁死亡中重要的指示蛋白。

细胞内另一种产生脂质过氧化的通路是游离铁离子诱导的芬顿反应。细胞内的铁主要以含有三价铁离子的转运蛋白进行物质交换，通过细胞膜上的转铁蛋白受体进入细胞，并由细胞内的铁还原酶还原为二价铁离子。细胞中的二价铁离子与过氧化物反应生成三价铁离子和过氧自由基。生成的过氧自由基会攻击脂质分子，将其氧化为脂质过氧化物。在正常细胞内，由于铁离子的浓度保持一定的水平，脂质过氧化物处于稳态中。而当细胞内的铁离子突然增多时，芬顿反应会显著增加，脂质过氧化物过度积累，导致细胞发生铁死亡。

细胞清除脂质过氧化物主要依靠 GPX4 的作用。细胞通过胱氨酸-谷氨酸反向转运蛋白系统（the cystine/glutamate antiporter system Xc，System Xc）从细胞外摄入胱氨酸。胱氨酸是细胞内生物合成还原性物质谷胱甘肽（glutathione，GSH）的重要原料。GPX4 以谷胱甘肽为底物，将脂质过氧化物还原成正常的磷脂分子。由于 GPX4 是细胞中唯一能将脂质过氧化物还原成脂质的酶，因此 GPX4 在铁死亡中具有极为重要的作用。

四、坏死性凋亡

（一）坏死性凋亡概述

坏死性凋亡（necroptosis）一词于 2005 年被首次提出，是细胞的一种非凋亡形式的调控性细胞死亡形式。坏死性凋亡可由多种刺激触发，包括细胞表面死亡受体，如肿瘤坏死因子受体 1（TNFR1）、FAS 受体，以及模式识别受体，如 Toll like 受体 3（Toll-like receptors 3，TLR3）、Toll like 受体 4（Toll-like receptors 4，TLR4）和 Z-DNA 结合蛋白 1（Z-DNA binding protein 1，ZBP1）等，在应激、发育以及维持 T 细胞稳态中均具有重要作用。

（二）坏死性凋亡的形态学特征

在形态学上，坏死性凋亡不具备核断裂、核小体间 DNA 切割和 Caspase 激活等细胞凋亡的特征，而与细胞坏死非常相似。研究表明，即将发生坏死性凋亡的细胞不会像细胞凋亡那样收缩，而是发生细胞肿胀、染色质适度凝结、质膜上形成纳米级小孔，通透性上升，细胞内容物释放引起细胞死亡。在细胞发生坏死性凋亡期间，可以观察到细胞分解的不同阶段，包括细胞器肿胀、细胞膜破裂，最后是细胞质和细胞核的分解。

（三）坏死性凋亡的发生机制

坏死性凋亡是当细胞凋亡受阻时，通过细胞外信号（死亡受体-配体结合）或细胞内信号（外来微生物核酸）激活的细胞自我破坏过程。坏死性凋亡不依赖于 caspase 活性，而是依赖于受体相互作用蛋白激酶-3（Receptor-interacting protein kinase 3，RIPK3）和混合谱系激酶域样（mixed lineage kinase domain-like，MLKL）蛋白的磷酸化活化。当 RIPK3 与上游活化的 RIPK1 形成复合物后，其 Ser227 位点发生磷酸化而活化，共同组成坏死复合物，进一步激活 MLKL 的 N 端四聚体结构域，使其 C 端磷酸化而活化。活化的 MLKL 发生低聚化并转位至质膜形成孔复合物。孔复合物与质膜磷脂酰肌醇相互作用，破坏细胞膜完整性，导致细胞肿胀和膜破裂，引起细胞死亡。同时，由于 MLKL 诱导的质膜通透性增高，导致 Ca^{2+} 或 Na^+ 离子内流并直接形成孔道，释放 DAMP，如线粒体 DNA、IL-33 和 IL-1α 等。这些释放至细胞外的炎性 DAMP 还可招募免疫细胞至受损部位，对损伤区域进行清理和修复。

自噬性细胞死亡、细胞焦亡、铁死亡和坏死性凋亡的关键性分子机制模式图

第三节　细胞死亡与疾病

一、细胞凋亡与疾病

细胞凋亡是一种主动的细胞死亡过程，涉及一系列基因的激活、表达及调控，当细胞凋亡产生异常时，会导致疾病的发生。比如肿瘤和自身免疫病等均与细胞凋亡不足有关；而阿尔茨海默病和艾滋病等则与细胞凋亡过度有关。

（一）凋亡不足相关疾病

1. 细胞凋亡与肿瘤　多种肿瘤细胞内抗凋亡蛋白 Bcl-2 表达水平较正常细胞显著增高，通过

抑制细胞凋亡而促进肿瘤细胞的存活，其在肿瘤的发生、发展中发挥重要作用。此外，肿瘤细胞还可通过下调 Fas 受体的表达，或分泌可溶性 Fas 受体竞争性捕获 FasL 等多种机制来逃逸免疫细胞的监控，进而促进肿瘤发生。

2. 细胞凋亡与自身免疫病　细胞凋亡缺陷是诱发自身免疫病的重要因素。正常情况下，在自身抗原刺激下，识别自身抗原的免疫细胞被活化后，机体可通过细胞凋亡机制加以清除。当识别自身抗原的免疫细胞不能被清除时，将引起自身免疫反应，导致自身免疫病的发生。此外，吞噬细胞将凋亡细胞清除后会产生抗炎性细胞因子，抑制免疫反应的激活。如果凋亡细胞清除出现障碍，凋亡细胞本身又可作为一个潜在的自身抗原库，引发宿主的自身免疫性疾病。例如，系统性红斑狼疮患者吞噬细胞功能低下，无法及时清除外周血中凋亡淋巴细胞产生的凋亡小体，这些凋亡小体膜破裂后会导致核小体释放入血，刺激机体产生抗 DNA 抗体和抗组蛋白抗体等大量自身抗体。最终，这些抗体进一步促进狼疮小体的形成，引起红斑狼疮的发生或疾病的进展。

（二）凋亡过度相关疾病

1. 细胞凋亡与神经退行性疾病　凋亡过度会导致多种神经系统退行性疾病，如阿尔茨海默病（Alzheimer's disease，AD）等。患者神经细胞中淀粉样前体蛋白（amyloid precursor protein，APP）被加工成 β-淀粉样蛋白（amyloid β-protein，Aβ），并在胞外聚集，诱导氧化损伤，同时上调 FasL 在神经细胞和神经胶质细胞中的表达，引起神经细胞过度凋亡。

2. 细胞凋亡与艾滋病　人类免疫缺陷病毒（human immunodeficiency virus，HIV）可以通过其外壳膜上的 gp120 识别并结合 T 淋巴细胞表面的 CD4 分子，激活 Fas 的表达，启动死亡受体通路介导的细胞凋亡，使被感染的 $CD4^+$T 淋巴细胞凋亡，引起获得性免疫缺陷综合征（acquired immunodeficiency syndrome，AIDS），即艾滋病。

二、自噬性细胞死亡与疾病

1. 自噬与细菌感染　细菌进入宿主体内并在宿主体内扩散至邻近细胞和组织中，导致细胞死亡。免疫系统通过各种机制来消除这些入侵者，然而，仍有部分细菌能够逃逸。自噬就是一种应对这些逃逸而存在的防御机制，它将细胞内的细菌隔离在自噬体内并转运至溶酶体中降解。这种宿主防御机制，不仅能够限制细菌生长，也可进一步限制其感染邻近细胞。

2. 自噬与神经退行性疾病　突变蛋白质或错误折叠的蛋白质高水平积累时，会形成聚集体或包涵体，这些蛋白质无法通过正常途径降解或改变其聚集形式，进而影响细胞的正常功能。在神经退行性疾病如帕金森病、亨廷顿病和阿尔茨海默病中尤为明显。以阿尔茨海默病为例，患者神经细胞中 tau 蛋白积累，β-淀粉样蛋白在胞外基质中过度沉积。研究发现，在患者脑组织中观察到大量含有 β-淀粉样蛋白的自噬体积累，因无法通过自噬途径有效降解导致其在细胞内积累，影响神经元功能。

三、坏死性凋亡与肿瘤

坏死性凋亡途径的激活在肿瘤发生中具有双重作用。一方面，在坏死性凋亡过程中，HMGB1 和 ATP 或细胞趋化因子的大量释放可以增强其促炎作用，并诱导骨髓来源的抑制细胞和肿瘤相关巨噬细胞，引起肿瘤免疫抑制。同时，肿瘤细胞发生坏死性凋亡时释放的细胞因子可以促进血管生成和肿瘤细胞增殖，从而促进肿瘤的进一步发展和转移。另一方面，坏死性凋亡还是一种免疫原性细胞死亡（immunogenic cell death，ICD）形式，可被视为克服肿瘤细胞对凋亡抵抗的替代途径，同时通过释放 DAMP 促进 T 细胞抗肿瘤免疫反应的激活。另外，与细胞凋亡不同的是，坏死性凋亡可能表现出更明显的抗原性，从而引发抗肿瘤免疫原性反应。

小 结

细胞死亡是生命现象不可逆的停止，通常有 3 种情况：①在正常生理情况下，机体为维持正常组织的功能和形态发生细胞死亡，如细胞凋亡等；②在各种致病因素下导致的细胞主动参与的细胞死亡，如细胞焦亡、铁死亡和坏死性凋亡等其他调节性细胞死亡形式；③细胞受到严重的灾难性损伤，自身来不及做出任何反应，瞬间发生的被动性细胞死亡，如细胞坏死等。2018 年，细胞死亡命名委员会根据细胞在死亡过程中是否有主动性参与，将细胞死亡分为调节性细胞死亡和意外性细胞死亡两大类。显然，在细胞死亡的前两种情况中，都是细胞主动参与的，因此都属于调节性细胞死亡；而第三种情况则属于意外性细胞死亡。

随着研究的进展，不同的细胞死亡类型被逐渐发现并报道。而在如此众多的细胞死亡类型中，细胞凋亡是最为常见的死亡类型，也是分子机制研究最为清晰、生理意义最为重要的一种调节性细胞死亡类型。细胞通过精细的基因调控机制，激活细胞内的死亡程序，靶向性清除多余的、有害的以及受到不可逆损伤的细胞，以维持细胞与机体的稳定。细胞在 caspase 蛋白水解酶作用下，切割特定底物蛋白质，引起细胞皱缩，骨架崩解，核染色质浓缩，形成凋亡小体等特征性形态学改变，最终被相邻细胞或巨噬细胞吞噬、消化。

细胞凋亡过程中，通过外源性途径和内源性途径两条通路激活 caspase 起始酶，产生放大的、不可逆的蛋白水解级联反应。在外源性途径中，死亡受体通过桥接蛋白招募形成死亡诱导信号复合体，激活 caspase-8；而在内源性途径中，主要为细胞色素 C 从线粒体膜间隙释放至胞质，与 Apaf1、ATP 和 caspase-9 酶原结合，形成凋亡体激活 caspase-9 并进一步活化下游的凋亡效应酶，引起细胞凋亡。此外，为防止其异常活化，凋亡通路还受到精细的负性调控。

整合思考题

1. 凋亡起始酶与凋亡效应酶在蛋白质结构、存在形式和活化方式上有哪些区别？
2. 请用生物化学的技术方法证明细胞凋亡的发生，并阐述其分子机制。
3. 通过显微注射的方法，将细胞色素 C 注射至 *Bax* 和 *Bak* 基因缺陷的细胞胞质中，该细胞是否会发生凋亡？为什么？
4. 试比较铁死亡、细胞凋亡、坏死性凋亡和自噬性细胞死亡在形态学上有何异同？

参考答案

（白　云）

第六篇 遗传调控与遗传病基础

蛋白质和核酸是生命的标志，核酸是一切遗传物质的基础。遗传信息通过DNA转录成RNA，再经过翻译、修饰，最终形成有功能的蛋白质。蛋白质有很多种，在人体内发挥不同的作用，当这个过程受到损害，不能形成有正常功能的蛋白质时，则会发生遗传病。根据涉及的基因组上的核酸位点、位置及不同的环节，可分为单基因病、多基因病、分子病等，这些疾病在本篇都有介绍。本篇同时介绍了相应的生化分子基础、表观遗传和群体遗传。染色体是由编码不同蛋白质的DNA连接起来所构成的，一条染色体上包含多个基因，本篇也介绍了染色体病，包括数目和结构畸变等。除核基因组外，人类细胞中还存在线粒体基因组，其所编码的蛋白质主要为身体提供能量，当线粒体基因组的致病变异影响其编码的蛋白质发挥功能时，也会引起线粒体遗传病，这在本篇也有介绍。

遗传病的种类不同，涉及的检测和诊断方法不同，需根据具体疾病选择合适的方法。遗传病根治需通过基因工程纠正错误的基因，便捷的基因编辑方法为遗传病治疗带来了新的希望，但目前只有少数遗传病可进行基因治疗，还有一些遗传病可以通过其他方法治疗，但大多数遗传病仍然无法医治，因此遗传病基因治疗方法的开发将是未来研究的热点之一。由于遗传病的特殊性，在诊疗过程中需要遵循相应的伦理原则，以便为患者及其家人提供更好的诊疗及预防方案，并依据情况选择合适的职业。随着检测技术的进步，越来越多的遗传病及致病基因被鉴定出来，这些疾病涉及临床各科，掌握遗传病的原理、遗传规律及诊断方法，对今后临床诊疗及基础研究都很重要。

（乔 杰）

第三十章 染色体病

导学目标

通过本章内容的学习，学生应能够：

※ **基本目标**
1. 解释染色体畸变及畸变发生的原理。
2. 举例说明染色体组成结构与畸变的关系。
3. 描述常染色体病的一般特征。
4. 描述性染色体病的一般特征。
5. 分析 21- 三体综合征几种主要核型的产生机制。
6. 分析某些 Y 染色体结构异常患者表现为部分 Turner 综合征表型的原因。

※ **发展目标**
1. 举例说明染色体畸变所导致的染色体病，并理解其发生的分子机制。
2. 根据染色体病的发病机制，理解染色体病筛查与预防的重要性。
3. 举例说明染色体病的研究对于基因功能研究的作用。

案 例

患儿，女，8月龄，精神运动发育迟缓，易感冒，反复生病。患儿父母非近亲结婚，表型正常，无遗传病家族史。患儿出生时无窒息抢救史，体重 2.7 kg。头颅大小及形态正常，但眼距宽、眼裂小。头颅磁共振检查，提示脑实质髓鞘化延迟，幕上脑室稍扩大，双侧额颞部脑外间隙稍宽，脑电图未见异常，粗大运动评估相当于 1 月龄小儿水平，精细运动评估相当于 2 月龄小儿水平。收集患儿外周血标本进行染色体核型分析，核型为 46,XX, r（14）(p12q32) [85] /45,XX,-14 [15]；该结果表明患儿为 14 号染色体异常嵌合体，其中 85% 的细胞存在一条 14 号环状染色体，15% 的细胞存在一条 14 号染色体缺失。

问题：
1. 环状染色体是怎样的变异？这种变异可能会导致哪些遗传学后果？
2. 用经典的核型分析方法进行遗传诊断的优点是什么？

案例解析

染色体是遗传单元——基因的载体，人类染色体一旦发生畸变，即便是微小异常，都会导致许多临床表征，即染色体遗传病，如不育、先天畸形、智力残疾、肿瘤等。迄今为止，人类染色体变异数据库已收录各种染色体异常近 20 000 种，已确定或已描述过的染色体异常综合征有 100

余种。以染色体（chromosome）为基础，研究人类疾病与遗传关系的分支学科被称为临床细胞遗传学（clinical cytogenetics）。

第一节　人类染色体畸变

染色体畸变（chromosome aberration）是体细胞或生殖细胞内染色体发生的异常改变，是广义突变的一种类型。畸变的类型和可能引起的后果在细胞不同周期和个体发育的不同阶段不尽相同。染色体畸变可分为数目畸变（numerical aberration）和结构突变（structural aberration）两大类，其中数目畸变可分为整倍体改变和非整倍体改变。结构畸变主要有缺失、重复、插入、易位和倒位等。当一个个体细胞有两种或两种以上不同核型的细胞系时，成为嵌合体（mosaicism）。

无论是数目畸变还是结构畸变，其实质都涉及染色体或者染色体节段上基因群的增减或者位置的转移，导致遗传物质发生改变，产生染色体异常综合征或染色体病。调查表明，新生的活婴中染色体异常的发生率为 0.7%，在自发流产胎儿中约有 50% 是由染色体畸变所致。

一、染色体畸变的原因

染色体畸变可以自发地产生，称为自发畸变（spontaneous aberration）；也可通过物理、化学和生物因素的诱变产生，称为诱发畸变（induced aberration）；还可以由亲代遗传而来。

（一）化学因素

许多化学物质，如一些化学药品、农药、毒物和抗代谢药等，都可引起染色体畸变。据调查，某些化工厂的工人由于长期接触苯、甲苯等，出现染色体数目异常和发生染色体断裂的概率远高于一般人群。农药中的除草剂和杀虫的砷制剂等都是染色体畸变的诱变剂。

1. **药物**　某些药物特别是一些抗肿瘤药物、保胎及预防妊娠反应的药物，均可引起人类染色体畸变或导致畸胎。已有研究证实，环磷酰胺、氮芥、白消安（马利兰）、甲氨蝶呤、阿糖胞苷等抗癌药物均可导致染色体畸变。抗痉挛药物苯妥英钠可引起人体淋巴细胞多倍体细胞数增高。

2. **农药**　许多化学合成的农药可引起染色体畸变。某些有机磷农药如美曲磷脂（敌百虫）类农药可使染色体畸变率增高。

3. **工业毒物**　工业毒物如苯、甲苯、铝、砷、二氧化硫、氯丁二烯、氯乙烯单体等，长期接触这些有害毒物的工人其染色体畸变率增高。

4. **食品添加剂**　某些食品的防腐剂和色素等添加剂中所含的化学物质如硝基呋喃基糖酰胺AF-2、环己基氨基磺酸钠（甜蜜素）等也可导致染色体畸变。

（二）物理因素

在自然空间存在的各种各样的射线都可对人体产生一定的影响，但其剂量极微，故影响不大。但大量的电离辐射如放射线物质爆炸后散落的放射线尘埃、医疗用放射线等对人体具有极大的潜在危险。工业放射性物质的污染也可以引起染色体的改变。畸变率随射线剂量的增高而增高。最常见的畸变类型有断裂、缺失、双着丝粒染色体、易位、核内复制、不分离等。这些染色体畸变都可使个体的性状出现异常。射线的作用包括对体细胞和生殖细胞两方面，如果一次照射大剂量的射线，可在短期内引起造血障碍而死亡。长期接受射线治疗或从事放射性工作的人员，由于微小剂量的射线不断积累，会引起体细胞或生殖细胞染色体畸变。有实验证明，受照射的卵细胞中染色体不分离的频率明显高于未受照射组。且这一现象在年龄较大的小鼠中更为明显。据报道，受到过电离辐射的母亲生育先天愚型（一种染色体异常疾病）患儿的风险明显增高。

（三）生物因素

导致染色体畸变的生物因素包括两个方面：一是由生物体产生的生物类毒素所致；二是某些生物体如病毒本身可引起染色体畸变。真菌毒素具有一定的致癌作用，同时也可引起细胞发生染色体畸变。病毒尤其是致癌病毒也可通过影响DNA代谢引起宿主细胞染色体畸变。如风疹病毒、乙肝病毒、麻疹病毒和巨细胞病毒感染人体时可能引发染色体的畸变。

（四）母亲年龄

当母亲年龄增大时，所生子女的体细胞中某一序号染色体出现3条的情况要多于一般人群。母亲年龄越大（35岁以后），生育先天愚型患儿的危险性就越高。这与生殖细胞老化及合子早期所处的宫内环境有关。一般认为，生殖细胞在母体内停留的时间越长，受到各种因素影响的机会越多，在以后的减数分裂过程中，容易产生染色体不分离而导致染色体数目异常。

二、人类染色体数目畸变

一个正常配子所含的全部染色体称为一个染色体组（chromosome set），染色体以整组或整条数量上的增减，称为染色体数目畸变。人体正常二倍体染色体数目为46，染色体数目不是46的，都称为异倍体（heteroploid）。

（一）整倍体异常及产生机制

以单倍体染色体数（n）为基数成倍地增加或减少，称为整倍体（euploid），整个染色体组数目的减少可形成单倍体（haploid）。一个细胞内有3个及以上的染色体组可形成多倍体（polyploid），包括三倍体、四倍体等。

三倍体（triploid）指体细胞中有3个染色体组，69（$3n$）。三倍体的形成原因：①双雄受精（dispermy/diandry）；②双雌受精（digyny）。

四倍体（tetraploid）指体细胞具有4个染色体组，92（$4n$）。四倍体的形成原因：①核内复制（endoreduplication）；②核内有丝分裂（endomitosis）。

（二）非整倍体及产生机制

细胞内染色体的数目增加或减少一条或几条，称为非整倍体畸变（aneuploid）。目前，最常见的染色体数目畸变是非整倍体。细胞中染色体数较二倍体少时称为亚二倍体（hypodiploid）；较二倍体多时称为超二倍体（hyperdiploid）。

1. 单体（monosomy） 指细胞中染色体数为45条，即某号染色体少一条（$2n-1$）。常染色体中除了G组染色体单体主要以嵌合体的形式存在于个体细胞外，其他染色体单体型细胞几乎未见检出。性染色体单体存在X单体个体。

2. 三体（trisomy） 指细胞内染色体数为47条，即某号染色体有3条（$2n+1$）。如47,XX（XY），+21。临床上，染色体数目异常以三体最为常见。

染色体非整倍体的产生机制主要与细胞减数分裂或有丝分裂时染色体没有发生正确分离有关。减数分裂Ⅰ不分离，即减数分裂后期Ⅰ同源染色体之间发生不分离，而减数分裂Ⅱ正常进行，最终形成的成熟配子中或染色体的数目为 24（n+1），或只有 22（n-1）。这种异常的配子受精后会形成三体或单体的合子；减数分裂Ⅱ不分离，即减数分裂后期Ⅰ同源染色体正常分离，而减数分裂Ⅱ后期姐妹染色单体间发生不分离，最终形成的成熟配子中有 1/2 为正常（n），1/4 为 24（n+1），1/4 为 22（n-1）。减数分裂时染色体不分离多发生在后期Ⅰ。

染色体的不分离

有丝分裂不分离即受精卵在有丝分裂过程中发生的姐妹染色单体的不分离，可产生两种或三种细胞系组成的嵌合体。一个个体含有两种或两种以上不同核型细胞系的个体称为嵌合体（mosaicism，mos）。例如 46,XY/47,XXY 和 45,X/46,XX。嵌合体各细胞系核型及其所占比例大小与相应核型细胞的生存能力及染色体发生不分离的时间有关。嵌合体患者的临床症状往往不够典型。

染色体非整倍体形成的另一个原因是染色体丢失。染色体丢失是指在细胞分裂的中期至后期阶段，某一染色体因与纺锤丝失联或移动迟缓等原因而滞留在细胞质中，未能随分裂进入子细胞，造成该条染色体的丢失。

(三) 染色体数目畸变核型描述

根据 ISCN 规则，染色体数目异常核型可按如下方法进行描述。

1. 性染色体数目异常 直接写出核型中包含的所有性染色体，如：Turner 综合征核型为 45,X。

2. 常染色体（1-22 号染色体）数目异常 增加用"+"，减少用"-"，如：45,XX,-13。

3. 嵌合体核型 ①多种克隆均为异常时，按克隆数目由大到小列出，各克隆之间用"/"分隔，如：45,X/47,XXX/46,X,i（X）(q10)；②如果两个细胞系克隆数量相等，其中一个是数目异常，另一个是结构异常，则先描述数量异常的克隆，如 45,X/46,i（X）(q10)；③异常克隆先于正常克隆，如：45,X/46,XX。

三、人类染色体结构畸变

染色体结构畸变是染色体或染色单体断裂后重接而形成各种类型重组的结果。重组后如未造成遗传物质的缺失或重复，称为平衡性结构畸变；如造成染色体上遗传物质的缺失或重复，则称为非平衡性结构畸变。

(一) 常见染色体结构畸变的描述方法

按照 ISCN 规则，染色体结构畸变可按如下方式描述：①首先写出性染色体结构异常，之后按常染色体编号顺序写出常染色体结构异常，在所有结构异常后面列出发生异常的位点，即长/短臂的某区某带，如：46,X,i（X）(q10)，inv（9）(p11q13)，del（18）(p11)。②当编号相同的常染色体发生两种或更多结构异常时，按照异常种类的英文缩写首字母顺序列出异常，如：46,XY,inv（9）(p11q13)，t（9；22）(q34；q11.2)。③当编号相同的常染色体同时发生数目和结构异常时，先列出数目异常，再列出结构异常，如：47,XY,+9,inv（9）(p11q13)，t（9；22）(q34；q11.2)。

染色体结构畸变核型描述分为简式和详式，简式描述时只需写上其断裂点，详式描述时需在最后括弧内写上染色体重接后的带的组成。

(二) 非平衡性结构畸变及核型描述

1. 缺失 缺失（deletion）即染色体的部分片段丢失，一般用符号 del 表示，包括末端缺失和中间缺失。

末端缺失（terminal deletion）指染色体长臂或短臂发生断裂后，无着丝粒的片段丢失。

简式：46,XX,del（1）(q21)

详式：46,XX,del（1）(pter→q21：)

中间缺失（interstitial deletion）指染色体的长臂或短臂内发生两次断裂，两断裂点之间的片段丢失，然后两侧断端重接。

简式：46,XX（XY），del（3）（q21q31）

详式：46,XX（XY），del（3）（pter→q21：：q31→qter）

2. 重复　重复（duplication）指同源染色体上部分片段增加了一个或多个拷贝，一般用符号 dup 表示，包括正位重复和反位重复。

染色体缺失或重复的原因有些是外部因素导致染色体发生断裂，然后没有着丝粒的片段丢失，有些是因为染色体之间发生了不均等的交换。

3. 环状染色体　一条染色体的长、短臂同时各发生一次断裂，含有着丝粒片段的长、短臂在断端相接，即形成环状染色体（ring chromosome）。环状染色体可由一条或多条染色体组成，一般用符号 r 表示。

简式：46,XX,r（2）（p21q31）

详式：46,XX,r（2）（：：p21→q31：：）

4. 等臂染色体　染色体在着丝粒处断裂，形成两条只由长臂或短臂组成的等臂染色体（isochromosome）。一般用符号 i 描述。

简式：46,X,i（X）（q10）

详式：46,X,i（X）（qter→q10：：q10→qter）

5. 双着丝粒染色体　指两条染色体分别发生一次断裂后，两个具有着丝粒的染色体的两臂在断端相连，形成一条双着丝粒染色体（dicentric chromosome），一般用符号 dic 表示。

简式：45,XX,dic（6；11）（q22；p15）

详式：45,XX,dic（6；11）（6pter→6q22：：11p15→11qter）

（三）平衡性结构畸变及核型描述

1. 倒位　倒位（inversion）指一条染色体两处断裂，断裂点间的片段作180°倒转后再重接，一般用符号 inv 表示。如两个断裂发生在同一个臂上，则形成臂内倒位（paracentric inversion）。

简式：46,XX,inv（1）（p22p34）

详式：46,XX,inv（1）（pter→p34：：p22→p34：：p22→qter）

若两个臂上各发生一次断裂，使倒位片段含有着丝粒，则形成臂间倒位（pericentric inversion）。

简式：46,XX,inv（2）（p15q21）

详式：46,XX,inv（2）（pter→p15：：q21→p15：：q21→qter）

携带倒位染色体的个体有可能表型正常，但平衡倒位携带者在形成生殖细胞时，有一定的形成异常配子的风险。臂间倒位携带者在形成生殖细胞的减数分裂Ⅰ时，倒位的染色体片段为了能与同源染色体上的相应片段联会，将形成倒位环（inversion loop），经过在倒位环内的交换，可能形成4种配子：一种是正常染色体，一种是倒位染色体，另外两种是带有部分重复及部分缺失的重排染色体（图30-1）。这两种异常重排染色体各有一个着丝粒，属于稳定性畸变，可遗传给后代。因此其遗传效应主要决定于重复和缺失片段的长短及所含基因的重要性。一般来说，倒位片段越短，则重复和缺失部分越长，形成的配子和合子正常发育的可能性越小，临床表现为婚后不育和死产的比例越高，育出子女的可能性相对低；而倒位片段越长，则其重复和缺失部分越短，

人类染色体非平衡性结构畸变示意图

其配子和合子正常发育的可能性越大，育出异常胎儿的危险性相对较高。

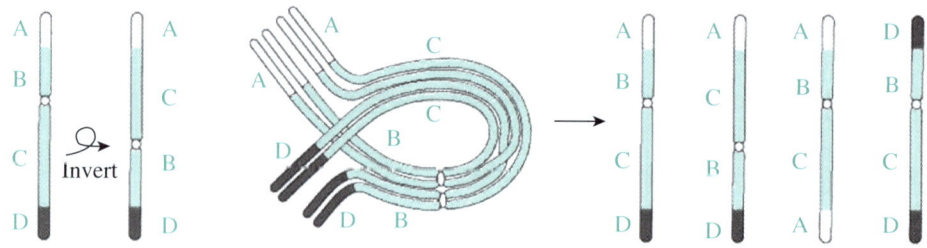

图 30-1　臂间倒位携带者形成的 4 种配子

臂内倒位携带者在形成配子时，除了形成正常和倒位染色体外，还可能形成双着丝粒染色体和无着丝粒片段（图 30-2），不能稳定遗传。

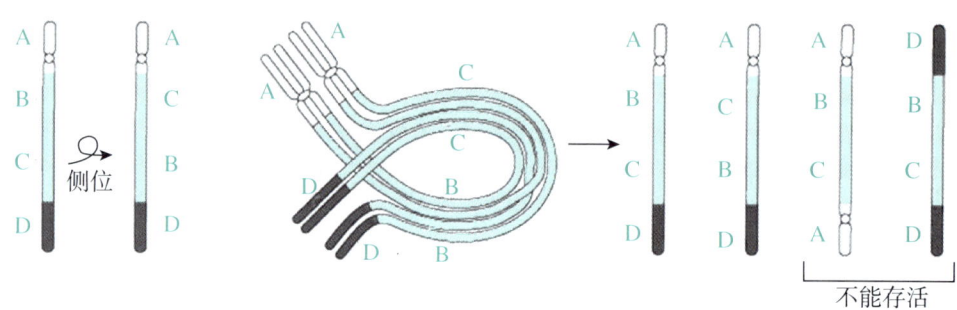

图 30-2　臂内倒位携带者形成的 4 种配子

人类染色体平衡性结构畸变示意图

2. 易位　易位（translocation）指从某个染色体断下的片段连接到另一染色体上，一般用符号 t 表示。易位根据所涉及的染色体和易位片段及连接形式的不同，分为相互易位和罗伯逊易位。

1) 相互易位（reciprocal translocation）：两条染色体分别发生一次断裂，相互交换片段后重接。

简式：46,XY,t（2；5）(q21；q31)

详式：46,XY,t（2；5）(2pter → 2q21∷5q31 → 5qter；5pter → 5q31∷2q21 → 2qter)

如没有发生明显的染色体片段的增减，相互易位个体的发育一般无严重影响，称为平衡易位（balanced translocation）。平衡易位携带者表型虽正常，但在形成生殖细胞的减数分裂的前期 I 时由于同源染色体间要配对，易位染色体将在联会配对时形成四射体。在后期 I 时，相关染色体可进行对位、邻位-1、邻位-2 以及 3:1 分离，可形成 18 种配子，但仅有一种是正常的，一种是平衡易位的，其余 16 种配子均为不平衡的。这些配子与正常配子受精后，只有一种可发育成正常的个体，一种为平衡易位携带者，其余 16 种大部分都将形成单体或部分单体、三体或部分三体而导致流产、死胎或畸形儿。

2) 罗伯逊易位（Robertsonian translocation）：又称着丝粒融合，两条近端着丝粒染色体在着丝粒处或附近断裂后，两者的长臂在断裂处结合，形成一条由长臂构成的衍生染色体，两个短臂则构成一个小染色体，小染色体往往在第二次细胞分裂时丢失，一般用符号 rob 表示。

简式：45,XX,-14,-21,+rob（14q21q）或 45,XX,-14,-21,+t（14q21q）

详式：45,XX,-14,-21,+t（14；21）(21qter → 21q10∷14q10 → 14qter)

罗伯逊易位后体细胞内的染色体总数虽为 45，但由于丢失的染色体短臂携带的基因的遗传效应不明显，因此罗伯逊易位通常被认为是一种平衡性结构畸变。以 14 和 21 号染色体为例，罗伯逊易位携带者在形成配子的减数分裂Ⅰ中，其体内的 14、21 号以及 der（14；21）3 条染色体会出现联会，结果可形成 6 种不同的配子，与正常的配子结合后，可形成 6 种核型的受精卵（图 30-3）：①正常二倍体；②平衡易位携带者；③易位型唐氏综合征；④ 21 单体；⑤ 14 三体；⑥ 14 单体。前 3 种核型出生后分别为正常个体、平衡易位携带者和易位型唐氏综合征患者，后 3 种核型的胚胎不能存活。21 与 13、15 和 22 号染色体之间发生的罗伯逊易位也将产生类似的情况。

如罗伯逊易位发生在 21 号同源染色体之间，在减数分裂后将只形成两种合子：50% 是 21 单体，50% 为易位型 21- 三体，前者将流产，后者出生后将是易位型唐氏综合征患儿。

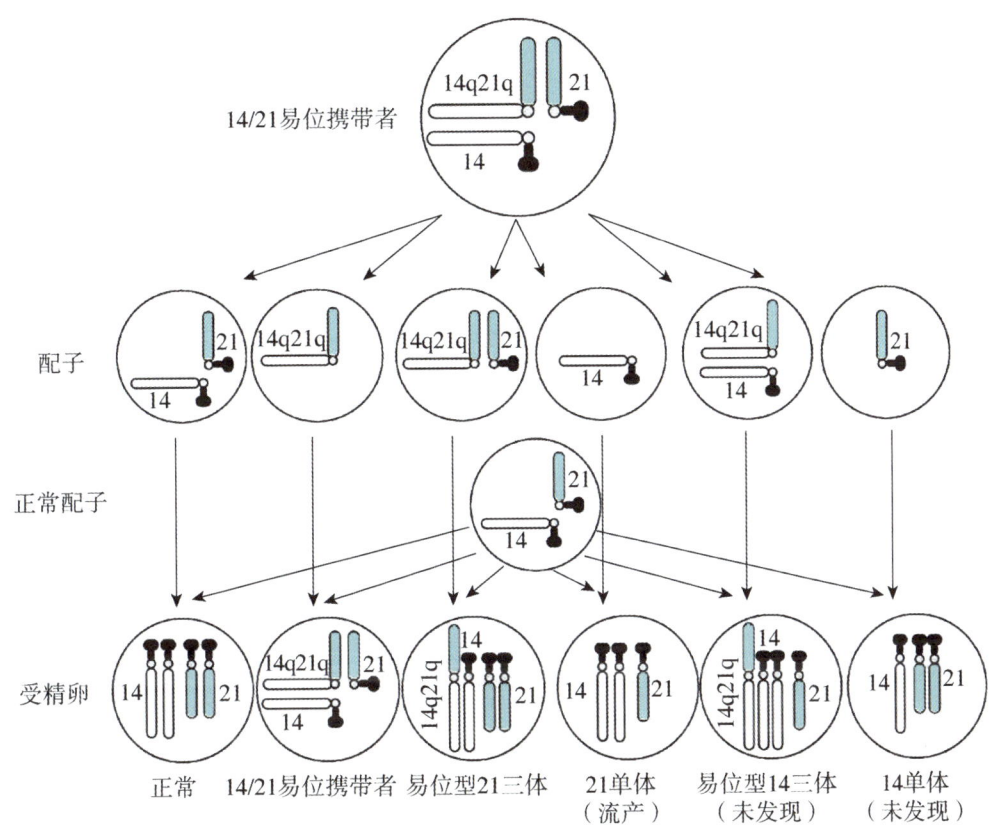

图 30-3　罗伯逊 14/21 易位携带者形成的配子类型及子代核型示意图

3. 插入（insertion）　也称单方易位，两条非同源染色体同时发生断裂，但只有其中一条染色体的片段插入到另一条染色体的非末端部位，一般用符号 ins 表示。分为正位插入和倒位插入。

四、染色体畸变的发病率和生物学效应

由于染色体数目或结构畸变导致的遗传性疾病称为染色体病（chromosomal disorders）。染色体病患者通常表现出多种器官分化发育异常及临床症状，故又称为染色体综合征（chromosome syndrome）。染色体病按染色体种类可分为常染色体病和性染色体病。

染色体异常在人群中并不罕见，在一个对超过 120 000 个活产儿群体的统计显示，染色体异常总发生率约为 6.5‰（1/153）。其中 21- 三体是最常见的染色体异常，发生率大约为 1.4‰（1/729）。性染色体三体在男性中的发生率约为 2.7‰（1/375），女性 1.6‰（1/635）。结构异常中平衡易位发生率约为 1/491，其中约半数是罗氏易位，非平衡易位的发生率约为 1/1600。在自发

流产的胎儿中，染色体异常的比例更高，在接近甚至超过半数的样本中都检出了染色体异常。

绝大多数染色体病患者呈散发性，即双亲染色体正常，畸变染色体来自双亲生殖细胞或受精卵早期卵裂新发生的染色体畸变，这类患者往往无家族史，同胞的再发风险与一般人群没有差异。但平衡的染色体结构重排携带者虽表型正常，可生育少数染色体结构畸变的患者，这些患者可将畸变的染色体遗传给子代，引起子代的染色体不平衡而致病，这类患者常伴有家族史，其同胞的再发风险也高于一般人群。

染色体畸变在细胞周期的不同时相有不同特点。在有丝分裂中，如在 G1 期和 S 期发生畸变，一般是染色体型的；而在 S 期和 G2 期及分裂前期发生畸变，则可导致染色体单体型；如果畸变只涉及一条染色体或所形成的畸变染色体只有一个有活性的着丝粒，这些畸变的染色体在有丝分裂中能完整地传给自体细胞，这种畸变为稳定型染色体畸变。无着丝粒片段在细胞分裂后期不能定向运动而丢失。具有两个或两个以上活性着丝粒，如双着丝粒的染色体，在有丝分裂后期形成染色体桥而导致细胞死亡或产生新的畸变，这种畸变为非稳定型畸变。在减数分裂中，由于经历了同源染色体的联会配对、交换和分离的过程，因此产生不同的畸变，其分子细胞生物学效应也不同。

染色体畸变（无论是数目畸变还是结构畸变）将引起遗传物质的改变，导致相对应基因的改变，扰乱了基因效应之间的平衡，直接影响了细胞的新陈代谢等基本生命活动，细胞的结构和功能以至于器官的结构和功能发生异常，在临床上则表现为各式各样的综合征。

（一）数目畸变的生物学效应

染色体数目整组地增加，形成整倍体如三倍体和四倍体。三倍体在胚胎发育的细胞有丝分裂过程中，形成三级纺锤体，导致染色体在中期至后期分布和分配紊乱，染色体数目异常，从而干扰胚胎发育而发生流产。染色体非整倍体是在二倍体基础上减少或增加一条或几条，一般在细胞分裂中染色体不分离而形成。①单体由于染色体平衡受到破坏，胚胎不能正常发育，通常不能存活，但有少数单体型存在如性染色体单体 Turner 综合征。单体由于同源染色体处于半合子状态，一些隐性的有害基因就得以直接表现，导致假显性效应。②三体由于多了一条染色体，对个体的影响比少一条染色体要小，一般都能存活。但由于染色体平衡被破坏和基因组剂量增加，三体一般表现出异常的表型特征。

（二）结构畸变的生物学效应

末端缺失和中间缺失的结果都是丢失一段无着丝粒片段。根据丢失片段的大小和性质不同具有不同的遗传效应，例如缺失导致的致死效应和缺失区段导致同源染色体对应位置的隐性基因表现出的假显性效应。

重复的细胞效应比缺失缓和，如果重复片段较大也会影响个体的生存力甚至导致死亡。重复会导致减数分裂时同源染色体发生不等交换，结果产生有部分缺失和部分片段重复的染色体，影响基因间的平衡。重复也可导致基因的剂量效应和位置效应。

倒位染色体在减数分裂中同源染色体联会配对时，如果倒位片段很小，该片段就可能不发生配对；如果倒位片段很长，倒位的染色体可能倒过来和正常染色体配对，形成倒位环。臂间倒位和臂内倒位通常会形成异常配子，产生的遗传效应主要决定于重复及缺失片段的长短及其所含基因的致死效应。

易位杂合子在减数分裂期，同源部分的联会配对会形成特征性的四射体，最终形成 18 种配子类型，其中一种配子正常，一种平衡易位，其余 16 种都是不平衡的。与正常配子受精后形成的合子中，大部分都将形成单体或部分单体、三体或部分三体，导致流产、死胎和畸形儿。

第二节 常染色体病

常染色体病指常染色体数目和结构的异常所导致的疾病。染色体病中约 2/3 是常染色体病，可见的主要类型包括三体综合征、部分三体综合征、部分单体综合征和嵌合体等。数目异常的主要有 21-三体综合征、18-三体综合征，偶见 13-三体综合征，结构异常的有 5p⁻ 综合征和多种由于微重复/缺失导致的综合征等。

一、常染色体数目异常的疾病

（一）21-三体综合征

21-三体综合征（trisomy 21 syndrome）是最常见和研究最深入的染色体疾病，该疾病是导致智力低下最常见的遗传因素。1866 年，英国医生 John Langdon Down 首次在临床上描述了该综合征，所以其被命名为 Down（唐氏）综合征。1959 年 Jérôme Lejeune 小组首次报告了额外的 21 号染色体可能导致该综合征。唐氏综合征在新生儿中的发病率为 1/1000～1/500，随着母亲年龄的增加，在 35 岁或以上母亲的活产儿中，其发病率要高得多（图 30-4）。

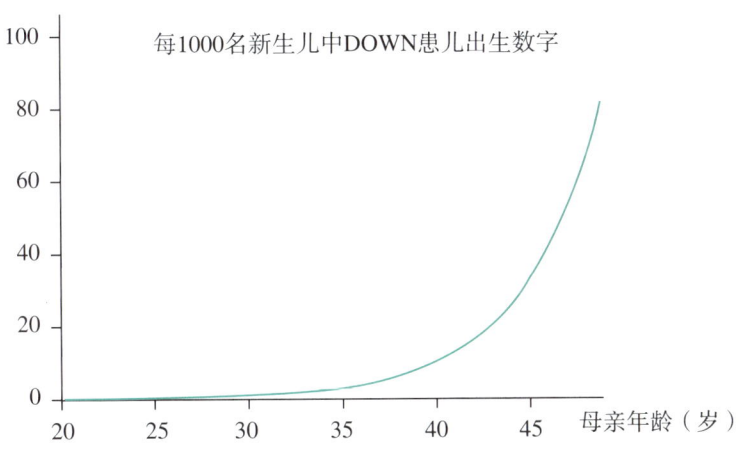

图 30-4　母亲年龄在 35 岁以上时唐氏综合征患儿出生率显著增高

1. 临床表现　唐氏综合征的主要临床表现为生长发育迟缓、智力低下和特殊面容。患儿出生时身高和体重较正常新生儿偏低，生长发育落后。患者多为轻度到中度的智力低下，且其智力随着年龄的增长而逐步降低。患者呈现特殊面容：眼距宽、眼裂狭小上斜、内眦赘皮、鼻梁扁平、外耳小且低位、耳郭畸形、舌大外伸等。其他症状或体征还包括：肌张力低下；四肢短小、手短宽而肥、有通贯掌；小指常内弯、短小或缺少指中节，第 1、2 趾间距宽；白内障发病率较高；40% 左右的患者患有先天性心脏病，特别是房间隔缺损、室间隔缺损和动脉导管未闭；十二指肠闭锁、先天性巨结肠等消化道畸形发生率较高；10% 的患者在出生时会发生暂时性的骨髓增生性疾病，白血病的终生发病风险为 1%；成年患者有 75% 会出现听力问题；30 岁以上的患者将出现阿尔茨海默病（Alzheimer disease）的病理表现；上呼吸道感染很常见。既往患者的生存期很短，随着治疗和护理条件的改善，患者寿命已明显增加，已经达到 50 岁左右。

框 30-1　21 号染色体上与唐氏综合征表型相关的基因

唐氏综合征表型	相关基因
智力低下	DSCAM、ADNP、DSCR1、ETS2、MNBH/DYRK1、SOD1
阿尔茨海默病	APP
先天性心脏病	COL6A1/2、KCNE-2
白血病	ERG、ETS2、RUNX1、GABPA、BACH1、DYRK1A、AML1

2. 细胞遗传学特征　患者体细胞中有多余的 21 号染色体或 21 号染色体的部分片段存在，唐氏综合征患者的核分型是确认临床诊断的必要条件，并可为再发的风险估计和遗传咨询提供基础。核型有以下三类。

（1）典型的 21-三体：核型为 47,XX（XY），+21（图 30-5），占所有唐氏综合征患者的 95%，发生机制为 21 号染色体的减数分裂不分离。约 90% 的病例是由于母亲减数分裂期间发生的错误引起，主要发生在减数分裂 I 中；约 10% 的病例是由于父亲减数分裂期间的错误造成，通常发生在减数分裂 II 中。随着母亲年龄的增加，尤其是 35 岁以后，生育 21-三体综合征患儿的风险会显著升高。

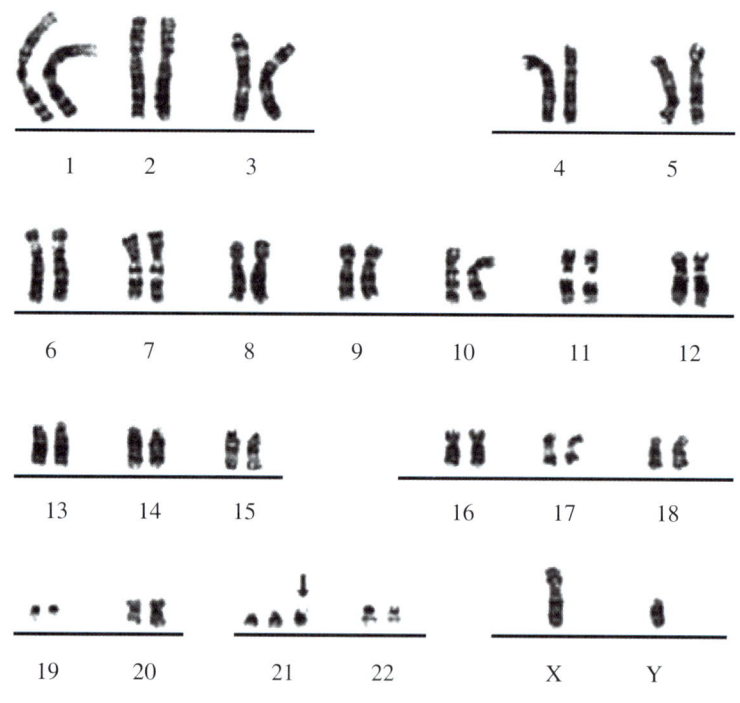

图 30-5　典型 21-三体综合征的核型

（2）罗伯逊易位型 21-三体：约占唐氏综合征病例的 4%。易位发生在 21q 和另一条 D 组或 G 组染色体（通常是 14、21 或 22 号染色体）的长臂之间，衍生染色体取代了一条正常染色体。因此罗伯逊易位型 21-三体是 21 号染色体长臂的三体型。其形成机制见图 30-3。与典型的 21-三体不同，易位型唐氏综合征与母亲年龄没有关系，但如果父母是易位的携带者，尤其是母亲为携带者,则再生育子女有较高的再发风险。因此,对父母和其他相关亲属进行核型分型以后,才能提供准确的遗传咨询。21q21q易位染色体较为特殊,如果父母是携带者,则不可能产生正常的配子,其后代100%是21-三体患者,携带者不宜再生育。

(3) 嵌合型21-三体:大约1%的唐氏综合征患者是嵌合型的,如果21号染色体不分离发生在卵裂早期的有丝分裂阶段,就会造成一部分体细胞为三体的嵌合型个体,核型为47,XX (XY), +21/46,XX (XY)。依据异常的细胞系所占的比例和它们在体内分布的差异,临床症状有重有轻,差别较大。总的来讲,嵌合型患者的症状轻于典型的21-三体综合征患者。

(二) 18-三体综合征

18-三体综合征(tyrisomy 18 syndrome)也被称为Edwards综合征。1960年,Edwards首次描述了一名多出一条常染色体的患儿,后经其他研究者证明该额外染色体是18号染色体。该综合征是发病率排名第二位的常染色体三体征,发病率为1/6000~1/4000。与大多数其他三体征一样,母亲年龄的增加是风险因素,35岁以上母亲18-三体婴儿出生率显著增高。患者中男女比例为1:4,可能是由于男性胚胎更不易发育,出生率低。

1. 临床表现　18-三体综合征患者最常见的临床表现为多发畸形,生长、运动和智力发育迟缓。常见异常体征包括:出生时低体重,小头畸形、枕部凸出;眼距宽、内眦赘皮;耳郭扁平、耳位低;下颌小;唇裂或腭裂;胸骨短;手呈特殊握拳姿势:第2、5指压在第3、4指之上;摇椅样畸形足;95%的患儿有先天性心脏病,是患儿死亡的主要原因。生命力严重低下,大多数18-三体的胚胎发生流产,50%患儿的平均寿命不到2个月,90%~95%的患儿在1年内死亡,但有个别个体可存活数年甚至十年以上。

2. 细胞遗传学特征　94%患者的核型为典型的三体47,XX (XY), +18;其余为嵌合型47,XX (XY), +18/ 46,XX (XY);存在极少数部分三体型。典型的18三体多由母亲卵母细胞减数分裂时发生的18号染色体不分离所致,高龄产妇容易生出18-三体患儿。部分三体型患儿因父母为平衡易位或倒位携带者产生不平衡配子导致。嵌合型患者的症状相对较轻,且发病与母亲的年龄无关。

(三) 13-三体综合征

13-三体综合征(trisomy 13 syndrome)也被称为Patau综合征(Patau syndrome)。Patau于1960年描述了一个具有一条额外D组染色体的患儿,后来通过显带技术确定该额外染色体为13号染色体。该综合征是发病率排名第三位的常染色体三体征,新生儿发病率为1/20 000~1/10 000。

1. 临床表现　13-三体综合征的主要临床表现有:出生体重低、生长发育迟缓、严重智力发育障碍。颅面部畸形有小头、前额不发育、前脑发育缺陷;眼球小,常有虹膜缺损,偶尔有无眼球畸形;2/3的病例有上唇裂,并常伴有腭裂;低位耳,耳郭畸形;颌小。多指及手指相盖叠的特殊握拳方式。摇椅样畸形足。生殖器官异常:男性患儿常有阴囊畸形和隐睾;女性则有阴蒂肥大、双阴道、双角子宫等。脑和内脏的畸形普遍,如无嗅脑畸形、多囊肾,80%患先天性心脏病或耳聋。存活较久的患儿还有癫痫样发作、肌张力低下等症状。

13-三体综合征是一种严重的染色体疾病,大量的13-三体胚胎将会流产。出生患儿中位生存时间为10天,接近80%在6个月内死亡,有少数个体可存活到10岁以上,女性患者存活时间长于男性。

2. 细胞遗传学特征　75%患者的核型为典型的三体47,XX (XY), +13;5%是嵌合型;20%为易位型,多为der (13;14)的罗伯逊易位。典型的13-三体综合征患儿的出生率与母亲年龄呈正相关,而易位型多为年轻母亲所生,她们常有流产史。

小测试30-2:可导致21-三体综合征的罗伯逊易位携带者的主要核型有哪些?

二、常染色体结构异常的疾病

（一）猫叫综合征

猫叫综合征（Cri-du-chat syndrome）又称 5p$^-$ 综合征，细胞遗传学改变是第 5 号染色体短臂部分或整个缺失，缺失范围在 5～40 Mb。该病于 1963 年由 Lejeune 率先报道，为一种部分单体综合征，是发病率较高的染色体结构畸变综合征。发病率在 1/50 000～1/20 000，患者中女性多于男性。

Cri-du-chat 是法语"猫叫"的意思，患儿最具特征性的表现是哭声类似猫的叫声。其他主要症状有：生长发育迟缓、严重的精神运动和智力低下；小头畸形；满月脸；眼距较宽、外眼角下斜、斜视、内眦赘皮；耳低位；小颌；肌张力低下；先天性心脏病等。多数患者可存活至儿童期，少数可存活至成年。2 岁以后猫叫似的声音会逐渐消失。

猫叫综合征可以通过 G 显带或 FISH 进行诊断，多数是父母生殖细胞中新发染色体结构畸变所引起的散发病例，有 10%～15% 是双亲之一产生不平衡配子所引起。研究表明，控制"猫叫样哭声"的区域定位于 5p15.3，其他如小头、智力低下等表型则定位于 5p15.2。

（二）微缺失/微重复综合征

微缺失/微重复综合征（microdeletion/microduplication syndrome）指由于染色体上小片段的缺失或重复导致的疾病。传统的 G 显带等细胞遗传学方法无法检出小的缺失或重复，随着高分辨显带技术的发展和分子细胞遗传学技术（如 FISH 和阵列 CGH）的出现，识别出了大量以前无法检测出的缺失，多个微缺失综合征得以进行遗传学诊断。

1. Williams 综合征（Williams syndrome） Williams 综合征是由于 7q11.2 的 1.5 Mb 染色体微缺失引起的。患者的临床表现是智力低下、主动脉瓣上狭窄（SVAS）、外周肺动脉狭窄、特殊面容（鼻小、鼻孔前倾、虹膜发育不良等）、牙齿畸形和高钙血症等。已经发现某些基因决定 Williams 综合征的部分表型。如编码弹力蛋白的 *ELN* 位于 Williams 综合征的关键区域，弹力蛋白是主动脉壁的一个重要组成部分，其单独突变或缺失就会导致 SVAS，而不出现 Williams 综合征的其他表型。对微缺失综合征缺失片段内基因的深入研究将有助于解析它们的功能和参与的生理及病理过程。

2. 22q11.2 微缺失综合征（22q11.2 microdeletion syndrome） 22q11.2 微缺失综合征是最常见的染色体微缺失综合征，在新生儿中的发病率约为 1/5000。患者的典型临床表现有特殊面容、智力障碍、生长发育迟缓、腭裂、胸腺发育不良、先天性心脏病和低钙血症。该综合征最初于 1965 年由 DiGeorge 进行描述（图 30-6）。

本综合征包括临床特征定义的 DiGeorge 综合征（DiGeorge syndrome，DGS）、腭心面综合征（velo-cardio-facial syndrome，VCFS）、锥干异常面综合征（conotruncal anomaly face syndrome，CAFS）和部分单纯型先天性心脏病如锥干型心脏畸形（conotruncal defect，CTD）等。因其主要表现为心脏畸形（cardiac defect）、面部异常（abnormal facies）、胸腺发育不良（thymic hypoplasim）、腭裂（cleft plate）及低钙血症（hypocalcemia）5 个特征，故曾以字母缩写词称为 CATCH22 综合征。该区域的微重复还可以导致猫眼综合征（cat eye syndrome）等。随着研究的深入，本综合征的其他表现如学习认知障碍、精神异常、发育迟缓等不断被发现，其表现型扩展到 180 种之多。

本综合征临床表型差异较大，如 DGS 是以 CTD、免疫缺陷和低钙血症为特点，而 VCFS 则主要表现为腭裂、面容畸形、CTD 及学习障碍，CAFS 则以 CTD 和特殊面容为特征。目前并无证据显示缺失片段大小与临床症状的严重程度相关。

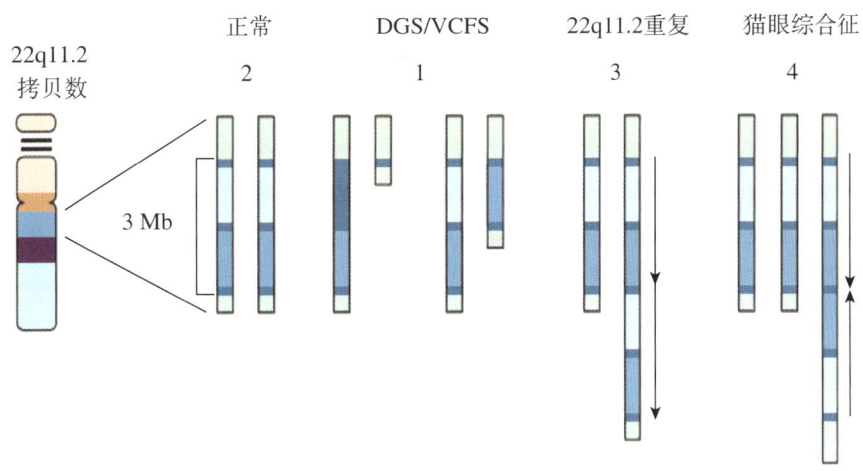

图 30-6　22q11.2 微缺失综合征缺失或重复片段示意图
图示在不同的综合征患者中该片段的拷贝数

22q11.2 微缺失综合征的遗传机制是：减数分裂期间，由于 22q11.21 ～ 22q11.23 区域的 8 个低拷贝重复序列（low copy repeats，LCRs）介导了同源染色体的不平衡重组，造成一条 22 号染色体长臂的微缺失，导致一系列异常表型的发生。90% 的缺失片段大小为 3 Mb，7% ～ 8% 的缺失片段为 1.5 Mb，还有一部分是非典型的小片段缺失或 *TBX1* 基因点突变。绝大多数病例为散发，其父母再次生育再发风险较低。但少数存在生殖腺嵌合和低比例的体细胞嵌合情况的双亲，后代再发风险比正常人群高。

微缺失/微重复综合征列表

第三节　性染色体病

性染色体病指由性染色体数目和结构异常所导致的疾病。主要类型包括 X 染色体数目的增加、Y 染色体数目的增加、X 单体综合征和嵌合体等，以及结构异常的 X 染色体和 Y 染色体微缺失导致的疾病等。性染色体数目异常疾病的患者在整个儿童期往往没有明显的临床表现，与常人无区别，随着年龄的增加才会出现症状，多数患者要到青春期或成年后因为生殖功能障碍才被诊断，往往伴有性功能异常及其他生理功能的异常，对家庭的影响较大。

一、性染色体数目异常的疾病

（一）Klinefelter 综合征（Klinefelter syndrome）

Klinefelter 等于 1942 年首次描述了该综合征，Bradbury 等在 1956 年发现患者体细胞内 X 染色质呈阳性；Jacob 等于 1959 年证实患者的核型为 47,XXY，即较正常男性多出一条 X 染色体，因此又称其为 XXY 综合征。由于 Y 染色体决定男性性别，47,XXY 个体为男性，其发病率为 1/1000 ～ 1/500，在男性不育患者中相当常见，约占 10%。

1. 临床表现　本病主要临床特征为睾丸发育障碍和不育，患者身材瘦长，睾丸小或隐睾，精曲小管萎缩并呈玻璃样变性，缺乏生成精子的能力；睾酮水平低下导致第二性征发育不良，体征呈女性化倾向，无胡须、体毛少，阴毛呈女性分布、稀少或无毛，皮下脂肪丰富，皮肤细嫩，约 25% 的患者乳房轻微发育；少数患者有轻度到中度智力障碍，一些患者有社交障碍，有精神异常或精神分裂的倾向。大多数患者在幼年期和儿童期都没有明显异常，各种临床症状在青春期之后开始逐渐显现。

2. 细胞遗传学特征 患者的主要核型为 47,XXY，少数为嵌合型，还可见 48,XXXY、48,XXYY、49,XXXXY 等。一般来讲，核型中更多的 X 染色体数量会导致相应更严重的表型，如更大程度的畸形、更多的性发育缺陷和更严重的精神障碍。而嵌合型患者的症状相对较轻且不典型，当正常细胞所占比例较大时，患者一侧的睾丸可正常发育并能生育。47,XXY 产生的遗传学机制是由于减数分裂时性染色体的不分离，其中 60% 是母亲的染色体不分离，大多数不分离发生在减数分裂 I。与常染色体三体相似，随母亲年龄的增加，本病患儿的出生风险增大。

（二）Turner 综合征（Turner syndrome）

Turner 于 1938 年首次描述了该综合征，患者为女性表型，1954 年 Polani 发现患者的 X 染色质呈阴性；1959 年，Ford 等证实患者的核型为 45,X，即较正常女性少了一条 X 染色体。该病发病率为 1/5000 ~ 1/2000，在所有胎儿中占 1% ~ 2%，但其中有 99% 自发流产。

1. 临床表现 患者的主要临床表现有：平均出生体重下降；婴儿期的手、足淋巴水肿；成年后身材矮小，身高仅在 120 ~ 140 cm；蹼颈，后发际低；肘外翻；子宫发育不良，卵巢呈条索样，镜检卵巢无卵泡，原发闭经，不育；成年外生殖器幼稚、阴毛稀少；乳房发育差、乳距宽；盾状胸；第 4 掌骨缩短。患者常合并心血管畸形或（和）肾畸形；智力发育可正常。

2. 细胞遗传学特征 在 Turner 综合征患者中可见不同的核型，共同之处是存在整条 X 染色体缺失或部分片段的缺失。

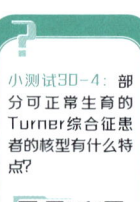

小测试30-4：部分可正常生育的 Turner 综合征患者的核型有什么特点？

临床中最常见的染色体核型为 45,X，占全部患者的 50% 以上，具有上述多种临床表现。这种类型患者的遗传机制是减数分裂过程中 X 染色体不分离，其中 80% 源于父亲的减数分裂不分离；比例比较高的另一类是嵌合体核型，检出的有 45,X/46,XX、47,XXX/45,X、47,XXX/45,X/46,XX，以及 45,X 细胞系和 X 染色体结构异常的细胞系形成的嵌合体等，约占全部患者的 30%。还有一种较为常见的核型是 X 等臂染色体，包括 46,X,i(X)(q10) 和 46,X,i(X)(p10)，患者临床表现近似于 45,X 个体，但 46,X,i(X)(p10) 个体没有身材矮小，有条索状卵巢和原发闭经等症状，说明 X 染色体的短臂单体决定了身材矮小和该综合征的主要症状，现已证明位于 X 短臂的 *SHOX* 基因缺失可导致身材矮小；而 X 染色体长臂缺失则与性腺发育不全和不育有关。

（三）XYY 综合征（XYY syndrome）

1961 年 Sandburg 对一个唐氏综合征患者双亲进行染色体检查，偶然发现患儿父亲的核型是 47,XYY。XYY 综合征在男性中的发生率大约为 1/1000。

1. 临床表现 XYY 男性的表型一般正常，最大的特点是身材高大，因此该病在高身材人群中的检出率明显增加；睾酮水平正常，性征和生育能力一般正常；患者常有行为问题，语言能力较差，运动技能下降，受教育水平较低。除细胞遗传学检查外，很难从一般人群中鉴别出 XYY 患者。

2. 细胞遗传学特征 47,XYY 的核型来源于父亲 Y 染色体减数分裂不分离，但他们生育染色体数目异常患儿的概率并不比正常男性高，且与双亲年龄无关。此外，少数个体的核型为嵌合型的 47,XYY/46,XY，是胚胎早期有丝分裂不分离的结果。

(四)X三体综合征(triple X syndrome)

1959年由Jacob首次报道。本病发病率在新生女婴中约为1/1000。在女性精神病患者中的发病率约为4/1000。

1. 临床表现 X三体女性可无明显异常,约70%病例的青春期第二性征发育正常,并可生育;另外30%患者的卵巢功能低下,原发或继发闭经,过早绝经,乳房发育不良;1/3患者可伴先天畸形,如先天性心脏病、髋脱位;部分可有精神缺陷。约2/3患者智力低下。X染色体越多,智力发育越迟缓,畸形也越多见。

2. 细胞遗传学特征 患者核型多为47,XXX。体细胞中有两个X染色质。少数核型为46,XX/47,XXX。极少数为48,XXXX;49,XXXXX。体细胞间期核内X小体数目增多,额外的X染色体几乎都来自母方减数分裂的不分离,且主要在减数分裂I期发生,母亲年龄较大可能为主要因素之一。

二、性染色体结构异常的疾病

(一)X染色体结构异常

由于男性基因组中只存在一条X染色体,因此任何X染色体基因组失衡,对男性比对女性有更严重的影响。男性只能耐受X染色体在某些区带的缺失,大约是Xp末端到Xp11之间和Xq26-Xq27.3之间(包括脆性部位基因*FMR1*)。据报道,男性最大的Xq片段缺失大约是13 Mb。因此i(Xq)、小的环状X染色体和标记X染色体只在女性可见。

Xp部分缺失的男性将罹患基因缺失综合征,如Xp11.22缺失综合征的患者表现为智力低下,发育迟缓,张力减退,关节活动过度,大头畸形等;Xq26-q27缺失可引起严重的智力低下和多发性先天缺陷。

X染色体与其他染色体的易位也会造成携带变异个体的异常。当平衡易位对象是常染色体时,失活的为正常的X染色体,一般不会产生症状。但如平衡易位位置在"关键区域(critical region)"Xq13-q26时,有活性的X染色体在此区域被分为两部分,从而失去"位置效应",就会导致性腺发育异常。如果发生了Xp和Yp易位,是46,XX性逆转(46,XX sex reversal),即XX男性最常见的病因,这种易位一般靠FISH确诊。

框30-2 脆性X染色体综合征(fragile X syndrome,FXS)

脆性X染色体综合征(fragile X syndrome,FXS)是一种X连锁智力低下疾病,并伴有大睾丸症。该综合征是由于脆性X智力低下蛋白(fragile X mental retardation protein,FMRP)的编码基因*FMR1*的动态突变引起的单基因病。在低叶酸的培养条件下,这些患者外周淋巴细胞可见一条X染色体长臂近末端处有脆性部位(fragile sites),表现为该带远侧不着色的缩窄或裂隙,这个部位位于Xq27.3,导致位于长臂末端的q28形成随体状。脆性部位易产生断裂,从而导致末端缺失和无着丝粒断片。

(二)Y染色体结构异常

Y染色体上基因很少,其最重要的意义在于决定性别的分化。位于Y染色体短臂上的SRY

决定胚胎生殖腺原基向睾丸分化，决定男性表型。

Y染色体结构异常包括：Y染色体的长臂或短臂的等臂染色体i（Yq）和i（Yp）、环状染色体和双着丝粒染色体（后者为两条Y的短臂相连或两条Y的长臂相融合）、倒位和各种涉及Y染色体的易位（即Y染色体与常染色体、Y染色体与X染色体的易位）等。

Yp缺失，例如：Y连锁矮小身材同源框基因（short stature homeobox，*SHOX*）缺失，其突变引起身材矮小；Y连锁基因*SRY*缺失，引起46,XY性逆转1（46,XY sex reversal 1，SRXY1），即XY女性个体。

Yq缺失，例如：与精子生成密切相关的基因*USP9Y*和*DAZ*的缺失引起不育症。

小 结

染色体数目或结构畸变均可导致累及多组织器官异常的遗传性疾病，统称为染色体病。理解染色体畸变产生的因素和产生畸变的基本原理，对染色体病的筛查和预防极为重要。随着分子细胞遗传学和基因组学研究方法的进一步发展，染色体结构变异（尤其是微重复或微缺失）引起的遗传性疾病将越来越多地得到诊断和解析。

人类基因组计划确定了每条染色体上的基因数目，除Y染色体不足100个基因以外，其他染色体上都携带数百个甚至数千个基因，因此染色体病的实质是基因间的平衡状态被打破，多个基因的增加或减少造成细胞内基因表达异常，引起复杂的表型效应。

人群中较为常见的染色体数目异常疾病均为染色体增加三体型，提示基因拷贝的缺失更不易被个体耐受；且增加的染色体多为基因数较少的染色体，说明影响的基因越少，个体越有可能耐受，在自然流产的胚胎里可以检出更多的染色体畸变类型。由于X染色体的剂量补偿效应，X单体是人群中仅见的整条染色体缺失的染色体病。

参考答案

整合思考题

1. 临床上导致染色体病的畸变类型有哪些？
2. 什么是染色体数目畸变？产生染色体数目畸变的机制有哪些？结合配子发生过程，解释为什么母亲年龄的增加会升高三体婴儿出生的风险。
3. 什么是平衡倒位？平衡倒位携带者潜在的风险是什么？从临床角度看，倒位携带者的倒位区长一些好还是短一些好？
4. Down综合征患者为何易患白血病？

（赵红珊　杨玉霞　李传洲）

第三十一章　遗传变异：个体突变与多态性

导学目标

通过本章内容的学习，学生应能够：

※ **基本目标**
1. 说出突变和多态性的定义及分类。
2. 解释连锁与重组率的定义。
3. 分析遗传连锁分析及相关分析的遗传学基础。

※ **发展目标**

举例说明突变和多态性在临床遗传病诊断及基因定位中的应用。

案　例

毛毛，2岁，足月顺产儿，其母孕2产2。出生时身长、体重均在正常范围，哭声洪亮，无窒息等围生期风险。4个月大时，被发现皮肤裸露处有皮疹，而后发现其生长发育落后于同龄儿，不会说话，不能行走，有膝关节弯曲等症状。其父母表型正常，非近亲结婚，第一个孩子有类似症状，已夭折。临床诊断"Cockayne综合征A"，经家属知情同意及医学伦理审批，采集毛毛外周血提取基因组DNA，PCR-Sanger测序分析ERCC8，发现两个突变位点：c.394_398delTTACA，p.L132NfsX6（母源）和c.1A＞T（父源）。1年后，毛毛母亲再次怀孕，孕18周时，经羊膜腔穿刺抽取羊水。提取羊水脱落细胞DNA，对其进行连锁分析及突变位点检测。选取了基因区域3个STR位点和6个中国人群tagSNP位点作为连锁分析的遗传标记物。突变检测和连锁分析结果显示胎儿获得了母亲突变等位基因所在的染色体和父亲正常等位基因所在的染色体，并提示羊水DNA无母源污染。

问题：
1. 案例中给此家系做产前诊断采用了突变分析和多态性位点连锁分析。请问什么是突变和多态性？
2. 突变和多态性的分类有哪些？案例中毛毛的2个ERCC8突变属于哪种类型？
3. 案例采用了多态性位点做连锁分析，请问遗传多态性的应用有哪些？

案例解析

生物界存在多种可能引起细胞遗传物质发生变异的因素，如果变异发生在生殖细胞，就可能传递给后代。生物界双亲二倍性体细胞通过减数分裂和受精作用维持遗传物质的稳定性，而变异促进物种的进化及多样性。

人类无血缘关系的个体之间，大部分核基因组序列（约99.0%）相同，极少部分差异DNA序列出现个体遗传信息的不同，包括突变位点和多态性位点，因此形成个体特异性，而人类遗传病是最直观和最极端的遗传差异的临床表现。

第一节 突变与多态性

一、DNA 突变

（一）DNA 变异的本质及突变的概念

同一基因座上不同形态（形式）的DNA序列称为等位基因（allele）（见第三十二章"单基因病"）。基因座上占优势的等位基因称为野生型等位基因（wild-type allele）或常见等位基因（common allele），通常在人群中有超过半数以上的个体携带。不同于野生型的DNA序列称为变异体（variant）。

突变（mutation）：指基因中核苷酸序列发生改变而导致细胞基因型发生稳定的、可遗传的变化过程。突变的含义包括两层意思：①突变是核苷酸序列改变的一个过程；②突变的结果即突变体（mutant），可能会引起细胞表型改变。突变和突变体这两个术语指的是DNA，而不是携带突变基因的个体。变异体不一定就是突变体，从医学遗传学角度，突变和突变体一般指致病基因可致机体出现临床表型的变异和变异体，这种突变等位基因在人群中的频率明显低于野生型。

如果突变导致的表型改变对生物体既无益，也无害，则称之为"中性突变"（neutral mutation），这类突变在进化上是中立的，与群体中已有的等位基因适合度相同，因而日本学者Motoo Kimura提出了"中性突变"假说。例如人类对苯硫脲（PTC）的尝味能力，基因突变后，小部分个体（基因型tt）失去了对PTC的尝味能力，这种突变对人类无明显害处，也无明显益处，属于中性突变。

（二）突变分类

突变是发生在基因DNA序列上的改变，变化范围极大，可能涉及单个核苷酸到整条染色体，因此从突变起源分类，可将突变分为以下3类（表31-1）。

（1）染色体突变（chromosome mutation）：起源于减数分裂或有丝分裂时染色体错误分离所导致的突变，如非整倍体。突变率为1/（25~50）次减数分裂。肿瘤细胞的染色体数目异常是由于体细胞有丝分裂时染色体错误分离所致。

（2）亚染色体或区域性突变（subchromosomal or regional mutation）：起源于染色体内部结构异常的突变，如染色体片段重复、缺失、倒位或易位。

（3）基因突变（gene mutation）：发生在核基因组DNA或线粒体DNA序列上的突变，包括核苷酸替换、缺失或插入等。基因突变发生的可能机制如下。

1）DNA复制差错：DNA复制时原则上会严格遵循碱基互补配对原则，复制错误率大概为

第三十一章 遗传变异：个体突变与多态性

10^{-10} bp/每代细胞分裂，绝大部分 DNA 复制出现的错配很快就会被修复酶识别并切除修复，这个过程称为 DNA 校对。如果未能有效校对，则突变将被保留下来。

2）DNA 损伤修复时发生错误：细胞内发生的自发性化学性损伤，如自发性脱嘌呤；或者由于物理或化学因素（诱变剂）诱发产生，比如脱氨基作用，通常细胞内修复系统能识别并清除损伤。但如果损伤未能修复或修复时引入了错误核苷酸，这种情况有可能被保留下来成为永久性突变。

表 31-1　突变起源及可能机制

突变分类	机制	频率	实例
染色体突变	染色体错误分离	10^{-2}/细胞分裂	非整倍体
区域性突变	染色体断裂后重接	6×10^{-4}/细胞分裂	染色体缺失
基因突变	碱基对突变	10^{-10} 碱基对/细胞分裂 10^{-5}-10^{-6}/基因库/代	点突变

（三）基因突变的分类

根据发生突变的核苷酸数目及突变方式，基因突变可分为以下几类。

1. 核苷酸替换（nucleotide substitution）　野生型基因 DNA 序列上相应的核苷酸被另一个核苷酸取代，也称为点突变。其中一种嘌呤（或嘧啶）被另一种嘌呤（或嘧啶）取代的点突变称为转换（transition）；一种嘌呤（或嘧啶）被任何一种嘧啶（或嘌呤）取代的点突变称为颠换（transversion）。此类型突变按突变后对多肽链生成的影响主要分为 4 类。

（1）错义突变（missense mutation）：单核苷酸替换后，改变了基因编码区三联密码子，导致基因编码产物多肽链相应位置上的氨基酸残基被另一个氨基酸残基取代。

（2）无义突变（nonsense mutation）：单核苷酸替换后，其基因编码产物多肽链相应位置上原先编码氨基酸残基的密码子突变成了终止密码子（TAA/TGA/TAG），导致多肽链提前终止，产生一个截短多肽链。这类突变也可能会生成不稳定的 mRNA。

（3）同义突变（synonymous mutation）：单核苷酸替换后，由于密码子的简并性，基因编码产物多肽链相应位置上氨基酸残基并未发生改变。这类变异大部分不会引起蛋白质功能改变，但是有小部分同义突变可能会导致 RNA 剪接改变或 RNA 稳定性改变等，属于突变范围。

（4）RNA 剪接突变（RNA splicing mutation）：突变后可能导致 RNA 的转录、加工和翻译过程异常。RNA 剪接突变包括两类：①如果突变发生在未成熟的 RNA 外显子与内含子结合点（5'-给位）或内含子与外显子结合点（3'-受位），可能影响正常 RNA 在该位点的剪接或导致外显子跳跃（exon skipping）；②内含子碱基置换，不影响剪接过程的给位或受位本身的序列，但这种突变可能产生一个新的选择性剪接位点，与原先的剪接位点在 RNA 加工过程中产生竞争。

2. 核苷酸插入/缺失/重排（insertions/deletions/rearrangement）　此类突变主要影响 DNA 序列数目或排列顺序，根据涉及的核苷酸数目，可分为：

（1）小片段插入/缺失/重排突变：此类型涉及的核苷酸数目较少，通常用一代和二代测序技术可以检出。

（2）大片段插入/缺失/重排突变：此类突变涉及的核苷酸数目多，可能存在整个基因缺失、重复、倒位或互换产生一个新的重排基因，用一代和二代测序技术不能检出。

如果突变发生在编码区，涉及的碱基数目不是 3 的倍数，而造成读框的移动，导致基因编码产物多肽链从突变点开始后续相应编码序列完全改变，此类突变又称为移码突变（frame-shift mutation）。如果突变涉及的碱基数目是 3 的倍数，不会造成读框的移动，突变点下游的原三联密

小片段插入/缺失测序图

码子不会发生改变，此类突变为整码突变（in-frame mutation）。

大片段的插入/缺失/倒位变异的发生可能源于同源重组。在人类基因组中估计有 100 个拷贝的 LINE 家族特有的亚类序列，这些重复序列可通过反转录转座作用在基因组内迁移，可能导致插入缺失突变的发生。例如有些出血严重的血友病 A 型患者被检测到重排突变，含有几千个碱基的 LINE 序列插入到凝血Ⅷ因子基因的一个外显子中，打乱了编码序列，导致基因失活，患者无法合成正常的凝血Ⅷ因子。凝血Ⅷ因子基因 *F8* 内含子 22 有一个同源重复序列 *int22h*，靠近 Xq 端粒区有两个拷贝 *int22h*，内含子 22 上的 *int22h* 与靠近端粒区的呈反向排列，因此内含子 22 的 *int22h* 就有可能与靠近 Xq 端粒区的这两个重复拷贝的任一个发生染色体内错配。如图 31-1 所示，两个倒位 *int22h* 分别标记为 F 和 G，两者间相距约 500 kb，F 位于Ⅷ因子基因上游区域，G 位于 *F8* 外显子 22 和 23 之间，可能在同一染色体内发生错配，不等交换，导致外显子 1 至 22 倒位，破坏基因结构。

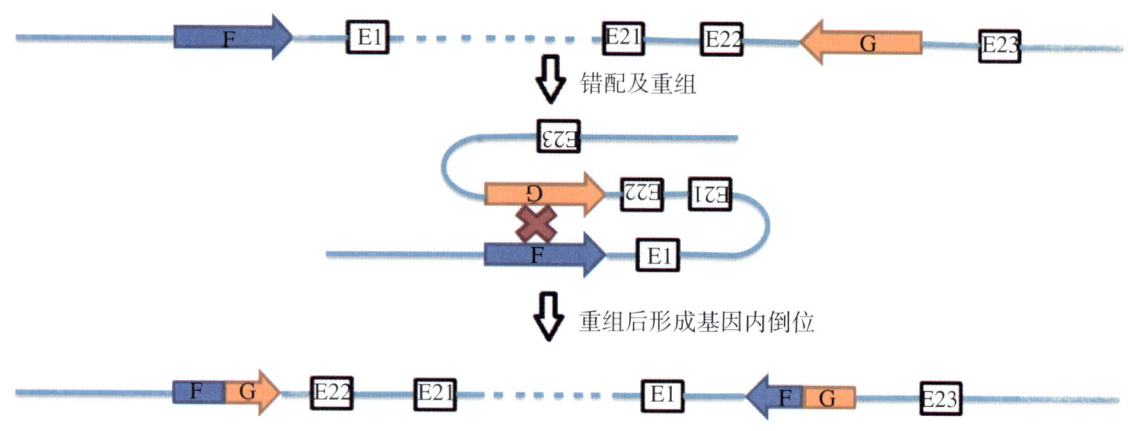

图 31-1　Ⅷ因子基因重排突变示意图

小测试31-1：案例分析

3. 动态突变（dynamic mutation）　基因组内一些简单重复串联序列，如 $(CAG)_n$、$(CCG)_n$ 或 $(CCTG)_n$ 等，其重复次数在减数分裂时可能发生不稳定传递，即重复次数可随世代传递而呈现递增的累加突变效应，故称为动态突变。从突变传递方式看，不同于孟德尔遗传。由这些动态突变引起的疾病，早期统称为三核苷酸重复扩增病（trinucleotide repeat expansion disorders, TREDs）。随着人类对遗传病认识的深入及实验室检测技术的发展，尤其是三代测序技术（单分子测序技术）的应用，更多的简单重复序列扩增性突变被发现，而且已经不限于 3 联核苷酸重复，有的是 6 核苷酸重复，甚至 12 核苷酸重复，比如 CYSTATIN B（*CSTB*）（OMIM*601145）的（CCCCGCCCCGCG）重复序列，因此这类疾病又称为重复扩增性疾病（repeat expansion disorder，RED）。单基因遗传病脆 X 综合征、亨廷顿舞蹈病和脊髓小脑共济失调等的致病基因突变类型均属于动态突变。

框 31-1　基因突变方式分类

基因突变形式分为静态突变（static mutation）和动态突变两类。静态突变是指生物界的突变总是以相对稳定的频率发生，并能在世代繁衍交替过程中得以传递的一种突变方式。上面讲的核苷酸替换和插入/缺失/重排都属于静态突变类型。动态突变见本章节和第三十二章"单基因病"相关内容。

二、多态性

(一) 多态性的定义

群体中某基因座上有 2 种或 2 种以上相对常见的等位基因变异型，由此形成同种 DNA 分子的多态性（polymorphism），人群中其基因频率大于 1%。

(二) 多态性的分类

多态性分类是按 DNA 序列核苷酸改变类型及结构排列进行定义的，表 31-2 显示的是人类基因组常见的变异类型。

表 31-2 人类基因组常见变异类型

变异类型	变异核苷酸数目	多态性产生基础	基因座等位基因数目
单核苷酸多态性（SNP）	1 bp	基因组某个特定位置核苷酸置换	通常为 2 个，也称为"二等位基因"
插入/缺失多态性（indels）	1～1000 bp	简单型：单一的短 DNA 片段插入/缺失，长度 1～1000 bp 小卫星：核心序列长度为 10～100 bp 微卫星：核心序列为 2、3、4 bp 重复单元，串联重复 5～25 次	简单型：2 微卫星 DNA：5 个或以上
拷贝数变异体（CNV）	10 kb～大于 1 Mb	通常涉及 200 bp～1.5 Mb 的 DNA 片段	2 个或以上
倒位多态性	几 bp～大于 1 Mb	涉及 2 个断裂点的 DNA 片段，并发生 180° 旋转重接	2 个

1. 单核苷酸多态性（single nucleotide polymorphisms，SNPs） 在基因组水平上由于单个核苷酸的变异所致 DNA 序列多态性，人群中通常仅有 2 个等位基因，这是最简单、最常见的多态性（图 31-2）。SNP 基因座上一般有 2 个等位基因，被称为"二等位基因"（bi-allelic）多态性。

```
正常参考序列……GAAACTAGCATTTCAGGAATTACGA

SNP      Allele……GAAACTAGCATTTCAGGAATTACGA
         Allele……GAAACTAGCCTTTCAGGAATTACGA

Indel 1  Allele……GAAACTAGCATTTCAGGAATTACGA
         Allele……GAAACTAGCATTTCAGGGAATTACGA

Indel 2  Allele 1……GAAACTAGCATTTCAGGAATTACGA
         Allele 2……GAAA--AGCATTTCAGGAATTACGA
```

图 31-2 单核苷酸多态性（SNP）和小片段插入/缺失（Indel）多态性

小卫星多态遗传示意图

2. 插入/缺失多态性（insertion/deletion polymorphisms Indel） 由于插入或缺失变异导致的多态性，插入或缺失的碱基数目从 1 bp 到 1000 bp，小片段插入/缺失多态性见图 31-2 的 Indel1 和 Indel2。Indel1 显示位点 17 和 18 之间插入了一个碱基 G；Indel2 显示位点 5 和 6 缺失了

2 个碱基 CT。插入 / 缺失多态性分为以下 4 类。

（1）小卫星多态性（minisatellite polymorphisms）：也称为可变串联重复序列，是以 10～100 bp 大小序列为单元重复多次，总长度由几百至几千个碱基对组成的串联重复序列，主要分布于染色体的近端粒区和着丝粒区，不同个体存在串联数目的差异，表现出高度的个体特异性。每个个体以串联重复数目差异来分辨，检测需结合 Southern 杂交，子女的小卫星 DNA 遗传自双亲，遵循孟德尔遗传方式稳定遗传。

（2）微卫星多态性（Microsatellite polymorphisms）：也称为短串联重复序列（short tandem repeat polymorphisms STRP），是以 2、3 或 4 个碱基对为单元重复的 DNA 片段，如 TGTG…TG，CAACAA…CAA 或 AAATAAAT…AAAT 等，串联重复多次，数量也多，分散在基因组里。STR 位点遵循孟德尔遗传方式稳定遗传，可以作为家系连锁分析的遗传标记物。多个不同基因座上的 STR 分析组合起来，可以成为 1 个个体的"生物学身份证"，即 DNA 指纹。

微卫星 DNA 作为遗传标记物在家系连锁分析中的应用

（3）转座元件插入多态性（mobile element insertion polymorphisms）：近一半的人类基因组由重复序列构成，它们分散在基因组里。大部分重复元件呈静态，少数重复元件可移动，它们通过反转录转座作用在基因组里迁移，包括转录进入 RNA 序列，或逆转录进入 DNA 序列中，或者插入到基因组另一个位置。重复元件的迁移导致了人类遗传的多样性，其中最常见的可移动重复元件就是 *Alu* 和 LINE 家族。

3. 拷贝数变异体（copy number variants，CNV） 拷贝数变异体涉及片段大小从 1000 bp 到几百 kb 不等，是指基因组区段的插入 / 缺失序列，超过 500 kb 大小的 CNV 占 5%～10%，大于 1 Mb 的 CNV 占 1%～2%。

4. 倒位多态性（inversion polymorphisms） 倒位的产生是染色体同时发生两次断裂，中间片段颠倒 180° 重接，造成此区域染色体 DNA 序列颠倒重排。倒位可分为臂内倒位和臂间倒位。

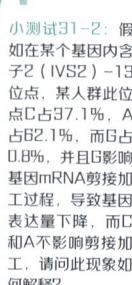

小测试 31-2：假如在某个基因内含子 2（IVS2）-13 位点，某人群此位点 C 占 37.1%，A 占 62.1%，而 G 占 0.8%，并且 G 影响基因 mRNA 剪接加工过程，导致基因表达量下降，而 C 和 A 不影响剪接加工，请问此现象如何解释？

框 31-2　多态性其他的分类方式

在基因定位选用多态性位点作为遗传标记物时，按照位点被发现的时间排序可以分为：第一代多态性位点，即 20 世纪 70 年代中期发现的限制性酶切片段长度多态性（RFLP）；第二代多态性位点是 20 世纪 80 年代中后期发现的小卫星和微卫星多态性；第三代多态性位点是单核苷酸多态性（SNP）。

（三）多态性位点的应用

大部分多态性位点虽然不编码功能蛋白质，但在人类和医学遗传学研究中至关重要，是研制基因芯片的重要依据，在科研和临床应用中均有重要价值，例如：

（1）在基因定位 - 连锁分析的研究中，多态性位点可以作为遗传标记物。

（2）在遗传病产前诊断、携带者筛查、输血、器官移植配型中作为遗传标记物。

（3）在法医鉴定中，比如亲子鉴定、受害者遗留物鉴定时作为遗传标记物。

（4）在复杂性疾病个体化医疗中作为遗传标记物。

第二节 多态性在基因定位中的应用

一、人类疾病基因鉴定的方法

无论是单基因病还是多基因病，归根结底是由于家系或个体不同的遗传背景和基因组变异直接导致发病，或影响了易感性，因此确定致病基因和寻找易感基因，一直都是医学遗传学和流行病学研究的重点。人类疾病基因鉴定方法有 3 种。

(1) 连锁分析（linkage analysis）：连锁分析是基于家系的研究方法，研究遗传标记在家系中的传递情况，确定其与致病基因的连锁关系。

(2) 关联分析（association analysis）：关联分析是基于群体的研究方法，以群体为研究对象，用于分析复杂性疾病相关联的风险基因或微效基因。关联分析不直接涉及系谱，通常一个核心家系只当成队列或病例对照组中的一个样本。

(3) 基因组测序（genome sequencing）：连锁分析只是单基因遗传病定位致病基因的方法之一，随着基因组测序技术的发展及成本的降低，已经成为现阶段最常用的手段。

二、关联分析和连锁分析的遗传学基础

（一）减数分裂过程中的自由组合和连锁互换

不同染色体上各基因座的等位基因在减数分裂过程中进行自由组合。同一染色体上各基因座的等位基因存在连锁和互换的关系。同一染色体上的基因座的等位基因，如果每次减数分裂至少发生一次交叉互换，提示它们之间是相互独立的自由组合情况。个体基因组中位于同一染色体上的多个基因按相同顺序排列的现象称为同线性（syntenic）。

（二）连锁与重组

1. 定义 所谓连锁（linkage）是指同一染色体上的基因在减数分裂过程中作为一个整体向下传递的倾向（图 31-3A）。一条同源染色体上某一区段内邻近的两个或者多个遗传标记或基因座上一组特定等位基因所构成的连锁组合称为单体型。

所谓重组（recombination）是指由于基因间的自由组合或减数分裂过程非姐妹染色单体之间的交叉互换，打乱了同一染色体上基因之间的连锁关系，产生了新的连锁关系。交换产生新的基因组合或核酸序列的重新组合，即重组。重组体（recombinants）是指通过重组作用产生的具有与亲本不同基因型的子代（图 31-3B）。

2. 重组率和图距 重组率（recombination frequency）指子代重组基因型配子占全部配子的比率，是连锁分析时作为衡量两个基因座之间的遗传距离的量度。两个基因座之间发生 1% 重组率时，定义两者间遗传距离为 1 厘摩（cM）。重组率一般在 0～50%。当两个基因座之间重组率为 0 时，说明两个基因座完全连锁；当两个基因座之间重组率为 50% 时，说明它们完全不连锁。

位于不同染色体上的基因座按照自由组合定律分配，因此重组率是 50%。而同一染色体上的基因座，假定位点 1（D/d）和 2（M/m），根据相对距离远近可分为以下 3 种情况。

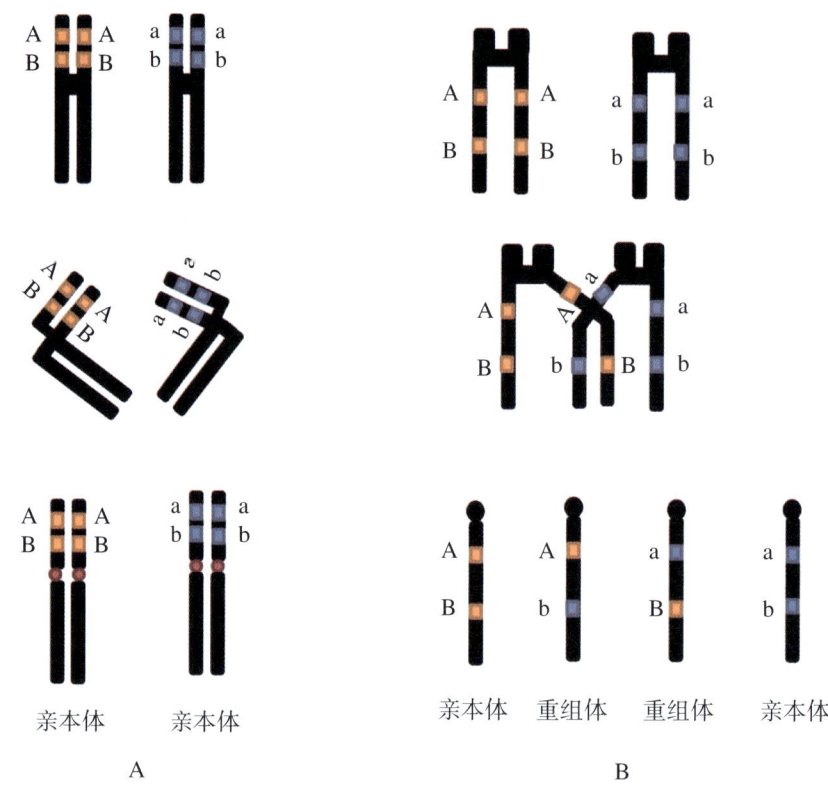

图 31-3　同一染色体上的基因座的等位基因在减数分裂过程中的活动示意图

（1）如果两个基因座相距甚远，每次减数分裂至少发生一次交叉互换，则基因座间重组率为 50%。重组体与亲本体发生概率相等（图 31-4A）。

（2）如果两个基因座距离很近，但间隔又足够发生交叉互换，则两位点间重组率在 0 ~ 50%（图 31-4B）。

（3）如果两个基因座相距非常近，从未观察到减数分裂发生过交叉互换，尽管这条染色体其他位置可能发生过互换，那么这两位点间重组率为 0，它们作为一个整体从亲代传递给子代（图 31-4C）。

通常进行连锁分析时，选择的多态性位点应尽可能为杂合状态，这样有利于家系基因分型。如果选择的基因座上的等位基因均为纯合状态，则无法检出并计算重组率，因此必须清楚基因座上基因杂合度和连锁相信息。在群体层面，杂合度是指特定基因座群体中杂合个体的比例；而在个体层面，杂合度是指个体中所选择的杂合基因座的比例。两个连锁基因杂合体的排列方式称为连锁相。可分为互引相（顺式杂合子）和互斥相（反式杂合子）。互引相是指一个显性基因和另一个基因座的显性基因连锁时其杂合体的排列方式，如 AB//ab；互斥相是指一个显性基因与另一个基因座上隐性基因连锁时其杂合体的排列方式，如 Ab//aB。

两个基因座在染色体上的相对距离称为图距（map distance）。两个位点间的图距是基于实际数据（观察到的重组率）得出来的理论概念。厘摩为图距单位。根据遗传标记与目标基因在染色体上的相对位置和遗传距离绘制的遗传图谱为连锁图（linkage maps）。物理图（physical maps）是遗传标记与目标基因在 DNA 分子或染色体上的直线相对位置和距离，以碱基对数目为衡量的单位。其中 1cM ≈ 1000 kb。

3. 连锁不平衡　群体中存在连锁不平衡的现象，这也是在群体基础上研究复杂性疾病关联分析的重要遗传学基础（详见第三十三章"多基因病"）。

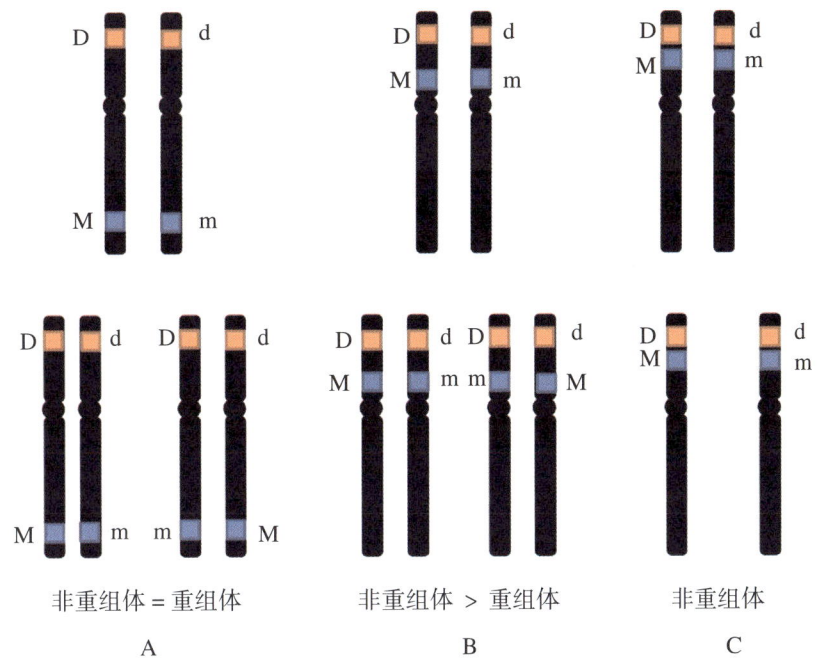

图 31-4　同一染色体上两个基因座上的等位基因在减数分裂过程中的连锁与互换

三、连锁分析在基因定位中的应用

基因定位（gene mapping）是指用一定的方法将基因定位在特定染色体的具体位置。1911年Wilson首次将红绿色盲基因定位在X染色体上，开创了人类基因定位的先河。随着各种生物技术的发展，例如体细胞杂交、DNA重组技术、分子杂交、PCR技术、新的测序技术（高通量测序和单分子测序）和生物信息学的发展，基因定位的方法也随之不断更新。

（一）连锁分析的概念

连锁分析（linkage analysis）是基因定位的方法之一，通过家系中位点间的重组关系来确定两个基因（被定位的目标基因和遗传标记）之间是否存在连锁关系。进行连锁分析需要获得家系的表型资料和遗传标记基因分型资料。通过现有家系提供的信息，确定基因位点间是否连锁及其遗传距离，需要确定两点：其一，两个基因座之间重组率 θ 是否明显偏离50%；其二，如果两者间重组率 θ 低于50%，尽量精算重组值。一般需要引入似然比（Likelihood ratio，LR）来衡量数据的真实性。分子表示这些信息来自对一组观察数据（收集的家系提供）得到的似然性，重组率为 θ；分母表示两个位点完全不连锁时的似然性，重组率为1/2。似然比提示哪种情况可能性大。

1. 对数优势比（LOD Score Z）　对数优势比是基于最大似然比检验的参数连锁分析方法，主要用于检验两个基因位点间是否彼此连锁，是连锁证据的统计学量度。将上述的似然比对数化后得到的优势比得分，即Z值。如果 $Z \geqslant 3$，支持彼此间连锁的可能性大；如果 $Z > 0$，有利于连锁；如果 $Z \leqslant -2$，提示两者不连锁的可能性大；如果 $Z=0$，提示连锁与不连锁的可能性均等，各为50%。

$$似然比（\theta）= \frac{似然性（数据\,\theta）}{似然性（数据不连锁）}$$

2. 家系连锁分析方法

(1) 举例说明：研究者收集了一个常染色体显性遗传病（AD）家系，一共收集到三代，获取家系表型资料，D 表示致病基因，N 表示正常等位基因；选定遗传标记物（多态性位点 A），经基因分型检测各个体标记物基因数据（A1～A6）。家系中个体遗传标记和可能致病基因的基因分型数据见图 31-5。

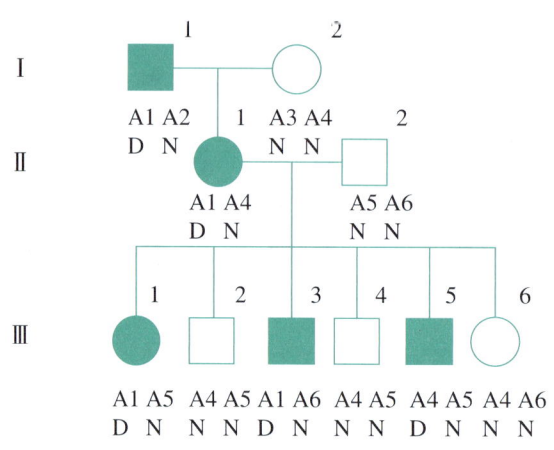

$$Z = \log_{10} \frac{\theta(1-\theta)^5}{(1/2)^6}$$

θ	0	0.1	0.2	0.3	0.4	0.5
Z	$-\infty$	0.577	0.623	0.509	0.299	0

图 31-5　家系连锁分析及对数优势比得分

小测试31-3：某常染色体显性致病基因D，经连锁分析发现与1q上多态性位点A的Z值>3，而同一课题另一个连锁分析结果显示此致病基因D与1q上的另一个多态性位点B的Z值<-2，请问如何解释这种情况？

家系资料显示所有减数分裂相为已知时，Ⅲ 5 个体为重组体（A4-D），其他个体是非重组体。如果这两个位点是连锁的，那么非重组的似然性为 $1-\theta$，而重组的似然性为 θ；如果两个位点完全不连锁，则其似然性为 1/2。从家系提供的信息看，如果连锁，1 个重组体和 5 个非重组体的总似然性为 $(1-\theta)^5 \times \theta^1$；如果不连锁，则总似然性为 $(1/2)^6$，总似然比 = $(1-\theta)^5 \times \theta^1/(1/2)^6$。总似然比对数化后计算优势比得分 Z 值。分析图 31-5 家系，将 θ 值从 0～0.5 之间任何数值进行计算，寻找最大 Z 值对应的重组值（θmax）。

图 31-5 家系连锁分析提供的最大 Z 值为 0.623，这不足以提供足够的信息来说明这两个位点存在连锁关系，需要借助更多的位点或采用其他基因定位技术重新分析此家系，或者收集新的家系，并对其进行研究。比如，增加了相同疾病的 3 个家系分析，对于每个家系，每次减数分裂产生的重组体或非重组体是独立事件，同理，在不同家系中也是独立事件，因此可以将这 4 个家系连锁分析得到的 Z 值相加，寻求相加后的最大 Z 值对应的重组值。

(2) 对已知连锁相和未知连锁相的系谱连锁分析：如何判断家系连锁相是已知还是未知？首先家系资料需要全面且足够。图 31-6 所示的两个家系为常染色体显性遗传病家系，致病基因 D，正常等位基因 d；遗传标记 A/a。图 31-6 家系 A 因为收集到了家系中三代个体信息和基因型，因此第二代 Ⅱ-2 致病基因 D 和遗传标记 A 连锁相是已知的，D-A/d-a，可判定其 4 个子女的单体型均为非重组体；同理 31-5 图中家系也是连锁相已知的。而 31-6 家系 B，因为第一代 Ⅰ-1 和 Ⅰ-2 的信息缺失，基因型不明，致病基因 D 和遗传标记 A 连锁相在 Ⅱ-2 是未知的，D-A/d-a 和 D-a/d-A 概率相等，所以其 4 个子女单体型是重组体还是非重组体概率各占一半。连锁相已知家系和未知家系在计算 LOD 分值（Z）时是不同的。

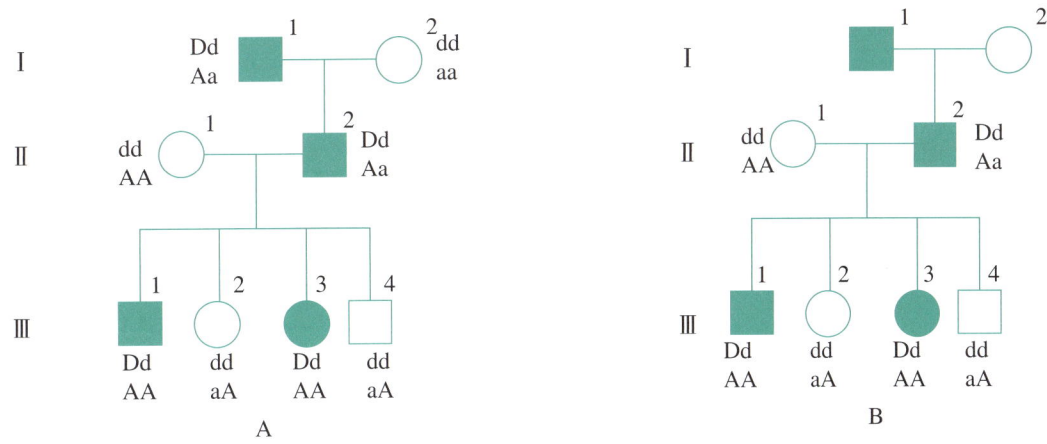

图 31-6　连锁相已知家系和连锁相未知家系示意图

（二）连锁分析在单基因病中的应用

如果收集的家系信息足够，能解释其遗传方式，比如常染色体显性或隐性，X 连锁遗传方式，就可以采用连锁分析作为致病基因定位及诊断的方法。LOD 得分可以提供如下信息：

（1）用于预估致病基因与遗传标记之间的 θ_{max}。

（2）θ_{max} 值下评估两者间连锁依据强度，LOD 值大于 3 提示两者连锁可能性大。

（3）连锁分析可用来做遗传病诊断及携带者筛查，前提是选择的遗传标记与疾病致病基因是紧密连锁的。

小　结

突变与多态性是从不同角度描述遗传物质变异的两个概念。突变主要从个体 DNA 角度来描述，核苷酸序列发生改变而导致细胞基因型发生稳定的、可遗传的变化过程，包括染色体突变、区域突变和基因突变。而多态性是从群体角度来描述，人群中某个基因座上有两个或两个以上的等位基因，其基因频率大于 1%，主要有 4 类：单核苷酸多态、插入/缺失多态、拷贝数变异体和倒位多态。

目前主要有 3 种方法确定人类疾病基因：①基于家系的单基因遗传病连锁分析；②基于群体资料的复杂性疾病的关联分析；③全基因测序直接寻找风险基因。连锁分析和关联分析的遗传基础包括：①减数分裂过程的自由组合和同源重组；②重组率和图距；③连锁不平衡。连锁分析是单基因遗传病众多基因定位方法中的一种。通过连锁分析，估算遗传标记与定位基因之间的重组率，可以定位家系致病基因在染色体上的相对位置。

整合思考题

1. 患儿小红，出生时体重及身长均正常，哭声洪亮，新生儿筛查为高苯丙氨酸血症。经分型鉴别诊断为经典型苯丙酮尿症（PKU），实验室采用 PCR-Sanger 检测，发现患儿 *PAH* 基因 c.740G＞T，p.G247V（NM_000277.1）纯合突变。经对父母进行外周血基因组 DNA 验证，父亲此位点未发现突变，母亲为杂合携带者，请问此种情况如何解释？

2. 以下4种多态性位点：单核苷酸多态性（SNP）、简单型插入/缺失型多态性、微卫星多态性（microsatellite polymorphism）、倒位多态性（inversion polymorphism），用来描述个体间差异的最佳选项是哪个？请阐述选择的理由。

3. 经研究发现，中国人群中 ERCC8 外显子4基因重排突变占该基因总突变的70%左右。家系A，第一个孩子为 ERCC8E4 基因重排纯合突变，父母均为突变携带者。现今，其母怀孕18周，羊膜腔穿刺采集30 ml清亮羊水做产前诊断，实验室同时进行了突变检测和连锁分析，连锁分析选取的3个STR位点与 ERCC8 之间的顺序是D5S474、ERCC8、D5S624、D5S1990。突变检测结果显示胎儿DNA为外显子4重排突变/正常等位基因杂合体，3个STR位点PCR产物羊水DNA分别为88bp/88bp、142bp/158bp、230bp/230bp。父亲3个位点分别是88bp/88bp、142bp/158bp、242bp/230bp。母亲分别是86bp/88bp、154bp/158bp、240bp/230bp。先证者（第一个孩子）分别为88bp/88bp、158bp/158bp、230bp/230bp。请根据所学知识，对此家系做出连锁分析，列出每个个体 ERCC8 基因区域的单体型，胎儿获得的突变来自父亲还是母亲？并解释胎儿单体型中出现的异常。

备注：D5S474位点（CA）n=（片段大小-57)/2；D5S624位点（CA）n=（片段大小-110)/2；D5S1990位点（CA）n=（片段大小-193)/2。

参考答案

（王小竹　吴　丹）

第三十二章 单基因病

导学目标

通过本章内容的学习，学生应能够：

※ 基本目标

1. 描述基本概念：基因座、等位基因、基因型、表型、单体型、纯合子、杂合子、复合杂合子、半合子等。
2. 识别常见的系谱符号。
3. 根据绘制的系谱，能够判断单基因病可能的遗传方式及其个体的基因型。
4. 比较各种常染色体显性遗传类型的区别。
5. 复述莱昂假说对隐性遗传方式中女性临床症状的解释。
6. 列举单基因病遗传方式判读的影响因素。

※ 发展目标

1. 根据临床单基因病家族史资料描述，能够绘制系谱；结合单基因病遗传方式的影响因素，分析特殊个体出现非常规临床症状的原因。
2. 理解由动态突变引起的遗传病的发病机制及诊断依据。

案 例

患者，女，25岁，从小巩膜呈蓝色，容易骨折，经医院检查确诊为成骨发育不全。因担心该病对生育的影响，患者在婚前到某专科医院遗传咨询门诊就诊。经医生询问，该患者家族中四代25人，有15人表现为程度不等的成骨发育不全，临床症状主要为骨骼发育不良、骨质疏松、脆性增加及畸形、进行性听力丧失。目前第一代患病女性已故；第二代8位子女中有7位患病（3位男性、4位女性，其中一位已故），第二代子女均已结婚，且配偶都正常；第三代包括患者在内共有7位患病（3位男性、4位女性），该患者的双亲均无临床症状；第四代目前仅有1位，且表型正常，家系中无近亲婚配。

问题：
1. 根据以上信息，绘制出该家系的系谱图。
2. 为什么该女性患者和其他亲属的症状都不尽相同？
3. 成骨发育不全为常染色体显性遗传，但该患者的双亲为什么没有临床症状？

案例解析

第六篇 遗传调控与遗传病基础

遗传学奠基人孟德尔通过豌豆杂交实验证明了决定生物性状的物质基础是遗传因子（又称基因）。染色体是基因的载体，基因传递是随着细胞分裂和染色体的分离向下一代细胞（或个体）传递的。在这个过程中基因突变会导致个体呈现临床症状。单基因病是由单个基因突变导致的一类疾病，其临床症状由位于同源染色体同一位置的一对基因控制。许多单基因病可以用经典的遗传学理论来解释分析，遗传方式也符合孟德尔定律，所以单基因遗传又被称为孟德尔遗传（Mendelian inheritance）。

本章节将对单基因病的遗传方式特点及其影响因素展开讨论，为单基因病的风险评估和致病机制研究奠定基础。

> **框 32-1　遗传三大定律**
>
> 遗传学三大基本定律是由孟德尔、摩尔根提出来的，分别是基因分离定律、基因自由组合定律、基因的连锁和交换定律。孟德尔通过豌豆杂交试验阐明了控制生物性状的遗传物质是以基因形式独立存在的，杂交时基因通过减数分裂独立分离（基因分离定律），在子代中发挥各自作用；孟德尔还发现控制多性状的多对基因在配子生成中是随机分配和自由组合的（基因自由组合定律）；摩尔根通过对果蝇的试验发现，有些决定多性状的多对基因不符合自由组合定律，而是位于同一条染色体上，发生连锁，在形成配子时还会发生非姐妹染色单体互换（基因的连锁和交换定律）。

第一节　单基因病的系谱分析

一、单基因病概述

一些常见单基因遗传病在不同群体调查中的发病率

单基因病（monogenic disease，single-gene disorder）是由单个基因突变导致的一类疾病。单基因病虽然发病率低，却是遗传病中种类最多的一种，平均整体发病率约为 1/200。在线孟德尔遗传网站（Online Mendelian Inheritance in Man，OMIM）（http：//www.omim.org/）公布的统计数据表明，目前已有 7000 多个单基因变异引起临床表型，即单基因病。还有近 2000 余种临床遗传病没有找到明确的遗传基因。在已知的 26 000 余个基因中有 24 000 余个位于常染色体上，1300 余个位于 X 染色体上，63 个位于 Y 染色体上。

染色体上基因所在的位置称为基因座（locus）；同一个基因座上同源染色体上亲本来源不同的一对基因称为等位基因（allele），它们对同一类的表型可以产生相同或者不同的表型效应。通常特定基因座上一对等位基因的组合称为基因型（genotype），有时将个体的所有遗传组成或者染色体某一区域的遗传组成也称为基因型。除了 Y 染色体上的大部分基因型以单个等位基因存在外，其他大部分基因型都是以等位基因成对存在。同源染色体中的一条染色体上邻近等位基因的组合称为单体型（haplotype）；由基因型表达显示出来的遗传性状称为表型（phenotype），表型可以是肉眼观察到的或者通过仪器检测到的形态、生化、病理结果等。一个基因座上的两个等位基因相同，则该基因座为纯合，该个体为纯合子（homozygote），通常用 AA 或者 aa 表示；一个基因座由两个不同等位基因组成，则该基因座为杂合，该个体为杂合子（hererozygote），通常用 Aa 表示。如果同一个基因座的两个等位基因发生不同突变，称为复合杂合子（compound heterozygote），通常在随机婚配的后代中隐性遗传病患者基因型多为复合杂合子；两个不同基因座的等位基因各有一个发生突变，称为双重杂合子（double heterozygote）。因为男性只有一条 X 染色体，当男性个体中异常等位基因位于 X 染色体时，该基因型或者个体称为半合子（hemizygous）。纯合子、杂合子、半合子这些概念既可以指基因型也可以指个体。一对等位基因在杂合状态表现出来的性状为显性（dominant）；在杂合状态下没有被表现出来的、隐藏的性状为隐性（recessive）。

二、系谱分析

系谱（pedigree）是用标准符号绘制出的家系树状图。系谱常用符号见图 32-1。系谱中包括患者及其亲属，能够展示出他们之间的亲缘关系。系谱分析（pedigree analysis）是通过系谱中患者的疾病性状传递规律推断疾病的遗传方式及其向某些家系成员传递的风险概率。系谱分析是研究人类遗传病遗传方式的主要方法。先证者（proband）是指家系中第一个被医生或者研究者发现的患病个体或者具有某种性状的成员，又称索引病例（index case）。家系中唯一发病的成员称为单发病例（isolated case）；如果单发病例是由新发突变引起的，则该病例又称为散发病例（sporadic case）。系谱分析从先证者入手，收集信息准确的家族史，并以检查报告为准；在系谱中不但要体现个体有无性状的信息，还要体现年龄、发病年龄、病情、是否近亲婚配等信息。对一种遗传病进行系谱分析时，调查的人数越多越好，如果没有足够庞大的家系，可以用同一遗传性状的多个家系综合分析，确定遗传方式，并对个体发病风险进行前瞻性评估。

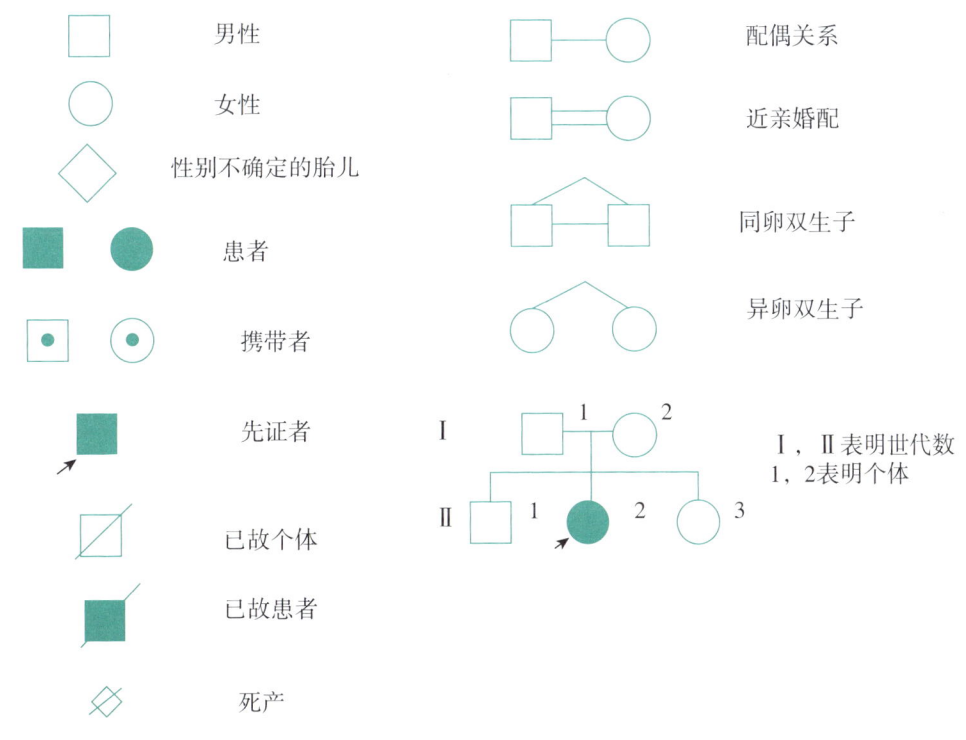

图 32-1 系谱符号

系谱中个体之间的亲属级别分类：一级亲属（first degree）指先证者的双亲、兄弟姐妹和子女；二级亲属（second degree）指先证者的（外）祖父母和（外）孙子孙女、父母的兄弟姐妹、侄子（女）、外甥男（女）和同父异母的兄弟姐妹；三级亲属（third degree）指先证者的堂（表）兄弟姐妹（first cousins）；依次级别分类依据两个亲戚之间的代数。如果系谱中出现近亲婚配（consanguineous marriage），即配偶三、四代内有共同的祖先，其子代的亲属级别需要从不同角度分析，如图 32-2。

小测试32-1：何为复合杂合子？通常在随机婚配的个体中隐性遗传病患者基因型为复合杂合子，请分析其原因。

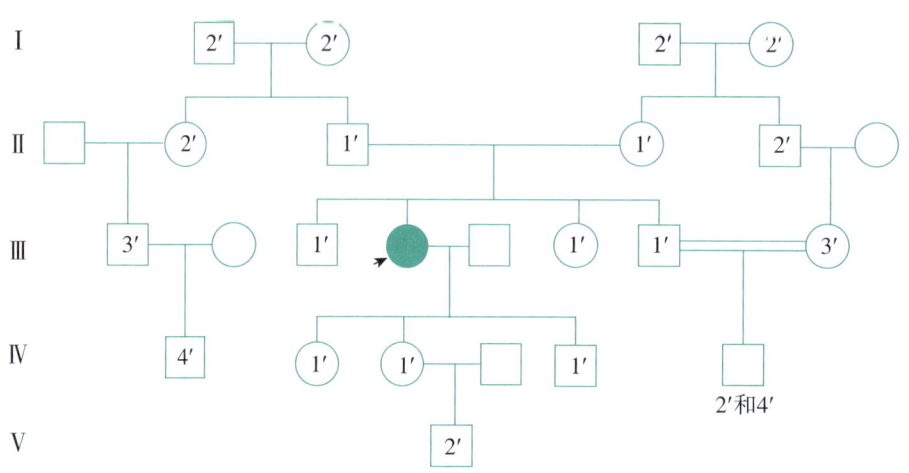

图 32-2 先证者的亲属级别分析
图中符号中的数字 1′~4′ 代表与先证者间的亲属级别

第二节 单基因病的遗传方式

根据致病基因或者决定性状的基因所在的染色体是常染色体还是性染色体以及表型是显性还是隐性，可以把单基因病的遗传方式分为常染色体显性遗传、常染色体隐性遗传、X 连锁显性遗传、X 连锁隐性遗传和 Y 连锁遗传。

一、常染色体显性遗传

如果致病基因或控制性状的基因在 1~22 号常染色体上，突变等位基因纯合、杂合状态均有相似表型，呈现显性表达，这种遗传方式称为常染色体显性遗传（autosomal dominant inheritance，AD）。

（一）常染色体显性遗传病的系谱特征

致病突变的等位基因常用"A"来表示，野生型等位基因用"a"来表示。患者基因型为"AA"或者"Aa"，但在实际人群中因为两个带有同样的常染色体显性遗传病致病基因的患者婚配的概率非常低，而且"AA"这种基因型也容易致死，因此表型严重的遗传病患者群体中"AA"基因型概率极低，通常是症状比较轻的遗传病患者会携带"Aa"基因型；正常个体基因型为"aa"。常见的婚配方式为杂合子患者和正常者，如图 32-3 所示。

人类有许多遗传病呈现常染色体显性遗传，如软骨发育不良、成骨不全、多指（趾）轴后 A1 型、并指 I 型、亨廷顿病、家族性高胆固醇血症等。

I 型成骨不全（osteogenesis imperfecta type 1，OI1）（OMIM#166200）是 I 型胶原结构异常

引起的疾病，属于常染色体显性遗传病。Ⅰ型成骨不全主要临床表现为骨密度低、骨质疏松、易骨折，蓝色巩膜，多伴有听力障碍。由于患儿骨骼容易发生骨折，有时甚至在没有明显外力的情况下也会发生骨折，因此通常在婴幼儿期就能被发现。部分患者还会出现牙齿畸形、关节松弛等临床表现。骨密度检查显示骨质疏松，X线检查显示多发骨痂。

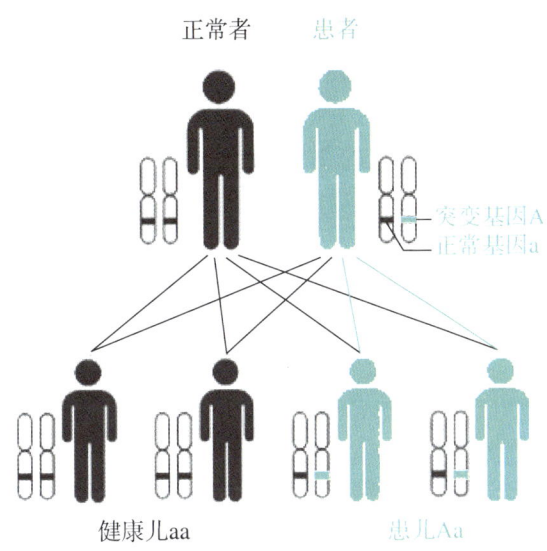

图 32-3　常染色体显性遗传病基因传递规律

Ⅰ型成骨不全是由于胶原蛋白基因突变引起的，主要与 *COL1A1* 和 *COL1A2* 基因的突变有关。*COL1A1* 和 *COL1A2* 基因编码胶原蛋白的 α1 链和 α2 链，它们是构成骨骼和其他结缔组织的主要成分。在Ⅰ型成骨不全中，*COL1A1* 和 *COL1A2* 基因的突变会导致胶原蛋白的合成和组装过程中出现问题，使得胶原蛋白的结构不稳定或功能异常。这种异常的胶原蛋白无法提供足够的支撑和强度，导致骨骼易碎和易骨折。突变包括点突变、插入突变或缺失突变等，突变类型和位置会影响疾病的严重程度和表现形式。有些突变可能只会导致轻微的症状，而有些突变则会引起更严重的骨骼问题。Ⅰ型成骨不全患者的 *COL1A1* 或 *COL1A2* 基因型为"AA"或者"Aa"，其中"Aa"更为常见。

（二）常染色体显性遗传特点

典型的常染色体显性遗传病系谱如图 32-4 所示，其特征如下：①临床表型为代代垂直连续传递；②男女患者比例大致相等；③在传递过程中可以出现父子之间的传递；④如果亲代是杂合子患者与纯合正常人，则子代的发病概率为 50%，并且是独立事件概率，不会受到其他胎次患儿的影响；⑤如果双亲均未患病，则可能由新发突变（new mutation or *de novo* mutation）导致，还可能由于双亲携带致病基因，但是没有表现出临床症状或者症状较轻导致。

（三）常染色体显性遗传类型

1. 完全显性遗传　常染色体显性遗传病中有极少部分的病种，纯合子（或者复合杂合子）与杂合子个体表现同样程度的临床表型，这种遗传类型为完全显性遗传（completely dominant inheritance）。如并指Ⅰ型（OMIM#185900）通常表现为第 3、4、5 指骨远端皮肤骨性融合，来源于同一家系的患者中，基因型 AA 与基因型 Aa 个体的临床症状是相同的。

2. 不完全显性遗传　大多数常染色体显性遗传病的纯合子（或者复合杂合子）比杂合子个体表现出更严重的临床症状，Aa 患者临床症状严重程度介于 AA 患者与正常人之间，这种遗传方式称为不完全显性遗传（incompletely dominant or semidominant inheritance）。如软骨发育不全症（achondroplasia）（OMIM#100800）属于不完全显性遗传，是成纤维细胞生长因子受体基因 *FGFR3* 突变所致，由于长骨骨骺端软骨细胞形成及骨化障碍，影响了骨的生长。该病纯合体 AA 患者多半由于骨骼严重畸形导致呼吸窘迫或脑积水，早年夭折；杂合子患者 Aa 在出生时即有异常体态，表现为四肢不成比例，头颅大而四肢短小，躯干长度正常，但不影响智力、生育、寿命。家族性高胆固醇血症（hypercholesterolemia）（OMIM#603776）也是不完全显性遗传，该病由于血浆低密度脂蛋白胆固醇（LDL-C）水平增高，促使胆固醇在身体其他组织沉着，在肌腱、肘、膝下、眼睑处形成黄色瘤。纯合子患者血浆胆固醇浓度较正常人高 6~8 倍，在 10 岁以前即可出现症状；杂合子患者通常是正常人的 2~3 倍，多在 30 岁后出现症状。

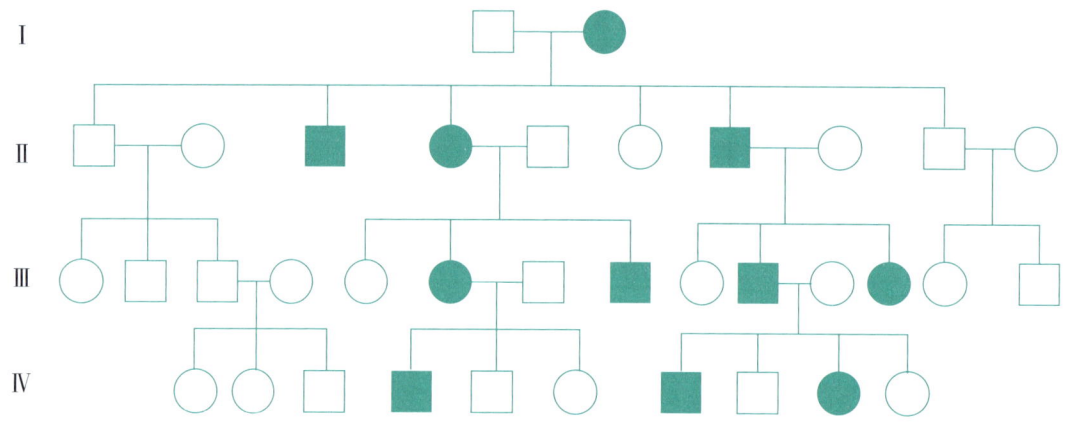

图 32-4　典型的常染色体显性遗传病系谱图

3. 不规则显性　在一些常染色体显性遗传病中，杂合子的显性基因由于某种原因不表现出相应的症状，或者病情程度有差异，使传递方式呈现不规则，出现隔代相传的现象，称为不规则显性（irregular dominance）或外显不全（incomplete penetrance）。如一个手足裂畸形家系（图 32-5），从整个家系谱中判断疾病是代代相传，符合显性遗传特征，但Ⅲ₃个体的致病等位基因是遗传自父亲还是母亲呢？根据家系中Ⅱ₁和Ⅱ₂患者判断，该致病等位基因应该是来自Ⅲ₃的母亲Ⅱ₃，Ⅱ₃没有发病，即没有表现出显性性状，但将致病等位基因传递给了Ⅲ₃个体。

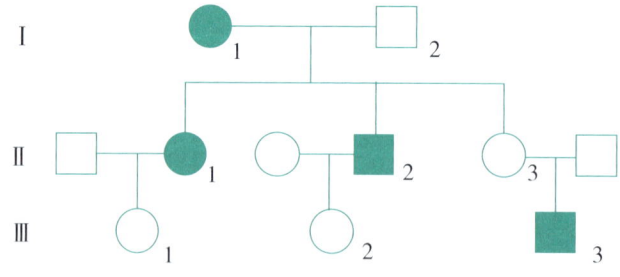

图 32-5　手足裂畸形系谱

不同个体具有不同的遗传背景和内外环境的差异可能是产生不规则显性的主要原因。杂合子显性基因是否表现相应症状可以通过该病的外显率（penetrance）来衡量。外显率是指群体中携带致病等位基因的个体表现出相应表型的百分率。通常用有表型的杂合子数目与所有杂合子数目之比来确定外显率。未表现出表型的 Aa 基因型个体称为顿挫型（forme fruste），虽然不发病，但是可以将致病基因传递给下一代。

不规则显性除了不完全外显，有的疾病还会表现出个体症状轻重不一，这种表现程度的差异，一般用表现度（expressivity）来表示。

4. **共显性** 一对等位基因没有显性和隐性之分，在杂合状态下它们表达的产物均发挥作用以形成相应的表型，这种遗传方式称为共显性（codominant）。如 ABO 血型系统，血型基因座由 3 种基因 I^A、I^B 和 i 组成 6 种基因型，即 I^AI^A、I^Ai、I^BI^B、I^Bi、I^AI^B、ii。其中 I^A 和 I^B 是显性基因，i 是隐性基因。基因型 I^AI^B 决定红细胞膜上表达抗原 A 和抗原 B，表现为 AB 型血，为共显性遗传。

5. **延迟显性** 很多遗传疾病在出生不久就表现出临床症状，但也有一些疾病到成年时才表现出临床症状，呈现出年龄依赖的外显率，这种遗传方式为延迟显性（delayed dominance）。如神经退行性疾病亨廷顿病（OMIM#143100）患者，中年时（30～50 岁）缓慢起病，表现为进行性加重的运动神经元异常（舞蹈症、张力失常）、人格改变、认知逐渐丧失、最终死亡。

框 32-2　亨廷顿病

亨廷顿病（Huntington，HD）是一种罕见的常染色体显性遗传病，在欧洲人群的发病率大约为 1/20 000，首次发病年龄在 30～50 岁。临床症状特点是逐渐失去运动控制能力，大脑中的神经元受损，特别是纹状体，患者会逐渐产生情感障碍等症状。常用苯二氮䓬类药物来帮助控制舞蹈动作。HD 发病机制是致病基因 *HTT* 外显子 1 中出现 CAG 重复序列异常扩增导致的动态突变，正常人群 CAG 串联重复次数是 9～35，患者重复次数是 40～50。该病有不完全外显现象，多发生在串联重复次数为 36～39 的群体中，这部分人发生的突变称为前突变（premutations），大部分情况没有临床症状，但是当突变传递时，下一代的串联重复次数增多，很容易发病。通常串联重复次数越多，发病年龄越早。因此随着突变传递，患者的发病年龄会一代比一代早，具有遗传早现现象。

二、常染色体隐性遗传

控制性状的基因位于常染色体上，突变等位基因在纯合或复合杂合状态下引起疾病。这种疾病的遗传方式为常染色体隐性遗传（autosomal recessive inheritance，AR）。

（一）常染色体隐性遗传病的系谱特征

常染色体隐性遗传病中致病等位基因常用"a"表示，野生型等位基因用"A"表示。其中患者基因型为"aa"；正常人基因型为"AA"；携带者基因型为"Aa"，不发病。临床上常见的常染色体隐性遗传病患者的父母均为杂合子，如图 32-6 所示。一些罕见的常染色体隐性遗传病在近亲婚配的家系中高发，如图 32-7 所示，见框 32-3。如着色性干皮病（xeroderma pigmentosum）是一种非常罕见的疾病，在某些近亲婚配的家系中其发病率可以超过 20%。当疾病呈现隐性遗传时，致病等位基因往往会使产物功能减少或削弱，这种突变称为"功能丢失"突变（loss of function mutation）。

常见的常染色体隐性遗传病有眼皮肤白化病、苯丙酮尿症等。眼皮肤白化病Ⅰ型（oculocutaneous albinism type 1，OCA1）是一种遗传性眼皮肤白化病，主要由编码酪氨酸酶（tyrosinase，TYR）的基因突变引起，该基因位于 11 q14.3。*TYR* 基因突变会导致酪氨酸酶的功能缺陷，酪氨酸无法正常转化为黑色素，从而导致眼睛、皮肤和毛发中缺乏黑色素。患者的视网膜和虹膜缺乏色素，会表现出畏光和眼球震颤的现象，并伴有视力缺陷。患者毛发呈现白色或浅黄色，皮肤呈现明显的白色，由于缺乏黑色素的保护，皮肤容易受到紫外线的伤害，增加了患皮肤癌的风险。OCA1 包括 OCA1A（OMIM#203100）和 OCA1B（OMIM # 606952）两个亚型。

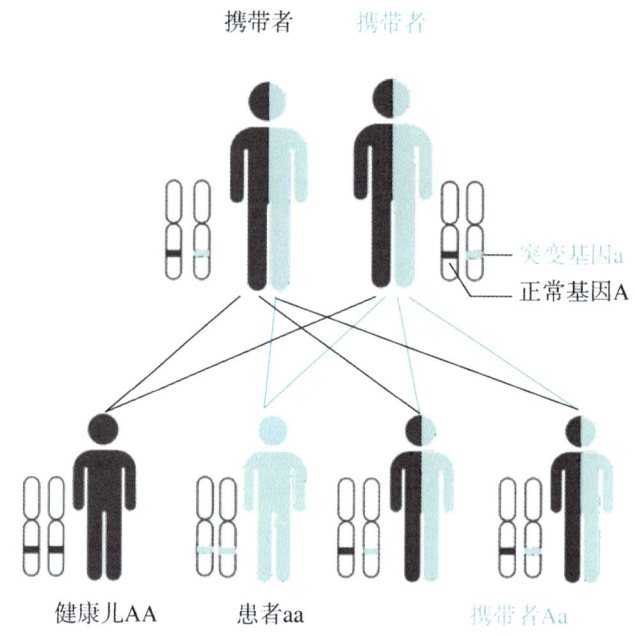

图 32-6　常染色体隐性遗传病基因传递规律

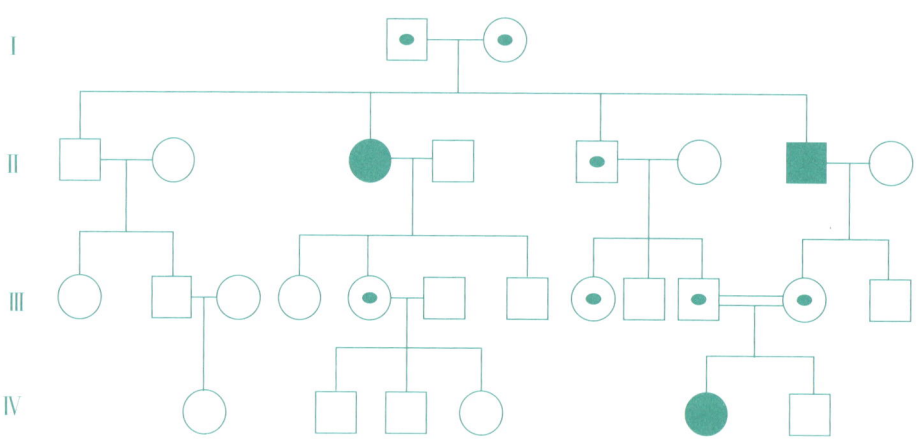

图 32-7　常见常染色体隐性遗传病系谱

OCA1A 患者完全缺乏酪氨酸酶的功能，病情较为严重，这是由 *TYR* 基因突变导致酪氨酸酶活性完全丧失引起的。OCA1A 患者的皮肤、头发和眼睛都呈现明显的缺乏色素的特征，视力也受到严重影响。OCA1A 型特征是由于产生了一种无活性酶而完全缺乏酪氨酸酶活性导致的，而OCA1B 型特征是酪氨酸酶活性降低。OCA1B 患者的 *TYR* 基因突变仅导致酪氨酸酶活性降低。OCA1B 患者的皮肤、头发和眼睛颜色较 OCA1A 患者稍深，视力也相对较好。OCA1 患者基因型为"aa"。

（二）常染色体隐性遗传特点

（1）常染色体隐性遗传病家系中如非单发病例，则在患者同胞中高发，而父母和子女不发病。

(2) 常染色体隐性遗传病发病率没有性别差异，男女发病率均等。

(3) 患者的父母为突变等位基因的携带者。

(4) 在近亲婚配的家系中，子女患病风险增高。

框 32-3　近亲后代的发病风险

不同亲属级别中亲缘关系可以用亲缘系数（coefficient of relationship）来衡量。亲缘系数为两个个体之间在同一基因座上具有相同等位基因的概率。所有一级亲属的亲缘系数为 1/2，即父母与子女之间或同胞之间，有一半的基因是相同的。父母生育子女时有一半的基因传给下一代，所以彼此之间的亲缘系数为 1/2；当父母生育二胎时，传给一胎的基因和未传给一胎的基因各有 1/2 的可能传给二胎，因此同胞之间的相似基因的总体概率为 1/2，即亲缘系数为 1/2。以此类推，二级亲属的亲缘系数为 1/4；三级亲属的亲缘系数为 1/8。以常见的表兄妹近亲婚配为例，如果双方有一人为常染色体隐性遗传病的携带者，则另一方同为携带者的概率为 1/8，因此后代发病风险为 $1×(1/8)×(1/4) = 1/32$。如果一个携带者与群体个体随机婚配，假设携带者在群体中携带致病基因的概率为 1/100，则后代发病风险为 $1×(1/100)×(1/4)=1/400$。可见这种遗传病近亲婚配风险是随机婚配的 12 倍。一般来讲，某疾病在群体中发病率越低，近亲婚配后代相对随机婚配后代的发病风险增高得就越明显，很多罕见病都是在近亲婚配的家系中产生的。

三、X 连锁显性遗传

控制一种显性遗传性状的基因在 X 染色体上，随 X 染色体传递，这种遗传方式为 X 连锁显性遗传（X-linked dominant inheritance，XD）。

（一）X 连锁显性遗传病的系谱特征

通常突变等位基因用 X^A 表示，野生型等位基因用 X^a 表示。患者基因型为 X^AX^A（同常染色体显性遗传一样，该基因型概率极低）、X^AX^a 和 X^AY；正常者基因型为 X^aX^a 和 X^aY。由于男性的 X 染色体基因只能传递给女儿，不能传递给儿子，因此男性的 X 连锁基因只能从母亲那里传递下来，再传给女儿，这种传递规律称为交叉遗传（criss-cross inheritance）。常见的婚配及基因传递规律见图 32-8。由于女性有两条 X 染色体，任意一条携带致病基因都会发病，故女性发病率高于男性，通常表现的系谱特征如图 32-9 所示。

常见的 X 连锁显性遗传病有低磷酸盐血症性佝偻病、G6PD 缺乏症。X 连锁显性遗传低磷酸盐血症性佝偻病（X-linked dominant hypophosphatemic rickets，XLHR）是低磷酸盐血症性佝偻病的一种，主要特征是体内磷酸盐水平过低，导致骨骼发育异常和佝偻病的症状。由于维生素 D 对该佝偻病的治疗无效，因此又称为抗维生素 D 性佝偻病（vitamin D-resistant rickets）。

XLHR 是由于编码同源 X- 连锁调节磷酸盐的内肽酶（phosphate regulating endopeptidase homolog X linked，*PHEX*）的基因突变引起的。*PHEX* 基因位于 Xp22，突变导致磷酸盐在肾中的重吸收障碍，从而导致体内磷酸盐水平下降，影响骨骼的正常发育，导致佝偻病的症状，如骨骼畸形、生长迟缓和肌肉无力。XLHR 的症状通常在婴儿期或幼儿期开始出现。患儿可能会出现腿部弯曲、身材矮小、骨骼畸形（如弯曲的脊柱和扁平的颅骨）、牙齿异常（如牙齿发育不良和牙釉质缺陷）以及肌肉无力等。这些症状可能会随着年龄的增长而加重。XLHR 患者常见的基因型为 X^AX^a 和 X^AY，且女性发病率高于男性，而男性的临床表现较女性严重。

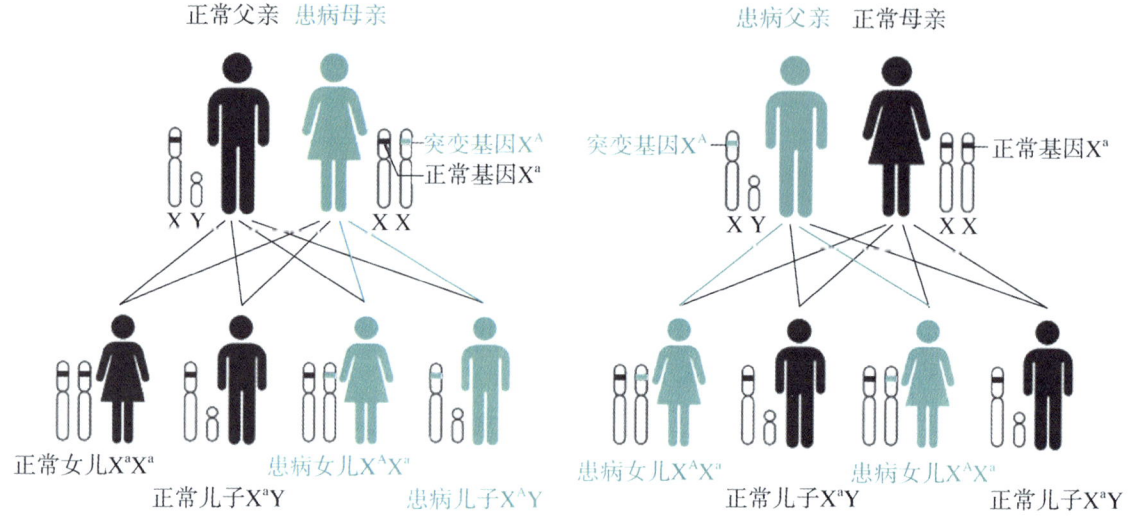

图 32-8　常见的 X 连锁显性遗传病婚配关系及基因传递规律

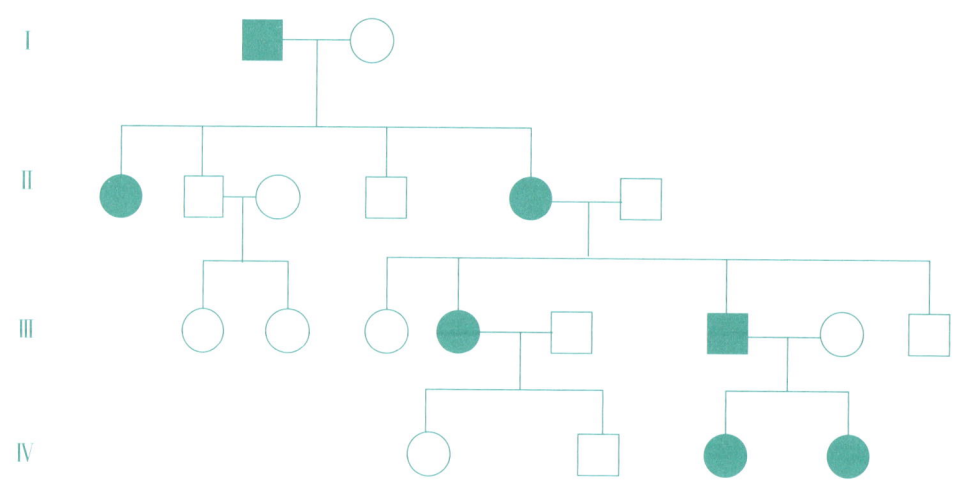

图 32-9　常见的 X 连锁显性遗传病系谱

（二）X 连锁显性遗传特点

（1）男性患者与正常人婚配后代，女儿都患病，儿子都正常。

（2）女性携带者的男女后代都有 50% 的遗传风险。

（3）女性发病率大约是男性发病率的 2 倍，但女性患者通常临床表型较轻，呈现可变表型。如维生素 D- 抗佝偻病是由于肾小管对磷吸收受损。临床发现相比男性患者，女性患者血清中的磷盐水平较高，临床症状较轻。

（三）特殊的 X 连锁显性遗传

（1）男性致死性的 X 连锁显性遗传病：有些 X 连锁显性遗传病仅发生在女性个体上，因为其对于男性是致死型的。女性患者的后代没有患病儿子，正常女儿、患病女儿和正常儿子的概率是 1∶1∶1。如 RETT 综合征（OMIM#312750），致病基因 *MECP2* 位于 X 染色体上，是一种结合甲基化 DNA 的蛋白，只在成熟的神经元中表达，参与调控突触发育和维持相关基因表达。患病女孩 6～18 月龄前发育正常，之后恶化为严重的痴呆、自闭症、无意识地搓手、目的性活动丧失。该病呈现男性半合子致死，说明 *MECP2* 基因在发育过程中是必不可少的。

(2) 仅限女性发病的 X 连锁显性遗传病：有些疾病仅在女性中表现，半合子男性不受携带的突变影响。如发育性和癫痫性脑病 9 型（OMIM#300088），只在女性中发病，一般在 2 岁左右起病，随后开始发育倒退且症状轻重不一。相反，同一家族中的男性半合子完全不受影响。这种疾病是由于一种在中枢神经系统的神经元上表达的细胞表面分子基因突变引起的。男性的神经元都缺乏这种细胞表面分子，他们的大脑通过一种补偿方式避免了细胞间的错误交流。

四、X 连锁隐性遗传

控制一种隐性性状的基因在 X 染色体上，这种传递方式称为 X 连锁隐性遗传（X-linked recessive inheritance，XR），该基因突变导致的疾病称为 X 连锁隐性遗传病。如红绿色盲，杜氏肌营养不良（duchenne muscular dystrophy，DMD），血友病 A（OMIM#306700）。

框 32-4　血友病 A

血友病 A（hemophilia A）是典型的 X 连锁隐性遗传病，由于凝血因子Ⅷ质或量的异常，造成凝血功能障碍。临床表现以关节、肌肉、内脏和深部组织自发性或轻微外伤后出血难以停止为特征，常在儿童期起病，反复关节出血可导致患者逐渐出现关节活动障碍而致残。由于凝血因子Ⅷ发生的突变类型不同，凝血因子Ⅷ表达水平不一，患者临床表现的严重程度差异也很大。凝血因子Ⅷ发生的无义突变和移码突变导致截短蛋白产物不稳定降解；发生的错义突变导致部分蛋白质功能丧失；重症患者常常会发生染色体倒位和基因片段丢失，还有一些热点突变。目前主要治疗方法是局部止血和凝血因子Ⅷ替代治疗。

（一）X 连锁隐性遗传病的系谱特征

通常突变等位基因用 X^a 表示，野生型等位基因用 X^A 表示。患者基因型为 X^aX^a 或 X^aY，携带者基因型为 X^AX^a，正常人基因型为 X^AX^A 或 X^AY。男性患者的致病基因只传给女儿，不传给儿子。常见的婚配及基因传递规律见图 32-10。女性发病率低于男性，通常表现的系谱特征如图 32-11 所示。

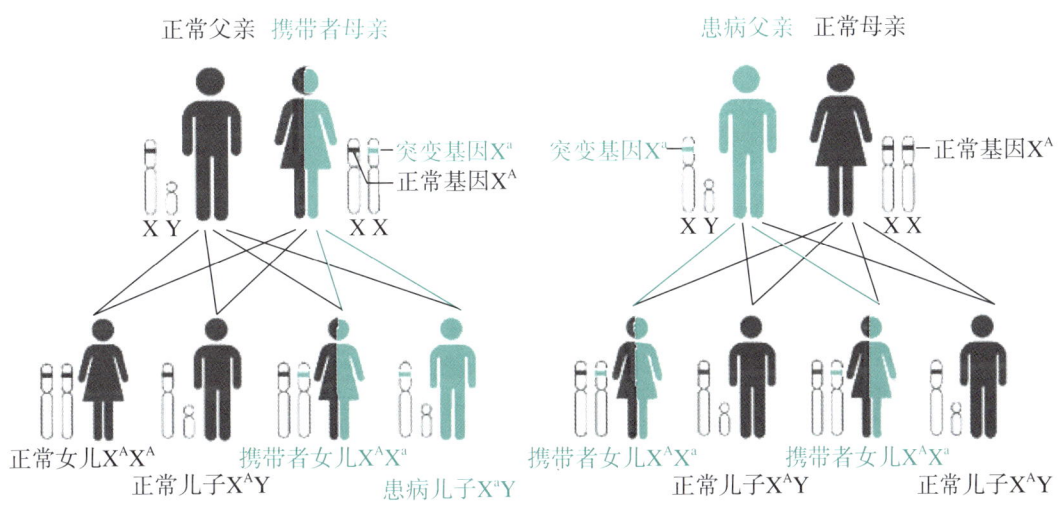

图 32-10　常见的 X 连锁隐性遗传病婚配关系及基因传递规律

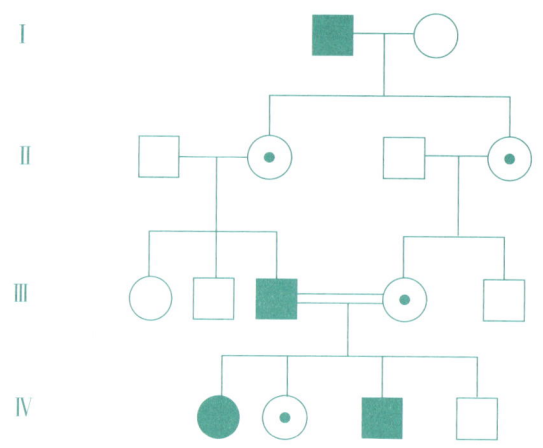

图 32-11　常见的 X 连锁隐性遗传病系谱

（二）X 连锁隐性遗传特点

（1）男性发病率高于女性。

（2）女性携带者通常不发病，但有些疾病可能表现出一些临床症状。这是由于女性个体是嵌合体，女性携带者的 X 染色体会随机失活，即携带正常基因的 X 染色体和携带异常基因的 X 染色体会发生随机失活，体内存在正常和异常功能细胞的嵌合，有可能出现轻重不一的临床症状。如 DMD 女性携带者的肌细胞膜上可以检测到部分致病基因导致的蛋白质不表达。

（3）交叉遗传，男性致病基因均由母亲那里得到，并只传给女儿，不传给儿子。

（4）女性携带者有 50% 的机会将致病等位基因遗传给儿子。

五、Y 连锁遗传

有一些遗传病的致病基因位于 Y 染色体上，其遗传方式是 Y 连锁遗传（Y-linked inheritance）。致病等位基因只能由男性传给男性，又称为全男性遗传（holandric inheritance）。目前只发现十余种 Y 连锁遗传病，如外耳道多毛症、蹼趾、驼峰病、中指无甲症等。常见的 Y 连锁遗传病系谱如图 32-12 所示。

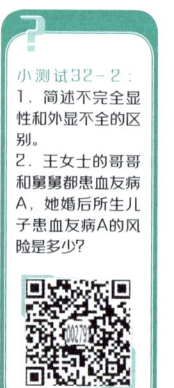

小测试32-2：
1. 简述不完全显性和外显不全的区别。
2. 王女士的哥哥和舅舅都患血友病A，她婚后所生儿子患血友病A的风险是多少？

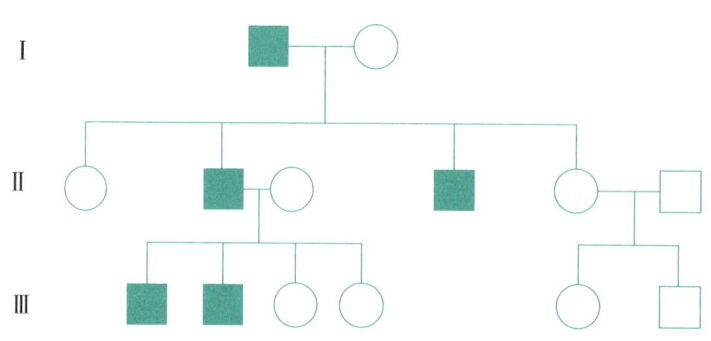

图 32-12　常见的 Y 连锁遗传病系谱特点

第三十二章 单基因病

六、其他特殊的遗传方式

（一）假常染色体遗传

男性只有一条X染色体，所以在减数分裂时位于X染色体上的基因大部分是不发生重组的。但在性染色体的长臂和短臂末端有少量基因座存在X染色体和Y染色体同源，这些基因在男性生殖细胞减数分裂时能够发生重组。因此对于X连锁的基因在系谱中能够呈现男性传递男性的现象，称为假常染色体遗传（pseudoautosomal inheritance）。如软骨生成障碍（OMIM#127300）的致病基因 *SHOX* 位于Xq22.33，遗传方式是X连锁显性遗传，由于男性患者配子减数分裂时发生Xq22.33处的性染色体重组，致病基因 *SHOX* 重组到Y染色体上，系谱中呈现男性传递男性的现象。但是从整个系谱分析，发病率呈现女性高发的现象，符合X连锁显性遗传（图32-13）。

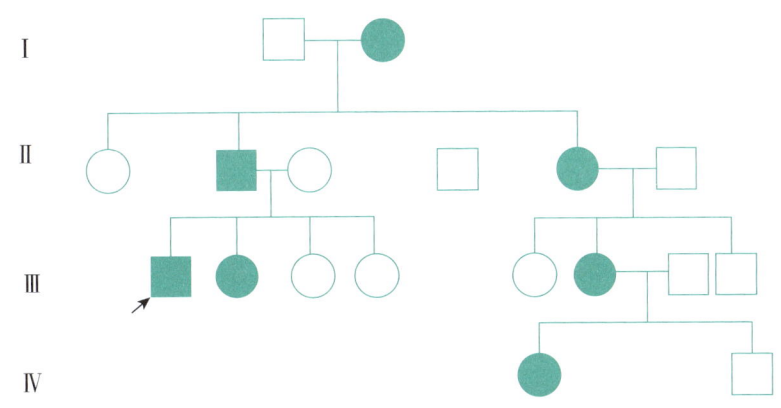

图32-13 假常染色体遗传系谱特点

（二）动态突变遗传

有些遗传病的突变等位基因在传递过程中会发生改变，称为动态突变（dynamic mutations）。动态突变特点是致病基因内部DNA片段出现以3～4个碱基为重复单元的不稳定扩增。如CAG或CCG扩增后为CAGCAGCAGCAG或者CCGCCGCCGCCG，这些扩增片段在正常人群中呈现多态分布，但扩增次数超过正常多态范围将会导致基因表达异常，蛋白功能丧失。在动态突变引起的遗传病中，致病基因发生突变的区域可以是编码区或非编码区。目前已知多种由于动态突变引起的疾病（表32-1）。这类疾病主要是神经系统疾病，其中有几种遗传病都是由于致病基因的CAG异常扩增，导致编码谷氨酰胺残基肽链累积增长，这一类疾病又称为多聚谷氨酰胺病。延迟显性的亨廷顿病就是多聚谷氨酰胺病，它的神经病变以大脑纹状体和皮质退行性病变为主，见框32-2。

表32-1 常见动态突变引起的遗传病

疾病	序列	定位	突变来源	重复次数（正常）	重复次数（突变前）	重复次数（患者）
编码TNR的疾病						
齿状核红核苍白球路易体萎缩症（DRPLA）	CAG	ATN1（外显子5）	P	6-35	35-48	49-88

续表

疾病	序列	定位	突变来源	重复次数（正常）	重复次数（突变前）	重复次数（患者）
亨廷顿舞蹈病（HD）	CAG	HTT（外显子1）	P	6-29	29-37	38-180
眼咽肌营养不良（OPMD）	GCN	PABPN1（外显子1）	P 和 M	10	12-17	>11
脊髓小脑性共济失调类型1（SCA1）	CAG	ATXN1（外显子8）	P	6-39	40	41-83
脊髓小脑性共济失调类型2（SCA2）	CAG	ATXN2（外显子1）	P	<31	31-32	32-200
脊髓小脑性共济失调类型3（SCA3）	CAG	ATXN3（外显子8）	P	12-40	41-85	52-86
肯尼迪氏症（SBMA）	CAG	AR（外显子1）	P	13-31	32-39	40
非编码TNR的疾病						
脆性X综合征（FXS）	CGG	FMR1（非翻译区5'端）	M	6-50	55-200	200-4000
Ⅰ型肌肉萎缩症（DM1）	CTG	DMPK（非翻译区3'端）	M	5-37	37-50	<50
Ⅱ型肌肉萎缩症（DM2）	CCTG	CNBP（内含子1）	不确定	<30	31-74	75-11 000
脊髓小脑性共济失调类型2（SCA8）	CTG	ATXN80S（非翻译区3'端）	M	15-34	34-89	89-250
脊髓小脑性共济失调类型2（SCA10）	ATTCT	ATXN10（内含子9）	M 和 P	10-29	29-400	400-4500

注：P.paternal，父源的；M.maternal，母源的

第三节 影响单基因病遗传方式的因素

一、新发突变

如果一个患者来自没有家族史的家系，其携带的突变可能是新发突变（de novo mutation），而不是从父母那里遗传下来的突变。群体中常染色体和X连锁的遗传病都会出现一定频率的新发突变。新发突变是否能够向下一代传递，要看这个基因型患者的适合度是多少。适合度（fitness，f）指在一定的环境条件下，某种基因型的个体能够生存并将其基因传给下一代的相对能力。适合度一般用相对生育率来衡量。相对生育率是携带突变的个体生育后代的个数与不携带突变的个体生育后代的个数之比。适合度的取值范围为 0～1。适合度降低则突变不能传递，逐渐从群体中丢失。适合度为 0，说明这个突变是致死型或者不育不孕；适合度为 1，说明这个突变引起的临床症状较轻，不影响生育。常染色体显性遗传病的适合度降低往往是由于选择作用。而 X 连锁的疾病适合度不是全部依赖选择作用，特别是女性携带者的突变受选择作用很小。所以 X 连锁疾病的发病率由女性携带者的新发突变和选择决定的基因适合度水平两部分决定。新发突变的同胞发病率低，但是携带新发突变的患者后代发病率高。许多常染色体显性遗传病都有新发突变的病例。

二、生殖细胞镶嵌

镶嵌现象（mosaicism）是一个个体的某种组织或者不同细胞内至少存在来源于同一个受精卵的 2 种或 2 种以上的遗传物质。受精卵分裂过程中由于突变产生了不同细胞克隆，并随着细胞分裂 DNA 复制而维持下来，见图 32-14。在个体发育过程中，在任意时间和任意组织都有可能发生由于突变导致的镶嵌现象。根据发生镶嵌现象的组织细胞类型的不同，分为局限性胎盘镶嵌、体细胞镶嵌和种系镶嵌。在胚外组织胎盘中发生的镶嵌现象称为局限性胎盘镶嵌（confined placental mosaicism）。发生在胚胎中一些除配子之外的组织细胞的镶嵌现象称为体细胞镶嵌（somatic mosaicism）。仅发生在配子中的镶嵌现象称为种系镶嵌（germline mosaicism）。在利用胎盘做胎儿遗传物质诊断时，要注意胎儿和胎盘遗传物质构成不一致的现象，其中局限性胎盘镶嵌是其中的一个原因。在种系镶嵌的家系中，正常父母体细胞（常用的组织材料如外周血白细胞）中未检测出突变，但是出现多胎次患儿出生的现象，要比新发突变的概率高（图 32-15）。

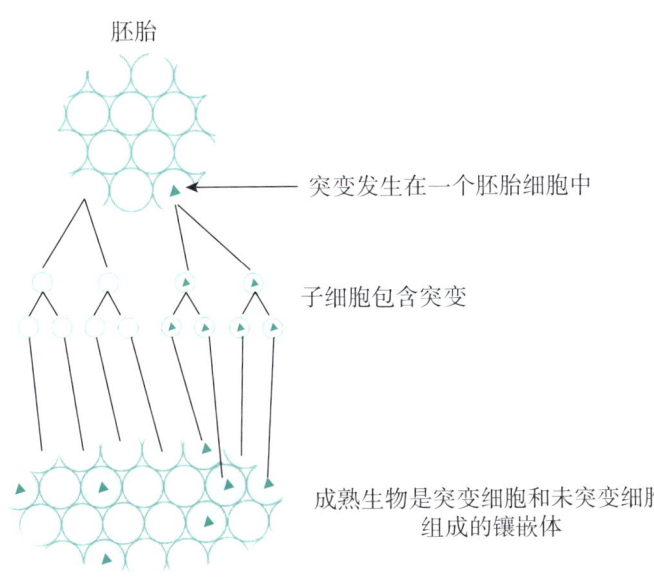

图 32-14　有丝分裂过程中突变形成的不同细胞克隆

图 32-15　种系镶嵌家系系谱

三、基因型 - 表现型相关性

（一）降低的外显率

在显性遗传病中，有些遗传病存在外显不全而在系谱中出现隔代跳跃表达的情况，发生外显不全的个体携带致病基因型但是不表现出表型,这要与隐性遗传方式谨慎区分。

(二)表现度

有些遗传病家系的患者,表现型效应不一致,有轻重之分,但突变基因是一致的,这种现象称为可变表现度(variable expressivity)。如在同一个Ⅰ型成骨不全(OMIM#166200)家系中,不同的患者可以表现为乳白色牙齿、蓝色巩膜、听力受损、脆骨、颅骨缝间骨等不同症状,这是由于该病变主要是胶原纤维形成不足,导致全身性结缔组织结构和功能不正常。其病变不仅限于骨骼,还会累及其他结缔组织,如眼、耳、皮肤、牙齿等器官。Ⅰ型神经纤维细胞瘤(neurofibromatosis1,NF1)(OMIM#162200)的表型也具有很强的可变表现度,见框32-5。可变表现度反映基因的作用可受到环境和其他基因的影响而出现表型不一致的现象。

> **框 32-5　Ⅰ型神经纤维瘤**
>
> Ⅰ型神经纤维瘤是一种常染色体显性遗传的疾病,发病率约为1/3000。临床表现具有很强的可变表现度。同一家族患者症状也有轻重之分,有些患者只表现咖啡斑、虹膜Lisch结节和少量良性神经纤维瘤;而一些重病患者表现为多发的神经纤维瘤、视路胶质瘤及恶性肿瘤,有些患者还表现出脊柱侧弯、高血压等症状。症状轻的父母其子代也可能症状严重。有近50%的Ⅰ型神经纤维瘤的致病基因*NF1*突变属于新发突变。如果突变只发生在胚胎发育过程中的某些细胞,形成镶嵌形式的神经纤维瘤,只出现在身体的一部分,即节段性神经纤维瘤。

(三)基因多效性

基因多效性(pleiotropy)是指一个基因决定或影响多个性状的形成。很多代谢类疾病都具有基因多效性。由于生物体发育过程中,基因产物通过调控一系列生化代谢过程而决定性状。有些是由于基因初级效应直接或间接控制不同组织器官的代谢功能。如半乳糖血症(galactosemia)(OMIM#230400),由于缺乏半乳糖代谢酶导致半乳糖不能正常代谢而堆积,肝、肾、晶状体及脑组织都有受累表现,伴有黄疸、肝脾肿大、肝细胞功能不全、食物不耐受、低血糖、肾小管功能障碍、肌张力减退、败血症和白内障。长期并发症包括智力低下、言语障碍、运动异常等。有些是由于初级效应产生连锁反应引起一系列的次级效应。如镰状细胞贫血症(sickle cell anemia)(OMIM#603903),基因突变导致的异常血红蛋白结构引起红细胞镰变,进而导致血液黏稠、血流停滞、局部组织坏死等一系列的次级反应,见框32-6。

> **框 32-6　镰状细胞贫血症**
>
> 镰状细胞贫血症(sickle cell anemia)是最常见的一种异常血红蛋白病,主要是红细胞内血红蛋白异常,导致红细胞形状呈现镰刀状。正常情况下,血红蛋白是由4条珠蛋白肽链组成的球形四聚体,能够携带氧气,帮助红细胞运输氧气到身体各个部位。然而,在镰状细胞贫血症患者体内,突变的血红蛋白称为镰状血红蛋白(Hb S)。携带Hb S的红细胞在缺氧的环境中会形成镰刀状,这主要与Hb S溶解度低,聚合形成棒状结构有关。这种变形的红细胞容易黏附在血管壁上,导致血管堵塞和局部组织缺血,引起疼痛发作,并可能导致组织和器官损伤。此外,由于镰形红细胞变形能力降低,容易在通过毛细血管时破

裂，导致溶血性贫血。镰状细胞贫血症是由于编码β珠蛋白的基因突变引起的，该基因位于 11p15.4，是第 6 位密码子由 GAG 突变为 GTG 所致，属于常染色体隐性遗传。

（四）遗传异质性

表型相同的个体可以有不同的基因型，这种现象称为遗传异质性（genetic heterogeneity）。可分为等位基因异质性（allelic heterogeneity）和基因座异质性（locus heterogeneity）。

等位基因异质性是同一种遗传病由同一个基因座的不同等位基因突变导致。如 β 地中海贫血是由于构成血红蛋白的不同亚基合成比例失调，而使 α 链珠蛋白过剩进而沉积到红细胞中造成的溶血性贫血。已知 β 地中海贫血有 100 种以上的 β 链珠蛋白基因突变，主要是点突变，少数为基因缺失。基因座异质性是同一种遗传病可以由不同的基因座突变导致。如不同亚型的先天性耳聋，有近 50 个基因座单独突变可以致病。常染色体显性遗传的多囊肾（polycystic kidney disease，APKD）也存在基因座异质性。其中位于 16 号染色体的 *PKD1* 基因和 4 号染色体的 *PKD2* 基因的单独突变都会使其编码的跨膜糖蛋白与其他蛋白相互作用引起信号通路失调，从而导致细胞生长调节受损，引发囊肿的生成。由于遗传异质性导致个体遗传背景的差异，这类疾病往往会呈现不同的遗传方式、发病年龄和发病风险。

（五）从性遗传

由常染色体基因控制的性状，在表型上受到性别的影响而呈现男女发病率和表现程度的差异，这种现象称为从性遗传（sex-conditioned inheritance）。虽然从性遗传与 X 连锁的遗传病都与性别相关，但是属于不一样的遗传方式。原发性血色素病是由于遗传性铁代谢障碍导致铁蓄积，临床病理表现为色素沉着、肝硬化、糖尿病等症状。该病男性发病率高于女性，因为女性通过月经、流产、妊娠等生理或病理性失血会减轻症状，缓解铁蓄积。雄激素性秃发也是从性遗传，男性杂合子 Aa 有秃顶表型，而女性杂合子 Aa 没有秃顶表型，女性纯合子 AA 有秃顶表型。由于雄激素作用，男性雄激素性秃发发病率高于女性。

（六）限性遗传

由常染色体基因控制的性状，由于基因表达的性别限制，只在一种性别中表现，而在另一性别中完全不能表现，但可以将致病基因传递给下一代，这种遗传方式称为限性遗传（sex-limited inheritance）。限性遗传主要由男女解剖结构上的差异造成，也会受到性激素的影响。如男性性早熟青春期（male-limited precocious puberty），该病由于编码促黄体生成激素受体的 *LHCGR* 基因突变导致，在没有激素的情况下信号被持续激活。受到男女激素分泌差异的影响，该病只在男性中发病。

四、遗传早现

在某些遗传病的家系中，随着致病基因的传递，患者的发病年龄会一代比一代早，这种现象称为遗传早现（anticipation）。通常是突变等位基因从父源传递下来，会出现遗传早现现象，因此又称为父源性传递偏倚（parental transmission bias）。在动态突变引起的神经退行性疾病中常见遗传早现现象。

小测试32-3：一种常染色体隐性遗传病的父母双方均为患者，但所生的子女不发病，请结合单基因病遗传方式的影响因素，解释这种现象。

五、印记遗传

按照孟德尔遗传规律，在性状传递过程中，子代无论继承父母哪一条决定这个性状的染色体，都不影响表型效应。但是有一些突变基因所在的亲本染色体父母来源不同，决定了其在后代个体是否表达，这类基因称为印记基因（见第三十五章"表观遗传"）。对印记基因突变引起的疾病进行系谱分析时要特殊考虑印记遗传的特点。

小 结

单基因病是由单个基因突变所致，是所有遗传病类型中种类最多的一种，发病率低。根据基因所在的染色体类型和传递规律，可以分为5种常见的遗传方式。但由于基因表达受到环境和基因之间相互作用的影响，有许多因素可影响其传递规律。在临床分析病例时，要充分了解疾病的遗传背景，考虑特殊遗传方式的可能性，这将有助于疾病的诊断结果分析及对个体发病风险的正确评估，从而达到有效的预防。同时对单基因致病基因功能的认知，能够揭开疾病发生的机制，为疾病诊断、开发治疗新方案及新策略奠定理论基础。

参考答案

整合思考题

1. 简述单基因病不完全外显与表现度之间的区别。
2. 解释X连锁遗传病中，女性杂合子基因型呈现的发病程度轻或者携带者出现症状的原因。
3. 以亨廷顿病为例，简述动态突变引起的神经退行性疾病的发病机制及遗传特点。

（吴 丹 杨 玲）

第三十三章　多基因病

导学目标

通过本章内容的学习，学生应能够：

※ **基本目标**
1. 描述基本概念：数量性状、质量性状、微效基因、主效基因、累加效应、易感性、易患性、发病阈值、遗传度、连锁不平衡等。
2. 描述多基因遗传性状与疾病的特点。
3. 解释微效基因决定数量性状的遗传基础并举例说明。
4. 运用多基因病复发风险的评估方法，理解多基因病的传递特点。

※ **发展目标**
1. 阐述多基因病的研究策略：连锁分析、关联分析、全基因组关联研究。
2. 理解多基因风险评分的意义。

案　例

某大学新生小张，男，18岁。近日感觉头晕、头痛，休息后症状无明显改善，随即前往校医院就诊。查体显示：小张身高165 cm，体重75 kg，体温36.5 ℃，脉搏72次/分，呼吸17次/分，血压142/91 mmHg。医生怀疑他患有高血压，要求他隔天到校医院测量一次血压，连续测量3次。结果显示，血压平均值为143/92 mmHg。按照"2018年中国高血压防治指南"标准，小张被诊断为1级高血压（轻度）。进一步问诊得知，小张的奶奶和父亲均有高血压病史。小张非常担心自己的健康问题，遂向医生咨询：

1. 高血压是遗传病吗？如果是，它属于哪类遗传病？
2. 导致高血压的因素有哪些？又是如何致病的？
3. 他是否需要用药治疗？是否需要改变生活方式？

案例解析

除了前面第三十二章介绍的单基因病外，还有一类遗传病通常不是由单个基因突变所致，而是由多个易感基因突变以及众多环境因素改变所致，这类遗传病被称为多基因病（polygenic disorder），又称多因子病（multifactorial disorders）或复杂性疾病（complex diseases）。这类疾病主要包括先天畸形和常见疾病，属于前者的有唇腭裂、先天性心脏病、脊柱裂等，后者有部分心脑血管疾病、神经精神性疾病、糖尿病、哮喘等。这类疾病通常具有家族聚集倾向，即患者亲属患同一疾病的比例明显高于一般人群，但疾病的遗传方式不符合孟德尔遗传模式。据报道，多基因病在儿童群体中约占5%，在成年群体中约占60%。很显然，这类疾病对人群健康构成了一定危害，故探究这类疾病的遗传机制很有必要。

第一节　多基因遗传概述

一、质量性状和数量性状

（一）质量性状

因单基因病仅由一对基因决定，故已知被检者的基因型就能推测其表现型（正常或患病），具有质的不同，也即呈现出质量性状（qualitative trait）的特征。比如呈常染色体隐性遗传（AR）的苯丙酮尿症（phenylketonuria）是由于苯丙氨酸羟化酶（phenylalanine hydroxylase，PAH）基因突变所致。正常人的 PAH 基因型为 AA，酶活性为 100%；杂合子携带者的基因型为 Aa，酶活性为 45%～50%；患者的基因型为 aa，酶活性为 0～5%。三种基因型所对应的表型呈现出不连续的三峰"质量"性状（图33-1）。又如呈常染色体显性遗传的马方综合征（Marfan syndrome）的致病基因为 FBN1，临床上患者的基因型为 DD 或 Dd，正常人为 dd，表现出不连续的双峰"质量"性状。

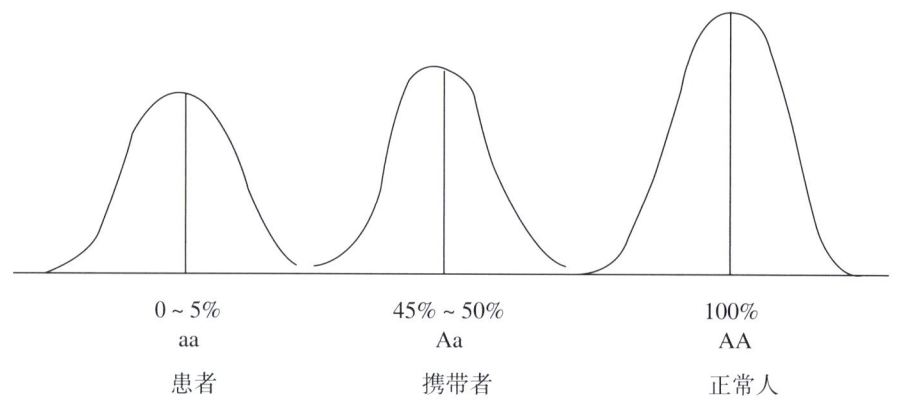

图 33-1　苯丙氨酸羟化酶活性变异在人群中的分布

小测试33-1：什么是质量性状和数量性状？请分别列举两个表型

（二）数量性状

多基因遗传性状（trait）的变异在群体中的分布是连续的，通常同一性状在不同个体间只有量的差异，没有质的不同，因此又称为数量性状（quantitative trait）。如人的身高、体重、智力、血压、肤色等，均属于数量性状变异。以身高为例，在一个随机大群体中，大部分个体的身高接近平均值，只有少数个体的身高极低或极高。如将身高变异绘制成曲线，由低向高的连续变异呈现正态分布（normal distribution）（图33-2）。

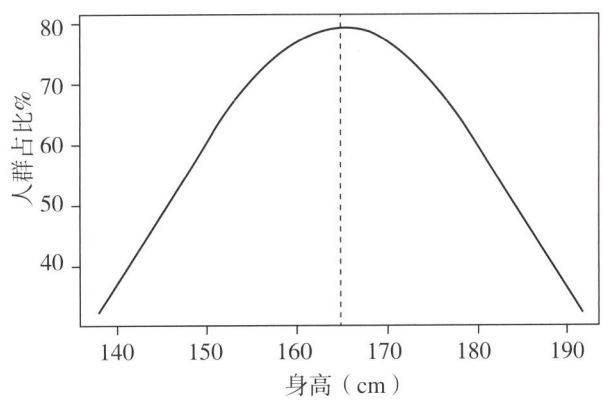

图 33-2　身高数量性状在人群中的正态分布

二、数量性状的多基因遗传（阈值模型）

人的身高是由若干个作用微小的显性基因所决定的。假设身高由 3 个非连锁的基因座决定。增高基因 A、B、C 分别在平均身高基础上增高 5 cm，减高基因 a、b、c 分别在平均身高基础上减低 5 cm。假设一个基因型为 AABBCC（表型为极高）的个体与一个基因型为 aabbcc（表型为极矮）的个体婚配得到的子一代基因型为 AaBbCc，身高位于平均值附近；如两个 AaBbCc 基因型个体随机婚配，根据配子的分离和自由组合定律，这 3 对非连锁基因可产生 8 种精细胞或卵细胞。精卵随机结合共产生 64 种基因型组合（表 33-1），其中包括 27 种不同的基因型组合。按基因型中身高基因的数目分组，可分成 7 组，即 6 个全为增高基因，0 个减高基因；5 个增高基因，1 个减高基因，以此类推，它们的频数分别是 1、6、15、20、15、6、1。如把这一频数分布绘制成柱形图，以横坐标为组合类别，以纵坐标为频数，将各柱形顶端连接成一线，即获得一条趋近于正态分布的曲线（图 33-3）。

实际上，与身高相关的基因远远不止 3 对，如仍用上述方法进行计算，将费时费力。实际上，采用二项式分布的概率密度函数公式即可计算。该公式为：$P_n = [n! \div x!\,(n-x)!]\,p^x q^{n-x}$，其中 n 代表每个人得到的基因总数，在身高这个例子中，基因总数 n 为 6。x 为每个人得到增高基因的数目，$(n-x)$ 代表每个人得到减高基因的数目。增高基因的频率 $p = 0.5$，减高基因的频率 $q = 0.5$，所得各项组合的分布概率与表 33-1 所示相同。其相应的系数即为 1、6、15、20、15、6、1。假如身高由 5 对基因所决定，按照上述公式，将产生 9 组基因型组合频数，它们的分布分别为 1、10、45、120、210、120、45、10、1。决定身高的基因数越多，其基因的剂量等级就越多，相应的频数也越多，而组间的差异会更小。如将所得频数制成柱形图，就越趋近于连续的正态分布。

表 33-1　子二代身高的基因型组合

亲代	极高的个体			×			极矮的个体	
子一代	AABBCC			↓			aabbcc	
				中等身高				
				AaBbCc				
子二代	ABC	aBC	AbC	ABc	abC	Abc	aBc	abc
ABC	AABBCC	AaBBCC	AABbCC	AABBCc	AaBbCC	AABbCc	AaBBCc	AaBbCc
aBC	AaBBCC	aaBBCC	AaBbCC	AaBBCc	aaBbCC	AaBbCc	aaBBCc	aaBbCc
AbC	AABbCC	AaBbCC	AAbbCC	AABbCc	AabbCC	AAbbCc	AaBbCc	AabbCc

续表

亲代	极高的个体			×			极矮的个体	
子一代	AABBCC			↓			aabbcc	
				中等身高				
				AaBbCc				
子二代	ABC	aBC	AbC	ABc	abC	Abc	aBc	abc
ABc	AABBCc	AaBBCc	AABbCc	AABBcc	AaBbCc	AABbcc	AaBBcc	AaBbcc
abC	AaBbCC	aaBbCC	AabbCc	AaBbCc	aabbCC	AabbCc	aaBbCc	aabbCc
Abc	AABbCc	AaBbCc	AAbbCc	AABbcc	AabbCc	AAbbcc	AaBbcc	Aabbcc
aBc	AaBBCc	aaBBCc	AaBbCc	AaBBcc	aaBbCc	AaBbcc	aaBBcc	aaBbcc
abc	AaBbCc	aaBbCc	AabbCc	AaBbcc	aabbCc	Aabbcc	aaBbcc	aabbcc

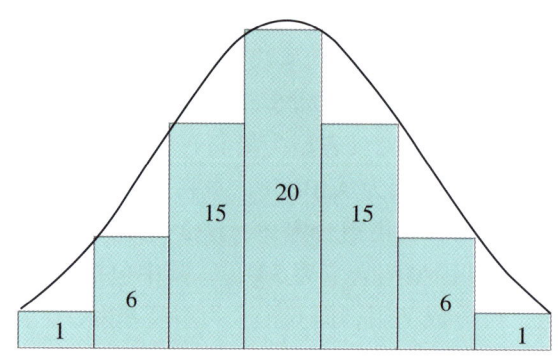

图 33-3　子二代身高变异呈正态分布

人的身高除受遗传因素影响外，还受到多种环境因素的影响，如营养、光照、锻炼等。如将这些环境因素随机组合，同样可连成一条接近正态分布的曲线。

简言之，只要将决定人类身高的遗传因素和环境因素组合起来，就能得到一条光滑的正态分布曲线。

归纳起来，多基因性状遗传具有如下特点：①两个极端变异个体婚配，子一代均为中间类型。然而，因受环境因素影响，往往具有一定范围的变异；②两个中间类型的子一代婚配，子二代仍为中间类型，但变异范围大于子一代，并可能出现极端变异个体；③随机婚配的群体，子代变异范围最大，但呈正态分布，极端个体出现概率较小。

三、多基因假说的要点

1908 年瑞典学者尼尔逊·埃尔在开展小麦杂交试验过程中提出了多基因假说（polygene hypothesis），其要点是：①同一数量性状由若干对作用微小的基因控制，也称微效基因（minor gene）；②微效基因的作用大致相等，只有少数基因的作用较大，也称主效基因（major gene）；③微效基因的作用是可以累加的，又称累加效应（additive effect）；④微效基因之间常无显隐性关系，通常用大写字母表示增效，用小写字母表示减效；⑤微效基因易受环境因素的影响而发生变化；⑥微效基因与主效基因都定位在染色体上，相互间不存在连锁关系，具有分离、重组等性质。该假说随后得到多位同行专家的认可和完善。

多基因假说是遗传学的重要理论之一，也为后来的人类基因组研究提供了一个理论框架，有助于理解人类基因组中控制同一性状或疾病的多个基因之间的相互作用。在多基因病研究中，多基因假说为精准医学（precision medicine）和多基因风险评分（polygenic risk scores，PRSs）奠定了基础。

第二节　多基因病的阈值模型

同多基因性状（如身高）一样，多基因病也受若干基因和环境因素的影响。如将这些因素叠加起来，同样能绘制出某个疾病的正态分布曲线。所不同的是，多基因病所得曲线从左往右是异常基因和有害环境因素逐渐积累的过程，是一个由量变到质变的过程。

一、易感性

在多基因病中，由遗传因素或多个变异基因决定一个个体患病的风险称为易感性（susceptibility），而带有多个变异基因但尚未发病的人群称为易感人群。近年来开展的全基因组关联分析主要是为了寻找多基因病的易感基因。

二、易患性与发病阈值

由遗传因素和环境因素共同决定一个个体患多基因病的风险称为易患性（liability）。易患性 = 易感性 + 环境因素，这个公式表明了易患性、易感性与环境因素之间的关系。当一个个体的易患性超过了多基因病发病的最低限度时就会患病，这个易患性的最低限度称为发病阈值（threshold value）。通过发病阈值可将连续分布的群体分成两部分，其中一部分是正常群体，另一部分是患病群体。研究发现，多基因病易患性也呈正态分布，即大部分个体的疾病易患性接近平均值，易患性很低和很高的个体很少。

一个个体的易患性高低无法测量，但一个群体的易患性平均值可以从该群体的发病率做出估计。利用正态分布平均值与标准差的已知关系，可由发病率估计群体的发病阈值与易患性平均值之间的距离（标准差）。多基因病易患性正态分布曲线下的面积代表总人群，发病阈值线右侧尾部面积代表发病率，阈值线左侧为表型正常的人群（图33-4）。一个群体中易患性平均值越接近阈值，发病率越高；距离越远，发病率越低。不同群体的易患性平均值不同，但同一种疾病的阈值是相同的（图33-5）。

三、遗传度及其计算

（一）遗传度的定义

在多基因病发生过程中，遗传因素和环境因素都起一定的作用。其中，由遗传因素即致病基因在决定某一疾病表型中所起的作用大小称为遗传度（heritability），又称遗传力或遗传率。遗传度一般用百分率（%）表示。一种多基因病如果完全由遗传因素决定，则遗传度为100%；如果完全由环境因素所决定，则遗传度为0。事实上，这两种极端情况在多基因病中是极少见的。如果遗传度在70%～80%，就表明遗传因素在决定易患性变异和发病中起着重要作用；相反，如果遗传度在30%～40%，则表明遗传因素作用较小，而环境因素作用较大。

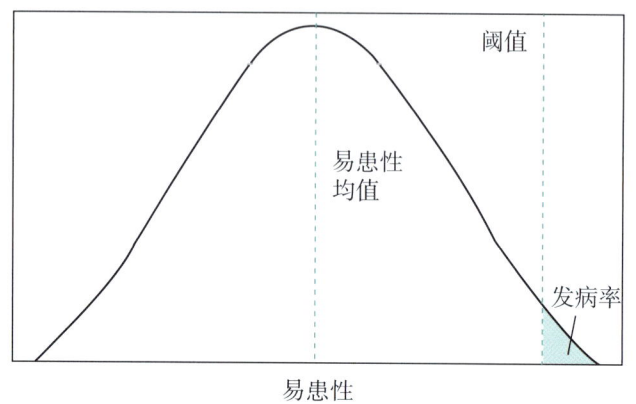

图 33-4　群体易患性变异分布

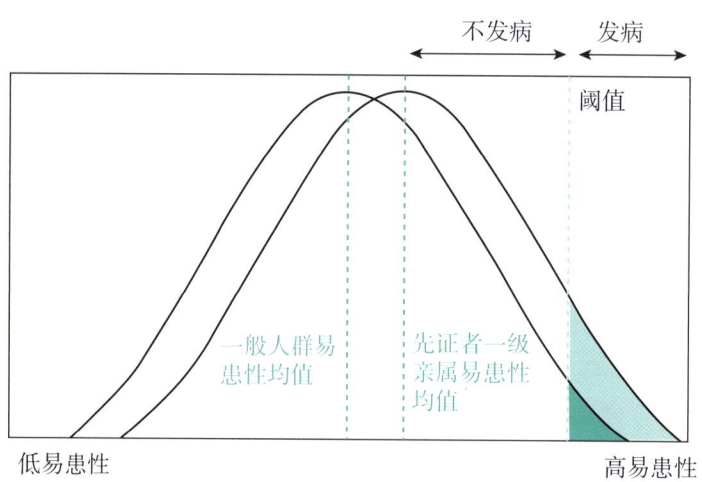

图 33-5　易患性阈值、平均值、群体发病率的关系

（二）遗传度的分类

根据遗传因素是否固定遗传给后代的特点，可将遗传度分为广义遗传度和狭义遗传度，分别用符号 H 和 h^2 表示。

1. 广义遗传度　指全部遗传因素在多基因病发生过程中所起作用的大小，用遗传方差占表型方差的比值来表示，即 $H = V_G / V_P$，其中 $V_G = V_D + V_A$，$V_P = V_E + V_G$。（注：V_G 为遗传方差；V_P 为表型方差；V_E 为环境方差；V_D 为显性效应方差，即由等位基因之间的互作效应所产生的变异量，将随世代的增加而逐渐消失；V_A 为加性方差，即由多个基因的累加效应产生的变异量，是遗传方差的主要部分）。该法通常用于计算双生子性状或疾病的遗传度。

2. 狭义遗传度　指能够传递给子代的遗传因素（加性方差）在决定多基因病发生过程中所起作用的大小。用公式表示，即 $h^2 = V_A / V_P$。由于狭义遗传度比广义遗传度更能反映可遗传的变异对子代表型的影响，故在医学实践中更为常用。

(三)遗传度的计算

常用于计算遗传度的方法有两种：Falconer 公式和 Holzinger 公式。

1. Falconer 公式 该公式由 Falconer 于 1965 年建立。主要依据是先证者亲属的发病率与遗传度存在相关性。通常亲属发病率越高，遗传度就越大，故可通过调查先证者亲属发病率（q_r）和一般人群发病率（q_g），计算出遗传度（h^2）。

根据数量性状遗传规律，先证者易患性和先证者亲属易患性呈线性相关，它们的回归系数（b）即为回归的斜率（图 33-6）。由此，Falconer 提出从回归系数（b）和亲缘系数（k）计算遗传度的公式，即：

$$h^2 = b/k，其中 b = (X_g - X_r)/a$$

式中，X_g 为总人群平均易患性距离阈值的标准差数；X_r 为患者一级亲属平均易患性距离阈值的标准差数；a 为患者平均易患性距离总人群平均易患性的标准差数。X 和 a 值可通过查阅正态分布表获得（二维码 33-1）。亲缘系数（k）由亲缘级数来定，其中一级亲属指先证者与其双亲、子女和同胞之间的关系，k 为 1/2；二级亲属指先证者与其叔、伯、姑、舅、姨、祖父母和外祖父母之间的关系，k 为 1/4；三级亲属指先证者与其表兄妹、堂兄妹、曾祖父母之间的关系，k 为 1/8。

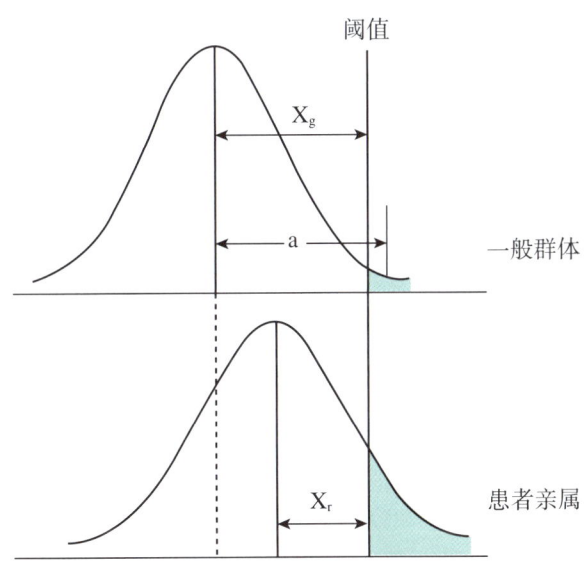

图 33-6 一般群体和患者亲属易患性分布比较图

例如，某群体先天性房间隔缺损的发病率（q_g）为 0.1%。调查该群体中 100 个先证者家系，其中一级亲属（双亲、同胞、子女）共 669 人，患者 22 人，即先证者一级亲属发病率（q_r）为 3.3%。查正态分布 X 值与 a 值表（二维码 33-1）得 X_g、X_r 和 a 值，代入公式得：

$$b = (X_g - X_r)/a = (3.090 - 1.838)/3.367 = 0.372$$
$$h^2 = b/k = 0.372/0.5 = 0.744。$$

正态分布的 X 和 a 值表

这说明某群体中先天性房间隔缺损的遗传度约为 74.4%，即遗传因素在该病的发生中起着重要作用。

2. Holzinger 公式 该公式由 Holzinger 于 1929 年建立，其依据是遗传度越高的疾病，同卵双生（monozygotic twins，MZ）患病一致率与二卵双生（dizygotic twin，DZ）患病一致率相差越大。所谓患病一致率是指双生子同时患某一种多基因病的频率。

$$遗传度（H）= \frac{MZ 发病一致率（\%）- DZ 发病一致率（\%）}{100 - DZ 发病一致率（\%）}$$

例如躁狂抑郁性精神病是一种躁狂与抑郁交替出现的两极性精神病，调查患该病的同卵双生子 15 对，一致率 67%；异卵双生子 40 对，一致率 5%。

代入公式得：H =（67-5）/（100-5）=65.26

结果表明，躁狂抑郁性精神病的遗传度为 65.26%，说明遗传因素在该病发病中所起的作用较环境因素大。

部分受控于多基因遗传的常见病和先天畸形的遗传度见二维码 33-2。

常见遗传病遗传度与发病率

（四）遗传度的临床意义

其一，遗传度是由特定环境中特定人群的发病率估算得到的，因此，不宜外推到其他人群和其他环境。

其二，遗传度是群体统计值，对于个体毫无意义。比如某种多基因病的遗传度为 50%，表明该病在某个群体中一半与遗传变异有关，一半与环境改变有关。

其三，遗传度的估算仅适合于没有遗传异质性，也没有主基因效应的疾病，否则所得结果会偏离正态分布。另外，只有当由同胞、父母和子女分别估算的遗传度相近时，所得遗传度才被接受，才能认为该疾病是多基因遗传的结果。

第三节　多基因病的遗传特点和风险估计

一、多基因病的遗传特点

将多基因假说拓展至多基因病，可得出以下一些特点：①多基因病为数量性状变异，群体中正常性状的变异呈连续的正态分布，疾病易患性变异符合正态分布阈值模型；②在世代传递中虽不符合孟德尔遗传规律，但具有家族聚集倾向，也就是说家族成员之间具有相同等位基因组合的概率较高，故更容易超过阈值而发病；③多基因病发病率在两性之间一般不存在显著性差异；④多个基因分布在不同的染色体上或同一条染色体的不同区段，相互之间不存在连锁关系；⑤除少数主基因的作用稍大外，大部分基因的作用微小，但这些基因均为显性基因，而且它们的作用可相互累加；⑥同卵双生的一致率高于异卵双生的一致率，近亲婚配能提高子代的再显危险率；⑦受环境因素影响明显，家族成员即便有共同的易感基因，仍会有表型差异；环境因素变化常作为多基因病的诱发因素；⑧因受遗传背景影响，在不同种族或民族中，多基因病的发病率存在一定差异；⑨亲属中存在回归现象，亲属中发病成员数、疾病严重程度等都会影响再显危险率。

二、多基因病的再显风险估计

（一）亲属发病风险与亲缘级数成反比

多基因病有明显的家族聚集倾向，先证者亲属发病率高于群体发病率，但亲属发病率会随着与先证者亲缘级数（即亲缘关系）的递增而剧减，逐步向群体发病率曲线靠拢。先证者一级亲属易患性分布明显右移,即一级亲属发病率远高于群体发病率。随着亲缘级数的递增,易患性分布逐渐向群体易患性分布回归。假设易患性变异完全取决于遗传因素,即遗传度为100%,那么一级亲属的易患性平均值将介于群体易患性平均值与先证者易患性平均值之间。二级亲属易患性平均值将介于一级亲属易患性平均值与群体易患性平均值之间的1/2处;三级亲属的易患性平均值将介于二级亲属易患性平均值与群体易患性平均值之间的1/2处(图33-7)。

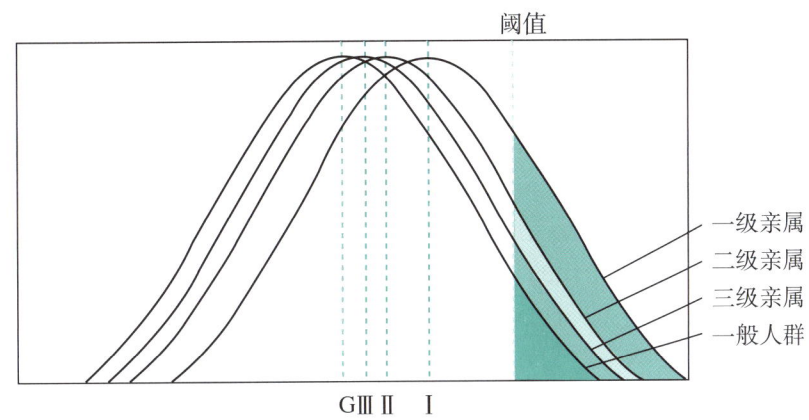

图33-7　亲缘级数与发病风险的关系

(二)一级亲属发病率接近群体发病率的开方

当多基因病的群体发病率为0.1%～1%,遗传度为70%～80%时,患者一级亲属的发病率(q_r)接近群体发病率(q_g)的开方,即 $q_r = \sqrt{q_g}$(Edwards公式,1960)。遗传度低于70%～80%时,患者一级亲属的发病率低于群体发病率的开方值;高于70%～80%时,一级亲属发病率高于群体发病率的开方值。因此,有了群体发病率和遗传度,即可对患者一级亲属患病率做出估计。

(三)亲属中患病人数越多,再显风险越高

在多基因病中,一个家庭中患病人数愈多,则亲属再发风险愈高。例如,一对夫妇表型正常,但第一胎生了一个唇裂患儿后,再次生育时患唇裂的风险为4%;如果第二胎又是一个唇裂患儿,则第三胎为唇裂的风险上升到10%。说明这一对夫妇带有较多能导致唇裂的致病基因,即他们的易患性更接近于发病阈值,因而造成其一级亲属的再发风险增高(表33-2)。这一点与单基因病的遗传方式不同,因为单基因病的遗传完全遵循孟德尔遗传规律,故其后代的发病风险不会因子代人数的增加而改变。

表33-2　多基因遗传病中亲属受累人数与患病率之间的关系

一般群体患病率(%)	双亲患者数	0			1			2		
	遗传度(%)	同胞患者数			同胞患者数			同胞患者数		
		0	1	2	0	1	2	0	1	2
1.0	100	1	7	14	11	24	34	63	65	67
	80	1	8	14	8	18	28	41	47	52
	50	1	4	8	4	9	15	15	21	26
0.1	100	0.1	4	11	5	16	26	62	63	64
	80	0.1	3	10	4	14	23	60	61	62
	50	0.1	1	3	1	3	9	7	11	15

（四）患病亲属的病情越重，再显风险越高

在多基因病中，如果患者的病情严重，说明其易患性远远超过发病阈值所需的易感基因，也意味着其父母带有较多的易感基因。换言之，他们的易患性更接近阈值。因此，再次生育时其子代的再发风险也会相应增高。例如，一侧唇裂的先证者，其同胞的再发风险为2.46%；一侧唇裂加腭裂的先证者，其同胞的再发风险为4.21%；双侧唇裂加腭裂的先证者，其同胞的再发风险为5.74%。这一点也不同于单基因病，因为单基因病不受病情轻重的影响，只遵循孟德尔遗传规律。

（五）阈值高的性别一旦发病，则再显风险增高

某些多基因病的发病存在性别差异，说明不同性别在群体中的易患性阈值是不同的（图33-8）。通常发病率较高的性别，往往发病阈值较低，提示先证者携带的易感基因较少，传给子代的易感基因同样较少，因此子女发病风险较低；而发病率较低的性别，往往阈值较高，提示先证者携带的易感基因较多，传给子代的易感基因也就越多，因此子女发病风险较高。这种情况称为卡特效应（Carter effect）。如先天性幽门狭窄（pyloric stenosis）的发病在两性间存在差异，男性发病率约为0.5%，女性发病率约为0.1%。调查显示，男性先证者子代儿子的发病率为5.5%，女儿发病率为2.4%；女性先证者子代儿子的发病率为19.4%，女儿发病率为7.3%。该结果说明，女性先证者比男性先证者带有更多的易感基因。

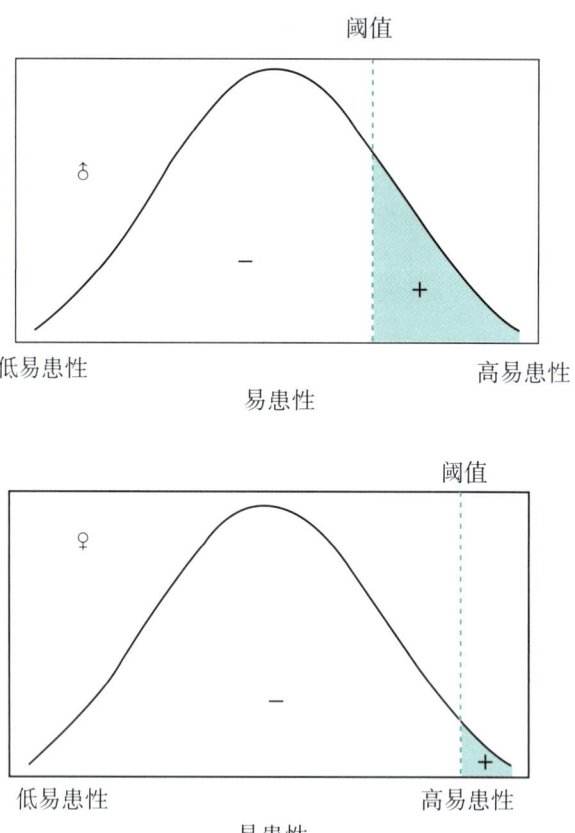

图 33-8　群体中发病率存在性别差异的易患性分布

综上所述，在估计多基因遗传病再发风险时，必须全面考虑上述情况，进行综合分析，才能得出切合实际的结论。

第四节 多基因病的研究策略

一、连锁分析

（一）连锁分析的概念

连锁（linkage）是指位于同一条染色体上的基因或 DNA 遗传标记由于物理位置相近而一起遗传给后代的现象。连锁分析是根据待定位基因与已定位遗传标记间以某一重组率（θ）相连锁时的似然性（L）来进行某一基因定位的方法。相关内容详见第三十一章"个体变异及基因定位"。

连锁分析分为参数连锁分析（parametric linkage analysis）和非参数连锁分析（non-parametric linkage analysis）两种类型。前者适用于单基因病致病性基因定位，通常将等位基因频率、外显率、遗传方式等设为参数；后者不依赖于上述参数，故在多基因病存在主基因效应时，可采用统计学方法判断易感基因是否与遗传标记之间存在连锁关系。

（二）全基因组扫描与连锁分析

全基因组扫描法（genome-wide scan method）指利用已知的人类基因组中的微卫星标记（microsatellite markers，MS）或单核苷酸多态性（single nucleotide polymorphisms，SNPs）标记进行全基因组分析，确定易感基因的所在区域，再经过精细定位和 DNA 测序获得易感基因。常用的样本为大于或等于 1 个多基因病的大家系或 200 余个受累同胞对。上面提到的参数连锁分析法适用于大家系分析，常用的分析软件有 Linkage 等。非参数连锁分析常用于受累同胞对分析（affected sib-pair analysis，ASP），常用的分析软件有 Genehunter 等。

二、关联研究

（一）关联研究的概念

不同基因座的等位基因在人群中以一定的频率出现。如果不同基因座上两个等位基因出现在同一条单体型（haplotype）上的实际频率与预期的随机频率一致，称为连锁平衡（linkage equilibrium），如果两者之间存在明显差异，称为连锁不平衡（linkage disequilibrium）。由于不同基因座上的某些等位基因经常连锁在一起遗传，而连锁基因之间并非完全随机地组成单体型。如果某些基因总是或更多地一起构成单体型，导致其在群体中呈现较高的频率，由此出现连锁不平衡。若特定的等位基因或基因型高频出现在某一疾病人群中，则被认为与该疾病之间存在连锁不平衡或存在关联；若对照组中的等位基因频率显著高于病例组，则被认为存在负相关。通过上述研究等位基因或基因型与疾病发生之间的相关性来寻找多基因病易感基因位点的方法称为关联研究（association study）。

（二）全基因组关联研究

全基因组关联研究（genome-wide association study，GWAS）是研究多基因病易感变异的一种常用方法。该法通过基因微阵列或二代测序技术分析大样本病例组与正常对照组中成千上万个遗传标记（SNP）与遗传标记之间是否存在连锁不平衡，以此检测多基因病的易感基因或致病基因。SNP本身可能导致疾病，或者可能与附近的突变等位基因形成连锁不平衡的单体型，从而与疾病相关联。近年来，GWAS数据常与其他类型的全基因组数据相结合，如RNA sequencing（RNAseq），以测试疾病相关变异是否与特定组织中mRNA表达水平的改变相关。这种与mRNA表达变化相关的DNA变异称为表达数量性状位点（expression quantitative trait loci，eQTLs）。通过GWAS已经成功地完成对年龄相关黄斑变性（pyloric stenosis）、精神分裂症、糖尿病、先天性心脏病（congenital heart disease）、阿尔茨海默病等多基因病易感基因的定位。已检测的人类多基因病相关SNP位点示意图可查（www.genome.gov/GWAStudies 或 www.ebi.ac.uk/gwas/）。2021年中国学者通过两步GWAS方法对3913个中国阿尔茨海默病例和7593个正常对照进行研究，建立和验证了基于全基因组关联研究的阿尔茨海默病发病风险的预测模型，该模型的临床应用将有利于预测易感基因携带者的发病风险，特别是有利于对疾病的早期预防。截至2021年9月23日，已有5343篇关于GWAS的论文发表。已报道超过55000 SNVs位点与近5000种疾病或性状相关。这些研究成果无疑将为多基因病的防治奠定基础。

尽管GWAS取得了丰硕的成果，找到了大量与多基因性状相关的易感SNP位点。然而，后续研究发现，那些被明确的疾病易感SNP位点，仅能解释一小部分致病原因，即存在"丢失的遗传度（missing heritability）"现象。此外，一些专家报道的与多基因病相关的SNP位点，在另一些专家的GWAS中并不能被验证，原因在于多基因病通常受多个微效基因和环境因素的共同调控，仅通过检验1个到数个SNP与疾病是否关联，却忽略了SNP之间的相互作用。后续提出的上位效应（epistasis）理论和方法成为解决"丢失的遗传度"的有效途径。拓展后的上位效应主要表现在：①从2个SNP之间的相互作用扩展到多个SNP之间的相互作用；②从传统相互作用的偏离值扩展到SNP间非线性相互作用的效应总和；③遗传度从0、0.5和1三种值变为从0到1之间的任意值。

（三）多基因病致病基因的确定

当确定了与多基因遗传病相关的基因后，还需要进一步确定其中的致病基因。后续的研究包括：①基因表达的研究：研究相关基因是否在特定的组织中表达、其表达是否参与了疾病的发生、发展；②功能性研究：研究相关基因结构与功能的关系、研究其生物学功能及其在生物学通路中的作用；③动物模型的研究：通过对这一相关基因的敲除、沉默、敲入或定点突变等方法，在动物体内进行试验，证明其病理学效应及其机制；④生物信息学研究：通过生物信息学预测，评估相关基因在疾病的发生、发展中所起的作用。

三、多基因风险评分

多基因风险评分（polygenic risk score，PRS）是评估某个个体的遗传易感性大小及其产生特定临床表型的预测值，代表了该个体所携带的与疾病相关的易感等位基因总和的权重。通常以最具生物信息学价值的GWAS数据为基础，通过计算个体的基因型-表型一致的权重可获得多基因风险评分PRS。

由于个体的基因组成从出生起就相对稳定，因此遗传信息在多基因病的早期风险预测中起重要作用。根据 PRS，可对个体患某种多基因病的风险进行早期预测，指导对疾病的诊断和治疗，制订预防措施，指导全生命周期的管理及遗传咨询。目前已有大量文献报道 PRS 在乳腺癌、2 型糖尿病、高血压病、动脉粥样硬化性心血管病、精神障碍性疾病、帕金森病等疾病中的应用。

PRS 在临床应用中也存在一定的局限性。首先，PRS 仅反映全基因组关联研究中能引发多基因病的遗传风险，而未考虑环境因素或生活方式等的影响；其次，PRS 不能反映基因与基因、基因与环境因素之间的相互作用。

第五节　多基因病案例分析

一、先天畸形

先天畸形（congenital malformations）是一组由遗传因素和环境因素共同作用的疾病。大约 2% 的新生儿存在先天畸形，其同胞的再发风险为 2%～5%。

有些先天畸形，如唇腭裂和幽门狭窄，较易修复，一般不会造成持久的问题。另一些先天畸形，如神经管缺陷，通常会造成严重后果。部分先天畸形只有单一畸形，即非综合征型。但大部分先天畸形与其他疾病共存，称为综合征型，如唇腭裂常见于 13- 三体综合征，先天性心脏病可见于多种综合征，包括 13- 三体、18- 三体和 21- 三体综合征等。

环境因素也可导致先天畸形。如 20 世纪 60 年代在孕早期使用沙利度胺镇静剂导致婴儿出现四肢严重缩短（称为海豹肢症）；孕妇感染风疹病毒可导致先天性心脏病；接触治疗痤疮的维甲酸将会导致婴儿出现先天性皮肤、心脏、耳朵缺损等畸形。孕期糖尿病也会引发先天性心脏病患儿的出生。

目前有一些先天畸形的致病因素（遗传因素和环境因素）已基本明确，如神经管缺陷（neural tube defects，NTDs），包括脊柱裂、无脑畸形和脑膨出等（见框 33-1）。

框 33-1　神经管缺陷

神经管闭合缺陷或随后重新打开导致神经管缺陷（NTD），表现为先天性大脑和脊柱的结构异常，发生率为 1.4/1000～2/1000，是世界上第二常见的先天畸形（先天性心脏病占首位）。在中国北方一些人群中的患病率高达 6/1000。

NTD 是遗传因素和环境因素共同作用的结果。NTDs 的遗传度约为 70%。5% 的 NTD 呈现家族聚集倾向，家族史使 NTD 复发风险增加。对神经管闭合起重要作用的 *VANGL1* 基因、*FUZ* 基因等发生错义杂合突变，是 NTD 的遗传风险因子。

神经管缺陷通常可以通过监测母体血清或羊水中甲胎蛋白（AFP）的水平进行产前诊断。目前仅有很少几种 NTD 有可能进行早期预防、产前筛查和诊断，并且正尝试进行产前治疗出生缺陷。

孕妇血浆维生素 B_{12} 和叶酸水平较低，可能是导致 NTD 的环境因素。妊娠期补充叶酸会降低胎儿发生 NTD 的概率。

二、高血压病

高血压病（hypertension）又称为原发性高血压，是一种常见的遗传病，在我国患病率达 27.9%。在未服用降压药的情况下，当非同日三次诊室标准测量血压，收缩压 ≥ 140 mmHg、舒张压 ≥ 90 mmHg，排除继发性高血压后，即可诊断为高血压病。该病患病率高，致残、致死率高，但药物、运动、精神减压及健康的生活方式能很好地控制血压，减少危及生命的并发症发生。血压在群体中表现为正态分布的数量性状。据报道，高血压病的遗传度为 50% ~ 60%，说明遗传因素不容忽视。另外，心理压力、昼夜模式、污染、噪声、药物、失眠、酒精摄入、钠及钾的摄入量、运动及热量的摄入等环境因素对高血压病的发生也有重要作用。

现有数据表明，引起血压异常的致病基因有 30 余个，其中一些罕见的变异已定位在已知的致病基因上，可引起单基因遗传的高血压综合征和高血压病。例如，根据 GWAS 的信号定位于编码尿调素的基因，通过钠稳态的调节影响血压。单基因遗传的高血压综合征主要涉及肾素-血管紧张素-醛固酮系统和肾上腺糖皮质激素代谢通路，少部分涉及交感-副交感神经-内分泌肿瘤。通过 GWAS 发现超过 1477 个与高血压病的表型相关联的常见 SNPs，它们具有以下特点：①这些 SNPs 多数位于非编码区（仅 10% 位于编码区），主要起基因表达调控的作用，与高血压病的发生相关联，但它们本身并非致病的等位基因。因此，研究全基因组 SNPs 的重要性不在于其是否致病，而在于它们与功能性基因变异的位置相关性及与表达调控的相关性，据此可找到功能性基因变异及致病性变异；②绝大多数 SNPs 对血压的影响是微效的，符合多基因遗传。其中每一种 SNP 对收缩压的影响约为 1 mmHg，对舒张压的影响约为 0.5 mmHg；③在引起高血压病的 50% ~ 60% 的遗传度中，这些 SNPs 仅能解释大约 27%。其可能的原因是 GWAS SNPs 微阵列的探针包含了连锁不平衡的常见标签 SNPs，丢失了罕见变异和位于低连锁不平衡区域的 SNPs，故其遗传学效应远低于全基因组 SNPs 的遗传学效应；④全球大规模合作进行多民族人群全基因组的测序，如精准医学的 Trans-Omics 计划，填补人类基因组知识空白以及高血压和心血管疾病的其他组学的疾病标记，加速实施精准医疗。目前对高血压病的研究还存在不足：①目前关于高血压病的 GWAS 数据主要来源于欧洲人群，有一定的局限性；②目前整合所有已确认的有临床意义的基因变异转化为个体遗传风险评分的预测体系尚未建立；③在英国生物样本库中混有一些非欧洲血统参与者的样本等都有可能导致对个人患多基因病风险的错误估计。

由于个体的基因组成从出生时就基本稳定，因此遗传信息在高血压病的早期风险预测中起到重要作用。个体原发性高血压的发生受到多个微效遗传变异的影响，有意义的风险预测需要通过计算代表个体全部遗传风险的单一度量来检验多个遗传变异的累加效应。最初，这种遗传风险评分是一种简单的由风险等位基因的数量（通常来自 GWAS 的少数 SNPs）及其效应大小的加权计算得到的数值。在过去的 10 年里，认识到在全基因组关联研究中，不具有显著性差异阈值的 SNP 也可以预测疾病。可应用的 SNPs 从数千增加到数百万不等，产生了一个有用的生物信息学工具，称之为多基因风险评分（PRS），可用于评估个体产生某一临床表型的遗传易感性（详见本章第二节相关内容），结合临床、实验室检查等用于对个体患某种多基因遗传病风险的预测。高血压病的 PRS 作为生物标记应用于个体患高血压病易感性的预测，其重要的临床意义在于发现无症状的高血压病易感者，通过优化生活方式、增强运动、改善环境、缓解精神压力等方式进行早期干预，有效地对本病进行预防，降低高血压病的发病率。此外，PRS 也可预测高血压病并发症的发生风险。根据 GWAS 数据中有统计学意义的 SNPs 计算基因型-表型一致的权重而获得的高血压多基因风险评分与卒中、冠状动脉疾病、心力衰竭及左心室肥厚显著相关，但与肾功能不相关。该结果提示，有效地控制血压能减少卒中、冠状动脉疾病、心力衰竭及左心室肥厚等并发症的发生。同时该结果也提示：尽管已经成功地控制了血压，但由高血压所引起的肾功能损害可能还会继续进展。有意义的多基因风险评分不仅有助于预测个体患高血压病的易感性，还有助于区分多基因遗传病及单基因遗传病。

框 33-2　原发性高血压的易感基因或因子

缩写	全称
ACE	angiotensin-converting enzyme
ADD-1	adducin-1
ADRβ2	β 2-adrenergic receptor
AGT	angiotensinogen
AGTR1	angiotensin receptor type I
ANGII	angiotensin II
ATP2B1	plasma membrane calcium-transporting ATPase 1
AT1R	angiotensin receptor type 1
BDKRB2	bradykinin receptor B2
CAV1	caveolin-1
cGMP	cyclic GMP
CYP17A1	cytochrome P450 family 17 subfamily A member 1
CYP11B2	cytochrome P450 family 11 subfamily B member 2
EDN1	endothelin-1
eNOS	endothelial nitric oxide synthase
ER	estrogen receptor
ESR2	estrogen receptor β
FGF5	fibroblast growth factor 5
GNB3	G protein β3 subunit
LSD1	lysine-specific demethylase 1
MR	mineralocorticoid receptor
MRA	MR antagonist
NEDD4L	neural precursor cell expressed developmentally downregulated 4-like
REN	renin（gene）
SGK1	serum- and glucocorticoid-inducible kinase 1
SLC4A5	electrogenic sodium bicarbonate cotransporter 4
STK39	serine/threonine 39
STRN	striatin（gene）
WNK1	lysine-deficient protein kinase 1.

小 结

多基因病的遗传因素大多是多个基因参与或者特定基因型受环境影响而发病。可以应用家系研究、双生子研究和遗传度来评估遗传和环境因素对于多基因病的贡献。多基因病不能像单基因病那样评估个体发病风险概率,但遗传度、发病率、家族中患者数目、病情严重程度、亲属关系远近等因素可以用于衡量再发风险。此外还有一些介于单基因病和多基因病特征之外的由多个基因和环境因素影响的疾病,如双基因病、具有修饰基因的单基因病等。

参考答案

1. 如果一个多基因病女性临床发病率高于男性,那么女性患者和男性患者的后代再发风险的情况将是怎样的?为什么?
2. 对于一个多基因性状的遗传因素研究,可以考虑的研究策略有哪些?

(吴　丹　顾鸣敏)

第三十四章　群体遗传学

导学目标

通过本章内容的学习，学生应能够：

※ **基本目标**
1. 分析群体遗传平衡状态下，等位基因频率与基因型频率的对应关系及换算关系。
2. 利用遗传平衡定律，分析群体中不同遗传方式的遗传病患者及携带者的频率。
3. 列举影响遗传平衡的因素。
4. 举例说明近亲结婚的危害性。
5. 解释近婚系数的计算。

※ **发展目标**
1. 举例说明突变和选择对遗传平衡的影响及二者之间的关系。
2. 能够分析选择对常染色体隐性遗传基因影响缓慢的原因。

案　例

杜氏肌营养不良症（Duchenne muscular dystrophy，DMD）是 X 连锁隐性遗传的致死性疾病（S=1），由 *DMD* 基因发生功能缺失突变引起。DMD 在男性中的发病率约为 1/6000，且 DMD 发病率在不同地域、不同种族群体中基本相同，群体中突变和选择作用在长期积累过程中达到平衡，因此可认为这些群体都是遗传平衡的群体。

问题：
1. *DMD* 基因的突变率是多少？
2. 女性群体中携带者的频率是多少？
3. 试分析男性患者致病基因突变的来源及比例。

案例解析

群体（population）又称为种群，是指生活在一定空间内，能够相互交配并繁育后代的同一物种的个体群，也称为孟德尔式群体。一个群体内的所有个体所携带的全部遗传信息称为基因库（gene pool）。群体遗传学（population genetics）是研究群体的遗传结构及其变化规律的学科，主要研究群体中基因频率、基因型频率的维持和变化及其影响因素。医学群体遗传学是研究和探讨人类致病基因在群体中的分布及其变化规律的分支学科，对监测和预防遗传病具有十分重要的指导意义。

第一节 群体的遗传结构

群体中各种基因及其对应的各种基因型在数量上的分布称为群体的遗传结构。群体遗传结构的变化主要表现为等位基因频率和基因型频率的变化。

一、群体的等位基因频率与基因型频率

等位基因频率（allele frequency）是指一个群体中某一等位基因在该基因座上全部等位基因数量中所占的比例。一个基因座的全部等位基因频率之和等于1。例如一个群体中某一基因座上有一对等位基因 A 和 a，等位基因 A 的频率等于等位基因 A 的数量在 A 和 a 数量总和中所占的比例。等位基因 A 的频率用 p 来表示，等位基因 a 的频率用 q 来表示，则 $p+q=1$。

基因型频率（genotype frequency）是指一个群体中某一特定基因型个体数占群体全部个体数量的比例。一个基因座的全部基因型频率之和等于1。例如一个群体中某一基因座上有一对等位基因 A 和 a，在群体中对应有 3 种基因型 AA、Aa、aa，基因型 AA 的频率就等于 AA 个体数在该群体个体总数中所占的比例。设 AA 的频率为 D，Aa 的频率为 H，aa 的频率为 R，则 $D+H+R=1$。

二、等位基因频率和基因型频率的换算

当群体中的各基因型频率可以通过群体调查的表型结果直接得出时，如共显性或基因型能通过表型差异进行分辨（如不完全显性）的性状，群体中的各等位基因频率可以根据群体的基因型频率推算出来。例如，人类的 MN 血型是由一对共显性等位基因 M 和 N 决定的，对应人群中有 3 种基因型 MM、MN 和 NN，相应的表型为 M 血型、MN 血型和 N 血型。通过调查一定人数的群体中 MN 血型分布，根据三种表型人数就可以直接计算出对应的 3 种基因型的频率。例如，调查群体总人数为 1000 人，其中 500 人为 M 血型（基因型 MM），300 人为 MN 血型（基因型 MN），200 人为 N 血型（基因型 NN），则基因型 MM 的频率 D=500/1000=0.50，基因型 MN 的频率 H=300/1000=0.30，基因型 NN 的频率 R=200/1000=0.20；根据各基因型分布也可以计算出各等位基因频率，例如 M 等位基因数量由 MM 基因型个体和 MN 基因型个体提供，其中每个 MM 个体可以提供 2 个 M 等位基因，每个 MN 个体可以提供 1 个 M 等位基因，因此该群体中 M 等位基因的数量为 500×2+300=1300，而该群体各等位基因总数为 1000×2，根据等位基因频率的概念，则 M 基因频率为 p=1300/2000=0.65，同理，N 基因频率为 q=700/2000=0.35，也可根据 $p+q=1$，直接计算 q=1－0.65=0.35。

根据上述分析可见，群体的等位基因频率和基因型频率的对应关系为：p=D+1/2H；q=R+1/2H。即某等位基因的频率等于其纯合基因型的频率加上 1/2 其杂合基因型的频率。当群体中各基因型的频率可以通过群体调查表型分布结果直接得出时，群体中的各等位基因频率可以应用此公式推算出来。如果群体中某些基因型的频率不能通过表型频率直接得出，如完全显隐性的性状，由于 AA 和 Aa 基因型对应的表型相同，则无法利用该公式来直接计算出群体的基因频率，这种情况则需要利用 Hardy-Weinberg 遗传平衡定律来计算。

第二节 群体的遗传平衡定律

一、Hardy-Weinberg 平衡定律

在一定条件下，群体中的等位基因频率和基因型频率在世代传递中保持不变，这一规律被称为遗传平衡定律（law of genetic equilibrium），这个定律是 1908 年由英国学者 Hardy 和德国医生 Weinberg 分别独立提出的，所以也称为 Hardy-Weinberg 定律（Hardy-Weinberg equilibrium）。这一定律的成立必须满足的条件为：①群体无限大；②群体中的个体随机婚配；③没有突变发生；④没有选择；⑤没有大规模的个体迁移。因此，这些条件也正是影响群体遗传平衡的因素。

假设在一个群体中，若位于常染色体某基因座的一对等位基因 A 和 a 的起始频率分别为 p 和 q，如果上述条件成立，则无论该群体中起始的基因型频率如何分布，经过一代随机婚配后，群体的基因型 AA、Aa 和 aa 的频率分别为 p^2、$2pq$、q^2，而且在以后随机婚配的世代中，等位基因频率和基因型频率将不再变化，都将维持这种遗传平衡状态。群体中个体间的随机婚配可视为两性配子的随机结合，精卵随机结合后子代的类型及频率见表 34-1。根据遗传平衡定律，在一个遗传平衡的群体中，等位基因频率为 p（A）和 q（a），则基因型 AA、Aa 和 aa 的频率分别对应表示为 p^2、$2pq$ 和 q^2，即 D = p^2，H = $2pq$，R = q^2。因此，在一个遗传平衡的群体中，当某一性状由常染色体基因座上一对等位基因决定时，其基因频率与基因型频率之间的关系符合二项式展开，即：$(p+q)^2 = p^2 + 2pq + q^2 = 1$。

表 34-1 随机婚配群体中亲代等位基因频率和子代基因型频率的分布

		精子	
		A（**p**）	**a**（**q**）
卵子	A（p）	AA（p^2）	Aa（pq）
	a（q）	Aa（pq）	aa（q^2）

二、Hardy-Weinberg 定律的应用

根据遗传平衡公式，可以判定一个特定调查的群体是否为遗传平衡群体。如果统计分析后证明该群体为遗传平衡群体，则根据群体调查某种遗传病的表型频率，就能计算出群体中这种遗传病的各等位基因频率和基因型频率。

（一）遗传平衡群体的判定

根据遗传平衡定律，应用遗传平衡公式，可以判断一个群体是否为遗传平衡群体。根据群体调查结果先计算出群体的等位基因频率 p 和 q，应用遗传平衡公式计算出平衡状态时对应各基因型频率的期望频率，p^2 是 AA 的期望频率，q^2 是 aa 的期望频率，$2pq$ 是 Aa 的期望频率，再计算期望值。基因型的期望值按照遗传平衡定律公式计算：纯合子基因型数的期望值 =（基因频率）^{2} × 样本含量，杂合子基因型数的期望值 = 2 ×（基因频率1）×（基因频率2）× 样本含量。然后把

期望值和群体实际调查的 AA、Aa 及 aa 的观察值进行统计学分析，没有统计学差异就是遗传平衡的群体，反之，就是不平衡群体。

例如，在一个 800 人的群体中，其中 AA 基因型的人数是 223 人，Aa 基因型的人数是 416 人，aa 基因型的人数是 161 人。观察到的基因型频率分别为 0.28、0.52、0.20，A 等位基因频率 $p=0.28+0.52/2=0.54$ 和 $q=0.20+0.52/2=0.46$，AA、Aa 及 aa 的期望频率分别为 $p^2=0.292$、$2pq=0.497$、$q^2=0.217$，期望值分别为 233.6、397.6、173.6。经卡方检验，得出卡方值为 2.247，自由度为 1，查表可得 $p > 0.05$，表示期望值和群体实际调查的 AA、Aa 及 aa 的观察值无统计学差异，表明该调查群体是遗传平衡的群体。

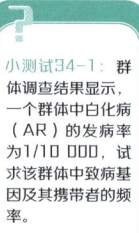

小测试 34-1：群体调查结果显示，一个群体中白化病（AR）的发病率为 1/10 000，试求该群体中致病基因及其携带者的频率。

（二）等位基因频率与基因型频率的计算

除了极少数特殊的情况外，群体中的影响因素长期积累过程中会达到平衡，因此一般情况下，大多数群体都是遗传平衡的群体，这也是研究群体遗传结构的先决条件。在一个遗传平衡的群体中，对于单基因病，根据遗传平衡定律 $(p+q)^2=p^2+2pq+q^2$，在群体调查获得某遗传病的发病率后，可计算疾病等位基因频率，从而可以进一步推理出另一等位基因频率及基因型 AA、Aa 及 aa 的频率。

对于不同遗传方式的遗传病，由于其致病基因作用方式不同，且致病基因的频率很低，因此进行计算时需要分析主要因素。

1. 常染色体显性遗传病（AD）的基因频率计算　AA 和 Aa 个体是患者，群体发病率为两者之和，即 p^2+2pq。由于显性致病基因频率 p 很低，$q ≈ 1$，纯合子患者可以忽略不计，即 D=$p^2 ≈ 0$，$p^2+2pq ≈ 2pq$，所以，群体中患者几乎均为杂合子。这样 H=$2pq ≈ 2p$，$p=1/2·H$，即显性致病基因 A 的频率 p 等于群体发病率的 1/2。例如并指症（AD）的发病率为 1/2000，H = 1/2000，致病基因 A 的频率 $p=1/2H=1/4000$。

小测试 34-2：某群体的一个家庭有先天性聋哑家族史，经查为 *GJB2* 基因突变引起的常染色体隐性遗传先天性聋哑。本病的群体发病率为 4/10 000，求该群体中携带者的频率。

2. 常染色体隐性遗传病（AR）的基因频率计算　aa 个体是患者，群体发病率（X）就是隐性纯合子（aa）的基因型频率，即 X=q^2，所以隐性致病基因 a 的频率 $q=\sqrt{X}=\sqrt{q^2}$。例如，尿黑酸尿症（AR）的发病率为 0.000001。可计算出 $q=0.001$，$p=1-0.001=0.999$。由此可见，由于隐性致病基因频率 q 很低，$p ≈ 1$，群体中携带者 Aa 的频率 H=$2pq ≈ 2q$，即群体中携带者 Aa 的频率是隐性致病基因频率 q 的 2 倍。携带者与患者的比例 $2pq/q^2 ≈ 2q/q^2 ≈ 2/q$，可见群体中携带者远远多于患者，群体中致病基因 a 更多地存在于携带者（Aa）而非患者（aa）体内。这也说明对于 AR 遗传病，对于携带者的基因检测具有重要的临床意义。

3. X 连锁显性遗传病（XD）的基因频率计算　对于 X 染色体上的基因，基因频率的计算要比常染色体基因复杂。当群体达到平衡时，男性和女性的等位基因频率相同，且都等于整个群体的等位基因频率。由于女性有两条 X 染色体，而男性只有一条 X 染色体，在女性群体中，等位基因频率和基因型频率之间的关系与常染色体相同，即某等位基因的频率等于相应纯合基因型的频率加上 1/2 其杂合基因型的频率；而在男性群体中，该等位基因频率既等于基因型频率，也等于相应的表型频率。因此，通过群体调查男性的发病率，就可直接得出群体相应的等位基因频率。而且，在遗传平衡群体中，虽然男性和女性的等位基因频率相同，同一表型的个体在男性和女性中的比例却是不同的。

在 XD 遗传病中，女性患病个体的比例为 p^2+2pq，而在男性中则是 p，男女性患者的比例为 $p/(p^2+2pq)=1/(p+2q)=1/(1+q)$。由于 X 连锁显性致病基因频率 p 很小，$q ≈ 1$，男女性患者的比例为 $1/(1+q) ≈ 1/2$，即女性患者约是男性患者的 2 倍。

4. X 连锁隐性遗传病（XR）的基因频率计算　在男性中患病个体的比例为 q，而在女性中则为 q^2，男女患者的比例为 $q/q^2=1/q$（表 34-2）。由于 X 连锁隐性致病基因频率 q 很小，$p ≈ 1$。

因此，XR 男性患者大大多于女性患者；而女性携带者的比例为 $2pq$，与男性患者的比例相比为 $2pq/q \approx 2p \approx 2$，相当于男性患者的 2 倍。例如红绿色盲（XR）表现为男性比女性多很多，就是这个原因。

例如，某群体中，男性红绿色盲的群体发病率为 0.06，可知群体致病基因频率为 0.06，进一步计算出女性患者的频率为 $(0.06)^2=0.0036$，而女性携带者的频率为 $2pq$，即 0.11，可见，女性携带者的频率相对患者来说是比较高的。

表 34-2　X 连锁隐性遗传病基因的基因型及其频率

	X^A (p)	X^a (q)	Y
X^A (p)	X^AX^A (p^2)	X^AX^a (pq)	X^AY (p)
X^a (q)	X^AX^a (pq)	X^aX^a (q^2)	X^aY (q)

第三节　影响遗传平衡的因素

群体达到遗传平衡的条件是群体无限大、随机婚配、没有突变、没有选择和没有大规模迁移。实际上这种理想群体是不存在的，这些假设的条件就是影响群体遗传平衡的因素。为了便于讨论问题，先假设群体是理想的遗传平衡的群体，再进一步探讨这些条件对遗传平衡的影响，以及在这些因素存在的情况下，群体保持遗传平衡的规律。

一、突变

突变在自然界中普遍存在，每个基因都有突变的可能，但突变率（mutation rate）却很低，一般用 $n \times 10^{-6}$（/基因·代）表示，其含义是每一代每百万个基因中有 n 个基因发生突变。理论上，基因突变会使群体的遗传结构即等位基因频率和基因型频率发生改变，使原有的遗传平衡被打破。实际上，由于突变率很低，其对遗传平衡的影响并没有那么显著。基因突变往往可逆，即等位基因 A 可以突变为 a，a 还可以回复突变为 A。当然，这两个方向的突变率不一定相等。设 A 和 a 的等位基因频率分别为 p 和 q，假定 A 突变为 a 的突变率在每代为 μ，a 突变为 A 的突变率在每代为 v，则每代会有 $p\mu$ 的等位基因 A 突变为 a，也有 qv 的 a 突变为 A。如果 $p\mu > qv$，则等位基因 A 的频率会降低，而 a 的频率会升高；如果 $p\mu < qv$，则 A 的频率会升高，而 a 的频率会降低；当 $p\mu = qv$ 时，两个方向突变达到平衡，基因频率将不再变化。因此，在没有选择的作用下，等位基因频率是由等位基因的正反向突变率 μ 和 v 所决定的，群体的平衡由等位基因的双向突变来维持。

对于由基因突变引起的遗传性疾病，基因突变往往是有害的，突变可以导致基因功能改变或丧失而产生有害表型，从而面临选择的作用。

中性突变的群体遗传平衡

二、选择

与突变一样，选择也在自然界中普遍存在。选择也是影响群体遗传平衡的重要因素之一。这种在一个群体内，由于基因型不同而导致个体成活率和生育率差异的过程称为自然选择。一般用适合度和选择系数来量化自然选择的作用。

（一）适合度和选择系数

1. 适合度（fitness，f） 指在一定的环境条件下，某种基因型的个体能够生存并将其基因传给下一代的相对能力，一般用 f 表示。适合度反映的是某种基因型个体的生殖或生育能力的高低，可用相同环境中不同个体的相对生育率来衡量。

框 34-1　软骨发育不全的相对生育率

丹麦研究者曾对常染色体显性遗传的软骨发育不全家系进行调查，108 例患者共生育了 27 个儿女，而他们的正常同胞 475 人共生育 582 个子女，如以正常人的生育率为 1，则该病患者的相对生育率 f=（27/108）/（528/457）=0.2，这表明软骨发育不全患者的生育率只有正常人的 20%。

2. 选择系数（selection coefficient，S） 指在选择作用下降低的适合度，适合度和选择系数的关系：$S = 1 - f$。对于遗传病患者而言，如果把适合度 f 看作患者将其基因传给后代的比例，那么 S 就是患者的基因在世代传递过程中被淘汰的比例。如软骨发育不全患者的适合度为 0.2，则其选择系数 $S=1 - 0.2=0.8$。几种遗传病的适合度见表 34-3。

表 34-3　几种遗传病的适合度（以正常的纯合个体适合度为 1.00）

疾病	适合度
视网膜母细胞瘤	0
软骨发育不全	0.2
遗传性舞蹈病	男 0.82，女 1.25
镰状红细胞贫血症	1.26（携带者在恶性疟疾高发区）

（二）突变与选择的平衡

选择会降低有害基因的频率，而突变会增加有害基因的频率，二者对群体遗传结构的改变作用相反。通常把选择对群体遗传结构改变所起的作用称为选择压力（selection pressure），把突变对群体遗传结构改变所起的作用称为突变压力（mutation pressure）。当二者作用相当时，群体遗传结构在选择与突变作用下保持动态平衡。

1. 常染色体显性等位基因的选择与突变的平衡　对于常染色体显性遗传病，带有显性致病基因的个体会受到选择，也就是选择对常染色体显性有害基因 A 不利，具有有害基因的个体 AA 和 Aa 都受到选择的作用。假设常染色体显性有害基因 A 的频率是 p，选择系数是 S，每一代因选择而减少的基因 A 为 Sp。由于 $p=1/2 \cdot H$，选择使基因 A 的频率减少 $S \times 1/2 \cdot H$。在遗传平衡的群体中，选择所淘汰的基因 A 等于突变所产生的 A，即：$\mu=Sp$ 或 $\mu=1/2 \cdot SH$，从而由该公式可求得平衡群体内常染色体显性基因的突变率。

2. 常染色体隐性等位基因的选择与突变的平衡　当选择对常染色体隐性等位基因 a 不利时，则在 A 和 a 所构成的基因型 AA、Aa、aa 中，受选择的只是隐性纯合子 aa。因为有害隐性基因绝大多数以 Aa 杂合状态存在，而 Aa 即携带者不能直接被选择，所以选择对常染色体隐性等位

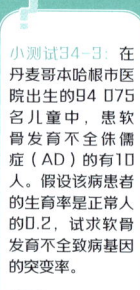

小测试34-3：在丹麦哥本哈根市医院出生的 94 075 名儿童中，患软骨发育不全侏儒症（AD）的有 10 人。假设该病患者的生育率是正常人的 0.2，试求软骨发育不全致病基因的突变率。

基因的作用是缓慢的。虽然选择对隐性等位基因的作用是缓慢的，但通过若干世代的选择，理论上该基因最终会从群体中消失。而事实并非如此，常染色体隐性等位基因的频率在人群中基本恒定，这是由于突变和选择间的平衡作用造成的。当选择淘汰的有害基因等于突变新产生的有害基因时，群体保持平衡状态。由于选择，隐性等位基因 a 频率的减少量为 Sq^2，当选择淘汰的等位基因由突变补充来达到遗传平衡时，群体的常染色体隐性基因的突变率 $\mu=Sq^2$。

3. X 连锁显性等位基因的选择与突变的平衡 当选择对 X 连锁显性有害基因不利时，因为带有有害基因的 X^AX^A、X^AX^a 和 X^AY 个体都受到选择作用，即所有的 X^A 都受到选择，所以每一代淘汰的 X^A 等位基因频率都为 Sp。在遗传平衡群体中，突变与选择达到平衡，所以，突变率 $\mu=$ Sp。

4. X 连锁隐性等位基因的选择与突变的平衡 当 X 连锁隐性基因为有害基因时，X^aY 和 X^aX^a 个体受到选择作用，由于男性是半合子，致病基因频率 q 也就是男性发病率，而女性的发病率为 q^2，由于致病基因的频率很低（$q\approx0$），女性患者的频率 q^2 更低，可忽略不计，所以选择作用主要通过淘汰男性患者 X^aY 来实现。因为男性只有一条 X 染色体，而女性有两条 X 染色体，男性群体所拥有的 X 染色体占整个群体的 1/3。因此，对于整个群体而言，选择所淘汰的 X 连锁隐性有害基因为 1/3Sq。在群体中，当选择所淘汰的基因等于突变产生的基因时，群体保持遗传平衡，则突变率 $\mu=$ 1/3Sq。

小测试34-4：甲型血友病（XR）在男性群体中的发病率为0.00008，经调查该病患者的适合度f为0.25，试求甲型血友病致病基因的突变率。

三、遗传漂变

在世代传递过程中，只要群体足够大，自然界的突变和选择可以互相制衡，群体基本可以保持遗传平衡。而在一个小群体中，由于所生育的后代数目少，可能导致某一等位基因频率在世代传递中出现相当大的随机波动的现象，称为遗传漂变（genetic drift），也称为随机遗传漂变（random genetic drift）。这种波动甚至会导致某些等位基因的消失或固定，从而改变群体的遗传结构。遗传漂变是影响小群体遗传结构的重要因素。

这种遗传漂变的速度与群体大小有关，群体越小，漂变速度越快，甚至 1～2 代就可出现基因的固定或消失；而越大的随机婚配群体，漂变的速度则越慢。

由于自然条件或宗教、民族风俗习惯等因素所形成的隔离可能使某群体与其他群体没有基因交流。在一个小的由少数几个迁移个体，即建立者繁殖而来的隔离群体中，某异常基因的频率特别高，可能是由于某个建立者携带某一突变基因，由此将由遗传漂变造成该突变基因（某种遗传病或性状）在隔离小群体中出现特别高的频率，称为建立者效应（founder effect）。

框 34-2 遗传漂变对群体遗传平衡的影响

在太平洋的东卡罗林岛1600余人的小群体中有5%的人患先天性色盲。据调查，在18世纪末，因台风侵袭造成岛上只剩30人，推测可能其中有一人携带色盲基因，其基因频率 $q=1/60=0.016$。现1600余人的群体由他们经若干世代的隔离繁殖而来，使色盲患病率达到5%，q 上升至 0.22，这就是建立者效应。

四、迁移

迁移（migration）是指具有某一基因频率群体的部分个体因某种原因迁入与其基因频率不同的另一群体中，并杂交定居，从而改变迁入群体的基因频率。迁移导致基因从一个群体有效扩散到另一个群体，形成群体间的基因流动，也称基因流（gene flow）。群体间由于迁移而造成基因交流，使群体间的基因差异逐渐消失。基因差异消失的快慢，取决于移居群体与接受群体间该基因频率的差异和每代交流基因的比例，小群体移入大群体影响小，大群体移入小群体则影响大。

> **框 34-3 迁移对群体遗传平衡的影响**
>
> 在欧洲及西亚白人群体中，苯硫脲（phenylthiourea，PTC）味盲（tt）的频率为 36%，味盲基因（t）的频率为 0.60。在我国汉族人群中 PTC 味盲的频率为 9%，味盲基因（t）的频率为 0.30，而我国宁夏一带回族聚居人群中，PTC 味盲的频率为 20%，味盲基因（t）的频率处于两者之间，为 0.45。群体间 PTC 味盲频率的差异可能是西亚波斯人在唐代经丝绸之路到达当时的长安进行贸易，后在附近定居与汉族通婚形成基因流的结果。

五、近亲婚配

近亲婚配（consanguineous marriage）是指在 3~4 代以内有共同祖先的个体之间的婚配。由于近亲婚配的夫妇双方从理论上都有一定可能性遗传到共同祖先的同一等位基因，他们的子女就有可能分别遗传到父母双方的该等位基因而使其在此基因位点成为纯合子。本章前面分析了群体中基因和基因型频率的分布，对于常染色体隐性遗传方式的遗传病，携带者（Aa）与患者（aa）的比例为 $2pq/q^2 \approx 2/q$，携带者的数量远多于患者，因此群体中的致病基因 a 更多地存在于携带者中而非患者中。近亲婚配会增加共同祖先同一基因纯合的概率，因此可导致常染色体隐性遗传病在近亲后代中发病率增高，从而使群体的发病率升高。

近亲婚配使子女从婚配双方得到祖先同一基因的概率称为近婚系数（inbreeding coefficient，F）。根据遗传方式的不同，近婚系数的计算需分为常染色体基因的近婚系数计算和 X 染色体基因的近婚系数计算，下面分别进行讨论。

（一）常染色体基因的近婚系数计算

1. 全同胞兄妹婚配的近婚系数计算　如图 34-1 所示，设一对同胞兄妹的父亲 P_1 在某一基因座上带有的一对等位基因为 A_1 和 A_2，母亲 P_2 带有的一对等位基因为 A_3 和 A_4。根据分离定律，共同祖先的任何一个等位基因传递给子代的概率均为 1/2，据此以 A_1 等位基因为例来分析其传递和形成纯合子的概率。从图 34-1 可见，P_1 将 A_1 基因传至 S，每代都是 1/2 机会，经过 4 步传递（P_1 的基因 A_1 经 B_1 传给 S 需要 2 步，经 B_2 传给 S 又需 2 步）才可使 S 形成基因型 A_1A_1，所以 4 步传递的概率为 $(1/2)^4$。同理，S 形成 A_2A_2、A_3A_3 或 A_4A_4 的概率均为 $(1/2)^4$。近婚系数就是指祖先的任何一个等位基因在 S 纯合（A_1A_1、A_2A_2、A_3A_3 或 A_4A_4）的概率。因此，同胞兄妹的近婚系数 $F=4\times(1/2)^4=1/4$。

2. 半同胞兄妹婚配的近婚系数计算　如图 34-2 所示，半同胞兄妹（同父异母或同母异父）之间只有一个共同祖先，每个基因（A_1 或 A_2）在 S 形成纯合子需要传递 4 步，所以半同胞兄妹间的近婚系数 $F=2\times(1/2)^4=1/8$。

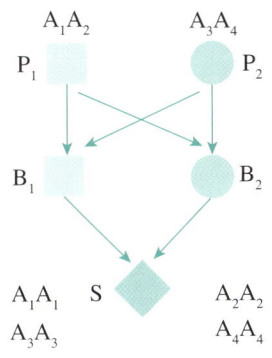

图 34-1 同胞兄妹婚配中基因传递图解

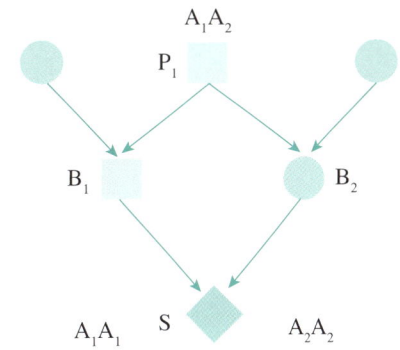

图 34-2 半同胞兄妹婚配中基因传递图解

3. 舅甥女婚配的近婚系数计算 如图 34-3 所示，P_1 的基因 A_1 经 B_1 传给 S 需要 2 步，经 B_2 传给 S 需要 3 步，这样使 S 形成基因型 A_1A_1 共需 5 步，其概率为 $(1/2)^5$，形成其他基因型 A_2A_2、A_3A_3 和 A_4A_4 也是一样，因此，舅甥女（姑侄）婚配的近婚系数 $F=4\times(1/2)^5=1/8$。

4. 表兄妹婚配的近婚系数计算 如图 34-4 所示，P_1 的基因 A_1 经 B_1 传给 S 需要 3 步，经 B_2 传给 S 需要 3 步，这样使 S 形成基因型 A_1A_1 共需 6 步，其概率为 $(1/2)^6$，形成其他基因型 A_2A_2、A_3A_3 和 A_4A_4 也是一样，因此，表兄妹间婚配的近婚系数 $F=4\times(1/2)^6=1/16$。

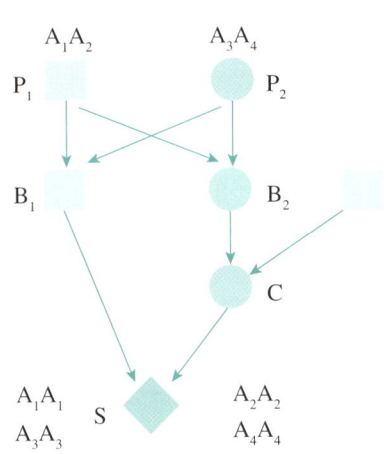

图 34-3 舅甥女婚配中基因传递图解

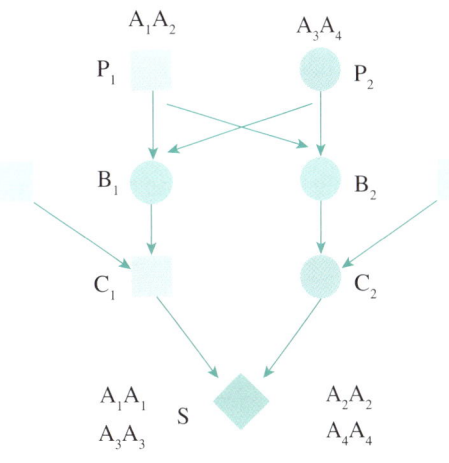

图 34-4 表兄妹婚配中基因传递图解

5. 从表兄妹（二级表兄妹）婚配的近婚系数计算 如图 34-5 所示，由于这种情况比表兄妹婚配又多了 2 步，其近婚系数 $F=4\times(1/2)^8=1/64$。

根据上述推导，近婚系数的计算公式可以归纳如下：$F=4\times(1/2)^n$ 或者 $F=2\times(1/2)^n$。当近亲婚配的两个个体有两个共同祖先时用 $F=4\times(1/2)^n$，有一个共同祖先时用 $F=2\times(1/2)^n$，n 为共同祖先的等位基因传递给近亲婚配后代使之纯合所需的步数。由此可计算出，一级亲属的近婚系数是 1/4，二级亲属的近婚系数是 1/8，三级亲属的近婚系数是 1/16。

（二）X 染色体基因的近婚系数计算

X 连锁基因近婚系数的计算与常染色体基因有所不同。女性有两条 X 染色体，可以形成纯合子，而男性只有一条 X 染色体，不会形成纯合子，所以 X 连锁基因的近婚系数只计算女儿的即可。对于 X 连锁基因，女性向子代传递的概念与常染色体基因相同，都是 1/2，而男性传递给女儿的概率为 1，传递给儿子的概率为 0。

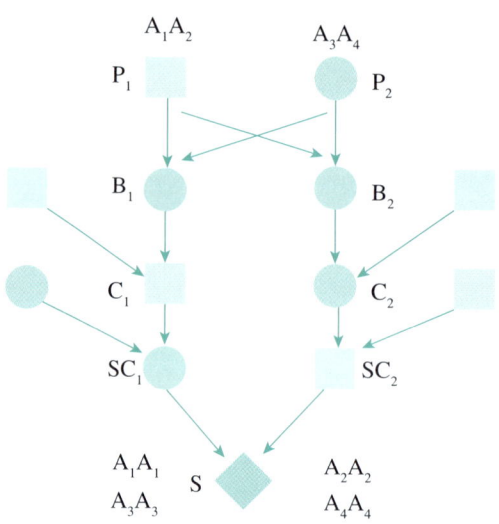

图 34-5　二级表兄妹婚配中基因传递图解

1. 姨表兄妹婚配的近婚系数计算　如图 34-6 所示，P_1 把基因 X_1 传给 B_1 的概率为 1，B_1 传给 C_1 的概率为 1/2，C_1 传给 S 的概率为 1，P_1 把基因 X_1 传给 B_2 的概率为 1，B_2 传给 C_2 的概率为 1/2，C_2 传给 S 的概率为 1/2，所以 S 形成基因型 X_1X_1 的概率为 $(1/2)^3$。P_2 的 X_2 和 X_3 传递的概率有 1 个 1 和 5 个 1/2，所以 S 形成基因型 X_2X_2 或 X_3X_3 的概率为 $(1/2)^5$。因此，姨表兄妹婚配 X 连锁基因的近婚系数 $F=(1/2)^3+2\times(1/2)^5=3/16$。

2. 舅表兄妹婚配的近婚系数计算　如图 34-7 所示，P_1 的基因 X_1 只能通过 B_1 传递给 S，不能通过 B_2 传给 S，所以不能形成基因型 X_1X_1 的纯合子。P_2 的 X_2 或 X_3 需 2 条途径经 6 步传递使 S 形成基因型 X_2X_2 或 X_3X_3 的纯合，其中有 2 步的概率为 1，其余 4 步的概率都是 1/2。因此，舅表兄妹婚配 X 连锁基因的近婚系数 $F=0+2\times(1/2)^4=1/8$。

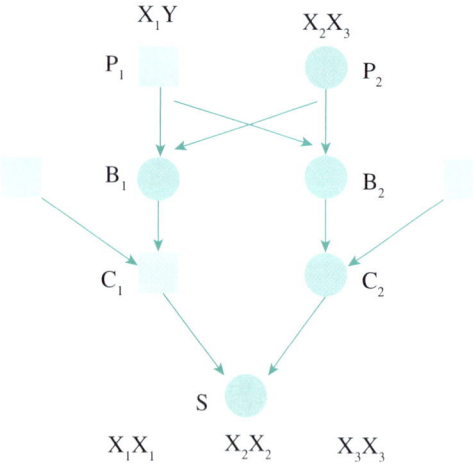

图 34-6　姨表兄妹婚配中 X 基因传递图解

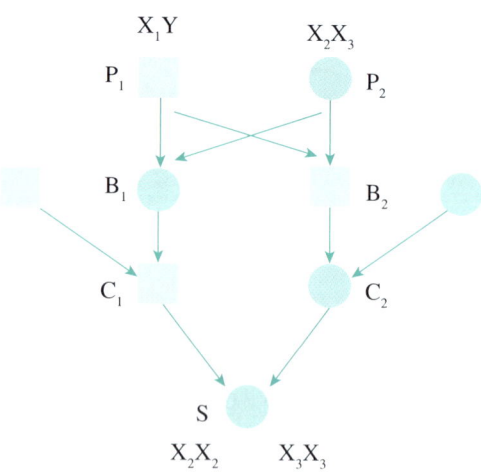

图 34-7　舅表兄妹婚配中 X 基因传递图解

3. 姑表兄妹婚配的近婚系数计算　如图 34-8 所示，P_1 的基因 X_1 以及 P_2 的 X_2 或 X_3 都不能使 S 形成纯合子，所以概率为 0。因此，姑表兄妹婚配 X 连锁基因的近婚系数 $F=0$。

4. 堂兄妹婚配的近婚系数计算　如图 34-9 所示，P_1 的基因 X_1 以及 P_2 的 X_2 或 X_3 都会发生传递中断，都不能使 S 形成纯合子。因此，堂兄妹婚配 X 连锁基因的近婚系数 $F=0$。

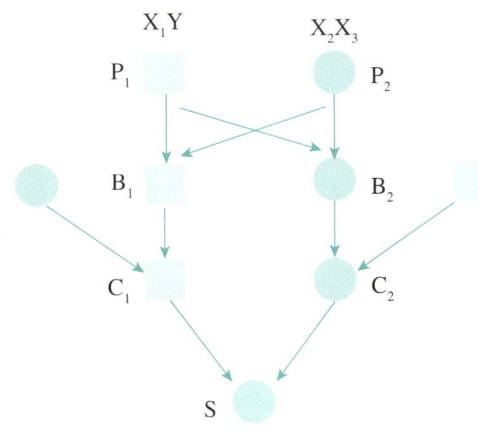

图 34-8　姑表兄妹婚配中 X 基因传递图解

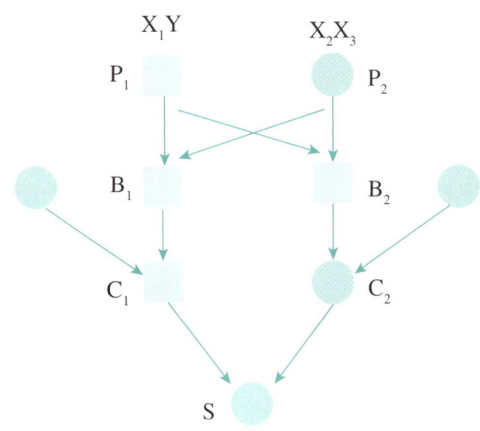

图 34-9　堂兄妹婚配中 X 基因传递图解

因此对于 X 连锁基因，三级亲属的近婚系数各不相同，其中近婚系数最高的为姨表兄妹婚配，近婚系数高达 3/16。

（三）近亲婚配的危害

近亲婚配的危害主要表现为增高隐性遗传病纯合子患者的频率。以表兄妹婚配为例，他们所生子女是纯合子（aa）的来源有两种：①由近亲婚配的共同祖先的同一等位基因而来，F=1/16，a 基因频率为 q，这一途径形成纯合子 aa 的概率为 $Fq=1/16q$；②由不同祖先或同一祖先的不同等位基因而来，纯合子 aa 的概率为 $(1-F)q^2=(1-1/16)q^2$。所以表兄妹婚配使其子女成为隐性纯合子的概率为①+②，即：$1/16q+(15/16)q^2$，进而可推知近亲婚配后代患常染色体隐性疾病的风险：$Fq+(1-F)q^2=1/16q+(15/16)q^2$。而随机婚配中，所生子女为 aa 纯合子的频率为 q^2，两者相比可得出近亲婚配后代是随机婚配后代发病风险的倍数：$[Fq+(1-F)q^2]/q^2$。因此，近亲结婚可以提高后代隐性遗传病的发病风险，而且越是罕见隐性遗传病，来自近亲婚配后代的概率就越大（表 34-4）。

表 34-4　表兄妹婚配和随机婚配后代生出隐性纯合子的频率

基因频率（q）	随机婚配→隐性纯合子频率（q^2）	表兄妹婚配→隐性纯合子频率 $[1/16q+(15/16)q^2]$	两者之比
0.20	0.04	0.05	1.25
0.10	0.01	0.15625	1.56
0.04	0.0016	0.004	2.50
0.02	0.0004	0.001625	4.06
0.01	0.0001	0.000719	7.19
0.001	0.000001	0.0000635	63.5

常常用平均近婚系数（average inbreeding coefficient，α）评价一个群体的近亲婚配程度及其危害性。平均近婚系数可按如下公式计算：$\alpha=\sum(M_i \cdot F_i)/N$。公式中的 M_i 为某种类型的近亲婚配数量，F_i 为相应近亲婚配的近婚系数，N 为群体婚配总数。一般认为 α 值达到 0.01 时就说明群体的近亲婚配程度已相当高。在一些封闭的隔离群体或具有特殊风俗的人群中，α 值往往较高，而在较为发达的国家或开放的社会中，α 值一般较低。在做群体调查时，计算 α 值可以对群体中有害基因的近婚系数做出科学判断，为降低该群体中遗传病的发病率提供参考。

第四节 遗传负荷

遗传负荷（genetic load）是指群体中由于致死基因或有害基因的存在而导致群体适合度下降的现象。一般以群体中每个个体平均所携带的致死基因或有害基因的数量来衡量。一般认为，一个人可能带有 4～8 个有害基因。

一、遗传负荷的类型

根据致死基因或有害基因的来源，将遗传负荷分为突变负荷和分离负荷。

（一）突变负荷

突变负荷（mutational load）是指由于基因突变产生有害或致死基因，导致群体适合度下降而给群体带来的负荷。突变负荷的大小取决于突变率（μ）和突变基因的选择系数（S）。

如果是显性致死突变发生，由于选择的作用，带有致死突变基因的个体会随着死亡而基因消失，所以不会增加群体的遗传负荷。如果显性基因是半致死突变，突变基因使携带者适合度下降 50%，只有 50% 的机会将半致死基因传递下去，导致下一代死亡的风险为 50%×50%=25%，仍有 75% 的概率将半致死基因传递下去。以此类推，半致死基因在世代传递中会导致下一代部分个体的死亡，遗传负荷不断增加。随着现代医疗技术的发展，一些原来致死性的疾病经治疗可生存至成年并育有子代，这样的疾病随着适合度的增加，群体的遗传负荷也将逐渐增加。

如果是隐性致死突变发生，隐性有害基因在纯合子状况下会受到选择作用，但突变基因在群体中可以杂合子状态世代传递，故可以增加群体的遗传负荷。如果是 X 连锁隐性基因突变，在男性中与常染色体显性基因突变相似，在女性中则与常染色体隐性基因突变类似，可以保留于杂合子状态世代传递，故这类突变会导致群体的遗传负荷在一定程度上的增加。如果是 X 连锁显性基因突变，无论在男性还是女性，都与常染色体显性基因突变相似，随着显性突变致死性下降，也会在一定程度上增加群体的遗传负荷。

（二）分离负荷

分离负荷（segregation load）指适合度较高的杂合子之间婚配，由于基因分离，在子代中产生适合度较低的纯合子患者，从而降低群体适合度，造成群体遗传负荷的增加。纯合子选择系数越大，适合度越低，则群体遗传负荷的增加越显著。

二、影响遗传负荷的因素

影响遗传负荷的因素主要是近亲婚配和环境中的有害因素。

近亲婚配的一个明显效应，就是使子代中产生隐性遗传病基因纯合子患者的概率增大。近亲婚配会使群体中隐性致病基因杂合子（Aa）相遇的概率增大，纯合子的频率增加，从而导致群体分离负荷增加，增高了某些常染色体隐性遗传疾病的发生风险。如高血压、精神分裂症、先天性心脏病、癫痫等多基因病，近亲婚配所生子女的发病率也明显高于非近亲婚配。因此，禁止近亲婚配是降低遗传负荷的有效方法。

环境中存在的有害因素，例如电离辐射及化学品等，具有诱发基因突变、畸形发育和产生癌变的风险，从而增加了群体的突变负荷。

小 结

群体遗传学主要研究群体的遗传结构，即等位基因频率和基因型频率及其变化规律。运用 Hardy-Weinberg 遗传平衡定律，可以根据群体调查的遗传病发病率计算出群体中等位基因频率和基因型频率。突变和选择是影响群体遗传平衡的主要因素，突变会增加有害基因的频率，而选择会降低有害基因的频率，当选择所淘汰的基因等于突变产生的新基因时，群体遗传结构在选择与突变作用下保持动态平衡，可以推算动态平衡群体中遗传病致病基因的突变率。遗传漂变是影响小群体遗传结构的重要因素，在遗传漂变的作用下，某种遗传病在隔离小群体明显高发的现象称为建立者效应。遗传负荷是指群体中由于致死基因或有害基因的存在而导致群体适合度下降的现象，分为突变负荷和分离负荷。近亲婚配会增加共同祖先同一基因纯合的概率，可导致常染色体隐性遗传病在近亲后代中发病率增高，从而使群体的发病率升高。通过本章节的学习，可以理解人类致病基因在群体中的分布及其变化规律，对监测和预防群体中遗传病的发生发展具有重要指导意义。

整合思考题

1. 应用群体遗传学知识分析为何常染色体显性遗传病患者通常为杂合子。
2. 为何选择对常染色体显性基因作用迅速，而对常染色体隐性基因作用缓慢？
3. 请举例说明我国《民法典》为何禁止近亲结婚。
4. 试分析新生突变在致死性 X 连锁隐性遗传病致病基因频率中所占的比例。

参考答案

（宋书娟　罗海玻）

第三十五章　表观遗传

导学目标

通过本章内容的学习，学生应能够：

※ **基本目标**
1. 描述表观遗传学及表观基因组的概念及遗传特性。
2. 分析表观遗传修饰的调控机制。
3. 描述遗传印记的概念，说明印记基因的特点和印记病的遗传方式。
4. 解释表观遗传在 X 染色体失活、基因表达重编程及衰老等生理过程中的作用。
5. 举例说明表观遗传修饰所导致的遗传病，并分析其发生的分子机制。

※ **发展目标**
1. 根据患者的临床表现，分析其与表观遗传修饰的相关性。
2. 总结表观遗传修饰的调控网络。

案　例

患儿，男，出生时出现喂养困难，发育与同龄人相比有延迟，肌张力低下，没有手握力。入院检查后医生建议查染色体，诊断报告显示患者发生 15q11-q13 微缺失，临床诊断为 Prader-Willi 综合征。该病患者一般 2 岁左右起病，开始出现食欲过盛，过度进食导致肥胖，认知有问题，身材矮小，性腺功能减退和智力残疾等。

Prader-Willi 综合征（Prader-Willi syndrome，PWS）[OMIM#176270]，又称低肌张力-低智力-性腺发育低下-肥胖综合征，是基因组印记相关的遗传病，主要是 15q11-q13 发生甲基化。

案例解析

问题：
1. Prader-Willi 综合征的发病机制是什么？
2. Prader-Willi 综合征与 Angelman 综合征的致病因素有何不同？
3. 除以上两种综合征，还有哪些遗传疾病的致病因素属于表观遗传修饰范畴？

经典的遗传学定律和中心法则解释了生物性状遗传与变异的现象。但基因型相同的个体，其性状是否一定会相同呢？其实在生命科学领域也有许多现象无法用经典遗传学来解释。例如，为什么具有相同基因组的同卵双胞胎即使在同样的环境下长大，也会出现一定的个体差异？为什么一个个体的心脏细胞、神经细胞等，虽然均起源于同一个受精卵细胞，其遗传信息完全相同，但是它们的形态和功能却差异很大？而且这些差异在后代的分化和传代中还可以稳定保留？这些现象说明，除了 DNA 序列中的遗传信息外，还有在细胞世代之间可遗传的 DNA 序列之外的信息在控制基因的表达模式（gene expression pattern）。据此，Waddington 于 1942 年率先提出了表观遗传学（epigenetics）的概念。由"遗传学（genetics）"和"后成说（epigenesis）"组合而成。Waddington 随后以"表观遗传地势图（epigenetic landscape）"形象地提出了表观遗传调控在发育中的功能——将受精卵分化为不同细胞的过程比作小球从山顶经过不同路径滚到山脚不同位置的过程，将山坡上的丘陵和山谷构成的"表观遗传地势"类比为调控细胞分化的路径。1990 年，Holliday 提出了"表观遗传继承（epigenetic inheritance）"的概念，即发育过程中基因表达的调控模式被子代细胞继承的过程，该过程遗传了 DNA 序列之外的其他可传递信息，如 DNA 甲基化。1996 年，Riggs 等发现减数分裂过程也可伴随"表观遗传继承"。目前，人们把通过有丝分裂或减数分裂来传递 DNA 序列之外的调控信息的现象称为表观遗传（epigenetic inheritance），是某一个体的细胞基因组中，建立并调控基因表达模式或染色质模式的机制的总和。表观遗传学（epigenetics）是研究 DNA 序列之外的引起基因表达和调控的可遗传性变化的学科；简而言之，它是研究从基因演绎为表型的过程和机制的一门新兴的遗传学分支学科。表观遗传学调控机制主要包括 DNA 甲基化、组蛋白修饰和 RNA 干扰。

表观遗传学发展历程

通过细胞分裂来传递和稳定地维持具有组织和细胞特异性的基因表达模式对于整个机体的结构和功能协调同样至关重要，表观遗传的异常也会引起表型的改变及机体结构和功能的异常，甚至导致疾病的发生。

第一节　表观遗传机制

控制基因表达模式的信息标记，或者称之为表观遗传修饰（epigenetic modification）主要有 3 类，一是 DNA 分子特定碱基的结构修饰（如胞嘧啶的甲基化）；二是染色质中组蛋白的转录后修饰，包括甲基化、乙酰化、磷酸化等；三是非编码 RNA 的干扰调控。它们像三重"开关"，控制着基因表达的时空性。

一、DNA 甲基化

（一）DNA 甲基化的概念

DNA 甲基化于 1925 年最先在结核分枝杆菌中被发现，是最早被研究的表观调控机制。广义的 DNA 甲基化（DNA methylation）泛指发生在 DNA 上的所有甲基化修饰，包括将腺嘌呤（A）转变为 N6-甲基腺嘌呤（6mA）、将胞嘧啶（C）转变为 N4-甲基胞嘧啶（4mC）或 C5-甲基胞嘧啶（5mC）。在原核生物中，这三种类型的甲基化均存在，以 6mA 和 4mC 为主。而在真核生物中，DNA 甲基化的类型主要为 5mC。因此，表观遗传学中的 DNA 甲基化通常特指 5mC，以下述及的 DNA 甲基化均特指 5mC。DNA 甲基化通常发生在 CpG 二核苷酸中的胞嘧啶上，是指胞嘧啶的第 5 位碳原子和甲基间的共价结合，从而使胞嘧啶被修饰为 5-甲基胞嘧啶（5-methylcytosine，5-mC）的现象。DNA 甲基化是在 DNA 甲基转移酶（DNA methyltransferases，DNMTs）的催化作用下完成的，通用的甲基供体是 *S*-腺苷甲硫氨酸（S-adenosylmethionine，SAM）（图 35-1）。

图 35-1 DNA 甲基化

小测试 35-1：
DNA甲基化是如何产生的？其主要发生位点在哪里？

哺乳动物基因组中 70%～80% 的 CpG 都会被甲基化。高度富含 CpG 的区域被称为 CpG 岛（CpG island），多位于基因的转录调控区附近。另外，DNA 甲基化还分布于基因组的非编码区，如着丝粒、异染色质或间隔重复序列（或称转座子）（interspersed repetitive elements or transposon）中。DNA 甲基化存在于除酵母以外的所有真核生物中，但不同的生物甲基化程度各不相同，哺乳动物基因组 DNA 中 5-mC 占胞嘧啶总量的 2%～7%。DNA 甲基化是表观遗传学的重要研究内容之一，与人类疾病关系密切。

（二）DNA 甲基化的建立和维持

DNA 甲基化的建立和维持由 DNA 甲基转移酶来完成。DNA 甲基转移酶主要有 3 种：DNMT1、DNMT3A 和 DNMT3B，分属于 DNMT1 和 DNMT3 家族。DNMT1 催化维持性甲基化（maintenance methylation），即在细胞分裂过程中将亲本链上的甲基化模式复制到新生链上，使甲基化模式通过半保留方式得以维持（图 35-2）。DNMT1 对 DNA 复制中形成的半甲基化位点（hemimethylated sites）的亲和力比其他位点高 30～40 倍。而 DNMT3A 和 DNMT3B 则是催化从头甲基化（de novo methylation），即催化非甲基化的 CpG 位点甲基化，从而建立 DNA 甲基化模式，不依赖甲基化模板链。除了上述两种甲基化酶外，DNMT3 家族还有一个调控因子——DNMT3-Like protein（DNMT3L），通过与 DNMT3A 和 DNMT3B 的相互作用，增强二者的酶活性，从而参与从头甲基化的调控。DNA 甲基化模式在 DNA 复制中的维持机制是表观遗传学的重要基础。

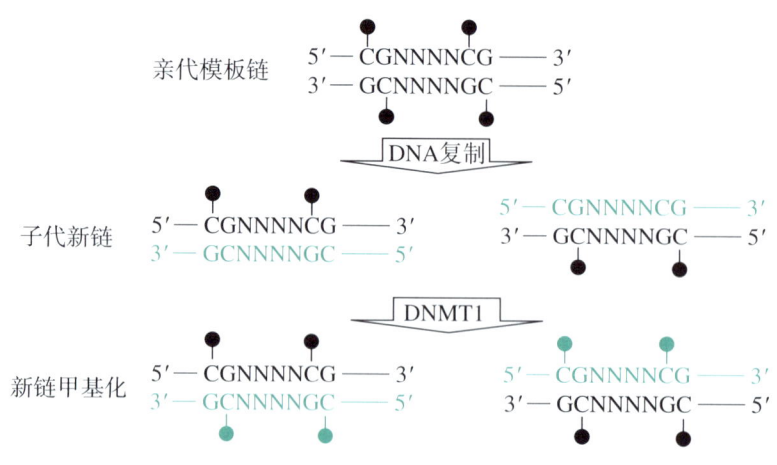

图 35-2 DNA 甲基化的维持

在哺乳动物发育过程中，DNA 甲基化经历两次全基因组范围的删除和重建（图 35-3）。第一次去甲基化发生在胚胎植入前期（preimplantation stage），即受精卵至囊胚（blastocyst）阶段，导致大部分从亲代遗传来的 DNA 甲基化修饰被清除，但基因组印记控制区（imprinting control region, ICR）和部分转座元件内的甲基化标记被保留。胚胎植入后，基因组发生广泛的甲基化，使 DNA 甲基化模式得以重建。在细胞分化过程中，根据细胞类型的不同，甲基化模式发生进一步变化，然后被稳定地维持下来。第二次广泛去甲基化发生在原始生殖细胞（primordial germ cell，PGC）中，基因组印记控制区的 DNA 甲基化标记在这期间被清除，在配子发生（gametogenesis）后期，生殖细胞根据雌雄而建立特异性的 DNA 甲基化模式，包括重建 DNA 甲基化印记。

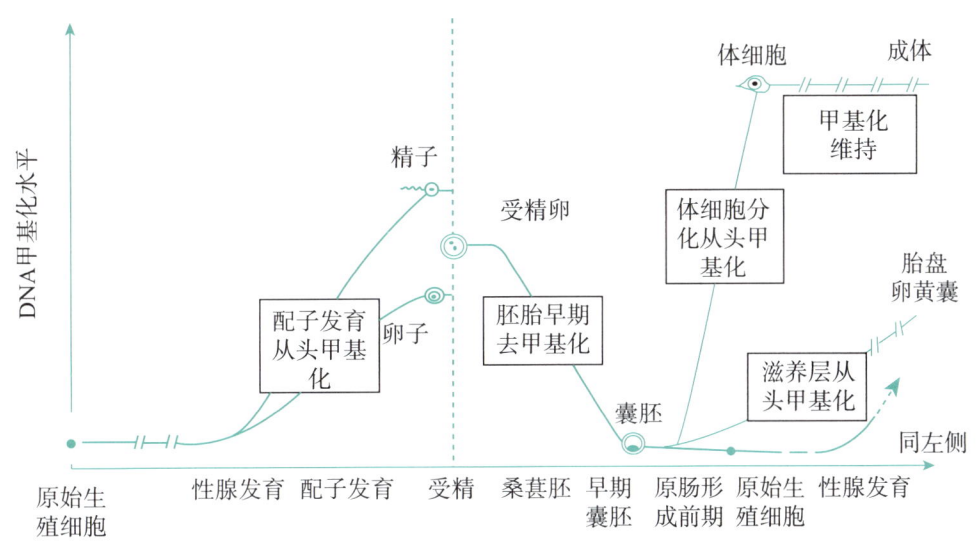

图 35-3　发育过程中 DNA 甲基化的删除和重建

DNA 去甲基化过程可分为被动去甲基化（passive DNA demethylation）和主动去甲基化（active DNA demethylation）。被动去甲基化是指甲基化的位点随着 DNA 复制而发生稀释的过程，主动去甲基化是指在去甲基化酶的催化下发生的不依赖于 DNA 复制的去甲基化过程。TET（ten-eleven translocation）双加氧酶介导的 DNA 主动去甲基化在胚胎早期发育和配子形成过程中发挥重要作用。

（三）DNA 甲基化的作用

DNA 甲基化能引起染色质结构、DNA 构象及 DNA 与蛋白质相互作用方式的改变，从而调控基因的表达。在基因调控元件（如启动子）所含 CpG 岛中的 5-mC 会阻碍转录起始复合体与 DNA 的结合，抑制 RNA 聚合酶以及招募转录抑制复合体与启动子结合，所以 CpG 岛中的 DNA 甲基化一般与基因沉默相关；反之，非甲基化（non-methylated）则一般与基因的活化相关；去甲基化（demethylation）往往与一个沉默基因的重新激活相关。60%～90% 的人类基因表达受 CpG 甲基化调控。此外，DNA 甲基化也被认为是宿主细胞用以沉默外源基因的一种防御机制。

二、组蛋白修饰和染色质重塑

染色质是遗传物质 DNA 的载体，在真核细胞中，染色质根据螺旋化的程度不同而分为常染色质和异染色质。异染色质在有丝分裂和减数分裂过程中始终处于高度凝集状态，缺乏 DNA 转录活性；而常染色质在细胞分裂间期呈较松散的解旋状态，为 DNA 的复制、修复和转录提供环境。在哺乳动物细胞的基因组中，常染色质仅占不到4%。染色质结构的高度凝集不仅保护了DNA，而且维护了遗传信息的稳定性，调控基因表达。组蛋白修饰是调控染色质结构的重要方式。染色质的基本构成单位是核小体，组成核小体的核心是由组蛋白H2A、H2B、H3和H4各2分子形成的八聚体。4种组蛋白的氨基末端在各物种中高度保守，是重要的修饰与调控靶点。目前已发现组蛋白上至少有60个氨基酸残基被修饰。

组蛋白修饰的方式至少有8种，如乙酰化（acetylation）、甲基化（methylation）、磷酸化（phosphorylation）、泛素化（ubiquitination）、SUMO化（sumoylation）、ADP核糖基化（ADP ribosylation）、脱氨基作用（deimination）和脯氨酸异构化（proline isomerization）等。这些修饰的生物学作用主要包括：①通过改变组蛋白的电荷而使核小体与核小体或DNA与核小体之间的相互作用发生改变；②不同的修饰为某些特异蛋白提供了结合的位点，进而影响细胞行为；③不同修饰的组合可能是导致不同细胞功能分化的原因。各种组蛋白修饰的不同组合、相互作用形成了调控个体发育中基因表达的模式，因此也称其为"组蛋白密码"（histone code）。组蛋白修饰导致染色质构型发生改变的过程称为染色质重塑（chromatin remodeling）。染色质构型发生改变的结果分为两种：一种是形成高度螺旋化、使基因沉默的异染色质；另一种是形成去螺旋化、激活基因转录的常染色质。不同的修饰对基因表达所起的调控作用不同，组蛋白中不同氨基酸残基的乙酰化一般与常染色质和基因的表达活性相关联；而组蛋白的甲基化则根据位点不同而导致不同结果。

（一）组蛋白乙酰化

1. 组蛋白乙酰化的概念 组蛋白乙酰化修饰是指将乙酰官能基团加到组蛋白氨基末端保守的赖氨酸残基上的化学反应。反之，将组蛋白乙酰基移除的反应称为脱乙酰作用或去乙酰化反应（deacetylation）。4种核心组蛋白的赖氨酸残基都可以在体内或体外发生乙酰化修饰。组蛋白乙酰化修饰与基因活化密切相关，是表观遗传调节中研究最早的翻译后修饰之一，是真核细胞通过组蛋白修饰而进行染色质重塑的一种重要的作用方式。

2. 组蛋白乙酰化的维持 组蛋白乙酰化（acetylation）需要组蛋白乙酰基转移酶（histone acetyltransferase，HAT），HAT可分为三大类：① GNAT（Gcn5-related N-acetyltransferases）家族；② MYST家族；③其他具有HAT活性的蛋白，如p300/CBP、ACTR/SRC-1、TAFII250等。HAT可将乙酰基从乙酰辅酶A上转移到组蛋白N端尾部较保守的赖氨酸ε位氨基上。发生乙酰化的组蛋白一般可激活其靶基因的表达。

组蛋白去乙酰化需要组蛋白去乙酰化酶（histone deacetylase，HDAC），HDAC共有18种。HDAC可将组蛋白N端的赖氨酸ε位氨基上的乙酰基去掉，使染色质结构变得紧密，因此去乙酰化一般会抑制其靶基因的表达。低乙酰化水平常会导致个体内抑癌基因表达水平偏低或沉默，与肿瘤的发生与发展进程密切相关，因此，抑制HDAC已成为靶向治疗肿瘤的一种重要策略，一些HDAC抑制剂（HDAC inhibitor，HDACi），如SAHA等，已经获批用于临床治疗实践。在细胞中，组蛋白乙酰化与去乙酰化是一种动态平衡过程，由组蛋白乙酰基转移酶和脱乙酰酶协同调控。

3. 组蛋白乙酰化的作用 组蛋白发生乙酰化的常见位点有：组蛋白H2A上的K5、K9和K13；H2B上的K5、K12、K15和K20；H3上的K9、K14、K18、K23、K27、K56、K79；H4上的K5、K8、K12、K16和K91等。组蛋白乙酰化位点不同，其功能也不同。例如，H3K56位乙酰化参与调控核小体的组装，而H4K16位乙酰化参与激活基因转录和DNA损伤修复等过程。

框 35-1　组蛋白乙酰化的主要位点及其功能

组蛋白	乙酰化位点	主要功能
H$_2$A	K5	转录激活
H$_2$B	K5	转录激活
	K12	转录激活
	K15	转录激活
	K20	转录激活
H$_3$	K9	转录激活、组蛋白沉积
	K14	转录激活、组蛋白沉积、DNA 修复
	K18	转录激活、DNA 修复
	K23	转录激活、组蛋白沉积、DNA 修复
	K27	转录激活
	K36	转录激活
H$_4$	K5	转录激活、组蛋白沉积、DNA 修复
	K8	转录激活、DNA 修复
	K12	转录激活、组蛋白沉积、DNA 修复、端粒沉默
	K16	转录激活、DNA 修复
	K91	染色体组装

（二）组蛋白甲基化

1. 组蛋白甲基化的概念　组蛋白甲基化是在组蛋白甲基转移酶（histone methyltransferases，HMT）的作用下，组蛋白 N 端精氨酸和赖氨酸残基上发生甲基化共价修饰作用的过程。组蛋白甲基化修饰是一种重要的表观调控方式，与 DNA 甲基化修饰一起被认为是最具承载表观遗传信息的表观修饰。经典的组蛋白赖氨酸甲基化发生于 H3K4、H3K9、H3K27、H3K36、H3K79 及 H4K20 等位点；而对于精氨酸甲基化而言，比较常见的甲基化发生在 H3R2、H3R8、H3R17、H3R26、H2AR3 及 H4R3 位点上。目前研究表明，组蛋白赖氨酸甲基化主要由包含 SET 结构域的甲基转移酶家族蛋白及特异催化 H3K79 甲基化的非 SET 结构域蛋白 DOT1L 催化完成，不同的赖氨酸位点一般可以发生单甲基化（me1）、二甲基化（me2）和三甲基化（me3）修饰。而组蛋白精氨酸甲基化主要由蛋白质精氨酸甲基化转移酶家族成员催化完成，其甲基化类型也分为 3 类：单甲基（MMA）、对称性二甲基化（SDMA）和不对称性二甲基化精氨酸（ADMA）。

2. 组蛋白甲基化的维持　组蛋白甲基化酶类主要有 3 种：①赖氨酸特异性 SET 结构域组蛋白甲基转移酶，主要负责组蛋白 H3K4、H3K9、H3K27 及 H4K20 的甲基化；②非 SET 结构域组蛋白甲基转移酶，主要负责 H3K79 的甲基化；③精氨酸甲基转移酶，主要负责组蛋白 H3R2、H3R17、H3R26 以及 H4R3 的甲基化。

组蛋白去甲基化由去甲基化酶介导。目前已知有两大类赖氨酸去甲基化酶：① LSD1 是第一个被发现的组蛋白去甲基化酶，它可以去掉 H3K4 和 H3K9 的甲基化；②含有 JmjC 结构域的组蛋白去甲基化酶（JmjC-domain-containing histone demethylase，JHDM），其作用位点包括 H3K4、H3K9、H3K36、H3K27、H4K20 等。关于精氨酸去甲基化酶目前了解尚少。

3. 组蛋白甲基化的作用 组蛋白甲基化修饰相对复杂，不同位点的甲基化生物学功能也各不相同。它们通过调控基因转录、染色质结构、基因组稳定性等方式广泛参与细胞生命活动的各个重要的生理或病理过程。

（三）组蛋白的其他修饰方式

一般而言，组蛋白的甲基化是相对稳定的，而组蛋白乙酰化则具有较高的动态性。另外组蛋白还会发生其他不稳定的修饰方式，如磷酸化、泛素化等。这些修饰会更加灵活地调控染色质的结构与功能，进而影响基因的表达。组蛋白各种修饰之间也存在着相互关联，组蛋白的所有修饰统称为组蛋白密码。这些组蛋白密码组合变化非常多，协同调控染色质的重塑和基因的表达。

（四）染色质重塑

染色质重塑是指在染色质重塑复合体的作用下，经不同的 ATP 酶催化改变核小体结构，从而改变染色质结构的生物过程。染色质重塑的结果就是通过调节核小体定位来改变 DNA 的可及性，影响转录因子对调控元件的结合，从而调控 DNA 复制、修复、转录等基于 DNA 的许多重要的生物过程。DNA 经折叠压缩后以染色体的形式储存在细胞核中。先通过组蛋白（H2A、H2B、H3、H4）与 DNA 结合形成核小体，即染色体的基本结构单元，进一步通过结合组蛋白 H1 压缩形成不具转录活性的、更高级的 30 nm 纤维，再高度折叠形成染色体。人的一个细胞所含的 DNA 从头到尾展开大约有 2 m 长，而人的细胞核的直径大约 6 μm。因此，DNA 的正确复制、修复与转录都依赖于染色质重塑。例如，当某一基因的转录激活时，相应染色质重塑复合体解聚该基因启动子区的核小体，暴露启动子区，使转录因子可以结合到启动子上并与 RNA 聚合酶Ⅱ结合形成转录起始复合物，启动基因转录。所以，染色质重塑紊乱往往会导致发育缺陷与重大疾病。

三、非编码 RNA

非编码 RNA（non-coding RNAs，ncRNAs）是指 DNA 转录后不翻译成蛋白质的 RNA，可以调控 mRNA、tRNA 和 rRNA 分子的产生和功能。人类基因组中已发现 50 000 多个 ncRNA。根据大小可分为两类，一般长度大于 200 个核苷酸的非编码 RNA 称为长片段非编码 RNA，主要包括长非编码 RNA（long noncoding RNA，lncRNA）和核仁小 RNA（small nucleolar RNA，snRNA）；长度在 20～30 nt 的称为小非编码 RNA（small ncRNAs），主要包括微小 RNA（microRNA，miRNA）、小干扰 RNA（small interfering RNA，siRNA）和 Piwi-interacting RNA（piRNA）等。非编码 RNA 广泛参与调节生命现象的各个环节，包括调控染色体结构、染色体分离、RNA 转录、RNA 稳定性以及蛋白翻译等过程。

（一）微小非编码 RNA

1. 微小 RNA 的产生 miRNA 是由约 22 个核苷酸组成的小 RNA 分子，能够介导转录后基因沉默。由 miRNA 基因转录形成的初始 miRNA（pri-miRNA）由 Drosha-DGCR8 复合体加工得到前体 miRNA（pre-miRNA），pre-miRNA 通过 exportin-5 转运到细胞质后，被 Dicer1 核糖核酸酶裂解得到成熟的 miRNA（mature-miRNA）。然后，miRNA 两条链中的一条链（前导链）被加载到 RNA 诱导的沉默复合体（RNA-induced silencing complex，RISC）上，并将该复合体引导到互补 mRNA 转录本的 3′UTR 上，通过抑制翻译和降解 mRNA 两种不同的机制导致基因沉默。

2. 微小 RNA 的作用机制 miRNA 通常通过其保守序列结合靶基因 mRNA 的 3′ 非翻译区序列，以抑制其翻译或降解 mRNA，进而抑制基因表达，特殊条件下也能激活基因表达。miRNA

的表达具有很强的组织特异性和时空特异性，其在许多生物学过程中起着关键作用。一个 miRNA 可以沉默数百个 mRNA，同时，一个 mRNA 可以是多个 miRNA 的靶标。因此，miRNA 调控超过 60% 的编码蛋白基因的翻译，miRNAs 在不同的细胞生物学过程中具有关键作用。有趣的是，许多 miRNAs 被发现可沉默表观遗传效应因子，如 HDACs、DNMTs、Polycomb 复合体成员等。人类已发现 1000 多个 miRNAs，其中一些在神经系统疾病、肿瘤等疾病中均检测到表达水平的异常，提示其在疾病调控方面发挥重要作用。

（二）长链非编码 RNA

1. 长链非编码 RNA 的概念　大部分 lncRNA 也是由 RNA 聚合酶 II 催化转录而来，其长度超过 200 个核苷酸，主要位于细胞质或细胞核内。lncRNA 主要有以下特点：① lncRNA 缺少或无开放阅读框（open reading frame，ORF）；② lncRNA 并不一定都具有多聚腺苷酸（poly A）尾；③ 表达丰度较低；④ 具有极高的组织器官特异性和极低的物种间保守性。lncRNA 具有类似于 mRNA 的特征：可以被多聚腺苷酸化，并且可以进行可变剪接，因为约 42% 的 lncRNA 仅由两个外显子组成。只有 10% 的 lncRNA 在所有细胞类型中普遍表达，而其余的则具有组织/细胞特异性，其中 40% 的差异表达 lncRNA 存在于大脑中。人类基因组包含超过 10 000 个 lncRNAs。根据在基因组上相对于 mRNA 基因的位置，lncRNA 可分为 5 种类型：正义（sense）、反义（antisense）、双向（bidirectional）、内含子间（intronic）和基因间（intergenic）。lncRNA 的功能与其所在的位置具有相关性。研究表明，lncRNA 参与 X 染色体沉默、基因组印记、染色质修饰、基因转录调控等多种重要的生命过程。

2. 长链非编码的作用机制　lncRNAs 具有模块化结构，使其能够同时结合核酸和蛋白质，引导表观遗传修饰复合物和转录因子到特定的遗传位点，从而发挥转录抑制或染色质结构调控作用（图 35-4）。主要作用机制包括：①影响 mRNA 基因上游启动子区转录、抑制 RNA 聚合酶 II 或介导染色质重塑以及组蛋白修饰，调控下游基因表达；②与 mRNA 基因的转录本形成互补链，干扰 mRNA 的剪切，产生不同的剪切形式；③在 Dicer 酶作用下产生内源性的 siRNA；④与特定蛋白质结合，调节相应蛋白的亚细胞定位或活性；⑤作为结构组分与蛋白质形成核酸蛋白质复合体；⑥作为小分子 RNA，如 miRNA 和 piRNA 的前体分子来发挥作用。

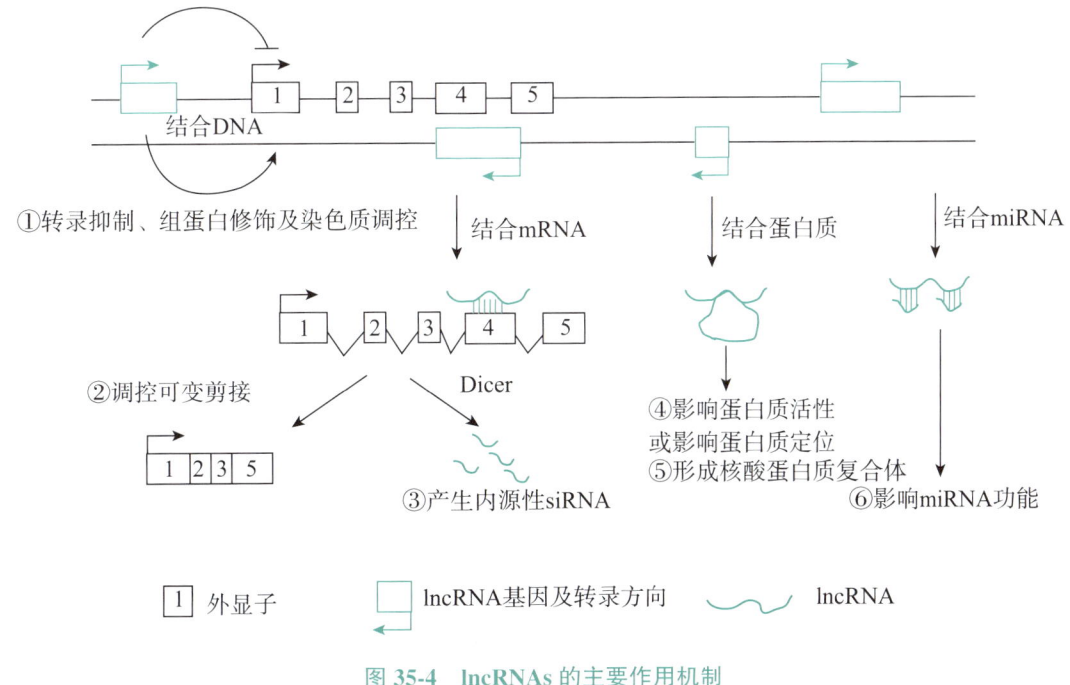

图 35-4　lncRNAs 的主要作用机制

四、mRNA 修饰

近年研究发现，mRNA 和其他 RNA 上也存在表观修饰。N6-甲基腺苷（N6-methyladenosine，m6A）是最普遍的 mRNA 修饰之一，在氮 6 位上使腺苷碱基甲基化。m6A 是可逆的动态 RNA 修饰，是 RNA 代谢调控不可或缺的组成部分。m6A 修饰调节 mRNA 的稳定性、剪接加工和翻译。哺乳动物中还存在以下几种 mRNA 修饰：N1-甲基腺苷（m1A）、3- 和 5- 甲基胞嘧啶（m3C，m5C）、5- 羟甲基胞嘧啶（hm5C）、假尿嘧啶（ψ）和 2′-O- 甲基化（Nm）。mRNA 修饰的发现开辟了真核生物转录后基因调控的新领域。

表观遗传机制总括见图 35-5。

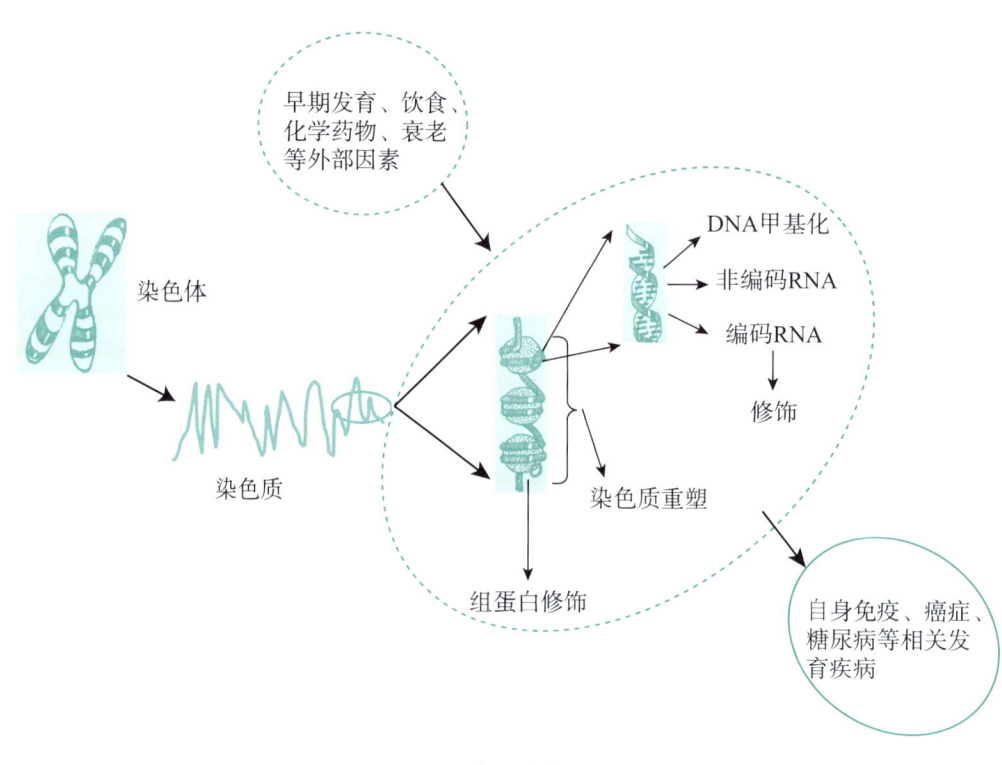

图 35-5　表观遗传机制总括

第二节　基因组印记

一、基因组印记的概念

人类细胞中除性染色体外，常染色体上的基因都是成对存在的。根据经典孟德尔遗传理论，不论是来自父亲还是来自母亲的等位基因都有同样的表达潜能，尽管由于 DNA 序列的变异可能导致等位基因控制的表型出现显性或隐性，但在基因组中某些基因由于带有表观遗传标记（epigenetic marks），而使父源和母源等位基因的表达出现差异。基因组印记（genomic imprinting）即遗传印记，是表观遗传调节的一种形式，是指两个亲本等位基因的表观遗传修饰不同而造成一个亲本等位基因的沉默，使另一个亲本等位基因保持单等位基因活性（monoallelic activity），即二倍体细胞中仅表达一个亲本的基因。这些表达受到基因组印记调控的基因被称为印记基因（imprinted genes）。基因组印记是亲代配子中建立的表观遗传修饰，通过父源和母源染色体稳定传递到子代体细胞中，共同调节子代体细胞中印记基因的单等位基因表达特性。

迄今已发现的印记基因有 100 余个，大多成簇排列。研究表明，在哺乳动物中相当数量的印记基因是与胎儿的生长发育和胎盘功能密切相关的，在胚胎发育中胚胎和胎盘组织的基因表达调控中发挥关键作用。印记基因的异常表达通常可引发伴有复杂突变和表型缺陷的多种人类疾病。

二、印记基因的特点

印记基因的重要特征是由亲本来源决定的单等位基因表达特性。印记基因的 DNA 甲基化模式是在生殖细胞成熟过程中建立的。配子形成早期，来自父源和母源的印记全部消除，父源等位基因在精母细胞形成精子时产生新的甲基化模式；母源等位基因甲基化模式则在卵子发生时形成。因此，基因组印记是生殖细胞的一种表观修饰，这种修饰由一整套分布于染色体不同部位的印记中心（imprinting centers，ICs）来调控，该印记中心直接介导了印记标记的建立及其在发育全过程中的维持和传递，并导致以亲本来源特异性方式优先表达两个亲本等位基因中的一个，而使另一个沉默，即源自双亲的两个等位基因中一个不表达或表达很弱。依靠单亲传递某种性状的遗传信息，其中父源等位基因不表达称为父系印记（paternal imprinting），母源等位基因不表达称为母系印记（maternal imprinting）。基因组印记不按孟德尔方式遗传。印记基因的形成和表达受多种因素的影响，具有复杂的调控机制。

印记基因主要有以下特点：①印记基因仅发生在配子形成过程中，即基因印记形成于成熟配子，并持续到子代配子形成（图 35-6）；②精卵结合后，在配子形成过程中建立的印记基因会保持在同一亲源染色体上；③细胞有丝分裂时，印记基因会通过同一亲源染色体在细胞之间进行传递；④原始生殖腺发育成熟前，即在性别决定前来源于亲代的印记基因上的印记会被删除，以便新的原始生殖细胞在配子成熟过程中建立亲本特异性的基因印记（图 35-6）；⑤印记基因的表达具有组织特异性。

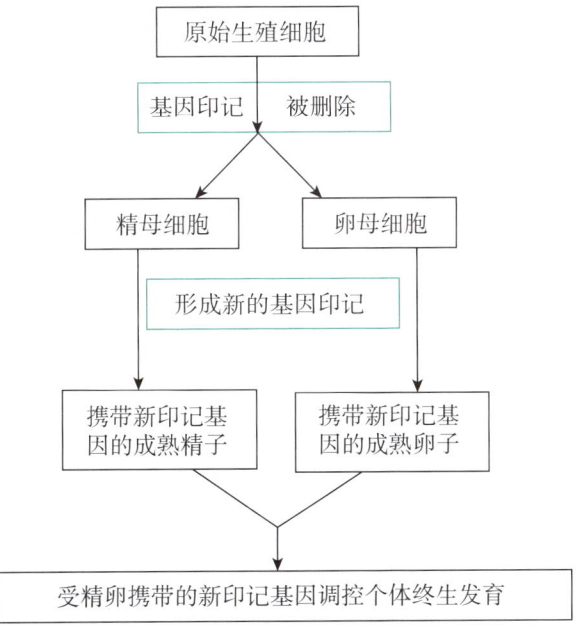

图 35-6　基因印记的形成

三、印记异常与遗传病

（一）Prader-Willi 综合征与 Angelman 综合征

1. Prader-Willi 综合征

（1）疾病概述：Prader-Willi 综合征（Prader-Willi syndrome，PWS）[OMIM#176270]，又称肌张力减退 - 智力减退 - 性腺功能减退与肥胖综合征，是于 1956 年由 Prader A. 和 Willi H. 等医师报道并命名的一种父源染色体 15q11-q13 区段缺失而引起的儿童早期发育畸形。主要临床特征有：新生儿及婴儿期出现严重肌张力减退、喂食困难，儿童期开始出现食欲旺盛、过度进食导致过度肥胖，常引发 2 型糖尿病、发育迟缓、身材矮小、性腺功能减退，伴有智力、行为缺陷等。

（2）发病遗传机制：Prader-Willi 综合征是由于 15q11-q13 区段 *SNRPN* 印记基因簇内父源表达的印记基因失活所致。其致病机制主要有以下几种：

1) 70% 以上的 PWS 病例是父源 15q11-q13 微缺失；

2) 20% 左右的 PWS 为母源单亲二倍体（uniparental disomy，UPD），即两条 15 号染色体均是母源；

3) 2% 左右的患者为印记中心发生突变；

4) 很少一部分是平衡易位或异常。

2. Angelman 综合征

（1）疾病概述：Angelman 综合征（Angelman syndrome，AS）[OMIM#105830]，又称快乐木偶综合征。最早由英国儿科医生 Angelman 报道，是由母源染色体 15q11-q13 区段缺失导致的儿童发育异常。AS 的主要临床特征有：不合时宜的笑，巨大下颌，发育迟缓，智力低下，语言能力极差，重度智力残疾，严重运动障碍及癫痫等。

（2）发病遗传机制：AS 是由于 15q11-q13 中 *SNRPN* 印记基因簇内母源表达的印记基因失活所致，具体涉及母源印记基因 *UBE3A* 的表达失活。其致病机制主要有以下几种：

1) 70% 以上的 AS 病例是因母源染色体 15q11-q13 微缺失；

2) 7% 左右的 AS 为父源单亲二倍体；

3) 3% 左右的患者为印记中心异常导致 *UBE3A* 表达异常；

4) 还有一部分是因为 *UBE3A* 突变。

3. *SNRPN* 印记基因簇的印记中心调控模式　哺乳动物的印记基因通常与差异甲基化区（differentially-methylated regions，DMRs）相邻，后者亦称差异甲基化域，有成簇排列的富含 CpG 岛的调控元件。在父源和母源染色体上，这些调控元件的 CpG 岛甲基化状态存在明显差异而呈现出分化状态，因此称为 DMRs。差异甲基化区是表观遗传修饰的起始靶点，起印记中心的作用，因此也称为印记控制区（imprinting control regions，ICRs）或印记控制元件（imprinting control elements，ICEs）。许多印记基因在基因组中成簇排列，长度可达几个 Mb，包含 1～2 个差异甲基化区，调控多个差异表达基因。15q11-q13 区段长 3 Mb，至少包括 5 个父源表达基因（*MKRN3*、*MAGEL2*、*NDN*、*SNURF* 和 *SNRPN*）和 2 个母源表达基因（*UBE3A* 和 *ATP-10A*）。*SNRPN* 位于印记中心区域，是长度为 430 bp 的调控区段，含有 23 个 CpG 二联核苷酸序列。在父源染色体上的 23 个 CpG 二联核苷酸全都为非甲基化，而遗传自母源染色体的序列则完全被甲基化。因此，PWS 患者是由于该区段的多个父源印记基因的表达失活所致；而 AS 患者则是由于母源染色体上包括 ICRs 在内的染色体片段的缺失所致。1997 年，Kishino 等的研究证明位于该区段的泛素 - 蛋白连接酶（ubiquitin-protein ligase）的编码基因 *UBE3A* 突变或表达缺失（loss of expression）可以引起 AS，表明 *UBE3A* 是导致印记 AS 的致病基因（图 35-7）。

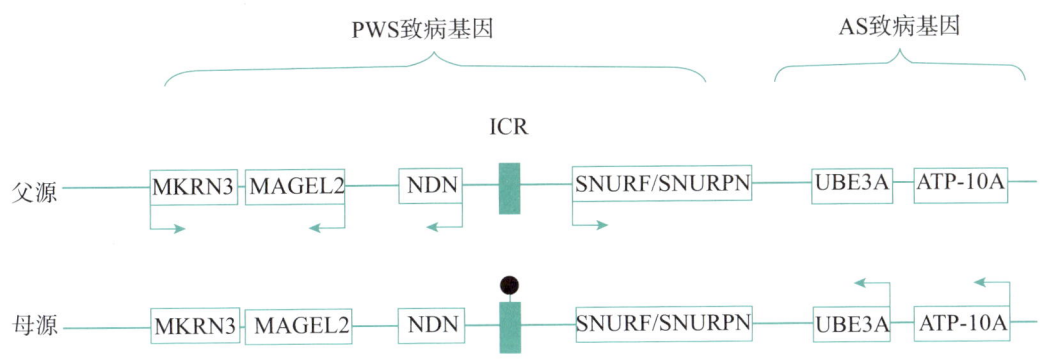

图 35-7　*SNRPN* 印记基因簇的印记中心调控模式

（二）Beckwith-Wiedemann 综合征与 Russell-Silver syndrome 综合征

1. Beckwith-Wiedemann 综合征

（1）疾病概述：Beckwith-Wiedemann 综合征（Beckwith-Wiedemann syndrome，BWS）[OMIM# 130650]，又称巨大舌-脐膨出综合征或过度生长综合征（overgrowth syndrome）。BWS 最常见的临床表现特点是巨舌症、巨大儿、先天性半侧肥大、肾上腺巨细胞症、新生儿低血糖、胎盘发育不良、羊水过多等症状，并有儿童期易患肿瘤的倾向，但在成年患者中并没有过高的肿瘤发生概率。

（2）发病遗传机制：BWS 患者中 85% 为散发，15% 为家族性遗传。致病基因主要位于 11p15.5，其中最常见的遗传突变是发生在 *IGF2-H19* 印记基因簇和邻近的 *CDKN1C* 印记基因簇。患者细胞中父源 *IGF2* 基因印记丢失，导致亲本两方的 *IGF2* 基因都表达，从而造成 *IGF2* 基因过度表达。还有部分 BWS 患者是印记基因 *H19* 的高甲基化导致的。

2. Russell-Silver syndrome 综合征

（1）疾病概述：Russell-Silver syndrome 综合征（Russell-Silver syndrome，RSS，也称 Silver-Russell Syndrome，SRS）[OMIM# 180860] 与 Beckwith-Wiedemann 综合征相反。Russell-Silver 综合征新生儿发育迟缓、常呈现不对称发育、婴儿不喜饮食、晚上常有盗汗，并出现低血糖症和皮下脂肪缺少的症状。

（2）发病遗传机制：Russell-Silver 综合征遗传变异主要发生在 *IGF2-H19* 印记基因区域。在此印记调控区的低甲基化可以导致父源染色体上等位基因表达的 *IGF2* 印记基因转录减少，从而抑制胚胎生长。大约 10% 的病例是由 *IGF2-H19* 印记基因区域的母源单亲二倍体引起的。

3. *IGF2-H19* 印记基因区的增强子-染色质屏障调控模式

BWS 和 SRS 的发病机制与 11p15.5 印记基因聚集区中 *IGF2* 和 *CDKN1C*（*P57kip2*）两个印记基因的错误表达有关。该区段长约 1 Mb（相当于 1000 kb），其中至少有 12 个成簇排列的印记基因，这些基因分属两个印记调控区，它们的印记状态分别受控于两个 ICRs。在第一个 ICR 中（图 35-8），主要有胰岛素样生长因子（insulin-like growth factor 2，*IGF2*）基因、*H19* 基因和一个富含 CpG 岛的差异甲基化区。*IGF2* 是一种父源等位基因表达的胚胎生长因子，它的表达上调是导致 BWS 的重要原因。*H19* 是母源等位基因表达的长非编码 RNA，不翻译为蛋白质。DMR 是一个印记调控区，位于 *H19* 基因上游的 2 kb、*IGF2* 基因下游的 80 kb 处，在两个亲本的染色体上甲基化存在差异。在母源染色体上，DMR 是非甲基化的，允许 CCCTC 结合因子 CTCF 与其结合，从而隔断了下游增强子对 *IGF2* 基因的作用，所以该增强子只活化 *H19* 基因的转录。在父源染色体上，DMR 是甲基化的，它不仅使 *H19* 基因沉默，CTCF 也因此不能与之结合，从而使 *IGF2* 基因在增强子作用下活化表达。在这个印记调控区，相对增强子的作用而言，DMR 起到染色质屏障作用，因而被称为隔离子，它通过与染色体屏障调节蛋白 CTCF 的结合，对 IGF2 和 H19 进行交互式的印记调节（reciprocal imprinting regulation）。该区段的第 2 个印记调控区与第 1 印记调控区类似，调节编码细胞周期素依赖的激酶抑制蛋白基因 CDKN1C（p57KIP2）等多个与细胞分裂周期相关的基因。这个印记调控区内基因的印记失调会导致细胞的恶性生长。

因此，正常情况下，在胚胎发育过程中，父源表达基因 IGF2（母源印记）一般促进生长，而母源表达基因 H19 和 CDKN1C（父源印记）则抑制生长。而在 BWS 患者中，母源 IGF2 基因印记丢失，导致亲本双方的 IGF2 基因都表达，造成 IGF2 基因过度表达；同时，母源 H19 和 CDKN1C 基因发生印记而沉默。相反，SRS 则是由于父源基因 IGF2 甲基化失活，或者母源单亲二倍体引起的亲本双方 H19 和 CDKN1C 过表达。

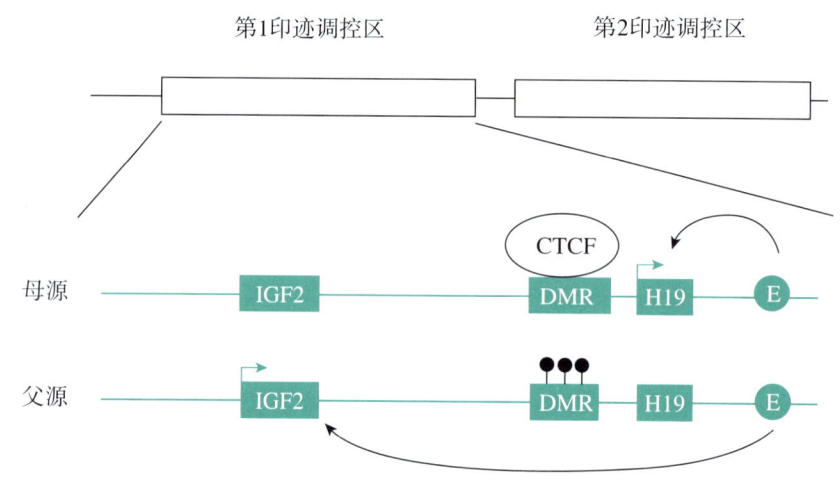

图 35-8　*IGF2-H19* 印记基因区的增强子-染色质屏障调控模式

第三节　X 染色体失活

一、莱昂假说

雌性哺乳动物体细胞中虽有两条 X 染色体，但只有其中一条具有活性，另外一条往往处于失活状态，以平衡 X 染色体与 Y 染色体的基因剂量，因为 X 染色体上携带 1000 多个基因，而 Y 染色体上只有 78 个基因，编码约 27 个蛋白。

框 35-2　巴氏小体

1949 年，Barr 等人发现在雌猫神经细胞的间期细胞核中有一个染色很深的染色质小体，而雄猫中没有。后来，在人类等哺乳动物中也发现了这种存在于雌性间期细胞核中的深染色的染色质小体，同样在雄性中不存在，并称之为巴氏小体（Barr Body）。1961 年，Mary Lyon 为了解释雌性小鼠中可变混合毛色（嵌合体）的遗传方式，提出 Barr 小体是失活的 X 染色体，并提出了关于雌性哺乳动物体细胞的两条 X 染色体中会有一条发生随机失活的假说，认为这是一种相对于雄性细胞中仅有一条 X 染色体的基因剂量补偿的机制。1962 年，失活 X 染色体复制的不同步性被发现，由此开启了 X 染色体失活机制的研究。X 染色体失活发生在胚胎发育的过程中，需要失活 X 染色体上一系列沉默标志的有序参与，包括印记失活和随机失活两种方式。利用小鼠模型的研究表明，在受精时期，雌性合子的两条 X 染色体均有活性，第一次 X 染色体失活发生在第一次卵裂，仅父源 X 染色体失活，由印记引起；之后囊胚形成，内细胞团（inner cell mass，ICM）细胞中失活 X 染色体被重新激活，两条 X 染色体均有活性，而滋养外胚层和原始内胚层则仍维持父源 X 染色体失活。当内细胞团细胞开始分化时才第二次以随机的方式失活其中一条 X 染色体，并在以后的发育过程中一直保持失活状态。原始生殖细胞（primordial germ cell）例外，其中失活的 X 染色体在胚胎发育至 11.5～13.5 天时重新激活，并在雌性配子中一直保持活性状态。X 染色体失活是典型的表观遗传现象，而且是以整条染色体为靶标的表观遗传修饰的一个特例。虽然 X 染色体失活可以导致其上的大部分基因完全沉默，但有些基因仍能表达，这种失活 X 染色体上基因逃逸的机制目前尚不清楚。

莱昂假说（the Lyon hypothesis）主要有以下几点内容，也可以称为 X 染色体失活的特点：①失活发生在胚胎发育早期；②不同亲本来源 X 染色体的随机失活；③失活的 X 染色体会被包裹成异染色质——"巴氏小体"。X 染色体的失活在胚胎发育 100 天左右完成。

框 35-3　莱昂作用

1961 年，Mary Lyon（玛莉·莱昂）为了解释雌性小鼠中可变混合毛色（嵌合体）的遗传方式，提出在雌性细胞中，两条 X 染色体中的一条在早期失活。莱昂假说解释了为何哺乳动物会拥有失去活性的 X 染色体，此现象也以她的名字命名为"莱昂化作用"。莱昂化（lyonization）即 X 染色体失活是指雌性哺乳类细胞中两条 X 染色体的其中之一失去活性的现象，过程中 X 染色体会被包装成异染色质，进而因功能受抑制而沉默化。

二、X 染色体失活的表观遗传机制

不论是印记失活还是随机失活，X 染色体失活均受 X 失活中心（X-inactivation center，XIC）调控，XIC 位于 Xq13.3，长约 1 Mb，主要包括 X 染色体失活特异性转录因子（X-inactive specific transcript，Xist）、Tsix、Xite 及 Xce 四个基因。X 染色体失活是一种反义转录调控模式（图 35-9）。

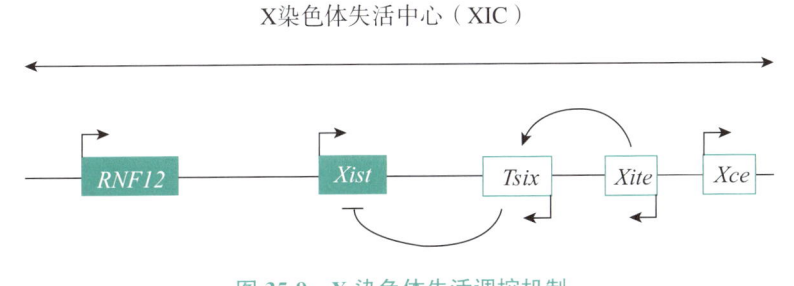

图 35-9　X 染色体失活调控机制

Xist 基因与 Tsix 基因的发现

Xist 基因是 X 染色体上启动转录最早的非编码基因，其转录产物为一条长约 17 kb 的长非编码 RNA，调控 X 染色体失活的启动和延伸。两条 X 染色体的 Xist 都有转系活性，但随后只有一条 X 染色体产生的 Xist RNA 将这条染色体自身整体包裹，并启动异染色质化和失活过程，而另一条 X 染色体转录的 Xist RNA 会很快被降解。这条 X 染色质则呈常染色质状态，整条染色体上的基因都具有表达活性。值得注意的是，Xist RNA 在失活的 X 染色体表面呈现锚钉样排列，提示它可能与染色体上特定的蛋白质相结合而形成稳定的结构。X 染色体的失活主要靠 DNA 甲基化来维持，并可通过有丝分裂或减数分裂遗传给后代。

Tsix 基因是位于 *Xist* 基因下游的顺式调控元件，对 *Xist* RNA 起到负调控作用，抑制 X 染色体失活。*Tsix* 基因参与失活 X 染色体的选择。因此，*Tsix* 在活性 X 染色体上高表达。

Xite（X-inactivation intergenic transcription element）基因可以增强 *Tsix* 的表达，从而抑制 *Xist*。

Xce（X chromosome-controlling element）基因与 X 染色体随机失活的选择有关。当 *Xce* 纯合时，体细胞中的 X 染色体失活是完全随机的；而当 *Xce* 杂合时，失活就不是完全随机的。

X 染色体失活的步骤：① *Xist* RNA 表达并包裹 X 染色体；②结合染色质修饰蛋白质；③ X 染色体基因的 5′ 端发生甲基化；④组蛋白被甲基转移酶修饰；⑤其他染色质修饰与重塑因子的参与。

小测试35-5：X失活中心有哪些关键基因？

第四节　表观遗传重编程

一、表观遗传重编程的概念

个体发育是从一个受精卵细胞分裂开始的，当受精卵开始分裂时，其所携带的基因组会在一定情况下进行表观修饰，导致一些基因被激活，同时一些基因被抑制，最终形成一个包含 200 多种细胞的个体，这些细胞具有组织特异性，并且结构和功能各不相同。例如，一些细胞会发育为心脏组织细胞，一些细胞会发育为神经组织细胞等。人体每种类型的细胞都有相同的染色体组，但是不同类型的组织细胞通过不同的表观遗传修饰，拥有独特的表观基因组（图 35-10）。

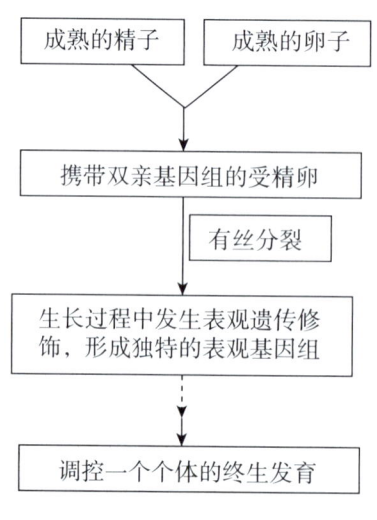

图 35-10　表观基因组的形成

在自然条件下，早期原始生殖细胞（PGC）携有体细胞样的表观遗传型，在 PGC 进入性腺前后，原有的表观修饰标记被删除，随之在两性生殖细胞中重新建立性别特异性和序列特异性的表观遗传型。在受精过程中，精子进入成熟的卵细胞后，精卵融合形成的受精卵基因组在卵细胞质的生理环境中，会启动与胚胎发育相关且有严格时空特异性的基因表达程序，即删除在生殖细胞成熟过程中建立的除印记基因以外的全部表观遗传修饰标记，再次重新建立胚胎发育、分化特有的表观基因组（epigenome）。类似这样，原始生殖细胞迁移过程中或胚胎早期发育过程中，经历全基因组 DNA 去甲基化、印记基因和组蛋白修饰去除、X 染色体激活等，随后重新建立 DNA 甲基化和组蛋白修饰的过程称为表观遗传重编程（epigenetic reprogramming）。

二、表观遗传重编程的生物学功能

1997 年，Wilmut 和 Campbell 等利用一只 6 岁的成年母羊的乳腺上皮细胞进行核移植实验，首次成功完成了哺乳动物体细胞克隆，迎来了克隆绵羊"多莉"（Dolly）的诞生。2006 年，Yamanaka 小组成功利用 4 个转录因子（Oct4、Sox2、Klf4 和 cMyc）将分化成熟的体细胞重编程为诱导多能性干细胞（induced pluipotent stem cells，iPSCs）。这些实验证明：在哺乳动物中，一个高度分化的体细胞仍然保持发育成为完整个体的能力；也就是说在分化过程中，控制发育的基因组变化并不是永久的遗传学改变，而是可逆的表观遗传修饰。哺乳动物细胞的分化是通过基因表达水平的一系列有序演化，以及细胞核和细胞质内环境的相互作用来实现的。只有经过重编程的表观基因组才具有发育的全能性、满足胚胎所有细胞发育和专一性分化的需要，才能为胚胎发育和分化发出正确的指令，小鼠胚胎的重新编程在着床前就完成了。

胚胎发育中表观基因组重编程的误差将会导致多种表观遗传缺陷性疾病。表观基因组受外部环境因素的影响，如早期个体的生长发育、个体的饮食、化学药物及衰老等。但表观基因组的变异不是永久的，是可以改变的。从个体发育生长的整个过程来看，一种平衡的生活方式，包括健康的饮食、体育锻炼以及避免外界污染等，均有助于创造一个健康的表观基因组。

可见，表观遗传修饰的重新编程对环境变化非常敏感。例如，在动物实验中，改变胚胎培养液不但会引起异常甲基化和印记基因 *IGF2* 和 *H19* 的表达失调，甚至会造成印记性疾病。基于此观点有人检查了人工辅助生育后代的情况。因为辅助生育是在配子生成和胚胎发育早期干预了生殖，而这个时期正是表观遗传编程获得和维持的关键时期。Orstavik 等曾报道经卵细胞质精子注射（intracytoplasmic sperm injection，ICSI）辅助后出生的儿童中，存在 PWS/AS 和 BWS 发生率增高的现象，并在患儿体内检测到包括 *H19*、*IGF2* 在内的多个印记基因表达异常。这些结果提示有必要对经辅助生育技术孕育的孩子进行表观遗传学监测。

第五节　表观遗传与衰老

一、衰老的概述

衰老是指随着年龄的增长，机体内组织细胞出现的变化并产生异质性，导致机体功能不断退化直至丧失的过程。世界卫生组织将其定义为"衰老是体内各种分子和细胞损伤随时间逐步积累的过程"。"衰老特征"在分子和细胞水平上的变化现象包括基因组不稳定性、端粒缩短、表观遗传学改变、蛋白质稳态丧失、营养传感失常、线粒体功能障碍、细胞衰老、干细胞衰竭和细胞间通信改变。从生物学上看，衰老是生物随着时间的推移自发的必然过程，是复杂的自然现象，表现为结构和功能衰退，适应性和抵抗力减退；从生理学上看，衰老是从受精卵开始一直进行到老年的个体发育史；从病理学上看，衰老是应激和劳损、损伤和感染、免疫反应衰退、营养不足、代谢障碍以及疏忽和滥用积累的结果。

二、衰老的表观调控机制

分化细胞的稳定性是高等生物的基本特征之一，无论是像神经元一样特化的分裂后细胞（post-mitotic cells），还是像成纤维细胞或成骨细胞一样处于不断分裂的细胞，都具有稳定的特征性表型。然而，在衰老过程中，某些细胞会发生与年龄相关的变化，例如某个 CpG 岛的从头甲基化会关闭一个基因，丧失与这个基因相关的生理功能；同样，甲基化的丢失也会激活正常情况下沉默的基因，造成不恰当的异位表达（ectopic expression）。虽然在一个组织中发生异常甲基化的细胞只占少数或极少数，但却能使组织或器官呈现出表观遗传上的异质性和嵌合性，这种在衰老过程中获得的表观遗传嵌合性正是许多年龄相关的局灶性疾病的一个重要病因。例如，动脉粥样硬化就是一种局灶性增殖疾病，有遗传学病因，也有表观遗传学病因。失控的平滑肌细胞增殖会使血管变窄，最终导致心脏缺血或脑缺血。在动脉粥样硬化患者的心肌组织、动脉粥样斑块和长期在体外培养的血管平滑肌细胞中，都曾观察到雌激素受体 α 基因（estrogen receptor alpha gene，ERα）的启动子区域出现年龄相关的异常甲基化。同样的变化是否会影响血管组织其他基因的表达还有待研究。然而，从理论上讲，年龄相关的表观遗传嵌合性在血管上皮细胞和平滑肌细胞中有可能促进动脉粥样硬化的发展。

随着基因组 5-mC 检测技术的进步，年龄相关的获得性疾病受到启动子甲基化影响的实验证据越来越多。例如在结肠成纤维细胞中，曾观察到 *ERα*、*MLH1*（DNA 错配修复蛋白 1）、*MYOD*（生肌性转录调节因子）、*PAX6*（发育相关的成对框基因 6）、*RARβ2*（视黄素受体 β2）和 *IGF2*（胰岛素样生长因子 2）等基因启动子甲基化和随后的基因表达下降。又如，伴有胰岛素抵抗症状的糖尿病，也是由于表观遗传异常等原因导致胰岛素受体信号转导相关的一系列基因表达下降。在同一组织的不同细胞中，基因启动子的甲基化不同，大大增加了局灶性疾病的异质性，也反映了老年化组织的嵌合性。

此外，现代生活方式如西化的饮食习惯、低体力活动、高水平的社会压力、药物滥用以及环境暴露等，这些因素都可能通过影响孕妇和哺乳期妇女，调控胎儿表观遗传和信号通路，从而影响个体发育编程和衰老。

第六节 表观遗传与疾病

表观修饰的遗传对于控制基因转录和染色体稳定性十分重要，表观遗传还可以通过非编码 RNA 分子在细胞间的传递来影响其他细胞的基因表达。Holliday 等人提出了表观遗传病（epigenetic diseases）的概念，其中包括中枢神经系统发育异常、免疫性疾病、代谢性疾病和癌症等。也有学者根据表观遗传调控的不同层面，将表观遗传修饰异常引起的疾病主要分为两大类，一类是在发育的重新编程过程中造成的特定基因表观遗传修饰的异常，有人称之为表观突变

(epimutation)；另一类与表观遗传修饰的分子结构与功能相关的蛋白质编码基因有关，如 DNA 甲基转移酶基因或差异甲基化 CpG 岛结合蛋白 CTCF 基因的突变或表观突变。

一、Rett 综合征

Rett 综合征（Rett syndrome，RTT）[OMIM# 312750] 也称雷特综合征，于 1966 年由奥地利学者 Rett 率先报道，是一种 X 连锁基因突变所致的神经系统退行性疾病，呈显性遗传。因男性多在胎儿早期死亡，故临床多见女性患者，约占活产女婴的 1/10 000。但近年也有男性病例报道。

1. 疾病概述 典型 Rett 综合征主要发病患者为女性，在女童中的发病率约为 1/12 500，患儿在出生 6～18 个月后开始表现为发育停滞，头围增长缓慢，肌张力低下。随着年龄增长，患者会出现更严重的智力低下、惊厥、语言功能退化、手的失用、孤独症表现。家族性 Rett 综合征病例仅占整体发病率的 0.5%～1%，患儿以散发为主。

2. 发病遗传机制 经典型 Rett 综合征的致病基因为 MeCP2 [OMIM* 300005]，定位于 Xq28。MeCP2 基因突变存在于 95% 的经典型 Rett 综合征患者中，而在非经典型 Rett 综合征患儿中，该基因的突变率仅为 40%～50%。MeCP2 基因编码一种甲基化 DNA 结合蛋白，可与 CpG 结合以招募相关辅助因子来抑制靶基因转录。80% 的 Rett 综合征患者由于 MeCP2 的功能丧失性突变引起，MeCP2 的突变集中在甲基化 CpG 结合域和转录阻遏域，MeCP2 基因突变诱导表观遗传异常，进而使其靶基因表达失调。

二、脆性 X 染色体综合征

脆性 X 染色体综合征（fragile X syndrome）[OMIM# 300624] 是一种以智力低下为主要症状的遗传性智力障碍综合征，致病基因是位于 Xq27.3 的脆性 X 智障基因（fragile X mental retardation-1，FMR1）。该基因最常见的突变是 5′ 端非翻译区中 CGG 三核苷酸重复序列的异常扩增。正常人的 $(CGG)_n$ 重复序列为 6～50 拷贝，扩增至 52～200 拷贝时称为前突变（permutation），扩增至 200～2000 拷贝时称为全突变（full mutation），这种 $(CGG)_n$ 拷贝数的扩增可随着世代传递而不断增加，因此被称为动态突变。分析表明，$(CGG)_n$ 重复序列扩增会引起 CGG 中 CpG 二核苷酸的甲基化，从而使 FMR1 基因沉默，这种沉默还涉及染色质构型的改变，而染色质的浓缩进一步使扩展的 $(CGG)_n$ 重复序列的遗传稳定性增加。

此外，表观遗传修饰的异常还与阿尔茨海默病（Alzheimer disease）、抑郁症、精神分裂症及易紧张体质（predisposition to stress）等神经系统疾病相关；同样参与调控免疫系统疾病和以代谢综合征（metabolic syndrome，MetS）、1 型和 2 型糖尿病为主的复杂代谢性疾病的发生。

三、肿瘤

肿瘤的发生是一个多因素、多步骤的过程，除了癌基因的激活和肿瘤抑制基因的失活外，目前在肿瘤的起始、发展、浸润、转移和化疗抵抗等各个时期都发现了异常的表观基因组修饰，涉及 300 多个基因及其产物的表观遗传调控，包括 DNA 甲基化异常、组蛋白修饰异常和 miRNA 的表达异常等。

（一）DNA 甲基化异常

早在 1983 年，Feinberg 和 Vogelstein 就发现癌细胞中 DNA 甲基化的总体水平低于正常细胞，并证实肿瘤细胞的低甲基化频繁发生于重复序列和在生物进化过程中外来入侵的 DNA。正常情况下，这类 DNA 序列被高度甲基化，和 RNAi 一样也是在进化中用于防御外来 DNA 侵袭的机制。肿瘤细胞中基因组去甲基化的致癌机制可能包括：①重复序列的去甲基化导致基因组不稳定性增加；② *c-Myc* 等特定癌基因启动子的去甲基化激活了原癌基因的表达；③去甲基化还能导致印记丢失（loss of imprinting，LOI），激活癌基因表达。最常见的 LOI 事件就是 *IGF2*，广泛存在于乳腺癌、肝癌、肺癌和结肠癌。另外，还有胰腺癌中的 *S100P* 基因、乳腺癌和卵巢癌中的 *SNCG* 和黑色素瘤相关基因 *MAGE* 和 *DPP6* 等都有低甲基化现象。

除 DNA 甲基化的总体水平降低之外，癌细胞往往出现局部序列的异常高甲基化。1986 年 Baylin 等最初发现降钙素（calcitonin）基因在癌细胞中异常甲基化，迄今已发现 60 多个基因在癌细胞中显现异常甲基化。高甲基化通常集中在某些特定基因启动子的 CpG 岛而导致基因表达沉默，这些基因分布于细胞的主要信号通路，包括：① DNA 修复信号通路中的基因：*hMLH1*（mismatch repair gene 1）、*MGMT*（6-methylguanine-DNA methyltransferase）、*WRN*（Werner syndrome，RecQ helicase like）和 *BRCA1*；②细胞周期调控基因：$p16^{INK4a}$、$p15^{INK4b}$ 和 *RB*；③ Ras 信号通路基因：*RASSF1A* [Ras association（RalGDS/AF-6）domain family member 1] 和 *NORE1A*；④凋亡基因：*TMS1*（target of methylation-induced silence 1）、*DAPK1*（death-associated protein kinase）、*WIF1* 和 *SFRP1*；⑤转移基因：*CDH1*（cadherin 1）、*CDH13* 及 *PCDH10*；⑥解毒基因 *GSTP1*（glutathione S-transferase pi 1）；⑦激素反应基因：*ESR1* 和 *ESR2*；⑧维生素反应基因：*RARB2*（retinoic acid receptor b2）和 *CRBP1*；⑨ p53 调控网络基因：$p14^{ARF}$、*p73* 和 *HIC-1*。这些基因的甲基化和沉默使细胞获得了生长优势，增加了遗传不稳定性和恶性程度。

（二）组蛋白修饰异常

有转录活性的基因通常其启动子上有高水平的 H3K4me3、H3K27ac、H2BK5ac 和 H4K20me1，或基因内部有高水平的 H3K79me1 和 H4K20me1。在不同类型的肿瘤中不仅发现有去乙酰化酶（HDACs）的过度表达和突变，还发现有组蛋白甲基转移酶（HMTs）和组蛋白去甲基酶（HDMs）的异常表达。例如在眼癌中发现组蛋白甲基化转移酶 SETD2、组蛋白甲基化酶 UTX 和 JARID1C 的失活性突变。组蛋白的甲基化和乙酰化修饰异常导致了肿瘤细胞中原癌基因和肿瘤抑制基因表达模式的改变。而且，广泛的 H4K20me3 的甲基化丢失与 H4K16ac 的乙酰化丢失是肿瘤发生的早期事件，与肿瘤细胞中 DNA 重复序列低甲基化的现象相关，提示可能增加了肿瘤发生的风险。

（三）miRNA 表达异常

在多种肿瘤中检测到了许多 miRNA 的表达异常。最早在急性淋巴细胞白血病（chronic lymphocytic leukemia，CLL）中发现 13q14 的缺失调控 miRNA-15 和 miRNA-16，继而影响其下游调控的细胞生长和细胞周期相关基因，从而揭示了 miRNA 与肿瘤的关系。Let-7 是研究得最多的抑癌 miRNA，在头颈部肿瘤、肺癌、结肠癌和卵巢癌中均发现其功能异常。又如 miRNA-145 也是一种抑癌 miRNA，能沉默胚胎干细胞中 *OCT*、*SOX2* 和 *KLF4* 等基因的表达而抑制细胞的多能性。在许多肿瘤细胞中发现 miRNA-145 因启动子的异常甲基化或 *p53* 的突变而下调。有趣的是，参与表观调控的酶类，如 DNMTs、HATs 和 HMTs 也能被 miRNA 调控。

小 结

表观遗传学是一门研究在 DNA 序列不发生改变的情况下，通过 DNA 甲基化、组蛋白修饰或非编码 RNA 等调控基因的表达，并能经过有丝分裂和减数分裂在细胞和个体世代间传递的一门遗传分支学科。表观遗传就像是基因的开关，在很大程度上决定基因何时何地以何种方式表达。也正是因为表观遗传对基因表达的调控，使具有相同基因的不同细胞表达不同的基因，最终使具有相同基因的不同细胞产生多样化的表型。

整合思考题

1. 什么是表观遗传学？表观遗传主要有哪些修饰机制？
2. 如何理解 DNA 甲基化在调控基因表达过程中的重要作用？
3. 印记基因有哪些主要特征？
4. 什么是 X 染色体失活中心？它是如何调控 X 染色体失活的？
5. 什么是表观遗传重编程？它的生物学功能是什么？
6. 表观遗传与衰老的关系是什么？
7. 导致肿瘤的表观异常有哪些？

参考答案

（罗建沅　杨玉霞　黄　雷）

第三十六章 线粒体遗传

导学目标

通过本章内容的学习，学生应能够：

※ **基本目标**
1. 描述线粒体基因组的结构特点。
2. 描述线粒体病的遗传特点。

※ **发展目标**
1. 举例说明线粒体基因组结构改变所致的线粒体病。
2. 理解线粒体病发生的分子机制。

案 例

患者，男性，14岁，学生，因"双眼视力进行性下降半年"前来就诊，无外伤及手术史，父母非近亲结婚。查体：神清，发育和智力正常，无神经系统症状。眼部检查：右眼视力0.1，左眼视力0.02；眼底检查显示：右眼黄斑区有点状渗出，视神经颜色淡，视神经盘毛细血管扩张；左眼视神经观察不到，后极视网膜未见出血渗出。采集 2～4 ml 周围静脉血提取线粒体 DNA，测序分析显示 G11778A，临床诊断为 Leber 视神经萎缩。

Leber 视神经萎缩，又称 Leber 遗传性视神经病，是一种与线粒体 DNA 突变有关的家族遗传性视神经病变。

问题：
1. Leber 视神经萎缩的发病机制是什么？
2. 除了 Leber 视神经萎缩，还有哪些遗传病与 mtDNA 突变有关？

线粒体（mitochondria）是真核细胞的能量代谢中心，也是人体细胞内除细胞核外唯一含有 DNA 的细胞器。线粒体 DNA（mitochondrial DNA，mtDNA）突变可引起人类疾病，线粒体遗传属母系遗传。

第一节 人类线粒体基因组与基因突变

一、人类线粒体基因组

(一) 人类线粒体基因组的结构

人类线粒体 DNA 总长为 16 568 bp，是裸露的 DNA 双链环状分子，无组蛋白结合，内环为轻 (L) 链，富含胞嘧啶 C；外环为重 (H) 链，富含鸟嘌呤 G。mtDNA 非常紧凑，没有内含子，分为编码区和非编码区。mtDNA 中绝大部分为编码区，含有 37 个基因，其中 13 个是编码多肽的基因，其产物都是呼吸链中氧化磷酸化酶复合体的亚基。有 7 个基因编码呼吸链复合体 I (NADH-CoQ 还原酶复合体) 的亚基 (ND1、ND2、ND3、ND4L、ND4、ND5 和 ND6)；1 个编码呼吸链复合体 Ⅲ (CoQH2- 细胞色素 c 还原酶复合体) 中细胞色素 b 的亚基；3 个编码呼吸链复合体 Ⅳ (细胞色素 c 氧化酶复合体) 催化活性中心的亚单位 (COX Ⅰ、COX Ⅱ 和 COX Ⅲ)；2 个编码呼吸链复合体 Ⅴ (ATP 合酶复合体) F0 部分的 2 个亚基 (A6 和 A8)。除了编码多肽的基因外，人线粒体基因组还包含编码与线粒体内蛋白质翻译有关的 22 种 tRNA 和 2 种 rRNA (12S 和 16S) 的基因。

线粒体 DNA 的非编码区仅包含两部分，控制区 (control region, CR) 和 L 链复制起始区 (O_L)。控制区，又名 D- 环区 (displacement loop region, D-loop)，由 1122 bp 组成，位于双链的 3′ 端，与线粒体 DNA 的复制、转录有关。H 链复制起始点 (O_H)、H 链及 L 链转录的启动子 (PH1、PH2 和 PL) 和终止区 (16 147 ~ 16 172 bp) 均位于控制区。

(二) mtDNA 遗传密码的特殊性

线粒体 DNA 的遗传密码是指一组编码线粒体蛋白质的密码子序列，这些密码子决定了线粒体内多肽的合成。与核 DNA 使用的遗传密码相比，mtDNA 的遗传密码存在一些差异。mtDNA 的遗传密码与核 DNA 的遗传密码 (包含 64 种密码子) 相比数目要少，这与 mtDNA 所编码的多肽种类较少有关。此外，在 mtDNA 与核 DNA 的密码子所对应的氨基酸或信号有所区别。以人体为例，在核 DNA 编码中，AGA 和 AGG 两个密码子对应的都是精氨酸，而在 mtDNA 编码中，这两个密码子对应的是终止信号；AUA 在核 DNA 编码中对应异亮氨酸，而在 mtDNA 编码中对应甲硫氨酸；UGA 在核 DNA 编码中是一个终止信号，而在 mtDNA 编码中对应色氨酸。总体而言，mtDNA 的遗传密码是一套简单而独特的密码子序列，决定了线粒体内重要多肽的合成。

人 mtDNA 与核 DNA 密码子的差异

二、线粒体 DNA 基因突变

(一) mtDNA 基因突变类型

目前发现的与疾病有关的 mtDNA 基因突变，包括点突变、缺失、插入、倒位和重排，其中最常见的是点突变和大片段缺失。

1. 点突变 点突变是发生在 mtDNA 中的单个核苷酸的改变，是最常见的线粒体 DNA 基因突变类型。线粒体 DNA 的点突变多为错义突变，可以发生在编码多肽的基因上，也可以发生在编码 tRNA 和 rRNA 的基因上。目前已发现的与疾病发生相关的 mtDNA 点突变中，55% 发生在编码多肽基因上；45% 发生在 tRNA 和 rRNA 基因上，其中多数为 tRNA，少数为 rRNA。有些线粒体病的发生，既可以由编码多肽的线粒体基因引起，也可以由编码 tRNA 或 rRNA 的基因突变引起。

2. 大片段缺失　由于线粒体基因组各基因间排列紧凑，部分区域还出现重叠，因此线粒体大片段缺失将涉及多个基因，导致线粒体氧化磷酸化功能下降，细胞供能不足，致使功能异常。mtDNA 8483 到 13 459 位碱基之间约 5.0 kb 的片段缺失，是最常见的缺失，此片段包括了基因 A8、A6、COX Ⅲ、ND3、ND4L、ND4 和 ND5 以及部分 tRNA 基因。其次两种较为常见的缺失突变是 8637～16 073 位碱基之间 7.4 kb 的片段缺失和 4389～14 812 位碱基之间 10.4 kb 的片段缺失，后一种缺失的片段中包含了线粒体 DNA 的大部分基因，能量代谢严重受损。

3. mtDNA 拷贝数目减少　同一个个体，不同组织细胞、不同的生长发育阶段，mtDNA 的数目，即线粒体拷贝数有较大差异。外源刺激也会导致 mtDNA 拷贝数增加或减少。线粒体拷贝数目的减少导致线粒体功能的丧失和细胞能量供应的不足，这会影响各个组织和器官的功能，并导致相应的疾病表现。具体的症状和影响会因为线粒体拷贝数目的减少程度和影响的组织类型而有所不同。

（二）mtDNA 突变导致的分子生物学效应

1. 点突变导致的分子生物学效应　点突变导致的分子生物学效应与点突变发生的位点有关。当编码多肽的基因发生点突变时，多肽链合成过程中会因为错义突变发生氨基酸序列变化，导致相应的亚基结构异常，进而引起氧化磷酸化复合物功能障碍。而当编码 tRNA 和 rRNA 的基因突变时，线粒体 DNA 所编码的 13 个多肽链的翻译过程均会受到影响，导致氧化磷酸化功能降低。MERRF 综合征、MELAS 综合征和 Leber 视神经萎缩等都可以由 mtDNA 点突变引起。

2. 大片段缺失导致的分子生物学效应　由于大片段的缺失涉及的基因较多，对组织器官功能的影响也更为严重。8483～13 459 位碱基之间 5.0 kb 的片段缺失较为常见，该缺失将导致呼吸链复合体 Ⅰ、呼吸链复合体 Ⅳ 和呼吸链复合体 Ⅴ 部分亚基的编码基因和部分 tRNA 编码基因的异常，造成氧化磷酸化功能障碍，ATP 生成减少，细胞能量供应减少。Kearns-Sayre 综合征（Kearns-Sayre syndrome，KSS）就是由该片段缺失引起的。

第二节　线粒体病及其遗传特点

一、线粒体病的遗传特点

线粒体 DNA 独立存在于核 DNA 外，又被称为第 25 号染色体，或 M 染色体。由于线粒体功能受制于核 DNA 的调控，加之 mtDNA 存在与核 DNA 不同的结构特点，因此线粒体病具有其自身的遗传特点。

（一）母系遗传

人类精子和卵子结合形成受精卵的过程中，受精卵的线粒体 DNA 几乎都来自卵子，因此只有卵母细胞的 mtDNA 能随其分裂遗传给后代，后代中又只有女儿的 mtDNA 能遗传给下一代，所以 mtDNA 的遗传表现为母系遗传（maternal inheritance），即只有母亲的线粒体病可能遗传给子女，而父亲的线粒体病不会遗传给后代（图 36-1）。当然由于卵细胞成熟过程中只有一小部分 mtDNA 会留在成熟卵子中，加之细胞分裂过程的复制分离和遗传漂变的影响，女性线粒体病患者的后代是否发病与多种因素有关。

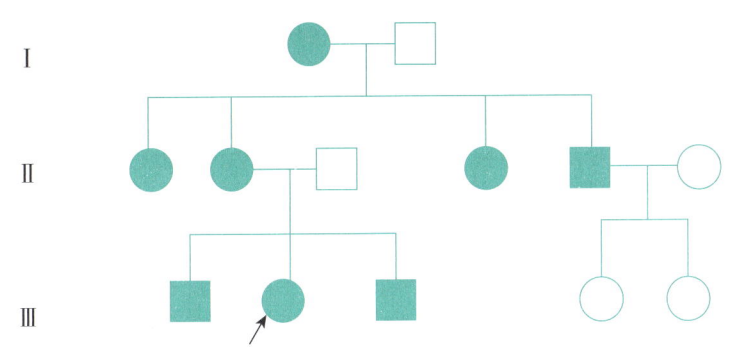

图 36-1　线粒体母系遗传系谱图

（二）半自主性

线粒体 DNA 虽然能够独立地进行复制、转录和翻译，但是对于线粒体功能的维持是远远不够的。线粒体 DNA 编码的 13 种多肽仅是部分呼吸链复合体的亚基，而呼吸链氧化磷酸化系统的组成需要 80 多种亚基。线粒体所需的、维持线粒体结构和功能的其他大部分蛋白质都是由核 DNA 编码，转运至线粒体发挥功能，其中也包含 mtDNA 复制、转录和翻译过程所需的各种酶，因此 mtDNA 的复制、转录和翻译是受核 DNA 制约的。线粒体 DNA 的遗传具有半自主性，受线粒体基因组和核基因组两套遗传系统共同控制。无论是两套遗传系统中哪部分的 DNA 发生突变，均可能导致线粒体病。mtDNA 突变引起线粒体氧化磷酸化功能异常，导致线粒体病发生；而编码线粒体氧化磷酸化亚基的核 DNA，或是编码与线粒体结构和功能有关的蛋白质的核基因突变，也可导致线粒体病。有些线粒体病还是核 DNA 与 mtDNA 共同作用的结果。

（三）阈值效应

1. mtDNA 具有极高的突变性　由于 mtDNA 缺乏修复机制和 DNA 结合蛋白的保护，又处于高氧化应激环境，以及高复制率，所以 mtDNA 的突变率比核 DNA 高 10～20 倍。首先，细胞核 DNA 受到多种修复机制的保护，可以修复受损的碱基序列，减少突变的积累。相比于细胞核 DNA，mtDNA 缺乏有效的修复机制，导致突变的积累。虽有研究表明核 DNA 中存在调控 mtDNA 突变修复的基因，但其遗传学意义还需深入研究。其次，与核 DNA 相比，mtDNA 是裸露的分子，缺乏 DNA 结合蛋白的保护，容易受到外界环境和内部代谢产物的损害。与此同时，线粒体是细胞内主要的能量产生中心，也是氧化应激的主要来源。氧化应激是指细胞内产生的活性氧自由基对 DNA、蛋白质和脂质等生物分子的氧化损伤。线粒体内的氧化应激水平相对较高，导致 mtDNA 更容易受到氧化损伤，进而引发突变。此外，线粒体在细胞内具有相对较高的复制频率，导致复制过程中的错误率增加。线粒体 DNA 的高突变性造成个体间线粒体的 DNA 序列差异较大，是 mtDNA 高度多态性和线粒体病的基础。

2. mtDNA 的异质性和分离的随机性　正常人体细胞中只有一个核基因组，而有数千个 mtDNA 分子（个别细胞类型除外），这与同一细胞通常有数百个线粒体，每个线粒体又有多个 mtDNA 分子有关。加之，mtDNA 的高突变性又造成不同细胞、不同线粒体很容易携带不同

小测试36-2: 何为mtDNA的遗传瓶颈效应?

比例的突变型和野生型mtDNA，这种现象被称为mtDNA的异质性（heteroplasmy）。异质性的mtDNA中通常有一种为野生型，其他为突变型，突变型的mtDNA可以是相同的或是不同的。

野生型和突变型mtDNA会在细胞分裂时发生分离，并随机分配到子细胞中，使得不同子细胞中野生型和突变型mtDNA的比例各不相同，该现象称为复制分离（replicative segregation）。

人类的卵细胞中大约有10万个mtDNA，而在卵细胞成熟过程中，只有非常少的mtDNA（2~200个）会随机进入卵子，这种在卵细胞成熟过程中mtDNA数量剧减的现象称为"遗传瓶颈效应"。其生物学意义可能在于最大限度地降低了携带有突变基因的线粒体传递给子代的可能性。传递给后代的mtDNA通过复制、扩增，将构成子代mtDNA的类型。

3. 线粒体病的发病阈值　突变型与野生型mtDNA同时存在于一个细胞或组织中，野生型mtDNA会对突变型mtDNA的危害起到一定的稀释作用，只有当突变型mtDNA达到一定比例时，才会导致异常性状的出现，这种引起异常性状出现的突变型mtDNA的最小比例称为阈值。由于不同组织器官对能量的依赖程度并不相同，因此线粒体病出现疾病表型的阈值也不同。对能量依赖程度较高的组织比其他组织更易受到影响，在这类组织中，少量的突变mtDNA就会引起临床症状。一般而言，中枢神经系统对能量的依赖程度最高，其次是骨骼肌。此外，阈值还会受到mtDNA突变类型、细胞核遗传背景、不同的发育阶段和细胞衰老程度等的影响。

二、线粒体病

由于mtDNA或编码线粒体蛋白的核基因突变都可以导致线粒体功能异常和氧化磷酸化功能障碍，因此广义的线粒体病（mitochondrial disease）是由mtDNA突变和（或）核DNA突变导致的线粒体功能障碍的疾病。而狭义的线粒体病仅指mtDNA突变所致的线粒体功能异常。mtDNA突变引起的线粒体病是一种多系统疾病，临床表型复杂多样，累及多个系统、组织和器官，特别是对能量依赖性比较强的中枢神经系统和骨骼肌。比较常见的线粒体病包括Leber视神经萎缩、MELAS综合征、MERRF综合征、Kearns-Sayre综合征和Leigh综合征等。

框36-1　mtDNA碱基置换疾病的命名规则

由mtDNA碱基置换引起的线粒体病命名通常遵循以下规则：①基因名称：疾病通常以涉及的线粒体基因命名，例如*MTND1*、*MTND4*等。这些基因编码线粒体呼吸链复合物的亚单位，是线粒体能量产生的关键组成部分。②疾病名称缩写：有时线粒体病名称包含与该疾病相关的特征，例如MELAS是线粒体脑肌病伴高乳酸血症和卒中样发作（mitochondrial encephalomyopathy with lactic acidosis and stroke-like episode）的缩写，包含了该疾病的相关特征，即线粒体脑肌病、脑卒中样发作和乳酸酸中毒综合征。③碱基置换类型：疾病名称通常包含碱基置换的类型，例如MTTL1*MELAS3243G中的"3243G"是指在*MT-TL1*（$tRNA^{Leu}$）基因中mtDNA的3243位碱基置换为G。

基于上述原则，MTND4*LHON11778A是指LHON中线粒体*ND4*基因中mtDNA第11 778位发生了碱基置换，置换为碱基A。

（一）Leber视神经萎缩

Leber视神经萎缩（Leber optic atrophy）（OMIM# 535000）又称Leber遗传性视神经病

(Leber hereditary optic-neuropathy，LHON），是一种罕见的眼部线粒体病，也是首个被明确的由mtDNA基因突变引起的疾病。

LHON典型的症状为视物模糊，多数患者双侧视力同时或相继急剧减退，无痛性中心视野丧失，双侧视神经严重萎缩，可伴有神经、心血管及骨骼肌等系统异常。视神经和视网膜神经元的退化是LHON的主要病理特征，若不及时治疗，多数LHON患者最终会丧失双侧视力。LHON通常在20～30岁发病，一般男性患者的发病风险是女性患者的4～5倍。

1988年，D. C. Wallace等发现Leber视神经萎缩的致病突变由mtDNA上第11 778位G到A的碱基置换（m.11778G＞A）引起。该位点位于ND4基因上，突变导致了ND4亚基第340位的精氨酸突变为组氨酸，NADH脱氢酶结构异常，氧化磷酸化功能受阻，视神经细胞功能不足，是LHON最常见、也是预后最差的突变。除此以外，MTND6*LHON14484C及MTND1*LHON3460A也较为常见，上述3种突变约占LHON致病突变的96%。

（二）Kearns-Sayre综合征

Kearns-Sayre综合征（Kearns-Sayre syndrome，KSS）（OMIM #530000）是一种线粒体脑肌病，通常在20岁之前发病。KSS是慢性进行性眼外肌麻痹（chronic progressive external ophthalmoplegia，CPEO）基础上的一种更为严重的综合征性变异。CPEO患者的临床表现主要独立累及控制眼睑运动的肌肉（上睑提肌、眼轮匝肌）和眼部肌肉（外眼肌），分别导致上睑下垂和眼肌麻痹。KSS患者除包括慢性进行性眼外肌麻痹外，还会出现双眼色素性视网膜病变和心脏传导异常。其他症状可能包括小脑共济失调、近端肌无力、耳聋、糖尿病、生长激素缺乏、甲状旁腺功能减退症和其他内分泌疾病等。

KSS患者最初的起病与典型CPEO患者相似，首发症状多为单侧上睑下垂或难以睁开眼睑，逐渐进展为双侧上睑下垂，常在20岁前发病，肌肉活检可见破碎红纤维。KSS主要是由mtDNA大片段缺失突变导致，缺失范围从1.3 kb到7.6 kb不等，最常见的是mtDNA 8470～13 446约5 kb的缺失。

小 结

线粒体是人类细胞内除细胞核外唯一含有DNA的细胞器，mtDNA独立于细胞核DNA但又受核DNA的调控，具有独特的结构和遗传特性。mtDNA突变可引起线粒体病，目前已发现人类100余种疾病与mtDNA突变有关。线粒体病的遗传方式为母系遗传。

1. mtDNA有哪些结构特点？
2. 线粒体病有哪些遗传特点？

参考答案

（罗建沅　杨玉霞　杨　玲）

第三十七章 分子病原理

导学目标

通过本章内容的学习，学生应能够：

※ **基本目标**
1. 复述分子病的概念和发展历史。
2. 列举基因突变可导致的蛋白质功能改变的类型。
3. 分析基因突变沿着中心法则影响蛋白质功能的途径。

※ **发展目标**
1. 根据分子病的原理解释致病基因突变导致遗传性疾病的发病机制。
2. 根据基因突变类型，分析突变的致病性，深入理解遗传病的防控。

案 例

案例解析

某眼病患者通过全外显子组基因测序分析时发现其在 *KRT12* 基因上有一个疑似致病突变（c.385_386del，p.Met129fs）。*KRT12* 基因是 Meesmann 型角膜营养不良症 1 型（Meesmann corneal dystrophy-1）的致病基因，该病为常染色体显性遗传，可引起异物感和畏光，通常无症状，但在角膜侵蚀和瘢痕发生时，可导致严重的视力丧失，需要通过角膜移植术进行治疗。因此该患者非常想知道自己 *KRT12* 基因上发生的这个突变是否为致病突变。突变数据库查询显示该基因致病突变全部为错义突变或者阅读框内 2~9 个氨基酸的缺失，未见无义突变或移码突变。

问题：
1. 常染色体显性遗传病的发病机制可能有哪些？
2. 错义突变如何改变蛋白质的功能？
3. 从蛋白质功能的角度看，该案例是哪种类型的突变？该案例中的突变是 Meesmann 型角膜营养不良症的致病突变的可能性大吗？

随着医学研究者对人类疾病病因学探索的不断进步，在20世纪50年代，美国的 L. C. Pauling 教授在研究镰状细胞贫血（sickle cell anemia）的发病机制过程中，提出了分子病（molecular disease）的概念。当时 Pauling 及其合作者研究发现，血红蛋白 β 亚基上一个谷氨酸残基转变为缬氨酸残基是导致镰状细胞贫血的病因，Pauling 敏锐地意识到，这个发现开启了对疾病病因研究的新篇章，也为之后飞速发展的分子诊断奠定了基础。1949 年，Pauling 及其合作者在 Science 杂志上发表了题为"镰形细胞贫血，一种分子病"的论文，遂将这类疾病命名为"分子病"。彼时，"分子"一词是用来指代"蛋白质"的。同时期，一系列的经典实验证明 DNA 是遗传物质，英国的 J. Watson 和 F. Crick 进而解析了 DNA 的结构，开启了分子遗传学研究的新篇章。镰状细胞贫血的病因也随之锁定为人类 11 号染色体上 β 珠蛋白基因上一个密码子由 CTT 变成 CAT（即该基因序列里的一个碱基由 T 突变为 A）。此后"分子"一词则更多地指代核酸或"DNA"。

莱纳斯·卡尔·鲍林
(Linus Carl Pauling)
简介

第一节　分子病概述

分子病是指由遗传性或获得性基因突变导致其编码的蛋白质在数量或结构上发生异常改变所引起的疾病。

分子病属于遗传病范畴，任何由遗传物质改变引起的蛋白质功能异常所产生的疾病都为分子病，但通常在遗传性疾病描述中，习惯上把酶蛋白分子催化功能异常引起的疾病称为先天性代谢缺陷，而把除了酶蛋白以外的其他蛋白质异常引起的疾病统称为分子病。分子病除了血红蛋白病外，还包括血浆蛋白病、转运蛋白病、受体蛋白病、膜蛋白病、膜通道蛋白病、胶原蛋白病、结构蛋白病以及角蛋白病等。

DNA 分子上发生突变后，该信息会沿着"中心法则"中描述的信息传递链向下传递（图 37-1）。首先会影响复制，可能会导致复制的提前、滞后甚至不能复制；其次可通过转录机制影响 RNA，其中目前常见的影响方式是通过直接改变 mRNA 编码区序列，或通过影响 mRNA 剪接，最终影响蛋白质的氨基酸编码、空间结构和功能；突变也可发生在基因的调控区或 mRNA 的非翻译区，通过影响 mRNA 的转录效率、翻译效率和半衰期等性质，导致蛋白质的数量减少或增多。

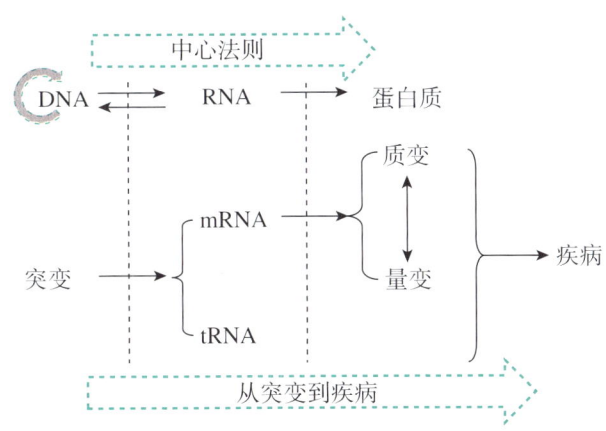

图 37-1　从突变到疾病的信息传递过程

蛋白质是 DNA 发挥功能的主要中间分子，因此理解分子病的机制，即基因突变导致疾病的病理机制，一个重要的问题是，DNA 突变如何影响蛋白质的功能。当突变发生在基因编码区以及发生在会影响 mRNA 剪接的区域时，常常会导致蛋白质的结构异常；当突变发生在转录和翻译调控区（包括影响可变剪接的区域）时，通常不改变蛋白质的结构，而是导致蛋白质的表达量或表达的组织特异性发生改变。以上这些改变最终会导致影响蛋白质功能的 4 种效应：功能丧失（loss of function，LOF）、功能增强（gain of function，GOF）、突变蛋白产生新特性、突变导致蛋白质时空表达错误（图 37-2）。本章将主要以血红蛋白病（hemoglobinopathy）为例介绍上述机制是如何发生和对疾病产生影响的。

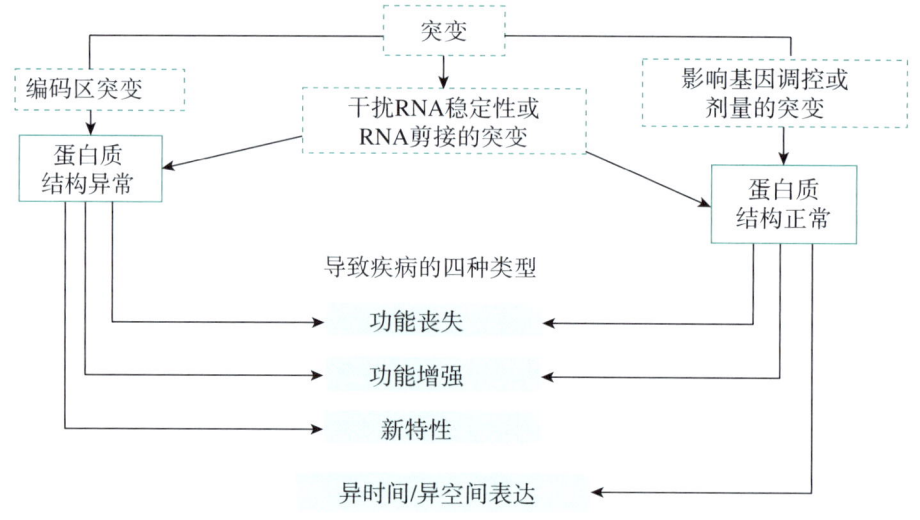

图 37-2　基因突变的位置与其所导致的 4 种疾病的机制

小测试37-1：简述分子病的概念以及提出该概念的意义。

第二节　血红蛋白病

为了理解突变对蛋白质功能影响的 4 种效应，本节将重点以一组血红蛋白病为例来说明这 4 种效应发生的机制和结果。在介绍之前，先了解一些关于血红蛋白病、血红蛋白结构和编码血红蛋白基因的基础知识。

一、血红蛋白病概述

血红蛋白病是指一组因血红蛋白基因突变导致的血红蛋白结构和功能异常从而影响红细胞携氧功能的疾病，通常包括异常血红蛋白和地中海贫血（简称"地贫"）两类。常见的临床症状为缺氧、溶血性贫血。血红蛋白病是最常见的一组单基因遗传病，在正常人群中约有 5% 的个体是血红蛋白病致病基因的隐性携带者。其中 α 和 β 地中海贫血是最早被阐明分子病理学基础的人类遗传性疾病，也是世界上最先采用分子诊断技术开展产前诊断的疾病。从 20 世纪 70 年代中期开始，临床上就已经通过检测"珠蛋白合成"成功进行了 α 地中海贫血的产前诊断，并随即应用分子杂交技术完成了 β 地中海贫血的产前诊断。所以无论从理论发展还是临床实践角度看，血红蛋白病都是一组非常适合阐述分子病原理的疾病案例。

二、血红蛋白的结构

血红蛋白是血液中红细胞运输氧气的载体，即在肺泡毛细血管内结合氧气分子，在其他组织细胞中释放出来。每个血红蛋白都是由 2 条类 α 珠蛋白链和 2 条类 β 珠蛋白链组成的球形四聚体，其中类α珠蛋白链包括α和ζ链，类β珠蛋白链包括ε、γ、δ和β链，其中不同的类α珠蛋白链和类β珠蛋白链在不同的发育时期两两组合形成人类6种不同的血红蛋白类型，每个类珠蛋白链又分别携带有一个血红素。

三、血红蛋白编码基因

编码血红蛋白的基因为珠蛋白基因，包括α类和β类珠蛋白基因，分别位于16和11号染色体上，其中位于16号染色体上的被称为α样基因簇，位于11号染色体上的被称为β样基因簇（图37-3）。基因簇（gene cluster）是指结构或功能上相似或相关的一组基因以串状排列的方式位于同一个基因座内。α样基因簇内有5个基因，从5′到3′方向分别为：ξ、ψξ、ψα、$α_1$、$α_2$，其中ξ、$α_1$和$α_2$为真基因，编码α类珠蛋白，ψξ和ψα为假基因。β样基因簇内有6个基因，从5′到3′方向分别为：ε、Gγ、Aγ、ψβ、δ和β，其中ε、Gγ、Aγ、δ和β为真基因，编码β样珠蛋白，ψβ为假基因。

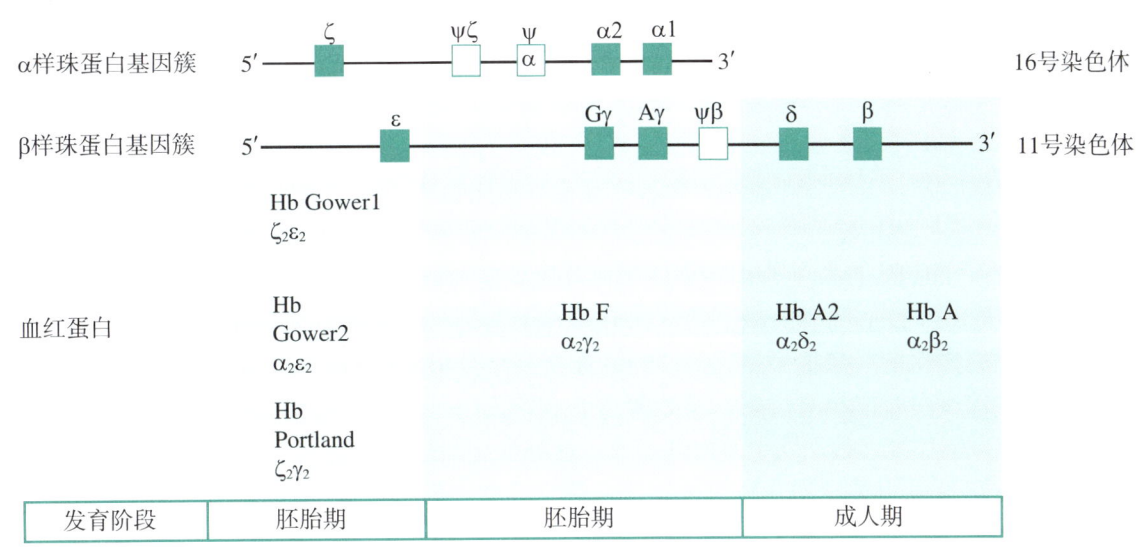

图 37-3　人类珠蛋白基因结构

α样基因簇和β样基因簇上游均存在基因座控制区（locus control region，LCR），调控整个基因簇以及基因簇内各个基因的时序表达。α样基因簇和β样基因簇内基因排列的顺序与人体发育过程中时序表达的顺序一致。

（1）在胚胎期，α珠蛋白基因簇中ξ基因开放，主要表达ξ珠蛋白，β珠蛋白基因簇主要表达ε珠蛋白，此时期血红蛋白主要为Hb Gower Ⅰ（$ξ_2ε_2$）；其次α珠蛋白基因簇α基因和β珠蛋白基因簇γ基因也有一定的表达，分别由ξ与γ链形成Hb Portland（$ζ_2γ_2$），α链与ε链形成Hb Gower Ⅱ（$α_2ε_2$）。

（2）在胎儿期，α珠蛋白基因簇中$α_1$和$α_2$基因开放，主要表达α珠蛋白，β珠蛋白基因簇中Gγ和Aγ基因开放，主要表达γ珠蛋白，此时期血红蛋白主要为Hb F（$α_2γ_2$）。

（3）在成人期，α珠蛋白基因簇中仍为$α_1$和$α_2$基因开放，表达α珠蛋白，β珠蛋白基因簇中δ和β基因开放，主要表达δ和β珠蛋白，此时期血红蛋白主要为Hb A（$α_2β_2$）和Hb A_2（$α_2δ_2$）。

在胎儿期，珠蛋白主要在胎儿的肝内表达；在成人期，珠蛋白主要在骨髓中表达。在出生前

小测试37-2：什么是基因簇？请描述β样珠蛋白基因簇上各个基因排列的规律特点。

的孕 24 周开始，γ 珠蛋白表达逐渐减少，β 珠蛋白表达逐渐增多，大约在出生 18 周后，体内的 γ 珠蛋白几乎完全被 β 珠蛋白取代，即血红蛋白由 Hb F 转变为 Hb A，这个转换的过程被称为珠蛋白转换（globin switching）。

第三节　突变对蛋白质功能的影响效应

本节将以各种血红蛋白病为例，举例说明基因突变发生后，对蛋白质功能影响的 4 种效应机制。

一、基因突变导致蛋白质功能丧失

基因突变可导致蛋白质功能丧失（loss of function），这是目前导致单基因病发生最常见的效应类型。蛋白质功能的丧失从原理上可以分为质的削弱和量的减少两类。质的改变即蛋白质结构的改变，如密码子的无义突变或错义突变，导致氨基酸链的截短，或重要氨基酸残基被替换后空间结构或表面电荷等特性发生改变，如 mRNA 剪接识别位点突变，导致剪接错误，大片的内含子被保留或外显子被移除，均导致蛋白质一级结构的显著改变。量的减少即蛋白质在细胞或组织中的含量减少，从而无法完全承担其生物学功能，如酶分子减少导致酶活性的下降，受体数量不足导致信号传导减弱等。蛋白质功能的丧失程度往往与临床表型的严重程度（包括发病年龄的早晚和病程进展的快慢）成正比。

地中海贫血（thalassemia）是由于血红蛋白基因发生功能丧失型的基因突变导致。其中 α 地中海贫血（α thalassemia，简称 α 地贫）（OMIM#604131）是由于 α 珠蛋白基因突变，导致 α 珠蛋白结构变化丧失功能或数量不足，无法与 β 珠蛋白结合形成稳定的 $α_2β_2$ 四级结构的正常血红蛋白，导致 β 珠蛋白合成相对过剩，这些游离的 β 珠蛋白分子会在红细胞内损害细胞膜的稳定性，严重时即可破坏红细胞，发生溶血性贫血，这种疾病即称为 α 地贫。相应地，β 珠蛋白基因突变，导致 α 珠蛋白相对过剩并破坏红细胞，称为 β 地中海贫血（β thalassemia，简称 β 地贫）（OMIM#613985）。

α 地贫以 α 珠蛋白基因簇内的大片段缺失突变为主（80%～85%），点突变即非缺失型突变导致的无义或错义突变等类型占比较少。目前一般认为这种大片段缺失突变的原因是在生殖细胞减数分裂联会时发生了同源染色体错配和不平等交换（homologous chromosome mistake pairing and unequal crossover）（图 37-4）。

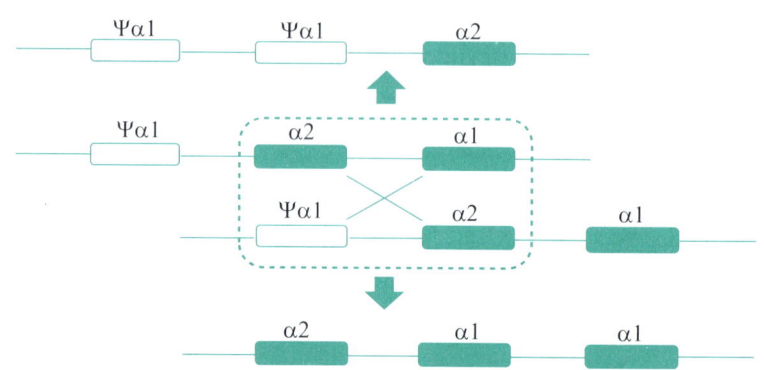

图 37-4　同源染色体错配和不平等交换模式图

因 α 珠蛋白基因簇内有两个 α 珠蛋白基因，正常等位基因表述为（αα），缺失突变导致一个 α 基因丧失功能的表述为（α-），导致两个等位基因缺失的表述为 --。(αα/αα) 基因型即为正常基因型，可以表达 100% 的 α 珠蛋白；(αα/α-) 基因型为沉默的携带者（silent carrier），丧失了 25% 的功能，可表达 75% 的 α 珠蛋白；(αα/--) 或 (α-/α-) 基因型为轻型 α 地贫表型（可表现为轻度贫血和小红细胞症），丧失了 50% 的功能，可表达 50% 的 α 珠蛋白；(α-/--) 基因型为 Hb H 病（表现为比较严重的溶血性贫血），丧失了 75% 的功能，可表达 25% 的 α 珠蛋白；(--/--) 基因型为 Hb Barts（γ4）病（表现为胎儿水肿），丧失了 100% 的功能，无 α 珠蛋白表达（表 37-1）。

表 37-1　α 地中海贫血基因型与临床表型的关系

临床表型	α 珠蛋白基因数	基因型	α 链产量
正常	4	αα/αα	100%
静止型 α 地贫	3	αα/α-	75%
轻型 α 地贫（轻度贫血，小红细胞症）	2	α-/α- 或 αα/--	50%
Hb H 病（中度或重度溶血性贫血）	1	α-/--	25%
胎儿水肿或纯合型 α 地贫（Hb Bart's：γ4）	0	--/--	0%

β 地贫以点突变为主（> 90%），缺失突变占比较少。突变后 β 珠蛋白功能完全丧失的，表述为 β^0；部分丧失、仍有残留功能的，表述为 β^+。同样，β 珠蛋白功能丧失的程度与 β 地贫患者临床症状的严重程度相关。有一类特殊大片段缺失型 β 地贫是 β 珠蛋白基因簇上游的 LCR 发生了约 20 kb 的缺失，使得整个基因簇内的 ε、γ、δ 和 β 基因均不表达，这种 β 地贫又被称为 δβ 地贫。

二、基因突变导致蛋白质功能增强

蛋白质功能的增强（gain of function）从原理上也可以分为质的增强和量的增多两类。质的增强即指蛋白质结构的改变后原有的功能加强了，如与配体结合的强度、酶反应的速率、信号转导的效率增强等。量的增多即指蛋白质在细胞或组织中的含量增多，超出了机体代谢所需。同样，蛋白质功能增强的程度与临床表型的严重程度成正比。量的增多这类遗传病较为多见，如 21-三体综合征，整条染色体上的基因拷贝数均增加，导致相应的蛋白质合成量均增加；1A 型腓骨肌萎缩症（CMT1A）最常见的致病突变为 *PMP22* 基因发生重复突变，导致 PMP22 蛋白质合成增多。

坎普西血红蛋白病（hemoglobin Kempsey）（OMIM#141900.0146）患者表现为贫血貌，但是血红蛋白含量却高于正常人。究其原因，是因为突变的血红蛋白 β 亚基第 99 位氨基酸残基由天冬氨酸残基变为天冬酰胺残基，从而使得在相同的氧分压（PO_2）情况下，坎普西血红蛋白病患者的血氧饱和度（SO_2）比正常人高很多，即坎普西血红蛋白比正常血红蛋白有更强的结合氧气分子的能力，但是也导致外周组织更难从坎普西血红蛋白那里获得氧气，从而出现缺氧症状，并刺激机体合成更多的血红蛋白。

软骨发育不全（achondroplasia）（OMIM#100800）是由于 *FGFR3* 基因（成纤维细胞生长因子受体 3）突变导致的常染色体显性遗传病。该受体是细胞膜上的一个跨膜蛋白，胞外区结合生长因子后，诱导二聚体化以及胞内结构域发生磷酸化，从而激活酪氨酸激酶活性，并抑制生长板软骨细胞的增殖和成熟。*FGFR3* 基因最常见的突变热点为一个错义突变（Gly380Arg），该突变可显著增强 FGFR3 受体的信号转导活性，抑制软骨细胞的增长导致软骨发育不全。有趣的是，*FGFR3* 基因的功能丧失型突变还可以引起常染色体隐性疾病，如弯趾-身材高挑-听力下降综合征（camptodactyly, tall stature, and hearing loss syndrome, CATSHLS）。

三、基因突变导致蛋白质产生新特性

这种突变的结果是在影响或不影响蛋白质原有功能的情况下，赋予了蛋白质某种新的特性（novel property），这种特性可影响机体功能和代谢，从而导致临床症状。通常这种突变类型导致的遗传病的遗传方式多为显性遗传。

血红蛋白中的 β 珠蛋白第 6 位氨基酸密码子由谷氨酸突变为缬氨酸（GAG → GTG；Glu6Val），这种血红蛋白一般表示为 Hb S，其结合和释放氧气分子的能力不受影响，但是当在外周毛细血管内释放了氧气分子后，这种血红蛋白分子会相互聚集形成长链状结构，而且 14 条这样的长链可继续聚集形成麻绳状的聚合物，这种聚合物会改变红细胞的形态，使其从圆盘状变为镰刀状，容易发生细胞破裂，也会卡顿和堵塞毛细血管，最终导致镰状细胞贫血。镰状细胞贫血突变基因的杂合子对疟疾有抵抗作用，因此在疟疾高发区可见较高的基因频率。

多聚谷氨酸疾病（polyglutamine diseases），如小脑共济失调 1 型（SCA1）、2 型（SCA2）、3 型（SCA3）等，脊髓延髓性肌萎缩（SBMA）、亨廷顿病（HD），这些疾病的致病基因编码区（CAG）重复区编码连续的谷氨酸结构，当发生动态突变时，这些谷氨酸结构的长度延长，影响蛋白质泛素化降解过程，突变蛋白有聚集倾向，甚至形成包涵体，对细胞有毒性作用。

四、基因突变导致蛋白质时空表达错误

这种突变通常发生在基因的调控区并影响转录的时空调控。目前在体细胞突变导致的肿瘤中发现了很多在胚胎早期或未分化细胞表达的基因出现异常表达，以及一些肿瘤抗原在错误的细胞中表达；在生殖细胞突变导致的单基因病中，这类突变目前发现的并不多。下面以遗传性胎儿血红蛋白持续存在症（hereditary persistence of fetal hemoglobin，HPFH）和远端肾小管性酸中毒 I 型（distal renal tubular acidosis I）为例来说明这种时空表达异常是如何发生的。

HPFH 是一种良性的血红蛋白病，其主要是由于类 β 珠蛋白基因簇缺陷使胎儿期 γ 珠蛋白基因在成人期重新开放并持续表达，正常成人体内 Hb F 含量小于 1%，当成人体内持续存在过量的 Hb F 时（高于 5%~10%），就称为 HPFH。HPFH 从发生机制上可分为两类：一类是缺失型，β 样珠蛋白基因簇内发生大片段缺失，缺失的区域除包括 β 珠蛋白基因外，可能还包含 δ 或 Aγ 珠蛋白基因，在出生前后因该缺失，无法完成珠蛋白转换，从而导致 Hb F 含量较高；另一类是非缺失型，突变发生在 γ 珠蛋白基因启动子区域导致 γ 珠蛋白基因表达调控异常，或突变发生在其他修饰基因影响了反式作用因子与 γ 珠蛋白基因启动子的结合，从而导致 γ 珠蛋白基因的持续表达。目前已在 Gγ 基因上游启动子（如-161，-175，-202 位点）和 Aγ 基因上游启动子（如-177，-196，-198 位点）发现多个点突变可使其与反式作用因子，如 GATS-1、OTF-1、SP1 等转录因子结合能力下降，增强 γ 珠蛋白基因表达。缺失型 HPFH 可表现为小细胞低色素，而非缺失型的 HPFH 一般无临床表型，常常是因其他原因进行血清学研究时偶然发现的。这种可通过增强 γ 珠蛋白基因表达代偿性补偿 β 基因缺陷，为 β 地贫的治疗提供了研究思路。

远端肾小管性酸中毒 I 型是一种远端肾小管酸化功能障碍引起的遗传性代谢性酸中毒疾病。该疾病的致病基因为 *SLC4A1*，编码的蛋白 AE1 为一种二聚体，在肾内表达定位于远端肾小管的

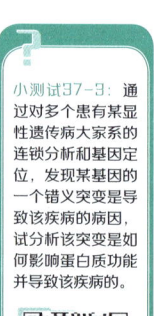

小测试37-3：通过对多个患有某显性遗传病大家系的连锁分析和基因定位，发现某基因的一个错义突变是导致该疾病的病因，试分析该突变是如何影响蛋白质功能并导致该疾病的。

第三十七章 分子病原理

α闰细胞的基底外侧，介导Cl-和HCO_3^-的跨膜交换；而 *SLC4A1* 基因发生致病性突变后会形成一个正常亚基和一个突变亚基的异二聚体，二聚体主要定位于顶膜，这种错误定位导致蛋白质表达在错误的膜位置，从而致使碳酸氢盐排泄到管腔中，减少了酸分泌而导致肾小管性酸中毒。

小 结

分子病是指那些主要由遗传性或获得性基因突变导致的疾病，这些突变可导致基因的结构或（和）功能发生改变。基因突变的信息通过中心法则，即从DNA到RNA再到蛋白质，进行传递，并最终导致临床症状。根据基因突变对蛋白质功能的影响，可分为4种类型：功能丧失型突变，功能增强型突变，新特性突变和导致蛋白质在错误的时间或空间表达的突变。

血红蛋白病是一组因血红蛋白编码基因突变导致血红蛋白结构和功能异常，从而影响红细胞携氧功能的疾病，是最常见的单基因病，包括地中海贫血、坎普西血红蛋白病、镰状细胞贫血、遗传性胎儿血红蛋白持续存在症等。

整合思考题

甲基化结合蛋白2基因（*MeCP2*）突变可导致X连锁显性Rett综合征，该病以智力发育落后、刻板动作、癫痫、孤独症、行走障碍、便秘等多系统异常为主要特征，现有的病例以新发突变为主，编码区序列突变类型包括无义突变、错义突变、移码突变等。

请分析：

（1）为什么Rett综合征主要是女性患者？

（2）为什么Rett综合征是多系统障碍？

（3）请分析是什么原因导致该病的遗传方式为显性遗传。

（4）如果有一个Rett综合征患者，通过测序没有在编码区发现基因突变，那么可能在哪些区域发现致病突变？如果这些区域发现了疑似的致病突变，如何通过实验证明这个突变的致病性？

参考答案

（黄 昱 熊 符）

第三十八章　遗传病的分子与生化基础

导学目标

通过本章内容的学习，学生应能够：

※ **基本目标**
1. 说出编码管家蛋白和特异性蛋白基因突变的区别。
2. 分析遗传性酶病的病理机制，了解苯丙酮尿症和脂质贮积症。
3. 举例说明受体蛋白、转运蛋白和结构蛋白缺陷的常见遗传病。
4. 复述药物基因组学的基本内容和应用实例。

※ **发展目标**
1. 可根据蛋白质的普遍性和特异性的功能特点，分析遗传病的发病机制和临床表现之间的关系。
2. 概括药动学和药效学的遗传学基础，设计药物基因组学的研究思路。

案　例

患者为一名9岁男童，名为小罗，目前就读于小学三年级，学习成绩优异。小罗被诊断患有两种罕见遗传性疾病：杜氏肌营养不良症（DMD）和苯丙酮尿症（PKU）。虽然小罗已开始出现行走困难，但这并未影响其学业表现。学校已为其提供了特别的教室环境和志愿者支持团队。患者有一健康的4岁妹妹。患者父母响应国家号召，计划生育第三个孩子。

问题：

1. 像小罗这样，同时患有DMD和PKU两种病的概率是多少？

2. 基因检测显示小罗的 *DMD* 基因在48-50外显子区存在大片段缺失突变，且其母亲未携带该突变。请问当其父母再次生育时，考虑到DMD的再发风险问题，你会给他们什么建议？

3. 小罗患有 *PAH* 基因突变导致的PKU，但是目前未表现出该病症状，这得益于新生儿筛查和及时治疗。若未被及时筛查和治疗，可能会出现哪些症状？这些症状产生的原因是什么？

4. DMD的发病率也不低，可是为什么不能如PKU一样进行新生儿筛查呢？请试着分析其原因。

5. 小罗的妹妹有携带DMD和PAH基因突变的风险吗？未来生育时应该做什么准备？是否有必要现在对其进行基因检测？

第三十八章　遗传病的分子与生化基础

第一节　管家蛋白与特异性蛋白

不同功能分类的蛋白质突变都有可能导致遗传病的发生。确定这些引起疾病的异常蛋白质的功能，有助于解释疾病的发生机制和遗传方式，为制订治疗方案提供依据。

虽然人类基因组包含大约 20 000 个编码蛋白质的基因，但并非每个细胞都表达这些基因所编码的全部蛋白质。每个细胞会根据其执行功能的需要，选择性关闭那些不必要的基因，而只表达其中部分基因所编码的蛋白质。蛋白质可根据其在不同细胞和组织中的表达特异性分为两大类：管家蛋白（housekeeping proteins）和特异性蛋白（specialty proteins）。管家蛋白是指那些几乎在所有细胞中都表达的蛋白质，对维持细胞的结构和功能发挥着关键的基础作用；特异性蛋白仅在特定类型的细胞或某些发育阶段中表达，执行特定的功能。大多数人类细胞表达 10 000～15 000 个基因。在一个特定组织中出现的 mRNA，约有 90% 也存在于其他组织中，表明它们编码的是管家基因。剩余约 10% 的 mRNA 则编码该特定组织的特异性蛋白。了解某种蛋白质在不同组织中的表达特异性和表达水平，有助于明确由该蛋白质突变引起遗传病的发病机制。

蛋白质的表达特异性与其突变引起的临床表现的组织器官特异性之间的关系可分为两种情况。首先，那些主要在特定组织中表达的蛋白质的突变通常导致该组织的病理改变，而对其他组织或器官的影响往往是次要的或继发性的。其次，虽然管家蛋白在所有组织中都表达，但当这些蛋白突变后，并不一定会导致所有组织都发生病理改变，而是可能仅限于某些特定组织。这种分子病理学上的组织特异性可能由两个原因引起：一是遗传冗余，即在该组织中存在生物学功能与之重叠的其他蛋白质表达，因而减轻了该蛋白质功能缺失的影响；二是该蛋白质虽然在所有组织中都表达，但其在某些组织中的表达水平特别高，且在该组织中发挥不可替代的功能，因此该蛋白质突变导致的遗传病表现出组织特异性。

小测试38-1：请简述由于管家蛋白基因缺陷引起的疾病症状在不同组织器官中存在特异性的原因。

下面将根据蛋白质的主要生物学功能进行分类，并通过举例来阐述不同类型的蛋白质发生突变后对细胞和组织功能的影响。虽然蛋白质的功能是多样的，但仍然存在一些规律性特征。

第二节　遗传性酶病

酶是主要由蛋白质构成的生物大分子，它们能催化生物体内的大量化学反应，高效促进底物转化为产物。人类基因组中包含 5000 多个编码酶的基因，这说明酶反应的极大多样性，它们能够催化生物体内各种不同的化学反应。这类由基因突变导致酶蛋白的结构和功能异常，进而引起代谢异常的疾病被称为遗传性酶病（hereditary enzymopathy）。

酶通常具有很强的特异性，能特异地识别并结合特定的生物分子（底物），并将其转化为另一种生物分子（产物）。当基因突变导致酶的功能受损时，这一过程就不能有效地进行，引起两个主要后果：一是底物因为不能被转化而发生堆积，某一反应在生物体内通常不是孤立存在的，而是一系列反应的其中一环，该底物堆积往往会影响其上游其他反应底物，导致它们也开始积累。此外，堆积的底物也可能因为浓度依赖效应而发生其他旁路反应，产生其他次级代谢物。二是底物不能转化为产物，从而引起产物缺乏，并且会沿着下游的代谢途径影响下游所有相关产物的生成。遗传性酶病的临床症状可以根据以上原理分为两大类：一类是由底物堆积导致的症状，另一类则是由产物不足引起的症状，可据此制订相应的治疗策略。

一、糖代谢病

参与糖代谢的酶发生遗传性缺陷，体内的糖代谢过程发生异常，进而导致糖代谢病。这类病症可能涉及糖的合成、分解、转换或储存等多个过程。主要的糖代谢病包括糖原贮积症（glycogen storage disease，GSD）、半乳糖血症（galactosemia）和黏多糖贮积症（mucopolysaccharidosis，MPS）等。为了深入理解糖代谢缺陷症，本节将以糖原贮积症为例介绍这一类疾病。

糖原贮积症

糖原贮积症（glycogen storage disease，GSD）是一组遗传性糖代谢疾病，糖原代谢的多个酶在糖原合成、分解、转换和运输过程中发生功能障碍，导致糖原在肝、肌肉和其他组织中异常积累。常见的临床表现包括低血糖、肝大以及肌肉无力或疼痛等。

糖原代谢主要包括糖原合成、糖原分解和糖酵解等过程，糖原代谢过程中任何关键酶的缺乏都有可能导致本症的发生（图38-1）。这些复杂且异质性强的多器官疾病在临床表现、病理指标及治疗策略方面存在显著差异。糖原贮积症根据受累部位可分为两大类：肝型GSD和肌肉型GSD。根据缺失或功能异常的酶种类不同，本症可以分为多个不同类型，表38-1列出了其常见类型。

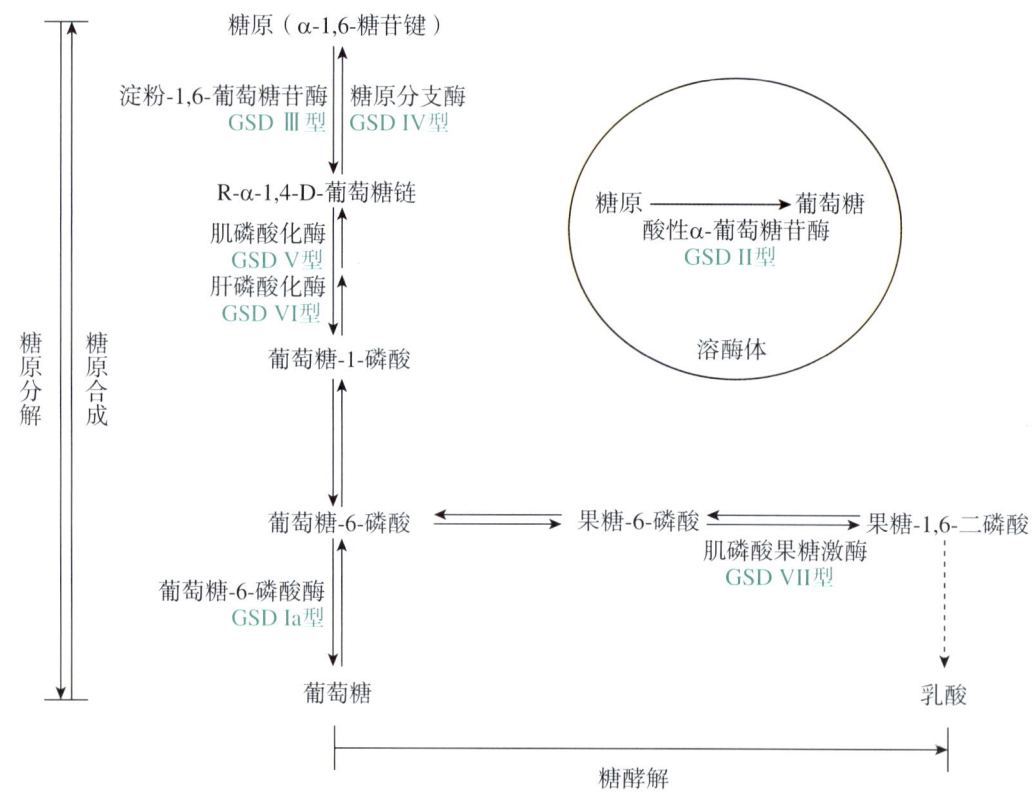

图38-1　糖原的代谢

第三十八章　遗传病的分子与生化基础

表 38-1　糖原贮积症分型

型别	病名	OMIM	致病基因	功能缺陷酶	遗传方式	症状
Ⅰa	Von Gierke	232200	*G6PC*	葡萄糖-6-磷酸酶	AR	肝大，低血糖，生长迟缓
Ⅰb	Von Gierke	232220	*SLC37A4*	微体葡萄糖-6-磷酸转运蛋白	AR	同Ⅰa型，还伴中性粒细胞功能障碍和炎症性肠病
Ⅱ	Pompe	232300	*GAA*	酸性α-葡萄糖苷酶	AR	心脏、肌肉和肝受累，肌无力
Ⅲ	Cori	232400	*AGL*	淀粉-1,6-葡萄糖苷酶	AR	肝大，中等程度低血糖或酸中毒
Ⅳ	Andersen	232500	*GBE1*	糖原分支酶［淀粉-（1,4；1,6）转糖苷酶］	AR	全身性肝硬化
Ⅴ	McArdle	232600	*PYGM*	肌磷酸化酶	AR	肌无力，运动后出现肌痉挛
Ⅵ	Hers	232700	*PYGL*	肝磷酸化酶	AR	肝大，低血糖，生长迟缓
Ⅶ	Tarui	232800	*PFKM*	肌磷酸果糖激酶	AR	肌痉挛，肌无力，肌痛，肌红蛋白尿

在糖原贮积症中，最常见的两种类型为 GSD Ⅰa 型（冯·吉尔克病，von Gierke disease）和 GSD Ⅱ型（庞贝病，Pompe disease）。

1. 糖原贮积症Ⅰa型（OMIM#232200）　本症是由葡萄糖-6-磷酸酶（glucose-6-phosphatase，G6Pase）缺乏引起的遗传性代谢障碍，呈常染色体隐性遗传。其致病基因葡萄糖-6-磷酸酶催化亚基（glucose-6-phosphatase catalytic subunit，*G6PC*）位于17q21.31。G6Pase 是一种关键酶，它负责将葡萄糖-6-磷酸转化为葡萄糖和无机磷酸，这一过程是糖原分解和葡萄糖新生的最后一步。在本症中，由于 G6Pase 酶活性缺乏，葡萄糖-6-磷酸无法转化为葡萄糖，导致体内葡萄糖生成受阻，无法维持正常的血糖水平，引发低血糖、乳酸酸中毒、高尿酸血症和脂肪肝等症状。此外，肝和肾细胞中的糖原分解受阻，导致糖原在这些器官中大量累积，引起肝大和肾大。本症患者通常会表现出低血糖的典型症状，包括疲劳、虚弱和发抖，以及由乳酸酸中毒和高尿酸血症引起的关节疼痛和肾结石。本症的发病率大约为1/20万，在中国人群中，p.Arg83Cys 是常见的 *G6PC* 基因突变。作为一种终身疾病，本症的管理需要结合饮食调整、药物治疗以及定期监测血糖水平。

2. 糖原贮积症Ⅱ型（OMIM#232300）　本症是由于酸性α-葡萄糖苷酶（acid alpha-glucosidase，GAA）缺乏所引起的遗传性疾病，其致病基因 *GAA* 位于17q25.3，呈常染色体隐性遗传。GAA 是一种重要的溶酶体酶，正常情况下，GAA 确保溶酶体内的糖原能够被有效地分解并释放葡萄糖，为细胞提供能量。本症患者的 GAA 功能缺陷导致糖原无法正常分解，在溶酶体内积累，这种糖原积累对于依赖高能量供应的细胞（如心肌细胞、骨骼肌细胞和神经细胞）尤其有害。随着时间的推移，持续的糖原积累会损害细胞功能，影响肌肉和神经系统的正常运作。本症临床表现的严重性与患者的残余酶活性相关，酶活性越低，临床症状越严重。本症分为婴儿型和晚发型，在典型的婴儿型病例中，心肌病和肌张力减退是主要特征，还伴随严重的神经肌肉病变。晚发型主要指青少年和成人发病的类型，主要表现为骨骼肌肉受累引起的轻度肌肉无力。本症群体患病率为1/4万～1/30万，一些常见的突变包括 p.Asp91Asn、p.Met318Thr、p.Glu521Lys、p.Gly643Arg 和 p.Arg725Trp 等，目前主要治疗方法是酶替代疗法，患者接受定期酶替代治疗，从而延缓疾病进程。

二、脂质代谢病

脂质代谢病通常源于脂类分解过程中某种特定酶缺乏，相应的脂类底物无法被进一步分解，因此产生的中间产物累积在患者的内脏、脑部和血管中，进而导致疾病，这类疾病统称为脂质贮积症（lipid storage diseases，LSD）。脂类的结构复杂且种类繁多，特异性酶的缺乏可导致一系列不同类型的脂质贮积症。在这些疾病中，鞘脂累积症是最为重要的一类，其主要特点是由于酶缺陷或溶酶体转运功能障碍，导致溶酶体内鞘脂堆积，因此这类疾病也属于溶酶体贮积症（lysosome storage disease，LSD）。戈谢病（Gaucher disease）是最常见的一种脂质贮积症。

Gaucher 病

戈谢病（Gaucher disease）是溶酶体 β- 葡萄糖脑苷脂酶（beta-glucocerebrosidase，GBA）活性缺乏导致的遗传病，呈常染色体隐性遗传，致病基因是定位于 1q22 的 *GBA* 基因。主要临床表现是骨骼畸形和疼痛、贫血、肝脾大，部分患者会出现中枢神经系统症状。戈谢病是最早使用酶替代疗法得到良好治疗效果的遗传性疾病。

β- 葡萄糖脑苷脂是一种由神经酰胺和 UDP- 葡萄糖在葡萄糖脑苷脂合成酶催化下合成的脂质，正常情况下，它在溶酶体中被 GBA 分解以释放神经酰胺。当 *GBA* 基因发生突变时，该酶的活性降低，导致 β- 葡萄糖脑苷脂在溶酶体中积聚。病理学检查可在骨髓和内脏器官细胞内观察到显著的脂质堆积，这些含有异常脂质积累的细胞称为戈谢细胞。戈谢细胞的增多会引起包括肝、脾、骨骼系统和神经系统在内的多个器官的功能障碍，这是本病的主要临床特征。

根据临床表现的不同，可将本病分为 3 种类型，包括非神经病性的Ⅰ型、急性神经病性的Ⅱ型以及亚急性神经元性的Ⅲ型。

Ⅰ型 Gaucher 病（OMIM#230800）也称为非神经病性戈谢病，GBA 酶部分功能缺失，酶活性降低导致其底物葡萄糖脑苷脂在巨噬细胞中积累，但不影响中枢神经系统。临床表现包括脾和肝的明显增大、骨骼病变（如疼痛、骨折和骨髓增生）、贫血以及血小板减少，但神经系统不受影响。尽管症状严重程度不一，但该类型通常预后较好，可以通过酶替代疗法等方法进行有效管理。

Ⅱ型 Gaucher 病（OMIM#230900）为急性中枢神经系统受累型，是一种罕见且更为严重的形式，GBA 酶活性几乎完全缺失，导致葡萄糖脑苷脂在身体各部位积累，包括中枢神经系统。这种积累对神经细胞尤其有害，患者患病早期会出现严重的神经系统症状，如严重的脑损伤、发育迟缓、癫痫发作以及运动障碍。此外，Ⅱ型戈谢病患者还常见肝脾大和血液检查异常。由于其对中枢神经系统的广泛损伤，这种类型的戈谢病通常预后不佳，常在儿童早期死亡。

Ⅲ型 Gaucher 病（OMIM#231000）为亚急性 - 中枢神经系统受累型，是一种介于Ⅰ型和Ⅱ型之间的形式。在这种类型中，GBA 酶活性降低，但程度不及Ⅱ型严重。Ⅲ型戈谢病的病程进展较慢，症状随时间逐渐加重，治疗方法包括酶替代疗法和对症治疗。

三、氨基酸代谢病

氨基酸代谢病是一类由于参与氨基酸代谢的酶缺陷或缺失导致的遗传性疾病。这种代谢异常会使氨基酸及其代谢产物在体内积累至毒性水平，从而引发多种临床症状。临床上常见的氨基酸代谢病有高苯丙氨酸血症（hyperphenylalaninemia）、白化病（albinism）、尿黑酸尿症（alkaptonuria）等。

高苯丙氨酸血症

高苯丙氨酸血症（hyperphenylaninemia）是一组氨基酸代谢病，其特征是由基因缺陷引发的血液中苯丙氨酸水平升高。苯丙氨酸在体内的主要代谢途径是在苯丙氨酸羟化酶（phenylalanine hydroxylase，PAH）的催化下转变为酪氨酸。这个反应需要辅因子四氢生物蝶呤（tetrahydrobiopterin，BH4）的参与。当 PAH 基因或参与 BH4 合成及循环利用的相关基因发生突变时，都会阻碍这一反应的进行，导致苯丙氨酸的积累和酪氨酸的减少（图38-2）。PAH 缺乏导致的疾病称为苯丙酮尿症，而由 BH4 相关基因功能缺失导致的疾病则称为非典型苯丙酮尿症。

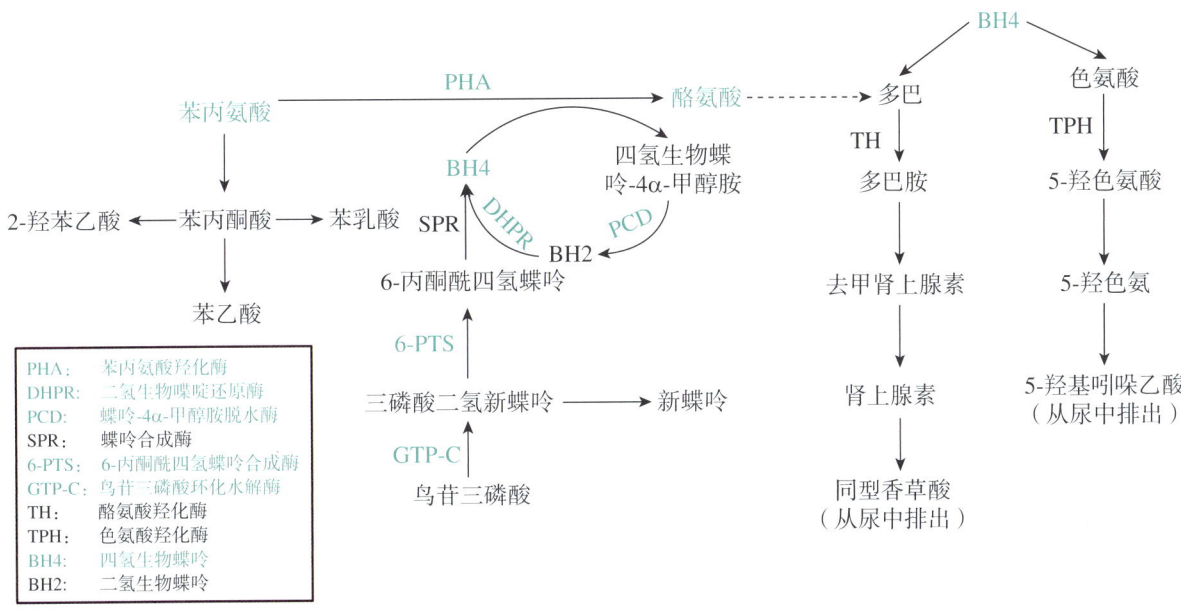

图 38-2　高苯丙氨酸血症相关代谢通路

1. 典型苯丙酮尿症（phenylketonuria，PKU，OMIM#261600）　典型苯丙酮尿症是位于 12q24.1 区间的由 PAH 基因突变导致的常染色体隐性遗传病，是一种严重的氨基酸代谢病，约占遗传性高苯丙氨酸血症的 97%，具有明显的等位基因遗传异质性，发病率为 1/12 000。本症患者 PAH 基因突变，导致 PAH 缺乏，一方面苯丙氨酸不能转变为酪氨酸，而转变为苯丙酮酸、苯乳酸、苯乙酸等代谢产物在体内累积，导致血液和尿液中苯丙氨酸及其衍生物增多；另一方面，由于酪氨酸合成减少，引起多巴胺、5-羟色胺、γ-氨基丁酸等重要神经递质缺乏，使神经系统功能受损。本症的临床表型包括精神发育迟缓、癫痫发作、皮肤、毛发和虹膜色素减退，患者的头发呈赤褐色，可能伴随湿疹。此外，患者尿液和血液中的苯丙氨酸及其代谢产物增多，会散发出一种特殊的"鼠样臭味"。患儿在出生后若不尽早进行低苯丙氨酸饮食治疗，会出现不可逆的大脑损害和严重的智力发育障碍。在我国最常见的 PAH 基因变异为 p.R243Q（占总 PAH 突变的 18%）、p.EX6-96A＞G（占总 PAH 突变的 8%）、p.V399V（占总 PAH 突变的 6%）等。

2. 非典型苯丙酮尿症（BH4 deficiency）　非典型苯丙酮尿症是由于四氢生物蝶呤（BH4）缺乏引起的氨基酸代谢病。BH4 是苯丙氨酸羟化生成酪氨酸必需的辅助因子。合成或循环利用 BH4 的酶缺乏，会导致 BH4 的生成减少，苯丙氨酸不能正常羟化生成酪氨酸，引起非典型苯丙酮尿症。影响 BH4 合成的酶包括：鸟苷三磷酸环化水解酶（guanosine triphosphate cyclohydrolase，GTP-C）和 6-丙酮酰基四氢蝶呤合成酶（6-pyruvoyl-tetrahydropterin synthase，6-PTS）；影响 BH4 循环利用的酶包括：蝶呤-4α-甲醇胺脱水酶（pterin-4α-carbinolamine dehydratase，PCD）及二氢生物蝶啶还原酶（dihydropteridine reductase，DHPR）。另外，BH4 也是酪氨酸羟化酶（tyrosine

苯丙酮尿症

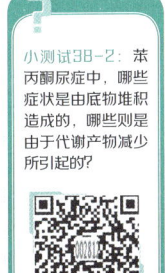

小测试38-2：苯丙酮尿症中，哪些症状是由底物堆积造成的，哪些则是由于代谢产物减少所引起的？

hydroxylase，TH）和色氨酸羟化酶（tryptophan hydroxylase，TPH）的辅因子。BH4 缺乏会导致苯丙氨酸增高，同时多巴胺和 5- 羟色胺等重要神经递质缺乏，加重患儿的神经系统症状。

四、核酸代谢病

由于核酸代谢酶的遗传性缺陷，使体内的核酸代谢异常而产生的疾病称为核酸代谢病。Lesch-Nyhan 综合征是典型的核酸代谢病。

Lesch-Nyhan 综合征

Lesch-Nyhan 综合征（Lesch-Nyhan Syndrome，LNS，OMIM#300322）是位于 Xq26.2-q26.3 区间的 *HPRT1* 基因突变导致的 X 连锁隐性遗传病。这一罕见疾病首次由美国的 M.Lesch 和 W.Nyhan 于 1964 年报道，故得名 Lesch-Nyhan 综合征。患者常常表现出自残行为，因而也称为"自毁容貌综合征"。

Lesch-Nyhan 综合征主要由次黄嘌呤 - 鸟嘌呤磷酸核糖转移酶（hypoxanthine guanine phosphoribosyl transferase，HPRT）缺陷引起，HPRT 是人体内核酸补救途径的关键酶，检测 HPRT 酶活性对诊断 Lesch-Nyhan 综合征非常重要。人体内核酸合成途径分为新生途径（de novo pathway）和补救途径（salvage pathway）：新生途径对于细胞生长和分裂至关重要，该途径从基础的小分子如氨基酸和糖类开始，通过多个步骤合成核苷酸，过程中耗能多；补救途径在细胞节能、循环利用核苷酸和应对 DNA/RNA 损伤修复中具有重要作用，该途径利用细胞内游离的嘌呤和嘧啶碱基或核苷，通过较少的步骤和能量来合成核苷酸。

正常情况下，HPRT 以 5- 磷酸核糖 -1- 焦磷酸（5-phosphoribosyl-1-pyrophosphate，PRPP）为共底物，催化次黄嘌呤和鸟嘌呤转换成次黄嘌呤核苷酸（IMP）和鸟嘌呤核苷酸（GMP）（图 38-3）。HPRT 酶缺陷会导致次黄嘌呤和鸟嘌呤积累，其机制包括：①次黄嘌呤和鸟嘌呤的利用减少；② PRPP 积累，通过新生途径合成 IMP，IMP 转化为次黄嘌呤。

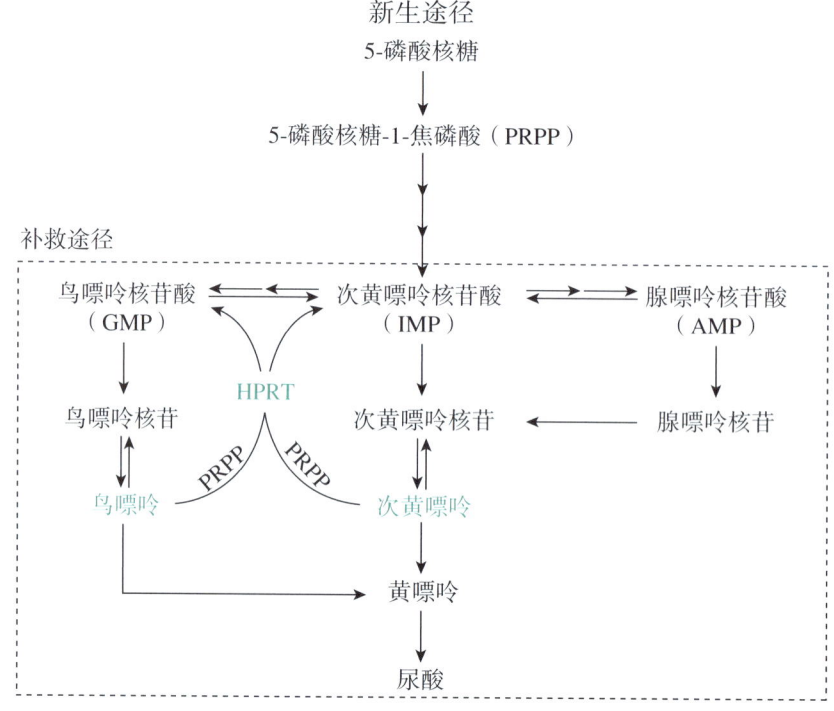

图 38-3 Lesch-Nyhan 综合征的嘌呤代谢和生化基础概述

本症患者由于次黄嘌呤和鸟嘌呤在体内堆积，使尿酸生成过量，大量尿酸在肾和关节中沉积，导致痛风、肾结石和肾损伤。另外，嘌呤在神经系统的积累会引发运动和认知障碍，主要包括：肌张力低下、运动协调障碍、不自主运动、震颤、僵硬和智力发育迟缓；典型的自伤行为（如咬唇、咬手指），伴有攻击性、情绪不稳定和躁动等。这些症状从儿童早期开始，随年龄增长而加剧。

五、卟啉代谢病

卟啉是人体内重要的大分子杂环化合物，能与 Fe^{2+} 结合形成血红素。每个血红蛋白分子包含 4 个血红素分子，每个血红素分子都能与 1 个氧气分子结合，因此卟啉在人体的血氧运输和代谢过程中发挥至关重要的作用。卟啉也是许多酶的活性中心，包括肝解毒酶（如细胞色素 P450）和一些氧化还原酶。

卟啉病是由血红素生物合成途径中的酶缺陷引起的遗传性疾病。卟啉病的特点是卟啉前体物质，如 δ-氨基酮戊酸（ALA）、卟啉胆原（PBG）或卟啉本身在体内的异常积累。在正常的血红素代谢过程中，需要 δ-氨基-γ-酮戊酸合成酶（δ-amino-laevulinic-acid synthetase，ALAS，ALA合成酶）的参与，这种酶通常含量较少，却是整个代谢过程的限速酶。在血红素合成过程中，任何一个下游反应中酶的缺乏都会导致血红素合成减少，对 ALA 合成酶产生负反馈作用，导致更多卟啉前体物质在体内积累，最终引发疾病（图 38-4）。

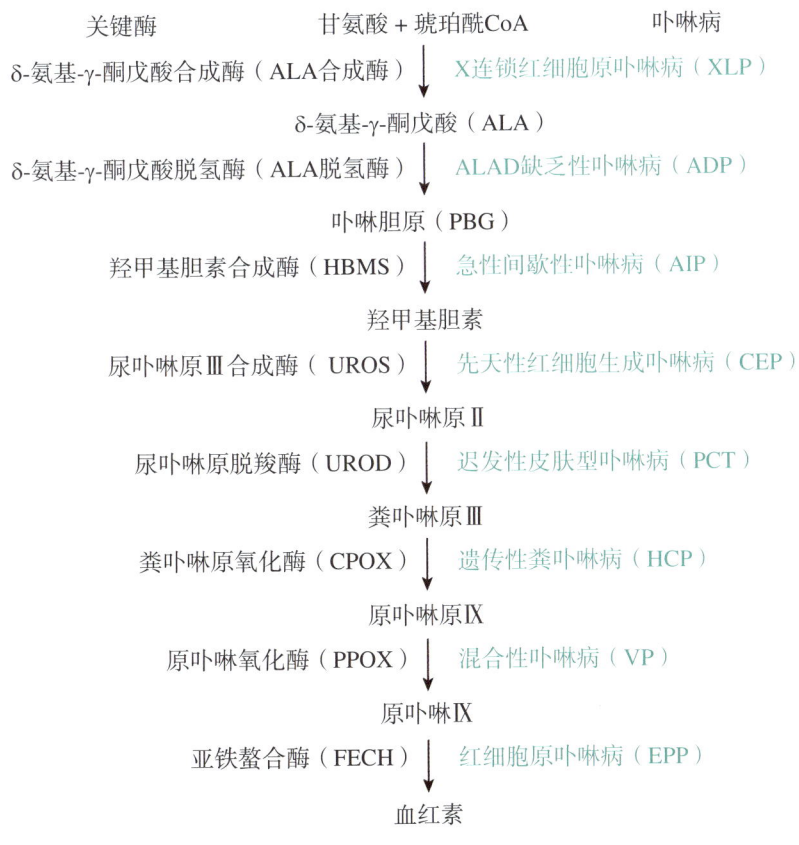

图 38-4 血红素生物合成途径和相关的卟啉症
羟甲基胆素合成酶（HBMS）又名 PBG 脱氢酶（PBGD）

根据酶和代谢途径的不同，卟啉病可以分为急性和非急性两大类。急性肝卟啉病包括 ALAD 缺乏性卟啉病（ALAD deficiency porphyria，ADP）、急性间歇性卟啉病（acute intermittent porphyria，AIP）、遗传性粪卟啉病（hereditary coproporphyria，HCP）和混合性卟啉病（variegate porphyria，VP）；非急性卟啉病包括 X 连锁红细胞原卟啉病（X-linked protoporphyria，XLP）、先天性红细胞生成卟啉病（congenital erythropoietic porphyria，CEP）、迟发性皮肤型卟啉病（porphyria cutanea tarda，PCT）和红细胞原卟啉病（erythropoietic protoporphyria，EPP）。

急性卟啉病通常在青春期才表现出来，女性比男性更容易出现症状。典型的症状为腹痛，常为间歇性绞痛，无固定部位，可延伸到背部和四肢，常持续数小时或数天；消化道症状包括便秘、恶心、呕吐，有时可出现肠梗阻症状。若未得到及时和适当的治疗，患者可能会发展出外周运动神经病变，初期影响上肢近端，严重时可能导致四肢瘫痪和呼吸骤停，还可能出现焦虑、精神错乱、过度兴奋、幻觉、精神病或癫痫发作等精神症状。

卟啉病需要个体化治疗，在急性发作期，卟啉病通常由某些药物、饮酒、压力或饥饿等外部因素诱发。急性发作期可通过抑制卟啉前体的积累进行治疗。有些药物如硫胺类、巴比妥类、雌激素、孕激素等可诱发本病，患者应避免使用。

第三节　受体和转运蛋白缺陷病

一、受体蛋白病

受体蛋白在人体中充当信号分子的侦测器，位于细胞膜或细胞内部，负责接收和传递来自激素、神经递质、生长因子等细胞外信号分子的化学信号。受体蛋白缺陷病是由于基因突变，导致受体蛋白的结构或功能缺陷，细胞对特定信号响应受损引起的疾病。功能障碍的原因包括受体蛋白表达降低、蛋白质错误折叠、受体与其配体之间亲和力减弱或信号传递通路受损。家族性高胆固醇血症（familial hypercholesterolemia）就是一种典型的受体蛋白基因突变所引起的疾病。

家族性高胆固醇血症

家族性高胆固醇血症（familial hypercholesterolemia，FH）是一种常染色体显性遗传病。该病的主要特征是血液中低密度脂蛋白胆固醇（low-density lipoprotein cholesterol，LDL-C）水平异常升高，由 *LDLR*、*APOB*、*PCSK9* 等基因突变所致，这些基因突变影响 LDL-C 的代谢和清除过程。本症患者面临更高的心血管疾病风险，因此早期诊断和治疗，包括生活方式的改变和药物治疗，对于管理病情和预防并发症至关重要。

细胞获取胆固醇的途径主要有 2 种：一是自身从头合成，二是通过摄取与低密度脂蛋白（low-density lipoprotein，LDL）结合的外源性胆固醇。LDL 主要由胆固醇和载脂蛋白 ApoB-100 构成，在体内承担胆固醇的运输工作。LDL 受体（low density lipoprotein receptor，LDLR）主要分布在肝细胞表面，负责识别 LDL 上的 ApoB-100，使 LDL-C 可以通过内吞作用进入细胞内部。LDL-C 进入细胞后，内吞体与溶酶体融合，通过溶酶体中的酸性水解酶水解，释放出游离胆固醇，这些游离胆固醇可以被酰基辅酶 A 胆固醇酰基转移酶（acyl-coenzyme A：cholesterol acyltransferase，ACAT）转化为胆固醇酯，并储存在细胞内。同时，游离胆固醇还能通过负反馈机制抑制 HMG-CoA 还原酶（3-hydroxy-3-methylglutaryl-coenzyme A reductase，HMG-CoA reductase），这是胆固醇生物合成过程中的关键酶，从而减少胆固醇的合成（图 38-5）。

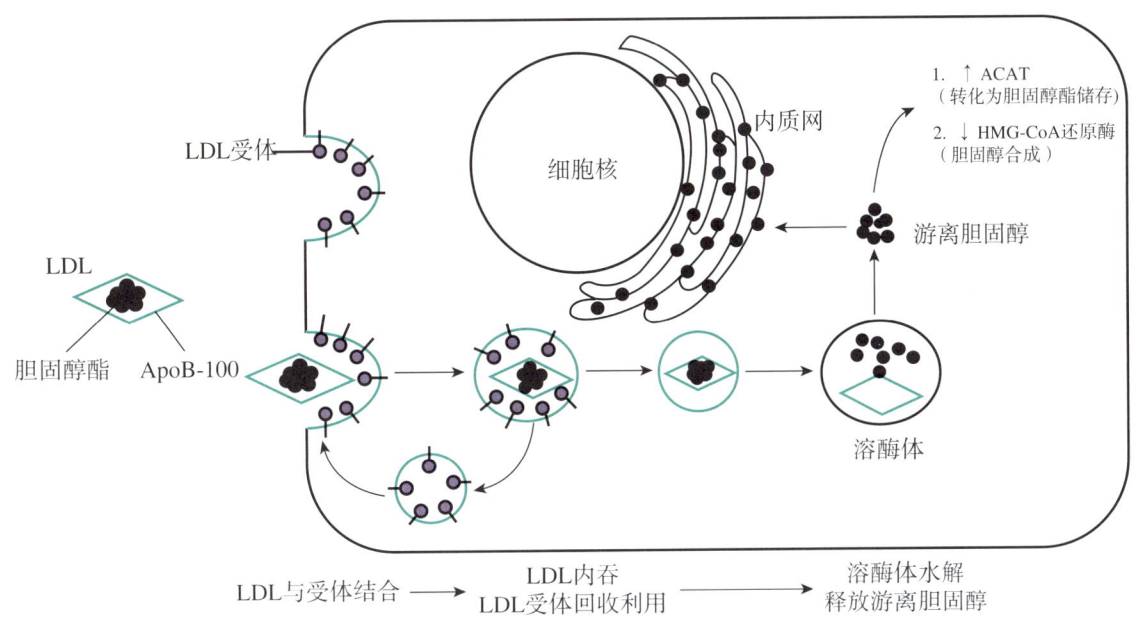

图 38-5　低密度脂蛋白受体作用示意图

在本症患者中，*LDLR* 基因（OMIM#606945）突变是最主要的致病原因。*LDLR* 基因定位于 19p13.2，由 18 个外显子组成，编码 LDL 受体。由 *LDLR* 基因突变引起的家族性高胆固醇血症存在种族差异，白种人大多为杂合患病，黄种人大多为纯合患病。当 *LDLR* 基因突变导致 LDL 受体数量不足或功能受损时，细胞无法有效地从血液中摄取外源性 LDL-C，血液中的胆固醇无法进入细胞，使血液内的 LDL 和胆固醇含量增高，从而导致多个脏器结构和功能异常，例如动脉粥样硬化、心脏病、黄瘤（皮肤表面）、环状角膜症（眼睛）等。LDL 受体功能丧失的程度与临床症状的严重程度之间存在相关性，携带杂合突变的个体临床症状相对较轻，发病年龄较晚，携带纯合突变或者复合杂合突变的个体则会在儿童期即表现出严重的临床症状。

LDLR 基因突变可以分为 6 类，第Ⅰ类是无效突变，*LDLR* 基因完全失去功能；第Ⅱ类是转运缺陷突变，LDL 受体在粗面内质网上合成后，无法转运到高尔基复合体上；第Ⅲ类是 LDL 受体无法结合 LDL 的突变；第Ⅳ类是 LDL 受体无法聚集到有被小窝的突变；第Ⅴ类是 LDL 受体无法再循环利用的突变，即内吞体无法释放 LDL；第Ⅵ类是 LDL 受体无法定位到基底外侧膜的突变。

框 38-1　LDL 受体与诺贝尔奖

　　1970 年，S. B. Michael 和 L. G. Joseph 首次发现了 LDL 受体，他们的研究揭示了 LDL 受体通过与 LDL 结合介导 LDL-C 的摄取和内吞作用，LDL 受体通过识别和清除血液中的 LDL，帮助维持正常的胆固醇水平。这一发现揭示了 LDL 受体与家族性高胆固醇血症的关联，患者 LDL 受体功能受损或缺失，导致胆固醇代谢紊乱，对于心血管健康和胆固醇代谢的研究产生了深远的影响，因此 S. B. Michael 和 L. G. Joseph 获得了 1985 年的诺贝尔生理学或医学奖。

除了 *LDLR* 基因突变，研究还发现 *PCSK9* 和 *APOB* 基因突变也可导致本症。*PCSK9* 和 *APOB* 基因分别编码人类枯草溶菌素转化酶 9（proprotein convertase subtilisin/ kexin type 9,

PCSK9）和载脂蛋白 B（apolipoprotein B，APOB）。

PCSK9 基因定位于 1p32.3，PCSK9 蛋白的功能是将 LDL 受体运输到溶酶体内使之降解，从而减少细胞表面的 LDL 受体数量，使血液中 LDL-C 水平升高。*PCSK9* 基因发生"功能增强"（gain-of-function）突变，PCSK9 蛋白活性增加，使 LDL 受体更多地被降解，造成细胞表面的 LDL 受体数量低于正常水平，减少了 LDL-C 的清除，导致血液中 LDL-C 水平异常升高，引发本症。*PCSK9* 基因发生"功能丧失"（loss-of-function）突变会降低 PCSK9 蛋白的活性，这类突变有助于保持细胞表面 LDL 受体的数量，从而增强细胞清除血液中 LDL-C 的能力，使血液中 LDL-C 水平下降。*PCSK9* 基因"功能丧失"突变与降低冠状动脉疾病风险相关联，为心血管疾病的治疗和预防提供了新策略。

APOB 基因定位于 2p24.1，编码两种不同形式的蛋白质。一种是主要在小肠中合成的 ApoB-48，由 2152 个氨基酸组成，是乳糜微粒的关键组成部分，主要负责吸收小肠中饮食来源的脂质（包括甘油三酯、胆固醇、脂溶性维生素等），并将它们运输到血液中；另一种是主要在肝中合成的 ApoB-100，大约由 4500 个氨基酸组成，是 LDL 的主要成分，ApoB-100 负责 LDL 与 LDL 受体的结合，从而促使 LDL 在肝中被清除。*APOB* 基因发生突变，会改变 ApoB-100 与 LDL 受体的亲和力，显著减少血液中 LDL-C 的清除，从而引起血液中 LDL 和胆固醇水平升高，导致家族性高胆固醇血症。

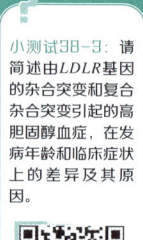

小测试38-3：请简述由 *LDLR* 基因的杂合突变和复合杂合突变引起的高胆固醇血症，在发病年龄和临床症状上的差异及其原因。

二、膜转运载体蛋白病

由于膜转运载体蛋白遗传缺陷导致的疾病称为膜转运载体蛋白病，这些蛋白在细胞内负责调节各种生物分子的运输。囊性纤维化（cystic fibrosis）是典型的膜转运载体蛋白病，是最常见的致死性遗传疾病之一，主要影响肺部和消化系统的功能。

囊性纤维化

囊性纤维化（cystic fibrosis，CF，OMIM#219700）呈常染色体隐性遗传，主要由定位在 7q31.2 的 *CFTR* 基因突变所致。*CFTR* 基因含 27 个外显子，编码一种 170 kD 的跨膜离子通道蛋白，即囊性纤维化跨膜传导调节蛋白（cystic fibrosis transmembrane conductance regulator，CFTR）。本病在白种人中高发，发病率约为 1/2500，携带率约 1/25，在美国约有 3 万名患者，平均寿命小于 30 岁。

CFTR 蛋白是一种调节 Cl^- 跨膜转运的通道蛋白，负责维持细胞内外的水和电解质平衡，该蛋白的 N 端和 C 端均位于细胞内，包含 1 个调控结构域（regulatory domain）、2 个跨膜结构域（membrane-spanning domain，MSD）和 2 个核酸结合结构域（nucleotide-binding domain，NBD），可在 ATP 供能条件下将胞内 Cl^- 泵出细胞（图 38-6）。*CFTR* 基因发生突变，导致这一 Cl^- 通道蛋白功能受损，无法有效地运输 Cl^-，使 Cl^- 和碳酸氢盐分泌受阻，同时伴随着 Na^+ 的吸收增强。这种离子平衡失调可使细胞外液形成高渗环境，造成呼吸道及其他器官黏液稠化，黏液积聚并堵塞肺泡、胰腺导管和输精管等。黏液堆积为细菌提供了滋生环境，导致反复感染和持续炎症，可导致肺部感染、胰腺炎和男性不育等。

根据对蛋白功能的影响，*CFTR* 基因突变分为 6 类。第 Ⅰ 类突变包括移码、剪接或引入提前终止密码子的无义突变，导致 CFTR 蛋白严重减少或缺失，如 G542X；第 Ⅱ 类突变导致蛋白质错误折叠并在内质网中被降解，无法到达细胞膜，如 ΔF508（这是该病最常见的突变，全球大约 70% 的 CF 患者为这种突变）；第 Ⅲ 类突变，影响 CFTR 蛋白的调节功能，使通道开放概率降低，如 G551D 突变；第 Ⅳ 类突变，影响 CFTR 通道的离子传导性能，如 R117H；第 Ⅴ 类突变，通过

影响 *CFTR* 基因的启动子区或剪接，减少正常功能 CFTR 蛋白的丰度，如 3849+10kbC > T；第Ⅵ类突变，降低细胞膜上蛋白质的稳定性，如 Q1412X。这些突变类型可以解释该病在不同个体中的表型严重程度的不同。

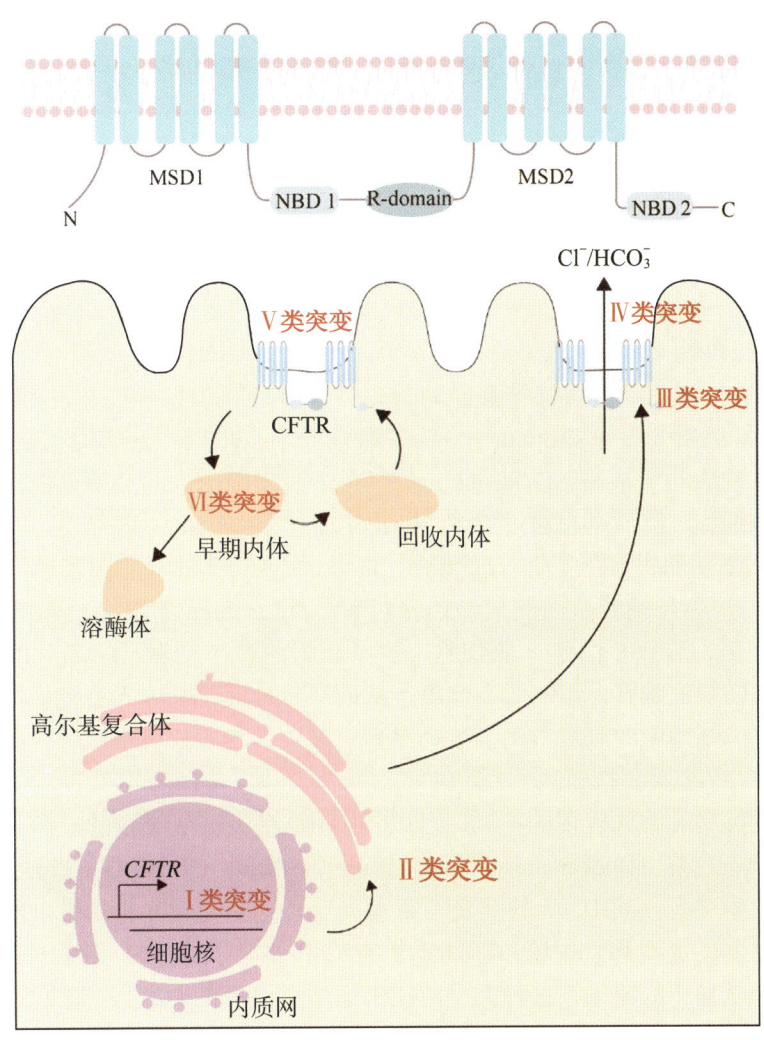

图 38-6　CFTR 蛋白结构及其突变类型

在本病治疗中，理解 *CFTR* 基因的不同突变类型及其引发的病理效应非常关键。对于Ⅰ类突变，如 G542X-CFTR，当前正在尝试使用 Ataluren（PTC124）进行治疗。Ataluren 是一种小分子化合物，已在杜氏肌营养不良症的治疗中展现出效果。该药物通过促进特定的氨酰-tRNA 对 mRNA 上的提前终止密码子进行识别和插入，从而使核糖体能够继续翻译过程，部分恢复功能性蛋白质的表达。针对Ⅱ类突变，尤其是 ΔF508-CFTR 造成的 NBD1 与 MSD2 装配缺陷，VX-809（又称 lumacaftor）药物可以通过稳定这些结构来帮助折叠。Ⅲ类或Ⅳ类突变虽然不影响蛋白质的表达量和分布，但会损害其功能，这一发现促进了对门控增强剂的研发，其中 VX-770（又称 ivacaftor）是首款针对Ⅲ类突变 G551D-CFTR 并获得 FDA 批准的 CF 治疗药物。对 *CFTR* 突变的深入了解可指导该病的治疗策略。

第四节 结构蛋白缺陷病

结构蛋白对于保持细胞的形态完整性和组织架构的稳定性具有至关重要的作用，这类蛋白的遗传缺陷可导致结构蛋白缺陷病。如肌营养不良症（muscular dystrophy）、胶原蛋白病（collagen disease）等，其中杜氏肌营养不良症是发病率最高的肌源性损害的肌肉病。

杜氏肌营养不良症

杜氏肌营养不良症（Duchenne muscular dystrophy，DMD，OMIM#310200）呈 X 连锁隐性遗传，其致病基因 *DMD* 位于 Xp21。该病在男性新生儿中的患病率约为 1/3300，严重影响男性患儿的运动能力和寿命；女性携带者通常不表现出典型的 DMD 症状，但在择偶和生育决策中会面临诸多困扰。

DMD 基因是已知最大的结构蛋白基因，它的长度约为 2300 kb，占据 X 染色体的 1.5%。该基因包含 79 个外显子和 7 个组织特异性启动子，具有多种组织特异性和发育调控的剪接方式。*DMD* 基因编码的蛋白质名为 dystrophin，译为"肌营养不良蛋白"或"抗肌萎缩蛋白"，在骨骼肌、心肌和大脑中的表达量最高。Dystrophin 是存在于肌肉细胞中的关键蛋白，主要作用是连接细胞内骨架结构和细胞外基质，它通过其 N-末端与细胞内的 F-actin 相结合，这种结合对于维持肌肉细胞的结构完整性和机械稳定性非常重要。此外，dystrophin 在肌肉收缩时有助于防止过量的 Ca^{2+} 进入细胞，并参与调节肌肉的信号传导过程。Dystrophin 的缺失会影响肌纤维膜的稳定性，使肌膜容易受损，导致 Ca^{2+} 进入肌细胞，过度积累的 Ca^{2+} 会激活一系列酶，破坏肌肉蛋白质和细胞组件，损伤肌肉细胞，影响肌肉健康，从而导致杜氏肌营养不良症。本症患者肌纤维受损，原本储存在肌肉细胞中的肌酸激酶会被释放到血液中，因此血清中肌酸激酶水平的显著升高是 DMD 早期诊断的一个重要指标。

根据基因突变类型和临床表现的不同，可以将 *DMD* 基因突变导致的疾病分为杜氏肌营养不良症和贝氏肌营养不良症（Becker muscular dystrophy，BMD，OMIM#300376）。由于 *DMD* 基因异常庞大，极易发生突变，其中 1/3 的突变是新发突变。这些突变并非随机出现，该基因的编码序列中存在 2 个主要的突变热点区域，即外显子 3-22 和外显子 45-55。最常见的 *DMD* 基因突变是跨越一个或多个外显子的缺失，这种类型的缺失占所有突变的 60%～70%，其他突变由重复、其他类型的小突变以及极少数内含子拷贝数变异引起。DMD 与 BMD 之间的临床表型差异主要由"阅读框规则"解释：DMD 与框架破坏、框外突变有关，这些突变由于终止密码子提前出现，阻断了肌营养不良蛋白的正常翻译；而 BMD 与框内突变有关，这种突变维持了阅读框，能够产生内部缺失但有功能的蛋白。这一阅读框规则在 90% 以上的 DMD 和 BMD 病例中都适用，少数例外通常可通过基因的特定转录状态来解释。

当 *DMD* 基因突变导致 dystrophin 的 C 端结构域丧失时（如 48-50 外显子缺失会引起移码突变），dystrophin 蛋白不表达，会严重影响肌肉功能，导致 DMD。本症男性患儿通常 1~2 岁表现正常，在 3~5 岁时开始出现肌无力症状，体检发现患儿肌酸激酶水平高于正常水平的 50～100 倍，患儿上楼梯困难，难以站立。随着病情进展，大多数男性患儿在 12 岁后需要依赖轮椅生活。一般患儿只能存活至 20 岁左右，死于呼吸衰竭或心肌受累而致的心力衰竭。

当 *DMD* 基因突变只影响连接区域肽链的长度，而不影响两端结构域的结构和功能时（如 48-51 外显子区缺失，属于框内突变，不改变 mRNA 的阅读框），会导致 BMD。由于本症患者仍可表达一部分 dystrophin 蛋白，因此临床症状较轻，发病时间较晚，患者在 16 岁以后还能行走，有些可以终身行走。

小测试38-4：请阐述为什么 DMD 基因在48-50外显子区域的缺失突变会导致杜氏肌营养不良症的典型临床表现，而更大范围的48-51外显子缺失的临床表现却是发病较晚和进展缓慢的贝氏肌营养不良症？

第五节 药物反应的遗传基础

药物基因组学（pharmacogenomics）是一门研究人体因基因变异导致对药物反应呈现差异的学科。药物基因组学主要关注的是两类基因，一类是参与代谢和排出药物的酶和转运蛋白。药物在患者体内需要维持有效的药物浓度，低于此浓度则无法发挥药效，高于此浓度则易导致副作用的发生。不同个体在代谢药物时因参与该药物的吸收、分布、代谢或排泄基因的差异，导致维持药物浓度的能力不同，从而影响药效和毒副作用，这个分支领域被称为药动学（pharmacokinetics）。另一类是药物的作用靶标蛋白，如某些受体蛋白和酶，药物分子可与其结合从而发挥调控作用，这些靶标蛋白基因变异会导致其结构差异，影响药物的结合和作用，导致药效差异，这个分支领域被称为药效学（pharmacodynamics）。

一、细胞色素 P450

细胞色素 P450 酶（cytochrome P-450，CYPs）是一类以 B 型血红素为辅基的氧化还原酶，属于可自身氧化的亚铁血红素蛋白超家族，在还原态与一氧化碳结合时在 450 nm 波长处表现出特征性吸收峰，因而得名。该酶主要参与内源性物质和包括药物、环境化合物和食品添加剂在内的外源性物质代谢，是参与肝内药物代谢与生物激活作用的主要酶类。CYP 家族包含 56 个不同功能的酶，由不同的 *CYP* 基因编码，这些酶按照氨基酸序列同源性被分为不同的家族和亚家族，最关键的 3 个家族是 CYP1、CYP2 和 CYP3。6 个特异的基因——*CYP1A1*、*CYP1A2*、*CYP2C9*、*CYP2C19*、*CYP2D6*、*CYP3A4* 最为重要，它们所编码的 6 种酶参与了超过 90% 常用药物的代谢。

细胞色素 P450 的命名方式：CYP 后第一个数字表示家族（1-4），第二个字母表示亚家族（A-F），第三个数字表示同工酶（1-20），星号后面的数字表示等位基因的变异体。例如，CYP2C19 表示它属于第 2 家族，C 亚家族，为该亚家族中第 19 个成员。*CYP* 基因突变会影响其编码酶的表达和活性，进而影响药物代谢。功能丧失突变主要包括基因缺失、移码突变和剪接位点突变，造成酶的活性完全丧失或显著减弱；功能降低通常由错义突变造成；功能增强的变异则主要由于基因拷贝数增加。一些启动子区或非翻译区的变异，也可导致基因表达、蛋白稳定性或酶活性的改变。图 38-7 显示了 *CYP2C9*、*CYP2C19*、*CYP2D6*、*CYP3A4* 基因多态性人群分布。

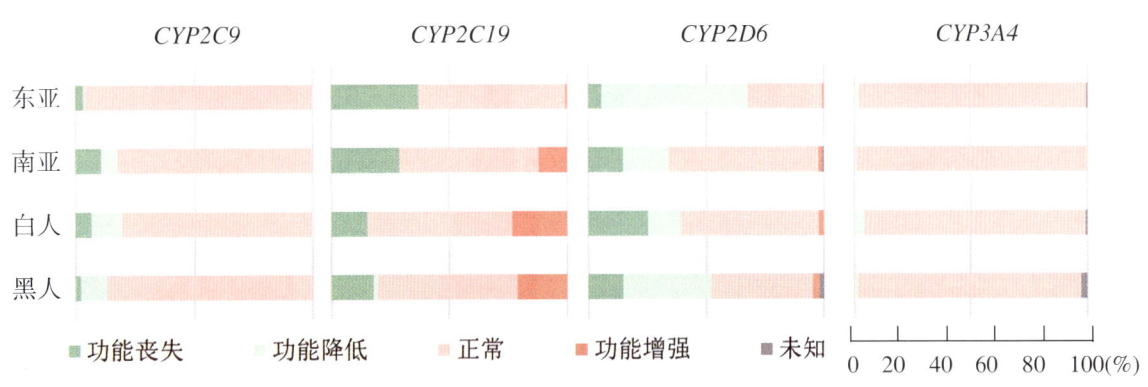

图 38-7 *CYP2C9*、*CYP2C19*、*CYP2D6*、*CYP23A4* 基因多态性人群分布

对于 CYP2C19 和 CYP2D6 的代谢能力分型如下：慢代谢者（poor metabolizer，PM）为纯合

或复合杂合突变，其等位基因功能完全丧失，药物代谢能力极低，对药物的代谢缓慢；中间代谢者（intermediate metabolizer，IM）通常携带一个功能正常和一个功能缺陷的等位基因，其药物代谢能力介于慢代谢者和强代谢者之间。强代谢者（extensive metabolizer，EM）为正常的基因型，通常占人口的大多数，他们能够有效代谢药物，以维持正常的药物浓度。超快速代谢者（ultra-rapid metabolizer，UM）携带功能增强性突变体，表现出超常的药物代谢能力，能够迅速代谢药物。

CYP2D6 基因多态性受到了广泛研究，其编码的蛋白质是重要的药物代谢酶，虽在肝中只占总 P450 的 1%～2%，但参与代谢的药物却占总 P450 代谢药物的 25%。它代谢的药物种类广泛，包括抗心律失常药、抗抑郁药（如氟西汀）、抗精神病药（如利培酮）、β受体拮抗剂、抗癌药物和阿片类镇痛药等，用药时需要考虑不同代谢者 CYP2D6 代谢能力的差异。前体药物是一种初始状态下不活跃或活性较低的药物，进入人体后，通过代谢作用转化为活性形态，从而发挥治疗效果。这种设计主要是为了提高药物的吸收率，减少副作用，以及精确地将药物送达目标部位。表 38-2 列出了 CYP2D6 不同代谢者的用药建议。

表 38-2　*CYP2D6* 不同代谢者的用药建议

表型	酶的功能	临床用药建议
PM	酶失活	通过 CYP2D6 代谢的药物需降低剂量；前体药物无法有效转化为活性形式，需要更换其他药物
IM	低残余的酶活性	代谢速率较慢，降低药物剂量；前体药物需考虑药物替代
EM	代谢正常	使用标准剂量
UM	极高的酶活性	代谢速率快，无法达到预期药效，应大剂量用药；前体药过快转变为其活性形式，体内药物浓度迅速升高，产生毒副作用

由遗传因素决定的药物毒副作用需引起高度重视，这些药物不良反应除了肝肾功能受损外，有时还表现为皮肤和黏膜损伤，症状较轻的为史蒂文斯 - 约翰逊综合征（Stevens-Johnson syndrome，SJS），影响身体表面积少于 10% 的皮肤；在更为严重的情况下会发展为毒性表皮坏死症（toxic epidermal necrolysis，TEN），属于非常严重的药物不良反应，超过 30% 的大面积皮肤脱落，死亡率为 30%～40%。

二、华法林

华法林（warfarin）作为药物基因组学的一个经典案例，可帮助理解药动学和药效学。华法林是一种广泛使用的口服抗凝药，主要用于预防和治疗血栓及栓塞疾病，它通过抑制维生素 K 循环来发挥作用，从而减少血液中凝血因子的合成。华法林的治疗范围较窄，个体间的给药剂量差异很大。剂量不足可能无法预防血栓栓塞，过量服用则会增加出血风险，因此需要精确控制华法林的剂量。研究表明，与白种人相比，亚洲人在使用华法林时血液凝固速度比预期慢，因出血并发症而重新入院和颅内出血的风险更高。

药动学方面，华法林在口服后能迅速被胃肠道吸收，其生物利用度通常超过 90%。华法林在体内的代谢，主要是通过 CYP2C9 催化成为无活性形式的羟基华法林。*CYP2C9* 基因的遗传多态性对华法林的代谢产生显著影响，一些变异类型个体对华法林非常敏感，需要更小剂量，否则会有出血风险。另一些变异类型可能导致华法林代谢加快，需要更大剂量才能达到预期抗凝效果。因此，临床使用华法林前，应进行 *CYP2C9* 基因检测，根据个体 *CYP2C9* 基因型来调整剂量，减少出血或其他副作用的风险。

药效学方面，华法林的直接作用靶蛋白是 *VKORC1* 基因编码的维生素 K 环氧化物还原酶复合体 1（VKORC1），该蛋白复合体介导 NADH 转变为 NAD^+，促进还原型维生素 K 的生成，增加活性凝血因子的合成。华法林通过抑制 VKORC1，减少可用的还原型维生素 K 生成，进而降低凝血因子 Ⅱ、Ⅶ、Ⅸ 和 Ⅹ 的合成和活性，发挥抗凝血作用（图38-8）。

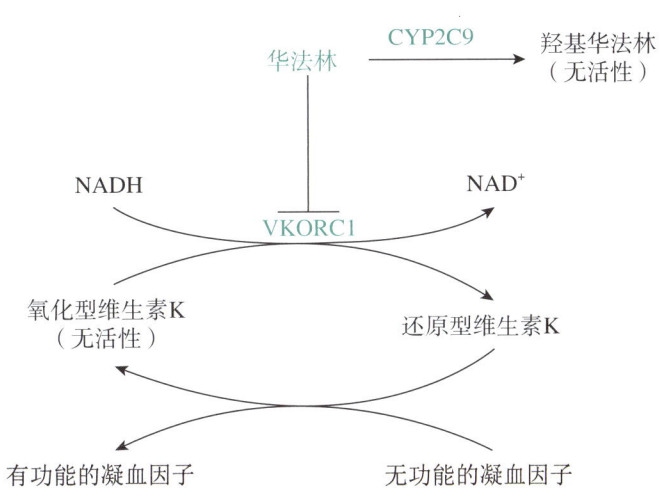

图38-8 华法林的药动学和药效学机制

CYP2C9 和 *VKORC1* 基因遗传多态性较高。CYP2C9*2 和 CYP2C9*3 可导致华法林的代谢速率减慢，增加出血风险，这两种突变型在不同人群中无显著差异；*VKORC1* 基因 1639G > A 变异会影响其表达，使个体对华法林的敏感性增强，88% 东亚人 *VKORC1* 基因存在 1639G > A 变异。因此，目前华法林药品说明书建议，在用药前检测患者 CYP2C9*2 和 CYP2C9*3 等位基因型和 *VKORC1* 基因 1639G > A 多态性，对个体实施精准化用药。

除了华法林之外，其他一些广泛使用的处方药物在亚洲人群中也需谨慎使用，这些药物涉及心血管疾病、肿瘤、神经精神疾病、传染病和风湿性疾病等，如氯吡格雷（clopidogrel）和卡马西平（carbamazepine）等。氯吡格雷的疗效在 CYP2C19 的慢代谢者中会受到影响，而卡马西平的使用风险与携带人类白细胞抗原 HLA-B*1502 等位基因型紧密相关。这两种基因型在亚洲人群中更为普遍。

氯吡格雷是预防血栓形成的药物，主要用于降低心脏病和中风的风险，它属于抗血小板类药物，通过抑制血小板聚集防止血栓形成。它是一种前体药物，需要通过 CYP2C19 酶的作用转化为活性形式。不同人群中 CYP2C19 的代谢能力存在显著差异，亚洲群体中 CYP2C19 慢代谢者和中间代谢者的比例较高，分别为 15% 和 47%，这导致氯吡格雷的抗血栓能力降低，心脑血管疾病风险增加；白人的 CYP2C19 慢代谢者和中间代谢者的比例较低，分别为 3% 和 27%。针对亚洲群体，临床上考虑使用替代药物，如普拉格雷（prasugrel）或替格瑞洛（ticagrelor）。

卡马西平是治疗癫痫和抗惊厥的药物，其代谢能力与 HLA-B*1502 基因型密切相关，HLA-B*1502 是一种人类白细胞抗原基因（*HLA*）变异，携带该基因型的个体在使用卡马西平等药物时，引发严重皮肤不良反应的风险很高，如 SJS 和 TEN。亚洲人群使用卡马西平出现严重毒副作用的风险大约是白种人的 10 倍，在东亚人群中，HLA-B*1502 等位基因携带者高达 7%。因此，临床上建议使用卡马西平之前进行 HLA-B*1502 的基因检测。HLA-B*1502 等位基因的携带者应避免使用卡马西平、苯妥英钠（phenytoin）和奥卡西平（oxcarbazepine）等药物。

小测试38-5：请以华法林为例，说明药动学和药效学的遗传学基础和应用。

三、葡萄糖-6-磷酸脱氢酶缺乏症

葡萄糖-6-磷酸脱氢酶缺乏症（glucose-6-phosphate dehydrogenase deficiency，G6PD deficiency，OMIM#300908）是最常见的人类酶缺陷疾病，全世界存在 G6PD 缺乏症的人数超过 4 亿，呈 X 连锁隐性遗传。由于该症患者食用蚕豆会发生急性溶血性贫血，因此俗称"蚕豆病"。编码葡萄糖-6-磷酸脱氢酶（G6PD）的基因为 *G6PD*，定位于 Xq28。大多数该症患者终身没有症状，但在特定情况下，本症可能危及生命。最常见的临床症状包括新生儿黄疸和急性溶血性贫血，特别是在服用某些药物、感染或摄入某些食物（如蚕豆）后，溶血会导致黄疸、尿色变深、疲劳和呼吸短促等症状。

G6PD 存在于红细胞中，是负责帮助红细胞抵御氧化压力的关键酶，维持其正常功能和寿命。红细胞没有线粒体，主要依靠无氧酵解进行糖代谢，但也部分依赖磷酸戊糖旁路。在磷酸戊糖旁路第一步，G6PD 催化 6-磷酸葡萄糖转化为 6-磷酸葡萄糖酸，生成 NADPH，这是红细胞产生 NADPH 的唯一来源。NADPH 维持谷胱甘肽的还原状态，还原性谷胱甘肽可以将细胞内产生的 H_2O_2 还原为 H_2O，从而防止氧化损伤（图 38-9）。因此 G6PD 在维持红细胞的抗氧化防御机制中发挥着核心作用。

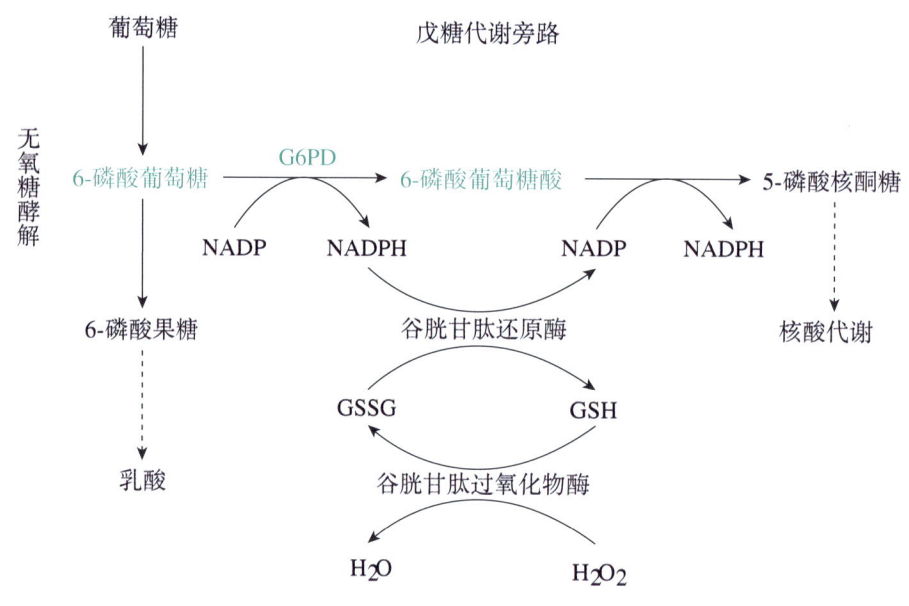

图 38-9　红细胞中的磷酸戊糖旁路

本症患者摄入氧化性强的药物时，会触发溶血性贫血，因此患者用药时应咨询医生或药师，以确保用药安全。本症患者虽然对恶性疟原虫引起的疟疾具有一定程度的抵抗力，但并不能抵抗所有类型的疟疾。当本症患者使用某些抗疟药物时，会增加溶血性贫血的风险。伯氨喹（primaquine）是一种用于治疗疟疾的喹啉类药物，其作用机制是在肝代谢过程中产生 H_2O_2 等氧化剂，这些氧化剂对红细胞内的疟原虫产生细胞毒性，从而有效地杀灭疟原虫。正常情况下，红细胞中的抗氧化系统，特别是 G6PD 酶，能够中和这些氧化剂，保护正常红细胞不受损害。然而，在 G6PD 缺乏症患者中，G6PD 酶活性降低，红细胞无法有效维持还原型谷胱甘肽等抗氧化剂的水平，伯氨喹代谢产生的 H_2O_2 和其他氧化自由基不能被及时中和，导致红细胞膜的脂质过氧化和细胞膜结构破坏,最终引发红细胞溶解,也就是溶血性贫血。

本症患者易发生溶血性贫血,不仅与某些药物相关,也可能受到环境因素的影响。因此,建议患者避免食用蚕豆及其他高氧化性食物和添加剂;避免服用可能诱发溶血的药物,如某些磺胺类、喹诺酮类抗感染药物、伯氨喹等抗疟疾药物,非甾体抗炎药以及其他已知高风险药物。此外,也要避免接触或吸入某些化学物质,如某些工业溶剂和常用作衣物防蛀的萘球。

本症在全球范围内分布较广,但相对集中于非洲、地中海沿岸、中东、东南亚、美洲黑人群体以及中美洲和南美洲的一些印第安人群体。在我国,主要分布在黄河流域以南各省(自治区、直辖市),尤其广东、广西、贵州、云南和四川等的发病率较高,为5%~20%。我国人群中最常见的 *G6PD* 基因突变型为 c.1376 G > T、c.1388G > A 及 c.95A > G,占总突变的70%~80%,具体比例及地理分布见表38-3。

表38-3 中国人群常见的 *G6PD* 突变类型

突变名称	突变位点	氨基酸替换	残余酶活性	占比	地理分布
G6PD Canton	c.1376 G > T	p.Arg459Leu	6.4%	50%	广东、广西、海南、云南等地区
G6PD Kaiping	c.1388G > A	p.Arg463His	5.6%	20%	广东、广西、海南、云南、贵州、四川等地区
G6PD Gaohe	c.95A > G	p.His32Arg	6.1%	10%	广东、广西、海南、云南、贵州、四川等地区

小 结

本章讲述了遗传病的分子与生化基础,聚焦于不同功能蛋白质在遗传病中的作用。介绍了管家蛋白和特异性蛋白:管家蛋白几乎在所有细胞中表达,对维持细胞的结构和功能具有重要的基础性作用;特异性蛋白仅在某些特定类型的细胞或某个发育阶段表达,执行独特的功能。遗传性酶病是由基因突变导致酶蛋白结构和功能的异常,进而引发代谢异常,临床症状通常是由于底物的堆积或产物不足所致,例如,高苯丙氨酸血症是由苯丙氨酸羟化酶基因突变或其辅因子四氢生物蝶呤的代谢异常所引起,导致苯丙氨酸无法转化为酪氨酸。糖原贮积症是一组遗传性代谢障碍,由特定酶缺乏或功能不足引起,这些酶通常涉及糖原的合成、分解等代谢过程,其特点是体内糖原的代谢受到影响,导致糖原过度积累于体内的某些组织和器官中,尤其是肝和肌肉组织,引发多种健康问题。受体和转运蛋白缺陷导致的疾病,例如家族性高胆固醇血症和囊性纤维化,家族性高胆固醇血症是由于低密度脂蛋白受体分子的缺陷而引起的,而囊性纤维化则是由氯离子通道蛋白功能障碍所致。结构蛋白在遗传病中的作用关注了杜氏肌营养不良症,该症致病基因编码的蛋白质负责连接细胞内的细胞骨架与膜蛋白及细胞外基质,其突变可导致该症,这一部分强调了结构蛋白在维持细胞结构完整性和功能中的重要性。药物基因组学是一门研究基因变异如何影响个体对药物反应的学科,涉及两个主要领域:药动学和药效学,对于特定药物,需根据其药动学和药效学相关基因的多态性科学指导用药。通过深入研究这些不同功能的蛋白质以及基因突变对其的影响,能够更精确地阐明疾病的病理机制,并为制订治疗方案提供依据。

整合思考题

1. 请详细讨论不同类型糖原贮积症（GSD）的遗传基础，主要受影响的代谢途径，以及这些生化改变如何导致特异的临床症状，并根据不同类型 GSD 的异同点，探讨这些疾病的治疗策略。

2. 囊性纤维化跨膜传导调节蛋白（CFTR）是一种 Cl^- 主动运输跨膜通道蛋白质，请分析该蛋白质可能包含的关键结构域，并根据各个功能丧失的类型对发生在 *CFTR* 基因上可能的突变类型进行分类。

（黄　昱　段然慧）

第三十九章 遗传病诊断

导学目标

通过本章内容的学习,学生应能够:

※ **基本目标**
1. 描述遗传病诊断的基本流程。
2. 说出遗传病的遗传学诊断重要性。
3. 描述细胞、生化和分子遗传学诊断方法所适用诊断的遗传病类型。
4. 概括侵入性产前诊断、非侵入性产前诊断和胚胎植入前遗传学诊断方法和技术。

※ **发展目标**
1. 举例说明遗传病的临床诊断、遗传学诊断和产前诊断的内在联系。
2. 根据遗传病的种类,设计适用的遗传学诊断方法和技术。

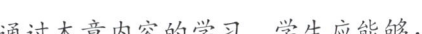

案 例

患者,男孩,8岁,约1岁半时会走路,与同龄孩子相比,动作显得笨拙,容易摔倒,走路摇摇晃晃,呈鸭步,登楼梯困难,从仰卧位起立时需先翻转为俯卧,再以双手支撑地面和下肢才能缓慢地站立,小腿肥大。外周血磷酸肌酸激酶浓度异常升高,甚至高达10 000U/L。肌肉活检可见肌纤维坏死与再生同时存在,并有结缔组织增生。患儿父母正常。患儿母亲讲述:父母均正常,有3个哥哥,2个姐姐,大哥患有同样疾病,死于20岁左右;大姐生育了2个儿子,1个正常、1个患病刚刚过世;二姐生育了2个儿子和1个女儿,均正常。患儿临床诊断为杜氏肌营养不良症(DMD),基因诊断发现 *DMD* 基因51-53号外显子区域缺失。

问题:
1. DMD临床诊断和遗传学诊断的依据是什么?
2. 根据家系成员患病情况绘制系谱图,并分析该家系遗传特点及遗传方式。
3. 如果先证者的母亲再次生育,如何避免再次生育患儿?

案例解析

遗传病诊断(diagnosis of hereditary disease)是指根据患者的症状、体征、病史以及各种辅助检查结果做出可能患某种遗传病的临床诊断,在此基础上,应用遗传学方法和技术对患者标本进行遗传学检测来确认其是否患有某种遗传病,判断其遗传方式及遗传规律。遗传病的确诊是开展遗传咨询和防治工作的基础。

遗传病诊断根据诊断时期可分为现症病人诊断、症状前诊断和产前诊断 3 种类型。现症病人诊断（symptomatic diagnosis）是指在遗传病患者出现临床症状后的诊断。症状前诊断（presymptomatic diagnosis）是指在遗传病临床症状出现之前所做的诊断，主要是对某些延迟显性遗传病家系中的患病高风险杂合子个体在症状出现前所进行的诊断。产前诊断（prenatal diagnosis）是指在出生前对胎儿是否患遗传病所做的诊断。近年来，随着生物技术和生殖医学的迅速发展，又形成了一个新的产前诊断的分支——胚胎植入前遗传学检测（preimplantation genetic testing，PGT），是在体外受精的胚胎植入子宫前进行的一类遗传学检测。

第一节　遗传病的诊断流程

对遗传病患者的诊断就是现症病人诊断。现症病人诊断是产前诊断和症状前诊断的前提，在对现症患者明确诊断的基础上，可以有效地进行症状前诊断和产前诊断，较早地发现遗传病患者或携带者并采取有效的干预手段，从而延缓发病时间及减轻症状，减少或避免遗传病患者的出生。

一、临床诊断

遗传病与临床其他疾病的临床诊断方法既有相似性，又有其特殊性。遗传病的临床诊断主要包括检查症状与体征、询问病史、进行系谱分析和相应辅助检查。

（一）症状与体征

遗传病既有与其他疾病相似的症状与体征，又有其特殊的临床表现，其特殊的临床表现可为临床诊断提供线索。例如，智力低下伴有眼距宽、眼裂小、外眼角上斜等体征提示为唐氏综合征；智力低下伴有皮肤毛发色素浅和鼠尿臭味提示为苯丙酮尿症等。

（二）病史

患者的病史是进行疾病分析和诊断的重要依据。临床医生详细了解疾病的始发年龄和病程特点，并进一步对遗传病开展有针对性的调查，包括家族史、婚姻史、生育史等。

1. 家族史　因为遗传病在一些家庭中会出现多个患者，因此调查家族史对遗传病诊断有重要的提示意义。调查家族史时要注意收集患者双亲家族三代以上各成员发病与否的详细信息，是否近亲婚配，对于死者要尽可能详细了解死因。在临床实际工作中遇到的遗传病患者不一定有家族史，因此需要医生对这种遗传病有足够的认识和了解，才能做出正确判断。例如，X 连锁隐性遗传的假肥大型肌营养不良，往往医生遇到的多数情况是家系中除先证者外没有其他患者，应考虑患者是否由新生基因突变引起。再如，染色体病，由于患者的遗传物质异常多为新发的，故而多数缺乏阳性的家族史。

2. 婚姻史　主要了解婚龄、结婚次数、配偶健康情况以及是否为近亲结婚。

3. 生育史　主要了解生育年龄、子女数量及健康状况，有无流产、死产和早产史。

此外，还应该了解患者出生时是否经历了产伤、窒息或其他分娩异常，妊娠早期是否患过病毒性疾病或接触过致畸因素，如服用过致畸药物或暴露于电离辐射或化学物质等。

(三)系谱分析

根据对遗传病患者家族各相关成员发病情况的调查结果,绘制系谱(pedigree)。系谱也称家系图,是以特定符号和格式绘制成的反映家族各成员相互关系和发病情况的图解。系谱图的绘制方法一般以该家系中首次就诊的患者又称先证者(proband)开始,追溯其家系其他成员在家族中的分布情况。根据绘制的系谱进行系谱分析。系谱分析可以帮助判断该家系是否患有遗传病及其可能的遗传方式。在系谱分析中要注意辨别该疾病是否是遗传病,是单基因遗传还是多基因遗传,是孟德尔式遗传还是非孟德尔式遗传,以及一些特殊的遗传现象如遗传印记等。

框 39-1　系谱分析注意事项

系谱分析时应注意:①系谱信息的完整性与可靠性;②以先证者为基点分析系谱特点;③近亲婚配家系的常染色体隐性遗传病的发生风险明显高于随机婚配家系,因此在怀疑存在常染色体隐性遗传病时,应特别询问并标注双亲有无近亲婚配;④有些常染色体显性遗传病存在外显不全或延迟显性,前者可终身不发病,后者可能在先证者就诊时尚未表现出病症,因此在系谱中会出现隔代遗传的不规则显性现象;⑤当前许多家庭子女数量少,当家系中只有一个患者时,可优先考虑隐性遗传病,但不能排除外显不全或新发突变导致显性遗传病的可能。

(四)辅助检查

医生在进行完上述查体和病史调查之后,需要根据初步判断的遗传病种类,进一步进行必要的辅助检查,帮助诊断与鉴别诊断。这些辅助检查手段包括生化、影像学、电生理及病理检查等。例如,假肥大型肌营养不良患者会出现血清肌酸激酶的显著异常增高,此生化检查指标对于临床诊断有重要的提示意义;脊髓小脑性共济失调患者会出现小脑萎缩,CT 检查发现小脑异常可为临床诊断提示进一步证据;肌电图检查肌源性损伤可为进行性肌营养不良症的诊断提供依据;皮肤活检对诊断皮肤相关遗传病有重要的提示意义等。

二、遗传学诊断

由于遗传病种类繁多,不同的遗传病存在相互重叠交叉的症状和体征,同一种临床表现的遗传病也有着不同的致病基因或染色体异常。因此,很多遗传病具有高度的临床和遗传异质性。故在临床诊断基础上,需要根据不同遗传病的遗传背景采取不同的遗传学诊断技术方法,进一步进行遗传学诊断来明确病因。明确病因对遗传病家庭的遗传咨询和遗传病防治具有极为重要的作用。

(一)细胞遗传学诊断

细胞水平的遗传物质是染色体,因此,适用于细胞遗传学诊断(cytogenetic diagnosis)的遗传病主要为由染色体数目异常和结构畸变所导致的染色体病。细胞遗传学诊断的主要方法技术包括染色体核型分析和分子细胞遗传学分析技术(参见第十七章"人类基因组与染色体"第四节相关内容)。

1. 染色体核型分析(karyotype analysis)　染色体核型分析是确诊染色体病的常规方法。标准的 G 显带技术分辨率为 400～550 带，可检测出大于 5～10 Mb 的染色体片段缺失和重复。高分辨率显带染色技术可在单倍体中获得 850 条或更多的染色条带，可观察到 2～3 Mb 大小的基因组重排。除了带型变化，显带染色体检查还可以发现特定染色体位置的无染色的间隙，即脆性位点（fragile sites），如脆性 X 染色体综合征患者的 Xq27.3 脆性位点。目前随着显带技术的改进，能准确地判断和发现更多的染色体数目和结构异常综合征，甚至新的微畸变综合征。染色体检查标本的来源，主要包括外周血、羊水中胎儿脱落细胞、脐血、绒毛和皮肤等组织。

与常规核型分析方法相比，FISH 技术的优缺点

2. 荧光原位杂交（fluorescence in situ hybridization，FISH）技术　FISH 技术是一种荧光标记的原位杂交技术，是一种非放射性的分子细胞遗传技术。

目前该技术在细胞遗传学临床检测和研究中均有应用。例如，应用 FISH 技术检测慢性粒细胞白血病 *BCR/ABL* 融合基因、乳腺癌细胞中 *HER-2*/neu 基因的扩增、羊水胎儿脱落细胞的 5 种常见染色体非整倍性数目改变（21-三体、18-三体、13-三体、45,XO 和 47,XXY）等。

3. 染色体微阵列分析（chromosomal microarray analysis，CMA）技术　CMA 技术是 DNA 微阵列技术和比较基因组杂交技术相结合的一种分子细胞遗传学技术，是用不同的荧光染料分别标记患者和正常样本 DNA，与芯片上的 DNA 探针进行共杂交，通过检测荧光信号的不同来检测样本基因组相对于对照基因组的 DNA 拷贝数变化。常用于遗传病的染色体微缺失微重复的检测。根据不同芯片类型，最高分辨率可检出高达 1kb 的基因组不平衡微小片段重复或缺失。CMA 主要包括微阵列比较基因组杂交技术（array-based comparative genomic hybridization，aCGH）和微阵列单核苷酸多态性分析技术（array single nucleotide polymorphism，aSNP）。aCGH 能很好地检出 DNA 拷贝数异常（CNV）；aSNP 除能检出 CNV 外，还能够检测出大多数的单亲二倍体（UPD）和三倍体。

与常规核型分析方法相比，aCGH 技术的优缺点

全基因组测序（whole genome sequencing，WGS）与核型分析、染色体微阵列分析的检测范围一致，临床检测染色体和基因组病的最终解决方案是对基因组进行完整测序。事实上，随着 WGS 效率的提高和成本的降低，临床对遗传样本进行测序正变得越来越实用。

（二）生化遗传学诊断

遗传代谢病又称先天性代谢缺陷，是由编码生化代谢途径中的酶、辅酶、运载蛋白的基因缺陷引起，导致代谢产物堆积或终末产物缺乏，使机体生化代谢发生紊乱，从而引起相应临床症状的一组疾病。遗传代谢病绝大多数属常染色体隐性遗传，少数为常染色体显性遗传、X 连锁伴性遗传，或者线粒体遗传。遗传代谢病主要好发于新生儿阶段，在新生儿期的临床表现主要为黄疸、代谢性酸中毒、肌张力异常、喂养困难、反应差、嗜睡或昏迷等，新生儿期后主要为精神运动发育落后、身材矮小、消瘦、面容丑陋、肝脾大、代谢性酸中毒、抽搐、反复呕吐、贫血等症状。由于这类疾病临床表现缺乏特异性，仅靠临床症状很难甄别并做出正确诊断。

对这类遗传代谢性疾病进行的酶或代谢物水平的诊断又称为生化遗传诊断（biochemical genetics diagnosis），目前常用的诊断方法有以下几种。

1. 串联质谱、气相色谱 - 质谱技术　对患者血液、尿液及脑脊液等标本进行代谢产物检查，与传统筛查技术相比，其突出的优势是可以同时检测多种指标。采用串联质谱技术（tandem mass spectrometry，TMS）检测新生儿滤纸干血片中数十种氨基酸、游离肉碱和酰基肉碱，可对 50 余种氨基酸代谢障碍、有机酸血症及脂肪酸氧化代谢障碍等多种遗传代谢病进行筛查。新生儿 TMS 筛查阳性者，应先复查原样本，仍阳性者应召回患儿复查，可结合生化检测、负荷试验、气相色谱 - 质谱技术（gas chromatography/mass spectrometry，GC/MS）等进行诊断。

串联质谱新生儿遗传代谢病筛查病种

2. 细胞酶学活性检测　此方法对疾病诊断价值高，缺点是技术复杂，大多数医疗机构不能开展酶学检测工作。

框 39-2　新生儿遗传代谢病筛查

新生儿遗传代谢病筛查（简称新生儿筛查）是在新生儿期对严重危害儿童健康的先天性遗传代谢性疾病施行的一项专项检查。世界各国实践证明，对遗传代谢病进行新生儿筛查和早期干预，通过饮食治疗或药物治疗，可避免因病致死、致残，从而减少出生缺陷，提高人口素质。目前已对遗传代谢病有了较为全面和深入的认识，临床常见 100 余种。2002 年，我国第一个串联质谱遗传代谢病实验室在上海建立。目前，串联质谱已成为我国扩展的新生儿遗传代谢病筛查的主要手段，其灵敏度为 99%，特异度 > 99.8%。

（三）分子遗传学诊断

分子水平的遗传物质是 DNA，基因是 DNA 上有遗传和功能效应的片段。分子遗传学诊断（molecular genetics diagnosis）就是基因诊断（gene diagnosis），也称为分子诊断（molecular diagnosis），是指利用分子生物学实验技术，直接检测体内 DNA 的变化，从而对疾病做出诊断。全球大约有 10 000 种不同类型的单基因病，综合发病率高达 1/100。绝大多数单基因病病情严重，且无有效的治疗措施。基因诊断不仅可以对单基因病的现症病人在基因层面找到其致病原因，而且可以及早发现家族中致病基因的携带情况，在发病前做症状前诊断和在胎儿出生前做产前诊断，防止缺陷基因向下一代传递。高通量基因测序技术大幅度降低了 DNA 测序成本，使大规模临床应用成为现实，因此基因诊断已是当前遗传病诊断领域最前沿和最重要的组成部分。

单基因遗传病种类繁多，且具有遗传异质性、临床表现度、外显率等复杂性，这些因素给单基因病的基因诊断带来较大难度，需要根据不同遗传病致病基因的背景，采用适宜的技术方法和分析策略。目前，常用的分子诊断技术和方法主要有如下几种。

1. PCR 及其相关技术　聚合酶链反应（polymerase chain reaction，PCR）技术由 K. Mullis 创建于 1985 年，用于扩增特定的 DNA 片段，是分子生物学技术的一项重大突破。PCR 技术主要运用 DNA 变性和复性的特性，遵循 DNA 半保留复制和碱基互补配对的原则，快速扩增特定的目的 DNA 片段，使目的 DNA 片段得到大量复制。PCR 技术给遗传病的研究和分子诊断带来巨大突破，而且 PCR 与其他技术结合，又衍生发展了一系列相关技术方法，如 PCR- 限制性酶片段长度多态性（PCR-RFLP）、多重连接探针扩增技术（MLPA）等。

（1）PCR 直接诊断遗传病：PCR 技术可以通过设计特异性引物来特异性扩增目的基因片段，如果基因突变导致 PCR 扩增产物片段大小有差异，则由这类基因突变导致的遗传病，如三联子重复扩增遗传病，可直接应用 PCR 技术结合片段大小分析进行基因诊断。例如脊髓小脑性共济失调 3 型（SCA3），致病基因 *ATXN3* 含 11 个外显子，CAG 三联异常扩增突变位于第 10 号外显子，患者 CAG 扩增拷贝数为 61-89，正常人为 12-41。如图 39-1 所示：根据位于 CAG 重复序列两侧核酸序列设计特异性扩增引物，以家系个体的 DNA 为模板进行 PCR 扩增，扩增产物用琼脂糖凝胶电泳分离，根据片段大小即可进行判断。家系现症患者 1 和 3 均有与阳性对照大小相近的异常扩增带（箭头所示），正常对照 5 则没有此带。基因诊断结果显示，家系内刚成年、表型尚正常的个体 2 未带有突变，而个体 4 则带有突变。

（2）聚合酶链反应 - 限制性酶片段长度多态性（PCR-restriction fragment length polymorphism，PCR-RFLP）检测：先应用 PCR 扩增目的 DNA，扩增产物再用特定的限制性核酸内切酶消化酶切，根据酶切片段的数量和大小来判断是否有酶切位点改变。该方法主要应用于检测产生或消除酶切位点的基因点突变。如镰状细胞贫血患者因编码血红蛋白 β 链基因中发生单碱基置换突变，导致第 6 位氨基酸谷氨酸被缬氨酸所代替，形成了异常的血红蛋白 S。如图 39-2 所示，正常情况下，限制性内切酶 Mst Ⅱ 在该突变点有一个酶切点，可以将其切割成两个长度分别为 1.2 kb、0.2 kb 的片段；患者由于碱基置换使 Mst Ⅱ 无法识别酶切位点，而仅产生 1.4 kb 的片段。PCR-RFLP 方法检测突变快速、简便，但由于仅适用于检测导致酶切位点改变的基因突变，而使其应用受到很大限制。

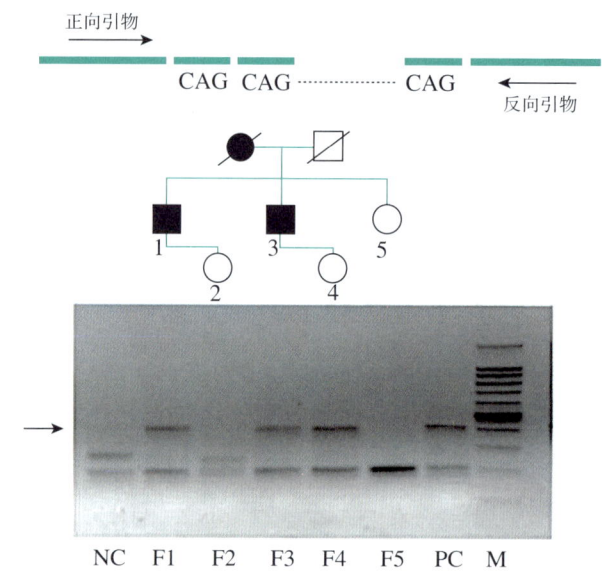

图 39-1　应用 PCR 技术对 SCA3 家系进行基因诊断
NC：正常对照；PC：阳性对照；F：家系成员；M：Marker

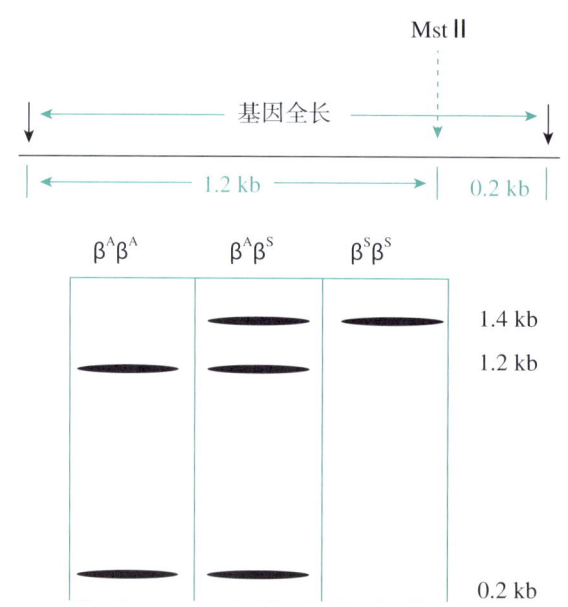

图 39-2　应用 PCR-RFLP 技术进行镰状细胞贫血基因诊断

（3）PCR-STR 连锁分析间接诊断遗传病：对于某些基因结构大、遗传异质性较高或未能明确致病基因突变位点的遗传病家系，可以采用在基因内或两侧的短串联重复序列（short tandem repeat，STR）多态性标记进行连锁分析，以间接诊断遗传病。如图 39-3 所示，致病突变未明确的 X 连锁 DMD 家系，选择位于 *DMD* 基因附近的 STR 标记，PCR 扩增该 STR，凝胶电泳分离产物，可见 A、B、C、D 和 E 五种多态性等位基因片段，其中所有患者共有的是 D，其他男性正常个体均不带有 D，女性携带者均携带 D，可见此位点在家系内共分离，则可间接判断 *DMD* 为该家系的致病基因。

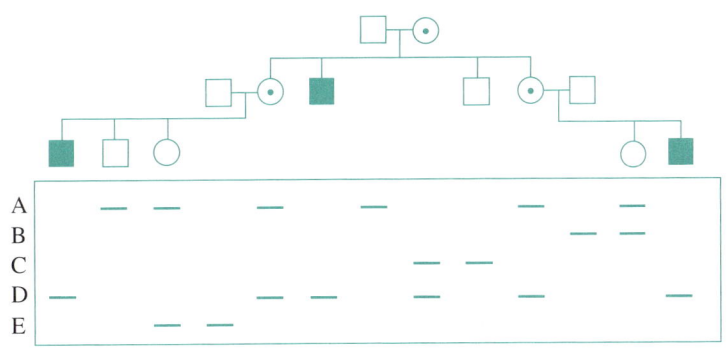

图 39-3　PCR-STR 连锁分析法间接进行 DMD 基因诊断

（4）多重连接探针扩增（multiplex ligation-dependent probe amplification，MLPA）技术：由荷兰人 J. P. Schouten 于 2002 年在 PCR 技术上发展而来，是一种主要用于分析靶序列拷贝数变异的技术。

框 39-3　MLPA 技术的基本原理

> MLPA 技术包括核酸分子杂交、片段连接以及 PCR 扩增。针对基因内每个待检区域设计一对 DNA 探针，每条探针主要包含杂交序列与引物结合序列，每个待检区域两条探针与模板杂交后，DNA 连接酶将两条杂交在模板上的探针连接为一个整体，随后一对引物结合在探针引物结合区，对连接后的探针进行 PCR 扩增。根据 PCR 扩增片段大小来区分不同的靶序列，利用软件可以对比待测样本和对照样本的相对 PCR 扩增片段峰值高度（荧光信号强度），进而反映待测样本靶序列的拷贝数。如果靶序列发生缺失或重复，最后得出的相对 PCR 扩增峰值便会缺失、降低或增加。因此，根据扩增峰值改变就可判断靶序列是否存在拷贝数的异常。

MLPA 技术通量高、分辨率高、简便可靠，目前已经被广泛应用于片段缺失与重复突变所致遗传病的诊断和研究中。例如在 DMD 的致病突变中，*DMD* 基因的缺失或重复占 70% 以上。*DMD* 基因包括 79 个外显子，MLPA 两个反应就可以检测 *DMD* 基因所有外显子的缺失或重复突变。实验结果用软件进行定量分析，将绝对峰值转换为相对峰值，来判断外显子的缺失与重复。如图 39-4 所示，正常对照（a）：每个外显子相对峰值为 1；缺失突变（b）：缺失外显子相对峰值为 0；缺失携带者（c）：缺失外显子相对峰值为 0.5。

2. Sanger 测序　Sanger 双脱氧链终止法测序技术是目前进行 DNA 测序应用最广泛的一种方法。通过 PCR-Sanger 测序可以很直观地发现待测 DNA 片段是否存在碱基变化。如图 39-5 所示，应用 PCR 扩增产物直接进行 Sanger 测序来对 *DMD* 基因进行基因突变分析，根据测序结果，可见 DMD 患者带有 *DMD* 基因剪切位点突变：c.2949+2 T > G。PCR-Sanger 测序方法是目前最常用的基因突变分析方法，也是公认的基因诊断的金标准。

3. 高通量测序技术（high-throughput sequencing）　一次能对几十万到几百万个 DNA 分子进行序列测定，是对基因组学研究领域具有里程碑意义的技术。该技术使单碱基测序成本与 Sanger 测序技术相比急剧下降，目前已广泛应用于遗传病致病基因的研究和诊断。根据研究和诊断目的的不同，可选择全基因组测序、全外显子组捕获测序以及靶向基因测序。外显子组序列占人类基因组的 1%，外显子组测序比全基因组测序的优势在于测序成本低，而且外显子组测序的数据分析计算量小,与生物学表型结合更为直接。而对于一些遗传异质性高及临床表现有交叉重叠的遗传病,可以选择靶向基因测序技术来进行所有已知致病基因的检测。

全基因组测序,外显子组测序和靶向基因测序的优缺点

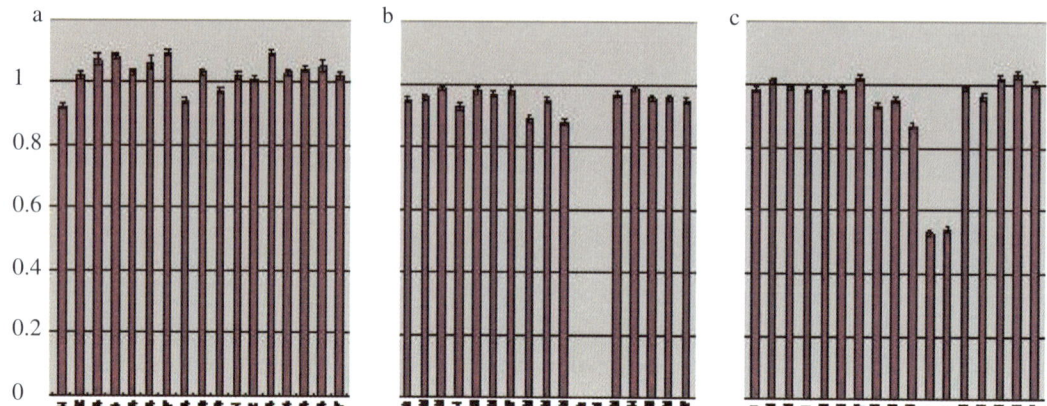

图 39-4 应用 MLPA 技术进行 DMD 基因缺失重复突变分析

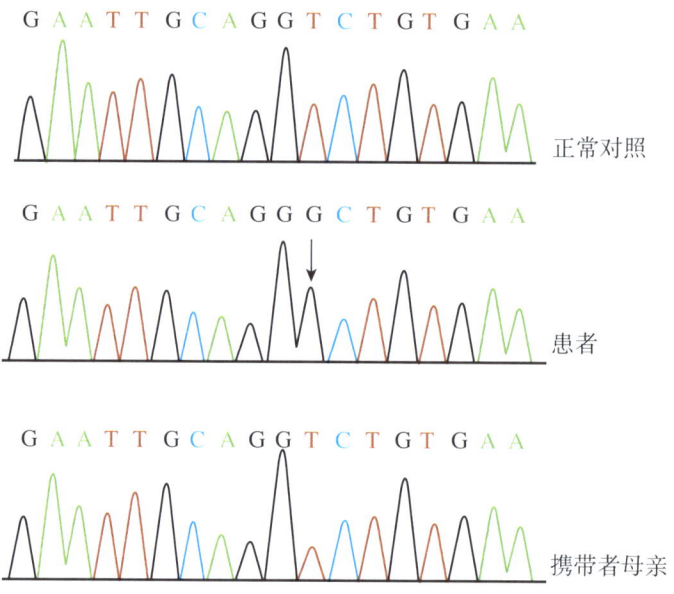

图 39-5 应用 PCR-Sanger 测序进行 DMD 基因突变分析

4. DNA 微阵列(DNA microarray) DNA 微阵列是生物学家受到计算机芯片制造和应用的启迪,在核酸杂交原理基础上发展起来的一项技术,广泛应用于基因功能、基因定位、基因多态性和突变分析等方面。其中与遗传病诊断研究直接有关的 DNA 微阵列技术包括 SNP 芯片、热点突变 DNA 芯片以及前文介绍过的 aCGH。

SNP 芯片是单核苷酸多态性(single nucleotide polymorphisms,SNPs)标记和 DNA 微阵列技术相结合的产物。SNP 芯片目前主要用于研究基因多态性和疾病的相关性,在遗传病家系连锁分析和新致病基因定位中也有广泛应用,也可以用于检测遗传病患者中与致病相关的 DNA 片段拷贝数改变。

热点突变 DNA 芯片是针对某一常见遗传病的不同突变热点而集成的 DNA 芯片。这种芯片可以快速检测出靶基因中的某些已知突变位点,从而实现在普通人群中进行预防性筛查,有利于疾病的早期诊断、治疗和预防。例如国内研发应用的耳聋基因检测芯片,可检测与遗传性耳聋相关的 9 个常见突变位点。

5. Southern 印迹杂交 Southern 印迹杂交于 1975 年首创，目的是研究 DNA 图谱。此技术也可被用来判断待测 DNA 中是否存在某一基因较大片段的缺失、扩增或导致某种限制性内切酶酶切位点改变的点突变。Southern 印迹技术操作复杂，技术难度大，且由于该技术直接检测样本基因组 DNA，所需样本量很大，这些缺点制约了 Southern 印迹技术在遗传病诊断中的广泛应用，一些早期应用此技术来诊断的遗传病已采取新的诊断技术进行诊断。

（四）变异基因型与疾病表型的相关性分析

检测出基因变异只是基因诊断的第一步。鉴于现有的高通量测序技术，可以系统地筛选基因组测序数据，发现基因变异，从中确定致病基因，还需要进一步的筛选变异，对变异基因型与疾病表型进行相关性分析。

1. 变异筛选策略 筛选与疾病表型相关的变异基因，依靠可靠的筛选策略。例如，对一个患罕见病的孩子及其父母组成的一家三口进行全基因组测序，与人类基因组参考序列比较后通常会获得四五百万个变异位点，需要从中进一步分析出具体与疾病有关的遗传变异。大多数的筛选策略考虑变异的位置、对基因产物功能影响的预测、突变在群体中的基因频率和遗传方式，应用这些基本的筛选条件减少变异的数量，再进一步结合其基因表达、已报道案例中的研究发现等明确致病基因。具体步骤如下。

（1）变异的基因组定位：通常保留位于或靠近蛋白编码基因外显子内的变异，舍弃位于内含子中间或基因间区域的变异。当然，变异也可能存在于基因的调控序列或非编码 RNA 的基因内，但这些区域目前较难评估。因此，为了简化假设，建议先关注蛋白编码基因。如未筛选到可能的基因变异，再评估非编码变异，特别关注内含子区域拼接位点的变异。

（2）群体基因频率：保留步骤（1）的罕见遗传变异，舍弃等位基因频率超出罕见病正常范围的变异。通常，等位基因频率的筛选阈值在 0.03 ~ 0.05。等位基因频率高的变异是罕见病的病因的可能性极小，因为罕见病的人群患病率远小于 Hardy-Weinberg 遗传平衡预测的 q^2。

（3）变异的有害性：保留步骤（2）的功能丧失型变异，包括无义突变、移码突变或高度保守（典型）剪接位点的变异。保留预测有害的错义突变，舍弃那些预测对基因功能没有影响的同义突变或内含子内突变。

（4）与疾病遗传方式的一致性：例如，某疾病系谱提示常染色体隐性遗传，则保留步骤（3）中在患儿两个基因拷贝中都存在的变异。患病儿童也有可能不是相同有害变异的纯合子，而可能是同一基因的两个不同有害变异的复合杂合子（compound heterozygote）。此外，父母应是该变异的杂合子。如果父母是近亲结婚，则可以进一步筛选患儿的纯合突变，认为该突变来自于父母的一个共同祖先。再例如，某疾病症状严重，有可能是显性遗传的新发突变，则保留步骤（3）中仅患儿携带但父母都不携带的变异。最后，如果怀疑是 X 连锁疾病且患儿为男性，可以关注从杂合子母亲获得的半合子变异。

（5）临床及文献证据：当变异筛减到便于分析的数量后，可进一步关注以下问题：是否可以通过基因的已知功能或组织分布预测其为潜在致病基因？该基因是否与其他疾病有关？是否其参与的信号通路中存在其他基因的变异可引起类似或不同的疾病表型？该变异或该基因的病理性变异是否在该病的其他患者中被观察到？其他患者的测序结果可检测到其中某一基因的致病变异，将为明确该患儿罹患罕见病的基因变异提供重要证据。查阅文献，了解患者的变异是否报道过，即变异与疾病的潜在相关性是否具有重复性。阅读文献时，要着重关注文献描述的携带变异个体的临床表型是否与受检者相似，以及文献中变异携带者的家系情况等信息。

2. 变异筛选方法 致病基因筛选过程中，涉及生物信息学分析、系谱分析、功能预测与分析等方法，简述如下。

（1）基因组数据库分析：当前，越来越多的人类基因组变异数据及其临床相关性数据汇总在共享数据库中，为基因变异的有害性判断提供了重要基础。①群体数据库。主要包括：千人基因组计划数据库（1000 Genomes）、外显子组整合联合（exome aggregation consortium，ExAC）数据库、基因组变异数据库（gnomAD）、NCBI dbSNP（database of single nucleotide polymorphisms）数据库、NCBI dbVar（database of genomic structural variation）数据库等。使用这类数据可了解患者的基因变异在大群体中的分布频率。②疾病数据库。主要包括：人类基因突变数据库（human gene mutation database，HGMD）、NCBI ClinVar 数据库、人类在线孟德尔遗传（Online Mendelian Inheritance in Man，OMIM）数据库、人类基因组变异协会（Human Genome Variation Society，HGVS）数据库、位点特异性突变数据库（Locus-specific Mutation Database，LSDB）等。使用这类数据库了解疾病表型相关的基因变异。

（2）系谱分析：获得充分的家系信息在基因变异的有害性判断时至关重要。遗传变异在有亲缘关系的家系成员间传递，可以为基因变异与疾病表型的关系提供重要的信息。家系内存在基因型与表型共分离。对显性致病基因而言，往往可以观察到家系中凡携带该变异的成员均为患者，而非携带者均无症状。对常染色体隐性致病基因而言，患者的两个等位基因均应携带有害性变异，并分别来自无症状的双亲携带者。如患者的基因变异确认不是来自双亲，而是患者新发生的突变，则可对该突变的有害性构成较强支撑。

（3）功能预测与分析：预测基因变异的性质，可以利用各种计算机模型预测工具。MutationAssessor、SIFT、MutationTaster、PolyPhen-2、MutPred2 及 PROVEAN 等，可以预测错义变异对蛋白质结构和功能的潜在影响，以及变异位点编码的氨基酸序列保守性。这些工具对错义变异有害性预测的准确度只能达到 65%～80%。AlphaMissense 等 AI 模型的开发有望更准确地识别致病错义突变。GeneSplicer、Human Splicing Finder（HSF）、MaxEntScan 等，可以了解剪接位点变异对 mRNA 剪接的潜在影响。这些工具预测灵敏度可达到 90%～100%，特异性可达到 60%～80%。此外，在实验室进行遗传变异的体内与体外功能学研究，利用可重复及稳定的实验结果分析基因变异与疾病表型的相关性也非常重要。在分析判断实验数据时，应注意功能实验的生物学环境以及功能实验的覆盖度。

第二节　产前诊断

产前诊断（prenatal diagnosis）是对胚胎或胎儿在出生前是否患有某种遗传病或先天性畸形做出的诊断，是避免严重遗传病患儿出生的有效手段。在现症病人明确诊断的基础上，对遗传病高风险家庭进行遗传咨询和产前诊断，可以避免遗传病家庭中再次有遗传病患儿出生。目前可以进行产前诊断的遗传病包括：染色体病、单基因病和特定酶缺陷所致的遗传性代谢病。

框 39-4　产前诊断的指征

产前诊断的指征包括：曾生育过染色体异常患儿的孕妇；夫妇一方有染色体数目或结构异常；年龄在 35 岁以上的高龄孕妇；原因不明的多次流产、死胎、死产或生育过多发畸形儿的孕妇；曾生育过神经管缺陷患儿的孕妇；夫妇一方有先天性代谢疾病，或生育过这种患儿的孕妇；孕妇为严重 X 连锁隐性遗传病的携带者；家庭中出现单基因病患者，且致病基因突变已经明确的孕妇；夫妇一方有明显的致畸因素接触史等。

产前诊断方法目前主要有 3 类：非侵入性产前诊断、侵入性产前诊断和胚胎植入前遗传学检测。遗传咨询在产前诊断中有非常重要的作用，遗传病风险家庭应在遗传咨询师的帮助下选择合适的产前诊断方法。在产前诊断实施前，需要遗传咨询师与孕妇及家属沟通相关信息，包括：胎儿患病的风险大小；产前诊断方法及其风险；遗传实验室检查出报告所需时间；分析结果的可靠性及局限性；如果失败有无补救方法等（遗传咨询详见第四十一章"遗传病的预防和伦理"第二节相关内容）。

一、非侵入性产前诊断

非侵入性产前诊断方法包括 B 超检查、X 线检查、母血生化指标筛查和孕妇外周血胎儿游离 DNA 产前筛查等。

（一）B 超检查

超声检查是一项简便、无痛、对母体和胎儿无损伤的产前诊断方法。B 超的应用广泛，不仅能够详细检查胎儿的外部形态和内部结构，直接对胎心和胎动进行观察，还能摄像记录分析胎盘定位、选择羊膜穿刺部位、引导绒毛取材和胎儿镜操作。B 超检查可用于发育异常神经管缺陷、脑积水、唇腭裂、先天性心脏病等的诊断。

（二）X 线检查

胎儿骨骼在妊娠 20 周后开始骨化，诊断剂量的 X 线照射对胎儿无不良影响，在妊娠 24 周以后可用 X 线诊断无脑儿、脊柱裂、软骨发育不全等骨骼畸形。

（三）母血生化指标筛查

筛查孕中期（孕 15～20 周）孕妇血中血清标记物，再结合孕妇的年龄风险，可帮助筛查出先天愚型等染色体异常疾病。对经过这种筛查方案筛选出的高危者进一步做羊水穿刺，对羊水细胞进行培养后检测染色体来明确诊断。此检查方法已被列为产前常规筛查项目。目前采用的筛查唐氏综合征和神经管缺陷的血清标记物主要有：甲胎蛋白（AFP）、β-绒毛膜促性腺激素（Free-β-HCG）和游离雌三醇（uE3）等，这种常用的三联法可获得较佳的孕中期唐氏综合征和神经管缺陷的筛查效率。

（四）孕妇外周血胎儿游离 DNA 产前筛查

孕妇外周血胎儿游离 DNA 产前筛查与诊断是应用高通量基因测序等分子遗传技术检测孕期母体外周血中胎儿游离 DNA 片段，以评估胎儿常见染色体非整倍体异常的风险。孕妇外周血胎儿游离 DNA 检测适宜孕周为 12～22 周。主要用于检测 21-三体综合征、18-三体综合征和 13-三体综合征等，诊断 21-三体综合征的准确率高达 99%。孕妇外周血胎儿游离 DNA 产前筛查尽管其准确率高，但仍属筛查，不是产前诊断，如果筛查出高风险结果，必须进行侵入性产前诊断来明确诊断。

二、侵入性产前诊断

目前侵入性产前诊断技术很成熟，技术风险很低，因可直接对取到的胎儿来源样本进行诊断，结果更可靠。侵入性产前诊断主要以羊膜穿刺和绒毛取样最为常用，在特殊情况下，也可进行脐带穿刺和胎儿镜检查（图39-6）。

小测试39-2：什么是侵入性产前诊断技术？该技术有何特点？

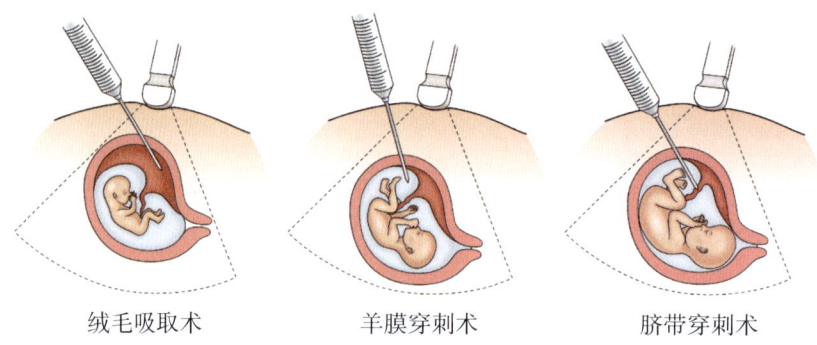

绒毛吸取术　　　　羊膜穿刺术　　　　脐带穿刺术

图 39-6　产前诊断的取材方法示意图

（一）羊膜穿刺

羊膜穿刺（amniocentesis）又称羊水穿刺，是最常用的一种侵入性产前诊断技术。羊膜腔穿刺术一般在孕 16～18 周进行，此时羊水量多，穿刺成功率高，不易伤及胎儿，所获得羊水中的活细胞比例较高。医生在 B 超探头的引导下，用一根细长的穿刺针穿过腹壁、子宫肌层及羊膜进入羊膜腔，抽取 20～30 ml 羊水。与羊膜腔穿刺术有关的自发性流产发生率为 0.3%～0.5%。

在遗传实验室中用羊水进行细胞培养，培养的细胞可用于染色体核型分析来检查胎儿有无染色体异常，也可用于酶活性测定来确定胎儿有无代谢性疾病。对于单基因病的诊断，可不经细胞培养，直接用羊水细胞提取 DNA，根据现症病人已经明确的致病基因突变，检测胎儿是否带有同样致病基因突变来判断是否为该病患儿。

（二）绒毛取样

绒毛取样（chorionic villus sampling，CVS）是用于早期妊娠的产前诊断方法。在妊娠 7～9 周时，在 B 超监视下用特制的导管从预定取样位置吸取适量的绒毛组织，妊娠早期绒毛取样后胎儿丢失率与羊膜穿刺术相比并无显著的统计学差异。

在遗传实验室中用绒毛进行细胞培养可用于染色体核型分析和酶学检查，也可不经细胞培养直接提取 DNA 进行分子水平的基因检测。绒毛取样的主要优点是在妊娠早期就可进行产前诊断，异常者可以采用简单、安全的方法进行宫内治疗或终止妊娠。如果绒毛取样中发现为染色体嵌合体或无法判断为假阳性与否，还有机会通过羊水穿刺来进一步鉴定。

（三）脐带穿刺

脐带穿刺（cordocentesis）是在 B 超引导下，将穿刺针经腹壁刺入胎儿脐带并抽取胎儿血样的方法。适用于妊娠 18 周以上的孕妇。该技术主要用于妊娠中晚期胎儿遗传物质的检测，为已超过羊膜穿刺时间的孕妇赢得产前诊断的机会。

（四）胎儿镜检查

胎儿镜（fetoscopy）检查是一种通过光学纤维内窥镜在宫腔内直接观察胎儿体表以及进行简单操作的胎儿产前诊断方法。可直接观察胎儿先天性骨发育不良，如四肢畸形、多指（趾）畸形、脊柱畸形等。

三、胚胎植入前遗传学检测

胚胎植入前遗传学检测（preimplantation genetic testing，PGT）是在体外受精的胚胎植入子宫前进行的一类遗传学检测。PGT 以往也称为胚胎植入前遗传诊断（preimplantation genetic diagnosis，PGD）和植入前遗传学筛查（preimplantation genetic screening，PGS）。2017 年，为便于医务人员、遗传检测实验室人员以及患者之间的有效沟通，在国际辅助生殖技术监控委员会（ICMART）的主导下，多个国际学术组织均建议统一使用 PGT 代替 PGD/PGS。在体外受精过程中，通过 PGT 在种植前检测受精卵或胚胎的遗传信息，选择健康的胚胎植入宫腔，可大大降低后代基因缺陷或染色体异常的风险。PGT 是随着人类辅助生殖技术——"试管婴儿"的发展而开展起来的，它是产前诊断的一个分支，可有效防止遗传病患儿的出生。自 1990 年世界首例经 PGT 的健康婴儿诞生开始，PGT 逐渐被广泛用于遗传性疾病的防控。与传统的产前诊断技术相比，PGT 的优势主要体现在将胎儿诊断提前到胚胎着床前，可以帮助后代存在特定遗传疾病或非整倍体高风险的夫妇管理生殖风险，避免妊娠终止。

PGT 活检取材可在 3 个不同时机进行。①极体活检：通过极体活检进行 PGT，可分析判定母源遗传信息。②卵裂期活检：卵裂期活检一般在受精后 66～70 h 进行，对此时发育至 6～8 细胞、碎片含量 < 30% 的胚胎进行活检。通过显微技术取 1 个卵裂球，最多不超过 2 个，进行 PGT。在卵裂期活检后，胚胎仍可继续生长发育，2～3 天后成为囊胚。在该时间段内若能完成 PGT，则可实行新鲜周期移植。③囊胚活检：囊胚活检是在受精后第 5～6 天，囊胚充分扩张后进行。在胚胎滋养层抽取 5～10 个细胞，而不破坏将发育成胎儿的内细胞团。通常囊胚活检后的胚胎需立即冷冻保存，待胚胎遗传学分析完成后，择期对结果正常的胚胎进行复苏移植（图 39-7）。在 PGT 发展早期主要在卵裂期活检，但目前认为，囊胚活检对胚胎发育的潜力影响较小，并且可以提供更多的检测细胞，其准确性优于极体活检和卵裂期活检。因此，囊胚活检已成为目前 PGT 的主要活检方式。

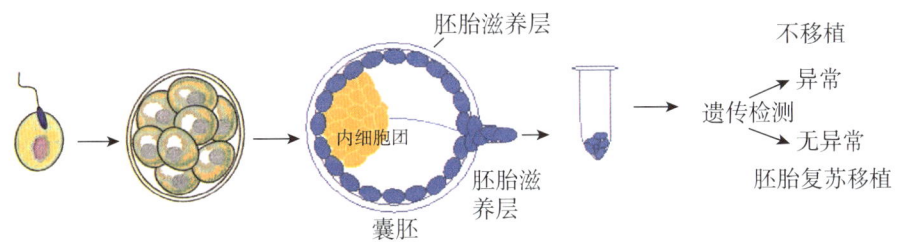

图 39-7　胚胎植入前遗传学检测示意图

目前 PGT 主要包括 3 种类型：非整倍体植入前遗传学检测（preimplantation genetic testing for aneuploidy，PGT-A）、染色体结构重排植入前遗传学检测（preimplantation genetic testing for chromosomal structural rearrangements，PGT-SR）和单基因遗传病植入前遗传学检测（preimplantation genetic testing for monogenic diseases，PGT-M）。

（一）PGT-A

PGT-A 主要针对胚胎染色体非整倍体，可应用于以下情况：①女方高龄，年龄在 38 岁及以上；②不明原因反复自然流产 2 次及以上；③不明原因反复种植失败，移植 3 次及以上或移植高评分卵裂期胚胎数 4～6 个或高评分囊胚数 3 个及以上均失败；④严重畸精子症。然而，关于

PGT-A 是否确能提高妊娠累计活产率目前尚存在较大争议，仍需大量前瞻性随机对照试验进行验证。

FISH 是传统的染色体非整倍体检测方法，将荧光标记的特定染色体位点 DNA 探针与活检得到的待检测间期核细胞变性后杂交，在荧光显微镜下观察单个间期核中荧光信号，根据荧光信号的数目推测探针所在的染色体或者染色体片段数目，如检测 21-三体、18-三体等。FISH 虽具有直观、成本低、实验重复性强等优点，但其检测目标有限。在过去的 10 年中，全基因组技术开始取代 FISH。目前，PGT-A 建议采用能够同时分析所有染色体数目异常的方法（comprehensive chromosome screening，CCS），包括染色体微阵列分析（chromosomal microarray analysis，CMA）和下一代测序（next generation sequencing，NGS）。CMA 技术包括阵列比较基因组杂交（array comparative genomic hybridization，aCGH）和单核苷酸多态性阵列（single nucleotide polymorphism array，SNP-array），二者都是基于探针排成微阵列芯片，将待测样本与微阵列芯片进行杂交，通过扫描仪读取芯片上每条探针杂交信号强度，经数据分析，对染色体重复或缺失做出判断。NGS 是基于 PCR 和基因芯片发展而来的 DNA 测序技术，在 DNA 复制过程中通过捕捉新添加的碱基所携带的荧光标记，确定 DNA 序列，并引入可逆终止末端，从而实现边合成边测序（sequencing by synthesis）。相比于 CMA，NGS 具有通量高、成本相对较低、可发现未知的染色体或者基因变异、分析更为灵活等优点，广泛应用于 PGT-A、PGT-SR 和 PGT-M，并有趋于一体化的趋势。

（二）PGT-SR

PGT-SR 主要针对结构性染色体异常，适用于夫妇任一方或双方携带染色体结构异常，包括相互易位、罗伯逊易位、倒位、复杂易位、致病性微缺失或微重复等。个体一般表型正常，但有自然流产和出生缺陷等生育高风险，是 PGT-SR 的明确指征。

PGT-SR 与 PGT-A 检测技术大致相同，早先使用 FISH，后被 aCGH、SNP-array 和 NGS 替代。其中，基于 SNP 芯片和 NGS 的核型定位（karyomapping）技术可同时连锁分析父母和先证者全基因组近 30 万个 SNP 位点，检测单基因病的同时，还可识别一部分染色体的异常，包括减数分裂起源的多倍体、单亲二倍体或部分缺失以及染色体易位、重排等。

（三）PGT-M

PGT-M 主要针对单基因病，适用于基因突变为明确致病或致病基因连锁标记明确的家系，可以进行 PGT-M，且需综合考虑疾病的严重程度及就诊家系的实际情况。PGT-M 可应用于以下情况：①单基因病：夫妻一方为单基因病患者或夫妻双方是同一单基因病的携带者，曾孕育或具有生育致畸、致残、致死的单基因病患儿高风险的夫妻，可以进行 PGT-M。②线粒体病：仅适用于由细胞核基因突变导致的线粒体病；但由线粒体 DNA 突变导致的线粒体病，因大多数突变具有异质性，需要个案咨询。③ HLA 分型：人类白细胞抗原（human leukocyte antigen，HLA）又称移植抗原，已生育严重血液/肿瘤疾病、原发性免疫缺陷病、遗传性代谢病等疾病患儿的夫妻，在缺乏其他有效治疗方法的情况下，需要选择生育与患儿 HLA 配型相同的同胞，对患儿进行造血干细胞移植治疗。④具有较高致病概率的遗传易感性严重疾病：夫妻双方或一方携带能导致严重疾病的具有高外显率、家族遗传倾向、较高致病概率的易感基因突变，如遗传性乳腺癌的 *BRCA1*、*BRCA2* 致病突变等。

为避免因扩增失败、优势扩增、等位基因脱扣（allele drop-out，ADO）等因素所导致的诊断不明，PGT-M 的主要检测策略是同时进行基因致病变异位点的直接检测和遗传多态位点连锁分析。用于连锁分析的遗传多态位点可以是 STR 或者 SNP。对于性连锁遗传病，建议加入性别指示位点的检测。

早期 PGT-M 多采用多重巢式 PCR 富集位点信息，目前已较少使用。对于 PGT-M 的最大挑战之一是胚胎活检细胞样本稀少，在进行下游遗传学检测前需要先进行扩增，以获得充足的 DNA 样本。目前 PGT-M 技术中常用的胚胎 DNA 扩增方式为单细胞全基因组扩增（whole-genome amplification，WGA）。WGA 后进行下游检测（定向或全基因组），如 Sanger 测序、片段分析、RFLP、实时荧光定量 PCR、单核苷酸多态微阵列芯片（SNP array）或 NGS 以及联合检测。

框 39-5　常用的 WGA 技术

WGA 是对单个细胞或少量细胞进行全基因组扩增的技术。其目的是在尽量减少基因序列偏好性的前提下大幅增加 DNA 的总量，获得基因组高覆盖率的完整的扩增产物。目前常用的 WGA 技术主要有：

（1）多重置换扩增（multiple displacement amplification，MDA）：扩增产物为 10～100 kb 的 DNA 片段，复制的保真性强，基因组覆盖度高，在对单核苷酸变异（single nucleotide variant，SNV）的分析以及构建大片段文库上有着显著优势，但存在扩增偏倚，重复性稍差，应用于拷贝数变异（copy number variations，CNV）检测时需进行数据校正。

（2）多次退火环状循环扩增（multiple annealing and looping-based amplification cycles，MALBAC）：存在一定可重复的序列偏好性，会造成基因组低覆盖区 CNV 诊断偏倚，可经过数据分析后进行 CNV 校正。

（3）简并寡核苷酸引物 PCR（degenerate oligonucleotide-primed polymerase chain reaction，DOP-PCR）：由于 PCR 指数扩增，任何扩增过程中的细微偏差都会被放大，扩增产物的覆盖度较低。

在我国，近年来基于 NGS 的 PGT-M 成功阻断单基因病垂直遗传的案例陆续被报道。2015 年，北京大学第三医院乔杰院士团队通过在国际上首次建立的基于 NGS 揭示等位基因突变的非整倍体测序与连锁分析方法（mutated allele revealed by sequencing with aneuploidy and linkage analyses，MARSALA），同时检测非整倍体与单基因病，成功阻断了一家族遗传性多发性骨软骨瘤病（hereditary multiple exostoses，HME）的传递，迎来了 2 名健康女婴的诞生；该团队 1 年后又应用该技术成功阻断了脊髓性肌萎缩症（spinal muscular atrophy，SMA）的家系遗传。同年，我国首例通过 PGT 检测的"无癌宝宝"在中信湘雅生殖与遗传专科医院诞生，其家族性视网膜母细胞瘤致病基因的传递被成功阻断。2017 年，上海国际和平妇幼保健院黄荷凤院士团队通过第一极体、第二极体、囊胚活检的"序贯分析"检测方案，成功阻断了 Léri-Weill 软骨发育不良症（Léri-Weill dyschondrosteosis，LWD）的垂直遗传，世界首例通过 PGT 极体基因检测阻断 LWD 遗传的健康胎儿于 2018 年 9 月顺利诞生。2019 年 3 月，全球首例通过 PGT 阻断印记基因疾病 Schaaf-Yang 综合征的新生儿也降生于上海国际和平妇幼保健院。2019 年 4 月，全球首例通过 PGT 技术阻断脊椎体发育不良症（diaphanospondylodysostosis，DSD）的新生儿在南京妇幼保健院诞生。

PGT 为遗传病家庭生育健康子女带来了希望，但目前仍存在各种技术挑战，包括如何克服单细胞基因扩增的准确性；如何解读分析遗传数据；胚胎活检的安全性；如何进行 PGT 评估多基因病风险（PGT-P）；如何开发更多高效的 PGT 通用检测方法等。近年来，一些 PGT 一体化技术已有临床报道，除了前文提到的核型定位、MARSALA 外，还有 Haplarithmisis、OnePGT、HaploPGT 等。PGT 的不断发展，有望为人类辅助生殖技术发展和出生缺陷的预防做出重要贡献。

小测试39-3：什么是胚胎植入前遗传学检测？与传统的产前诊断技术相比，胚胎植入前遗传学检测有何优势？

小 结

遗传病的明确诊断既需要有与其他疾病诊断相似的临床诊断依据，又需要有特殊的诊断依据，即遗传学诊断发现遗传物质异常。由于遗传病种类繁多，且具有高度的临床和遗传异质性，故在临床诊断基础上，需要根据不同遗传病的遗传背景采取不同的遗传学诊断技术进行进一步的遗传学诊断来明确病因。在现症病人明确诊断的基础上，对遗传病高风险家庭进行遗传咨询和产前诊断，可以避免遗传病家庭中再次有遗传病患儿出生。产前诊断方法主要包括侵入性产前诊断、非侵入性产前诊断和胚胎植入前遗传学诊断，遗传病风险家庭应在遗传咨询师的帮助下选择合适的产前诊断方法。胚胎植入前遗传学检测是对体外受精的胚胎植入子宫前进行的一类遗传学检测，选择遗传学正常的胚胎植入子宫，降低自然流产的风险，预防出生缺陷。

整合思考题

1. 染色体病的指征有哪些？请列举适用于染色体病的细胞遗传学诊断技术。
2. 遗传代谢病的临床表现有哪些特点？这类疾病的遗传学诊断方法有哪些？
3. 单基因遗传病的复杂性表现在哪些方面？目前常用的基因诊断技术和方法有哪些？
4. 侵入性产前诊断技术有哪些？孕妇外周血胎儿游离 DNA 产前筛查与侵入性产前诊断有何联系？
5. 请举例说明产前诊断对遗传病预防的重要意义。

参考答案

（宋书娟　乐　珅）

第四十章　遗传病的治疗

导学目标

通过本章内容的学习，学生应能够：

※ **基本目标**
1. 复述遗传病治疗的定义及目标。
2. 解释遗传病治疗的困境及特殊性。
3. 概括遗传病治疗策略。
4. 描述基因治疗的策略和前景。

※ **发展目标**
1. 列举遗传病治疗的策略方案，并能具体运用到特定遗传病治疗中。
2. 能够根据具体遗传病致病基因突变类型确定合理的基因转移和基因编辑技术，理解并应用各种治疗策略。

案　例

1个月前小何夫妇喜得贵子，但新生儿血尿筛查显示宝宝患甲基丙二酸血症伴同型半胱氨酸增高症。医生告诉小何夫妇，宝宝所患的甲基丙二酸血症（methylmalonic acidemia）是一种遗传病，小何夫妇百思不解，两家均没有类似的疾病，也不是近亲结婚，为何会得这种遗传病？医生告诉他们：这是一种隐性遗传病，因为他们二人都是致病等位基因的杂合子携带者，所以没有发病，但所生的孩子有得病的风险。生病的孩子会出现生长发育迟缓及智力障碍，但通过用药可以治疗，希望小何夫妇能坚持给药。医生给予宝宝维生素 B_{12} 治疗，并叮嘱小何夫妇定期带孩子随诊。随后 Sanger 测序检测出小何的宝宝 *MMACHC* 基因突变，突变位点是 c.609G > A，p.W203X 和 c.217C > T，p.R73X。

问题：
1. 甲基丙二酸血症为何会出现生长发育迟缓及智力障碍症状？
2. 为什么维生素 B_{12} 可以治疗甲基丙二酸血症？

案例解析

随着生物医药技术的发展，人们对遗传病发病的分子机制研究不断深入。特别是基因工程技术以及基因编辑技术在医药领域的应用，使遗传病的治疗得到巨大的发展，从原先传统的饮食治疗、手术矫正、药物疗法等跨入到干细胞移植、基因编辑及基因治疗，为遗传病治疗开辟了新的光辉前景。本章将聚焦单基因病，介绍已建立的遗传病疗法以及新的治疗策略。

第一节　遗传病的治疗现状

遗传病治疗（treatment of genetic diseases）是指采取一定的医疗措施改善或纠正遗传病患者的病理状态，尽量使其机体恢复体内稳态，改善其生活质量，并尽可能延长寿命。遗传病治疗不仅针对患者本人，还需要面向其家属。家族成员可能需要通过遗传咨询、携带者检测和产前诊断降低再发风险。

遗传病可以从突变基因到出现临床表型的任何环节及发病机制中的任何步骤进行治疗，这些治疗并不是相互排斥的，通常可以在治疗中综合使用；然而，只有基因治疗、基因编辑和细胞移植才能提供治愈的可能。

一、遗传病治疗的现状

目前单基因病的治疗已取得较大进展，特别是先天性代谢缺陷的诊断和治疗发展迅速，相较于由染色体异常、遗传印记（imprinting）缺陷或拷贝数变异（CNV）引起的遗传病，其治疗方式更为先进。在过去的几十年里，一个鼓舞人心的趋势是，如果遗传病的基本生化缺陷被解析清楚，则疾病的治疗更有可能取得成功。

但是，单基因病的整体治疗现状仍不理想。影响治疗效果的因素主要有以下3个方面：第一，有些遗传病致病基因未知，或基因已明，但发病机制未知；第二，有些遗传病首发症状严重，难以干预。症状严重通常提示基因突变导致编码产物被严重破坏、没有保留残余功能；或者编码产物在机体的功能很重要，突变造成机体严重失衡，造成不可逆性损害；第三，诊断前已有不可逆性损伤。有些遗传病在胎儿期就对机体造成损伤，甚至是不可逆的，例如Cockayne综合征B型。

二、遗传病治疗的特殊性

（一）长期疗效的评估

单基因病的治疗通常需要对个体进行长达几十年的疗效评估，这一点至关重要，主要有以下三方面的原因。

首先，某些治疗初期效果佳，但最终治疗效果仍不理想。例如，苯丙酮尿症（PKU）患儿经良好的饮食管理可以避免严重的智力发育障碍，智商正常或几乎正常，但长大后仍可能表现出轻微的学习障碍和行为障碍。

其次，随着疾病已知症状的改善，可能会出现以前未观察到的疾病表型。这是因为，此前患者没有足够长的存活时间显现出新表型。例如，半乳糖血症表现为半乳糖（乳糖的成分）代谢缺陷，患儿通常在出生时是正常的，但喂奶几周内会出现消化问题，如呕吐、黄疸、腹泻和体重不增。如未及时发现，还会导致严重的智力障碍，甚至危及生命。目前，禁止摄入奶制品可以防止大部分的严重不良后果，但普遍存在学习障碍。此外，尽管治疗得当，大多数女性患者仍存在卵巢功能衰竭，可能与内源性半乳糖的毒性有关。

最后，某些治疗短期内没有副作用，但长期使用存在严重问题。例如，治疗血友病采用的凝血因子注射可能会导致机体产生凝血因子抗体；地中海贫血的输血治疗会导致体内铁超载，必须使用螯合剂（如去铁胺）进行治疗。

（二）遗传异质性与低发病率

疾病遗传基础中的基因座异质性是选择治疗策略时需要考虑的重要因素。例如，高苯丙氨酸血症可能由苯丙氨酸羟化酶（PAH）基因变异引起，也可能由PAH的辅酶四氢蝶呤（BH4）合成酶——二氢蝶呤还原酶（DHPR）所致，不同原因引起的高苯丙氨酸血症治疗方法不同。

等位基因异质性也会影响治疗效果。有些基因突变可能产生少量具有残余功能的蛋白质，因此可以通过增加正常蛋白质的表达量、稳定性或功能活性纠正机体的生化缺陷。例如，由PAH基因变异引起的高苯丙氨酸血症，一些患者的PAH突变可通过高剂量BH4增加PAH酶活性，达到治疗效果。

单基因病发病率低，针对性药物受众少，而且由于遗传异质性，导致同一种遗传病也可能需要不同的治疗药物，进一步减少了针对性药物的受众人数。因此，这类药物的研发和生产，在商业上难以满足传统的激励机制，少有人认领，被归为"孤儿药"。

（三）遗传病治疗的时机

从治疗的时机来看，遗传病治疗可以分为以下几种。

1. 产前治疗（prenatal therapy） 某些遗传病可能导致胎儿损害，如果产前得到及时诊断，可以给予产前治疗。例如，胎儿经检测发现患有甲基丙二酸血症cblC型，出生前即可给予维生素B_{12}治疗。

2. 症状前治疗（presymptomatic therapy） 大部分遗传病是长期渐进性疾病，如果在症状出现前得到及时诊断和治疗，可以延缓疾病进程，甚至得到治愈。例如新生儿筛查发现的一些代谢性疾病，如苯丙酮尿症、甲基丙二酸血症、枫糖尿病等，确诊后即可开始治疗。

3. 现症治疗（symptomatic therapy） 大部分遗传病被发现时，患者已出现典型的临床表型，可针对临床症状进行治疗。

第二节 遗传病的治疗策略

遗传病发病机制决定了此类疾病治疗的复杂性，需要采用个体化治疗策略。针对不同遗传病患者及家系，在疾病的不同阶段，可从纠正致病基因到缓解疾病表型的不同角度，采取不同的治疗策略（图40-1）。

一、调节机体代谢的治疗

调节机体代谢的遗传病治疗策略

现阶段治疗比较成功的单基因病是部分遗传代谢病，治疗方案主要针对代谢通路的关键环节，总原则是"禁其所忌，补其所缺，去其所余"，具体治疗策略有以下几个方面。

（一）禁止摄入（avoidance）

对于药物代谢遗传缺陷患者，如葡萄糖-6-磷酸脱氢酶（G6PD）缺乏症，忌服有氧化作用的药物和化学物质（详见第三十八章"遗传病的分子与生化基础"第五节相关内容）。

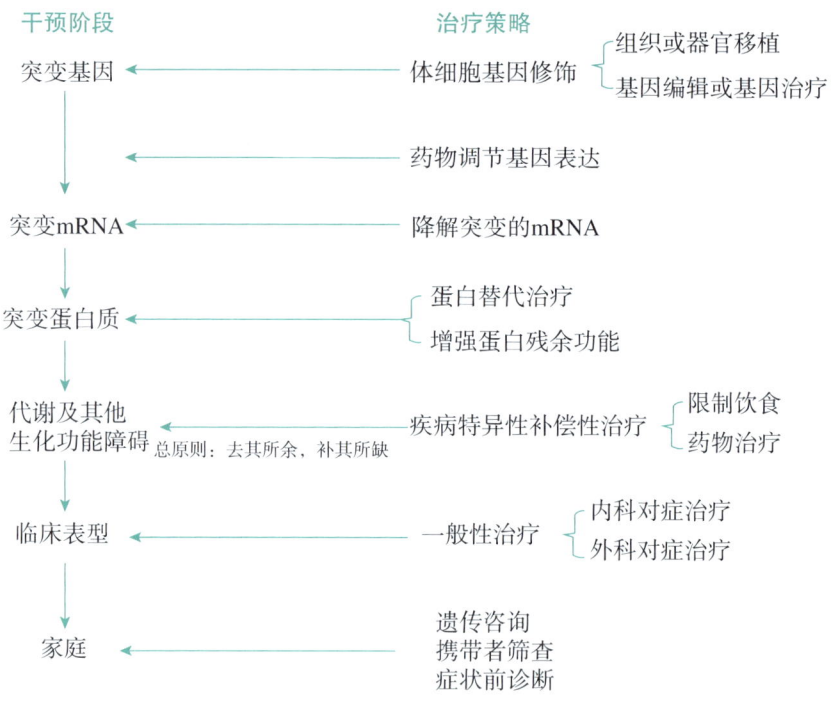

图 40-1　遗传病的治疗策略

（二）减少底物（substrate reduction）

部分遗传代谢病由于酶缺陷，导致底物在体内蓄积，产生不良后果。治疗上可以通过减少底物的摄入，控制体内底物的含量，防止有害底物积累。例如经典型苯丙酮尿症（PKU）患儿服用低苯丙氨酸奶粉，并终身保持低苯丙氨酸饮食。由于出生前受到母体酶的保护，PKU 患儿在出生时是正常的，限制饮食的治疗在新生儿筛查后尽早开始最为有效。如果不接受治疗，将发生不可逆的神经系统损害，智力损伤程度与低苯丙氨酸饮食开始时间和坚持治疗与否直接相关。

（三）替代疗法（replacement）

由于必需代谢产物、酶、辅助因子和激素等缺乏所导致的遗传病，可以通过补充这些物质，弥补体内不足，从而达到治疗效果。例如，先天性甲状腺功能低下患儿，可以终生口服甲状腺素片治疗。此类治疗要早，尽量避免神经系统发生不可逆性损伤。各种原因引起的先天性甲状腺功能低下并不罕见（约每 4000 名新生儿中有 1 例），因此许多国家开展该病的新生儿筛查，以便在出生后尽早对患儿开始甲状腺素替代治疗。

（四）转化疗法（diversion）

转化疗法指通过增强旁路代谢，生成易于排泄的物质，减少有害代谢产物的堆积。例如，尿素循环可将具有神经毒性的氨转化为尿素，维持正常血氨水平。参与尿素循环的酶缺陷，最常见的是鸟氨酸氨甲酰转移酶（OTC）缺陷，导致尿素循环障碍，引起高氨血症。仅依靠饮食限制不能很好地控制高氨血症，还需通过旁路代谢途径转化血液中多余的氮，血氨水平才可降至正常。因此，为高氨血症患者给予大剂量苯甲酸钠，后者与甘氨酸结合形成可经尿排出的马尿酸，进而增加甘氨酸的合成，降低患者体内血氨水平（图 40-2）。

家族性高胆固醇血症（familial hypercholesterolemia，FH）杂合子患者服用考来烯胺（消胆胺）类药物降低胆固醇的原理也相同。胆汁酸可以与考来烯胺在肠道结合，随粪便排出体外，不被重吸收，从而抑制胆汁酸的肝肠循环，促进肝细胞胆固醇代谢，生成胆汁酸。肝细胞内胆固醇减少，可刺激 FH 杂合子患者肝细胞的另一个正常 *LDLR* 等位基因表达，增强肝细胞摄入 LDL 胆固醇的能力，从而降低血浆胆固醇的水平（图 40-3B）。

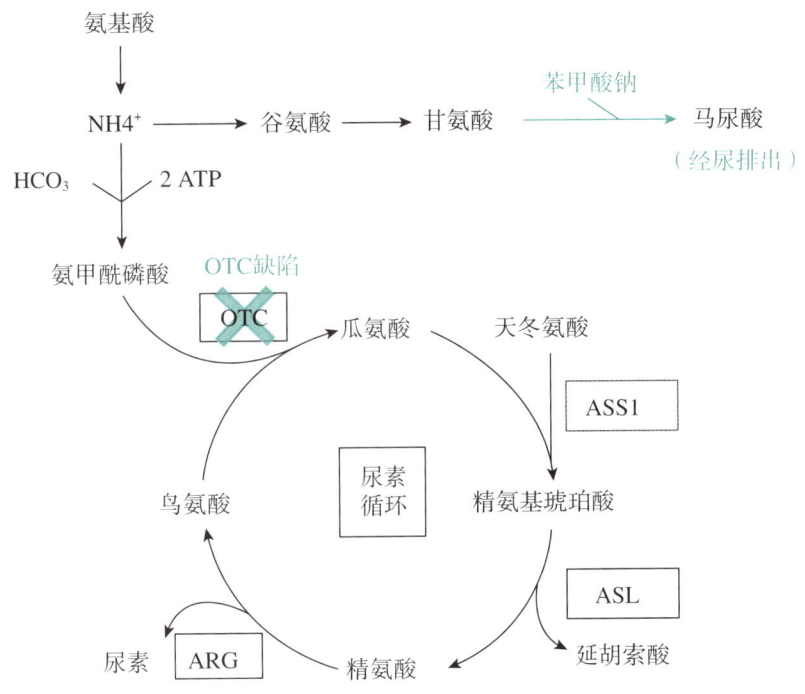

图 40-2　尿素循环障碍患者的高氨血症转化治疗示意图

OTC：鸟氨酸氨甲酰基转移酶；ASS1：精氨酸琥珀酸合成酶 1；ASL：精氨酸琥珀酸裂解酶；ARG：精氨酸酶

（五）酶抑制疗法（enzyme inhibition）

通过药物来抑制代谢通路中关键酶的活性，可缓解先天性代谢异常。例如，给予 FH 杂合子患者 HMG-CoA 还原酶抑制剂（他汀类药物），减少肝细胞内新合成的胆固醇，肝细胞代偿性地增加另一个正常 *LDLR* 等位基因表达，促进肝细胞吸收血浆 LDL 胆固醇。此法常与考来烯胺联合使用，产生协同效应，疗效更佳（图 40-3C）。

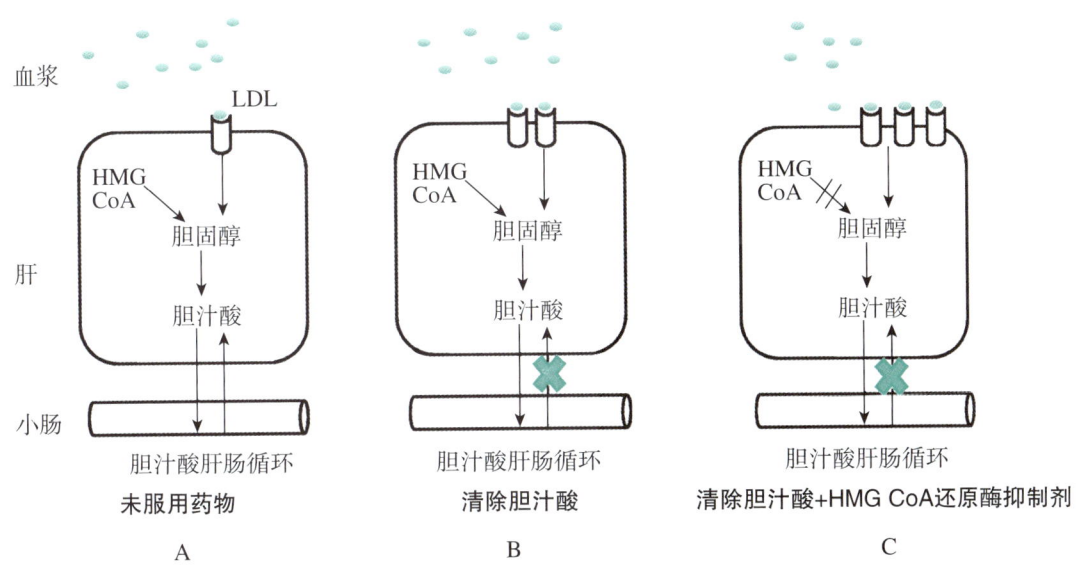

图 40-3　家族性高胆固醇血症的转化治疗和酶抑制治疗示意图

（六）受体拮抗（receptor antagonism）

某些遗传病的临床表现是由细胞信号转导通路的过度激活所致，拮抗信号通路中的关键步骤是治疗的主要策略。例如，Marfan 综合征由编码原纤维蛋白-1 的 *FBN1* 基因突变引起，表现为多器官的结缔组织异常，如主动脉瘤、肺气肿和眼晶状体脱位等。但是，原纤维蛋白-1 表达减少对细胞外基质结构的影响仅能部分解释 Marfan 综合征的病理表现。现已发现，微原纤维的一个主要功能是调节 TGF-β 的生物利用度，微原纤维的减少导致游离 TGF-β 的局部增加以及通路的局部激活。TGF-β 通路过度激活已被认为是 Marfan 综合征许多表型发生的基础，特别是主动脉根部的渐进性扩张、主动脉瘤和夹层。研究显示，使用抗血管紧张素 II 1 型受体拮抗剂——氯沙坦可以下调 TGF-β 的表达。在临床试验中，氯沙坦可显著降低 Marfan 综合征患者主动脉根部扩张的速率。

（七）清除（depletion）疗法

1. 直接清除 此疗法通过直接清除体内蓄积的有毒物质达到治疗目的。例如 FH 双等位基因突变患者，考来烯胺和 HMG-CoA 还原酶抑制剂联合治疗仍不能降低血浆胆固醇水平，可以采用血浆置换或血浆过滤直接从循环血液中清除 LDL，再将血浆和血细胞重新输回患者体内。肝豆状核变性（Wilson 病）是一种铜代谢障碍性疾病，可服用 D-青霉胺，此药可与铜离子结合，形成螯合物排出体外，从而减少体内铜离子蓄积。对这些疾病的治疗开始越早，则改善症状效果越好。

2. 底物清除疗法（substrate depletion） 通过抑制特定酶的活性减少底物的合成。例如美格鲁特（Miglustat）或伊利格鲁特（Eliglustat）治疗 I 型 Gaucher 病。此类药物可抑制葡萄糖基神经酰胺合成酶活性，降低 β-葡萄糖脑苷脂酶的底物含量，从而缓解 I 型 Gaucher 病患者体内葡萄糖脑苷脂的堆积（见二维码 40-2）。采用该治疗方案需要 2 个前提条件：一是患者体内突变的 β-葡萄糖脑苷脂酶有残余活性；二是产物（葡萄糖基神经酰胺）的适度减少不会对患者造成过大的危害，因为葡萄糖神经酰胺是儿童神经系统发育必需的成分，所以一般不用于神经系统发育未成熟的婴幼儿。

小测试 40-1：毛毛，0 岁，新生儿筛查显示为高苯丙氨酸血症，请结合目前所学的遗传学知识，阐述可采用何种诊疗策略。

底物清除疗法-Eliglustat 治疗 I 型 Gaucher 病示意图

二、基于基因和蛋白质功能调节的治疗

随着对单基因病分子机制的深入理解，DNA、RNA 或蛋白质水平改善受损蛋白质功能的治疗方法不断出现，显著改善了患者的生活。

基于蛋白质功能调节的遗传病治疗策略

（一）基于蛋白质功能调节的治疗

在蛋白质水平，如果突变基因可以产生蛋白质产物，则可以通过增加蛋白质产物的稳定性或功能进行治疗。就先天性代谢缺陷而言，尽管酶活性可能只提高了几个百分点，但足以恢复患者的生化代谢。

1. 小分子治疗（small molecule therapy）——增强突变蛋白产物的功能 小分子是指分子量从几百到几千道尔顿的化合物，包括非肽类激素、维生素及其他化学物质（包括人工合成的和从自然界提取分离的）。针对药物靶点，高通量筛选化合物库，可以发现一些潜在新药。小分子治疗有以下 4 种方案。

（1）跳跃无义突变：无义突变占人类基因组有害突变的 11%，通常产生截短蛋白，理想的治疗方案就是给这类患者服用安全的小分子化合物，促使翻译元件通过加载一个与终止密码子近乎同源的转运氨基酸的 tRNA，从而误读终止密码子，使多肽链翻译越过此突变位点，继续翻译。如果插入这个氨基酸残基后的多肽链能产生有功能的蛋白质，恢复其活性，就能达到治疗目的。PTC124 就属于这类小分子药物，它能有效跳过无义密码子 TGA，使多肽链继续翻译（图 40-4）。跳跃无义突变的治疗思路来自氨基糖苷类抗生素（aminoglycosides），筛选出来的 PTC124 通读作用更强，副作用更小。2014 年欧盟批准 Translarna（PTC124）上市，用来治疗无义突变所致的杜氏肌营养不良症（DMD）（5 岁以上可行走的患者）。PTC124 还可用于治疗 *CFTR* 基因无义突变所致的囊性纤维化。

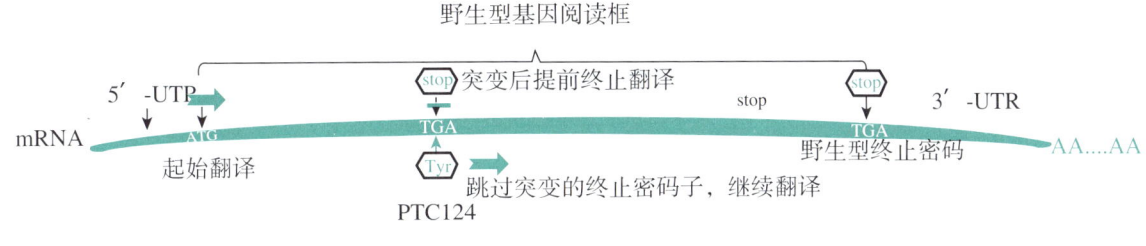

图 40-4　PTC124 小分子药物治疗示意图

（2）增强膜蛋白功能：一些编码膜蛋白的基因错义突变导致氨基酸残基替换，虽然不影响突变膜蛋白向细胞膜的转运，但会妨碍其在质膜上的功能。例如，小分子药物 Ivacaftor（VX-770）可增强细胞膜上突变的囊性纤维化跨膜转运调节因子（CFTR）的 Cl^- 通道转运功能，治疗囊性纤维化。Gly551Asp 突变型 CFTR 蛋白的阴离子转运失活，临床试验显示 Ivacaftor 可显著改善携带此突变患者的临床症状。

（3）纠正膜蛋白转运——药理分子伴侣：分子伴侣（chaperone）原指存在于原核和真核生物细胞质或细胞器中，可协助新生多肽链正确折叠的一类蛋白质，可纠正突变膜蛋白折叠和转运的小分子化合物称为药理分子伴侣（pharmacologic chaperones）。有些基因突变的膜蛋白产物无法正确折叠，被内质网质控（ERQC）机制识别、降解，失去经内质网运输到细胞膜的能力。例如，治疗囊性纤维化（CF）的药物分子伴侣 Lumacaftor（VX-809），能防止 CFTR 的 F508del 突变所致的多肽链错误折叠，稳定其三级结构，并纠正潜在的运输缺陷。目前，三种 CFTR 调节剂的组合，即 elexacaftor/tezacaftor/ivacaftor（简称 ETI 三联治疗），可以纠正携带 F508del 等约 200 种变异的 CFTR 蛋白产物的折叠和运输。Ivacaftor 可改善 CFTR 在细胞膜上的功能，elexacaftor 和 tezacaftor 可改善突变 CFTR 蛋白的加工和运输。ETI 三联治疗对 90% 的 CF 患者有效，但不产生 CFTR 蛋白的无义突变纯合子或复合杂合子患者不能接受该治疗方案。

（4）维生素增强酶活性：维生素是多种关键代谢酶的辅助因子，如果发生这类维生素合成、转运缺陷，或基因突变后酶活性下降，与辅助因子亲和力下降，可以给予相关维生素治疗，增强酶的活性。例如，非经典型苯丙酮尿症（PKU）患者可以补充 BH_4；叶酸先天性吸收不良的患者补充叶酸；胱硫醚合成酶缺陷所致的高胱氨酸尿症（homocystinuria，维生素敏感性先天性代谢缺陷）患者可以给予大剂量维生素 B_6（磷酸吡哆醛前体），增加磷酸吡哆醛浓度，使突变的酶稳定或提升其与辅因子的亲和力。

2. 酶或蛋白质替代治疗　少数疾病因缺乏胞质或细胞外液中的蛋白质而发病，补充相关蛋白质可达到治疗效果。虽然这种方法效果好，但也存在一些问题，如价格、蛋白质半衰期、机体免疫反应等。蛋白质替代治疗主要有 3 种途径。

（1）细胞外蛋白质替代治疗：如果遗传病涉及的蛋白质主要在细胞外液发挥作用，可以给予患者细胞外蛋白质替代突变后失去活性的蛋白质。例如，可以通过注射重组Ⅷ因子预防或治疗血友病 A。

(2) 胞内酶的胞外增量治疗：胞外酶替代胞内酶作用适应标准：第一，酶的底物在细胞内外能维持平衡状态；第二，产物在细胞内不重要，或能被所需的细胞吸收，在细胞内外能维持平衡状态。此策略比较成功的应用是治疗腺苷脱氨酶缺乏症（adenosine deaminase deficiency）。腺苷脱氨酶（ADA）是嘌呤代谢途径中的关键酶，催化腺苷酸和脱氧腺苷酸脱氨成为肌苷和脱氧肌苷。ADA 缺乏症是一种常染色体隐性遗传病，脱氧腺苷在淋巴细胞蓄积，导致细胞免疫和体液免疫都严重缺陷，是重症联合免疫缺陷（severe combined immunodeficiency disease，SCID）的病因之一（图 40-5）。目前，临床注射聚乙二醇（PEG）共价修饰的牛 ADA 或重组 ADA 治疗腺苷脱氨酶重症联合免疫缺陷（ADA-SCID）。与未修饰的 ADA 酶相比，PEG-ADA 治疗有明显优势，主要体现在 3 个方面：其一，PEG 修饰降低其免疫原性，防止被中和抗体中和；其二，PEG-ADA 主要在细胞外液降解毒性嘌呤，替代胞内酶的作用；其三，PEG-ADA 在血浆中的半衰期比未修饰的 ADA 长得多。目前，基因治疗 ADA 缺乏症正在迅速发展，注射牛 ADA 酶不再是长期管理的首选，但仍是短期控制症状的一种有效措施。

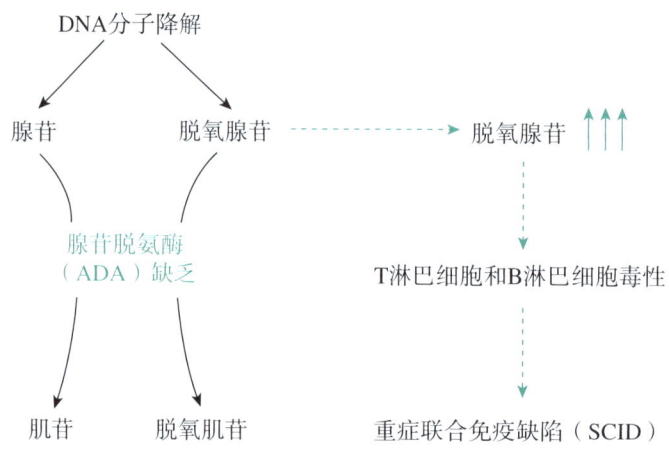

图 40-5　腺苷脱氨酶缺乏导致的重症联合免疫缺陷（SCID）

(3) 胞内酶的靶向增量治疗：将胞内酶引入其相应的生理作用位点以产生临床治疗效果，又称为酶替代疗法（enzyme replacement therapy，ERT）。ERT 已应用于 9 种溶酶体贮积症的治疗，其他类型溶酶体贮积症也在临床试验中。Ⅰ型 Gaucher 病（非神经元型）是 ERT 治疗的成功案例。Ⅰ型 Gaucher 病患者由于缺乏 β- 葡萄糖脑苷脂酶（GBA），其底物葡萄糖脑苷脂在溶酶体堆积，尤其在单核 - 巨噬细胞溶酶体堆积，导致肝脾大；骨髓逐渐被载脂巨噬细胞（Gaucher 细胞）替代，导致贫血和血小板减少。经 GBA 替代治疗后，患者血红蛋白水平、血小板计数、肝脾大、骨骼异常等症状均可得到改善。但是，由于 GBA 不能穿过血脑屏障，ERT 不能治疗 Gaucher 病的神经病变。

胞内酶靶向增量治疗Ⅰ型 Gaucher 病的成功对其他疾病的酶替代治疗有重要的指导意义。第一，细胞表面有受体介导的内吞作用系统，依据此系统特性，对外源性酶加以修饰，即可作为治疗药物使用。例如，GBA 类的溶酶体水解酶加上甘露糖残基修饰，可通过巨噬细胞表面的甘露糖受体，内吞入胞内并进入溶酶体。第二，治疗所需的酶可以通过基因工程获得。第三，用于治疗的酶不能被机体识别为外源抗原。因为Ⅰ型 Gaucher 病患者体内还有少量残余的酶活性，给予的 GBA 不会被机体识别为外源抗原。

（二）基于基因表达调控的治疗

随着对基因表达正常调控机制和病理基础的认识不断增加，通过药物调控基因表达治疗遗传

可应用于胞内酶靶向增量治疗的受体介导内吞作用系统

性疾病变得可行，并将在未来得到更加广泛的应用。

1. 修改 RNA 剪接 RNA 剪接（RNA splicing）是基因转录的重要步骤，前体 mRNA 分子内的内含子序列被切除，外显子序列拼接形成成熟 mRNA。生物体内广泛存在可变剪接，同一个基因可产生多个不同的成熟 mRNA，最终翻译出不同的蛋白质。利用小分子化合物或反义寡核苷酸（antisense oligonucleotides，ASOs）改变目标基因的 RNA 剪接形式，产生有功能的蛋白质，可以达到治疗目的。

基于基因表达调控的遗传病治疗策略

（1）诱导外显子跳跃：外显子跳跃（exon skipping）是 mRNA 剪接的一种结果，即跳过一个或多个外显子进行剪接加工。诱导外显子跳跃是运用分子干预手段，在前体 mRNA 上排除特定的外显子，避免提前遇到终止密码子，挽救突变基因的表达，尽可能保留蛋白质的残余功能。如果排除的外显子内核苷酸数目正好是 3 的倍数，就不会发生移码突变，翻译出的多肽链尽管缺失了部分氨基酸序列，但如能保留足够功能就会产生治疗效果。诱导外显子跳跃最常用的就是 ASOs。ASOs 是一种人工合成的核苷酸单链分子，包含 15～35 个核苷酸，可以与致病基因的前体 mRNA 特定序列互补配对，形成双链，导致 mRNA 剪接加工时产生外显子跳跃，翻译成有部分残余功能的多肽链，恢复突变基因表达。

该策略可用于治疗 DMD。*DMD* 基因的外显子突变集中在第 45-55 号外显子。例如，49-50 号外显子缺失导致移码突变，在 51 号外显子区域会遇到终止密码子，产生截短无活性的 Dystrophin 蛋白。外显子跳跃治疗可以还原 *DMD* 致病基因的 dystrophin 读码框，跳过 51 号外显子产生一个保留部分活性的 dystrophin 蛋白（类似贝氏肌营养不良的突变类型）（图 40-6），显著增加 DMD 患者 dystrophin 阳性肌纤维的数量。目前，外显子 51 跳跃疗法药物 Eteplirsen 已获得 FDA 批准用于治疗 DMD。

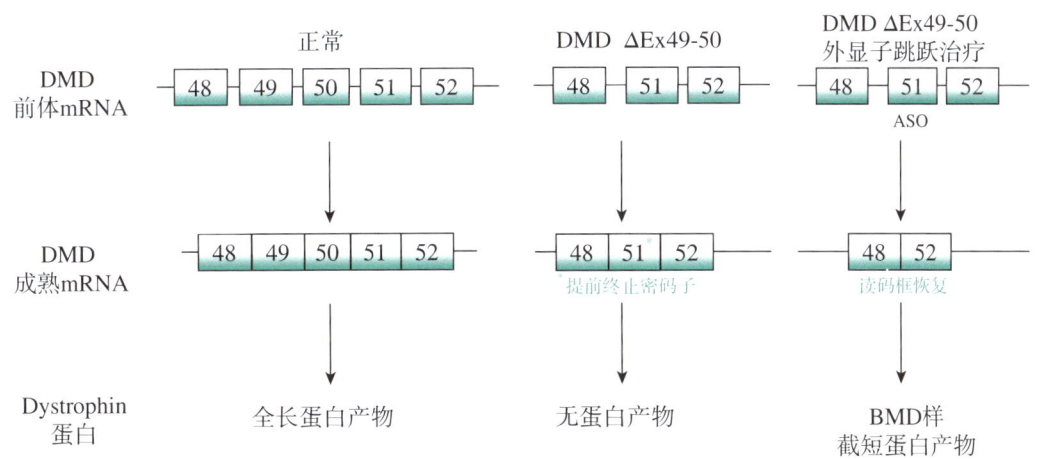

图 40-6　DMD 外显子跳跃治疗示意图

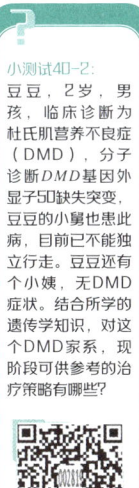

小测试40-2：豆豆，2岁，男孩，临床诊断为杜氏肌营养不良症（DMD），分子诊断*DMD*基因外显子50缺失突变，豆豆的小舅也患此病，目前已不能独立行走。豆豆还有个小姨，无DMD症状。结合所学的遗传学知识，对这个DMD家系，现阶段可供参考的治疗策略有哪些？

（2）RNA 剪接调节剂：小分子化合物或 ASOs 也可以在 RNA 剪接过程中保护特定外显子，促使产生有功能的蛋白质，达到治疗效果。例如，脊髓性肌萎缩症（SMA）是儿童最常见的神经肌肉病，经常染色体隐性遗传。该疾病主要由存活性运动神经元 1（survival motor neuron protein 1，SMN1）基因双等位基因缺失引起，导致 SMN 蛋白减少，脊髓前角运动神经元退行性变，表现为肌无力和肌萎缩。*SMN1* 和 *SMN2* 基因高度同源，临床可通过修改 SMN2 的 mRNA 剪接治疗 SMA。

Nusinersen 是首个获得 FDA 批准用于治疗 SMA 的药物，属于 ASOs。Nusinersen 结合在 SMN2 前体 mRNA 的内含子 7 的剪接沉默位点，抑制其他剪接因子的作用，促使 SMN2 的 mRNA 包含外显子 7，翻译出更多完整的全长 SMN 蛋白。ASOs 不能穿越血脑屏障，因此必须鞘内注射给药。治疗方案为最初 2 个月内进行 4 次注射，此后每 4 个月注射一次。Nusinersen 临床数据显示在所有患者中都长期安全有效，生存期和运动功能有显著改善。

Risdiplam（RG7916）是一种小分子剪接调节剂，是首个可居家进行的 SMA 疗法。Risdiplam 选择性结合到 SMN2 前体 mRNA 的两个位点：外显子 7 的增强子和 5′ 剪接位点，使外显子 7 在 RNA 剪接中被保留，进而产生更多全长有功能的 SMN 蛋白，以弥补 *SMN1* 基因的缺失。重要的是，Risdiplam 可以口服给药。

2. 增强基因表达

（1）增强野生型或突变型基因的表达：有些遗传病的治疗通过药物增强相应基因座的野生型基因表达，如果突变基因还保留残余功能，也可以增加突变基因 mRNA 的量。例如遗传性血管性水肿（hereditary angioedema，HAE）是一种常染色体显性遗传病，主要表现为反复发生的皮肤和黏膜水肿。达那唑（乙炔睾酮衍生物）可增加 C1 酯酶抑制因子表达，使血清中 C1 酯酶抑制因子水平增高，同时血清中补体 C4 浓度升高，可有效减少和防止遗传性血管性水肿的急性发作。这种治疗方案也被称为"酶诱导治疗"，用药物诱导提高缺陷酶残余活性，改善代谢水平。又例如，苯巴比妥或尼可刹米可诱导肝细胞滑面内质网合成葡萄糖醛酸尿苷转移酶，可治疗新生儿非溶血性高胆红素血症 Ⅰ 型（Gilbert 综合征）。

（2）增强功能类似的其他正常基因表达：增强另一个与发病基因无关但功能类似的正常基因的表达，可补偿突变蛋白的功能。这类治疗方案目前主要用于血红蛋白病，例如诱导胎儿血红蛋白 HbF 表达治疗镰形细胞贫血和 β- 地中海贫血。正常情况下，出生后编码血红蛋白非 α 链基因簇中的 γ 基因表达下降（目前认为至少部分由于基因的甲基化沉默），β 基因表达，HbF（$α_2γ_2$）在正常成人血红蛋白中的占比低于 1%。如果能提高患者血液 HbF 丰度，就能改善患者的缺氧状况。HbF 诱导剂（促 DNA 低甲基化药物）可以使 γ 基因开放或延迟 γ 基因向 β 基因转换的时间，提高体内 HbF 丰度。增强此类患者的胎儿 HbF 丰度，不仅可以减轻 α、β 链的不平衡，改善贫血严重程度，还可以抑制 HbS 的多聚化。

3. 抑制突变基因表达　一些遗传病是由对细胞有毒的突变蛋白产物导致的，如亨廷顿病、转甲状腺素蛋白淀粉样变性（ATTR）等。针对此类疾病的治疗必须减少甚至消除突变基因的表达。小干扰 RNA（small interference RNAs，siRNAs）可以降解特异的突变基因转录产物 mRNA。siRNAs 是长度 20～25 个核苷酸、与靶标 RNA 特定序列互补的短链 RNA，可经脂质体或病毒载体导入靶细胞，特异识别并结合致病基因 mRNA 上的靶序列，形成 RNA 诱导的沉默复合体（RNA-induced silencing complex，RISC），并启动降解，在核酸内切酶的作用下切割靶序列，导致突变基因的转录产物 mRNA 降解而失去功能，达到治疗目的。例如，靶向转甲状腺素蛋白（TTR）的 RNAi 疗法 Patisiran，可持续降低转甲状腺素蛋白的表达，用于治疗 ATTR 引起的多发性神经病。最新的 Ⅲ 期临床试验数据显示，Patisiran 在对 ATTR 心肌病患者为期 12 个月的治疗中，能够改善患者的心脏功能、健康状况和生活质量。

4. 基因编辑　基因编辑（gene editing）就是利用基因工程技术改变特定位置的基因组序列，即对目标基因进行"编辑"，实现对特定基因序列的敲除（knock-out）、敲入（knock-in）、突变等。基因编辑技术包括锌指核酸酶（zinc finger nuclease，ZFN）、转录激活因子样效应物核酸酶（transcription activator-like effector nuclease，TALEN）和规律成簇间隔短回文重复序列（clustered regularly interspaced short palindromic repeat，CRISPR）3 种。3 种方法的工作原理相似，都是识别并结合特定的 DNA 位点，造成 DNA 双链断裂，激活细胞内固有的同源定向修复（homology-directed repair，HDR）或非同源末端连接（non-homologous end joining，NHEJ）。在此过程中既可引入 DNA 片段的插入或缺失，造成基因突变；也可提供野生型同源序列，通过 HDR 机制实现基因修复。目前最广泛使用的编辑方法是 CRISPR/Cas9 系统（Clustered Regularly Interspaced Short Palindromic Repeats / CRISPR associated 9）。

CRISPR/Cas 系统最早是在细菌的获得性免疫系统中被发现的。CRISPR 家族中，目前研究最为广泛的是 Cas9 系统，主要由 Cas9 蛋白、反式激活 crRNA（trans-activating crRNA，tracrRNA）和 CRISPR-derived RNA（crRNA）组成。首先，CRISPR 区域转录成前体 RNA，在 Cas9 蛋白的参与下加工成一段含有保守重复序列和间隔序列的成熟 crRNA，同时，tracrRNA 也转录并与 crRNA 形成双链 RNA 结构，再与 Cas9 蛋白组成具有 DNA 内切酶活性的复合物。该复合物在 crRNA 的引导下，由 Cas9 蛋白对外源 DNA 分子进行切割。CRISPR/Cas9 系统对于靶位点的识别和切割依赖于 crRNA 互补序列下游的 PAM 序列（NGG），其潜在的靶位点是 5′-20nt-NGG 和 5′-CCN-20nt。研究发现，模拟成熟的 crRNA 和 tracrRNA 二聚体结构的单链引导 RNA（single-guide RNA，sgRNA），可以与 Cas9 共同作用切割 DNA 特定位点，从而将 CRISPR/Cas 系统简化成 Cas9 蛋白和 sgRNA 两个组分（图 40-7）。CRISPR/Cas9 系统作为一种新兴的基因编辑技术，优势在于设计原理简单、操作方便、制作成本低廉，可针对多个靶位点设计 sgRNA，通过一次打靶即可实现多个位点突变。根据 Cas9 可多位点同时打靶的特点，可以在目标基因序列两端设计 sgRNA，一次打靶可以达到定向切除基因片段。基因编辑治疗遗传病需要关注的主要问题就是脱靶现象，即可能在基因组其他位置产生新的突变。

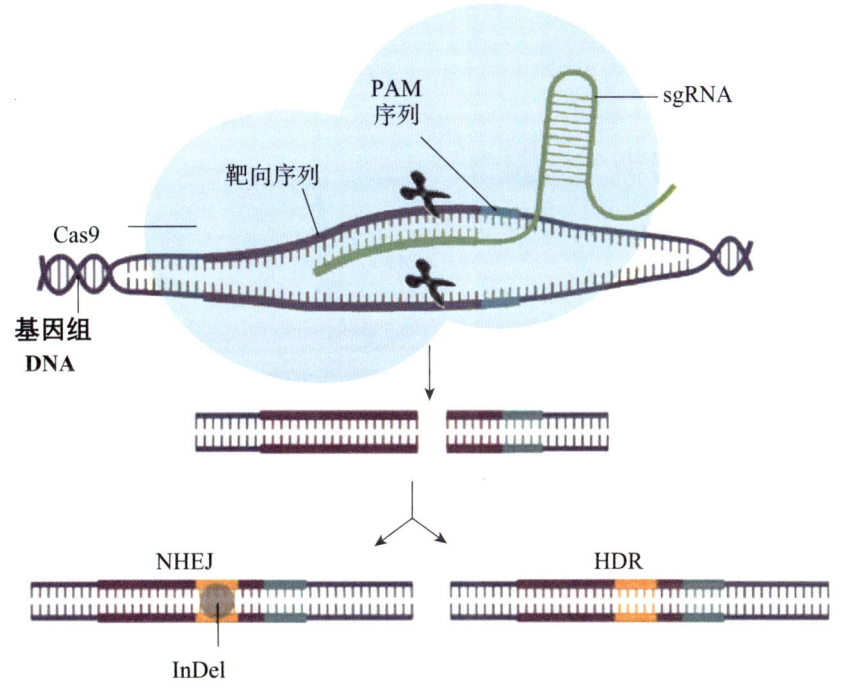

图 40-7 CRISPR/Cas9 系统基因编辑机制示意图

目前，基于 CRISPR 基因编辑技术开发的 Casgevy 疗法投入应用，用于治疗 12 岁及以上的镰状细胞贫血和输血依赖型 β- 地中海贫血，这是全球首个获批应用的 CRISPR 基因编辑疗法。该疗法利用 CRISPR/Cas9 系统在体外编辑患者自体的造血干细胞，删除 BCL11A 基因的红细胞系特异性增强子，特异性沉默 BCL11A 基因在红细胞系中的表达，恢复 γ- 珠蛋白的合成，重新激活胎儿血红蛋白 HbF 的产生。

（三）体细胞基因组修饰的治疗

细胞或器官移植是遗传病治疗的重要手段之一。移植细胞保留了供体的基因型，移植后可以对受体的体细胞进行修饰，因此也被认为是转基因治疗的一种。遗传病治疗中细胞和器官移植有两个适应证：一是通过细胞或器官移植将野生型基因导入该基因突变的患者体内；二是通过移植，进行细胞替代，代偿因该遗传病损害的器官。

1. 干细胞移植（stem cell transplantation） 干细胞是一种能自我更新的细胞，有 2 个特性：具有增殖和分化能力，可分化为各种类型的细胞；具有自我更新能力，可形成另一个干细胞。现阶段用于临床治疗的主要有造血干细胞（hematopoietic stem cell，HSC）、皮肤干细胞和角膜干细胞。

HSC 在遗传病治疗中的应用如下：骨髓 HSC 移植是治疗特定单基因免疫缺陷疾病的首选方法，包括任何类型的 SCID；骨髓或外周血 HSC 移植治疗重型 β- 地中海贫血和镰状细胞贫血；骨髓 HSC 移植治疗溶酶体贮积症。

骨髓 HSC 移植对于溶酶体贮积症患者的多个组织有效，主要通过以下 2 个机制：①移植细胞分泌大量溶酶体酶，通过细胞外液运输到其他细胞，且来源于骨髓的细胞占人体全部细胞的 10%，因此其分泌的酶量相当可观；②大部分单核巨噬细胞系统来源于骨髓干细胞，因此移植的骨髓干细胞就是其供体。脑血管周围的小胶质细胞也来源于骨髓，因此骨髓干细胞移植可以矫正贮积症的神经系统异常，如 Hurler 综合征。移植方案有两种：①异基因供体骨髓干细胞移植，通常能表达全部溶酶体酶；②将编码某种溶酶体酶的正常基因导入至该基因突变患者的骨髓干细胞，再将此修饰的干细胞移植回患者体内（图 40-8）。

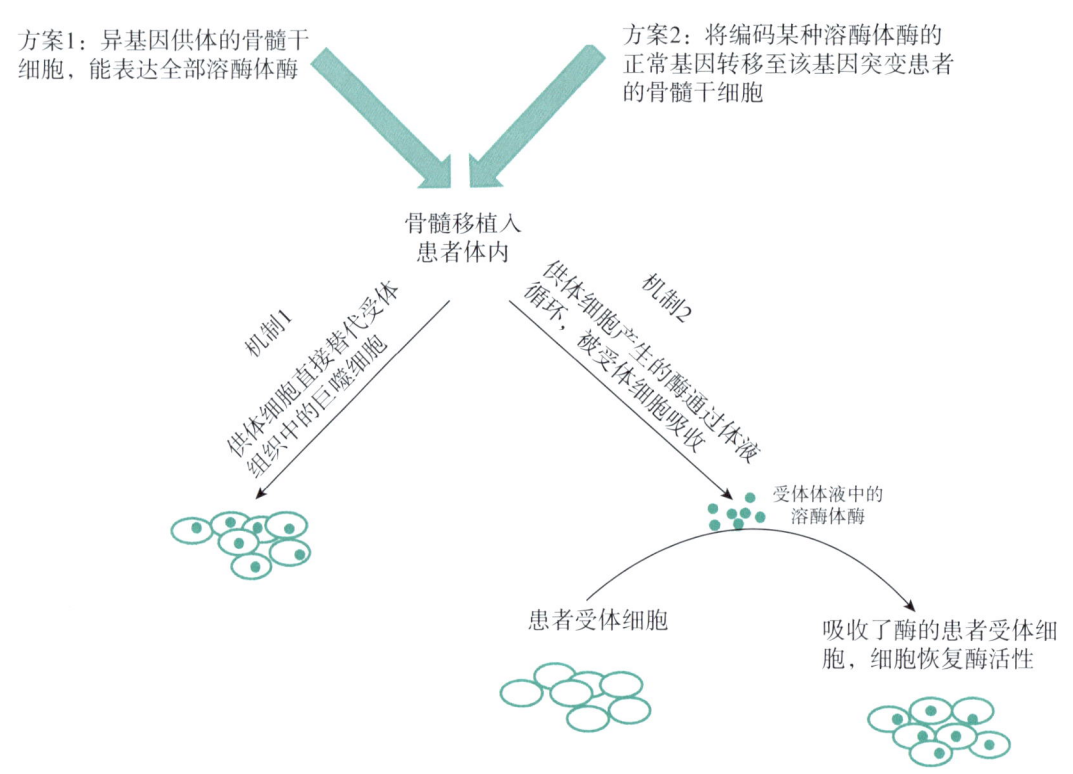

图 40-8　骨髓干细胞移植治疗溶酶体贮积症的两种机制

脐带血 HSC 移植为遗传病治疗提供了一种比骨髓移植更安全、更便捷的治疗手段。相对于骨髓干细胞，脐带血干细胞有 3 个优势：①移植受体对组织不相容的脐带血干细胞更耐受，供体和受体间即使有 3 种 HLA 抗原不匹配，移植物仍能成功生长；②由于组织相容性耐受性强的特点，极大地扩展了脐带血移植供体的范围；③脐带血干细胞移植的应用，也降低了移植物抗宿主病的风险。

2. 肝移植（liver transplantation） 肝移植是某些代谢性肝病的治疗方案，如囊性纤维化（CF）或 α1- 抗胰蛋白酶（α1-AT）缺乏症相关的慢性肝病，目前只有肝移植可进行治疗。

3. 移植现存问题与未来展望 移植治疗目前存在的困境有：移植后死亡率仍然较高，主要来自免疫抑制和移植物抗宿主引起的反复感染；此外，除脐带血外，移植器官的供应有限。要解决这些难题可以将多种技术融合，将干细胞和基因编辑或基因治疗结合起来。现阶段发展的诱导多能干细胞（induced pluripotent stem cell，iPSC）技术可能为今后遗传病治疗提供新的技术支持，因为 iPSC 可以自我更新并分化成各种类型的体细胞。取患者的体细胞，如皮肤成纤维细胞，诱导成 iPSC，再定向分化成特定类型的体细胞，移植到患者的特定组织器官。例如，通过基因编辑或基因治疗来矫正 CF 患者体外培养的成纤维细胞的 α1- 抗胰蛋白酶基因缺陷；然后将矫正细胞诱导为肝特异性 iPSCs 并移植到患者的肝中，使其分化为肝细胞；也可以将基因修正后的 iPSCs 在体外分化出成熟肝细胞再行移植。这种方法的巨大优点在于，基因矫正的肝细胞携带患者自身的基因组，避免了移植细胞的免疫排斥以及移植物抗宿主病。然而，iPSC 的安全性和表观遗传记忆等问题仍有待解决。

三、基因治疗

（一）基因治疗概述

基因治疗（gene therapy）是通过载体介导，将生物活性基因引入细胞，纠正细胞基因缺陷所致的功能异常，恢复正常功能。2012 年，第一个用于治疗脂蛋白脂肪酶缺乏症的基因治疗产品 Glybera 在欧洲获得许可，目前又有几种疾病的基因治疗获批，同时处于临床试验的产品数量众多，从基因水平治疗遗传性疾病将越来越可行。基因治疗包括基因置换、基因修正、基因修饰、基因失活、导入新基因等。

在遗传病的基因治疗中，最常见的方法就是将功能正常的基因导入患者特定靶细胞内，代替失去功能的缺陷基因，发挥其正常功能。通常，基因治疗的目的包括：①补偿功能丧失的突变基因；②替换或灭活显性突变基因产生的异常产物；③发挥药理效应，抵消一个或多个突变基因的影响或抵制疾病的病理改变。考虑通过基因治疗遗传病，必须满足以下基本条件。

（1）分子缺陷已知：必须明确致病的基因变异。

（2）基因拷贝可用：已有野生型 cDNA 或基因本身，如超过包装载体载量，可删除非必要序列。

（3）合适的载体：常用的载体为腺相关病毒（AAVs）或逆转录病毒，包括慢病毒。

（4）致病机制明确：必须充分理解疾病的病理生理机制，以确定基因治疗策略。

（5）获益 - 风险比有利：与其他治疗相比，必须存在更好的获益 - 风险比。

（6）表达调节元件：在一些疾病中，基因表达水平的严格调控至关重要。例如，治疗地中海贫血，转移基因的低量表达治疗无效，过量表达则可能导致珠蛋白链新的不平衡。

（7）有适当的靶细胞：理想状态下，靶细胞在体内半衰期长或有良好增殖能力，易于导入基因，以获得治疗效果；如靶细胞可体外培养进行基因转移，则须有足量的处理后细胞输入患者体内，以充分确保其在相应器官发挥功能。

（8）有效性和安全性证据充分：细胞和实验动物研究必须表明治疗用载体和基因安全有效，最理想的是在大动物疾病模型中证明安全有效且作用持久。但目前只有少数单基因病存在大动物模型。

（9）监管批准：符合相关法律法规，备案审批必不可少。

（二）基因转移的策略

基因治疗的关键是如何将目标基因定点导入患者靶细胞，一般有两种策略（图 40-9）：离体（ex vivo）基因治疗和在体（in vivo）基因治疗。离体基因治疗先取患者细胞在体外培养，导入目标基因后再回输至患者体内，此方法相对比较安全、可控，但过程较复杂。在体基因治疗直接将基因注射到活体组织或特定的细胞外液中，带有目标基因的载体能被靶细胞选择性吸收，通常需要对病毒载体外壳进行修改，以便只有靶细胞才能结合载体。

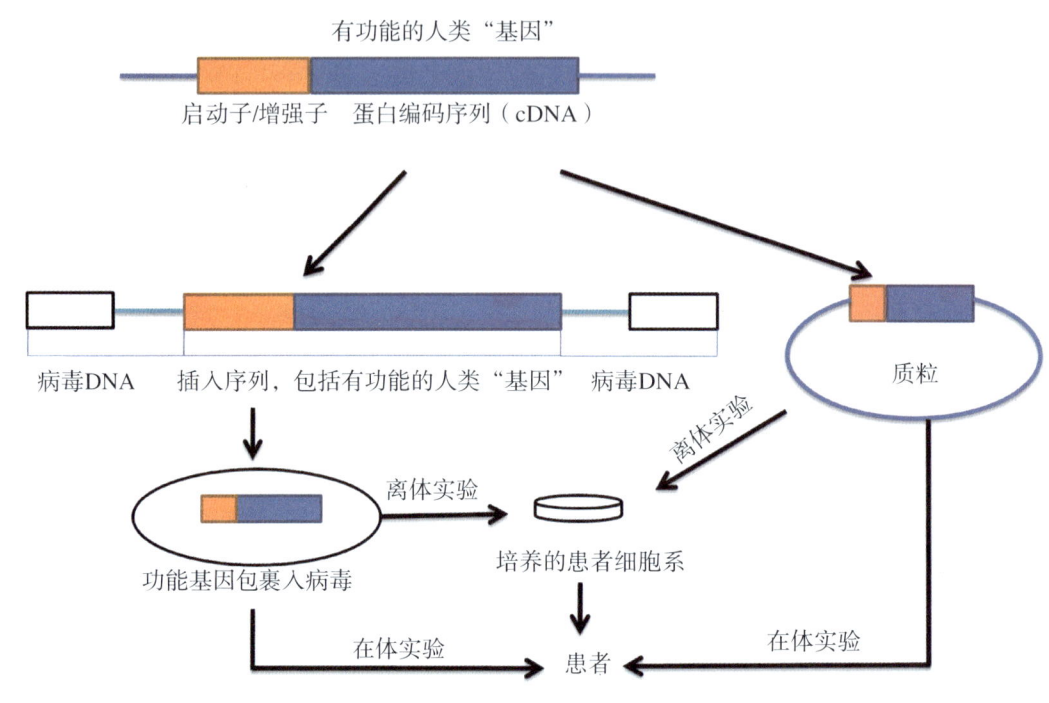

图 40-9　基因转移策略示意图

（三）靶细胞的选择

理想的靶细胞是能够自我复制的干细胞，也可以是来自患者的祖细胞，具有复制能力，能够避免移植物抗宿主病的风险。将基因引入干细胞可使其在大量子代细胞中表达。目前，基因改造的骨髓干细胞已用于治疗 SCID，基于血液干细胞的转基因疗法也用于治疗血红蛋白病和溶酶体贮积病等。在基因治疗中，还必须关注体内接受基因改造的细胞数量，以保证治疗效果。

（四）基因治疗载体

理想的载体应制备简单、安全，容易导入合适的靶细胞，并能终身表达目标基因。实际上，尚无载体能够满足上述所有要求，并适用于所有类型的基因治疗，因此在实际操作中应根据需要选用不同类型的载体。最常用的就是腺相关病毒（AAV）载体、腺病毒载体和逆转录病毒载体。用于基因治疗的病毒载体必须具备以下特性：①外源基因、元件或核酸序列可"加载"在病毒基因组；②可包装成完整的病毒颗粒；③具有天然的/改造的/嵌合的病毒外壳/外膜；④具有"感染性"，能将病毒颗粒中携带的基因组导入靶细胞。

> **框 40-1　病毒载体的特点及存在的问题**
>
> 病毒载体的特点：①利用病毒天然的感染性进入细胞，转导效率高；②因为病毒寄生于细胞内，复杂的装配过程在细胞内完成；③不同的病毒载体具有不同的表达特点。
>
> 病毒载体存在的问题：①毒性：包括细胞毒性、遗传毒性和免疫毒性；②靶向性：病

毒感染具有靶向性，偏好感染部分类型细胞，病毒携带的基因表达也存在靶向性；③需监控：包装好的病毒包裹的基因导入细胞后，基因表达水平和持续时间都需要监控；④生物分布问题。

常用的 3 种病毒载体的特点如下。

1. 逆转录病毒载体　最常用，是一类简单的 RNA 病毒，仅有 3 个结构基因，这些基因可以移除，用需要导入的基因序列替代，可容纳长达 8 kb 的外源 DNA。目前实验室使用的逆转录病毒载体已经过改造，不可复制，对细胞也无毒性。一般逆转录病毒感染的细胞必须经过有丝分裂，病毒才能整合到宿主基因组，从而限制了这类载体在非分裂细胞（如神经元）中的使用。但需要特别提出的是，属于逆转录病毒的慢病毒载体（lentivirus）可以在非分裂细胞进行 DNA 整合，没有对任何特定基因位点的整合优势，可减少激活癌基因的风险。

2. AAV 病毒载体　最多容纳 5 kb 的外源 DNA，小于许多天然基因。AAV 对人体的免疫刺激弱，表达时间更持久，可感染分裂和非分裂细胞。

3. 腺病毒载体　可插入 30～35 kb 的外源 DNA，病毒滴度高，可感染各种类型的细胞。但腺病毒载体可诱发强烈的免疫应答反应，基因治疗试验的患者死亡与此有关。目前，腺病毒载体仅限于癌症的基因治疗。

转基因载体不管是病毒载体还是非病毒载体，调控序列都很重要，因为调控区决定了外源基因的表达水平以及外源基因表达的组织特异性和时间特异性。

（五）基因治疗的风险

基因治疗是遗传病治疗和精准医疗的未来，但目前还存在风险。首要的是载体的不良反应和免疫原性反应，患者可能对载体或转移的基因产生不良反应，应尽可能地通过动物研究和临床前试验预测这类问题。其次，可能存在插入突变引发的恶性肿瘤，例如激活原癌基因或破坏抑癌基因。此外，还可能造成必需基因的插入失活，但通常不会产生重大影响。因为这类突变相对罕见，只会杀死单个细胞，同一基因在多个细胞中被破坏的可能性极低。

（六）单基因病治疗的未来

单基因病治疗体现了精准医疗中个体化治疗的精髓，也为常见病治疗提供了思路，例如寻找药物作用靶点及药物研发。了解个体的特定序列是许多靶向治疗的核心。单基因病患者基因治疗成功的关键在于，确定患者的致病基因以及将治疗基因传递到目标组织的载体设计。同样地，基于基因编辑的基因治疗需要清楚待纠正的基因突变。确切理解基因突变及其对 mRNA 和蛋白质的影响，将决定基因治疗的策略和具体方案。

基因治疗对单基因病患者而言更精准，如能成功，患者未来的生活质量将得到大大提高。

小测试40-3：结合所学知识，有哪些治疗方案可考虑用于β-地中海贫血的治疗？

第三节　单基因病的基因治疗范例

1990 年美国国立卫生研究院进行了全世界首例基因治疗临床试验，治疗 ADA-SCID。此后，许多国家也相继开展了基因治疗的临床试验。目前，已有 20 余种单基因病被证明可以通过基因治疗得到改善，此外还有许多单基因病的基因治疗正在研发中。本节将介绍几种有代表性的单基因病基因治疗。

一、免疫缺陷病

重症联合免疫缺陷病（severe combind immunodeficiency disease，SCID）是由于淋巴细胞成熟所需的基因变异引起，个体缺乏功能性 B 淋巴细胞和 T 淋巴细胞导致细胞免疫和体液免疫都严重缺陷，在婴儿期因感染而早逝。常规的治疗方法是骨髓 HSC 移植，但由于 HLA 配型困难，应用受限。

SCID 最常见的遗传方式是 X 连锁遗传（X-SCID），由于 X 连锁的白细胞介素 -2 受体 γ 链（IL-2 receptor gamma chain，IL-2RG）基因突变所致。2000 年，利用 γ 逆转录病毒感染骨髓 HSC 治疗 X-SCID 获得成功。但 3 年后，20 位接受治疗的患者中有 5 位罹患白血病，是由于逆转录病毒载体插入到 *LMO2* 基因座所致。新一代自失活病毒载体可有效避免这类插入突变的致癌效应。

ADA-SCID 是由于 ADA 缺乏所导致的 SCID，目前该病的基因治疗药物 Strimvelis 已批准上市，适用于无需 HLA 匹配的提供自体干细胞的 ADA-SCID 患者。分离患者自体的 $CD34^+$ 骨髓 HSC，用携带正常 ADA 基因的逆转录病毒感染 $CD34^+$ HSC，再通过静脉输注将干细胞重新导入患者体内。患者只需接受一次治疗，体液和细胞免疫可得以重建，但治疗费用非常昂贵。

二、血友病 B

血友病 B（hemophilia B）是凝血因子Ⅸ基因变异引起的 X 连锁凝血障碍，临床主要依靠凝血因子Ⅸ替代治疗。定期静脉输注凝血因子Ⅸ的预防性治疗价格昂贵，并存在生成抑制性抗体的风险。中国是世界上最早开展血友病 B 基因治疗的国家，复旦大学遗传所薛京伦教授课题组 1991 年开展了 2 例血友病 B 的基因治疗临床试验，开我国基因治疗临床试验之先河。利用逆转录病毒将凝血因子Ⅸ导入患者的皮肤成纤维细胞，再回植入患者皮下。治疗后，凝血因子Ⅸ的浓度上升到正常人的 5%，患者症状明显改善。

2022 年 11 月，FDA 批准了血友病 B 的一次性基因疗法 Hemgenix，用于目前正在使用凝血因子Ⅸ预防性治疗、目前或先前有发生危及生命的出血、或反复出现严重自发性出血发作的血友病 B 成人患者。Hemgenix 由携带凝血因子Ⅸ基因 Padua 变体（FIX Padua）的 AAV5 病毒载体组成，通过静脉输注一次性给药。载体将 FⅨ Padua 携带到肝细胞，产生的蛋白质比正常因子Ⅸ活性高 5～8 倍，提高了血液中凝血因子Ⅸ水平，从而限制出血发作。值得一提的是，Hemgenix 是第一款被批准用于治疗血友病 B 的基因疗法，它将从根本上改变这种终身性疾病的治疗模式。遗憾的是，AAV 无法携带凝血因子Ⅷ基因，因此对于血友病 A 患者必须开发其他基因治疗载体。

三、β- 地中海贫血

β- 地中海贫血是由于 β 珠蛋白基因缺陷导致的遗传性溶血性贫血。输血依赖型 β- 地中海贫血患者需要长期规范性输血和去铁治疗以维持生存，异体 HSC 移植是目前临床根治的唯一方法，但由于供者来源困难等原因，临床应用受限。因此，该病的基因治疗成为重要研究方向。

目前输血依赖型 β- 地中海贫血的基因治疗可分为基因替代疗法和基因编辑疗法两种。基因替代疗法是采用慢病毒载体将正确的 β 珠蛋白基因导入患者造血干细胞，并回输给患者，提升 β 珠蛋白多肽链的表达，促使 HbA 生成。此类代表性药物 Zynteglo 于 2022 年 8 月获得 FDA 批准。基因编辑疗法 Casgevy 通过 CRISPR 编辑基因 BCL11A，以提升 γ 珠蛋白基因表达，改善患者贫血状况（详见本章第二节相关内容）。

四、杜氏肌营养不良症

杜氏肌营养不良症（DMD）是一种因 *DMD* 基因缺陷所致的以进行性肌无力为特征的 X 连锁隐性遗传病。2023 年 6 月 DMD 的一次性基因疗法 Elevidys（SRP-9001）获得美国 FDA 批准上市，用于治疗 4~5 岁可独立行走的 DMD 儿童 [DMD 基因外显子 8 和（或）外显子 9 缺失的患者禁用]。该疗法将截短的 *DMD* 基因包装于 AAV 病毒载体，单次静脉注射使患者肌肉生成具有部分抗肌萎缩蛋白功能的重组蛋白。临床试验显示，4~7 岁的 DMD 患者经治疗 1 年后，其运动能力得到显著改善。*DMD* 基因是已知最大的人类基因，全长约 2.2 Mb，远远超出常规基因治疗病毒载体的载量，Elevidys 采用保留 DMD 关键序列的迷你基因，克服了这一问题。

五、脊髓性肌萎缩

SMA 是由于 *SMN1* 基因缺失或突变引起运动障碍，通过静脉注射 AAV9 载体携带的 *SMN1* 基因，15 例患者的临床试验证明效果良好，目前该基因治疗药物 Zolgensma 已上市。该方法的主要优点是只需进行一次注射，且 AAV9 可以穿越血脑屏障并有效感染神经元细胞，SMN 蛋白能在全身范围内表达。治疗中，必须严格监测其安全性和耐受性，存在肝损害风险，建议使用预防性皮质类固醇治疗方案，并定期检测肝功能。此外，部分 SMA 患者体内存在抗 AAV9 抗体，会影响耐受性和疗效。

六、遗传性转甲状腺素蛋白淀粉样变性

转甲状腺素蛋白淀粉样变性（ATTR）是一种危及生命的疾病，其特征是组织中错误折叠的转甲状腺素蛋白（TTR）进行性积累，主要累及神经和心脏。NTLA-2001 是一种体内 CRISPR/Cas9 基因编辑疗法，通过脂质纳米颗粒将 Cas9 蛋白的 mRNA 和靶向 *TTR* 的 sgRNA 递送到肝，通过靶向敲除肝细胞内突变的 *TTR* 基因降低血清 TTR 蛋白浓度。NTLA-2001 临床试验数据显示，单次给药后患者血清中 TTR 蛋白水平在随访的 12 个月内稳定持续下降。

小 结

遗传病治疗属于个体化医疗，不仅面向患者本人，还要面向家属，并预防再发风险。可以在从突变基因到出现临床表型的任何环节对遗传病进行治疗，可以综合采用多种治疗策略。

调节机体代谢的总原则是"补其所缺，去其所余"，包括限制底物摄入、替代疗法补充不足、转化治疗-促排泄、抑制酶活性、清除治疗等。在蛋白质水平，遗传病的治疗可以通过小分子化合物增强突变蛋白质残留功能或者进行替代治疗；在核苷酸水平，修改 RNA 剪接形式、增强或抑制基因表达或者基因编辑，调控基因表达达到治疗目的。此外，还可以进行体细胞基因修饰后的移植，包括骨髓造血干细胞和脐带血干细胞移植、肝移植等。众多疗法中，只有基因治疗、基因编辑或细胞移植才能提供治愈的可能。当前转基因和基因编辑疗法发展迅速，实现了从基础研究到临床应用的飞跃，但仍有安全性、技术瓶颈和价格昂贵等问题有待突破，才能最终实现遗传病精准治疗的目的。

整合思考题

1. 经典型苯丙酮尿症（PKU）为常染色体隐性遗传病，致病基因是 *PAH*，由于患者苯丙氨酸羟化酶缺陷导致苯丙氨酸不能正常代谢。请问此病能用细胞外酶替代治疗吗？

2. 患儿男，2.5 岁，患家族性高胆固醇血症。他的父母也患有此病，但症状比其轻很多。经临床诊断及 PCR-Sanger 测序，确定了患儿及其父母的突变基因及位点，患儿获得了来自父母的突变等位基因。医生给予其血浆置换治疗，每 1~2 周需要进行一次。患儿父母不能理解，为何父母只需要服用药物即可，患儿却需要血浆置换治疗？请解释其原因。

3. 笑笑，6 岁，因智力和生长发育障碍，早老症，反复出现皮疹，经临床诊断为 Cockayne 综合征 B 型。此病为常染色体隐性遗传，经 PCR-Sanger 测序，发现 *ERCC6* 两个突变位点：外显子 4（c.643G > T，p.E215X）和外显子 16（c.2839C > T，p.R947X）。请问这种情况可采用何种治疗策略？

4. 简述 1 型 Gaucher 病现阶段有哪些治疗策略。根据所学知识，谈谈未来 Gaucher 病还可能采取何种治疗策略。

（王小竹　乐　珅）

第四十一章　遗传病的预防和伦理

导学目标

通过本章内容的学习，学生应能够：

※ **基本目标**
1. 描述不同类型遗传病的预防方法及侧重点。
2. 概括遗传咨询的原则，列举遗传咨询的基本步骤。
3. 演示遗传病再发风险的计算方法（重点：基于贝叶斯公式的计算）。

※ **发展目标**
1. 举例说明一些常见遗传病的具体预防策略。
2. 根据遗传咨询中的原则和步骤，模拟常见遗传病的遗传咨询过程。
3. 根据遗传病的遗传方式和家系具体情况，正确选择计算方法评估遗传病再发风险。

案例 1

某产妇在医院顺利分娩后，母子各项指标正常，于是准备第 2 日办理出院。护士在巡查母婴情况时，建议她在母乳喂养 72 h 后带新生儿回医院采集足跟血。

问题：
1. 为什么要采集新生儿足跟血？
2. 利用新生儿的足跟血都可以检测哪类遗传病？
3. 这属于三级预防中的哪部分？

案例解析

第一节　遗传病的预防

一、遗传病的预防

遗传病（genetic diseases）是细胞遗传物质改变所引起的疾病。除部分后天体细胞突变导致的遗传病（如非家族性肿瘤）外，大部分遗传病都是通过生殖细胞传递的。遗传病病种多，而目前治疗手段仍旧有限，部分方法虽能改善症状或防止发病，但由于未改变生殖细胞中的致病基因，不能根治疾病，因此降低发病率仍是目前预防遗传病的主要手段。

（一）染色体病的预防

染色体病指染色体数目和结构异常引起的疾病，实质是染色体上基因平衡状态遭到破坏，进而妨碍人体发育，造成机体形态和功能的异常。严重的染色体异常会导致胚胎早期夭折，故易见于自发流产胎儿，少数可存活出生的患儿也往往表现有生长和智力发育迟缓、性发育异常及先天性多发畸形。染色体病危害大，且缺乏有效治疗手段，目前唯一有效的预防方法是通过胚胎植入前检测、产前筛查、产前诊断等发现染色体异常胎儿并及时终止妊娠。

以最常见的 Down 综合征（Down syndrome，DS）[OMIM 190685] 为例，由于其新生儿发病率高（1/1000～2/1000），且随母亲生育年龄的增高而升高，因此为防止 DS 患儿的出生，临床上通常最早从孕 9 周开始，结合孕妇年龄，对孕妇进行系列产前检查，包括超声和血清学检查等。这些检测方法也可同时筛查 18-三体综合征和 13-三体综合征。对于提示高风险的孕妇进行无创产前检测（non-invasive prenatal testing，NIPT）或产前诊断。对于 38 岁以上反复怀非整倍体胎儿的女性，可选择胚胎植入前非整倍体检测（preimplantation genetic testing for aneuploidy，PGT-A）进行预防。

NIPT 适用于孕 12 周以上的单胎孕妇，最佳检测时间为 12～22^{+6} 周，通过检测母体血浆中的胎儿游离 DNA，分析胎儿染色体非整倍体情况，主要检测 21-三体综合征、18-三体综合征及 13-三体综合征这 3 种常染色体疾病，高风险孕妇要行产前诊断进行确认。产前诊断最常用的方法是胎儿染色体核型分析，通过绒毛穿刺、羊膜腔穿刺或脐静脉穿刺采集胎儿绒毛、羊水或脐血细胞进行检测，是诊断染色体病的"金标准"。对于其他染色体病，必要时还可进行荧光原位杂交（fluorescence in situ hybridization，FISH）、染色体微阵列分析（chromosomal microarray analysis，CMA）和下一代测序（next generation sequencing，NGS）等分辨率更高的检测。

（二）基因组病的预防

基因组病主要指拷贝数变异（copy number variations，CNVs）导致的疾病，即微缺失/微重复综合征（microdeletion/microduplication syndrome，MMS）。数据库已收录的基因组病有 200 余种，可发生于每条染色体上。基因组病大多为新发，主要通过产前诊断检测 CNVs 预防患儿出生，主要方法有 CMA（包括 Array-CGH 和 SNP array）和 CNV-seq（拷贝数变异测序）。CNV-seq 指通过低深度全基因组测序，发现受检者样本存在的 CNVs。对于已有先症者的 MMS，还可通过胚胎植入前结构重排检测（preimplantation genetic testing for structural rearrangements，PGT-SR）进行预防。

（三）单基因病的预防

单基因病的预防需要根据遗传方式的不同选择不同的预防方法。对于已有先症者、需要进行阻断的常染色体显性单基因病，可通过胚胎植入前单基因病检测（preimplantation genetic testing for monogenic disorders，PGT-M）或产前诊断对胎儿进行诊断。常染色体隐性的单基因遗传病，如已生育过患儿，可在诊断明确后行 PGT-M 或产前诊断。对于无不良生育史的夫妇，可在孕前或孕早期进行单基因病携带者筛查，若均为同一基因致病性变异的携带者，可通过 PGT-M 或产前诊断显著降低生育遗传病患儿的风险。对于性染色体连锁单基因病，可酌情根据胎儿性别判断发生风险，或通过 PGT-M 进行预防。

（四）多基因病的预防

多基因病的发生不仅受多个微效基因的影响，还受环境因素的影响。因此对于多基因病的预防需要考虑遗传和环境两方面因素，要做好婚前健康检查、孕前遗传咨询以及产前筛查，尤其是对于亲属中存在遗传病患者的夫妇。此外还需从环境因素着手，尽可能避免接触可能导致发病的环境因素，从而降低发病风险。

（五）线粒体病的预防

目前对于线粒体疾病尚无有效的治疗方法和可靠的遗传筛查方法。常规的预防线粒体遗传病的方法有产前诊断和胚胎植入前遗传学检测（preimplantation genetic testing，PGT）。然而，由于组织间变异性以及不同发育阶段胎儿的线粒体DNA（mitochondrial DNA，mtDNA）突变负荷差异，使得产前诊断及PGT存在一定的风险。到目前为止，仍无法确定预防线粒体遗传病的突变安全阈值。为了有效减少甚至阻断突变mtDNA的遗传，各国科学家纷纷开始研究线粒体置换技术，即将线粒体遗传病患者卵子/受精卵的纺锤体-染色体复合物、第一极体、原核、第二极体等核物质移植到正常女性的去核卵/受精胞质中，从而获得健康的卵子，再与丈夫精子结合，最终获得健康的胚胎。线粒体置换技术主要包括4种：原核移植（pronuclear transfer，PNT）、纺锤体-染色体复合物移植（spindle-complex transfer，ST）、第一极体移植（first polar body transfer，PB1T）和第二极体移植（second polar body transfer，PB2T）。2016年英国国会已经通过立法，成为全球第一个允许线粒体置换技术（ST与PNT）用于预防严重的线粒体遗传病的国家。但是，线粒体置换的安全性与"三亲婴儿"涉及的伦理问题仍存在一定争议，还需进一步深入研究。

二、出生缺陷的三级预防

出生缺陷大部分由遗传因素造成，严重影响儿童的生存和生活质量，给患儿及其家庭带来巨大痛苦、心理负担和经济负担，因此预防出生缺陷也是预防遗传病的重要部分。联合国在《关于残疾人的世界行动纲领（1982）》（World Programme of Action Concerning Disabled Persons）中提出了预防出生缺陷的3个策略：一是采取综合措施；二是因地制宜地定制有效的计划；三是系统地落实三级预防策略。

我国党中央、国务院历来高度重视防治出生缺陷、提高出生人口素质工作。20世纪80年代以来，我国成功建立了自上而下、深入基层的出生缺陷三级防控体系，广泛开展出生缺陷防治的社会宣传和健康教育，启动实施了免费孕前优生健康检查、增补叶酸预防神经管缺陷、地中海贫血防控、贫困地区新生儿疾病筛查等重大公共卫生项目，逐步将儿童先天性心脏病等出生缺陷治疗纳入大病保障，有赖于这些措施，神经管缺陷的发病率从2000年的11.96/万降至2019年的1.20/万，唐氏综合征的血清学筛查覆盖率从2009年的18.1%上升到2018年的71.6%，新生儿听力筛查从2008年的29.9%上升到2016年的86.5%，而遗传代谢紊乱（包括苯丙酮尿症和先天性甲状腺功能低下症）的新生儿筛查从2006年的40.9%上升到2018年的98.5%。

我国出生缺陷监测的发展历程

上文中提及的出生缺陷三级防控体系主要由以下几方面构成。

1. 一级预防 即孕前（preconception）综合干预，通过健康教育、选择最优生育年龄、遗传咨询、孕前保健、合理营养、避免接触致畸有害物质、预防感染、谨慎用药、戒烟戒酒戒毒、携带者筛查等，减少出生缺陷的发生。叶酸增补、地中海贫血基因携带者筛查等属于一级预防。

2. 二级预防 即在整个孕期，即产前（prenatal），通过孕期筛查和产前诊断识别胎儿的严重先天缺陷，早期发现，早期干预，避免缺陷儿的出生。NIPT、血清学筛查、产前超声检查及产前诊断均属于二级预防。

小测试41-1：举例说明出生缺陷的第三级预防举措。

3. 三级预防 针对新生儿（newborn）进行遗传病的早期筛查，以期早期诊断，及时治疗，避免或减少致残，提高患儿的生活质量。新生儿筛查即属于三级预防的范畴。目前我国统一实施的免费筛查包括苯丙酮尿症、先天性甲状腺功能低下等。各地区又根据当地情况和经济条件，在上述病种的基础上增加了其他的政府负担项目，例如杭州市增加了串联质谱遗传代谢疾病筛查，北京市增加了新生儿听力筛查。

第二节　遗传咨询

一、遗传咨询的定义

遗传咨询（genetic counseling）是指咨询师结合咨询者及家庭成员的遗传背景、健康状况等情况，针对某种（或某些）遗传病的病因、预防、诊断、治疗、生育指导、产前诊断、再发风险等问题进行全面的解释和商讨，最终协助后者做出恰当的对策和选择。因此可以将遗传咨询理解为对咨询者进行的全面的关于遗传病的教育。与常规临床服务不同的是，咨询师在提供专业信息的同时，要综合考虑相关的社会影响及咨询者本身的情绪波动，以便用最合适的方式满足咨询者的需求。

二、遗传咨询开展的条件

（一）咨询师的资质

与其他临床专业相比，遗传咨询博大精深，几乎涵盖了所有医学遗传学的知识，并且综合了社会学、心理学等方面的内容。遗传疾病纷繁复杂，且大多不常见，各种新型治疗方法和药物还在持续面世，这就要求咨询师不仅要具备渊博的专业知识储备，也要紧跟业界发展。遗传问题常会累及整个家族，很多家庭成员都需要不同程度的关于诊断、治疗和预防方面的指导。因此，一套完整的遗传咨询服务可能会包含多次面对面的交流，首次遗传咨询可能长达 1 h 以上。遗传咨询的主要过程是沟通，所以遗传咨询师还需要具备较高的语言沟通技巧和丰富的心理学知识，这些都需要正规的学习和系统的技能训练。

我国 2020 年修订完成的《中华人民共和国职业分类大典（2020 年版）》中，首次明确提出了出生缺陷防控咨询师（职业编码 4-14-02-04）这个职业，并规范了其培训及执业要求。出生缺陷防控咨询师职能范围包括出生缺陷防控宣传、教育、咨询、指导以及提供出生缺陷发生风险的循证信息、遗传咨询、解决方案建议、防控管理服务及康复咨询。可以看出我国的出生缺陷防控咨询师也就是其他国家的遗传咨询师。

我国及欧美等地对于出生缺陷防控咨询师的相关规定

（二）遗传咨询的场所

遗传咨询过程需要私密而舒适的环境，对环境设施有较高的要求。遗传咨询室需要独立的房间，整体风格应该简洁、明亮，并配有绿色植物或视觉上易于接受的挂图作为点缀。这样既可保持专业严谨的感官效果，又能够缓解咨询者的情绪紧张。桌椅的摆放应当避免在空间上将咨询师与咨询者隔开过大的距离。

（三）遗传咨询的指征

一般来说，遗传病的患者本人或家族中有遗传病史者均可以预约遗传咨询。但遗传咨询的服务范围并不仅限于此。在《上海市遗传咨询技术服务管理办法（2018版）》中，明确指出了下列11种遗传咨询服务的服务对象：

(1) 夫妇双方中一方患有遗传病者；
(2) 有遗传病家族史者；
(3) 长期接触不良环境因素的育龄夫妇；
(4) 不孕不育或有不明原因的反复流产史；
(5) 有死胎、死产或曾生育智力低下、多发畸形患儿者；
(6) 35岁及以上的高龄孕妇；
(7) 产前筛查结果高风险或发现胎儿结构异常的孕妇；
(8) 孕期接触过不良环境或致畸物的孕妇；
(9) 胚胎植入前遗传学筛查阳性者；
(10) 有罕见病与遗传代谢疾病患儿者；
(11) 其他需要咨询的情况（如近亲婚配）。

除此之外，检查正常但对妊娠结局或自身健康状况极度焦虑者也可以寻求遗传咨询的帮助。

三、遗传咨询的步骤及主要内容

（一）家庭及个人病史的获取

这通常是咨询师与咨询者的初次见面，除了必要的自我介绍外，还应尽可能全面而详细地获取咨询者及其家族的病史、婚育史等相关资料。

(1) 病史：咨询者的现病史、既往史、体检情况和实验室检查结果，其中应包含出生情况、发育史、用药史、致畸物暴露史等，必要时可考虑采集影像资料。

(2) 家族史：种族、近亲婚配情况、患病人数及亲缘关系、先证者与家系中患者年龄及临床表现等。已去世亲属及其去世原因及年龄也应收集。通常以家系图的方式来描述和记录咨询者（或先证者）与其家庭成员的相互关系和表型特征。

（二）信息分析、遗传病诊断及遗传方式确定

遗传咨询师根据咨询者的临床表现、体格检查、实验室检查结果及家系信息，结合必要的医学资料或文献检索，对咨询对象所患疾病的种类做出初步判断，有针对性地安排必要的遗传学实验室检查，进一步根据检查结果做出临床诊断。如无法确诊，应向咨询对象建议及时转诊。

（三）再发风险的评估

遗传咨询师根据咨询者家族健康信息与疾病遗传学特征，对咨询对象及其家族成员遗传病再发风险进行评估。在单基因病的遗传咨询中，确定疾病遗传方式是再发风险评估的前提。遗传咨询师应向咨询者细致介绍相关遗传病的基本传递规律，提高咨询者对再发风险的认知水平与接受程度。

（四）建议与指导

咨询者了解疾病情况、遗传方式和再发风险后，遗传咨询师向咨询者介绍可以采取的干预措

施，同时提供各种措施的获益与风险对比及其可能对咨询者及其家庭产生的影响，必要时还需提供适当的心理支持与疏导。

咨询师介绍专业性很强的遗传学内容时，应尽量使用对方能够听得懂的简单语句和词汇，尽量避免短时间使用大量专业术语。建议多用比喻等手法，站在咨询者的角度，从不同角度进行解释。言语要沉稳、坚定，避免引起对方的疑惑。

在沟通过程中，咨询师要注意自己的言语和行为，避免对咨询者造成伤害。咨询师应尊重咨询者的人格，不可因咨询者的穿着、相貌、卫生、言语、行为等而表现出抵触、回避、不耐烦及厌恶的情绪。应同咨询者近距离沟通，面对面耐心倾听其叙述；应不厌其烦地对重复的问题变换方式给予回答。在交流时避免使用带有贬义或刺激性的词语，多设身处地、换位思考。

（五）心理支持及"后咨询（post-counseling）"工作

在遗传咨询中切莫忽视疾病对咨询者及其家庭所造成的心理压力，有时甚至会造成超越疾病本身的伤害。

由于遗传病的特点，患者常常会背负重大的心理负担、对家族的负罪感及经济负担。也有咨询者或患者会因疾病而感到焦虑、愤怒，有时可能会非刻意性地忽略或隐瞒一些重要细节。此外，当咨询者面临重大而又进退两难的选择（如生育选择）时，他们会陷入极度的痛苦之中。绝大多数人处于这类情况时，情绪会过于激动，甚至失控。这时就需要咨询师提供更多心理上的支持。

根据这些具体情况，咨询师要做到体贴入微，获得咨询者的信任，识别咨询者的负面情绪和不良反应，并及时做出反应。对于咨询者敏感的问题，应避免过于直率的回答。例如：在解释遗传病症的时候，重点指出这是医学事件，而非家庭或父母自身的过错。此外，在解释如杜氏肌营养不良等X连锁疾病时，应避免直接讲述"致病基因是由母亲传递"，这不仅会使女性咨询者难以承受，其男性配偶也会非常介意。可将注意力集中在配子和致病基因上，而并非某个人。

待咨询者的问题得到合理的解答之后，常规的遗传咨询服务即结束。但由于遗传病不仅关系到患者本身，还牵扯到其家庭成员，所以亦可进一步对咨询者的其他家族成员开展遗传咨询。完成遗传咨询后，咨询师还应对接受咨询的对象通过电话等方式进行定期随访，记录妊娠结局、诊断符合率、疾病治疗情况等信息。定期随访不仅可以整体提高服务满意度，更能让咨询师本人准确掌握患者遗传病进展情况以及相关临床服务的效果，为以后咨询中给出更准确的转诊建议提供依据。

四、再发风险评估

（一）染色体病的风险评估

1. 家族性染色体平衡易位的风险评估 若一对夫妇有一方是染色体平衡易位携带者，他们的子女则有可能患结构性染色体病。在评估生育不平衡性染色体病子女的风险时，可通过计算非平衡片段的HAL（haploid autosomal length，HAL）百分比，其公式如下：

非平衡片段的HAL百分比 =（非整倍体片段长度 / 相关染色体总长度）× 相关染色体HAL值

其中染色体的HAL值可通过表41-1查阅。计算结果 < 0.5%，胎儿存活概率高；单体 > 2%或三体 > 4%，存活概率较小。

此外，染色体平衡易位携带者在减数分裂过程中会产生不同的配子，在形成合子时会产生不同的核型，故应该对不同合子的核型进行风险计算。值得注意的是，存在单体片段的胚胎生存效应比携带三体片段的胚胎差。

表 41-1　人类常染色体的 HAL 值（%）

染色体	短臂	长臂	总长度	染色体	短臂	长臂	总长度
1	4.61	4.63	9.24	12	1.30	3.57	4.86
2	3.27	5.47	8.75	13	–	3.26	3.26
3	3.27	3.74	7.01	14	–	3.24	3.24
4	1.71	4.99	6.70	15	–	3.06	3.06
5	1.61	4.68	6.29	16	1.23	1.92	3.15
6	2.33	3.97	6.30	17	0.96	2.50	3.46
7	2.06	3.50	5.55	18	0.70	1.90	2.60
8	1.59	3.33	4.92	19	1.11	1.36	2.47
9	1.60	3.22	4.81	20	0.93	1.35	2.28
10	1.48	3.24	4.72	21	–	1.22	1.22
11	1.62	2.99	4.60	22	–	1.47	1.47

2. 三体妊娠史阳性者再发风险评估　既往有 21- 三体等三体综合征妊娠史的孕妇，其三体再发风险会升高，尤其是对于年龄小于 30 岁的孕妇（见表 41-2）。

表 41-2　标准型三体综合征再发风险 *

先证者三体和相关孕妇分娩年龄	三体再发时相关孕妇分娩年龄	相同三体再发风险	非相同成活三体再发风险
21- 三体			
任何年龄	任何年龄	升高 2.4 倍	升高 2.3 倍
＜ 30 岁	＜ 30 岁	升高 8.0 倍	
≥ 30 岁	≥ 30 岁	升高 2.1 倍	
所有成活三体 **			升高 1.6 倍
所有成活非 21- 三体		升高 2.5 倍	
所有流产三体 **			升高 1.8 倍

* 以标准发病比率（standardized morbidity ratio，SMR）表示：即产前诊断得到的三体综合征病例与相对孕妇年龄特异性发病率计算得到的病例之间的比值；** 包括 13、18、21、XXX、XXY 三体。

（二）基因组病的风险评估

基因组病常具有新发性，下面以两类常见基因组病的风险评估为例。

1. 22q11 微缺失/微重复综合征　22q11.2 区域所含 DNA 微缺失、微重复均致病，为 22q11.2 微缺失综合征及 22q11.2 微重复综合征。22q11.2 微缺失综合征发病率为活产新生儿的 1/3000～1/4000，包括 DiGeorge 综合征［OMIM 188400］和腭心面综合征（velocardiofacial syndrome，VCFS）［OMIM 192430］。大多数病例为新发，家族性遗传者约占 6%。由家族遗传引起的病例，须做双亲及其他亲属的遗传检测，缺失阳性患者子女的再发风险为 50%。

2. Angelman 综合征　Angelman 综合征（Angelman syndrome，AS）［OMIM 105830］又称愉快木偶综合征，大部分由染色体片段 15q11-q13 的缺失引起，还有其他病因造成者。

AS 通常是新发性，而且大部分为散发。再发风险由于遗传学病因的不同存在差异，15q11-q13 缺失的再发风险低于 1%（表 41-3）。

表 41-3　AS 遗传再发风险率

遗传学病因	频率	再发风险
15q11-13 微缺失	约 70%	1%
与 15q11-13 相关的家族性平衡易位	<1%	2%~10%
父源 UPD	3%~7%	<1%
罗伯逊易位 der（15；15）性父源 UPD	<1%	100%
印迹缺失伴印迹中心的缺失	0.5%	50%
印迹缺失不伴印迹中心的缺失	2.5%	<1%
UBE3A 基因突变	15%~20%	50%（母亲是携带者时）

（三）单基因病的风险评估

1. 应用孟德尔比率评估单基病风险　在没有其他因素影响下，对单基因病遗传的风险评估比较简单，可以按照孟德尔比率（Mendelian ratio），结合概率运算法则进行计算。

如在图 41-1 A 中，该家系有常染色体显性遗传病史，Ⅰ-1 为患者，其配偶正常。则Ⅱ-1 是正常的概率为 1/2。对于常染色体显性遗传病来说，除经过实验室诊断的已经明确为纯合子的情况之外，患者大多为杂合子。

在图 41-1B 中，Ⅰ-1 及配偶均为常染色体隐性致病基因的携带者，则其后代有 1/4 可能性患病。

在图 41-1C 中，Ⅱ-1 为常染色体隐性遗传病患者。其父母（Ⅰ-1 和 Ⅰ-2）虽然表型正常，但皆为该致病基因的携带者，Ⅱ-2 表现正常。故Ⅱ-2 有 2/3 的可能性为携带者，有 1/3 的可能性为完全健康。

图 41-1D 中，Ⅰ-1 与 Ⅰ-2 都是某常染色体隐性遗传病致病基因携带者，他们先后生育了 4 名（Ⅱ-1 至Ⅱ-4）完全健康的后代，则其第五次怀孕生育患儿的可能性并不会因其以往的生育史而改变，仍为 1/4。要注意，每一次配子的结合，都是一个独立的事件，故应该单独计算。

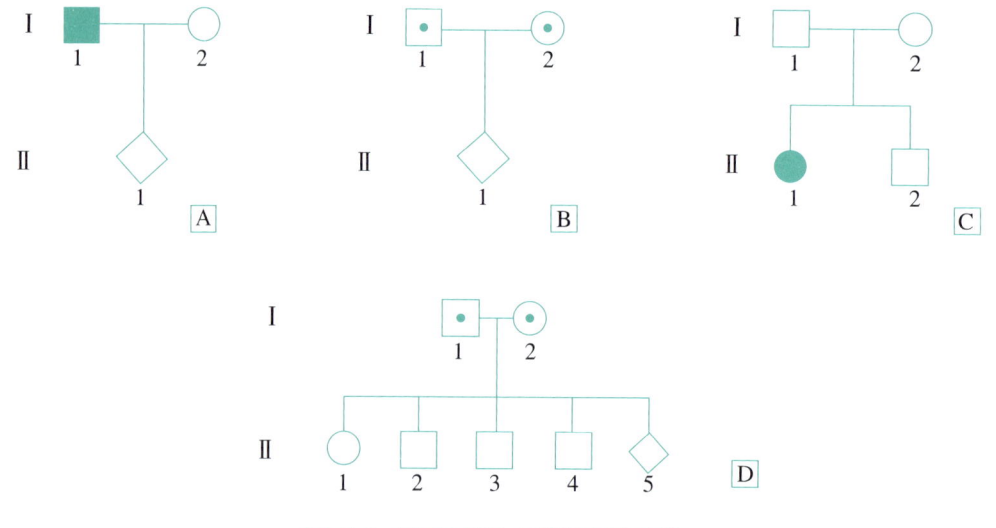

图 41-1　基于孟德尔定律的风险计算

2. 近亲婚配（consanguineous marriage）中再发风险的计算　在这种婚配情况下，由于夫妻双方都可能带有来自共同祖先的同一等位基因，而又把此基因传给他们的子女，子女同一等位基因纯合概率会增加，所以近亲结婚可导致常染色体隐性遗传病在后代中发病率增高的不良妊娠

第四十一章 遗传病的预防和伦理

结果。近亲婚配的再发风险已在第三十八章"遗传病的分子与生化基础"第四节进行详细介绍，故此处不再赘述。

框 41-2　我国法律对于近亲婚配的规定

《民法典》（自 2021 年 1 月 1 日起施行）第一千零四十八条规定：直系血亲或者三代以内的旁系血亲禁止结婚。直系血亲，是指生育自己或自己生育的上下各代血亲，即所谓己身所从出或从己身所出的血亲。上溯至父母、祖父母、曾祖父母等，下至子女、孙子女、曾孙子女等，皆为直系血亲。

案例 2A

23 岁女孩芸芸准备和男友阿文结婚，目前二人正常，但双方家族中均有直系亲属患有苯丙酮尿症。因此二人比较焦虑，预约了遗传咨询。针对上述情况，作为遗传咨询师，应如何为其提供合理的帮助？

案例解析

3. 基于当前条件概率的风险计算　如果双方或一方的基因型未知，则需利用家系资料或其他有关数据，使用统计学中的贝叶斯分析（Bayesian analysis）来推算。贝叶斯（Bayes）定理是英国学者 Thomas Bayes 于 18 世纪提出的用于计算概率的数学公式，主要用来估算"非甲即乙"的两种事件发生的概率，认为事件发生的概率会随条件的变化而改变。

- 关于隐性遗传病的计算

例如：一妇女（Ⅱ-5），孕 15 周，已育 4 名健康男孩（Ⅲ-3 至 Ⅲ-6），但该妇女的姐姐（Ⅱ-2）育有 1 名 X 连锁隐性遗传病——A 型血友病（Hemophilia A，OMIM#306700）患儿（Ⅲ-1）。她（Ⅱ-5）想知道当前胎儿的患病可能。根据该孕妇主诉绘制系谱图（图 41-2）。

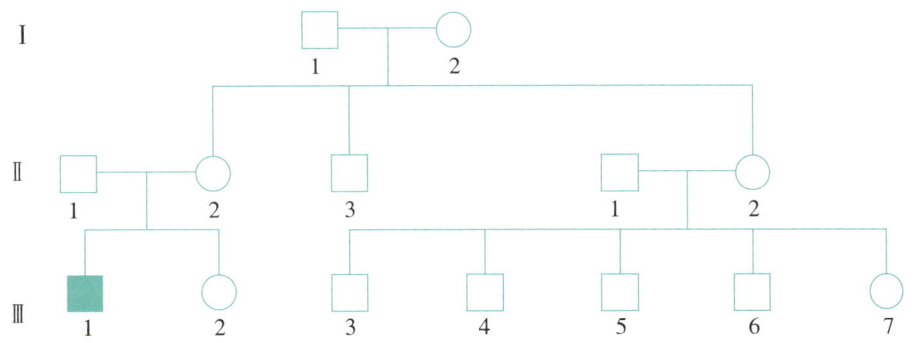

图 41-2　A 型血友病案例的系谱图

由于 Ⅲ-1 为患儿，可推定 Ⅱ-2 及 Ⅰ-2 均为携带者。此时若仅以常规的孟德尔定律分析，则 Ⅱ-5 是携带者的概率为 1/2，其诞下男孩且患病的概率为 $(1/2)^3$。但事实上 Ⅱ-5 已经连续生育 4 名健康男孩，Ⅱ-5 是携带者的概率应该因此而降低。此时就需要使用贝叶斯分析来推算。在推算过程中会涉及 4 种概率：

（1）前概率（prior probabilities）：根据孟德尔定律，从上一代推算出的，成为假设情形的概率。

（2）条件概率（conditional probabilities）：基于假设情形，发展为当前实际情况的概率。

（3）联合概率（joint probabilities）：前概率和条件概率的乘积。

（4）后概率（posterior probabilities）：每种假设情形的真实概率。

例如图 41-2 家系中的问题，可用图 41-3 中所示的贝叶斯分析方法，计算得出Ⅱ-5 仅有 1/17 的可能性携带该病基因，故其子代将有 1/34 的可能性含有致病基因。

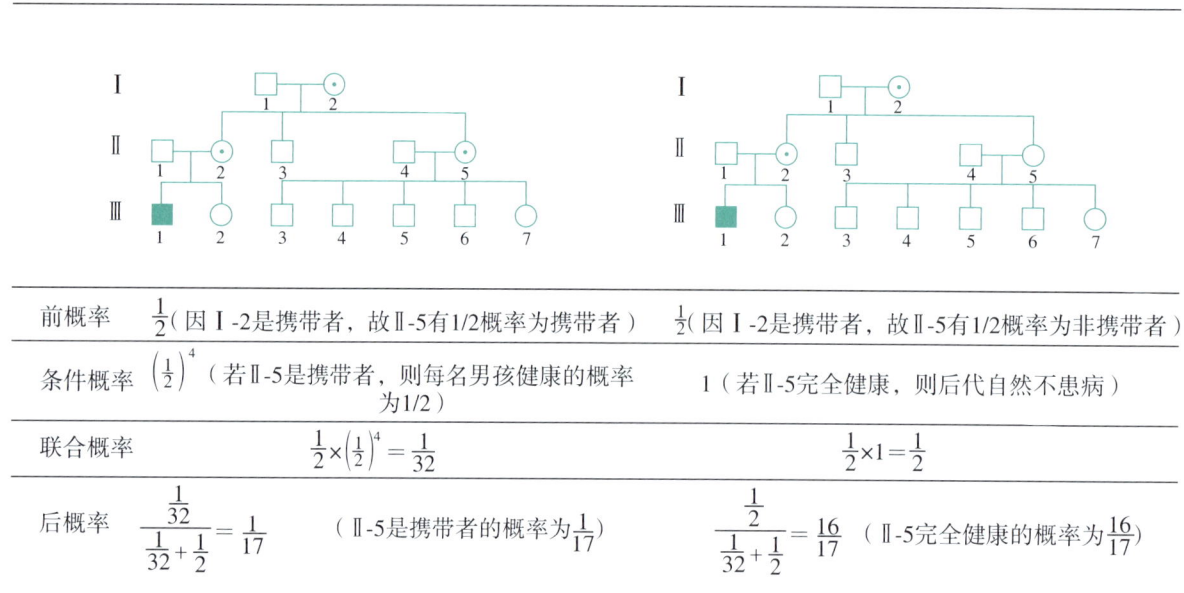

图 41-3　应用贝叶斯分析的再发风险评估

- **延迟显性遗传病的计算**　除上述例子之外，延迟显性（late-onset）遗传病和外显不全（incomplete dominance）的遗传病在计算再发风险时也会使用到贝叶斯分析。

此类疾病虽然是显性基因致病，但杂合子若干年后才发病。如亨廷顿病（Huntington disease，OMIM#143100）等。在图 41-4 所示家系中Ⅲ-1 是一位 39 岁男性，其祖母Ⅰ-2 因亨廷顿病过世。但目前他自己及父亲（Ⅱ-1，65 岁）仍然正常，由于获悉亨廷顿病是一种延迟显性遗传病，故想要知道自己最终发病的可能。

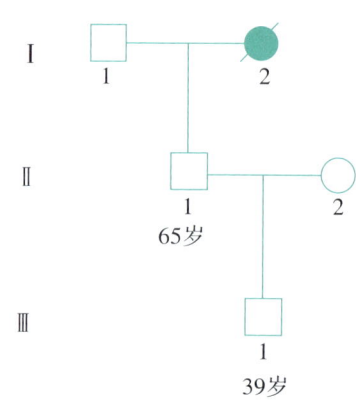

图 41-4　亨廷顿病案例系谱图

此问题中，必须先获悉Ⅱ-1 携带致病基因的可能性。故在此使用贝叶斯分析，见图 41-5A。

因 I-2 是亨廷顿病患者，其为致病基因杂合子，则 II-1 遗传致病基因的可能性为 1/2。查阅资料获悉，带致病基因突变的杂合子在 39 岁和 65 岁发病的可能性分别为 20% 及 70%。因 II-1 目前仍然健康，故假设 1 中的条件概率为 1-70%=30%。因而，从贝叶斯分析中可得出 II-1 是致病基因杂合子的概率仅为 3/13，远小于直接使用孟德尔定律分析的 1/2。

接下来还需要计算 III-1，因已知其当前年龄的发病可能性，所以仍然用贝叶斯分析来计算。从上一步计算已经获悉其父亲为杂合子的概率，则在此步骤计算的假设 1 中 III-1 是杂合子的概率为 1/2×3/13，余下具体步骤详见图 41-5B。最后得出 III-1 是致病基因杂合子即最终会发病的概率仅为 9.45%。

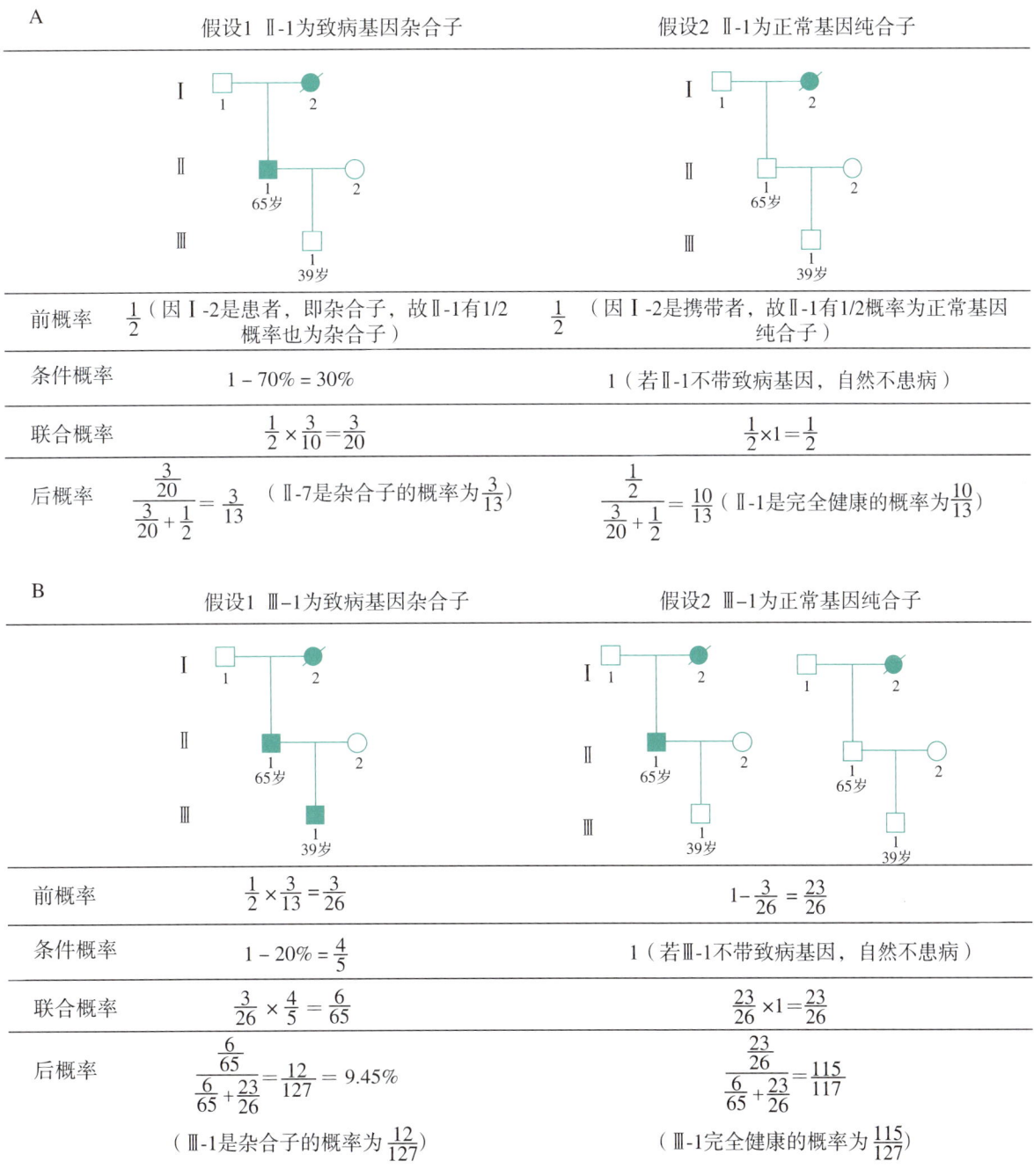

图 41-5 延迟显性遗传病的再发风险评估

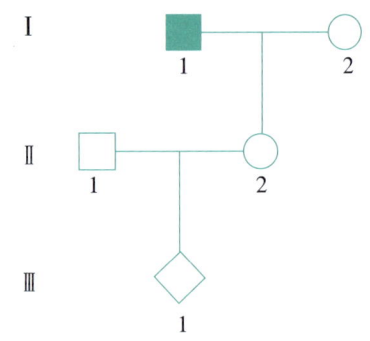

图41-6 家族性低磷血症性佝偻病案例的家系图

- **外显不全遗传病的计算** 在显性遗传病中，如有外显不全的情况（即外显率低于100%），此时，子女患病概率为1/2×K（K为外显率）。例如家族性低磷血症性佝偻病（autosomal dominant hypophosphatemic rickets，ADHR，OMIM #139100）的遗传类型是常染色体显性遗传，假设其外显率为70%。若亲代为该病患者，则其子代也发病的可能性为 1/2×70%=0.35（35%）。

图41-6中Ⅱ-2表型正常，但其父亲（Ⅰ-1）为ADHR患者，故想了解后代（Ⅲ-1）发病风险如何。根据孟德尔定律分析，Ⅱ-2有两种基因型，即带有致病基因的杂合子和不带致病基因的纯合子，两种可能性各为1/2。之后经过贝叶斯分析（图41-7）可以得出Ⅱ-2有3/13的概率携带此致病基因。最后Ⅱ-2的子代发病的可能性为 1/2×3/13×70%=0.08（21/260）。

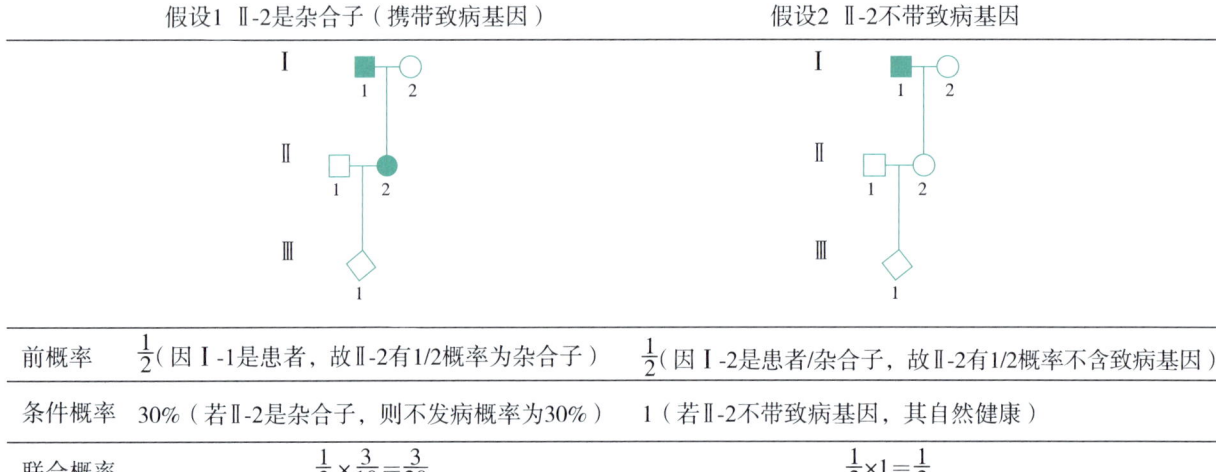

图41-7 外显不全遗传病的再发风险评估

（四）多基因病与出生缺陷的风险评估

由于相关因素众多且因素之间关系复杂，多基因病通常以经验风险率（empiric risk）表示其再发风险。经验风险率通常可查询到，表41-4列出的是常见的多基因病的风险率，无法查询的多基因疾病，其一级亲属的再发风险率可以用该病群体发病率的平方根来表示。

此外，疾病的严重程度、亲属关系的密切程度、一级亲属的发病人数以及疾病在群体中的发病率等因素与再发风险正相关；发病率呈现性别差异的多基因疾病，若患病者性别属于发病率低的一方，说明患者携带更多与该疾病相关的基因，其后代的再发风险也会增高。

表 41-4　部分常见多基因病的再发风险

疾病	发病率	患者一级亲属患病率（%）	患者二级亲属患病率（%）	患者三级亲属患病率（%）
唇裂 ± 腭裂	1/1000	4.0	0.7	0.3
脊柱裂/无脑儿	1/1000	3.0	0.5	0.3
先天性髋关节脱位	1/500	5.0	0.6	0.4
先天性幽门狭窄	1/200（男性） 1/1000（女性）	– –		
先天性畸形足	11/1000	2.5	0.5	0.2
精神分裂症	1/1200	10.1	3.7	2.3
孤独症	1/2500	4.5	0.1	0.05

出生缺陷的发生率在不同的国家或地区差异明显，因此其风险评估也因地区而异。例如我国妇幼卫生监测结果显示，2020 年围生儿神经管缺陷、总唇裂的围生期发生率农村高于城市；而 CHD、腭裂、小耳、食管闭锁或狭窄、直肠肛门闭锁或狭窄、尿道下裂、多指/趾、并指/趾等缺陷的发生率城市高于农村（表 41-5）。

表 41-5　2020 年部分出生缺陷的城乡发生率（1/10 000）

出生缺陷	城市	农村	合计
神经管缺陷	1.26	1.72	1.45
总唇裂	4.83	5.65	5.16
先天性心脏病	208.62	121.94	173.20
腭裂	4.03	2.67	3.47
小耳	3.62	2.84	3.30
食管闭锁或狭窄	1.16	0.75	0.99
直肠肛门闭锁或狭窄	3.97	2.70	3.45
尿道下裂	8.13	4.65	6.71
多指/趾	25.52	19.49	23.06
并指/趾	9.19	6.01	7.89

存在以下高危因素的人群，出生缺陷发生率更高。

1. 家族史　显性或隐性遗传病常有明显的家族史，应注意家族中有无先天性盲、聋哑、智残、癫痫或其他先天畸形。注意父母是否为近亲婚配。

2. 妊娠史　早孕后应定期进行孕期保健检查，应注意以下高危因素：

（1）妊娠年龄在 16 岁以下的低龄孕妇和 35 岁以上的高龄产妇。

（2）内科合并症，如糖尿病、高血压、甲状腺功能亢进或低下、系统性红斑狼疮等。

（3）合并感染，如风疹、巨细胞病毒、弓形体、单纯疱疹、水痘、肝炎、流感、腮腺炎、梅毒等。

（4）妊娠合并症，如复发性流产、先兆流产、羊水过多或羊水过少、妊娠高血压综合征等。

3. 新生儿史　新生儿异常，如早产、过期产、小于胎龄儿、新生儿窒息等。

（五）线粒体病的风险评估

核基因组和线粒体基因组中的基因缺陷均可导致线粒体病。因此，线粒体病再发风险的估计比较复杂。必须明确临床诊断和缺陷基因，若缺陷基因在核基因组中，再发风险的估计可参照其他核基因组突变导致的疾病。

若缺陷基因和突变已明确在 mtDNA 上，再发风险率的估计必须考虑影响 mtDNA 的各种因素，包括突变的阈值、各组织之间突变 mtDNA 比例的不同对临床表现的影响、性别之间外显度的差异，例如目前已知可引起 Leber 遗传性视神经病（Leber hereditary optic neuropathy，LHON）的突变 G11778A 就在男女之间存在明显的外显度差异。

而对于 mtDNA 缺失性突变导致的疾病，通常认为由散发性的新发突变导致。有一项仅针对 mtDNA 缺失性突变的研究显示，在已有 mtDNA 缺失性突变的患者家庭中，未携带突变的母亲，其下一个子女是患者的概率很低；但若母亲为突变 mtDNA 的无症状携带者，则下一个子女为患者的概率为 1/117～1/9；若母亲携有 mtDNA 缺失性突变并有临床症状，其子女有临床症状的概率为 1/24。

第三节　遗传服务的伦理原则

案例 2B

（接上一案例 2A）

芸芸和阿文婚后孕有一苯丙酮尿症患儿，经产前诊断确认后，二人决定实施引产，避免患儿出生。数年后，芸芸的弟弟小诚也准备结婚了。在得知其姐姐芸芸的事件之后，小诚虽表型正常，但仍十分担心下一代的健康问题，所以听从芸芸建议预约了同一咨询师进行遗传咨询。此次，作为小诚的遗传咨询师，你将如何帮助小诚？

一、遗传咨询的伦理原则

医学伦理的四大原则，即自主原则、不伤害原则、有利原则和公正原则。在医学遗传学中主要体现的是自主原则及不伤害原则。自主原则，即尊重个人的自主权，在遗传咨询中也常称作"非导向（non-directive）原则"。基于此原则，在面临选择时，咨询师仅可提供解释，不可提出任何带有倾向性或诱导性的建议，更不可直接替对方做出选择。正确的处理方式是给出几种可能的选项及各个选项可能导致的后果，使得咨询者在获得并理解相关信息后，自主做出最适合自身情况的决定；不伤害原则，即避免咨询者在整个咨询过程中受到伤害。

在遗传服务中，无论是遗传咨询、遗传检测还是遗传病治疗，都必须遵循医学伦理，表 41-6 给出的是 WHO 应用于遗传咨询的伦理原则，其中提到的"个人"，一般认为是法律规定的 18 周岁以上的成年人，具有完全民事行为能力。

表 41-6　WHO 应用于遗传咨询的伦理原则

遗传咨询伦理原则
1. 尊重个人和家庭，包括：充分公布事实，尊重人们的决定，提供准确和公正的信息（自主原则）
2. 维护家庭完整性（自主原则，不伤害原则）
3. 向个人和家庭全面披露所有与健康相关的信息（不伤害原则，自主原则）
4. 保护个人和家庭的隐私免受雇佣者、保险公司和学校的不合理干涉（不伤害原则）
5. 对可能存在的第三方机构不当使用遗传信息，应向个人和家庭告知（不伤害原则）
6. 要告知咨询者，向有血缘关系的亲属告知其可能存在遗传风险，是个人的道德责任（不伤害原则）
7. 要告知咨询者如果存在生育意向，应向配偶/伴侣透露自己的携带者身份，以及透露该身份可能对婚姻造成有害影响（不伤害原则）
8. 要告知人们披露可能影响公共安全的遗传学状态是他们的道德责任（不伤害原则）
9. 尽可能无偏见地呈现信息（自主原则）
10. 除非治疗可用，否则不要给出导向性建议（自主原则，有利原则）
11. 尽可能让儿童和青少年参与会影响到他们自身的决策（自主原则）
12. 如果恰当且有需要，有责任重新联系咨询者（不伤害原则，有利原则，自主原则）

在遗传咨询过程中，遗传咨询师要掌握严格的遗传咨询程序，符合伦理道德要求；同时还应体谅咨询者，减轻其心理压力；平等对待并充分给予人文关怀；尊重咨询者的隐私；坚持自愿和知情同意、自主决定的道德原则；规范遗传咨询服务的内容并提高质量，扩大服务的受益面。

二、遗传检查的伦理

在遗传检查中，所有的检测必须经过知情同意（informed consent）过程。首先在检测前，咨询者必须理解检测的意义，同时也要做好承受各种结果的准备。其次，在采集样本前，需对咨询者的意愿和心理准备做进一步确认，在明确其受检意愿后，签署知情同意书。最后，在咨询师获得结果后，仍需同咨询者沟通，确认其是否真正想知道结果。此时，咨询者仍然可以行使不知情权。在告知不良结果前，咨询师要做好准备给予咨询者心理关怀。

未成年人因无法对事物做出独立、理智的判断，应受到特殊的保护和照顾。《国际医学遗传服务伦理指南》中明确指出，所有针对儿童的检测必须以治疗为目的。美国人类遗传协会也最新提出，对于亨廷顿病等延迟显性遗传病，除非在青少年期存在有效的治疗方案，否则应该将检测推迟至成年后进行。在产前诊断方面，国际上普遍认同针对危及新生儿生命和严重损害认知系统遗传病的检测。但是否应对其他非致命遗传病实施产前诊断，目前仍存争议。

WHO 提出的遗传筛查和检测伦理准则见表 41-7。

表 41-7　WHO 建议的遗传筛查和检测伦理准则

遗传筛查和检测伦理准则
1. 除本细则的最后一条外，遗传筛查和遗传检测应为自愿且非强制性的（自主原则）
2. 在遗传筛查和检测之前，应向受检者提供以下信息：筛查或检测的目的，可能的结果以及有几种合适的选择（自主原则，不伤害原则）
3. 在告知要检查的人群后，才可进行匿名形式的流行病学筛查（自主原则）
4. 未经个人同意，不应将结果透露给雇主、保险商、学校或其他人，以避免可能发生的歧视（自主原则，不伤害原则）
5. 在极少的情况下，透露信息可能符合个人或公共安全的最佳利益，这时医疗卫生服务提供者可与受检者合作，让受检者自行做出决定（有利原则，不伤害原则，公正原则）
6. 得出检测结果后应随即向受检者提供遗传咨询，尤其是检测结果提示存在突变或不良遗传状况时（自主原则，有利原则）
7. 如果存在可用的治疗或预防手段，应及时提供（有利原则，不伤害原则）
8. 如早期诊断和治疗对新生儿有益，则对新生儿筛查应当是强制且免费的（有利原则，公正原则）

三、遗传病治疗的伦理

目前，遗传病的治疗方法仍十分有限，想要治愈遗传病，根本措施是纠正发生突变的致病基因，因此势必会出现操控遗传物质的方法。尽管开发新的治疗方法是遗传学服务的一个主要目标，但这些方法除了存在实施方面的困难，伦理道德方面的问题也不容忽视。这类疗法通常分两种：体细胞疗法和生殖系疗法。

体细胞疗法不会影响下一代，即接受体细胞治疗后该疾病仍会遗传。在伦理上，体细胞疗法与用于治疗疾病的其他疗法相似，只能在临床研究试验之后使用，并且接受治疗的人必须完全知情同意。出于对潜在的伦理危险（比如加剧社会不平等）的考量，除用于治疗疾病外，任何旨在增强或"改善"包括智力在内的正常人类特征的体细胞疗法都应拒绝。

生殖系疗法由于通过生殖细胞进行治疗，潜在益处在于接受治疗的个体将生育不会患病的后代，从而减少未来该疾病的人群患病率。但潜在风险在于其可能以不可预期且不可逆的方式影响患者的下一代乃至未来的后代。目前来看，只有在严格控制的长期研究的基础上，才能建立起对于未来是否可使用生殖系疗法的伦理准则。

小 结

遗传病种类不同，其预防方法也不同。大部分出生缺陷为遗传病，因此预防出生缺陷是预防遗传病的重要部分。我国已经建立起完整的三级预防体系，也发展了先进的检测技术，在遗传病的预防中发挥了重要作用。

遗传咨询是医学遗传学的核心内容，为遗传病患者及家族提供全面的健康服务，其中既有常规的遗传病筛查、诊断、治疗等建议，也包含了预防指导和再发风险的评估。由于遗传咨询的特殊性，咨询师在遵守伦理原则的同时，也需时刻准备应对咨询者的情绪变化。

整合思考题

1. 小寒今年38岁，同她的第二任丈夫意外怀孕了，目前12周。小寒同其前夫育有两个健康儿子（目前12岁和15岁），由小寒抚养。不久前小寒父亲（58岁）告诉她，祖母罹患亨廷顿病。但目前小寒及其丈夫（第二任）家族中并无其他人罹患此病。小寒了解后表示她和她父亲都不想知道自己的基因型，但要求检测其胎儿患亨廷顿病的风险。如果胎儿为阳性，小寒准备终止妊娠。但同时她也不想获悉胎儿究竟是何异常。在遗传咨询中小寒15岁的儿子表示想要做检测。作为遗传咨询师，你是否准许小寒对胎儿进行产前诊断？是否准许其儿子的检测申请？若其儿子已经18周岁，又该如何处置？

2. 三姐妹中二女蓉蓉已育有2名健康男孩，再次怀孕，现为孕13周。几日前听闻其姐家次子被诊断出A型血友病，虽家族中无其他病例，但仍极度担心胎儿健康，并因此寻求遗传咨询的帮助。若蓉蓉表示配合，你作为咨询师将如何计划，以达成蓉蓉的目标？在此次咨询的后续工作中，你还可以做哪些工作？

参考答案

（田 婵 赵心亮）

主要参考文献

[1] 李刚，贺俊崎．生物化学．4版．北京：北京大学医学出版社，2018.

[2] 贾弘禔，冯作化．生物化学与分子生物学．2版．北京：人民卫生出版社，2010.

[3] 周春燕，药立波．生物化学与分子生物学．9版．北京：人民卫生出版社，2018.

[4] 丁明孝，王喜忠，张传茂，等．细胞生物学．5版．北京，高等教育出版社，2020.

[5] 陈誉华，陈志南．医学细胞生物学．6版．北京，人民卫生出版社，2019.

[6] 白晓春，邓凡．医学细胞生物学．2版．北京：科学出版社，2023.

[7] 胡以平．医学细胞生物学．4版．北京：高等教育出版社，2019.

[8] 朱海英．医学细胞生物学．5版．北京：高等教育出版社，2023.

[9] 吕社民，边慧洁，左伋．人体分子与细胞基础．2版．北京：人民卫生出版社，2021.

[10] 陈晔光，张传茂，陈佺．分子细胞生物学．3版．北京：高等教育出版社，2019.

[11] 刘艳平．细胞生物学．长沙：湖南科学技术出版社，2008.

[12] 左伋．医学遗传学．7版．北京：人民卫生出版社，2018.

[13] 贺林．今日遗传咨询．北京：人民卫生出版社，2019.

[14] 陆国辉，徐湘民．临床遗传咨询．北京：北京大学医学出版社，2007.

[15] Lodish，Berk，Kaiser，et al. Molecular cell biology.8th ed.New York：W. H. Freeman，2020.

[16] Steven R G. Medical cell biology. 3rd ed. Philadelphia：Elsevier Academic Press Publications，2008.

[17] Edeling M A，Smith C，Owen D. Life of a clathrin coat：insights from clathrin and AP structures. Nature reviews. Molecular cell biology，2006，7：32-44.

[18] Gürkan C，Stagg S M，Lapointe P，et al. The COPⅡ cage：unifying principles of vesicle coat assembly. Nature reviews. Molecular cell biology，2006，7：727-738.

[19] Jahn R，Scheller R H. SNAREs-engines for membrane fusion. Nature reviews. Molecular cell biology，2006，7：631-643.

[20] Martens S，McMahon H T. Mechanisms of membrane fusion：disparate players and common principles. Nature reviews. Molecular cell biology，2008，9：543-556.

[21] Südhof T C. A molecular machine for neurotransmitter release：synaptotagmin and beyond. Nature Medicine，2013，19：1227-1231.

[22] Vale R D. The molecular motor toolbox for intracellular transport. Cell，2003，112（4）：467-480.

[23] Huang N，Xia Y，Zhang D，et al. Hierarchical assembly of centriole subdistal appendages via centrosome binding proteins CCDC120 and CCDC68. Nat Commun，2017，19（8）：15057.

[24] Karp G. Cell and molecular biology：Concepts and experiments. 6th ed. New York：John Wiley and Sons，Inc，2010.

[25] Liu J. Medical cell biology. Beijing：People's Medical Publishing House，2017.

主要参考文献

[26] Hua L, Yan D, Wan C, et al. Nucleolus and nucleolar stress: from cell fate decision to disease development. Cells, 2022, 11 (19): 3017.

[27] Romero-Bueno R, de la Cruz Ruiz P, Artal-Sanz M, et al. Nuclear organization in stress and aging. Cells, 2019, 8 (7): 664.

[28] Lu X, Djabali K. Autophagic removal of farnesylated carboxy-terminal lamin peptides. Cells, 2018, 7 (4): 33.

[29] Fischle W, Tseng B S, Dormann H L, et al. Regulation of HP1-chromatin binding by histone H3 methylation and phosporylation. Nature, 2005, 438: 1116-1122.

[30] Zhang K, Donnelly C J, Haeusler A R, et al. The C9orf72 repeat expansion disrupts nucleocytoplasmic transport. Nature, 2015, 525: 56–61.

[31] Freibaum B D, Lu Y, Lopez-Gonzalez R, et al. GGGGCC repeat expansion in C9orf72 compromises nucleocytoplasmic transport. Nature, 2015, 525: 129–133.

[32] Gu J, Zhang L, Zong S, et al. Cryo-EM structure of the mammalian ATP synthase tetramer bound with inhibitory protein IF1. Science, 2019, 364 (6445): 1068-1075.

[33] Zhou Y, Lauschke V M. The genetic landscape of major drug metabolizing cytochrome P450 genes-an updated analysis of population-scale sequencing data. Pharmacogenomics J, 2022, 22 (5-6): 284-293.

[34] Nannelli C, Bosman A, Cunningham J, et al. Genetic variants causing G6PD deficiency: Clinical and biochemical data support new WHO classification. Br J Haematol, 2023, 202 (5): 1024-1032.

[35] Yang R L, Qian G L, Wu D W, et al. A multicenter prospective study of next-generation sequencing-based newborn screening for monogenic genetic diseases in China. World J Pediatr, 2023, 19 (7): 663-673.

中英文专业词汇索引

3,4- 二羟苯丙氨酸（多巴）（3,4-dihydroxyphenylanine, DOPA） 372
3′,5′- 环鸟苷酸（guanosine 3′,5′-cyclic monophosphate, cGMP） 041
3′,5′- 环腺苷酸（adenosine 3′,5′-cyclic monophosphate, cAMP） 041
3′,5′- 磷酸二酯键（3′, 5′-phosphodiester bond） 042
3′- 磷酸腺苷 -5′- 磷酸硫酸（3′-phosphoadenosine-5′-phosphosulfate, PAPS） 371
3- 羟 -3- 甲基戊二酸单酰 CoA（3-hydroxy-3-methylglutaryl CoA, HMG-CoA） 296
5- 氟尿嘧啶（5-fluorouracil, 5-FU） 387
5- 磷酸核糖 -1- 焦磷酸（5-phosphoribosyl -1-pyrophosphate, PRPP） 378
5- 羟色胺（5-hydroxytryptamine, 5-HT） 364
6- 磷酸甘露糖（mannose-6-phosphate, M6P） 156
6- 巯基嘌呤（6-mercaptopurine, 6-MP） 386
18- 三体综合征（tyrisomy 18 syndrome） 681
19S 调节颗粒（19S regulatory particle, RP） 128
20S 核心颗粒（20S core particle, 20S CP） 128
21- 三体综合征（trisomy 21 syndrome） 679
22q11.2 微缺失综合征（22q11.2 microdeletion syndrome） 682
α 地中海贫血（α thalassemia） 776
α- 磷酸甘油穿梭（glycerol α-phosphate shuttle） 337
α 螺旋（α helix） 023
β 地中海贫血（β thalassemia） 776
β 氧化（β-oxidation） 292
β 折叠（β sheet） 023
β 转角（β turn） 024
γ- 氨基丁酸（γ-aminobutyric acid, GABA） 359, 363
γ 微管蛋白环状复合物（γ-tubulin ring complex, γTuRC） 179
ρ 因子（ρ factor） 476
σ 因子（sigma factor） 473
Ω 环（Ω loop） 024

A

AMP 活化的蛋白激酶（AMP-activated protein kinase, AMPK） 583
Angelman 综合征（Angelman syndrome, AS） 756
ATP-ADP 转位酶（ATP-ADP translocase） 338
ATP 合酶（ATP synthase） 330
阿糖胞苷（cytarabine） 388
氨蝶呤（aminopterin, APT） 387
氨基酸（amino acid） 016
氨基酸代谢库（amino acid metabolic pool） 352
氨基转移酶（aminotransferase） 353
氨甲酰磷酸合成酶Ⅰ（carbamoyl phosphate synthetase Ⅰ, CPS- Ⅰ） 360

B

BAR 结构域蛋白（BAR domain protein） 112
Beckwith-Wiedemann 综合征（Beckwith-Wiedemann syndrome, BWS） 757
白化病（albinism） 372
半保留复制（semi-conservative replication） 430
半不连续复制（semi-discontinuous replication） 432
半胱氨酸天冬氨酸特异性蛋白酶（cysteine aspartic acid specific protease, caspase） 653
半合子（hemizygous） 701
半桥粒（hemidesmosome） 578
包被蛋白复合体Ⅰ（coat protein complex Ⅰ, COP Ⅰ） 165
胞苷（cytidine） 040
胞嘧啶（cytosine, C） 038
胞外体（exosome） 173
胞质分裂（cytokinesis） 606
胞质分裂环（cytokinesis ring） 197
胞质溶胶（cytosol） 124
苯丙酮尿症（phenylketonuria, PKU） 372
比较基因组杂交（comparative genomic hybridization, CGH） 427
吡啶核苷酸转氢酶（pyridine nucleotide transhydrogenase） 322
必需氨基酸（essential amino acid） 347
必需基团（essential group） 066
必需脂肪酸（essential fatty acid） 290
编码 RNA（coding RNA） 049
编码链（coding strand） 472

中英文专业词汇索引

鞭毛（flagellum） 186
变性（denaturation） 032
表达数量性状位点（expression quantitative trait loci, eQTLs） 728
表观遗传病（epigenetic diseases） 762
表观遗传重编程（epigenetic reprogramming） 761
表现度（expressivity） 705
表型（phenotype） 700
别构酶（allosteric enzyme） 074, 400
别构调节（allosteric regulation） 074, 400
别构效应（allosteric effect） 029
别构效应剂（allosteric effector） 074
丙氨酸转氨酶（alanine transaminase, ALT） 353
病原体相关分子模式（pathogen-associated molecular patterns, PAMPs） 115
补救合成途径（salvage pathway） 378
不对称分离（asymmetric segregation） 582
不对称细胞分裂（asymmetric cell division, ACD） 582
不对称性分裂（asymmetry division） 635
不对称转录（asymmetric transcription） 472
不规则显性（irregular dominance） 704
不均一核 RNA（heterogeneous nuclear RNA, hnRNA） 050
不可交换位点（nonexchangeable site, N-site） 183
不可逆性抑制（irreversible inhibition） 072
不完全显性遗传（incompletely dominant or semidominant inheritance） 704
不需氧脱氢酶（anaerobic dehydrogenase） 320

C

Ca^{2+}/钙调蛋白依赖性蛋白激酶（Ca^{2+}/calmodulin dependent protein kinase, CaMK） 598
cAMP 效应元件（cAMP response element, CRE） 597
操纵子（operon） 479, 528, 529
层粘连蛋白（laminin, LN） 553
层析（chromatography） 034
插入（insertion） 677
产前诊断（prenatal diagnosis） 800
产前治疗（prenatal therapy） 817
长春碱（vinblastine） 179
长非编码 RNA（long non-coding RNA, lncRNA） 054, 473, 489, 544
长散在核元件（long interspersed nuclear elements, LINEs） 415
肠激酶（enterokinase） 348
常规剪接（constitutive splicing） 541
常见等位基因（common allele） 688
常染色体（autosome） 423
常染色体显性遗传（autosomal dominant inheritance, AD） 702
常染色体隐性遗传（autosomal recessive inheritance, AR） 705
常染色体隐性遗传病（autosomal recessive hereditary disease） 104
常染色质（euchromatin） 532
超速离心（ultracentrifugation） 035
超氧化物歧化酶（superoxide dismutase, SOD） 343
沉淀（precipitation） 033
沉默子（silencer） 476, 537
成骨不全（osteogenesis imperfection） 565
成体干细胞（adult stem cells） 637
重复（duplication） 675
重复序列（repetitive sequence） 414
重组（recombination） 693
重组率（recombination frequency） 693
出胞（exocytosis） 103
初级转录物（primary transcript） 479
穿胞吞吐作用（transcytosis） 166
窗孔（fenestrae） 113
纯合子（homozygote） 700
次黄嘌呤（hypoxanthine, I） 038
次黄嘌呤核苷酸（inosine monophosphate, IMP） 378
次黄嘌呤-鸟嘌呤磷酸核糖转移酶（hypoxanthine-guanine phosphoribosyl transferase, HGPRT） 381
从头合成途径（de novo synthesis pathway） 378
从性遗传（sex-conditioned inheritance） 715
粗面内质网（rough endoplasmic reticulum, RER） 144
粗线期（pachytene stage） 421
催化基团（catalytic group） 066
脆性 X 染色体综合征（fragile X syndrome） 763
错构瘤（hamartoma） 589
错义突变（missense mutation） 689

D

DNA 促旋酶（DNA gyrase） 434
DNA 复制检查点（DNA replication checkpoint） 614
DNA 甲基化（DNA methylation） 533
DNA 解旋酶（DNA helicase） 434
DNA 聚合酶（DNA polymerase, DNA pol） 435
DNA 连接酶（DNA ligase） 438
DNA 损伤检查点（DNA damage checkpoint） 614
DNA 微阵列（DNA microarray） 417
DNA 元件（DNA element） 527
大沟（major groove） 044
代谢（metabolism） 393
代谢库（metabolic pool） 395

单倍剂量不足（haploinsufficiency） 589
单倍体（haploid） 617, 673
单纯蛋白质（simple protein） 014
单纯扩散（simple diffusion） 096
单纯酶（simple enzyme） 063
单发病例（isolated case） 701
单泛素化（monoubiquitylation） 132
单核苷酸多态性（single nucleotide polymorphisms，SNPs） 691
单基因病（monogenic disease，single-gene disorder） 700
单链结合蛋白（single strand binding protein，SSB） 435
单能性细胞（unipotent cell） 623
单亲二倍体（uniparental disomy，UPD） 756
单顺反子（monocistron） 531
单顺反子 mRNA（monocistronic mRNA） 479
单体（monosomy） 673
单体酶（monomeric enzyme） 062
单体型（haplotype） 700
单一序列（unique sequence） 414
胆固醇（cholesterol） 087, 284, 306
胆固醇酯（cholesterol ester） 284, 306
蛋白激酶 A（protein kinase A，PKA） 597
蛋白激酶 C（protein kinase C，PKC） 597
蛋白聚糖（proteoglycan，PG） 554
蛋白酶体（proteasome） 128, 351
蛋白质（protein） 013
蛋白质构象病（protein conformational disease） 030
蛋白质激酶（protein kinase） 401
蛋白质磷酸酶（protein phosphatase） 401
氮平衡（nitrogen balance） 346
氮杂丝氨酸（azaserine） 387
倒位（inversion） 675
倒位多态性（inversion polymorphisms） 692
等臂染色体（isochromosome） 675
等电点（isoelectric point，pI） 020, 031
等位基因（allele） 700
等位基因频率（allele frequency） 734
等位基因异质性（allelic heterogeneity） 715
低密度脂蛋白（low density lipoprotein，LDL） 312
地中海贫血（thalassemia） 776
第二信使（second messenger） 594
电偶联（electrical coupling） 116
电压门控离子通道（voltage-gated ion channel） 099
电泳（electrophoresis） 034
电子传递链（electron transfer chain） 321
凋亡体（apoptosome） 657
凋亡小体（apoptotic body） 653
顶底极性（apical-basal polarity） 581

定向细胞分裂（oriented cell division，OCD） 582
动力蛋白（dynein） 180
动粒微管（kinetochore microtubules） 604
动态突变（dynamic mutation） 690, 711
端粒（telomere） 423
端粒酶（telomerase） 447
端着丝粒染色体（telocentric chromosomes） 423
短散在核元件（short interspersed nuclear elements，SINEs） 415
断裂基因（split gene） 479
对称性分裂（symmetry division） 635
多胺（polyamine） 365
多巴胺（dopamine） 372
多倍体（polyploid） 673
多重连接探针扩增技术（multiplex ligation-dependent probe amplification，MLPA） 805
多单泛素化（multimonoubiquitylation） 132
多泛素化（multiubiquitylation） 132
多功能酶（multifunctional enzyme） 062
多基因病（polygenic disorder） 717
多基因风险评分（polygenic risk score，PRS） 728
多基因假说（polygene hypothesis） 720
多聚泛素化（polyubiquitylation） 132
多聚谷氨酸疾病（polyglutamine diseases） 778
多聚腺苷酸尾［polyadenylate tail，poly（A）tail］ 050
多酶复合物（multienzyme complex） 062
多囊肾病（polycystic kidney disease，PKD） 589
多能性细胞（multipotent cell） 622
多潜能性细胞（pluripotent cell） 622
多顺反子 mRNA（polycistronic mRNA） 479
多顺反子 RNA（polycistronic RNA） 529
多肽（polypeptide） 021
多因子病（multifactorial disorders） 717

E

儿茶酚胺（catecholamine） 372
二氢尿嘧啶（dihydrouracil，DHU） 038
二氢叶酸还原酶（dihydrofolate reductase） 366

F

发病阈值（threshold value） 721
发育（development） 622
翻译（translation） 494
翻译共转位（cotranslational translocation） 148
反馈抑制（feedback inhibition） 400
反密码子（anticodon） 051
反密码子环（anticodon loop） 051
反面高尔基网（trans-Golgi network，TGN） 152
反式作用因子（trans-acting factor） 476

中英文专业词汇索引

反向转运（antiport） 102
反义 RNA（antisense RNA） 531
反应元件（response element） 476
泛醌（ubiquinone，UQ，Q） 323
泛连蛋白 1（pannexin 1） 121
泛素（ubiquitin） 128, 351
泛素 - 蛋白酶体途径（ubiquitin-proteasome pathway，UPP） 128
泛素活化酶（Ub-activating enzymes，E1） 131
泛素连接酶（Ub-ligases，E3） 131
泛素偶联酶（Ub-conjugating enzymes，E2） 131
纺锤体（spindle） 604
纺锤体组装检查点（spindle assembly checkpoint，SAC） 614
非必需氨基酸（non-essential amino acid） 347
非编码 RNA（non-coding RNA，ncRNA） 049, 419, 489
非翻译区（untranslated region，UTR） 050
非模板链（non-template strand） 472
非小细胞肺癌（non-small cell lung cancer） 108
非整倍体畸变（aneuploid） 673
分隔蛋白（septins） 111
分化簇（cluster of differentiation，CD） 120
分化抑制（differentiation inhibition） 627
分离蛋白（partition protein，Par） 583
分离负荷（segregation load） 744
分裂沟（cleavage furrow） 606
分裂间期（interphase） 607
分泌（secretion） 155
分子伴侣（molecular chaperone） 144
分子伴侣介导的自噬（chaperone-mediated autophagy，CMA） 662
分子病（molecular disease） 028, 772
分子遗传学诊断（molecular genetics diagnosis） 803
分子诊断（molecular diagnosis） 803
封闭连接（occluding junction） 573
辅基（prosthetic group） 063
辅酶（coenzyme） 063
辅酶 Q（coenzyme Q，CoQ） 323
辅调节因子（coregulator） 538
辅因子（cofactor） 063
腐败作用（putrefaction） 349
父系印记（paternal imprinting） 755
负超螺旋（negative supercoil） 048
复合杂合子（compound heterozygote） 701
复性（renaturation） 032, 056
复杂性疾病（complex diseases） 717
复制（replication） 430
复制叉（replication fork） 432
复制分离（replicative segregation） 770
复制起始点（replication origin） 432

G

GEEC（GPI-enriched endocytic compartments） 169
GTP 结合蛋白（GTP binding protein） 594
GTP 酶激活蛋白（GTPase-activating protein，GAP） 594
G 蛋白偶联受体（G protein coupled receptor，GPCR） 596
G 四链体（G quadruplex） 047
钙连蛋白（calnexin） 144
钙黏蛋白（cadherin） 569
钙网蛋白（calreticulin） 144
干扰小 RNA（small interfering RNA，siRNA） 473
甘露糖 -6- 磷酸（mannose 6-phosphate，M6P） 172
甘油二酯（diacylglycerol，DAG） 594
甘油磷脂（glycerophosphatide） 084, 302
甘油三酯（triglyceride） 284, 287
肝激酶 B1（liver kinase B1，LKB1） 583
肝素（heparin，HEP） 554
冈崎片段（Okazaki fragment） 433
干细胞（stem cells） 635
干细胞巢（stem cell niche） 635
干细胞微环境（stem cell microenvironment） 635
高尔基复合体（Golgi complex） 152
高尔基前哨（Golgi outposts） 585
高分辨显带（high resolution banding） 425
高密度脂蛋白（high density lipoprotein，HDL） 312
高尿酸血症（hyperuricemia） 389
高脂血症（hyperlipidemia） 316
功能丧失（loss of function，LOF） 773
功能增强（gain of function，GOF） 773
共显性（codominant） 705
谷丙转氨酶（glutamate-pyruvate transaminase，GPT） 354
谷草转氨酶（glutamate-oxaloacetate transaminase，GOT） 354
谷胱甘肽（glutathione，GSH） 021, 371
谷胱甘肽过氧化物酶（glutathione peroxidase，GPx） 343
瓜氨酸（citrulline） 360
寡聚酶（oligomeric enzyme） 062
寡霉素敏感蛋白（oligomycin sensitive conferring protein，OSCP） 330
寡肽（oligopeptide） 021
关联分析（association analysis） 693
管家基因（house-keeping gene） 526
光谱核型分析（spectral karyotyping，SKY） 426
胱氨酸尿症（cystinuria） 104
胱天蛋白酶激活的脱氧核糖核酸酶（caspase-activated deoxyribonuclease，CAD） 655

鬼笔环肽（phalloidin） 195
过氧化氢酶（catalase） 343
过氧化物酶类（peroxidase） 343
过氧化物酶体（peroxisome，PO） 159
过氧化物酶体增殖剂活化的受体（peroxisome proliferator-activated receptors，PPARs） 159

H

HMG-CoA 还原酶（HMG-CoA reductase） 307
核苷（nucleoside） 040
核苷二磷酸激酶（nucleoside diphosphate kinase） 380
核苷酸（nucleotide） 040
核苷酸插入/缺失/重排（nucleotide insertions/deletions/rearrangement） 689
核苷酸替换（nucleotide substitution） 689
核酶（ribozyme） 053，062
核内不均一 RNA（heterogeneous nuclear RNA，hnRNA） 480
核仁小 RNA（small nucleolar RNA，snoRNA） 473
核仁小核糖核蛋白（small nucleolar ribonucleoprotein，snoRNP） 473
核酸（nucleic acid） 037
核酸变性（nucleic acid denaturation） 055
核酸分子杂交（nucleic acid hybridization） 056
核糖核苷酸还原酶（ribonucleotide reductase，RR） 382
核糖核酸（ribonucleic acid，RNA） 037
核糖核酸酶（ribonuclease，RNase） 377
核糖体（ribosome） 052，133
核糖体 RNA（ribosomal RNA，rRNA） 052，134，473
核糖体大亚基（large ribosomal subunit，LSU） 134
核糖体蛋白基因（ribosomal protein gene，RPG） 134
核糖体小亚基（small ribosomal subunit，SSU） 134
核小 RNA（small nuclear RNA，snRNA） 473
核小核糖核蛋白（small nuclear ribonucleoprotein，snRNP） 473
核小体（nucleosome） 048，532
核心极性蛋白（core polarity proteins，CPPs） 582
核心酶（core enzyme） 473
核型（karyotype） 424
核型定位（karyomapping） 812
核转录因子红系 2 相关因子 2（nuclear factor, erythroid 2-related factor 2，NFE2L2） 116
黑斑息肉综合征（Peutz-Jeghers syndrome，PJS） 589
后概率（posterior probabilities） 842
后期（anaphase） 605
后期促进复合物（anaphase-promoting complex/cyclosome，APC/C） 613
后随链（lagging strand） 433
呼吸控制（respiratory control） 334
呼吸链（respiratory chain） 321
互补 DNA（complementary DNA，cDNA） 444
滑面内质网（smooth endoplasmic reticulum，SER） 144
化学门控离子通道（chemically-gated ion channel） 099
化学渗透假说（chemiosmotic hypothesis） 330
化学修饰（chemical modification） 401
坏死性凋亡（necroptosis） 652
还原当量（reducing equivalent） 319
环磷酸腺苷（cyclic adenosine monophosphate，cAMP） 594
环腺苷酸（cyclic adenosine monophosphate，cAMP） 107
环状染色体（ring chromosome） 675
黄素单核苷酸（flavin mononucleotide，FMN） 322
黄素蛋白（flavoprotein） 322
黄素腺嘌呤二核苷酸（flavin adenine dinucleotide，FAD） 322
混合功能氧化酶（mixed function oxidase） 341
活性部位（active site） 066
活性氧类（reactive oxygen species，ROS） 116，342
活性中心（active center） 066

J

机械门控离子通道（mechanically-gated ion channel） 099
肌动蛋白（actin） 190
肌动蛋白纤维（actin filament） 189
肌动肌球束（actomyosin bundles） 577
肌酐（creatinine） 370
肌球蛋白（myosin） 180
肌酸（creatine） 369
肌酸激酶（creatine kinase，CK） 369
肌营养不良（muscular dystrophy） 119
基本转录因子（general transcription factor，basic transcription factor） 475
基膜（basement membrane） 557
基因（gene） 525
基因编辑（gene editing） 418
基因表达（gene expression） 048，525
基因表达调控（regulation of gene expression） 525
基因重组（genetic recombination） 618
基因簇（gene cluster） 775
基因定位（gene mapping） 695
基因多效性（pleiotropy） 714
基因库（gene pool） 733
基因突变（gene mutation） 688
基因芯片（gene chip） 417
基因型（genotype） 700
基因型频率（genotype frequency） 734

基因诊断（gene diagnosis） 803
基因治疗（gene therapy） 827
基因组（genome） 525
基因组测序（genome sequencing） 693
基因组学（genomics） 414
基因组印记（genomic imprinting） 754
基因座（locus） 700
基因座控制区（locus control region，LCR） 775
基因座异质性（locus heterogeneity） 715
基质（matrix） 137
基质金属蛋白酶（matrix metalloproteinases，MMPs） 559
激素敏感性脂肪酶（hormone sensitive lipase，HSL） 291
极低密度脂蛋白（very low density lipoprotein，VLDL） 312
极微管（polar microtubules） 604
嵴（cristae） 138
嵴结合点（cristae junctions） 138
嵴组织系统（cristae organizing system，MICOS） 138
继发性主动转运（second active transport） 102
加工（processing） 479
甲氨蝶呤（methotrexate，MTX） 387
甲基化（methylation） 368
甲基转移酶（methyl transferase） 368
甲硫氨酸循环（methionine cycle） 369
假常染色体遗传（pseudoautosomal inheritance） 711
假基因（pseudogene） 419
间充质干细胞（mesenchymal stem cells，MSCs） 640
间隙连接（gap junction，GJ） 578
间质上皮转化（mesenchyme to epithelium transition，MET） 587
兼性离子（zwitterion） 019
减数分裂Ⅰ（division Ⅰ of meiosis） 617
减数分裂Ⅱ（division Ⅱ of meiosis） 617
减数分裂（meiosis） 420，604，617
剪接（splicing） 479，531
剪接体（spliceosome） 473，481
剪切（cleavage） 479
简并性（degeneracy） 496
碱基（base） 038
碱基堆积力（base stacking force） 044
碱基互补（base complementary） 044
碱性亮氨酸拉链（basic leucine zipper，bZIP） 539
建立者效应（founder effect） 739
降解子（degrons） 130
交叉（chiasma） 421
胶原（collagen） 550
胶原病（collagen disease） 565
胶原纤维（collagen fiber） 551

胶原原纤维（collagen fibril） 551
阶段特异性（stage specificity） 525
结构域（domain） 025
结合基团（binding group） 066
结合酶（conjugated enzyme） 063
结纤毛（nodal cilium） 112
姐妹染色单体（sister chromatid） 618
解偶联剂（uncoupler） 335
近端着丝粒染色体（acrocentric chromosomes） 423
近亲婚配（consanguineous marriage） 740，840
近（亚）中着丝粒染色体（submetacentric chromosomes） 423
进行性假肥大性肌营养不良（Duchenne muscular dystrophy，DMD） 119
经通道易化扩散（facilitated diffusion via channel） 098
经载体易化扩散（facilitated diffusion via carrier） 098
精氨酸代琥珀酸合成酶（argininosuccinate synthetase） 361
精氨酸代琥珀酸（裂解）酶（argininosuccinase，argininosuccinate lyase） 361
精氨酸酶（arginase） 362
精子（sperm，spermatozoon） 619
精子细胞（spermatid） 619
竞争性抑制（competitive inhibition） 073
巨胞饮（macropinocytosis） 112，169
巨自噬（macroautophagy） 662
聚合酶链反应（polymerase chain reaction，PCR） 803
绝缘子（insulator） 537

K

Klenow 片段（Klenow fragment） 436
卡特效应（Carter effect） 726
开放阅读框（open reading frame，ORF） 050
坎普西血红蛋白病（hemoglobin Kempsey） 777
抗肌萎缩蛋白（dystrophin） 119
抗体酶（abzyme） 062
抗氧化剂反应元件（antioxidant response elements，ARE） 116
拷贝数变异体（copy number variants，CNV） 692
可变表现度（variable expressivity） 714
可变区（variable regions，VR） 134
可交换位点（exchangeable site，E-site） 183
可逆性抑制（reversible inhibition） 073
可塑性（plasticity） 623
克罗恩病（Crohn's disease，CD） 575
空间特异性（spatial specificity） 526
跨膜信号转导（transmembrane signal transduction） 107
溃疡性结肠炎（ulcerative colitis，UC） 575
扩展片段（extension segments，ES） 134

L

L- 谷氨酸脱氢酶（L-glutamate dehydrogenase） 355
酪氨酸酶（tyrosinase） 372
类脂（lipid） 284
累加效应（additive effect） 720
离子交换层析（ion exchange chromatography） 034
利福霉素（rifamycin） 474
利福平（rifampin） 474
连锁（linkage） 693, 727
连锁不平衡（linkage disequilibrium） 727
连锁分析（linkage analysis） 693
连锁平衡（linkage equilibrium） 727
连锁图（linkage maps） 694
连续性分泌（constitutive secretion） 173
联合概率（joint probabilities） 842
联合脱氨基作用（transdeamination） 355
联会（synapsis） 420
联会复合体（synaptonemal complex） 618
镰状细胞贫血（sickle cell anemia） 028, 493, 772
临床细胞遗传学（clinical cytogenetics） 672
磷酸肌酸（creatine phosphate） 369
磷脂（phospholipid） 084, 284, 302
磷脂酶 C（phospholipase C，PLC） 596
硫酸角质素（keratan sulfate，KS） 554
硫酸皮肤素（dermatan sulfate，DS） 554
硫酸软骨素（chondroitin sulfate，CS） 554
硫酸乙酰肝素（heparan sulfate，HS） 554
卵子（egg，ovum） 619
螺旋 - 环 - 螺旋（helix-loop-helix，HLH） 539
螺旋 - 转角 - 螺旋（helix-turn-helix，HTH） 539

M

miRNA 诱导沉默复合体（miRNA -induced silencing complex，miRISC） 490
马达蛋白（motor protein） 180
马方综合征（Marfan syndrome） 566
锚蛋白（ankyrin） 111
锚定连接（anchoring junctions） 573
锚定依赖性生长（anchorage dependent growth） 562
帽结构（cap structure） 480
帽结合蛋白质（cap-binding protein，CBP） 049
酶（enzyme） 061
酶蛋白（apoenzyme） 063
酶活性（enzymatic activity） 069
酶偶联受体（enzyme-linked receptor） 599
酶原（zymogen） 076
密封蛋白（claudin） 575
嘧啶（pyrimidine） 038
免疫检查点（immune checkpoint） 115
免疫球蛋白超家族［immunoglobulin（Ig）superfamily，IgSF］ 569
免疫原性细胞死亡（immunogenic cell death，ICD） 121
命运决定子（fate determinant） 582
模板链（template strand） 472
模式识别受体（pattern recognition receptors，PRRs） 115
模体（motif） 025
膜蛋白（membrane protein） 087
膜电位（membrane electrical potential） 116
膜间隙（intermembrane space） 137
膜接触区（membrane contact sites，MCSs） 144
膜流通（membrane trafficking） 143
膜内褶（invaginations） 112
膜泡运输（vesicular transport） 103
末端添加（terminal addition） 479
末期（telophase） 606
母系遗传（maternal inheritance） 769
母系印记（maternal imprinting） 755

N

NADPH 氧化酶（NADPH oxidases，NOXs） 116
Na^+ 依赖型葡萄糖转运蛋白（sodium-dependent glucose transporter，SGLT） 241
钠 - 钾泵（sodium-potassium pump） 100
囊泡（vesicle） 164
囊泡运输（vesicle transport） 163, 166
囊性纤维病（cystic fibrosis） 105
内边界膜（inner boundary membrane） 138
内含子（intron） 050, 481, 531
内膜（inner membrane，IM） 137
内膜系统（endomembrane system） 143
内皮间质转化（endothelial to mesenchymal transition，EndMT） 587
内体（endosome） 155
内细胞团（inner cell mass，ICM） 637
内源性通路（intrinsic pathway） 657
内质网（endoplasmic reticulum，ER） 144
内质网相关降解（ER-associated degradation，ERAD） 150
内质网应激（ER stress） 152
逆转录（reverse transcription） 444
逆转录酶（reverse transcriptase） 445
黏着斑（focal adhesion） 561
黏着斑激酶（focal adhesion kinase 1，FAK1） 561
鸟氨酸（ornithine） 360
鸟氨酸氨甲酰基转移酶（ornithine carbamoyl transferase，OCT） 360
鸟氨酸循环（ornithine cycle） 359

鸟苷（guanosine）040
鸟嘌呤（guanine，G）038
鸟嘌呤核苷酸交换因子（guanine nucleotide exchange factor，GEF）166，594
尿苷（uridine）040
尿嘧啶（uracil，U）038
尿素循环（urea cycle）359
柠檬酸 - 丙酮酸循环（citrate-pyruvate cycle）298
凝集素（lectin）115
凝胶过滤（gel filtration）034

O

偶线期（zygotene stage）420

P

poly（A）结合蛋白质 [poly（A）-binding protein，PABP] 050
P/O 比值（phosphate/oxygen ratio）329
Prader-Willi 综合征（Prader-Willi syndrome，PWS）756
Pribnow 盒（Pribnow box）475
胚胎干细胞（embryonic stem cells，ESCs）637
胚胎诱导（embryonic induction）626
胚胎植入前遗传学检测（preimplantation genetic testing，PGT）811
配对（pair）618
配体（ligand）594
配子（gamete）617
皮质细胞骨架（cortical cytoskeleton）111
嘌呤（purine）038
平面细胞极性（planar cell polarity，PCP）581
苹果酸 - 天冬氨酸穿梭（malic acid-aspartate shuttle）338
破坏框（destruction box，D-box）130
葡萄糖（glucose）240
葡萄糖 -6- 磷酸酶（glucose-6-phosphatase）145
葡萄糖 - 丙氨酸循环（glucose-alanine cycle）358
葡萄糖转运蛋白（glucose transporter，GLUT）241

Q

脐带穿刺（cordocentesis）810
启动子（promoter）474，527
迁移（migration）740
前导链（leading strand）433
前概率（prior probabilities）841
前期（prophase）604
前起始复合物（pre-initiation complex，PIC）477
前中期（prometaphase）605
嵌合体（mosaicism，mos）674
桥粒（desmosome）578

鞘磷脂（sphingomyelin，SM）084
切口移位（nick translation）441
亲缘系数（coefficient of relationship）707
秋水仙碱（colchicine）179
球状肌动蛋白（globular actin，G-actin）190
驱动蛋白（kinesin）180
驱动突变（driver mutation）589
去泛素化酶（deubiquitinating enzymes，DUBs）131
去甲肾上腺素（norepinephrine）372
全基因组测序（whole genome sequencing，WGS）802
全基因组关联研究（genome-wide association study，GWAS）728
全酶（holoenzyme）063，473
全能性（totipotency）622
全能性细胞（totipotent cell）622
缺失（deletion）674
缺氧诱导因子（hypoxia induced factor）116
群体（population）733
群体遗传学（population genetics）733

R

Rett 综合征（Rett syndrome，RTT）763
RNA 编辑（RNA editing）479
RNA 复制酶（RNA replicase）490
RNA 依赖的 RNA 聚合酶（RNA-dependent RNA polymerase，RDRP）490
RNA 诱导沉默复合物（RNA-induced silencing complex，RISC）490
染色体（chromosome）672
染色体病（chromosomal disorders）677
染色体分离检查点（chromosome separation checkpoint）614
染色体核型分析（karyotype analysis）801
染色体微阵列分析（chromosomal microarray analysis，CMA）802，812
染色质（chromatin）532
染色质重塑（chromatin remodeling）534
人类基因组计划（Human Genome Project，HGP）059，415
绒毛取样（chorionic villus sampling，CVS）810
溶酶体（lysosome）155
溶酶体贮积症（lysosomal storage diseases）161
溶血磷脂（lysophospholipid）286，305
熔解曲线（melting curve）055
熔解温度（melting temperature，T_m）055
肉碱脂酰转移酶 I（carnitine acyltransferase I）293
乳糜微粒（chylomicron，CM）286，312
乳糖操纵子（lac operon）529

入胞（endocytosis）　103
软骨发育不全（achondroplasia）　777

S

SD 序列（Shine-Dalgarno sequence）　503
S-腺苷甲硫氨酸（S-adenosyl methionine，SAM）　368
三倍体（triploid）　673
三体（trisomy）　673
散发病例（sporadic case）　701
色氨酸操纵子（Trp operon）　530
上皮-间质转化（epithelial-mesenchymal transition，EMT）　571
神经管缺陷（neural tube defects，NTDs）　589
肾上腺素（epinephrine）　372
肾性糖尿病（renal diabetes）　104
渗透（osmosis）　097
生糖氨基酸（glucogenic amino acid）　356
生酮氨基酸（ketogenic amino acid）　356
生酮兼生糖氨基酸（ketogenic and glucogenic amino acid）　356
生物电（bioelectricity）　116
生物氧化（biological oxidation）　319
生殖系突变（germline mutation）　589
生殖系细胞（germline cell）　623
生殖细胞（germ cell）　617
生殖细胞系（germ line）　617
失巢凋亡（anoikis）　562
时间特异性（temporal specificity）　525
适合度（fitness，f）　712，738
收缩环（contractile ring）　198，606
受调分泌（regulated secretion）　173
受体（receptor）　592
受体介导入胞（receptor-mediated endocytosis）　103
受体酪氨酸激酶（receptor tyrosine kinase，RTK）　107，599
树突串珠化（dendritic beading）　121
数量性状（quantitative trait）　718
栓连蛋白（tethering proteins）　144
双倍体（diploid）　617
双重杂合子（double heterozygote）　701
双线期（diplotene stage）　421，618
双着丝粒染色体（dicentric chromosome）　675
水通道蛋白（aquaporin，AQP）　100
顺面高尔基网（cis-Golgi network，CGN）　152
顺式作用蛋白质（cis-acting protein）　528
顺式作用元件（cis-acting element）　476，527
死亡结构域（death domain，DD）　656
死亡效应结构域（death effector domain，DED）　654
死亡诱导信号复合体（death-inducing signal complex，DISC）　656
四倍体（tetraploid）　673
四氢叶酸（tetrahydrofolic acid，FH_4，THFA）　366
碎蛋白（crumbs，Crb）　583
损伤相关分子模式（damage-associated molecular patterns，DAMPs）　120

T

TATA 盒结合蛋白（TATA-box binding protein，TBP）　535
TBP 协同因子（TBP associated factor，TAF）　537
Toll 样受体（Toll-like receptors，TLRs）　115
胎儿镜（fetoscopy）　810
肽单元（peptide unit）　022
肽键（peptide bond）　020
弹性蛋白（elastin）　552
弹性蛋白酶（elastase）　348
糖（carbohydrate）　238
糖胺聚糖（glycosaminoglycan，GAG）　553
糖萼（glycocalyx）　110
糖基转移酶（glycosyltransferase）　106
糖原（glycogen）　243
糖原合酶激酶 3β（glycogen synthase kinase 3β，GSK3β）　584
糖脂（glycolipid）　090，284
糖缀合物（glycoconjugate）　110
特异转录因子（special transcription factors）　538
体细胞（somatic cell）　623
体细胞核移植（somatic cell nuclear transfer，SCNT）　630
体细胞突变（somatic mutation）　589
天冬氨酸氨基甲酰转移酶（aspartate transcarbarnoylase）　384
天冬氨酸-精氨酸代琥珀酸穿梭（aspartate-argininosuccinate shuttle）　361
天冬氨酸转氨酶（aspartate transaminase，AST）　354
条件概率（conditional probabilities）　842
调节颗粒（regulatory particle，RP）　128
调节型胞吐途径（regulated exocytosis pathway）　173
调节性细胞死亡（regulated cell death，RCD）　652
调控性非编码 RNA（regulatory non-coding RNA）　053
铁硫蛋白（iron-sulfur protein，Fe-S protein）　323
铁硫中心（iron-sulfur center，Fe-S center）　323
铁死亡（ferroptosis）　652
通道病（channelopathies）　116
通信连接（communicating junction）　573
同工酶（isoenzyme，isozyme）　066，402
同线性（syntenic）　693
同向转运（symport）　102
同义突变（synonymous mutation）　689

中英文专业词汇索引

同源染色体错配和不平等交换（homologous chromosome mistake pairing and unequal crossover） 776

同源异型基因（homeotic gene） 628

酮体（ketone body） 296

酮症酸中毒（ketoacidosis） 298

透明质酸（hyaluronic acid，HA） 554

透析（dialysis） 033

突变（mutation） 688

突变负荷（mutational load） 744

突变率（mutation rate） 737

突变压力（mutation pressure） 738

突触连接（synaptic junction） 578

图距（map distance） 694

退火（annealing） 056

吞吐作用（cytosis） 166

脱氢反应（dehydrogenation reaction） 319

脱氧胞苷（deoxycytidine） 040

脱氧胞苷激酶（deoxycytidine kinase） 385

脱氧核糖核酸（deoxyribonucleic acid，DNA） 037

脱氧核糖核酸酶（deoxyribonuclease，DNase） 377

脱氧鸟苷（deoxyguanosine） 040

脱氧腺苷（deoxyadenosine） 040

脱氧胸苷（deoxythymidine） 040

拓扑异构酶（topoisomerase，TOP） 434

W

Williams 综合征（Williams syndrome） 682

WNT 信号通路（WNT signaling pathways） 584

外膜（outer membrane，OM） 137

外显不全（incomplete penetrance） 704

外显率（penetrance） 704

外显子（exon） 050，481

外源性通路（extrinsic pathway） 656

弯趾 - 身材高挑 - 听力下降综合征（camptodactyly，tall stature，and hearing loss syndrome，CATSHLS） 778

完全显性遗传（completely dominant inheritance） 703

网格蛋白（clathrin） 164

网格蛋白包被小窝（clathrin-coated pits） 113

网亡（NETosis） 116

微 RNA（microRNA，miRNA） 473，489

微管（microtubule，MT） 177

微管蛋白（tubulin） 179

微管结合蛋白（microtubule-associated protein，MAP） 180

微管组织中心（microtubule organizing center，MTOC） 184

微环境（microenvironment） 113

微粒体（microsome） 145

微绒毛（microvillus） 112，196

微丝（microfilament，MF） 177

微卫星多态性（microsatellite polymorphisms） 692

微效基因（minor gene） 720

微自噬（microautophagy） 662

伪足（pseudopodia） 112

未折叠蛋白反应（unfolded protein response，UPR） 152

胃蛋白酶（pepsin） 347

无义突变（nonsense mutation） 689

物理图（physical maps） 694

X

X 连锁显性遗传（X-linked dominant inheritance，XD） 707

X 失活中心（X-inactivation center，XIC） 759

系谱（pedigree） 701

细胞表面（cell surface） 109

细胞重编程（cell reprogramming） 644

细胞凋亡（apoptosis） 652

细胞分化（cell differentiation） 622

细胞分化潜能（potency of cell differentiation） 622

细胞分裂（cell division） 603

细胞骨架（cytoskeleton） 177

细胞坏死（necrosis） 652

细胞极性（cell polarity） 569

细胞焦亡（pyroptosis） 652

细胞决定（cell determination） 624

细胞连接（cell junction） 568

细胞黏附（cell adhesion） 568

细胞黏附分子（cell adhesion molecule，CAM） 569

细胞旁通路（paracellular pathway） 575

细胞皮质（cell cortex） 110，196

细胞器（organelles） 124

细胞色素（cytochrome，Cyt） 324

细胞色素 c 氧化酶（cytochrome c oxidase） 327

细胞色素 P450 单加氧酶（cytochrome P450 monooxygenase） 341

细胞色素 P450 家族（cytochrome P450 family，CYP family） 145

细胞死亡（cell death） 651

细胞松弛素 B（cytochalasin B） 195

细胞特异性（cell specificity） 526

细胞通信（cell communication） 592

细胞外被（cell coat） 110

细胞外基质（extracellular matrix，ECM） 549

细胞线（cytoneme） 112

细胞因子（cytokines） 113

细胞增殖（cell proliferation） 603

细胞质（cytoplasm） 124

细胞周期（cell cycle） 441, 603
细胞周期蛋白（cyclin） 609
细线期（leptotene stage） 420, 618
下一代测序（next generation sequencing，NGS） 418, 812
先证者（proband） 701
纤连蛋白（fibronectin，FN） 552
纤毛（cilium） 186
纤毛病（ciliopathies） 112
纤维状肌动蛋白（fibrous actin，F-actin） 190
显性（dominant） 701
显性负效突变（dominant negative mutation） 580
现症病人诊断（symptomatic diagnosis） 800
现症治疗（symptomatic therapy） 817
线粒体 DNA（mitochondria DNA，mtDNA） 138, 766
线粒体（mitochondria） 137
线粒体外膜通透化（mitochondrial outer membrane permeabilization，MOMP） 659
限性遗传（sex-limited inheritance） 715
限制点（restriction point，R 点） 608
陷窝（caveolae） 113, 168
陷窝蛋白（caveolin） 113
腺苷（adenosine） 040
腺苷酸环化酶（adenylate cyclase，AC） 596
腺苷酸激酶（adenylate kinase，AK） 333
腺苷酸转运蛋白（adenine nucleotide transporter） 338
腺瘤样结肠息肉病（adenomatous polyposis coli，APC） 584
腺嘌呤（adenine，A） 038
腺嘌呤磷酸核糖转移酶（adenine phosphoribosyl transferase，APRT） 381
镶嵌现象（mosaicism） 713
小干扰 RNA（small interfering RNA，siRNA） 490
小沟（minor groove） 044
小卫星多态性（minisatellite polymorphisms） 692
协同表达（coordinated expression） 526
新发突变（new mutation，de novo mutation） 703
信号分子（signal molecule） 593
信号识别颗粒（signal recognition particle，SRP） 147
信号识别颗粒受体（SRP receptor，SRPR） 147
信号肽（signal peptide） 146
信号转导（signal transduction） 592
信号转导分子（signal transducer） 594
信使 RNA（messenger RNA，mRNA） 049, 473
兴奋 - 收缩耦联（excitation-contraction coupling） 089
星体微管（astral microtubules） 604
形态发生素（morphogen） 586
性染色体（sex chromosome） 423
胸苷激酶（thymidine kinase） 385
胸苷酸合成酶（thymidylate synthetase） 384

胸腺嘧啶（thymine，T） 038
修饰（modification） 479
需氧脱氢酶（aerobic dehydrogenase） 321
选择素（selectin） 569
选择系数（selection coefficient，S） 738
选择性剪接（alternative splicing） 541
选择压力（selection pressure） 738
血红蛋白病（hemoglobinopathy） 774
血细胞渗出（diapedesis） 576
血影蛋白（spectrin） 111
血脂异常（dyslipidemia） 316

Y

亚基（subunit） 026
烟酰胺腺嘌呤二核苷酸（nicotinamide adenine dinucleotide，NAD^+，又称辅酶Ⅰ） 322
烟酰胺腺嘌呤二核苷酸磷酸（nicotinamide adenine dinucleotide phosphate，$NADP^+$，又称辅酶Ⅱ） 322
延长因子（elongation factor） 478
延迟显性（delayed dominance） 705
炎症小体（inflammasome） 121
炎症性肠病（inflammatory bowel disease，IBD） 575
盐析（salting out） 033
羊膜穿刺（amniocentesis） 810
氧化还原电位（redox potential） 115
氧化还原酶（oxidoreductase） 320
氧化磷酸化（oxidative phosphorylation） 329
野生型等位基因（wild-type allele） 688
一碳单位（one-carbon unit） 366
一氧化氮合酶（nitric oxide synthase，NOS） 374
衣被蛋白Ⅱ（coatomer protein Ⅱ，COP Ⅱ） 165
胰蛋白酶（trypsin） 348
胰岛素抗性糖尿病（insulin-resistant diabetes mellitus） 105
胰凝乳蛋白酶（chymotrypsin） 348
移码突变（frame-shift mutation） 689
遗传病（genetic diseases） 833
遗传病诊断（diagnosis of hereditary disease） 799
遗传病治疗（treatment of genetic diseases） 816
遗传度（heritability） 721
遗传负荷（genetic load） 744
遗传漂变（genetic drift） 739
遗传平衡定律（law of genetic equilibrium） 735
遗传性癌症综合征（hereditary cancer syndromes） 589
遗传异质性（genetic heterogeneity） 715
遗传早现（anticipation） 715
遗传咨询（genetic counseling） 836
乙酰 CoA 羧化酶（acetyl CoA carboxylase） 298
异倍体（heteroploid） 673
异染色质（heterochromatin） 532

中英文专业词汇索引

异质性（heteroplasmy） 770
抑癌基因（tumor suppressor gene，TSG） 589
易感性（susceptibility） 721
易化扩散（facilitated diffusion） 097
易患性（liability） 721
易位（translocation） 676
意外性细胞死亡（accidental cell death，ACD） 652
缢断蛋白（dynamin） 165
引发体（primosome） 439
隐性（recessive） 701
印记控制区（imprinting control regions，ICRs） 756
印记中心（imprinting centers，ICs） 755
应力纤维（stress fiber） 196
荧光原位杂交（fluorescence *in situ* hybridization，FISH） 426，802
营养价值（nutrition value） 347
有丝分裂（mitosis） 420，604
有丝分裂器（mitotic apparatus） 604
有性生殖（sexual reproduction） 617
诱导（induction） 526
诱导剂（inducer） 402
诱导性多潜能干细胞（induced pluripotent stem cells，iPSC） 645
原发性主动转运（primary active transport） 100
原纤毛（primary cilium） 112
圆泡膨出（blebbing） 121

Z

杂合性丢失（loss of heterozygosity，LOH） 589
杂合子（hererozygote） 700
载脂蛋白（apolipoprotein，Apo） 312
早熟染色体浓缩（premature chromosome condensation，PCC） 632
造血干细胞（hematopoietic stem cells，HSCs） 637
造血干细胞移植（haematopoietic stem cell transplantation，HSCT） 638
增强子（enhancer） 476，527，536
增色效应（hyperchromic effect） 055
阵发性夜间血红蛋白尿病（paroxysmal nocturnal hemoglobinuria） 119
整倍体（euploid） 673
整联蛋白（integrin） 560，569
整码突变（in-frame mutation） 690
正超螺旋（positive supercoil） 048
正态分布（normal distribution） 718
正协同效应（positive cooperativity） 029
症状前诊断（presymptomatic diagnosis） 800
症状前治疗（presymptomatic therapy） 817
脂蛋白（lipoprotein） 311
脂滴（lipid droplets） 151

脂筏（lipid rafts） 095
脂筏结合蛋白（flotillin） 169
脂肪（fat） 284
脂肪动员（fat mobilization） 291
脂肪酸（fatty acid） 284，287
脂质（lipid） 084，284，283
质量性状（qualitative trait） 718
中间纤维（intermediate filament，IF） 177，200
中间纤维蛋白（intermediate filament protein） 200
中介因子（mediators） 538
中期（metaphase） 605
中心粒（centriole） 186
中心粒周围物质（pericentriolar material，PCM） 187
中心体（centrosome） 186
中心体循环（centrosome cycle） 606
中性突变（neutral mutation） 688
中着丝粒染色体（metacentric chromosomes） 423
终变期（diakinesis stage） 421
终止子（terminator） 476
肿瘤干细胞标识分子（cancer stem cell markers） 648
重症肌无力（myasthenia gravis） 105
昼夜节律（circadian rhythm） 115
珠蛋白转换（globin switching） 776
主导基因（master gene） 628
主动转运（active transport） 100
主效基因（major gene） 720
驻留蛋白（resident proteins） 144
转氨基作用（transamination） 353
转氨酶（transaminase） 353
转化酶（convertase） 154，556
转换速率（rate of turnover） 407
转录（transcription） 472
转录单位（transcription unit） 474，529
转录起始点（transcription initiation site 或 start site） 474
转录衰减（transcription attenuation） 530
转录因子（transcription factor，TF） 476
转位接触点（translocation contact site） 138
转位子（translocon） 148
转运 RNA（transfer RNA，tRNA） 050，473
转座元件插入多态性（mobile element insertion polymorphisms） 692
缀合（或结合）蛋白质（conjugated protein） 014
着丝粒（centromere） 423
紫杉醇（taxol） 179
自身免疫病（autoimmune disease） 105
自身相关分子模式（self-associated molecular patterns，SAMPs） 115
自噬（autophagy） 662

自噬体（autophagosome） 662
自噬相关基因（autophagy-related gene，Atg） 662
自噬性溶酶体（autophagolysosome） 662
自噬性细胞死亡（autophagy-dependent cell death） 652
棕色脂肪组织（brown adipose tissue） 335
阻遏剂（repressor） 402

组胺（histamine） 364
组成型胞吐途径（constitutive exocytosis pathway） 173
组蛋白（histone） 532
组合调控（combinatorial control） 628
组织蛋白酶（cathepsins） 156
组织特异性（tissue specificity） 526